제품 · 기계 디자인의 기본부터 실무 도면 활용까지

오토캐드 2024

AUTO CAD 2024

이진승, 앤미디어 지음

BM (주)도서출판 성안당

예제 파일 다운로드

1 성안당 홈페이지(http://www.cyber.co.kr)에 접속하여 회원가입한 뒤 로그인하세요.
2 메인 화면 중간의 〔자료실〕을 클릭한 다음 오른쪽 파란색 돋보기를 클릭하면 나오는 검색 창에 '오토캐드 2024' 등 도서명 일부를 입력하고 검색하세요.
3 검색된 목록을 클릭하고 들어가 다운로드 창 안의 예제 파일을 클릭하여 다운로드한 다음 찾기 쉬운 위치에 저장하고 압축을 풀어 사용하세요.

Preface

제품·기계 디자인의 기본부터 실무 도면 활용을 위한 오토캐드 2024

디자이너들이 필수적으로 배워야 하는 오토캐드는 최근 들어 가장 쉽게 접근 가능한 도구 중 하나로 부상하고 있습니다. 이 프로그램을 정확히 익히고 적절히 기능들을 활용한다면 2차원 설계에 있어서 사용자들에게 가장 편리하고 효율적으로 큰 도움을 줄 것이라 확신합니다. 따라서 오토캐드는 기계, 건축 및 여러 디자인 관련 분야의 대학 교육에서는 학생들에게 필수 교육하고 있는 프로그램으로, 특히 산업디자인 분야에서는 도면 교육을 오토캐드를 통해 진행하는 경우가 많습니다. 디자이너가 생각하고 있는 아이디어를 종이에 스케치하고, 그 스케치를 2차원으로 표현하는 데 있어서 오토캐드 만한 툴이 없기 때문에 널리 인정받고 있습니다.

그러나 오토캐드를 배우는 단계에서 가장 어려운 점은 어떤 부분을 먼저 알아야 하고, 또 어떤 부분을 먼저 공부해야 처음 프로그램을 접한 입문자가 지치지 않고 거부감 없이 재미있게 공부를 할 수 있을지에 대한 점입니다. 주로 오토캐드 서적을 살펴보면 기계 분야와 건축 분야, 그리고 인테리어 분야에 대다수 치중되어 있어 제품디자인이나 산업디자인을 전공하는 초보자 입장에서는 약간의 거부감을 느낄 수 있습니다. 이는 본인의 전공이 아닌 분야를 따라하면서 오토캐드에 대한 감각을 익히는 것보다는 같은 분야의 예제를 따라하는 것이 훨씬 효과가 크기 때문입니다.

이 책에서는 이러한 점을 고려하여 오토캐드의 수많은 명령어 중에서 가장 활용도가 높고, 꼭 필요하다고 생각되는 명령어를 위주로 구성하여 입문자들이 시간을 절약하면서 최대의 효과를 얻을 수 있도록 작성했습니다. 또한, 따라하기 예제들은 주로 산업디자인학과에서 사용하는 간단한 제품 예제와 기계 도면 예제를 중심으로 구성해 보았습니다. 이는 다른 전공 분야의 입문자들에게도 도움이 되며, 차근차근 설명을 따라가다 보면 기대 이상의 좋은 결과를 얻을 수 있다고 생각합니다. 이 책을 통해서 여러분들이 오토캐드에 대한 많은 활용 방법을 익혀서 2차원 프로그램에 대한 이해도를 향상시키고 작업을 효과적으로 수행할 수 있는 큰 보탬이 되기를 기대해 봅니다.

이 책의 제품 예제 부분에 도면을 사용하도록 허락해 주신 한국공학대학교 정동원 교수님께 감사의 말씀을 드리며, 이 책을 완성하기까지 많은 도움을 주신 앤미디어 김남권 실장님과 최소영 님께도 감사드립니다. 또한, 원고 작업이 바쁜 가운데 시간이 없다는 이유로 놀아 주지 못한 딸아이에게 미안한 마음과 많은 격려를 해 준 아내에게는 고마운 마음을 전합니다.

이진승

Preview

AutoCAD를 처음 시작하는 사용자들도 차근차근 따라하면서 쉽게 도면을 작성할 수 있습니다. AutoCAD의 다양한 기초 이론들을 알아보고 실습 도면 예제를 따라하면서 실무 경험을 진행해 보세요.

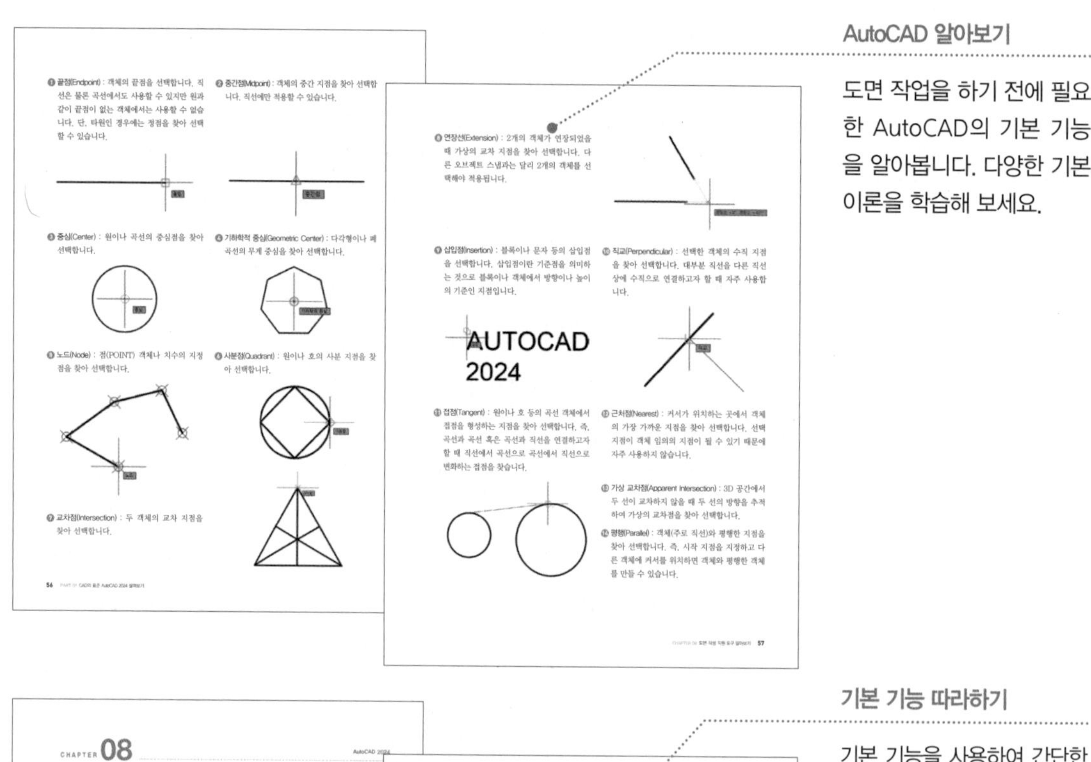

AutoCAD 알아보기

도면 작업을 하기 전에 필요한 AutoCAD의 기본 기능을 알아봅니다. 다양한 기본 이론을 학습해 보세요.

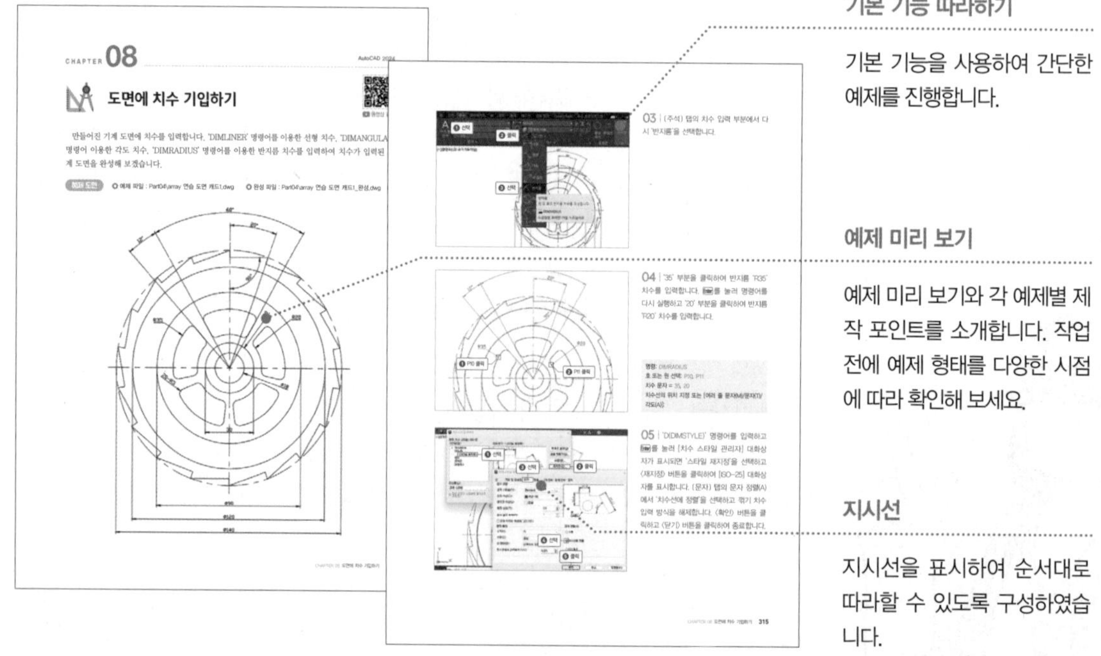

기본 기능 따라하기

기본 기능을 사용하여 간단한 예제를 진행합니다.

예제 미리 보기

예제 미리 보기와 각 예제별 제작 포인트를 소개합니다. 작업 전에 예제 형태를 다양한 시점에 따라 확인해 보세요.

지시선

지시선을 표시하여 순서대로 따라할 수 있도록 구성하였습니다.

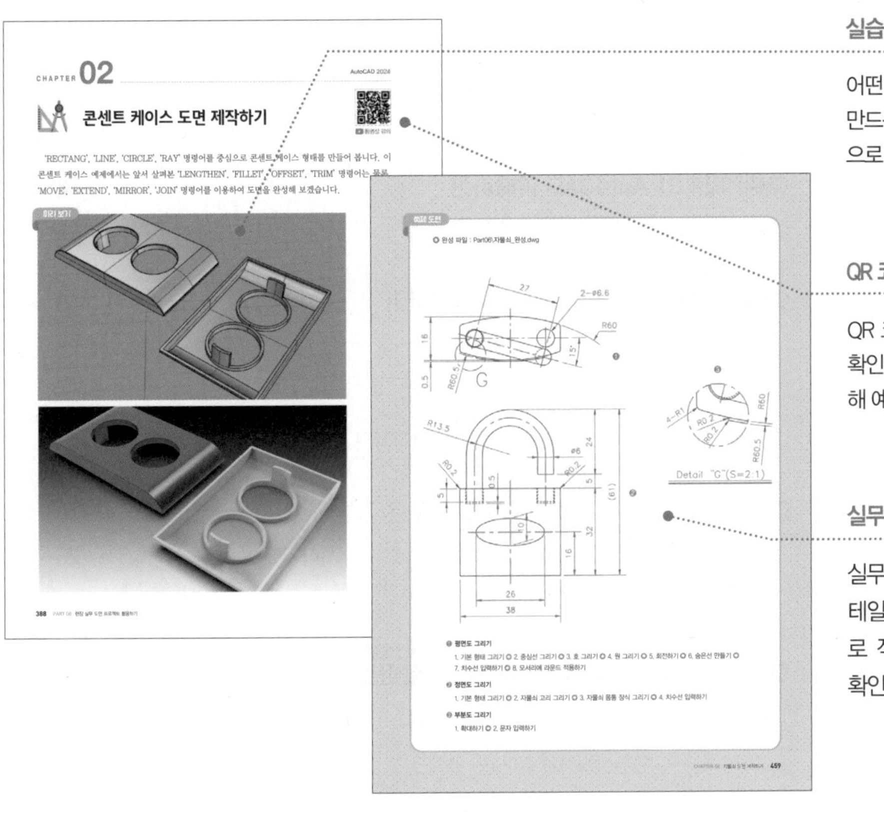

실습 도면 따라하기

어떤 기능을 사용해 실습 도면을 만드는지 알아보고 3D 객체 모양으로 미리 형태를 확인합니다.

QR 코드

QR 코드를 스캔해 동영상 강의를 확인할 수 있습니다. 동영상을 통해 예제를 확인해 보세요.

실무 예제 도면 살펴보기

실무 도면의 평면도, 정면도, 디테일을 살펴보면서 어떠한 순서로 작업을 진행하는지 한눈에 확인할 수 있습니다.

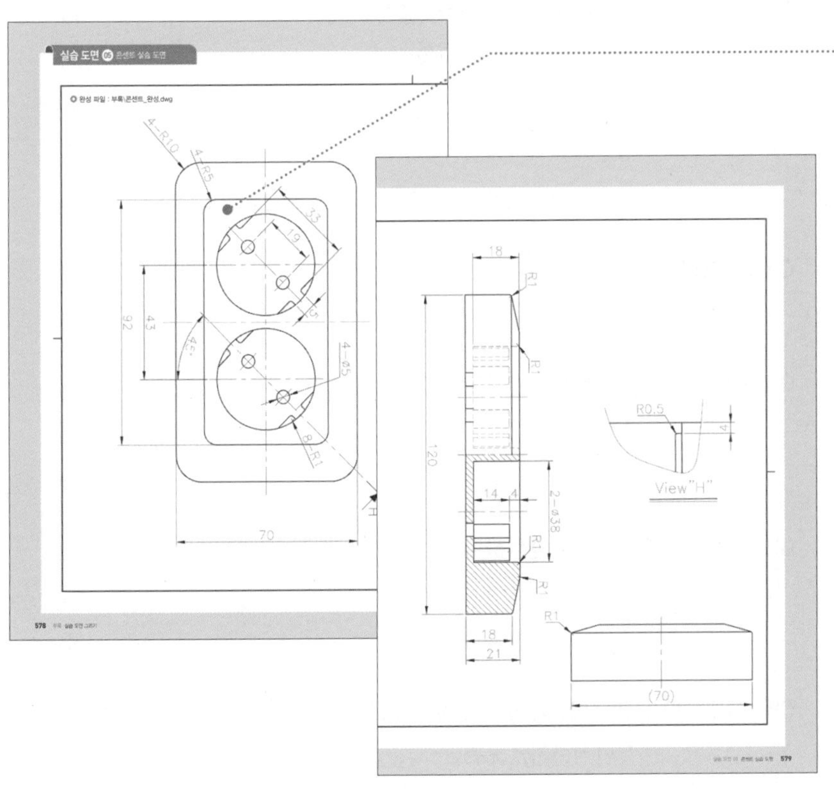

실습 예제 도면 작업하기

실무에서 사용할 수 있는 다양한 실습 예제 도면을 제공합니다.

Contents

PART 5
3차원 객체 그리기

현재 2차원 설계 프로그램은 캐디안(CADIAN), 지더블유캐드(ZWCAD), 지스타캐드(GSTARTCAD), 마이다스캐드(MIDASCAD) 등 많은 제품이 사용되고 있으나 일반인들이 가장 먼저 떠올리는 2차원 캐드 프로그램은 단연 AutoCAD일 것입니다. 그정도로 AutoCAD는 캐드 프로그램의 대명사이자 표준 캐드 형식으로 인정받고 있습니다.

처음 시작하는 파트에서는 AutoCAD를 접하는 분들에게 오토캐드란 어떤 프로그램인지 기본적인 이론을 설명하고, 이 책을 효율적으로 활용하는 학습 방법에 대해 알아보겠습니다.

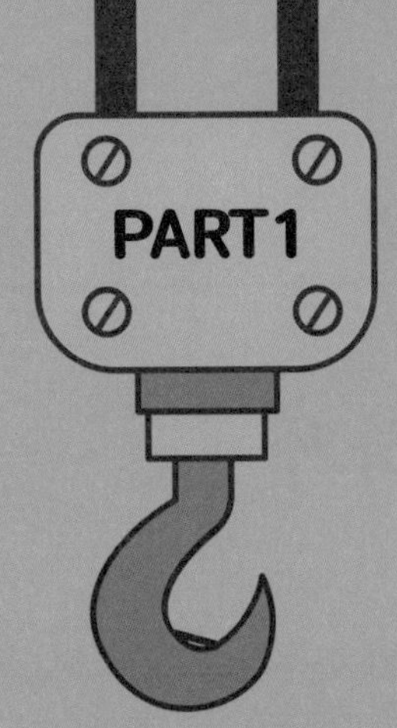

캐드의 표준 AutoCAD 2024 살펴보기

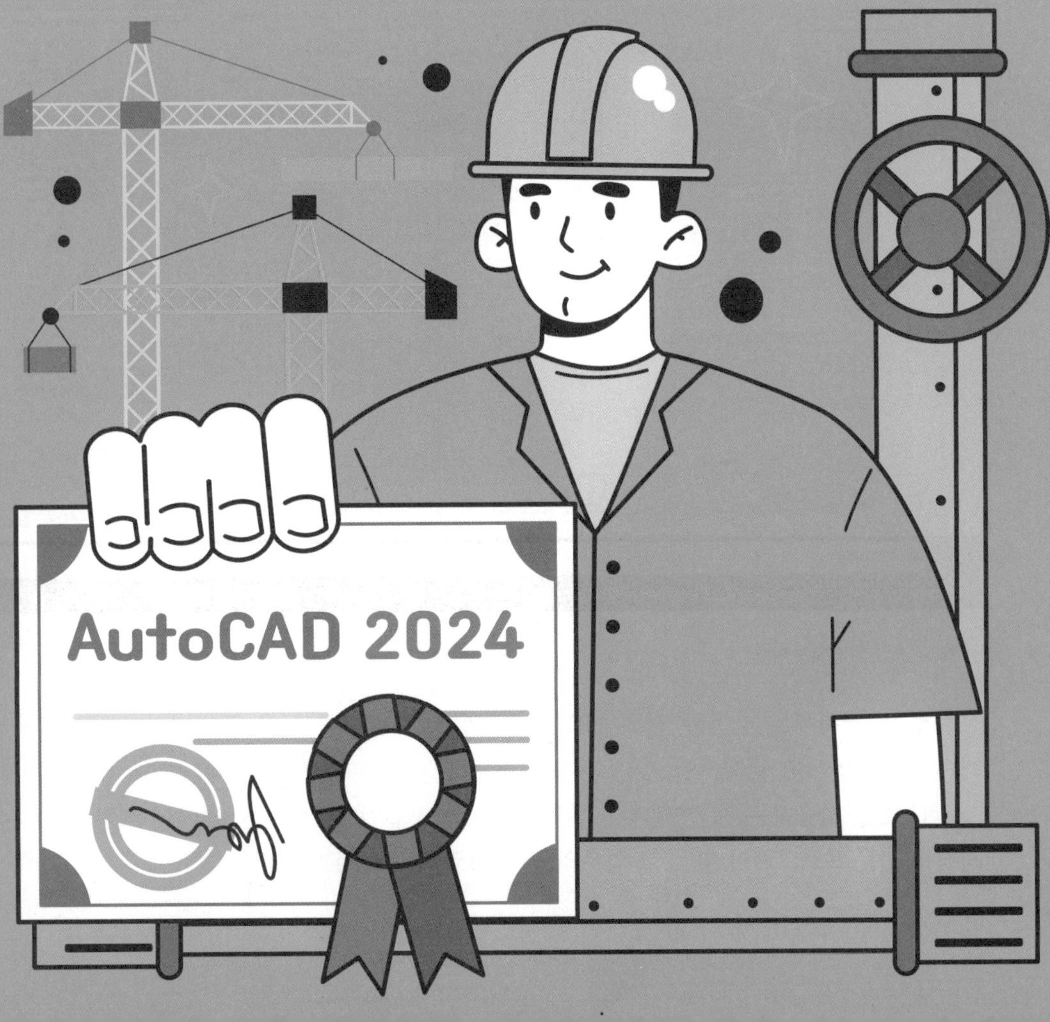

AutoCAD 이해하기

자동차, 항공기의 기계 요소 및 실내, 실외 건축과 도로, 조경, 토목 등 거의 모든 설계 분야, 디자인 분야에서 가장 기본적으로 사용되는 프로그램이 AutoCAD입니다. 기계, 건축, 토목 등의 분야에 따라 사용되는 AutoCAD의 작업 방식 및 도면 표현 방법 조건은 다르지만, AutoCAD는 사용하는 사람의 숙련도에 따라 작업 시간 및 작성된 도면 완성도가 달라집니다. 그러므로 여러분 각자 실제 업무에서 더욱 효율적으로 필요한 도면을 작성하기 위한 AutoCAD의 다양한 기능을 어떻게 사용해야 하는지에 대해 반드시 알고 있어야 합니다.

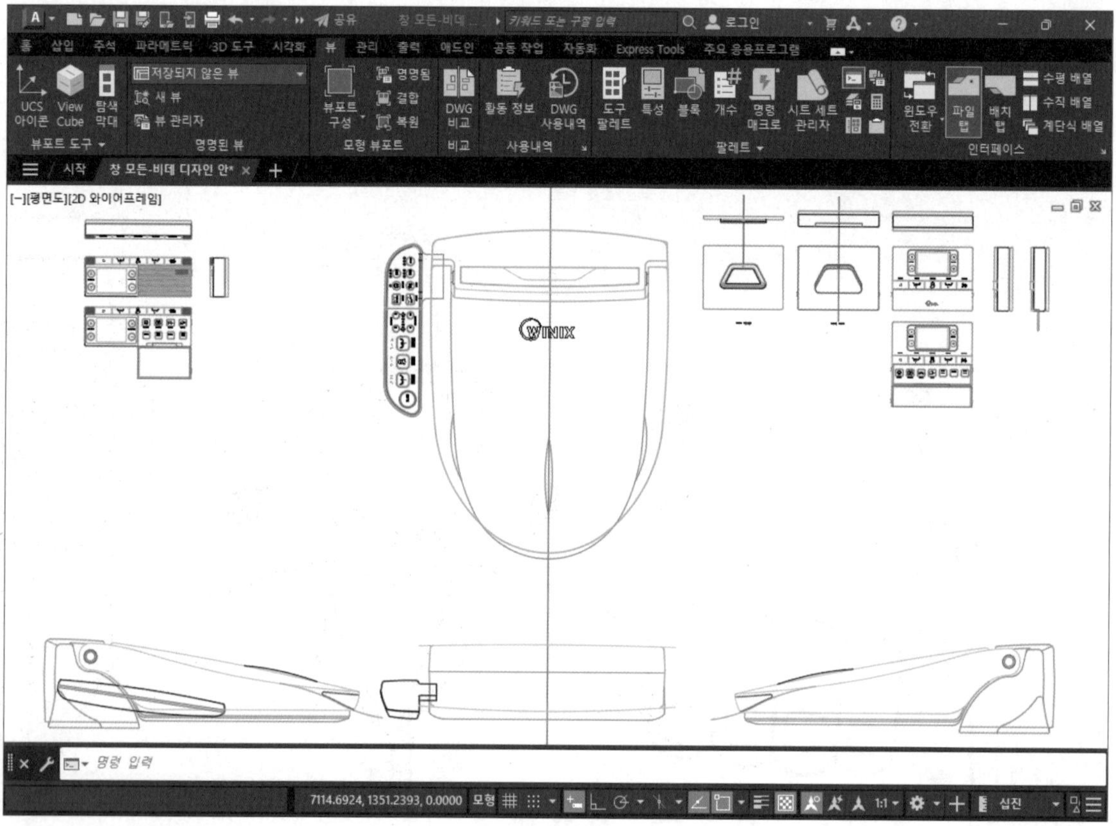

▲ AutoCAD 2024 실행 화면

기계 및 건축에는 다양한 전문 캐드 프로그램이 개발되어 사용 중이지만, 비록 설계 부분에서는 더 쉬울 수 있어도 국제적인 기본 규격을 적용하는 도면 작성 및 설계된 내용을 완성하기 위해서는 AutoCAD를 사용하는 게 현재까지 가장 보편적인 방법입니다. 즉, 여러분이 실무에서 사용할 설계의 시작은 전문 프로그램이지만, 그 업무의 끝은 바로 AutoCAD입니다.

1 캐드와 AutoCAD

캐드(Computer Aided Design/Drawing, CAD)는 과거 AutoCAD를 지칭하는 단어였지만, 현재는 컴퓨터를 사용해 설계 작업을 하는 거의 모든 2D 및 3D 설계 프로그램을 의미하는 단어가 되었습니다.

1 캐드 프로그램

앞서 설명한 것처럼 캐드는 2D와 3D를 아울러 컴퓨터를 사용하여 설계 작업을 할 수 있는 프로그램을 통칭하는 단어입니다. 대표적으로 기계 분야는 지멘스(SIEMENS)에서 만든 기계 설계용 프로그램인 NX(UG)와 프랑스의 비행기 제작 업체인 다쏘시스템(Dassault Systems)에서 개발한 카티아(CATIA)와 솔리드웍스(SolidWorks) 등이 있습니다. 국내의 경우 자동차 완성 업체 및 독일의 자동차 제작 업체에서도 자동차 설계를 위하여 사용합니다. 또한 AutoCAD를 대체할 수 있는 국내 개발 2D 캐드 프로그램인 캐디안도 있지만 아직까지 국제적으로 통용되는 AutoCAD만큼의 활용성을 보여주지 못하고 있습니다.

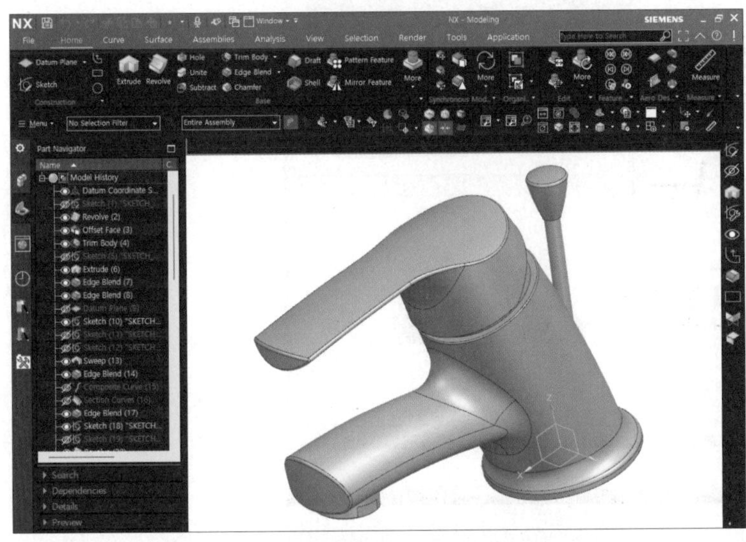

◀ 지멘스(SIEMENS)에서 만든 NX(UG)

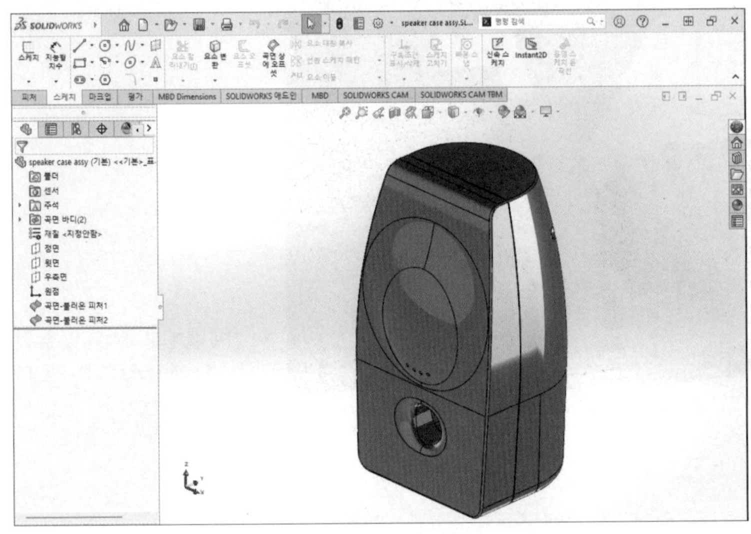

◀ 다쏘시스템(Dassault Systems)에서 만든 솔리드웍스(SolidWorks)

2 AutoCAD 프로그램

AutoCAD를 만든 오토데스크(Autodesk) 사도 다른 경쟁사들과의 경쟁에서 밀리지 않기 위해서 AutoCAD뿐만 아니라 여러 가지 캐드 프로그램을 내놓았습니다. 그중에서도 AutoCAD가 가장 기본적인 위치에 있기 때문에 제일 먼저 많은 변화를 가져온 프로그램입니다. 그리고 AutoCAD를 든든한 베이스로 두고서 건축 분야에서 BIM을 적용한 설계 방식을 효율적으로 작업할 수 있는 레빗(Revit) 3D 캐드 프로그램 및 기계 요소 부품을 설계하고 완성품으로 조립 및 여러 가지 조건을 부여한 해석이 가능한 인벤터(Inventor) 3D 프로그램이 있습니다. 여러분이 이 프로그램 중 하나를 사용한다고 하더라도 AutoCAD가 가장 기본이자 중심에 있다는 것을 잊어서는 안 됩니다.

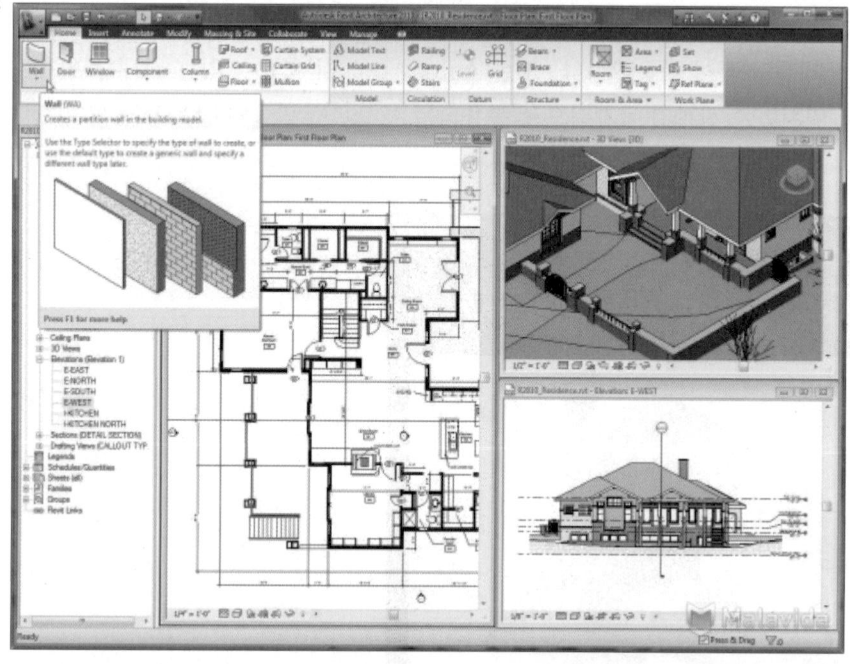

◀ BIM 건축 설계 작업이 가능한 3D 캐드 프로그램 레빗(Revit)

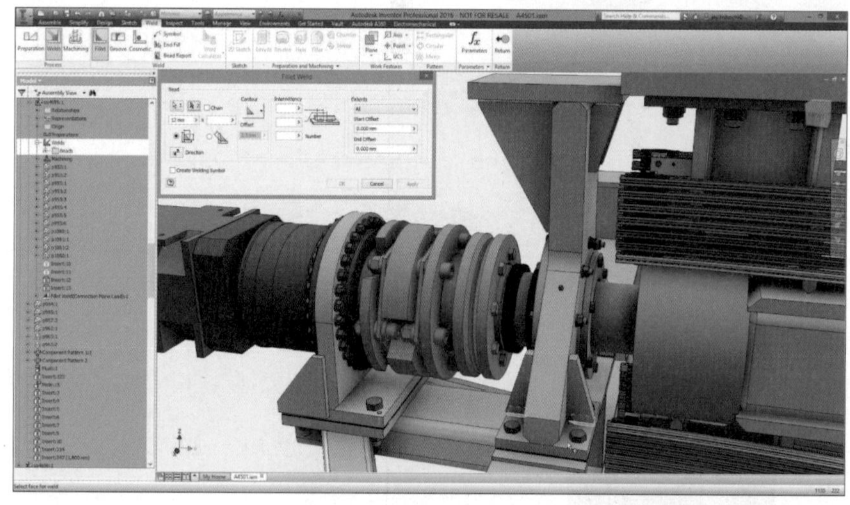

◀ 기계 설계 및 해석을 할 수 있는 3D 캐드 프로그램 인벤터(Inventor)

3 AutoCAD의 필요성

AutoCAD는 다양한 2D 및 3D 캐드 프로그램을 하나로 이어주는 핵심 프로그램입니다. 건축의 경우 AutoCAD에서 기본적인 구조를 작성 후 3D 캐드로 변환하면 더 쉽게 작업할 수 있으며, 완성된 3D 캐드 설계를 2D로 변환하여 도면화할 수 있는 작업을 할 수 있습니다. 기계의 경우 3D 캐드로 설계된 부품을 국제 표준에 맞는 2D 도면으로 작성하기 위해서는 3D에서 2D로 변환한 다음 AutoCAD에서 도면을 작성해야만 완성도 높은 도면을 만들 수 있습니다. 이처럼 AutoCAD는 모든 분야에서 반드시 거쳐 가야 하는 단계이자 프로그램이기에 설계와 디자인 업무를 수행하거나 혹은 해당 분야의 업무를 하기 위해서는 반드시 능숙하게 AutoCAD를 다루어야 합니다.

4 AutoCAD 2024의 하드웨어 요구 사항

항목	요구 사항
운영체제	• 윈도우 7 SP1(KB4019990 업데이트 이후, 64비트 전용) • 윈도우 8.1(KB2919355 업데이트 이후, 64비트 전용) • 윈도우 11 및 10(1809 버전 이상, 64비트 전용)
CPU	• 기본 : 2.5–2.9GHz 프로세서(기준) ARM 프로세서는 지원X • 권장 : 3GHz 이상 프로세서(기준), 4GHz 이상(터보)
메모리	• 기본 : 8GB • 권장 : 16GB
해상도	• 일반 디스플레이 : 1,920 × 1,080(트루컬러) • 고해상도 4K 디스플레이 : 최대 해상도 3,840 × 2,160("권장" 디스플레이 카드 탑재)
그래픽카드	• 기본 : 2GB GPU(29GB/s 대역폭)와 다이렉트X 11 호환 • 권장 : 8GB GPU(106GB/s 대역폭)와 다이렉트X 12 호환
하드디스크 공간	10GB(권장 SSD)
마우스	MS 마우스 호환
닷넷 프레임워크	닷넷 프레임워크(.NET Framework) 4.8 이상

5 AutoCAD 노트북 권장 사항

항목	요구 사항
운영체제	윈도우 11 및 10(64비트 전용)
CPU	•인텔 코어 i7(Intel Core i7) • 어드밴스트 마이크로 디바이시스 라이젠 7(AMD Ryzen 7)
메모리	최소 16GB 이상
그래픽카드	• 엔비디아(NVIDIA) 또는 어드밴스트 마이크로 디바이시스(AMD) 제품군의 그래픽카드 선택 • 다이렉트X(DirectX) 11 및 1G 이상의 그래픽 메모리 충족
디스플레이	고해상도(Full HD 또는 4K) 디스플레이
저장 장치	500GB 이상 SSD 설치 권장

AutoCAD 2024 설치하기

AutoCAD 2024 설치 방법에 대해 살펴보겠습니다. AutoCAD의 경우 월 및 연간 임대 방식으로 라이선스를 구매하여 사용할 수 있습니다. 짧게는 1개월부터 최대 3년의 라이선스를 구매할 수 있으며, 라이선스의 구매는 AutoCAD의 사용 권리를 구매하는 것이기 때문에 사용 가능한 버전 내에서는 공통적인 라이선스가 적용되어 본인이 필요로 하는 AutoCAD의 버전을 사용할 수도 있습니다.

1 사용자 계정 만들기

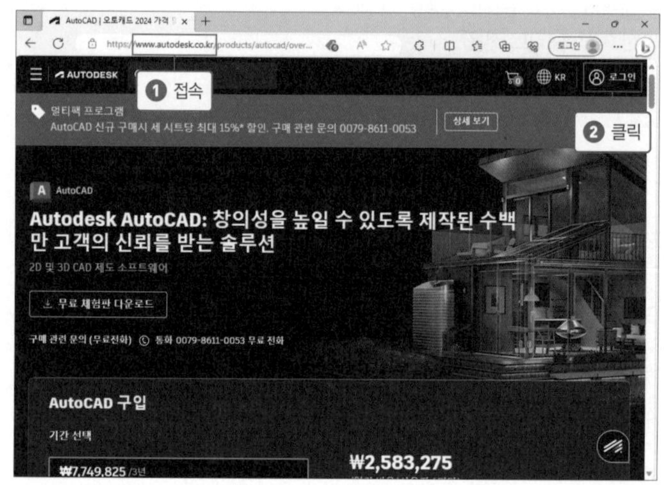

01 | 오토데스크 사이트(www.autodesk.co.kr)에 접속합니다. 상단에서 '로그인'을 클릭합니다.

02 | 로그인 창에서 '계정 작성'을 클릭합니다.

03 | 계정 작성에 필요한 내용들을 입력합니다. 이때 본인의 이름 및 성은 영문으로 입력하는 것을 권장합니다. 한글로 입력하면 AutoCAD 설치 및 라이선스 인증 시에 오류가 발생할 수 있습니다.

04 | 계정 작성이 완료되었다면 해당 계정을 사용하여 로그인합니다.

2 ⁞ AutoCAD 2024 설치하기

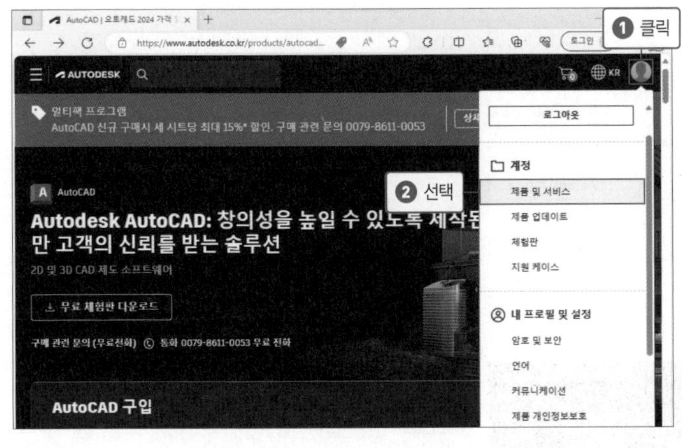

01 | 계정을 생성했다면 공식 홈페이지로 접속하여 라이선스를 구매합니다.

02 | 로그인한 다음 '제품 및 서비스'를 선택합니다.

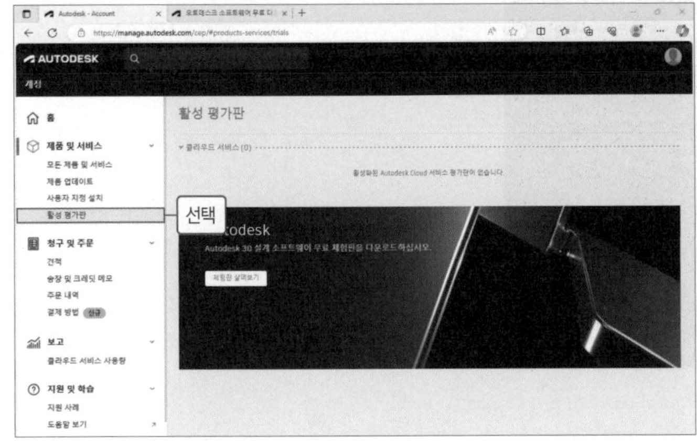

03 | 화면 왼쪽 제품 및 서비스 항목에서 '활성 평가판'을 선택합니다.

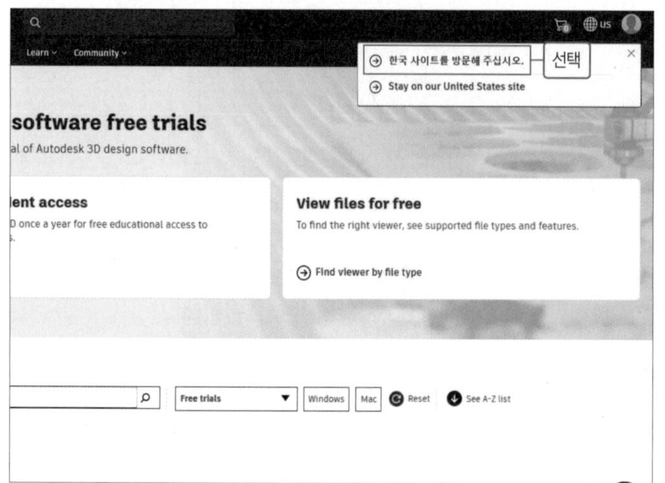

04 | 무료 체험판이 영문으로 표시되면 오른쪽 상단에 있는 '한국 사이트를 방문해 주십시오.'를 선택합니다.

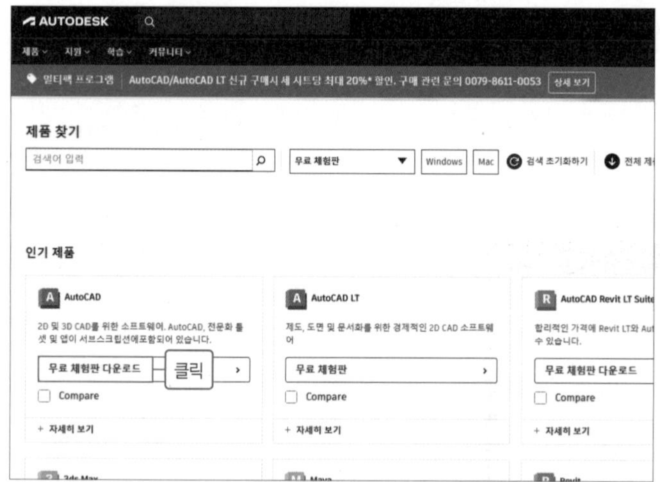

05 | 인기 제품 항목의 AutoCAD에서 〈무료 체험판 다운로드〉 버튼을 클릭합니다.

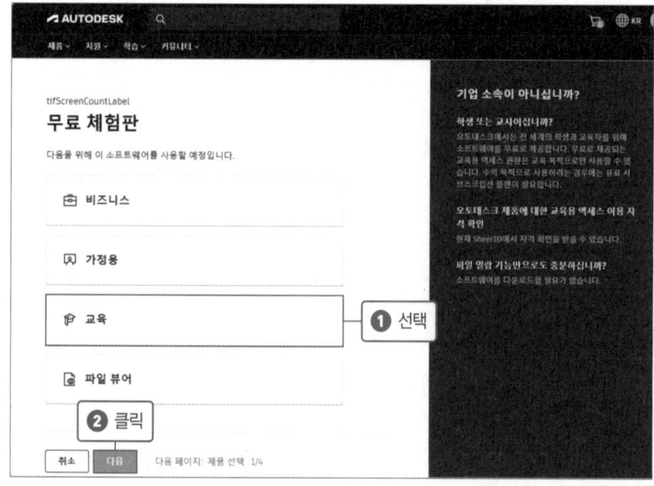

06 | 무료 체험판 화면에서 AutoCAD 용도를 선택합니다. 여기에서는 '교육'을 선택하고 〈다음〉 버튼을 클릭합니다.

07 | 오토데스크 교육 커뮤니티 화면에서 사용자의 계정 상세 정보를 지정하고 입력합니다.

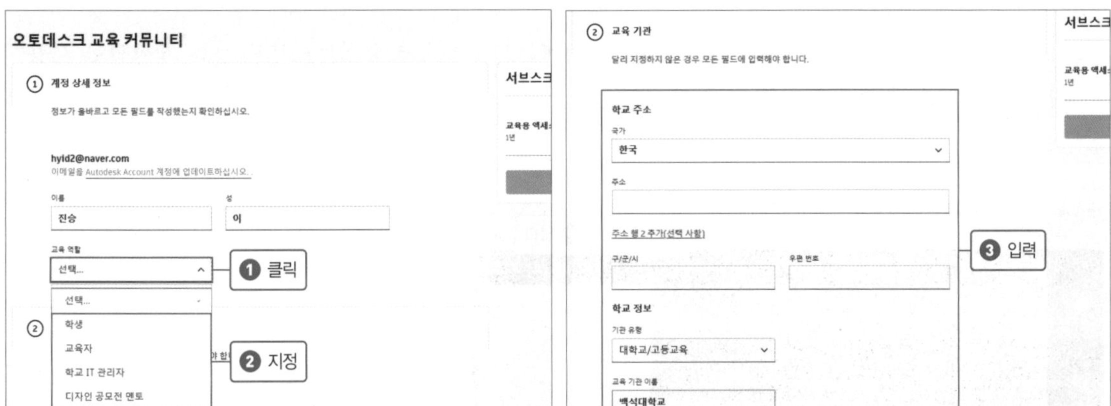

08 | 교육 항목에서는 교육과 관련되어 있다는 사용자의 추가 자료를 제출해야 합니다. AutoCAD에서 제시하는 자료들을 업로드하고 〈제출〉 버튼을 클릭합니다.

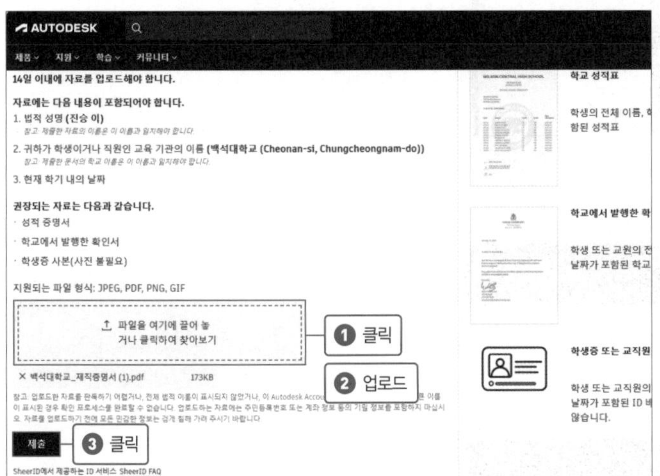

09 | 모든 과정이 완료되면 왼쪽과 같은 화면의 AutoCAD에서 〈시작하기〉 버튼을 클릭합니다. 다음으로 다운로드하거나 바로 설치를 진행하면 AutoCAD를 실행할 수 있습니다.

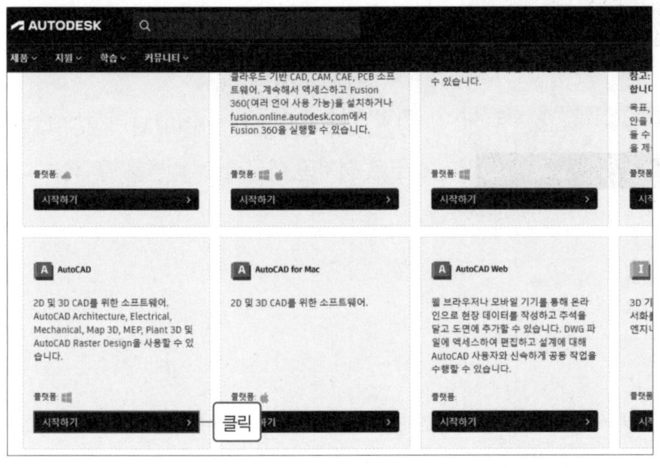

3 AutoCAD 무료 체험판 설치하기

오토데스크 사는 30일 동안 사용할 수 있는 AutoCAD를 배포하고 있습니다. 무료 체험판을 사용하기 위해서는 우선 계정에 가입해야 하며, 계정 생성 방법은 앞서 설명한(18쪽) '사용자 계정 만들기'의 설명을 참고해 계정을 생성합니다.

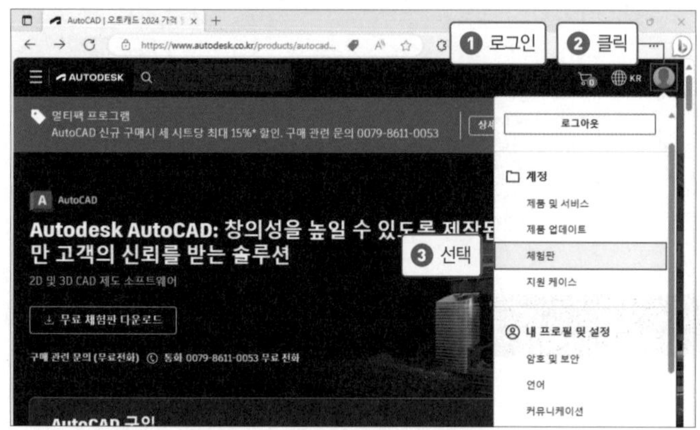

01 | AutoCAD 공식 홈페이지에서 사용자 계정을 통해 로그인하고 화면 오른쪽 위의 '나의 계정'을 클릭하고 계정의 '체험판'을 선택합니다.

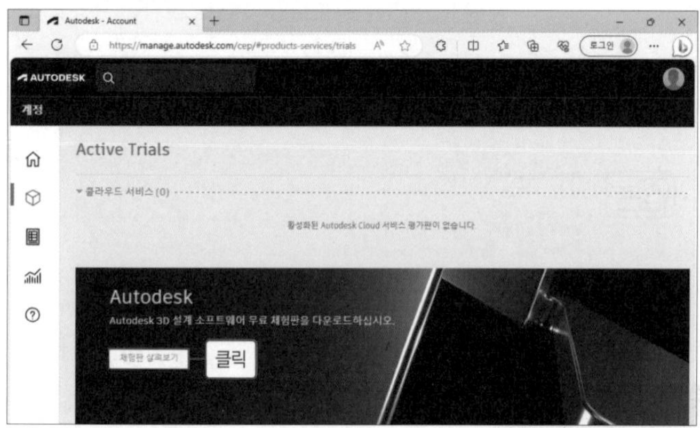

02 | Active Trials 화면에서 〈체험판 살펴보기〉 버튼을 클릭합니다.

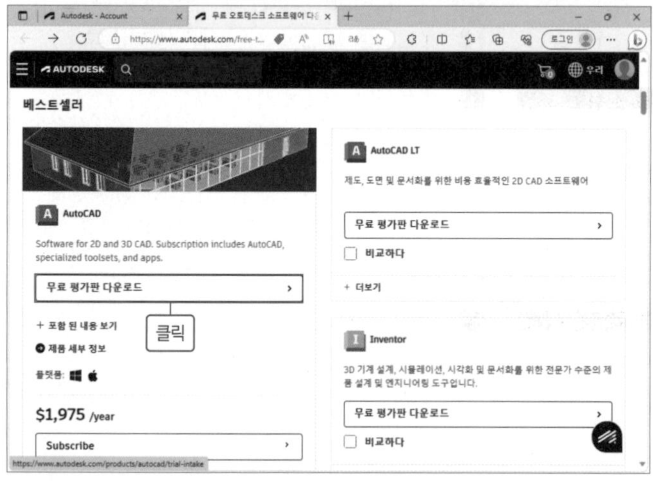

03 | 베스트셀러 화면에서 AutoCAD의 〈무료 평가판 다운로드〉 버튼을 클릭합니다.

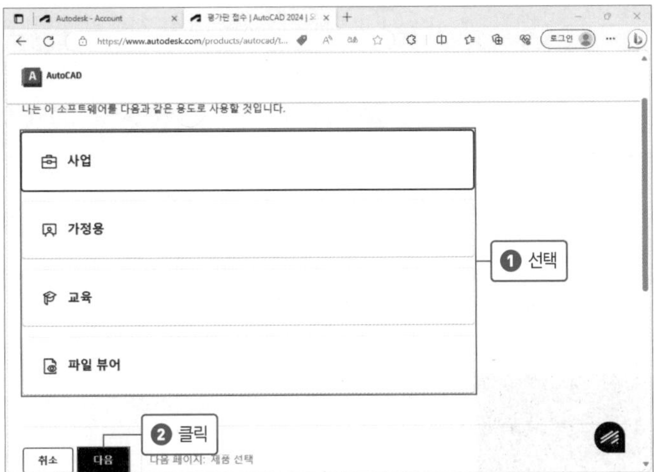

04 | AutoCAD의 용도를 선택하고 〈다음〉 버튼을 클릭합니다.

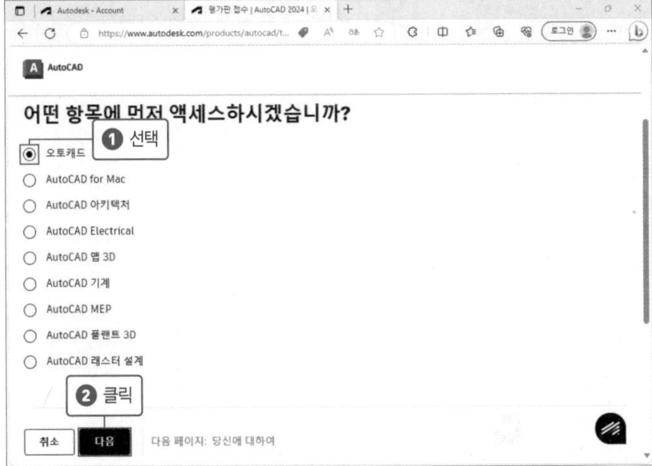

05 | 어떤 항목에 먼저 액세스할지 선택하고 〈다음〉 버튼을 클릭합니다.

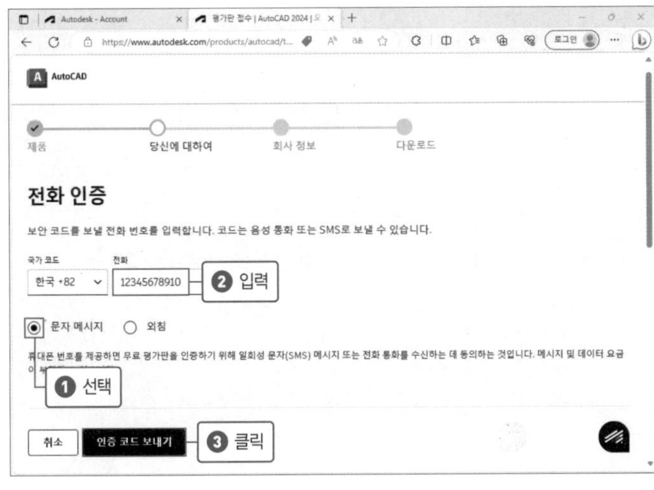

06 | 보안 코드를 보낼 전화 번호를 입력합니다. 코드는 음성 통화 또는 SMS로 보낼 수 있습니다. 여기서는 '문자 메시지'를 선택하고 전화 번호를 입력한 다음 〈인증 코드 보내기〉 버튼을 클릭합니다.

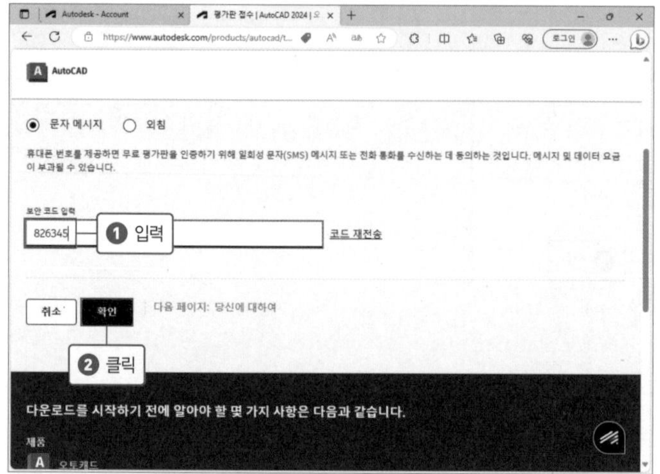

07 | 입력한 전화번호로 전송된 보안 코드를 확인합니다. 보안 코드 입력 창에 보안 코드를 입력하고 〈확인〉 버튼을 클릭합니다.

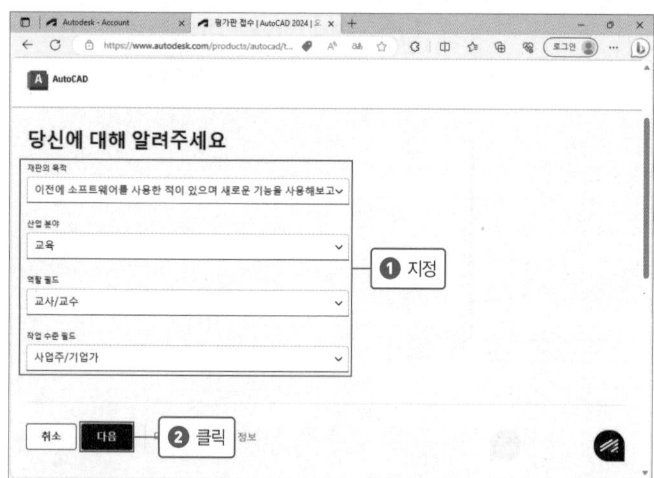

08 | 사용자 유형에 대한 항목을 각각 지정하고 〈다음〉 버튼을 클릭합니다.

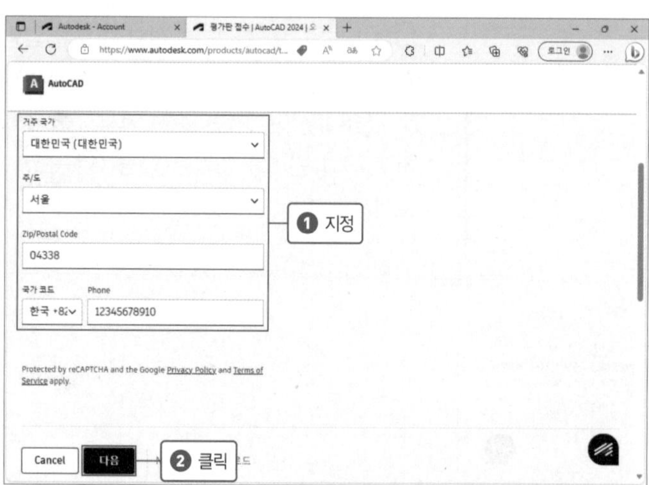

09 | 앞서 오토캐드의 용도를 사업으로 선택했다면 소속된 회사 정보를 입력한 후 〈다음〉 버튼을 클릭합니다.

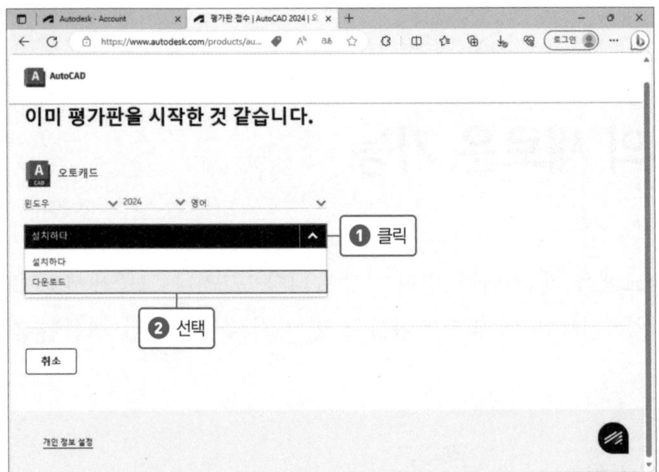

10 | '설치하다'를 클릭하고 '다운로드'를 선택합니다.

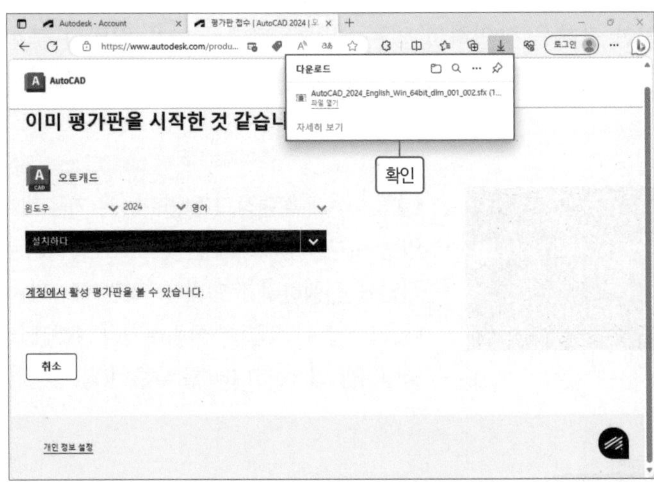

11 | AutoCAD 파일이 설치된 것을 확인할 수 있습니다. 이제 다운로드한 파일을 찾아 설치를 진행하면 30일 동안 무료 체험판을 사용할 수 있습니다.

TIP

- AutoCAD 무료 체험판은 30일간 사용할 수 있습니다.
- 체험판이 시작할 때 결제 방법을 입력하지 않으면 자동으로 체험판이 만료됩니다.
- 체험판이 만료된 이후로는 기간 연장이 불가능합니다.

CHAPTER 03

AutoCAD 2024의 새로운 기능

AutoCAD 2024는 AutoCAD 2023과 비교했을 때 커다란 변화는 없습니다. 그러나 그중에서도 필요성이 높다고 생각되는 〈스마트 블록 : 배치〉 기능에 대해서 알아보고 몇 가지 추가되거나 개선된 기능에 대해서도 살펴보겠습니다.

1 스마트 블록 배치 기능으로 블록 배치하기

AutoCAD 2024 스마트 블록 배치는 동일한 블록을 삽입하고 있는 위치를 토대로 다음 입력할 블록의 배치 입력 위치를 자동으로 제안합니다. 사용자는 이를 기반으로 좀 더 쉽고 빠르게 블록을 배치할 수 있습니다.

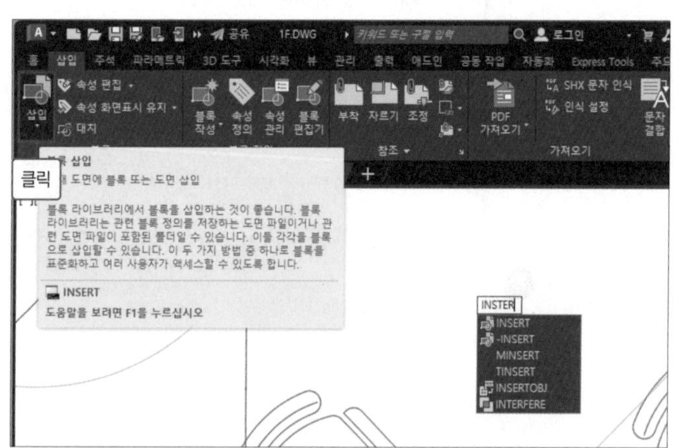

01 | 현재 화면상의 평면도에서 기울어져 있는 의자를 옆자리에 반복적으로 삽입하는 작업을 진행하려고 합니다. 리본 메뉴에서 [삽입] 탭의 '삽입'을 클릭하거나 'INSTER' 명령어를 입력하고 Enter를 누릅니다.

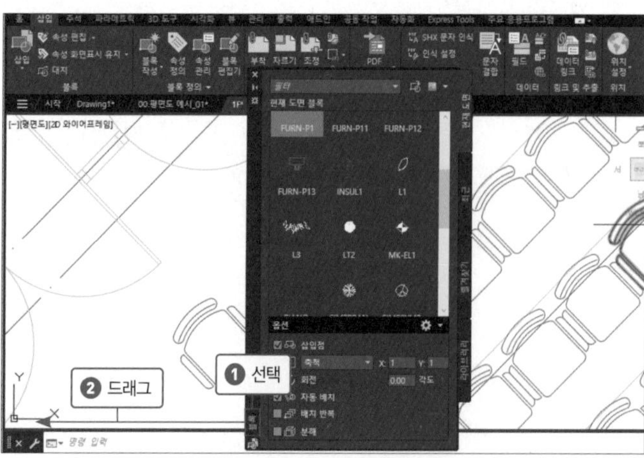

02 | 그림과 같이 블록 창이 표시됩니다. 블록 창의 왼쪽에 '블록'이라고 표기되어 있는 부분을 선택한 상태로 왼쪽으로 드래그합니다.

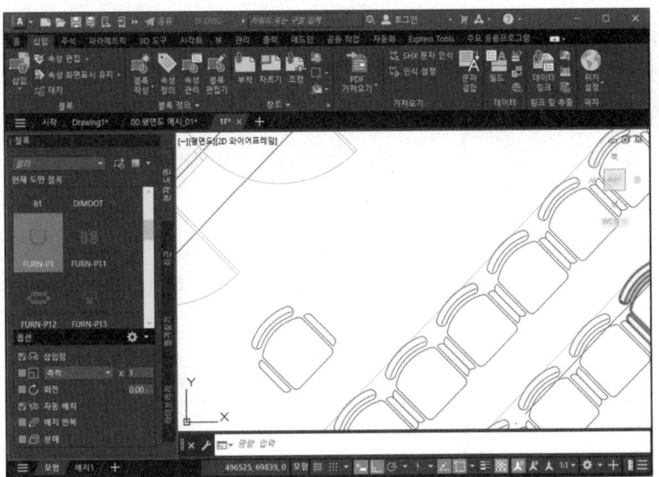

03 | 그림과 같이 블록 창이 배치되었습니다.

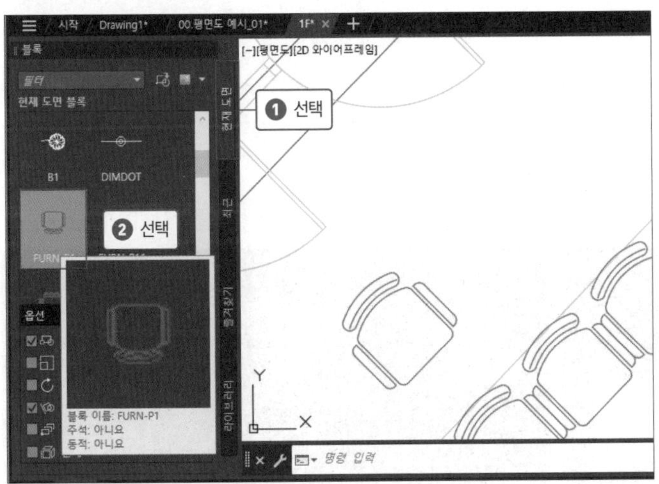

04 | 블록 창에서 〔현재 도면〕 탭을 선택하고 반복해서 삽입할 의자 모양의 블록을 선택합니다.

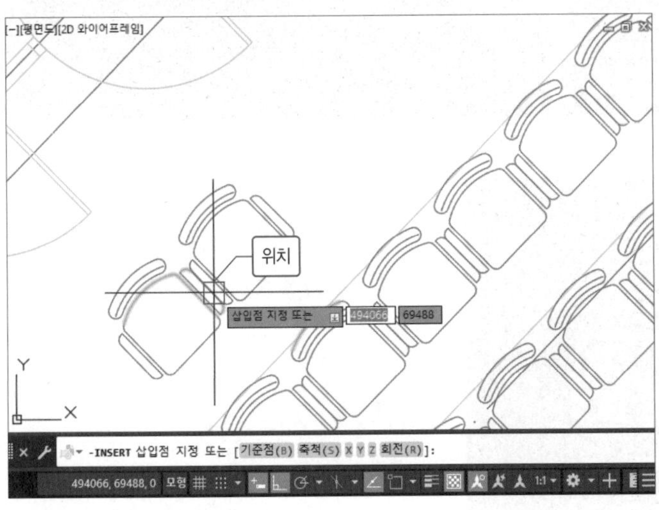

▲ 블록이 자동으로 삽입되는 모습

05 | 기존 의자에 마우스 커서를 가까이 위치시키면 선택했던 블록이 자동으로 회전해 기존 의자 바로 옆에 붙습니다. 이것은 기존 블록 인스턴스가 현재 도면의 배치 방식을 학습하여 동일한 블록의 다음 배치 위치를 예상해서 다음 블록을 삽입할 형상과 가장 가까운 배치를 제안하는 것입니다.

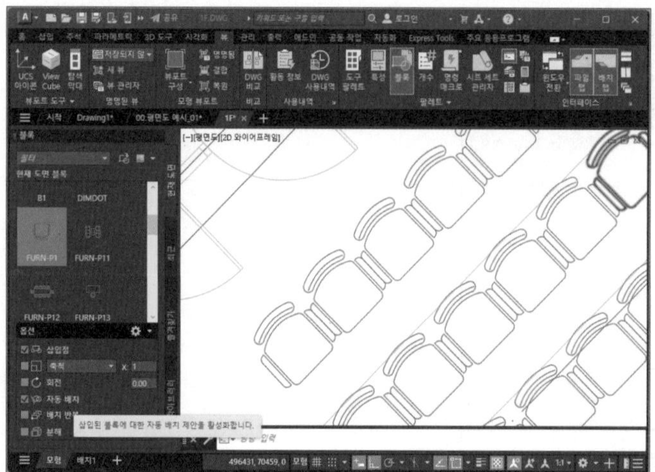

▲ 블록이 자동으로 차례차례 삽입된 모습

06 | 이때 Ctrl을 눌러 왼쪽 블록 창에 있는 다른 블록들을 선택해 전환할 수도 있습니다. 일시적으로 '스마트 블록 : 배치' 기능을 중단하고 싶을 때는 Ctrl+W를 누른 채 블록을 삽입합니다. 영구적으로 '스마트 블록 : 배치' 기능을 중단하고 싶을 때는 블록 창의 옵션에서 '자동 배치'의 체크 표시를 해제합니다.

2 ⁝ 개선된 뷰 기능 살펴보기

01 | 최근 도면 리스트를 간단히 정렬하고 검색할 수 있게 그리드 뷰에서 이름 순서대로 볼 수 있는 '이름' 기능과 최신 파일 순서대로 확인할 수 있는 '마지막으로 연 날짜' 기능이 추가되었습니다.

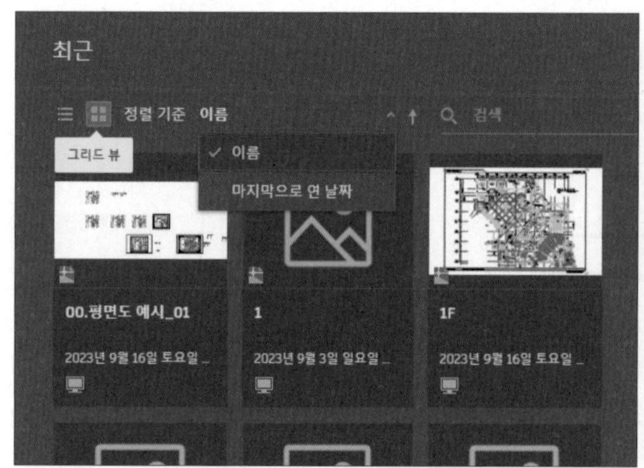

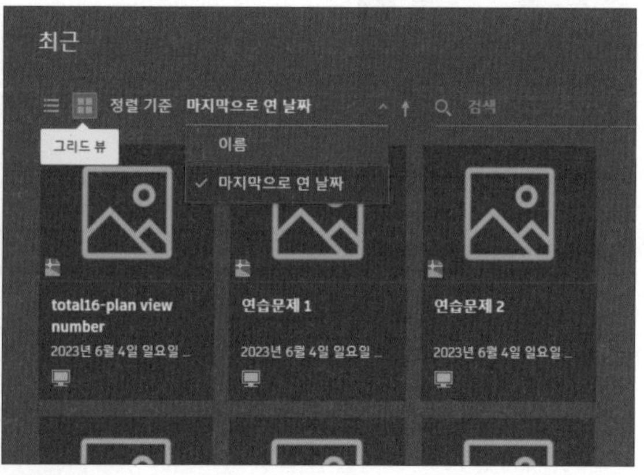

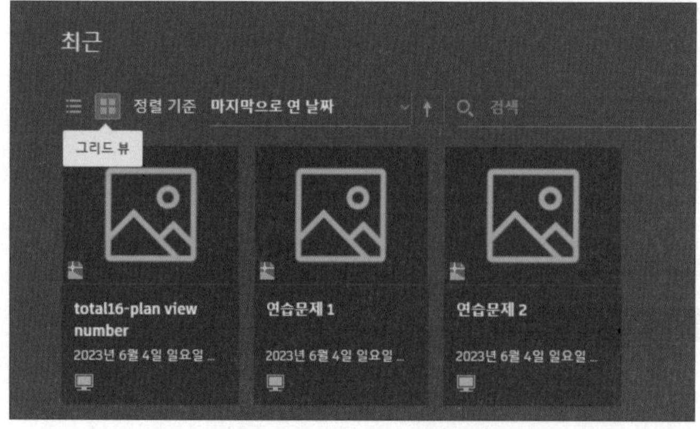

02 | 그리드 뷰의 드롭다운 리스트 옆에 '화살표' 기능이 생겼습니다. '화살표'를 클릭하여 정렬 순서를 반대로 변경할 수 있습니다.

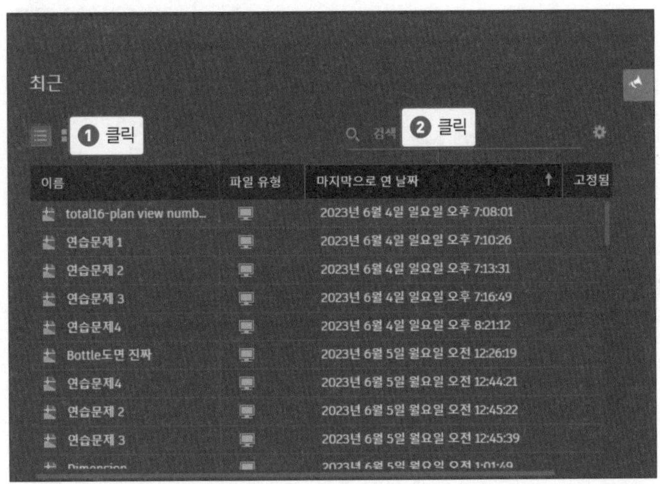

03 | '리스트 뷰'를 클릭하고 '마지막으로 연 날짜'를 클릭해도 정렬 순서를 반대로 할 수 있습니다.

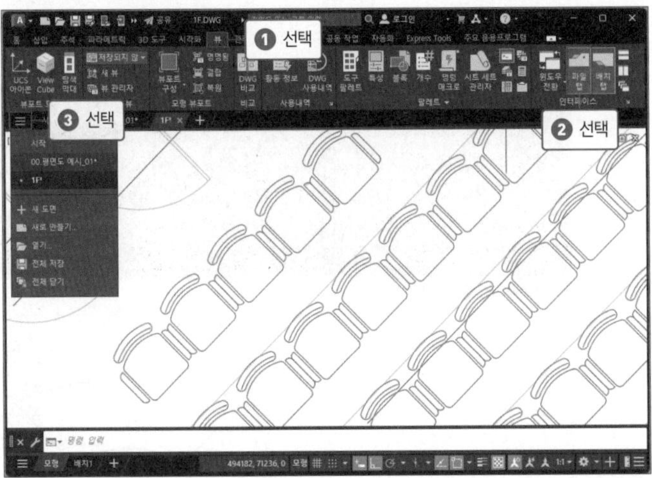

04 | 리본 메뉴에서 〔뷰〕 탭을 선택하고 '파일 탭'을 선택한 다음 도면 패널 왼쪽 상단에 〔≡〕 탭을 선택하면 새로운 드로잉 파일과 다른 도면을 열기, 닫기, 저장 등의 옵션이 있어 바로가기 메뉴보다 훨씬 더 효과적으로 액세스할 수 있습니다.

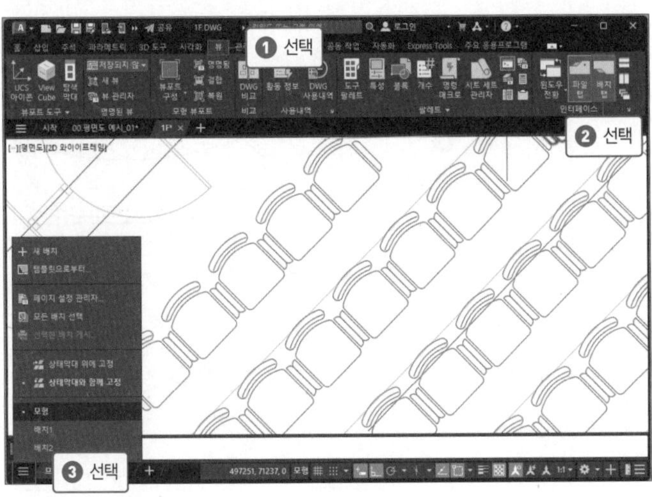

05 | 리본 메뉴에서 〔뷰〕 탭을 선택하고 '배치 탭'을 선택한 다음 도면 패널 왼쪽 하단에 〔≡〕 탭을 선택하면 새로운 배치 탭을 만들거나 모든 배치 탭을 선택하여 탭의 위치를 변경할 수 있습니다.

AutoCAD 2024 화면 살펴보기

AutoCAD 2024 버전은 이전 버전인 AutoCAD 2023 버전과 거의 달라진 것 없이 역시 리본 메뉴를 이용한 직관적인 화면 구성을 보여 줍니다.

1 AutoCAD 2024 화면 구성

❶ **응용 프로그램 메뉴 아이콘** : 응용 프로그램 메뉴 아이콘을 클릭하면 파일을 열거나 저장하는 등의 파일 작업 명령이 표시됩니다. 또한 AutoCAD 2024의 옵션을 설정할 때도 응용 프로그램 메뉴를 이용합니다.

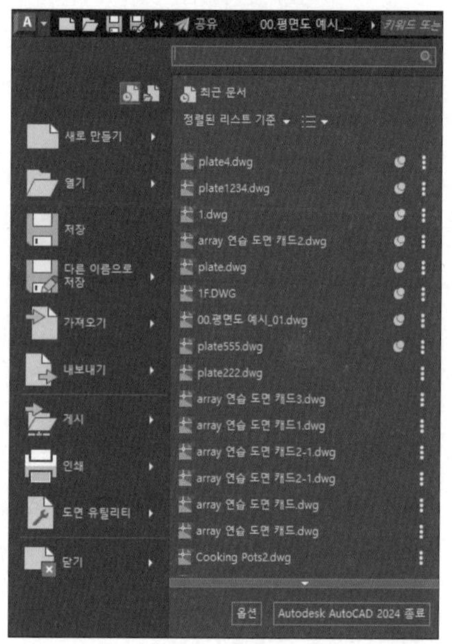

❷ **리본 메뉴** : AutoCAD 2024도 이전 버전과 마찬가지로 리본 메뉴를 이용한 UI를 사용하며, 4K 고해상도를 위해 미려한 아이콘 및 패널이 제공됩니다. 탭을 선택할 때마다 해당 패널이 표시되며, 리본 메뉴에 표시되는 명령어와 아이콘은 직접 편집하거나 만들 수 있습니다.

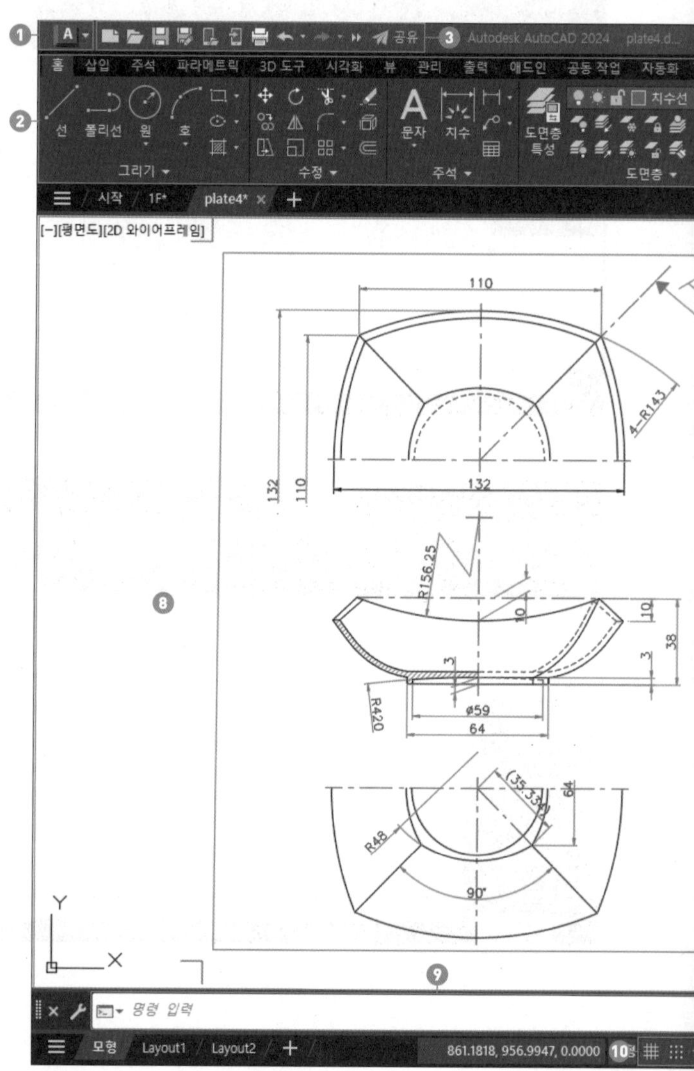

③ **신속 접근 도구막대** : 리본 메뉴 상단에 위치하며, 새로운 도면을 만들거나 저장, 인쇄 등 자주 사용하는 기능을 빠르게 실행할 수 있도록 별도의 빠른 실행 도구막대가 제공됩니다. 신속 접근 도구막대도 설정할 수 있으며 위치를 화면 하단으로 이동하여 사용할 수도 있습니다.

④ **검색 메뉴** : 명령어를 검색하거나 오토데스크 계정에 로그인하는 등의 도면 작성과 직접적인 관련은 없지만 도면 작성을 위해 도움 되는 기능을 모아둔 영역입니다. 명령어 검색 기능은 AutoCAD 2024를 실행하면 표시되는 Autodesk AutoCAD 2024 도움말 창에서 그 결과를 확인할 수 있습니다.

⑤ **도면 영역 도구** : 작업 중인 도면 영역을 닫거나 최소화할 수 있는 도구가 제공됩니다. 도면 영역 복구 도구를 선택하면 하나의 AutoCAD 2024에서 동시에 여러 개의 도면 파일을 보면서 작업할 수 있습니다.

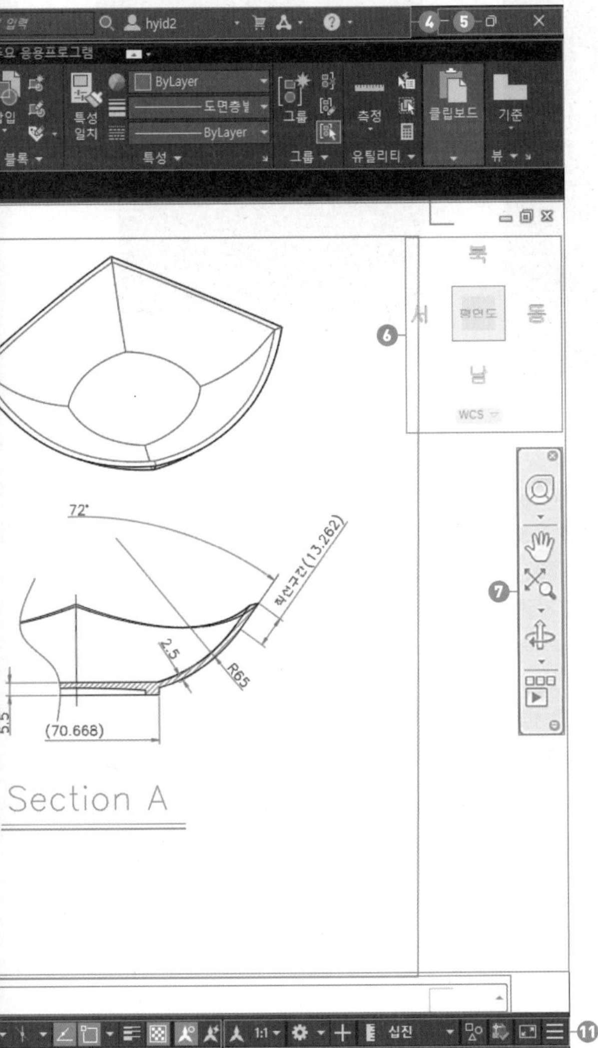

⑥ **뷰큐브 도구** : 관측점을 변경할 수 있는 도구로 현재의 뷰포트를 변경할 수 있으며 회전 도구를 이용해서 뷰포트를 회전할 수도 있습니다.

⑦ **탐색 도구** : 화면 이동, 줌, 내비게이션 휠 등 주로 화면 표시와 관련된 기능을 제공하는 도구입니다. 내비게이션 도구를 이용하면 화면에 항상 표시되며 선택한 기능을 실시간으로 사용할 수 있습니다.

⑧ **도면 패널(Workspace)** : 실제 도면이 표시되는 영역입니다. 도면 영역 아래쪽에는 모델 영역과 레이아웃 영역으로 전환할 수 있는 탭이 표시되며 도면 영역 왼쪽 아래에는 UCS가 표시됩니다. 도면 작성 영역의 배경색이나 표시 방법은 [옵션] 대화상자를 통해 설정할 수 있습니다.

⑨ **명령어 입력 창** : 직접 명령어를 입력하거나, 명령 수행 중 프롬프트, 옵션 및 문구 등이 표시되는 영역입니다. 오토캐드 2019 버전까지는 기본으로 작업 영역에 고정되어 표시되었으나 AutoCAD 2021부터는 작업 영역에 떠 있는 형태로 표시되어, 일정 시간 동안 입력이 없으면 자동으로 명령어 입력 창 내용이 화면에서 사라져 작업 영역을 넓게 사용할 수 있습니다.

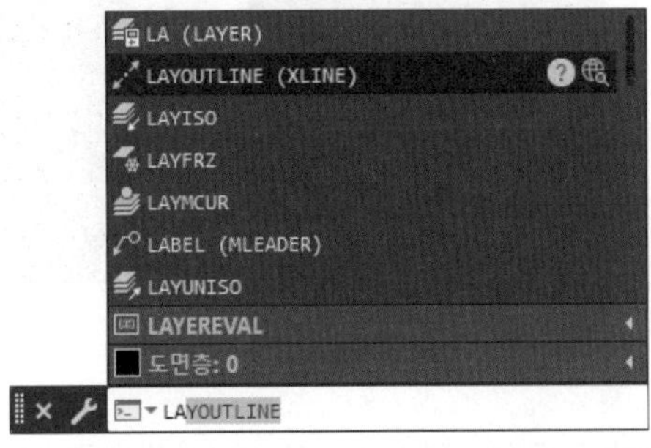

⑩ **객체 스냅 도구 모음** : 도면 작성을 위해 자주 사용하는 객체 스냅을 설정할 수 있는 곳입니다. 토글 아이콘 형식이므로 한 번 클릭하면 해당 객체 스냅이 동작하고, 한 번 더 클릭하면 객체 스냅이 해제됩니다. 동작 중인 객체 스냅은 파란색으로 표시됩니다.

⑪ **사용자 구성 도구 모음** : 도면 영역 표시 방법이나 동작 기억 매크로 설정 등의 사용자 구성을 설정할 수 있는 도구들이 제공되는 곳입니다. 사용자 구성 도구 모음은 토글 아이콘이 아니므로, 아이콘을 클릭하면 해당 기능이 수행됩니다.

◀ AutoCAD 2024에서는 리본 메뉴를 이용하여 직관적인 메뉴 구성을 확인할 수 있습니다.

2 AutoCAD 2024의 팔레트

팔레트란, 도구를 쉽게 사용할 수 있도록 하거나 객체 속성을 확인하는 등의 도면 작업을 지원하기 위해 창으로 표시되는 모든 형식을 의미합니다. 각 팔레트는 리본 메뉴에서 〔뷰〕 탭의 팔레트 패널에서 선택하여 표시할 수 있습니다.

❶
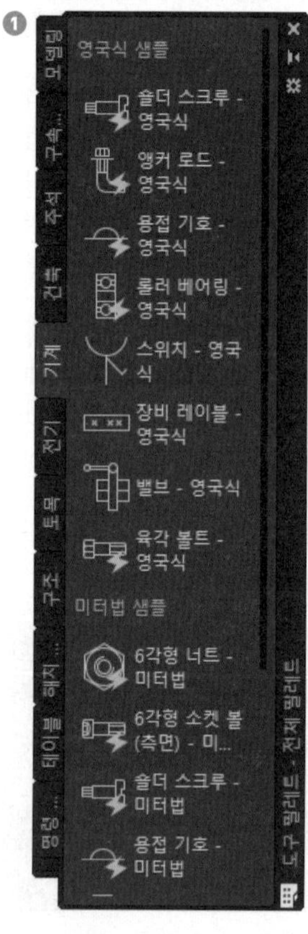

❷
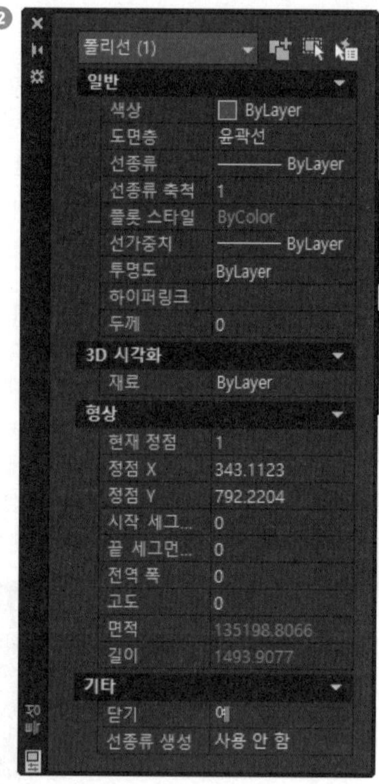

❸

❶ **도구 팔레트** : 블록이나 색상 · 해치 등의 요소를 쉽게 사용할 수 있도록 다양한 기능을 제공합니다. 도구 팔레트에서 사용하고자 하는 기능을 도면 영역으로 드래그하면 해당 기능이 수행되는 형식입니다.
별도의 창으로 구성되어 있으나 사용자에 따라 도면 영역에 고정하여 표시할 수도 있습니다. 도구 팔레트의 빈 영역에서 마우스 오른쪽 버튼을 클릭하고 명령을 실행하면 도구 팔레트의 환경을 직접 설정할 수 있습니다.

❷ **시트 세트 관리자 팔레트** : 미리 정의된 도면 시트의 그룹을 표시하고 구성하는 팔레트입니다. AutoCAD에서 하나의 도면은 DWG 형식으로 파일에 저장되고, 하나의 파일에는 반드시 하나의 배치가 포함됩니다. 이러한 배치를 시트(Sheet)라고 하며, 시트 세트 관리자 팔레트에서는 시트를 새롭게 만들고 구성하는 역할을 수행합니다. 즉, 여러 개의 도면이 하나의 프로젝트와 관련되었다면 이러한 시트를 구성하여 각 도면의 연관성을 파악할 수 있습니다. 시트 세트 관리자는 도면이 열리지 않은 상태이거나 명령 수행 중인 경우 그리고 다른 사용자에 의해 잠긴 상태에서는 사용할 수 없습니다.

❸ **특성 팔레트** : 선택한 객체의 속성을 표시하고 수정할 수 있는 팔레트입니다. 선택한 객체에 따라 표시되는 속성이 다르며 각 속성의 값을 선택하면 값을 변경할 수 있는 펼침 목록 상자나 입력 상자가 표시됩니다. 변경된 속성은 선택한 객체에 실시간으로 반영됩니다.

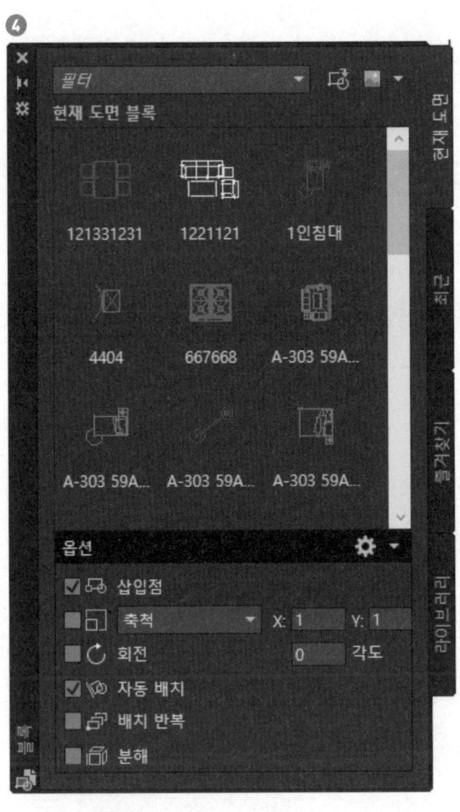

❹ **블록 팔레트** : 현재 도면에 등록된 블록이나 최근에 사용한 블록이 팔레트에 자동으로 등록되며, 팔레트에 등록된 블록은 언제든지 도면 영역으로 드래그하는 것만으로 쉽게 블록을 삽입할 수 있습니다. 블록이 많으면 블록 이름을 직접 입력하여 필터링할 수도 있습니다.

❺ **DESIGNCENTER 팔레트** : 해치와 블록 등의 도면 요소를 체계적으로 관리하는 팔레트입니다. 관리되는 도면 요소들은 팔레트에서 도면 영역으로 선택된 요소를 드래그하여 삽입할 수 있으며, 새로운 요소를 DESIGNCENTER 팔레트에 등록하여 사용할 수 있습니다.

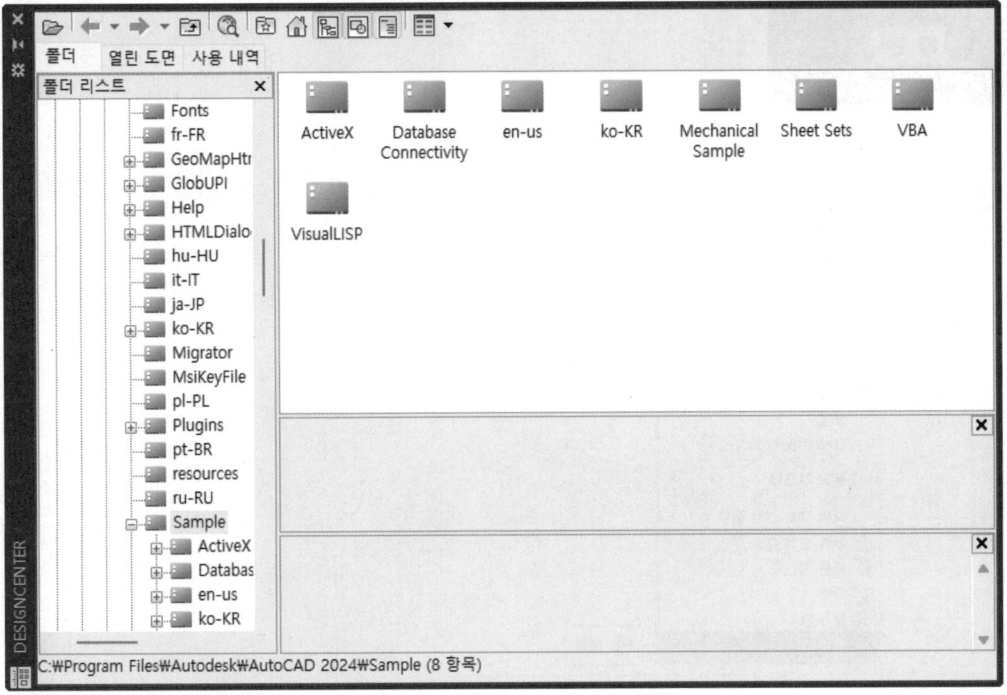

나만의 AutoCAD 환경 설정하기

AutoCAD는 사용자의 상황에 맞게 다양한 환경을 설정하여 자신만의 작업 환경을 만들 수 있습니다. AutoCAD에서 설정이 가능한 환경과 나만의 환경을 설정할 때 고려해야 할 사항에 대해 살펴보겠습니다.

1 작업 환경 설정을 위한 [옵션] 대화상자 표시하기

메뉴에서 선택하여 표시하기

01 | 응용 프로그램 메뉴 아이콘을 클릭한 다음 〈옵션〉 버튼을 클릭합니다.

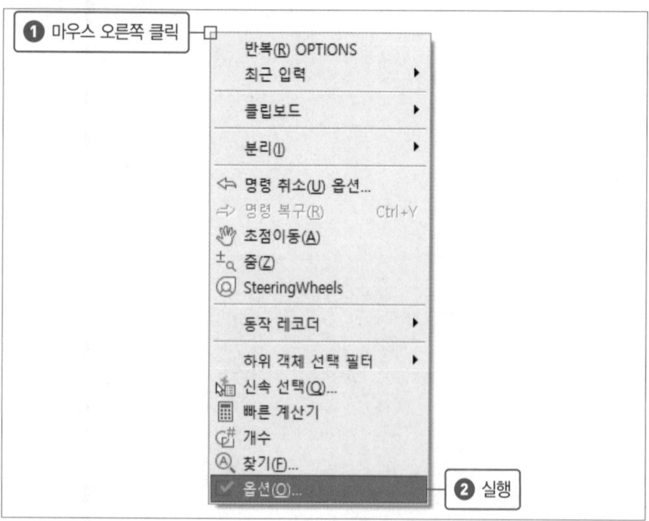

바로가기 메뉴를 사용하여 표시하기

01 | 도면 영역에서 마우스 오른쪽 버튼을 클릭한 다음 바로가기 메뉴에서 옵션을 실행합니다.

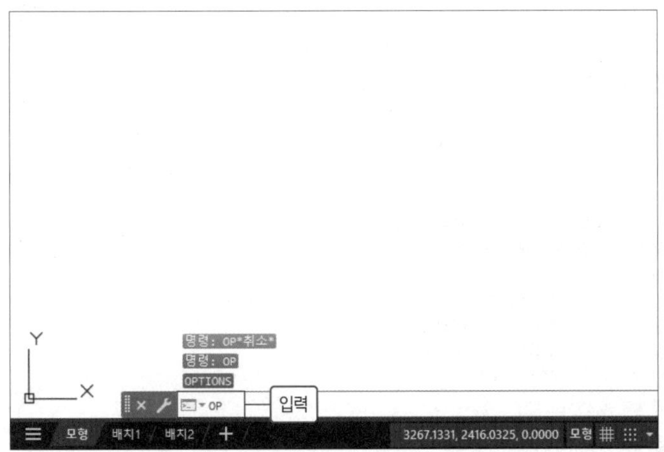

명령어를 사용하여 표시하기

01 | 도면 영역 하단에 있는 명령어 입력 창에 'OP'를 입력합니다.

2 [옵션] 대화상자 기능 및 환경 설정하기

1 〔파일〕 탭

AutoCAD가 지원하는 파일 및 파일 형식과 글꼴이 저장된 경로 등 AutoCAD를 사용하기 위한 여러 가지 파일들의 경로를 지정할 때 사용하는 항목입니다. 필요에 따라 경로를 변경 혹은 삭제할 수 있습니다. 〔파일〕 탭에 지정된 내용들은 가급적 설정을 변경하거나 삭제하는 것을 권장하지 않습니다.

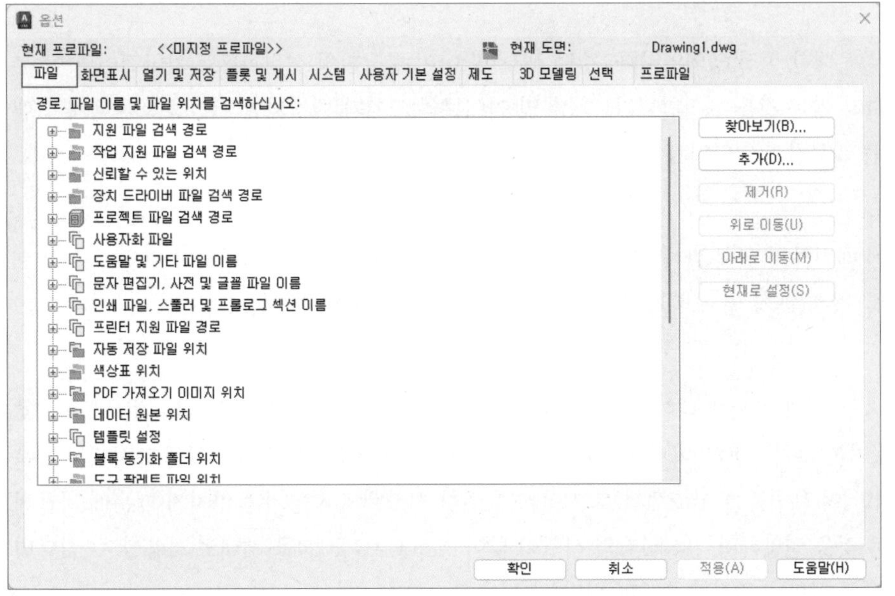

2 [화면표시] 탭

AutoCAD의 화면에 표시되는 내용을 설정할 수 있습니다. 화면에 표시되는 내용이기 때문에 본인의 스타일에 맞춰서 설정할 수 있습니다.

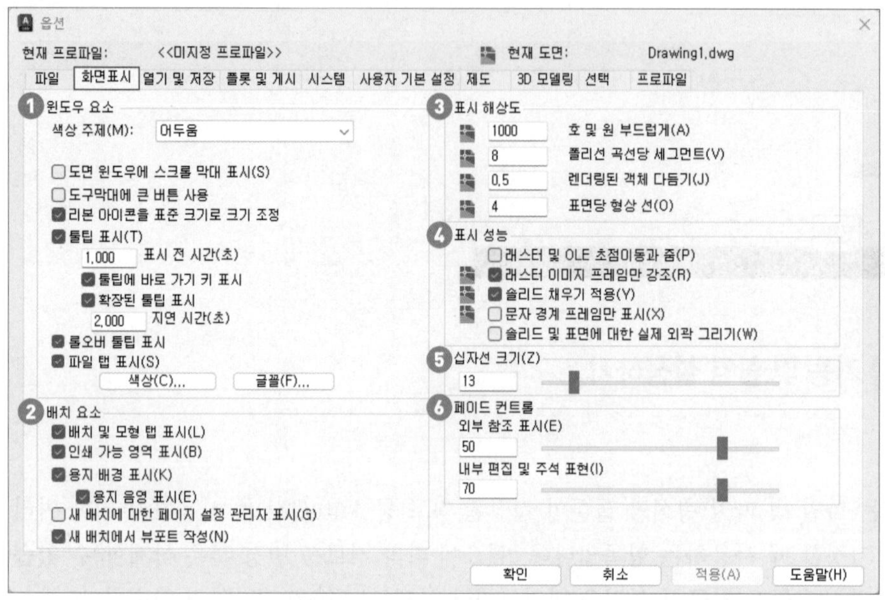

❶ 윈도우 요소

화면상에 보이는 부분에 대한 설정 영역입니다. 주로 색상 및 아이콘 크기의 설정이므로 가급적이면 이 부분의 옵션들은 변경하지 않는 것을 권장합니다. 색상 및 아이콘의 크기가 변경되면 시인성이 나빠져 오랜 작업 시 눈에 가해지는 피로감이 높아지기 때문입니다.

❷ 배치 요소

작성된 도형을 도면에 배치하는 탭에 관한 설정 영역입니다. 필요에 맞는 설정을 선택하여 사용할 수 있으며, CAT 2급 응시자의 경우 '배치 및 모형 탭 표시(L)' 기능만 사용하는 것을 권장합니다.

❸ 표시 해상도

도면 작성 시 만들어지는 선과 곡선에 대한 해상도 및 디테일을 표시하는 설정 영역입니다. 예를 들어, '호 및 원 부드럽게(A)'의 기본 수치는 1000이지만, 해당 수치를 높일수록 굴곡이 아주 매끄럽게 표시되는 것을 볼 수 있습니다. 하지만 이 옵션들은 AutoCAD를 사용하기 위한 시스템의 사양이 높아지기 때문에 가급적 현재 상태를 유지하는 것을 권장하며, 만약 PC의 사양이 낮아 AutoCAD 2024을 제대로 사용할 수 없다면 조금씩 수치를 낮춰 요구 사항을 조정할 수 있습니다.

❹ 표시 성능

작업 영역에 첨부되는 이미지 및 해칭 등의 표시 성능에 대한 설정 영역입니다.

❺ 십자선 크기

도면 영역에 표시되는 마우스의 십자선 길이를 결정하는 설정입니다. 원하는 십자선 길이를 설정합니다.

❻ 페이드 컨트롤

외부 참조 내용 및 내부 편집이나 주석 표현 시 사용되는 범위의 크기를 설정할 때 사용합니다.

3 [열기 및 저장] 탭

작업한 파일을 저장하거나 혹은 저장한 작업 파일을 열 때 사용하는 설정입니다.

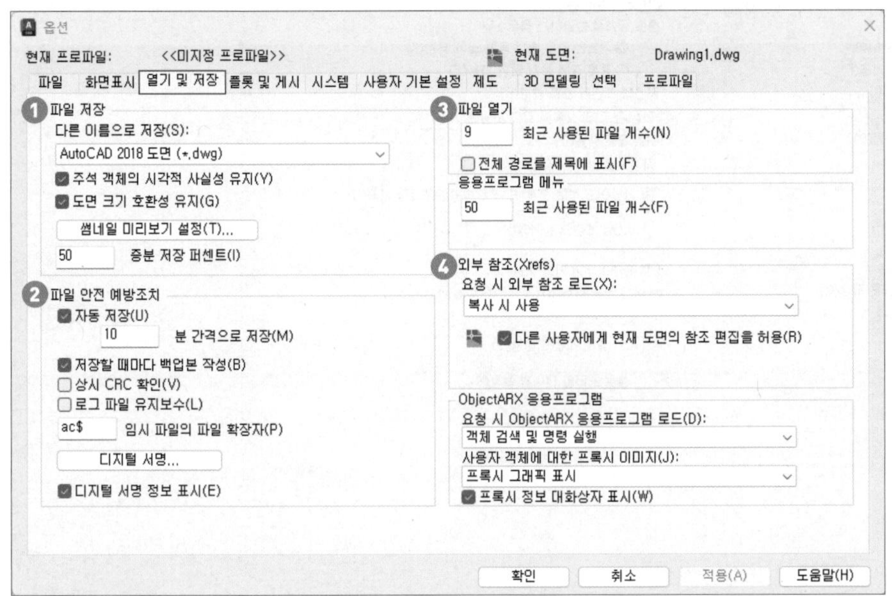

❶ 파일 저장

다른 이름으로 저장 시 저장하는 버전을 설정합니다.

❷ 파일 안전 예방조치

백업 파일을 생성하여 혹시 모를 사태를 대비하기 위한 설정입니다.

TIP

'자동 저장', '분 간격으로 저장', '저장할 때마다 백업본 작성'은 3개가 1개의 설정입니다. 이 설정은 작업된 파일을 열어서 실행하거나, 혹은 새로 작성한 도면의 파일명을 부여하는 저장 작업을 해야 자동으로 실행되는 옵션입니다. 저장하지 않은 작업 도면에는 해당하지 않는 옵션이므로 주의가 필요합니다.

❸ 파일 열기

AutoCAD 2024를 실행 시 표시되는 기본 화면에 최근 사용된 파일을 몇 개 표시할 것인지를 설정합니다.

❹ 외부 참조

외부 내용을 참조할 때 어떻게 사용할 것인지를 설정합니다.

4 [플롯 및 게시] 탭

출력에 관련된 내용을 변경할 수 있는 설정입니다. 작업 PC에 설정된 프린터 등의 출력 장치 설정 및 PDF 등 파일로 출력 시 저장할 수 있는 경로를 설정할 수 있습니다.

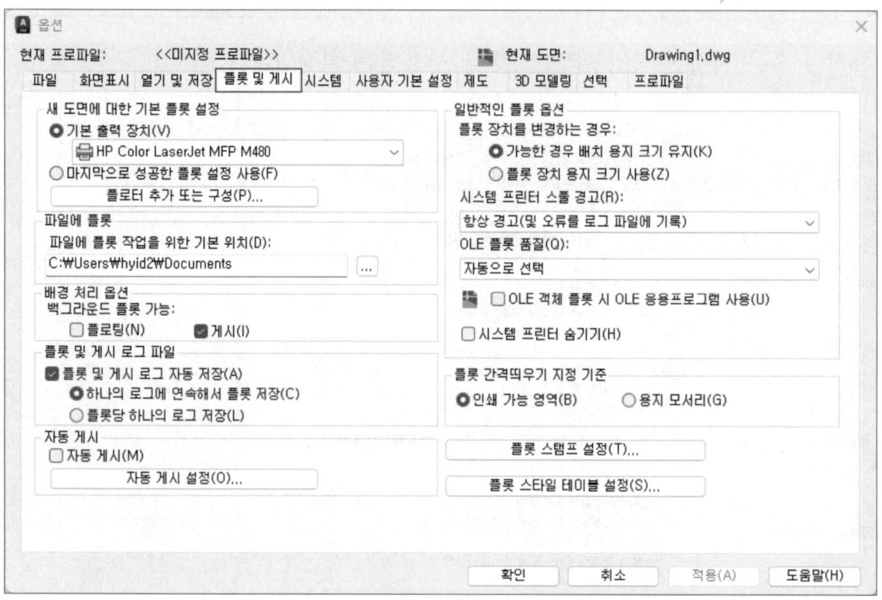

5 [시스템] 탭

AutoCAD의 성능에 관한 설정을 변경할 수 있습니다. 그래픽 카드의 성능에 따라 하드웨어를 가속하여 보다 높은 성능을 구현하거나 좌표 입력 장치 및 데이터베이스 연결 옵션 등을 설정할 수 있습니다.

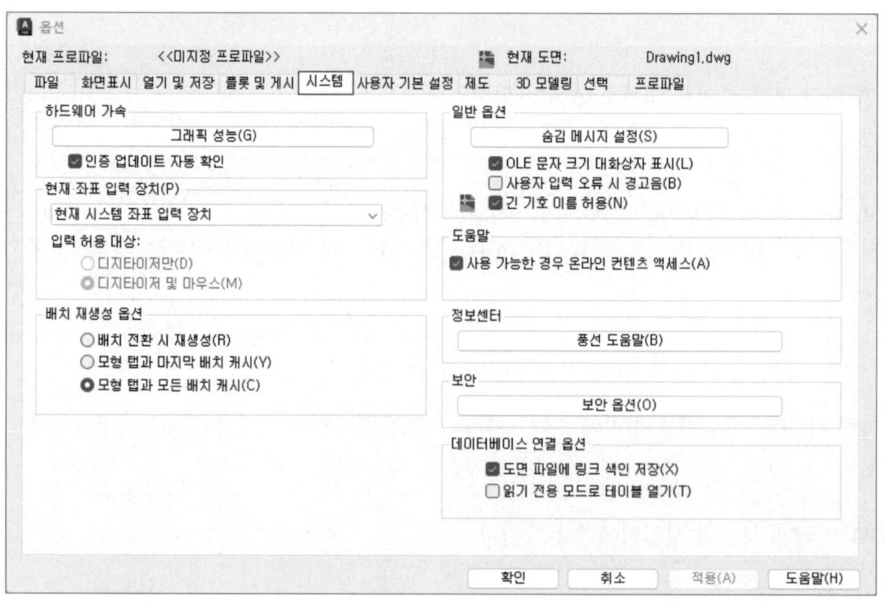

❻ [사용자 기본 설정] 탭

윈도우 표준 동작인 더블클릭 수정 기능이나 마우스 오른쪽 버튼 클릭 기능 설정 및 도면에 작성할 단위 설정 등을 변경할 수 있습니다.

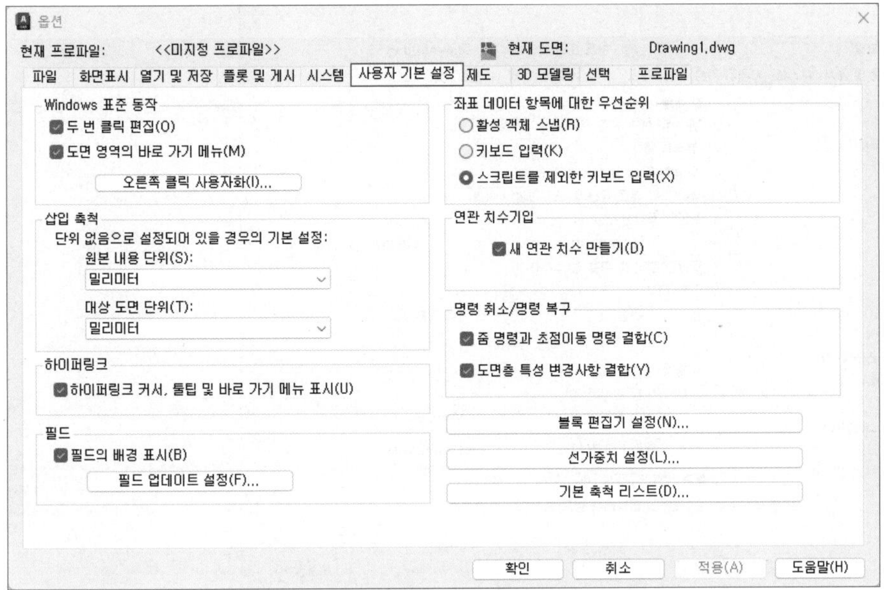

❼ [제도] 탭

화면에 표시되는 스냅(Snap) 설정을 변경할 수 있습니다. 화면상에 표시되는 스냅 점의 크기를 변경하거나 조준 창(화면에 표시되는 마우스 커서의 크기)을 변경할 수 있습니다.

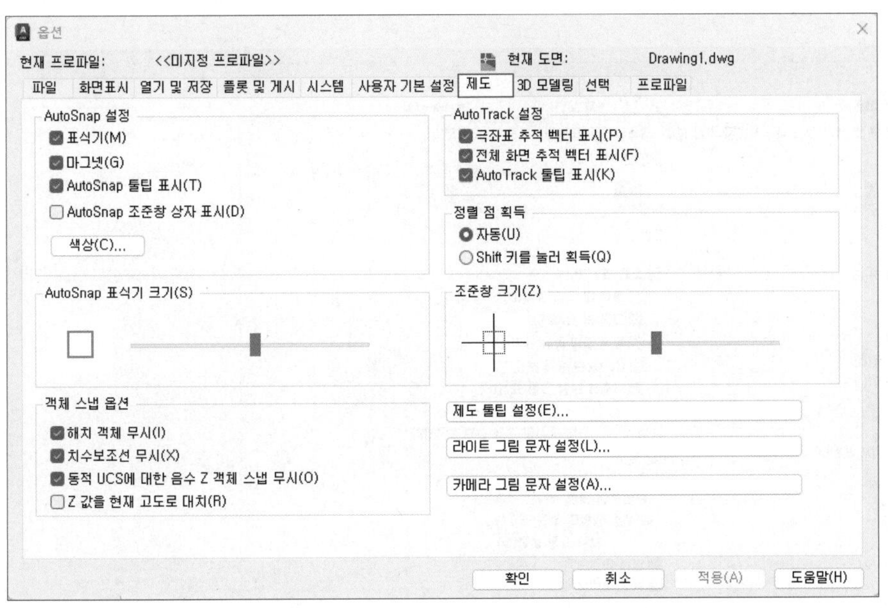

8 [3D 모델링] 탭

AutoCAD에서 지원하는 3D 모델링 작업에 대한 설정 영역입니다. 3D 모델링을 작업해야 하는 사용자라면 원하는 설정을 변경하여 사용할 수 있습니다.

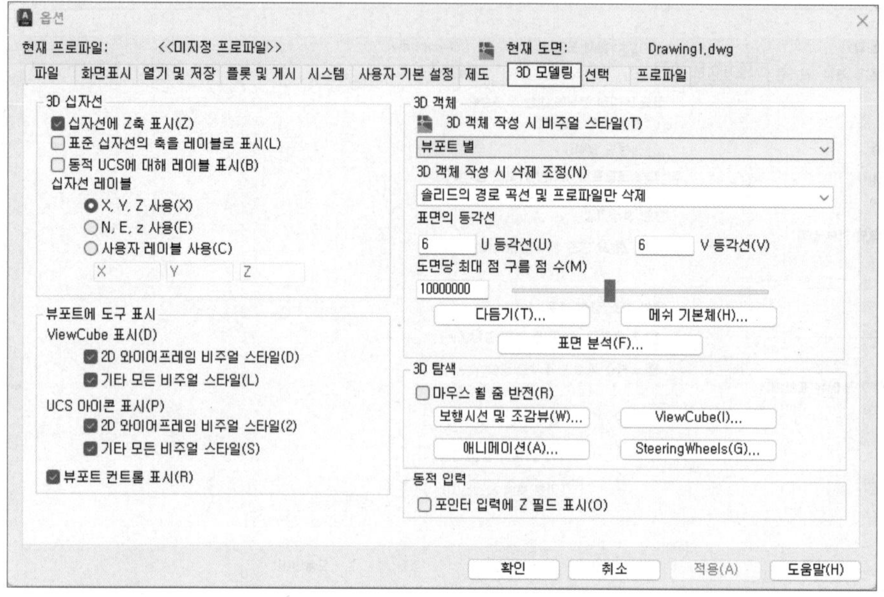

9 [선택] 탭

간격띄우기 및 선 자르기/선 연장 등에 사용하는 마우스 커서 크기 및 객체를 선택했을 때 나타나는 그립의 크기를 설정할 수 있습니다. 또한 객체 선택 및 삭제에 관한 설정을 변경할 수 있는 영역입니다.

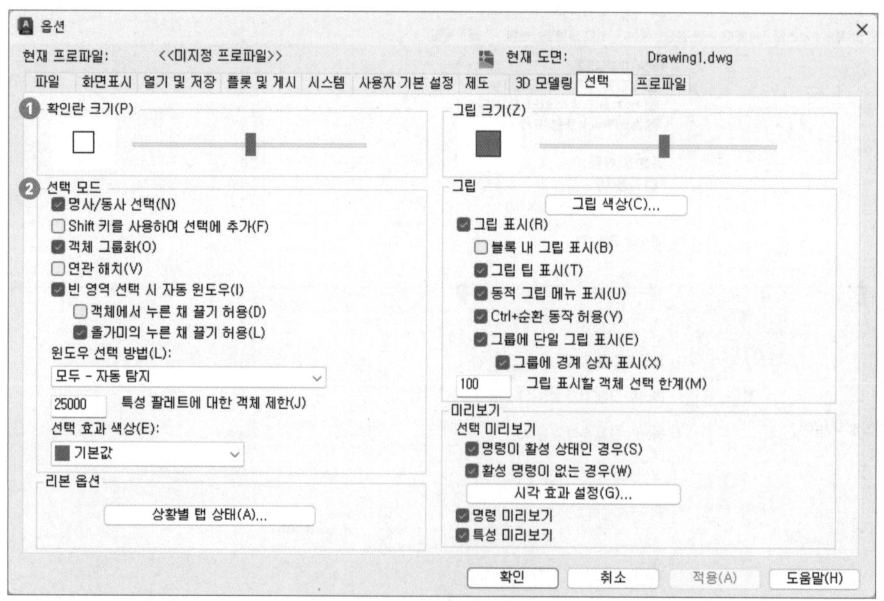

❶ 확인란 크기(P)

간격띄우기 및 선 자르기/선 연장 등에 사용하는 마우스 커서의 크기를 설정합니다. 원하는 마우스 커서의 크기를 설정할 수 있습니다.

❷ 선택 모드

● 명사/동사 선택(N)

객체를 삭제하는 Delete에 대한 PICKFIRST 시스템 변수에 관련된 사항입니다. 이 옵션이 체크 표시 해제되어 있으면 객체들을 Delete 할 때 한번에 지워지지 않고 PICKFIRST를 켜시겠습니까?라는 질문이 표시됩니다. 이때 '예(Y)'를 선택해야 객체가 지워집니다. 이 옵션은 반드시 체크 표시되어야 하는 항목 중 하나입니다.

● Shift 키를 사용하여 선택에 추가(F)

PICKADD 시스템 변수에 대한 사항입니다. 해당 내용이 체크 표시되어 있으면 'PICKADD 시스템 변수에 대한 새 값'의 설정 값이 0이 되어 객체를 개별적으로 선택되기 때문에 복수 선택이 불가능합니다. 물론 드래그 기능을 사용하면 복수 선택이 가능하지만, 이 경우에는 Shift를 누른 상태여야만 객체의 개별적인 복수 선택이 가능합니다. 이러한 이유로 해당 항목을 체크 표시 해제 해야 'PICKADD 시스템 변수에 대한 새 값'이 2로 설정되어 객체의 개별적인 복수 선택이 자유롭게 가능해집니다.

10 [프로파일] 탭

현재 설정된 인터페이스를 저장하거나 혹은 저장된 인터페이스를 불러옵니다. 필요시 인터페이스를 재설정할 수도 있습니다.

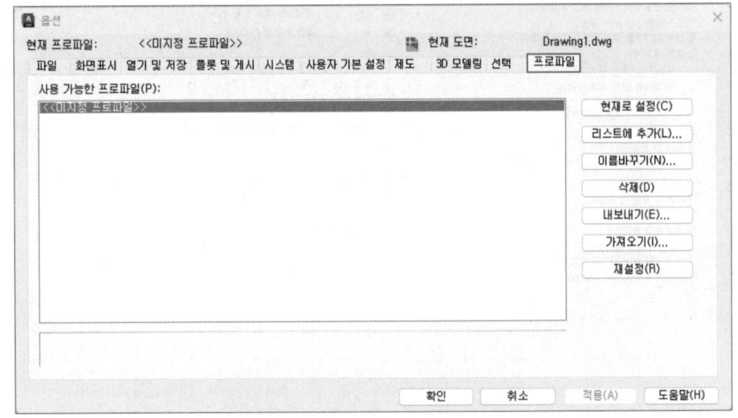

TIP 환경 설정

❶ 〈리스트에 추가〉를 사용하여 나만의 설정 저장하기

1대의 PC를 2인 이상이 사용해야 할 경우가 있습니다. 각 사용자의 작업 스타일이 달라 옵션 설정이 변경되면 매번 변경해야 하는 번거로움이 있습니다. 나만의 설정을 〈리스트에 추가(L)〉를 사용하여 저장하고 필요할 때 바로 설정을 변경하여 손쉽게 사용할 수 있습니다. 단, 현재 사용 중인 상태에서 옵션이 변경되면 설정이 변경되지 않으므로 타인에게 PC를 양도할 때 기본 스타일로 변경 후 양도하면 됩니다.

❷ 〈재설정〉을 사용하자!

만약 〈리스트에 추가(L)〉를 사용하기 전에 실수로 옵션을 변경하였지만, 그 옵션 변경이 어떤 것인지 확인할 수 없으면 〈재설정〉을 사용하여 옵션을 리셋하고 새로 설정하면 됩니다.

3 ┊ 도면 영역 배경색 변경하기

사용자에 따라 도면 영역을 흰색으로 변경하고 싶다면 다음의 과정을 따라해 보세요. 배경색이 흰색으로 변경되면 기본 흰색 선은 검은색으로 표시되고 나머지 색들은 그대로 표시됩니다.

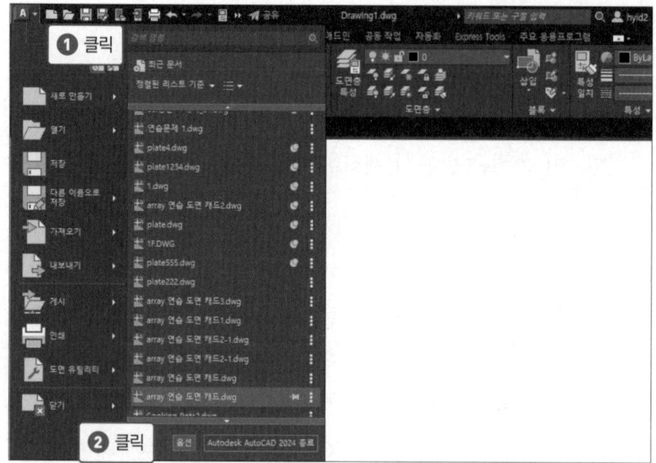

[옵션] 대화상자 표시하기

01 | 응용 프로그램 아이콘을 클릭한 후 〈옵션〉 버튼을 클릭합니다.

TIP

도면 영역에서 마우스 오른쪽 버튼을 클릭한 다음 바로가기 메뉴에서 〈옵션〉 버튼을 클릭해 실행해도 됩니다.

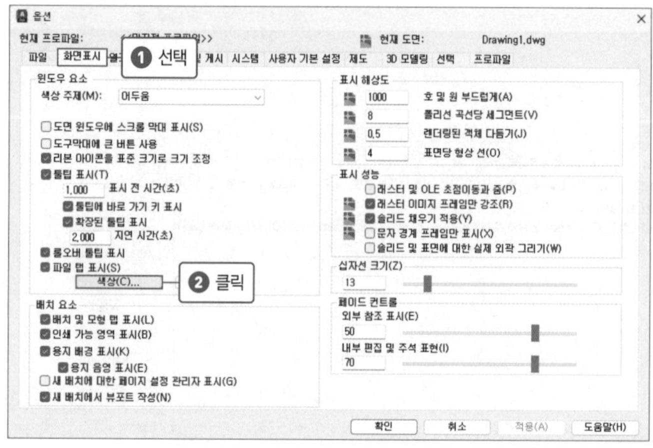

〔화면표시〕 탭 설정하기

01 | [옵션] 대화상자의 〔화면표시〕 탭을 선택합니다.

02 | 윈도우 요소 항목의 〈색상〉 버튼을 클릭합니다.

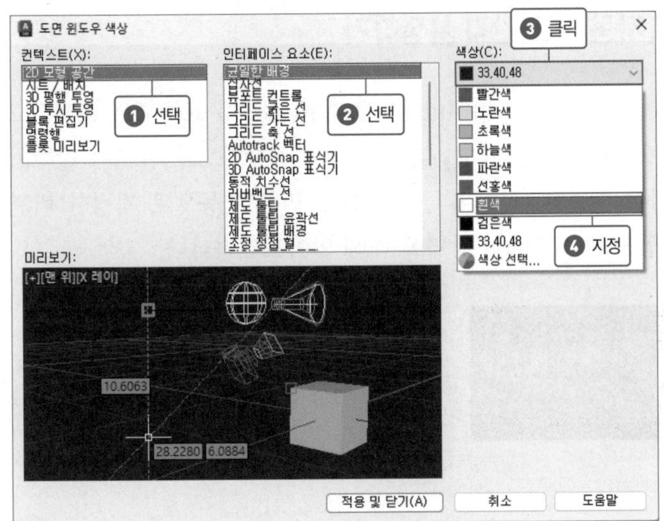

배경색 지정하기

01 | [도면 윈도우 색상] 대화상자가 표시되면 컨텍스트(X) 항목의 '2D 모형 공간'을 선택합니다.

02 | 인터페이스 요소(E) 항목의 '균일한 배경'을 선택합니다.

03 | 색상 항목에서 '흰색'을 지정합니다.

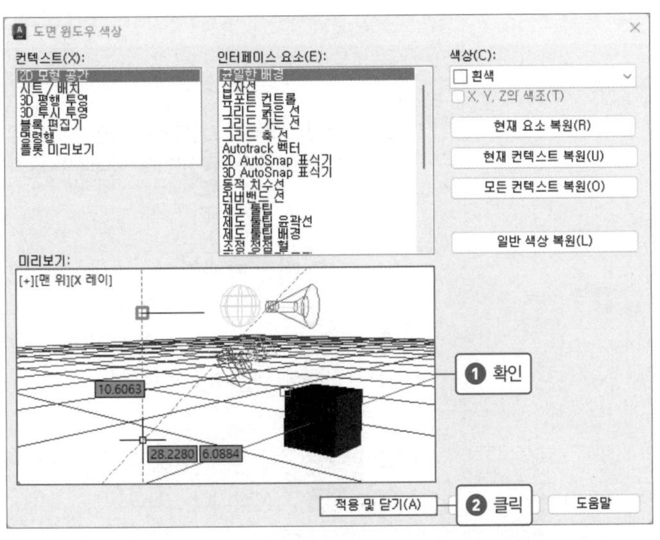

배경색 적용하기

01 | 미리보기 화면의 배경색이 흰색으로 변경된 것을 확인합니다.

02 | 〈적용 및 닫기(A)〉 버튼을 클릭합니다.

03 | [옵션] 대화상자가 표시되면 〈확인〉 버튼을 클릭합니다.

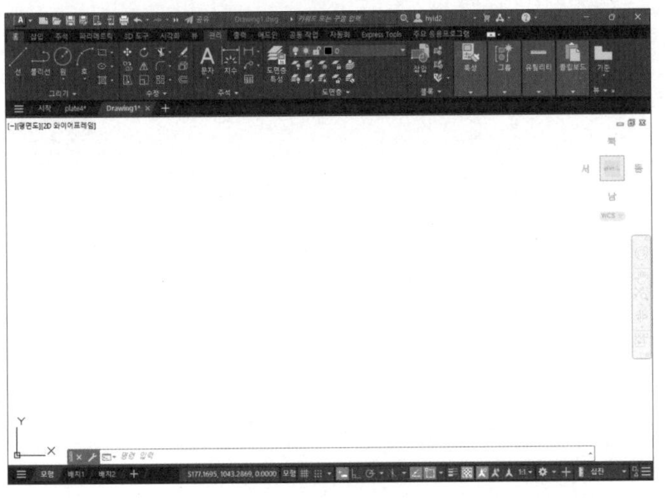

배경색 확인하기

01 | 도면 영역의 배경색이 흰색으로 변경된 것을 확인합니다.

4 | 도면을 원하는 버전으로 저장하고 자동 저장 간격 설정하기

국내 관청이나 대형 프로젝트에서는 AutoCAD 2007 또는 AutoCAD 2010 버전을 표준으로 규정하고 있습니다. AutoCAD 2024로 작성한 도면을 그대로 납품하면 결격 사유에 해당하므로 반드시 발주처에서 요구하는 AutoCAD 버전으로 변환하여 제출해야 합니다. 작성한 도면을 자동으로 지정한 버전으로 저장하는 방법과 지정한 시간마다 자동으로 저장하는 방법에 대해 알아보겠습니다.

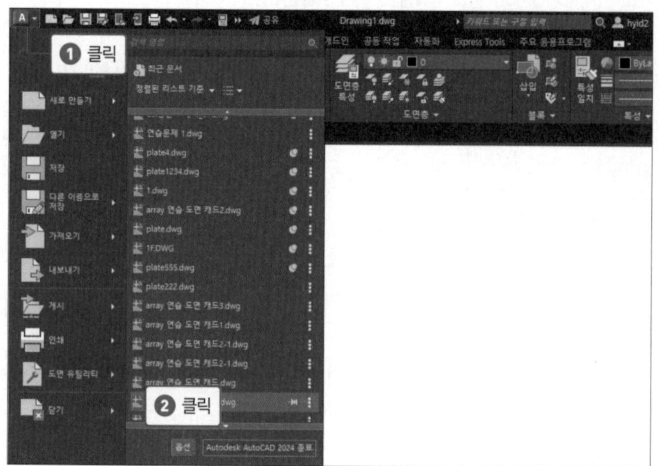

[옵션] 대화상자 표시하기

01 | 응용 프로그램 아이콘을 클릭한 후 〈옵션〉 버튼을 클릭합니다.

TIP

도면 영역에서 마우스 오른쪽 버튼을 클릭한 다음 바로가기 메뉴에서 옵션을 실행해도 됩니다.

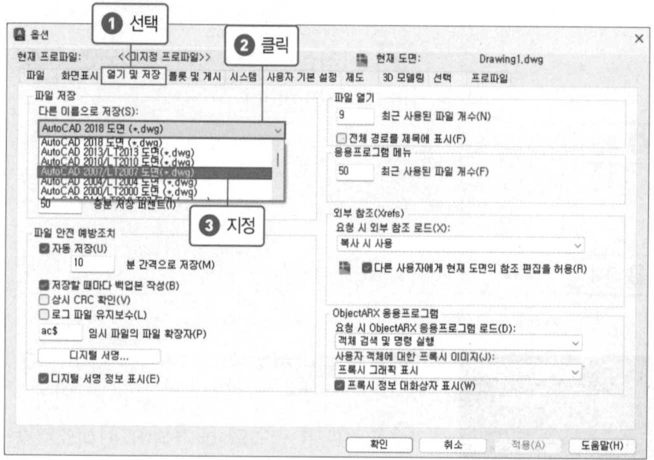

AutoCAD 버전 지정하기

01 | [옵션] 대화상자가 표시되면 〔열기 및 저장〕 탭을 선택합니다.

02 | 다른 이름으로 저장하고자 하는 형식의 버전을 지정합니다.

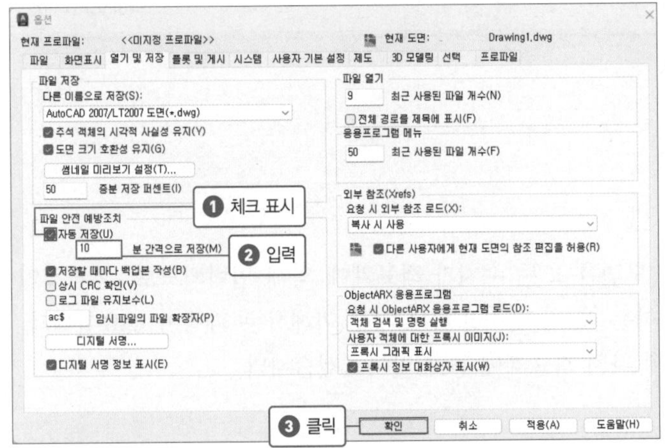

저장 간격 설정하기

01 | 〈파일 안전 예방 조치〉 항목의 '자동 저장(U)'에 체크 표시합니다.

02 | 바로 아래의 입력 상자에 자동 저장 간격을 분 단위로 입력하고 〈확인〉 버튼을 클릭합니다.

TIP 자동 저장

❶ **자동 저장 시간은 5분 이상으로 설정하는 것을 권장합니다.**

AutoCAD는 사용자가 작업 중이라고 판단하여 3~4회 정도 자동 저장 시간이 되어도 저장을 하지 않고 뒤로 미루게 됩니다. 그러나 그 이상이 되면 저장해야 할 데이터가 많아지는 것으로 판단하여 모든 명령어를 중지하고 '자동 저장'을 실행하게 됩니다.

❷ **BAK 파일은 작업 중에 지우지 마세요.**

BAK 파일은 '백업 본'입니다. 즉, 작업 중 부득이한 일로 AutoCAD가 종료될 경우 작업한 파일에 저장한 내용과 백업 본에 저장된 파일 내용을 합산해서 복구할 것인지를 묻는 메시지가 표시되기 때문에 작업 중일 경우 BAK 파일은 삭제하면 안 됩니다.

TIP 자주 사용하는 폴더 등록

자주 사용하는 폴더를 등록할 수 있습니다. 열기, 저장, 가져오기, 내보내기 등을 실행할 때 특정 폴더를 대화상자에 등록하는 방법입니다.

- 응용프로그램 (메뉴)에서 (열기)를 실행합니다. 그러면 파일 선택 대화상자가 표시됩니다. 여기에서 자주 사용하는 폴더를 지정하여 들어가고 왼쪽의 '사용내역', '문서', '바탕화면', 'OneDrive'가 위치하는 바탕을 마우스 오른쪽으로 클릭하여 (현재 폴더 추가)를 실행합니다.

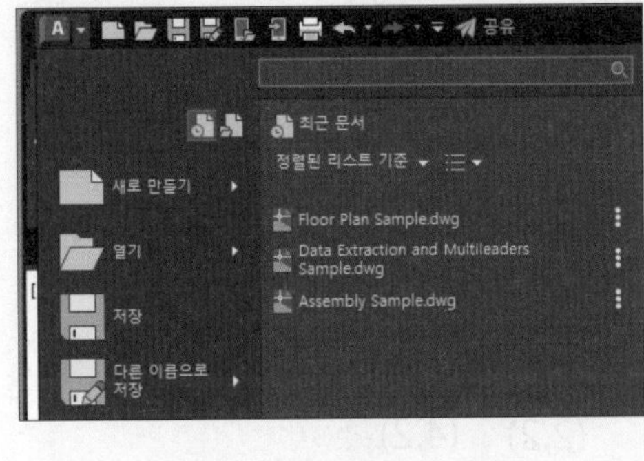

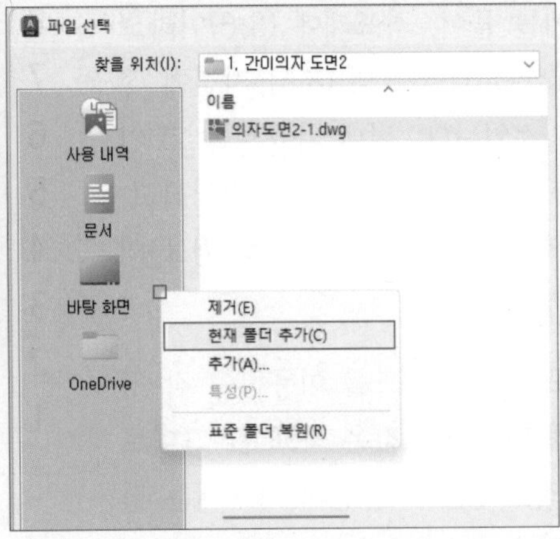

좌표계 이해하기

정확한 수치에 의해 작성하는 AutoCAD 도면은 모든 수치가 좌표계에 의해 입력되므로, 본격적인 도면을 그리기에 앞서 AutoCAD에서 사용하는 세 가지 좌표계에 대해 이해하는 과정이 필요합니다. 이번 챕터에서는 AutoCAD에서 사용하는 세 가지 좌표계에 관해 알아보겠습니다.

1 좌표계

AutoCAD에서는 〈절대 좌표계〉와 〈상대 좌표계〉, 〈상대 극좌표계〉를 사용할 수 있습니다. 각 좌표계는 좌표와 거리 그리고 각도를 입력하는 방법으로 객체의 특징에 따라 유연하게 이용할 줄 알아야 합니다. 실무에서는 이전 정점을 기준으로 다음 정점을 작성해서 상대 좌표계와 상대 극좌표계를 자주 사용합니다.

1 절대 좌표계

초·중학교에서 배웠던 좌표계는 절대 좌표계입니다. AutoCAD에서는 미리 정의된 도면의 한계 안에서 입력한 좌표가 실제 정점으로 입력됩니다. 예를 들어, 좌표계에 (3,6)이라고 입력한다면 AutoCAD 좌표의 (3,6) 지점에 정점이 입력되는 것입니다. 절대 좌표계는 2D인 경우 (X축 좌표, Y축 좌표) 형식으로 입력하고, 3D인 경우 (X축 좌표, Y축 좌표, Z축 좌표)의 형식으로 입력합니다.

오른쪽 그래프처럼 그리드를 이용하여 각 정점을 그렸을 때 입력되는 값은 좌표 값 그대로인 것이 절대 좌표계입니다. 절대 좌표계는 절대적인 0점이 있습니다.

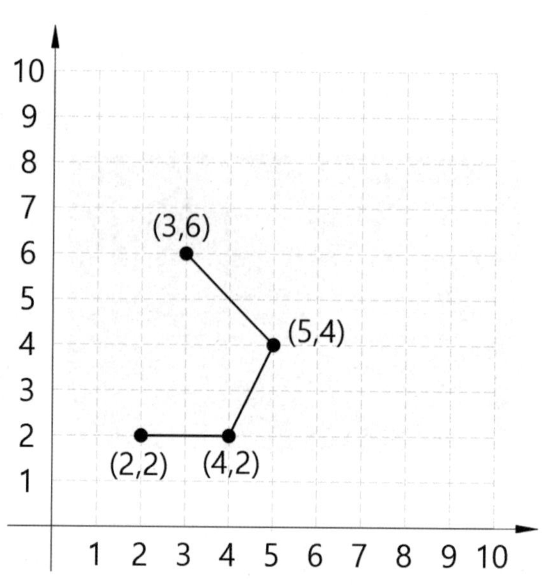

▲ 절대 좌표계는 좌표상 입력한 값 그대로 정점이 입력된다.

❷ 상대 좌표계

상대 좌표계는 이전에 입력했던 정점을 기준으로 거리를 입력하는 방법입니다. 좌표 값 앞에 '@'를 입력하며 이전에 입력한 정점을 기준으로 입력한 거리만큼 상대적으로 떨어진 정점을 입력하라는 의미입니다.

예를 들어, 이전 정점이 (2,2)라면 상대 좌표를 (@2,0)로 입력한 결과는 X축으로 2만큼, Y축으로 0만큼 떨어진 정점이기 때문에 절대 좌표계로 (4,2)에 해당합니다.

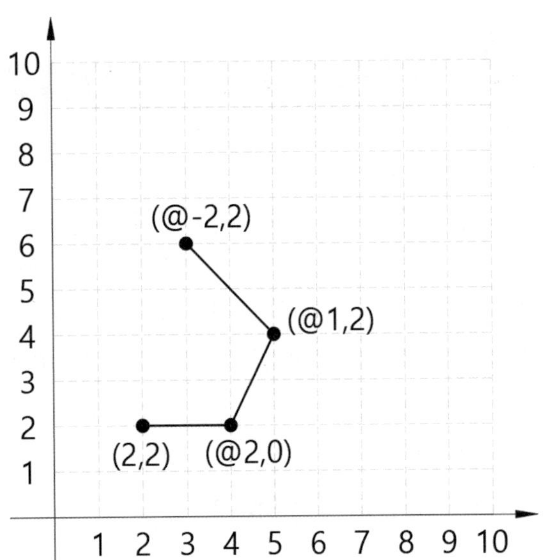

▲ 상대 좌표계는 이전에 입력했던 정점으로부터 입력한 거리만큼 떨어진 정점에 입력된다.

❸ 상대 극좌표계

상대 극좌표계는 이전에 입력했던 정점을 기준으로 거리와 각도를 이용해서 좌표를 입력하는 방법입니다. 상대 좌표가 X축과 Y축의 상대적인 거리를 이용한다면, 상대 극좌표는 상대적인 거리와 방향을 이용하여 정점을 입력합니다.

상대 극좌표는 '@' 기호 다음에 거리와 '<' 기호, 각도를 입력하는데, AutoCAD에서 각도는 시계 반대 방향이 '+'입니다. 즉, 3시 방향이 0°이며 90° 각도는 12시 방향입니다. 또한 180°는 9시 방향이며, 270°는 6시 방향입니다. 각도를 '-'로 입력하면 3시 방향을 기준으로 거꾸로 산정합니다. 예를 들어, '-90'은 시계 반대 방향이므로 6시 방향이라고 할 수 있습니다.

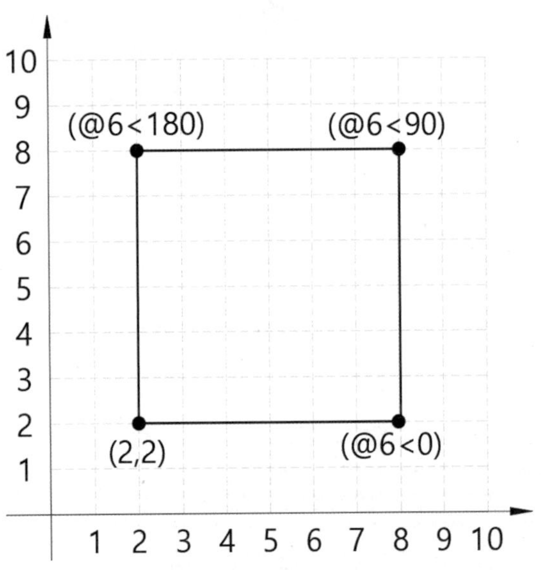

▲ 상대 극좌표계는 이전에 입력했던 정점으로부터 거리와 각도를 입력한다.

이러한 상대 극좌표계를 이용해서 (2,2) 정점을 기준으로 각 변의 길이가 '6'인 사각형을 그린다면 오른쪽 그림과 같이 입력할 수 있습니다.

단축 명령어 편집하기

AutoCAD 실무에서 도면을 작성할 때 가장 중요한 점은 신속하고 빠르게 정확한 작업을 해야 하는 것입니다. 이때 신속하고 빠르게 일을 효율성을 높여주고 작업을 도와주는 방법이 각각의 기능에 대한 단축키를 활용하는 것입니다. 원래 오토캐드에서 제공하는 단축키도 있지만 작업자가 원하는 스타일로 단축키를 교체 또는 추가하여 사용한다면 AutoCAD를 사용하는 작업자의 사용성과 효율성은 훨씬 향상될 것입니다.

1 acad.pgp 파일 수정하기

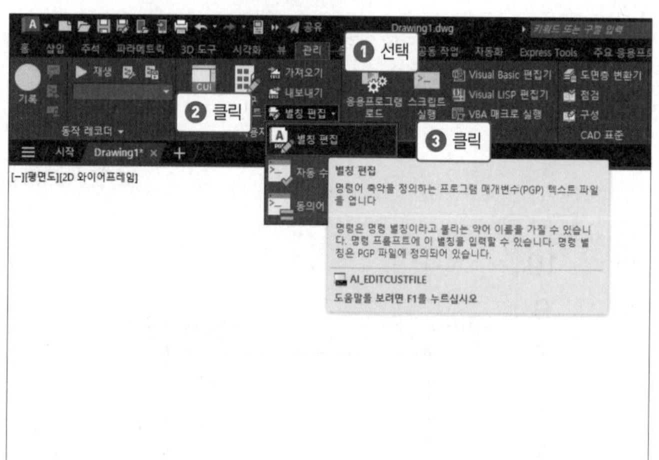

01 | 리본 메뉴에서 〔관리〕 탭을 선택한 다음 '별칭 편집'을 선택합니다.

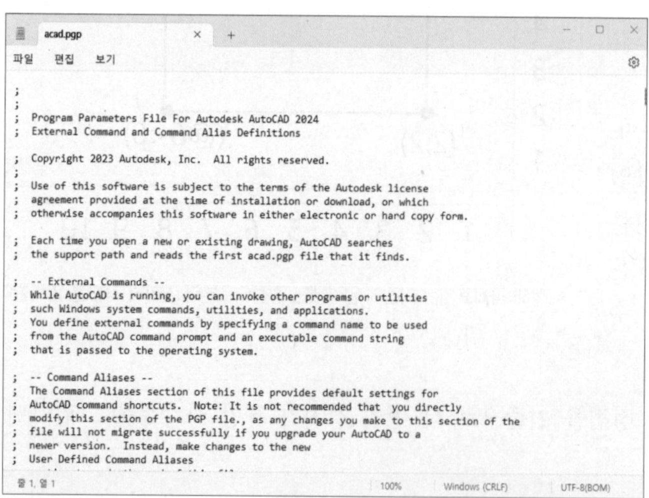

```
;
;
; Program Parameters File For Autodesk AutoCAD 2024
; External Command and Command Alias Definitions

; Copyright 2023 Autodesk, Inc.  All rights reserved.
;
; Use of this software is subject to the terms of the Autodesk license
; agreement provided at the time of installation or download, or which
; otherwise accompanies this software in either electronic or hard copy form.

; Each time you open a new or existing drawing, AutoCAD searches
; the support path and reads the first acad.pgp file that it finds.

; -- External Commands --
; While AutoCAD is running, you can invoke other programs or utilities
; such Windows system commands, utilities, and applications.
; You define external commands by specifying a command name to be used
; from the AutoCAD command prompt and an executable command string
; that is passed to the operating system.

; -- Command Aliases --
; The Command Aliases section of this file provides default settings for
; AutoCAD command shortcuts.  Note: It is not recommended that  you directly
; modify this section of the PGP file., as any changes you make to this section of the
; file will not migrate successfully if you upgrade your AutoCAD to a
; newer version.  Instead, make changes to the new
; User Defined Command Aliases
```

02 | AutoCAD 화면에 'acad.pgp' 메모장이 표시됩니다. 이 메모장은 단축키에 대해 다양한 설정 값들이 표시되어 있습니다.

TIP

acad.pgp 메모장 안에 있는 단축키 설정 값 조절하는 방법을 정확히 알고 사용하는 것은 괜찮으나, 다른 설정 값들을 임의로 변경하면 AutoCAD가 제대로 작동하지 않을 수도 있으므로 주의해서 사용하길 바랍니다.

03 | 메모장을 아래로 내려보면 중간에 있는 3A, *3DARRAY부터 ZEBRA, *ANALYSISZEBRA까지의 범위가 AutoCAD 버전과는 상관없이 공통적으로 사용할 수 있는 각 기능에 대한 단축키로, 사용자가 자유롭게 편집이 가능한 범위입니다. 이 범위를 벗어난 위쪽과 아래쪽의 다른 곳은 AutoCAD 버전에 따라서 조금씩 다르기 때문에 설정을 사용자가 마음대로 수정을 하지 않도록 주의해야 합니다.

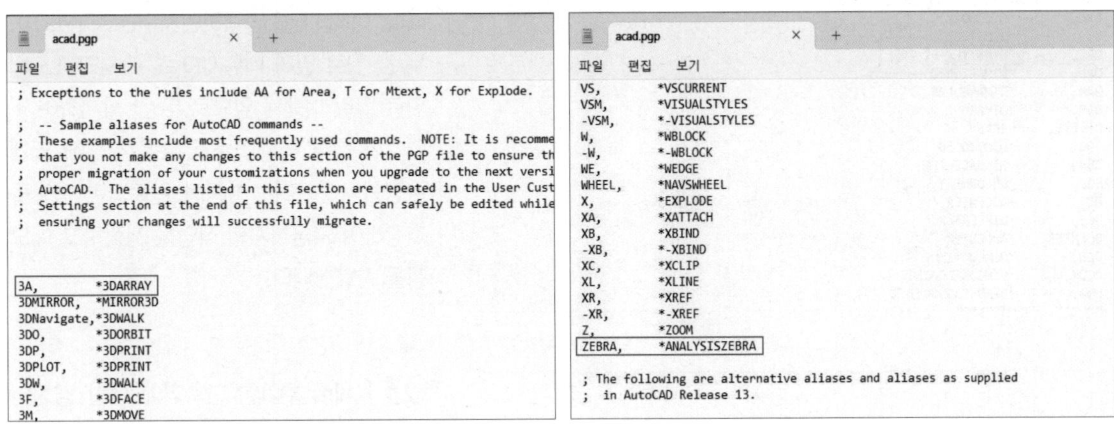

2 | 단축키 추가하기

앞서 'acad.pgp' 메모장을 여는 방법과 메모장에서 단축키를 편집하고 주의해야 할 사항에 대해서 살펴보았습니다. 여기에서는 기존의 단축키를 활용하여 새로운 단축키를 만들고 추가하는 방법에 대해서 설명하겠습니다.

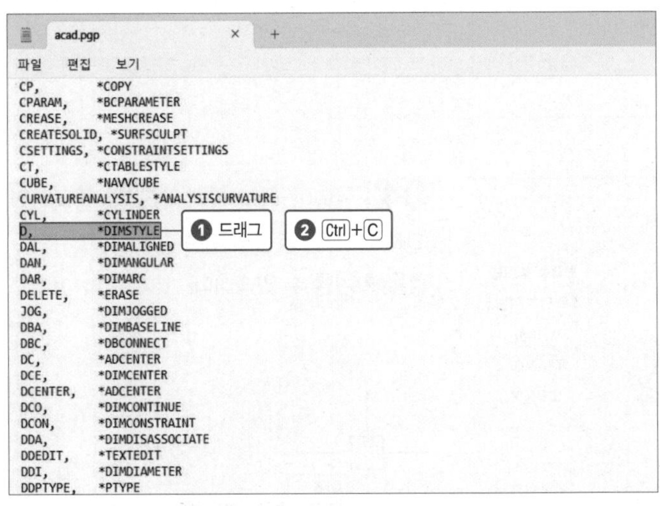

01 | 우선 작업자가 변경하려는 단축키를 선택합니다. 여기에서는 'D(DIMSTYLE)' 명령어에 대한 단축키를 'DFF(DIMSTYLE)'로 추가하겠습니다.

리본 메뉴에서 '별칭 편집'을 선택하고 'acad.pgp' 메모장을 표시합니다. D, *DIMSTYLE 행을 블록으로 지정하고 Ctrl+C를 눌러 복사합니다.

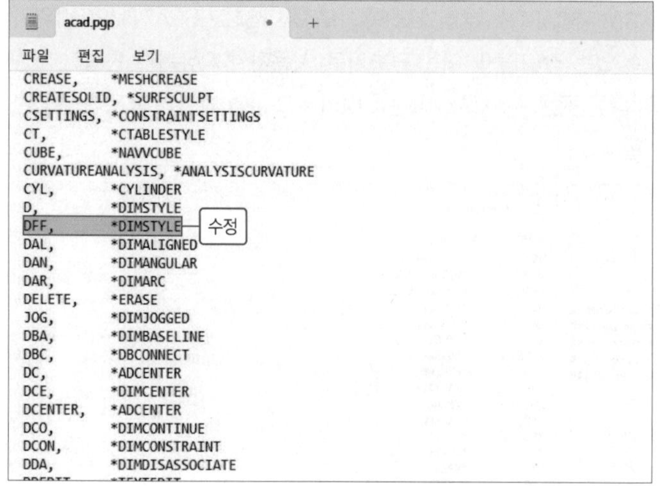

02 | 'D, *DIMSTYLE' 행의 뒤쪽에 커서를 위치하고 Enter를 눌러 줄 한 칸을 내린 다음 Ctrl+V를 눌러 붙여넣기 합니다. 'D,' 뒤쪽에 변경하려는 나머지 알파벳 'FF'를 입력합니다. 이때 FF를 입력하면서 '*DIMSTYLE'이 두 칸 뒤로 밀려 띄워지므로 '*DIMSTYLE'의 뒤로 밀린 여백을 앞으로 두 칸 삭제하여 '*' 위치가 다른 명령어들과 같은 선상에 있게 수정합니다. 모든 설정이 완료되면 파일을 저장하여 지금까지의 작업을 저장하고 메모장을 종료합니다.

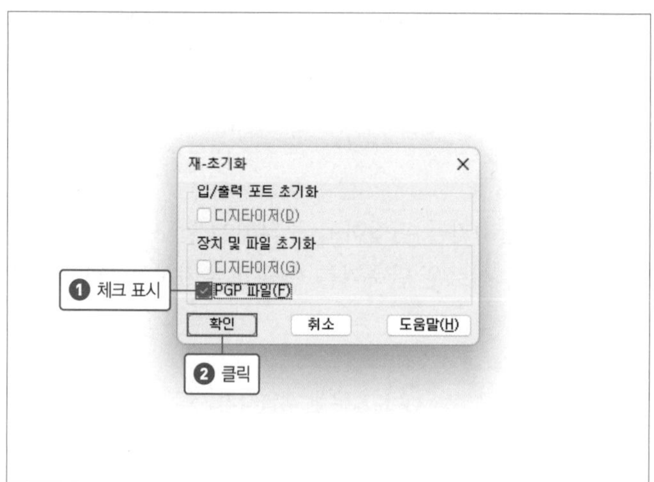

03 | 새로 추가한 단축키에 대한 갱신이 필요합니다. 명령어 입력 창 또는 동적 입력에 'REINIT'를 입력하고 Enter를 누릅니다. [재-초기화] 대화상자가 표시되면 'PGP 파일(F)'을 체크 표시한 다음 〈확인〉 버튼을 클릭합니다. 추가한 'DFF(DIMSTYLE)' 단축키가 활성화되어 사용할 수 있습니다. 즉, 'DIMSTYLE' 명령어에 대한 단축키가 'D'와 'DFF' 총 두 개가 됩니다.

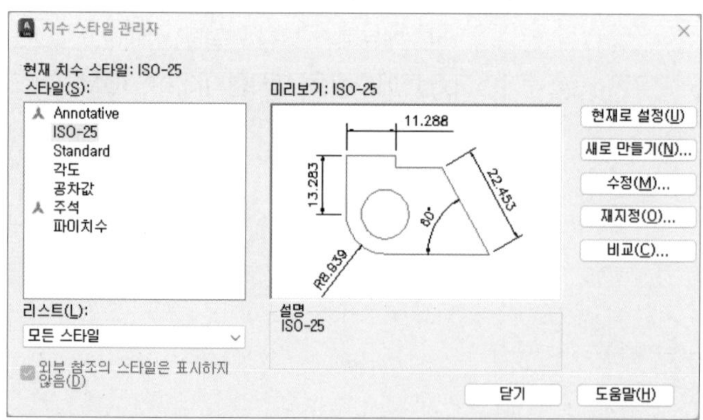

04 | 명령어 입력 창에 'DFF'를 입력하면 'DIMSTYLE' 명령의 대화상자가 표시되는 것을 확인할 수 있습니다.

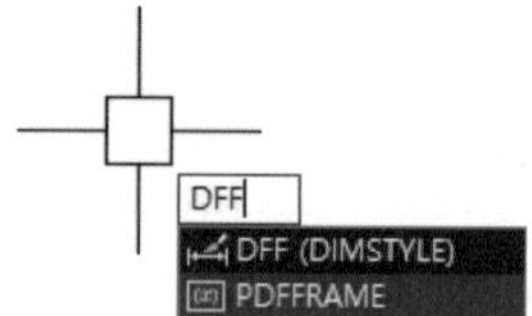

도면 환경 설정하기

도면을 그릴 때 정해진 도면 크기 안에서 축적을 재면서 그리는 것처럼 AutoCAD에서도 도면을 그리기 전에 도면 크기에 해당하는 도면 영역을 설정해야 합니다.

1 도면의 한계

AutoCAD 도면의 최종 결과물은 파일 그 자체일 수 있지만 대부분 용지에 출력합니다. AutoCAD로 도면을 그릴 때는 실제 크기를 입력하여 그리지만 대부분 출력할 용지를 염두에 두고 도면의 한계를 정합니다. 도면의 한계는 출력할 수 있는 영역을 의미하며 그리드가 표시되는 한계이기도 합니다.

1 도면의 크기

종이와 필기구(연필, 레터링 펜 등)를 이용하여 도면을 그릴 때는 종이의 영역이 정해져 있기 때문에 수치를 모두 미리 정해진 축척으로 계산하여 그려야만 했습니다. 그러나 AutoCAD에서는 실제 수치로 입력한 다음 출력할 때 축척을 정하기만 하므로 이러한 번거로움은 없어졌습니다. 그러나 AutoCAD에서도 도면의 한계를 정해야 합니다. 도면의 한계가 없다면 AutoCAD에서 표현할 수 있는 영역의 제한이 없어지기 때문에 무한대의 공간을 잡는 불상사를 초래할 수 있습니다.

AutoCAD에서 도면의 한계는 단순히 도면 크기를 정한다는 의미가 아니라 작업 공간을 정한다는 의미입니다. 사전에 정의한 도면의 한계 안에서 확대 명령이나 그리드 명령 그리고 출력 명령이 수행되기 때문입니다.

이러한 도면의 한계는 실제 도면의 크기를 먼저 파악하면 좀 더 쉽게 이해할 수 있습니다. 실무에서 사용하는 용지의 크기는 KS A 5201과 KS B 0001의 규정에 의해 정의되어 있습니다. 가장 큰 크기는 A0이며, A0의 정확히 반을 자른 크기가 A1입니다. A2는 다시 A1을 반 자른 크기이며 이런 형식으로 A0-A1-A2-A3-A4의 5가지 용지 크기를 사용합니다.

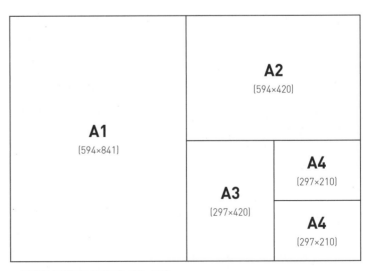

▲ 도면의 크기(전체 용지 A0, 1190×841)

2 도면 영역과 도면의 한계

도면의 한계(Drawing Limit)란 앞서 언급한 것처럼 AutoCAD에서 도면이 그려지는 영역을 의미합니다. 도면 영역을 정하는 이유는 작업 중 메모리를 최적화하기 위해서입니다. 도면 영역을 정하면 출력 범위와 함께 확대 범위를 정할 수 있습니다. 도면 영역이 영향을 주는 것은 보이는 부분보다 보이지 않은 부분이 더 많지만, 가시적으로 확인할 수 있는 부분은 확대 범위와 그리드 범위라고 할 수 있습니다.

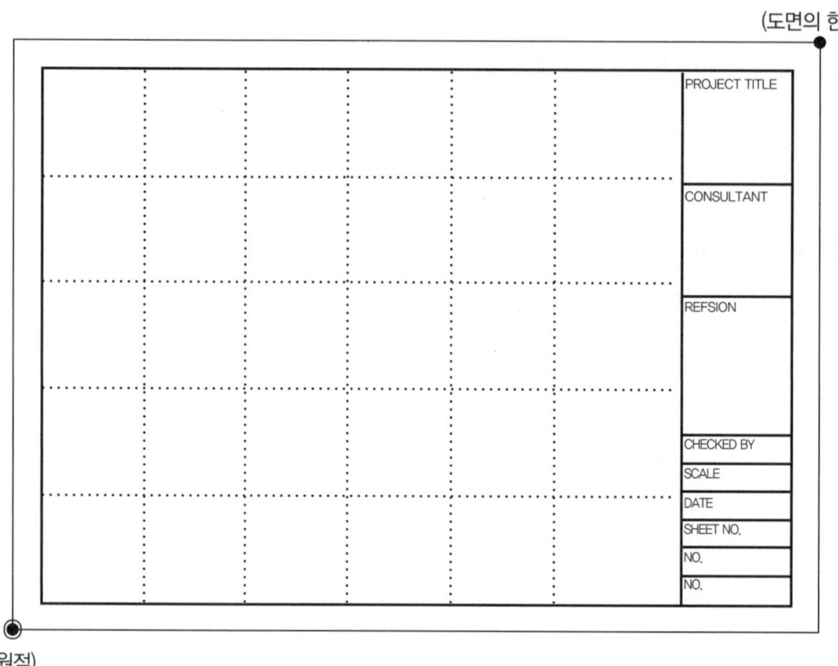

▲ 도면 영역을 정하면 확대 시 도면의 한계점까지만 확대된다.

2 도면의 한계 설정하기 - Limits

AutoCAD에서 도면의 한계는 'LIMITS'라는 명령을 사용하여 설정합니다. 'LIMITS' 명령어는 리본 메뉴에서는 사용할 수 없고 명령어 입력 창에 직접 명령을 입력하여 사용합니다. 도면의 한계를 입력할 때는 먼저 도면의 원점을 입력한 다음 한계점을 입력합니다. 도면의 한계점을 입력할 때는 직접 좌표를 입력하거나 화면에서 한계점을 클릭합니다.

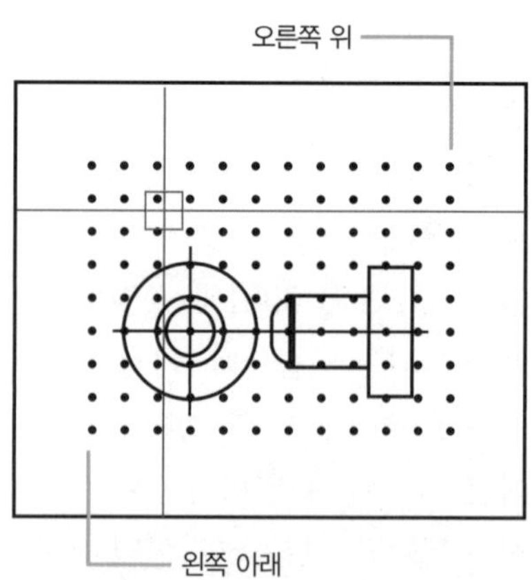

▲ Limits 명령에 의해 도면의 한계가 정해지면 그리드가 도면의 한계 영역에만 표시된다.

1 명령어 실행

명령어 입력 : LIMITS

2 작업 진행

명령: LIMITS
모형 공간 한계 재설정:
왼쪽 아래 구석 지정 또는 [켜기(ON)/끄기(OFF)] 〈0.0000,0.0000〉: [원점을 입력]
오른쪽 위 구석 지정 〈420.0000,297.0000〉: [도면 한계점을 입력]

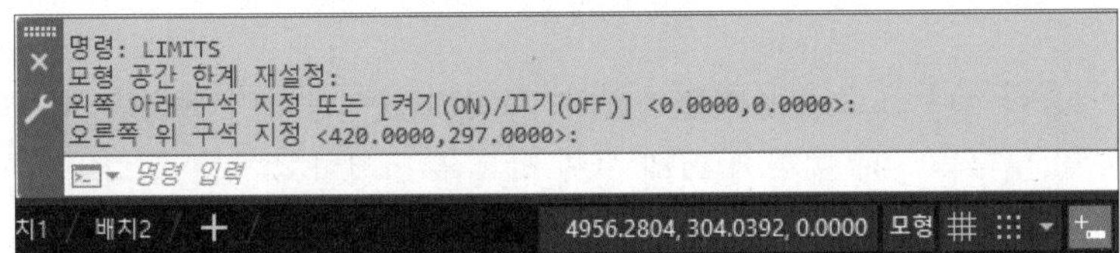

▲ Limits 명령어를 명령어 입력 창에 입력하여 진행되는 단계

TIP LIMITS 사용

❶ **출력 범위 설정하기**
'LIMITS' 명령어는 출력하고자 하는 범위를 설정할 수 있습니다. 단, 조건은 절대 좌표로 설정해야만 가능하며, 출력 시 출력 영역을 '범위'로 설정하면 미리 설정한 Limits의 수치만큼 출력하는 것으로 설정됩니다.

❷ **화면의 이동 제한 풀기**
간혹 화면을 좌/우, 상/하로 움직일 때 더는 움직여지지 않는 경우가 있습니다. 이 부분을 이동 제한 영역이라 하며, 이 이동 제한 영역은 없앨 수 없습니다. 하지만 LIMITS를 사용해 이동 제한 영역을 넓혀 더 편리하게 화면을 움직일 수 있습니다. 절대 좌표를 사용해야 하며, 범위는 작업하고자 하는 범위보다 0단위를 하나 더 추가하여 설정합니다.

TIP LIMITS 명령어의 ON/OFF

'LIMITS' 명령어를 입력하면 명령어 입력 창에 '왼쪽 아래 구석 지정 또는 [켜기(ON)/끄기(OFF)]'가 표시됩니다. 여기에서 켜기(ON)와 끄기(OFF) 옵션에 대해서 간단히 알아보겠습니다.

❶ On : 현재 입력한 한계 영역 내부에서만 도면을 그릴 수가 있습니다. 예를 들어, A3 크기의 영역을 입력했다면 A3 영역 내에서만 작도할 수 있습니다.

❷ Off : 한계 영역 외부에서도 작도 가능합니다. 즉, 모든 영역에서 도면을 그릴 수 있습니다.

도면 작성 지원 도구 알아보기

AutoCAD 2024에서는 더 빠르고 편리하게 도면을 작성할 수 있도록 다양한 기능을 제공합니다. 이러한 도구들은 미리 정의해 놓고 기능키를 이용하여 활성화하거나 비활성화할 수 있습니다.

1 도면 작성 지원 도구

도면 작성 지원 도구는 기능키를 이용하거나 프로그램 화면 하단의 토글키를 이용하여 활성화 또는 비활성화해서 사용합니다. 각각의 지원 도구는 'SE' 명령에 의해 상세 항목을 설정할 수 있습니다.

1 〔스냅 및 그리드〕탭

스냅(Snap)과 그리드(Grid)를 설정하는 화면입니다. 스냅은 커서를 일정 간격으로 움직이는 도구로 스냅의 간격과 그리드의 간격은 각각 다르게 설정할 수 있습니다. 스냅은 F9를 누르면 ON/OFF 동작하며, 그리드는 F7을 누르면 ON/OFF 동작합니다.

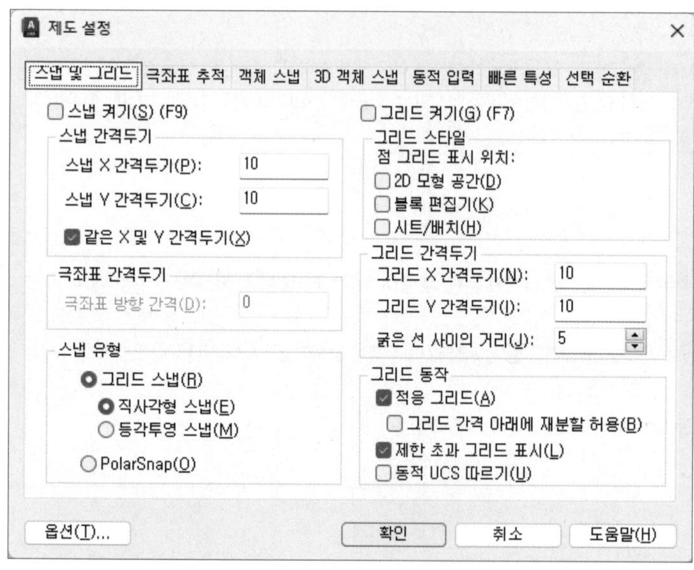

▲ 스냅 및 그리드 설정 화면

2 [극좌표 추적] 탭

각도를 추적하는 기능으로 미리 정의해 둔 각도에 따라 커서의 움직임을 제어합니다. 극좌표 추적(Polar Tracking) 도구를 사용하면 일정 각도로 객체를 회전할 때 편리하게 사용할 수 있습니다.

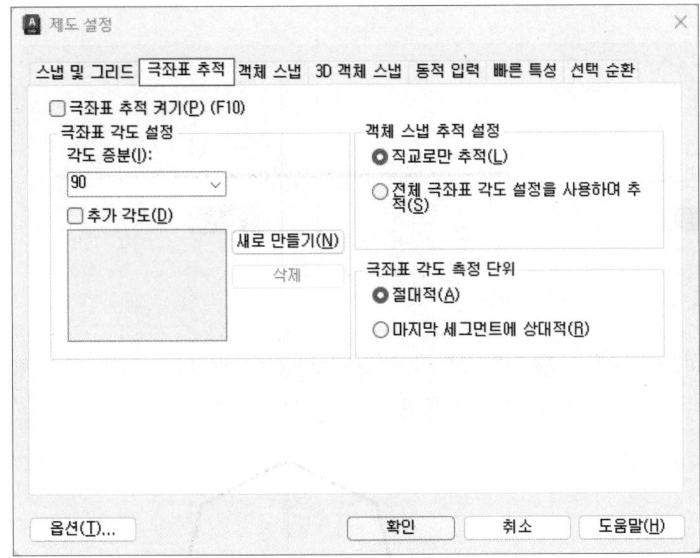

◀ 극좌표 추적 설정 화면

3 [객체 스냅] 탭

객체 스냅(Osnap)은 도면을 작성하면서 가장 많이 사용하는 도구로 정점을 찾을 때 도움을 받을 수 있습니다. F3을 통해 ON/OFF 동작을 제어하며, F11을 누르면 객체에 마우스 커서를 가져갔을 때 사용할 수 있는 모든 객체 스냅이 표시됩니다. 또한, 'OSNAP' 명령어를 실행하면 객체 스냅을 즉시 설정할 수 있습니다.

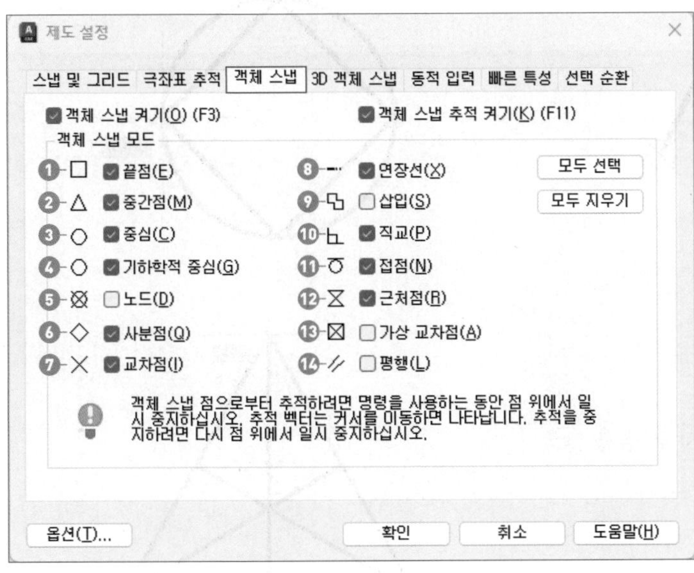

◀ 객체 스냅 설정 화면

❶ 끝점(Endpoint) : 객체의 끝점을 선택합니다. 직선은 물론 곡선에서도 사용할 수 있지만 원과 같이 끝점이 없는 객체에서는 사용할 수 없습니다. 단, 타원인 경우에는 정점을 찾아 선택할 수 있습니다.

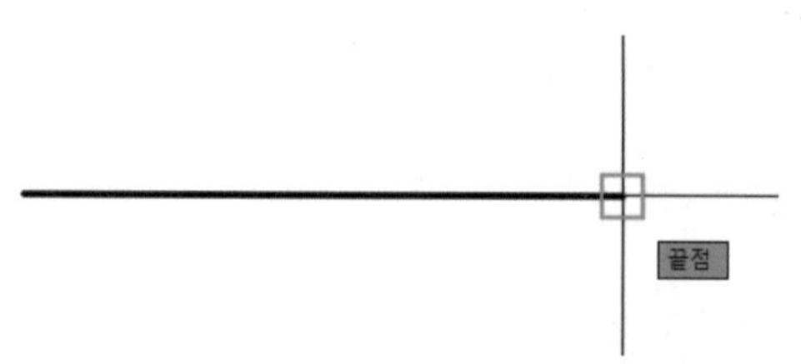

❷ 중간점(Midpoint) : 객체의 중간 지점을 찾아 선택합니다. 직선에만 적용할 수 있습니다.

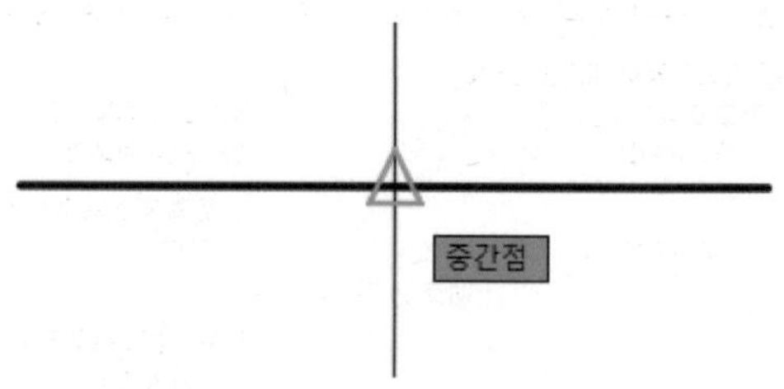

❸ 중심(Center) : 원이나 곡선의 중심점을 찾아 선택합니다.

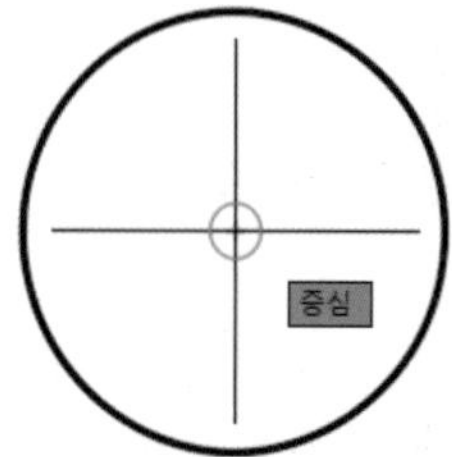

❹ 기하학적 중심(Geometric Center) : 다각형이나 폐곡선의 무게 중심을 찾아 선택합니다.

❺ 노드(Node) : 점(POINT) 객체나 치수의 지정점을 찾아 선택합니다.

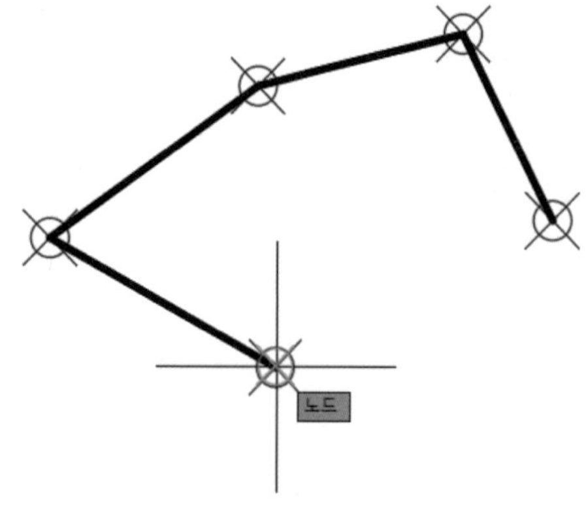

❻ 사분점(Quadrant) : 원, 호의 사분 지점을 찾아 선택합니다.

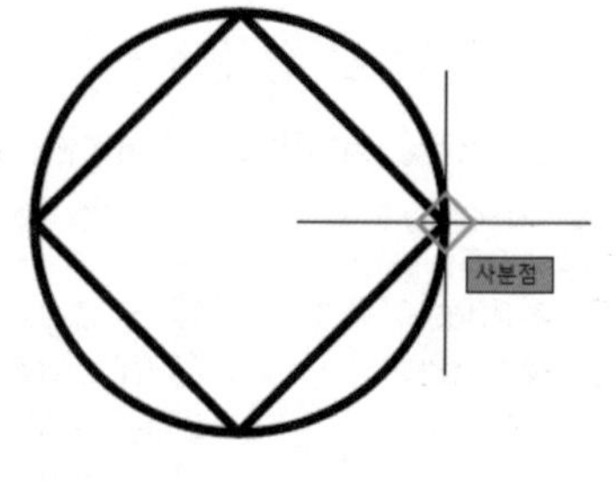

❼ 교차점(Intersection) : 두 객체의 교차 지점을 찾아 선택합니다.

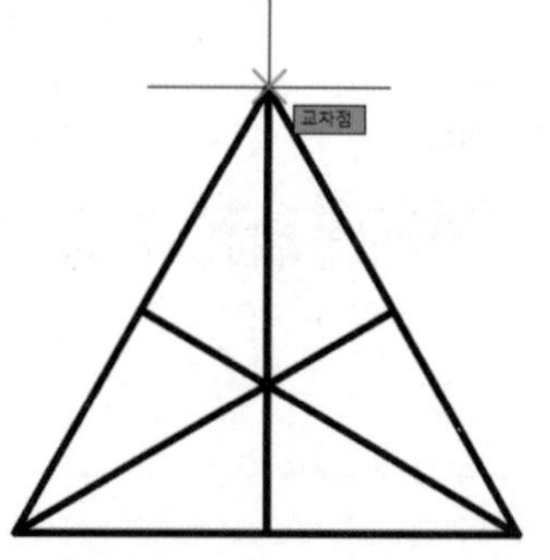

⑧ **연장선(Extension)** : 2개의 객체가 연장되었을 때 가상의 교차 지점을 찾아 선택합니다. 다른 오브젝트 스냅과는 달리 2개의 객체를 선택해야 적용됩니다.

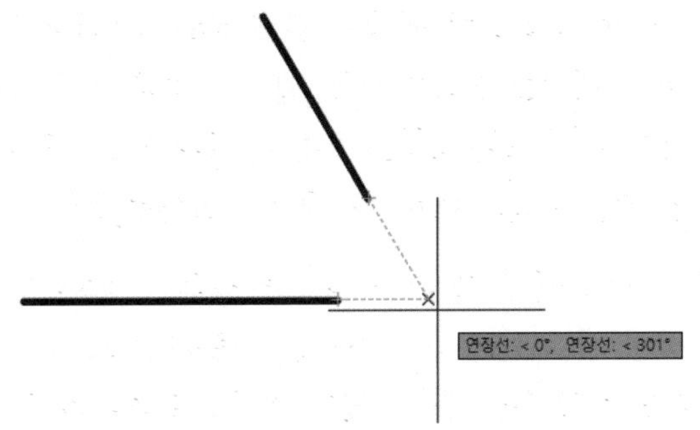

⑨ **삽입점(Insertion)** : 블록이나 문자 등 삽입점을 선택합니다. 삽입점이란 기준점을 의미하는 것으로 블록이나 객체에서 방향이나 높이의 기준인 지점입니다.

⑩ **직교(Perpendicular)** : 선택한 객체의 수직 지점을 찾아 선택합니다. 대부분 직선을 다른 직선상에 수직으로 연결하고자 할 때 자주 사용합니다.

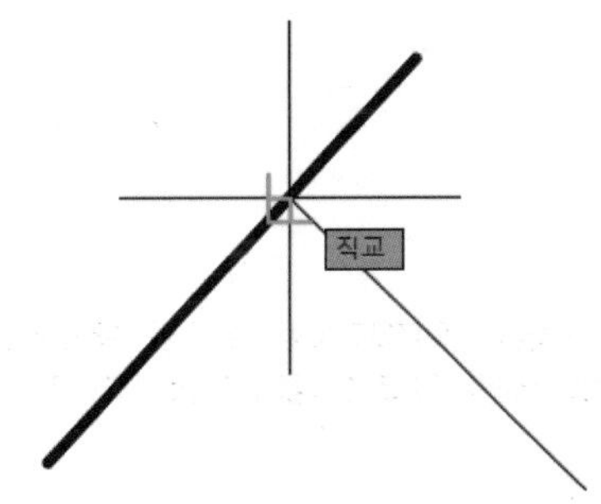

⑪ **접점(Tangent)** : 원이나 호 등의 곡선 객체에서 접점을 형성하는 지점을 찾아 선택합니다. 즉, 곡선과 곡선 혹은 곡선과 직선을 연결하고자 할 때 직선에서 곡선으로 곡선에서 직선으로 변화하는 접점을 찾습니다.

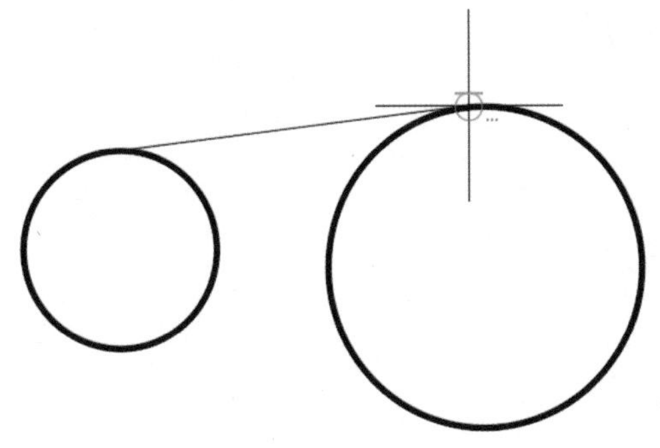

⑫ **근처점(Nearest)** : 커서가 위치하는 곳에서 객체의 가장 가까운 지점을 찾아 선택합니다. 선택 지점이 객체 임의의 지점이 될 수 있기 때문에 자주 사용하지 않습니다.

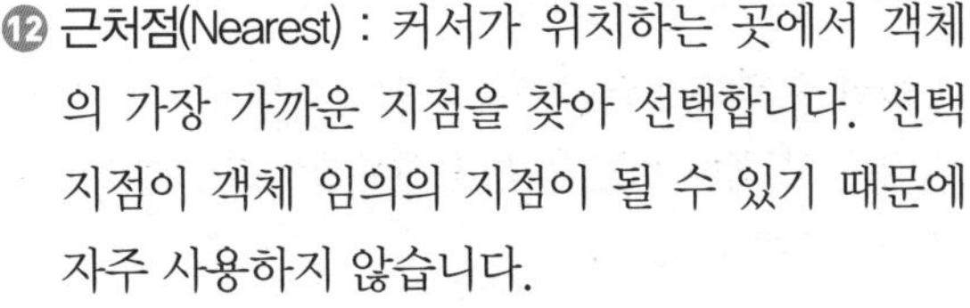

⑬ **가상 교차점(Apparent Intersection)** : 3D 공간에서 두 선이 교차하지 않을 때 두 선의 방향을 추적하여 가상의 교차점을 찾아 선택합니다.

⑭ **평행(Parallel)** : 객체(주로 직선)와 평행한 지점을 찾아 선택합니다. 즉, 시작 지점을 지정한 후 다른 객체에 커서를 위치하면 객체와 평행한 객체를 만들 수 있습니다.

도면 작성 중에 직접 객체 스냅을 선택하여 사용해야만 할 경우도 발생합니다. 정점을 선택해야 할 때 직접 객체 스냅 명령을 명령어 입력 창에 입력하거나 Shift 또는 Ctrl을 누른 채 마우스 오른쪽 버튼을 클릭하면 객체 스냅을 선택할 수 있는 바로가기 메뉴가 표시됩니다.

객체 스냅을 사용하지 않으면 정점을 정확하게 선택하기 힘들어지므로 도면 작성 시 적절한 객체 스냅을 사용하면 도면을 빠르게 완성할 수 있습니다. 다만 불필요한 객체 스냅의 설정으로 하나의 정점 선택 시 많은 객체 스냅이 동작하면 도면 작성에 방해 요소로 작용할 수 있기 때문에 도면 특성에 따라 적합한 객체 스냅을 선택하여 사용하는 것이 좋습니다.

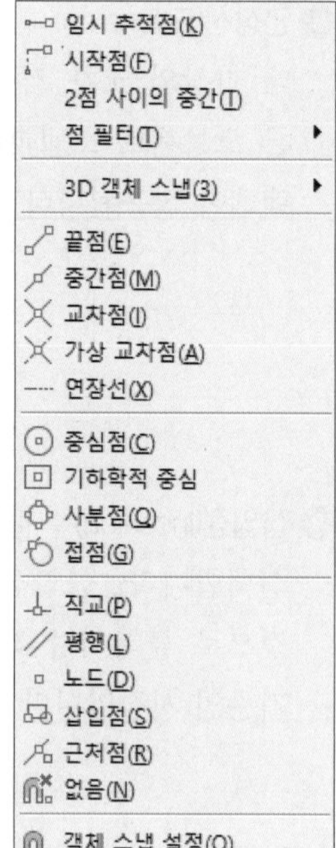

객체 스냅 바로가기 메뉴 ▶

TIP 객체 스냅 바로가기 메뉴 사용 시 주의 사항

❶ 객체 스냅의 바로가기로 지정한 위치점은 1회만 사용이 가능합니다.

❷ 객체 스냅 바로가기로 위치점을 지정하면 해당 위치점만 화면에 표시되어 다른 점은 선택할 수 없습니다.

4 〔3D 객5체 스냅〕 탭

3D에서 객체 스냅을 설정하는 화면입니다. 3D 작업에서는 2D와는 달리 면이 교차하므로 좀 더 다른 특성의 객체 스냅을 적용해야 합니다. 정점이나 변의 중심 혹은 면의 중심점을 찾는 객체 스냅 등을 자주 사용합니다.

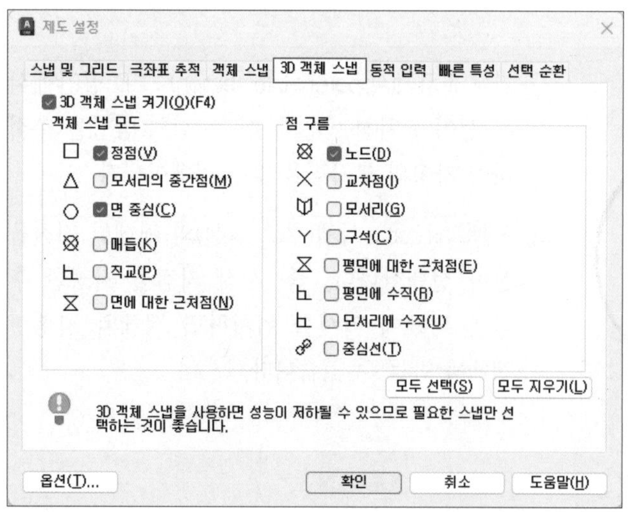

◀ 〔3D 객체 스냅〕 탭 설정 화면

5 [동적 입력] 탭

포인터 입력 및 치수 입력, 동적 프롬프트 모양을 설정합니다.

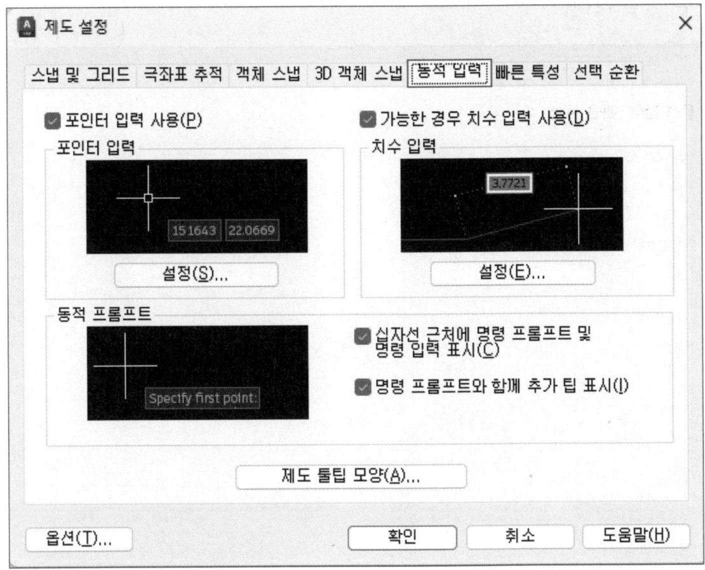

▲ [동적 입력] 탭 설정 화면

6 [빠른 특성] 탭

객체 선택 시 특성 팔레트의 자동 표시 여부와 팔레트 위치 등을 설정합니다.

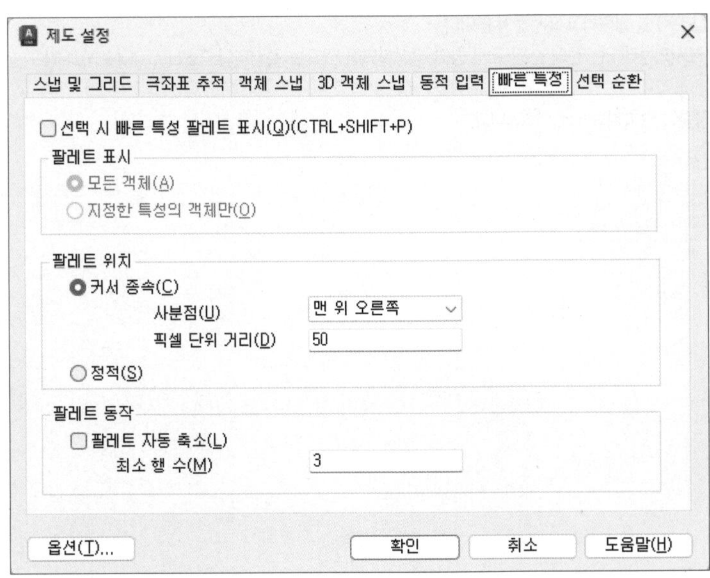

▲ [빠른 특성] 탭 설정 화면

7 [선택 순환] 탭

Shift+Spacebar를 누르면 겹치는 객체를 선택할 수 있도록 설정합니다. 겹치는 아이콘의 표시 여부와 선택 목록 상자의 표시 방법을 설정할 수 있습니다.

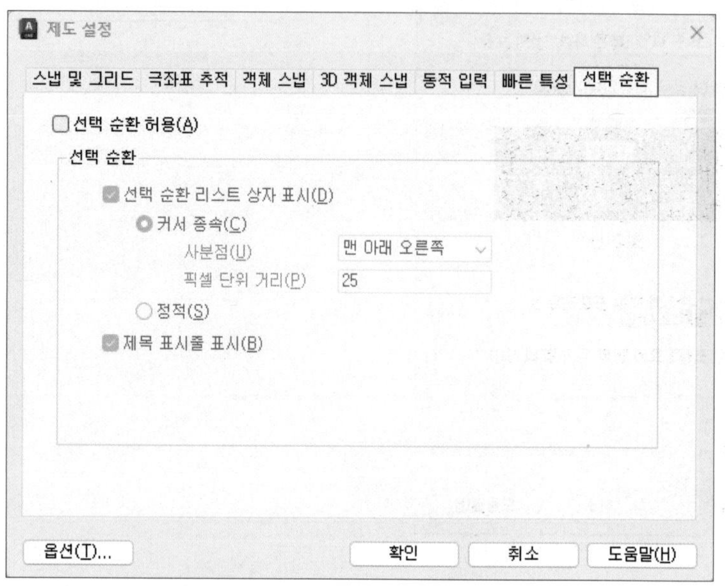

▲ [선택 순환] 탭 설정 화면

TIP 선택 순환 기능

선택 순환 기능을 활성화하거나 비활성화하는 방법입니다.

❶ 명령어 입력 창에 'SELECTIONCYCLING(시스템 변수)'를 입력하고 Enter를 누릅니다.

❷ 'SELECTIONCYCLING'에 대한 새 값 입력 '2'가 표시되는데 2는 선택 순환 표시 창이 활성화되어 있다는 것입니다. 'SELECTIONCYCLING'에 대한 새 값으로 '0'을 입력하면 비활성화됩니다.

❸ 선택 순환 기능을 활성화하거나 비활성화하려는 명령어 단축키는 Ctrl+W입니다.

파일 열기 및 저장하기

AutoCAD를 사용하기 위해 기본적으로 다양한 도면 파일을 열고 저장하는 방법을 알아야 합니다. 실제 업무에서 내가 작업한 도면의 파일이 다른 사람에게서 열리지 않아 어려움을 겪은 적은 없는지 생각하면 파일 열기 및 저장이 얼마나 기본적이고 중요한지에 대해 알 수 있습니다. 특히 AutoCAD 2024 버전은 현재 최신의 버전이기 때문에 낮은 버전에서는 파일을 열 수 없으므로 저장의 중요성은 높아집니다.

1 파일 저장하기

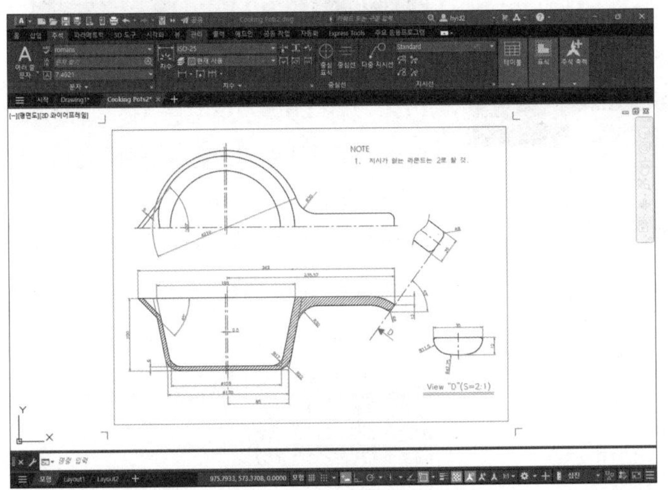

작성한 파일 저장하는 방법

01 | 신속 접근 도구막대에서 '저장' 아이콘을 클릭하여 저장할 수 있습니다.

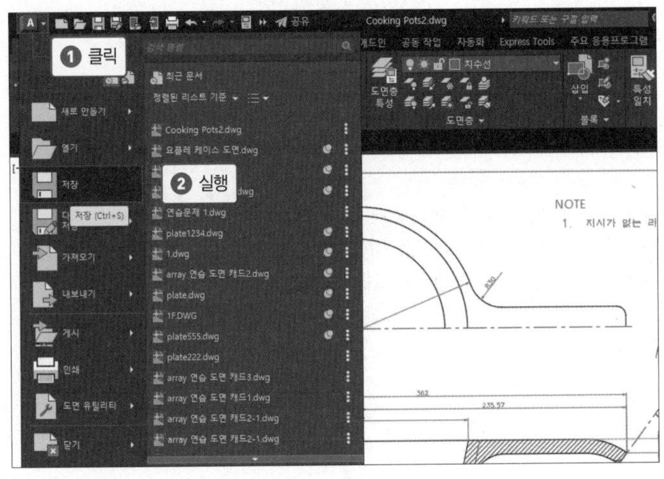

02 | 응용 프로그램 아이콘을 클릭하고 [저장]을 실행하여 저장합니다.

03 | Ctrl+S를 눌러 저장할 수도 있습니다.

버전을 변경하여 저장하는 방법

앞서 설명했던 방법 중에서 첫 번째와 두 번째 방법의 경우 옆 혹은 아래에 위치한 [다른 이름으로 저장]을 살펴볼 수 있습니다.

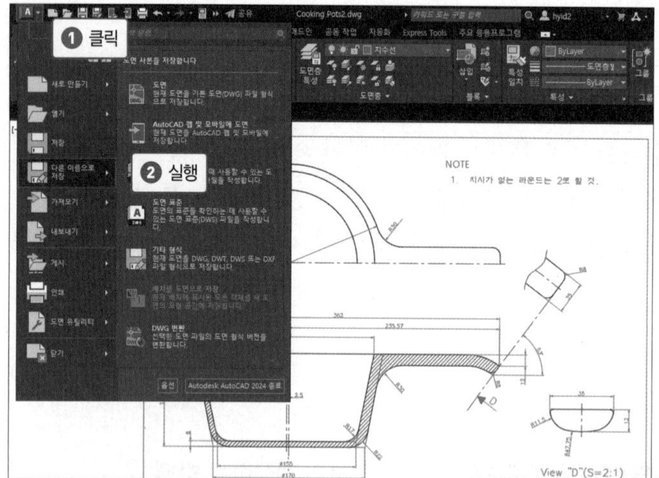

01 | 앞서 설명했던 방법 중에서 하나를 선택하여 [다른 이름으로 저장]을 실행합니다.

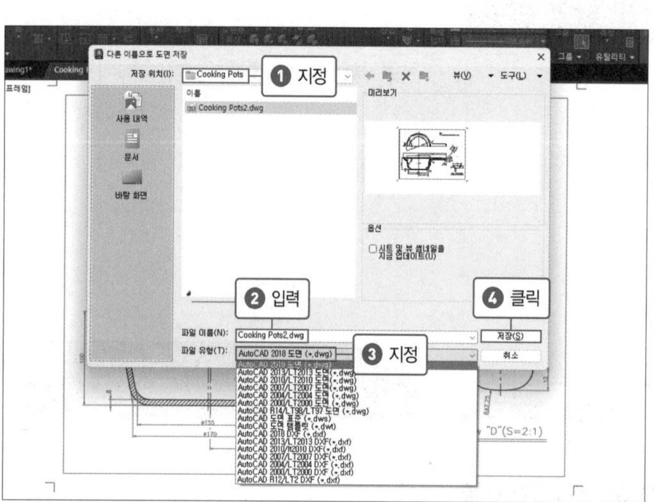

02 | [다른 이름으로 도면 저장] 대화상자에서 저장하려는 경로를 지정한 다음 파일 이름을 입력합니다. 파일 유형에서 원하는 버전을 지정하여 저장을 하면 낮은 버전에서도 열 수 있는 작업 파일을 만들 수 있습니다.

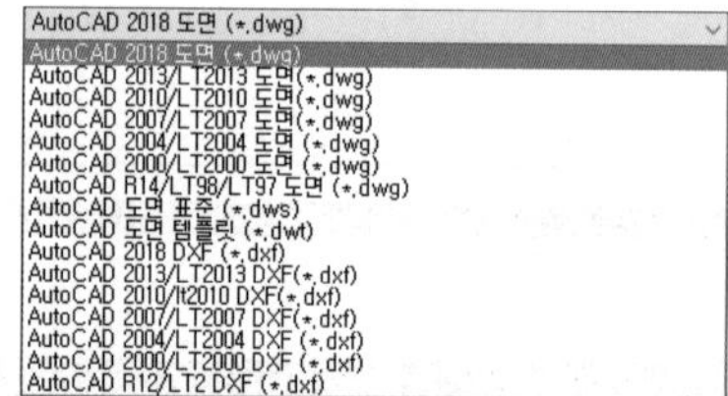

TIP 객체 스냅 바로가기 메뉴 사용 시 주의 사항

AutoCAD에서 파일을 저장할 시에 가장 많이 권하는 파일 유형은 가장 낮은 버전인 'AutoCAD 2004/LT2004(DWG)'입니다. 그 이유는 다음과 같습니다.

① AutoCAD는 상위 버전에서 하위 버전 파일을 열 수 있지만, 하위 버전에서 상위 버전 파일은 열 수 없습니다. 실무에서 작업하다 보면 거래처에 AutoCAD 파일을 보내야 하는 경우가 생기는데, 이때 거래처에서 어떤 버전을 사용하는지 모르기 때문에 'AutoCAD 2004/LT2004(DWG)'와 같이 가장 낮은 버전으로 저장해서 보내는 것이 실수 없이 가장 안전하게 보내는 방법입니다.

② AutoCAD에서 다른 이름으로 저장할 때 어떤 버전에서는 가끔 오류가 발생하는 경우가 생기는데, 이때 가장 낮은 버전인 'AutoCAD 2004/LT2004(DWG)'로 저장하면 발생하는 오류를 없앨 수 있습니다.

2 파일 열기

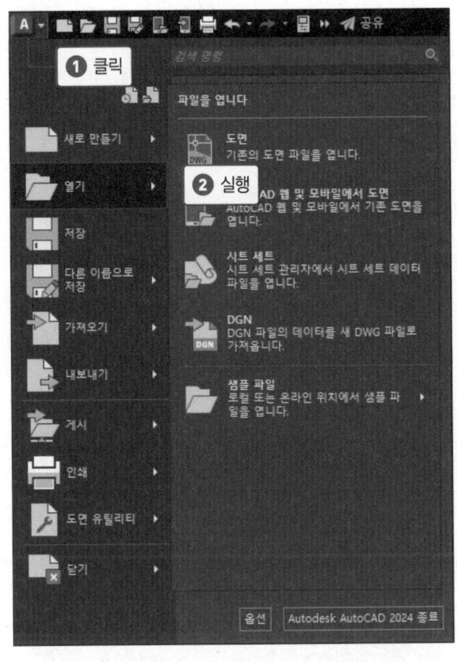

작성한 파일 저장하는 방법

01 | 응용 프로그램 아이콘을 클릭한 다음 [열기]를 실행합니다.

02 | Ctrl+O를 눌러 파일을 열 수도 있습니다.

03 | 저장과 마찬가지로 신속 접근 도구막대의 '열기' 아이콘( )을 클릭하여 파일을 열 수 있습니다.

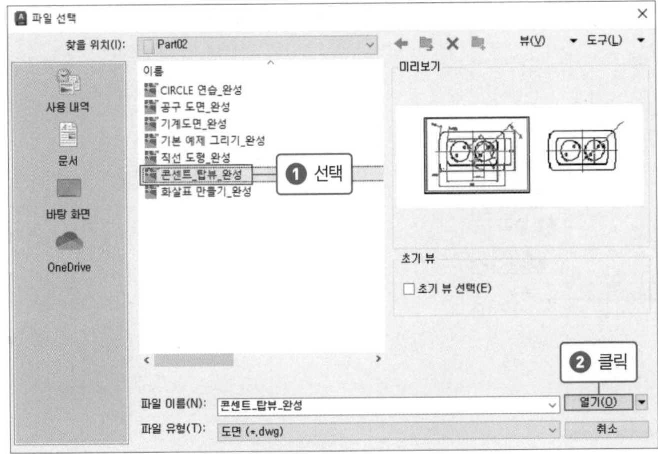

04 | [파일 선택] 대화상자가 표시되면 불러올 파일을 선택한 다음 〈열기(O)〉 버튼을 클릭하여 파일을 열 수 있습니다.

3 ⋮ 다른 형식의 파일 가져오기 및 내보내기

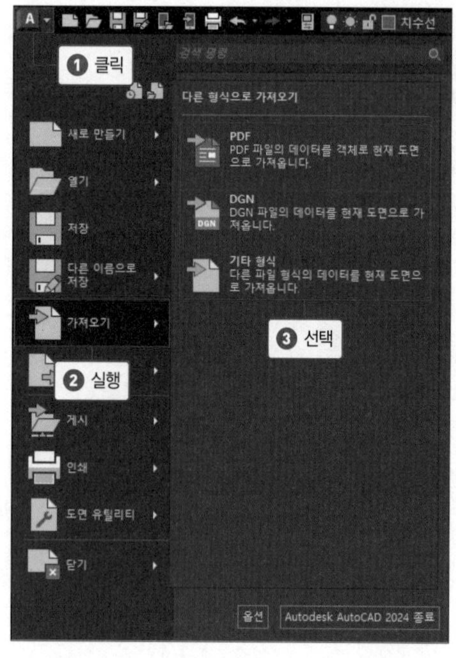

다른 형식의 작업 파일 가져오기

01 | 응용 프로그램 아이콘을 클릭한 다음 〔가져오기〕를 실행하여 PDF 파일과 DGN 파일 및 기타 형식의 파일을 선택할 수 있습니다.

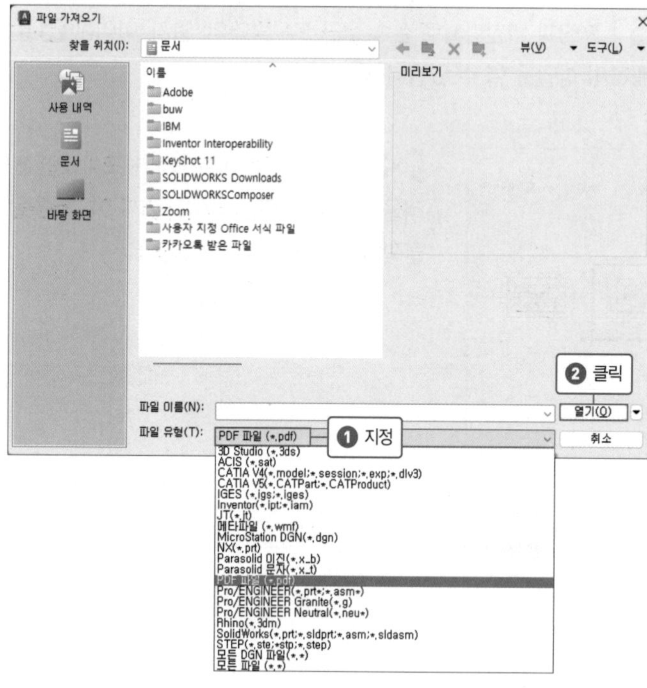

02 | 기타 형식을 선택하면 [파일 가져오기] 대화상자가 표시되며 하단의 파일 유형에서 여러 소프트웨어의 파일 형식을 지정하여 가져올 수 있습니다.

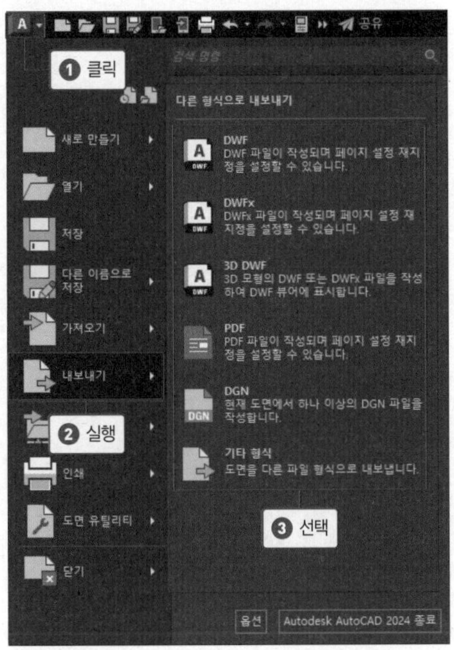

다른 형식의 파일명으로 내보내기

01 | 응용 프로그램 아이콘을 클릭한 후 [내보내기]를 실행합니다. 기본적으로 템플릿 파일 형식인 DWF와 PDF 및 DGN 파일 형태로 내보낼 수 있습니다.

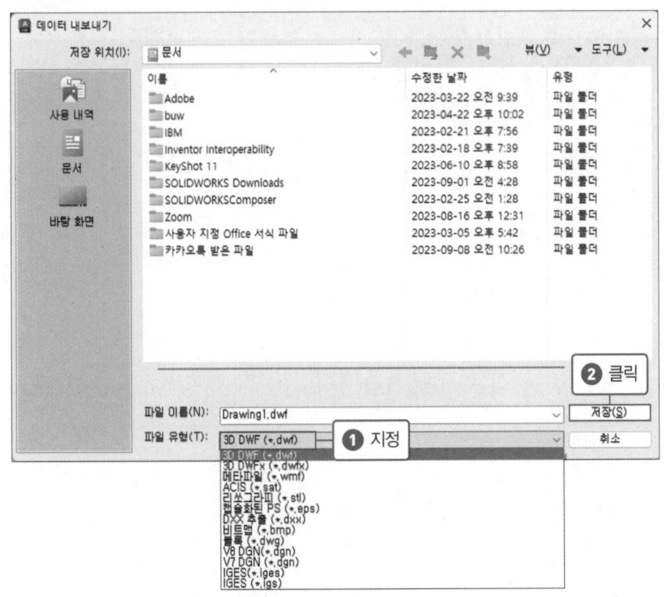

02 | 기타 형식을 선택하면 [데이터 내보내기] 대화상자가 표시되며 파일 유형에서 내보낼 수 있는 파일의 형식을 지정할 수 있습니다. AutoCAD의 특성상 가져올 때와는 달리 내보낼 수 있는 파일의 형식이 많지 않습니다.

2차원 객체는 AutoCAD에서 기본적으로 가장 많이 사용 및 활용하는 객체입니다. 따라서 AutoCAD에서 2차원 객체를 그리는 것은 가장 핵심적인 부분이라고 할 수 있습니다. PART 2에서 소개하는 리본 메뉴의 2차원 객체 명령어와 편집 도구들을 반드시 익히세요.

2차원 객체 그리고 편집하기

직선 그리기

AutoCAD의 가장 기본이자 가장 많이 사용하는 명령어는 바로 직선입니다. AutoCAD에서 사용할 수 있는 직선에는 기본 직선에서부터 직선과 곡선을 하나의 객체로 그릴 수 있는 Pline 그리고 가상의 무한대 선인 Xline과 반 무한한 선인 Ray로 구분할 수 있습니다.

1 기본선 그리기 - Line

'L(LINE)'은 직선을 그리는 명령어입니다. 화면을 클릭하거나 좌푯값을 입력할 때마다 각 정점 간 직선으로 그려지고 이렇게 만들어진 각 정점 간 직선은 분리된 상태로 이어집니다.

TIP

'Line'과 'Pline'의 차이점은 객체를 선택했을 때 그립 모양으로 알 수 있으며, 가장 큰 차이점은 객체들끼리 서로 분리되어 있는지 아니면 서로 연결되어 이어진 상태인지에 대한 여부입니다.

1 명령어 실행

- 리본 메뉴 : [홈] 탭 – 선
- 도구 모음 : 그리기 – ▨
- 단축 명령어 : L

2 명령 입력 과정

명령: L [L 명령어 입력 후 Enter]
LINE
첫 번째 점 지정: [첫 번째 점 입력]
다음 점 지정 또는 [명령 취소(U)]: [두 번째 점 입력 혹은 옵션 입력]

3 옵션

- Enter : 'LINE' 명령어 입력 후 첫 번째 점과 두 번째 점의 위치를 지정하고 나서부터 Enter를 누르면 'LINE' 명령이 취소됩니다. 'LINE' 명령어가 취소되고 다시 Enter를 누르면 이전 명령어인 'LINE' 명령어가 다시 시작되며, 다시 Enter를 누르면 맨 마지막에 입력한 직선의 점에서부터 다시 'LINE' 명령어가 시작됩니다.

- **닫기(C)** : 2개 이상의 직선을 그린 후 'C'를 입력하면 시작점과 끝점이 직선으로 그려집니다.

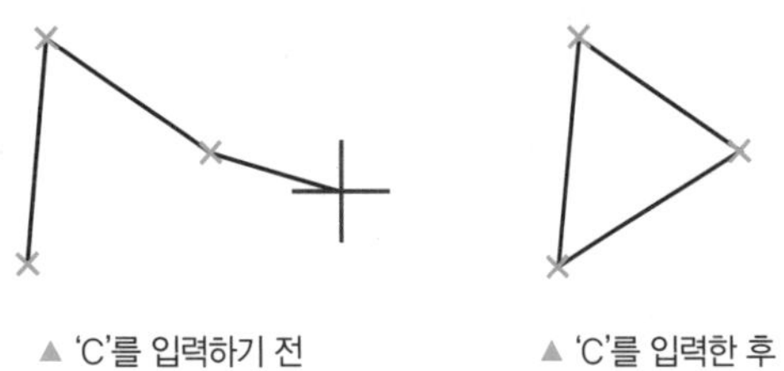

▲ 'C'를 입력하기 전　　▲ 'C'를 입력한 후

- **명령 취소(U)** : 직선을 그리던 중 'U'를 입력하면 직전 작업을 연속해서 차례로 취소할 수 있습니다.

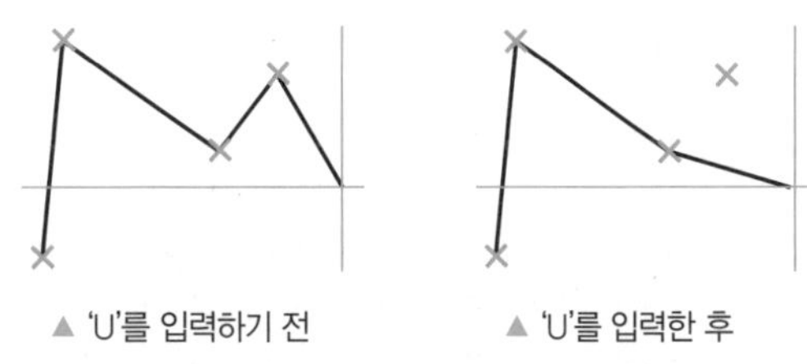

▲ 'U'를 입력하기 전　　▲ 'U'를 입력한 후

2 편집 가능한 선 그리기 - Pline

'PL(PLINE)'은 폴리선을 그리는 명령입니다. 폴리선은 직선과 곡선을 이어 만들 수 있고, 각 정점이 이어져 하나의 개체로 인식되는 것이 특징입니다. 또한 선 자체에 두께를 적용할 수 있어 다양하게 사용하는 선 형태입니다.

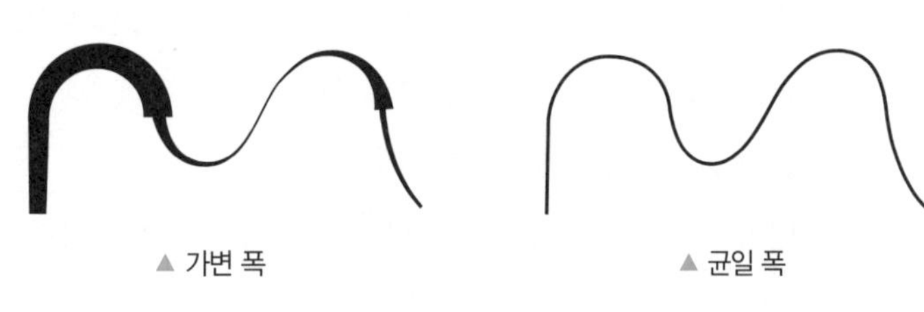

▲ 가변 폭　　▲ 균일 폭

1 명령어 실행

- 리본 메뉴 : [홈] 탭 – 폴리선
- 도구 모음 : 그리기 –
- 단축 명령어 : PL

2 명령 입력 과정

명령: PL [PL 명령어 입력 후 Enter]
PLINE
시작점 지정:
현재의 선 폭은 0.0000임
다음 점 지정 또는 [호(A)/반폭(H)/길이(L)/명령 취소(U)/폭(W)]: [다음 점 지정 혹은 옵션 입력]
다음 점 지정 또는 [호(A)/닫기(C)/반폭(H)/길이(L)/명령 취소(U)/폭(W)]:

3 옵션

- 호(A) : 폴리선을 이용하여 호를 그립니다.

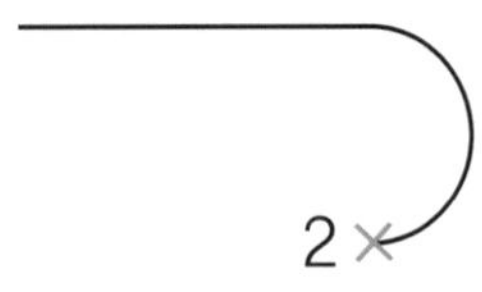

다음 점 지정 또는 [호(A)/반폭(H)/길이(L)/명령 취소(U)/폭(W)]:
다음 점 지정 또는 [호(A)/닫기(C)/반폭(H)/길이(L)/명령 취소(U)/폭(W)]: A Enter
호의 끝점 지정(Ctrl 키를 누른 상태에서 방향 전환) 또는
[각도(A)/중심(CE)/닫기(CL)/방향(D)/반폭(H)/선(L)/반지름(R)/두 번째 점(S)/명령 취소(U)/폭(W)]:

  - 각도(A) : 시작점으로부터 호를 그리기 위한 각도를 입력합니다.
  - 중심(CE) : 호의 중심점을 지정합니다.
  - 방향(D) : 호의 진행 방향을 지정합니다.
  - 반폭(H) : 호의 중심에서 모서리까지 폭을 지정합니다.
  - 선(L) : 직선 모드로 변경합니다.
  - 반지름(R) : 호의 반지름을 입력합니다.
  - 두 번째 점(S) : 두 번째 점을 입력합니다.
  - 명령 취소(U) : 직전 작업을 취소합니다.
  - 폭(W) : 직선 및 호의 선두께를 입력합니다.

- 닫기(C) : 2개 이상의 직선을 그리고 C를 누른 다음 Enter를 누르면 시작점과 끝점을 연결합니다.

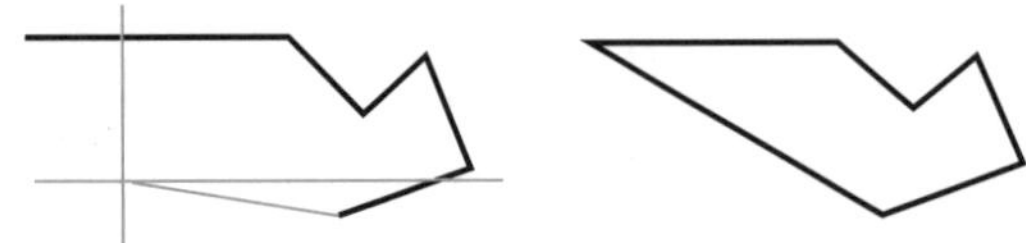

- 반폭(H) : 두께가 있는 폴리선을 그렸을 때 폴리선의 중심에서 모서리까지 폭을 지정합니다. 시작 폭과 마지막 폭의 크기가 다른 경우에는 점점 굵기가 변경되는 폴리선을 만들 수 있습니다.

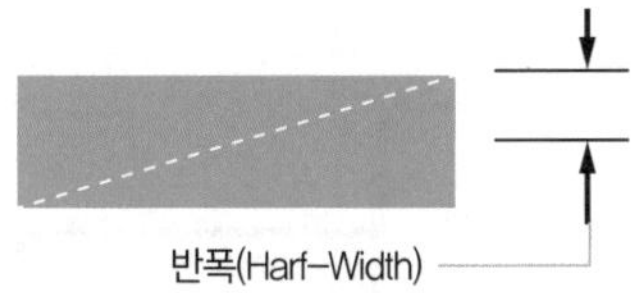

시작점 지정:
현재의 선 폭은 0.0000임
다음 점 지정 또는 [호(A)/반폭(H)/길이(L)/명령 취소(U)/폭(W)]: H Enter
시작 반폭 지정 〈0.0000〉: 3 [시작 지점 반폭 입력]
끝 반폭 지정 〈3.0000〉: 3 [끝 지점 반폭 입력]

- 길이(L) : 직전에 그렸던 직선의 방향과 같은 방향으로 길이 값을 입력하여 선을 그립니다.

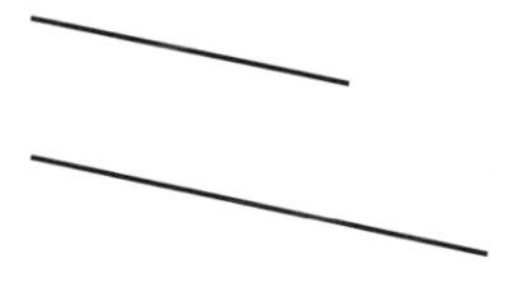

시작점 지정:
현재의 선 폭은 0.0000임
다음 점 지정 또는 [호(A)/반폭(H)/길이(L)/명령 취소(U)/폭(W)]:
다음 점 지정 또는 [호(A)/닫기(C)/반폭(H)/길이(L)/명령 취소(U)/폭(W)]: L Enter
선의 길이 지정: [직선의 길이를 입력]

- 명령 취소(U) : 직전에 그린 작업을 취소합니다.
- 폭(W) : 다음 직선의 선 두께를 설정합니다.

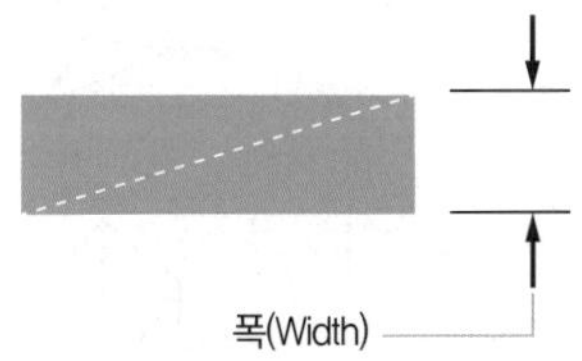

시작점 지정:
현재의 선 폭은 0.0000임
다음 점 지정 또는 [호(A)/반폭(H)/길이(L)/명령 취소(U)/폭(W)]:
다음 점 지정 또는 [호(A)/닫기(C)/반폭(H)/길이(L)/명령 취소(U)/폭(W)]: W Enter
시작 폭 지정 〈0.0000〉: 3 [시작 지점 선 두께 입력. Enter를 누르면 현재 선 두께 유지]
끝 폭 지정 〈3.0000〉: 1 [끝 지점 선 두께 입력. Enter를 누르면 시작 지점 두께 유지]

3 ⋮ 양쪽 방향으로 무한한 선 그리기 - Xline

'XLINE' 명령어는 무한한 선을 그리며, 기준선을 그리거나 경계를 자르기 위해 사용하는 명령어입니다.

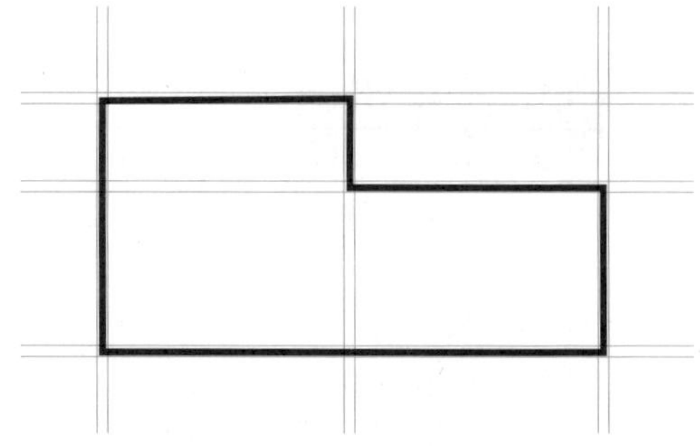

1 명령어 실행

- 리본 메뉴 : [홈] 탭 – 그리기 패널 – 구성선
- 도구 모음 : 그리기 –
- 단축 명령어 : XL

2 명령 입력 과정

명령: XL [XL 명령어 입력 후 Enter]
XLINE
점 지정 또는 [수평(H)/수직(V)/각도(A)/이등분(B)/간격띄우기(O)]: [무한한 선이 위치할 방향점 입력 혹은 옵션 지정]

3 옵션

- **통과점** : 두 점을 통과하는 무한한 선을 그립니다.

- **수평(H)** : 특정 점을 통과하는 수평의 무한한 선을 그립니다.

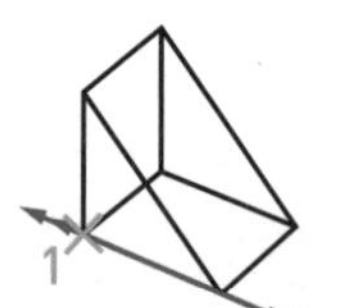

- **수직(V)** : 특정 점을 통과하는 수직의 무한한 선을 그립니다.

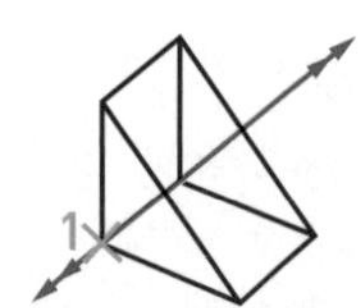

- **각도(A)** : 입력한 각도를 유지하며 무한한 선을 그립니다.

- **이등분(B)** : 지정한 각도의 정점을 통과하면서 첫 번째 선과 두 번째 선 사이를 이등분하는 무한한 선을 그립니다.

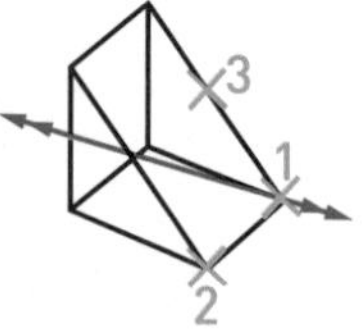

- **간격띄우기(O)** : 다른 개체에 평행한 무한한 선을 그립니다.

4 | 한쪽 방향으로 무한한 선 그리기 - Ray

'RAY' 명령어는 지정한 시작점에서 한 방향으로 무한한 선을 그리는 명령어입니다. 이 명령어는 건축 디자인 및 토목 분야에서 건축물 투시도를 더 쉽고 원근감 있게 작성할 수 있도록 도와주며, 또한 기계도면이나 제품도면을 그릴 때 각 도면의 배치와 위치 크기를 정확하게 나타낼 수 있도록 도움을 줍니다.

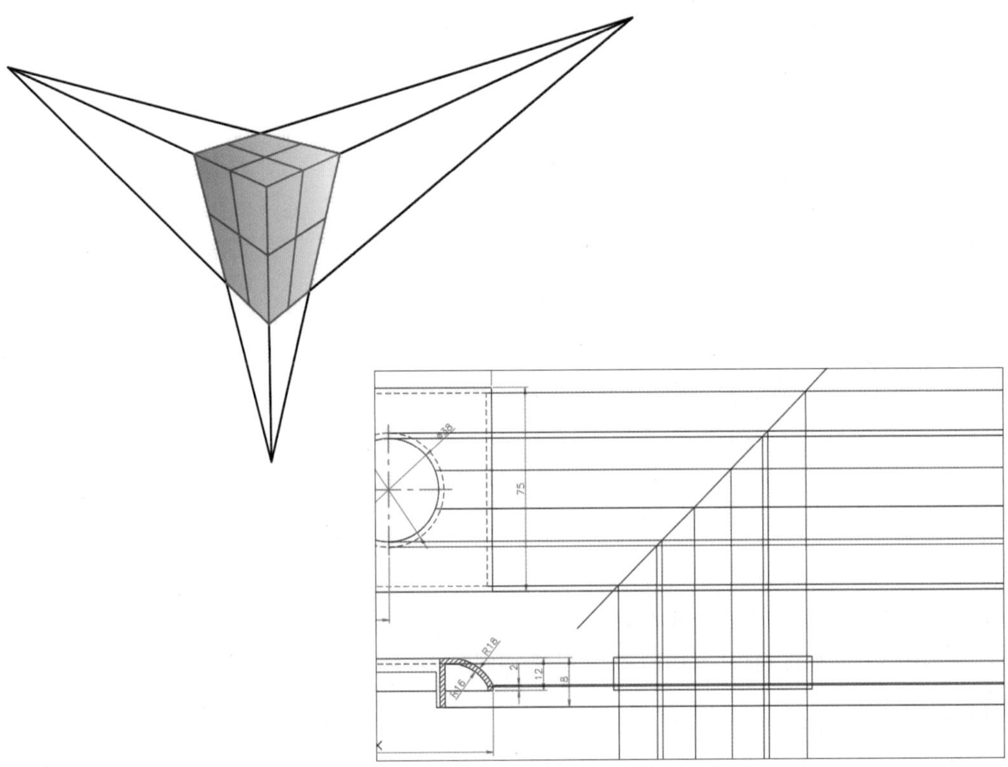

1 명령어 실행

- 리본 메뉴 : [홈] 탭 – 그리기 패널 – 광선
- 도구 모음 : 그리기 –
- 단축 명령어 : RAY

2 명령 입력 과정

명령: RAY [RAY 명령어 입력 후 Enter]
시작점을 지정: [시작점 지정].
통과점을 지정: [무한 선이 통과할 지점 입력]

5 다중선 그리기 - Mlone

다중선 그리기는 한 번에 두 줄의 선을 그릴 수 있는 명령어로, 건축 분야에서 많이 사용합니다. 특히 벽체를 표현하는 경우에 아주 유용하게 사용됩니다.

1 명령어 실행

- 단축 명령어 : ML

2 명령 입력 과정

명령: ML [ML 명령어 입력 후 Enter]
MLINE
현재 설정: 자리맞추기=맨 위, 축척=20.00, 스타일=STANDARD
시작점 지정 또는 [자리맞추기(J)/축척(S)/스타일(ST)]:
다음 점 지정: 200
다음 점 지정 또는 [명령 취소(U)]: 200
다음 점 지정 또는 [닫기(C)/명령 취소(U)]: 200
다음 점 지정 또는 [닫기(C)/명령 취소(U)]: C

3 옵션

'ML(MLINE)' 명령어를 입력하고 Enter를 누르면 시작점 지정 또는 [자리맞추기(J) 축척(S) 스타일(ST)]가 명령어 입력 창에 나타납니다. 각 옵션에 대해서 알아보겠습니다.

- **자리맞추기(J)**

  'ML' 명령어를 입력하고 Enter를 눌러 첫 번째로 나타나는 세부 옵션입니다. '자리맞추기(J)'를 선택하거나, 'J'를 입력하여 옵션을 선택하면 추가로 옵션이 더 나타납니다. 하위 옵션은 [맨 위(T), 0(Z), 맨 아래(B)]로 이루어져 있습니다.

  - 맨 위(T) : '맨 위'를 선택하거나 'T'를 입력하면 마우스 커서의 위치가 선 위쪽에 위치하고 선이 시작됩니다.

    직교: 119.4085 < 0°

  - O(Z) : '0'을 선택하거나 'Z'를 입력하면 마우스 커서의 위치가 선의 중앙에 위치하고 선이 시작됩니다.

    직교: 111.4562 < 0°

- 맨 아래(B) : '맨 아래'를 선택하거나 'B'를 입력하면 마우스 커서의 위치가 선의 아래쪽에 위치하고 선이 시작됩니다.

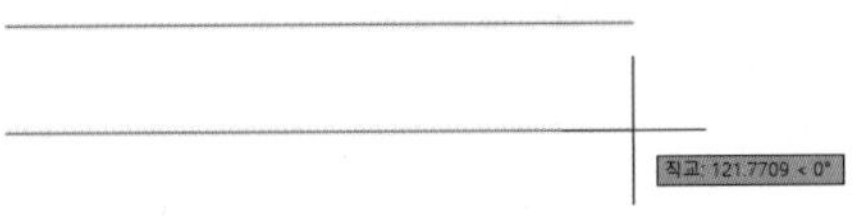

- 축척(S) : 다중선 그리기에 있어서 두 번째 세부 옵션입니다. 다중선의 거리를 조절합니다. '축척'을 선택하거나 'S'를 입력하면 축척 옵션으로 들어갑니다. 축척의 거리 값을 각각 20, 40으로 지정했다고 가정하고 2개의 다중선을 그리면 두 선의 간격이 20과 40이 됩니다.

TIP

다중선으로 사각형을 그릴 때 마지막에 시작점을 다시 클릭하는 것으로는 사각형이 그려지지 않습니다. 그렇기 때문에 다중선으로 사각형을 그릴 때는 마지막에 시작점으로 향하는 지점에서 '닫기'를 선택하거나 'C'를 입력해야 두 선이 모두 닫히게 되면서 깔끔하게 마무리가 됩니다.

TIP MLSTYLE 명령어

MLSTYLE 명령어로 MLINE의 스타일을 지정할 수 있습니다.

❶ 명령어 입력 창에 'MLSTYLE' 명령어를 입력하고 Enter를 누릅니다. [여러 줄 스타일] 대화상자가 표시되면 〈새로 만들기〉 버튼을 클릭합니다.

❷ [새 여러 줄 스타일 작성] 대화상자가 표시되면 새 스타일 이름(N)에 이름을 입력하고 〈계속〉 버튼을 클릭합니다.

❸ 여러 옵션을 입력할 수 있는 대화상자가 표시됩니다. 설명(P)은 관련 내용을 입력할 수 있고, 요소(E)는 선 간격 및 색상 선 종류를 한눈에 볼 수 있으며, 아래쪽의 〈추가〉, 〈삭제〉 버튼을 이용하여 다중선의 개수를 입력할 수 있습니다. 간격띄우기(S)에서는 다중선의 간격을 지정할 수 있고 선의 색상(C)과 선의 종류를 선택할 수 있습니다. 마지막에 [여러 줄 스타일] 대화상자에서 〈현재로 설정(U)〉 버튼을 클릭해야 'MLINE' 명령어에 적용됩니다.

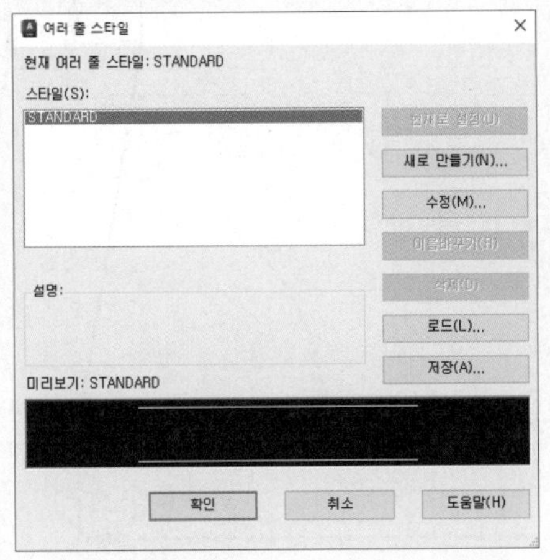

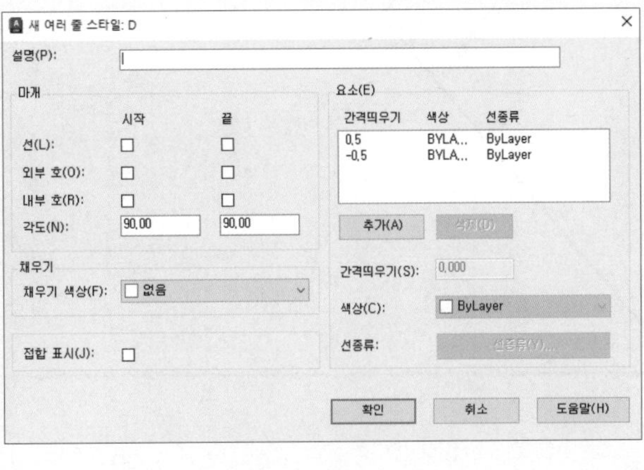

직선을 이용하여 도형 만들기

동영상 강의

앞서 배웠던 세 가지의 좌표 중에서 까다롭다고 할 수 있는 상대 극좌표에 대해 연습해 보겠습니다. 상대 극좌표를 사용하기 위해서는 AutoCAD에서 사용하는 각도에 대해 충분히 숙지해야만 올바른 형상을 만들 수 있습니다.

예제 도면 ● 완성 파일 : Part02\직선 도형_완성.dwg

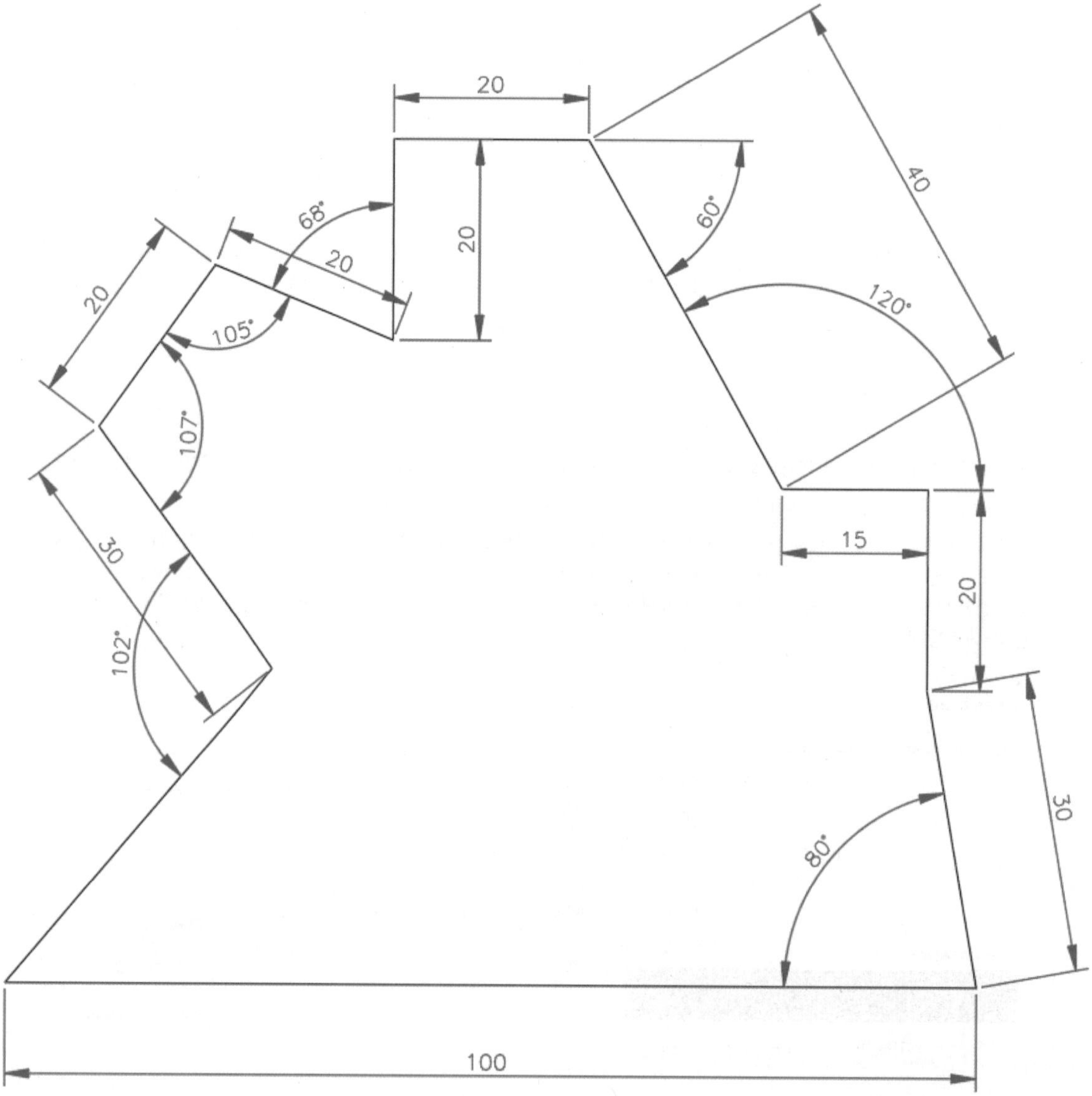

1 도면 환경 설정하기

도면을 시작하기 위해서는 시작점을 지정해야 합니다. 절대 좌표를 사용하여 시작점을 지정해도 되지만, 지금은 임의의 시작점을 지정하여 시작해 보겠습니다. 이때 주의해야 할 점은 시작점의 위치에 따라 화면의 좌,우/상,하 및 줌 인/줌 아웃이 제대로 되지 않을 수도 있으므로 기본적인 작업 범위를 설정해야 할 필요가 있습니다.

1 명령어 실행

- 단축 명령어 : LIMITS

2 명령 입력 과정

명령: LIMITS [LIMITS 명령어 입력 후 Enter]
모형 공간 한계 재설정:
왼쪽 아래 구석 지정 또는 [켜기(ON)/끄기(OFF)] 〈0.0000,0.0000〉: 0,0 (범위의 시작) Enter
오른쪽 위 구석 지정 〈420.0000,297.0000〉: 2000,2000 (작업 범위 설정) Enter

❶ 작업 범위 설정을 위해 명령어 입력 창에 'LIMITS'를 입력합니다.

❷ 작업 범위의 시작 위치를 절대 좌표를 사용하여 지정하기 위해 '0,0'을 입력합니다.

❸ 작업 범위의 종료이자 범위의 영역을 설정하는 설정 값을 입력하면 됩니다. 가급적이면 크게 설정하는 것이 화면의 이동 및 줌 인/줌 아웃 시 이동이 제한되는 것을 피할 수 있습니다. 이번 예제에서는 절대 좌표를 사용하여 '2000, 2000'의 범위를 설정하겠습니다.

명령: Z [Z 명령어 입력 후 Enter]
ZOOM
윈도우 구석 지정, 축척 비율(nX 또는 nXP) 입력 또는
[전체(A)/중심(C)/동적(D)/범위(E)/이전(P)/축척(S)/윈도우(W)/객체(O)] 〈실시간〉: A Enter

❹ 범위를 설정하였으므로 해당 범위를 전체적으로 보이도록 해야만 범위 밖에서 작업을 하게 되는 불상사를 막을 수 있기 때문에 '명령어 : Z'를 사용합니다.

❺ 설정한 범위 전체를 봐야 하기 때문에 '옵션: A(전체)'를 입력하면 실질적으로 보이는 화면에서는 아무런 차이점을 볼 수 없지만 현재 화면에 표시되는 범위는 앞서 설정했던 '2000, 2000' 범위의 영역이 설정되어 있습니다. 이렇게 설정된 영역을 확인하고 싶을 때는 'REC(RECTANG)' 명령어를 입력하고 '2000, 2000' 범위의 사각형을 그려 확인하는 것도 좋은 방법입니다.

2 ┊ 도면의 시작점 지정하기

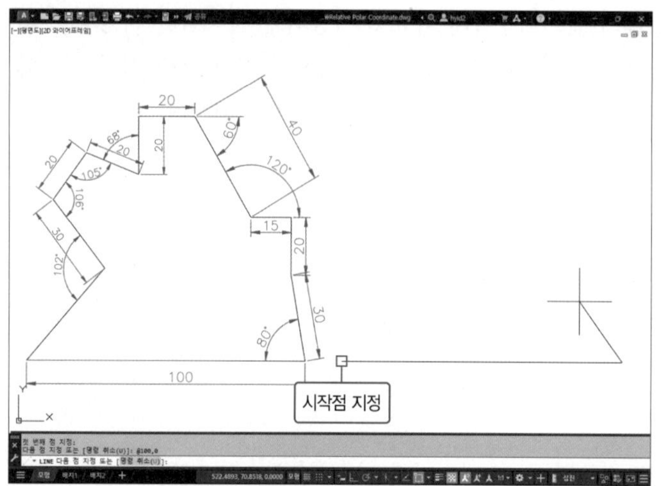

01 | 이번 예제 도면은 '각도'가 있는 선이므로 '상대 극좌표' 좌푯값을 입력합니다. 'L(LINE)' 명령어를 입력한 후 임의의 점을 시작점으로 지정하고 선의 길이 및 방향을 설정합니다. 임의의 시작점을 기준으로 오른쪽 방향으로 거리 100만큼 이동해야 해서 '@100,0' 또는 '@100<0' 좌푯값을 입력하고 Enter를 눌러 그림처럼 가로선을 작성합니다.

명령: L [L 명령어 입력 후 Enter]
LINE
첫 번째 점 지정: (임의의 위치를 클릭)
다음 점 지정 또는 [명령 취소(U)]: @100,0 또는 @100<0

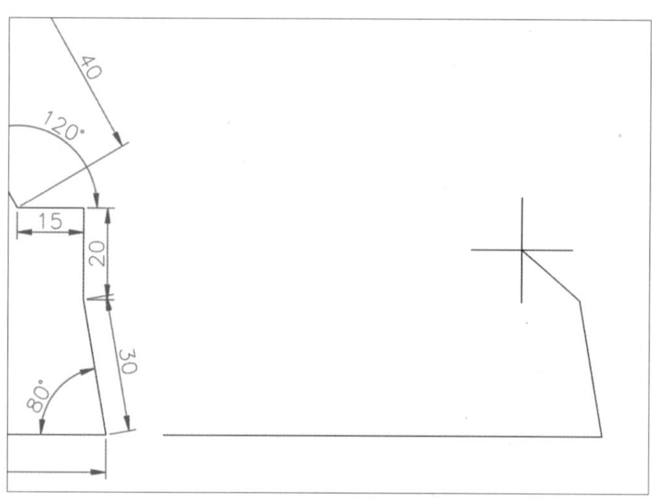

02 | 두 번째 선을 만들기 위해 도면에 작성된 길이 '30'과 꺾은 괄호로 '180°'에서 80°를 뺀 각도를 구해 입력해야 합니다. 기준에서 + 방향의 각도이므로 '@30<100'을 입력한 다음 Enter를 눌러 선을 만듭니다.

다음 점 지정 또는 [명령 취소(U)]: @30<100

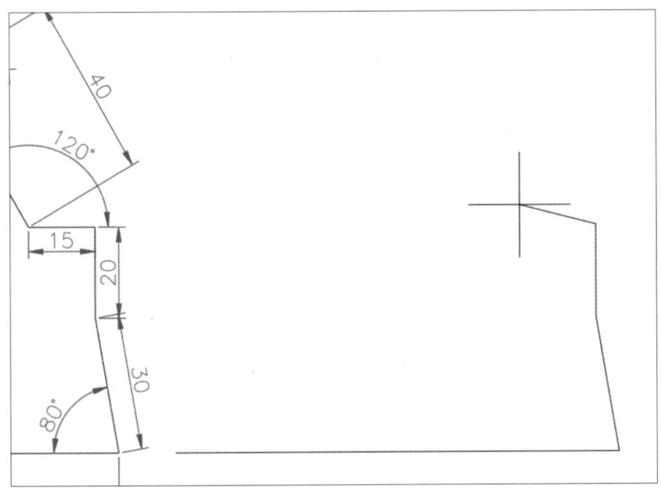

03 | 세 번째 선을 만들기 위해 도면에 작성된 길이 '20'과 꺾은 괄호로 '90°'를 입력해야 합니다. 기준에서 + 방향의 각도이므로 '@20 <90'을 입력하고 Enter를 눌러 선을 만듭니다.

다음 점 지정 또는 [닫기(C)/명령 취소(U)]: @20<90

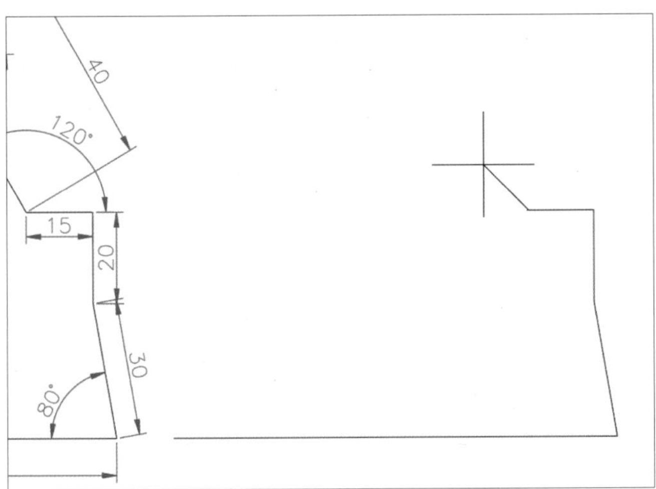

04 | 네 번째 선을 만들기 위해 도면에 작성된 길이 '15'와 꺾은 괄호로 '180°'를 입력해야 합니다. 기준에서 +방향의 각도이므로 '@15<180'을 입력하고 Enter를 눌러 선을 만듭니다.

다음 점 지정 또는 [명령 취소(U)]: @15<180 또는 @−15,0

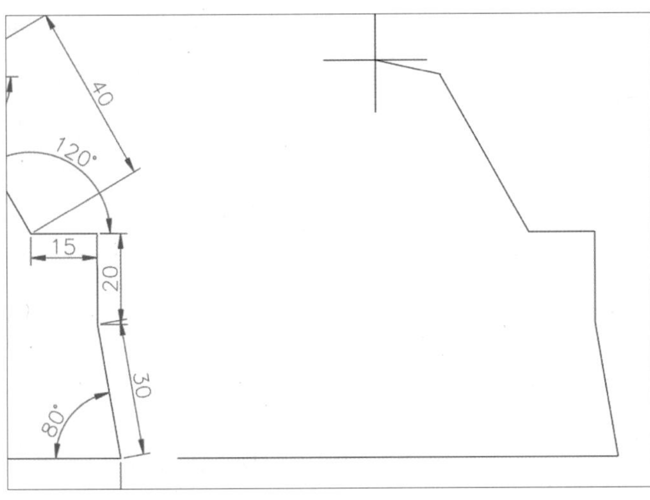

05 | 다섯 번째 선을 만들기 위해 도면에 작성된 길이 '40'과 꺾은 괄호로 '120°'를 입력해야 합니다. 기준에서 + 방향의 각도이므로 '@40<120'을 입력하고 Enter를 눌러 선을 만듭니다.

다음 점 지정 또는 [닫기(C)/명령 취소(U)]: @40<120

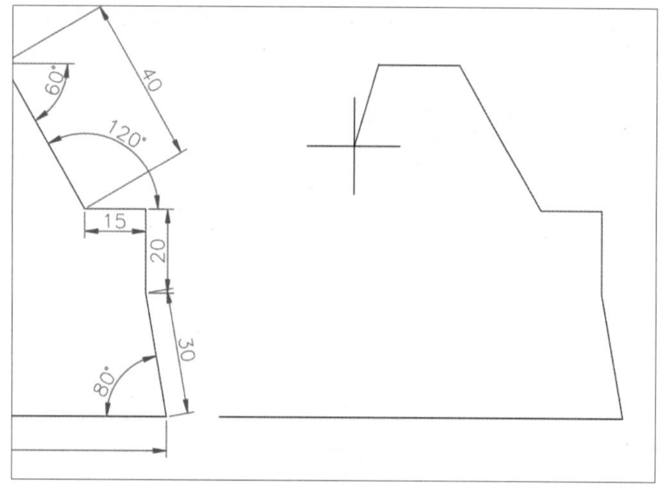

06 | 여섯 번째 선을 만들기 위해 도면에 작성된 길이 '20'과 꺾은 괄호로 '180°'를 입력해야 합니다. 기준에서 + 방향의 각도이므로 '@20 <180'을 입력한 다음 Enter를 눌러 선을 만듭니다.

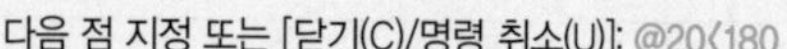
다음 점 지정 또는 [닫기(C)/명령 취소(U)]: @20<180

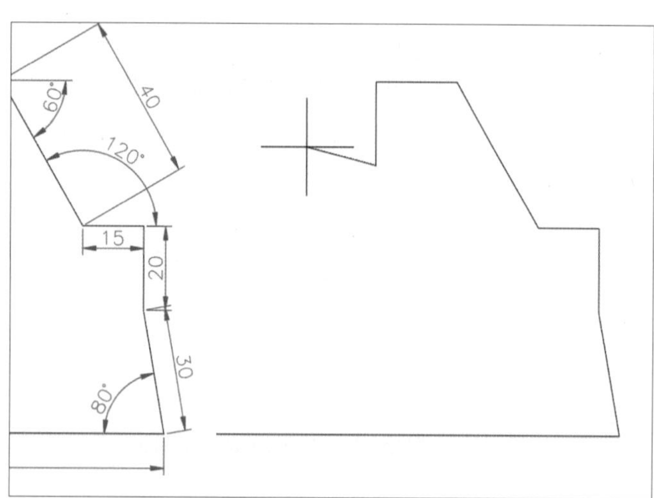

07 | 일곱 번째 선을 만들기 위해 도면에 작성된 길이 '20'과 꺾은 괄호로 '−90°'를 입력해야 합니다. 기준에서 −방향 각도이므로 '@20 <−90'을 입력하고 Enter를 눌러 선을 만듭니다.

다음 점 지정 또는 [닫기(C)/명령 취소(U)]: @20<−90

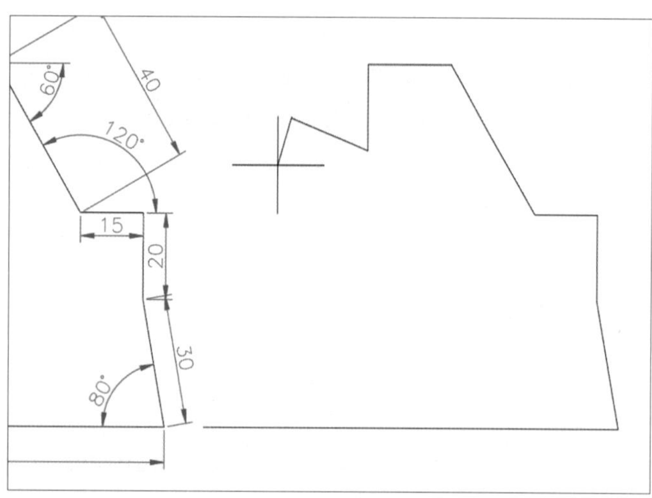

08 | 여덟 번째 선을 만들기 위해 도면에 작성된 길이 '20'과 꺾은 괄호로 90°와 68°를 더한 '158°'를 입력해야 합니다. 기준에서 + 방향의 각도이므로 '@20 <158'을 입력하고 Enter를 눌러 선을 만듭니다.

다음 점 지정 또는 [닫기(C)/명령 취소(U)]: @20<158

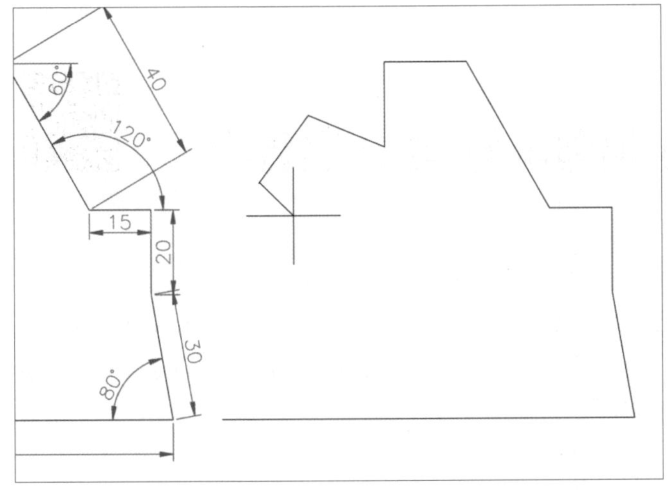

09 | 아홉 번째 선을 만들기 위해 도면에 작성된 길이 '20'과 꺾은 괄호로 105°+22°인 '–127°'를 입력해야 합니다. 기준에서 – 방향의 각도이므로 '@20 <–127'을 입력하고 Enter를 눌러 선을 만듭니다.

다음 점 지정 또는 [닫기(C)/명령 취소(U)]: @20<180

TIP

105°, 106° 꼭짓점에 각각 수평선을 그리면 106°의 안쪽은 53°이고, 53°의 엇각 부분이 105°의 바깥쪽 53°인 것을 알 수 있습니다. 이렇게 확인한 후 105°와 53°를 더해 158°를 180°에서 빼면 22°를 구할 수 있습니다. 마지막으로 105°와 22°를 더하면 127°가 됩니다. 이 127°는 꺾어져야 하는 각도입니다. 선을 그릴 때는 이렇게 각도를 계산해서 좌푯값을 정확히 구해야 합니다.

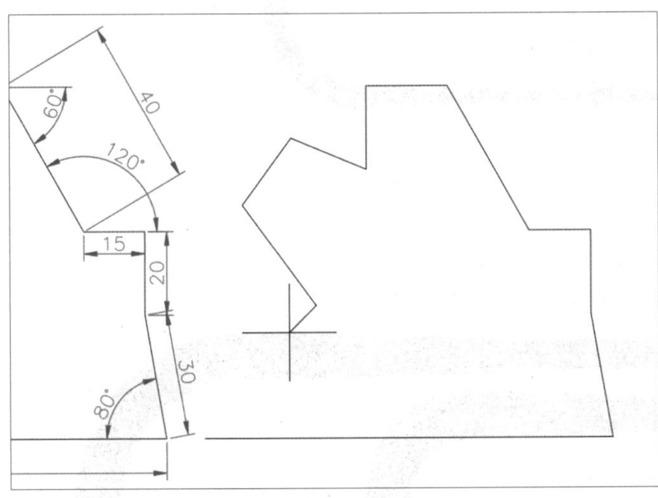

10 | 열 번째 선을 만들기 위해서 도면에 작성된 길이 '30'과 꺾은 괄호로 106°의 절반인 '–53°'를 입력해야 합니다. 기준에서 – 방향의 각도이므로 '@30 <–53'을 입력하고 Enter를 눌러 선을 만듭니다.

다음 점 지정 또는 [닫기(C)/명령 취소(U)]: @30<–53

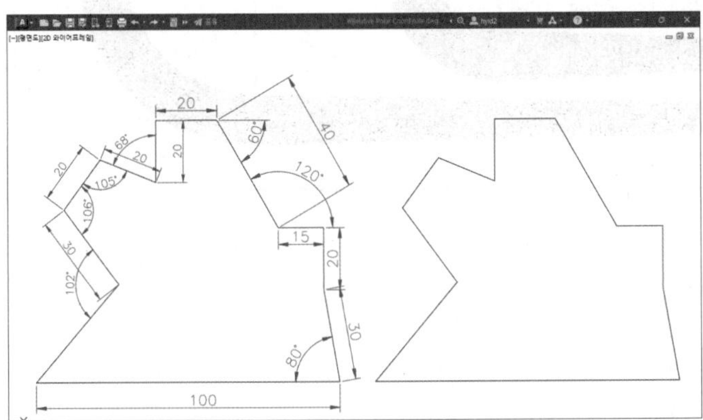

11 | 마지막으로 열한 번째 선을 작성하겠습니다. 옵션에서 'C'를 입력하고 Enter를 눌러 처음 시작점으로 선을 연결해 닫아 도면을 완성합니다.

다음 점 지정 또는 [닫기(C)/명령 취소(U)]: C

폴리선을 이용한 화살표와 클립 만들기

폴리선(명령어 : PL)은 일반적인 선(명령어 : L)과는 다른 몇 가지 특성을 가지고 있습니다. 기본적으로 폴리선은 여러 개의 선이 합하여 1개의 객체로 이루어진 선이기 때문에 해당 선을 선택하면 선 전체가 선택되고 한번에 전체 선의 삭제가 가능하다는 차이점이 있습니다. 폴리선을 이용하여 간단한 화살표와 클립을 만들어 보겠습니다.

예제 도면 ○ 완성 파일 : Part02\화살표 클립_완성.dwg

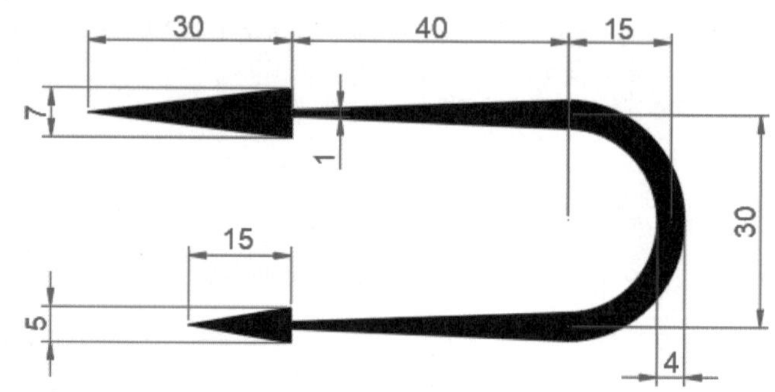

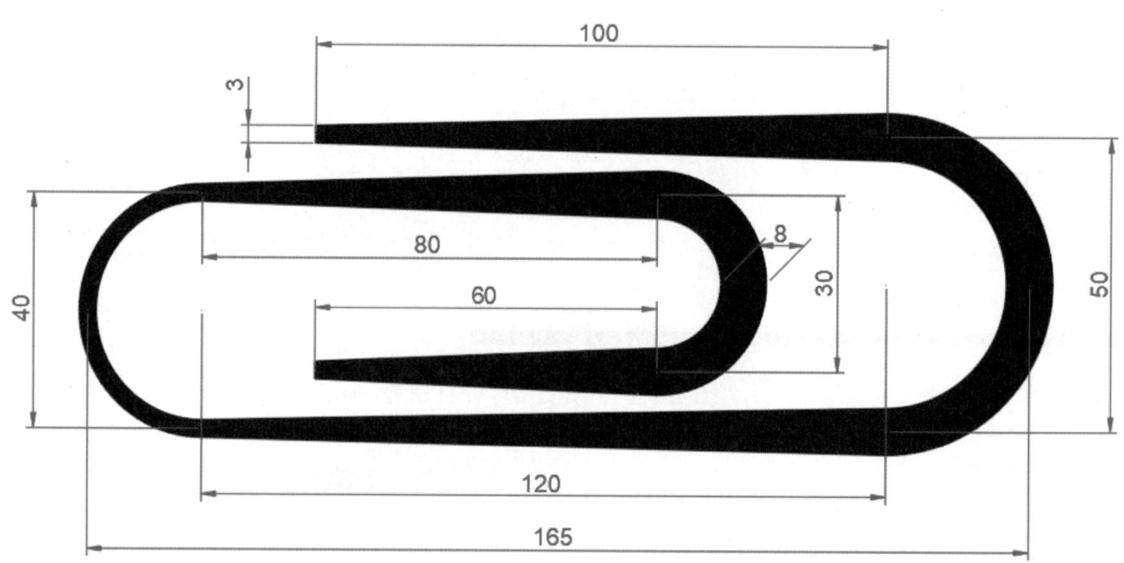

1 화살표 만들기

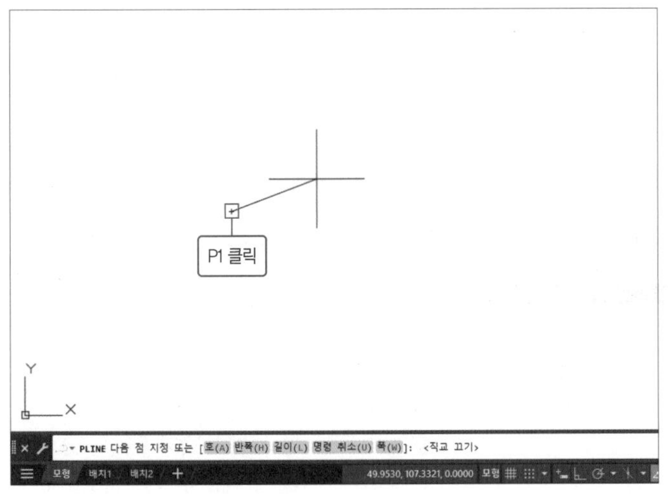

01 | 화살표를 만들어 보겠습니다. 'PL (PLINE)' 명령어를 입력한 다음 Enter를 누릅니다. 화면상에서 임의의 시작점을 클릭해 지정합니다.

명령: PL [PL 명령어 입력 후 Enter]
PLINE
시작점 지정: P1
현재의 선 폭은 0.0000임

TIP

F8을 눌러 직교 모드를 활성화하면 작업이 훨씬 편리합니다.

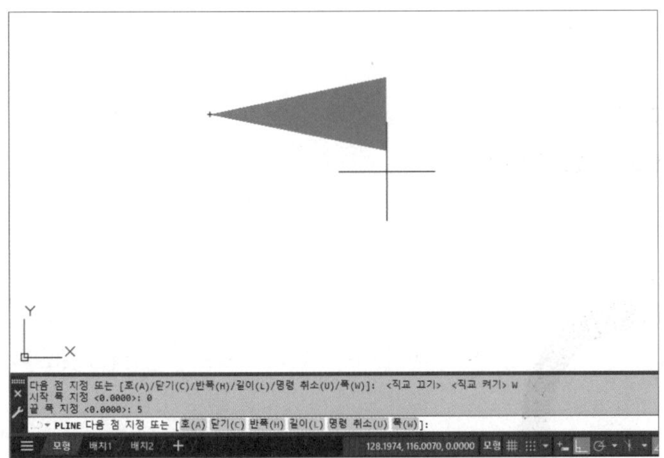

02 | 옵션에서 'W'를 입력하고 Enter를 누릅니다. 시작 폭 지정은 '0'을 입력하고 Enter, 끝 폭 지정은 '5'를 입력하여 Enter를 누릅니다.

다음 점 지정 또는 [호(A)/반폭(H)/길이(L)/명령 취소(U)/폭(W)]: W
시작 폭 지정 〈0.0000〉: 0
끝 폭 지정 〈0.0000〉: 5

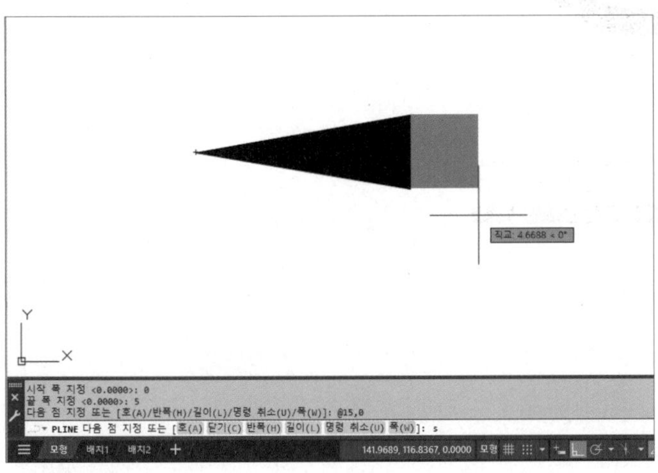

03 | 화살표 머리 부분의 길이 값을 지정해야 합니다. 명령어 입력 창에 '@15,0' 상대 좌표를 입력하고 Enter를 누릅니다.

다음 점 지정 또는 [호(A)/반폭(H)/길이(L)/명령 취소(U)/폭(W)]: @15,0

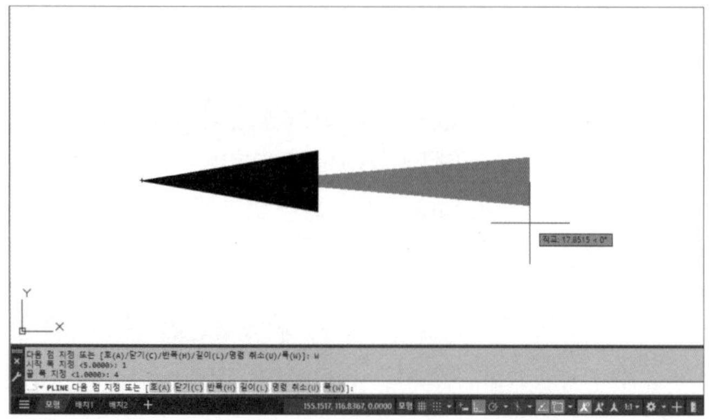

04 | 화살표의 머리 부분이 완성되었으면 꼬리 부분을 작업합니다. 옵션에 'W'를 입력하고 Enter를 누릅니다. 시작 폭 지정은 '1'을 입력한 후 Enter, 끝 폭 지정은 '4'를 입력해 Enter를 누릅니다.

다음 점 지정 또는 [호(A)/닫기(C)/반폭(H)/길이(L)/명령 취소(U)/폭(W)]: W
시작 폭 지정 <5.0000>: 1
끝 폭 지정 <1.0000>: 4

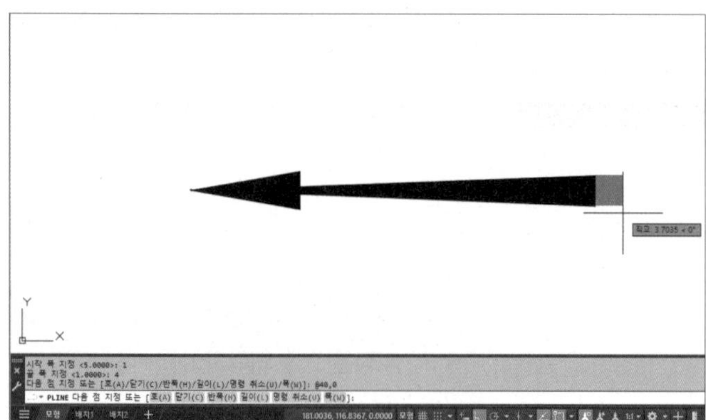

05 | 다음으로 화살표 꼬리 부분의 길이 값을 입력합니다. 명령어 입력 창에 상대 좌표 '@40,0'을 입력하고 Enter를 누릅니다.

다음 점 지정 또는 [호(A)/닫기(C)/반폭(H)/길이(L)/명령 취소(U)/폭(W)]: @40,0

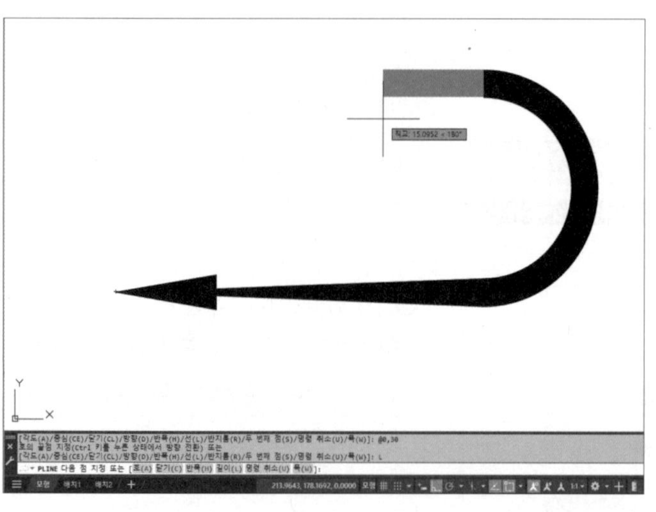

06 | 화살표 꼬리 부분의 반원으로 휜 호 부분을 그립니다. 옵션에서 'A'를 입력하고 Enter를 눌러 반원의 호를 만든 다음 명령어 입력 창에 '@0,30'을 입력 후 Enter를 눌러 반원의 길이를 입력합니다. 옵션에 'L'을 입력하고 Enter를 눌러 호를 다시 직선으로 교체합니다.

다음 점 지정 또는 [호(A)/닫기(C)/반폭(H)/길이(L)/명령 취소(U)/폭(W)]: A
호의 끝점 지정(Ctrl 키를 누른 상태에서 방향 전환) 또는
[각도(A)/중심(CE)/닫기(CL)/방향(D)/반폭(H)/선(L)/반지름(R)/두 번째 점(S)/명령 취소(U)/폭(W)]: @0,30
호의 끝점 지정(Ctrl 키를 누른 상태에서 방향 전환) 또는
[각도(A)/중심(CE)/닫기(CL)/방향(D)/반폭(H)/선(L)/반지름(R)/두 번째 점(S)/명령 취소(U)/폭(W)]: L

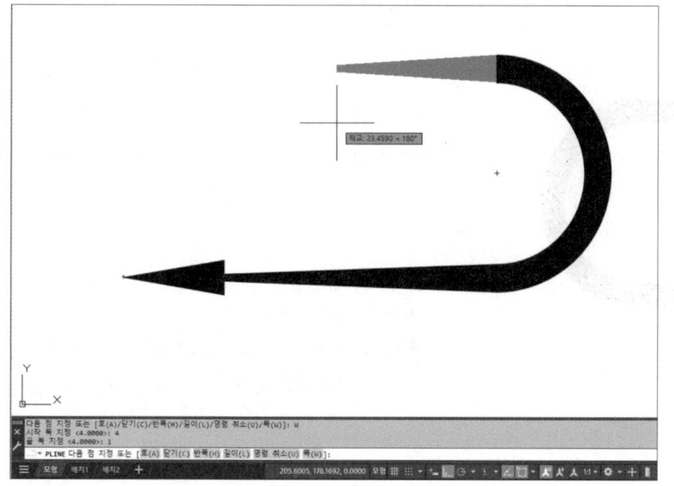

07 | 화살표 꼬리 부분의 마지막 직선 부분을 그립니다. 옵션에서 'W'를 입력하고 Enter를 누릅니다. 시작 폭 지정은 '4'를 입력하고 Enter, 끝 폭 지정은 '1'을 입력하여 Enter를 누릅니다.

다음 점 지정 또는 [호(A)/닫기(C)/반폭(H)/길이(L)/명령 취소(U)/폭(W)]: W
시작 폭 지정 〈4.0000〉: 4
끝 폭 지정 〈4.0000〉: 1

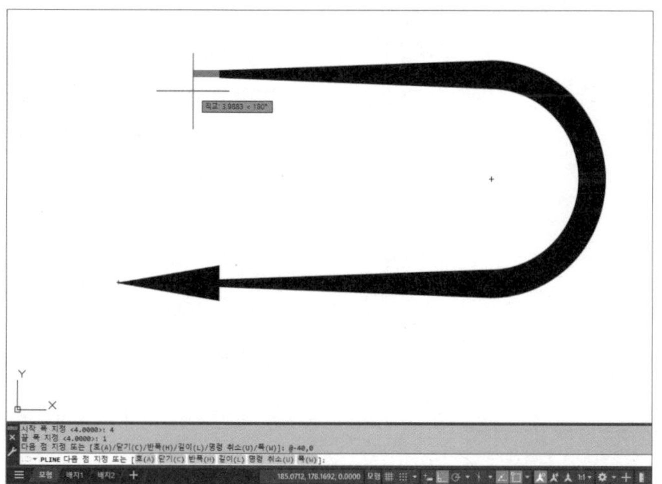

08 | 화살표 꼬리 부분의 마지막 직선 부분의 길이 값을 입력합니다. 명령어 입력 창에 상대 좌표 '@-40,0'을 입력하고 Enter를 누릅니다.

다음 점 지정 또는 [호(A)/닫기(C)/반폭(H)/길이(L)/명령 취소(U)/폭(W)]: @-40,0

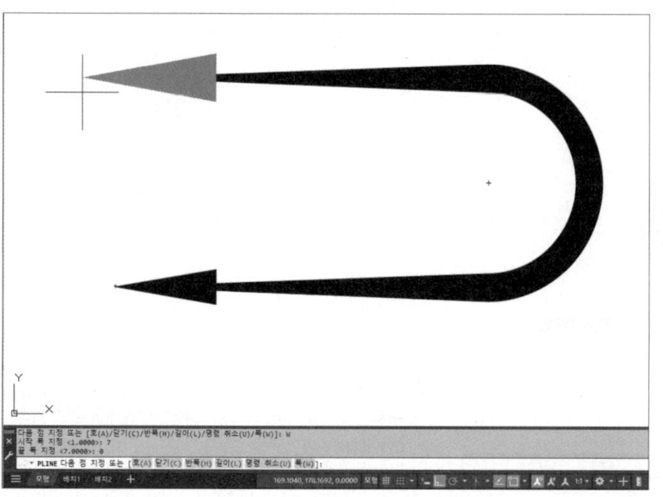

09 | 화살표 꼬리 부분도 화살표 머리로 마무리합니다. 옵션에서 'W'를 입력하고 Enter를 누릅니다. 시작 폭 지정에는 '7'을 입력하고 Enter, '끝 폭 지정'은 '0'을 입력한 후 Enter를 누릅니다.

다음 점 지정 또는 [호(A)/닫기(C)/반폭(H)/길이(L)/명령 취소(U)/폭(W)]: W
시작 폭 지정 〈1.0000〉: 7
끝 폭 지정 〈7.0000〉: 0

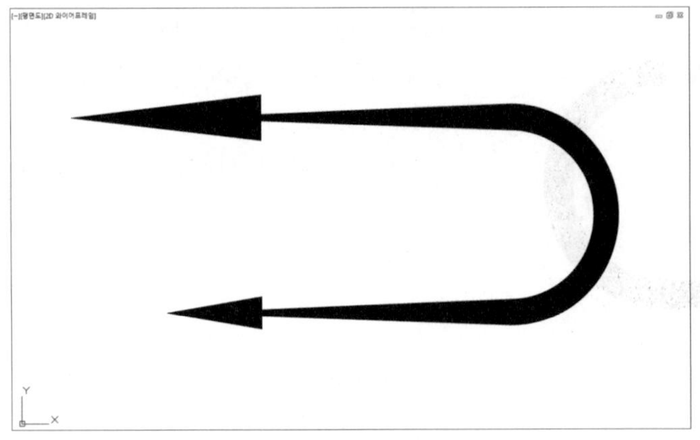

10 | 마지막 꼬리 부분 화살표의 머리 부분의 길이 값을 지정해야 합니다. 명령어 입력 창에 '@-30,0' 상대 좌표를 입력하고 Enter를 누릅니다. Esc를 눌러 명령어를 취소하거나 Enter를 눌러 명령어를 종료합니다.

다음 점 지정 또는 [호(A)/닫기(C)/반폭(H)/길이(L)/명령 취소(U)/폭(W)]: @-30,0
다음 점 지정 또는 [호(A)/닫기(C)/반폭(H)/길이(L)/명령 취소(U)/폭(W)]: *취소*

2 클립 만들기

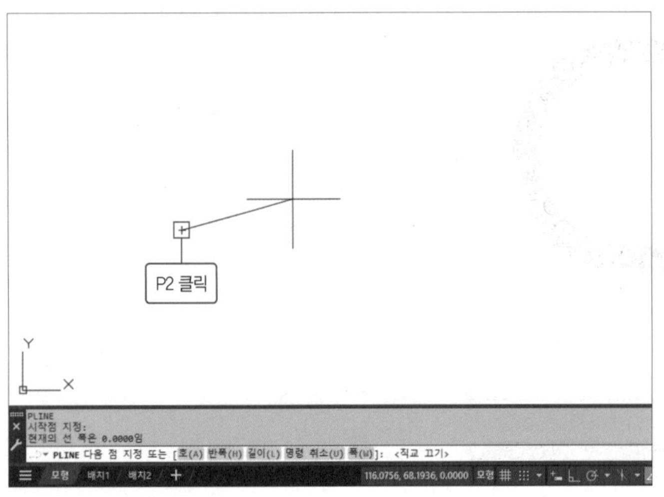

01 | 두 번째 클립을 만들어 보겠습니다. 'PL(PLINE)' 명령어를 입력하고 Enter를 누릅니다. 화면상에서 임의의 시작점을 클릭해 지정합니다.

명령: PL
PLINE
시작점 지정: P2
현재의 선 폭은 0.0000임

TIP

F8을 눌러 직교 모드를 활성화하면 작업이 훨씬 편리합니다.

02 | 옵션에서 'W'를 입력하고 Enter를 누릅니다. 시작 폭 지정은 '3'을 입력하고 Enter, 끝 폭 지정은 '8'을 입력하여 Enter를 누릅니다.

다음 점 지정 또는 [호(A)/반폭(H)/길이(L)/명령 취소(U)/폭(W)]: W
시작 폭 지정 〈0.0000〉: 3
끝 폭 지정 〈3.0000〉: 8

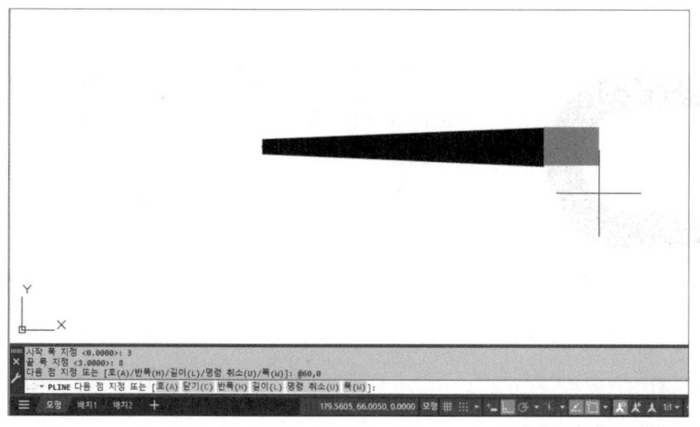

03 | 클립의 시작 부분 길이 값을 지정합니다. 명령어 입력 창에 '@60,0' 상대 좌표를 입력하고 Enter를 누릅니다.

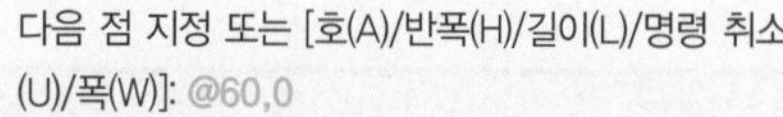
다음 점 지정 또는 [호(A)/반폭(H)/길이(L)/명령 취소(U)/폭(W)]: @60,0

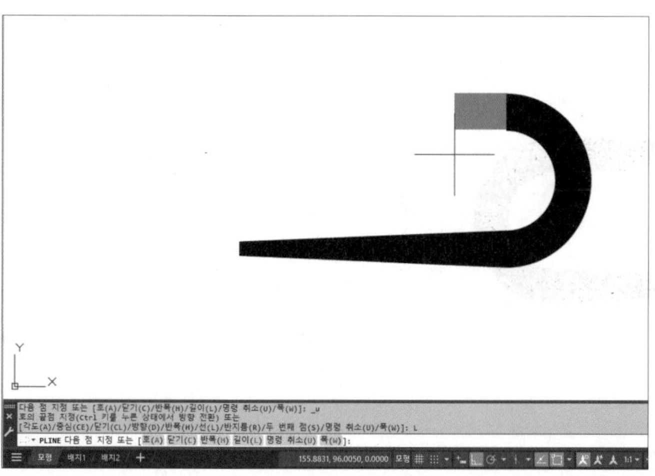

04 | 클립의 첫 번째 반원으로 휘어진 호 부분을 그립니다. 옵션에서 'A'를 입력하고 Enter를 눌러 반원의 호를 만든 다음 명령어 입력 창에 '@0,30'을 입력하고 Enter를 눌러 반원의 길이를 입력합니다. 옵션에서 'L'을 입력하고 Enter를 눌러 호를 다시 직선으로 변경합니다.

다음 점 지정 또는 [호(A)/닫기(C)/반폭(H)/길이(L)/명령 취소(U)/폭(W)]: A
호의 끝점 지정(Ctrl 키를 누른 상태에서 방향 전환) 또는
[각도(A)/중심(CE)/닫기(CL)/방향(D)/반폭(H)/선(L)/반지름(R)/두 번째 점(S)/명령 취소(U)/폭(W)]: @0,30
호의 끝점 지정(Ctrl 키를 누른 상태에서 방향 전환) 또는
[각도(A)/중심(CE)/닫기(CL)/방향(D)/반폭(H)/선(L)/반지름(R)/두 번째 점(S)/명령 취소(U)/폭(W)]: L

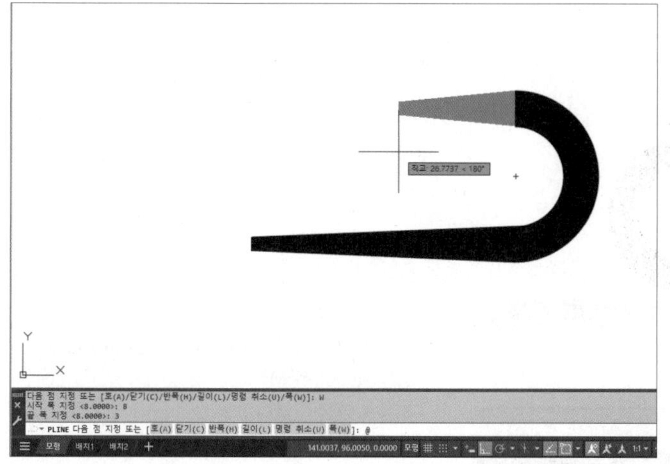

05 | 옵션에서 'W'를 입력하고 Enter를 누릅니다. 시작 폭 지정은 '8'을 입력하고 Enter, 끝 폭 지정은 '3'을 입력하여 Enter를 누릅니다.

다음 점 지정 또는 [호(A)/닫기(C)/반폭(H)/길이(L)/명령 취소(U)/폭(W)]: W
시작 폭 지정 〈8.0000〉: 8
끝 폭 지정 〈8.0000〉: 3

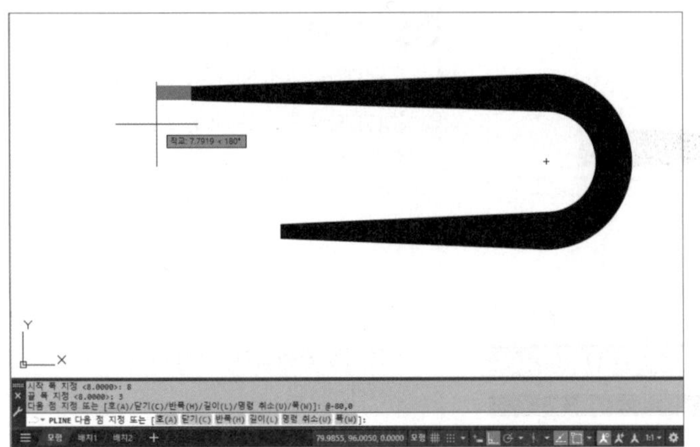

06 | 클립의 길이 값을 지정합니다. 명령어 입력 창에 '@-80,0' 상대 좌표를 입력하고 Enter를 누릅니다.

다음 점 지정 또는 [호(A)/닫기(C)/반폭(H)/길이(L)/명령 취소(U)/폭(W)]: @-80,0

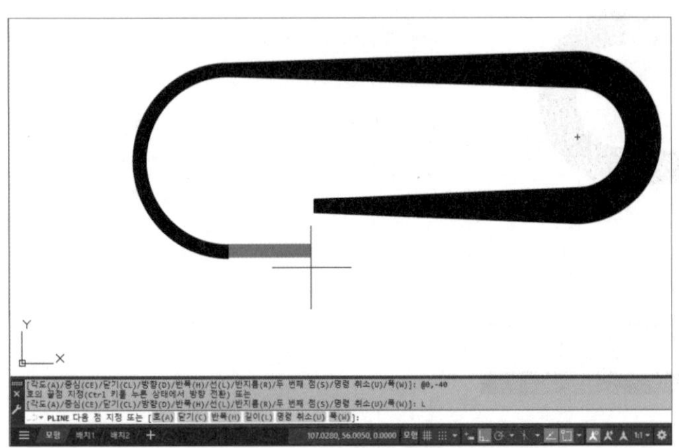

07 | 클립의 두 번째 반원으로 휘어진 호 부분을 그립니다. 옵션에서 'A'를 입력하고 Enter를 눌러 반원의 호를 만듭니다. 명령어 입력 창에 '@0,-40'을 입력한 다음 Enter를 눌러 반원의 길이를 입력합니다. 옵션에서 'L'을 입력하고 Enter를 눌러서 호를 다시 직선으로 교체합니다.

다음 점 지정 또는 [호(A)/닫기(C)/반폭(H)/길이(L)/명령 취소(U)/폭(W)]: A
호의 끝점 지정(Ctrl 키를 누른 상태에서 방향 전환) 또는
[각도(A)/중심(CE)/닫기(CL)/방향(D)/반폭(H)/선(L)/반지름(R)/두 번째 점(S)/명령 취소(U)/폭(W)]: @0,-40
호의 끝점 지정(Ctrl 키를 누른 상태에서 방향 전환) 또는
[각도(A)/중심(CE)/닫기(CL)/방향(D)/반폭(H)/선(L)/반지름(R)/두 번째 점(S)/명령 취소(U)/폭(W)]: L

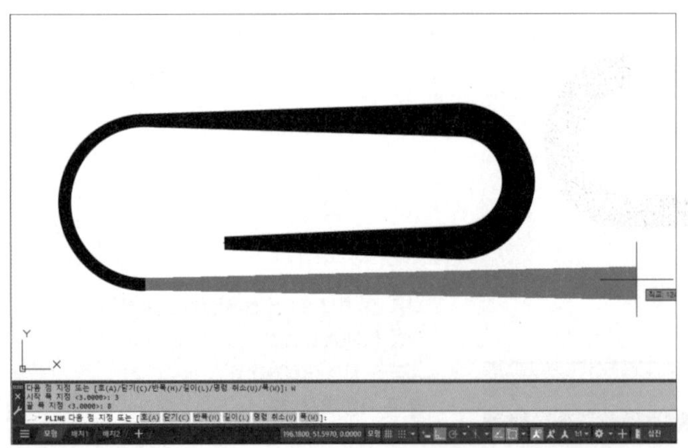

08 | 옵션에 'W'를 입력하고 Enter를 누릅니다. 시작 폭 지정은 '3'을 입력하고 Enter, 끝 폭 지정은 '8'을 입력해 Enter를 누릅니다.

다음 점 지정 또는 [호(A)/닫기(C)/반폭(H)/길이(L)/명령 취소(U)/폭(W)]: W
시작 폭 지정 〈3.0000〉: 3
끝 폭 지정 〈3.0000〉: 8

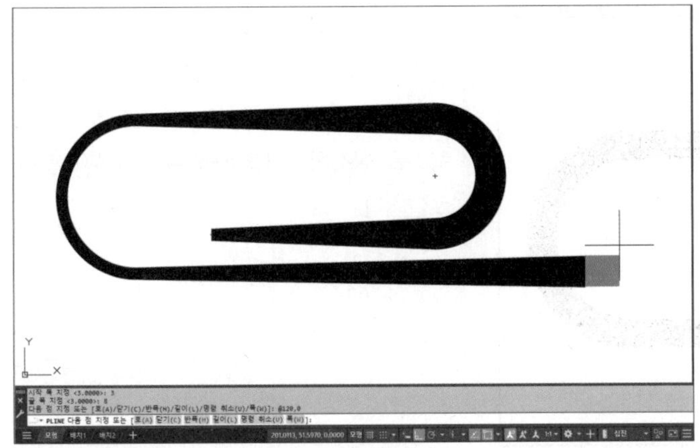

09 | 이번에도 클립의 길이 값을 지정합니다. 명령어 입력 창에 '@120,0' 상대 좌표를 입력하고 Enter를 누릅니다.

다음 점 지정 또는 [호(A)/닫기(C)/반폭(H)/길이(L)/명령 취소(U)/폭(W)]: @120,0

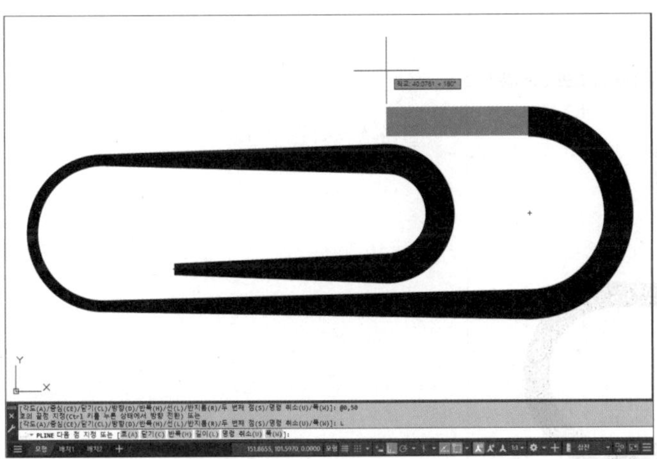

10 | 클립의 세 번째 반원으로 휘어진 호 부분을 그립니다. 옵션에서 'A'를 입력하고 Enter를 눌러 반원의 호를 만들고 명령어 입력 창에 '@0,50'을 입력한 다음 Enter를 눌러 반원의 길이를 입력합니다. 옵션에서 'L'을 입력하고 Enter를 눌러 호를 다시 직선으로 교체합니다.

다음 점 지정 또는 [호(A)/닫기(C)/반폭(H)/길이(L)/명령 취소(U)/폭(W)]: A
호의 끝점 지정(Ctrl 키를 누른 상태에서 방향 전환) 또는
[각도(A)/중심(CE)/닫기(CL)/방향(D)/반폭(H)/선(L)/반지름(R)/두 번째 점(S)/명령 취소(U)/폭(W)]: @0,50
호의 끝점 지정(Ctrl 키를 누른 상태에서 방향 전환) 또는
[각도(A)/중심(CE)/닫기(CL)/방향(D)/반폭(H)/선(L)/반지름(R)/두 번째 점(S)/명령 취소(U)/폭(W)]: L

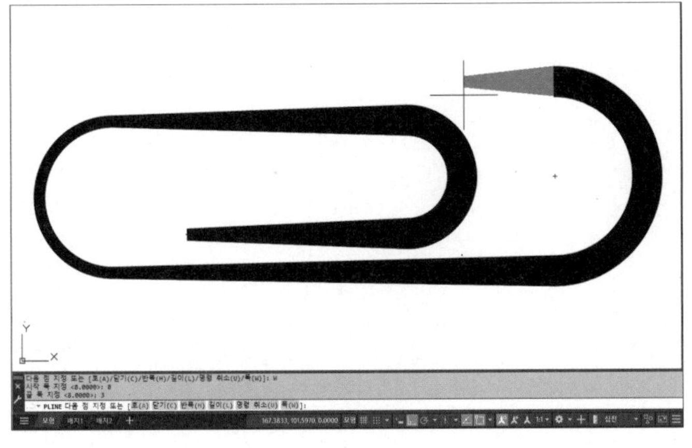

11 | 옵션에서 'W'을 입력하고 Enter를 누릅니다. 시작 폭 지정은 '8'을 입력하고 Enter, 끝 폭 지정은 '3'을 입력하여 Enter를 누릅니다.

다음 점 지정 또는 [호(A)/닫기(C)/반폭(H)/길이(L)/명령 취소(U)/폭(W)]: W
시작 폭 지정 〈8.0000〉: 8
끝 폭 지정 〈8.0000〉: 3

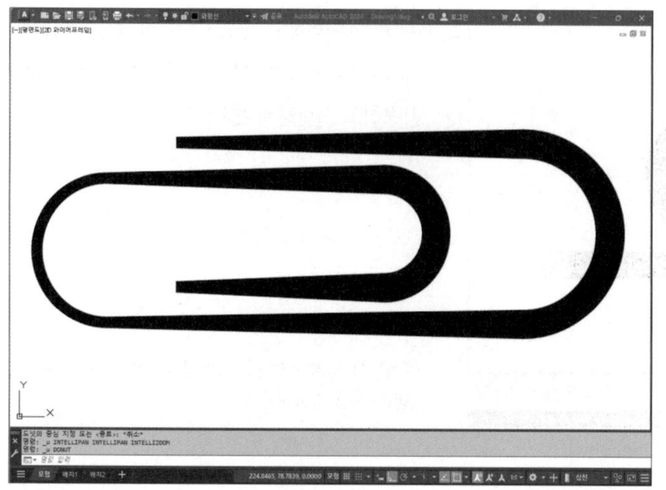

12 | 마지막 클립의 길이 값을 지정합니다. 명령어 입력 창에 '@-100,0' 상대 좌표를 입력하고 Enter를 누릅니다. Esc를 눌러서 명령어를 취소하거나 Enter를 눌러 명령어를 종료합니다.

다음 점 지정 또는 [호(A)/닫기(C)/반폭(H)/길이(L)/명령 취소(U)/폭(W)]: @-100,0

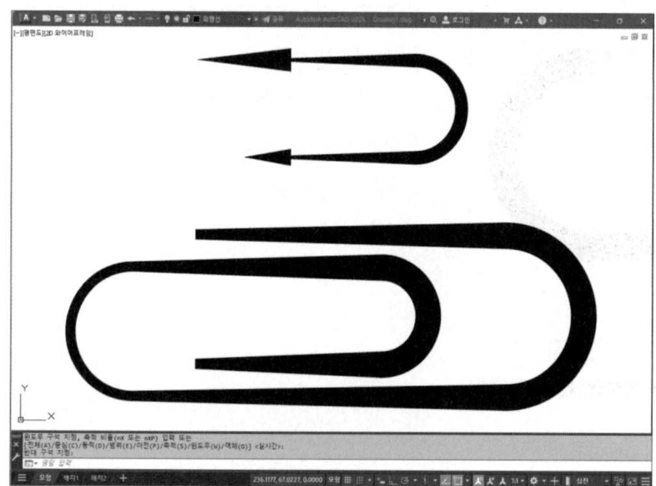

13 | 폴리선을 이용하여 간단한 화살표와 클립을 완성했습니다.

곡선 그리기

곡선을 그리는 'C(CIRCLE)' 명령어는 'L(LINE)' 명령어와 함께 도면을 그리는데 매우 중요한 명령어라고 해도 과언이 아닙니다. 'C(CIRCLE)' 명령어는 크게 원과 호(ARC)로 구분할 수 있고, 이 중에서도 원은 정원과 타원으로 구분할 수 있습니다. 원이나 호 모두 기본으로 중심점과 반지름을 이용해 그리며 호는 시작점과 각도가 필요합니다. 이번 챕터에서는 원과 호를 그리는 방법에 대해 알아보겠습니다.

1 다양한 형태의 원 그리기 - Circle

'CIRCLE'은 두 점 또는 중심점을 이용하여 원을 그리는 명령어입니다.

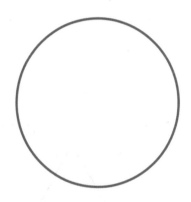

1 명령어 실행

- 리본 메뉴 : [홈] 탭 – 원 옵션 지정( )
- 단축 명령어 : C

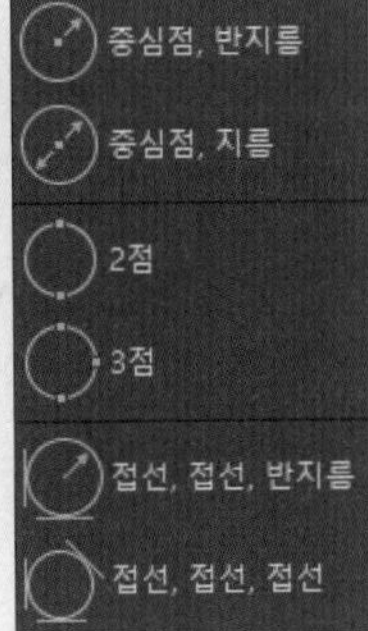

2 명령 입력 과정

명령: C Enter
CIRCLE
원에 대한 중심점 지정 또는 [3점(3P)/2점(2P)/Ttr – 접선 접선 반지름(T)]: [중심점 지정]
원의 반지름 지정 또는 [지름(D)] ⟨50.0000⟩: 50 [반지름 입력 또는 지름(D) 선택]

3 옵션

- **중심점** : 중심점을 입력한 후 반지름이나 지름을 입력하여 원을 작성합니다.

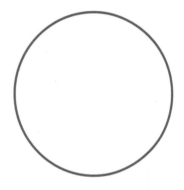

- **2점** : 2개의 지점을 클릭하여 지름으로 하는 원을 작성합니다.

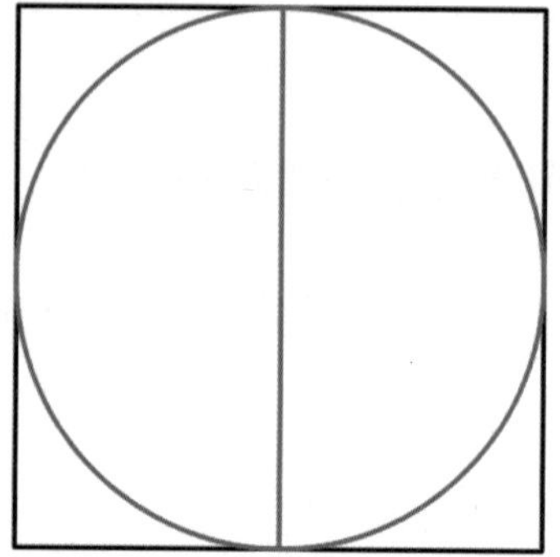

- **3점** : 3개의 지점을 클릭하여 원을 작성합니다.

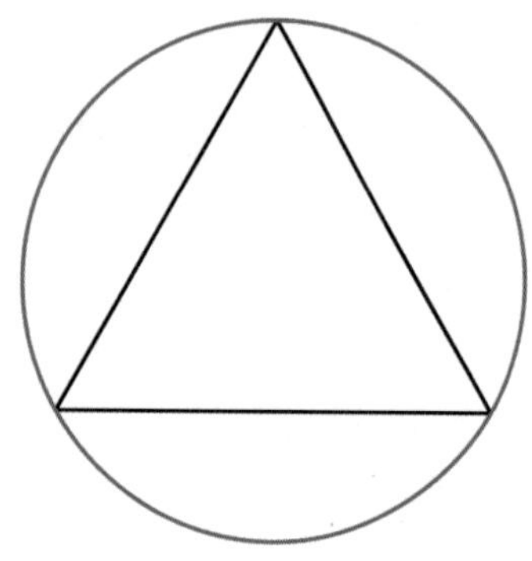

- **TTR(접선, 접선, 반지름)** : 2개의 개체에 맞닿는 지점을 지정하고 반지름을 입력해 작성합니다.

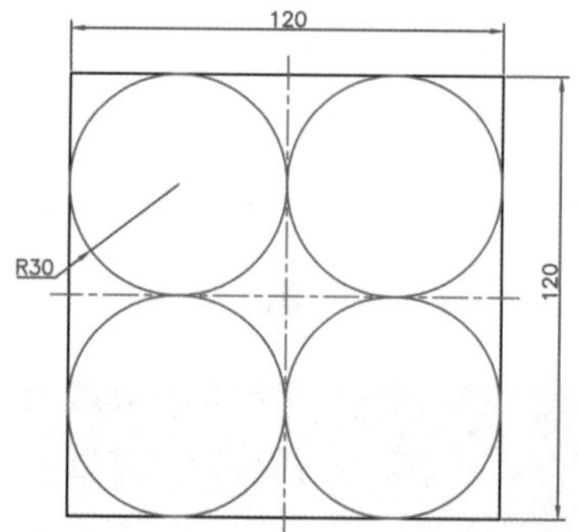

- **TTT(접선, 접선, 접선)** : 3개의 개체에 맞닿는 지점을 지정하여 원을 작성합니다.

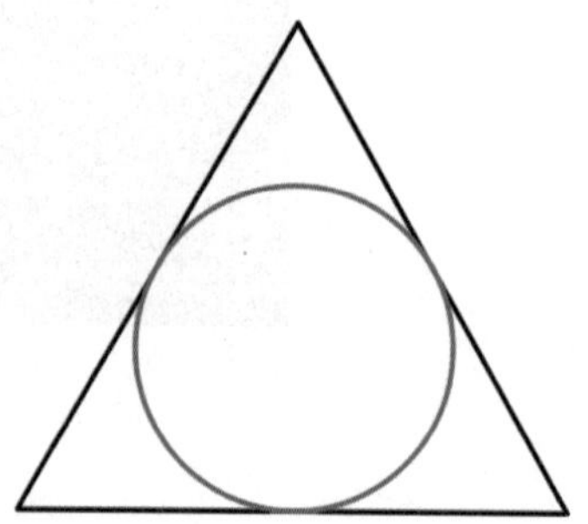

2 | 호 그리기 - Arc

'ARC'는 원의 일부분인 호를 그리는 명령어입니다. 원을 그릴 때와 마찬가지로 중심점을 이용하되 시작점과 끝점을 지정해 호를 그립니다. 또한, AutoCAD에서 ARC는 시계 반대 방향으로 그려진다는 것을 숙지해 두고 도면을 그려야 합니다.

TIP

원을 그리기 전 반드시 'OS(SE)' 명령어를 입력하고 Enter를 눌러 [제도 설정] 대화상자가 표시되면 〔객체 스냅〕 탭의 끝점(E), 중간점(M), 중심(C), 사분점(Q), 교차점(I), 직교(P), 접점(N)을 체크 표시한 다음 작업합니다.

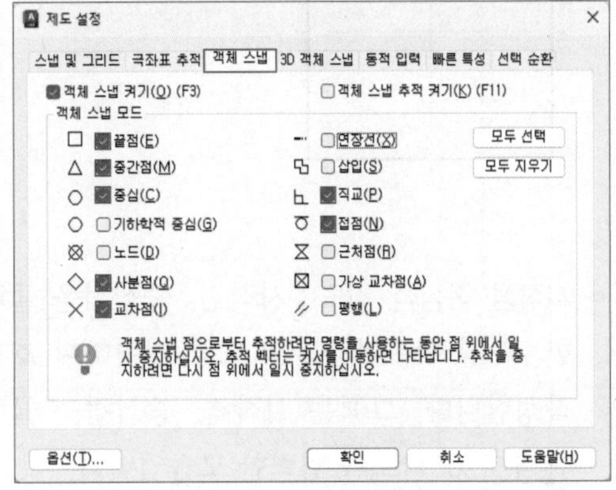

1 명령어 실행

- 리본 메뉴 : 〔홈〕 탭 – 호 옵션 지정( )
- 단축 명령어 : A

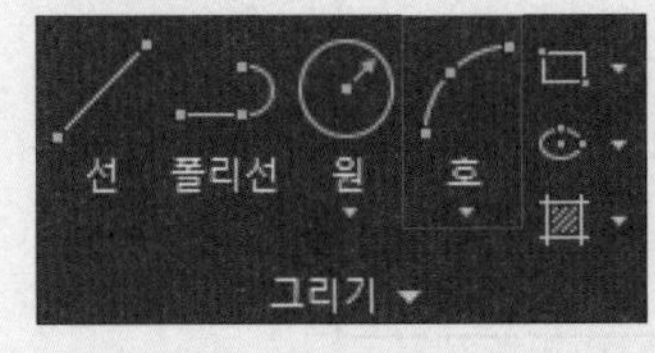

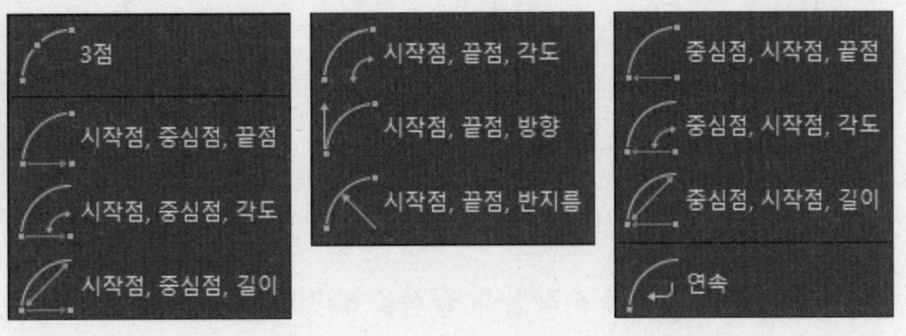

2 명령 입력 과정

명령: A Enter
ARC
호의 시작점 지정 또는 [중심(C)]: [호 시작점 지정]
호의 두 번째 점 또는 [중심(C)/끝(E)] 지정: [호 두 번째 점 지정]
호의 끝점 지정: [호 끝점 지정]

3 옵션

- **3점** : 세 점을 사용하여 호를 작성합니다.

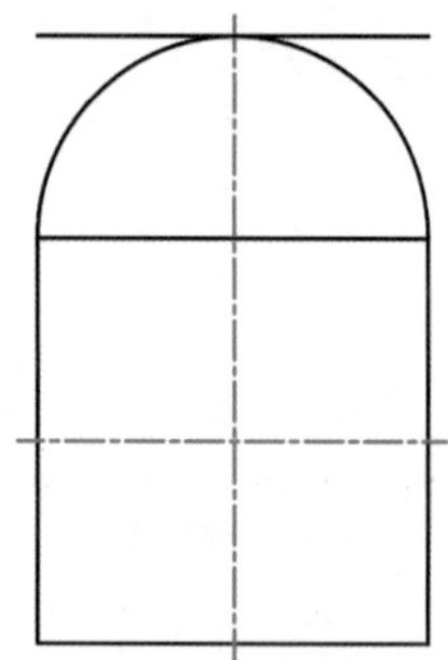

- **시작점, 중심점, 끝점** : 시작점, 중심점, 끝점을 사용하여 호를 작성합니다.

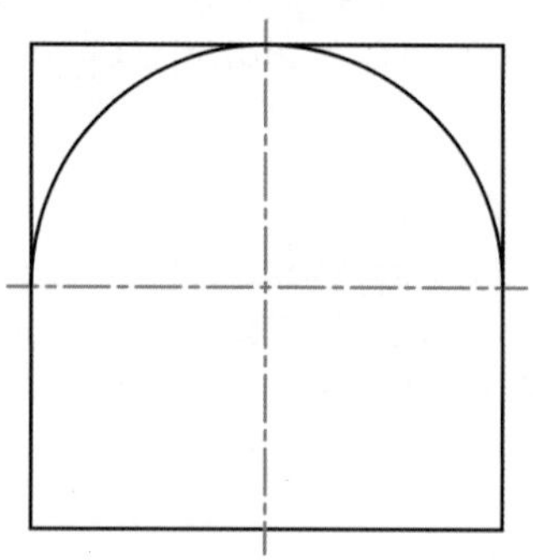

- **시작점, 중심점, 각도** : 시작점, 중심점을 클릭한 후 원하는 만큼의 각도를 입력하여 호를 작성합니다. 그림은 시작점, 중심점을 클릭한 후 120° 각도를 입력한 모습입니다.

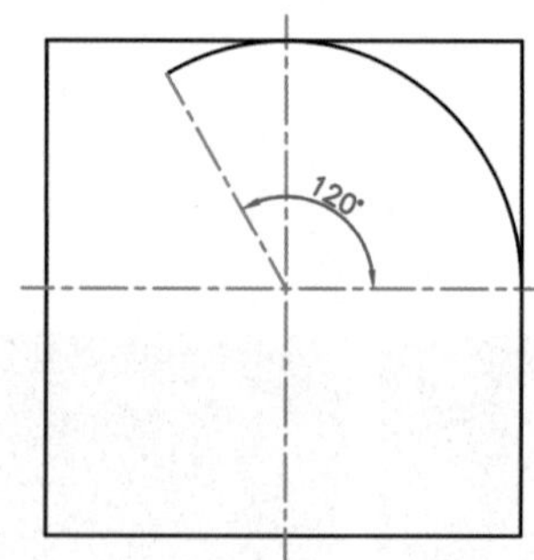

- **시작점, 중심점, 길이** : 시작점, 중심점을 클릭한 후 원하는 만큼의 현의 길이를 입력하여 호를 작성합니다. 그림은 시작점, 중심점을 클릭한 후 60의 현의 60 길이를 입력한 모습입니다.

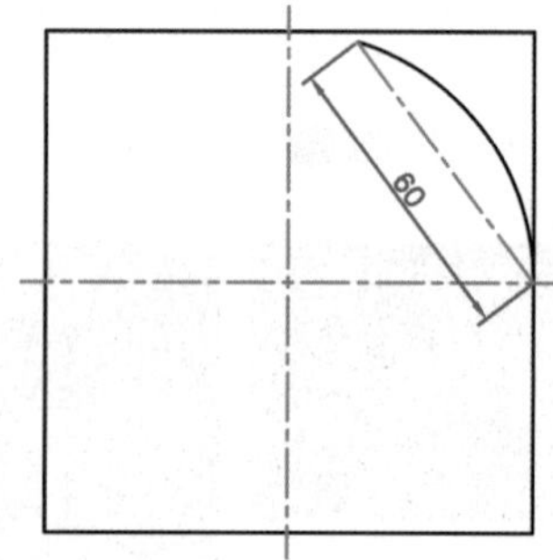

- **시작점, 끝점, 각도** : 시작점과 끝점을 클릭한 후 사이 각도를 입력하여 호를 작성합니다.

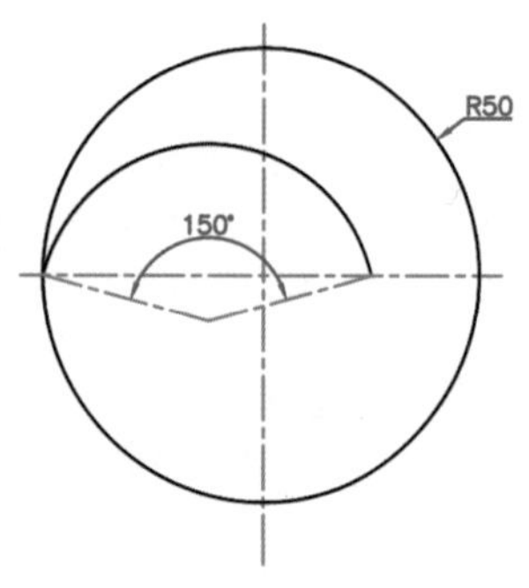

- **시작점, 끝점, 방향** : 시작점과 끝점을 클릭한 후 끝점과 반대되는 방향으로 호를 당겨서 호를 작성합니다.

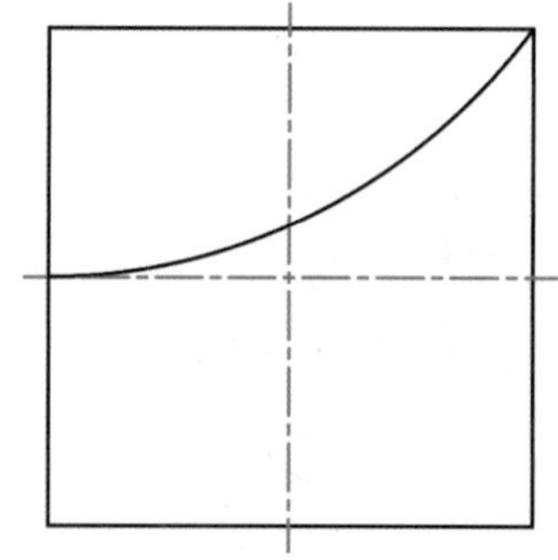

- **시작점, 끝점, 반지름** : 호를 그릴 때 도면에서 가장 많이 사용되는 옵션 중 하나입니다. 시작점과 끝점을 클릭하고 반지름을 입력하여 호를 작성합니다.

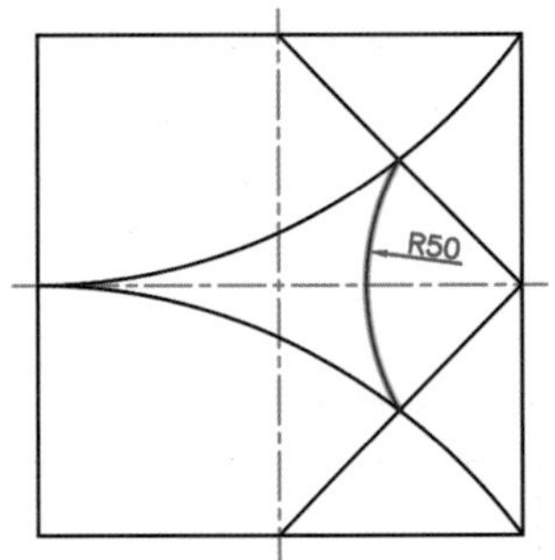

- **중심점, 시작점, 끝점** : 중심점, 시작점, 끝점을 사용하여 호를 작성합니다.
- **중심점, 시작점, 각도** : 중심점, 시작점을 클릭한 후 원하는 만큼의 각도를 입력하여 호를 작성합니다.
- **중심점, 시작점, 길이** : 중심점, 시작점을 클릭한 후 원하는 만큼의 현의 길이를 입력하여 호를 작성합니다.

3 ┆ 타원 그리기 - Ellipse

'EL(ELLIPSE)'는 타원을 만드는 명령어입니다. 원과는 달리 중심점과 장축, 단축이 있습니다. 장축 길이를 입력하고 단축의 길이를 입력하여 타원을 만듭니다.

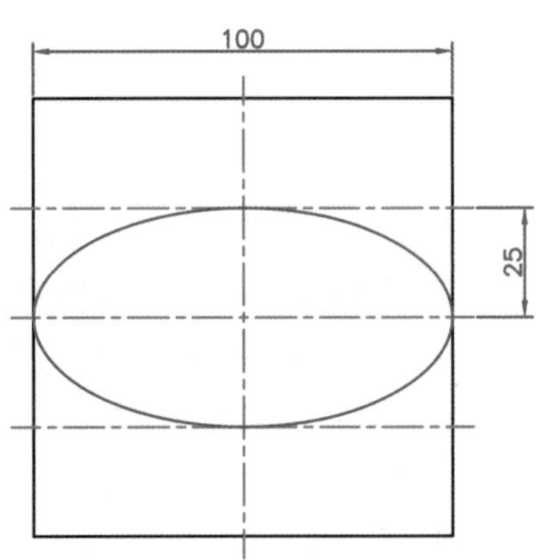

TIP

명령어를 입력할 때 '동적 입력( )'이 활성화되어 있으면 '@'를 입력하지 않아도 됩니다.

1 명령어 실행

- 리본 메뉴 : [홈] 탭 – 타원 옵션 지정( )
- 단축 명령어 : EL

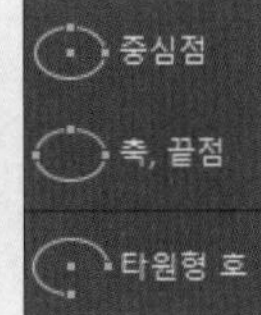

2 명령 입력 과정

명령: EL Enter
ELLIPSE
타원의 축 끝점 지정 또는 [호(A)/중심(C)]: [타원의 끝점 지정]
축의 다른 끝점 지정: @100,0 [장축 거리 지정]
다른 축으로 거리를 지정 또는 [회전(R)]: @0,25 [단축 거리 지정]

3 옵션

- **중심점** : 그리고자 하는 타원의 중심점을 클릭하고 장축의 반지름 길이를 입력한 다음 단축의 반지름 길이를 입력하여 타원을 그립니다. 'EL' 명령어에서 중심점 입력 옵션을 선택하고 Enter를 누릅니다. 중심점을 클릭하고 장축의 반지름 길이인 '@50,0'을 입력한 후 단축의 반지름 길이인 '@0,25'를 입력하면 그림과 같은 타원이 만들어집니다.

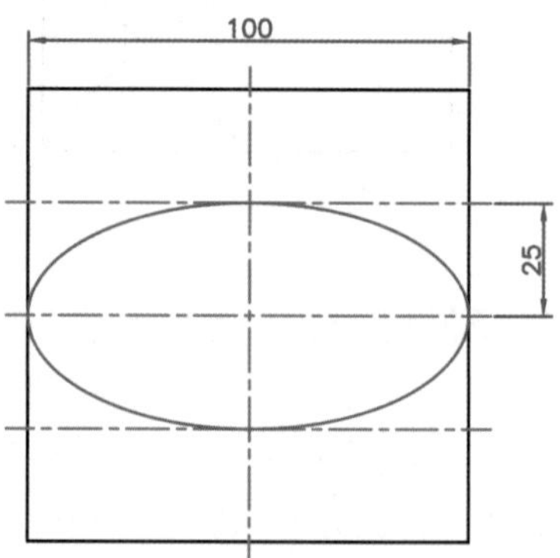

- **축, 끝점** : 장축의 한쪽 지점을 클릭하고 장축의 두 번째 지점을 입력한 다음 단축의 반지름을 지정하면 타원이 만들어집니다. 'EL' 명령어에서 축, 끝점 입력 옵션을 선택하고 Enter를 누릅니다. 장축의 시작점인 정사각형 아래 면의 중간점을 클릭하고 장축의 길이인 '@100<90(상대 극좌푯값을 입력)'을 입력한 다음 단축의 길이인 '@0,25'를 입력하면 그림과 같은 타원이 만들어집니다.

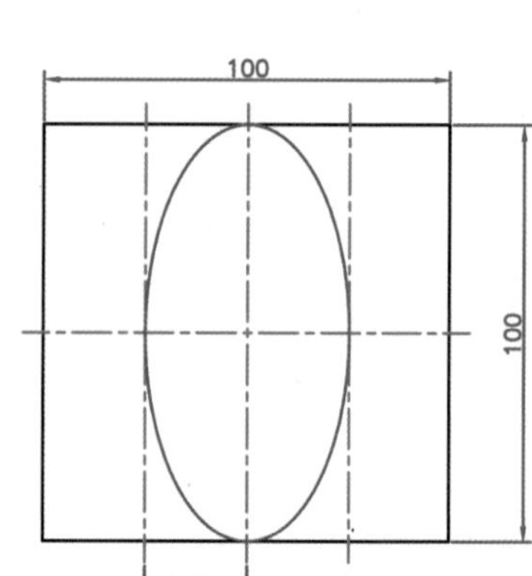

- **타원형 호** : 일단 타원의 두 지점을 클릭하여 타원의 장축 또는 단축을 작성한 후에 세 번째 지점을 클릭하여 역시 장축 또는 단축을 작성합니다. 원하는 곳 두 지점을 클릭하여 타원의 부분을 그리는 방식입니다.

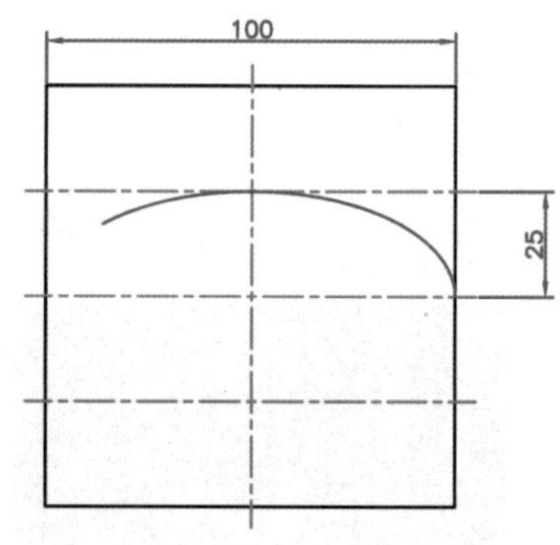

4 | 자유 곡선 그리기 - Spline

'SPLINE'은 NURBS(Nonuniform Rational B-Splines) 곡선으로서 정형화되지 않은 자유로운 곡선을 그리기 위한 명령어입니다. NURBS 곡선은 각 정점에서 조절점을 이용하여 곡선 형태를 만들며 전체적으로 완만한 곡선 형태를 유지하기 위해 스플라인을 그리는 동안 지속해서 전체 곡선의 형태가 조금씩 변경될 수 있습니다.

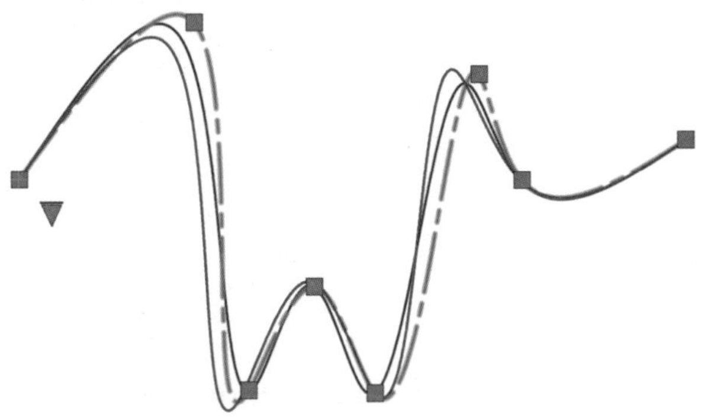

1 명령어 실행

- 리본 메뉴 : [홈] 탭 – Spline( )
- 단축 명령어 : SPL

2 명령 입력 과정 – 장축 단축 입력의 경우

명령: SPL Enter
SPLINE
현재 설정: 메서드=맞춤 매듭=현
첫 번째 점 지정 또는 [메서드(M)/매듭(K)/객체(O)]: [시작점 지정]
다음 점 입력 또는 [시작 접촉부(T)/공차(L)]: [두 번째 지점 지정]

3 옵션

- 메서드 : 스플라인의 작성 방법을 조정합니다.
- 매듭 : 매듭 매개 변수화를 지정합니다. 매듭에는 현과 제곱근 그리고 균일 옵션을 선택할 수 있습니다.
- 공차 : 스플라인이 지정된 지점에서 벗어날 수 있는 거리를 지정합니다.

원의 다양한 옵션을 활용한 도형 만들기

만들고자 하는 원을 만들기에는 다양한 원의 옵션과 기능을 어떻게 활용하느냐에 따라 결과물이 달라집니다. 이번에는 원의 옵션 활용에 대해 살펴보겠습니다.

예제 도면 ○ 완성 파일 : Part02\CIRCLE 연습_완성.dwg

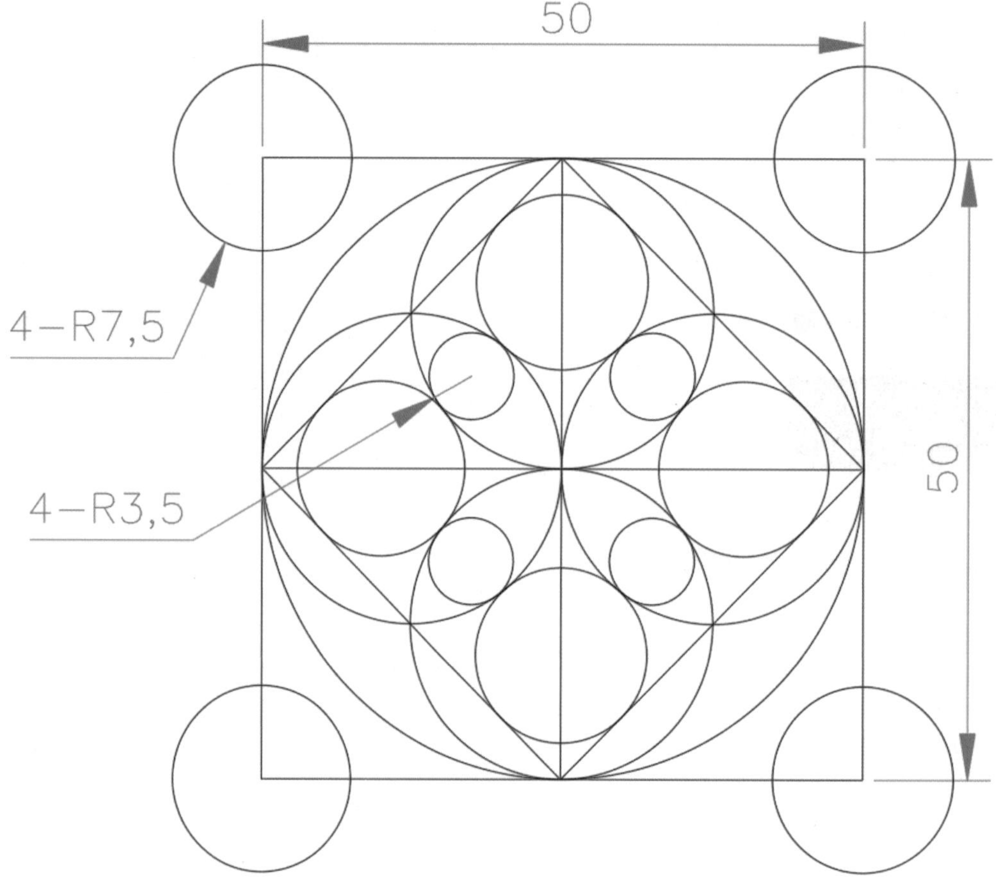

1 기본 도형 틀 만들기

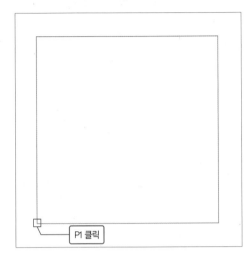

01 | 'L(LINE)' 명령어를 입력하고 Enter를 누릅니다. 첫 번째 지점을 클릭하고 '@100,0'을 입력하여 오른쪽으로 가로선을 그립니다. '@0,100'을 입력하여 세로선을 그리고 '@–100,0'을 입력하여 왼쪽으로 가로선을 그립니다. 'C'를 입력하여 정사각형을 완성합니다.

```
명령: L
LINE
첫 번째 점 지정: P1
다음 점 지정 또는 [명령 취소(U)]: @100,0
다음 점 지정 또는 [명령 취소(U)]: @0,100
다음 점 지정 또는 [닫기(C)/명령 취소(U)]: @–100,0
다음 점 지정 또는 [닫기(C)/명령 취소(U)]: C
```

TIP

반드시 'OS(SE)' 명령어를 입력하고 Enter를 눌러 표시되는 [제도 설정] 대화상자에서 [객체 스냅] 탭의 '끝점(E)', '중간점(M)', '중심(C)', '사분점(Q)', '교차점(I)', '직교(P)', '접점(N)'을 선택적으로 체크 표시하며 작업합니다.

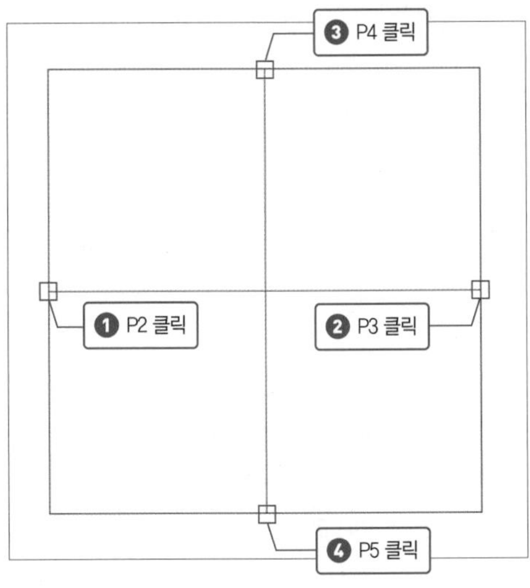

02 | 'L(LINE)' 명령어를 입력하고 Enter를 누릅니다. 왼쪽 세로선의 중간점을 클릭하고 오른쪽 세로선의 중간점을 클릭한 후 Enter를 눌러 명령어를 취소합니다.

03 | Enter를 눌러 명령어를 다시 실행합니다. 같은 방법으로 위아래 가로선의 중간점을 클릭하고 Enter를 눌러 명령어를 취소합니다.

```
명령: L
LINE
첫 번째 점 지정: P2
다음 점 지정 또는 [명령 취소(U)]: P3
다음 점 지정 또는 [명령 취소(U)]: [LINE 명령어 종료]

명령:
LINE
첫 번째 점 지정: P4
다음 점 지정 또는 [명령 취소(U)]: P5
다음 점 지정 또는 [명령 취소(U)]: [LINE 명령어 종료]
```

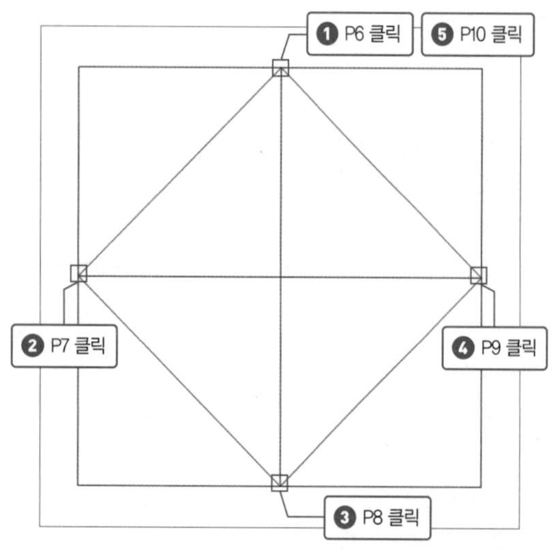

04 | Enter를 눌러 'LINE' 명령어를 다시 실행합니다. 사각형의 상하좌우 아래 중간점을 차례대로 클릭하여 십자선을 모두 연결한 다이아몬드 모양을 만들고 Enter를 눌러 명령어를 취소합니다.

```
명령:
LINE
첫 번째 점 지정: P6
다음 점 지정 또는 [명령 취소(U)]: P7
다음 점 지정 또는 [명령 취소(U)]: P8
다음 점 지정 또는 [닫기(C)/명령 취소(U)]: P9
다음 점 지정 또는 [닫기(C)/명령 취소(U)]: P10
```

2 원의 옵션을 활용하여 도형 만들기

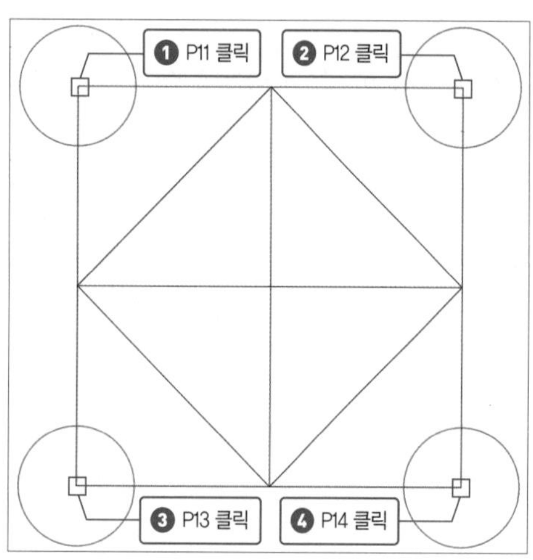

01 | 'C(CIRCLE)' 명령어를 입력하고 Enter를 누른 다음 정사각형의 왼쪽 위의 꼭짓점을 클릭하여 중심점으로 지정합니다. 반지름 값 '15'를 입력하고 Enter를 누릅니다.

02 | 같은 방법으로 정사각형의 나머지 꼭짓점에도 반지름 '15' 원을 만듭니다.

```
명령: C
CIRCLE
원에 대한 중심점 지정 또는 [3점(3P)/2점(2P)/Ttr – 접선 접선 반지름(T)]: P11, P12, P13, P14
원의 반지름 지정 또는 [지름(D)] <15.0000>: 15
```

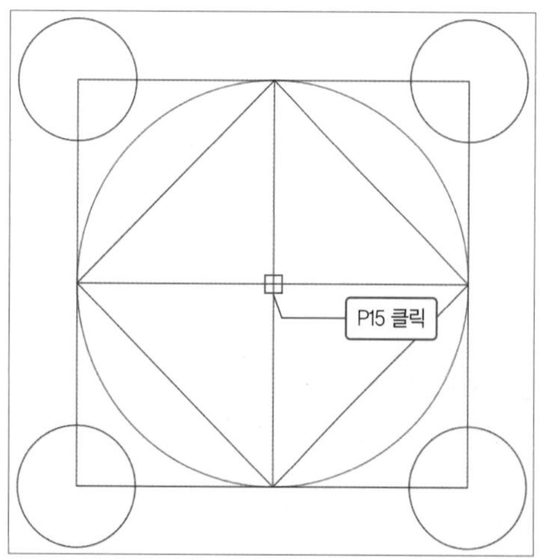

03 | 'C(CIRCLE)' 명령어를 입력하고 Enter를 누른 다음 정사각형 중심을 클릭하여 중심점으로 지정합니다. 옵션에서 'D'를 입력하고 Enter를 누른 다음 지름 값 '100'을 입력 후 Enter를 누릅니다.

```
명령: C
CIRCLE
원에 대한 중심점 지정 또는 [3점(3P)/2점(2P)/Ttr – 접선 접선 반지름(T)]: P15
원의 반지름 지정 또는 [지름(D)] <15.0000>: D
원의 지름을 지정함 <30.0000>: 100
```

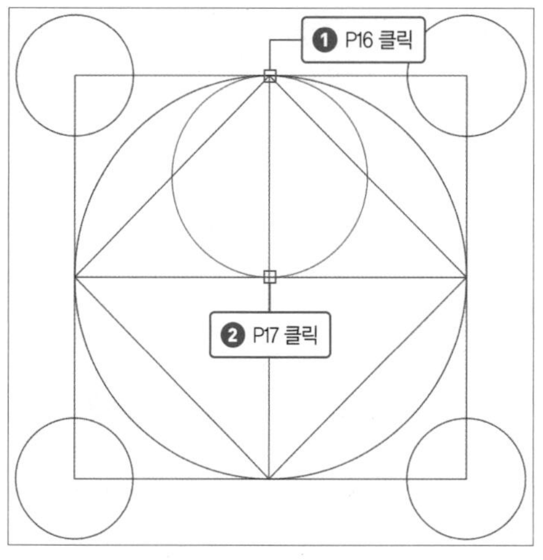

04 | Enter를 눌러 명령어를 다시 사용합니다. 옵션에서 '2P'를 입력하고 Enter를 누릅니다. 지름 '100' 원의 위쪽 사분점을 클릭한 다음 십자선의 중심 교차 지점을 클릭하여 원을 그립니다.

명령:
CIRCLE
원에 대한 중심점 지정 또는 [3점(3P)/2점(2P)/Ttr – 접선 접선 반지름(T)]: 2P
원 지름의 첫 번째 끝점 지정: P16
원 지름의 두 번째 끝점을 지정: P17

TIP

현재 그린 원은 'C(CIRCLE)' 명령어에서 2P 옵션으로 그렸지만 두 번째 원부터는 네 번째 원까지는 3P 옵션으로 그립니다.

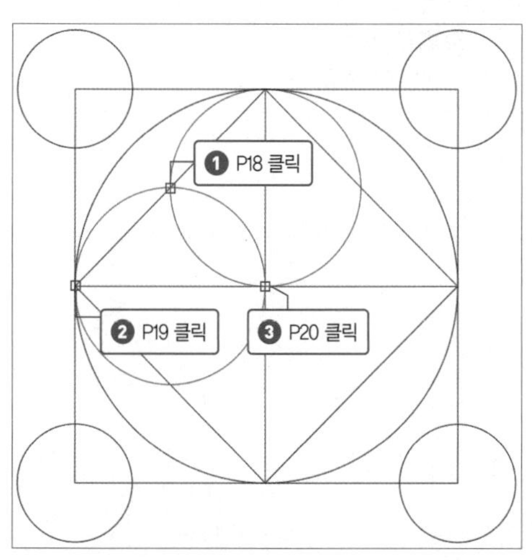

05 | Enter를 눌러 명령어를 다시 실행하고 옵션에서 '3P'를 입력한 다음 Enter를 누릅니다. 십자선을 기준으로 2P로 그린 원과 다이아몬드 대각선이 교차하는 왼쪽 지점을 첫 번째 포인트로 클릭, 정사각형의 왼쪽 중간점을 두 번째 포인트로 클릭, 십자선 중심 지점을 세 번째 포인트로 클릭하여 3개의 포인트를 이용해 원을 그립니다.

명령:
CIRCLE
원에 대한 중심점 지정 또는 [3점(3P)/2점(2P)/Ttr – 접선 접선 반지름(T)]: 3P
원 위의 첫 번째 점 지정: P18
원 위의 두 번째 점 지정: P19
원 위의 세 번째 점 지정: P20

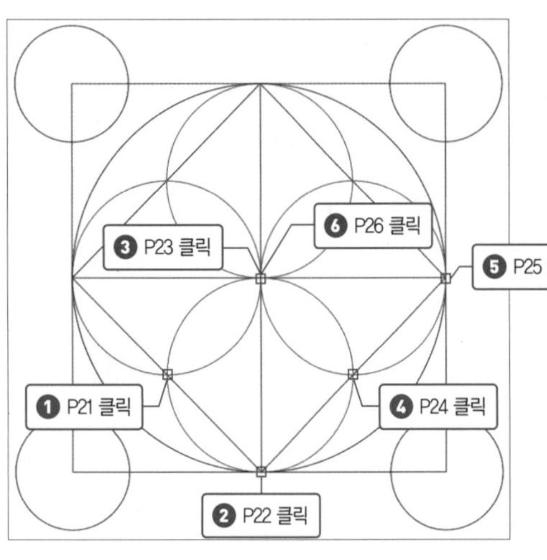

06 | 같은 방법으로 나머지 2개의 원도 'C(CIRCLE)' 명령어의 3P 옵션을 이용하여 원을 그려줍니다.

```
명령:
CIRCLE
원에 대한 중심점 지정 또는 [3점(3P)/2점(2P)/Ttr – 접선 접선 반지름(T)]: 3P
원 위의 첫 번째 점 지정: P21, P24
원 위의 두 번째 점 지정: P22, P25
원 위의 세 번째 점 지정: P23, P26
```

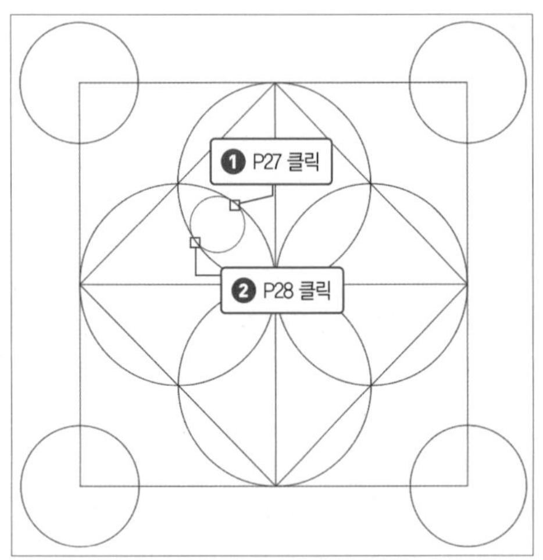

07 | 다음 원을 만들겠습니다. 'C(CIRCLE)' 명령어를 입력하고 Enter를 누른 다음 'TTR'을 입력 후 Enter를 누릅니다. 2P와 3P로 그린 원이 서로 겹치는 부분의 곡선을 각각 선택하고 반지름 값 '7'을 입력한 다음 Enter를 누릅니다.

```
명령: C
CIRCLE
원에 대한 중심점 지정 또는 [3점(3P)/2점(2P)/Ttr – 접선 접선 반지름(T)]: TTR
원의 첫 번째 접점에 대한 객체위의 점 지정: P27
원의 두 번째 접점에 대한 객체위의 점 지정: P28
원의 반지름 지정 <30.0000>: 7
```

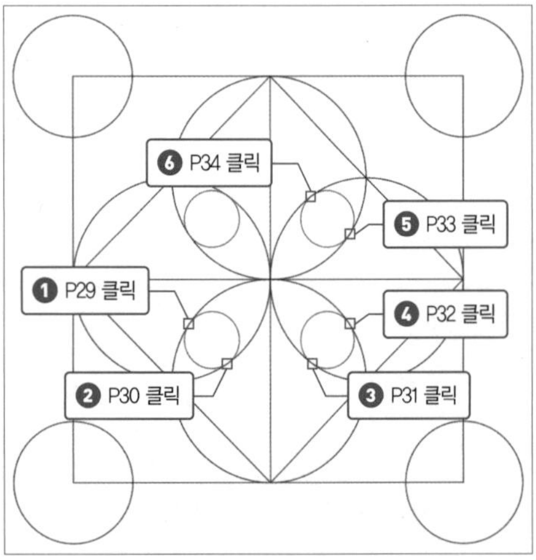

08 | 같은 방법으로 나머지 세 개의 원도 TTR을 이용하여 만듭니다.

```
명령: C
CIRCLE
원에 대한 중심점 지정 또는 [3점(3P)/2점(2P)/Ttr – 접선 접선 반지름(T)]: TTR
원의 첫 번째 접점에 대한 객체위의 점 지정: P28, P30, P32
원의 두 번째 접점에 대한 객체위의 점 지정: P29, P31, P33
원의 반지름 지정 <30.0000>: 7
```

09 | 이번에는 'TTT' 명령어로 원을 작성해 봅니다. 〔홈〕 탭에서 '원'을 클릭하면 표시되는 6가지 옵션 중에서 가장 하단에 있는 '접선 접선 접선'을 선택합니다.

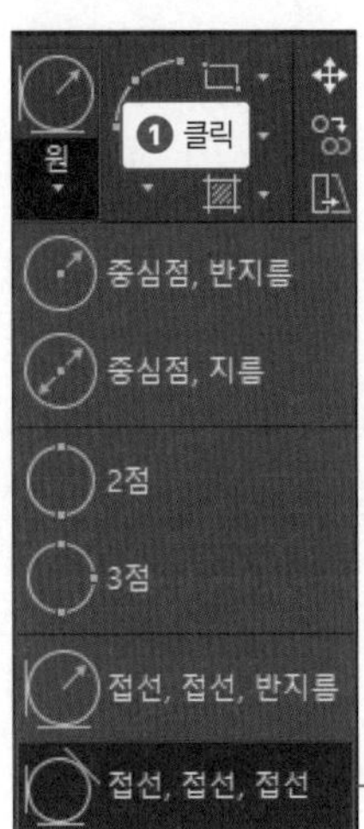

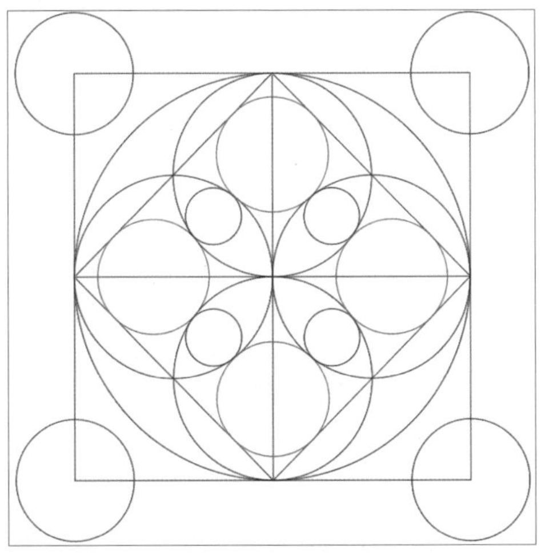

10 | 다이아몬드 모양에서 꼭짓점으로 모아지는 대각선의 두 부분을 2개의 접선으로 클릭하고 2P와 3P로 그린 원의 곡선 부분을 둘 중 한 곳을 세 번째 접선으로 선택하면 자연스러운 원이 생성되며 도면이 완성됩니다.

```
명령: _circle
원에 대한 중심점 지정 또는 [3점(3P)/2점(2P)/Ttr – 접선 접선 반지름(T)]: _3p
원 위의 첫 번째 점 지정: _tan 대상
원 위의 두 번째 점 지정: _tan 대상
원 위의 세 번째 점 지정: _tan 대상
```

다양한 형태 그리기

기본 직선으로 이루어진 정형화된 도형의 경우 일부 명령을 이용하면 한번에 객체를 만들 수 있습니다. 이번 챕터에서는 사각형이나 다각형과 같은 정형화된 객체를 만드는 방법에 대해 알아보겠습니다.

1 도넛 그리기 - Donut

'DONUT' 명령어는 도넛 형태의 객체를 만드는 명령입니다. 바깥쪽 원과 안쪽 2개의 원으로 구성되어 원과 원 사이는 솔리드로 채워지는 형태입니다.

1 명령어 실행

- 리본 메뉴 : [홈] 탭 - 그리기 패널 - Donut()
- 단축 명령어 : DO

2 명령 입력 과정

명령: DO Enter
DONUT
도넛의 내부 지름 지정 〈5.0000〉: [안쪽 지름 입력]
도넛의 외부 지름 지정 〈10.0000〉: [바깥쪽 지름 입력]
도넛의 중심 지정 또는 〈종료〉: [중심점 입력]

TIP

'DONUT' 명령어에서 내부 지름 지정 값을 '0'으로, 외부 지름 지정 값을 '20'으로 입력하고 바탕 면을 클릭하면 내부가 채워진 'Ø20' 원을 만들 수 있습니다.

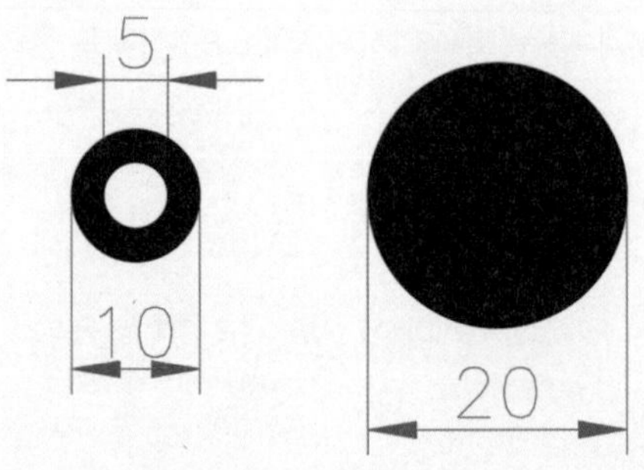

2 한번에 사각형 그리기 - Rectang

'REC(RECTANG)' 명령어는 단어 그대로 사각형을 만드는 명령입니다. 'LINE' 또는 'PLINE' 명령어를 이용해 사각형을 만들기 위해서는 4개의 정점을 만들어야 하지만, 'RECTANG' 명령어는 대각선 2개의 정점만으로도 사각형을 만들 수 있습니다. 또한 선 두께나 모따기 된 사각형을 만들 수도 있고, 'REC TANG' 명령어로 만들어진 사각형은 폴리선으로 만들어집니다.

1 명령어 실행

- 리본 메뉴 : [홈] 탭 – 직사각형(직사각형)
- 단축 명령어 : REC

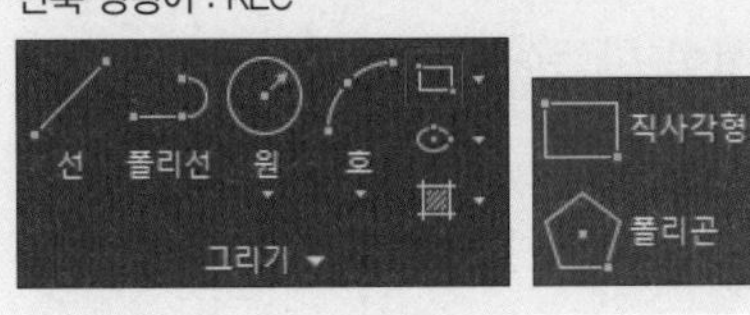

2 명령 입력 과정

명령: REC Enter
RECTANG
첫 번째 구석점 지정 또는 [모따기(C)/고도(E)/모깎기(F)/두께(T)/폭(W)]: [첫 번째 정점 입력]
다른 구석점 지정 또는 [영역(A)/치수(D)/회전(R)]: @50,50 [사각형의 가로세로 길이 입력]

3 옵션

- 첫 번째 정점 입력 시
  - 모따기(C) : 모따기 된 사각형을 만드는 옵션으로 모따기 거리를 입력해야 합니다.
  - 고도(E) : 사각형이 만들어진 레벨을 지정합니다.
  - 모깎기(F) : 둥근 모따기를 위해 모따기 거리를 입력합니다.
  - 두께(T) : 사각형의 두께를 생성합니다.
  - 폭(W) : 직사각형 작도시 사각형의 선 두께를 지정합니다.

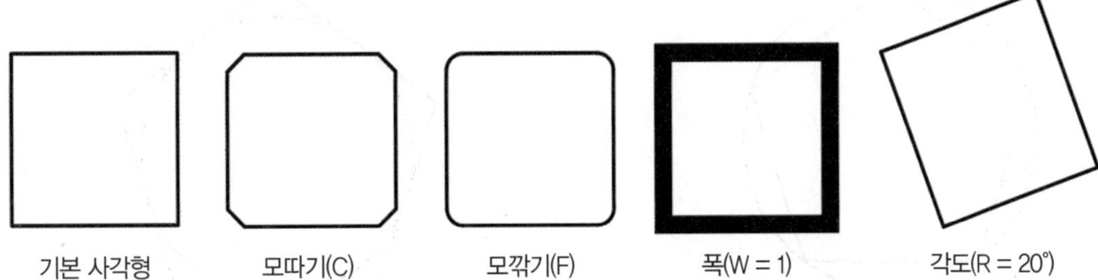

● 두 번째 정점 입력 시

- **영역(A)** : 일정하게 입력한 면적에 해당하는 사각형을 생성합니다. 이때 한쪽 변의 길이를 입력해야 합니다.
- **치수(D)** : 길이와 높이 너비 값을 지정하여 사각형을 생성합니다.
- **회전(R)** : 일정한 각도값으로 회전된 사각형을 생성합니다.

3 다각형 그리기 - Polygon

'POL(POLYGON)' 명령어는 삼각형 이상의 다각형을 만드는 명령어입니다. 각 변의 길이가 같은 객체를 만들며 중심점의 반지름 그리고 변의 개수를 입력하면 다각형이 만들어집니다.

1 명령어 실행

- 리본 메뉴 : [홈] 탭 - 직사각형 - Rolygon( )
- 단축 명령어 : POL

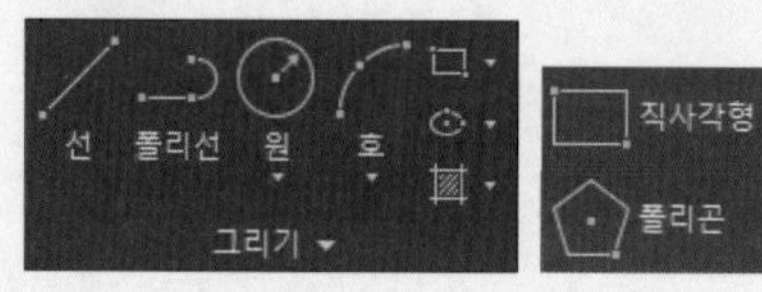

2 명령 입력 과정

명령: POL Enter
POLYGON 면의 수 입력 ⟨4⟩: 5 [변의 개수 입력]
폴리곤의 중심을 지정 또는 [모서리(E)]: [중심점 입력]
옵션을 입력 [원에 내접(I)/원에 외접(C)] ⟨I⟩: I [원에 접하는 형태 선택]
원의 반지름 지정: [반지름 길이 입력]

3 옵션

● **원에 내접** : 원에 내접하는 다각형을 그립니다.

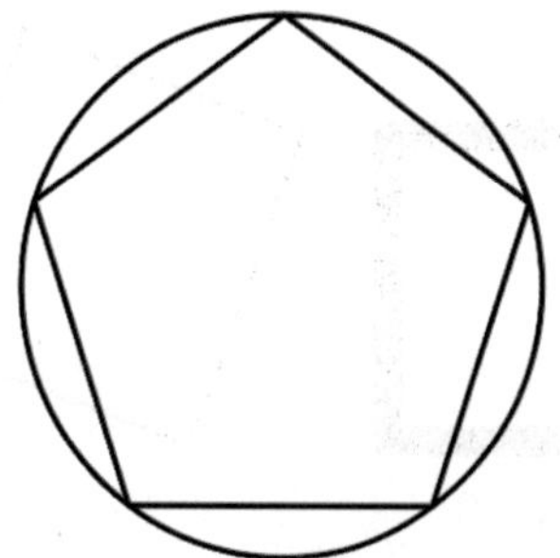

● **원에 외접** : 원에 외접하는 다각형을 그립니다.

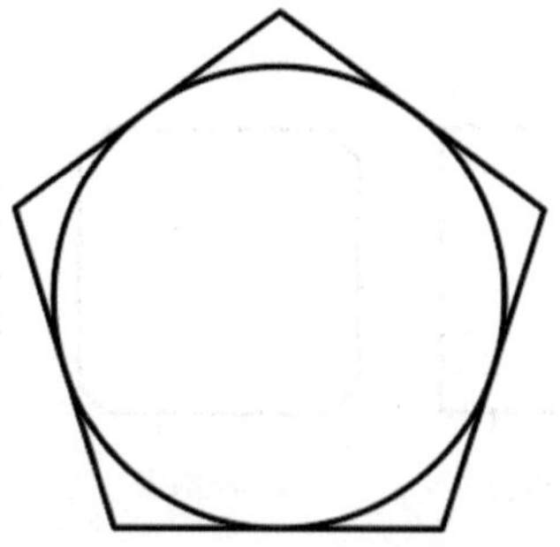

● 변의 길이 : 다각형의 시작점을 지정 후 변의 길이 값을 지정하여 다각형을 그립니다.

명령: POL
POLYGON 면의 수 입력 ⟨5⟩: 6 [변의 개수 입력]
폴리곤의 중심을 지정 또는 [모서리(E)]: E [다각형 변의 길이 지정]
모서리의 첫 번째 끝점 지정: [다각형의 시작점 지정]
모서리의 두 번째 끝점 지정: 20 [다각형의 끝점 지정]

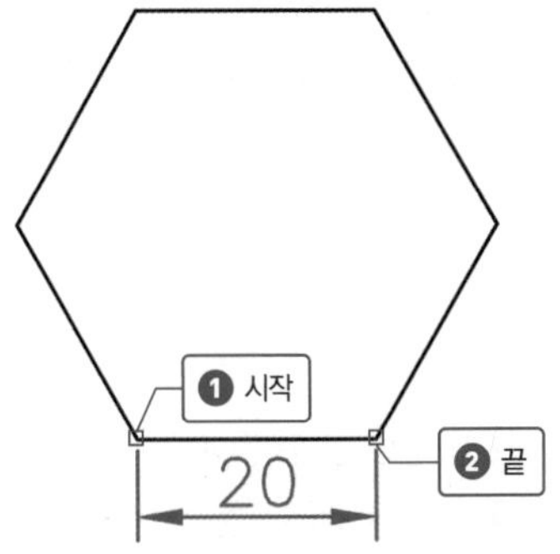

TIP

❶ 다각형은 3각형부터 1024각형까지 만들 수 있습니다.
❷ 정다각형만 만들 수 있습니다.
❸ 폴리선의 일체형으로 생성됩니다.

TIP

- 중심 사각형 작도 시 폴리곤(Polygon)의 '외접(C)' 옵션을 활용하면 좋습니다.
- 기존에 있는 선을 참조하는 다각형 작도 시 '모서리(E)' 옵션을 활용하면 좋습니다.

객체 편집하기

도면에서 작업자가 원하는 형상의 객체를 정교하게 다듬기 위해서는 그리기 도구를 이용해 그려둔 객체를 지우거나 복사 및 잘라내는 등 편집 도구를 이용한 편집 작업에 많은 시간을 할애해야 합니다. 이러한 편집 작업을 능숙하게 진행할 수 있다면 도면 작업 시간을 크게 줄일 수 있습니다. 이번 챕터에서는 객체를 편집할 수 있는 다양한 명령에 관해 알아보겠습니다.

1 지우기 - Erase

'E(ERASE)' 명령어는 객체를 지우는 명령입니다. 그러나 도면을 그릴 때 실제로 객체를 더 손쉽게 삭제하는 방법은 Delete를 누르는 방법입니다. 'E(ERASE)' 명령어를 입력하고 Enter를 눌러 지울 객체를 선택한 다음 Enter를 누르는 것과 지울 객체를 먼저 선택하고 Delete를 눌러 지우는 결과는 같습니다.

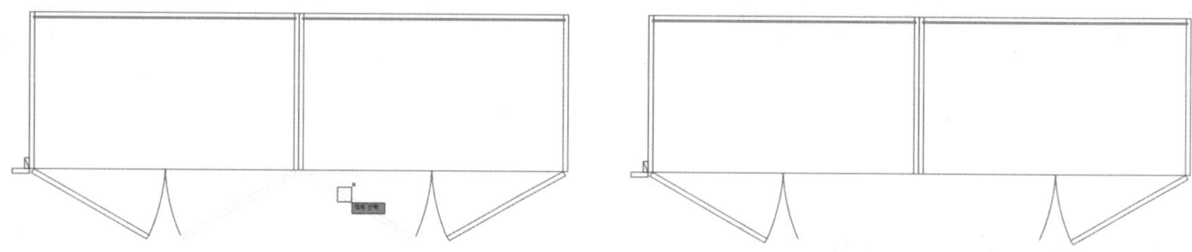

1 명령어 실행

- 리본 메뉴 : [홈] 탭 – 지우기( )
- 단축 명령어 : E

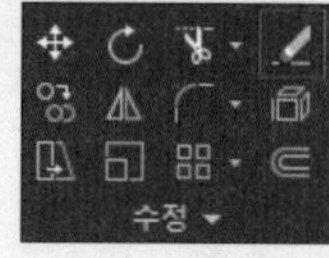

2 명령 입력 과정

명령: E Enter
ERASE
객체 선택: 1개를 찾음 [지울 대상 선택]
객체 선택: 1개를 찾음, 총 2개 [지울 대상 선택]

TIP

❶ 'E(ERASE)' 명령어로 마지막으로 그린 객체를 지울 경우 : L을 입력하고 Enter를 누른 다음 다시 Enter를 누릅니다.
❷ 'E(ERASE)' 명령어로 이전 선택 세트를 지울 경우 : P를 입력하고 Enter를 누른 다음 다시 Enter를 누릅니다.
❸ 'E(ERASE)' 명령어로 모든 객체를 지울 경우 : 'ALL'을 입력하고 Enter를 누른 다음 다시 Enter를 누릅니다.

2 복사하기 - Copy

'CO/CP(COPY)' 명령어는 선택한 객체를 복사하는 명령으로서 한 번 또는 한꺼번에 여러 개의 객체를 복사할 수 있습니다. 또한 지정한 방향으로 입력한 개수만큼 객체를 복사할 수 있으므로, 'COPY' 명령어를 잘 사용하면 같은 객체를 반복해서 입력해야 할 때 유용합니다.

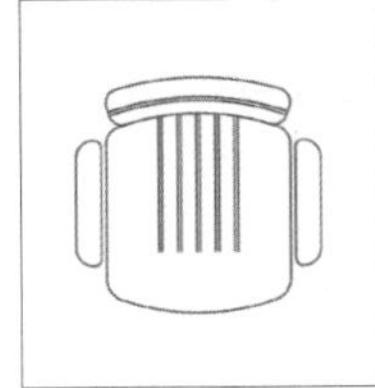

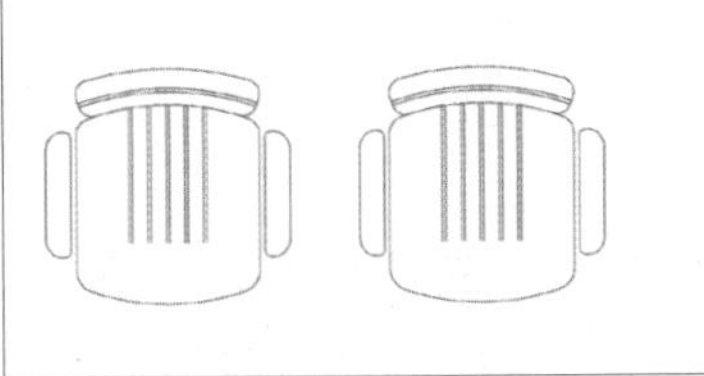

▲ 1개 또는 여러 개의 객체를 복사할 수 있다.

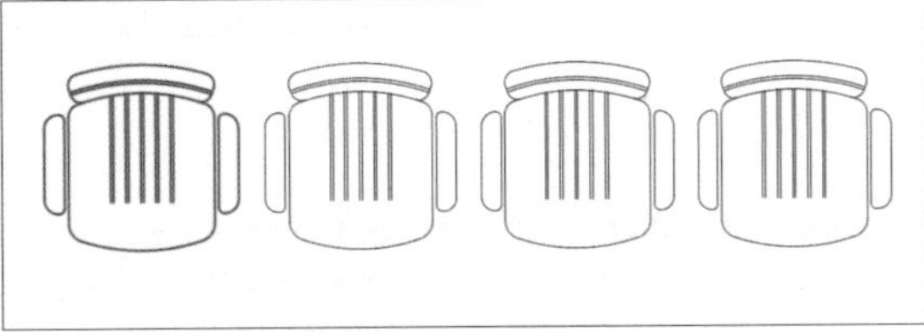

▲ 하나의 객체를 일정한 간격으로 지정한 개수만큼 복사할 수 있다.

1 명령어 실행

- 리본 메뉴 : [홈] 탭 – 복사( )
- 단축 명령어 : CO, CP

2 명령 입력 과정

명령: CO Enter
COPY
객체 선택: 반대 구석 지정: 43개를 찾음 [복사할 대상 선택]
객체 선택: Enter
현재 설정: 복사 모드=다중(M)
기본점 지정 또는 [변위(D)/모드(O)] 〈변위〉: O
복사 모드 옵션 입력 [단일(S)/다중(M)] 〈다중(M)〉: S
기본점 지정 또는 [변위(D)/모드(O)] 〈변위〉: [화면 바탕 임의의 지점 클릭]
두 번째 점 지정 또는 [배열(A)] 〈첫 번째 점을 변위로 사용〉: [복사할 지점 및 방향 선택]

3 옵션

- **복사 모드(O)** : 선택한 객체를 한 번만 복사하는 '단일(S)' 모드와 여러 개 복사하는 '다중(M)' 모드를 선택할 수 있습니다. 기본으로 '다중(M)' 모드가 선택됩니다.
- **배열(A)** : 선택한 객체를 지정한 간격으로 입력한 개수만큼 복사합니다.
- **변위(D)** : 좌푯값을 이용하여 복사합니다.
- **맞춤(F)** : 다중 복사할 객체가 들어갈 전체 거리를 입력해 그사이에 균등 분배 방식으로 다중 복사합니다.

TIP

❶ 객체를 선택하고 마우스 오른쪽 버튼을 클릭한 상태로 원하는 위치에서 드래그하면 이동, 복사, 블록으로 붙여넣기, 취소 옵션을 선택할 수 있는 팝업 창이 표시됩니다. 그러나 OSNAP은 적용되지 않습니다.

여기로 이동(M)
여기로 복사(C)
블록으로 붙여넣기(P)
취소(A)

❷ 객체를 선택하고 마우스 오른쪽 버튼을 클릭하여 [클립보드] → [기준점을 사용하여 복사(B)]를 실행합니다. 선택된 객체에서 작업자가 원하는 기준점을 지정하고 Ctrl+V를 누르면 마우스에 지정한 기준점으로 복사가 되는 것을 확인할 수 있습니다.

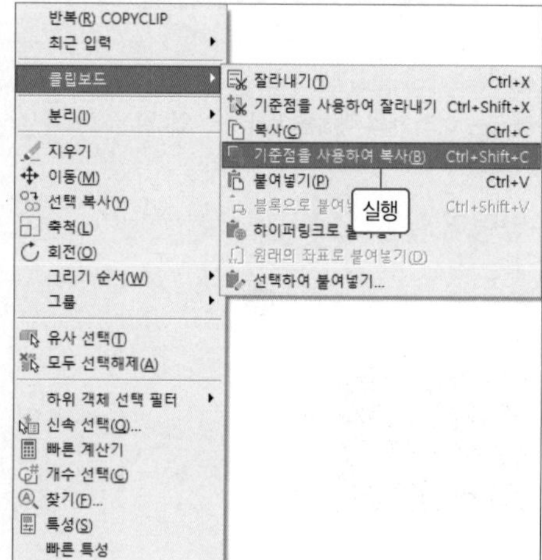

❸ Ctrl+C를 눌러 객체를 복사하고 다른 드로잉 화면으로 이동해서 마우스의 오른쪽 버튼을 클릭하여 [클립보드] → [원래의 좌표로 붙여넣기(D)]를 실행하면 똑같은 좌표로 붙여넣기를 할 수 있습니다.

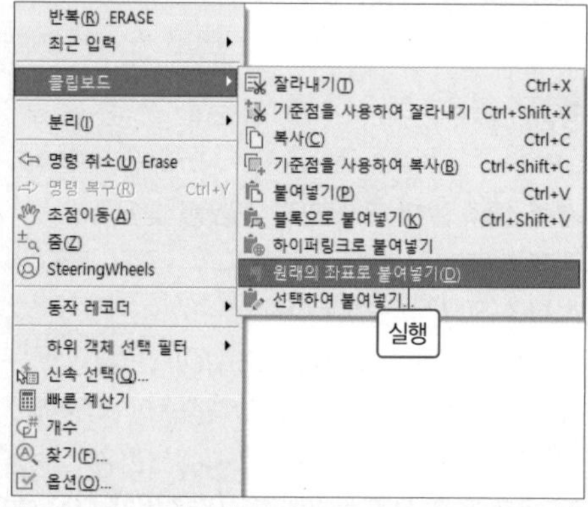

3 이동하기 - Move

'M(MOVE)' 명령어는 선택한 객체를 지정한 거리 및 방향으로 이동시키는 명령어입니다. AutoCAD 명령 중 가장 간단한 명령으로 기준점과 옮길 지점을 지정하는 과정만으로 이루어져 있습니다. 객체를 이동시킬 때는 정확한 지점으로 정밀하게 옮기기 위해서 좌표, 그리드 스냅, 객체 스냅 등을 잘 이용하는 것이 중요합니다.

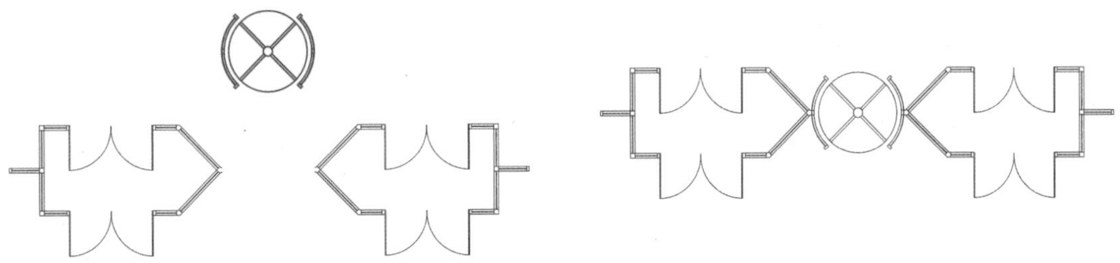

1 명령어 실행

- 리본 메뉴 : [홈] 탭 – 이동( )
- 단축 명령어 : M

2 명령 입력 과정

명령: M Enter
MOVE
객체 선택: 반대 구석 지정: 18개를 찾음 [옮길 대상 선택]
객체 선택: Enter
기준점 지정 또는 [변위(D)] 〈변위〉: [기준점 지정]
두 번째 점 지정 또는 〈첫 번째 점을 변위로 사용〉: [옮길 지점 지정]

3 옵션

- **기준점** : 기준점을 클릭하거나 기준점을 입력합니다.
- **두 번째 점** : 옮길 지점을 클릭하거나 옮길 지점을 입력합니다.
- **변위** : 이동할 좌푯값을 입력합니다.

4 잘라내기 - Trim

'TR(TRIM)' 명령어는 객체가 서로 교차된 경우 불필요한 부분을 잘라서 제거하는 매우 유용한 기능입니다. 실제 도면을 그리다 보면 편집 명령어 중에서 가장 많이 사용한다고 해도 과언이 아닐 정도로 자주 사용하는 명령어입니다.

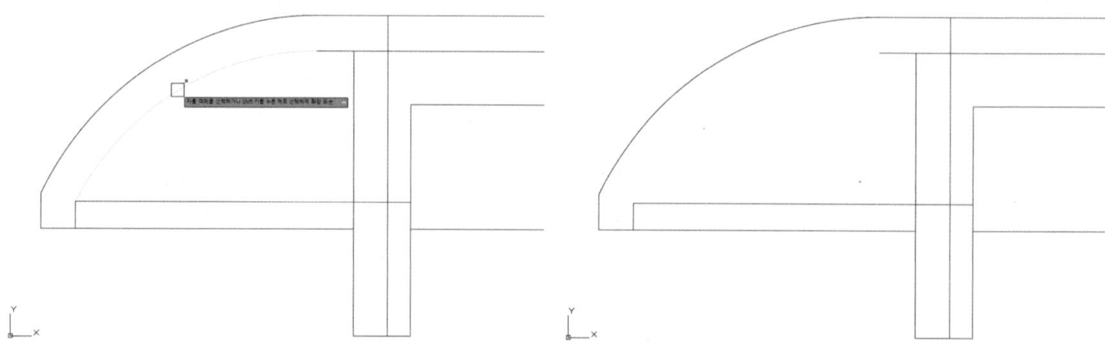

1 명령어 실행

- 리본 메뉴 : [홈] 탭 – 자르기( )
- 단축 명령어 : TR

2 명령 입력 과정

명령: TR Enter
TRIM
현재 설정: 투영=UCS, 모서리=없음, 모드=빠른 작업 [자르기 모드 옵션 중 빠른 작업(Q)]
자를 객체를 선택하거나 Shift 키를 누른 채로 선택하여 확장 또는
[절단 모서리(T)/걸치기(C)/모드(O)/프로젝트(P)/지우기(R)]: [필요없는 부분 선택하고 자르기]
자를 객체를 선택하거나 Shift 키를 누른 채로 선택하여 확장 또는
[절단 모서리(T)/걸치기(C)/모드(O)/프로젝트(P)/지우기(R)/명령 취소(U)]:

3 옵션 1 - [모드(O)에서 빠른 작업(Q)] 설정

- **절단 모서리(T)** : 기존과 같이 기준선을 선택한 다음 선을 자르는 방식을 의미합니다.
- **걸치기(C)** : 드래그하여 사각형 박스 형태의 테두리를 지정하고 그 테두리 안에 걸쳐지는 모든 객체를 잘라낼 때 사용합니다.
- **모드(O)** : 빠른 작업(Q)과 표준(S)을 설정합니다. 빠른 작업은 AutoCAD 2021에서 추가된 방식이며, 표준은 기존 방식을 의미합니다.

- 프로젝트(P) : 3차원 설계에서 방향성을 지정합니다.
- 지우기(R) : Delete의 대용으로 사용하며 자르기 도중에 필요 없는 객체를 선택적으로 삭제할 때 사용합니다.

4 옵션 2 - [모드(O)에서 표준(S)] 설정

- 울타리(F) : 울타리를 치듯이 선을 그려서 그 선에 걸쳐지는 선을 잘라낼 때 사용합니다.
- 걸치리(C) : 드래그하여 사각형 박스 형태의 테두리를 지정하고 그 테두리 안에 걸쳐지는 모든 객체를 잘라낼 때 사용합니다.
- 모드(O) : 빠른 작업(Q)과 표준(S)을 설정합니다. 빠른 작업은 AutoCAD 2021에서 추가된 방식이며, 표준은 기존 방식을 의미합니다.
- 프로젝트(P) : 3D 상에서 객체를 자를 때 사용합니다.
- 모서리(E) : 가상으로 선을 연장하여 서로 맞닿지 않은 선들도 서로 자를 수 있도록 도와주는 기능입니다. [연장(E)/연장 안함(N)]
- 지우기(R) : Delete의 대용으로 사용하며 자르기 도중에 필요 없는 객체를 선택적으로 삭제할 때 사용합니다.

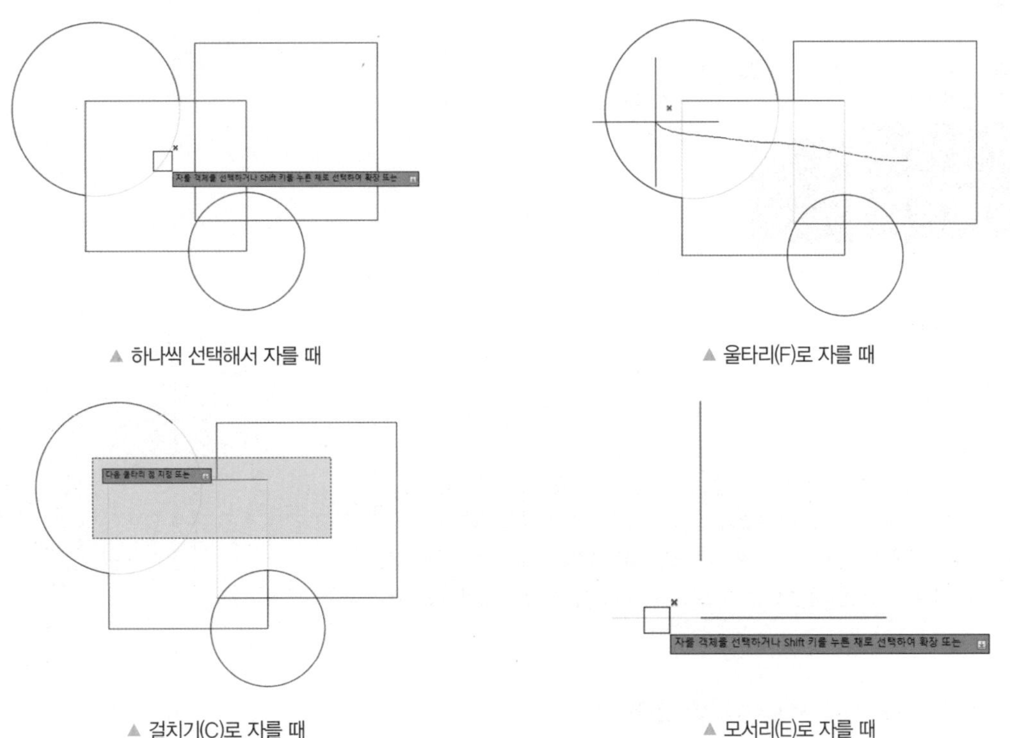

▲ 하나씩 선택해서 자를 때

▲ 울타리(F)로 자를 때

▲ 걸치기(C)로 자를 때

▲ 모서리(E)로 자를 때

TIP

'TRIM' 명령어 사용 중 Shift를 누른 채 LINE, ARC 등의 객체를 선택하면 선택된 객체는 가장 가까운 곳에 있는 다른 객체로 연장되어 늘어나는 특징이 있습니다. 즉, 'TRIM' 명령어를 Shift를 누른 채로 사용하면 'EXTEND' 명령어가 됩니다.

5 ⁞ 평행 복사하기 - Offset

'O(OFFSET)' 명령어는 선택한 객체를 일정한 간격으로 평행 복사 또는 이동하는 명령어입니다. 대객체로는 선, 호, 원, 타원 등입니다. 객체의 선모양, 색, 도면층 등 원본 속성을 그대로 유지하며 간격 띄우기를 합니다. 'COPY' 명령어와 다른 점은 사각형, 원, 호 등의 폐곡선이나 곡선의 경우 지정한 간격만큼 반지름이나 크기가 정확히 맞춰진다는 점입니다. 일정 간격으로 지속해서 복사해야 하는 경우 유용하게 사용할 수 있습니다.

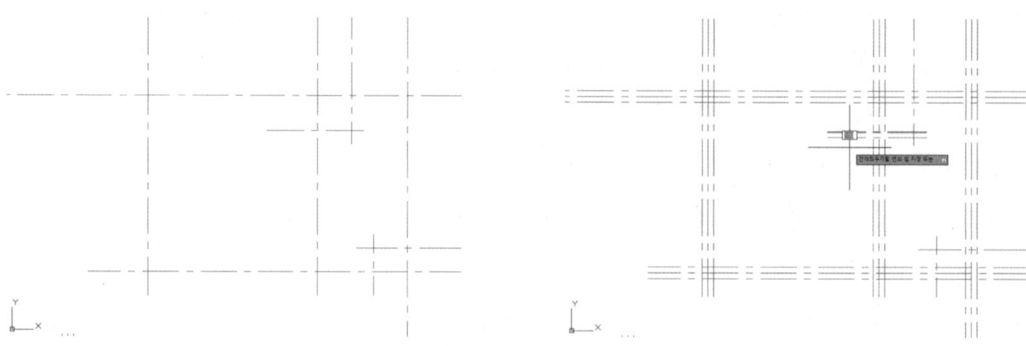

1 명령어 실행

- 리본 메뉴 : [홈] 탭 – 간격띄우기( )
- 단축 명령어 : O

2 명령 입력 과정

명령: O Enter
OFFSET
현재 설정: 원본 지우기=아니오 도면층=원본 OFFSETGAPTYPE=0
간격띄우기 거리 지정 또는 [통과점(T)/지우기(E)/도면층(L)] 〈통과점〉: 100 [간격 입력 혹은 옵션 입력]
간격띄우기할 객체 선택 또는 [종료(E)/명령 취소(U)] 〈종료〉: [복사할 객체 선택]
간격띄우기할 면의 점 지정 또는 [종료(E)/다중(M)/명령 취소(U)] 〈종료〉: [복사할 방향 지정]

3 옵션 1 - [모드(O)에서 빠른 작업(Q)] 설정

- **간격띄우기 거리 지정** : 복사할 간격을 입력합니다.
- **통과점(T)** : 선택한 정점을 통과하는 객체를 복사합니다.
- **지우기(E)** : 간격띄우기를 한 다음 원본 객체의 삭제를 [예(Y)/아니오(N)]로 결정합니다.

- **도면층(L)** : 간격띄우기가 되는 객체를 원본 도면층으로 만들지, 아니면 레이어에서 현재 도면층으로 지정되어 있는 내용으로 만들지를 지정합니다.
- **다중(M)** : 여러 번 OFFSET 기능을 실행합니다.

6 반전 복사하기 - Mirror

'MI(MIRROR)' 명령어는 선택한 객체를 기준선을 중심으로 반대쪽에 거울처럼 반전시켜 복사하는 명령어입니다. 대칭축의 위치나 선택 방향에 따라 복사되는 객체의 거리와 방향이 결정됩니다. 텍스트의 경우 형태를 그대로 복사하지만, MIRRTEXT 환경 변수 설정을 통해 텍스트를 반전 복사할 수도 있습니다. 문자 대칭 복사 시 대칭 결과 조정 시스템 변수는 MIRRTEXT에서 0 또는 1입니다.

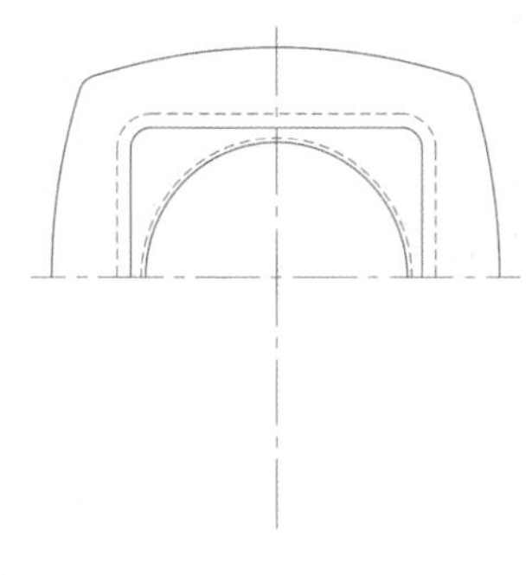

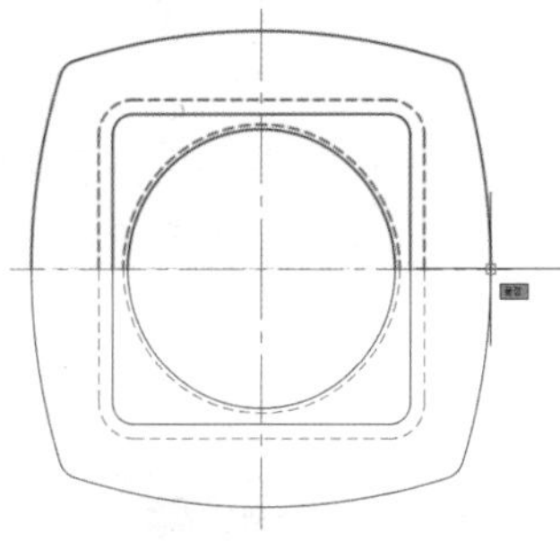

1 명령어 실행

- 리본 메뉴 : [홈] 탭 – 대칭(⚠)
- 단축 명령어 : MI

2 명령 입력 과정

명령: MI Enter
MIRROR
객체 선택: 반대 구석 지정: 5개를 찾음 [거울 복사할 객체 선택]
객체 선택: Enter
대칭선의 첫 번째 점 지정: [기준선의 시작점 지정]
대칭선의 두 번째 점 지정: [기준선의 끝점 지정]
원본 객체를 지우시겠습니까? [예(Y)/아니오(N)] 〈아니오〉: N [원본 객체의 삭제 여부 선택]

3 관련 명령

● MIRRTEXT : 문자가 반전 복사되었을 때의 형태를 설정합니다.

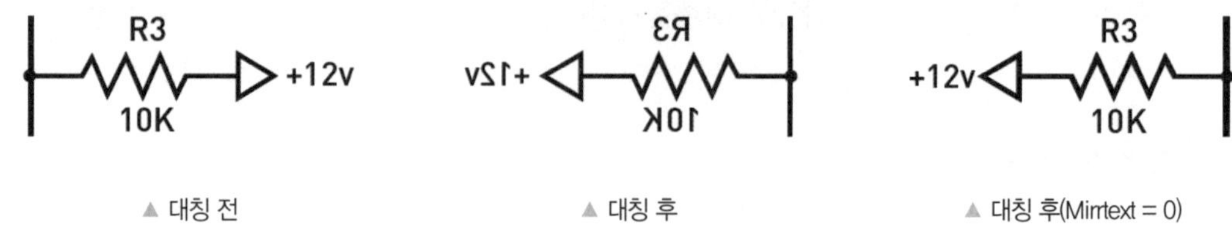

▲ 대칭 전 ▲ 대칭 후 ▲ 대칭 후(Mirrtext = 0)

7 지정한 수만큼 복사하기 - Array

'AR(ARRAY)' 명령어는 원본 객체를 일정한 간격으로 여러 개 복사하는 명령으로서 직사각형 배열(Rectangular Array), 경로 배열(Path Array), 원형 배열(Circular Array)이 있습니다. 일정 간격으로 여러 개의 객체를 복사해야 할 경우에 Array 명령을 사용하면 단시간에 빠르게 객체를 복사할 수 있습니다. AutoCAD 2020부터는 Array 명령을 3D에서도 사용할 수 있으며, 이전 버전에서 사용하던 2D에서 행과 열을 이용한 객체 복사는 '-Array' 명령을 사용합니다.

1 명령어 실행

- 리본 메뉴 : [홈] 탭 - 직사각형 배열(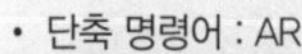)
- 단축 명령어 : AR

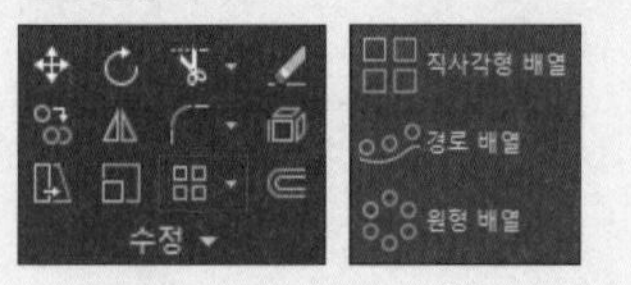

2 명령 입력 과정

● 직사각형 배열(Rectangular Array)

명령: AR Enter
ARRAY
객체 선택: 1개를 찾음 [복사할 객체 선택]
객체 선택: Enter
배열 유형 입력 [직사각형(R)/경로(PA)/원형(PO)] 〈직사각형〉: R [배열 형태 입력]
유형 = 직사각형 연관 = 예
그립을 선택하여 배열을 편집하거나 [연관(AS)/기준점(B)/개수(COU)/간격두기(S)/열(COL)/행(R)/레벨(L)/종료(X)] 〈종료〉: [복사할 객체의 수 입력]
그립을 선택하여 배열을 편집하거나 [연관(AS)/기준점(B)/개수(COU)/간격두기(S)/열(COL)/행(R)/레벨(L)/종료(X)] 〈종료〉: [복사할 객체의 간격 입력]

● 경로 배열(Path Array)

명령: AR Enter
ARRAY
객체 선택: 1개를 찾음 [복사할 객체 선택]
객체 선택: Enter
배열 유형 입력 [직사각형(R)/경로(PA)/원형(PO)] 〈경로〉: PA [배열 형태 입력]
유형 = 경로 연관 = 예
경로 곡선 선택: [경로 곡선 선택]
그립을 선택하여 배열을 편집하거나 [연관(AS)/메서드(M)/기준점(B)/접선 방향(T)/항목(I)/행(R)/레벨(L)/항목 정렬(A)/Z 방향(Z)/종료(X)] 〈종료〉:

● 원형 배열(Circular Array)

명령: AR Enter
ARRAY
객체 선택: 반대 구석 지정: 2개를 찾음 [복사할 객체 선택]
객체 선택: Enter
배열 유형 입력 [직사각형(R)/경로(PA)/원형(PO)] 〈원형〉: PO [배열 형태 입력]
유형 = 원형 연관 = 예
배열의 중심점 지정 또는 [기준점(B)/회전축(A)]: [배열의 중심점 지정]
그립을 선택하여 배열을 편집하거나 [연관(AS)/기준점(B)/항목(I)/사이의 각도(A)/채울 각도(F)/행(ROW)/레벨(L)/항목 회전(ROT)/종료(X)]〈종료〉: [복사할 객체의 수 입력]

3 항목

● 직사각형(R) : 객체를 행과 열 그리고 레벨을 이용하여 배열합니다. 'Arrayrect' 명령어로 같은 결과를 얻을 수 있습니다.

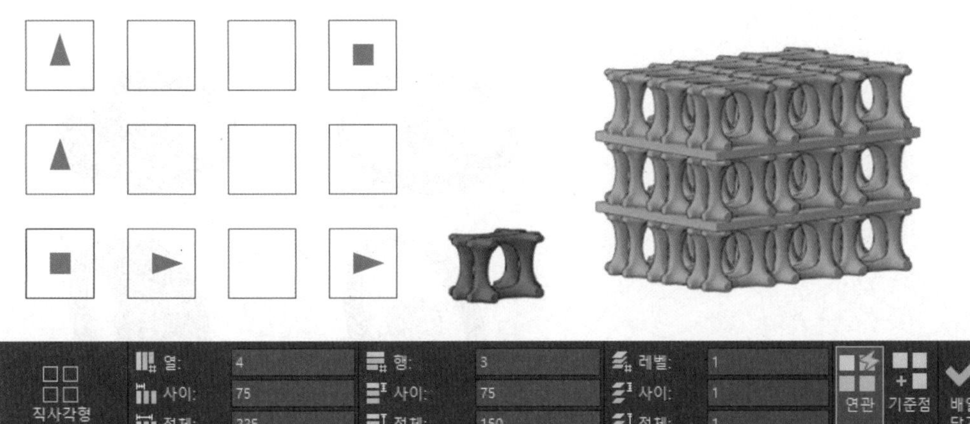

- **열(COL)** : 열의 개수를 입력합니다.
- **행(R)** : 행의 개수를 입력합니다.
- **간격두기(S)** : 열 사이의 거리를 입력합니다.
- **연관(AS)** : 배열된 객체가 서로 하나로 연결된 배열로 작성되는지 [예(Y)/아니오(N)]로 지정합니다.

● **경로(P)** : 경로를 따라 객체를 복사합니다. 'Arraypath' 명령어로 직접 실행할 수 있으며, 경로는 선, 폴리선, 3D 폴리선, 스플라인, 나선, 호, 원은 가능 하지만 분할된 선들은 불가능합니다.

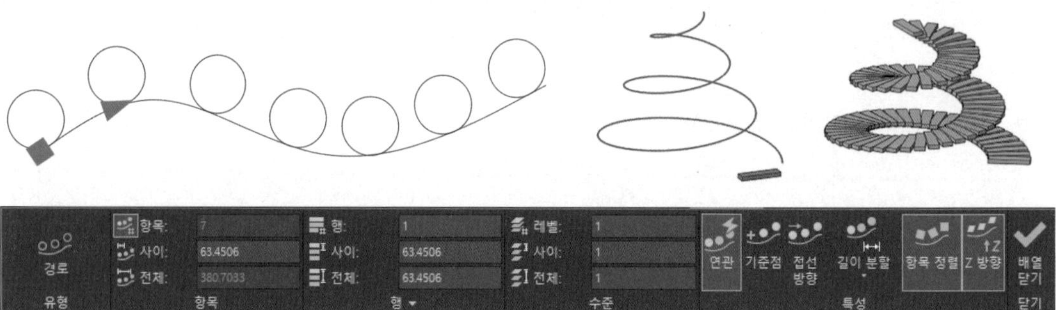

- **경로 곡선 선택** : 객체 배열에서 경로로 사용할 선을 선택합니다.
- **연관(AS)** : 배열된 객체가 서로 하나로 연결된 배열로 작성되는지 [예(Y)/아니오(N)]로 지정합니다.
- **기준점(B)** : 배열의 기준점을 재정의합니다. 경로 배열의 항목이 기준점을 기준으로 배치됩니다.
- **접선 방향(T)** : 경로의 시작 방향을 기준으로 배열된 항목의 정렬 방법을 지정합니다. 두 점을 지정하여 경로와의 접선 방향을 지정합니다.

● **원형(PO)** : 객체를 지정한 중심점을 기준으로 원형으로 배열 복사합니다. 'Arraypolar' 명령으로 직접 실행할 수 있습니다.

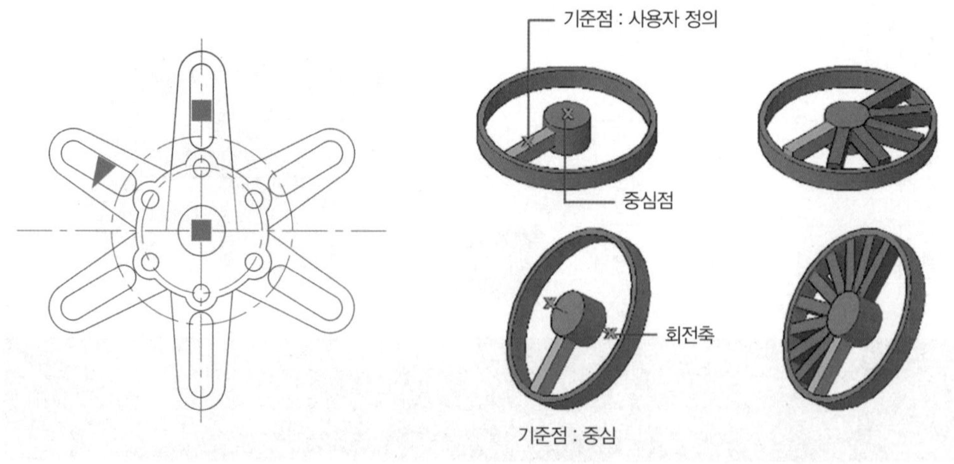

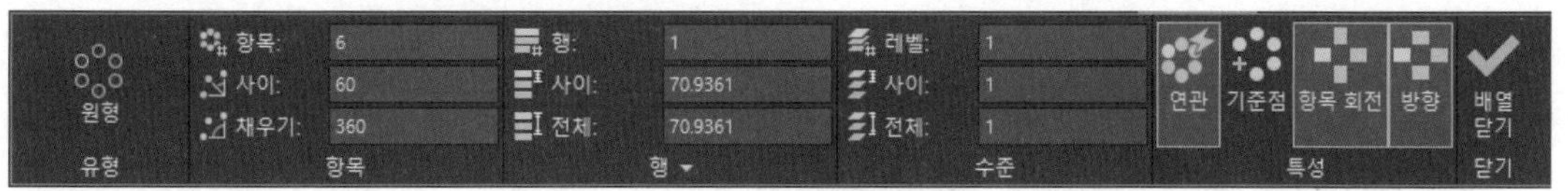

- **배열의 중심점 지정** : 배열 복사의 중심점을 입력합니다.
- **아이템 개수** : 배열 복사할 객체의 개수를 입력합니다.
- **채울 각도** : 배열 복사할 때 채울 각도를 입력합니다.
- **연관(AS)** : 배열된 객체가 서로 하나로 연결된 배열로 작성되는지 [예(Y)/아니오(N)]로 결정합니다.

4 특성

- **직사각형 배열(Rectangular Array)**

  - **기준점** : 치수 산정 시 기준점이 됩니다.

- **경로 배열(Path Array)**

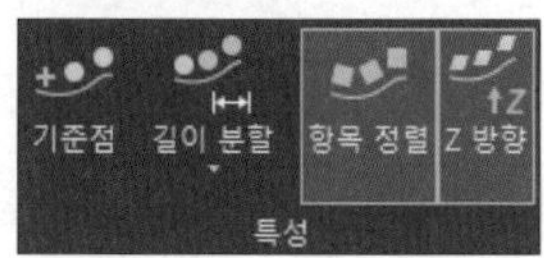

  - **기준점** : 치수 산정 시 기준점이 됩니다.
  - **길이 분할** : 등분할 또는 길이 분할을 할 수 있습니다.
  - **항목 정렬** : 원본과 같은 방향을 유지할지, 경로 따라서 방향을 변경할지 지정 가능합니다.
  - **Z 방향** : 패턴 대상의 원래 Z축 방향을 유지할지, 3D 경로 따라서 항목을 방향을 변경할지 지정 가능합니다.

- **원형 배열(Circular Array)**

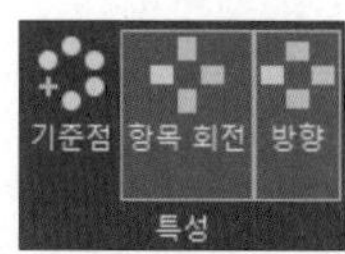

  - **기준점** : 치수 산정 시 기준점이 됩니다.
  - **항목 회전** : 회전할 객체의 중심점을 향해 방향을 변경할지 여부 지정합니다.
  - **방향** : 회전 방향을 지정합니다.

5 옵션

- **원본 편집** : 기존 패턴을 다른 형상으로 변경합니다.
- **항목 대치** : 기존 패턴 중 일부분을 다른 형상으로 변경합니다.
- **배열 재설정** : 원본 패턴으로 되돌립니다.

6 닫기

- **배열 닫기** : 배열 수정을 끝냅니다.

8 객체의 두 점 잘라내기 - Break

'BR(BREAK)' 명령어는 선택한 객체의 두 점을 지정해 두 점 사이를 잘라내는 명령입니다. 객체를 선택하는 지점이 잘라내고자 하는 부분의 시작점이므로 시작점을 잘못 입력했다면 'F' 옵션을 이용해 다시 다른 곳의 시작점을 클릭해 바꿀 수 있습니다. 'BREAK' 명령어는 보통 블록 또는 문자에 공간을 작성할 때 사용합니다.

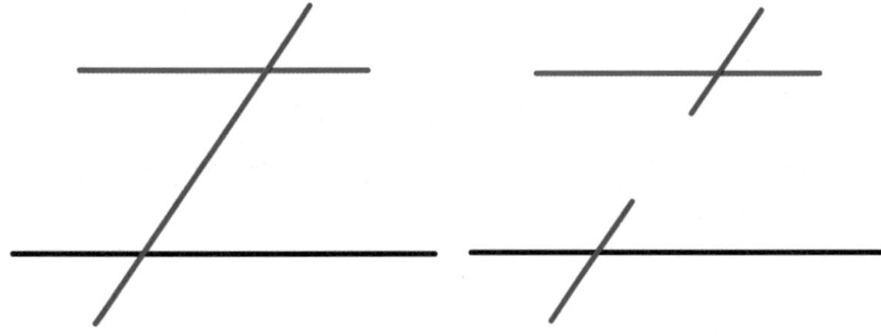

1 명령어 실행

- 리본 메뉴 : [홈] 탭 – 수정 패널 – 끊기( )
- 단축 명령어 : BR

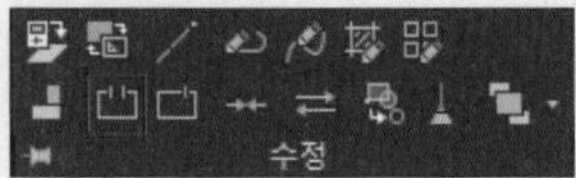

2 명령 입력 과정

명령: BREAK Enter
객체 선택: [잘라낼 객체의 첫 번째 끊기점을 지정]
두 번째 끊기점을 지정 또는 [첫 번째 점(F)]: [두 번째 끊기점 선택]

3 옵션

- 객체 선택 : 잘라낼 첫 번째 끊기점을 입력합니다.
- 두 번째 끊기점을 지정 : 잘라낼 객체의 두 번째 끊기점을 입력합니다.

9 객체를 점에서 끊어 분리하기 - Breakatpoint

'BREAKATPOINT' 명령어는 선택한 객체를 한 점에서 끊습니다. 유효한 객체로는 선, 열린 폴리선, 호가 있습니다. 그러나 원과 같은 닫힌 객체는 한 점에서 끊을 수 없습니다.

1. 점에서 끊기를 할 객체를 선택합니다.

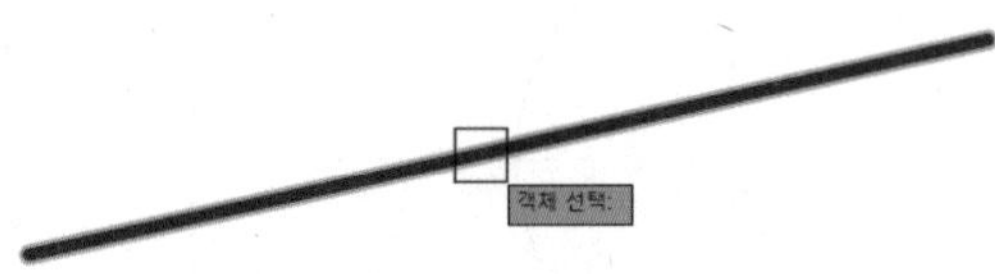

2. 객체 선택 후 끊을 지점을 지정합니다.

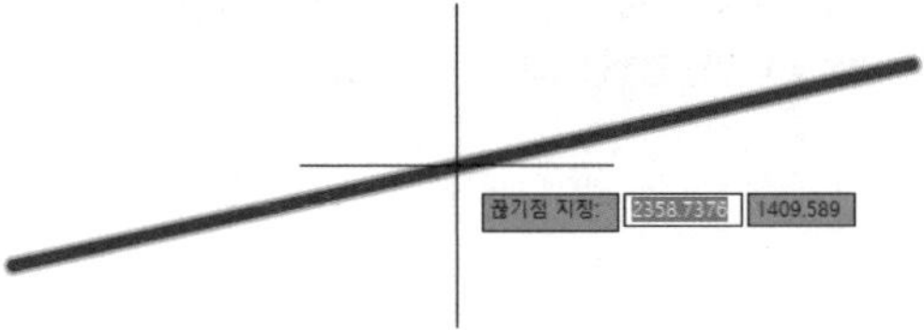

3. 2개의 선으로 분리된 객체의 모습입니다.

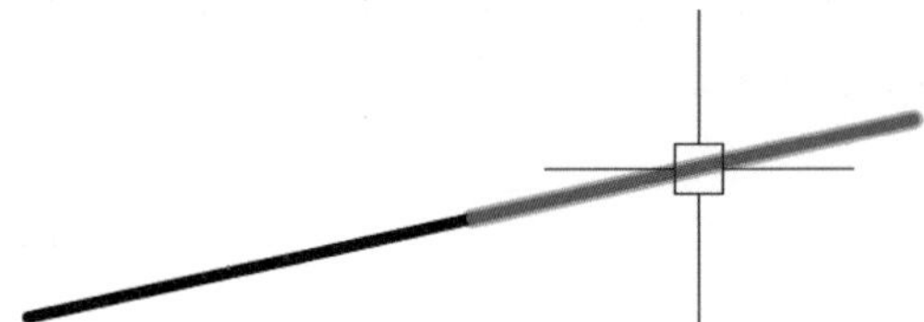

1 명령어 실행

- 리본 메뉴 : [홈] 탭 – 수정 패널 – 끊기( )
- 단축 명령어 : BREAKATPOINT(단축키 없음)

2 명령 입력 과정

명령: BREAKATPOINT Enter
객체 선택: [잘라낼 객체를 선택]
끊기점 지정: [잘라낼 정확한 지점을 확인하고 클릭하여 선택]

TIP

점에서 끊기(BREAKATPOINT)가 가능한 객체는 선, 열린 폴리선, 호가 있으며 원과 같은 닫힌 객체는 한점에서 끊을 수가 없습니다. 원의 경우에는 두 곳의 지점을 자르기(Trim)로 자른 후에 양쪽 방향으로 연장(Extend)을 이용하여 연장해야 합니다.

· **원을 깔끔하게 끊는 방법**

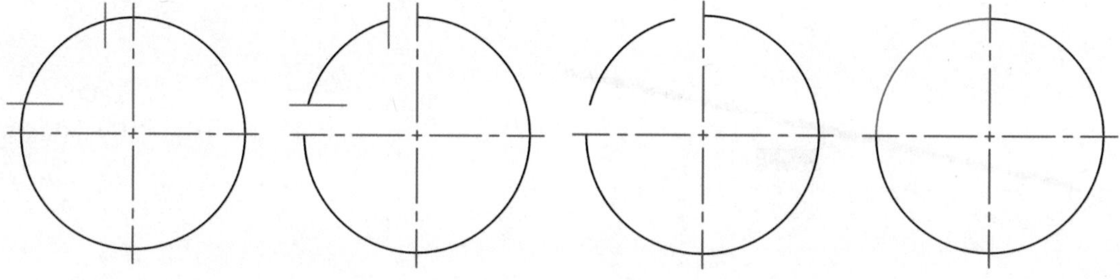

❶ 'TRIM' 명령어를 이용하여 중심선과 분홍색 선 사이 부분을 자릅니다.
❷ 'TRIM' 명령어를 이용하여 잘린 모습입니다.
❸ 분홍색 선을 지우고 'EXTEND' 명령어를 이용하여 잘린 호의 양쪽 끝부분을 연장합니다.
❹ 'EXTEND' 명령어를 이용하여 연장한 모습과 색을 변경한 모습입니다.

10 지워진 객체 복구하기 - Oops

'OOPS' 명령어는 바로 이전에 삭제된 객체를 복원하는 명령입니다. 'UNDO' 명령어는 바로 이전에 실행된 명령만을 복원하지만, 'OOPS' 명령어는 작업이 진행된 후라도 삭제된 객체를 복원한다는 점이 다릅니다. 'OOPS' 명령어는 리본 메뉴나 도구 모음 없이 명령어 입력만으로 진행할 수 있습니다.

▲ 지워진 객체 ▲ OOPS 실행 전 ▲ OOPS 실행 후

1 명령 입력 과정

명령: OOPS Enter

11 실행된 명령 취소하기 - Undo

'UNDO' 명령어는 이전에 실행한 명령을 취소하는 명령입니다. 단축 명령어인 'U'를 입력하면 옵션 설정 없이 바로 이전 명령만 취소합니다. 'UNDO' 명령어를 사용하면 하나의 작업을 세트로 만들어 쉽게 이전 단계로 복원할 수 있습니다.

1 명령어 실행

- 신속 접근 도구막대 :
- 명령어 입력 : UNDO

2 명령 입력 과정

명령: UNDO Enter
현재 설정: 자동=켜기, 조정=전체, 결합=예, 도면층=예
취소할 작업의 수 또는 [자동(A)/조정(C)/시작(BE)/끝(E)/표식(M)/뒤(B)] 입력 〈1〉: [명령을 취소할 작업 단계 입력]

3 옵션

- **입력되는 숫자** : 명령을 취소할 작업 단계를 입력합니다. 예를 들어, '3'을 입력하면 이전 3개 작업 명령을 취소하고 그 이전으로 돌아갑니다.
- **자동(A)** : 여러 개의 명령을 그룹화하여 'UNDO' 명령어를 통해 한번에 복원할 수 있도록 설정합니다.
- **조정(C)** : 'UNDO' 명령어를 활성화하거나 일부 기능을 제한합니다.
- **시작(BE)** : 이후 이루어지는 명령이 '끝' 옵션을 사용하기 전까지 하나의 세트로 설정됩니다.
- **끝(E)** : '시작' 옵션에 의해 진행하던 세트 작업을 종료하고 세트가 만들어집니다.
- **표식(M)** : UNDO 정보 안에 표식을 삽입합니다.
- **뒤(B)** : '표식'이 설정된 표식 이후 작업한 모든 내용을 취소합니다.

12 Undo 명령 취소하기 - Redo

'REDO' 명령어는 'UNDO' 명령어에 의해 취소된 명령을 다시 복원하는 명령이며, 'UNDO' 명령어는 이전에 사용한 명령을 취소하는 기능을 수행합니다. 단, 'REDO' 명령어는 'UNDO' 명령어를 수행한 직후에 사용해야 합니다.

1 명령어 실행

- 신속 접근 도구막대 :
- 명령어 입력 : REDO

2 명령 입력 과정

명령: REDO
모든 것이 명령 복구됨

TIP

- Undo는 Ctrl+Z를 사용하면 보다 쉽게 사용할 수 있습니다.
- Redo는 Ctrl+Y를 사용하면 보다 쉽게 사용할 수 있습니다.

TIP REDO 명령어

최근에 사용했던 명령어를 역으로 취소하는 명령어가 'UNDO(U)'라면 반대로 'UNDO' 명령어에 의해서 취소된 명령 전체를 역으로 복구하는 명령입니다. 단축키는 Ctrl+Y입니다.

기초 명령어로 기본 예제 도면 그리기

지금까지 살펴본 기능들을 이용해 다음과 같은 도면을 완성해 봅시다. 아직 레이어와 치수에 대해 학습하지 않은 상태이므로 여기에서는 치수는 형태를 그리는 참고 사항으로 활용하길 바랍니다.

예제 도면 ○ 완성 파일 : Part02\기본 예제 그리기_완성.dwg

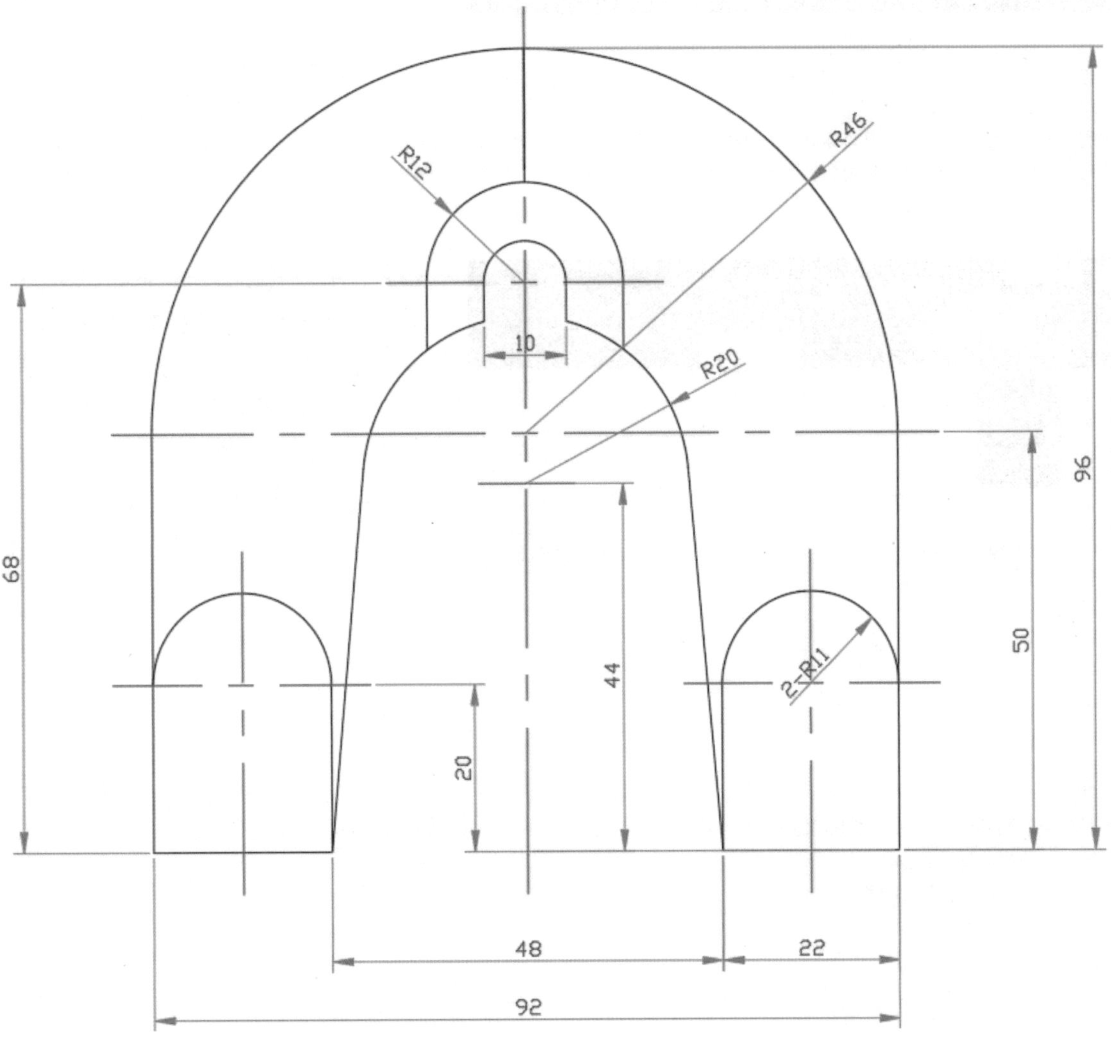

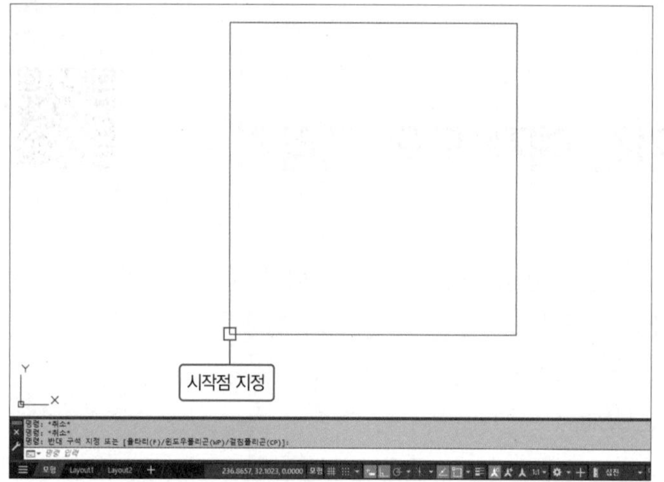

기본 형태 그리기

01 | 'REC(RECTANG)' 명령어를 입력한 다음 Enter를 누릅니다. 적당한 위치를 클릭하여 첫 번째 지점을 지정한 다음 명령 입력창에 '@92,96'을 입력하고 Enter를 눌러 직사각형을 만듭니다.

명령: REC
RECTANG
첫 번째 구석점 지정 또는 [모따기(C)/고도(E)/모깎기(F)/두께(T)/폭(W)]: (시작점 지정)
다른 구석점 지정 또는 [영역(A)/치수(D)/회전(R)]: @92,96

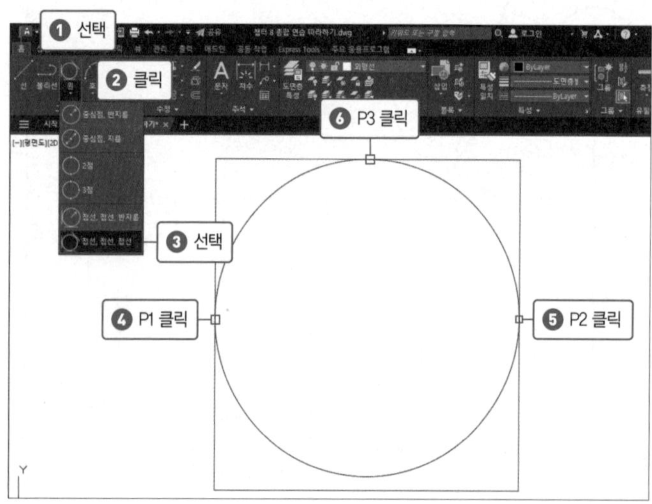

02 | 원을 만들겠습니다. 먼저 객체 스냅에서 접점이 선택되어 있는지 확인합니다. [홈] 탭의 '원'에서 '접선, 접선, 접선'을 선택하고 사각 박스의 왼쪽면, 오른쪽면, 윗면을 차례대로 클릭하면 왼쪽, 오른쪽, 위쪽에 접하는 원이 생성됩니다.

명령: _circle
원에 대한 중심점 지정 또는 [3점(3P)/2점(2P)/Ttr – 접선 접선 반지름(T)]: _3p 원 위의 첫 번째 점 지정: _tan 대상(P1)
원 위의 두 번째 점 지정: _tan 대상(P2)
원 위의 세 번째 점 지정: _tan 대상(P3)

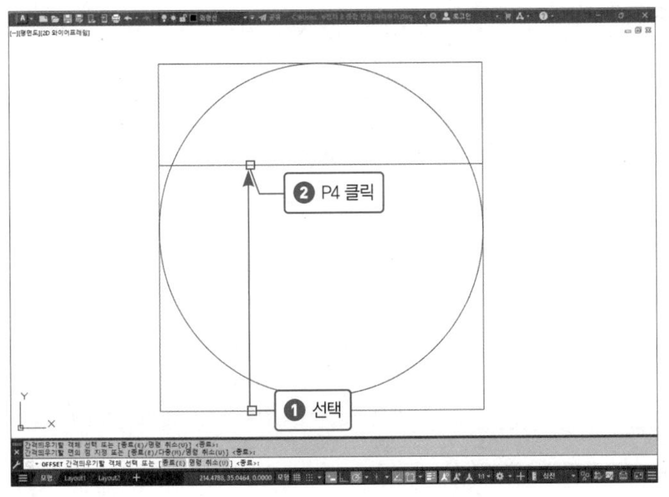

03 | 'REC(RECTANG)' 명령어로 만든 사각형은 폴리선이므로 선이 하나로 연결되어 있습니다. 쉬운 작업을 위해 사각형을 선택하고 X를 누른 후 Enter를 눌러 분해합니다. 간격 띄우기 복사하기 위해 'O(OFFSET)' 명령어를 입력하고 Enter를 누른 다음 입력 창에 '68'을 입력한 후 Enter를 누릅니다. 사각형 아랫면을 선택하고 위를 클릭하여 '68'만큼 떨어진 간격 복사를 합니다.

TIP

'X(EXPLODE)' 명령어는 아직 배우지는 않은 명령어입니다. 여기에서는 간단히 폴리선을 분해해야 하는 기능으로 가볍게 알아두고 넘어갑시다.

명령: O
OFFSET
현재 설정: 원본 지우기=아니오 도면층=원본 OFFSETGAPTYPE=0
간격띄우기 거리 지정 또는 [통과점(T)/지우기(E)/도면층(L)] 〈0.0000〉: 68
간격띄우기할 객체 선택 또는 [종료(E)/명령 취소(U)] 〈종료〉: (선을 선택)
간격띄우기할 면의 점 지정 또는 [종료(E)/다중(M)/명령 취소(U)] 〈종료〉: P4(방향 지정)

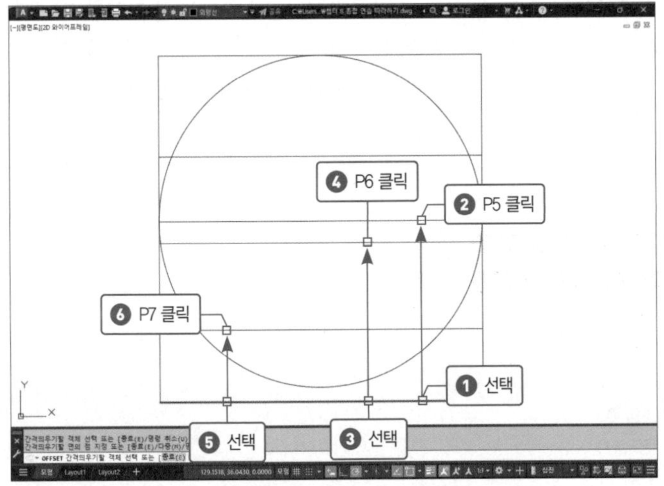

04 | Enter를 두 번 연속 눌러 'OFFSET' 명령어를 연속해서 실행합니다. 같은 방법으로 '50', '44', '20'을 입력하여 가로 방향 중심선을 간격 복사하고 Esc를 눌러 명령어를 취소합니다.

명령:
OFFSET
현재 설정: 원본 지우기=아니오 도면층=원본 OFFSETGAPTYPE=0
간격띄우기 거리 지정 또는 [통과점(T)/지우기(E)/도면층(L)] 〈68.0000〉: 50
간격띄우기할 객체 선택 또는 [종료(E)/명령 취소(U)] 〈종료〉: (선을 선택)
간격띄우기할 면의 점 지정 또는 [종료(E)/다중(M)/명령 취소(U)] 〈종료〉: P5, P6, P7(방향 지정)

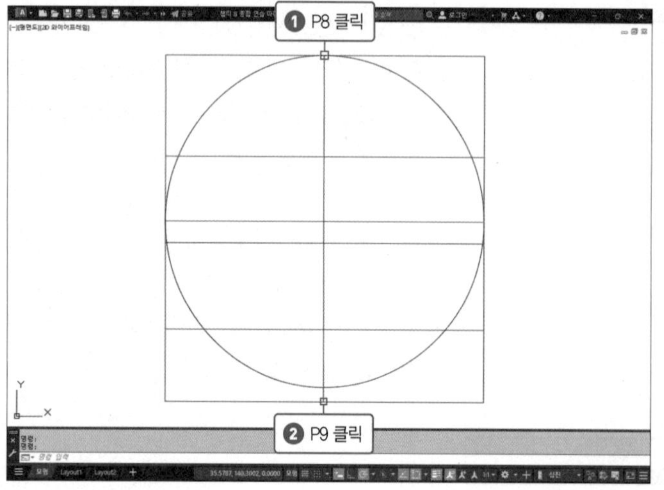

05 | 'L(LINE)' 명령어를 입력하고 Enter를 누릅니다. 사각형 위의 중심점을 클릭하고 아래 중심점을 클릭하여 세로 중심선을 만듭니다. Esc를 눌러 명령어를 취소합니다.

TIP

객체 스냅에서 '중간점'을 반드시 체크 표시해야 합니다.

```
명령: L
LINE
첫 번째 점 지정: P8
다음 점 지정 또는 [명령 취소(U)]: P9
```

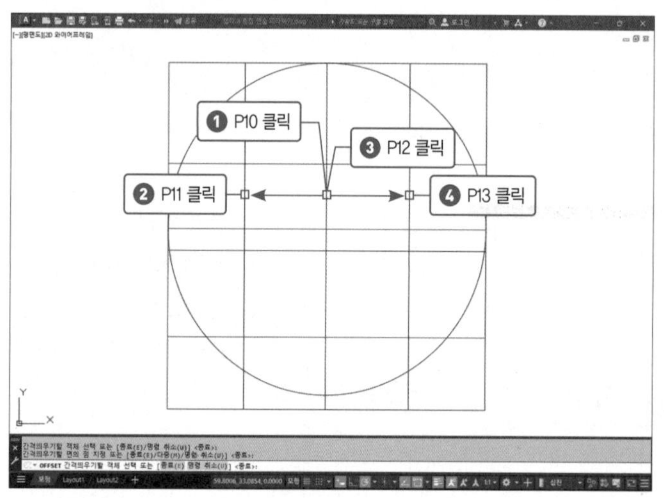

06 | 만든 선을 추가로 간격 복사하겠습니다. 'O(OFFSET)' 명령어를 입력하고 Enter를 누른 다음 '24'를 입력 후 Enter를 누릅니다. 세로 중심선을 선택하고 왼쪽을 클릭하여 '24'만큼 떨어진 간격 띄우기 복사를 합니다. 같은 방법으로 오른쪽에도 '24'만큼 떨어진 간격 띄우기 복사를 하고 Esc를 눌러 명령어를 취소합니다.

```
명령: O
OFFSET
현재 설정: 원본 지우기=아니오 도면층=원본 OFFSETGAPTYPE=0
간격띄우기 거리 지정 또는 [통과점(T)/지우기(E)/도면층(L)] 〈20.0000〉: 24
간격띄우기할 객체 선택 또는 [종료(E)/명령 취소(U)] 〈종료〉: P10, P12
간격띄우기할 면의 점 지정 또는 [종료(E)/다중(M)/명령 취소(U)] 〈종료〉: P11, P13
```

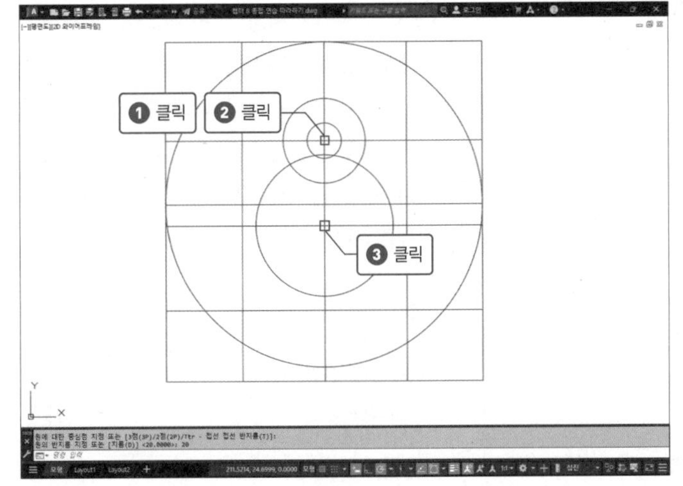

안쪽 형태 그리기

01 | 반지름 '12', '5', '20' 크기 원을 만들겠습니다. 'C(CIRCLE)' 명령어를 입력하고 Enter를 누릅니다. 만들 원의 중심점이 되는 위쪽 '68' 높이 선 중심 교차점을 클릭하고 반지름 '12'를 입력한 다음 Enter를 누릅니다. Enter를 눌러 전 명령어를 다시 실행합니다. 같은 방법으로 같은 위치에 반지름 '5', '44' 높이 선 중심에 반지름 '20'인 원을 만듭니다.

TIP

객체 스냅에서 '접점'이 반드시 체크 표시되어 있어야 합니다.

명령: C
CIRCLE
원에 대한 중심점 지정 또는 [3점(3P)/2점(2P)/Ttr – 접선 접선 반지름(T)]: (선의 중심점 지정)
원의 반지름 지정 또는 [지름(D)] ⟨12.0000⟩: 12/5/20

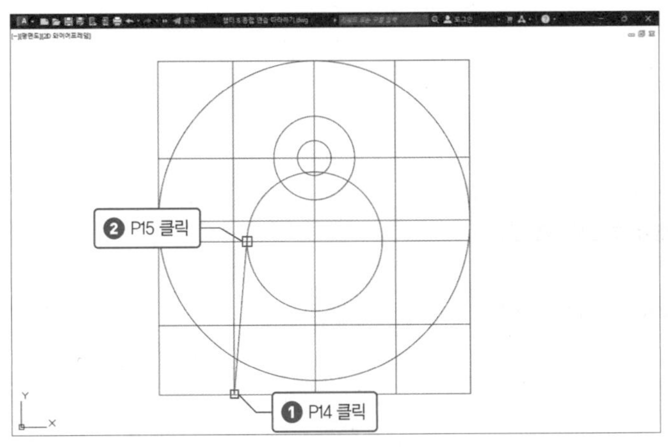

02 | 'L(LINE)' 명령어를 입력하고 Enter를 누릅니다. 중심선을 기준으로 왼쪽 세로선 아래 끝점을 클릭하고 반지름 '20' 원의 접점을 클릭하여 연결합니다. Esc를 눌러 명령어를 취소합니다.

명령: L
LINE
첫 번째 점 지정: P14
다음 점 지정 또는 [명령 취소(U)]: P15

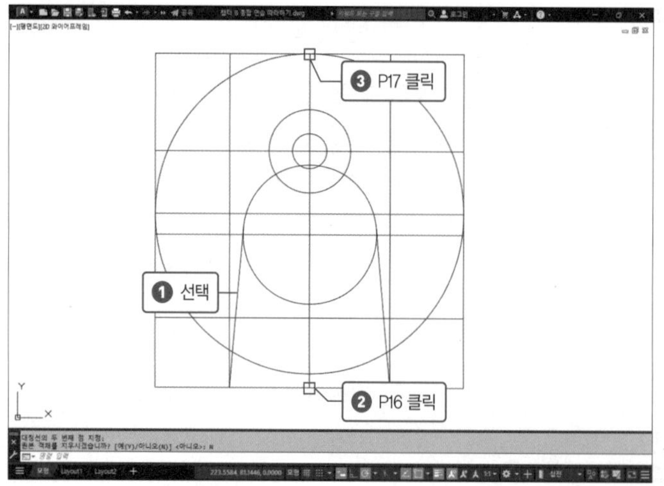

03 | 연결한 선을 대칭 복사하겠습니다. 'MI(MIRROR)' 명령어를 입력한 다음 Enter를 누르고 연결한 선을 선택한 후 Enter를 누릅니다. 세로 중심선 아래 끝점과 위쪽 끝점을 각각 클릭하고 옵션에서 'N'을 입력해 원본 객체를 남깁니다.

명령: MI
MIRROR
객체 선택: 1개를 찾음
객체 선택: Enter
대칭선의 첫 번째 점 지정: P16
대칭선의 두 번째 점 지정: P17
원본 객체를 지우시겠습니까? [예(Y)/아니오(N)] 〈아니오〉: N

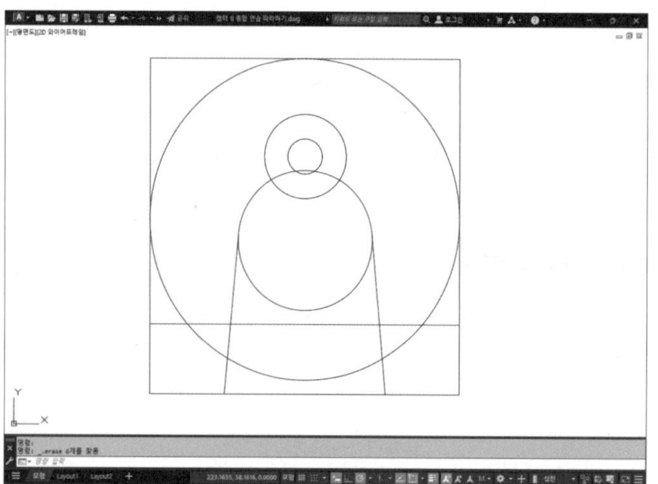

04 | '20' 높이의 가로선을 제외한 지금까지 간격 띄우기 복사로 만든 가로선과 세로선, 중심선을 선택한 다음 Delete를 눌러 삭제해 도면을 간결하게 정리합니다.

명령: _.erase 6개를 찾음

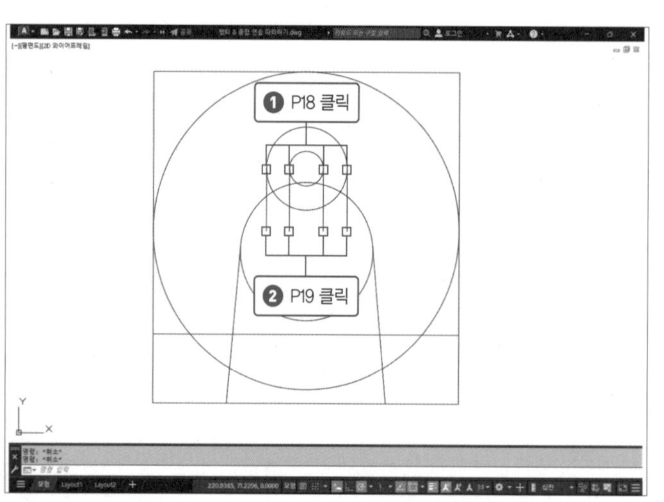

05 | 객체 스냅에서 '사분점'을 반드시 체크 표시합니다. 'L(LINE)' 명령어를 입력하고 Enter를 누릅니다. 반지름 '12' 원과 반지름 '5' 원의 왼쪽과 오른쪽 사분점을 각각 클릭한 다음 아래로 드래그해 적당한 길이로 내린 후 클릭하여 선을 만듭니다.

명령: L
LINE
첫 번째 점 지정: P18
다음 점 지정 또는 [명령 취소(U)]: P19

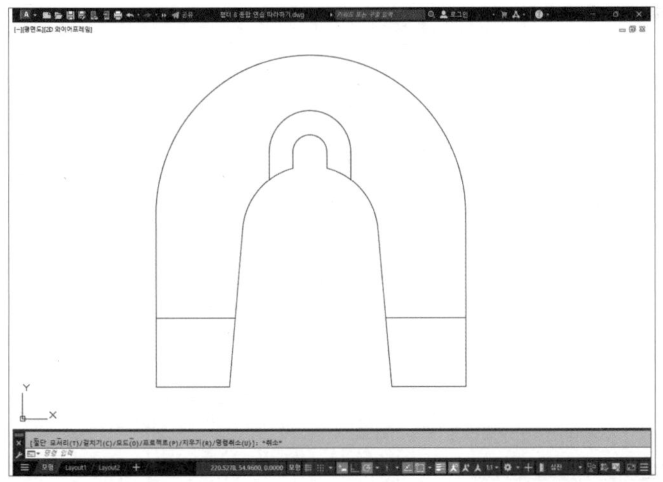

06 | 'TR(TRIM)' 명령어를 입력하고 Enter를 누릅니다. 옵션에서 'T'를 입력하고 절단 모서리가 되는 기준선을 선택한 다음 그림과 같이 필요 없는 부분들을 모두 자릅니다. Esc를 눌러 명령어를 취소합니다.

명령: TR
TRIM
현재 설정: 투영=UCS, 모서리=없음, 모드=빠른 작업
자를 객체를 선택하거나 Shift 키를 누른 채로 선택하여 확장 또는
[절단 모서리(T)/걸치기(C)/모드(O)/프로젝트(P)/지우기(R)]: T
자를 객체를 선택하거나 Shift 키를 누른 채로 선택하여 확장 또는
[절단 모서리(T)/걸치기(C)/모드(O)/프로젝트(P)/지우기(R)/명령 취소(U)]:

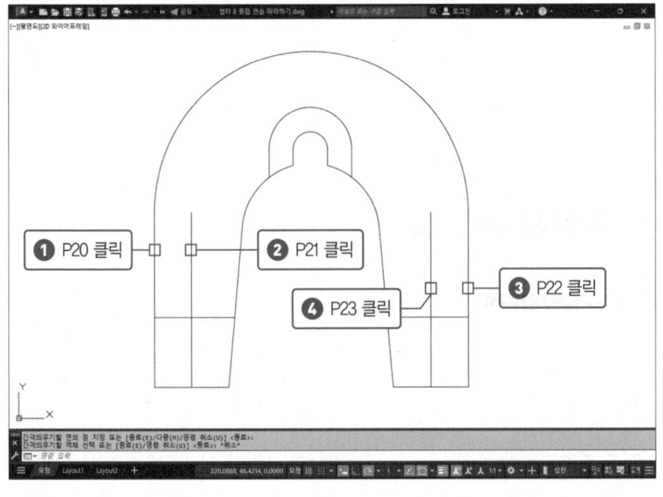

07 | 왼쪽, 오른쪽 면 수직선을 안쪽으로 간격 복사하기 위해 먼저 'O(OFFSET)' 명령어를 입력하고 Enter를 누른 후 '11'을 입력한 다음 Enter를 누릅니다. 왼쪽과 오른쪽 수직선을 각각 선택한 다음 도면 형태의 안쪽을 클릭해 '11'만큼 간격 복사합니다. 복사가 마무리되면 Esc를 눌러 명령어를 취소합니다.

명령: O
OFFSET
현재 설정: 원본 지우기=아니오 도면층=원본 OFFSETGAPTYPE=0
간격띄우기 거리 지정 또는 [통과점(T)/지우기(E)/도면층(L)] ⟨24.0000⟩: 11
간격띄우기할 객체 선택 또는 [종료(E)/명령 취소(U)] ⟨종료⟩: P20, P22
간격띄우기할 면의 점 지정 또는 [종료(E)/다중(M)/명령 취소(U)] ⟨종료⟩: P21, P23

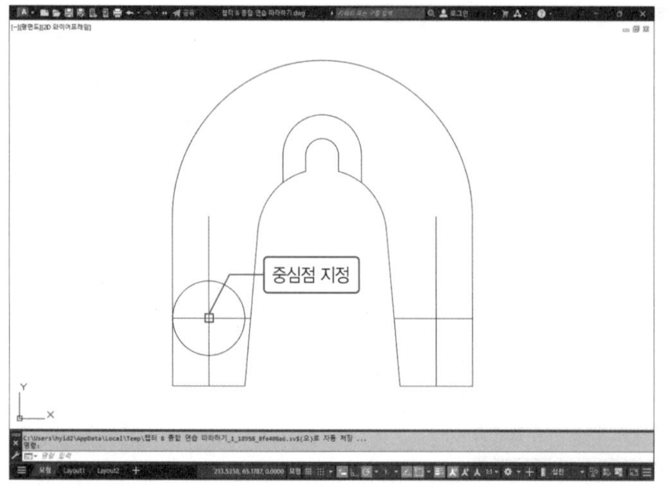

08 | 방금 간격 복사한 수직선과 십자로 교차되는 수평선의 중심 부분에 원을 그리겠습니다. 'C(CIRCLE)' 명령어를 입력하고 Enter를 누릅니다. 왼쪽 십자 중심선의 교차점을 곳을 클릭하여 원에 대한 중심점으로 지정하고 반지름 '11'을 입력한 다음 Enter를 누릅니다.

명령: C
CIRCLE
원에 대한 중심점 지정 또는 [3점(3P)/2점(2P)/Ttr – 접선 접선 반지름(T)]: (중심점 지정)
원의 반지름 지정 또는 [지름(D)] ⟨20.0000⟩: 11

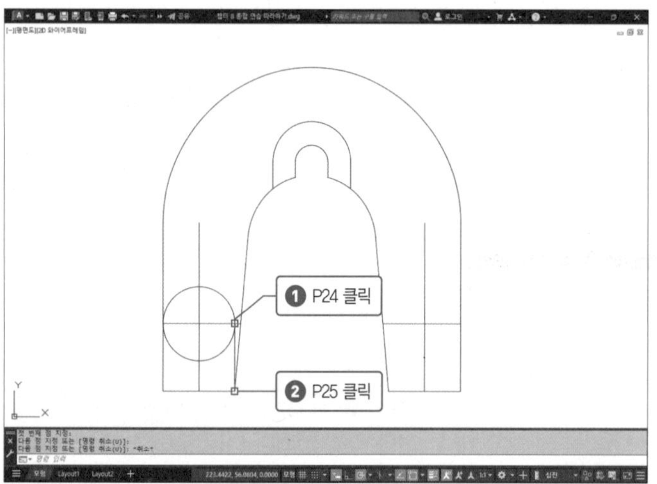

09 | 객체 스냅에서 '사분점'을 반드시 체크 표시합니다. 'L(LINE)' 명령어를 입력하고 Enter를 누릅니다. 반지름 '11' 원의 오른쪽 사분점을 선택하고 아래로 드래그하여 맞닿는 곳을 클릭하여 선을 만든 다음 Esc를 눌러 명령어를 취소합니다.

명령: L
LINE
첫 번째 점 지정: P24
다음 점 지정 또는 [명령 취소(U)]: P25

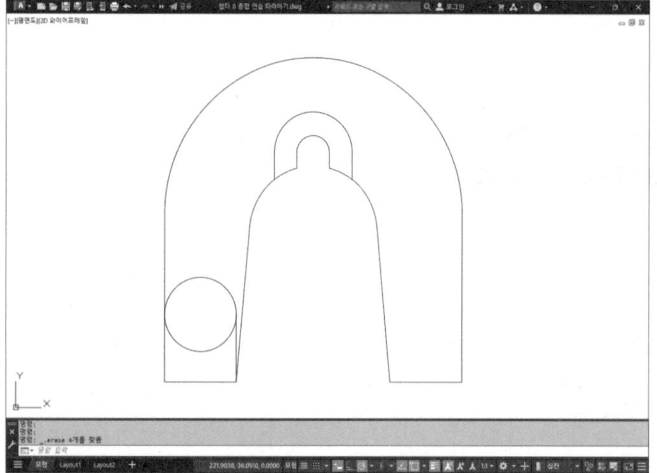

10 | 왼쪽, 오른쪽에 있는 십자 중심선을 모두 선택하고 Delete를 눌러 삭제합니다.

명령: _erase 4개를 찾음

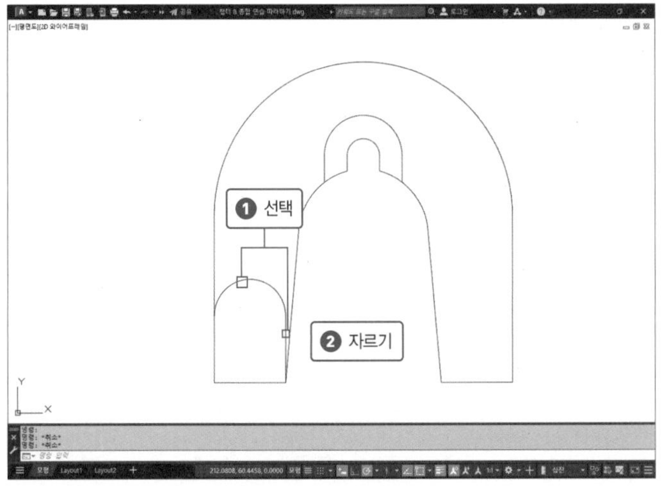

11 | 'TR(TRIM)' 명령어를 입력하고 Enter를 누릅니다. 옵션에서 'T'를 입력하고 절단 모서리가 되는 기준선을 선택한 다음 그림과 같이 반지름 '11'원 아랫부분을 자릅니다. Esc를 눌러 명령어를 취소합니다.

명령: TR
TRIM
현재 설정: 투영=UCS, 모서리=없음, 모드=빠른 작업
자를 객체를 선택하거나 Shift 키를 누른 채로 선택하여 확장 또는
[절단 모서리(T)/걸치기(C)/모드(O)/프로젝트(P)/지우기(R)]: T
자를 객체를 선택하거나 Shift 키를 누른 채로 선택하여 확장 또는
[절단 모서리(T)/걸치기(C)/모드(O)/프로젝트(P)/지우기(R)]:

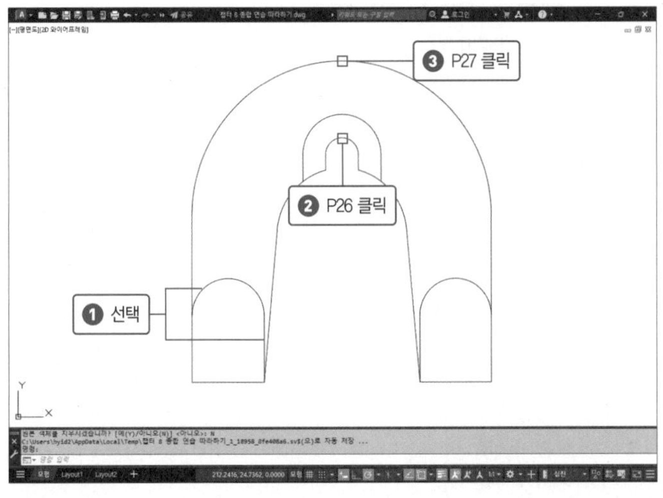

12 | 오른쪽으로 대칭 복사하겠습니다. 'MI(MIRROR)' 명령어를 입력한 후 Enter를 누른 다음 왼쪽 아래의 객체를 선택하고 Enter를 누릅니다. 반지름 '12' 원과 반지름 '46' 원의 위쪽 사분점을 클릭해 대칭 복사 기준점으로 지정하고 옵션에서 'N'을 입력하여 도면을 완성합니다.

명령: MI
MIRROR
객체 선택: 2개를 찾음
객체 선택: Enter
대칭선의 첫 번째 점 지정: P26
대칭선의 두 번째 점 지정: P27
원본 객체를 지우시겠습니까? [예(Y)/아니오(N)] 〈아니오〉: N

객체 변형하기

객체의 크기를 늘리거나 회전하는 등의 변형은 객체의 속성을 그대로 유지하면서 형태만 변경하는 방법입니다. 이번 챕터에서는 객체의 속성을 유지하면서 형태를 변경하는 객체 변형 방법에 대해 알아보겠습니다.

1 크기 조절하기 - Scale

'SC(SCALE)' 명령어는 객체의 형태를 변경하지 않으면서 크기만 조절하는 명령입니다. 축척 비율은 현재 상태 '1'을 기준으로 '1'보다 큰 값을 입력하면 객체가 커지고, '1'보다 작은 값을 입력하면 객체가 작아집니다.

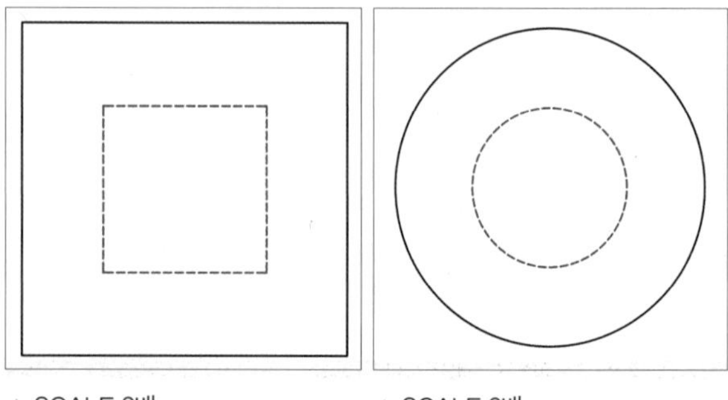

▲ SCALE 2배 ▲ SCALE 2배

1 명령어 실행

- 리본 메뉴 : [홈] 탭 – 축척( )
- 단축 명령어 : SC

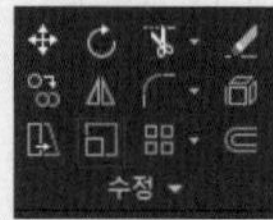

2 명령 입력 과정

명령: SC Enter
SCALE
객체 선택: 1개를 찾음 [객체 선택]
객체 선택: Enter
기준점 지정: [기준점 지정]
축척 비율 지정 또는 [복사(C)/참조(R)]: C [원본 복사]
선택한 객체의 사본을 축척합니다.
축척 비율 지정 또는 [복사(C)/참조(R)]: 2 [축척 비율 입력]

3 옵션

- **기준점** : 기준점을 지정합니다.
- **축척 비율** : 크기를 조정할 축척 비율을 입력합니다.
- **복사(C)** : 선택된 객체를 복사합니다.
- **참조(R)** : 선택한 객체의 길이를 기준으로 새로운 길이를 입력합니다.

TIP Scale을 사용할 때 주의 사항

① Scale은 현재 상태 '1'이라는 기준값을 가지고 있습니다. 만약 특정 객체 혹은 도형을 선택하여 기준값의 2배의 수치인 '2'를 입력하면 선택한 객체 혹은 도형은 2배 크기를 가지는 객체 혹은 도형으로 변형됩니다. 만약 해당 객체 혹은 도형을 원래대로 돌리기 위해서는 다시 객체 혹은 도형을 선택한 다음 기준값 '1'의 절반인 '0.5'를 입력해야 원래의 크기로 돌아갈 수 있습니다.
이처럼 객체와 도형 크기를 변경할 경우, 변경된 형태가 다시 기준값 '1'로 변경되기 때문에 객체 및 도형의 크기를 조절할 때는 상당한 주의가 필요합니다.

② Scale은 3의 배수 혹은 축척으로 크기 값을 조절하는 것을 권장하지 않습니다. 그 이유는 10의 크기를 가진 객체를 0.3배 크기로 축소시키면 3의 크기를 가지지만, 원래의 크기로 돌아가기 위해 '3'의 크기값을 주면 '9'가 되어서 원래의 크기로 돌아갈 수 없기 때문입니다.

2 회전하기 - Rotate

'RO(ROTATE)' 명령어는 선택한 객체를 기준점을 중심으로 원하는 각도만큼 회전시키는 명령으로서 객체의 형태나 크기에는 영향이 없습니다. 객체를 회전시킬 때 시계 반대 방향으로의 회전은 +(플러스) 값을 사용하며, −(마이너스) 값을 사용하면 시계 방향으로 회전합니다. 또한 중심점의 기준을 어느 곳에 지정하는가에 따라 객체의 위치가 달라집니다.

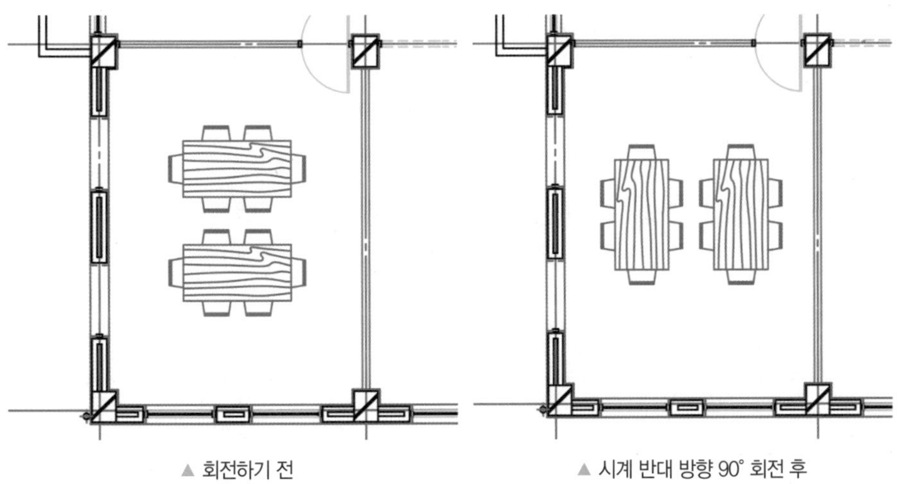

▲ 회전하기 전 ▲ 시계 반대 방향 90° 회전 후

1 명령어 실행

- 리본 메뉴 : [홈] 탭 – 회전( )
- 단축 명령어 : RO

2 명령 입력 과정

명령: RO Enter
ROTATE
현재 UCS에서 양의 각도: 측정 방향=시계 반대 방향 기준 방향=0
객체 선택: 반대 구석 지정: 2개를 찾음 [객체 선택]
객체 선택: Enter
기준점 지정: [회전할 기준점을 지정]
회전 각도 지정 또는 [복사(C)/참조(R)] <0>: [회전할 각도를 지정]

3 옵션

- 기준점 : 기준점을 지정합니다.
- 회전 각도(A) : 회전할 각도를 입력합니다.
- 복사(C) : 선택한 원본 객체를 복사합니다.
- 참조(R) : 선택한 객체의 각도를 기준으로 새로운 각도를 입력합니다.

3 모서리를 둥글게 만드는 모깎기 – Fillet

'F(FILLET)' 명령어는 지정한 반지름만큼 교차하는 2개의 호나 선의 모서리를 둥글게 곡선으로 처리하는 명령입니다. 제품이나 기계 도면 그리고 건축에서는 매우 자주 사용되는 명령어로 능숙하게 익혀야 하는 명령어 중 하나입니다.

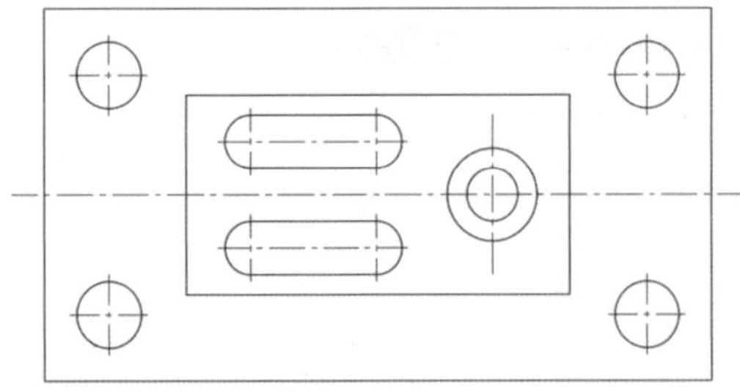

▲ 원본 객체

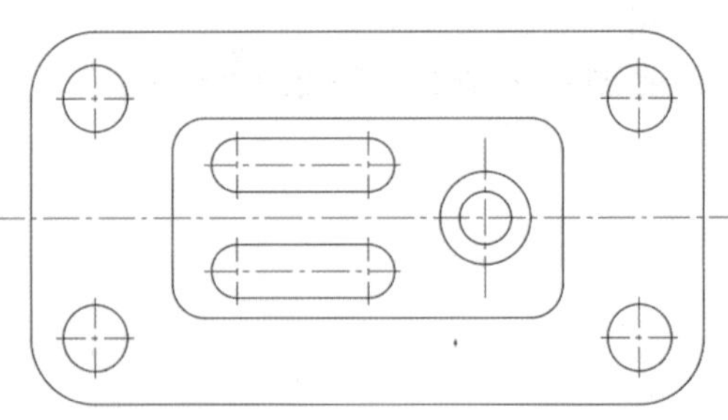

▲ 모깎기를 적용한 객체

1 명령어 실행

- 리본 메뉴 : [홈] 탭 – 모깎기( )
- 단축 명령어 : F

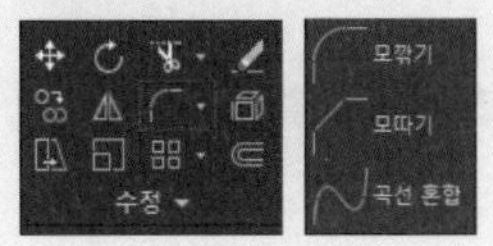

2 명령 입력 과정

명령: F Enter
FILLET
현재 설정: 모드 = 자르기, 반지름 = 0.2000
첫 번째 객체 선택 또는 [명령 취소(U)/폴리선(P)/반지름(R)/자르기(T)/다중(M)]: R [반지름 옵션 선택]
모깎기 반지름 지정 〈0.2000〉: [반지름 값 입력]
첫 번째 객체 선택 또는 [명령 취소(U)/폴리선(P)/반지름(R)/자르기(T)/다중(M)]: [첫 번째 변 선택]
두 번째 객체 선택 또는 Shift 키를 누른 채 선택하여 구석 적용 또는 [반지름(R)]: [두 번째 변 선택]

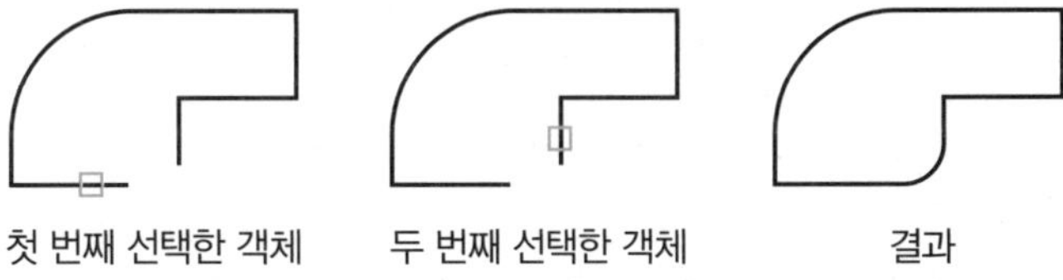
첫 번째 선택한 객체　　두 번째 선택한 객체　　결과

3 옵션

- **명령 취소(U)** : 'FILLET' 명령어를 실행 중에 있을 때 바로 전 단계를 취소하고 이전 상태로 복원합니다. 다른 서브 메뉴인 다중 옵션을 사용할 경우에는 반복 사용이 가능합니다.
- **폴리선(P)** : 폴리선으로 그려진 객체의 모든 모서리에 동일한 모깎기 값을 적용해 한꺼번에 모깎기 할 경우에 사용합니다.

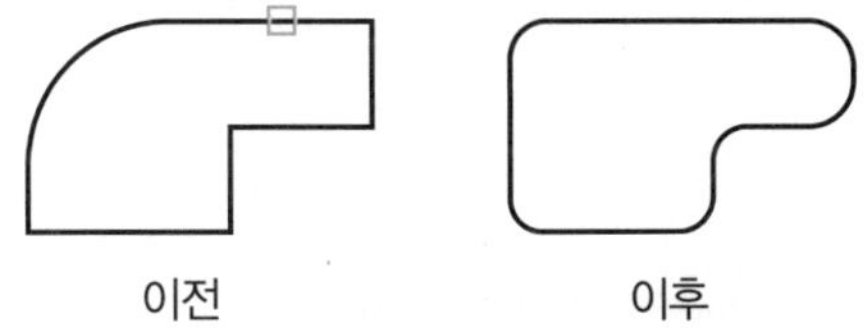
이전　　이후

- **반지름(R)** : 곡선 처리를 위한 반지름을 입력할 때 사용합니다.
- **자르기(T)** : 곡선 처리 후 모서리의 남은 부분을 잘라낼지에 대한 여부를 설정합니다.
- **다중(M)** : 다중 옵션을 선택하면 여러 번 반복해서 모깎기를 실행할 수 있습니다.

TIP 두 선이 만나는 지점을 각지게 마감 처리하는 방법

❶ 'F(FILLET)' 명령어를 입력하고 Enter를 누릅니다. 옵션에서 'R(반지름 값)'을 입력(선택)하고 Enter를 누른 다음 모깎기 반지름 값에 '0'을 입력합니다. 떨어져 있는 2개 선의 면을 각각 선택하면 곡면이 생기지 않고 직선으로 서로 이어져 꼭짓점이 생성됩니다.

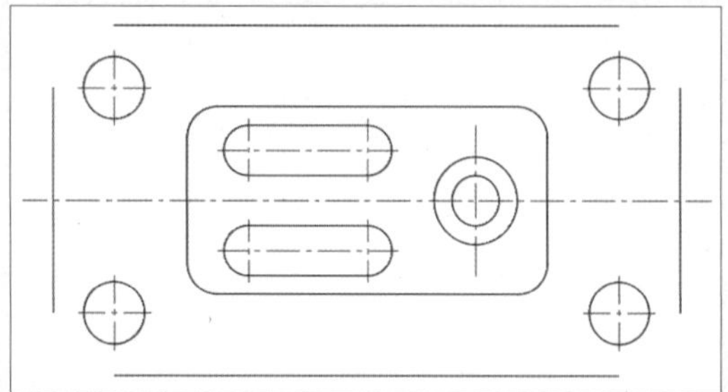
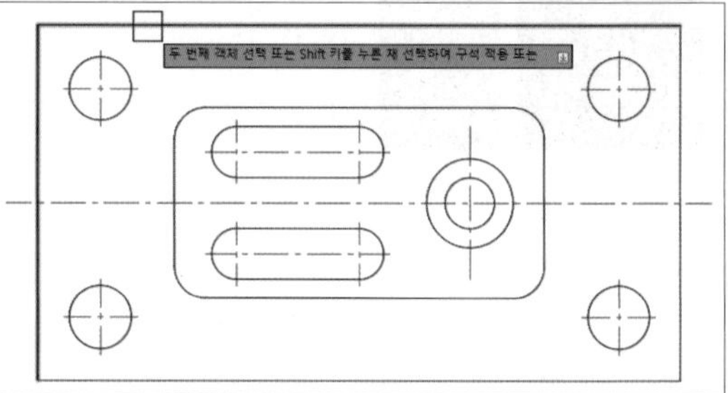

❷ 모깎기 반지름 값인 '0'을 입력했을 때 또 다른 기능은 서로 겹쳐서 교차되어 있는 2개의 선의 면을 각각 선택하면, 이 역시 곡면이 생성되지 않고 겹치고 길게 빠져나온 부분은 모두 잘려서 꼭짓점이 생성됩니다.

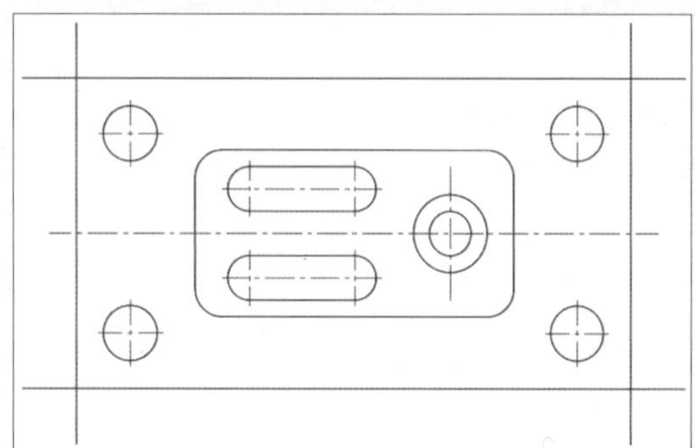
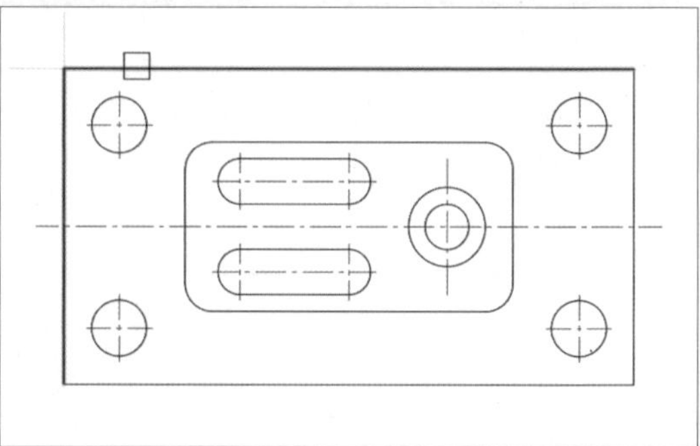

❸ Shift를 누른 채로 각각의 선을 클릭하는 방법은 (명령어 입력 → 옵션 'R' 선택 → 모깎기 반지름 값 '0' 입력)과 같은 기능을 합니다. ❶, ❷번 모두 적용되는 유용한 방법이니 능숙하게 다룰 수 있도록 연습하길 바랍니다.

TIP 알약 형상 만들기

'F(FILLET)' 명령어를 입력하고 Enter를 누릅니다. Shift를 누른 채로 서로 평행한 선을 각각 클릭하면 두 선의 끝부분에 둥글게 반원이 생기면서 연결되어 알약과 같은 형상을 생성할 수 있습니다.

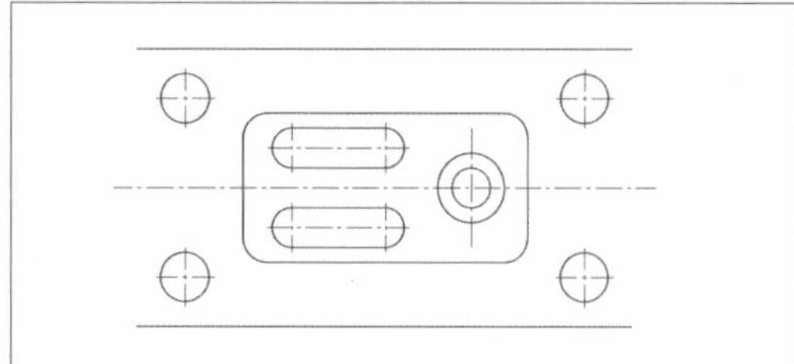
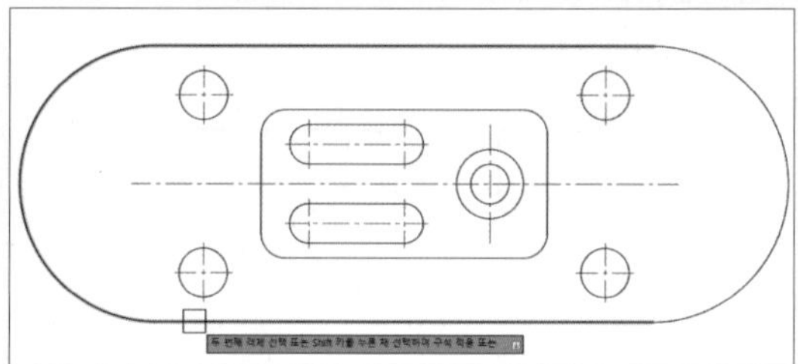

4 | 모서리를 각지게 만드는 모따기 – Chamfer

'CHA(CHAMFER)' 명령어는 2개의 직선이 교차하는 모서리에 거리 값을 지정하여 모서리를 각지게 처리하는 기능입니다. 일반적으로 모서리를 둥글게 처리하는 작업인 '모깎기'는 'FILLET' 명령어를 사용하여 작업하지만, 모서리를 각지게 처리하는 '모따기'는 'CHAMFER' 명령어를 사용하여 작업합니다.

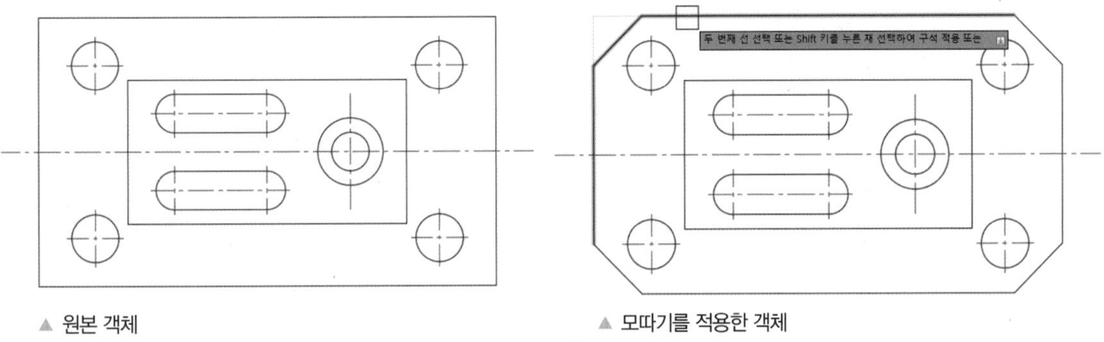

▲ 원본 객체

▲ 모따기를 적용한 객체

1 명령어 실행

- 리본 메뉴 : [홈] 탭 – 모깎기 – 모따기( )
- 단축 명령어 : CHA

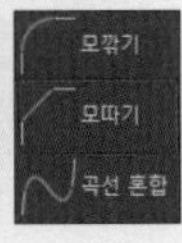

2 명령 입력 과정

명령: CHA Enter
CHAMFER
(자르기 모드) 현재 모따기 거리1 = 0.0000, 거리2 = 0.0000
첫 번째 선 선택 또는 [명령 취소(U)/폴리선(P)/거리(D)/각도(A)/자르기(T)/메서드(E)/다중(M)]: D [모따기 할 옵션 지정]
첫 번째 모따기 거리 지정 ⟨0.0000⟩: [첫 번째 변의 모따기 할 거리 지정]
두 번째 모따기 거리 지정 ⟨10.0000⟩: [두 번째 변의 모따기 할 거리 지정]
첫 번째 선 선택 또는 [명령 취소(U)/폴리선(P)/거리(D)/각도(A)/자르기(T)/메서드(E)/다중(M)]: [첫 번째 변 선택]
두 번째 선 선택 또는 Shift 키를 누른 채 선택하여 구석 적용 또는 [거리(D)/각도(A)/메서드(M)]: [두 번째 변 선택]

3 옵션

- **명령 취소(U)** : 'CHAMFER' 명령어를 실행 중에 있을 때 바로 전 단계를 취소하고 이전 상태로 복원합니다.

● **폴리선(P)** : 폴리선으로 그린 객체의 모든 모서리를 동일한 모따기 값을 적용하여 한꺼번에 모따기 할 경우에 사용합니다.

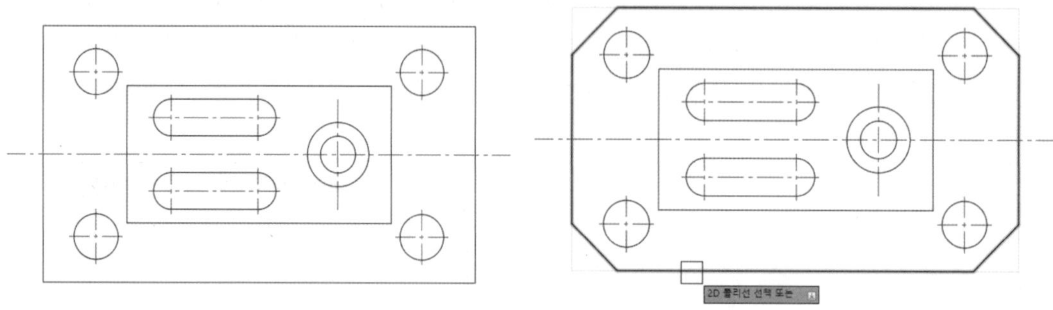

● **거리(D)** : 모따기 할 거리를 입력할 때 사용합니다. 두 변의 모따기 거리를 다르게 입력하는 경우 각 변의 모따기 형태가 다르게 설정됩니다. 선택한 선의 모서리 끝점으로부터 모따기 거리 값을 설정합니다.

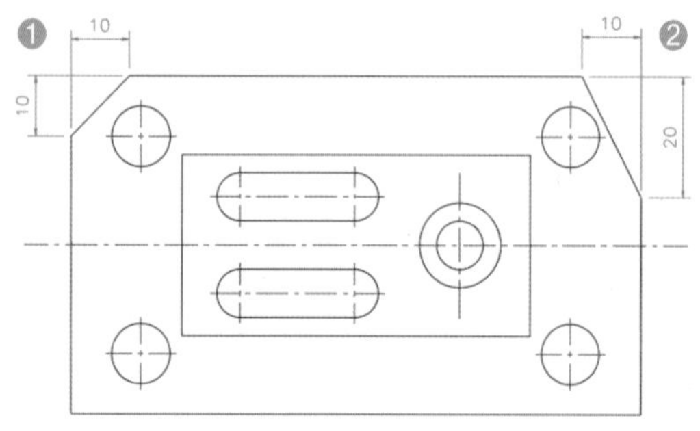

❶ **왼쪽** : 같은 거리 값 입력

❷ **오른쪽** : 다른 거리 값 입력

● **각도(A)** : 첫 번째 객체의 거리와 두 번째 객체의 각도를 이용해 모따기를 적용합니다. 즉, 첫 번째 선택한 선은 거리 값을, 두 번째 선택한 선은 각도를 입력하여 모따기를 적용합니다.

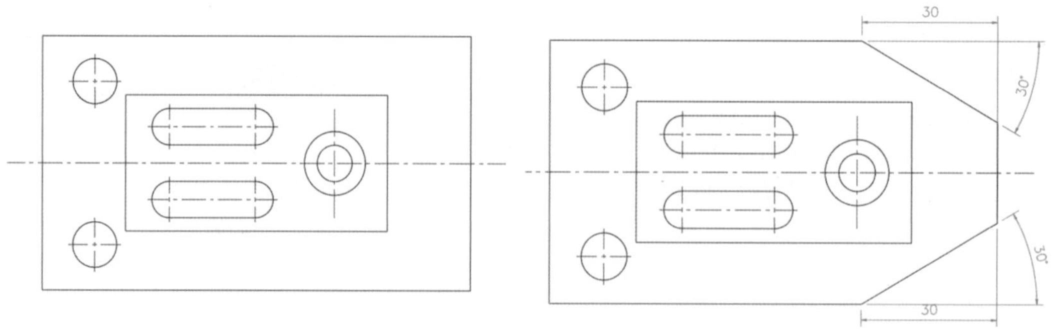

● **자르기(T)** : 모따기를 적용한 후 모서리에 남은 부분을 잘라낼지 여부를 설정합니다.

● **메서드(E)** : 모따기 할 때 두 변의 거리를 이용할지, 한 변의 거리와 각도를 이용할지 설정합니다.

● **다중(M)** : 다중 옵션을 선택하면 여러 번 반복해서 모따기를 실행할 수 있습니다.

5 객체를 경계선까지 연장하기 – Extend

'EX(EXTEND)' 명령어는 도면에 여러 선들을 지정한 경계선까지 연장하는 명령어입니다. 선택한 객체의 각도와 방향을 유지한 채 연장하므로 객체의 형태를 그대로 유지할 수 있고 인근 경계선까지 정확하게 연결합니다. 객체가 서로 교차되어 있을 경우, 불필요한 부분을 잘라서 제거할 수 있는 기능도 있습니다.

❶ 잘려진 호의 양쪽 끝부분을 'EXTEND' 명령어를 이용하여 연장합니다.

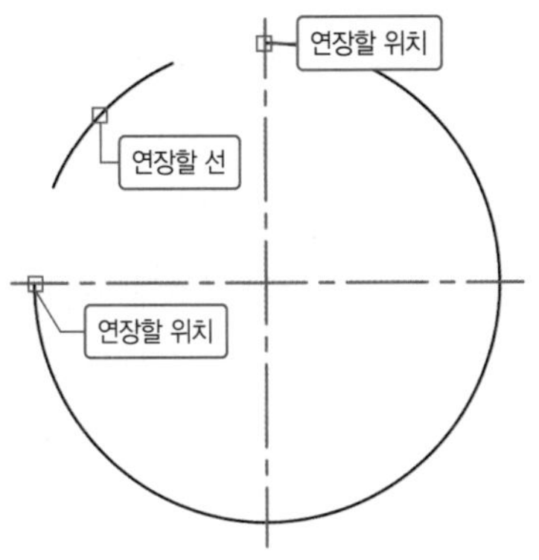

❷ 'EXTEND' 명령어를 이용해 연장한 모습과 색을 변경한 모습입니다.

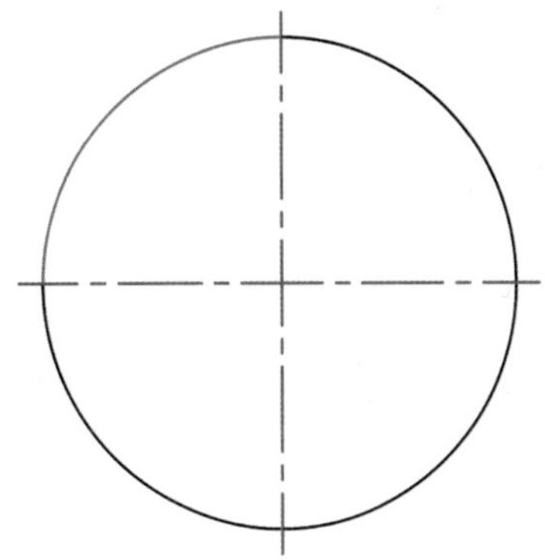

1 명령어 실행

- 리본 메뉴 : [홈] 탭 – 자르기 – 연장()
- 단축 명령어 : EX

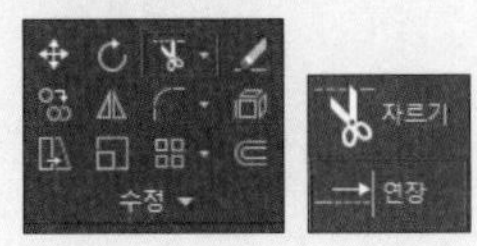

2 명령 입력 과정

명령: EX Enter
EXTEND
현재 설정: 투영=UCS, 모서리=없음, 모드=빠른 작업
연장할 객체 선택 또는 Shift 키를 누른 채 선택하여 자르기 또는
[경계 모서리(B)/걸치기(C)/모드(O)/프로젝트(P)]:
연장할 객체 선택 또는 Shift 키를 누른 채 선택하여 자르기 또는 [연장할 객체 끝부분 선택]

3 옵션

- **경계 모서리(B)** : 기존과 같이 기준선을 지정 선택한 다음 선을 자르는 방식입니다.
- **걸치기(C)** : 사각형 형태의 테두리에 걸치는 모든 객체를 잘라내려고 선택하는 기능으로서 일정 범위를 드래그하여 선을 자를 때 사용합니다.
- **모드(O)** : 빠른 작업(Q)과 표준(S)을 설정합니다. 빠른 작업은 AutoCAD 2021에서 추가된 방식을 의미하며, 표준은 기존의 방식을 의미합니다.
- **프로젝트(P)** : 3차원 설계에서 방향성을 지정합니다.
- **울타리(F)** : 여러 개의 선을 한꺼번에 연장할 때 사용하는 기능으로서 울타리 치듯이 선을 그려 잘라내려는 객체를 선택합니다.
- **모서리(E)** : 가상으로 연장하여 서로 자를 수 있도록 연장 여부를 결정합니다([연장(E)/연장 안함(N)]). 즉, 경계선과 교차되지 않는 객체의 일부분을 연장할지 말지에 대한 옵션입니다.
- **명령 취소(U)** : 바로 이전 단계에 연장한 객체들을 순서대로 취소합니다. 연속해서 사용할 수 있습니다.

TIP 연장 명령어에서 자르기 명령어로 변경하는 방법

'EX(EXTEND)' 명령어를 입력하고 Enter를 누릅니다. 현재는 여러 선을 연장하는 'EXTEND' 명령어지만, Shift를 누른 채로 교차되는 선들을 클릭하면 'TRIM' 명령어가 적용되어 교차되는 선들을 자를 수 있게 됩니다. 도면 작업 시에 속도를 높여주는 유용한 방법이니 능숙하게 다룰 수 있도록 연습하길 바랍니다.

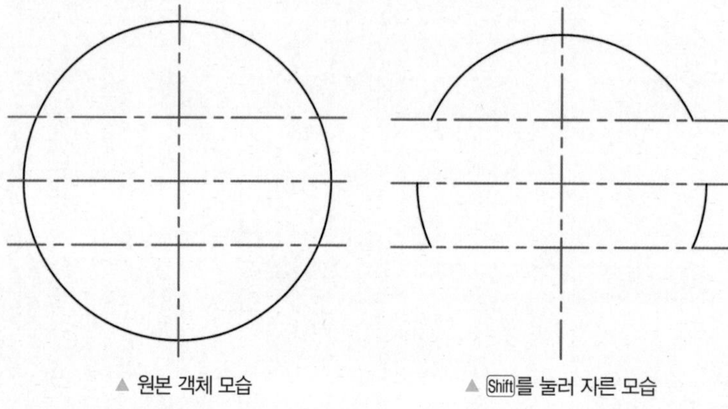

▲ 원본 객체 모습　　▲ Shift를 눌러 자른 모습

6 객체 모서리를 늘이거나 줄이기 - Stretch

'S(STRETCH)' 명령어는 객체의 일부 정점 또는 일부분을 다른 위치로 강제로 늘이거나, 줄이고 이동시키는 명령어로, 도면 일부분의 크기를 변경하려고 할 때 기존 객체를 사용하여 바로 늘이거나 줄여서 작업 속도를 높여주는 기능입니다.

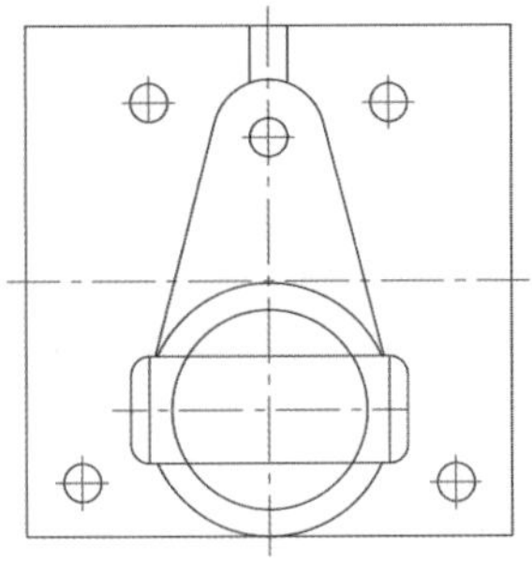

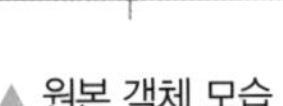

▲ 원본 객체 모습

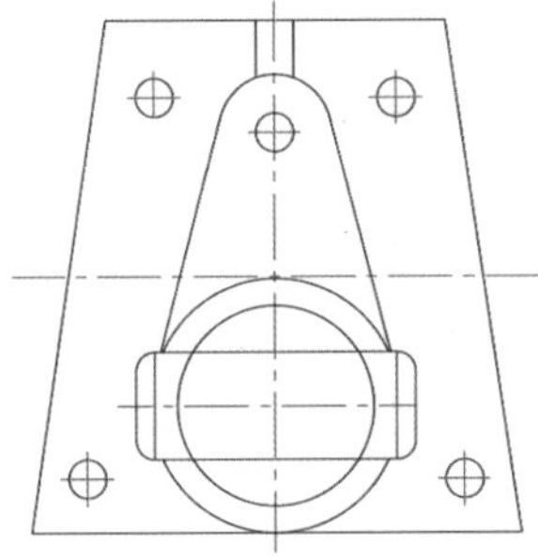

▲ 윗부분 양쪽을 줄인 모습

1 명령어 실행

- 리본 메뉴 : [홈] 탭 – 신축( )
- 단축 명령어 : S

2 명령 입력 과정

명령: S Enter
STRETCH
걸침 윈도우 또는 걸침 폴리곤만큼 신축할 객체 선택
객체 선택: 반대 구석 지정: 2개를 찾음 [객체의 모서리 선택]
객체 선택: Enter
기준점 지정 또는 [변위(D)] 〈변위〉: [기준점 지정]
두 번째 점 지정 또는 〈첫 번째 점을 변위로 사용〉: 20 [이동 지점 지정]

3 옵션

- **기준점** : 신축할 기준점을 지정합니다.
- **두 번째 점** : 이동할 지점을 지정합니다.
- **변위(D)** : 이동할 거리를 직접 입력합니다.

TIP 'STRETCH' 명령어에서 객체 선택하는 방법

❶ 'S(STRETCH)' 명령어에서 객체를 선택할 때는 항상 오른쪽에서 왼쪽으로, 걸치도록 선택해야 합니다. 그렇지 않으면 선택된 객체가 신축되는 것이 아니라 이동을 하게 됩니다. 즉, 걸침 윈도우에 의해 부분적으로 둘러싸인 객체는 신축되며, 완전히 둘러싸이거나 개별적으로 선택된 객체는 이동됩니다.

❷ 원, 타원, 블록 등 일부 유형의 객체는 신축되지 않습니다.

7 객체를 분해하여 속성 해제하기 - Explode

'X(EXPLODE)' 명령어는 폴리선이나 블록처럼 그룹화된 객체를 독립 객체로 분리하는 명령입니다. 'EXPLODE' 명령어를 사용하면 본래 객체가 가지고 있던 속성이 각각의 독립 객체 속성으로 변경되며 치수선과 같은 일부 객체는 형태도 변경됩니다.

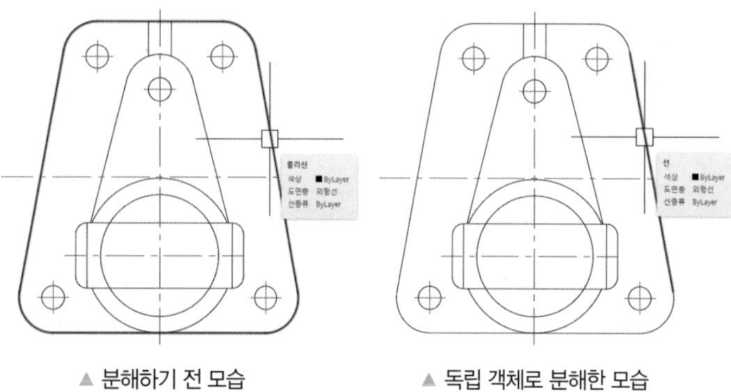

▲ 분해하기 전 모습　　▲ 독립 객체로 분해한 모습

1 명령어 실행

- 리본 메뉴 : [홈] 탭 – 분해( )
- 단축 명령어 : X

2 명령 입력 과정

명령: X Enter
EXPLODE
객체 선택: 1개를 찾음 [분해할 객체 선택]
객체 선택: Enter

8 | 폴리선 변경하기 - Pedit

'PE(PEDIT)' 명령어는 'PLINE' 명령으로 만든 폴리선을 편집하는 명령입니다. 폴리선으로 만든 객체는 일부분의 선 두께나 정점의 위치, 삭제 등의 작업을 할 수 있습니다. 또한, 폴리선이 아닌 일반 직선을 폴리선 속성으로 변경할 수 있으며, 끊어진 폴리선을 하나의 폴리선으로 만들 수 있습니다. 다음 그림은 폴리선의 폭(W)을 편집한 도면입니다.

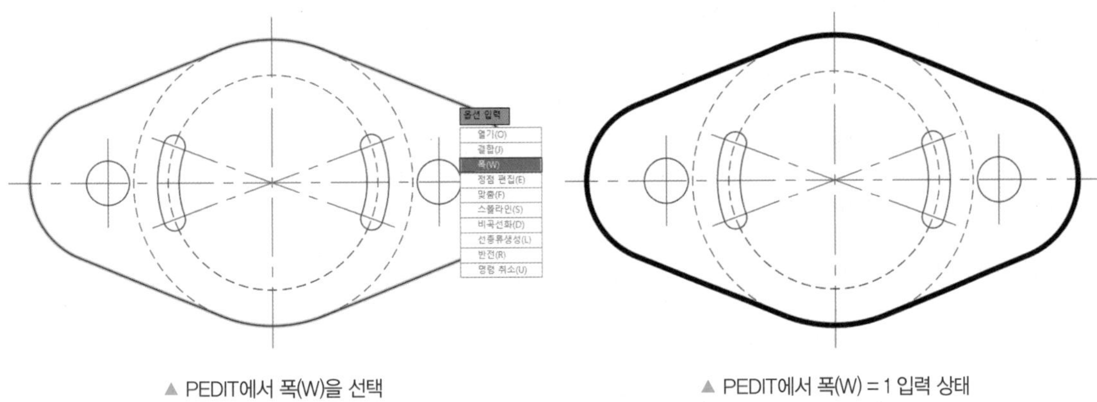

▲ PEDIT에서 폭(W)을 선택

▲ PEDIT에서 폭(W) = 1 입력 상태

1 명령어 실행

- 리본 메뉴 : [홈] 탭 – 수정 패널 – 폴리선 편집( )
- 단축 명령어 : PE

2 명령 입력 과정

명령: PE Enter
PEDIT
폴리선 선택 또는 [다중(M)]: [편집하고자 하는 폴리선 선택]
옵션 입력 [열기(O)/결합(J)/폭(W)/정점 편집(E)/맞춤(F)/스플라인(S)/비곡선화(D)/선종류생성(L)/반전(R)/명령 취소(U)]:
W [원하는 옵션 선택]
전체 세그먼트에 대한 새 폭 지정: 1 [두께 입력]

3 옵션

- **닫기(C)** : 폴리선의 시작점과 마지막 끝점을 이어 닫힌 객체를 만듭니다.

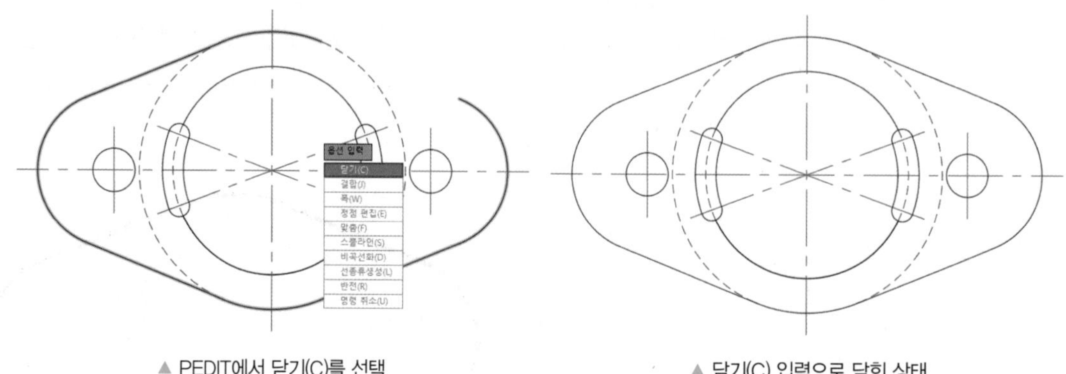

▲ PEDIT에서 닫기(C)를 선택　　▲ 닫기(C) 입력으로 닫힌 상태

- **열기(O)** : 시작 정점과 마지막 정점을 잇는 폴리선을 제거하여 열린 객체로 만듭니다.

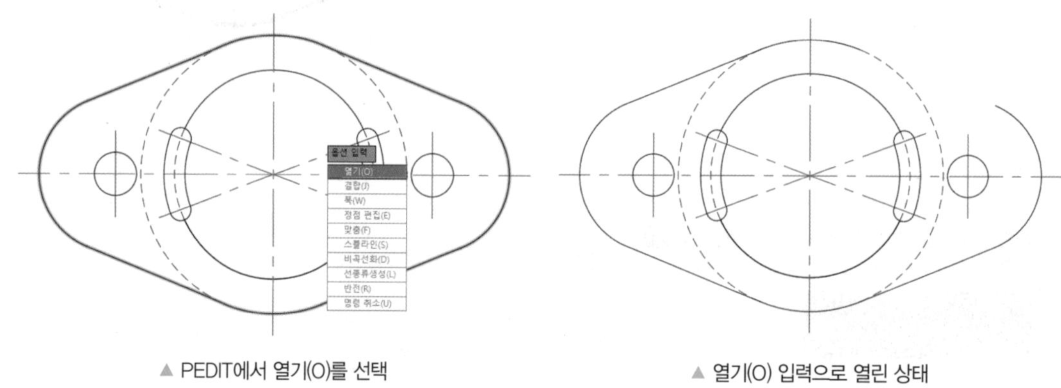

▲ PEDIT에서 열기(O)를 선택　　▲ 열기(O) 입력으로 열린 상태

- **결합(J)** : 선택한 폴리선들을 하나의 폴리선으로 연결합니다. 단, 연결하려는 폴리선의 정점들이 서로 같은 위치에 있어야 하나의 폴리선으로 연결할 수 있습니다.
- **폭(W)** : 선택한 폴리선의 폭을 지정합니다. 폴리선은 각 정점의 선의 폭을 설정할 수 있습니다.
- **정점 편집(E)** : 선택한 폴리선의 정점을 이용해 끊기(B), 삽입(I), 이동(M), 재생성(R), 직선화(S), 접선(T), 폭(W) 등의 정점 편집 옵션이 있습니다.
  - **직선화(S)** : 선택한 폴리선에 속한 두 정점 사이의 세그먼트를 직선으로 만듭니다.

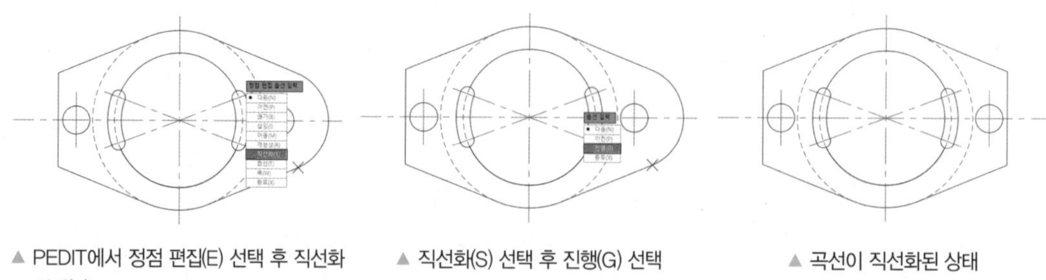

▲ PEDIT에서 정점 편집(E) 선택 후 직선화 선택(S)　　▲ 직선화(S) 선택 후 진행(G) 선택　　▲ 곡선이 직선화된 상태

- **맞춤(F)** : 선택한 폴리선을 최적의 곡선으로 만듭니다.
- **스플라인(S)** : 선택한 폴리선의 직선들을 곡선으로 만듭니다. 이때 만들어지는 곡선은 일정한 반지름이 있는 곡선이 아니라 각 정점과 다음 정점을 가장 자연스럽게 표현할 수 있는 곡선으로 만들어지기 때문에 스플라인으로 형성됩니다.

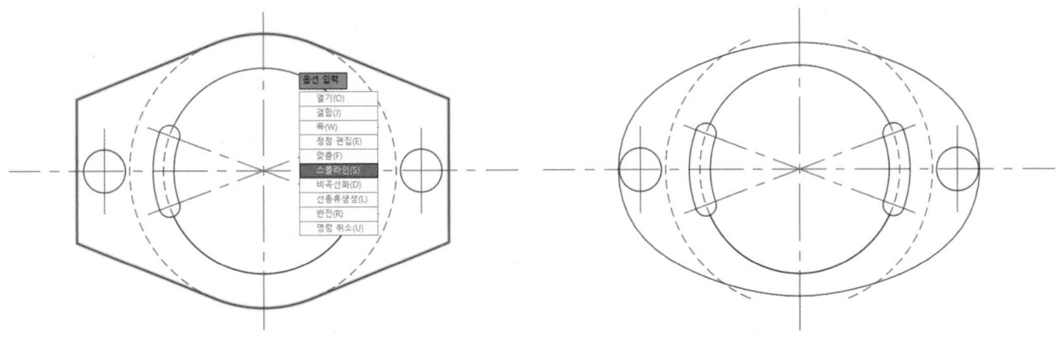

▲ PEDIT에서 스플라인(S)을 선택 ▲ 스플라인(S) 선택 후 직선이 곡선으로 형성된 모습

- **비곡선화(D)** : '스플라인' 옵션에 의해 생성된 곡선을 다시 직선으로 만듭니다. 'A' 옵션에 의해 만들어진 곡선도 직선으로 변경됩니다.
- **선종류 생성(L)** : 선택한 폴리선의 정의된 선 종류를 생성합니다. 이 옵션을 활성화하면 각 정점에 패턴의 변경되는 지점이 적용됩니다.
- **반전(R)** : 정점의 순서를 반대로 만듭니다. 즉, 정점이 입력된 순서를 반대로 설정하여 마지막에 입력한 정점을 가장 처음에 입력한 정점으로 변환합니다.
- **명령 취소(U)** : 직전에 수행한 단계를 취소하고 돌아갑니다.

9 객체 속성 변경하기 - Properties

'PR(PROPERTIES)' 명령어는 선택한 선의 종류(폴리선, 선)에 따라 일반, 3D 시각화, 형상, 기타로 나뉘며 일반은 색상, 도면층, 선 종류, 선 종류 축척, 선 가중치, 투명도, 두께 등의 선에 대한 속성을 변경할 수 있습니다.

1 명령어 실행

- 신속 접근 도구막대 : [icon]
- 명령어 입력 : PR(또는 Ctrl+F1)

2 명령 입력 과정

명령: PR Enter
PROPERTIES

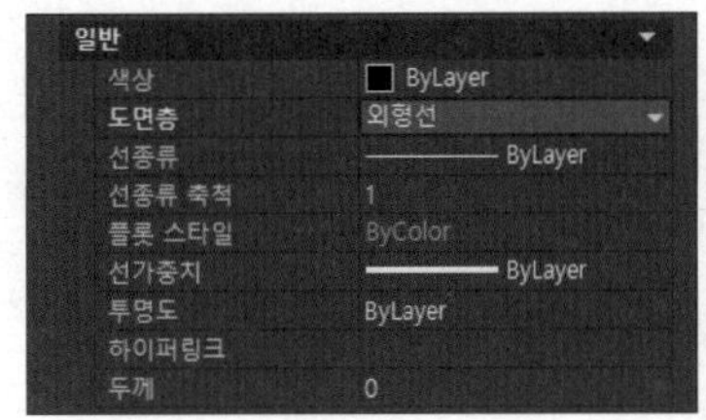

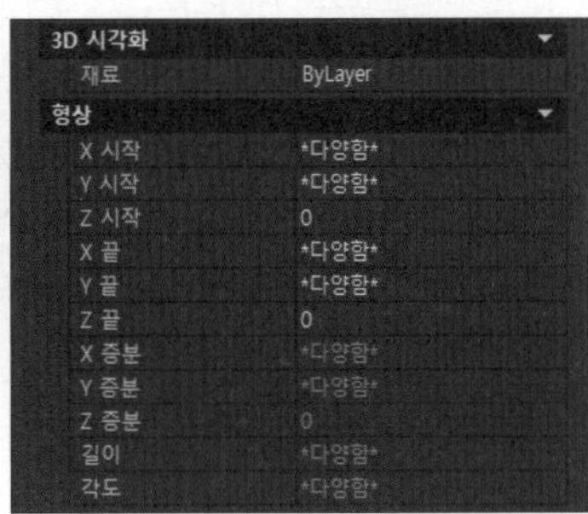

10 ┊ 선의 길이를 늘이기 - Lengthen

도면 작업을 하다 보면 선의 길이를 조절하거나 변경해야 하는 경우가 반드시 발생합니다. 선의 길이를 줄이거나 늘리는 기능을 가진 명령어는 여러 개 있습니다만, 이때 가장 적절하게 사용할 수 있는 명령어는 'LEN(LENGTHEN)' 명령어입니다. 선의 길이뿐만 아니라 호의 길이와 각도도 변경할 수 있으며 제품, 기계, 도면에서는 중심선을 늘리는 데 유용하게 사용됩니다.

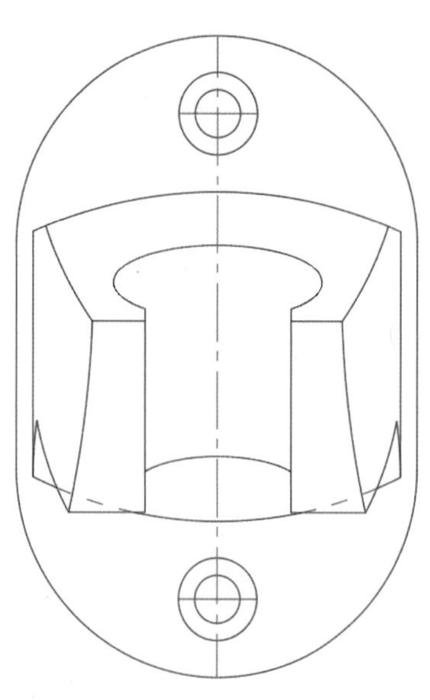

▲ LENGTHEN에서 증분(DE)을 선택하고 증분 길이 : '10' 입력

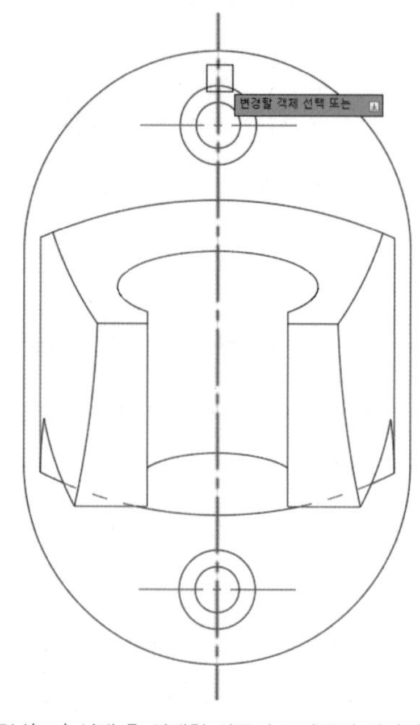

▲ 증분(DE) 선택 후 선택한 선들이 10만큼씩 연장된 형상

1 명령어 실행

- 리본 메뉴 : [홈] 탭 - 수정 패널 - 길이 조정( )
- 단축 명령어 : LEN

2 명령 입력 과정

명령: LEN Enter
LENGTHEN
측정할 객체 또는 [증분(DE)/퍼센트(P)/합계(T)/동적(DY)] 선택 〈증분(DE)〉: DE [증분 입력]
증분 길이 또는 [각도(A)] 입력 〈10.0000〉: 10 [연장하고자 하는 길이 값 입력]
변경할 객체 선택 또는 [명령 취소(U)]: [연장하려는 선의 끝점을 선택]

❸ 옵션

● 옵션 퍼센트 : P

전체 선의 길이를 실제 거리값이 아니라 %인 백분율로 계산해서 그 수치만큼 줄이거나 연장할 때 사용하는 옵션입니다. 처음 설정되어 있는 초기 설정 값은 100%가 기준입니다.

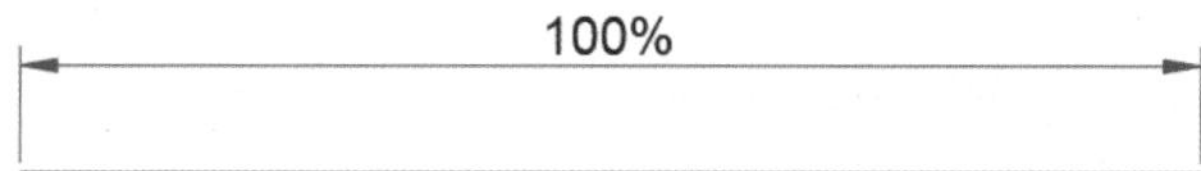

다음 그림처럼 선의 전체 길이는 '80'이지만, 이때 선의 전체 길이는 전혀 무관하다고 생각하고, 오직 '80'이라는 선의 길이가 백분율로 환산했을 때 100%라는 것만 생각하면 됩니다.

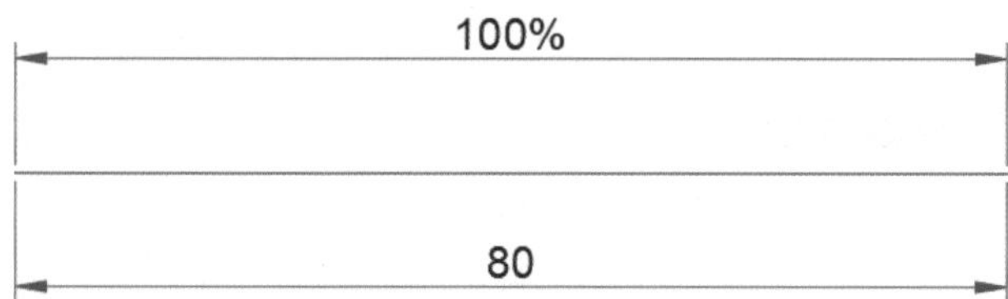

즉, 현재 길이 80의 수치 상태는 100%를 기준으로 설정되어 있는 것이며, 현재 상태에서 '퍼센트(P)'를 선택하고 '150%' 수치를 사용한다면 현재 길이가 80에서 40만큼 길이가 더 늘어난 120이 되는 것입니다.

명령: LEN Enter
LENGTHEN
측정할 객체 또는 [증분(DE)/퍼센트(P)/합계(T)/동적(DY)] 선택 〈퍼센트(P)〉: P [퍼센트 입력]
퍼센트 길이 입력 〈100.0000〉: 150 [80 길이의 50퍼센트가 더 늘어난 120 길이]
변경할 객체 선택 또는 [명령 취소(U)]: [연장하려는 선의 끝부분을 선택]

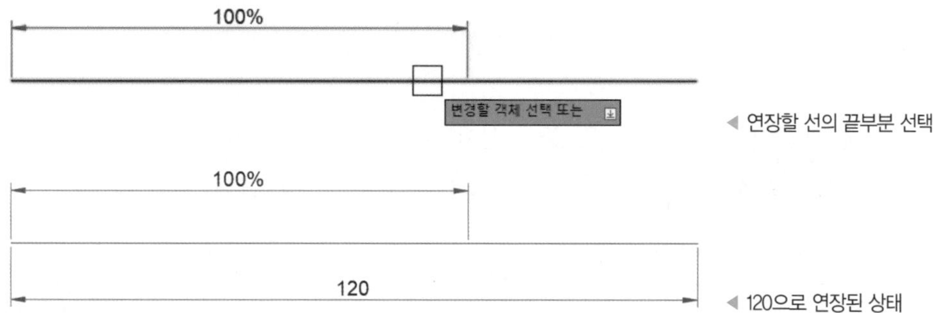

◀ 연장할 선의 끝부분 선택
◀ 120으로 연장된 상태

- 옵션의 퍼센트(P)를 70%로 입력할 경우

  전체 길이가 80(100%)에서 퍼센트 값을 70%로 줄여서 입력하면 길이 값이 100%에서 30% 줄어든 56으로 축소되는 것을 볼 수 있습니다.

> *명령: LEN* Enter
> *LENGTHEN*
> *측정할 객체 또는 [증분(DE)/퍼센트(P)/합계(T)/동적(DY)] 선택 〈퍼센트(P)〉: P [퍼센트 입력]*
> *퍼센트 길이 입력 〈100.0000〉: 50 [50 길이에서 50퍼센트가 줄어든 25 길이]*
> *변경할 객체 선택 또는 [명령 취소(U)]: [연장하려는 선의 끝부분을 선택]*

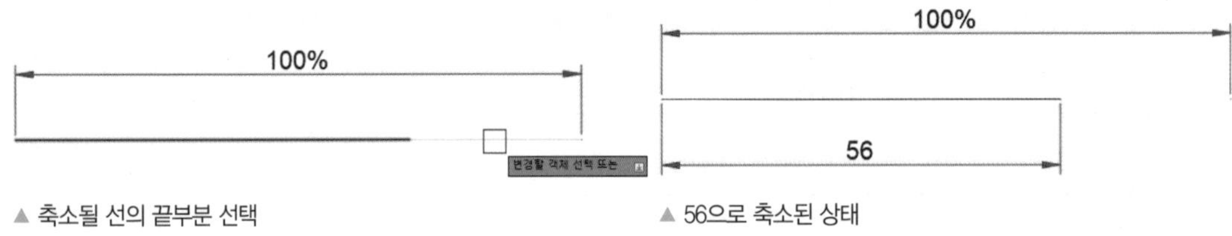

▲ 축소될 선의 끝부분 선택 ▲ 56으로 축소된 상태

4 명령어 실행(옵션 합계 : T)

'LENGTHEN' 명령어의 옵션에서 'DE'나 'P'는 길이 자체를 조절하거나, %의 백분율을 사용하여 길이를 조절하는 옵션이지만, '합계(T)'는 목표로 하는 특정 길이가 있으면 편리하게 사용할 수 있습니다.

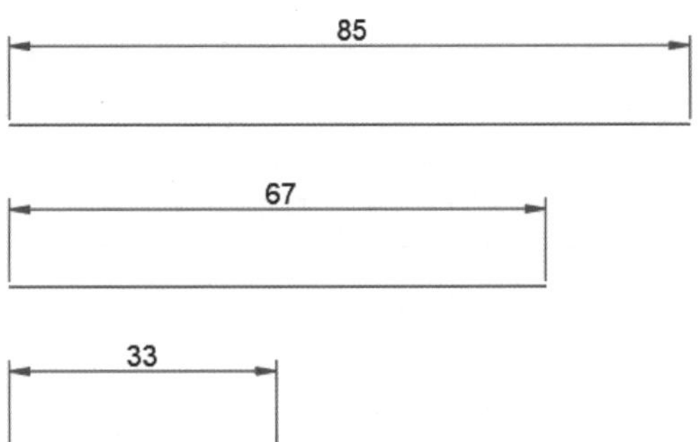

예를 들어, 위 그림과 같이 길이가 85, 67, 33인 선이 있을 경우, 이 선들의 길이를 모두 120이라는 동일한 수치로 늘리고자 할 때 사용하면 편리합니다. 물론 동일한 수치로 줄일 수도 있습니다.

> *명령: LEN* Enter
> *LENGTHEN*
> *측정할 객체 또는 [증분(DE)/퍼센트(P)/합계(T)/동적(DY)] 선택 〈합계(T)〉: T [합계 입력]*
> *전체 길이 또는 [각도(A)] 지정 〈30.0000〉: 120 [85 길이에서 35 길이가 늘어난 120길이]*
> *변경할 객체 선택 또는 [명령 취소(U)]: [연장하려는 선의 끝부분을 선택]*

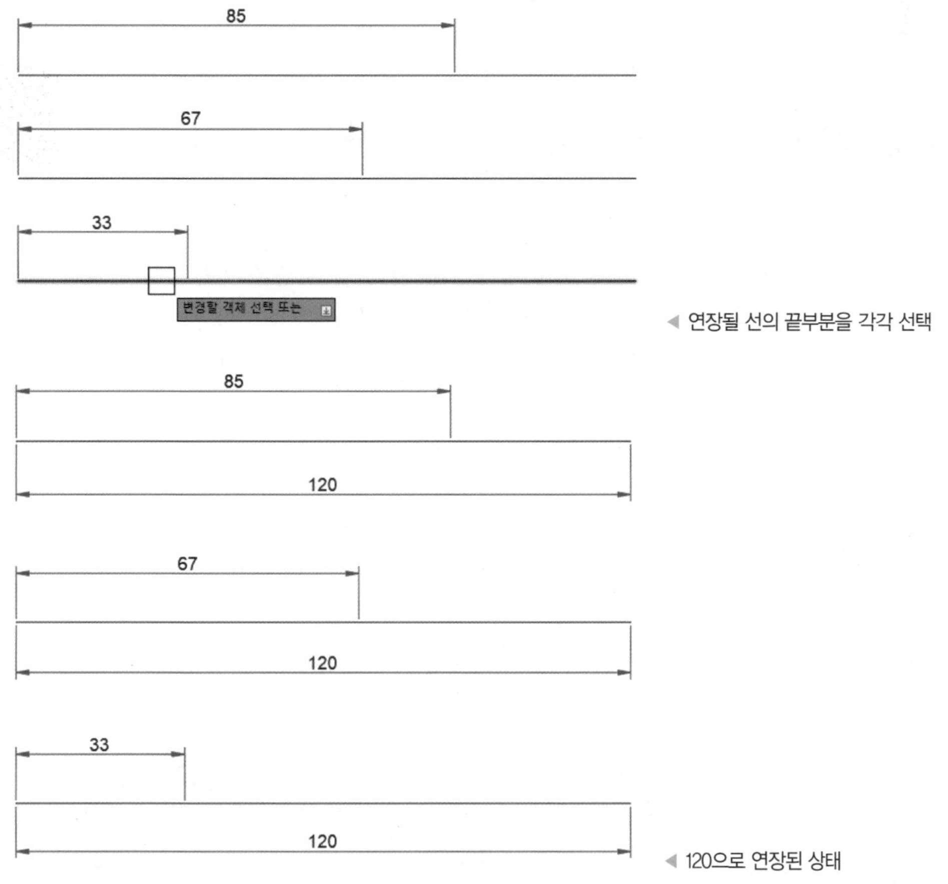

◀ 연장될 선의 끝부분을 각각 선택

◀ 120으로 연장된 상태

5 명령어 실행(옵션 퍼센트 : DY)

선택한 객체를 동적으로 늘리거나 줄일 수 있으므로 실시간으로 객체의 변화를 보여 줍니다. 선을 자유롭게 실시간으로 늘리고 줄이고 싶을 때 사용하면 매우 효과적입니다. 물론 특정 길이 값을 입력하여 늘리거나 줄일 수도 있습니다.

```
명령: LEN
LENGTHEN
측정할 객체 또는 [증분(DE)/퍼센트(P)/합계(T)/동적(DY)] 선택 <동적(DY)>: DY [동적 입력]
변경할 객체 선택 또는 [명령 취소(U)]: [연장하려는 선의 끝부분을 선택]
새 끝점을 지정:
```

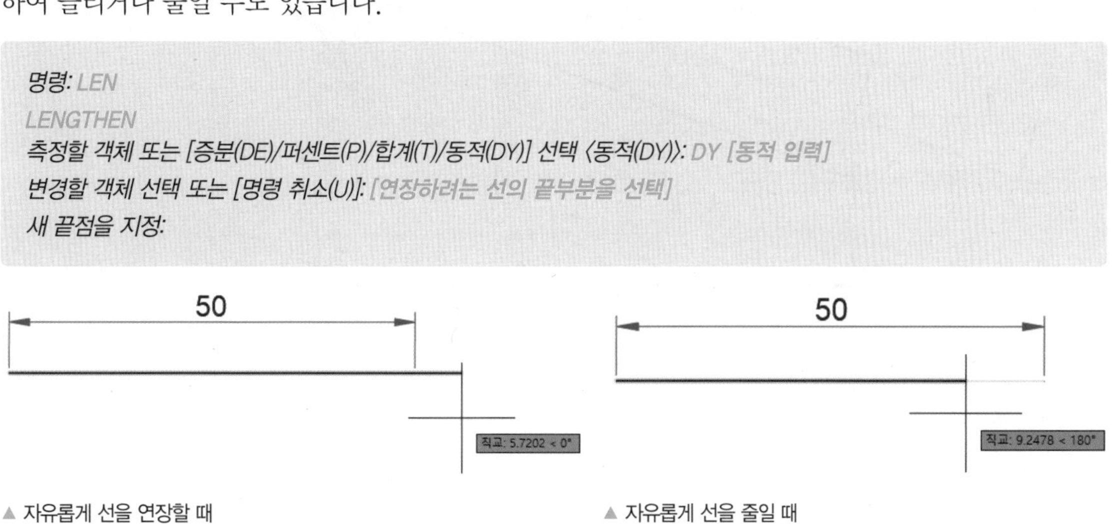

▲ 자유롭게 선을 연장할 때

▲ 자유롭게 선을 줄일 때

다양한 편집 명령어로 공구 도면 그리기

동영상 강의

다음의 예시를 그리기 위해서는 그리기 명령과 함께 다양한 편집 명령을 이용해야 합니다. 이번 챕터에서는 도형을 그리면서 눈으로만 익혔던 그리기 명령과 편집 명령을 실전에 사용해 봅니다.

예제 도면 ○ 완성 파일 : Part02\공구 도면_완성.dwg

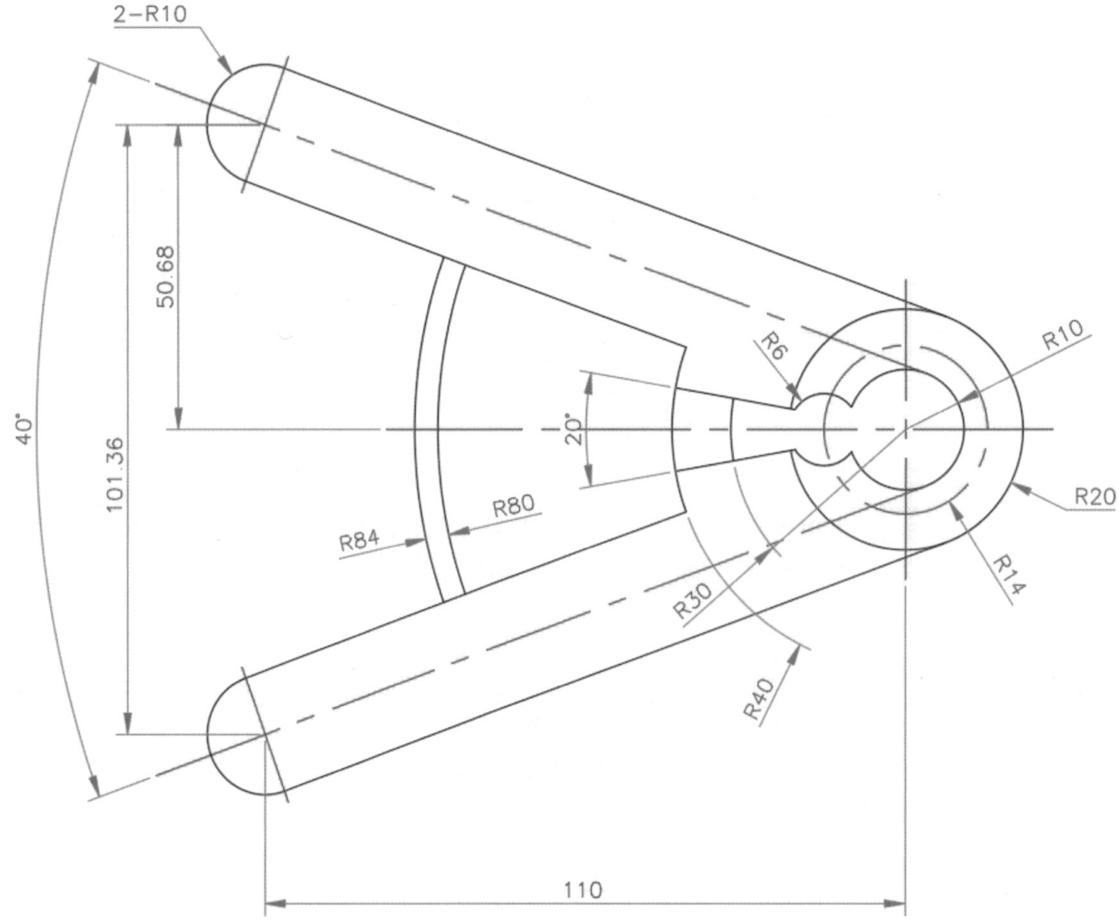

2-R10
50.68
40°
101.36
R6
R10
20°
R20
R80
R84
R14
R30
R40
110

기본 형태 그리기

01 | 형태를 그리기 전에 앞서 'OS(SE)' 명령어를 입력하고 Enter를 눌러 [제도 설정] 대화상자가 표시되면 〔객체 스냅〕 탭에서 '끝점(E)', '중간점(M)', '중심(C)', '사분점(Q)', '교차점(I)', '직교(P)', '접점(N)' 등을 선택적으로 체크 표시하여 작업합니다.

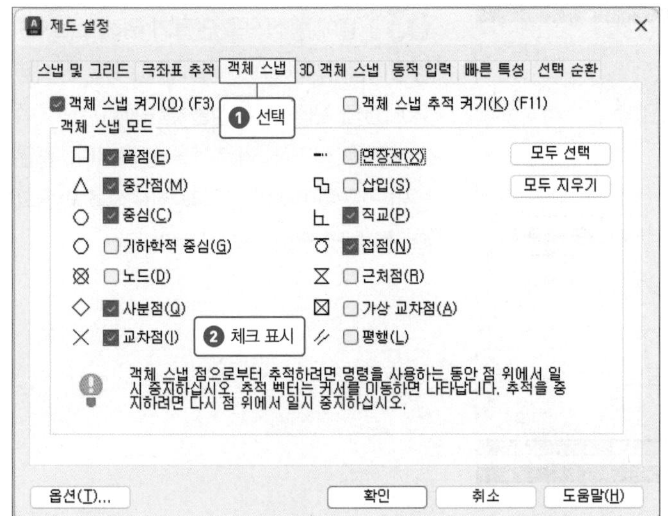

02 | 하나의 중심점에 'R10', 'R14', 'R20' 원을 만들겠습니다. 'C(CIRCLE)' 명령어를 입력하고 Enter를 누릅니다. 적당한 위치를 클릭하여 원의 중심점을 지정하고 옵션에서 '10'을 입력한 다음 Enter를 누릅니다. 다시 Enter를 눌러 전 명령어를 실행하고 같은 방법으로 반지름 '14', '20' 원을 만듭니다.

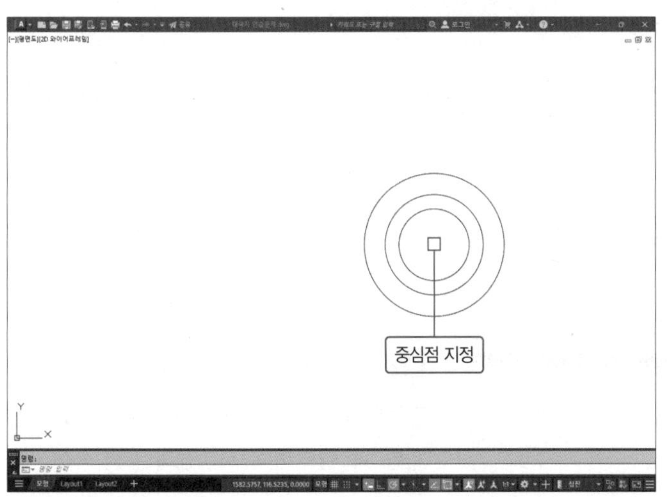

명령: C
CIRCLE
원에 대한 중심점 지정 또는 [3점(3P)/2점(2P)/Ttr – 접선 접선 반지름(T)]: (중심점 지정)
원의 반지름 지정 또는 [지름(D)] ⟨10.0000⟩: 10

명령:
CIRCLE
원에 대한 중심점 지정 또는 [3점(3P)/2점(2P)/Ttr – 접선 접선 반지름(T)]: (중심점 지정)
원의 반지름 지정 또는 [지름(D)] ⟨10.0000⟩: 14

명령:
CIRCLE
원에 대한 중심점 지정 또는 [3점(3P)/2점(2P)/Ttr – 접선 접선 반지름(T)]: (중심점 지정)
원의 반지름 지정 또는 [지름(D)] ⟨14.0000⟩: 20

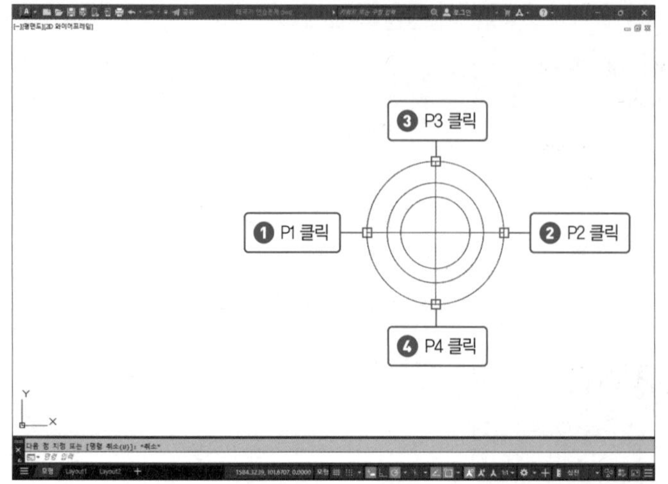

03 | 원에 중심선을 만들기 위해 'L(LINE)' 명령어를 입력하고 Enter를 누릅니다. 반지름 '20' 원의 왼쪽 사분점을 클릭하고 오른쪽 사분점을 클릭해 가로선을 만듭니다. 같은 방법으로 위아래를 클릭해 세로선을 만들고 Esc를 눌러 명령어를 취소합니다.

```
명령: L
LINE
첫 번째 점 지정: P1
다음 점 지정 또는 [명령 취소(U)]: P2
다음 점 지정 또는 [명령 취소(U)]: *취소*

명령:
LINE
첫 번째 점 지정: P3
다음 점 지정 또는 [명령 취소(U)]: P4
```

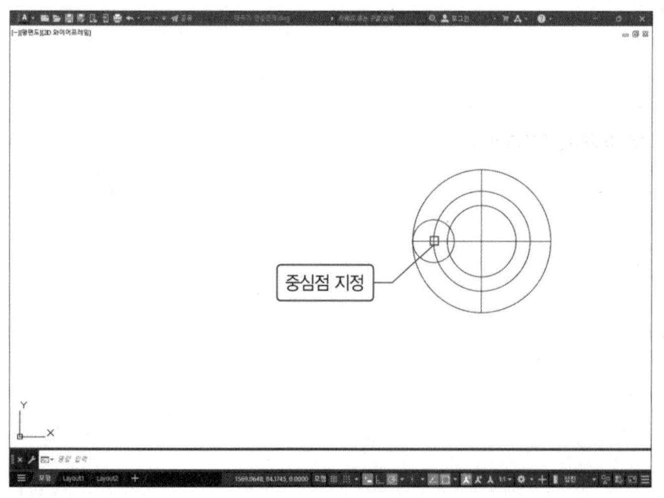

04 | 'R6' 원을 만들겠습니다. 'C(CIRCLE)' 명령어를 입력한 다음 Enter를 누릅니다. 반지름 '14' 원의 왼쪽 사분점과 수평 중심선이 교차하는 위치를 클릭하여 중심점을 지정하고 옵션에서 반지름 값 '6'을 입력한 다음 Enter를 누릅니다.

```
명령: C
CIRCLE
원에 대한 중심점 지정 또는 [3점(3P)/2점(2P)/Ttr – 접선 접선 반지름(T)]: (중심점 지정)
원의 반지름 지정 또는 [지름(D)] <20.0000>: 6
```

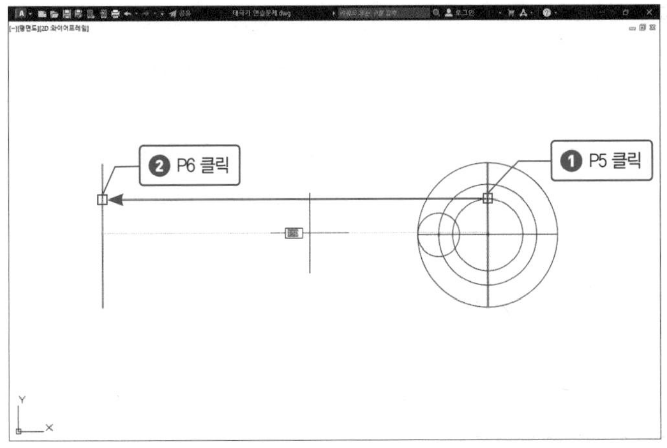

05 | 세로 중심선을 간격 띄우기 복사하겠습니다. 'O(OFFSET)' 명령어를 입력하고 Enter를 누른 다음 '110'을 입력 후 Enter를 누릅니다. 수직 중심선을 선택하고 왼쪽을 클릭하여 '110'만큼 떨어진 간격 띄우기 복사를 합니다. Esc를 눌러 명령어를 취소합니다.

명령: O
OFFSET
현재 설정: 원본 지우기=아니오 도면층=원본 OFFSETGAPTYPE=0
간격띄우기 거리 지정 또는 [통과점(T)/지우기(E)/도면층(L)] 〈통과점〉: 110
간격띄우기할 객체 선택 또는 [종료(E)/명령 취소(U)] 〈종료〉: P5
간격띄우기할 면의 점 지정 또는 [종료(E)/다중(M)/명령 취소(U)] 〈종료〉: P6

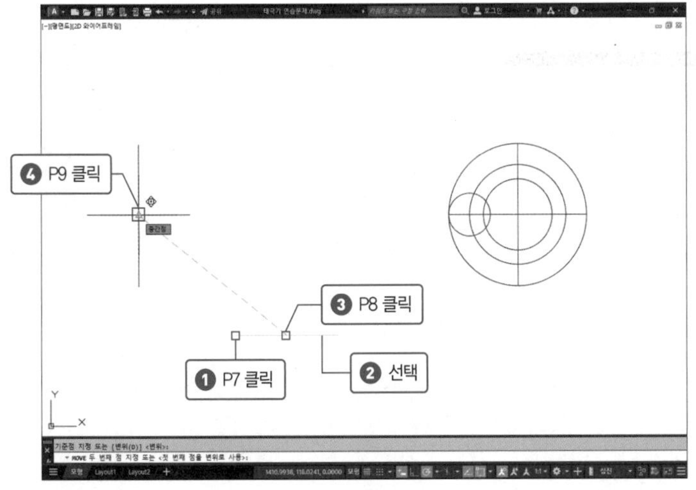

06 | 'L(LINE)' 명령어를 입력하고 Enter를 누릅니다. 공간을 클릭한 다음 오른쪽으로 드래그해 '30'을 입력하고 Enter를 눌러 가로선을 만듭니다. Esc를 눌러 취소하거나 Enter를 눌러 종료합니다.

'M(MOVE)' 명령어를 입력하고 Enter를 누른 다음 이동할 수평선을 선택한 후 Enter를 누릅니다. 수평선 중간점을 클릭하고 '110'만큼 간격 복사한 수직선 중간점으로 이동합니다.

명령: L
LINE
첫 번째 점 지정: P7
다음 점 지정 또는 [명령 취소(U)]: 30

명령: M
MOVE
객체 선택: 1개를 찾음
객체 선택: Enter
기준점 지정 또는 [변위(D)] 〈변위〉: P8
두 번째 점 지정 또는 〈첫 번째 점을 변위로 사용〉: P9

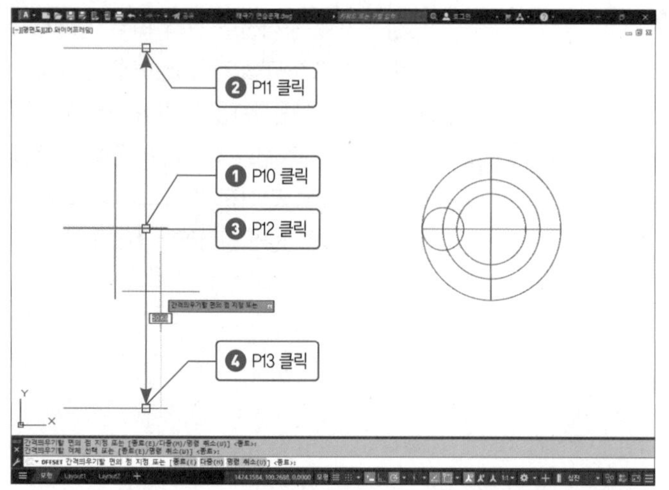

07 | 이동한 선을 간격 띄우기 복사하겠습니다. 'O(OFFSET)' 명령어를 입력하고 Enter를 누른 다음 '50.68' 입력 후 Enter를 누릅니다. '30' 선을 선택한 후 위아래를 각각 클릭해 '50.68'만큼 떨어진 간격 띄우기 복사를 합니다. 그림과 같이 복사되면 Esc를 눌러 명령어를 취소합니다.

명령: O
OFFSET
현재 설정: 원본 지우기=아니오 도면층=원본 OFFSETGAPTYPE=0
간격띄우기 거리 지정 또는 [통과점(T)/지우기(E)/도면층(L)] ⟨110.0000⟩: 50.68
간격띄우기할 객체 선택 또는 [종료(E)/명령 취소(U)] ⟨종료⟩: P10, P12
간격띄우기할 면의 점 지정 또는 [종료(E)/다중(M)/명령 취소(U)] ⟨종료⟩: P11, P13

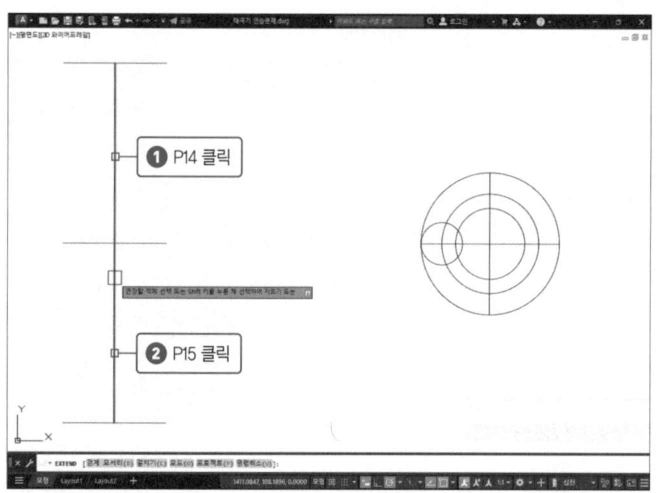

08 | 'EX(EXTEND)' 명령어를 입력하고 Enter를 누릅니다. 간격 띄우기 복사한 세로선의 위아래 끝점을 각각 클릭하여 '50.68' 만큼 간격 띄우기 복사한 수평선까지 연장하고 Esc를 눌러 명령어를 취소합니다.

명령: EX
EXTEND
현재 설정: 투영=UCS, 모서리=없음, 모드=빠른 작업
연장할 객체 선택 또는 Shift 키를 누른 채 선택하여 자르기 또는
[경계 모서리(B)/걸치기(C)/모드(O)/프로젝트(P)]: P14
연장할 객체 선택 또는 Shift 키를 누른 채 선택하여 자르기 또는
[경계 모서리(B)/걸치기(C)/모드(O)/프로젝트(P)/명령 취소(U)]: P15

나머지 형태 완성하기

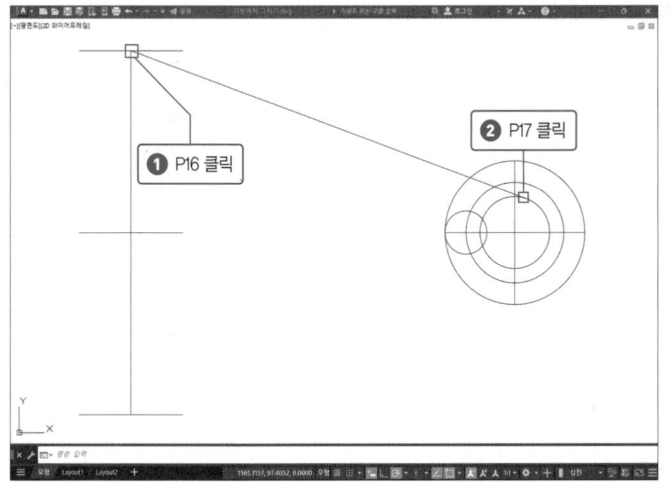

01 | 'L(LINE)' 명령어를 입력하고 Enter를 누릅니다. 연장한 선과 위의 기로선이 맞닿는 교차점을 선택하고 반지름 '10' 원의 위쪽 접점을 클릭하여 연결합니다. Esc를 눌러 취소하거나 Enter를 눌러 종료합니다.

명령: L
LINE
첫 번째 점 지정: P16
다음 점 지정 또는 [명령 취소(U)]: P17

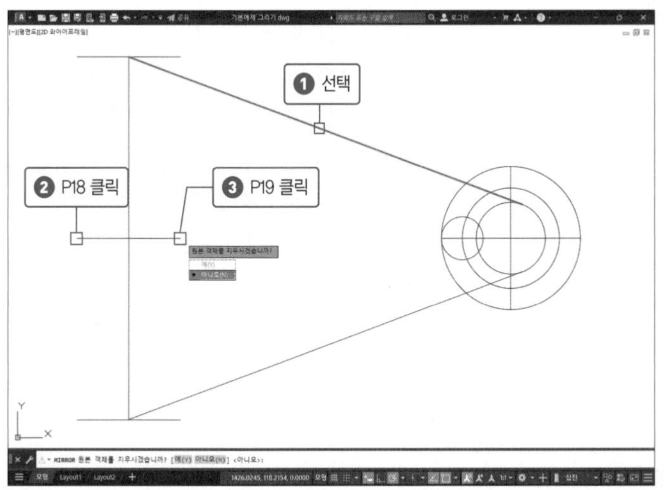

02 | 'MI(MIRROR)' 명령어를 입력하고 Enter를 누른 다음 연결한 대각선을 선택 후 Enter를 누릅니다. 가운데 있는 '30' 선의 왼쪽 끝점과 오른쪽 끝점을 각각 선택하여 기준선으로 지정하고 대칭 복사한 후 옵션에서 'N'을 입력해 원본을 남기도록 합니다.

명령: MI
MIRROR
객체 선택: 1개를 찾음
객체 선택: Enter
대칭선의 첫 번째 점 지정: P18
대칭선의 두 번째 점 지정: P19
원본 객체를 지우시겠습니까? [예(Y)/아니오(N)] 〈아니오〉: N

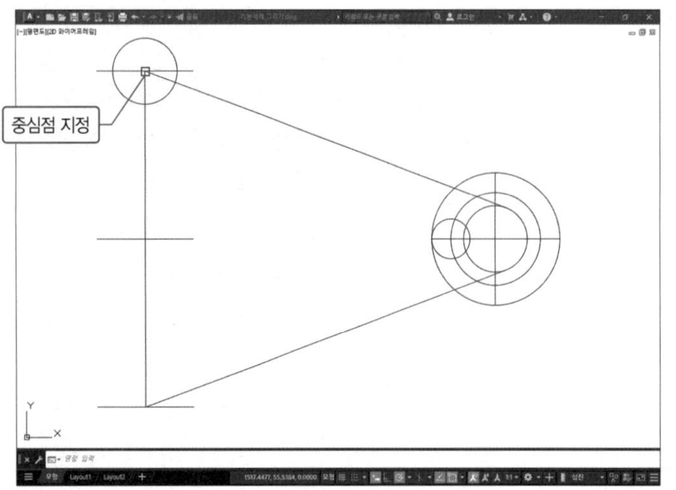

03 | 'C(CIRCLE)' 명령어를 입력하고 Enter를 누릅니다. 위에 있는 대각선의 중심점을 클릭하여 원의 중심점을 지정하고 옵션에서 반지름 값 '10'을 입력한 다음 Enter를 누릅니다.

명령: C
CIRCLE
원에 대한 중심점 지정 또는 [3점(3P)/2점(2P)/Ttr – 접선 접선 반지름(T)]: (중심점 지정)
원의 반지름 지정 또는 [지름(D)] ⟨10.0000⟩: 10

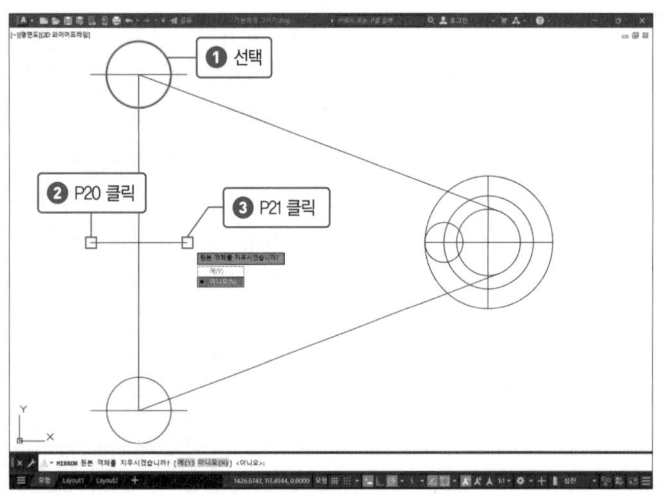

04 | 'MI(MIRROR)' 명령어를 입력하고 Enter를 누른 다음 반지름 '10' 원을 선택 후 Enter를 누릅니다. 길이가 가운데 있는 '30' 선의 왼쪽 끝점과 오른쪽 끝점을 각각 선택해 기준선으로 지정하고 대칭 복사한 다음 옵션에서 'N'을 입력하여 원본을 남기도록 합니다.

명령: MI
MIRROR
객체 선택: 1개를 찾음
객체 선택: Enter
대칭선의 첫 번째 점 지정: P20
대칭선의 두 번째 점 지정: P21
원본 객체를 지우시겠습니까? [예(Y)/아니오(N)] ⟨아니오⟩: N

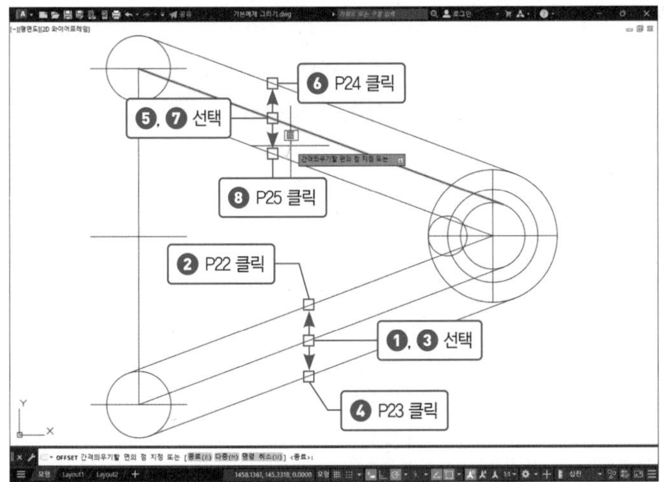

05 | 'O(OFFSET)' 명령어를 입력하고 Enter를 누른 다음 '10'을 입력 후 Enter를 누릅니다. 2개의 대각선을 각각 선택하고 그 선을 기준으로 각각 위와 아래를 클릭하여 '10'만큼씩 떨어진 간격 띄우기 복사를 한 다음 Esc를 눌러서 명령어를 취소합니다.

명령: O
OFFSET
현재 설정: 원본 지우기=아니오 도면층=원본 OFFSETGAPTYPE=0
간격띄우기 거리 지정 또는 [통과점(T)/지우기(E)/도면층(L)] 〈10.0000〉: 10

명령:
OFFSET
현재 설정: 원본 지우기=아니오 도면층=원본 OFFSETGAPTYPE=0
간격띄우기 거리 지정 또는 [통과점(T)/지우기(E)/도면층(L)] 〈10.0000〉: 10

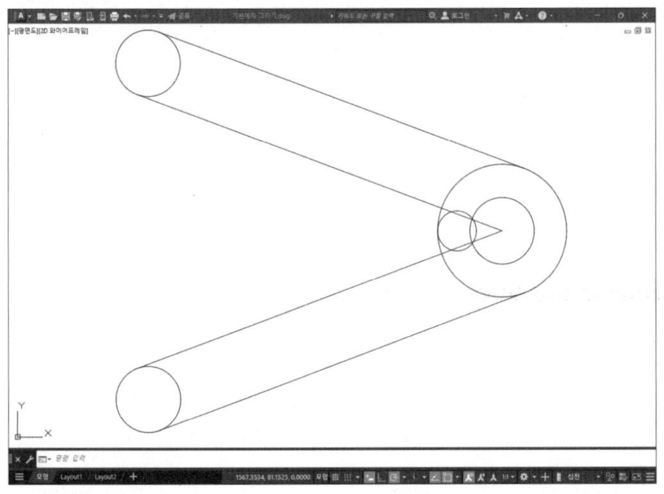

06 | 만들었던 중심선과 기준선들을 선택하고 Delete를 눌러 삭제합니다.

TIP

삭제해야 할 선들을 지우지 않고 계속해서 작업하면 선들이 점점 복잡해져 어떤 선을 지워야 하고 남겨야 하는지 판단이 어려워집니다.

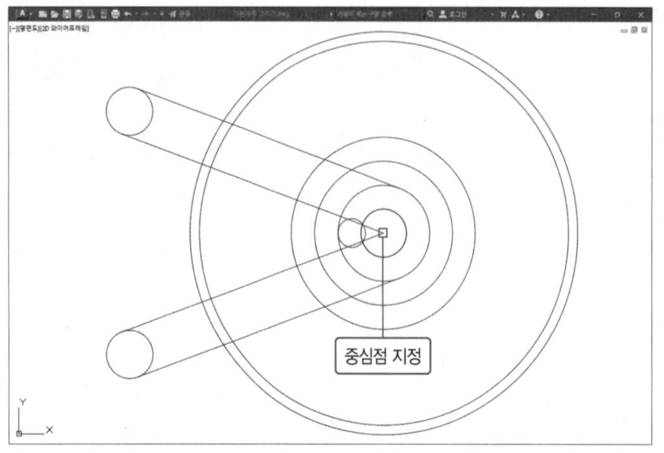

07 | 'R10' 원의 중심점에 다시 'R30', 'R40', 'R80', 'R84' 원을 만들겠습니다. 'C(CIRCLE)' 명령어를 입력하고 Enter를 누른 다음 반지름 '10' 원 중심점을 클릭하여 원의 중심점을 지정합니다. 옵션에서 '30'을 입력하고 Enter를 누릅니다. 다시 Enter를 눌러 전 명령어를 실행하고 같은 방법으로 '40', '80', '84' 원을 만듭니다.

```
명령: C
CIRCLE
원에 대한 중심점 지정 또는 [3점(3P)/2점(2P)/Ttr – 접선 접선 반지름(T)]: (중심점 지정)
원의 반지름 지정 또는 [지름(D)] <10.0000>: 30

명령:
CIRCLE
원에 대한 중심점 지정 또는 [3점(3P)/2점(2P)/Ttr – 접선 접선 반지름(T)]: (중심점 지정)
원의 반지름 지정 또는 [지름(D)] <30.0000>: 40

명령:
CIRCLE
원에 대한 중심점 지정 또는 [3점(3P)/2점(2P)/Ttr – 접선 접선 반지름(T)]: (중심점 지정)
원의 반지름 지정 또는 [지름(D)] <40.0000>: 80

명령:
CIRCLE
원에 대한 중심점 지정 또는 [3점(3P)/2점(2P)/Ttr – 접선 접선 반지름(T)]: (중심점 지정)
원의 반지름 지정 또는 [지름(D)] <80.0000>: 84
```

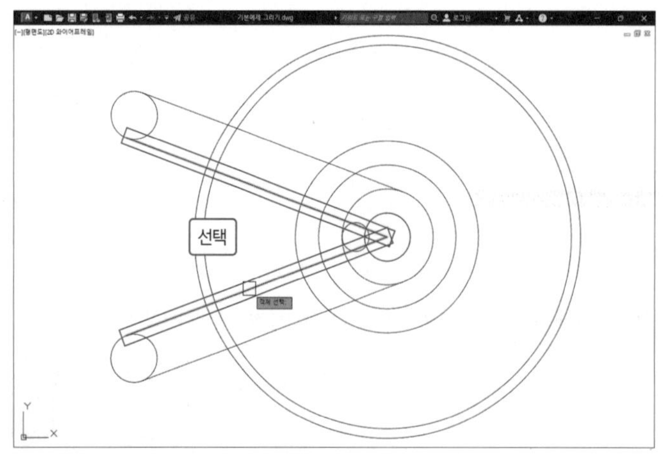

08 | 'TR(TRIM)' 명령어를 입력하고 Enter를 누른 다음 옵션에서 'T'를 입력한 후 Enter를 누릅니다. 그림과 같이 절단 모서리가 되는 선들을 선택하고 Enter를 누릅니다.

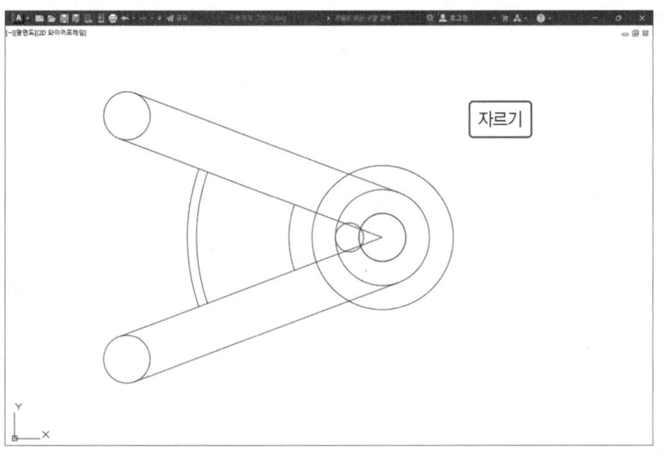

09 | 선택한 절단 모서리를 기준으로 'R40', 'R80', 'R84' 원을 그림과 같은 형태로 자르고 Enter를 눌러 명령어를 종료합니다.

명령: TR
TRIM
현재 설정: 투영=UCS, 모서리=없음, 모드=빠른 작업
자를 객체를 선택하거나 Shift 키를 누른 채로 선택하여 확장 또는
[절단 모서리(T)/걸치기(C)/모드(O)/프로젝트(P)/지우기(R)]: T
현재 설정: 투영=UCS, 모서리=없음, 모드=빠른 작업
절단 모서리 선택...

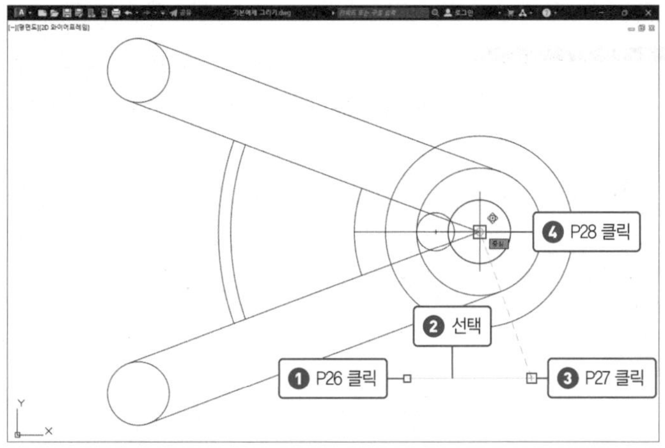

10 | 'L(LINE)' 명령어를 입력하고 Enter를 누릅니다. 공간을 클릭하고 오른쪽으로 드래그하면서 '40'을 입력한 다음 Enter를 눌러 가로선을 만듭니다. Esc를 눌러 취소합니다.

'M(MOVE)' 명령어를 입력하고 Enter를 누릅니다. '40' 선을 선택하고 Enter를 누른 다음 오른쪽 끝점을 클릭하여 기준점을 지정하고 반지름 '10' 원의 중심점을 클릭하여 이동합니다.

명령: L
LINE
첫 번째 점 지정: P26
다음 점 지정 또는 [명령 취소(U)]: 40

명령: M
MOVE
객체 선택: 1개를 찾음
객체 선택: Enter
기준점 지정 또는 [변위(D)] <변위>: P27
두 번째 점 지정 또는 <첫 번째 점을 변위로 사용>: P28

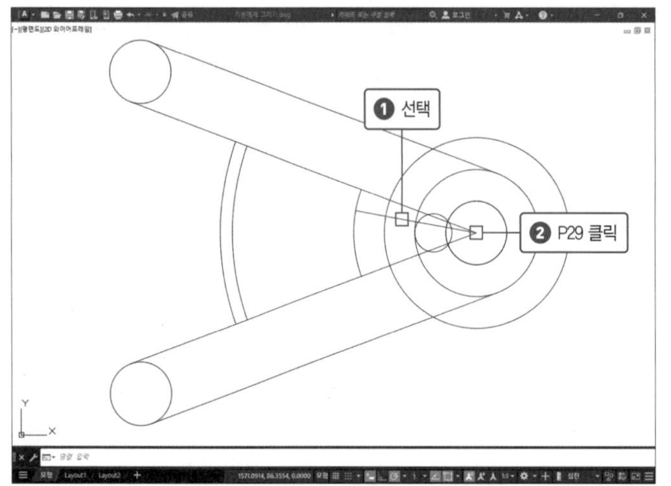

11 | 만든 선을 회전하겠습니다. 'RO(ROTATE)' 명령어를 입력하고 Enter를 누릅니다. 길이 '40'의 수평선을 선택하고 Enter를 누른 다음 회전의 기준점이 되는 길이 '40' 수평선의 오른쪽 끝점을 클릭합니다. '−10'을 입력하여 시계 방향으로 회전시킵니다.

```
명령: RO
ROTATE
현재 UCS에서 양의 각도: 측정 방향=시계 반대 방향 기준 방향=0
객체 선택: 1개를 찾음
객체 선택: Enter
기준점 지정: P29
회전 각도 지정 또는 [복사(C)/참조(R)] 〈0〉: −10
```

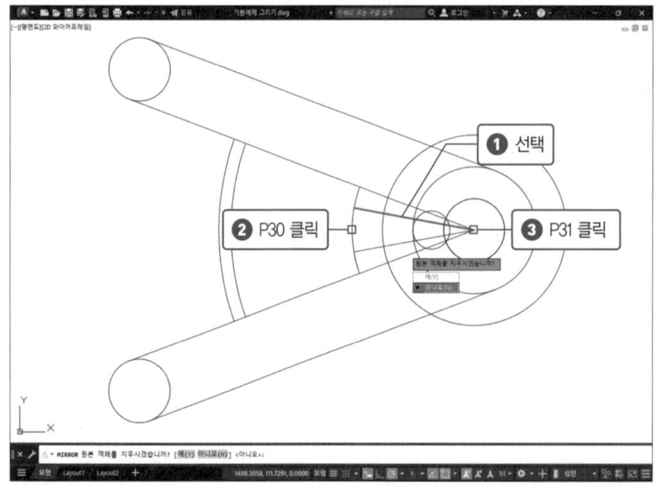

12 | 'MI(MIRROR)' 명령어를 입력하고 Enter를 누른 다음 '−10' 회전한 선을 선택한 후 Enter를 누릅니다. 아무 원 왼쪽 사분점을 클릭하고 원의 중심을 클릭하여 기준점을 지정한 다음 대칭 복사합니다. 옵션에 'N'을 입력하여 원본을 남기도록 합니다.

```
명령: MI
MIRROR
객체 선택: 1개를 찾음
객체 선택: Enter
대칭선의 첫 번째 점 지정: P30
대칭선의 두 번째 점 지정: P31
원본 객체를 지우시겠습니까? [예(Y)/아니오(N)] 〈아니오〉: N
```

13 | 'TR(TRIM)' 명령어를 입력하고 Enter를 누릅니다. 옵션에서 'T'를 입력하고 Enter를 누릅니다. 절단 모서리가 되는 2개의 선을 선택하고 Enter를 누릅니다. 선택한 절단 모서리를 기준으로 'R30' 원을 오른쪽 그림과 같은 형태로 자르고 Enter를 눌러 명령어를 종료합니다.

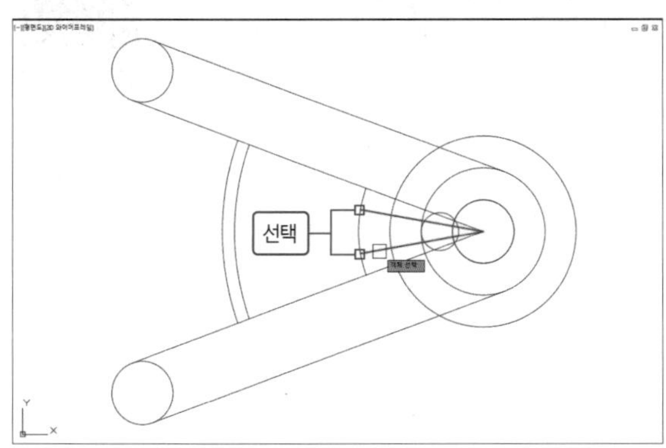

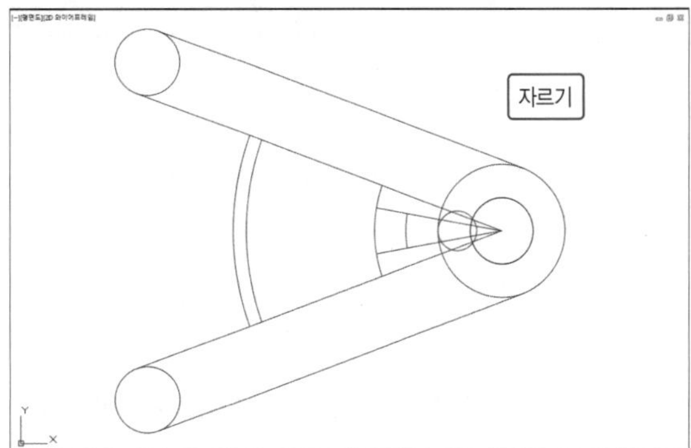

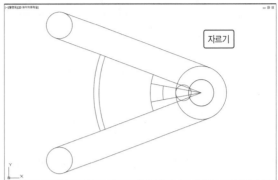

명령: TR
TRIM
현재 설정: 투영=UCS, 모서리=없음, 모드=빠른 작업
자를 객체를 선택하거나 Shift 키를 누른 채로 선택하여 확장 또는
[절단 모서리(T)/걸치기(C)/모드(O)/프로젝트(P)/지우기(R)]: T
현재 설정: 투영=UCS, 모서리=없음, 모드=빠른 작업
절단 모서리 선택...

14 | 다시 Enter를 눌러서 'TR(TRIM)' 명령어를 실행하고 옵션에서 'T'를 입력한 다음 Enter를 누릅니다. 절단 모서리가 되는 선을 선택하고 Enter를 누릅니다. 손잡이 끝부분 원 안쪽을 잘라 오른쪽 그림과 같은 형태를 만들고 Enter를 눌러 명령어를 종료합니다.

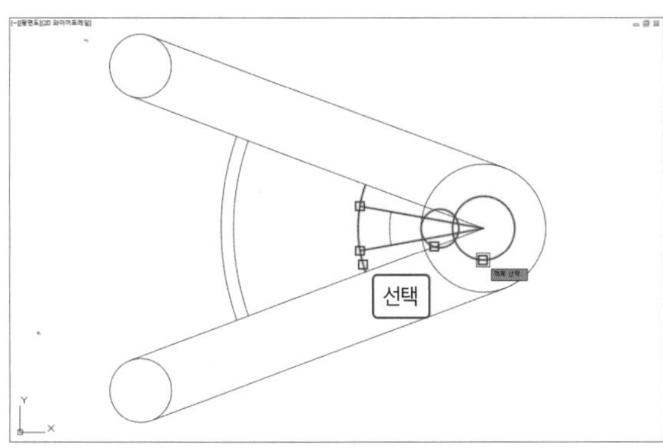

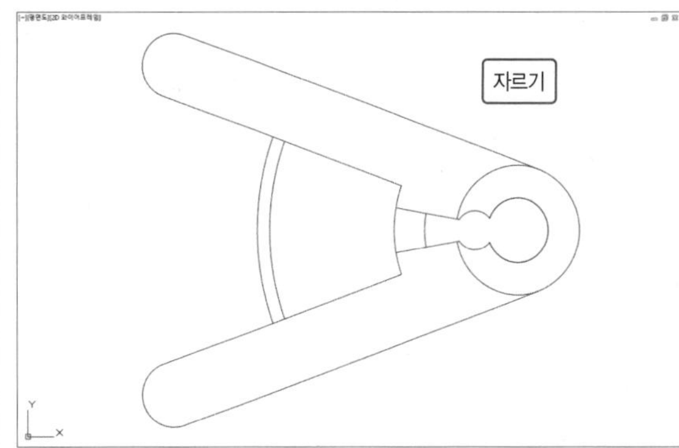

명령:
TRIM
현재 설정: 투영=UCS, 모서리=없음, 모드=빠른 작업
자를 객체를 선택하거나 Shift 키를 누른 채로 선택하여 확장 또는
[절단 모서리(T)/걸치기(C)/모드(O)/프로젝트(P)/지우기(R)]: T
현재 설정: 투영=UCS, 모서리=없음, 모드=빠른 작업
절단 모서리 선택...

곡면을 활용한 콘센트 도면 그리기

동영상 강의

다음의 콘센트 도면을 그리기 위해서는 그리기 명령과 함께 다양한 편집 명령을 이용해야 합니다. 이번 예제에서는 주로 곡면 형태를 다루어 전체적으로 둥근 느낌의 콘센트를 만듭니다. 콘센트 형태에 대해 생각하면서 실전에서도 사용해 봅니다.

예제 도면 ● 완성 파일 : Part02\콘센트_탑뷰_완성.dwg

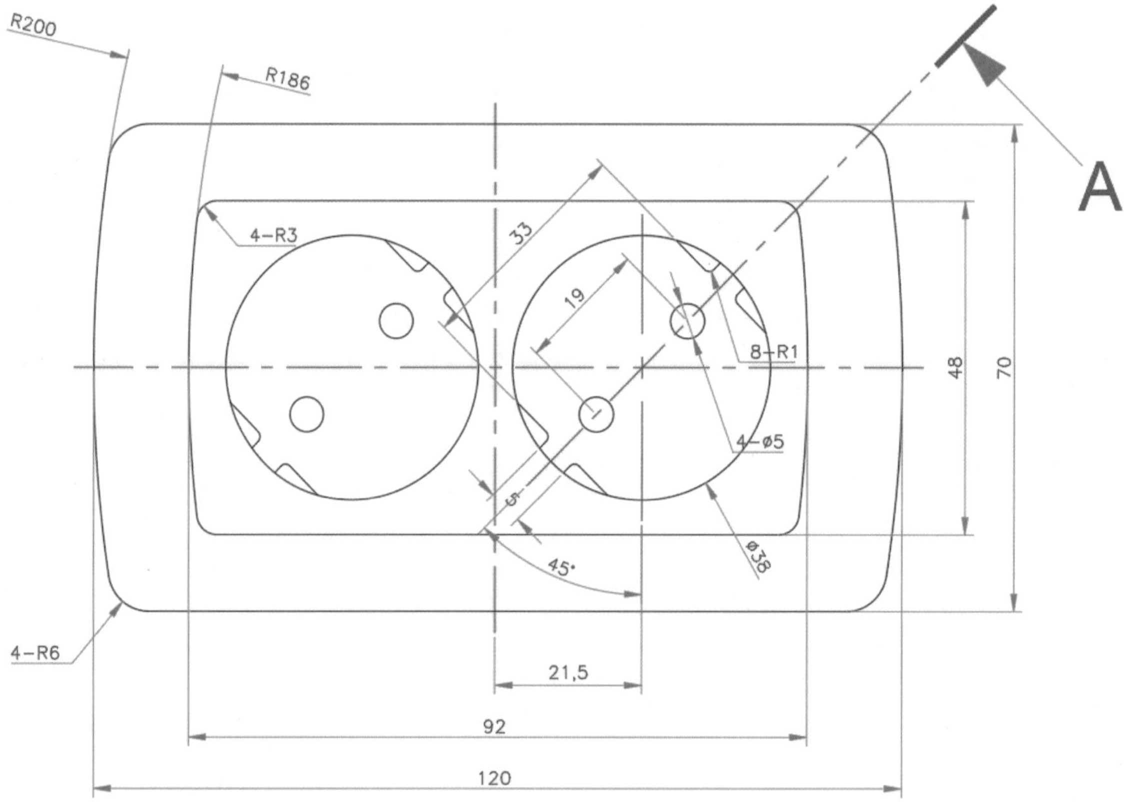

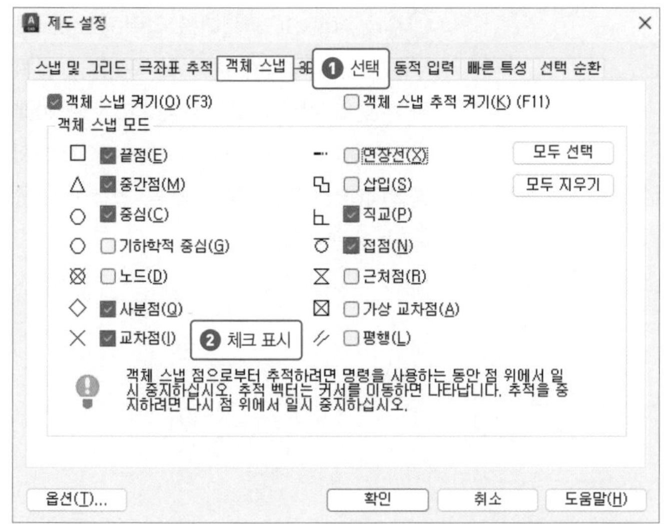

기본 형태 그리기

01 | 형태를 그리기 전에 앞서 'OS(SE)' 명령어를 입력하고 Enter를 눌러 [제도 설정] 대화상자가 표시되면 〔객체 스냅〕 탭에서 '끝점(E)', '중간점(M)', '중심(C)', '사분점(Q)', '교차점(I)', '직교(P)', '접점(N)' 등을 체크 표시하여 작업합니다.

02 | 'REC(RECTANG)' 명령어를 입력한 후 Enter를 누릅니다. 적당한 위치를 클릭해 첫 번째 지점을 지정하고 명령어 입력 창에 '@120,70'을 입력한 다음 Enter를 눌러 사각형을 만듭니다.

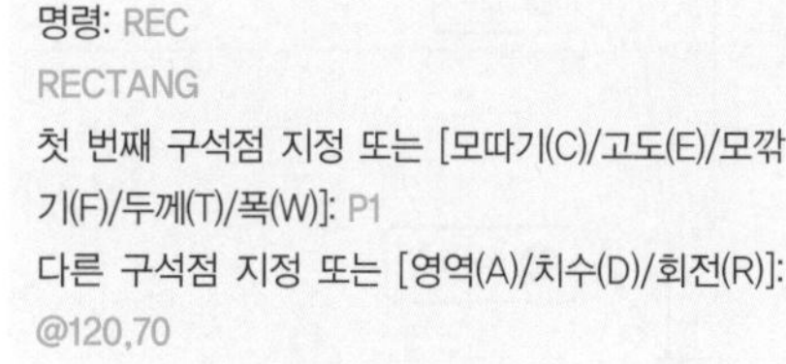

명령: REC
RECTANG
첫 번째 구석점 지정 또는 [모따기(C)/고도(E)/모깎기(F)/두께(T)/폭(W)]: P1
다른 구석점 지정 또는 [영역(A)/치수(D)/회전(R)]: @120,70

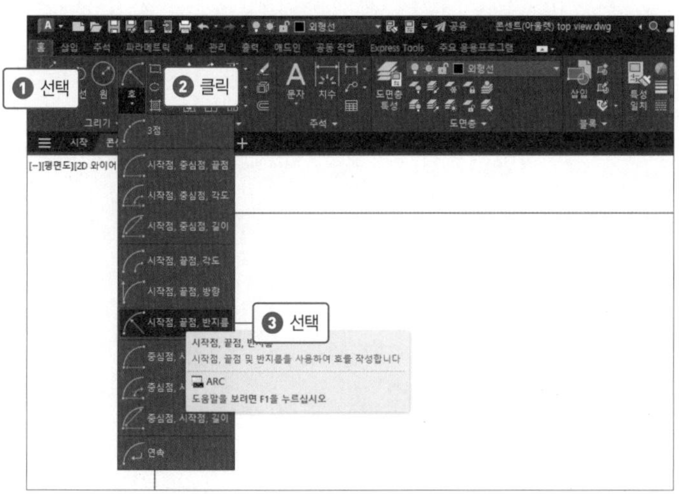

03 | 곡면을 만들기 전에 설정을 먼저 변경하겠습니다. 〔홈〕 탭에서 '호'를 클릭하고 옵션에서 '시작점, 끝점, 반지름'을 선택합니다.

04 | 'A(ARC)' 명령어를 입력하고 Enter를 누릅니다. 직사각형 왼쪽 위 꼭짓점을 클릭하여 호의 시작점으로 지정하고 왼쪽 아래 꼭짓점을 클릭해 호의 두 번째 점으로 지정합니다. 반지름 값 '200'을 입력한 다음 Enter를 누릅니다.

명령: _ARC
호의 시작점 지정 또는 [중심(C)]: P2
호의 두 번째 점 또는 [중심(C)/끝(E)] 지정: _e
호의 끝점 지정: P3
호의 중심점 지정(Ctrl 키를 누른 상태에서 방향 전환) 또는 [각도(A)/방향(D)/반지름(R)]: _r
호의 반지름 지정(Ctrl 키를 누른 상태에서 방향 전환): 200

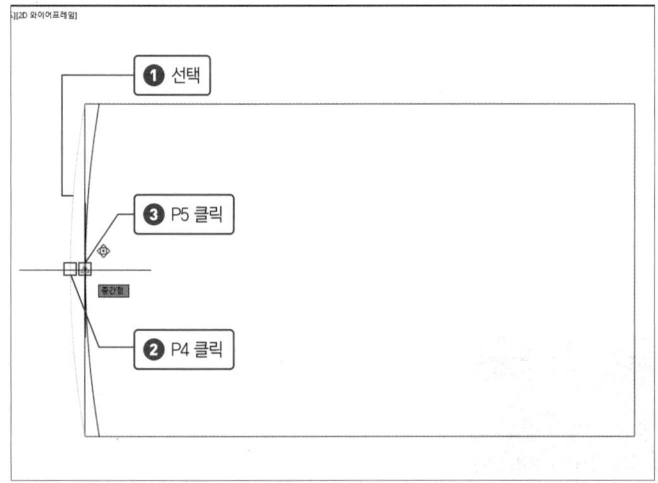

05 | 'M(MOVE)' 명령어를 입력하고 Enter를 누른 다음 '200' 호를 선택 후 Enter를 누릅니다. 반지름 '200'호의 중간점을 클릭하여 기준점을 지정하고 수평 직교로 직사각형의 왼쪽 중간점을 클릭해 이동합니다.

명령: M
MOVE
객체 선택: 1개를 찾음
객체 선택: Enter
기준점 지정 또는 [변위(D)] 〈변위〉: P4
두 번째 점 지정 또는 〈첫 번째 점을 변위로 사용〉: P5

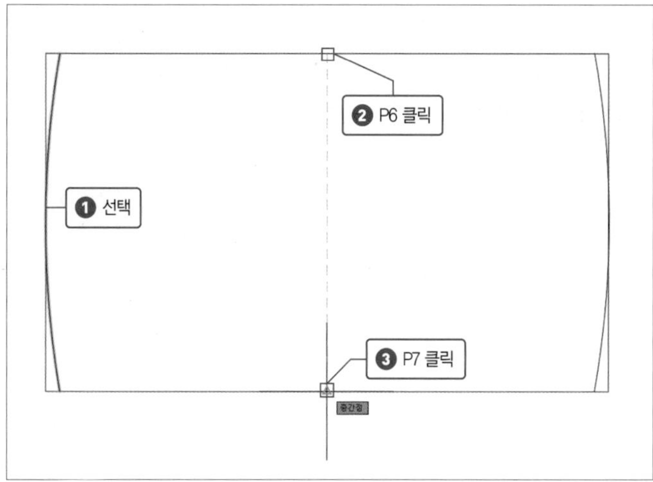

06 | 'MI(MIRROR)' 명령어를 입력하고 Enter를 누른 다음 '200' 호를 선택한 후 Enter를 누릅니다. 직사각형의 위쪽 선 중간점과 아래쪽 선 중간점을 클릭하여 기준선으로 지정하고 대칭 복사합니다. 옵션에서 'N'을 눌러 원본을 남기도록 합니다.

명령: MI
MIRROR
객체 선택: 1개를 찾음
객체 선택: Enter
대칭선의 첫 번째 점 지정: P6
대칭선의 두 번째 점 지정: P7
원본 객체를 지우시겠습니까? [예(Y)/아니오(N)] 〈아니오〉: N

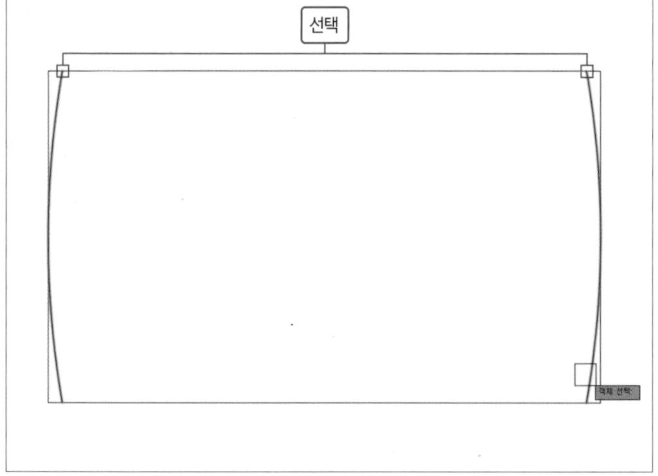

07 | 'TR(TRIM)' 명령어를 입력하고 Enter를 누릅니다. 옵션에서 'T'를 입력하고 Enter를 누른 다음 그림과 같이 절단 모서리가 되는 선들을 선택하고 Enter를 누릅니다.

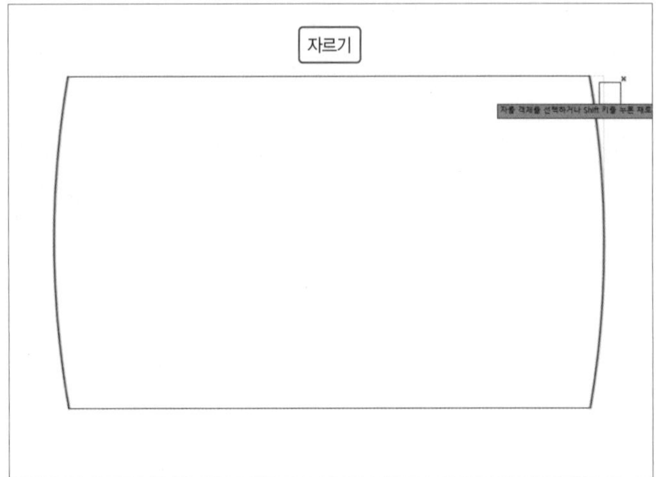

08 | 선택한 절단 모서리를 기준으로 사각형의 모서리 부분을 그림과 같이 선택해 자르고 Enter를 눌러 명령어를 취소합니다.

명령: TR
TRIM
현재 설정: 투영=UCS, 모서리=없음, 모드=빠른 작업
자를 객체를 선택하거나 Shift 키를 누른 채로 선택하여 확장 또는
[절단 모서리(T)/걸치기(C)/모드(O)/프로젝트(P)/지우기(R)]: T
현재 설정: 투영=UCS, 모서리=없음, 모드=빠른 작업
절단 모서리 선택...

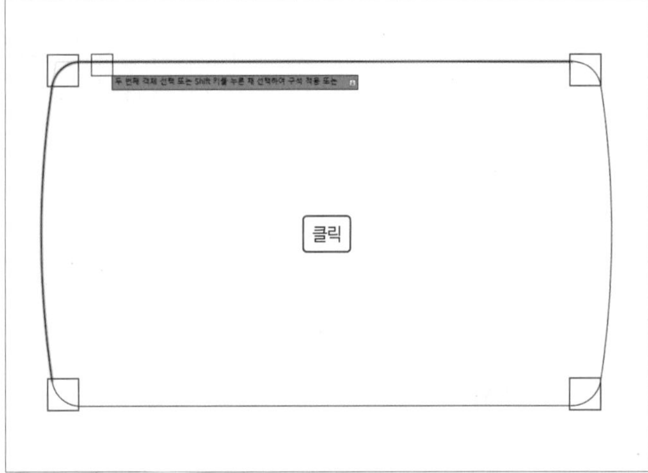

09 | 'F(FILLET)' 명령어를 입력하고 Enter를 누릅니다. 옵션에서 'R'을 입력하고 '6'을 입력한 다음 Enter를 누릅니다. 이번에는 'M'을 입력하고 네 곳의 모서리 부분을 차례로 클릭하여 라운드를 적용합니다. Esc를 눌러 명령어를 취소합니다.

명령: F
FILLET
현재 설정: 모드=자르기, 반지름=0.0000
첫 번째 객체 선택 또는 [명령 취소(U)/폴리선(P)/반지름(R)/자르기(T)/다중(M)]: R
모깎기 반지름 지정 〈0.0000〉: 6
첫 번째 객체 선택 또는 [명령 취소(U)/폴리선(P)/반지름(R)/자르기(T)/다중(M)]: M
첫 번째 객체 선택 또는 [명령 취소(U)/폴리선(P)/반지름(R)/자르기(T)/다중(M)]: (R 값이 들어갈 첫 번째 모서리 클릭)
두 번째 객체 선택 또는 Shift 키를 누른 채 선택하여 구석 적용 또는 [반지름(R)]: (R 값이 들어갈 두 번째 모서리 클릭)

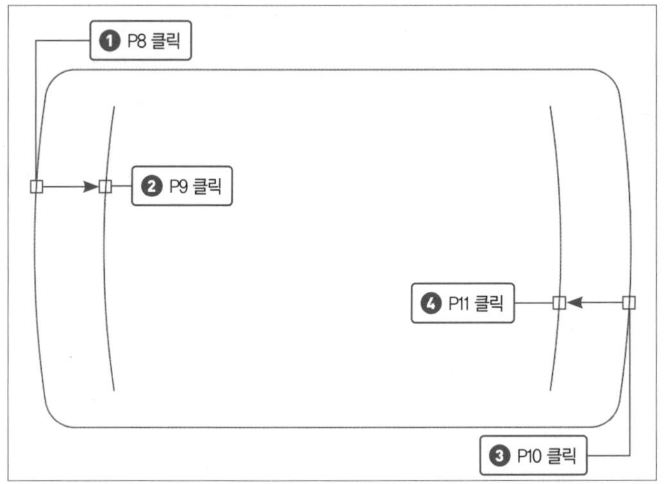

10 | 'O(OFFSET)' 명령어를 입력한 다음 Enter를 누르고 '14'를 입력한 후 Enter를 누릅니다. 왼쪽과 오른쪽 'R200' 선을 각각 선택하고 안쪽을 클릭해 '14'만큼 떨어진 간격 띄우기 복사를 합니다.

명령: O
OFFSET
현재 설정: 원본 지우기=아니오 도면층=원본 OFFSETGAPTYPE=0
간격띄우기 거리 지정 또는 [통과점(T)/지우기(E)/도면층(L)] 〈14.0000〉: 14
간격띄우기할 객체 선택 또는 [종료(E)/명령 취소(U)] 〈종료〉: P8, P10
간격띄우기할 면의 점 지정 또는 [종료(E)/다중(M)/명령 취소(U)] 〈종료〉: P9, P11

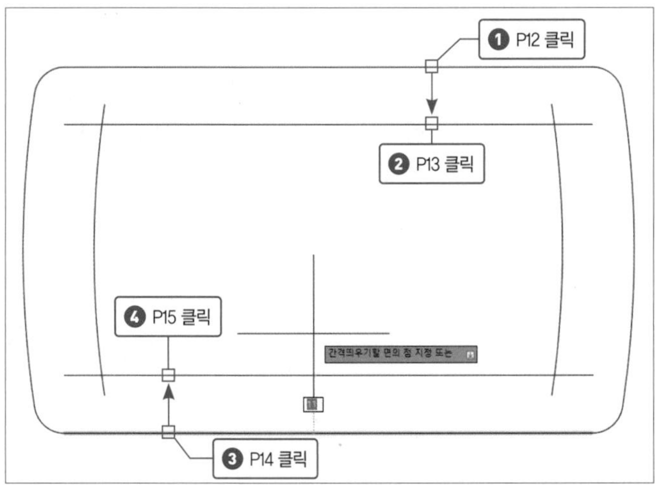

11 | Enter를 눌러 'O(OFFSET)' 명령어를 다시 실행하고 '11'을 입력한 다음 Enter를 누릅니다. 위아래의 가로선을 각각 선택하고 안쪽을 클릭해 '11'만큼 떨어진 간격 띄우기 복사를 합니다.

명령:
OFFSET
현재 설정: 원본 지우기=아니오 도면층=원본 OFFSETGAPTYPE=0
간격띄우기 거리 지정 또는 [통과점(T)/지우기(E)/도면층(L)] 〈14.0000〉: 11
간격띄우기할 객체 선택 또는 [종료(E)/명령 취소(U)] 〈종료〉: P12, P14
간격띄우기할 면의 점 지정 또는 [종료(E)/다중(M)/명령 취소(U)] 〈종료〉: P13, P15

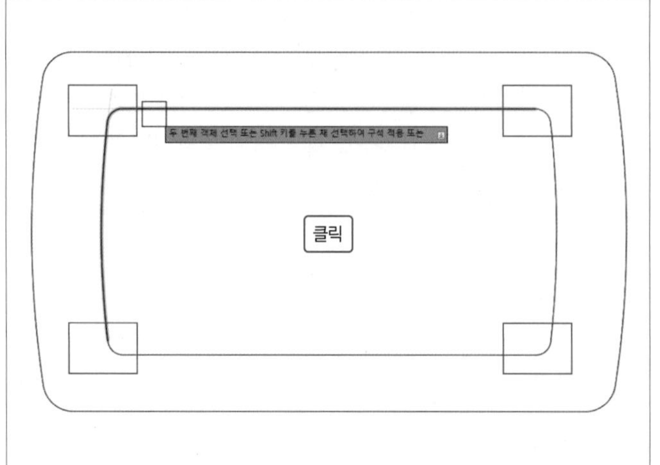

12 | 'F(FILLET)' 명령어를 입력하고 Enter를 누릅니다. 옵션에 'R'을 입력한 다음 '3'을 입력한 후 Enter를 누릅니다. 'M'을 입력하고 네 곳의 모서리 부분을 차례로 선택해 라운드를 적용합니다. Esc를 눌러 명령어를 취소합니다.

명령: F
FILLET
현재 설정: 모드=자르기, 반지름=6.0000
첫 번째 객체 선택 또는 [명령 취소(U)/폴리선(P)/반지름(R)/자르기(T)/다중(M)]: R
모깎기 반지름 지정 〈6.0000〉: 3
첫 번째 객체 선택 또는 [명령 취소(U)/폴리선(P)/반지름(R)/자르기(T)/다중(M)]: M
첫 번째 객체 선택 또는 [명령 취소(U)/폴리선(P)/반지름(R)/자르기(T)/다중(M)]: (R 값이 들어갈 첫 번째 모서리 클릭)
두 번째 객체 선택 또는 Shift 키를 누른 채 선택하여 구석 적용 또는 [반지름(R)]: (R 값이 들어갈 두 번째 모서리 클릭)

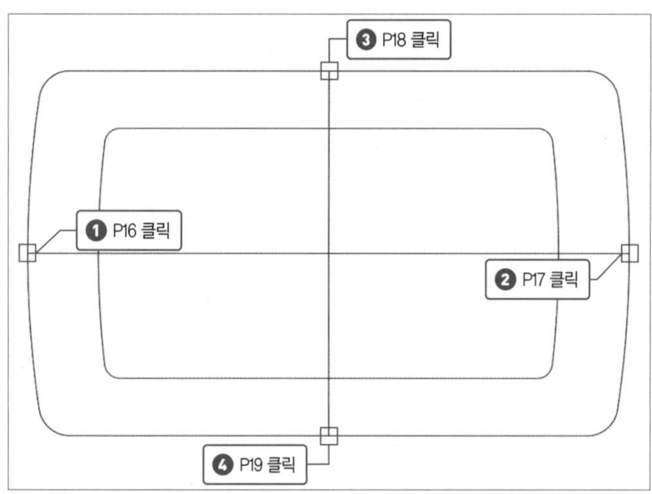

13 | 'L(LINE)' 명령어를 입력하고 Enter를 누릅니다. 사각형 왼쪽 중간점을 클릭하고 오른쪽 중간점을 클릭하여 가로선을 만듭니다. 같은 방법으로 사각형 위쪽 중간점을 클릭하고 아래쪽 중간점을 클릭하여 세로선을 만들어 십자 모양의 중심선을 만듭니다.

명령: L
LINE
첫 번째 점 지정: P16, P18
다음 점 지정 또는 [명령 취소(U)]: P17, P19
다음 점 지정 또는 [명령 취소(U)]: *취소*

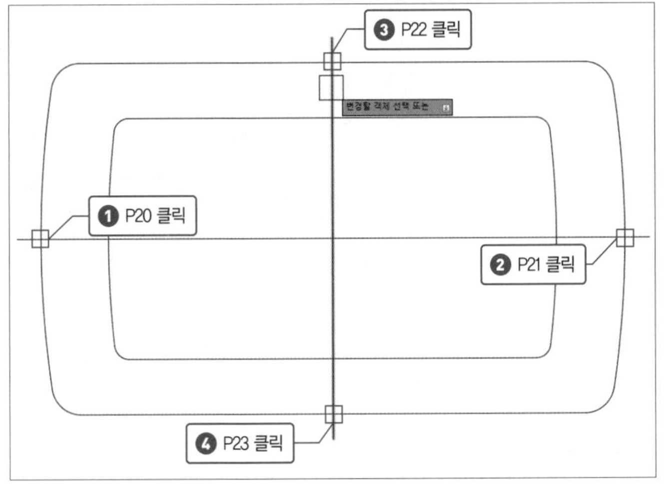

14 | 'LEN(LENGTHEN)' 명령어를 입력한 후 Enter를 누릅니다. 옵션에 'DE'를 입력하고 Enter를 누른 다음 '5'를 입력한 후 다시 Enter를 누릅니다. 십자 모양의 중심선 끝부분을 각각 클릭해 길이를 '5'씩 늘리고 Esc를 눌러 명령어를 취소합니다.

명령: LEN
LENGTHEN
측정할 객체 또는 [증분(DE)/퍼센트(P)/합계(T)/동적(DY)] 선택 〈합계(T)〉: DE
증분 길이 또는 [각도(A)] 입력 〈0.0000〉: 5
변경할 객체 선택 또는 [명령 취소(U)]: P20, P21, P22, P23

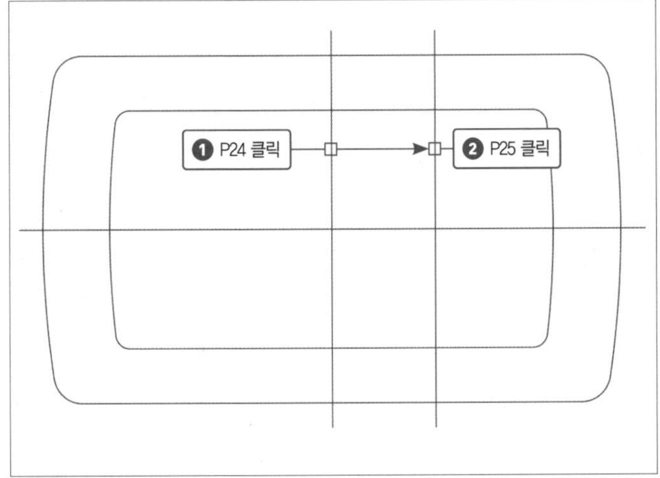

15 | 'O(OFFSET)' 명령어를 입력하고 Enter를 누른 다음 '21.5'를 입력 후 Enter를 누릅니다. 세로 중심선을 선택하고 오른쪽을 클릭하여 '21.5'만큼 떨어진 간격 띄우기 복사를 합니다. Esc를 눌러 명령어를 취소합니다.

명령: O
OFFSET
현재 설정: 원본 지우기=아니오 도면층=원본 OFFSETGAPTYPE=0
간격띄우기 거리 지정 또는 [통과점(T)/지우기(E)/도면층(L)] 〈14.0000〉: 21.5
간격띄우기할 객체 선택 또는 [종료(E)/명령 취소(U)] 〈종료〉: P24
간격띄우기할 면의 점 지정 또는 [종료(E)/다중(M)/명령 취소(U)] 〈종료〉: P25
간격띄우기할 객체 선택 또는 [종료(E)/명령 취소(U)] 〈종료〉: *취소*

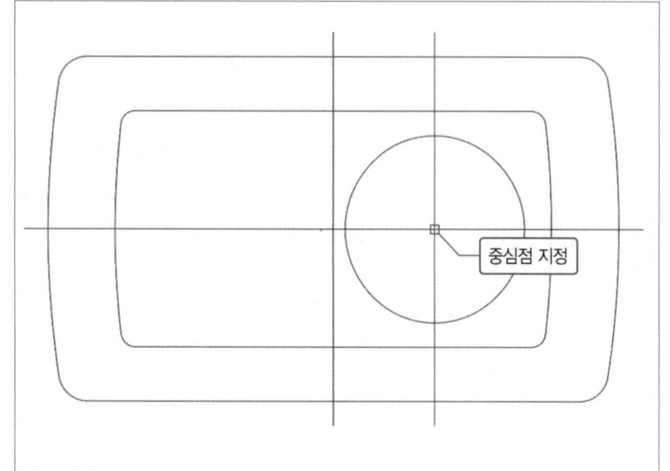

나머지 형태 완성하기

01 | 'C(CIRCLE)' 명령어를 입력하고 Enter를 누릅니다. 간격 복사한 수직선과 가로 중심선이 서로 교차하는 지점을 클릭하여 원의 중심점을 지정합니다. 옵션에서 'D'를 입력하고 Enter를 누른 다음 지름 값 '38'을 입력 후 Enter를 눌러 '38' 원을 만듭니다.

명령: C
CIRCLE
원에 대한 중심점 지정 또는 [3점(3P)/2점(2P)/Ttr – 접선 접선 반지름(T)]: (중심점 지정)
원의 반지름 지정 또는 [지름(D)]: D
원의 지름을 지정함: 38
명령: 반대 구석 지정 또는 [울타리(F)/윈도우폴리곤(WP)/걸침폴리곤(CP)]: *취소*

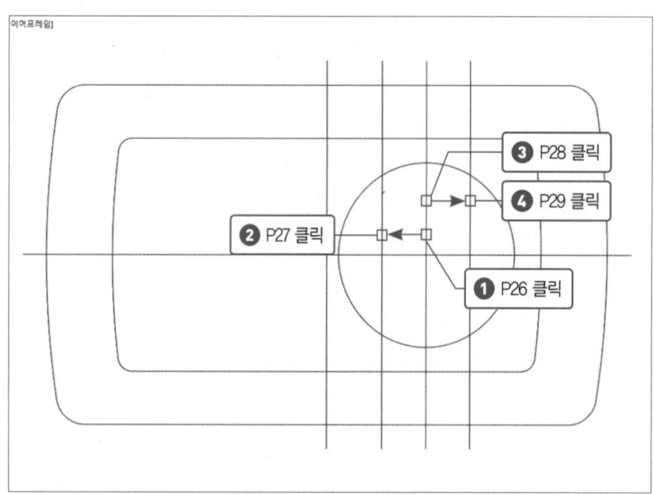

02 | 'O(OFFSET)' 명령어를 입력하고 Enter를 누른 다음 '9.5'를 입력 후 Enter를 누릅니다. 원의 세로 중심선을 선택하고 양쪽을 각각 클릭하여 '9.5'만큼 떨어진 간격 띄우기 복사를 합니다. Esc를 눌러 명령어를 취소합니다.

명령: O
OFFSET
현재 설정: 원본 지우기=아니오 도면층=원본 OFFSETGAPTYPE=0
간격띄우기 거리 지정 또는 [통과점(T)/지우기(E)/도면층(L)] 〈21.5000〉: 9.5
간격띄우기할 객체 선택 또는 [종료(E)/명령 취소(U)] 〈종료〉: P26, P28
간격띄우기할 면의 점 지정 또는 [종료(E)/다중(M)/명령 취소(U)] 〈종료〉: P27, P29

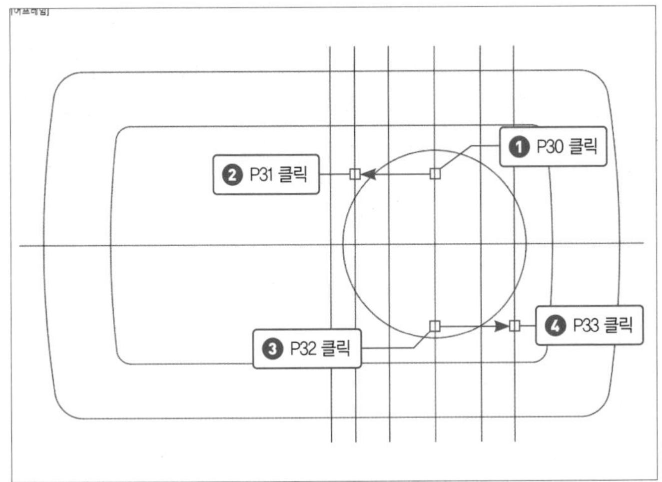

03 | Enter를 눌러 'O(OFFSET)' 명령어를 다시 실행하고 '16.5'를 입력한 다음 Enter를 누릅니다. 원의 세로 중심선을 선택하고 양쪽을 각각 클릭하여 '16.5'만큼 떨어진 간격띄우기 복사를 합니다. Esc를 눌러 명령어를 취소합니다.

명령:
OFFSET
현재 설정: 원본 지우기=아니오 도면층=원본 OFFSETGAPTYPE=0
간격띄우기 거리 지정 또는 [통과점(T)/지우기(E)/도면층(L)] 〈9.5000〉: 16.5
간격띄우기할 객체 선택 또는 [종료(E)/명령 취소(U)] 〈종료〉: P30, P32
간격띄우기할 면의 점 지정 또는 [종료(E)/다중(M)/명령 취소(U)] 〈종료〉: P31, P33

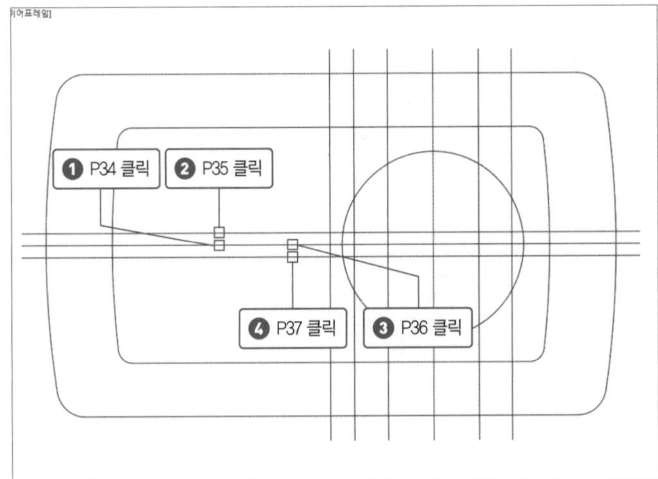

04 | Enter를 눌러 'O(OFFSET)' 명령어를 다시 실행하고 '2.5'를 입력한 다음 Enter를 누릅니다. 가로 중심선을 선택하고 위아래를 각각 클릭하여 '2.5'만큼 떨어진 간격 띄우기 복사를 합니다. Esc를 눌러 명령어를 취소합니다.

명령:
OFFSET
현재 설정: 원본 지우기=아니오 도면층=원본 OFFSETGAPTYPE=0
간격띄우기 거리 지정 또는 [통과점(T)/지우기(E)/도면층(L)] 〈16.5000〉: 2.5
간격띄우기할 객체 선택 또는 [종료(E)/명령 취소(U)] 〈종료〉: P34, P36
간격띄우기할 면의 점 지정 또는 [종료(E)/다중(M)/명령 취소(U)] 〈종료〉: P35, P37

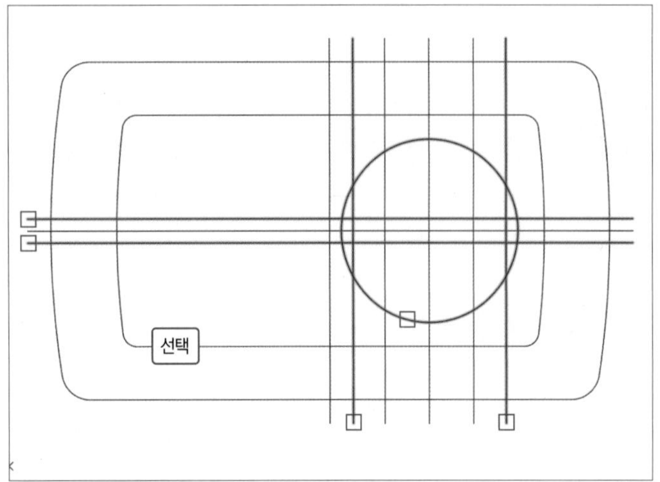

05 | 'TR(TRIM)' 명령어를 입력하고 Enter를 누릅니다. 옵션에서 'T'를 입력하고 Enter를 누른 다음 그림과 같이 절단 모서리가 되는 선들을 선택하고 Enter를 누릅니다.

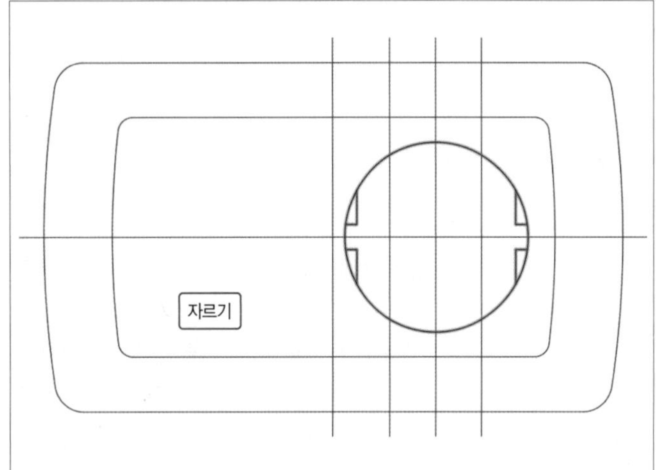

06 | 선택한 절단 모서리를 기준으로 사각형의 모서리 부분을 그림과 같이 선택해 자르고 Enter를 눌러 명령어를 종료합니다.

명령: TR
TRIM
현재 설정: 투영=UCS, 모서리=없음, 모드=빠른 작업
자를 객체를 선택하거나 Shift 키를 누른 채로 선택하여 확장 또는
[절단 모서리(T)/걸치기(C)/모드(O)/프로젝트(P)/지우기(R)]: T
현재 설정: 투영=UCS, 모서리=없음, 모드=빠른 작업
절단 모서리 선택...

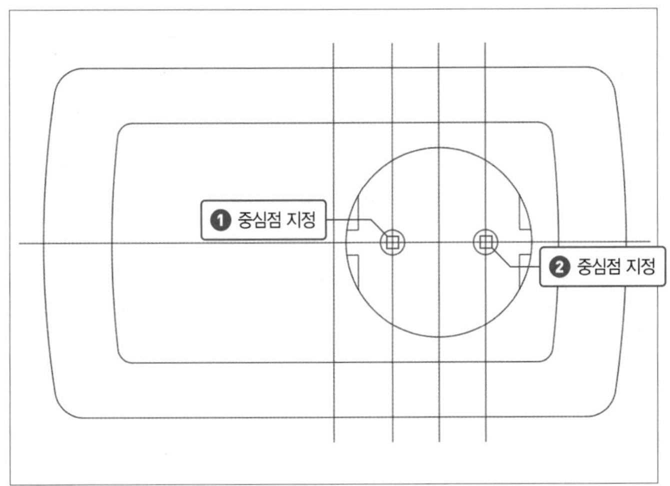

07 | 'C(CIRCLE)' 명령어를 입력하고 Enter를 누릅니다. '9.5'만큼 간격 복사한 수직선과 가로 중심선이 서로 교차하는 지점을 각각 클릭하여 원의 중심점을 지정합니다. 옵션에서 'D'를 입력하고 Enter를 누른 다음 지름 값 '5'를 입력 후 Enter를 눌러 '5' 원을 만듭니다.

명령: C
CIRCLE
원에 대한 중심점 지정 또는 [3점(3P)/2점(2P)/Ttr – 접선 접선 반지름(T)]: (중심점 지정)
원의 반지름 지정 또는 [지름(D)]: D
원의 지름을 지정함: 5
명령: 반대 구석 지정 또는 [울타리(F)/윈도우폴리곤(WP)/걸침폴리곤(CP)]: *취소*

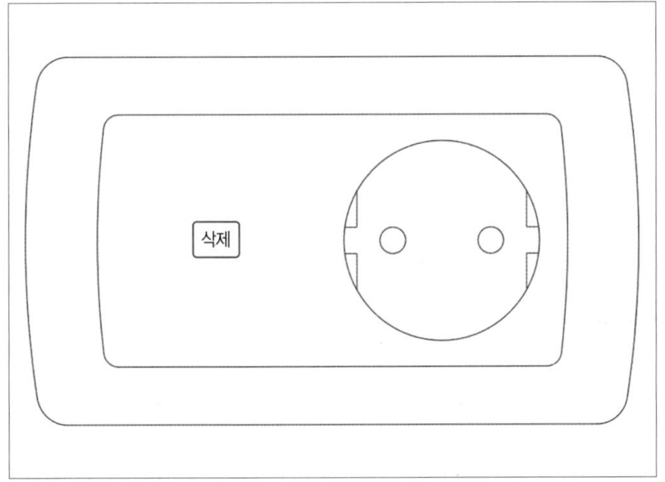

08 | 'L(LINE)' 명령어로 만든 가로세로 중심선과 간격 복사하여 만든 모든 세로선을 선택하고 Delete를 눌러 삭제합니다.

명령: _.erase 5개를 찾음

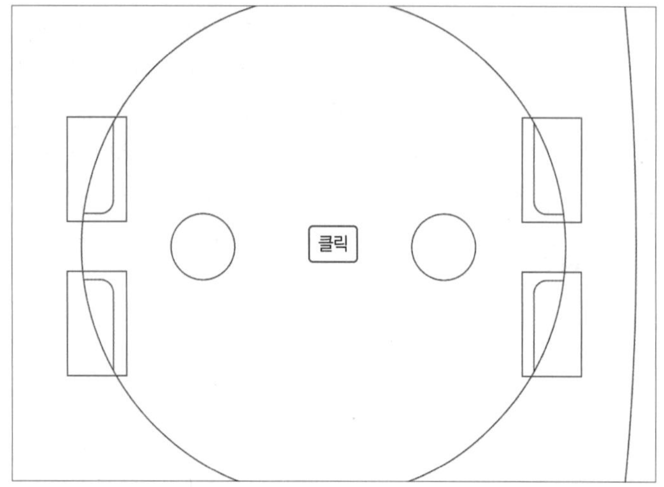

09 | 'F(FILLET)' 명령어를 입력하고 Enter를 누릅니다. 옵션에서 'R'을 입력하고 '1'을 입력한 다음 Enter를 누릅니다. 이번에는 'M'을 입력하고 네 곳의 모서리 부분의 차례로 선택하여 라운드를 적용합니다. Esc를 눌러 명령어를 취소합니다.

명령: F
FILLET
현재 설정: 모드=자르기, 반지름=3.0000
첫 번째 객체 선택 또는 [명령 취소(U)/폴리선(P)/반지름(R)/자르기(T)/다중(M)]: R
모깎기 반지름 지정 〈3.0000〉: 1
첫 번째 객체 선택 또는 [명령 취소(U)/폴리선(P)/반지름(R)/자르기(T)/다중(M)]: M
첫 번째 객체 선택 또는 [명령 취소(U)/폴리선(P)/반지름(R)/자르기(T)/다중(M)]: (R 값이 들어갈 첫 번째 모서리 클릭)
두 번째 객체 선택 또는 Shift 키를 누른 채 선택하여 구석 적용 또는 [반지름(R)]: (R 값이 들어갈 두 번째 모서리 클릭)

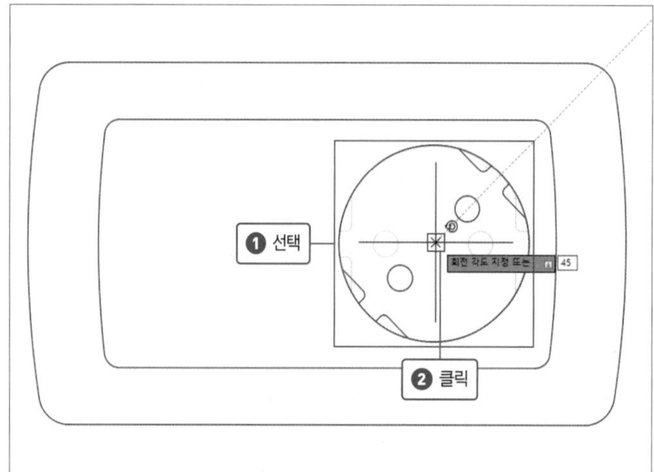

10 | 'RO(ROTATE)' 명령어를 입력하고 Enter를 누릅니다. 'Ø38'과 원 안쪽에 만들어진 형태를 모두 선택하고 Enter를 누릅니다. 원의 중심을 클릭하여 회전의 기준점으로 지정하고 '45'를 입력한 다음 Enter를 눌러 회전합니다.

명령: RO
ROTATE
현재 UCS에서 양의 각도: 측정 방향=시계 반대 방향 기준 방향=0
객체 선택: 〈직교 켜기〉 〈직교 끄기〉 반대 구석 지정: 15개를 찾음
객체 선택: Enter
기준점 지정: (원의 중심점 지정)
회전 각도 지정 또는 [복사(C)/참조(R)] 〈45〉: 45

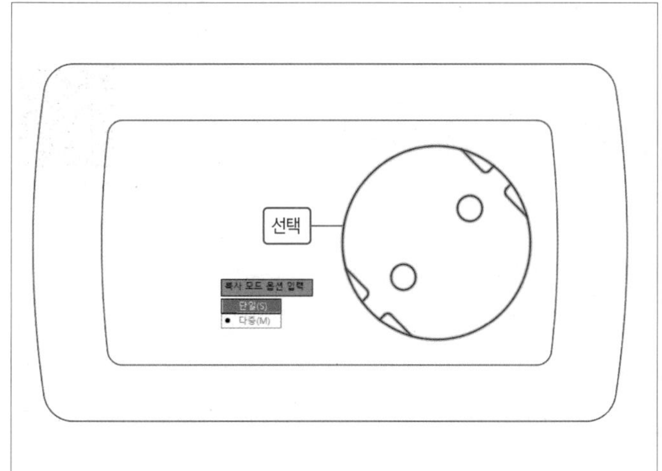

11 | 'CO(COPY)' 명령어를 입력하고 Enter를 누릅니다. 원과 원 안쪽에 만들어진 형태를 모두 선택한 다음 Enter를 누릅니다. 옵션에서 'O'를 입력하고 다중(M)에 'S'를 입력합니다.

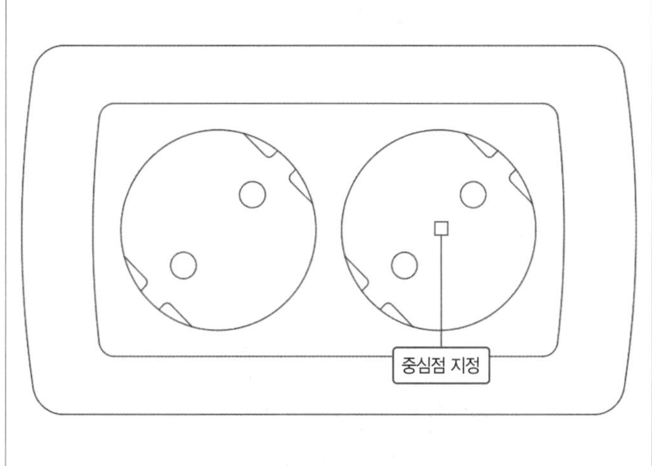

12 | F8을 눌러 객체가 수직, 수평으로만 움직이도록 만듭니다. 복사의 기준이 되는 원의 중심을 클릭하고 왼쪽으로 드래그하면서 21.5의 두 배 길이인 '43'을 입력한 후 Enter를 눌러 콘센트 도안을 마무리합니다.

```
명령: CO
COPY
15개를 찾음
현재 설정:  복사 모드=단일
기본점 지정 또는 [변위(D)/모드(O)/다중(M)] <변위>: O
복사 모드 옵션 입력 [단일(S)/다중(M)] <단일>: S
기본점 지정 또는 [변위(D)/모드(O)/다중(M)] <변위>: (원의 중심점을 지정)
두 번째 점 지정 또는 [배열(A)] <첫 번째 점을 변위로 사용>: <직교 켜기> 43
```

원과 선을 이용한 기계도면 그리기

동영상 강의

'CIRCLE'과 'LINE' 명령어를 중심으로 기계도면 형태를 만듭니다. 이번 기계도면 예제에서 알아두어야 할 'LENGTHEN', 'FILLET', 'TRIM', 'ARRAY' 명령어는 물론 'MOVE', 'MIRROR', 'ROTATE' 명령어로 AutoCAD로 진행하는 모든 작업 과정에 있어서 사용 빈도가 많은 기능들입니다. 자주 사용되는 기능은 아니지만, 'EXPLODE' 명령어도 이용하여도 기계도면 형태의 도면을 작성해 보겠습니다.

예제 도면 ◎ 완성 파일 : Part02\기계도면_완성.dwg

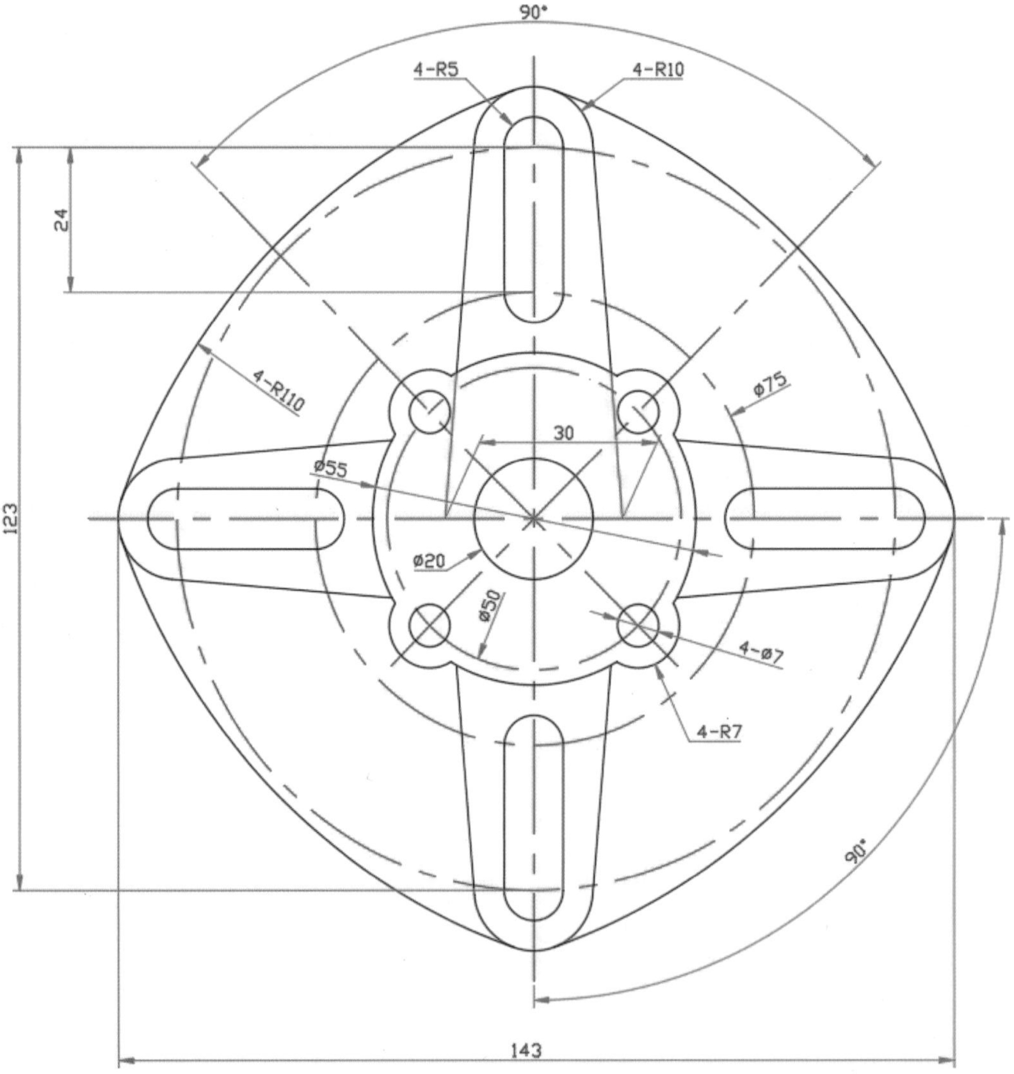

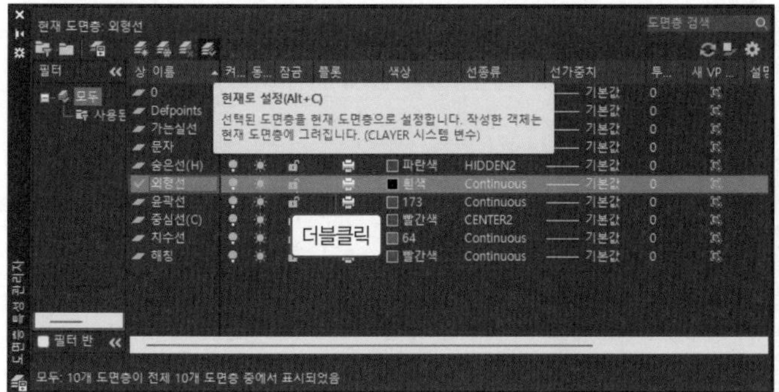

기본 원 그리기

01 | [도면층(레이어)]의 '외형선'을 더블클릭하여 현재 설정으로 합니다.

02 | F8을 눌러 '동적 입력(DYNMODE)'을 활성화합니다.

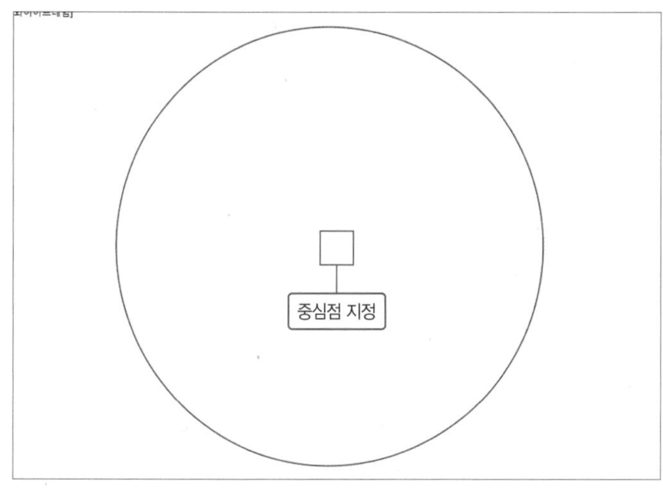

03 | 'C(CIRCLE)' 명령어를 입력한 다음 Enter를 누릅니다. 적당한 위치를 클릭하여 원의 중심점을 지정하고 'D'를 입력한 다음 Enter를 누릅니다. 지름 값 '123'을 입력하고 Enter를 누르면 지름 '123' 원이 만들어집니다.

명령: C
CIRCLE
원에 대한 중심점 지정 또는 [3점(3P)/2점(2P)/Ttr – 접선 접선 반지름(T)]: (중심점 지정)
원의 반지름 지정 또는 [지름(D)]: D
원의 지름을 지정함: 123

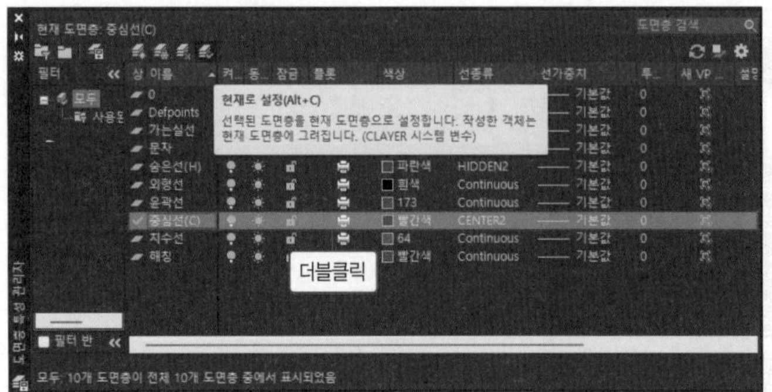

04 | 〔도면층(레이어)〕의 '중심선'을 더블클릭하여 현재 설정으로 합니다.

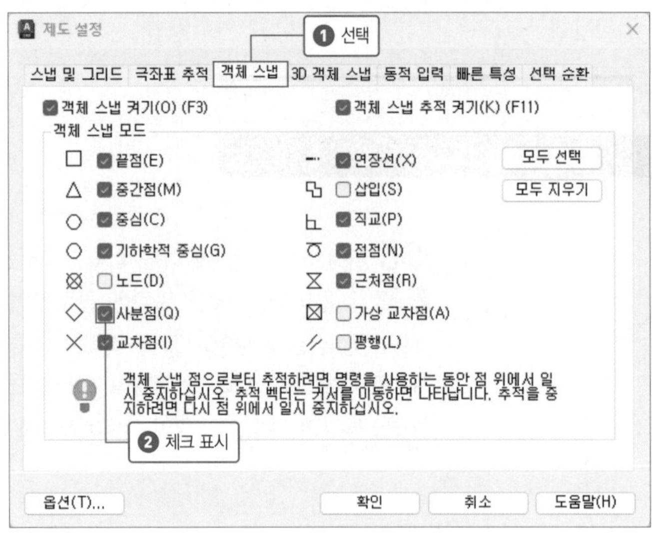

05 | 이때 〔제도 설정〕 대화상자의 〔객체 스냅〕 탭에서 '사분점(Q)'을 반드시 체크 표시해야 합니다.

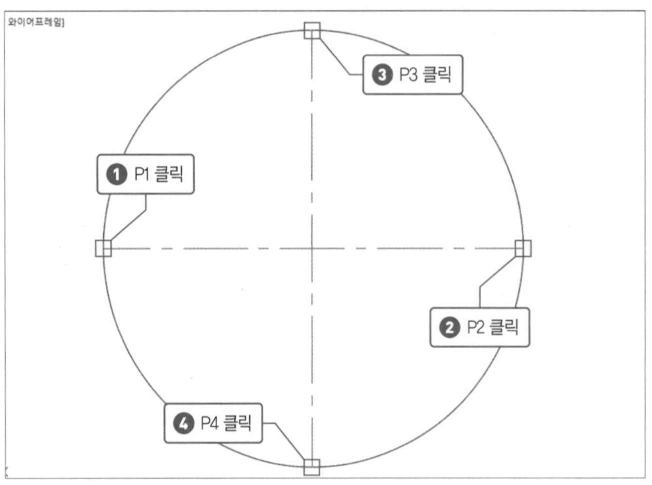

06 | 'L(LINE)' 명령어를 입력하고 Enter를 누릅니다. 원의 상하좌우 각각의 사분점을 클릭하여 십자 모양의 중심선을 그립니다. 현재 사용 중인 명령어를 취소할 때는 Esc를, 전 명령어를 다시 실행할 때는 Enter를 누릅니다.

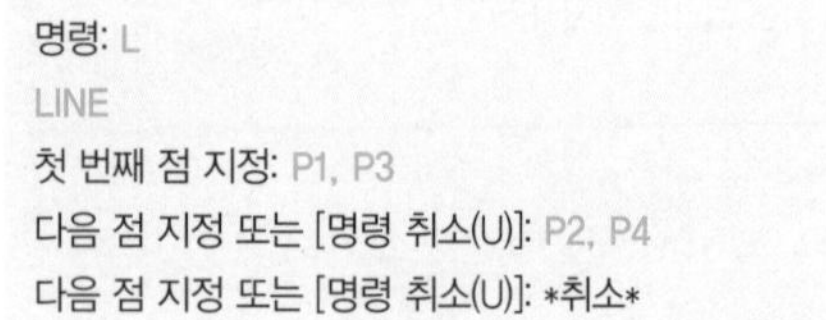
명령: L
LINE
첫 번째 점 지정: P1, P3
다음 점 지정 또는 [명령 취소(U)]: P2, P4
다음 점 지정 또는 [명령 취소(U)]: *취소*

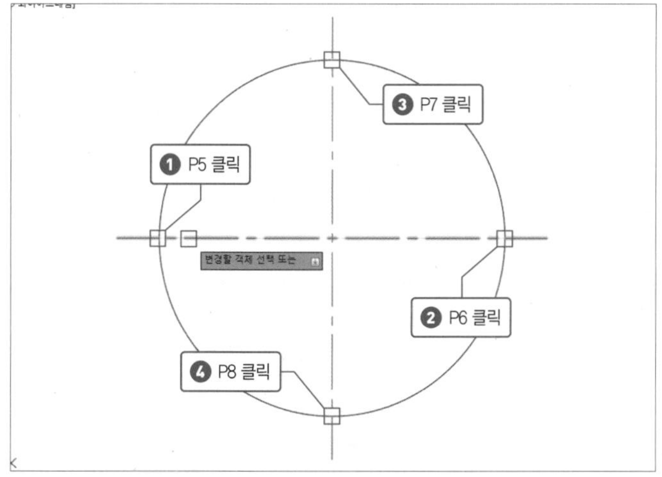

07 | 'LEN(LENGTHEN)' 명령어를 입력하고 Enter를 누른 후 옵션에서 'DE'를 입력한 다음 Enter를 누릅니다. '15'를 입력하고 다시 Enter를 누른 다음 중심선의 끝부분을 각각 클릭하여 선을 '15'씩 늘린 후 Esc를 눌러 명령어를 취소합니다.

명령: LEN
LENGTHEN
측정할 객체 또는 [증분(DE)/퍼센트(P)/합계(T)/동적(DY)] 선택 〈증분(DE)〉: DE
증분 길이 또는 [각도(A)] 입력 〈0.0000〉: 15
변경할 객체 선택 또는 [명령 취소(U)]: *취소*

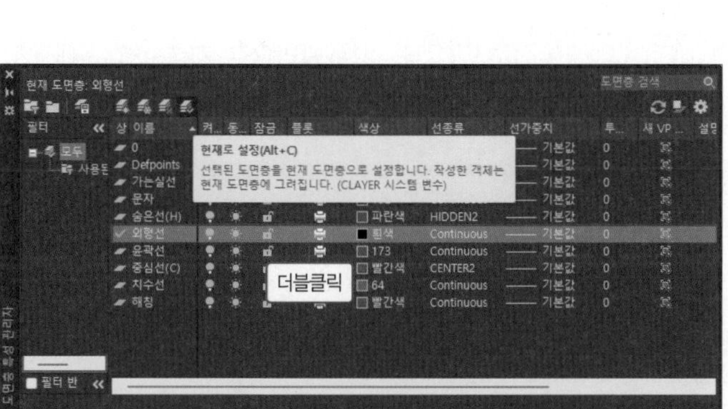

08 | 〔도면층(레이어)〕의 '외형선'을 더블 클릭하여 현재 설정으로 합니다.

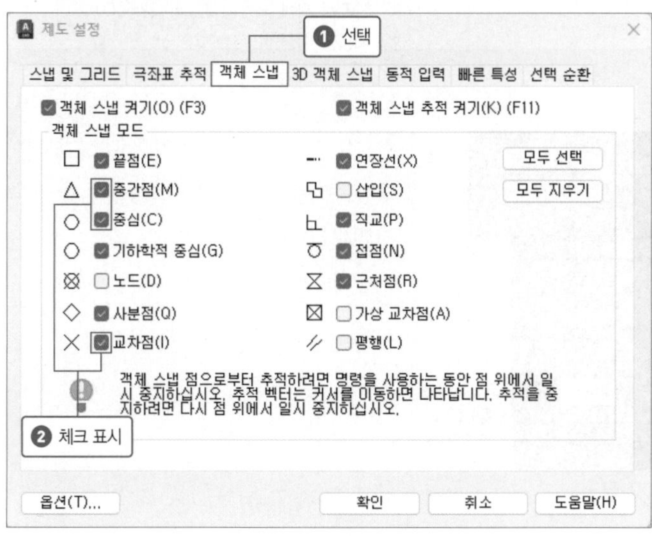

09 | 안쪽 원을 차례대로 만들겠습니다. [제도 설정] 대화상자의 〔객체 스냅〕 탭에서 '교차점(I)' 또는 '중심(C)'과 '중간점(M)'을 반드시 체크 표시합니다.

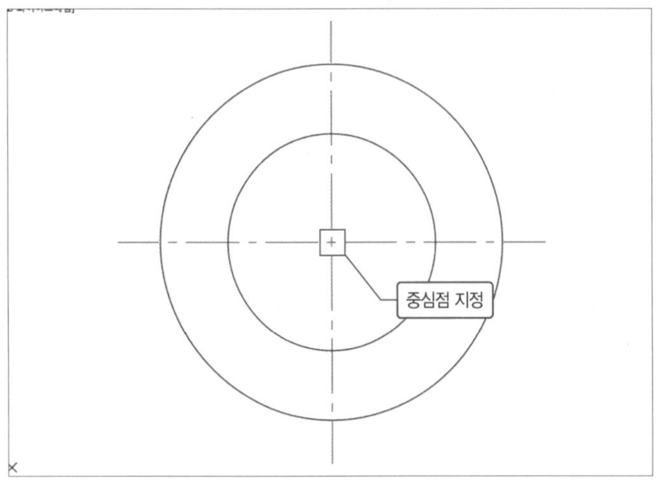

10 | 'C(CIRCLE)' 명령어를 입력한 다음 Enter를 누릅니다. 원의 중심을 클릭하고 옵션에서 'D'를 입력한 다음 Enter를 누릅니다. 지름 값 '75'을 입력하고 Enter를 누르면 지름 '75' 원이 그려집니다.

명령: C
CIRCLE
원에 대한 중심점 지정 또는 [3점(3P)/2점(2P)/Ttr – 접선 접선 반지름(T)]: (중심점 지정)
원의 반지름 지정 또는 [지름(D)] ⟨61.5000⟩: D
원의 지름을 지정함 ⟨123.0000⟩: 75

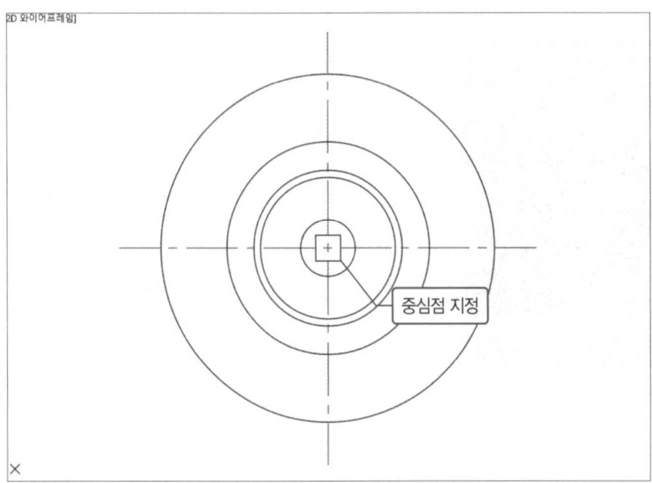

11 | 같은 방법으로 지름 '55', '50', '20' 원을 그립니다.

명령:
CIRCLE
원에 대한 중심점 지정 또는 [3점(3P)/2점(2P)/Ttr – 접선 접선 반지름(T)]: (중심점 지정)
원의 반지름 지정 또는 [지름(D)] ⟨37.5000⟩: D
원의 지름을 지정함 ⟨75.0000⟩: 55, 50, 20

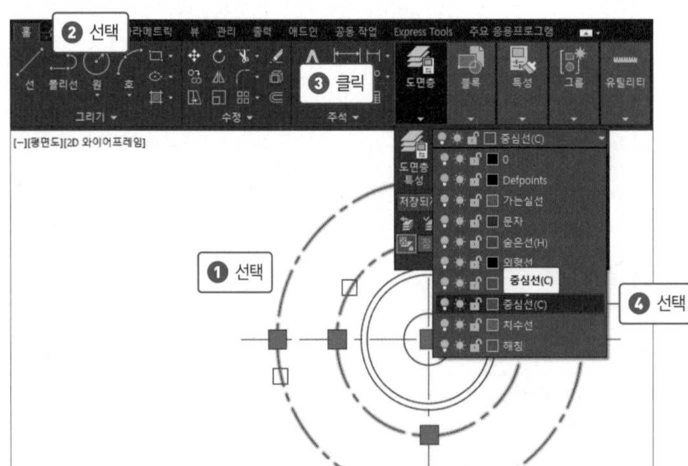

12 | '123', '75' 원을 각각 선택하고 [홈] 탭의 [도면층(레이어)]에서 '중심선'을 선택하여 변경합니다.

톱니 날개 만들기

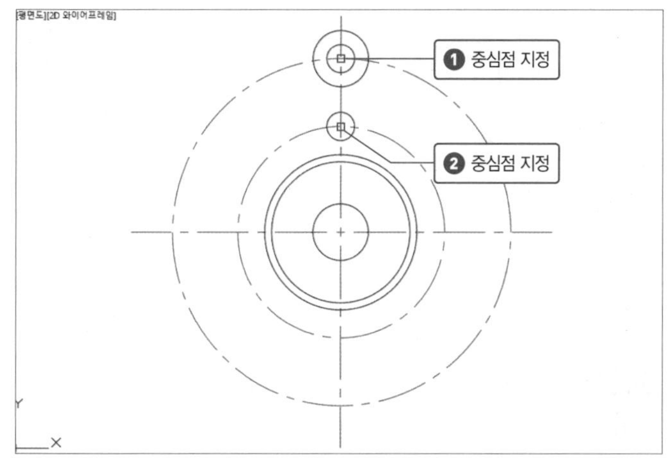

01 | 'C(CIRCLE)' 명령어를 입력한 다음 Enter를 누릅니다. '123' 원과 세로 중심선이 교차하는 위쪽 사분점을 클릭하고 반지름 값 '5'를 입력한 다음 Enter를 누릅니다. 다시 Enter를 눌러 반지름 '10' 원도 그립니다. 같은 방법으로 '75' 원과 세로 중심선이 교차하는 위쪽 사분점을 클릭해 반지름 '5' 원을 그립니다.

```
명령: C
CIRCLE
원에 대한 중심점 지정 또는 [3점(3P)/2점(2P)/Ttr – 접선 접선 반지름(T)]: (중심점 지정)
원의 반지름 지정 또는 [지름(D)] 〈5.0000〉: 5, 10
```

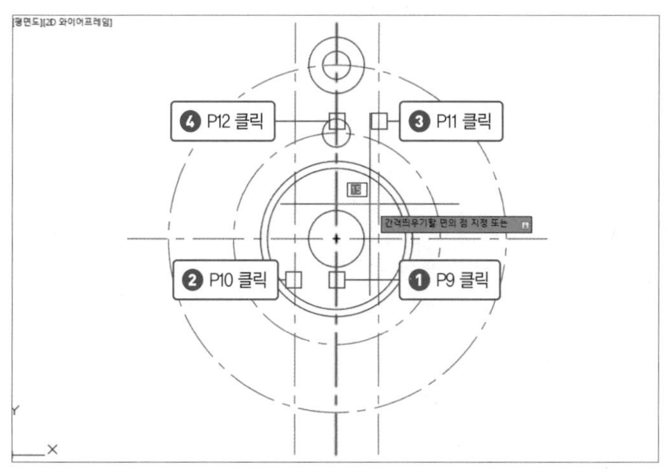

02 | 'O(OFFSET)' 명령어를 입력한 다음 Enter를 누르고 '15'를 입력한 후 Enter를 누릅니다. 세로 중심선을 선택하고 왼쪽과 오른쪽을 각각 클릭하여 '15'만큼 떨어진 간격 띄우기 복사를 한 다음 Esc를 눌러 명령어를 취소합니다.

```
명령: O
OFFSET
현재 설정: 원본 지우기=아니오, 도면층=원본, OFFSETGAPTYPE=0
간격띄우기 거리 지정 또는 [통과점(T)/지우기(E)/도면층(L)] 〈통과점〉: 15
간격띄우기할 객체 선택 또는 [종료(E)/명령 취소(U)] 〈종료〉: P9, P11
간격띄우기할 면의 점 지정 또는 [종료(E)/다중(M)/명령 취소(U)] 〈종료〉: P10, P12
간격띄우기할 객체 선택 또는 [종료(E)/명령 취소(U)] 〈종료〉: *취소*
```

03 | 'L(LINE)' 명령어를 입력하고 Enter를 누릅니다. Shift(또는 Ctrl)를 누른 채 마우스 오른쪽 버튼을 동시에 클릭하여 1회성 객체 스냅(OSNAP)을 활성화한 다음 〔접점(G)〕을 실행합니다.

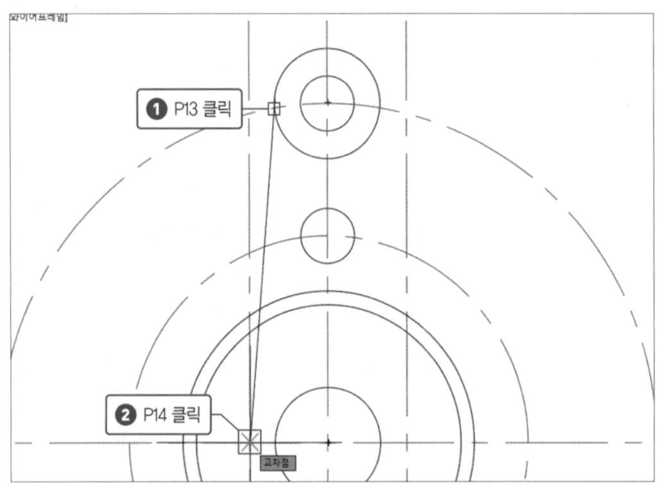

04 | 반지름 '10' 원의 왼쪽 교차점을 클릭한 후 대칭 복사한 왼쪽 세로선과 가로 중심선의 교차점을 클릭해 선을 만들고 Esc를 눌러 명령어를 취소합니다.

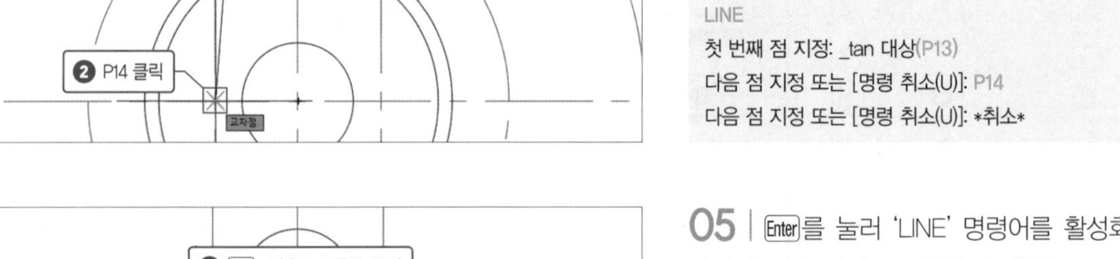

명령: L
LINE
첫 번째 점 지정: _tan 대상(P13)
다음 점 지정 또는 [명령 취소(U)]: P14
다음 점 지정 또는 [명령 취소(U)]: *취소*

05 | Enter를 눌러 'LINE' 명령어를 활성화합니다. 같은 방법으로 Shift(또는 Ctrl)를 누른 상태로 마우스 오른쪽 버튼을 동시에 클릭하여 1회성 객체 스냅(OSNAP)을 활성화한 다음 〔접점(G)〕을 실행합니다.

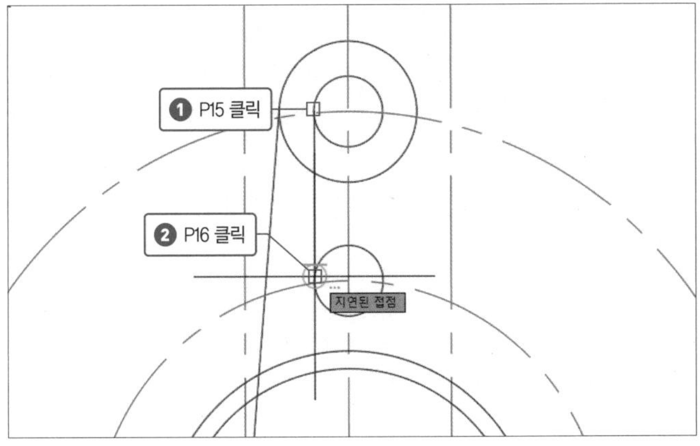

06 | 위에 있는 반지름 '5' 원의 왼쪽 중심점을 클릭하고 아래 있는 반지름 '5' 원의 왼쪽 중심점을 클릭하여 세로선을 만든 후 Esc를 눌러 명령어를 취소합니다.

명령:
LINE
첫 번째 점 지정: _tan 대상(P15)
다음 점 지정 또는 [명령 취소(U)]: _tan 대상(P16)
다음 점 지정 또는 [명령 취소(U)]: *취소*

07 | 'MI(MIRROR)' 명령어를 입력하고 Enter를 누른 다음 연결한 2개의 선을 각각 선택 후 Enter를 누릅니다. 세로 중심선 위와 아래 점을 클릭하여 기준점으로 지정하고 Enter를 눌러 대칭 복사합니다. 옵션에서 '아니오(N)'를 선택합니다.

명령: MI
MIRROR
객체 선택: 1개를 찾음
객체 선택: 1개를 찾음, 총 2개
객체 선택: Enter
대칭선의 첫 번째 점 지정: P17
대칭선의 두 번째 점 지정: P18
원본 객체를 지우시겠습니까? [예(Y)/아니오(N)] 〈아니오〉: N

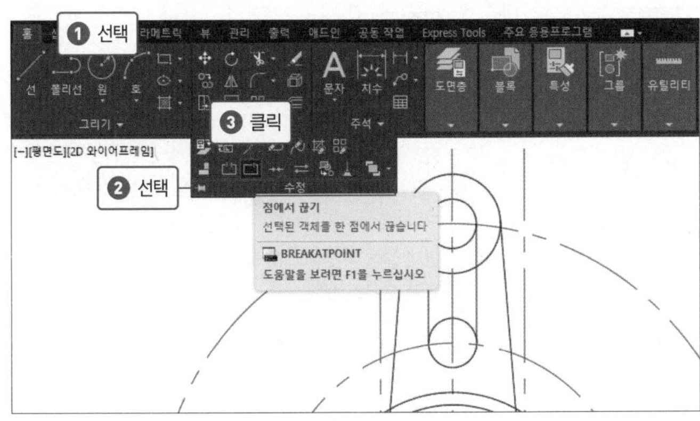

08 | 지름 '55' 원과 긴 선이 만나는 교차점에서 끊겠습니다. 〔홈〕 탭의 '수정'을 선택해서 패널을 표시하고 '점에서 끊기(BREAKATPOINT)'를 클릭합니다.

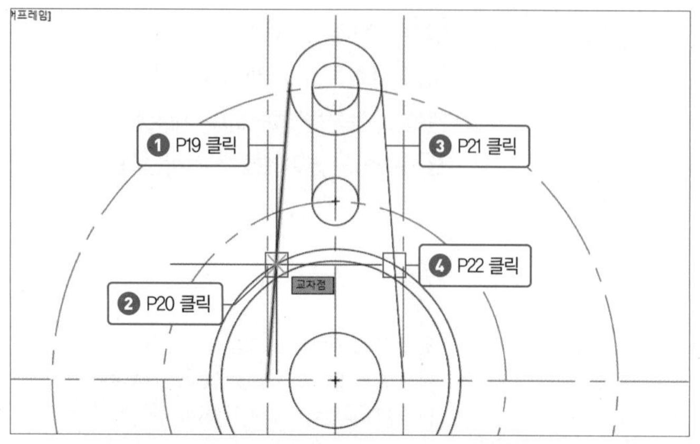

09 | 왼쪽 긴 선을 선택하고 Enter를 누른 다음 '55' 원과 만나는 교차점을 클릭하여 점을 끊은 후 Esc를 누릅니다. Enter를 눌러 명령어를 다시 실행하고 같은 방법으로 오른쪽 선도 점을 끊습니다.

명령: _breakatpoint
객체 선택: P19, P21
끊기점 지정: P20, P22

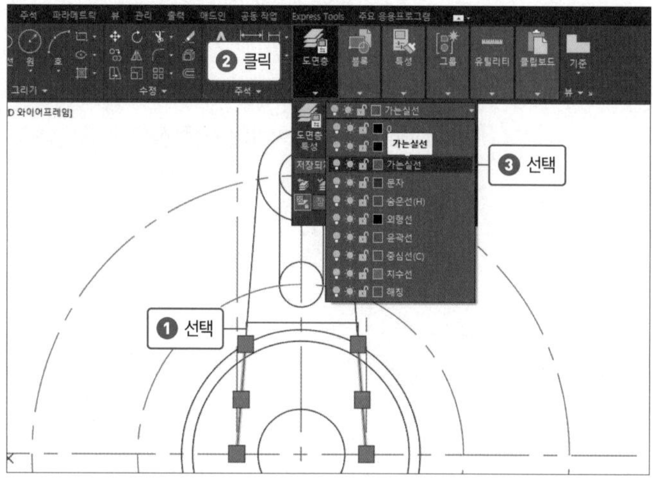

10 | 끊어진 부분 중 아래 선을 모두 선택하고 [도면층(레이어)]에서 '가는실선'을 선택하여 변경합니다.

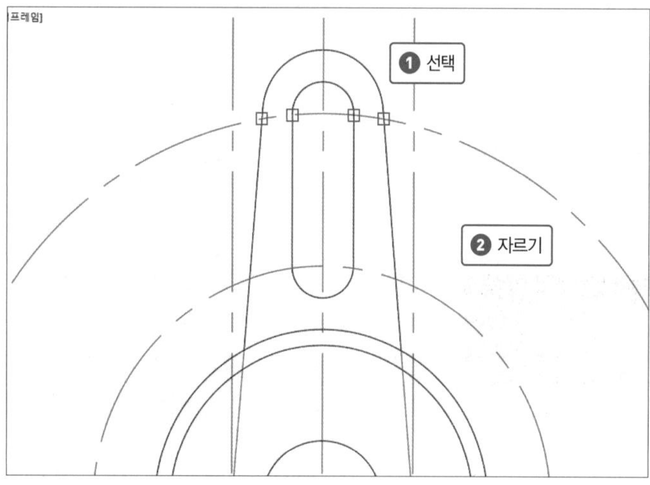

11 | 'TR(TRIM)' 명령어를 입력한 다음 Enter를 누릅니다. 옵션에서 'T'를 입력하고 Enter를 누릅니다. 절단선 경계가 되는 선들을 모두 선택하고 Enter를 누른 후 자를 선들을 클릭하여 자릅니다.

명령: TR
TRIM
현재 설정: 투영=UCS, 모서리=없음, 모드=빠른 작업
자를 객체를 선택하거나 Shift 키를 누른 채로 선택해 확장 또는
[절단 모서리(T)/걸치기(C)/모드(O)/프로젝트(P)/지우기(R)]: T
현재 설정: 투영=UCS, 모서리=없음, 모드=빠른 작업
절단 모서리 선택...

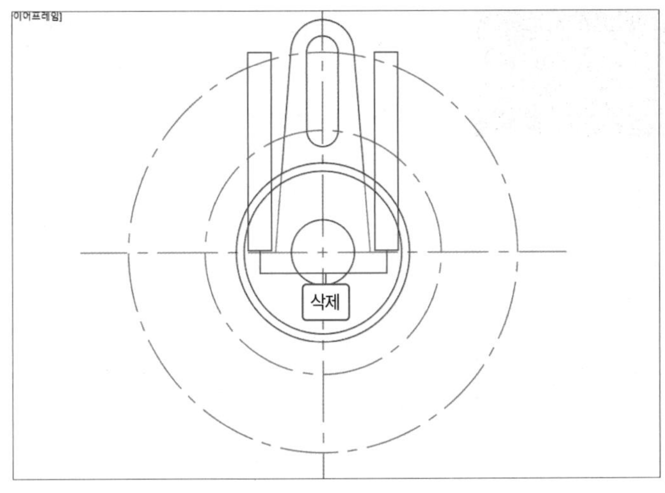

12 | 세로 중심선을 기준으로 간격 띄우기 복사한 왼쪽/오른쪽 세로선을 선택한 다음 Delete를 눌러 삭제합니다.

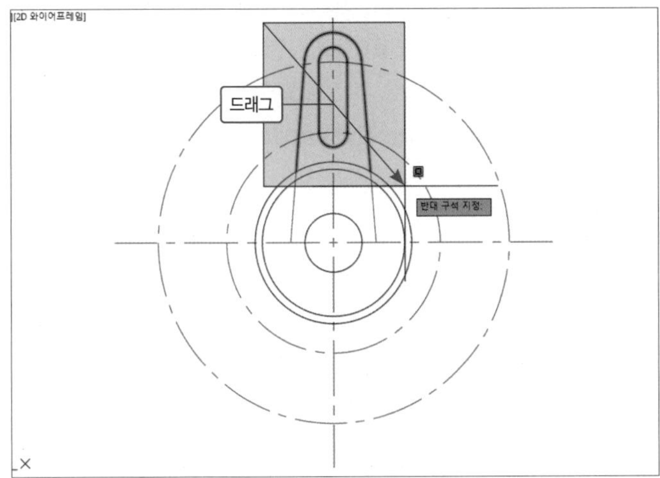

톱니 날개 배열하기

01 | 형태를 완성하기 위해 'AR(ARRAY)' 명령어를 입력하고 Enter를 누릅니다. 배열할 객체를 그림과 같이 드래그하여 선택하고 Enter를 누릅니다.

명령: AR
ARRAY
윈도우(W) 올가미 스페이스바를 눌러 옵션 순환 0개를 찾음
객체 선택: 반대 구석 지정: 7개를 찾음
객체 선택: Enter

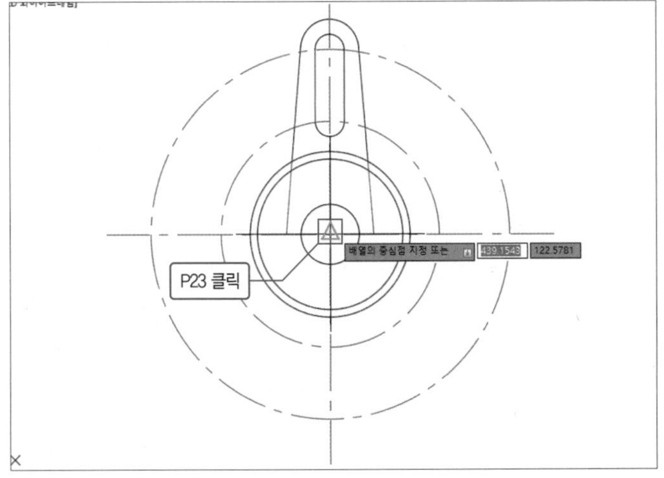

02 | 옵션에서 'PO'를 입력하여 원형 유형으로 설정하고 원의 중심점을 클릭하여 배열의 중심점으로 지정합니다.

배열 유형 입력 [직사각형(R)/경로(PA)/원형(PO)] 〈원형〉: PO
유형=원형, 연관=예
배열의 중심점 지정 또는 [기준점(B)/회전축(A)]: P23

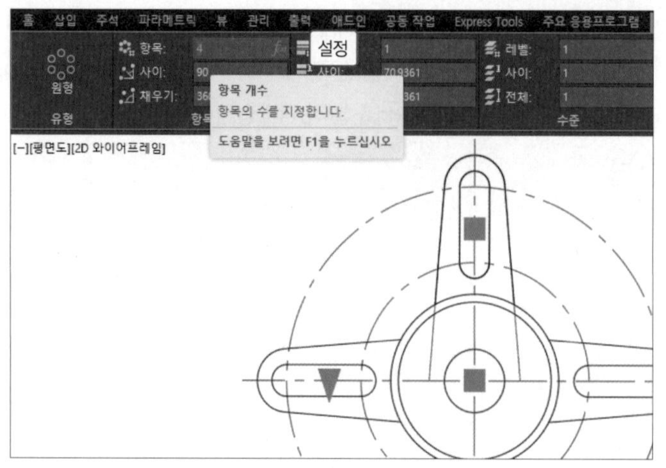

03 | 배열 작성 항목에 '4'를 입력해 배열할 형상의 개수를 설정한 다음 Enter를 누른 후 Esc를 눌러 명령어를 취소합니다.

그립을 선택하여 배열을 편집하거나 [연관(AS)/기준점(B)/항목(I)/사이의 각도(A)/채울 각도(F)/행(ROW)/레벨(L)/항목 회전(ROT)/종료(X)]〈종료〉: *취소*

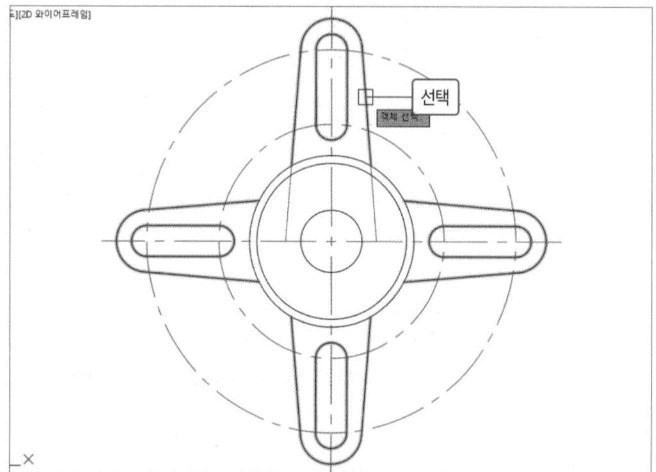

04 | 배열한 객체 형태를 분해하기 위해 'X(EXPLODE)' 명령어를 입력한 다음 Enter를 누른 후 분해할 객체를 선택합니다. 객체가 모두 연결되어 있어 한번에 선택됩니다.

명령: X
EXPLODE
객체 선택: 1개를 찾음
객체 선택: Enter
명령: *취소*

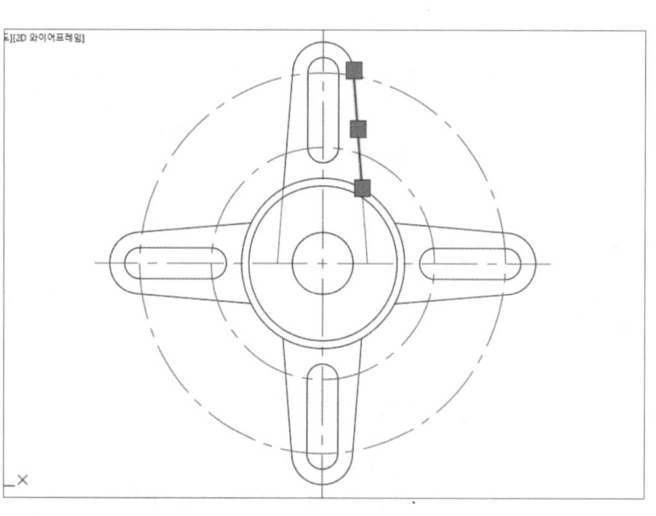

05 | 연결되어 있는 객체들을 확인하고 Enter를 누르면 모두 분해됩니다. 객체를 선택하면 객체가 각각 분해된 것을 확인할 수 있습니다.

세부 톱니 형태 만들기

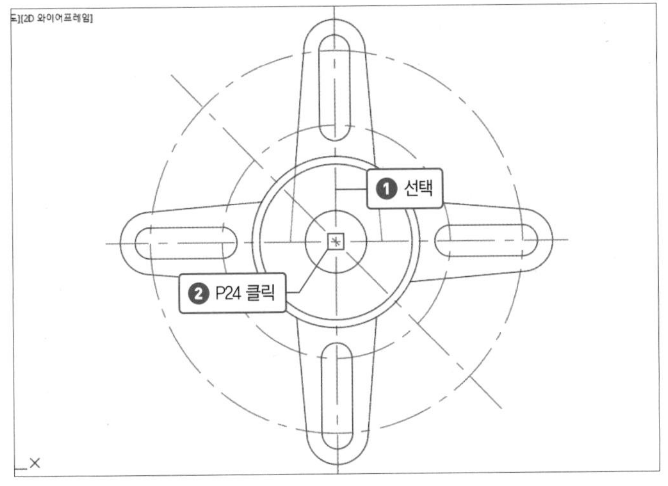

01 | 'RO(ROTATE)' 명령어를 입력하고 Enter를 누른 다음 세로 중심선을 선택하고 Enter를 누릅니다. 중심선의 교차점을 클릭해 회전 기준점으로 지정하고 옵션에서 'C'를 입력한 다음 '45'을 입력한 후 Enter를 눌러 시계 반대 방향으로 회전합니다.

명령: RO
ROTATE
현재 UCS에서 양의 각도: 측정 방향=시계, 반대 방향 기준 방향=0
객체 선택: 1개를 찾음
객체 선택: Enter
기준점 지정: P24
회전 각도 지정 또는 [복사(C)/참조(R)] <0>: C
선택한 객체의 사본을 회전합니다.
회전 각도 지정 또는 [복사(C)/참조(R)] <0>: 45

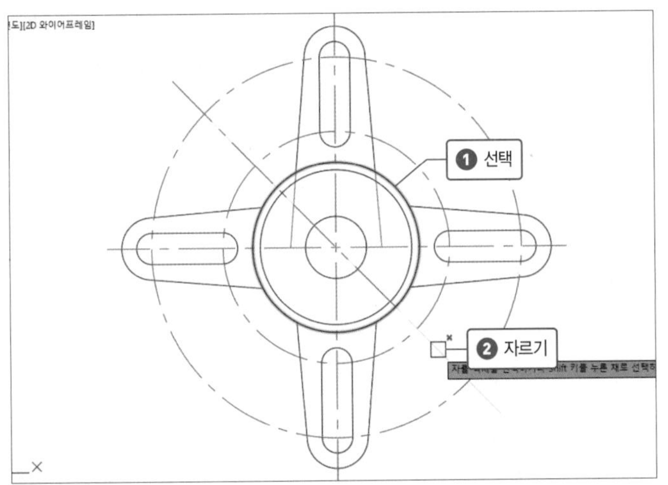

02 | 'TR(TRIM)' 명령어를 입력하고 Enter를 누른 후 옵션에서 'T'를 입력 후 Enter를 누릅니다. 절단 모서리 경계가 되는 '55' 원을 선택하고 Enter를 누른 다음 회전한 선 아랫부분을 클릭하여 자릅니다.

명령: TR
TRIM
현재 설정: 투영=UCS, 모서리=없음, 모드=빠른 작업
자를 객체를 선택하거나 Shift 키를 누른 채로 선택하여 확장 또는
[절단 모서리(T)/걸치기(C)/모드(O)/프로젝트(P)/지우기(R)]: T
현재 설정: 투영=UCS, 모서리=없음, 모드=빠른 작업
절단 모서리 선택...

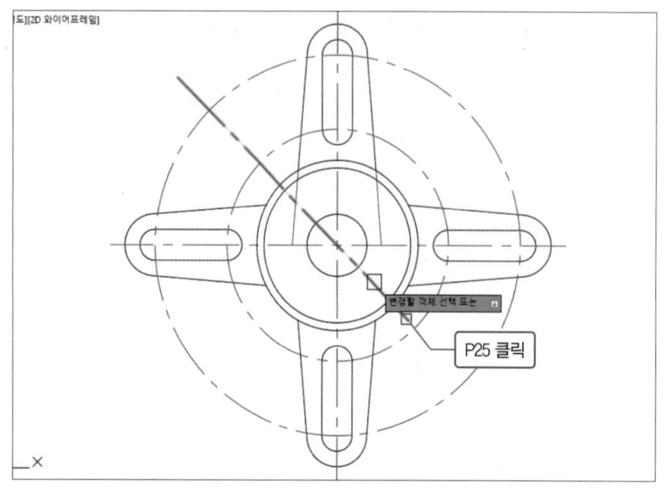

03 | 'LEN(LENGTHEN)' 명령어를 입력한 다음 Enter를 누릅니다. 옵션에서 'DE'를 입력하여 증분을 선택하고 '7'을 누른 다음 자른 선의 아래 끝점을 클릭해 '7'만큼 선을 늘린 후 Esc를 눌러 사용 중인 명령어를 취소합니다.

명령: LEN
LENGTHEN
측정할 객체 또는 [증분(DE)/퍼센트(P)/합계(T)/동적(DY)] 선택 〈증분(DE)〉: DE
증분 길이 또는 [각도(A)] 입력 〈0.0000〉: 7
변경할 객체 선택 또는 [명령 취소(U)]: P25
변경할 객체 선택 또는 [명령 취소(U)]: *취소*

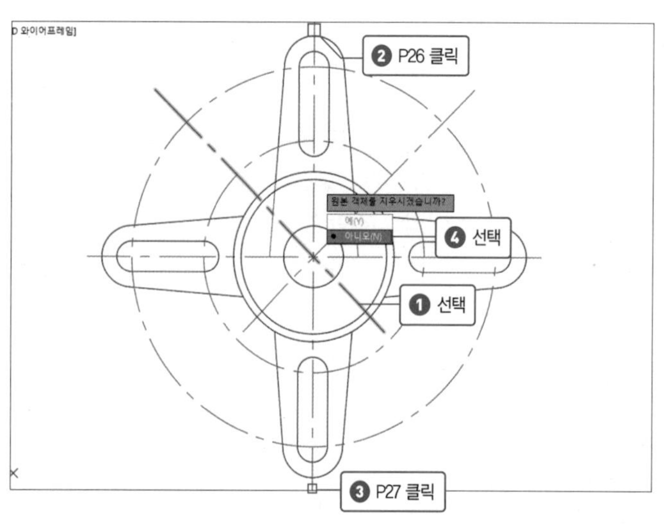

04 | 'MI(MIRROR)' 명령어를 입력하고 Enter를 누른 다음 회전한 선을 선택 후 Enter를 누릅니다. 세로 중심선 위와 아래 점을 클릭하여 기준점으로 지정하고 Enter를 눌러 대칭 복사합니다. '원본 객체를 지우시겠습니까?'가 표시되면 '아니오(N)'을 선택해 원본 객체를 남깁니다.

명령: MI
MIRROR
객체 선택: 1개를 찾음
객체 선택: Enter
대칭선의 첫 번째 점 지정: P26
대칭선의 두 번째 점 지정: P27
원본 객체를 지우시겠습니까? [예(Y)/아니오(N)] 〈아니오〉: N

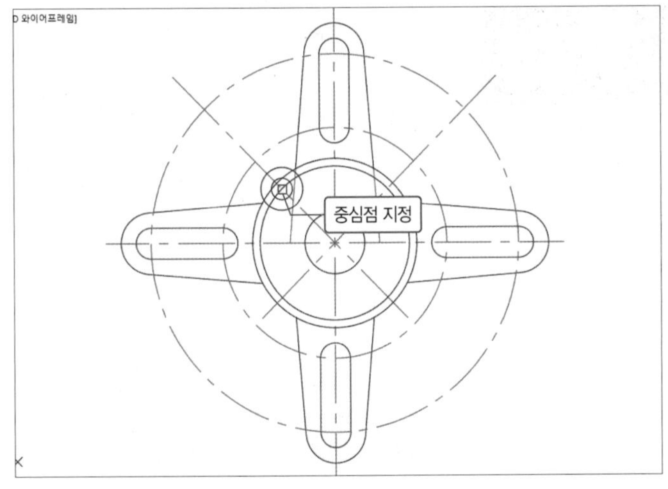

05 | 'C(CIRCLE)' 명령어를 입력한 다음 Enter를 누릅니다. 회전한 선과 지름 '50' 원이 교차하는 왼쪽 위를 클릭해 기준점으로 지정하고 반지름 값 '7'을 입력한 후 Enter를 누릅니다. Enter를 눌러 다시 명령어를 실행한 다음 같은 방법으로 반지름 '3.5' 원을 만듭니다.

명령: C
CIRCLE
원에 대한 중심점 지정 또는 [3점(3P)/2점(2P)/Ttr – 접선 접선 반지름(T)]: (중심점 지정)
원의 반지름 지정 또는 [지름(D)] 〈5.0000〉: 7/3.5

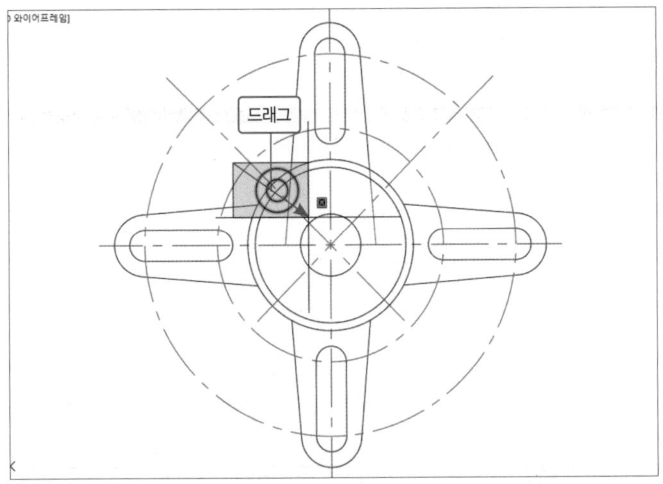

세부 톱니 만들기

01 | 'AR(ARRAY)' 명령어를 입력하고 Enter를 누릅니다. 배열할 객체를 그림과 같이 드래그하여 선택하고 Enter를 누릅니다.

명령: AR
ARRAY
객체 선택: 반대 구석 지정: 2개를 찾음
객체 선택: Enter

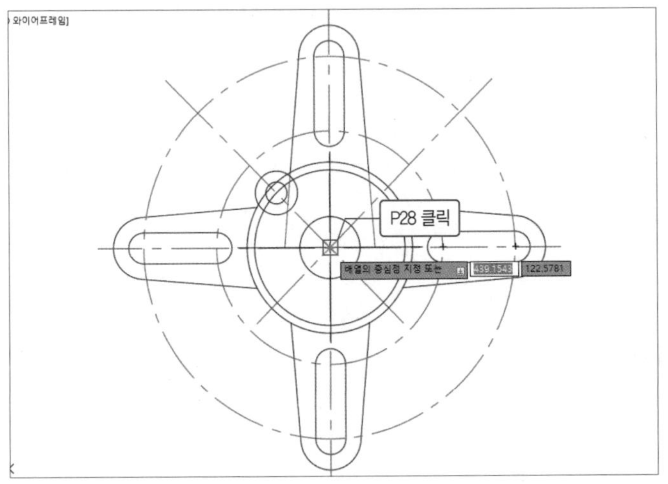

02 | 'PO'를 입력하여 원형 유형으로 설정하고 원의 중심점을 클릭하여 배열의 중심점으로 지정합니다.

배열 유형 입력 [직사각형(R)/경로(PA)/원형(PO)] 〈원형〉: PO
유형=원형, 연관=예
배열의 중심점 지정 또는 [기준점(B)/회전축(A)]: P28

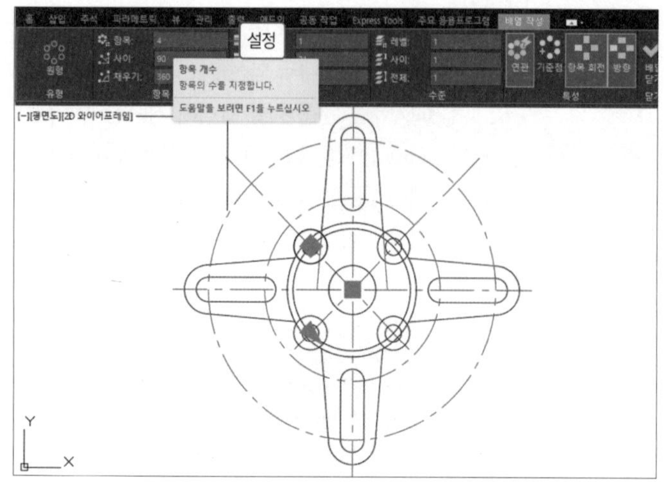

03 | 〔배열 작성〕 탭이 표시되면 항목을 '4'로 설정해 그림과 같이 톱니바퀴의 내부 모양을 만들고 Esc를 눌러 명령어를 취소합니다.

그립을 선택하여 배열을 편집하거나 [연관(AS)/기준점(B)/항목(I)/사이의 각도(A)/채울 각도(F)/행(ROW)/레벨(L)/항목 회전(ROT)/종료(X)]〈종료〉: *취소*

04 | 'TR(TRIM)' 명령어를 입력하고 Enter를 누른 다음 'T'를 입력 후 Enter를 누릅니다. 절단 모서리 경계가 되는 선 객체들을 선택하고 Enter를 누른 후 그림과 같이 자를 부분을 클릭하고 Esc를 눌러 사용 중인 명령어를 취소합니다.

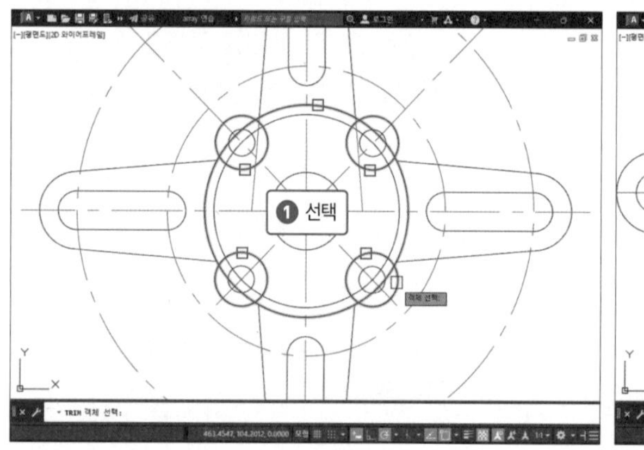

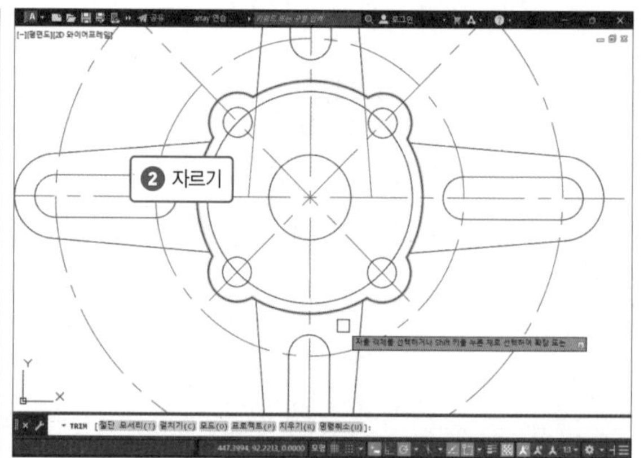

명령: TR
TRIM
현재 설정: 투영=UCS, 모서리=없음, 모드=빠른 작업
자를 객체를 선택하거나 Shift 키를 누른 채로 선택하여 확장 또는
[절단 모서리(T)/걸치기(C)/모드(O)/프로젝트(P)/지우기(R)]: T
현재 설정: 투영=UCS, 모서리=없음, 모드=빠른 작업
절단 모서리 선택...

TIP

배열한 객체는 모두 연결되어 있어 'X(EXPLODE)' 명령어를 사용하여 분해합니다.

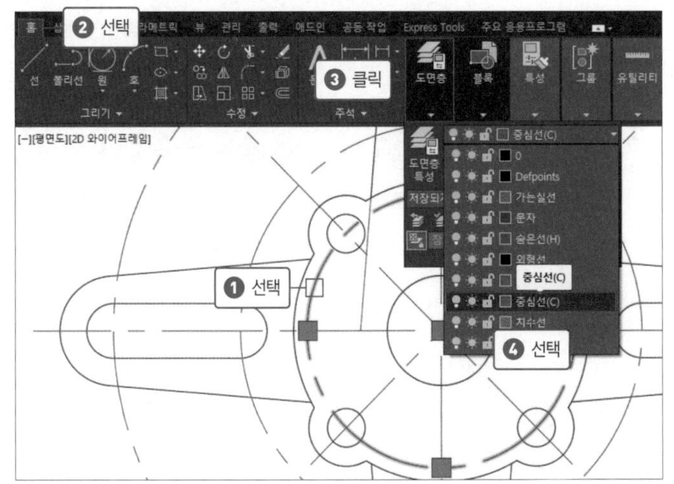

외부 형태 만들기

01 | 지름 '50' 원을 선택하고 〔홈〕 탭의 〔도면층(레이어)〕에서 '중심선'을 선택하여 변경합니다.

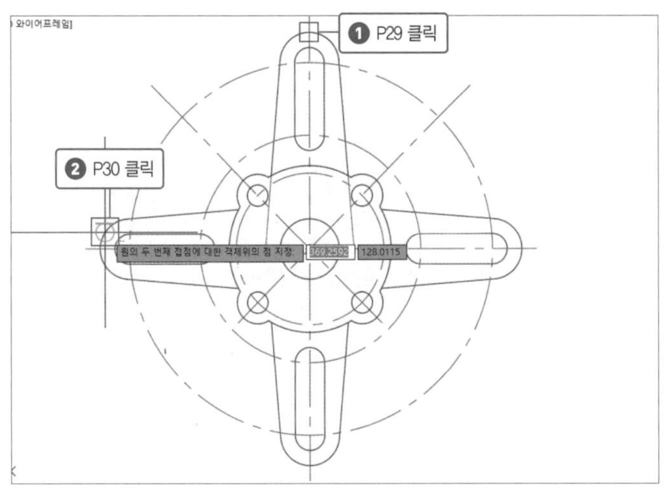

02 | 가장 바깥쪽 호를 만들기 위해 'C(CIRCLE)' 명령어를 입력하고 Enter를 누른 다음 옵션에서 'T'를 입력합니다.

왼쪽과 위쪽 날개 부분 끝을 그림과 같이 각각 클릭하여 호를 만들 지점을 지정한 다음 반지름 값인 '110'을 입력합니다.

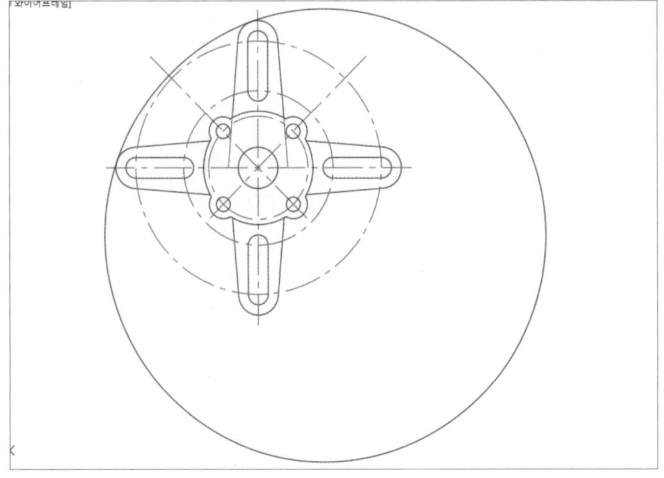

03 | 두 지점을 접선으로 하는 반지름 'R110' 원이 만들어집니다.

명령: C
CIRCLE
원에 대한 중심점 지정 또는 [3점(3P)/2점(2P)/Ttr – 접선 접선 반지름(T)]: T
원의 첫 번째 접점에 대한 객체 위의 점 지정: P29
원의 두 번째 접점에 대한 객체 위의 점 지정: P30
원의 반지름 지정 〈3.5000〉: 110

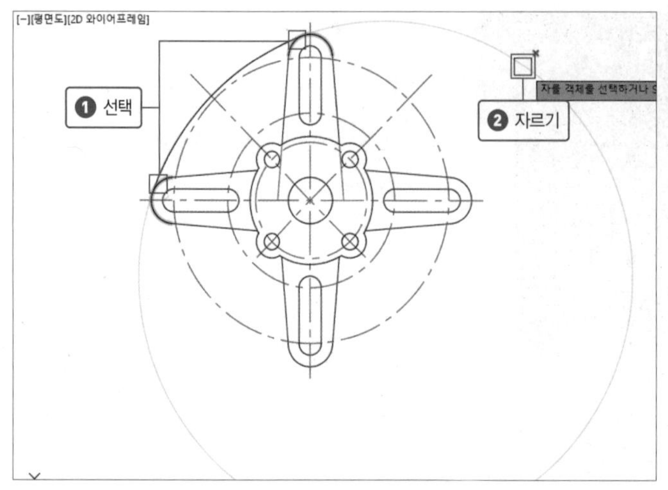

04 | 'TR(TRIM)' 명령어를 입력하고 Enter를 누른 다음 옵션에서 'T'를 입력한 후 Enter를 누릅니다. 그림과 같이 절단 모서리 경계가 되는 두 곳을 선택하고 Enter를 누른 후 원의 자를 부분을 클릭 후 Esc를 눌러 현재 사용 중인 명령어를 취소합니다.

명령: TR
TRIM
현재 설정: 투영=UCS, 모서리=없음, 모드=빠른 작업
자를 객체를 선택하거나 Shift 키를 누른 채로 선택하여 확장 또는
[절단 모서리(T)/걸치기(C)/모드(O)/프로젝트(P)/지우기(R)]: T
현재 설정: 투영=UCS, 모서리=없음, 모드=빠른 작업
절단 모서리 선택...

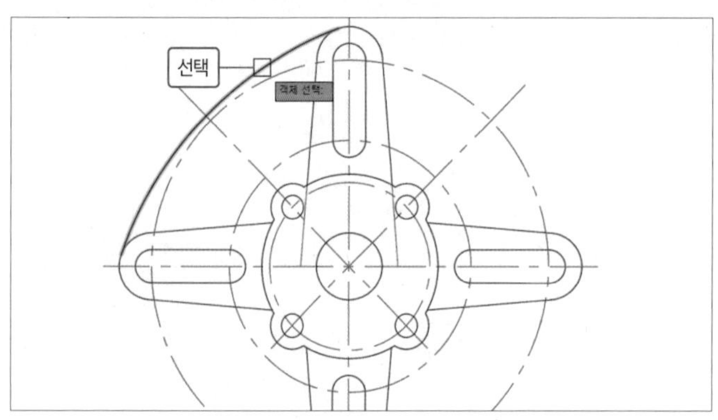

외부 형태 배열하기

01 | 'AR(ARRAY)' 명령어를 입력하고 Enter를 누른 다음 자른 호를 선택 후 Enter를 누릅니다.

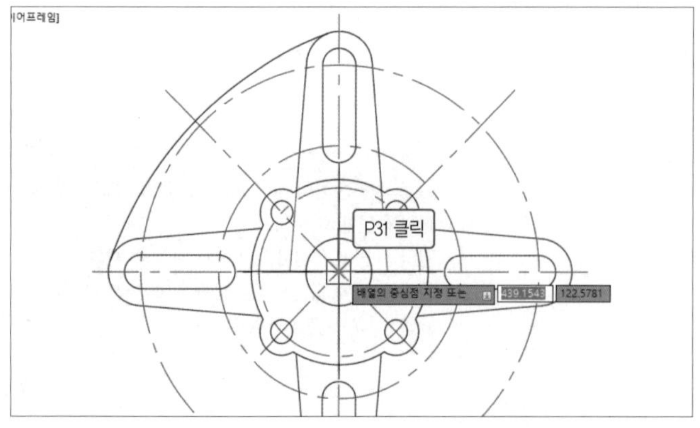

02 | 'PO'를 입력하여 원형 유형으로 설정하고 원의 중심점을 클릭하여 배열의 중심점으로 지정합니다.

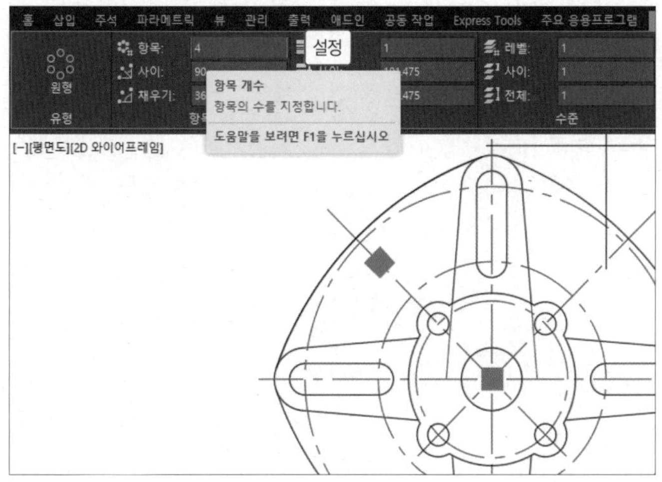

03 | 〔배열 작성〕 탭이 표시되면 항목을 '4'로 설정해 그림과 같이 톱니바퀴의 외부 모양을 만들고 Esc를 눌러 명령어를 취소합니다.

명령: AR
ARRAY
객체 선택: 1개를 찾음
객체 선택: Enter
배열 유형 입력 [직사각형(R)/경로(PA)/원형(PO)] 〈원형〉: PO
유형=원형, 연관=예
배열의 중심점 지정 또는 [기준점(B)/회전축(A)]: P31
그립을 선택하여 배열을 편집하거나 [연관(AS)/기준점(B)/항목(I)/사이의 각도(A)/채울 각도(F)/행(ROW)/레벨(L)/항목 회전(ROT)/종료(X)]〈종료〉:
취소

04 | 배열한 객체는 모두 연결되어 있기 때문에 'X(EXPLODE)' 명령어를 입력하고 Enter를 눌러 분해해 도면을 완성합니다.

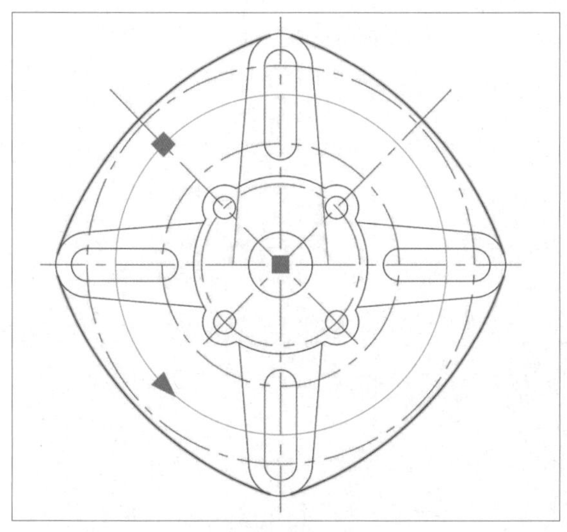

▲ EXPLODE 하기 전 연결되어 있는 모습

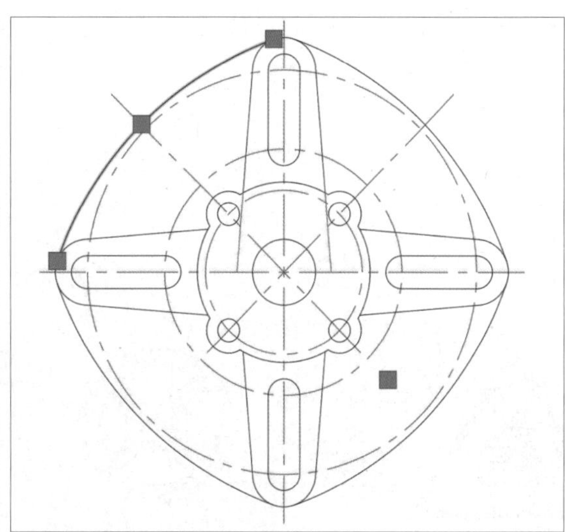

▲ EXPLODE 한 후 분해되어 있는 모습

명령: X
EXPLODE 1개를 찾음

하나의 도면 안에는 셀 수 없이 많은 양의 객체가 작도됩니다. 이러한 객체들을 체계적으로 관리하기 위해서는 하나의 도면층만으로는 관리할 수 없으며, 다양한 도면층으로 각각 분리해서 객체를 관리하는 것이 작업자의 작업 효율을 높이는 데에도 최적이라고 할 수 있습니다.

AutoCAD에서는 여러 기능을 가진 다양한 도면층을 이용해 객체를 잘 관리할 수 있습니다. PART 3에서는 AutoCAD에서 도면을 체계적으로 관리하기 위해 도면층에 대한 이해와 객체 속성 관리 방법에 대해 알아보겠습니다.

도면 체계적으로 관리하기

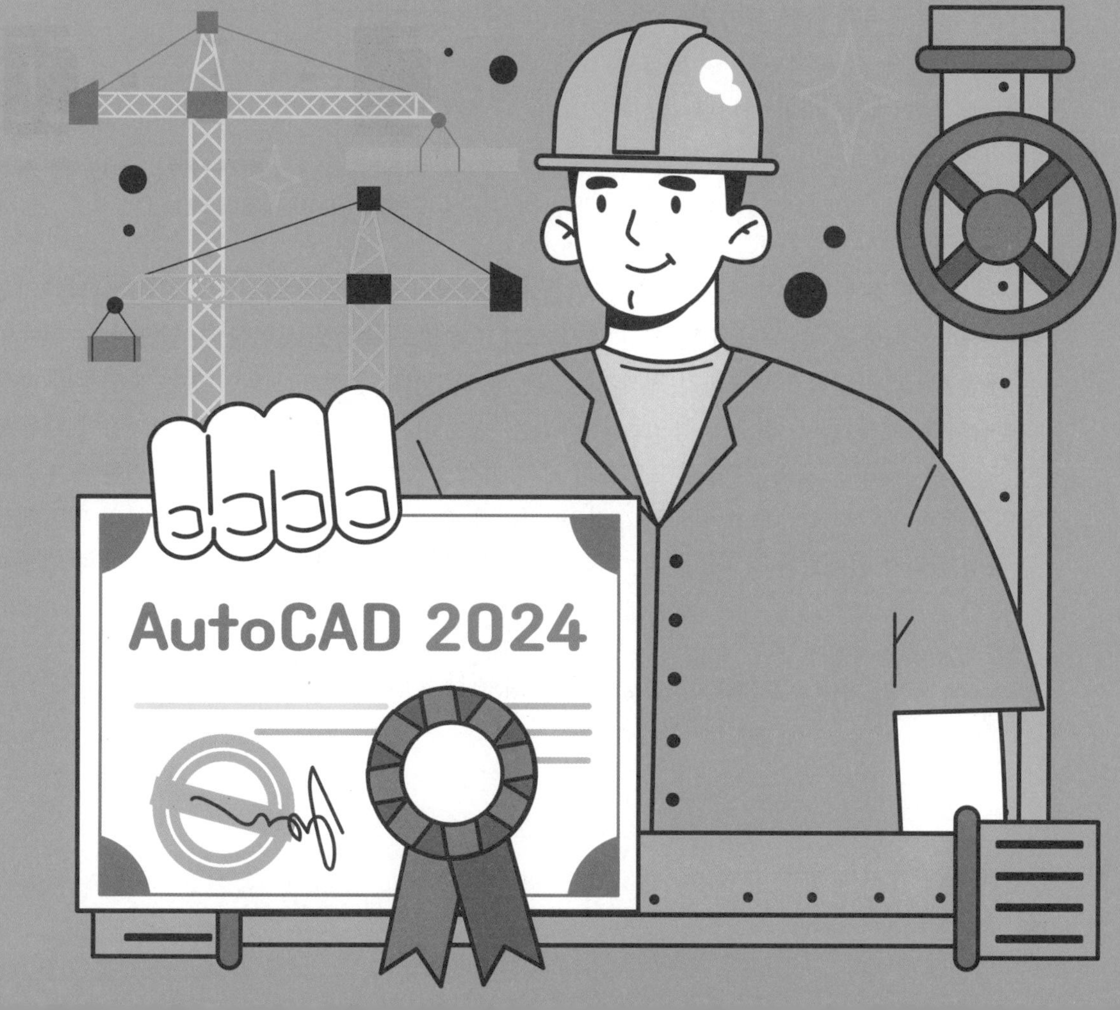

AutoCAD 2024

도면층(레이어, Layer)의 이해

간단한 도면을 그릴 때는 도면층의 구분에 신경을 쓰지 않지만, 하나의 도면에 다양한 객체를 복잡하게 그릴 때는 반드시 도면층을 분리해야 편리합니다. 도면층은 각각의 도면 객체들의 모음이라고 할 수 있으며 하나의 도면층에 속하는 모든 객체들은 색상, 선 종류, 선 가중치 및 기타 특성 등 같은 속성을 지니게 되고 이러한 속성의 객체들을 편리하게 유지하고 관리하기 위해 사용합니다.

1 도면층(Layer)이란?

도면층은 투명한 셀로판지라고 생각하면 됩니다. 셀로판지 위에 그림을 그리고, 다시 하나의 셀로판지를 얹은 후 그 위에 다른 그림을 그리면 모든 객체는 서로 겹쳐 하나의 그림으로 보입니다. 그러나 각각의 셀로판지를 나눠 살펴보면 여러 가지 다른 그림이 그려진 것을 확인할 수 있습니다. 도면층(Layer) 또는 레이어라고 합니다.

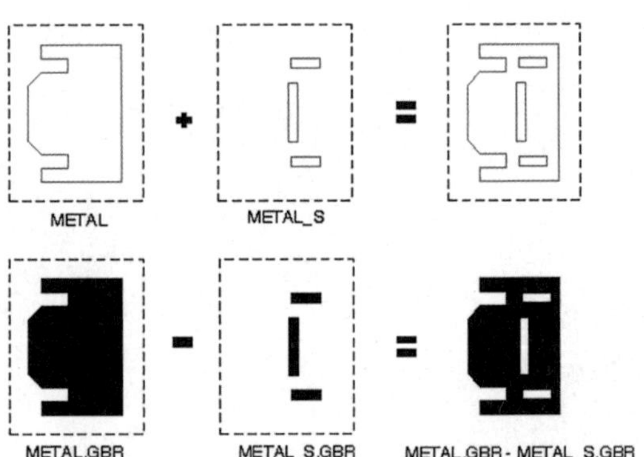

▲ 도면층들이 모여 완성된 하나의 도면

하나의 도면층에 속한 객체들은 해당 도면층에서 선택된 여러 가지 속성을 가집니다. 하나의 도면층에는 색상, 선 종류, 선 가중치 및 기타 특성 그리고 투명도 속성을 부여할 수 있습니다. 객체의 속성은 개별적으로 작업자가 변경하기 전까지는 기본적으로 현재 설정으로 되어 있는 도면층의 속성을 상속받습니다. 예를 들어, 현재 설정으로 되어 있는 '벽체'라는 도면층이 있을 때, 그다음에 새롭게 생성한 도면층은 이름을 제외한 '벽체' 도면층의 모든 속성을 그대로 물려받습니다. 이러한 도면층 속성은 도면층 특성 관리자 팔레트를 이용해 수정 및 관리할 수 있습니다. 그리고 모든 드로잉 파일에서 도면층 특성 관리자 팔레트를 불러왔을 때, 이름이 0인 도면층은 삭제하거나 이름을 변경할 수 없습니다.

TIP Defpoints 레이어

'Defpoints' 도면층은 치수(DIM)를 입력할 때 자동으로 생성되는 레이어로 DIM에 대한 정보를 갖는 특별한 도면층으로 삭제되거나 출력되지 않습니다.

2 | 도면층 특성 관리자 팔레트 표시하기 - Layer(Ddlmodes)

'LAYER'는 도면층 특성 관리자 팔레트를 표시하는 명령어로 도면층과 관련된 모든 작업을 수행합니다. 'DDLMODES' 명령어로도 도면층 특성 관리자 팔레트를 표시할 수 있습니다.

1 명령어 실행

- 리본 메뉴 : [홈] 탭 - 도면층 특성
- 단축 명령어 : LA(DDLMODES)

2 명령 입력 과정

명령: LA [LA 명령어 입력 후 Enter]
LAYER

3 도면층 특성 관리자 팔레트

'도면층 특성 관리자 팔레트'는 하나의 도면 안에 포함된 각각의 도면층에 색상, 선 종류, 선 가중치 등의 속성을 지정하고 그 특성을 구분하고 관리하는 창입니다. 도면에서 구분된 각 객체를 새로운 도면층으로 생성(Alt+N)하거나 기존 도면층을 삭제(Alt+D)할 수 있고, 현재 도면층(Alt+C)으로 설정할 수 있으며, 켜기(On)/끄기(Off), 잠금(Lock)/잠금 해제(Unlock), 동결(Thaw)/동결 해제(Freeze) 등의 기능을 제어하여 사용할 수 있습니다. '도면층 특성 관리자 팔레트'는 다음과 같은 화면으로 구성되어 있습니다.

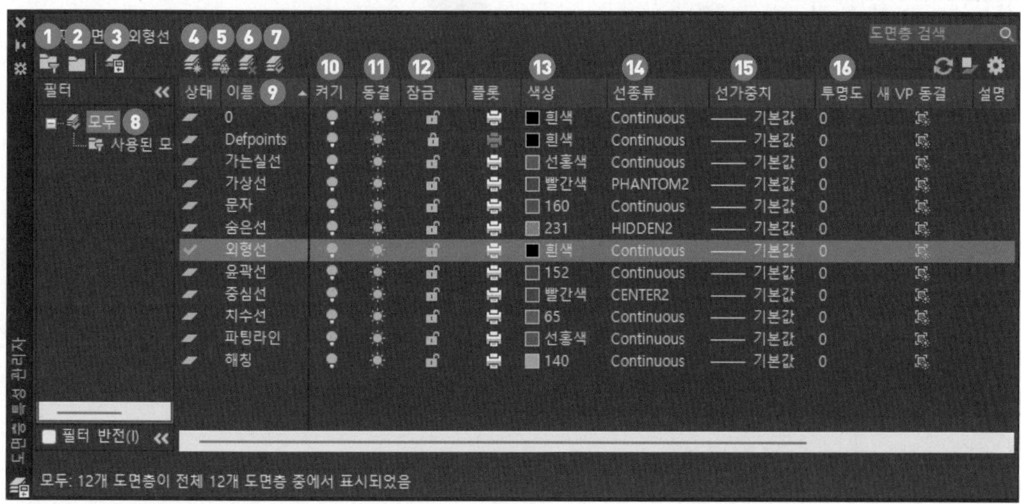

❶ 새 특성 필터

'새 특성 필터'는 선택한 속성을 가진 레이어만 표시되도록 필터를 작성하는 대화상자입니다. 예를 들어, 색상이 빨간색인 레이어만 화면에 표시하고 싶다면 '새 특성 필터(Alt+P)'를 선택합니다. [도면층 필터 특성] 대화상자가 표시되면 '필터 정의'의 색상에서 빈칸을 클릭하여 '...' 아이콘이 표시되면 클릭합니다.

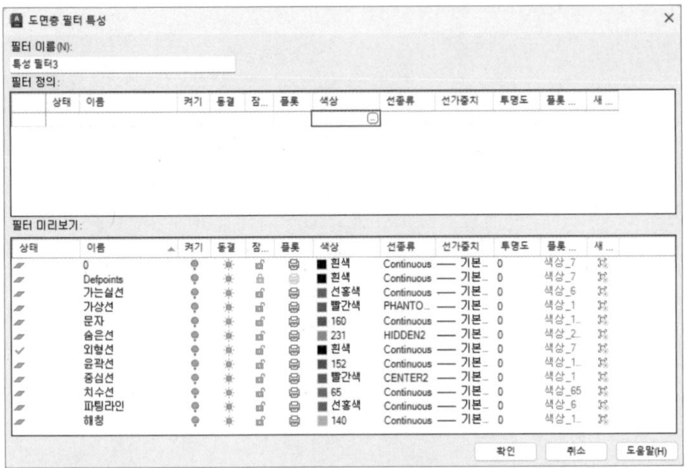

▲ 새 특성 필터 설정 화면

[색상 선택] 대화상자가 표시되면 '빨간색'을 선택하고 〈확인〉 버튼을 클릭하면 도면층 필터 특성의 '필터 미리보기'에 필터링된 빨간색 도면층만 나타납니다.

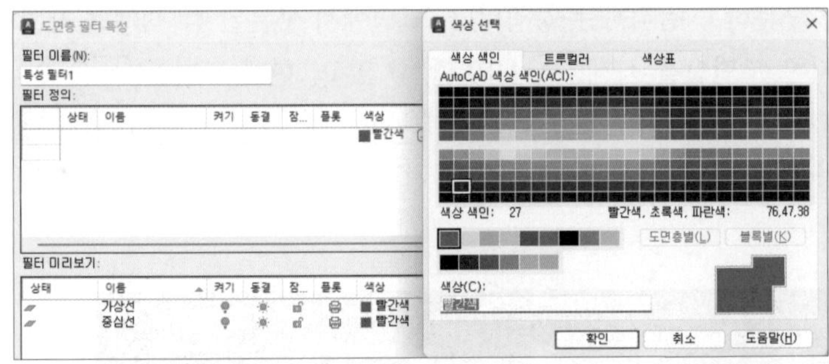

▲ 필터에 의해 조건이 설정되어 표시된 화면

다시 〈확인〉 버튼을 클릭하면 '도면층 특성 관리자 팔레트'에 빨간색 도면층만 화면에 표시됩니다.

▲ 새 특성 필터에 의해 빨간색의 도면층만 표시된 모습

❷ 새 그룹 필터

도면층이 많은 경우에는 도면층을 같은 카테고리로 분류하여 하나의 그룹으로 만들어 사용할 수 있습니다. '새 그룹 필터(Alt+G)'를 이용하여 도면층을 분류하고 관리하면 더 효율적으로 도면층을 관리할 수 있습니다.

▲ '새 그룹 필터'를 통해 '그룹 필터1' 만들기

'새 그룹 필터'를 통해 '그룹 필터1'을 만들고 '사용된 모든 도면층'을 선택합니다. Ctrl을 누른 상태로 '그룹 필터1' 폴더로 이동할 도면층을 선택하고 '그룹 필터1' 폴더로 드래그하여 이동합니다.

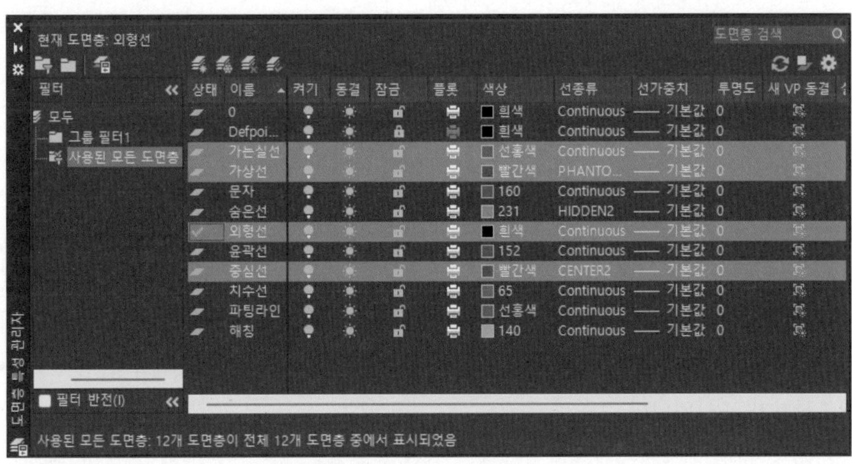

▲ '그룹 필터1' 폴더로 옮길 도면층을 Ctrl을 누른 상태로 선택

'그룹 필터1' 폴더를 클릭하면 드래그해 이동한 도면층을 확인할 수 있습니다. '사용된 모든 도면층' 폴더의 일부 도면층을 '그룹 필터1' 폴더로 이동해도 '사용된 모든 도면층' 폴더에는 모든 도면층이 표시됩니다.

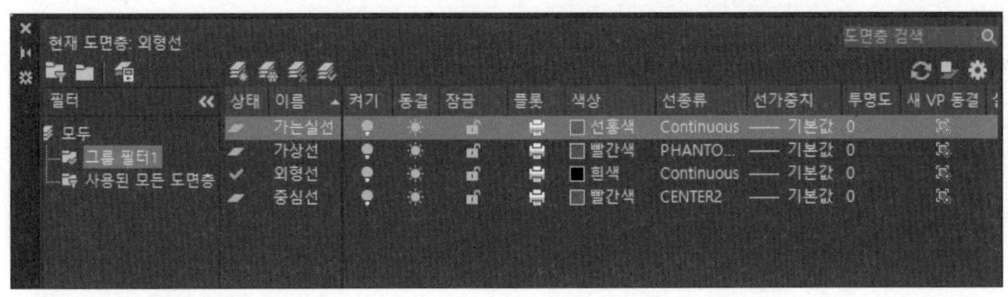

▲ '그룹 필터1' 폴더로 이동한 도면층

❸ 도면층 상태 관리자

도면층 상태란 도면층 목록 및 속성을 하나의 이름으로 정의한 것입니다. 도면 작업 시 도면층 속성이나 새로운 도면층을 계속 생성하면 기존 도면층이 보호되지 않을 수 있으므로 도면층 상태를 필요할 때마다 저장한 다음 복원하면 도면층 이름 및 속성을 다시 사용할 수 있습니다.

[도면층 상태 관리자] 대화상자는 현재 도면에 저장된 도면층 상태 목록을 표시합니다. 또한 도면층 상태를 새로 만들거나 삭제 및 편집할 수 있으며, 불러오거나 내보내는 작업이 가능합니다.

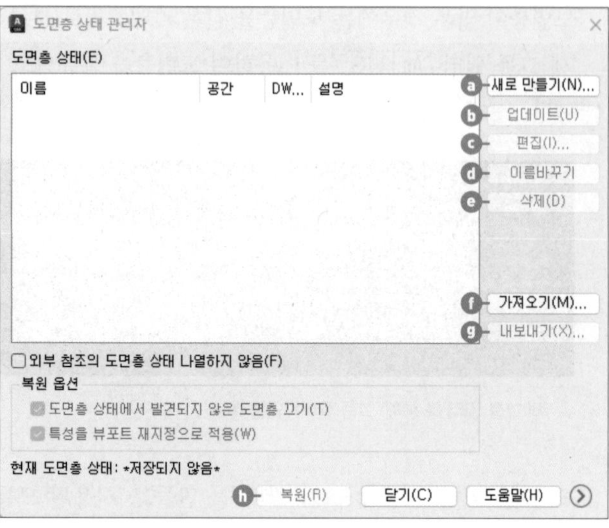

ⓐ **새로 만들기** : 새로운 도면층 상태를 생성합니다. [저장할 새 도면층 상태] 대화상자가 표시되면 도면층 상태 이름과 설명을 입력합니다.

ⓑ **업데이트** : 도면층 상태 항목에서 선택한 도면층 상태를 업데이트합니다. 선택한 도면층 상태를 업데이트할 것인지 다시 한번 확인하는 대화상자가 표시됩니다.

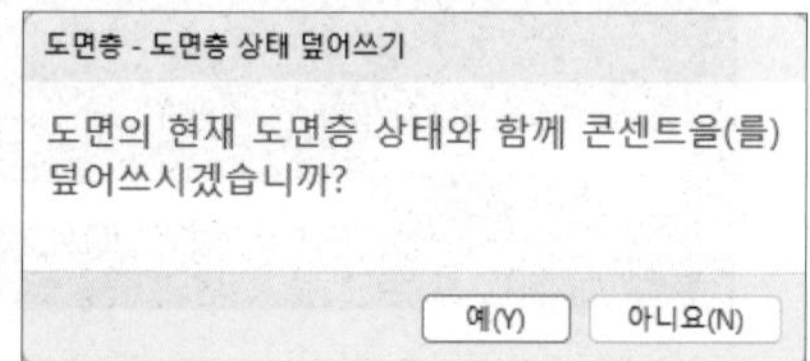

ⓒ **편집** : [도면층 상태 편집] 대화상자가 표시되며, 선택한 도면층 상태를 수정할 수 있습니다. 화면 아래쪽에는 현재 도면층 상태에 새로운 도면층을 등록할 수 있는 버튼과 현재 도면층 상태에 포함된 도면층을 삭제할 수 있는 버튼이 제공됩니다.

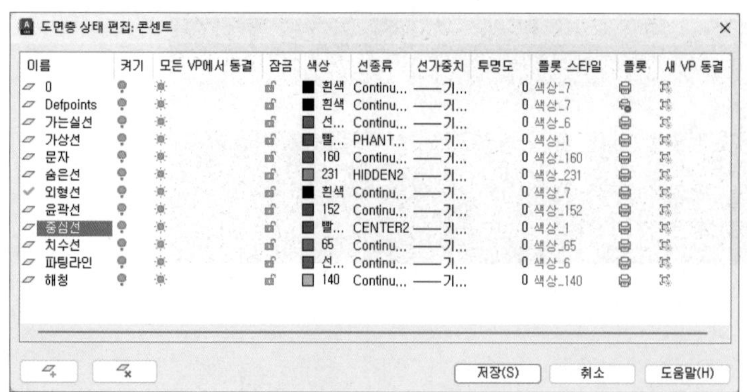

ⓓ **이름 바꾸기** : 도면층 상태 관리자에서 선택한 '도면층 상태(E)' 이름을 변경합니다.

ⓔ **삭제** : 도면층 상태 항목에서 선택한 '도면층 상태'를 삭제합니다.

ⓕ **가져오기** : 이전에 저장했던 도면층 상태 파일을 불러올 수 있습니다. 불러올 수 있는 파일은 도면층 상태 파일(LAS)과 도면 파일(DWG, DWS, DWT)입니다. 도면층 상태 파일을 불러오면 현재 도면층 상태와 병합되어 표시됩니다.

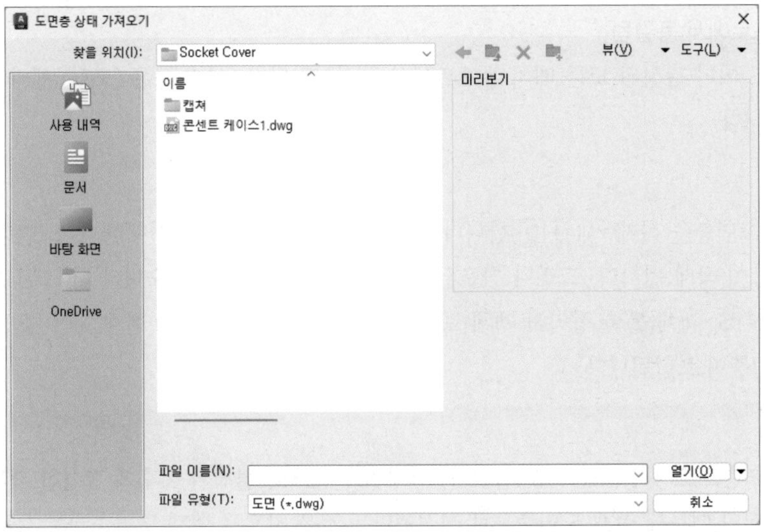

ⓖ **내보내기** : 도면층 상태 항목에서 선택한 '도면층 상태'를 파일로 저장합니다. 불러올 때와 다르게 도면층 상태 파일(LAS) 형태로만 저장할 수 있습니다.

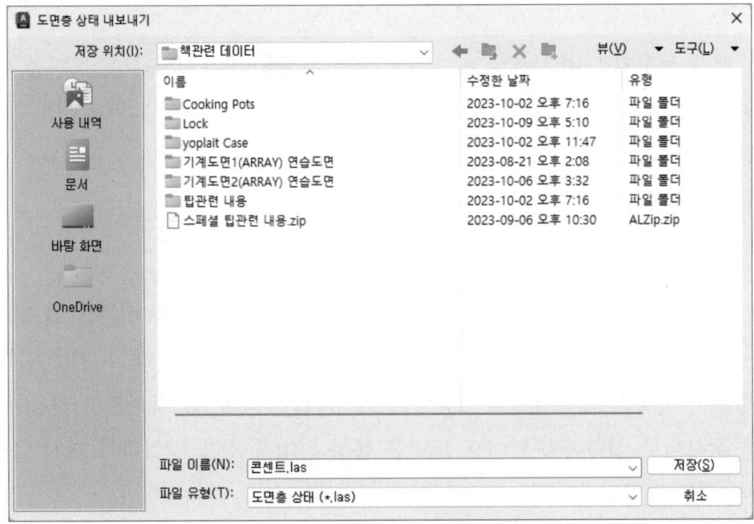

ⓗ **복원** : 현재 작성된 도면층 상태를 도면에 적용한 후 대화상자를 닫습니다. 도면층 상태를 도면에 반영할 때 적용할 항목을 선택하여 지정할 수 있습니다.

④ 새 도면층

새로운 도면층을 생성(Alt+N)합니다. 생성된 도면층은 도면층 목록의 'LAYER1'이라는 이름으로 표시되며 도면층 이름을 입력할 수 있도록 입력 상자가 표시됩니다. 새로 생성된 도면층은 작업 중인 도면층의 속성(생성, 켜기 또는 끄기 상태 등)을 그대로 상속받습니다. 또한 가장 최근에 생성된 도면층 또는 현재 선택되어 있는 도면층의 아래쪽에 새로운 도면층이 위치합니다.

⑤ 새 도면층 VP가 모든 뷰포트에서 동결됨

새로운 도면층을 생성하고 이미 생성된 모든 배치 뷰포트에서 동결시킵니다. 이 기능은 [모형] 탭과 [배치] 탭에서만 사용할 수 있습니다.

⑥ 도면층 삭제

도면층 목록에서 선택한 도면층을 삭제(Alt+D)합니다. 삭제를 원하는 도면층을 선택한 후 도면층 삭제 아이콘을 클릭하면 도면층이 삭제 됩니다. 그러나 참조된 도면층은 삭제를 할 수 없습니다. 참조된 도면층이라 함은 0 및 DEFPOINTS, 객체(블록 정의의 객체 포함)가 포함된 도면층 그리고 현재 사용 중인 도면층 및 외부 참조 종속 도면층이 포함됩니다.

⑦ 현재로 설정

선택한 도면층을 현재 도면층으로 설정(Alt+C)합니다. 현재 도면층으로 설정된 이후에 작성한 객체들은 모두 현재 도면층에 작성되기 때문에 현재 도면층으로 설정했다는 것은 앞으로 현재 도면층에서 객체를 그리겠다는 의미입니다. 도면층 목록에서 도면층 이름 부분을 더블클릭해도 도면층을 현재 도면층으로 설정할 수 있습니다.

⑧ 상태

도면층 상태를 표시합니다. 현재 설정된 도면층에는 '체크 표시' 아이콘(✔)이 표시됩니다. 도면층 상태 아이콘을 보면 현재 도면층의 상태를 추측할 수 있습니다.

- ✔ : 현재 도면층 상태입니다.
- ▰ : 객체가 포함된 도면층을 의미합니다.

⑨ 이름

도면층 이름이 표시됩니다. 도면층 이름을 선택한 후 F2를 누르거나 마우스 오른쪽 버튼을 클릭한 다음 바로가기 메뉴에서 '도면층 이름 바꾸기'를 실행하면 도면층 이름을 변경할 수 있습니다. 도면층 이름은 알파벳과 한글을 사용할 수 있으며 숫자와 특수기호를 사용할 수도 있지만, 최대 255자까지만 사용할 수 있습니다. 도면층에서 이름을 순서대로 입력하지 않아도 도면층 특성 관리자 창을 닫았다가 다시 들어오면 '알파벳 순서' 또는 '가나다 순서'로 정렬됩니다.

⑩ 켜기

선택한 도면층을 켜거나(ON) 끕니다(OFF). '도면층을 켠다'는 의미는 도면층에 포함된 객체를 화면에 표시하여 편집 가능한 상태로 만든다는 의미입니다. 전구 모양의 아이콘이 밝은색(💡)으로 표시되면 켜진 것(ON)이고, 어두운색(💡)으로 표시되면 꺼진 것(OFF)입니다. 전구 모양의 아이콘을 클릭할 때마다 선택한 도면층이 켜지거나 꺼집니다.

⑪ 동결

모든 뷰포트의 선택한 도면층을 동결하거나 해제합니다. 도면층을 동결시키면 도면층을 끌 때와 마찬가지로 화면에 보이지 않는 것은 같지만, 동결된 도면층에 속한 객체는 연산에서 제외되기 때문에 도면층을 끌 때보다 작업 속도가 빨라질 수 있습니다. 동결된 도면층의 객체는 출력할 수 없고 화면에 재생성되지도 않습니다. 동결된 도면층은 눈 모양의 아이콘( )이 표시되며, 해제된 상태의 도면층은 해 모양의 아이콘( )이 표시됩니다.

⑫ 잠금

선택한 도면층을 잠급니다. 잠긴 도면층은 화면에 표시되지만 수정하거나 선택할 수 없습니다. 잠긴 도면층은 자물쇠가 잠긴 아이콘( )으로 표시되며, 잠기지 않은 도면층은 자물쇠가 열린 아이콘( )으로 표시됩니다.

⑬ 색상

선택한 도면층의 객체 색상을 설정합니다. 색상 아이콘을 클릭하면 색상을 선택할 수 있는 [색상 선택] 대화상자가 표시되며 〔색상 색인〕, 〔트루컬러〕, 〔색상표〕 탭에서 색상을 선택할 수 있습니다. 하나의 도면 안에서 너무 많은 색상을 사용하면 객체 구분이 어려워지므로 가능하면 255색의 〔색상 색인〕 탭에서 색상을 선택하여 사용하는 것이 좋습니다.

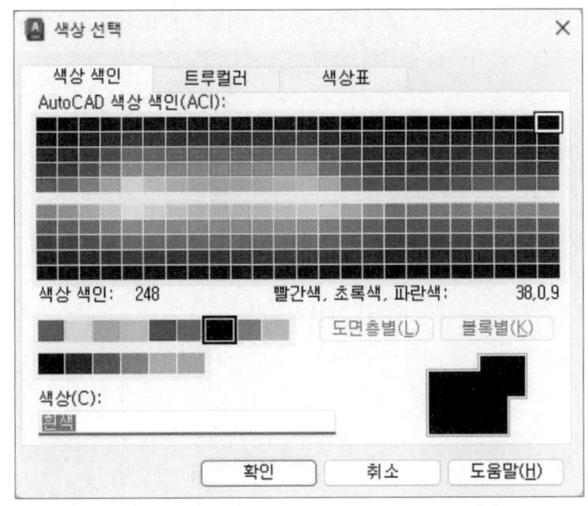

▲ 도면층의 색상을 선택하는 [색상 선택] 대화상자

⑭ 선종류

선택한 도면층의 선 종류를 지정합니다. 도면층 목록에서 해당 도면층의 선종류 항목에서 'Continuous'를 선택하면 선 종류를 선택할 수 있는 [선종류 선택] 대화상자가 표시되며, 선종류 목록에서 사용할 선을 선택한 후 〈확인〉 버튼을 클릭하면 선택한 선이 도면층에 반영됩니다. 목록에 없는 선 종류는 〈로드〉 버튼을 클릭하여 새로운 선 종류를 불러와 사용할 수 있습니다.

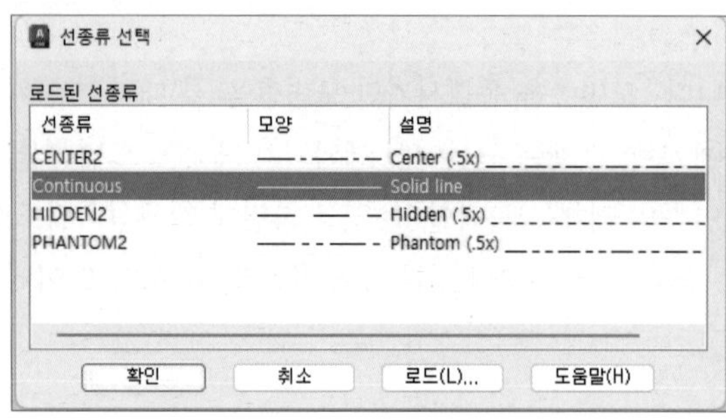

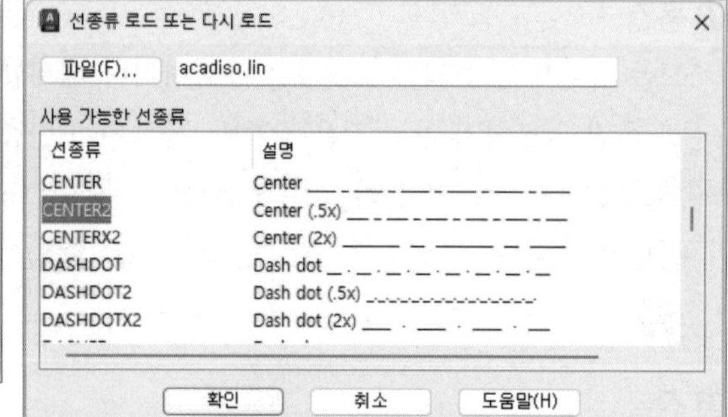

⓯ 선가중치

선택한 도면층의 선 가중치를 설정합니다. 선 가중치는 선 두께를 의미하는 것으로 도면층 목록에서 선가중치 항목을 클릭하면 선 두께를 설정할 수 있는 [선가중치] 대화상자가 표시됩니다. 선 가중치는 〔도면층(레이어)〕에서 입력하는 것보다는 플롯–모형에서 플롯 스타일 테이블(펜 지정)(G)의 'monochrome.ctb'를 선택하고 플롯 스타일 테이블 편집기에서 '선가중치(W)'를 설정해 주는 것이 좋습니다.

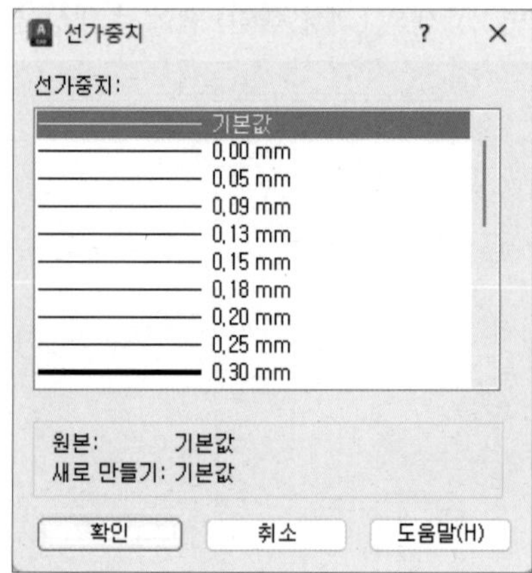

⓰ 투명도

선택한 도면층의 투명도를 설정합니다. 투명도는 0~90으로 설정할 수 있으며, 0은 완전히 보이는 상태이고, 90은 화면에 거의 보이지 않는 상태입니다.

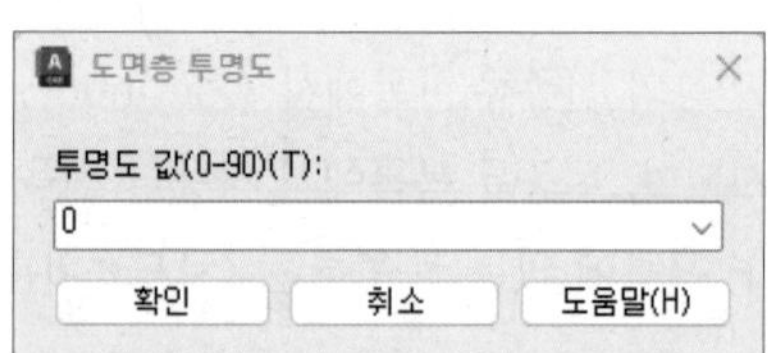

도면층을 이용한 전기 포트 베이스 그리기

동영상 강의

도면층은 사용에 따라 선의 용도 혹은 물체를 대상으로 지정해 사용하기도 합니다. 제품, 기계 혹은 건축 및 전기, 토목 등 사용하는 분야와 개인의 스타일에 따라 사용되는 도면층의 용도는 차이가 있기 마련이지만, 기본적인 사용 및 활용 방법은 동일하므로 도면층을 사용해 객체를 관리하는 방법을 살펴보고 전기 포트 베이스 도면을 완성하겠습니다.

예제 도면 ○ 완성 파일 : Part03\전기 포트 베이스_탑뷰_완성.dwg

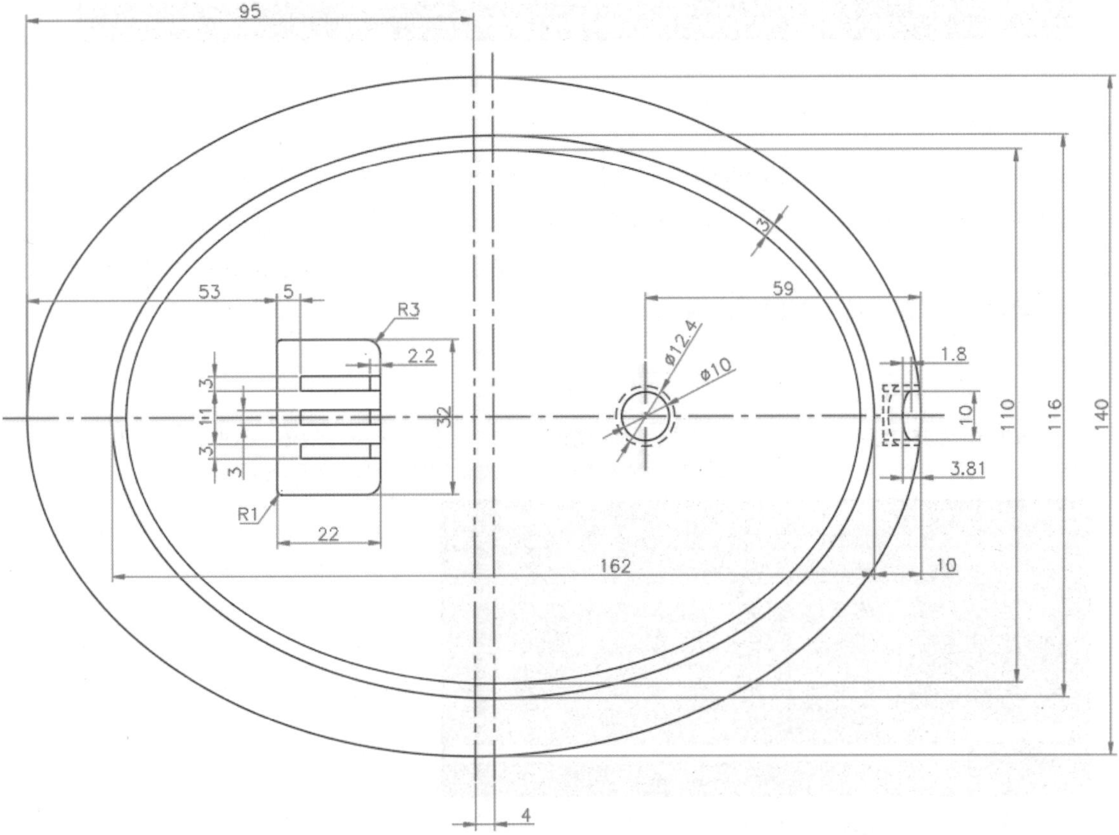

1 도면층 만들기

1 명령어 실행

- 리본 메뉴 : [홈] 탭 – 도면층 특성
- 단축 명령어 : LA(DDLMODES)

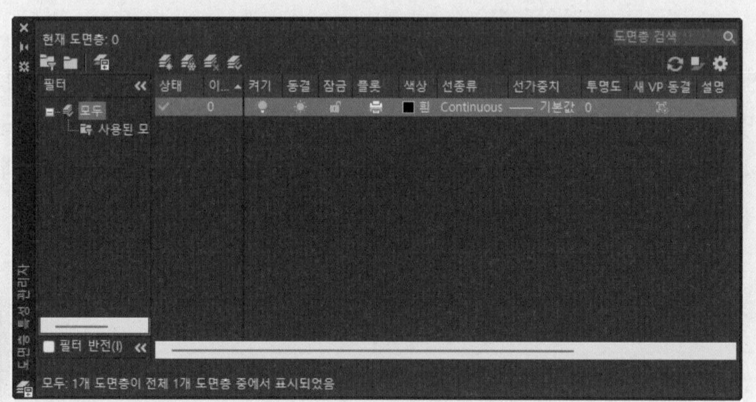

❶ 도면층 생성

도면층을 생성하기 위해 'LA(DDLMODES) 명령어'를 입력하여 '도면층 특성 관리자' 창을 생성하거나 [홈] 탭의 도면층 패널에 있는 '도면층 특성'을 클릭해서 '도면층 특성 관리자' 창을 생성합니다.

'도면층 특성 관리자' 창의 상단에 위치한 4개 아이콘 중에서 왼쪽 첫 번째의 '새 도면층' 아이콘( )을 클릭하거나 Ctrl+N을 눌러 7개의 도면층을 생성합니다.

TIP

첫 번째 도면층이 생성되고 단축키 Ctrl+N이나 '새 도면층' 아이콘( )을 클릭하여 도면층을 차례로 생성해도 되지만, 그보다는 '도면층1' 글씨 뒤에 마우스 커서를 위치하고 원하는 도면층의 개수만큼 .를 누르면 원하는 개수만큼 도면층이 생성되어 편리합니다.

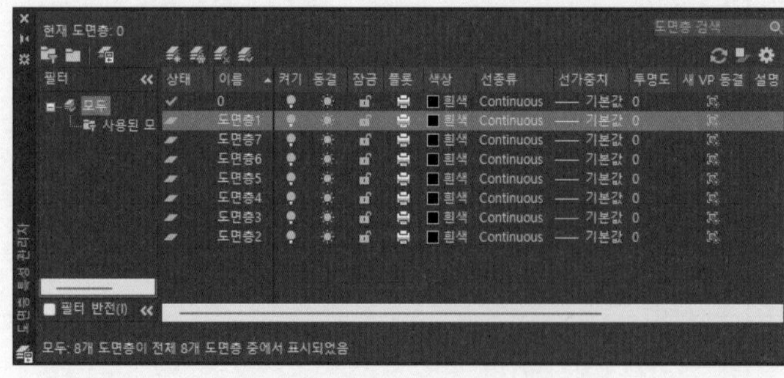

▲ .를 7번 눌러 7개의 도면층을 생성한 모습

❷ 도면층 이름 변경

도면층을 선택하고 [F2]를 누르면 도면층의 이름을 변경할 수 있습니다. [F2]를 눌러 차례로 도면층 이름을 변경합니다. '윤곽선', '외형선', '숨은선', '중심선', '치수선', '해칭' 순으로 입력합니다. '도면층 특성 관리자' 창을 닫았다가 다시 표시하면 알파벳 또는 가나다 순서로 정렬되기 때문에 이름 입력 순서는 전혀 상관없습니다.

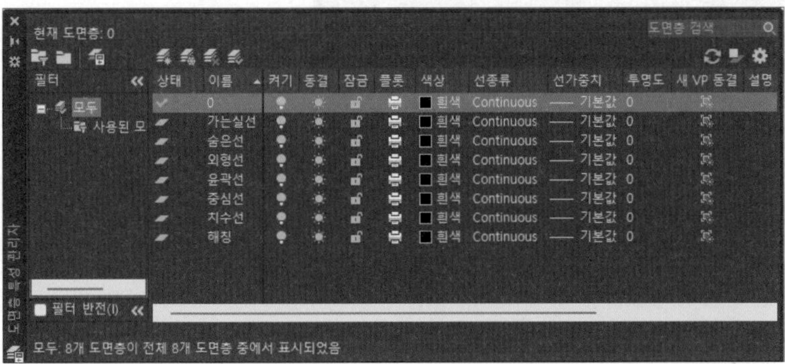

▲ '도면층 특성 관리자' 창을 닫았다가 다시 열어서 '가나다 순서'로 정렬된 상태

❸ 도면층 색상 선택

색상을 선택하면 [색상 선택] 대화상자가 표시됩니다. 보통 도면에서는 빨간색', 노란색, 초록색, 하늘색, 파란색, 선홍색, 흰색(검은색), 진한 회색(8), 연한 회색(9) 중에서 선들의 색상을 선택해서 사용하는 경우가 많습니다. 그러나 현재 바탕화면 색상이 흰색이므로 빨간색, 선홍색, 흰색(검은색) 이외에는 진한 색 위주로 선의 색상을 선택하겠습니다.

가는실선은 '선홍색', 윤곽선은 '152' 색상, 외형선은 '흰색(검은색)', 숨은선은 '170' 색상, 중심선은 '빨간색' 색상, 치수선은 '65' 색상, 해칭은 '140' 색상으로 각각 지정합니다. 색상 번호가 있는 색은 색상(C)에 직접 입력하여 적용해도 됩니다.

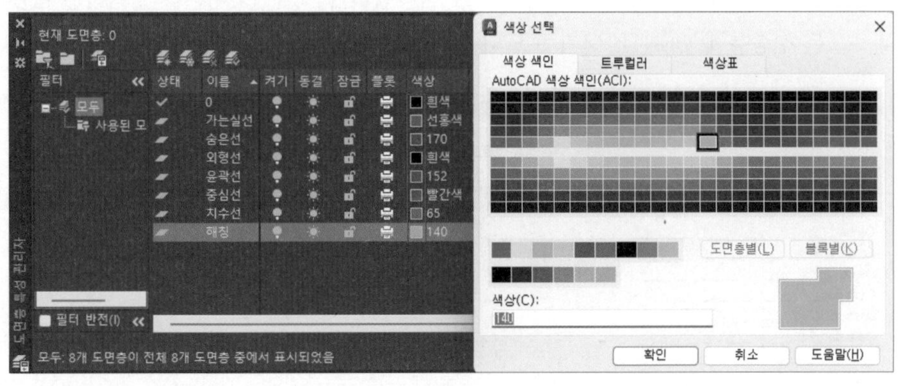

▲ 각각 도면층의 색상에 있는 사각형을 선택하고 [색상 선택] 대화상자가 표시되면 적용할 색상 선택

❹ 도면층 선 종류 선택

선종류에서 선의 종류를 교체해야 할 도면층은 '중심선'과 '숨은선'입니다. 우선 중심선 도면층의 'Continuous'를 클릭하여 [선종류 선택] 대화상자가 표시되면 〈로드(L)〉 버튼을 클릭합니다.

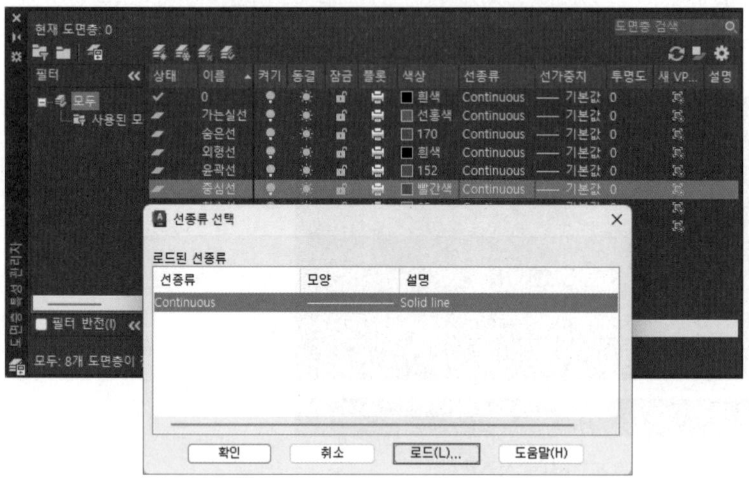

[선종류 로드 또는 다시 로드] 대화상자가 표시됩니다. 여기에서 원하는 선 종류를 선택합니다.

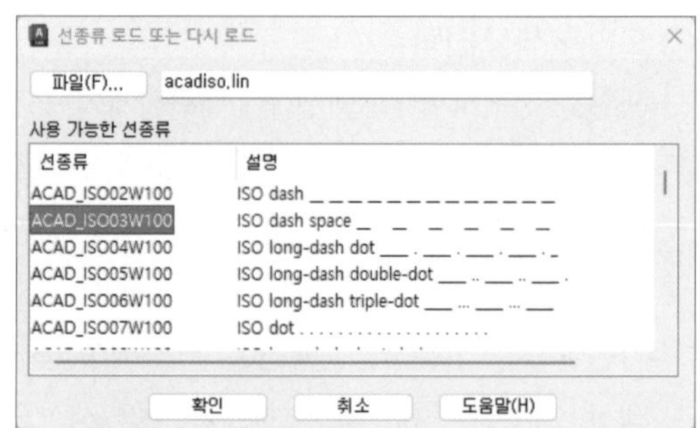

C를 2번 누르면 중심선 중에서도 'CENTER2'로 자동으로 이동됩니다. 〈확인〉 버튼을 클릭하면 [선종류 선택] 대화상자의 로드된 선종류에 'CENTER2'가 로드되어 표시됩니다.

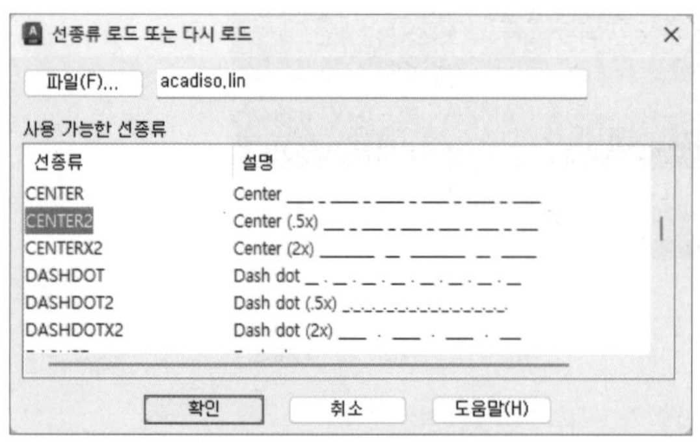

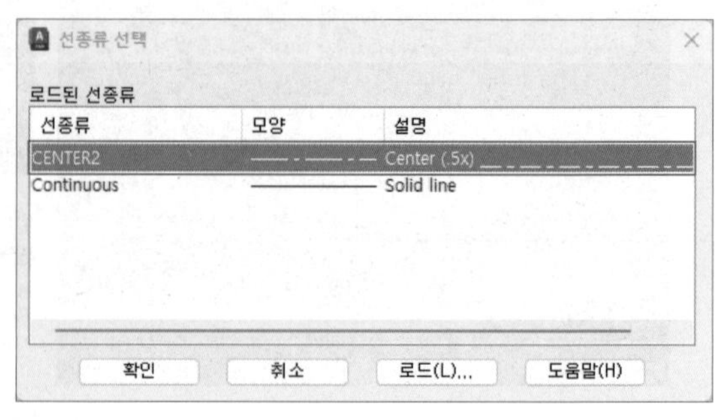

같은 방법으로 숨은선도 로드하여 나타나게 합니다. 제품 도면이나 기계 도면에서는 'HIDDEN2'를 많이 사용하기에 숨은선으로 'HIDDEN2'를 선택하겠습니다. [선종류 로드 또는 다시 로드] 대화상자에서 선종류를 선택하고 H를 2번 눌러 'HIDDEN2'를 선택한 다음 〈확인〉 버튼을 클릭합니다. [선종류 선택] 대화상자의 로드된 선종류에 'HIDDEN2'가 표시되는 것을 확인할 수 있습니다.

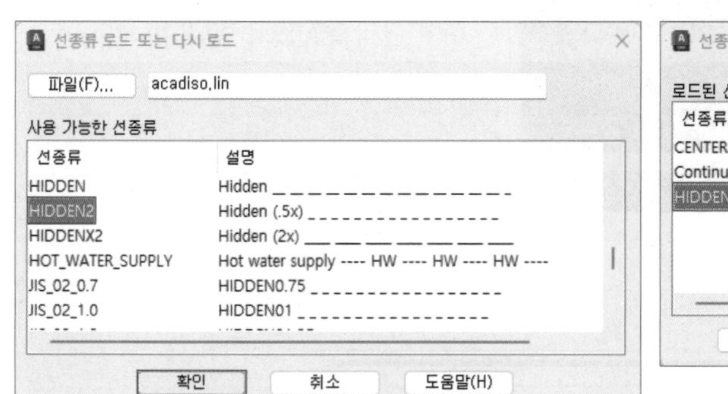

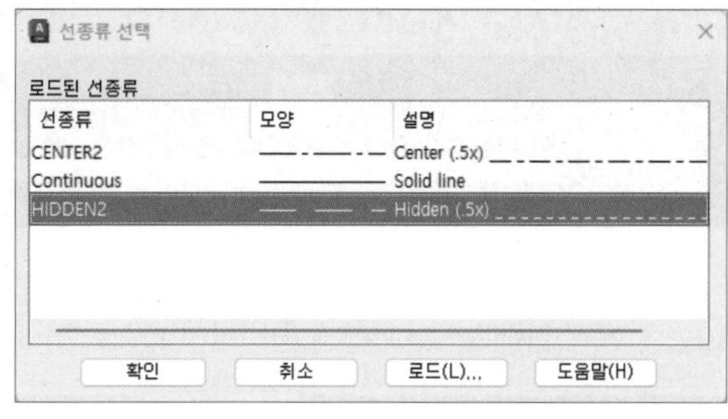

'중심선' 도면층과 '숨은선' 도면층의 'Continuous'를 클릭하고 [선종류 선택] 대화상자에서 나타나면 중심선은 'CENTER2'를 선택 후 〈확인〉 버튼을 클릭하고 숨은선은 'HIDDEN2'를 선택 후 〈확인〉 버튼을 클릭하여 선의 속성을 교체합니다.

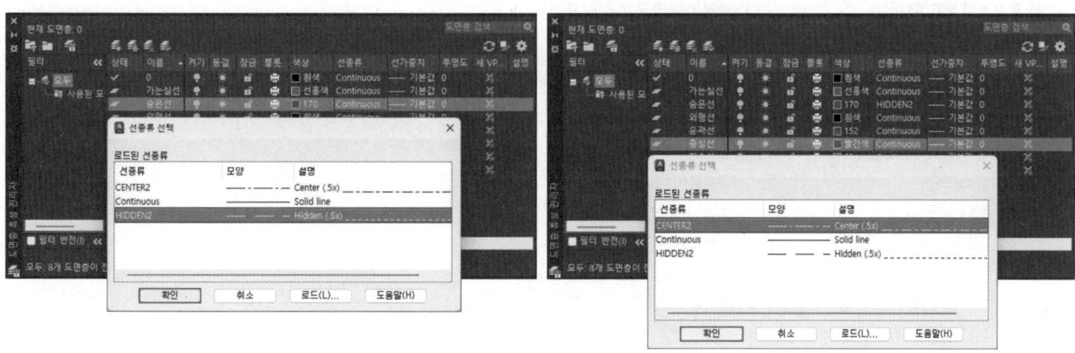

'도면층 특성 관리자' 창의 '중심선'과 '숨은선'의 선종류가 'Continuous'에서 'CENTER2'와 'HIDDEN2'로 변경된 것을 확인할 수 있습니다.

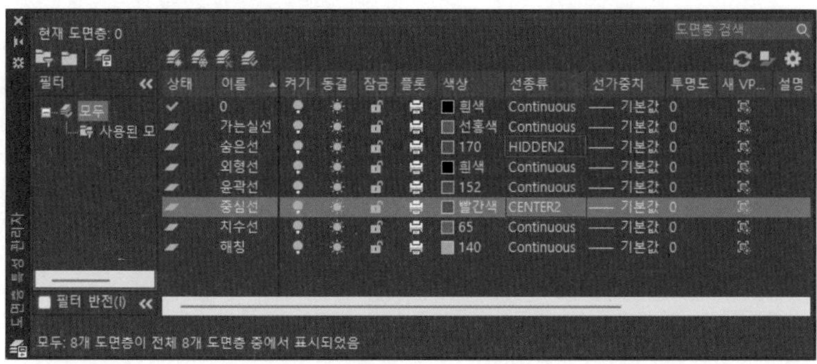

2 형태 만들기

기본 형태 그리기

01 | 〔도면층(레이어)〕의 '외형선'을 선택하여 현재 설정으로 합니다.

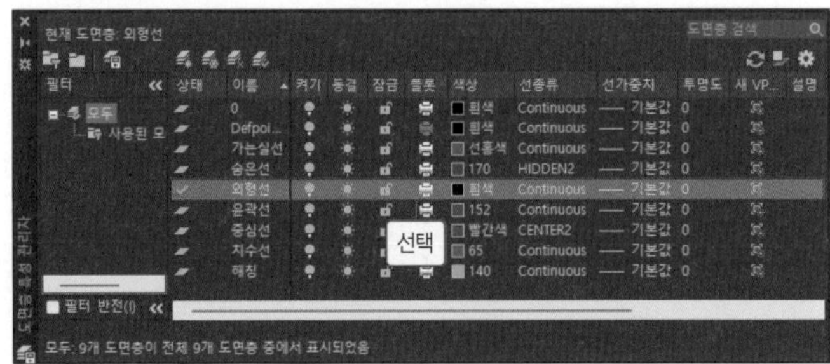

02 | '동적 입력(DYNMODE)'을 클릭하여 활성화합니다.

03 | 'OS(OSNAP)' 명령어를 입력하고 Enter를 눌러 [제도 설정] 대화상자에서 〔객체 스냅〕 탭의 '끝점(E)', '중간점(M)', '중심(C)', '사분점(Q)', '교차점(I)', '직교(P)', '접점(N)' 등을 선택적으로 체크 표시하여 작업합니다.

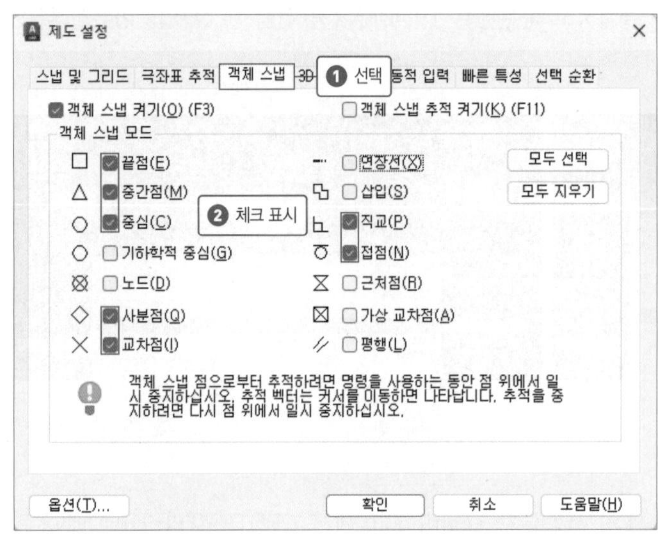

명령: OS
OSNAP

TIP
[제도 설정] 대화상자는 'SE(DSETTINGS)' 명령어로도 표시할 수 있습니다.

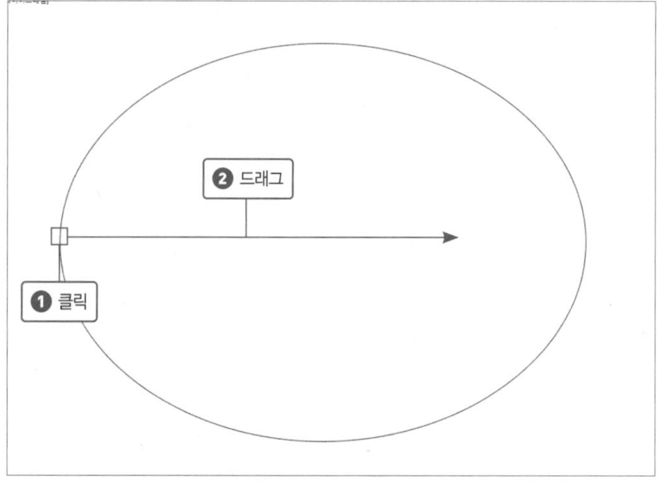

04 | 'EL(ELLIPSE)' 명령어를 입력하고 Enter를 누릅니다. 적당한 위치를 클릭하여 첫 번째 지점으로 지정하고 오른쪽으로 드래그합니다. '190'을 입력하고 '70'을 입력하여 장축과 단축 길이를 설정한 후 Enter를 누릅니다.

명령: EL
ELLIPSE
타원의 축 끝점 지정 또는 [호(A)/중심(C)]: (첫 점 지정)
축의 다른 끝점 지정: 190
다른 축으로 거리를 지정 또는 [회전(R)]: 70

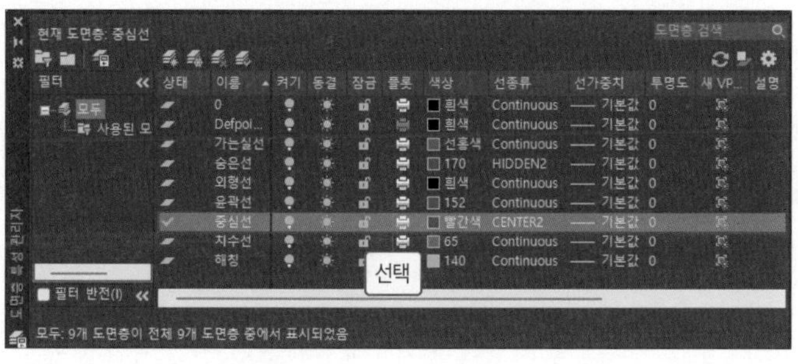

05 | 〔도면층(레이어)〕의 '중심선'을 선택하여 현재 설정으로 합니다.

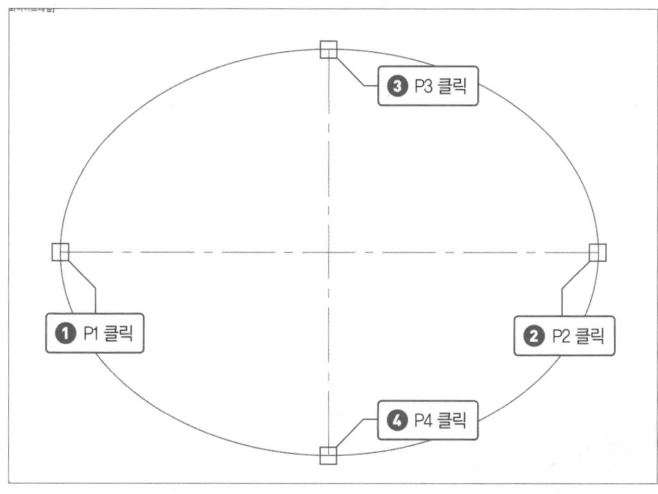

06 | 'L(LINE)' 명령어를 입력해 원의 상하좌우 사분점을 클릭하여 가로선과 세로선이 교차하는 십자 모양의 중심선을 만듭니다.

명령: L
LINE
첫 번째 점 지정: P1, P3
다음 점 지정 또는 [명령 취소(U)]: P2, P4
다음 점 지정 또는 [명령 취소(U)]: *취소*

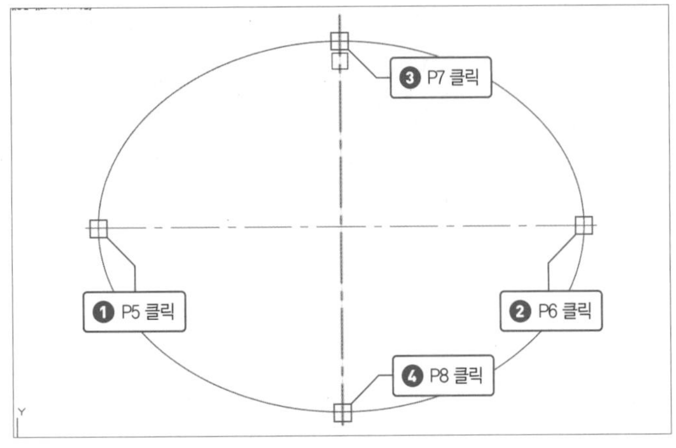

07 | 'LEN(LENGTHEN)' 명령어를 입력한 다음 Enter를 누릅니다. 옵션에서 'DE'을 입력하고 Enter를 누른 다음 '5'를 입력 후 Enter를 누릅니다. 십자 모양 중심선 끝부분을 각각 클릭하여 '5'씩 늘리고 Esc를 눌러 명령어를 취소합니다.

명령: LEN
LENGTHEN
측정할 객체 또는 [증분(DE)/퍼센트(P)/합계(T)/동적(DY)] 선택 〈합계(T)〉: DE
증분 길이 또는 [각도(A)] 입력 〈0.0000〉: 5
변경할 객체 선택 또는 [명령 취소(U)]: P5, P6, P7, P8

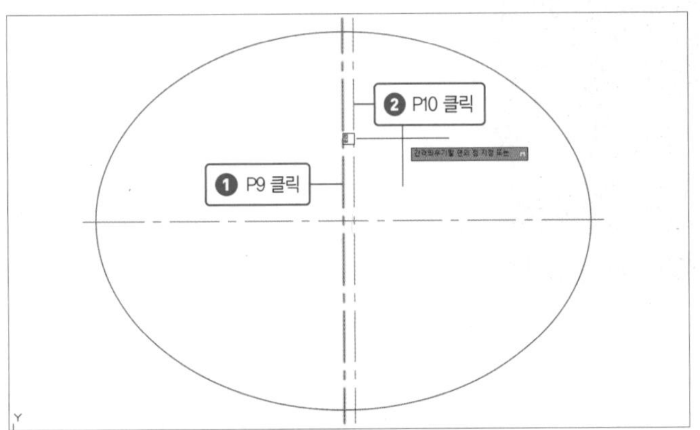

08 | 'O(OFFSET)' 명령어를 입력한 다음 Enter를 누르고 '4'를 입력 후 Enter를 누릅니다. 세로 중심선을 선택하고 오른쪽을 클릭하여 '4'만큼 떨어진 간격 띄우기 복사를 한 다음 Esc를 눌러 명령어를 취소합니다.

명령: O
OFFSET
현재 설정: 원본 지우기=아니오 도면층=원본 OFFSETGAPTYPE=0
간격띄우기 거리 지정 또는 [통과점(T)/지우기(E)/도면층(L)] 〈통과점〉: 4
간격띄우기할 객체 선택 또는 [종료(E)/명령 취소(U)] 〈종료〉: P9
간격띄우기할 면의 점 지정 또는 [종료(E)/다중(M)/명령 취소(U)] 〈종료〉: P10
간격띄우기할 객체 선택 또는 [종료(E)/명령 취소(U)] 〈종료〉: *취소*

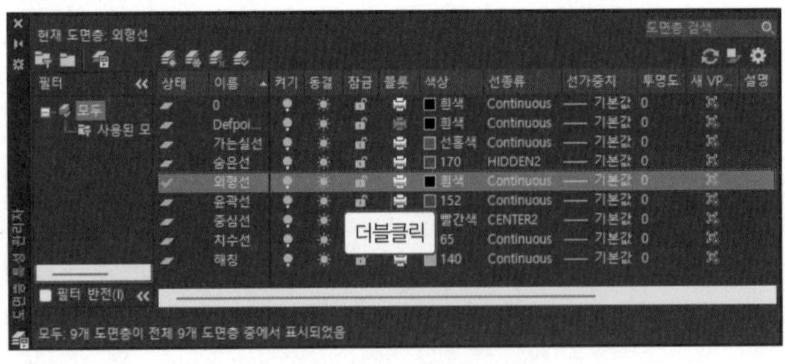

09 | 〔도면층(레이어)〕의 '외형선'을 더블 클릭하여 현재 설정으로 합니다.

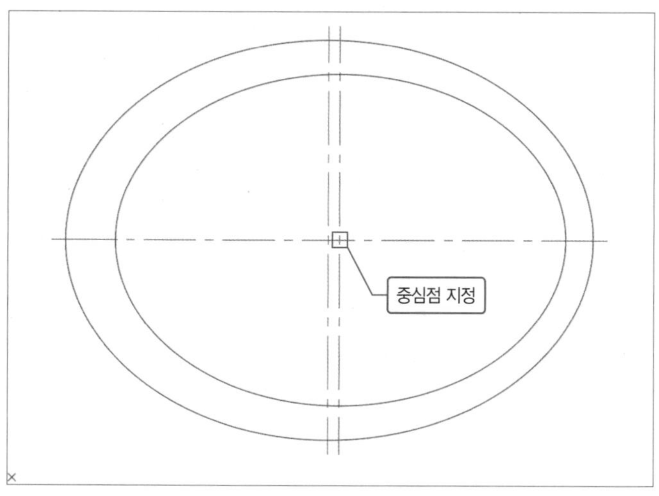

10 | 'EL(ELLIPSE)' 명령어를 입력하고 Enter를 누릅니다. 옵션에서 'C'를 입력하고 간격 띄우기 복사한 선, 가로 중심선이 교차하는 곳을 클릭해 중심점으로 지정합니다. '81'을 입력하고 Enter를 누른 후 '58'을 입력한 다음 Enter를 눌러 타원을 만듭니다.

명령: EL
ELLIPSE
타원의 축 끝점 지정 또는 [호(A)/중심(C)]: C
타원의 중심 지정: (중심점 지정)
축의 끝점 지정: 81
다른 축으로 거리를 지정 또는 [회전(R)]: 58

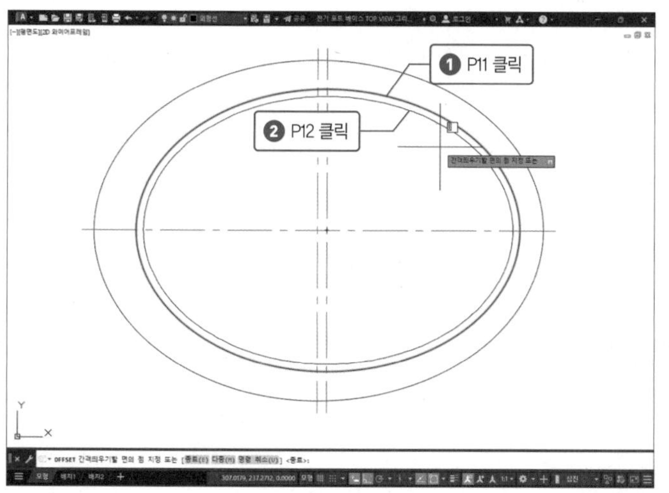

11 | 'O(OFFSET)' 명령어를 입력하고 Enter를 누른 다음 '3'을 입력 후 Enter를 누릅니다. 안쪽 타원을 선택하고 안쪽을 클릭하여 '3' 만큼 떨어진 간격 띄우기 복사를 한 다음 Esc를 눌러 명령어를 취소합니다.

명령: O
OFFSET
현재 설정: 원본 지우기=아니오 도면층=원본 OFFSETGAPTYPE=0
간격띄우기 거리 지정 또는 [통과점(T)/지우기(E)/도면층(L)] 〈4.0000〉: 3
간격띄우기할 객체 선택 또는 [종료(E)/명령 취소(U)] 〈종료〉: P11
간격띄우기할 면의 점 지정 또는 [종료(E)/다중(M)/명령 취소(U)] 〈종료〉: P12
간격띄우기할 객체 선택 또는 [종료(E)/명령 취소(U)] 〈종료〉: *취소*

안쪽 형태 그리기

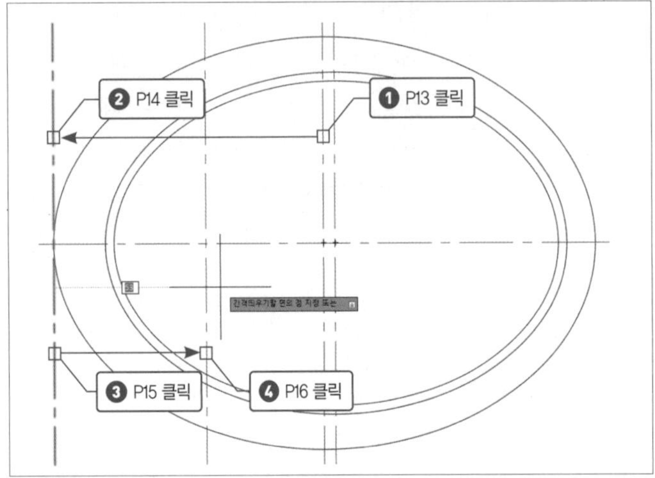

01 | Enter를 눌러 'O(OFFSET)' 명령어를 다시 실행하고 '95'를 입력한 다음 Enter를 누릅니다. 가장 큰 타원의 세로 중심선을 선택하고 왼쪽을 클릭하여 '95'만큼 떨어진 간격 띄우기 복사를 한 다음 Esc를 눌러 명령어를 취소합니다.
같은 방법으로 '95'만큼 떨어진 선을 선택한 후 오른쪽을 클릭하여 '53'만큼 간격 띄우기 복사를 합니다.

명령: O
OFFSET
현재 설정: 원본 지우기=아니오 도면층=원본 OFFSETGAPTYPE=0
간격띄우기 거리 지정 또는 [통과점(T)/지우기(E)/도면층(L)] 〈3.0000〉: 95/53
간격띄우기할 객체 선택 또는 [종료(E)/명령 취소(U)] 〈종료〉: P13/P15
간격띄우기할 면의 점 지정 또는 [종료(E)/다중(M)/명령 취소(U)] 〈종료〉: P14/P16
간격띄우기할 객체 선택 또는 [종료(E)/명령 취소(U)] 〈종료〉: *취소*

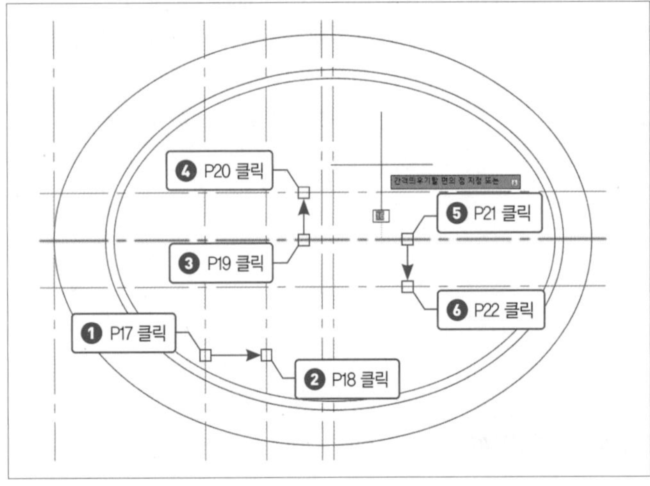

02 | 같은 방법으로 '53'만큼 떨어진 선을 선택하고 오른쪽을 클릭해 '22'만큼 떨어진 간격 복사를 합니다. 가로 중심선도 선택한 후 위아래를 클릭하여 그림과 같이 '16'만큼 떨어진 간격 복사를 하고 Esc를 눌러 명령어를 취소합니다.

명령:
OFFSET
현재 설정: 원본 지우기=아니오 도면층=원본 OFFSETGAPTYPE=0
간격띄우기 거리 지정 또는 [통과점(T)/지우기(E)/도면층(L)] 〈53.0000〉: 22/16
간격띄우기할 객체 선택 또는 [종료(E)/명령 취소(U)] 〈종료〉: P17/P19, P21
간격띄우기할 면의 점 지정 또는 [종료(E)/다중(M)/명령 취소(U)] 〈종료〉: P18/P20, P22
간격띄우기할 객체 선택 또는 [종료(E)/명령 취소(U)] 〈종료〉: *취소*

03 | 'TR(TRIM)' 명령어를 입력하고 Enter를 누릅니다. [절단 모서리(T) 걸치기(C) 모드(O) 프로젝트(P) 지우기(R)]에서 'T'를 입력하고 Enter를 누릅니다. 그림과 같이 절단 모서리가 되는 선들을 선택하고 Enter를 누른 다음 사각형 형태를 남기기 위해 필요 없는 부분을 클릭하여 자릅니다.

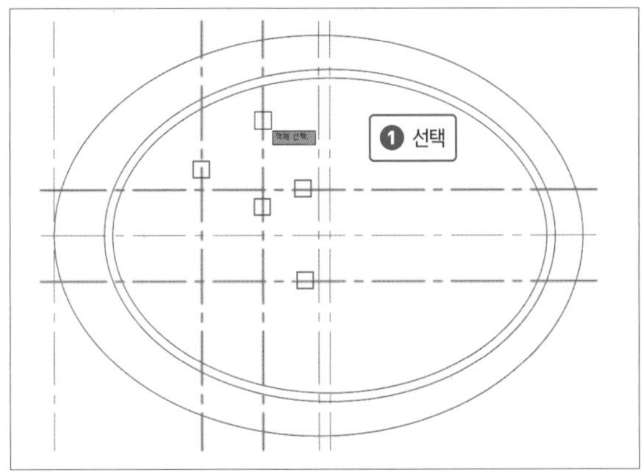

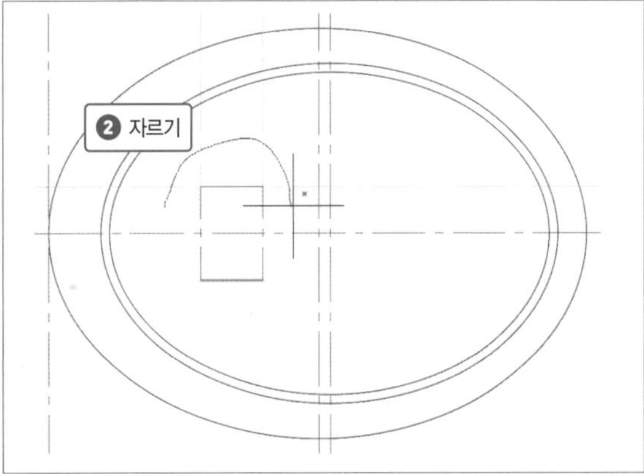

명령: TR
TRIM
현재 설정: 투영=UCS, 모서리=없음, 모드=빠른 작업
자를 객체를 선택하거나 Shift 키를 누른 채로 선택하여 확장 또는
[절단 모서리(T)/걸치기(C)/모드(O)/프로젝트(P)/지우기(R)]: T
현재 설정: 투영=UCS, 모서리=없음, 모드=빠른 작업
절단 모서리 선택...

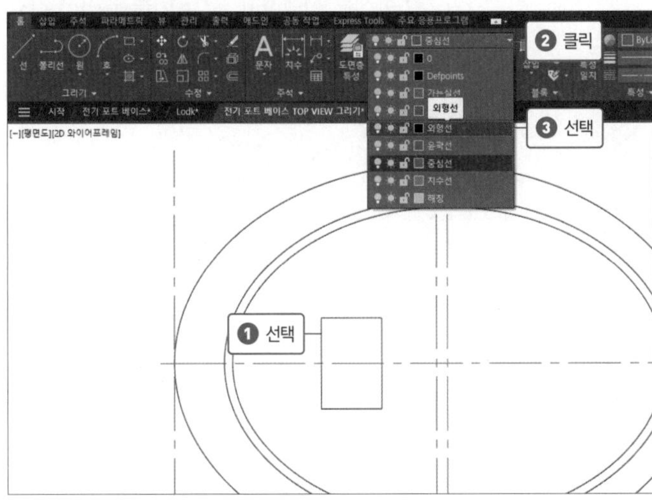

04 | 사각형 객체를 선택하고 [도면층(레이어)]에서 '외형선'을 선택하고 Esc를 눌러 명령어를 취소합니다.

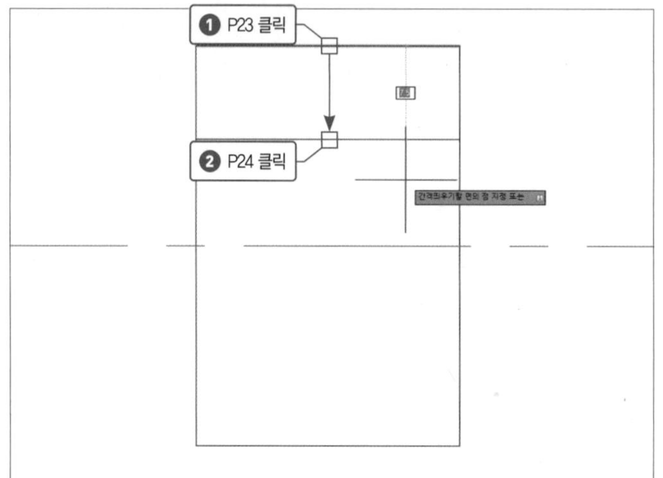

05 | 'O(OFFSET)' 명령어를 입력한 다음 Enter를 누르고 '7.5'를 입력한 후 Enter를 누릅니다. 사각형 위쪽 선을 선택하고 사각형의 안쪽을 클릭해서 간격 띄우기 복사를 한 후 Esc를 눌러 명령어를 취소합니다.

명령: O
OFFSET
현재 설정: 원본 지우기=아니오 도면층=원본 OFFSETGAPTYPE=0
간격띄우기 거리 지정 또는 [통과점(T)/지우기(E)/도면층(L)] 〈통과점〉: 7.5
간격띄우기할 객체 선택 또는 [종료(E)/명령 취소(U)] 〈종료〉: P23
간격띄우기할 면의 점 지정 또는 [종료(E)/다중(M)/명령 취소(U)] 〈종료〉: P24
간격띄우기할 객체 선택 또는 [종료(E)/명령 취소(U)] 〈종료〉: *취소*

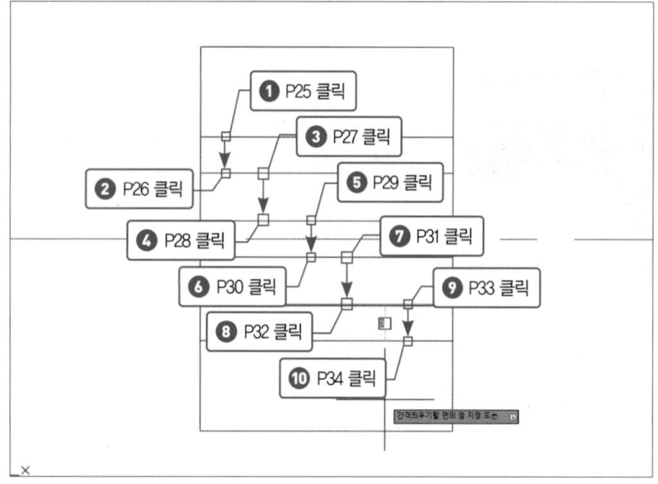

06 | 같은 방법으로 간격 띄우기 복사를 했던 선을 선택하고 '3', '4'만큼 떨어진 간격 띄우기 복사를 하여 그림과 같이 만듭니다.

명령:
OFFSET
현재 설정: 원본 지우기=아니오 도면층=원본 OFFSETGAPTYPE=0
간격띄우기 거리 지정 또는 [통과점(T)/지우기(E)/도면층(L)] 〈7.5000〉: 3/4
간격띄우기할 객체 선택 또는 [종료(E)/명령 취소(U)] 〈종료〉: P25, P29, P33/P27, P31
간격띄우기할 면의 점 지정 또는 [종료(E)/다중(M)/명령 취소(U)] 〈종료〉: P26, P30, P34/P28, P32
간격띄우기할 객체 선택 또는 [종료(E)/명령 취소(U)] 〈종료〉: *취소*

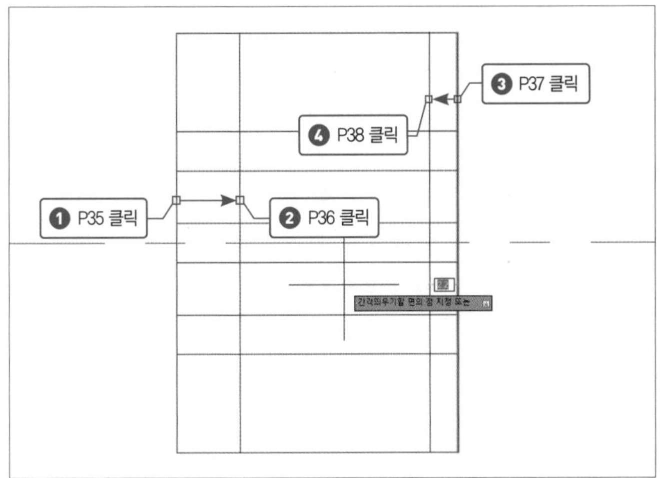

07 | 이번에는 왼쪽 세로선을 선택하고 오른쪽을 클릭해 '5'만큼 간격 띄우기 복사를 합니다. 같은 방법으로 오른쪽 선을 선택한 다음 왼쪽을 클릭해 '2.2'만큼 간격 띄우기 복사를 하여 그림과 같이 객체를 만듭니다.

명령:
OFFSET
현재 설정: 원본 지우기=아니오 도면층=원본 OFFSETGAPTYPE=0
간격띄우기 거리 지정 또는 [통과점(T)/지우기(E)/도면층(L)] 〈3.0000〉: 5/2.2
간격띄우기할 객체 선택 또는 [종료(E)/명령 취소(U)] 〈종료〉: P35/P37
간격띄우기할 면의 점 지정 또는 [종료(E)/다중(M)/명령 취소(U)] 〈종료〉: P36/P38

08 | 'TR(TRIM)' 명령어를 입력하고 Enter를 누른 후 [절단 모서리(T) 걸치기(C) 모드(O) 프로젝트(P) 지우기(R)]에서 'T'를 입력한 다음 Enter를 누릅니다. 그림과 같이 절단 모서리가 되는 선들을 선택하고 Enter를 누른 다음 필요 없는 부분을 클릭하여 자릅니다.

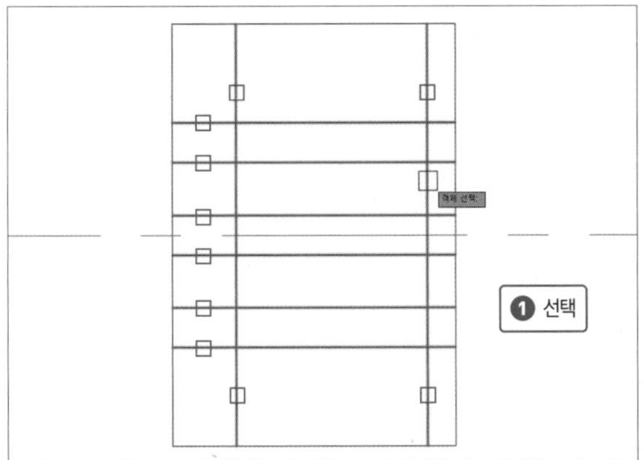

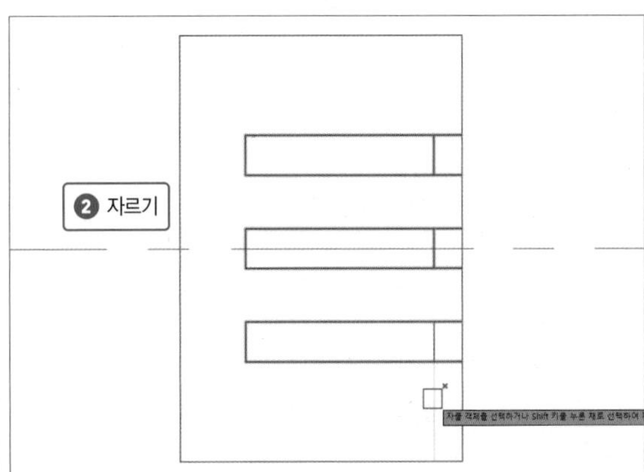

명령: TR
TRIM
현재 설정: 투영=UCS, 모서리=없음, 모드=빠른 작업
자를 객체를 선택하거나 Shift 키를 누른 채로 선택하여 확장 또는
[절단 모서리(T)/걸치기(C)/모드(O)/프로젝트(P)/지우기(R)]: T
현재 설정: 투영=UCS, 모서리=없음, 모드=빠른 작업
절단 모서리 선택...

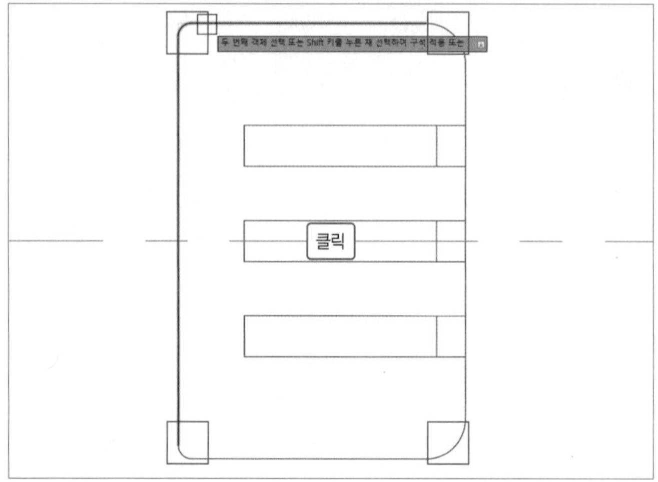

09 | 'F(FILLET)' 명령어를 입력한 다음 Enter를 누릅니다. 옵션에서 'R'을 입력하여 반지름으로 설정하고 '3'을 입력한 후 Enter를 누릅니다. 'M'을 입력한 다음 Enter를 누른 후 사각형의 오른쪽 위아래 모서리를 클릭하여 라운드를 적용합니다. 같은 방법으로 왼쪽 모서리는 '1'만큼 라운드를 적용합니다.

명령: F
FILLET
현재 설정: 모드=자르기, 반지름=0.0000
첫 번째 객체 선택 또는 [명령 취소(U)/폴리선(P)/반지름(R)/자르기(T)/다중(M)]: R
모깎기 반지름 지정 〈0.0000〉: 3/1
첫 번째 객체 선택 또는 [명령 취소(U)/폴리선(P)/반지름(R)/자르기(T)/다중(M)]: M
첫 번째 객체 선택 또는 [명령 취소(U)/폴리선(P)/반지름(R)/자르기(T)/다중(M)]: (오른쪽 위 모서리)/(왼쪽 위 모서리)
두 번째 객체 선택 또는 Shift 키를 누른 채 선택하여 구석 적용 또는 [반지름(R)]: (오른쪽 위 모서리)/(왼쪽 위 모서리)

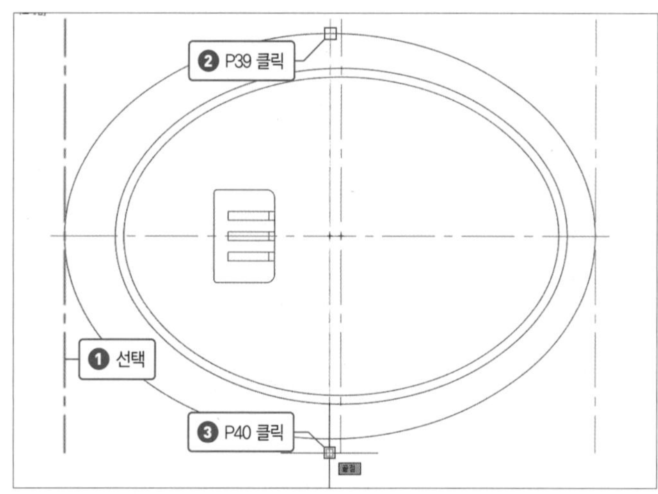

10 | 'MI(MIRROR)' 명령어를 입력하고 Enter를 누릅니다. 왼쪽 세로선을 선택하고 Enter를 누른 다음 가운데 세로 중심선의 위아래 끝점을 차례로 클릭하여 기준점으로 지정하고 대칭 복사합니다. 옵션에서 'N'을 입력하여 원본을 남기도록 합니다.

명령: MI
MIRROR
객체 선택: 1개를 찾음
객체 선택: Enter
대칭선의 첫 번째 점 지정: P39
대칭선의 두 번째 점 지정: P40
원본 객체를 지우시겠습니까? [예(Y)/아니오(N)] 〈아니오〉: N

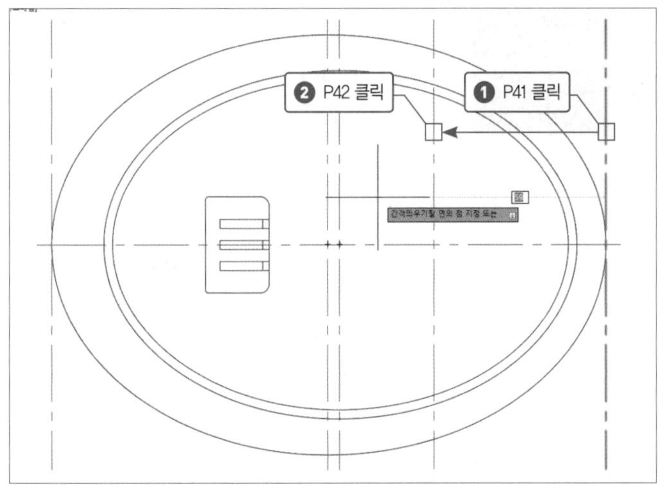

11 | 'O(OFFSET)' 명령어를 입력한 다음 Enter를 누르고 '59'를 입력한 후 Enter를 누릅니다. 오른쪽 세로선을 선택한 다음 왼쪽을 클릭해 '59'만큼 떨어진 간격 띄우기 복사를 하고 Esc를 눌러 명령어를 취소합니다.

명령: O
OFFSET
현재 설정: 원본 지우기=아니오 도면층=원본 OFFSETGAPTYPE=0
간격띄우기 거리 지정 또는 [통과점(T)/지우기(E)/도면층(L)] 〈2.2000〉: 59
간격띄우기할 객체 선택 또는 [종료(E)/명령 취소(U)] 〈종료〉: P41
간격띄우기할 면의 점 지정 또는 [종료(E)/다중(M)/명령 취소(U)] 〈종료〉: P42
간격띄우기할 객체 선택 또는 [종료(E)/명령 취소(U)] 〈종료〉: *취소*

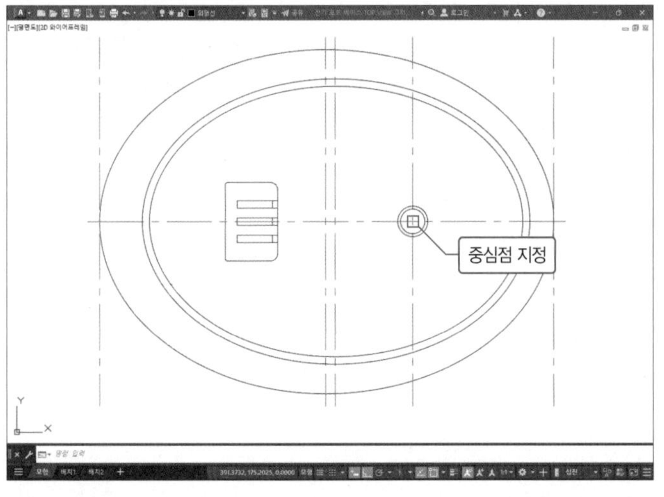

12 | 'C(CIRCLE)' 명령어를 입력한 다음 Enter를 누르고 '59'만큼 간격 띄우기 복사한 수직 중심선과 가로 중심선이 교차하는 교차점을 클릭하여 원의 기준점으로 지정하고 지름 '10', '12.4' 원을 만듭니다.

명령: C
CIRCLE
원에 대한 중심점 지정 또는 [3점(3P)/2점(2P)/Ttr – 접선 접선 반지름(T)]: (중심점 지정)
원의 반지름 지정 또는 [지름(D)]: D
원의 지름을 지정함: 10, 12.4

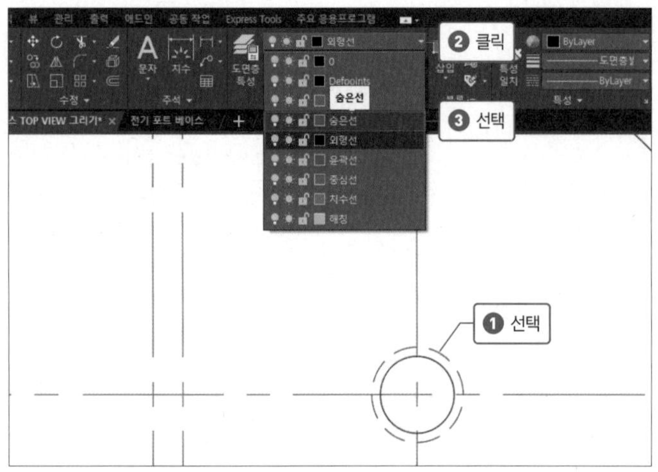

13 | 지름 '12.4'의 원을 선택하고 〔도면층(레이어)〕에서 '숨은선'을 선택한 다음 Esc를 눌러 명령어를 취소합니다. 지름 '12.4' 원이 파란색 선으로 교체됩니다.

14 | 가장 큰 타원의 왼쪽과 오른쪽 사분점에 위치한 수직 중심선을 선택하고 Delete를 눌러 삭제합니다. 'TR(TRIM)' 명령어를 입력하고 Enter를 누른 다음 [절단 모서리(T) 걸치기(C) 모드(O) 프로젝트(P) 지우기(R)]에서 'T'를 입력 후 Enter를 누릅니다. 절단 모서리가 되는 '12.4' 원을 선택하고 Enter를 누른 다음 필요 없는 부분을 클릭하여 자른 후 Esc를 눌러 명령어를 취소합니다.

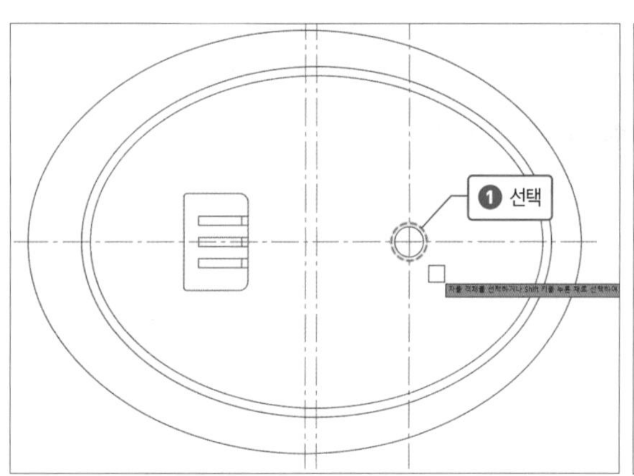

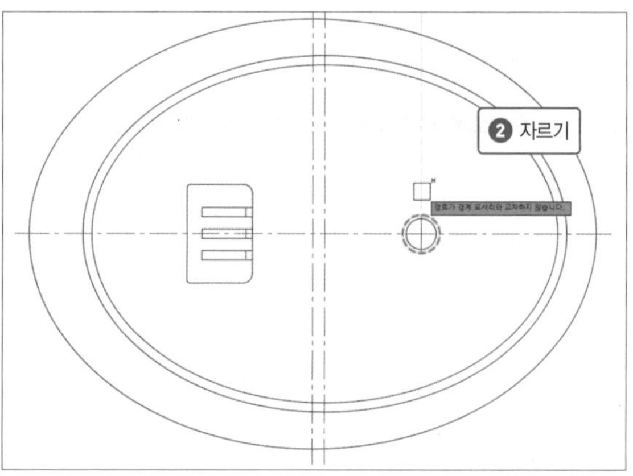

명령: TR
TRIM
현재 설정: 투영=UCS, 모서리=없음, 모드=빠른 작업
자를 객체를 선택하거나 Shift 키를 누른 채로 선택하여 확장 또는
[절단 모서리(T)/걸치기(C)/모드(O)/프로젝트(P)/지우기(R)]: T
현재 설정: 투영=UCS, 모서리=없음, 모드=빠른 작업
절단 모서리 선택...

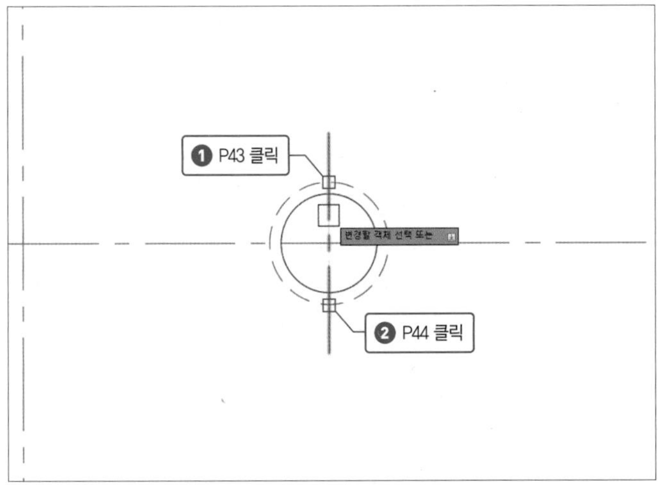

15 | 'LEN(LENGTHEN)' 명령어를 입력한 다음 Enter를 누릅니다. 옵션에서 'DE'를 입력한 다음 Enter를 누르고 '5'를 입력한 후 다시 Enter를 누릅니다. 가장 작은 원의 중심선 위아래를 클릭하여 '5'씩 늘리고 Esc를 눌러 명령어를 취소합니다.

명령: LEN
LENGTHEN
측정할 객체 또는 [증분(DE)/퍼센트(P)/합계(T)/동적(DY)] 선택 〈합계(T)〉: DE
증분 길이 또는 [각도(A)] 입력 〈0.0000〉: 5
변경할 객체 선택 또는 [명령 취소(U)]: P43, P44

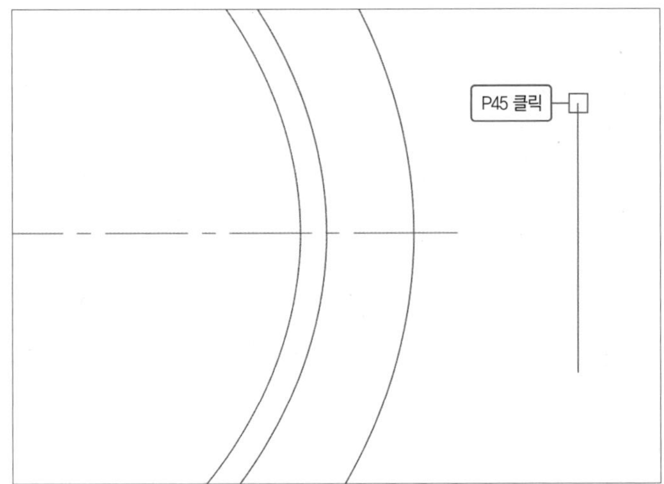

16 | 'L(LINE)' 명령어를 입력하고 Enter를 누릅니다. 그림과 같이 오른쪽 공간을 클릭하여 첫 번째 지점을 지정하고 '30'을 입력하여 세로선을 만듭니다.

명령: L
LINE
첫 번째 점 지정: P45
다음 점 지정 또는 [명령 취소(U)]: 30
다음 점 지정 또는 [명령 취소(U)]: *취소*

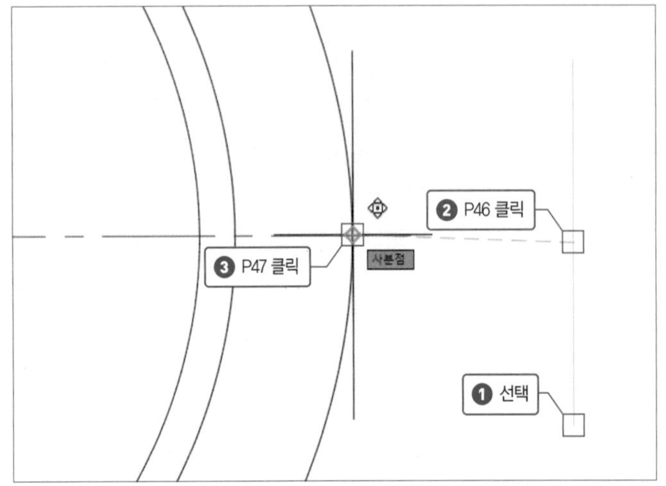

17 | 'M(MOVE)' 명령어를 입력한 다음 Enter를 누르고 '30' 선을 선택한 후 Enter를 누릅니다. '30' 선의 중간점을 클릭하여 기준점으로 지정한 후 가장 큰 타원의 오른쪽 사분점을 클릭해 이동합니다. 이때 직교 모드가 활성화되었으면 다시 F8을 눌러 비활성화합니다.

명령: M
MOVE
객체 선택: 1개를 찾음
객체 선택: Enter
기준점 지정 또는 [변위(D)] 〈변위〉: P46
두 번째 점 지정 또는 〈첫 번째 점을 변위로 사용〉: P47
명령: 〈직교 끄기〉

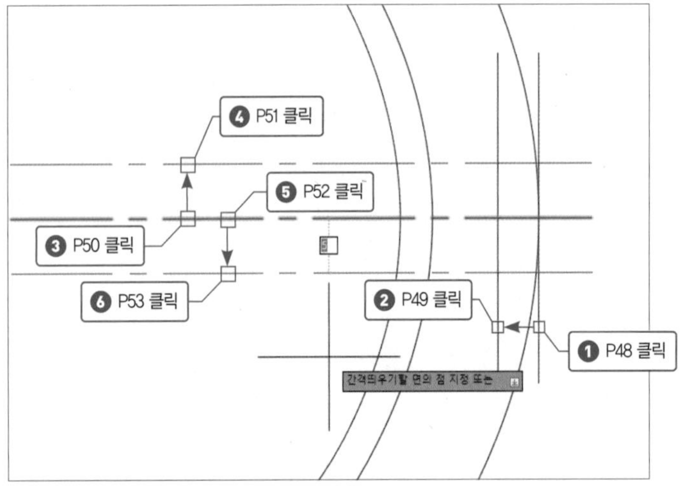

18 | 'O(OFFSET)' 명령어를 입력한 다음 Enter를 누르고 '3.81'을 입력한 후 Enter를 누릅니다. '30' 선을 선택하고 왼쪽을 클릭해서 간격 띄우기 복사를 한 다음 Esc를 눌러 명령어를 취소합니다. 같은 방법으로 작은 원 가로 중심선을 선택한 후 위아래로 '5'만큼 간격 띄우기 복사를 합니다.

명령: O
OFFSET
현재 설정: 원본 지우기=아니오 도면층=원본 OFFSETGAPTYPE=0
간격띄우기 거리 지정 또는 [통과점(T)/지우기(E)/도면층(L)] 〈5.0000〉: 3.81/5
간격띄우기할 객체 선택 또는 [종료(E)/명령 취소(U)] 〈종료〉: P48/P50, P52
간격띄우기할 면의 점 지정 또는 [종료(E)/다중(M)/명령 취소(U)] 〈종료〉: P49/P51, P53
간격띄우기할 객체 선택 또는 [종료(E)/명령 취소(U)] 〈종료〉: *취소*

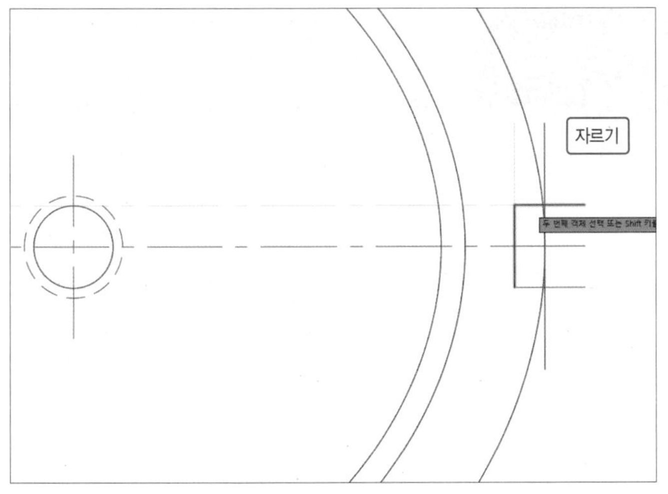

19 | 'F(FILLET)' 명령어를 입력한 다음 Enter를 누릅니다. Shift를 누른 상태로 그림과 같이 모서리를 자릅니다.

TIP

Shift를 누른 상태로 'F(FILLET)' 명령어를 사용하면 'TR(TRIM)' 명령어와 같은 기능을 합니다.

명령: F
FILLET
현재 설정: 모드=자르기, 반지름=1.0000
첫 번째 객체 선택 또는 [명령 취소(U)/폴리선(P)/반지름(R)/자르기(T)/다중(M)]:
두 번째 객체 선택 또는 Shift 키를 누른 채 선택하여 구석 적용 또는 [반지름(R)]:

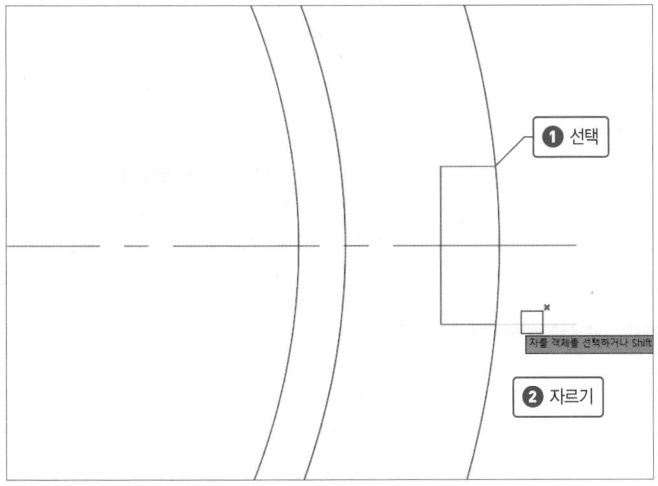

20 | '30' 선을 선택한 다음 Delete를 눌러 삭제합니다. 'TR(TRIM)' 명령어를 사용하여 그림과 같이 가로 중심선 이외의 타원에서 튀어나온 선들을 잘라 정리한 다음 Esc를 눌러 명령어를 취소합니다.

명령: _.erase 1개를 찾음
명령: TR
TRIM
현재 설정: 투영=UCS, 모서리=없음, 모드=빠른 작업
자를 객체를 선택하거나 Shift 키를 누른 채로 선택하여 확장 또는
[절단 모서리(T)/걸치기(C)/모드(O)/프로젝트(P)/지우기(R)]:
자를 객체를 선택하거나 Shift 키를 누른 채로 선택하여 확장 또는
[절단 모서리(T)/걸치기(C)/모드(O)/프로젝트(P)/지우기(R)/명령 취소(U)]: *취소*

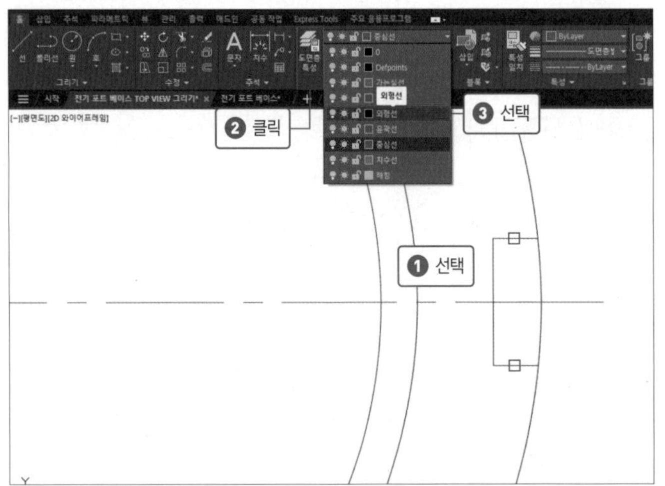

21 | 원 끝의 사각 형태의 위아래의 빨간색 선을 선택하고 [도면층(레이어)]에서 '외형선'을 선택한 다음 Esc를 눌러 명령어를 취소합니다. 빨간색 선이 검은색으로 교체됩니다.

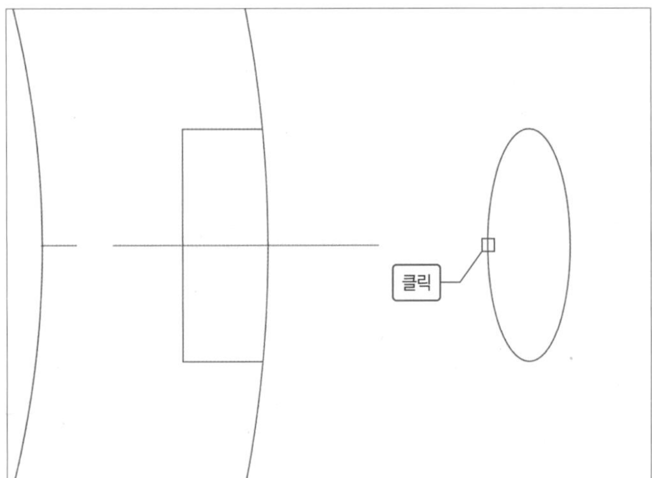

22 | F8를 눌러서 직교 모드를 활성화합니다. 'EL(ELLIPSE)' 명령어를 입력한 후 Enter를 누른 다음 적당한 위치를 클릭하여 첫 번째 지점을 지정합니다. '10'을 입력하고 Enter를 누른 다음 '1.8'을 입력 후 Enter를 눌러 타원을 만듭니다.

명령: EL
ELLIPSE
타원의 축 끝점 지정 또는 [호(A)/중심(C)]: (첫 점 지정)
축의 다른 끝점 지정: 10
다른 축으로 거리를 지정 또는 [회전(R)]: 1.8

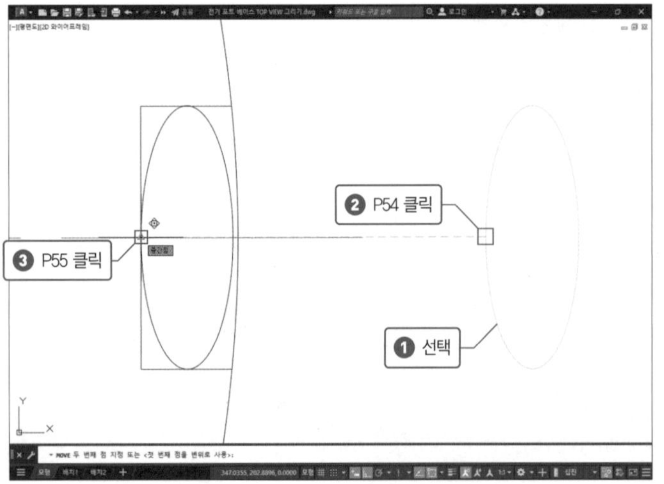

23 | 'M(MOVE)' 명령어를 입력하고 Enter를 누릅니다. 조금 전 만든 타원을 선택하고 Enter를 누른 다음 타원의 왼쪽 사분점을 클릭하여 위치의 기준점으로 지정 후 박스 형태의 왼쪽 중간점을 클릭하여 이동합니다. 이때 직교 모드가 활성화되어 있으면 다시 F8을 눌러 비활성화합니다.

명령: M
MOVE
객체 선택: 1개를 찾음
객체 선택: Enter
기준점 지정 또는 [변위(D)] 〈변위〉: P54
두 번째 점 지정 또는 〈첫 번째 점을 변위로 사용〉: P55
명령: 〈직교 끄기〉

24 | 'TR(TRIM)' 명령어를 입력하고 Enter를 누른 다음 [절단 모서리(T) 걸치기(C) 모드(O) 프로젝트(P) 지우기(R)]에 'T'를 입력 후 Enter를 누릅니다. 절단 모서리가 되는 타원과 선을 선택하고 Enter를 누른 다음 필요 없는 부분을 클릭해 자른 후 Esc를 눌러 명령어를 취소합니다.

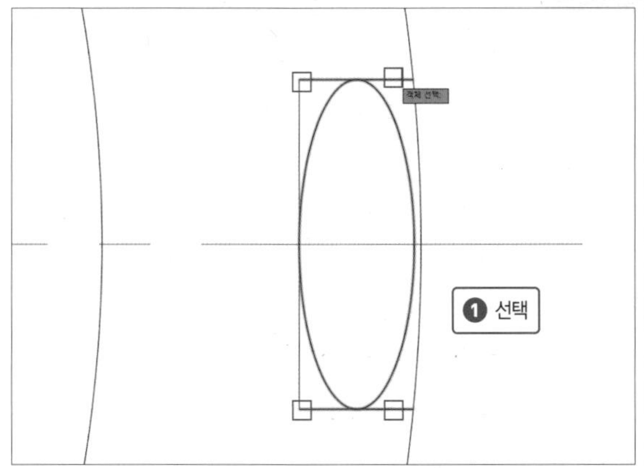

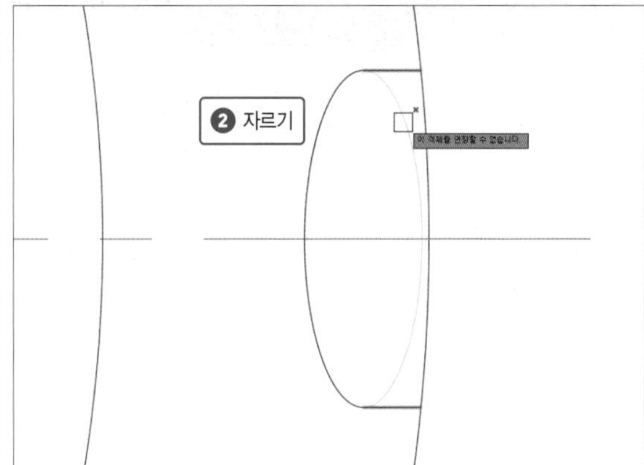

명령: TR
TRIM
현재 설정: 투영=UCS, 모서리=없음, 모드=빠른 작업
자를 객체를 선택하거나 Shift 키를 누른 채로 선택하여 확장 또는
[절단 모서리(T)/걸치기(C)/모드(O)/프로젝트(P)/지우기(R)]: T
현재 설정: 투영=UCS, 모서리=없음, 모드=빠른 작업
절단 모서리 선택...

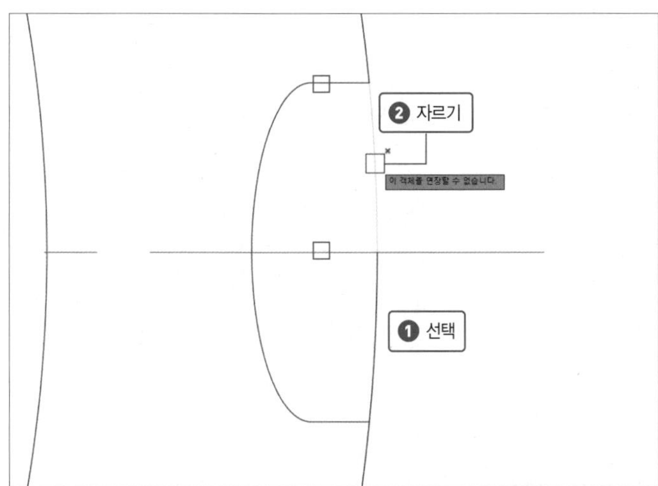

25 | Enter를 눌러 'TR(TRIM)' 명령어를 재실행합니다. 같은 방법으로 가장 큰 타원의 가로 중심선을 절단 모서리의 기준으로 선택하고 오른쪽 사분점의 윗부분을 자른 다음 Esc를 눌러 명령어를 취소합니다.

명령:
TRIM
현재 설정: 투영=UCS, 모서리=없음, 모드=빠른 작업
자를 객체를 선택하거나 Shift 키를 누른 채로 선택하여 확장 또는
[절단 모서리(T)/걸치기(C)/모드(O)/프로젝트(P)/지우기(R)]: T
자를 객체를 선택하거나 Shift 키를 누른 채로 선택하여 확장 또는
[절단 모서리(T)/걸치기(C)/모드(O)/프로젝트(P)/지우기(R)/명령 취소(U)]: *취소*

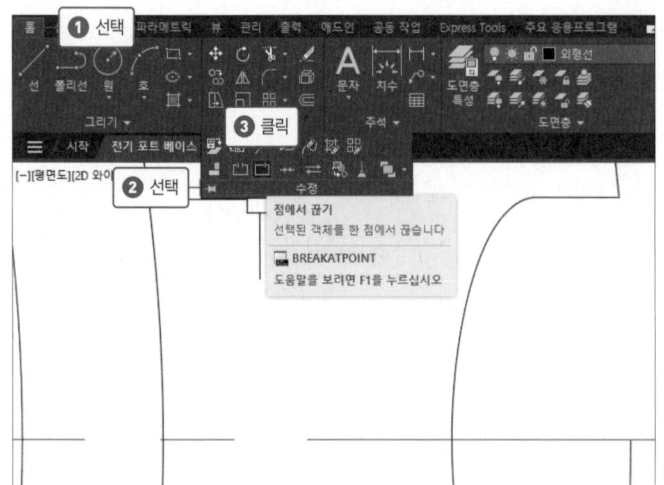

26 | 〔홈〕 탭의 '수정'을 선택하여 수정 패널을 표시하고 '점에서 끊기(BREAKAT POINT)'를 클릭합니다.

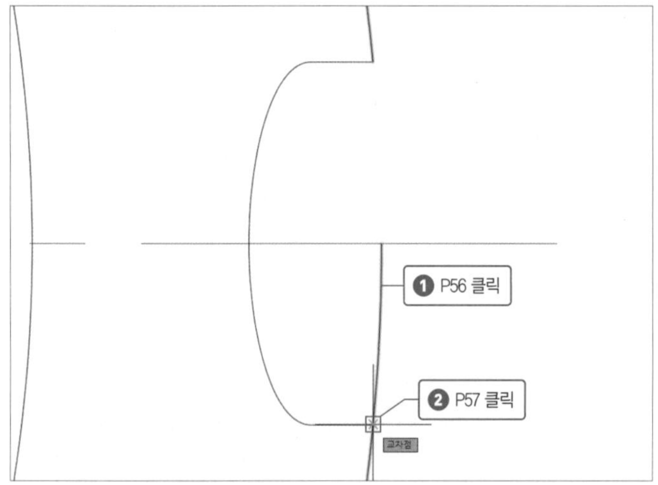

27 | 가장 큰 타원을 선택하고 가로 중심선을 기준으로 오른쪽 사분점의 아래 교차 지점을 선택한 다음 클릭해 점을 끊습니다.

명령: BREAKATPOINT
객체 선택: P56
끊기점 지정: P57

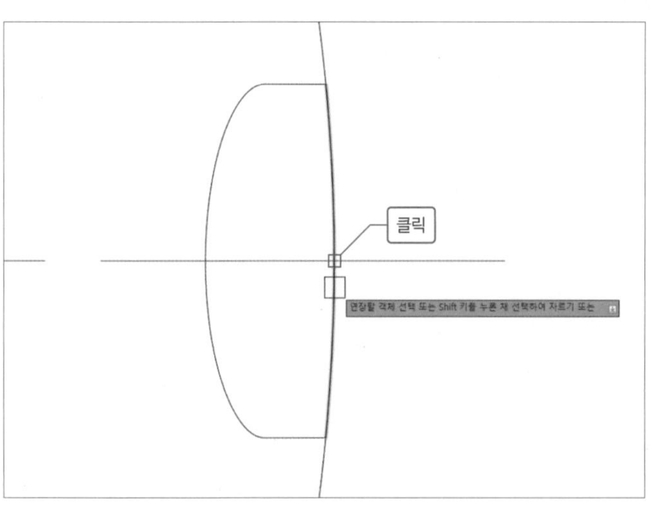

28 | 'EX(EXTEND)' 명령어를 입력하고 Enter를 누릅니다. 점에서 끊은 선의 위쪽을 클릭하여 가장 큰 원의 자른 부분까지 연장하고 Esc를 눌러 명령어를 취소합니다.

명령: EX
EXTEND
현재 설정: 투영=UCS, 모서리=없음, 모드=빠른 작업
연장할 객체 선택 또는 Shift 키를 누른 채 선택하여 자르기 또는
[경계 모서리(B)/걸치기(C)/모드(O)/프로젝트(P)]:
연장할 객체 선택 또는 Shift 키를 누른 채 선택하여 자르기 또는
[경계 모서리(B)/걸치기(C)/모드(O)/프로젝트(P)/명령 취소(U)]: *취소*

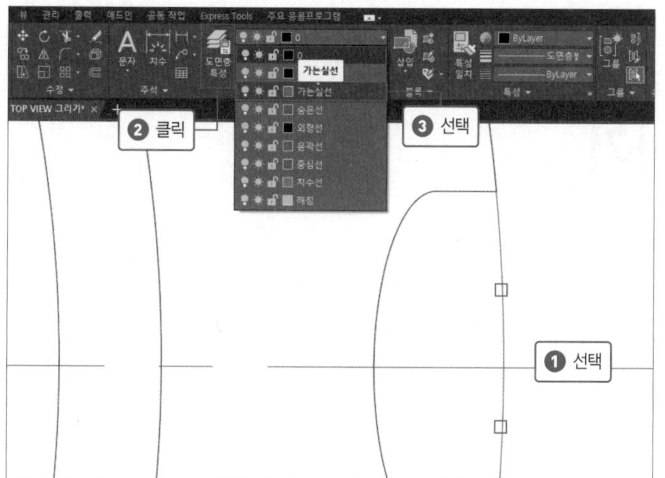

29 | 끊은 선과 연장한 선을 선택한 다음 [도면층(레이어)]에서 '가는실선'을 선택한 후 Esc를 눌러 명령어를 취소합니다. 검은색 선이 선홍색으로 교체됩니다.

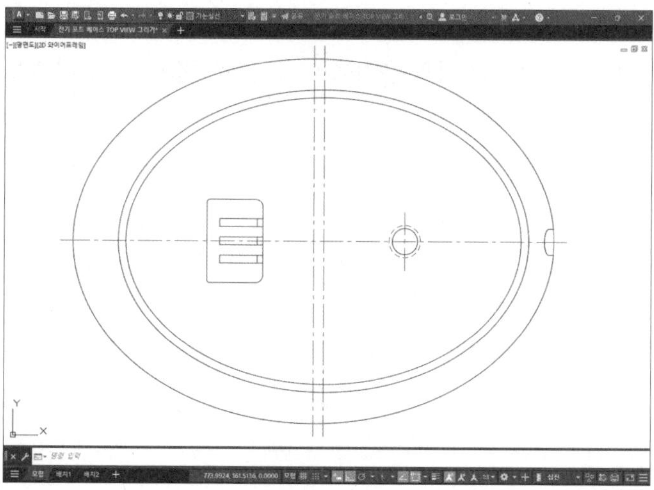

30 | 전기 포트 베이스가 완성되었습니다.

CHAPTER 03

인쇄 환경 설정하기

가장 좋은 품질의 인쇄물을 출력하려면 인쇄 환경을 도면에 적합하게 설정해야 합니다. 출력 영역 · 출력 기기 설정 · 축척 · 펜 설정 등 다양한 인쇄 환경을 적절하게 설정했을 때 원하는 형태의 출력물을 얻을 수 있습니다.

1 페이지 설정하기

AutoCAD에서 페이지는 용지를 의미하기보다는 배치 공간에서 적용하는 인쇄 환경을 말합니다. 페이지 설정을 이용하면 하나의 배치 공간에서 다양한 출력 기기와 용지를 이용하여 적정한 인쇄 환경을 찾을 수 있습니다.

1 [페이지 설정 관리자] 대화상자

'PAGESETUP' 명령어를 실행하거나 응용 프로그램 아이콘을 클릭해 바로가기 메뉴의 인쇄를 실행하여 '페이지 설정'을 선택하면 [페이지 설정 관리자] 대화상자 표시됩니다. [페이지 설정 관리자] 대화상자에서는 새 페이지 설정을 작성하거나 기존 페이지 설정을 수정 또는 다른 도면에서 페이지 설정을 가져올 수 있습니다.

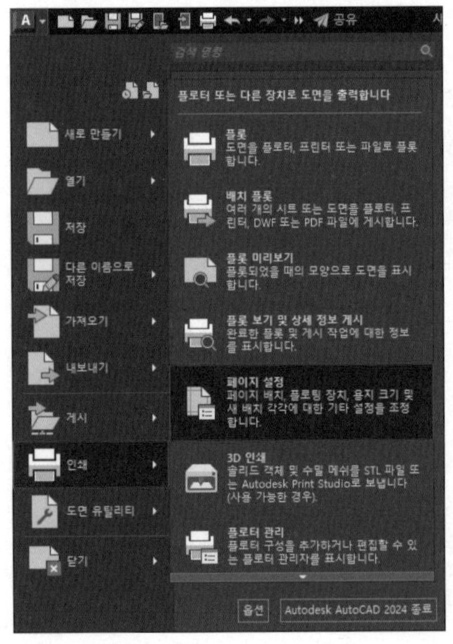

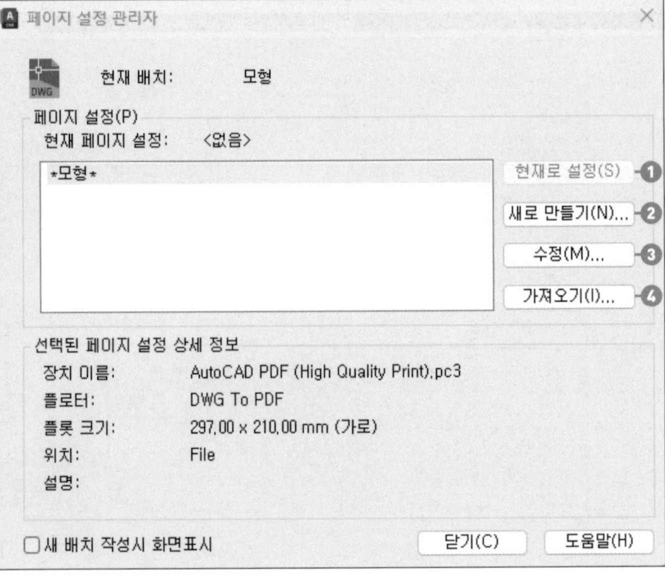

▲ 페이지 설정 관리자

❶ **현재로 설정** : 목록에서 선택한 페이지를 현재 배치 공간에 적용합니다.

❷ **새로 만들기** : 새로운 페이지를 작성합니다.

❸ **수정** : 목록에서 선택한 페이지를 수정합니다.

❹ **가져오기** : 다른 도면 파일에서 페이지를 가져옵니다.

2 [페이지 설정] 대화상자

[페이지 설정] 대화상자는 [페이지 설정 관리자] 대화상자에서 새로운 페이지를 만들거나 기존 페이지를 수정할 때 표시됩니다.

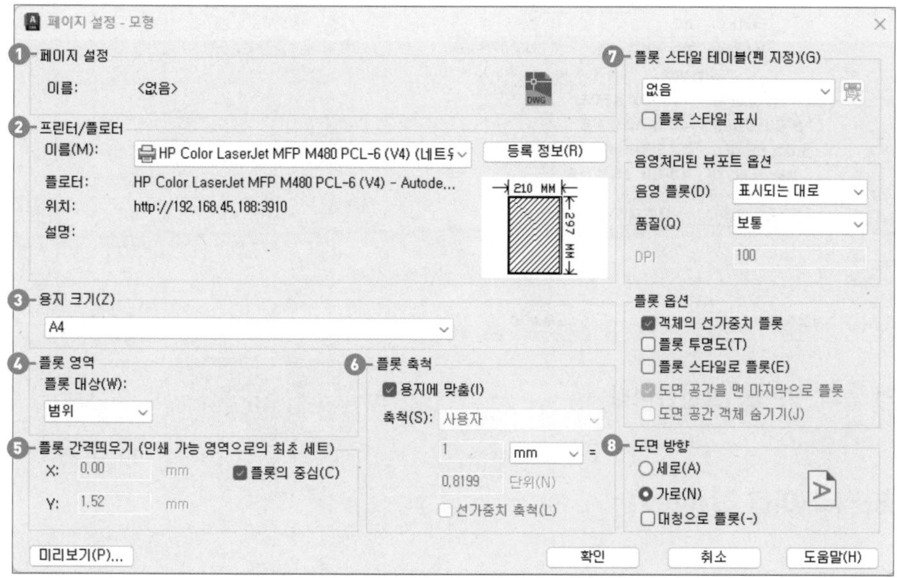

❶ **페이지 설정 – 이름** : 편집 중인 페이지 이름이 표시됩니다.

❷ **프린터/플로터 – 이름** : 출력할 출력 기기를 선택합니다.

❸ **용지 크기** : 출력할 용지의 크기를 선택합니다.

❹ **플롯 영역 – 플롯 대상** : 출력할 영역을 설정합니다.

- **배치** : 배치 공간에서 작성한 배치를 인쇄합니다.
- **화면표시** : 현재 화면에 표시된 뷰를 인쇄합니다.
- **범위** : 화면의 모든 객체가 출력 용지에 최대한 가득 차게 인쇄합니다.
- **윈도우** : 출력할 영역을 윈도우 상자로 지정합니다.

❺ **플롯 간격띄우기** : 출력 용지의 원점으로부터 간격을 띄울 거리를 입력합니다.

❻ **플롯 축척** : 출력 축척을 설정합니다.

- **용지에 맞춤** : 용지의 크기에 맞게 출력 영역의 축척을 자동으로 맞춥니다.
- **축척** : 미리 설정된 축척을 선택합니다. 축척을 직접 입력하여 설정할 수도 있습니다.

❼ 플롯 스타일 테이블 : 출력 대상에 적용할 플롯 스타일을 선택합니다. 기본 제공되는 플롯 스타일 이외에 자신만의 플롯 스타일을 만들 때는 [플롯 스타일 테이블 편집기] 대화상자에서 작성할 수 있습니다. 플롯 스타일에서는 도면을 출력할 때 객체 색상에 따른 선 두께나 선 유형 등을 설정할 수 있습니다.

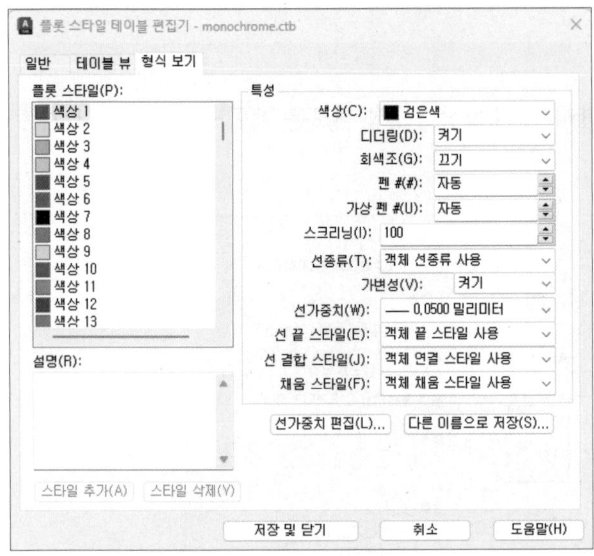

❽ 도면 방향 : 용지의 출력 방향을 설정합니다.

2 새로운 플롯 스타일 테이블 작성하기

[플롯 스타일 테이블 추가] 마법사를 이용하면 객체 색상에 따라 선 두께를 설정하거나 출력되지 않게 할 수 있습니다. 작성한 플롯 스타일 테이블은 'CTB' 파일로 저장할 수 있으며, 인쇄용 도면을 다른 사용자에게 전달할 때는 도면 파일과 함께 인쇄 환경이 저장된 CTB 파일도 함께 전달하는 것이 좋습니다.

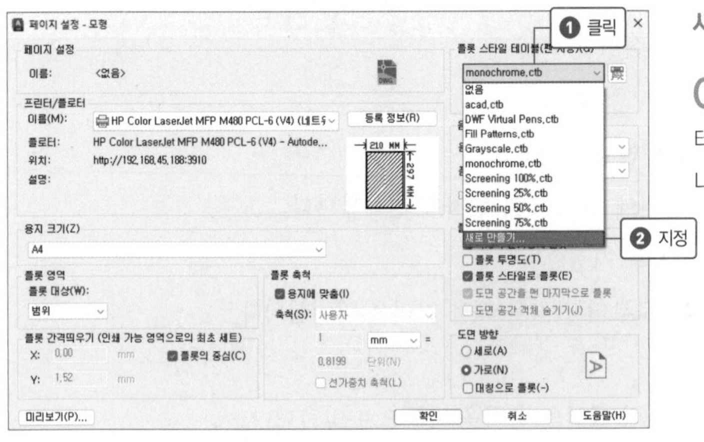

새 플롯 스타일 테이블 작성하기

01 | [페이지 설정] 대화상자의 플롯 스타일 테이블(펜 지정)에서 '새로 만들기'를 지정합니다.

TIP

- **CTB(Color dependent plot style, 색상 종속 플롯 스타일 테이블)**
  1부터 255까지의 번호에 의해 정의되는 색상별로 선의 굵기 등을 지정해서 사용하는 방식
- **자주 사용하는 CTB**
  – acad.ctb : 컬러 플롯 시 사용되는 기본 스타일
  – monochrom.ctb : 모든 색상을 검정색의 단색으로 흑백 출력

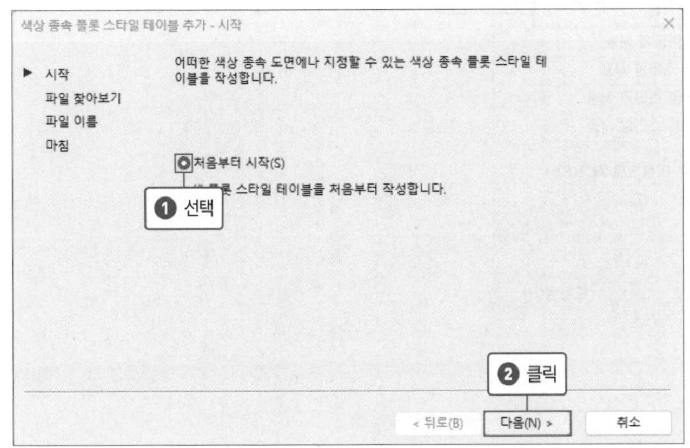

02 | [색상 종속 플롯 스타일 테이블 추가] 마법사가 표시되면 시작 항목에서 '처음부터 시작'을 선택하고 〈다음〉 버튼을 클릭합니다.

TIP

- **처음부터 시작** : 새로운 플롯 스타일 테이블을 작성합니다.

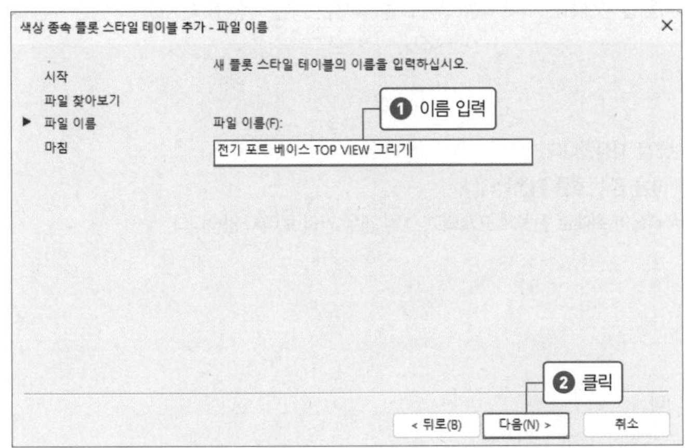

03 | 파일 이름 항목이 표시되면 플롯 스타일 테이블의 파일 이름(F)에 파일 이름을 입력한 다음 〈다음〉 버튼을 클릭합니다.

TIP

- 파일 확장자는 자동으로 '*.CTB' 형식으로 저장됩니다.

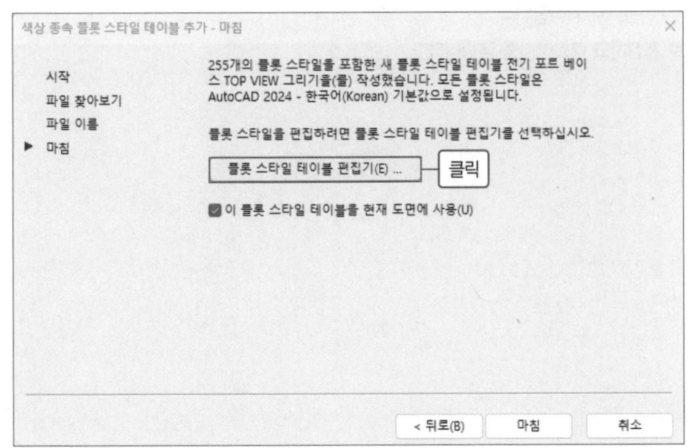

플롯 스타일 테이블 작성하기

01 | 마침 항목이 표시되면 플롯 스타일 테이블을 작성하기 위해 〈플롯 스타일 테이블 편집기〉 버튼을 클릭합니다.

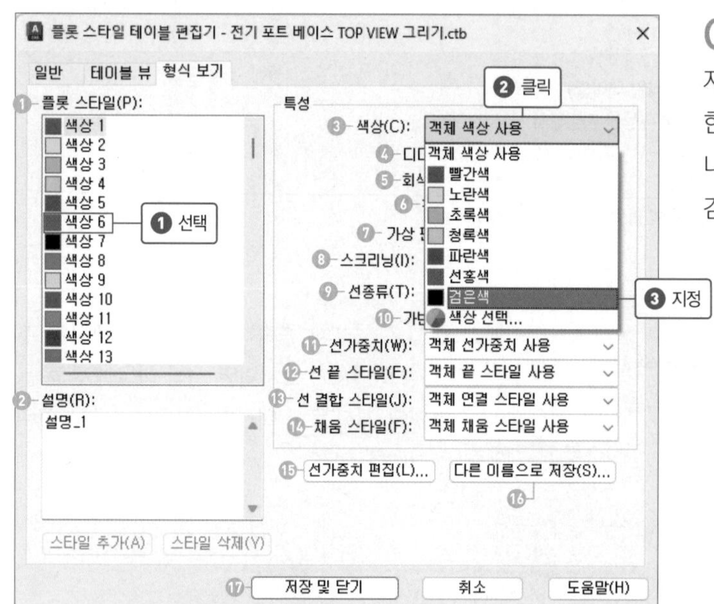

02 | [플롯 스타일 테이블 편집기] 대화상자에서 플롯 스타일 목록의 '색상 6'을 선택한 다음 특성의 색상을 '검은색'으로 지정합니다. 객체 색상이 분홍색이라도 실제로는 검은색으로 출력됩니다.

TIP [플롯 스타일 테이블 편집기] 대화상자

❶ **플롯 스타일(P)** : 도면 객체의 색상을 표시합니다.
❷ **설명(R)** : 선택한 색상에 대한 설명을 입력합니다.
❸ **색상(C)** : 출력 색상을 선택합니다. 기본으로 '객체 색상 사용'을 선택하면 객체 색상 그대로 출력하지만, 다른 색상을 지정하면 지정한 색상으로 출력됩니다.
❹ **디더링(D)** : 패턴을 적용할 때 디더링 여부를 설정합니다.
❺ **회색조(G)** : 회색조의 명암 효과를 표현할지 설정합니다.
❻ **펜 #(#)** : 출력 기기가 펜 플로터인 경우 색상에 따른 펜 번호를 지정합니다.
❼ **가상 펜 #(U)** : 출력 기기가 펜 플로터가 아닌 경우 색상에 따른 펜 번호를 지정합니다.
❽ **스크리닝(I)** : 출력 색상의 농도를 설정합니다. '100'인 경우 색상이 최대로 진하게 표시되고, '1'인 경우 거의 보이지 않습니다.
❾ **선종류(T)** : 선택한 색상의 선 유형을 설정합니다.
❿ **가변성(V)** : 선 유형에 따른 선 축척을 적용합니다.
⓫ **선가중치(W)** : 선택한 색상의 선 두께를 설정합니다.
⓬ **선 끝 스타일(E)** : 선 끝의 형태를 설정합니다.
⓭ **선 결합 스타일(J)** : 선이 연결되는 부위의 형태를 설정합니다.
⓮ **채움 스타일(F)** : 객체가 솔리드로 채워진 경우 색을 칠하는 방법을 설정합니다.
⓯ **선가중치 편집(L)** : 선 두께를 설정합니다.
⓰ **다른 이름으로 저장(S)** : 설정한 플롯 스타일 테이블을 다른 이름으로 저장합니다.
⓱ **저장 및 닫기** : 설정한 플롯 스타일 테이블을 현재 이름으로 저장하고 대화상자를 닫습니다.

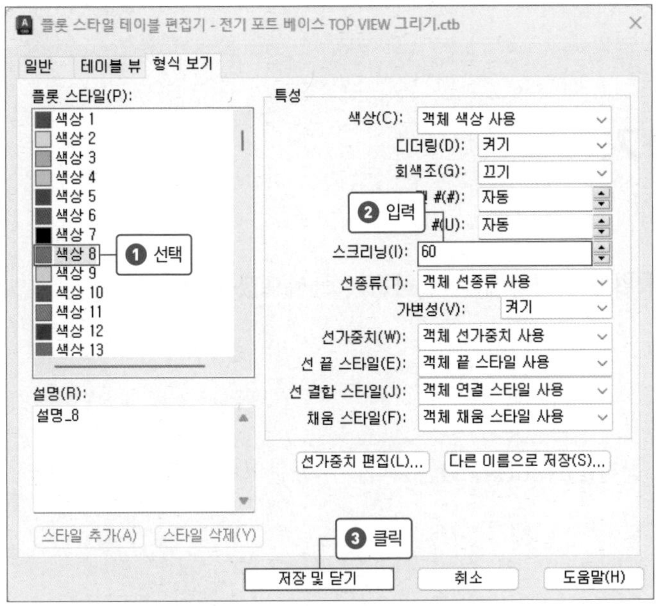

03 | 이번에는 플롯 스타일 목록의 '색상 8'을 선택한 다음 스크리닝에 '60'을 입력합니다. 객체를 '색상 8'로 채운 다음 그 위에 문자를 입력해도 '색상 8' 색상이 50% 투명하게 표현되어 문자를 구분할 수 있습니다. 〈저장 및 닫기〉 버튼을 클릭해 현재 설정을 저장한 다음 대화상자를 닫습니다.

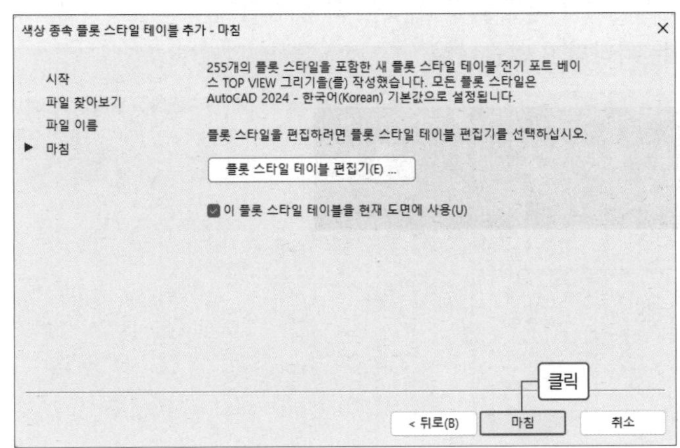

04 | 다시 [색상 종속 플롯 스타일 테이블 추가 – 마침] 대화상자가 표시되면 〈마침〉 버튼을 클릭하여 대화상자를 닫습니다.

공간에서 출력하기

설정한 도면의 범위를 올바르게 출력하기 위해서 어떻게 해야 하는지 살펴보겠습니다.

1 모형 공간과 배치 공간

공간은 크게 두 가지로 모형 공간과 배치 공간(Layout)이 있습니다. 두 공간의 특성을 알아봅시다.

1 모형 공간

모형 공간은 일반적으로 작업자가 도면을 그리는 공간입니다. 모형 공간에서 작업한 도면들은 배치 공간에 나타납니다. 배치 공간의 뷰포트 화면 안에서 도면을 그린 것은 모형 공간에도 표시되지만, 뷰포트 밖에서 도면을 그린 것은 모형 공간에는 나타나지 않습니다.

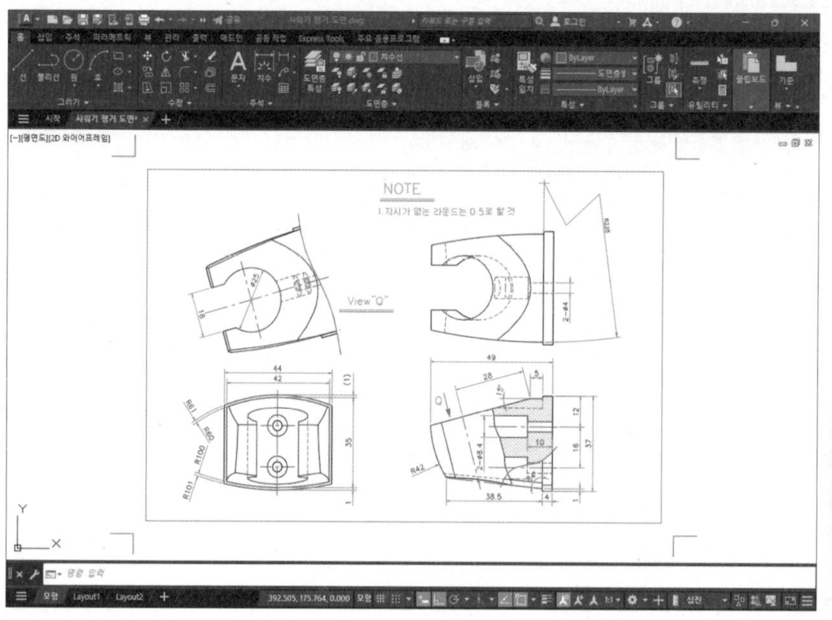

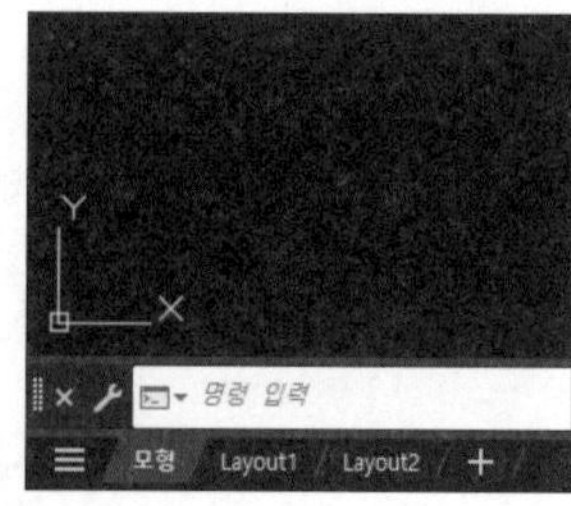

TIP

① 작업자가 제작한 한 도면을 플로터나 프린터를 이용하여 출력할 수 있습니다.

② 문서 형태의 PDF, 윈도우 메타 파일인 EMF, 이미지 파일인 JPG 등의 여러 가지 파일 형태로도 출력이 가능합니다.

2 배치 공간

모형 공간에서 작업자가 그린 도면의 객체를 활용하여 다양한 뷰를 생성할 수 있으며, 작업을 통해 다양한 출력물을 만들어 내는 공간이라고 할 수 있겠습니다.

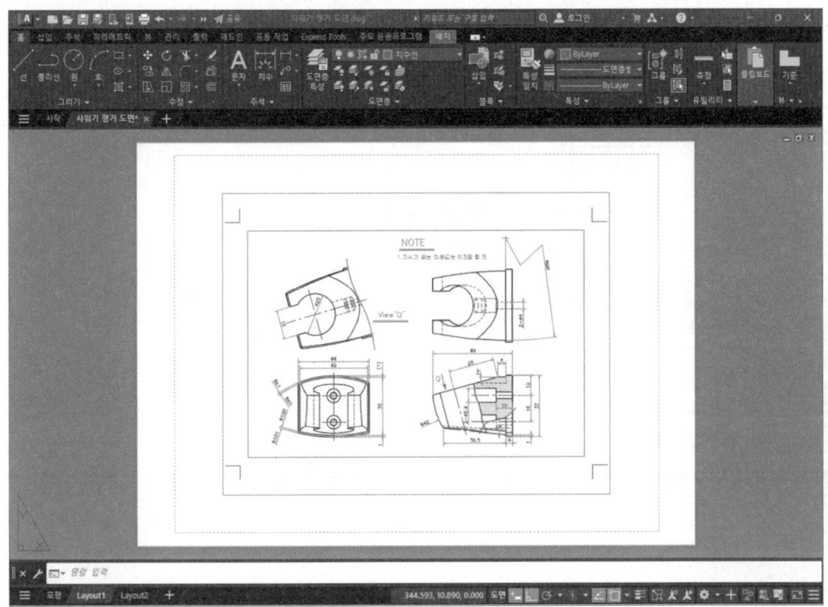

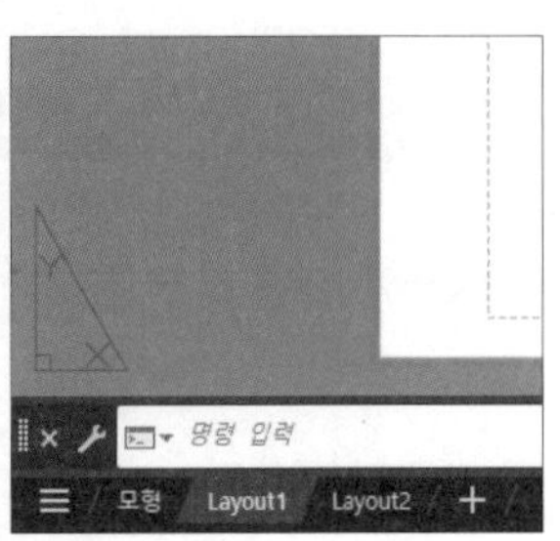

2 출력 설정하기

출력 설정을 하기 위해서는 다음과 같은 확인 작업이 필요합니다.

1 명령어 실행

- 응용프로그램 메뉴(A) - 인쇄 - 플롯
- 단축 명령어 : Ctrl+P

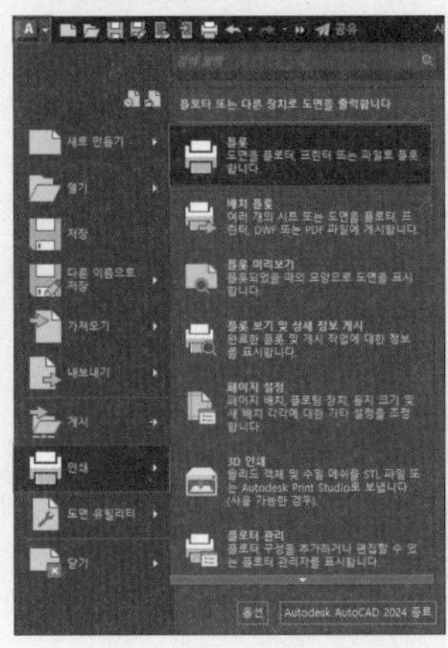

❷ [플롯] 대화상자

[플롯] 대화상자에서 출력하려는 도면의 설정을 해야 합니다. 각 기능들에 대해 알아보겠습니다.

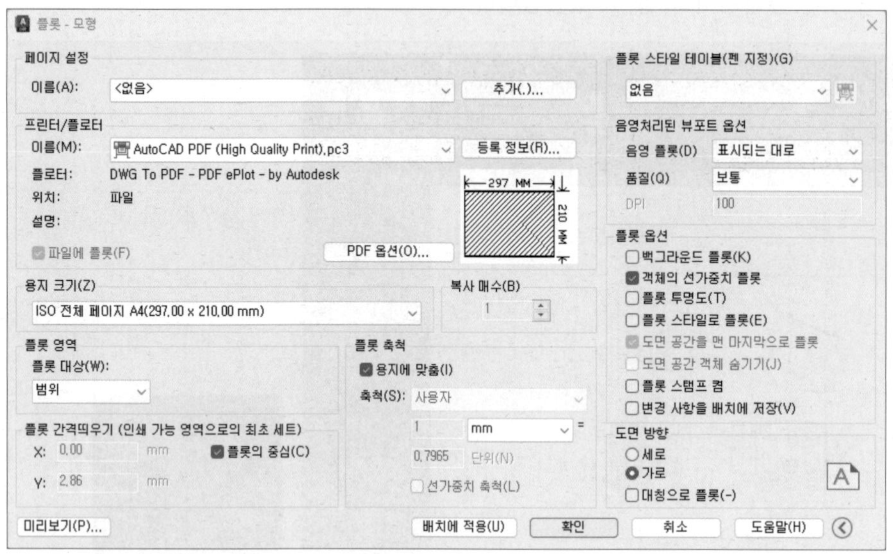

❶ 프린터/플로터

프린터/플로터 항목에서 내가 출력하려는 프린터 및 플로터 기종 이름이 인식되어 있는지를 확인해야 합니다. 만약 연결되지 않았다면 제대로 출력할 수 없기 때문에 해당 드라이버를 설치하여 출력 가능한 상태가 되도록 합니다. 여기에서는 PDF 파일로 저장할 것이므로 PDF라는 단어가 들어간 이름 중에서 원하는 것을 선택합니다. 'DWG To PDF. pc3'을 선택하겠습니다.

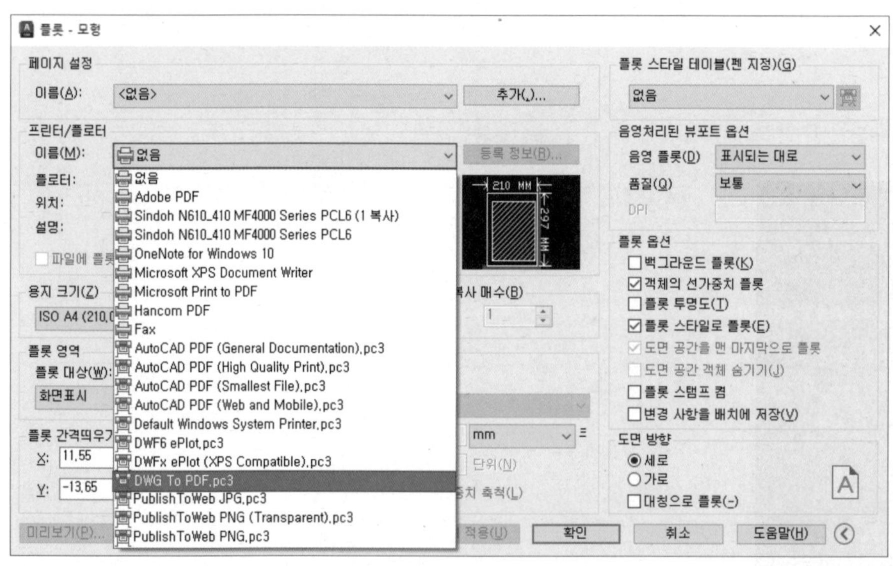

❷ 용지 크기

다음으로는 설정된 프린터/플로터에 내가 출력하려는 용지의 크기를 선택할 수 있는가를 확인해야 합니다. 일반적인 프린터라면 A4 용지만 출력이 가능하지만, 프린터의 크기에 따라 최대 A3까지 출력이 가능한 것도 있고, 대형 플로터의 경우 A1 크기까지 출력이 가능하기 때문에 확인을 해야만 올바르게 도면이 출력될 수 있습니다. 'ISO 전체 페이지 A4'라고 쓰여있는 용지 크기를 선택하면 A4 출력 용지에 꽉 차게 출력이 됩니다.

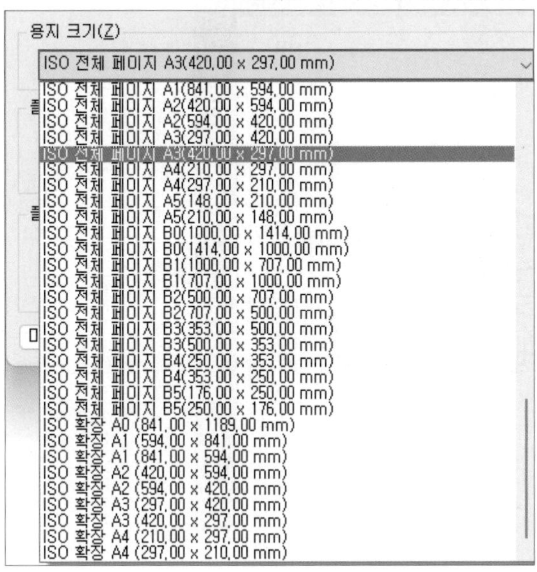

❸ 플롯 영역

출력 영역을 설정하는 방법에는 플롯 대상(W)의 네 가지 방법이 있습니다. 모니터에 표시되는 화면에서 각 플롯 대상을 지정했을 때 어떻게 표시되는지 알아보겠습니다.

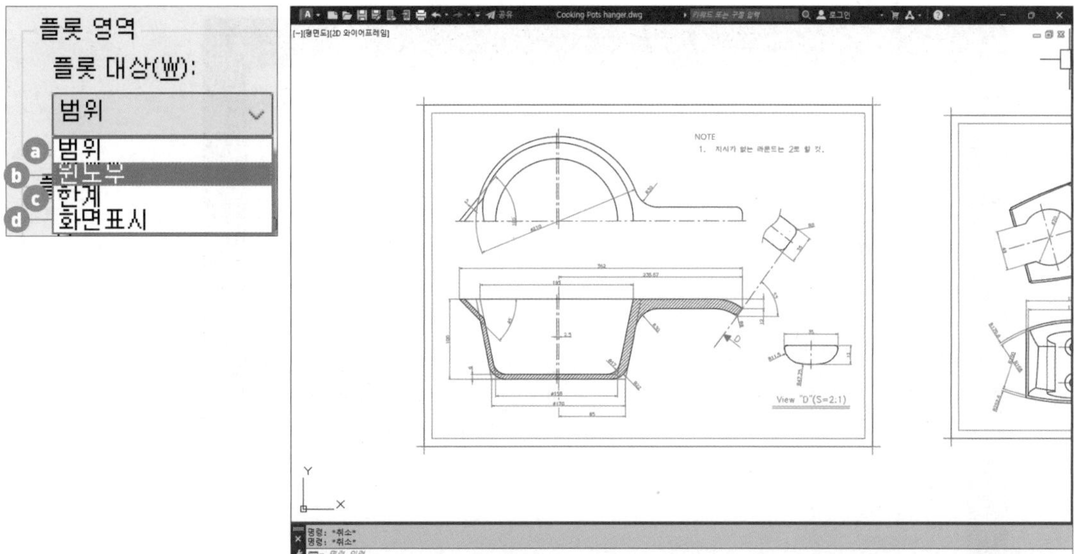

▲ 현재 모니터에 표시되는 화면

ⓐ **범위** : 화면에 표시되거나 표시되지 않아도 모든 도면 내용이 나타납니다. 즉, 파일에 있는 모든 도면 내용이 출력됩니다.

플롯 영역 선택하기에서 '범위'를 지정했을 때 출력될 예정인 미리 보기 화면입니다. 화면에 표시되어도, 화면 밖으로 잘려 보이지 않아도 파일에 포함되어 있는 모든 도면 내용이 표시되는 것을 확인할 수 있습니다.

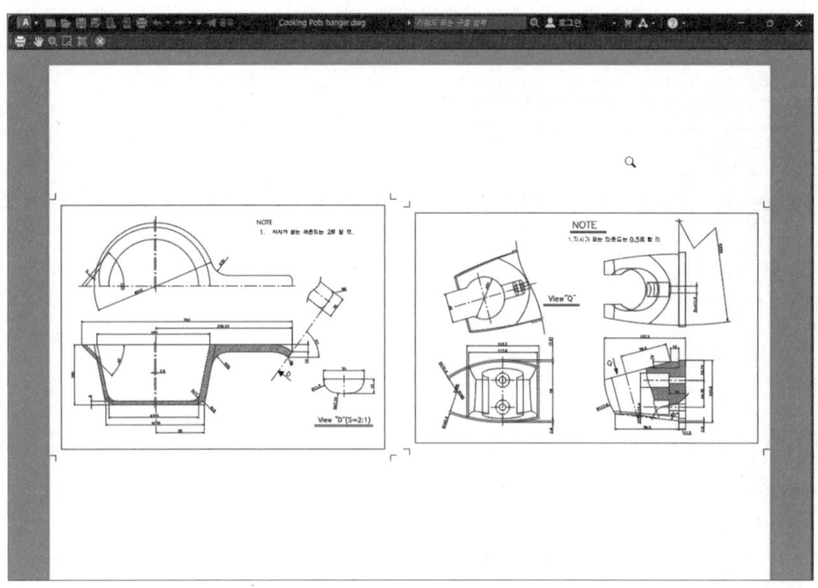

ⓑ **윈도우** : 작업자가 원하는 범위를 지정했을 때 해당 범위만 출력됩니다. 사용 빈도가 가장 높으며 신속하게 출력을 원할 때 많이 사용되는 방법입니다.

플롯 영역 선택하기에서 '윈도우'를 지정했을 때 출력되어 나올 예정인 미리 보기 화면입니다. 작업자가 드래그하여 선택한 범위만 내용이 표시되는 것을 확인할 수 있습니다.

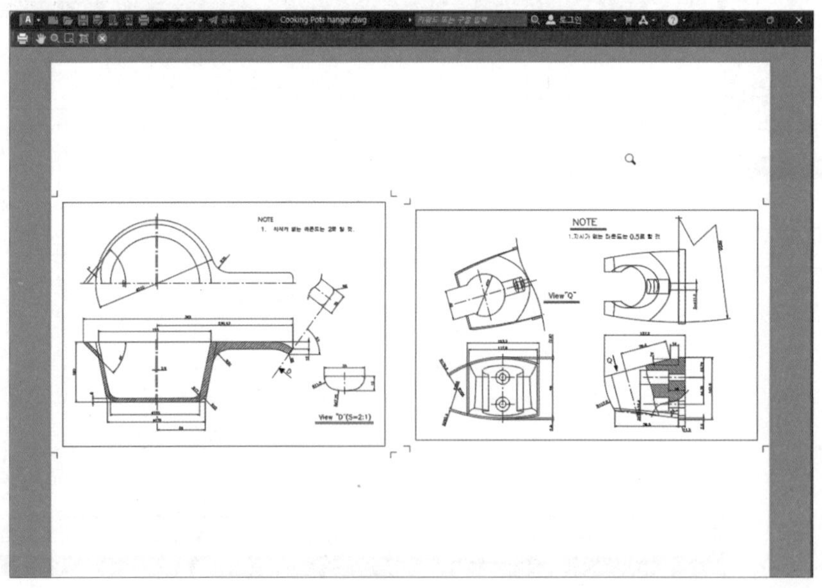

ⓒ 한계 : 작업자가 'LIMITS' 명령어를 사용하여 범위를 설정했을 때 설정된 범위만 출력됩니다. 'LIMITS' 명령어를 입력하고 Enter를 누릅니다. 옵션에서 '0,0'을 입력하고 Enter를 누른 다음 A4나 A3 등의 작업자가 원하는 범위 사이즈를 입력합니다. 여기서는 똑같이 '420,297'을 입력하고 Enter를 누릅니다. 그다음 'REC(RECTANG)' 명령어를 입력하고 Enter를 누릅니다. 옵션에 '0,0'을 입력한 후 Enter를 누르고 마지막으로 '420,297'을 입력한 다음 Enter를 누릅니다. 다음 그림에서 그리드로 보이는 부분이 'LIMITS' 명령어로 범위를 설정한 영역입니다.

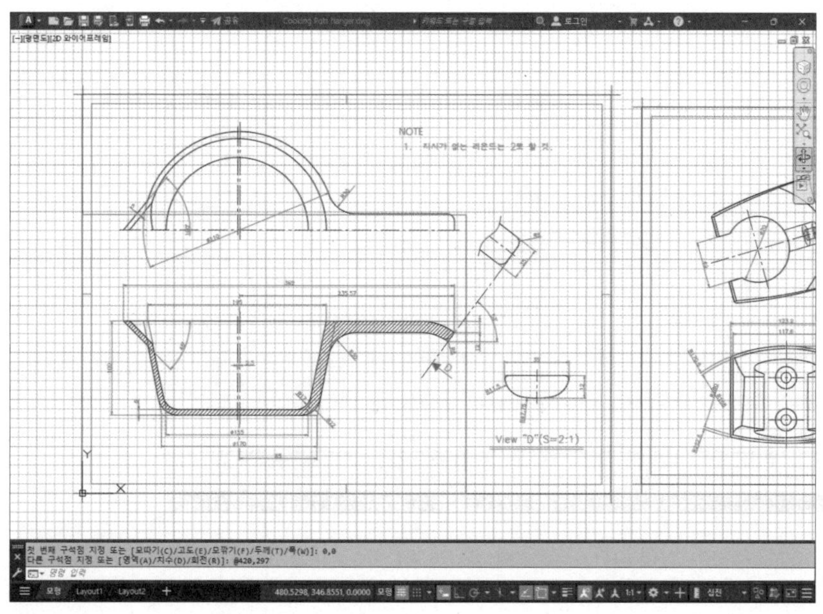

명령: LIMITS
모형 공간 한계 재설정:
왼쪽 아래 구석 지정 또는 [켜기(ON)/끄기(OFF)] ⟨0.0000,0.0000⟩: 0,0
오른쪽 위 구석 지정 ⟨420.0000,297.0000⟩: 420,297

명령: REC
RECTANG
첫 번째 구석점 지정 또는 [모따기(C)/고도(E)/모깎기(F)/두께(T)/폭(W)]: 0,0
다른 구석점 지정 또는 [영역(A)/치수(D)/회전(R)]: @420,297

[F7]을 누르면 그리드 전체가 나타나 아직까지는 LIMITS 설정 부분이 어디부터 어디까지인지 확인이 어렵습니다. 이 경우에는 'SE' 명령어를 입력하고 [Enter]를 눌러 [제도 설정] 대화상자가 표시되면 〔스냅 및 그리드〕 탭의 그리드 동작에서 '제한 초과 그리드 표시(L)'를 체크 표시를 해제하면 LIMITS 영역인 420,297의 영역이 표시됩니다.

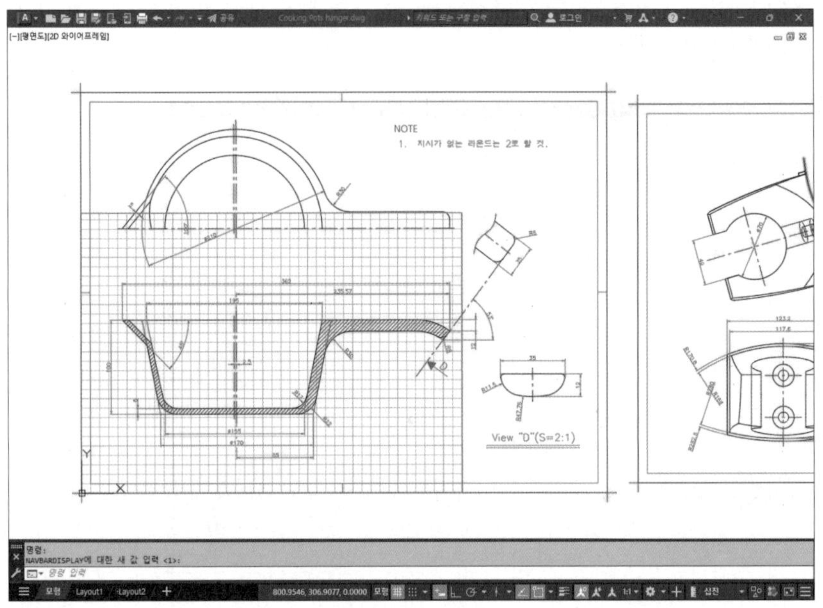

ⓓ 화면표시 : 작업자가 현재 모니터 화면으로 보고 있는 부분만 출력되게 됩니다.

플롯 영역 선택하기에서 '화면표시'를 지정했을 때 출력되어 나올 예정인 미리 보기 화면입니다. 작업자가 화면상으로 보고 있는 영역이 표시되는 것을 확인할 수 있습니다.

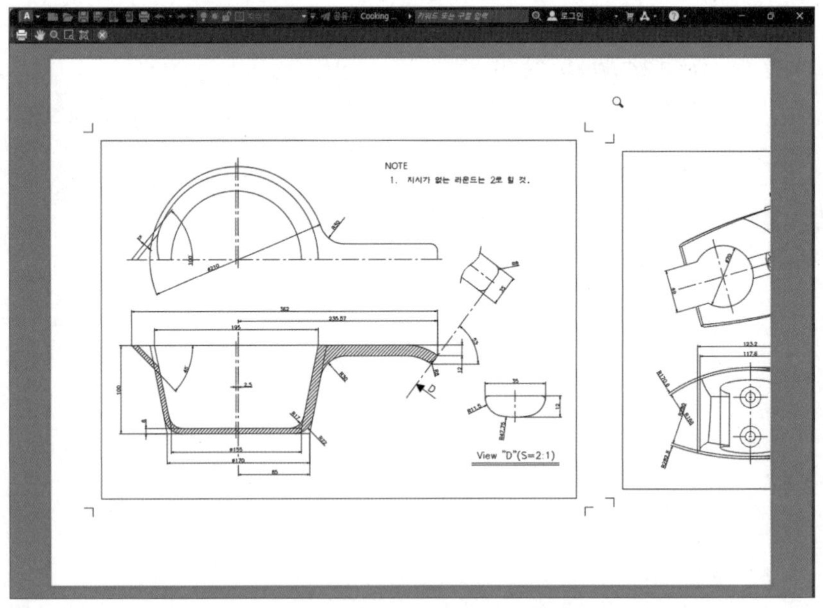

❹ 플롯 축척

플롯의 축척이란 실제 작업 도면과 용지 간의 크기를 어떻게 설정할 것인지를 설정하는 공간입니다. 만약 이 크기가 제대로 설정되지 않으면 작업 도면의 전체가 아닌 일부가 출력되는 경우도 있으므로 상당한 주의가 필요합니다. 일반적으로 '용지에 맞춤'을 체크 표시하여 사용해 자동으로 작업 도면의 크기를 용지 크기에 맞춰 출력할 수 있지만, 필요에 따라 '용지에 맞춤'을 체크 표시 해제하고 축척에서 개별 스케일을 설정할 수 있습니다.

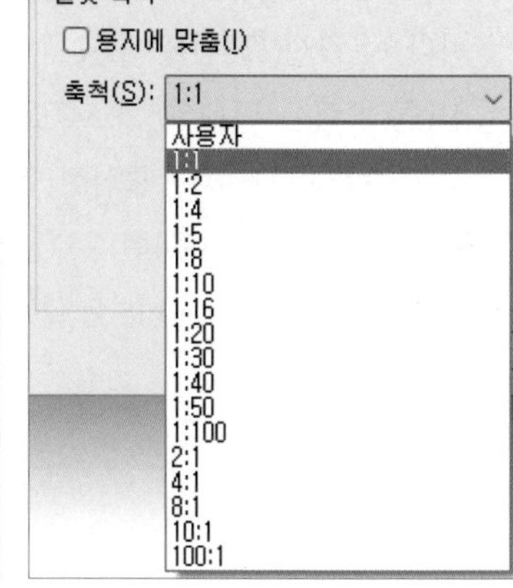

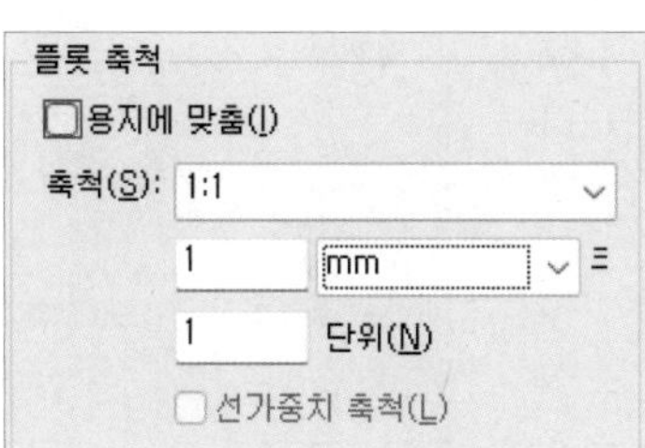

❺ 플롯 간격띄우기

'플롯의 중심(C)'을 체크 표시하여 플롯 영역의 중심을 용지의 가운데로 설정합니다.

만약 출력된 도면을 개별적인 철을 해서 보관해야 한다면 X축의 거리를 일정 수치만큼 입력하여 간격을 띄울 수 있지만, 도면 철을 하지 않아도 된다면 '플롯의 중심(C)'을 체크 표시합니다.

플롯의 중심은 영역 내의 도면이 용지의 정중앙에서 사방으로 퍼지는 형태로 배치한다는 의미입니다.

플롯 간격띄우기 (인쇄 가능 영역으로의 최초 세트)
X: 8.31 mm 플롯의 중심(C)
Y: -0.02 mm

❻ 플롯 스타일 테이블 설정하기

'플롯 스타일'은 '플롯 스타일'을 새롭게 추가하거나 기존 '플롯 스타일 테이블'을 사용하여 다양한 '플롯 스타일'을 도면에 맞게 활용할 수 있습니다.

출력되는 도면은 주로 단색(흑백)으로 출력되어야 하고 선 종류에 따라 선 두께로 구분해서 표현하기 때문에 'monochrome.ctb'로 지정합니다.

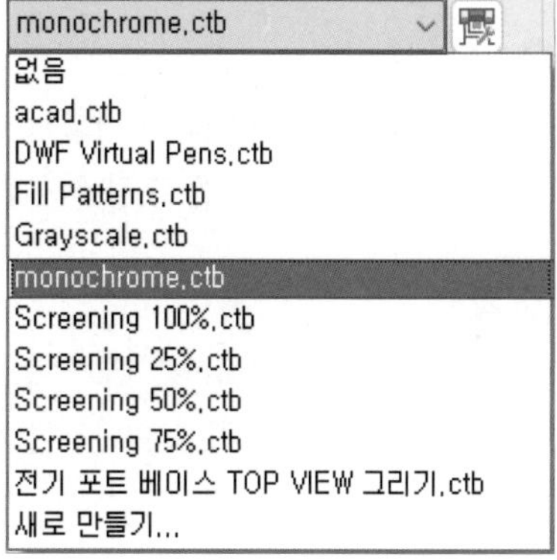

TIP [플롯 스타일 테이블 편집기] 대화상자

- Grayscale.ctb : 흑백이지만 도면층에서 사용한 색상의 명암이 적용되어 선의 진함/연함이 구분됩니다.
- monochrome.ctb : 색상의 진함/연함이 구분 없이 단색(흑백)으로만 출력됩니다.

[플롯 스타일 테이블 편집기] 대화상자를 표시하여 플롯 스타일(P)의 색상을 레이어 색상별로 선가중치(W)를 지정합니다. 즉, 레이어 색상별로 선 두께의 우선순위를 정해서 입력하는 것입니다. 윤곽선(173번)은 '0.4~0.5', 외형선(흰색:검은색)은 '0.25~0.35', 숨은선(파란색)은 '0.25', 중심선(빨간색)은 '0.1~0.18', 치수선(64번)은 '0.1~0.18', 해칭(빨간색)은 '0.1~0.18'로 설정합니다.

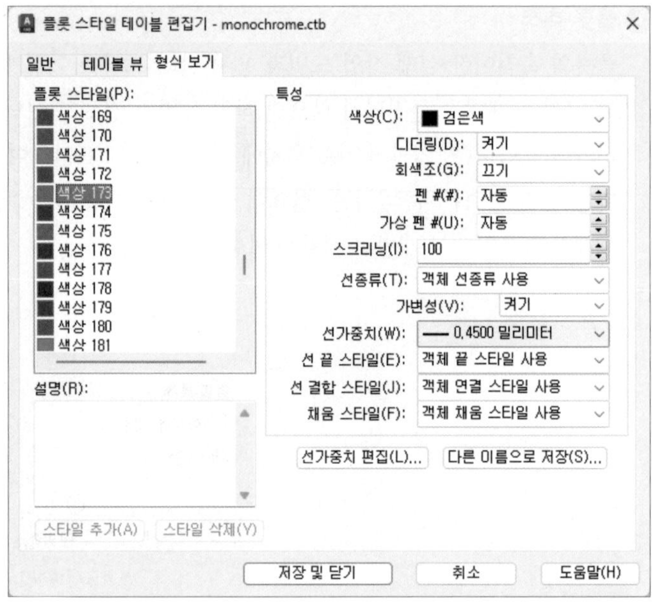

❼ 도면 방향

마지막으로 도면 방향을 설정해야 합니다. 해당 옵션이 보이지 않으면 도움말 옆의 화살표를 클릭하여 확장합니다. 일반적으로 A3 이상은 가로 방향으로 출력하므로 '가로'를 선택해야 하며, A4의 경우 상황에 따라 '세로' 출력을 하므로 상황에 맞춰 선택하면 됩니다.

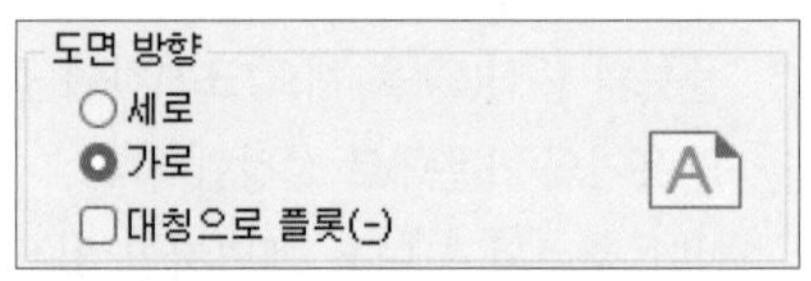

❽ 플롯 영역에서 플롯 대상(W)을 윈도우로 지정하기

플롯 영역의 플롯 대상(W)에서 '윈도우'를 선택하고 윈도우 버튼을 누른 후 화면에서 작업자가 출력을 원하는 범위를 마우스로 드래그하여 지정합니다.

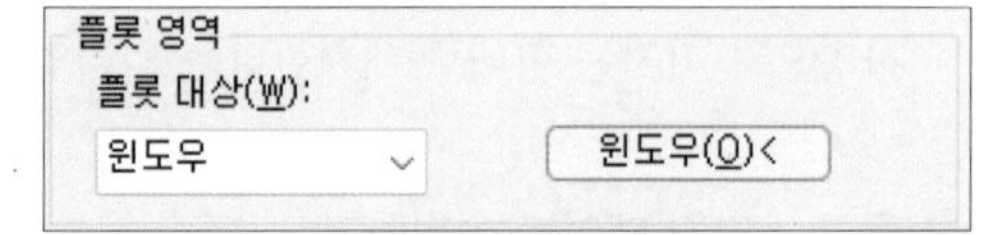

❾ 미리보기(P)

설정이 완료되었다면 〈미리보기〉 버튼을 클릭해 출력 설정이 올바르게 적용되었는지를 확인합니다. 출력 설정이 잘못된 부분을 수정합니다.

❿ 확인

〈확인〉 버튼을 클릭하면 PDF 파일을 어디에 저장할지 저장 위치를 지정하라는 창이 나타납니다. 작업자가 원하는 곳에 PDF 파일을 저장합니다.

❸ 이미지 파일로 출력하기

플롯에서는 PDF 파일 이외에 PNG/JPG와 같은 이미지 파일로 출력하는 기능도 있습니다.

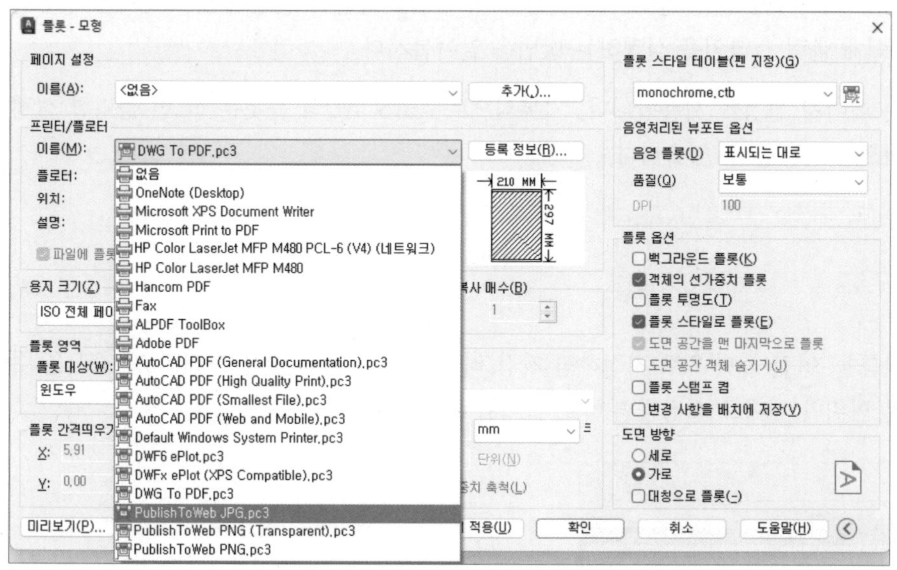

프린터/플로터를 'PDF'로 지정할 경우 별도의 대화상자가 표시되지 않지만, 'PNG' 또는 'JPG'를 지정하면 해상도의 선택을 묻는 대화상자가 표시됩니다.

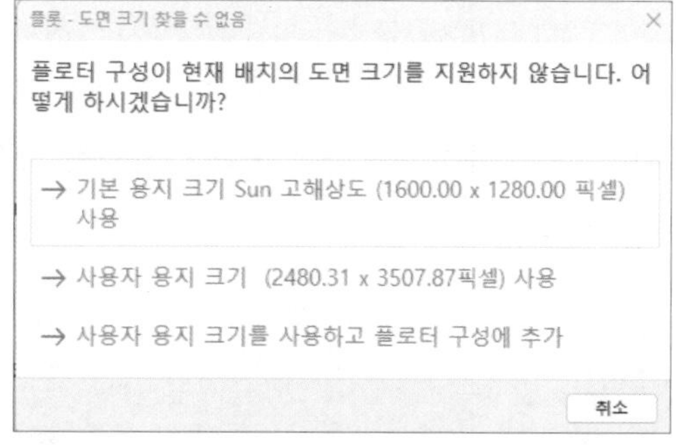

PNG나 JPG로 출력을 설정하면 용지 크기가 픽셀 단위로 변경되는 것을 확인할 수 있습니다.

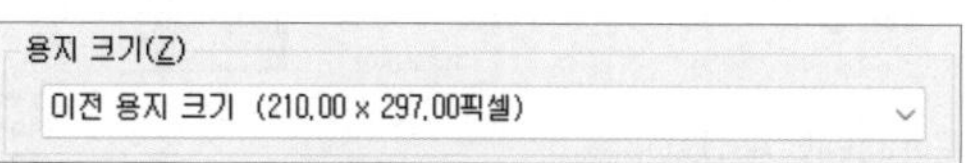

픽셀의 크기는 다양한 크기로 변경할 수 있습니다. 용지의 범위가 픽셀로 변경된 것을 제외하면 나머지 옵션은 출력 옵션과 동일합니다.

4 출력 스타일 반복 적용하기

동일한 설정을 가진 출력을 2~3장 정도 출력해야 한다고 할 경우, 매번 일일이 똑같은 설정을 반복해서 할 수도 없고 그렇다고 여러 장을 출력하는 설정을 하기에도 상당히 불편하게 느껴지는 경우가 있습니다. 이럴 때 손쉽게 출력 스타일을 설정하는 방법을 알아봅시다.

플롯의 상단에 있는 페이지 설정을 사용합니다. 기본적으로 AutoCAD의 플롯은 한 번 출력한 설정 값은 기록되어 반복적으로 사용할 수 있습니다.

페이지 설정에서 이름을 '이전 플롯'으로 지정하면 가장 최근 출력한 설정 값을 그대로 가지고 올 수 있습니다. 출력하려는 범위만 제대로 설정하면 바로 출력할 수 있습니다.

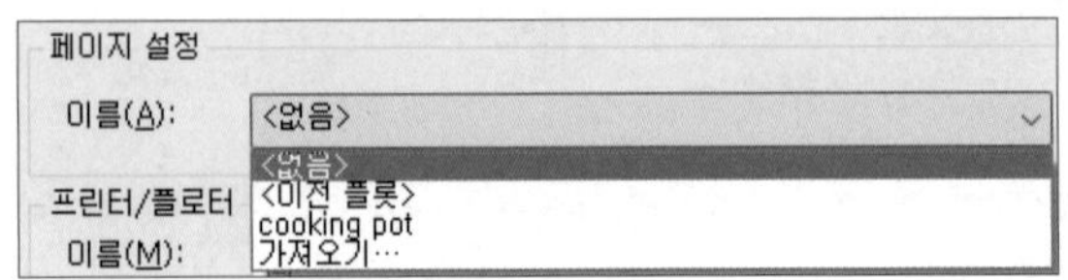

5 출력 스타일 저장하여 사용하기

이번에는 자주 사용하는 출력 스타일을 저장하여 별도의 설정 없이 사용하는 방법에 대해 살펴보겠습니다.

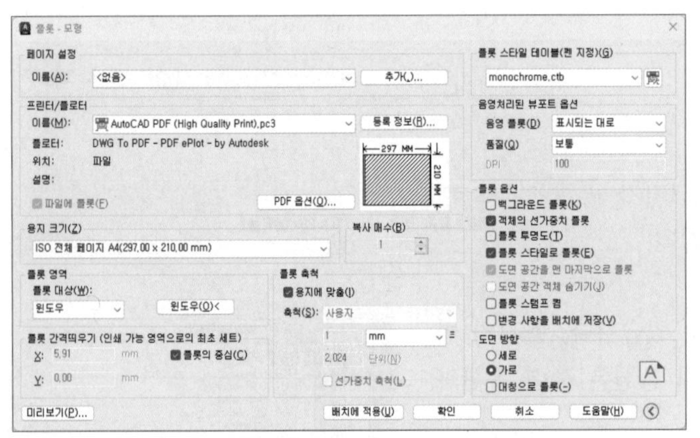

01 | 출력하려는 출력 설정을 작업합니다.

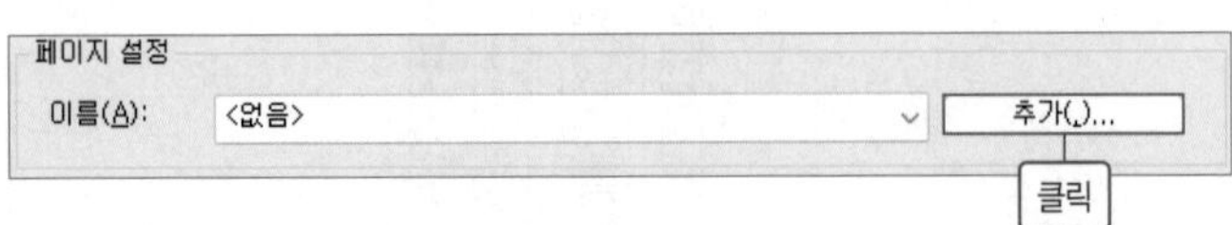

02 | 출력할 설정이 완료되면 상단의 페이지 설정에서 〈추가〉 버튼을 클릭합니다.

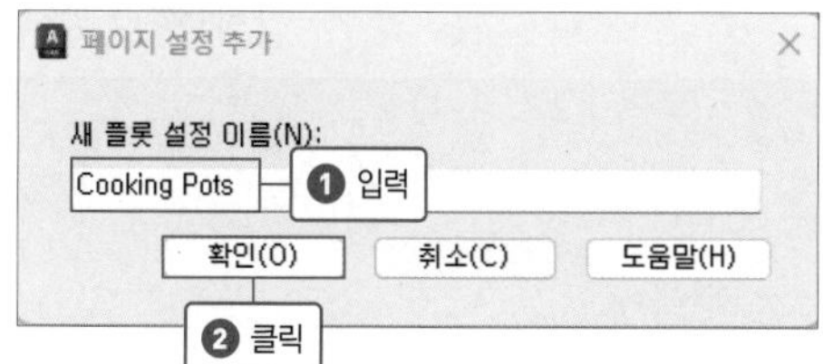

03 | 새 플롯 설정 이름(N)을 입력한 다음 〈확인〉 버튼을 클릭합니다.

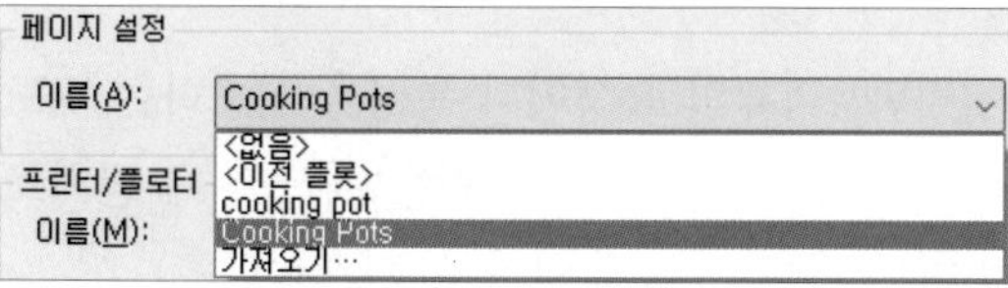

04 | 추가한 출력 설정이 등록되었으므로 같은 설정을 적용할 때 바로 선택한 다음 출력 범위를 설정해 출력할 수 있습니다.

TIP 출력하기 전 체크할 사항

❶ 도면층에 적합한 선의 굵기가 지정되었는지를 확인합니다. 선가중치에 선의 굵기가 지정되어 있지 않다면 '가는실선'으로만 출력이 됩니다.
❷ 도면층에서 플롯의 프린터 모양이 제대로 표시되어 있는지를 확인합니다. 만약 플롯의 아이콘 표시가 표시되어 있다면 해당 도면층은 출력 시 표시되지 않습니다.
❸ 출력 용지의 크기 및 축척이 올바르게 적용되어 있는지를 확인하세요.

TIP 여러 개의 파일을 연속해서 출력하는 방법

여러 개의 출력 파일들을 연속해서 출력하고 싶은 경우, 페이지 설정에 이름을 입력하여 출력 스타일을 저장해서 사용하는 경우도 있으나, 바로 직전 파일 출력에 사용된 플롯 설정은 '이전 플롯'으로 다시 사용하는 방법도 있습니다.

- 현재 작업하고 있는 파일의 출력 스타일 설정을 '가져오기'로 불러들여서 다른 파일로 재사용하는 방법도 있습니다.

CHAPTER 05

객체 조회하기

객체를 그리고 편집하는 것이 AutoCAD의 주요 기능이지만, 객체의 속성이나 특성을 이용하는 것도 AutoCAD를 사용하는 목적입니다. 특히 AutoCAD의 구적 기능은 실무에서 면적을 계산할 때 근거로 제시되기도 합니다. 이번 챕터에서는 객체의 속성을 이용하는 방법에 대해 알아보겠습니다.

1 객체 정보를 목록으로 표시하기 - List

'PROPERTIES' 명령어를 사용하면 특정 객체에 대하여 정보를 확인하거나 수정할 수도 있습니다. 그러나 'LIST' 명령어를 사용하면 특정 객체에 대한 정보를 대화상자 형식으로 볼 수는 있지만 선택한 객체에 대한 정보를 수정할 수는 없습니다. 대신 화면에 대화상자 형식의 문자로 표시되므로 표시된 내용을 복사하여 다른 곳에 사용할 수 있습니다.

1 명령어 실행

- 리본 메뉴 : [홈] 탭 – 특성 패널 – 리스트
- 단축 명령어 : LI(또는 F2)

2 명령 입력 과정

'LI(LIST)' 명령어를 입력하고 Enter를 누른 다음 조회할 객체를 선택 후 다시 Enter를 누릅니다. 대화상자를 통해 선택한 객체에 대한 정보가 표시됩니다.

```
편집(E)
명령: LI
LIST
객체 선택: 1개를 찾음

객체 선택:

              ELLIPSE   도면층: "0"
                        공간: 모형 공간
               핸들 = 318
                        길이: 511.3264
                        중심: X = 255.8455 , Y = 202.8896 , Z = 0.0000
                        장축: X = -95.0000 , Y = 0.0000   , Z = 0.0000
                        단축: X = 0.0000   , Y = -70.0000 , Z = 0.0000
                      시작점: X = 350.6029 , Y = 207.8896 , Z = 0.0000
                        끝점: X = 350.6029 , Y = 197.8896 , Z = 0.0000
                   시작 각도: 183
                     끝 각도: 177
                 반지름 비율: 0.7368
```

명령: LI Enter
LIST
객체 선택:
1개를 찾음 [객체 선택]
객체 선택:

2 ┊ 지정한 두 점 사이의 거리, 각도, 좌표, 증분 표시하기 - Dist

'DIST' 명령어는 지정한 두 점 사이의 거리를 재서 그 두 지점 사이의 거리 값과 각도, 좌표, 증분의 정보를 조회하는 명령어입니다. 'LIST' 명령어처럼 별도의 창으로 표시되지 않고 명령어 입력 창에 해당 객체에 대한 정보가 수치로 표시됩니다. 'DIST' 명령어는 리본 메뉴나 도구 모음에서는 사용할 수 없고 명령어 입력에 의해서만 실행할 수 있습니다.

1 명령어 실행

- 단축 명령어 : DI(DIST)

2 명령 입력 과정

'DI(DIST)' 명령어를 입력하고 Enter를 누릅니다. 조회할 객체의 첫 번째 지점을 클릭하여 지정하고 두 번째 점 또는 [다중 점(M)]에서 'M'을 입력하여 여러 지점을 차례로 지정할 수 있습니다. Enter나 Esc를 눌러 명령어를 취소하거나, [호(A)/닫기(C)/길이(L)/명령 취소(U)/합계(T)]에서 '닫기(C)'를 선택합니다.

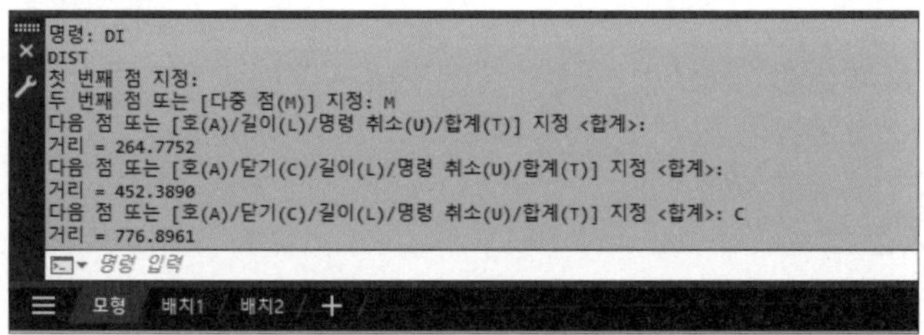

명령: DI Enter
DIST
첫 번째 점 지정: [첫 번째 정점 지정]
두 번째 점 또는 [다중 점(M)] 지정: M
다음 점 또는 [호(A)/길이(L)/명령 취소(U)/합계(T)] 지정 〈합계〉: [두 번째 정점 지정]
거리 = 264.7752
다음 점 또는 [호(A)/닫기(C)/길이(L)/명령 취소(U)/합계(T)] 지정 〈합계〉: [세 번째 정점 지정]
거리 = 452.3890
다음 점 또는 [호(A)/닫기(C)/길이(L)/명령 취소(U)/합계(T)] 지정 〈합계〉: C
거리 = 776.8961

3 지정한 다각형의 면적 구하기 - Area

'AREA' 명령어는 객체 자체를 선택하거나 지정한 도면 내부의 일정 공간 및 사용자가 정의한 면적을 구하는 명령어로, 일반적으로 건축이나 인테리어 도면에서 많이 사용합니다. 선택한 객체가 완전히 닫힌 폐곡선 형태일 때 정확한 면적을 계산할 수 있으나, 열린 객체의 경우는 시작점과 끝점을 임의의 직선으로 그린 후 객체의 면적을 계산합니다. 또한 객체를 선택하지 않아도 임의의 영역을 지정하여 면적을 구할 수 있습니다. 두께가 있는 선으로 그려진 객체인 경우 선의 중심선을 기준으로 면적을 산정합니다.

1 명령어 실행

- 단축 명령어 : AREA

2 명령 입력 과정

❶ 점을 클릭하여 길이 구하기

명령: AREA Enter
첫 번째 구석점 지정 또는 [객체(O)/면적 추가(A)/면적 빼기(S)] 〈객체(O)〉: [첫 번째 정점 지정]
다음 점 또는 [호(A)/길이(L)/명령 취소(U)] 지정: [두 번째 정점 지정]
다음 점 또는 [호(A)/길이(L)/명령 취소(U)] 지정: [세 번째 정점 지정]
다음 점 또는 [호(A)/길이(L)/명령 취소(U)/합계(T)] 지정 〈합계〉: [네 번째 정점 지정]
다음 점 또는 [호(A)/길이(L)/명령 취소(U)/합계(T)] 지정 〈합계〉: [다섯 번째 정점 지정]
다음 점 또는 [호(A)/길이(L)/명령 취소(U)/합계(T)] 지정 〈합계〉: Enter
영역 = 22500.0000, 둘레 = 600.0000

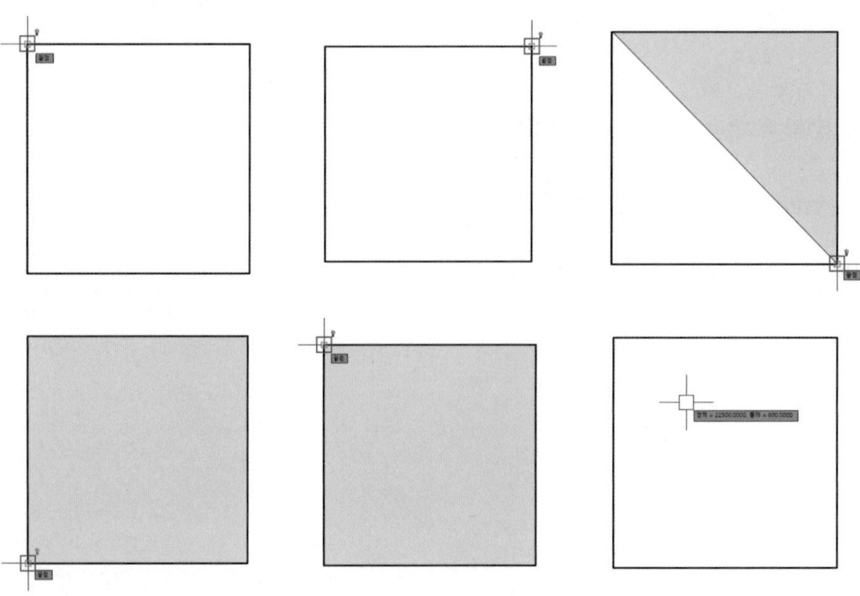

❷ 객체를 선택하여 길이 구하기

명령: AREA Enter
첫 번째 구성점 지정 또는 [객체(O)/면적 추가(A)/면적 빼기(S)] 〈객체(O)〉: O [옵션 선택]
객체 선택: [객체 선택]
영역 = 22500.0000, 둘레 = 600.0000

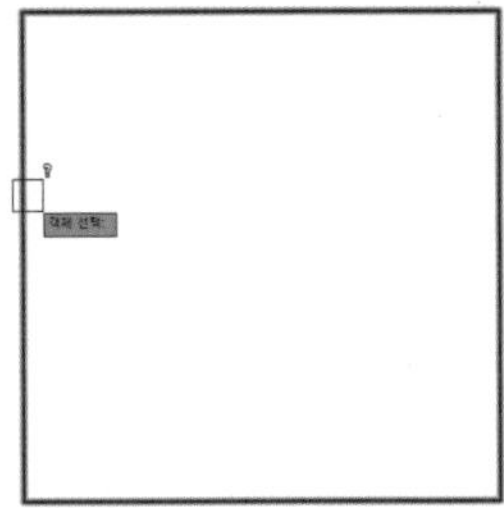

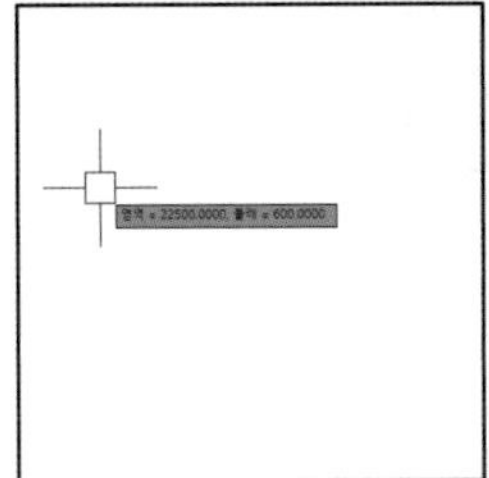

3 옵션

- 객체(O) : 면적을 구할 객체를 선택합니다.
- 면적 추가(A) : 정점을 추가함에 따라 면적을 계산하며, 정점을 추가하여 면적을 계산할 수 있습니다.
- 면적 빼기(S) : 기존 면적에서 지정한 면적을 빼 면적을 산정합니다.

4 다양한 측정값 구하기 - Measuregeom

'MEASUREGEOM' 명령어는 'AREA' 명령어처럼 면적에서부터 거리, 반지름, 각도, 면적, 체적 등의 다양한 측정값을 구하는 명령어입니다. 명령어를 실행한 다음 먼저 측정하고자 하는 유형을 선택하고, 측정하려는 객체를 지정하면 해당 객체의 유형 값이 표시됩니다.

1 명령어 실행

- 단축 명령어 : MEASUREGEOM

2 명령 입력 과정

명령: MEASUREGEOM Enter
옵션 입력 [거리(D)/반지름(R)/각도(A)/면적(AR)/체적(V)/빠른 작업(Q)/모드(M)/종료(X)] 〈거리〉: AR [옵션 선택]
첫 번째 구성점 지정 또는 [객체(O)/면적 추가(A)/면적 빼기(S)/종료(X)] 〈객체(O)〉: [첫 번째 정점 지정]
다음 점 또는 [호(A)/길이(L)/명령 취소(U)] 지정: [두 번째 정점 지정]
다음 점 또는 [호(A)/길이(L)/명령 취소(U)] 지정: [세 번째 정점 지정]
다음 점 또는 [호(A)/길이(L)/명령 취소(U)/합계(T)] 지정 〈합계〉: [네 번째 정점 지정]

다음 점 또는 [호(A)/길이(L)/명령 취소(U)/합계(T)] 지정 〈합계〉: [다섯 번째 정점 지정]
다음 점 또는 [호(A)/길이(L)/명령 취소(U)/합계(T)] 지정 〈합계〉: [여섯 번째 정점 지정]
다음 점 또는 [호(A)/길이(L)/명령 취소(U)/합계(T)] 지정 〈합계〉: Enter
영역 = 4982.5513, 둘레 = 359.8449
옵션 입력 [거리(D)/반지름(R)/각도(A)/면적(AR)/체적(V)/빠른 작업(Q)/모드(M)/종료(X)] 〈면적(AR)〉: X [옵션 선택]

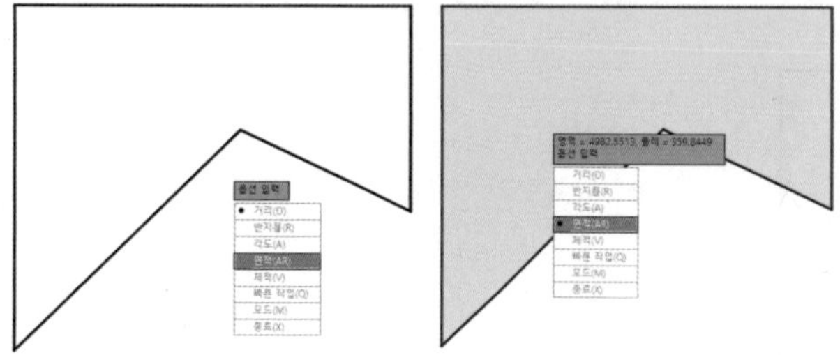

3 옵션

- 거리(D) : 지정한 지점 사이의 거리 및 UCS 기준상의 각도를 측정합니다.
- 반지름(R) : 선택한 원 또는 호의 반지름 및 지름을 측정합니다.
- 각도(A) : 선택한 두 객체 사이의 각도를 표시합니다.
- 면적(AR) : 선택한 객체 또는 지정한 정점의 면적을 측정합니다.
- 체적 (V) : 선택한 객체 또는 지정한 정점의 체적을 측정합니다.

5 지정한 개수로 분할하기 - Divide

'DIVIDE' 명령어와 'MEASURE' 명령은 분할한다는 기능은 같지만 분할하는 방법이 다릅니다. 'DIVIDE' 명령어는 입력한 개수만큼 분할하며, 'MEASURE' 명령어는 입력한 거리만큼 분할합니다. 분할된 지점은 사전에 정의된 점의 형태로 표시되므로 'DDPTYPE' 명령어를 사용하여 분할할 때 표시되는 점의 형태를 미리 정의하는 것이 좋습니다.

1 명령어 실행

- 리본 메뉴 : [홈] 탭 – 그리기 패널 – 등분할
- 단축 명령어 : DIV(DIVIDE)

2 명령 입력 과정

명령: DIV Enter
DIVIDE
등분할 객체 선택: [등분할 객체를 선택]
세그먼트의 개수 또는 [블록(B)] 입력: 5 [등분할 세그먼트 개수를 입력]

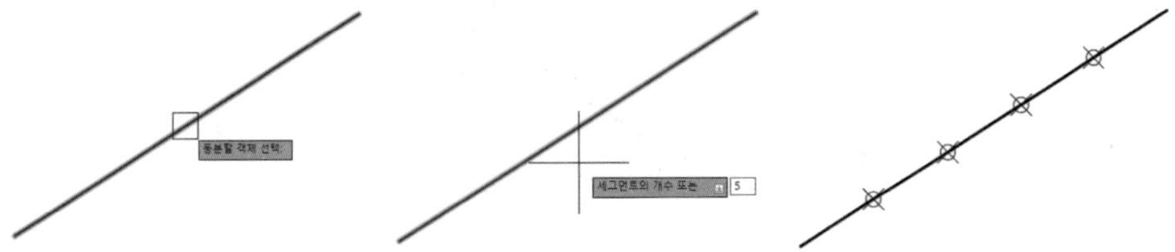

3 옵션

- 세그먼트의 개수 : 분할할 세그먼트의 개수를 입력합니다.
- 블록(B) : 분할 지점마다 블록을 삽입합니다.

TIP

- 등분할에서의 세그먼트 개수는 2~32,768개까지 가능합니다.

6 입력한 길이로 분할하기 - Measure

'MEASURE' 명령어는 객체를 분할하는 기능은 'DIVIDE' 명령어와 같지만, 입력하는 길이대로 객체가 분할 되는 것이 다릅니다. 'MEASURE' 명령어의 진행 방법은 'DIVIDE' 명령어와 동일하며 분할 지점의 표시 방법 또한 'DDPTYPE' 명령어를 통해 정의할 수 있습니다.

1 명령어 실행

- 리본 메뉴 : [홈] 탭 - 그리기 패널 - 길이 분할
- 단축 명령어 : MEASURE

2 명령 입력 과정

명령: MEASURE Enter
길이 분할 객체 선택: [길이 분할할 객체를 선택]
세그먼트의 길이 지정 또는 [블록(B)]: 30 [길이 분할할 세그먼트 길이를 입력]

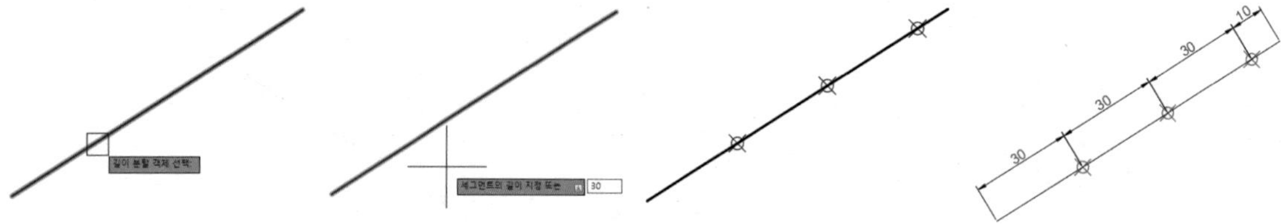

3 옵션

- 세그먼트의 길이 지정 : 분할할 세그먼트의 길이를 입력합니다.
- 블록(B) : 분할 지점마다 블록을 삽입합니다.

TIP

- 원의 길이 분할은 항상 0도 지점에서 시작해서 시계 반대 방향으로 회전합니다.

7 점의 형태 설정하기 - Ddptype

'DDPTYPE' 명령어는 'DIVIDE' 명령어와 'MEASURE' 명령어를 사용하여 객체를 분할했을 때 분할 지점에 표시되는 점의 형태와 크기를 설정하는 명령어입니다.

1 명령어 실행

- 리본 메뉴 : [홈] 탭 - 유틸리티 패널 - 점 스타일
- 단축 명령어 : DDPTYPE

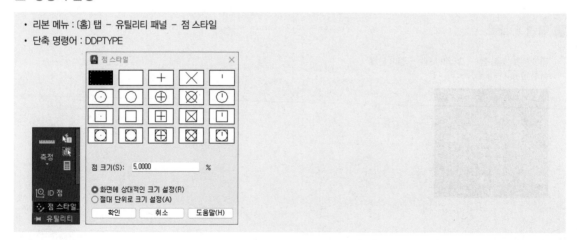

2 옵션

- 점 크기 : 등 분할(DIVIDE)이나 길이 분할(MEASURE) 명령어 수행 시 세그먼트 분할 지점의 점 크기를 설정합니다.
- 화면에 상대적인 크기 설정 : 화면의 축척에 따라 점 크기가 달라집니다.
- 절대적인 단위로 크기 설정 : 화면의 축척과 관계없이 일정한 크기로 점이 표시됩니다.

TIP

- 'PDMODE' 명령어는 숫자로 포인트 종류를 설정할 수 있습니다.

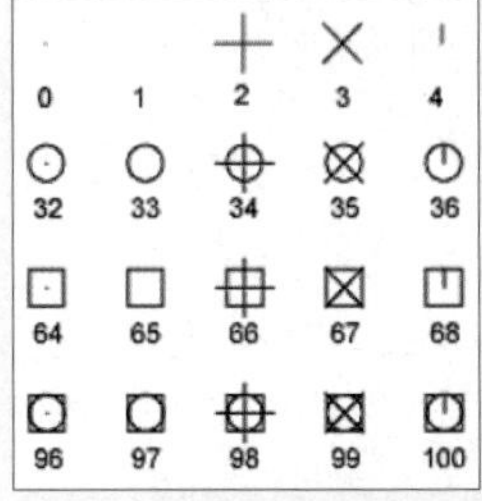

- 'DDPTYPE' 명령어에서 조절하는 점의 크기를 'PDSIZE' 명령어를 통해서도 조절 가능합니다.
- 'DDPTYPE' 명령어로 만들어진 점과 점을 연결할 때나 선으로 연결할 때는 일반적인 ENDPOINT로는 연결할 수가 없습니다. 반드시 'OS(SE)' 명령어를 실행하여 [객체 스냅] 탭에서 '노드(D)'를 체크 표시해야만 'LINE' 명령어로 연결이 가능합니다.

TIP

- 'DIVIDE' 명령어는 점 객체를 따라서 실제로 객체가 분리되는 것이 아니며, 점 객체를 일정 간격으로 배치하는 명령어입니다.
- 'MEASURE' 명령어에서 길이 분할이 시작되는 위치는 마우스로 선택한 지점에서 가장 가까운 지점에서 시작됩니다.

문자나 숫자는 정량적인 정보를 시각적으로 나타내어 다른 사람들에게 명확하게 전달할 수 있는 가장 효과적인 방법입니다. 도면에는 숫자로 표현되는 치수뿐만 아니라, 보편적인 문자까지 다양하게 활용됩니다. 이러한 문자와 숫자는 도면의 내용을 전달하고 정량화하는 데에 있어서 매우 중요한 역할을 합니다. 특히 AutoCAD에서 이러한 문자와 숫자를 통해 객체에 치수를 표시하는 작업은 도면을 작성하는 핵심 중 하나로, 도면 특성을 효과적으로 나타내는 대표적인 방법입니다. Part 4에서는 문자를 입력하고 수정하는 방법, 다양한 치수 입력 방법, 그리고 제품의 단면 및 건축에서 일정한 영역에 특정한 모양을 표현하는 해칭 사용 방법에 대해 학습해 보겠습니다.

문자 & 해칭,
치수 입력하기

문자 스타일을 이용하여 문자 입력하기

AutoCAD에서 문자를 입력하려면 기본적인 글꼴 설정부터 작업해야 합니다. 문자 스타일을 어떻게 설정하느냐에 따라 AutoCAD에서 보이는 문자의 특성이 결정되므로 문자 스타일의 중요성에 대해서 살펴보겠습니다.

1 [문자 스타일] 대화상자 표시하기

문자 스타일을 설정하기 위한 [문자 스타일] 대화상자를 표시하는 방법에 대해 살펴보겠습니다.

1 리본 메뉴 : 〔홈〕 탭 – 주석 - 문자 스타일

리본 메뉴의 〔홈〕 탭에서 문자를 작성할 수 있는 '주석 패널'을 선택하여 메뉴를 확장한 다음 '문자 스타일' 아이콘(A)을 클릭하면 [문자 스타일] 대화상자를 표시할 수 있습니다.

2 리본 메뉴 : 〔홈〕 탭 – 주석 – Standard - 문자 스타일 관리

리본 메뉴의 〔홈〕 탭에서 문자를 작성할 수 있는 '주석 패널'을 선택해 메뉴를 확장하고 'Standard'를 클릭한 후 '문자 스타일 관리'를 선택하면 [문자 스타일] 대화상자를 표시할 수 있습니다.

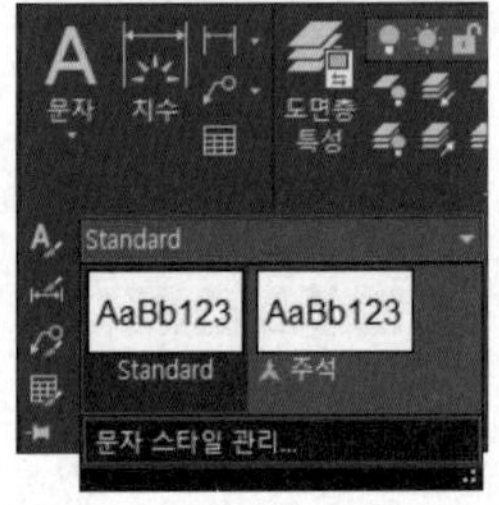

3 단축 명령어 : ST

손쉽게 단축 명령어를 입력하여 [문자 스타일] 대화상자를 표시할 수 있습니다.

```
명령: ST
STYLE
```

2 문자 스타일 설정하기

[문자 스타일] 대화상자에서 스타일을 설정할 수 있는 내용에 대해 살펴보겠습니다.

1 [문자 스타일] 대화상자

앞서 설명한 세 가지 방법 중 하나를 선택하면 그림과 같이 대화상자가 표시됩니다. 각 부분에 대한 기능을 살펴보겠습니다.

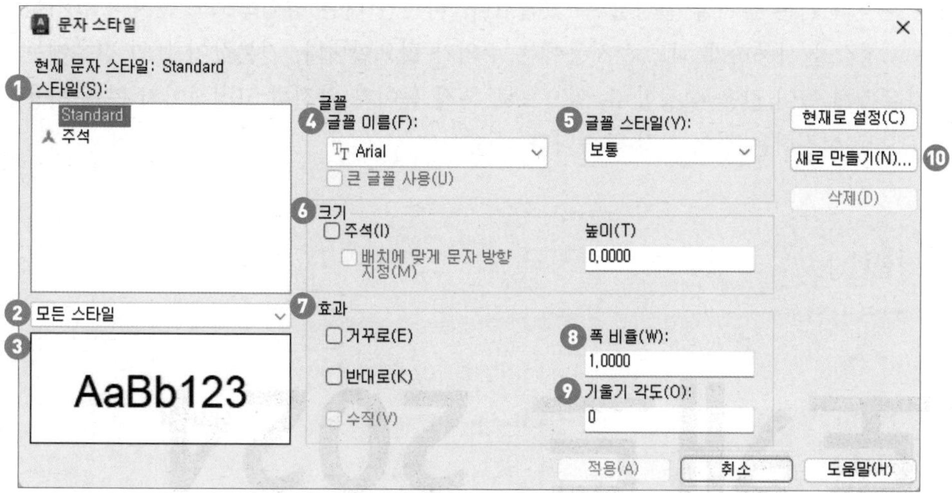

① 스타일(S)

스타일에는 설정한 글꼴이 표시되며 표시된 글꼴을 선택하면 글꼴의 높이와 폭/기울기 등이 스타일(S) 오른쪽에 나타나게 됩니다.

② 스타일 목록 필터

스타일의 목록을 표시하는 방법을 설정할 수 있습니다. 전체 스타일을 표시하거나 본인이 원하는 스타일만 표시되도록 설정이 가능합니다.

③ 미리보기

설정된 글꼴 및 문자의 높이와 폭/기울기 등 설정된 모습을 직접적으로 보여 주기 때문에 설정 값에 대한 변경 내용을 시각적으로 확인할 수 있습니다.

④ 글꼴 이름(F)

등록된 모든 트루타입 글꼴과 Fonts 폴더에 있는 컴파일된 쉐이프(SHX) 글꼴 이름이 나열됩니다. 현재 사용 중인 글꼴을 확인할 수 있으며, 본인이 원하는 글꼴을 선택하여 적용할 수 있습니다. 크게 한글과 영문 글꼴이 존재합니다. '큰 글꼴 사용(U)'을 사용하는 대표적인 글꼴은 'romans'입니다.

❺ 글꼴 스타일(Y)

글꼴 스타일은 'romans'처럼 글꼴 이름(F)에서 지원하는 기능을 가져야만 활성화되는 기능입니다. 글꼴 스타일(Y)의 경우 영문 폰트 사용 시 한글의 'ㅠ', 'ㅆ' 등의 일부 문자를 표시하지 못하는 폰트는 글꼴 스타일(Y)의 확장 기능을 사용하여 표시할 수도 있습니다.

❻ 크기

- 주석 : 문자를 주석으로 표현합니다.
- 높이 : 작성되는 문자의 기본 높이를 설정할 수 있습니다. 하지만 다른 방법으로도 문자의 크기를 조절할 수 없는 고정값을 사용하게 되므로 사용에는 주의가 필요합니다. 기본값이 '0'인 경우에는 문자 작성 시 자유롭게 높이 값을 설정할 수 있으므로 특정 높이가 완전히 고정적이지 않게 사용되는 것이라면 0으로 설정하는 것이 가장 좋습니다.

❼ 효과

문자의 효과를 설정합니다.

- 거꾸로

오토캐드 2024

- 반대로

오토캐드 2024

❽ 폭 비율

문자 폭의 비율을 설정합니다. 1을 기준으로 소수점 혹은 배수의 적용에 따라 문자의 간격이 변경됩니다. 그림에서 볼 수 있듯이 동일한 문자의 크기를 가지고 있어도 폭의 비율에 따라 표시되는 문자가 달라집니다.

AutoCAD 2024 (1)

AutoCAD 2024 (2)

AutoCAD 2024 (0.5)

⑨ 기울기 각도

문자의 기울기를 설정할 수 있습니다. 주어진 각도만큼 문자가 기울기를 가진 상태로 표시됩니다.

AutoCAD 2024 (20°)

AutoCAD 2024 (40°)

⑩ 새로 만들기

〈새로 만들기(N)〉 버튼을 클릭하여 새로운 스타일의 글꼴을 작성할 수 있습니다. 〈새로 만들기(N)〉를 통하여 스타일(S)에 새로운 글꼴을 만들었으면 반드시 글꼴 이름(F)에서 그 새로운 글꼴을 찾아서 적용(A)해 주어야 합니다.

TIP

① TTF 글꼴은 한글 지원이 가능합니다. 그러나 SHX 글꼴은 한글 지원이 되지 않기 때문에 '큰 글꼴 사용(U)'을 선택하고 글꼴 스타일(Y)에서 한글 'whgtxt.shx'를 선택해 주어야 합니다.

② '큰 글꼴 사용(U)'은 아시아어 큰 글꼴 파일일 경우에만 활성화됩니다. SHX 파일만이 큰 글꼴 작성에 적합한 파일 유형입니다.

③ 이렇게 작성된 '문자 스타일'은 텍스트뿐만 아니라 치수 스타일, 다중지시선 스타일, 테이블 스타일 등에서 사용할 수 있습니다.

TIP TEXTALIGN 명령어

문자를 정렬하는 'TA(TEXTALIGN)' 명령어는 선택한 문자들을 수직과 수평 또는 비스듬하게 정렬할 수 있는 명령어입니다. 이때 문자는 2개 이상의 정렬할 객체를 선택한 후 Enter를 눌러야 합니다.

정렬 이외의 옵션에는 분산(D), 간격 설정(S), 현재 수직(V), 현재 수평(H)이 있습니다.

- **분산(D)** : 문자가 선택된 두 개의 점 사이에서 일정하게 간격을 두고 배치됩니다.
- **간격 설정(S)** : 문자 객체의 범위 간에 간격 두기를 지정합니다.
- **현재 수직(V)** : 정렬할 문자 객체의 현재 수직 위치 지정을 따릅니다.
- **현재 수평(H)** : 정렬할 문자 객체의 현재 수평 위치 지정을 따릅니다.

CHAPTER 02

글꼴 설정 및 문자 환경 설정하기

글꼴 스타일을 적용하는 방법에 대해 살펴보았으므로 설정된 글꼴을 사용하여 문자를 작성하는 방법에 대해 살펴보겠습니다. 글꼴의 설정에 따라 문자에서 표시 가능한 특수기호 및 문자가 다르므로 상당한 주의가 필요합니다.

1 글꼴 설정하기

앞서 설명했던 [문자 스타일] 대화상자를 표시하여 사용하려는 글꼴을 설정해야 합니다.

1 글꼴 설정 시 주의해야 할 사항

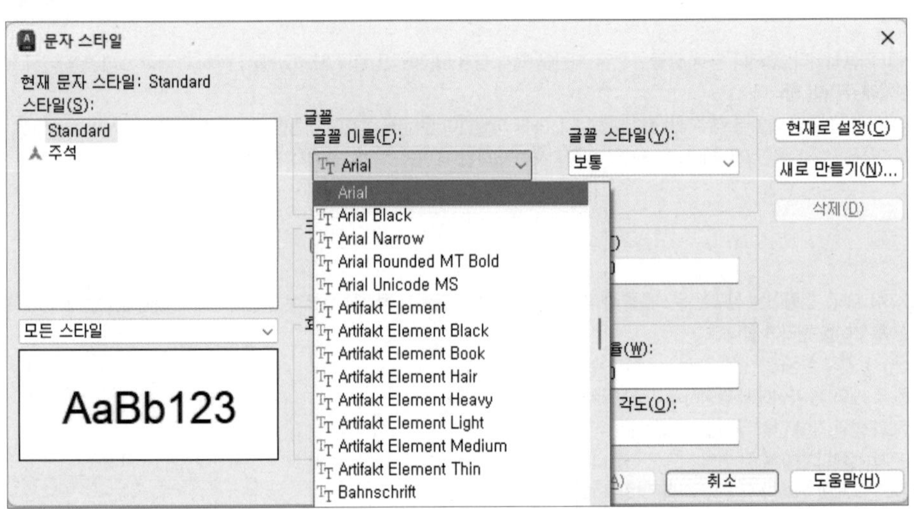

위 그림에서 보이는 것처럼 [문자 스타일] 대화상자에서 글꼴 이름을 클릭하여 표시되는 여러 가지 글꼴 중 하나를 지정하여 문자에 적용될 글꼴을 설정할 수 있습니다. 하지만 여기에서 주의해야 할 점이 있습니다.

● 폰트 앞 '@'의 유무 확인

오른쪽 그림을 보면 글씨체 앞에 '@'가 붙어 있습니다. 앞에 '@'가 붙어 있는 글씨체는 되도록 사용하지 않기를 권장합니다. 왜냐하면 이 글씨체들을 글씨체 자체적으로 고유의 설정 값을 가지고 있기 때문에 글씨체가 뒤집어지거나 90°로 세워지는 등 그 스타일이 따로 정해져 있기 때문입니다.

어빼뜨ㅣ 2024

위의 그림과 같이 작성되는 한글 문자가 옆으로 누워진 상태로 작성되는 것을 알 수 있습니다. 이렇듯 '@'가 붙어 있는 글씨체 스타일은 일반적으로 잘 사용하지 않는 방식이기 때문에 꼭 필요하거나 사용해야 할 곳이 아니라면 되도록 사용하지 않는 것을 추천합니다.

TIP

① 도면의 문자가 부분적으로 ??? 또는 이상한 문자로 나타날 경우 해결법

• 이런 경우에는 폰트에서 해당 특수기호 및 문자를 지원하지 않아서 적용하지 못하기 때문에 생기는 문제입니다. 프로그램에서 문자 자체는 인식하고 있으나 폰트에 대해 표시만 하지 못하는 상황으로 특수기호 및 문자를 표시할 수 있는 폰트로 변경해 주면 간단히 해결되는 문제입니다.

대체 글꼴을 사용

'FONTALT' 시스템 변수를 사용해 대체 글꼴을 지정하는 방법이 있습니다. 'FONTALT' 시스템 변수를 입력하고 Enter를 누릅니다. 명령어 입력창에 'FONTALT, 또는 없는 경우 입력에 대한 새 값 입력 〈"simplex.shx"〉'이 나타나면 〈 〉 안에 새로운 글꼴 이름을 입력한 다음 Enter를 입력합니다. 그리고 마지막으로 'RE(REGEN)' 명령어를 실행하면 ??? 또는 이상한 문자로 나타나는 부분이 새로운 글꼴로 대체 표시됩니다.

② 도면에 입력하는 문자 전체가 ??? 또는 이상한 문자로 나타날 경우 해결법

폰트를 입력할 때 일시적으로 나타나는 문제라면 글꼴 변경으로 해결할 수 있지만, 문자 전체가 깨지는 경우에는 사용 중인 PC에 폰트가 없어 생기는 문제이기 때문에 폰트의 변경만으로는 간단히 해결되지 않습니다.

[해결 방법]

- **첫 번째, 거래처나 전달받은 곳에서 현재 사용 중인 AutoCAD 글꼴을 같이 전달받기**
  가장 자주 발생하는 원인은 외부로부터 전달받은 작업 파일이 현재 작업자의 PC에 설치되지 않았을 경우 발생하는 것이므로 작업 파일을 보낸 거래처나 전달받은 곳으로부터 AutoCAD 글꼴을 같이 전달받는 것이 가장 좋은 방법입니다.
- **두 번째, 작업 파일에 적용된 글꼴을 직접 PC에 설치하여 AutoCAD에 적용하기**
  거래처나 전달받은 곳에서 사용 중인 폰트를 사용자 컴퓨터에 직접 설치하고 AutoCAD에 적용하는 방법입니다. 거래처로부터 전달받은 작업 파일에 사용 중인 폰트를 다운로드해서 'C:\Program Files\Autodesk\AutoCAD 2024\Fonts'의 경로에 폰트를 삽입합니다. 'C:\Program Files\Autodesk\AutoCAD 2024\Fonts'의 경로에 폰트를 삽입했으면 AutoCAD를 완전히 종료했다가 재실행하면 자동으로 삽입된 글꼴이 인식되어 폰트를 사용할 수 있습니다.

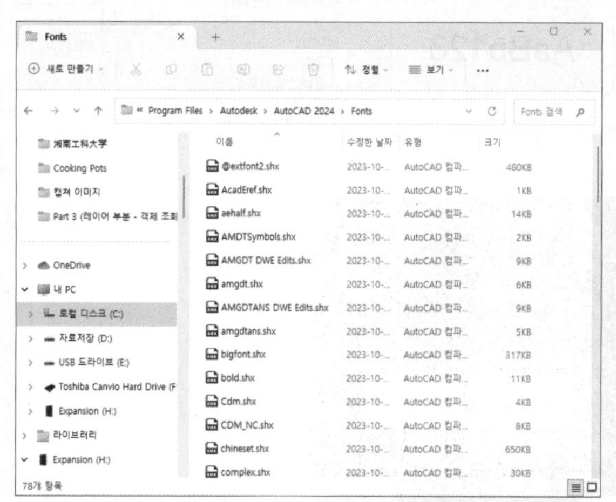

2 글꼴 저장하기

[문자 스타일] 대화상자에서 사용할 글꼴을 스타일(S)에 생성하겠습니다.

01 | 'ST(STYLE)' 명령어를 입력하여 [문자 스타일] 대화상자를 표시하고 〈새로 만들기(N)〉 버튼을 클릭하여 [새 문자 스타일] 대화상자를 표시합니다. 스타일 이름에 '맑은 고딕'을 입력하고 〈확인〉 버튼을 클릭합니다. [문자 스타일] 대화상자의 스타일(S)에 '맑은 고딕'이 저장된 것을 확인할 수 있습니다.

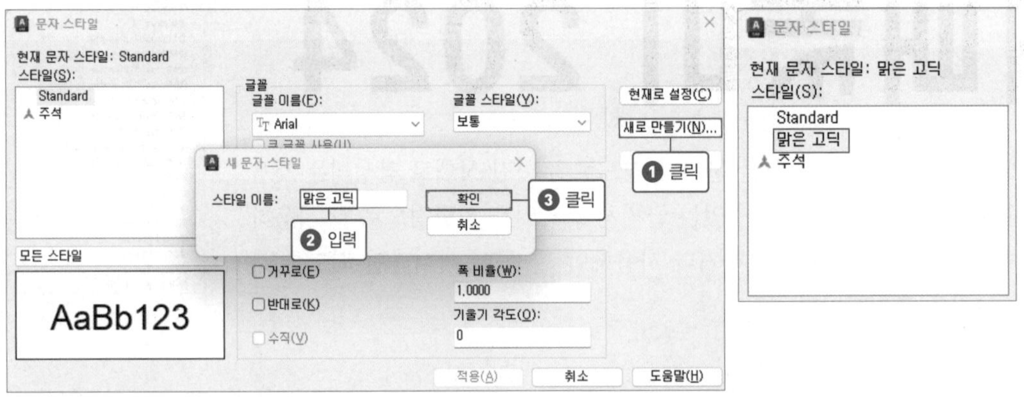

02 | 스타일(S)에 만들어진 '맑은 고딕'을 선택하고 글꼴 이름(F)에서 '맑은 고딕'을 지정한 다음 〈현재로 설정(C)〉 버튼을 클릭하거나 〈적용(A)〉 버튼을 클릭합니다.

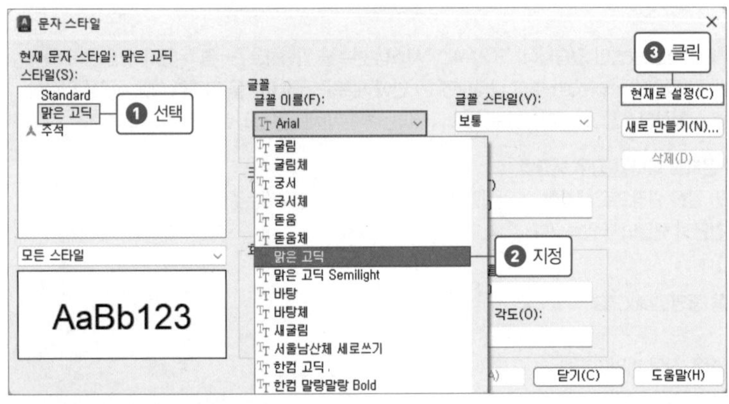

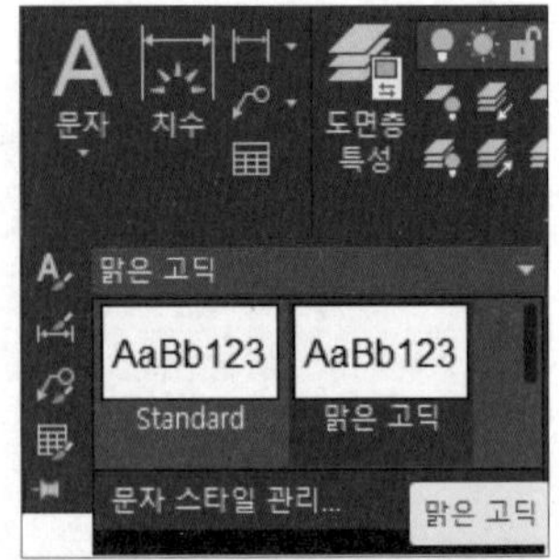

03 | 이렇게 적용한 글씨체는 [홈] 탭의 [주석] 패널에 있는 '문자 스타일'에 저장됩니다.

❸ 글꼴 설정하기

문자를 작성하기 전에 사용할 글꼴을 설정하겠습니다.

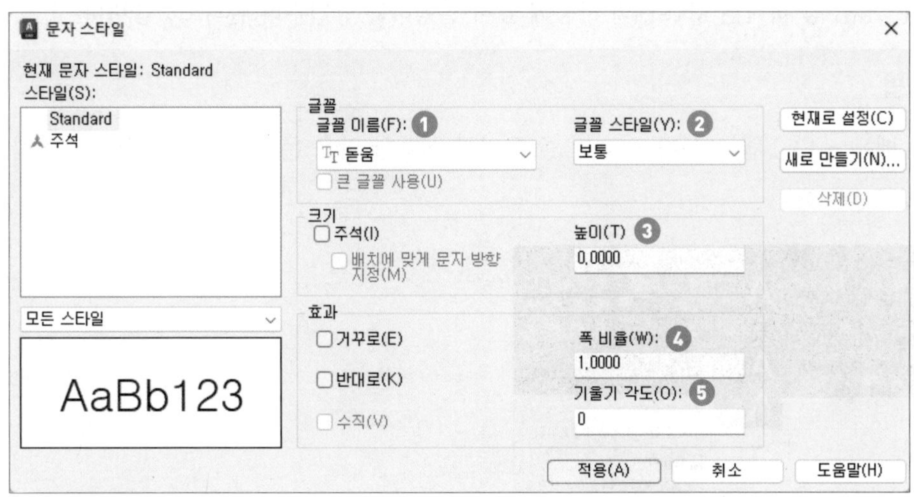

위 그림에서 보이는 글꼴의 스타일을 다음과 같이 지정합니다.

❶ 글꼴 이름(F) : 돋움
❷ 글꼴 스타일(Y) : 보통
❸ 높이(T) : 0.0000
❹ 폭 비율(W) : 1.0000
❺ 기울기 각도(O) : 0

2 MText와 DText의 환경 설정하기

문자를 작성하기 위한 글꼴 설정을 완료하였습니다. 이제 문자를 작성하는 방법에 대해 살펴보겠습니다. 문자를 작성하는 방법은 크게 두 가지가 있습니다. 문자를 작성할 범위를 지정하여 글자를 작성하는 MText와 문자의 시작점을 지정해 문자를 작성하는 DText가 있습니다. 이 두 가지의 문자 작성 방법은 각각 장단점이 있으므로 각각의 장점을 살릴 수 있는 곳에서 문자를 작성하는 게 가장 효율적입니다.

TIP

AutoCAD는 초기 버전인 R 버전부터 2024 현재까지 2개의 문자 작성 방식을 사용하고 있습니다. AutoCAD의 버전이 업그레이드되면서 많은 기능이 추가되었지만, 이 2개의 문자 작성 방식은 큰 변화가 없이 현재까지 이어지고 있습니다. 그 이유는 서로가 각 방식의 단점을 보완하기 때문입니다. 즉, 1개의 문자 작성 방법만 고수하는 것은 효율적으로 문자를 작성할 수 없습니다.

1 MText의 환경 설정하기

● MText 실행 방법

문자를 작성하는 방법 중 하나인 MText의 사용에 앞서 실행하는 방법부터 살펴보겠습니다.

❶ 첫 번째 실행 방법

화면 상단의 리본 메뉴 – 〔홈〕 탭 – 문자 – 여러 줄 문자를 실행한 다음 문자 작성할 범위를 설정합니다.

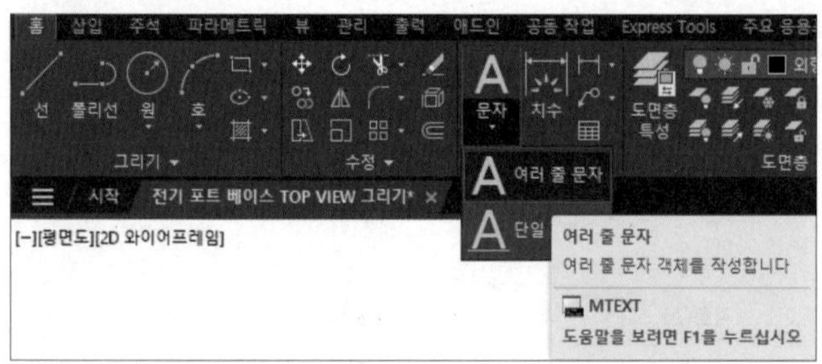

❷ 두 번째 실행 방법

화면 상단의 리본 메뉴 – 〔주석〕 탭 – 여러 줄 문자를 실행한 다음 문자 작성할 범위를 설정합니다.

❸ 세 번째 실행 방법

단축 명령어 : 'MT'를 입력 후 문자 작성할 범위를 설정합니다.

명령: MT
MTEXT
현재 문자 스타일: "romans" 문자 높이: 2.5 주석: 아니오
첫 번째 구석 지정: (첫 번째 시작점을 지정)
반대 구석 지정 또는 [높이(H)/자리맞추기(J)/선 간격두기(L)/회전(R)/스타일(S)/폭(W)/열(C)]:
(문자 작성할 범위를 지정)

- MText 환경

앞서 설명한 세 가지 중 하나의 방법으로 MText 문자 작성을 실행하면 다음과 같은 환경으로 인터페이스가 변환됩니다.

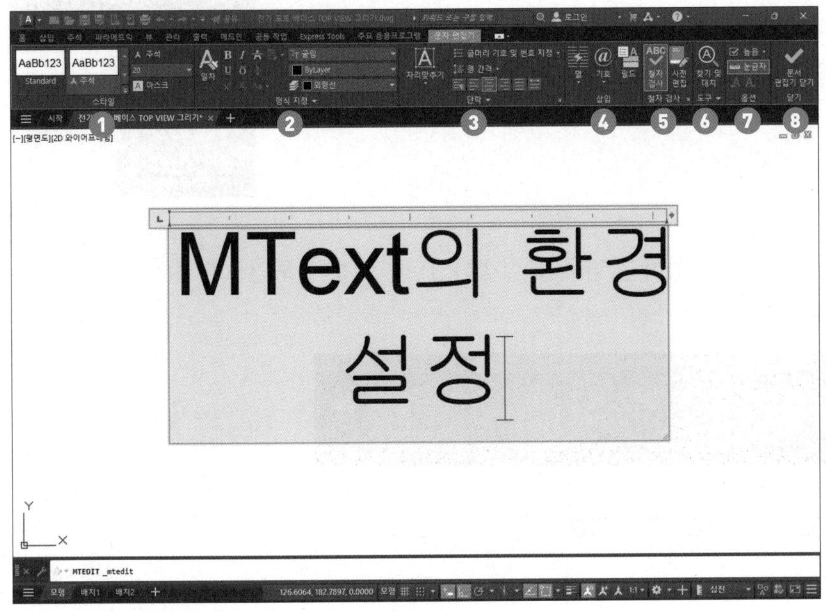

MText의 각 리본 메뉴 기능은 다음과 같습니다.

❶ 스타일 패널 : 문자의 스타일과 글꼴의 크기를 설정합니다.

❷ 형식 지정 패널 : 글꼴의 강조 방법 및 사용되는 레이어를 설정합니다.

❸ 단락 패널 : 글꼴의 정렬 방법과 삽입점의 위치를 설정합니다.

❹ 삽입 패널 : 행과 열 그리고 기호를 삽입할 때 사용하며, 문자의 자리를 설정할 수 있습니다.

❺ 철자 검사 패널 : 맞춤법 검사 및 사전을 실행합니다.

❻ 도구 패널 : 글꼴 찾기와 대체 그리고 외부 문자를 불러올 때 사용합니다.

❼ 옵션 패널 : 문자 편집기에 눈금자(Ruler)를 표시하거나 문자 세트를 변경할 때 사용합니다.

❽ 닫기 패널 : 문자의 편집기를 종료할 때 사용합니다.

TIP

- **여러 줄 문자에서 분수를 표현하는 방법**
  예를 들어, 분수를 표현할 때는 2/5와 같이 문자를 입력하고 Spacebar를 누릅니다.
- **여러 줄 문자를 단일 행 문자로 변경하는 방법**
  'MT(MTEXT)' 명령어로 작성된 여러 줄 문자는 'X(EXPLODE)' 명령어를 사용하여 분해하면 간단히 단일 행 문자로 변경됩니다.

- MText의 자리 맞추기 기능

MText의 리본 메뉴에서 자리 맞추기를 클릭하면 오른쪽 그림과 같은 내용의 항목이 표시됩니다. 각 항목이 무엇을 의미하는지에 대해 살펴보겠습니다.

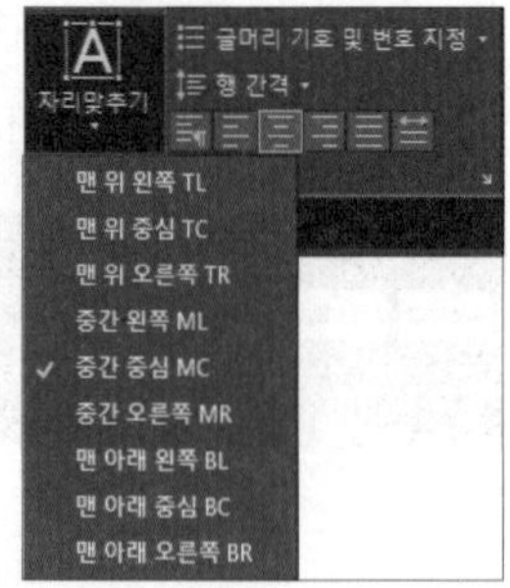

그림에서 보이는 것처럼 문자를 작성하는 범위를 설정하였다면 9개의 포인트를 지정하여 문자의 위치를 설정할 수 있습니다.

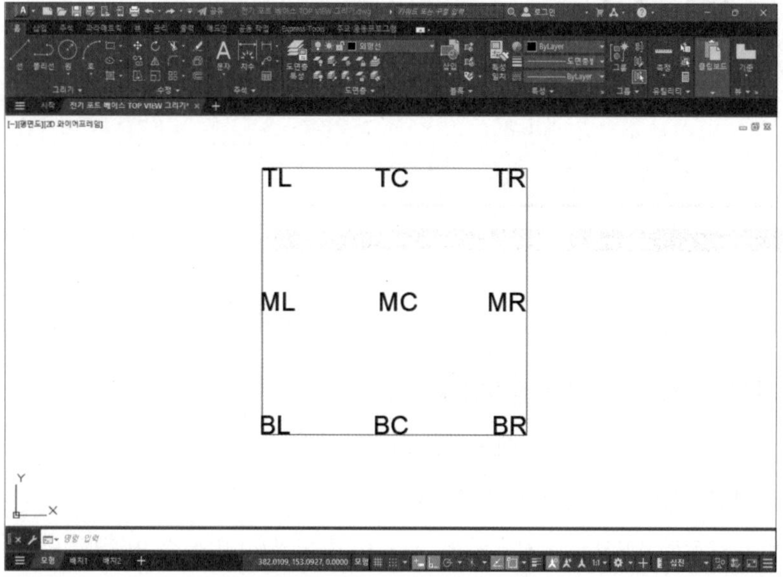

- 맨 위 왼쪽(TL) : 설정한 범위의 왼쪽 상단에 문자가 위치합니다.
- 맨 위 중심(TC) : 설정한 범위에서 상단 중심에 문자가 위치합니다.
- 맨 위 오른쪽(TR) : 설정한 범위에서 오른쪽 상단에 문자가 위치합니다.
- 중간 왼쪽(ML) : 설정한 범위에서 왼쪽 중심에 문자가 위치합니다.
- 중간 중심(MC) : 설정한 범위에서 중간의 중심에 문자가 위치합니다.
- 중간 오른쪽(MR) : 설정한 범위에서 오른쪽 중심에 문자가 위치합니다.
- 맨 아래 왼쪽(BL) : 설정한 범위에서 왼쪽 하단에 문자가 위치합니다.
- 맨 아래 중심(BC) : 설정한 범위에서 하단 중심에 문자가 위치합니다.
- 맨 아래 오른쪽(BR) : 설정한 범위에서 오른쪽 하단에 문자가 위치합니다.

2 DText의 환경 설정하기

MText와는 달리 DText의 기능은 상당히 제한적이고 다양한 환경을 설정할 수 없는 단점이 있지만, 심플한 기능을 활용하여 다양한 환경에서 문자를 작성할 수 있습니다. 또한 DTest는 MText와는 달리 문자의 시작점을 지정하여 문자를 작성합니다.

- DText 실행 방법

  DText를 실행하는 방법에 대해 살펴보겠습니다.

❶ 첫 번째 실행 방법

화면 상단의 리본 메뉴 – 〔홈〕 탭 – 문자 – 단일 행을 실행한 다음 문자를 작성할 시작점을 지정합니다.

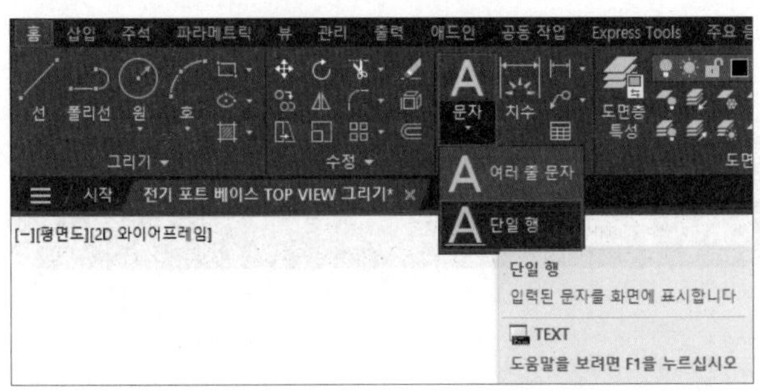

명령: _text
현재 문자 스타일: "Standard" 문자 높이: 2.5000 주석: 아니오 자리맞추기: 왼쪽
문자의 시작점 지정 또는 [자리맞추기(J)/스타일(S)]: (시작점 설정)
높이 지정 <2.5000>: (문자의 크기 지정)
문자의 회전 각도 지정 <0>: (문자의 각도 지정)

❷ 두 번째 실행 방법

화면 상단의 리본 메뉴 – 〔주석〕 탭 – 여러 줄 문자 – 단일 행을 실행한 다음 문자를 작성할 범위를 설정합니다.

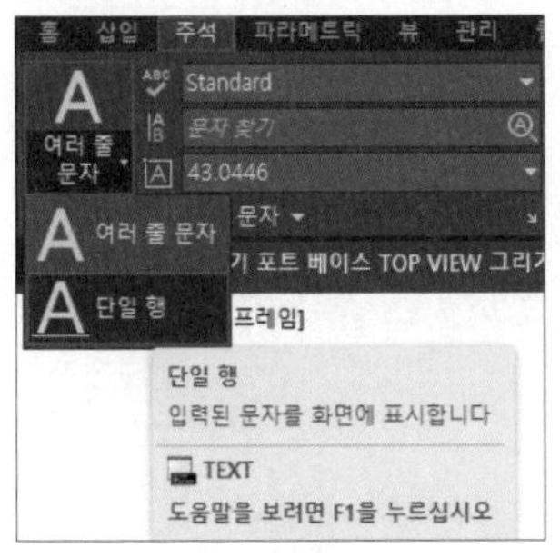

명령: _TEXT
현재 문자 스타일: "Standard" 문자 높이: 2.5000 주석: 아니오 자리맞추기: 왼쪽
문자의 시작점 지정 또는 [자리맞추기(J)/스타일(S)]: (시작점 설정)
높이 지정 <2.5000>: (문자의 크기 지정)
문자의 회전 각도 지정 <0>: (문자의 각도 지정)

❸ 세 번째 실행 방법

단축 명령어 : 'DT'를 입력 후 문자를 작성할 시작점을 지정합니다. 작성할 시작점을 클릭하고 문자의 높이를 위쪽 방향 수직으로 지정하여 클릭합니다. 그리고 오른쪽 0도 방향으로 회전 각도를 지정합니다. 회전 각도를 왼쪽 180도 방향으로 지정하면 문자가 반대 방향으로 뒤집힙니다.

명령: DT
TEXT
현재 문자 스타일: "Standard" 문자 높이: 2.5000 주석: 아니오 자리맞추기: 왼쪽
문자의 시작점 지정 또는 [자리맞추기(J)/스타일(S)]: (시작점 설정)
높이 지정 〈2.5000〉: (문자의 크기 지정)
문자의 회전 각도 지정 〈0〉: (문자의 각도 지정)

- DText 환경

앞서 설명한 방법 중 하나의 방법으로 DText를 실행하면 메시지가 출력될 뿐 MText처럼 상단의 리본 메뉴가 변경되지 않습니다.

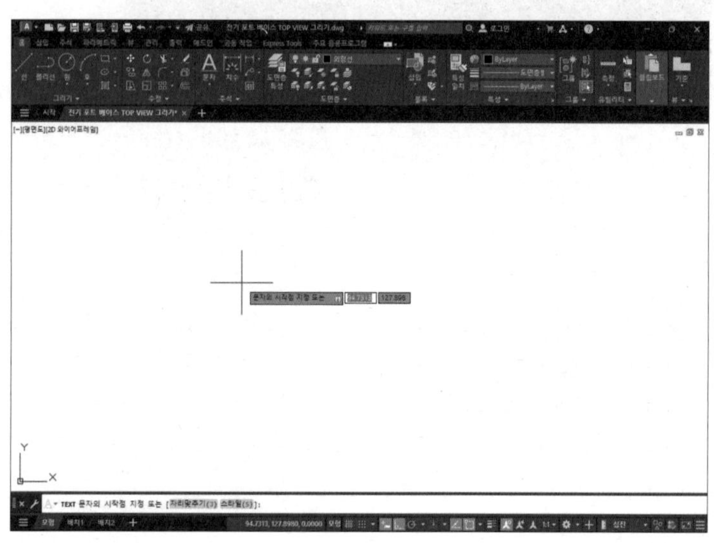

▲ DText를 실행하면 위 그림에서 보이듯이 화면 상단의 리본 메뉴에는 아무런 변화가 없다.

❶ 문자의 시작점 지정 또는 [자리맞추기(J)/스타일(S)]

이곳에서는 문자를 시작할 시작점을 지정할 수 있습니다. 또한 '자리맞추기' 옵션을 활용하여 MText처럼 문자의 시작점을 변경할 수 있습니다. '자리맞추기' 옵션을 실행하면 다음과 같은 메시지가 출력됩니다.

옵션 입력: [왼쪽(L)/중심(C)/오른쪽(R)/정렬(A)/중간(M)/맞춤(F)/맨위왼쪽(TL)/맨위중심(TC)/맨위오른쪽(TR)/중간왼쪽(ML)/중간중심(MC)/중간오른쪽(MR)/맨아래왼쪽(BL)/맨아래중심(BC)/맨아래오른쪽(BR)]

DText문자작성(TL)	DText문자작성(TC)	DText문자작성(TR)
DText문자작성(ML)	DText문자작성(MC)	DText문자작성(MR)
DText문자작성(BL)	DText문자작성(BC)	DText문자작성(BR)

옵션 입력
왼쪽(L)
중심(C)
오른쪽(R)
정렬(A)
중간(M)
맞춤(F)
맨위왼쪽(TL)
맨위중심(TC)
맨위오른쪽(TR)
중간왼쪽(ML)
중간중심(MC)
중간오른쪽(MR)
맨아래왼쪽(BL)
맨아래중심(BC)
맨아래오른쪽(BR)

각 메시지에서 표시되는 문자의 시작점은 위 그림과 같습니다. DText의 경우 시작점이 어떻게 지정되느냐에 따라 글자가 입력되는 방향이 결정되므로 상황에 맞는 문자의 시작점을 지정하여 문자를 작성해야 합니다. 자리맞추기의 각 위치에 따라 문자가 시작하는 위치는 다음과 같습니다.

- 맨 위 왼쪽(TL) : 설정한 범위의 왼쪽 상단에 문자가 시작합니다.
- 맨 위 중심(TC) : 설정한 범위에서 상단 중심에 문자가 시작합니다.
- 맨 위 오른쪽(TR) : 설정한 범위에서 오른쪽 상단에 문자가 시작합니다.
- 중간 왼쪽(ML) : 설정한 범위에서 왼쪽 중심에 문자가 시작합니다.
- 중간 중심(MC) : 설정한 범위에서 중간의 중심에 문자가 시작합니다.
- 중간 오른쪽(MR) : 설정한 범위에서 오른쪽 중심에 문자가 시작합니다.
- 맨 아래 왼쪽(BL) : 설정한 범위에서 왼쪽 하단에 문자가 시작합니다.
- 맨 아래 중심(BC) : 설정한 범위에서 하단 중심에 문자가 시작합니다.
- 맨 아래 오른쪽(BR) : 설정한 범위에서 오른쪽 하단에 문자가 시작합니다.

❷ 높이 지정하기

문자의 높이를 지정하는 옵션입니다. 'DText' 명령어를 입력하고 문자의 시작점을 지정하면 높이를 지정하라는 내용이 명령 입력 창에 나타납니다. DText의 경우 다음 그림에서 보이는 것처럼 높이가 다른 문자를 작성하기 위해서는 개별적으로 문자를 작성해야 합니다.

DText 문자높이 (높이10)

DText 문자높이 (높이5)

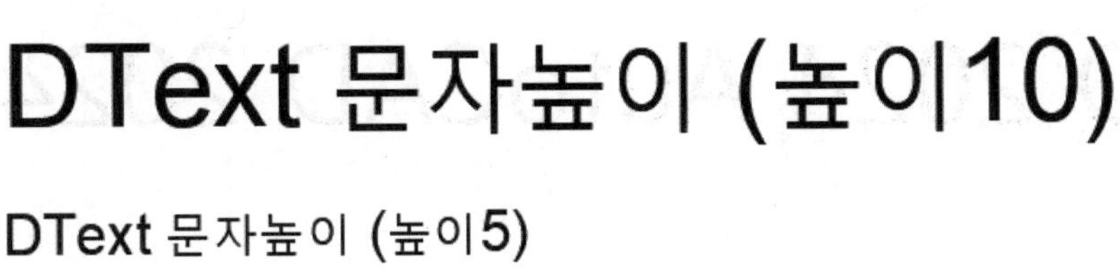

Ctrl+1을 눌러 특성 창을 표시하고 수정할 문자를 선택하여 특성 창에 나타나는 문자에서 높이 정보를 수정할 수 있습니다.

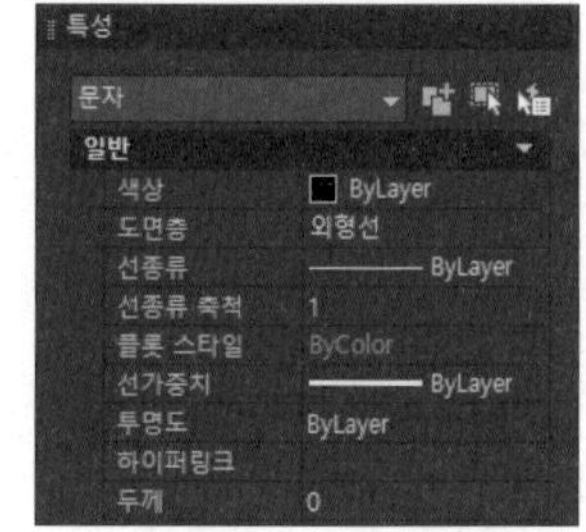

TIP

DText의 경우 단일 행으로 작성되므로 한번 문자의 크기가 결정되면 기존 문서 작성을 종료하고 새로 시작해야만 문자의 크기를 변경할 수 있습니다.

❸ 문자의 회전 각도 지정하기

문자의 높이가 결정되면 다음으로 문자의 회전 각도를 지정할 수 있습니다. 각도의 방향은 '상대극좌표'와 동일하게 적용됩니다. 물론 Ctrl+1을 눌러 특성 창을 나타나게 한 후 수정할 문자를 클릭하여 특성 창에 나타나는 문자에서 각도 정보를 수정할 수 있습니다.

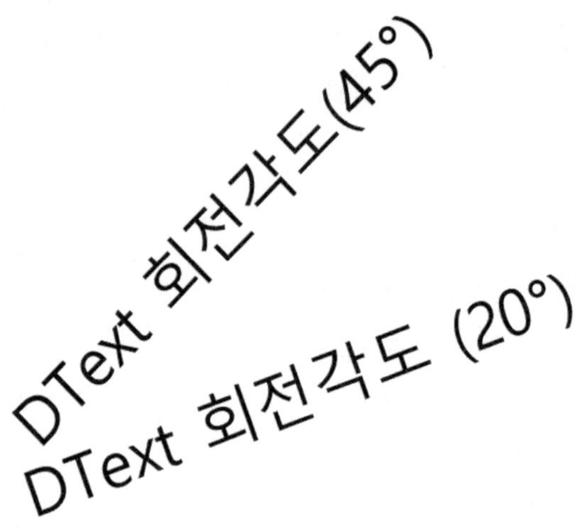

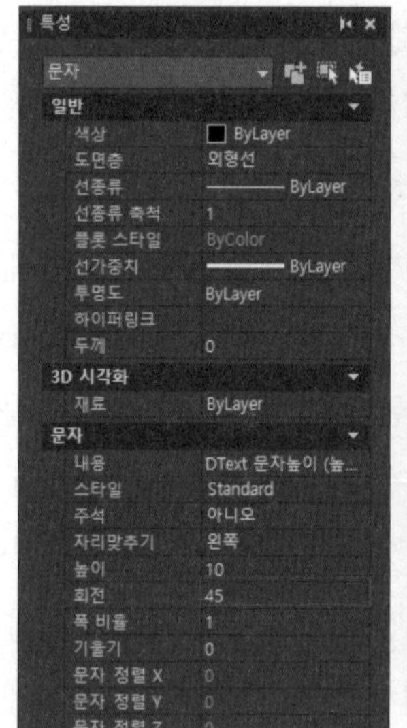

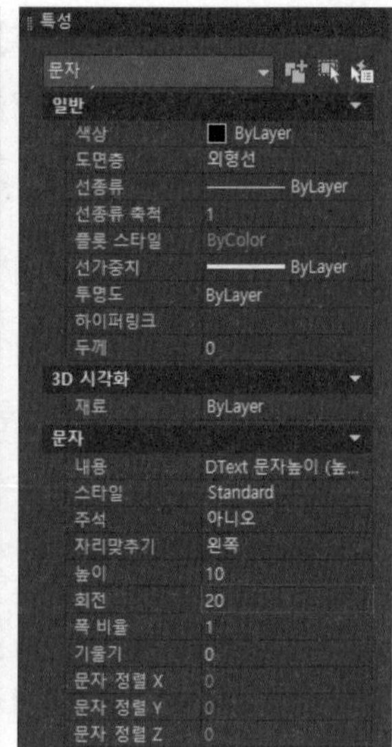

❹ MText와 DText의 종료 방법

MText와 DText의 문서 작성 중 종료 방법은 아주 간단합니다. Ctrl를 누른 상태로 Enter를 누르면 MText와 DText의 문서 작성이 종료됩니다.

DText의 종료 방법은 한 가지가 더 있습니다. Enter를 한번 입력하면 커서가 아래 칸으로 내려가는데 그 후 다시 한번 Enter 누르면 DText 명령어가 종료됩니다.

AutoCAD 2024 AutoCAD 2024

CHAPTER 03

영역을 채우는 해치 적용하기

해치(Hatch)는 디자인 실무에서 제품의 단면도를 표현해야 하는 경우와 기계 도면에서 단면도를 표현해야 하는 경우 그리고 건축 도면의 상세도나 입면도에서 많이 사용하는 편집 명령어입니다.

해치는 AutoCAD에서 작성하는 도면과 그 도면에서 표현하려는 무늬 혹은 색상을 하나의 무늬처럼 넣어 여러 가지 느낌과 전달 사항을 표시할 때 유용하게 사용할 수 있습니다. 기본으로 해치는 1개의 블록 형태로 만들어져 개별적인 편집이나 수치 조절은 되지 않습니다.

1 해치의 기능

해치에는 어떤 기능이 있는지 살펴보겠습니다.

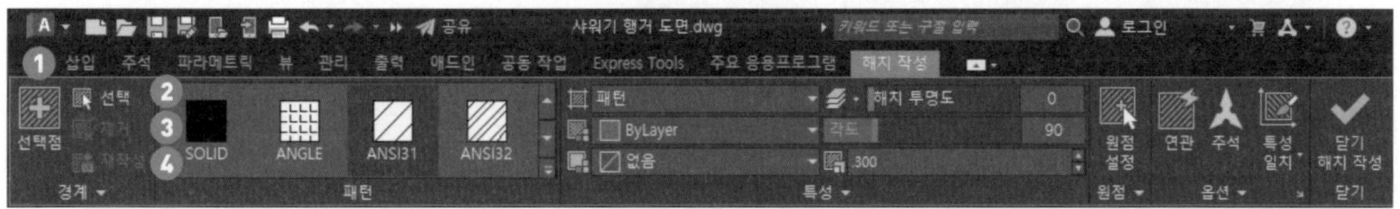

1 경계

❶ **선택점** : 해치 무늬를 넣을 '공간'을 지정하여 무늬를 삽입합니다. 즉, 클릭한 점을 기준으로 닫힌 공간에 해치를 삽입하게 됩니다.

❷ **선택** : 선을 선택해서 선들이 이어져 하나의 공간을 만들면 그 공간에 무늬를 삽입합니다. 즉, 선택한 객체의 닫힌 공간을 해치로 채우게 됩니다.

❸ **제거** : 범위 내에 삽입된 무늬를 제거하고자 할 때 사용합니다.

❹ **재작성** : 선택한 해치 주위에 폴리선 및 영역을 작성하고 원하는 경우 해치 객체를 폴리선 또는 영역에 무늬를 삽입합니다.

❺ **경계 객체 표시** : 선택한 연관 해치 객체의 경계를 표시합니다.

❻ **새 경계 세트 선택** : 상당히 크고 복잡한 도면에 있어서 작은 영역을 해치로 표현할 때는 도면에서 소수의 객체 세트를 선택하여 해치 경계를 위해 사용하면 시간 절약을 할 수 있습니다.

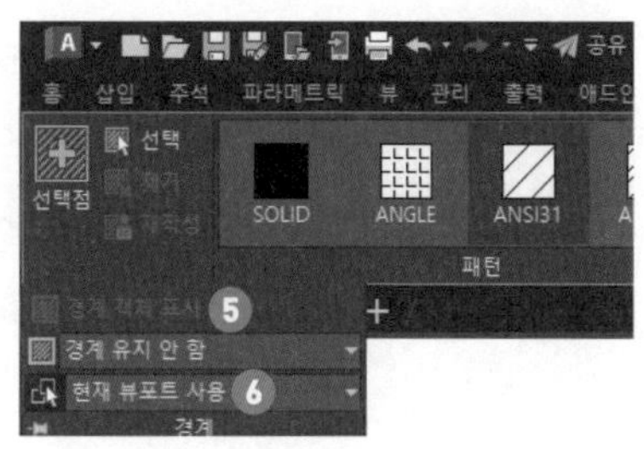

2 패턴

패턴의 경우 그림과 같이 크게 세 가지로 살펴볼 수 있습니다.

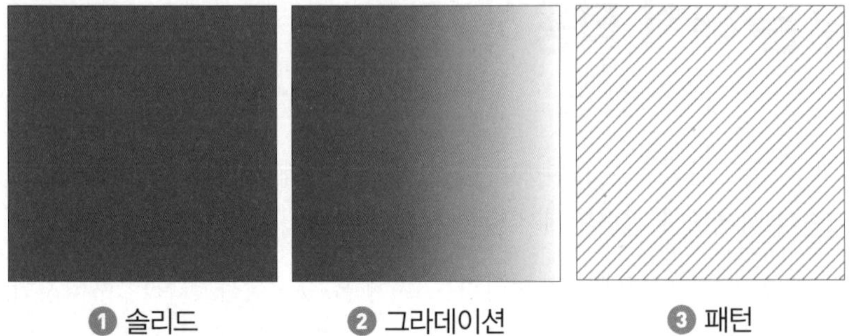

❶ 솔리드　　❷ 그라데이션　　❸ 패턴

❶ 솔리드 : 1개의 지정된 색상을 범위에 지정하고자 할 때 사용합니다.

❷ 그라데이션 : 2개의 색상을 지정합니다. 그라데이션은 다양한 패턴을 가지지만 2개의 색상 범위를 조절할 수는 없습니다.

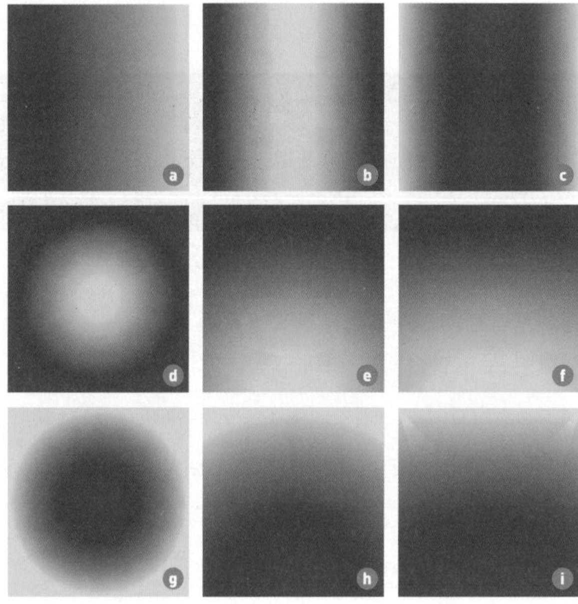

ⓐ GR_LINEAR : 좌/우에 2개의 색상을 지정합니다.

ⓑ GR_CYLIN : 안쪽과 바깥쪽 2개의 색상을 지정합니다.

ⓒ GR_INVCYL : 안쪽과 바깥쪽 2개의 색상을 지정합니다. GR_CYLIN과의 차이점이라면 안쪽에 적용되는 색상의 범위의 차이입니다.

ⓓ GR_SPHER : 중앙과 테두리에 2개의 색상을 지정합니다.

ⓔ GR_HEMISP : 위쪽과 아래쪽에 2개의 색상을 지정하며 색상이 겹치는 부분이 둥글게 배치됩니다.

ⓕ GR_CURVED : 위쪽과 아래쪽에 2개의 색상을 지정합니다. GR_HEMISP과의 차이점이라면 색상이 겹치는 부분은 직선의 형태입니다.

ⓖ GR_INVSPH : 중앙과 테두리에 2개의 색상을 지정합니다. GR_SPHER과의 차이점은 안쪽에 지정되는 색의 범위가 더 넓습니다.

ⓗ GR_INVHEM : 위쪽과 아래쪽에 2개의 색상을 지정합니다. GR_HEMISP와의 차이점은 아래쪽에 지정되는 색의 범위가 더 넓습니다.

ⓘ GR_INCUR : 위쪽과 아래쪽에 2개의 색상을 지정합니다. GR_CURVED의 차이점은 아래쪽에 지정되는 색의 범위가 더 넓습니다.

❸ **패턴** : 다양한 형태의 무늬를 넣는 것을 패턴이라고 합니다. 다음 그림에서 보이는 것처럼 다양한 무늬를 결정할 수 있습니다.

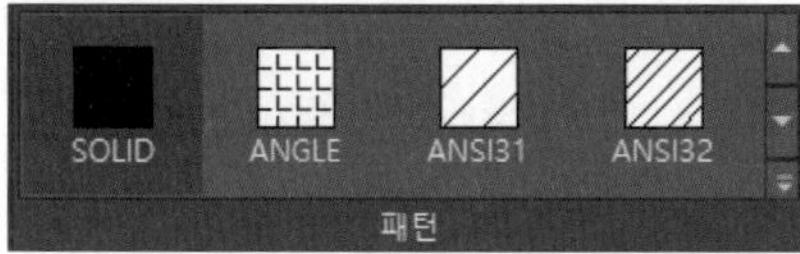

3 특성

❶ **패션 유형** : 현재 사용 중인 패턴의 큰 분류를 어떻게 할 것인지 결정합니다.

❷ **해치 색상** : 해치의 색상을 결정합니다.

❸ 배경색 : 해치가 들어가는 부분의 배경색을 결정합니다.

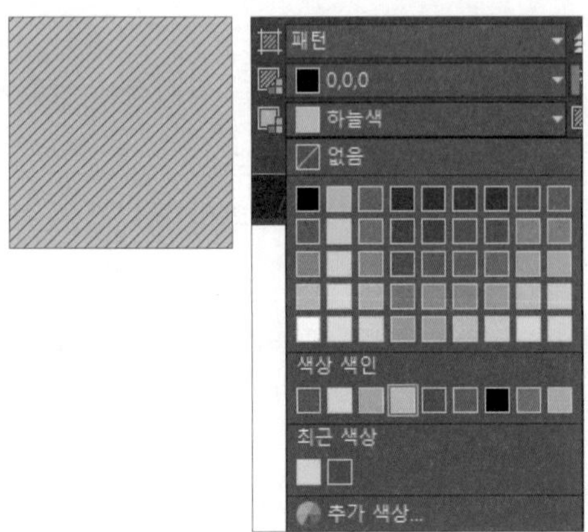

❹ 해치 투명도 : 해치의 투명도를 결정하여 진하게 혹은 연하게 할 것인지를 결정합니다.

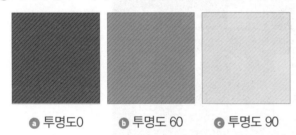

ⓐ 투명도0 ⓑ 투명도 60 ⓒ 투명도 90

❺ 각도 : 해치의 무늬에 각도를 설정해 무늬를 회전할 수 있습니다.

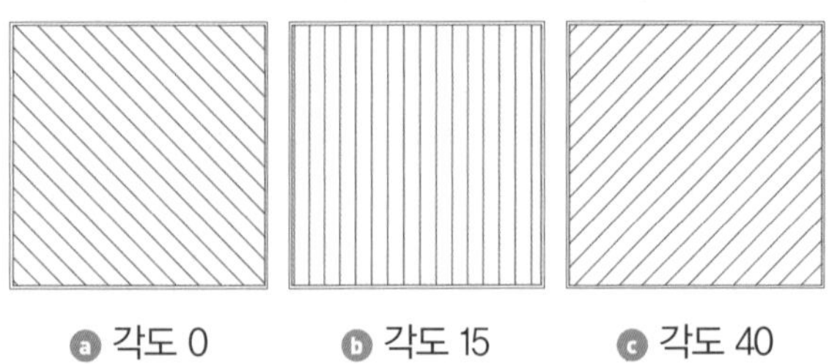

ⓐ 각도 0 ⓑ 각도 15 ⓒ 각도 40

❻ 해치 패턴 축척 : 해치의 크기를 조절할 때 사용합니다.

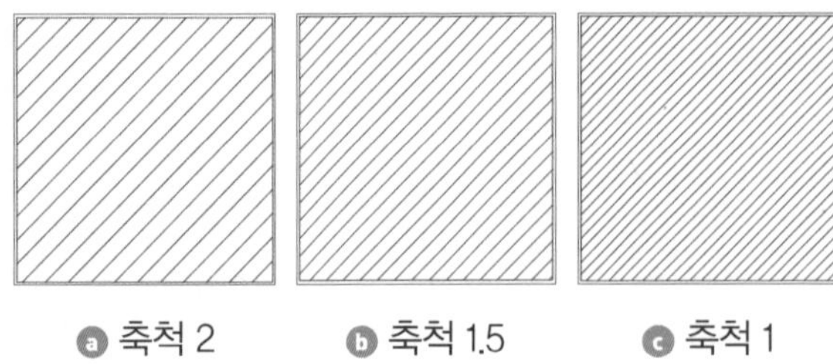

ⓐ 축척 2 ⓑ 축척 1.5 ⓒ 축척 1

4 원점

해치의 패턴을 이동하여 지정한 원점에 맞춰서 정렬합니다.

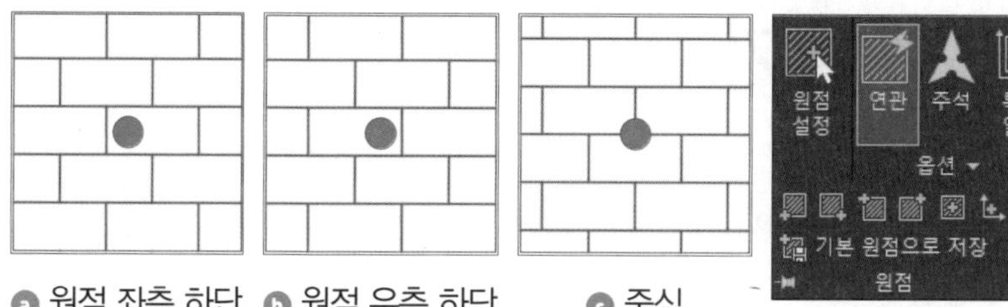

ⓐ 원점 좌측 하단 ⓑ 원점 우측 하단 ⓒ 중심

5 옵션

❶ **연관** : 해당 경계를 수정할 때 해치의 자동 업데이트 여부를 결정할 때 사용합니다.

❷ **주석** : 해치 패턴의 축척이 뷰포트 축척에 따라 자동으로 조정되도록 지정합니다.

❸ **차이 공차** : 기하학적 객체 간에 브리지를 적용할 최대 간격 크기를 지정합니다.

❹ **개별 해치 작성** : 닫혀 있는 경계를 여러 개 지정할 때 단일 해치 객체로 작성할 것인지, 개별 해치 객체로 작성할 것인지를 지정합니다.

❺ **외부 고립 영역 탐지** : 외부 경계로부터 안쪽 영역에 대한 탐지 여부를 지정합니다.

❻ **경계의 뒤로 보내기** : 해치 또는 채우기 해치의 앞쪽과 뒤쪽 순서를 변경할 수 있습니다.

❼ **특성 일치** : 해치 원점을 제외하고 선택한 해치 객체의 특성을 사용해 해치 특성을 설정합니다.

6 닫기 해치 편집기

해치 명령을 종료할 때 사용합니다.

TIP 해치를 작성할 때 가장 유의해야 할 사항

❶ 해치는 반드시 하나의 선으로 전체 영역이 '완전하게' 연결되어 있어야 원하는 범위 안에 해치를 입력할 수 있습니다.

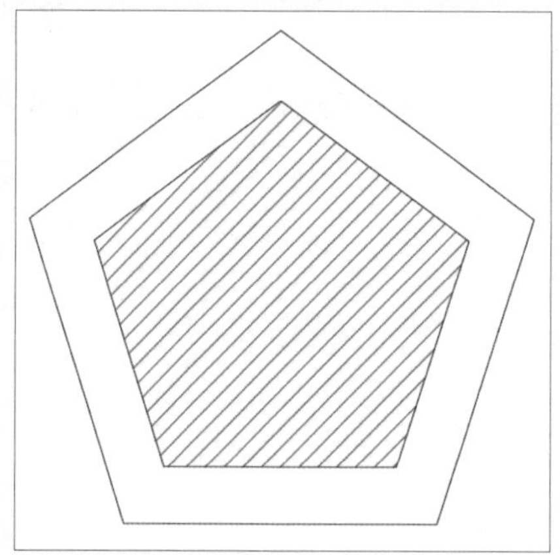

❷ 해치는 하나의 선으로 완벽하게 이어져 있지 않으면 원하는 범위를 벗어나 다른 영역까지 해치가 이어질 수 있으므로 주의해야 합니다.

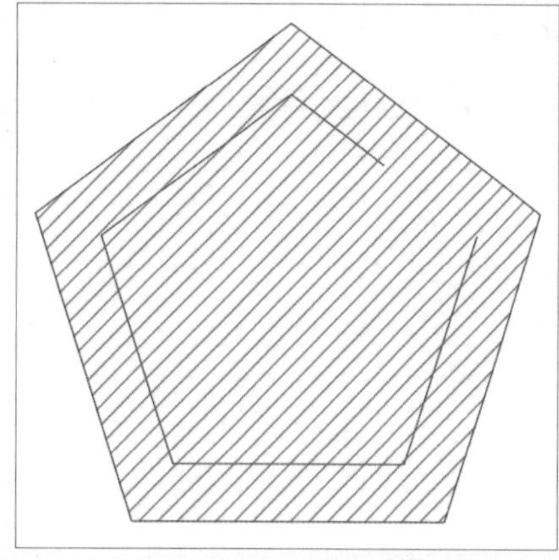

평면을 해치로 채우기

그림과 같은 평면도에 해치를 사용하여 각방 마다 재질감을 표현하는데 이 챕터에서는 기본 연습의 일환으로 한 곳을 예시로 살펴보며 방법에 대해 설명합니다.

예제 도면 ◎ 예제 파일 : Part04\해치_예제.dwg ◎ 완성 파일 : Part04\해치_완성.dwg

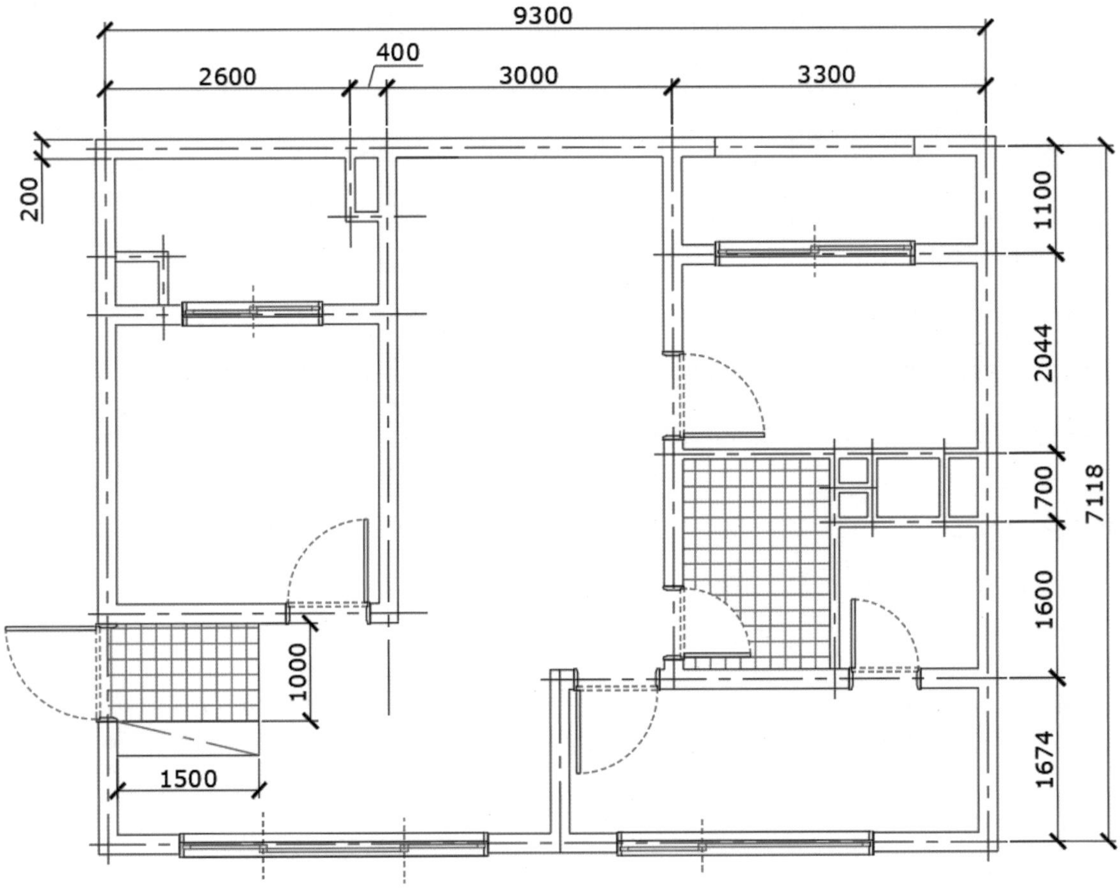

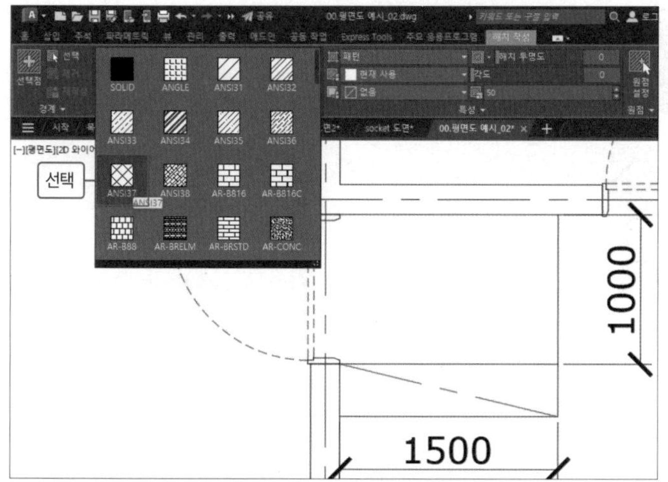

현관에 해치 적용하기

01 | Part04 폴더에서 '해치_예제.dwg' 파일을 불러오고 'H(HATCH)' 명령어를 입력하여 〔해치 작성〕 탭을 표시합니다. 리본 메뉴가 해치로 전환되면 패턴 패널에서 'ANSI37' 패턴을 선택합니다.

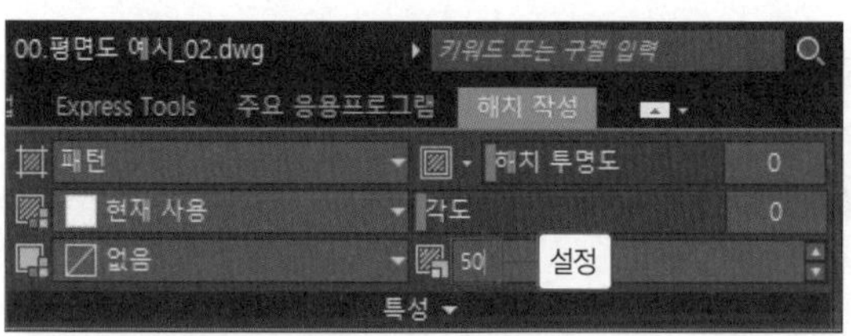

02 | 리본 메뉴에서 해치 패턴 축척을 '50'으로 설정합니다.

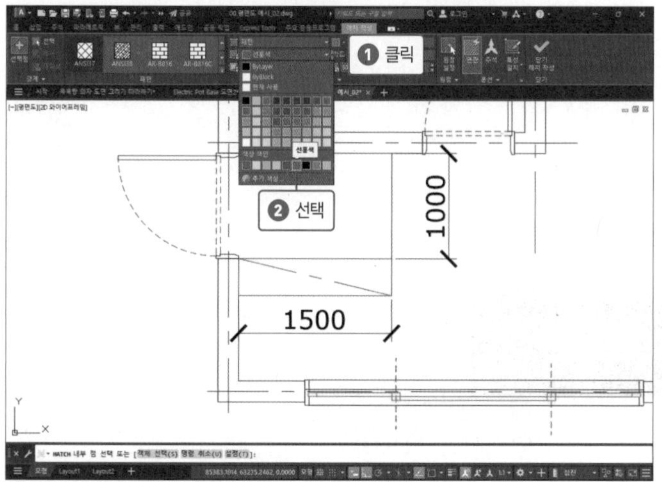

03 | 색상을 지정하겠습니다. 여기에서는 해치 색상을 '선홍색'으로 선택합니다.

04 | 'ANSI37'의 패턴은 기본적으로 45°만큼 기울어져 있어 사각형의 모습이 되도록 각도를 조절해야 합니다. 다시 리본 메뉴에서 각도를 '45'로 설정하여 해치 각도를 조절합니다.

TIP

- 해치의 각도 : 45°
- 해치의 크기 : 50

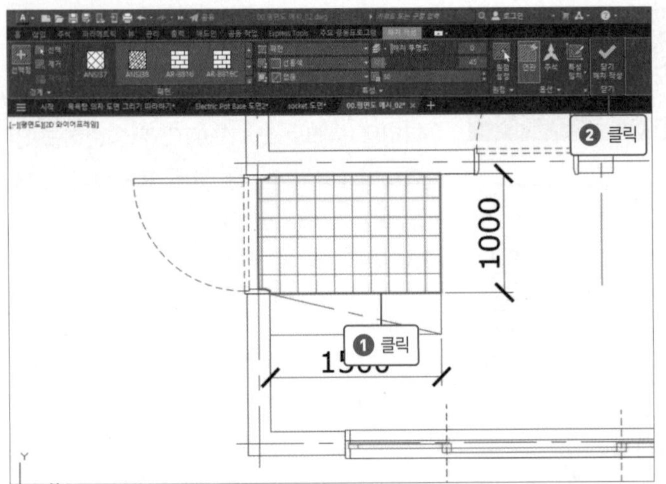

05 | 모든 설정을 마치면 해치를 적용할 범위를 클릭하여 영역을 지정합니다. 무늬 영역이 입력되어 범위를 지정했으면 '닫기 해치 작성'을 클릭하여 해치 명령어를 종료합니다.

다른 영역에 같은 해치 패턴 적용하기

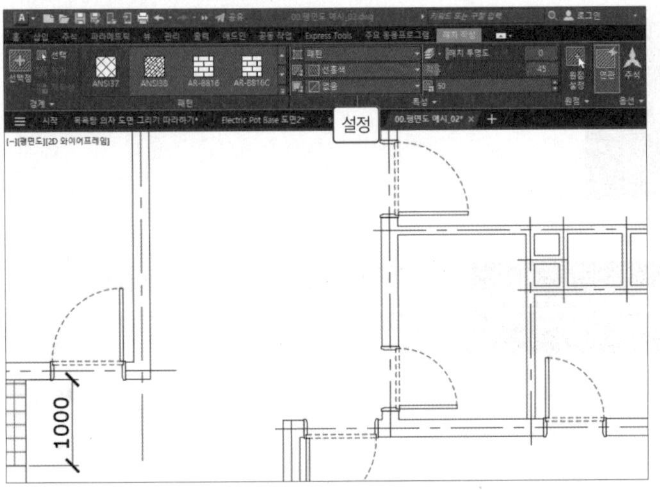

01 | 'H(HATCH)' 명령어를 입력하고 Enter를 누릅니다. 리본 메뉴에서 조금 전 현관에 적용한 설정을 동일하게 적용합니다.

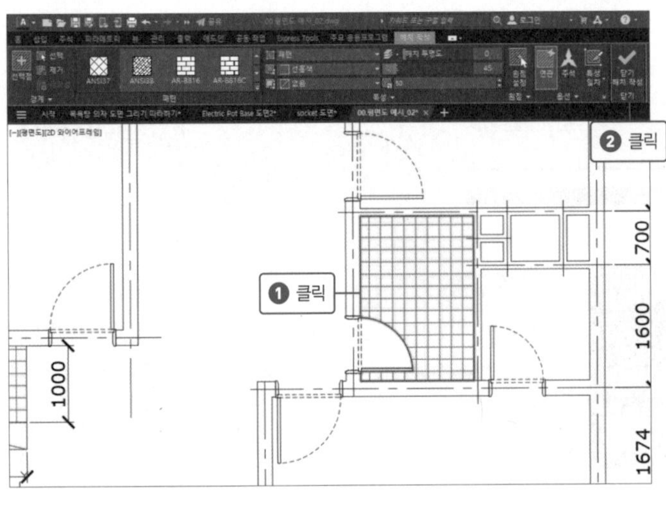

02 | 해치 패턴을 적용할 욕실 영역을 클릭해 범위를 지정합니다. 욕실에 패턴이 적용되면 '닫기 해치 작성'을 선택하여 해치를 종료합니다.

치수 스타일 만들기

문자를 입력할 때 먼저 문자 스타일을 설정하고 적용하는 것처럼 치수를 기입할 때도 먼저 치수 문자 스타일을 설정해야 합니다. 치수 스타일에서는 치수 문자뿐만 아니라 치수선, 치수 보조선의 형태 및 색상 등을 설정합니다.

1 치수 형태 정의하기

하나의 도면 안에서도 치수선의 형태는 여러 가지를 사용할 수 있기 때문에 치수선 및 치수 문자의 스타일 또한 해당하는 형태에 맞도록 미리 설정하는 작업이 필요합니다. 치수 문자를 설정하는 것은 문자를 기입할 때와 유사하지만, 치수선의 형태는 생소할 수 있으므로 주의 깊게 살펴보기 바랍니다.

1 명령어 실행

- 리본 메뉴 : [주석] 탭 – 치수 패널
- 메뉴 : [치수] → 스타일
- 단축 명령어 : D

2 [치수 스타일 관리자] 대화상자

[치수 스타일 관리자] 대화상자에서 스타일을 살펴보고 설정할 수 있습니다. 각 기능에 대해 살펴봅시다.

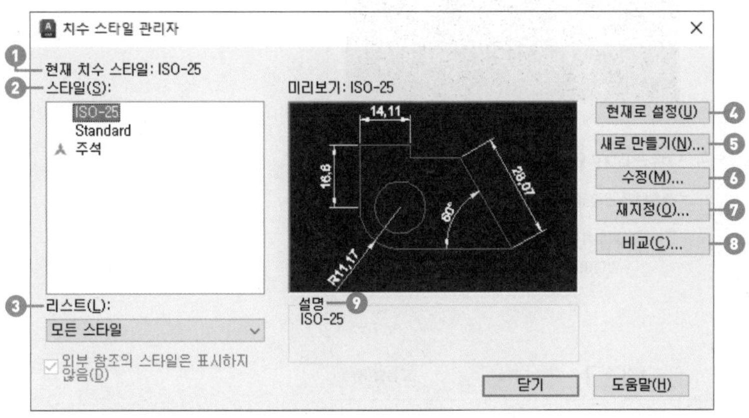

❶ **현재 치수 스타일** : 현재 적용된 치수 스타일의 이름이 표시됩니다.

❷ **스타일(S)** : 치수 스타일의 목록이 표시됩니다. 기본으로 현재 적용된 치수 스타일이 강조된 상태로 표시되며, 치수 스타일을 선택한 다음 마우스 오른쪽 버튼을 클릭하면 바로가기 메뉴를 실행해 치수 스타일 이름을 변경하거나 치수 스타일을 삭제하는 등의 작업을 할 수 있습니다. 또한 치수 스타일 이름 앞에 '⚠' 아이콘이 있다면 해당 치수 스타일은 주석임을 의미합니다.

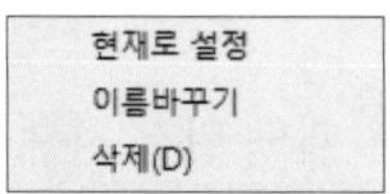

▲ 치수 스타일의 바로가기 메뉴

❸ **리스트(L)** : 치수 스타일 목록에 표시할 조건을 설정합니다.

❹ **현재로 설정(U)** : 치수 스타일 목록에서 선택한 스타일을 현재 치수 스타일로 설정합니다.

❺ **새로 만들기(N)** : 새로운 치수 스타일을 만듭니다. [새 치수 스타일 작성] 대화상자가 표시됩니다.

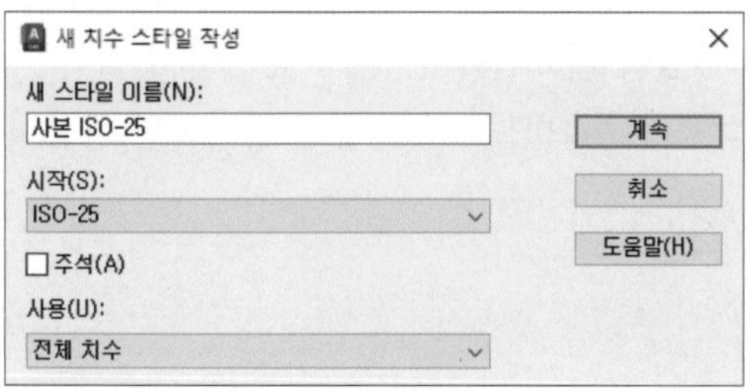

❻ **수정(M)** : 치수 스타일 목록에서 선택한 스타일 설정을 변경합니다. 치수 스타일을 설정할 수 있는 [치수 스타일 수정] 대화상자가 표시됩니다.

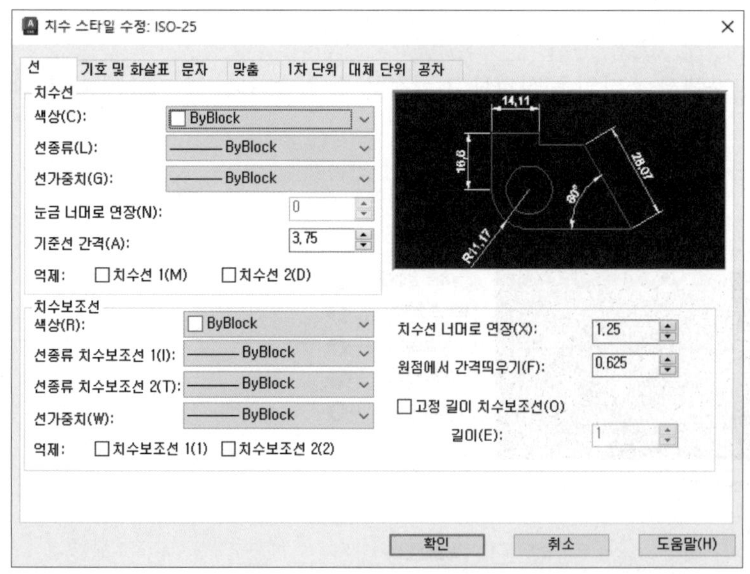

❼ 재지정(O) : 치수 스타일 목록에서 선택한 스타일 값을 재지정합니다. 재지정에 의해 변경된 값은 치수 스타일에 저장되지 않고 임시로 적용됩니다. 설정 값을 변경 가능한 [치수 스타일 재지정] 대화상자가 표시됩니다.

❽ 비교(C) : 지정한 2개의 치수 스타일을 비교하여 다른 내용을 표시합니다.

❾ 설명 : 치수 스타일 목록에서 선택한 스타일에 대한 설명이 표시됩니다.

2 치수 스타일 새로 만들기

치수 객체는 치수선과 치수 문자 그리고 보조선 등으로 이루어져 있기 때문에 문자 스타일을 설정할 때처럼 간단하지 않습니다. [새 치수 스타일] 대화상자는 7개의 탭으로 구분되며, 각 탭에서는 치수 기입과 관련된 정밀한 항목들을 설정할 수 있습니다.

1 [새 치수 스타일 작성] 대화상자

[치수 스타일 관리자] 대화상자에서 〈새로 만들기〉 버튼을 클릭하면 [새 치수 스타일 작성] 대화상자가 표시됩니다. 여기서 치수 스타일 이름과 기본 설정을 적용할 치수 스타일을 선택하고 〈계속〉 버튼을 클릭하면 새로운 치수 스타일의 세부적인 설정을 할 수 있는 [새 치수 스타일] 대화상자가 표시됩니다.

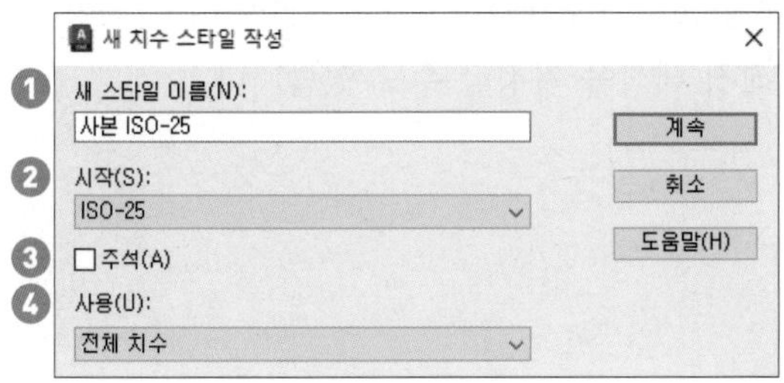

❶ 새 스타일 이름(N) : 새 스타일이 될 치수의 이름을 설정합니다.

❷ 시작(S) : 새 스타일의 기준으로 사용할 스타일을 지정합니다.

❸ 주석(A) : 체크 표시하면 치수 스타일이 주석이 됩니다.

❹ 사용(U) : 특정 치수 스타일에만 사용할 수 있는 치수 스타일을 지정합니다.

TIP

- [새 치수 스타일 작성] 대화상자가 표시되면 새 스타일 이름(N)에서 이름을 입력하고 선, 여러 가지 기호 및 화살표, 문자, 공차, 1차 단위 등 다양한 스타일을 지정할 수 있습니다.
- 여러 개의 다양한 치수 스타일 생성이 가능합니다.

2 [새 치수 스타일] 대화상자 - [선] 탭

치수선과 치수 보조선의 색상이나 선종류, 표현 방법 등을 설정합니다.

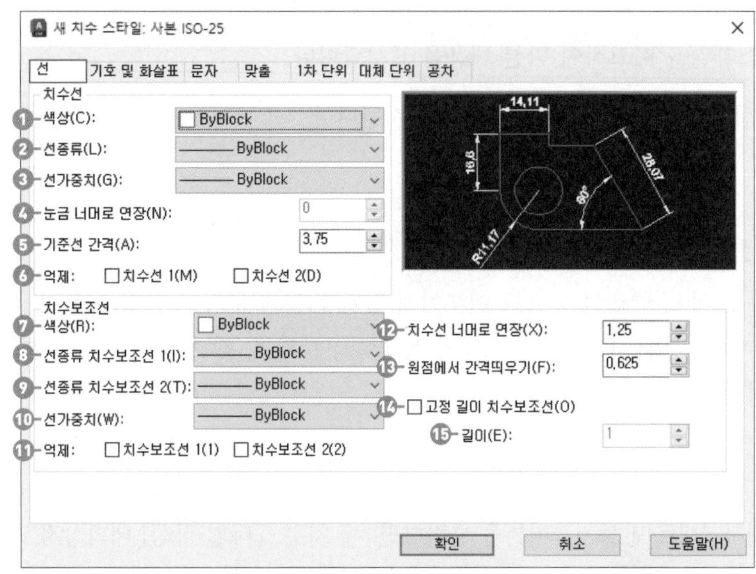

❶ 색상(C) : 치수선의 색상을 설정합니다. 직접 지정하지 않으면 기본으로 현재 도면층 색상이 적용됩니다. '색상 선택'을 선택하면 256색의 인덱스 색상 또는 24Bit의 트루 컬러 중에서 선택할 수 있습니다. 시스템 변수인 'DIMCLRD'를 사용하여 직접 색상을 지정할 수도 있습니다.

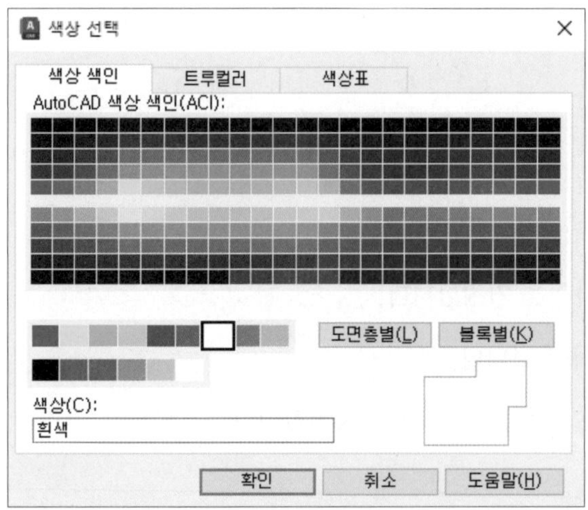

❷ 선종류(L) : 치수선의 선 종류를 선택합니다. 기본적으로 제공되는 형태 이외의 선 종류를 사용하려면 '기타'를 선택한 후 새로운 선 종류를 불러와 적용해야 합니다. 선 종류를 선택하지 않으면 기본으로 현재 도면층의 선 종류가 적용됩니다.

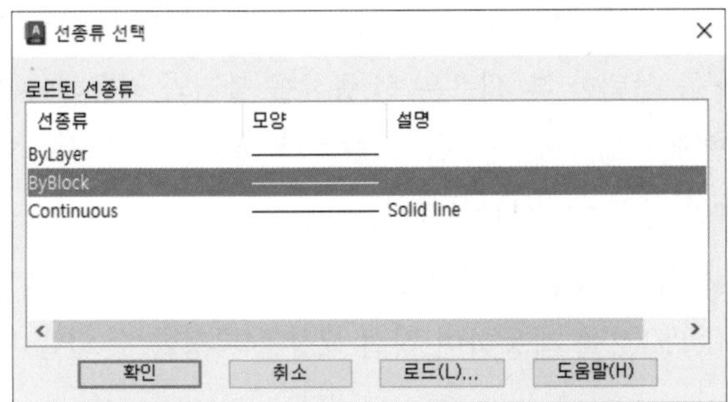

❸ 선가중치(G) : 치수선 두께를 설정합니다. 기본으로 현재 도면층의 선 두께가 적용됩니다. 시스템 변수인 'DIMLWD'를 사용하여 직접 설정할 수 있습니다.

❹ 눈금 너머로 연장(N) : 화살표를 '사선(Oblique)'처럼 기울인 형태 또는 화살표를 표시하지 않았을 때 치수 보조선을 벗어나는 길이를 설정합니다. 시스템 변수인 'DIMDLE'를 사용하여 직접 설정할 수 있습니다.

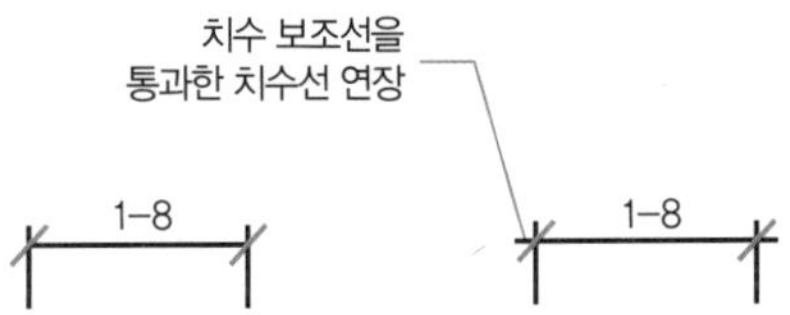

❺ 기준선 간격(A) : 기준선의 간격을 설정합니다. 시스템 변수인 'DIMDLI'를 사용하여 직접 설정할 수 있습니다.

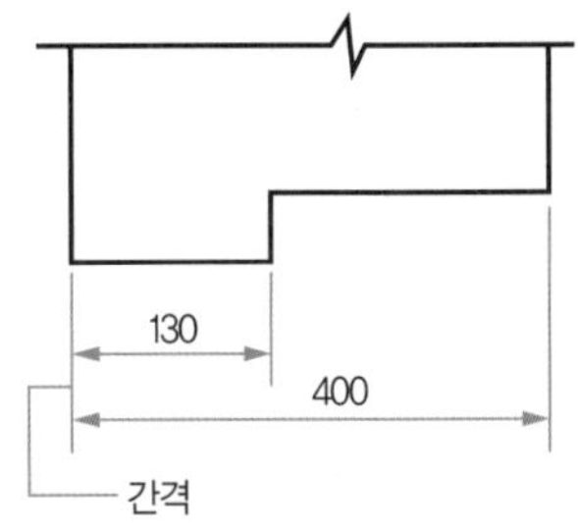

❻ 억제 : 치수선의 억제 방법을 설정합니다. 즉, 2개의 옵션 중 하나를 체크 표시하면 체크 표시하지 않은 치수선과 화살표만 표시됩니다. 시스템 변수인 'DIMSD1'과 'DIMSD2'를 사용하여 직접 설정할 수 있습니다.

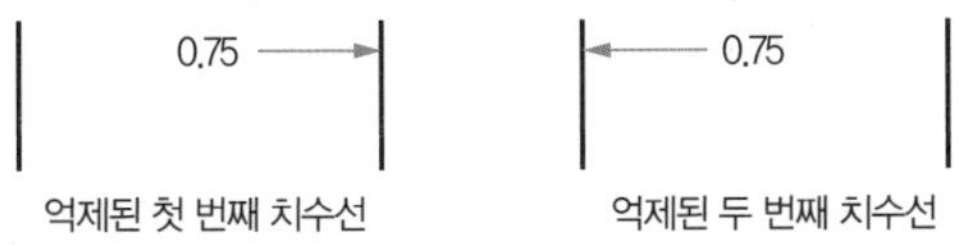

❼ 색상(R) : 치수 보조선 색상을 설정합니다. 직접 지정하지 않으면 기본으로 현재 도면층의 색상이 적용됩니다. '색상 선택'을 선택하면 256색의 인덱스 색상 또는 24Bit의 트루 컬러 중에서 선택할 수 있습니다. 시스템 변수인 'DIMCLRE'를 사용하여 직접 색상을 지정할 수도 있습니다.

❽ **선종류 치수보조선 1(I)** : 첫 번째 치수 보조선의 선 종류를 지정합니다. 기본적으로 제공되는 형태 이외의 선 종류를 사용하기 위해서는 '기타'를 선택한 후 새로운 선 종류를 불러와 적용해야 합니다. 선 종류를 선택하지 않으면 기본으로 현재 도면층에 적용된 선 종류가 적용됩니다. 시스템 변수인 'DIMLTEX1'을 사용하여 직접 색상을 지정할 수 있습니다.

❾ **선종류 치수보조선 2(T)** : 두 번째 치수 보조선의 선 종류를 지정합니다. 설정 방법은 '선종류 치수 보조선 1'과 같습니다. 시스템 변수인 'DIMLTEX2'를 사용하여 직접 색상을 지정할 수 있습니다.

❿ **선가중치(W)** : 치수 보조선의 선 두께를 설정합니다. 기본으로 현재 도면층 선 두께가 적용됩니다. 시스템 변수인 'DIMLWE'를 사용하여 직접 설정할 수 있습니다.

⓫ **억제** : 치수 보조선의 억제 방법을 설정합니다. 즉, 2개의 옵션 중 하나를 체크 표시하면 체크 표시하지 않은 치수선과 화살표만 표시됩니다. 시스템 변수인 'DIMSE1'과 'DIMSE2'를 사용하여 직접 설정할 수 있습니다.

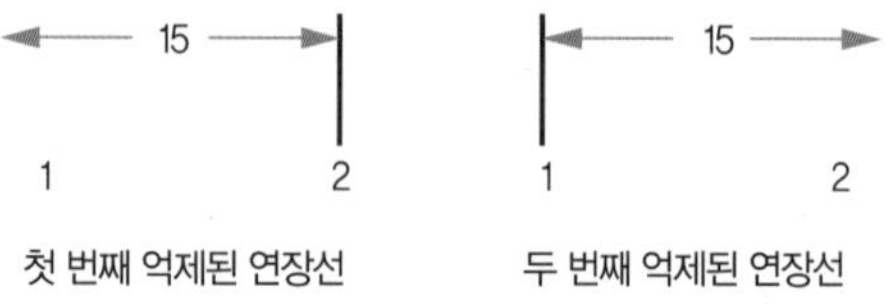

⓬ **치수선 너머로 연장(X)** : 치수선 너머로 치수 보조선을 연장할 길이를 설정합니다. 시스템 변수인 'DIMEXE'를 사용하여 직접 설정할 수 있습니다.

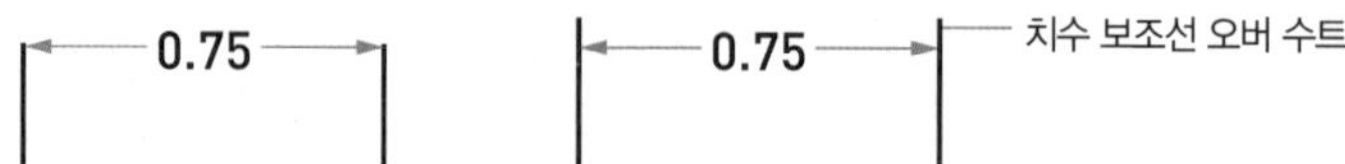

⓭ **원점에서 간격띄우기(F)** : 치수 기입 대상 객체와 치수 보조선과의 간격을 설정합니다. 시스템 변수인 'DIMEXO'를 사용하여 직접 설정할 수 있습니다.

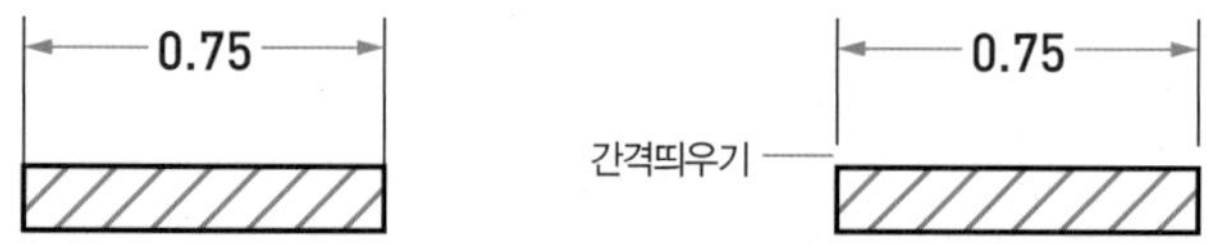

⓮ **고정 길이 치수보조선(O)** : 치수 보조선의 길이를 정해진 값으로 적용합니다. 시스템 변수인 'DIMFXLON'을 사용하여 직접 설정할 수 있습니다.

⓯ **길이(E)** : 치수 보조선 고정된 길이를 입력합니다. 시스템 변수인 'DIMFXL'를 사용해 직접 설정할 수 있습니다.

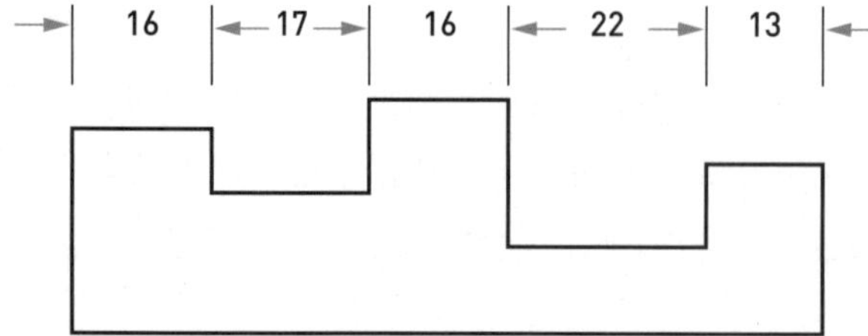

❸ [새 치수 스타일] 대화상자 - 〔기호 및 화살표〕 탭

기호 및 화살표 형태와 크기에 관한 세부 내용을 설정합니다. 치수 스타일에서 기호는 주로 원이나 호처럼 반지름을 입력할 때 사용합니다.

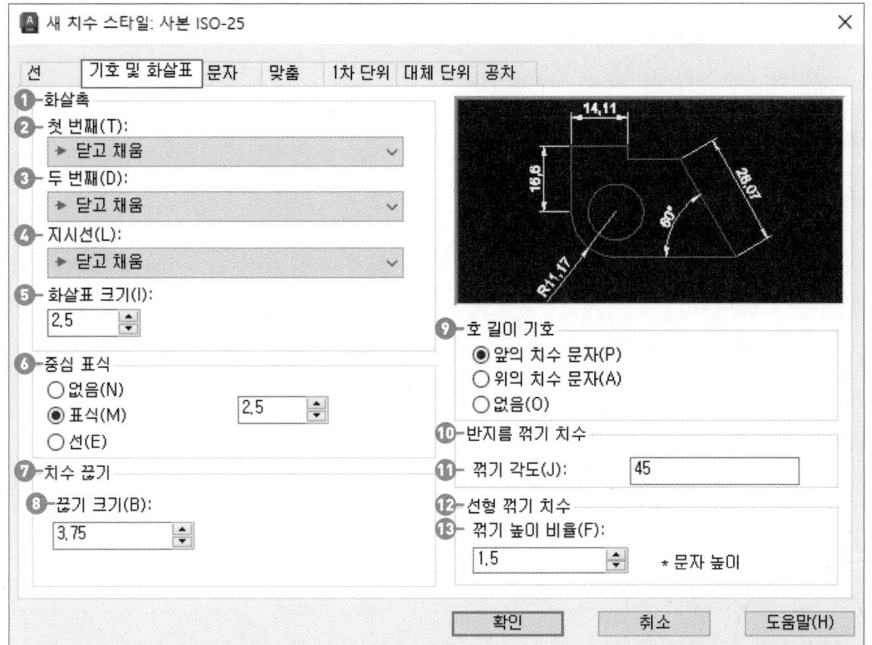

❶ **화살촉** : 화살표 형태와 크기를 설정합니다. 화살표 색상은 치수선 색상이 적용됩니다.

닫고 채움
닫고 비움
닫음
점
건축 눈금
기울기
열기
원점 지시자
원점 지시자 2
오른쪽 각도
열기 30
작은 점
빈점
빈 작은 점
상자
상자 채움
데이텀 삼각형
데이텀 삼각형 채우기
정수
없음
사용자 화살표...

❷ **첫 번째(T)** : 첫 번째 화살표 형태를 설정합니다. 사용하고자 하는 화살표 형태가 없으면 직접 화살표를 블록으로 만들어 사용할 수 있습니다. 시스템 변수인 'DIMBLK1'을 사용하여 직접 설정할 수도 있습니다.

❸ **두 번째(D)** : 두 번째 화살표의 형태를 설정합니다. 시스템 변수인 'DIMBLK2'를 사용하여 직접 설정할 수 있습니다.

❹ **지시선(L)** : 지시선에 사용할 화살표를 설정합니다. 사용하려는 화살표 형태가 없는 경우에는 사용자가 직접 화살표를 만든 다음 블록으로 만들어 사용할 수 있습니다. 시스템 변수인 'DIMLDRBLK'를 사용하여 직접 설정할 수도 있습니다.

❺ **화살표 크기(I)** : 화살표의 크기를 설정합니다. 시스템 변수인 'DIMLASZ'를 사용하여 직접 설정할 수 있습니다.

❻ **중심 표식** : 원이나 호의 중심을 표시할 때 사용할 표식을 선택합니다.

- **없음** : 아무런 중심 표식을 하지 않습니다. 시스템 변수인 'DIMCENTER'에 '0'으로 저장됩니다.
- **표식** : 중심 표식을 십자(+) 형태로 표시합니다. 시스템 변수인 'DIMCENTER'에 + 값으로 저장됩니다.
- **선** : 원의 반지름 크기의 중심선을 표시합니다. 시스템 변수인 'DIMCENTER'에 – 값으로 저장됩니다.

❼ **치수 끊기** : 치수 끊기의 간격을 설정합니다.

❽ **끊기 크기** : 치수 끊을 간격을 입력합니다.

❾ **호 길이 기호** : 호의 길이 치수 기호를 표시할 위치를 설정합니다. 시스템 변수인 'DIMARCSYM'을 사용하여 직접 설정할 수 있습니다.

- **앞의 치수 문자** : 치수 문자 앞에 호의 길이 치수 기호를 위치시킵니다.
- **위의 치수 문자** : 치수 문자 위에 호의 길이 치수 기호를 위치시킵니다.
- **없음** : 호의 길이 치수 기호를 표시하지 않습니다.

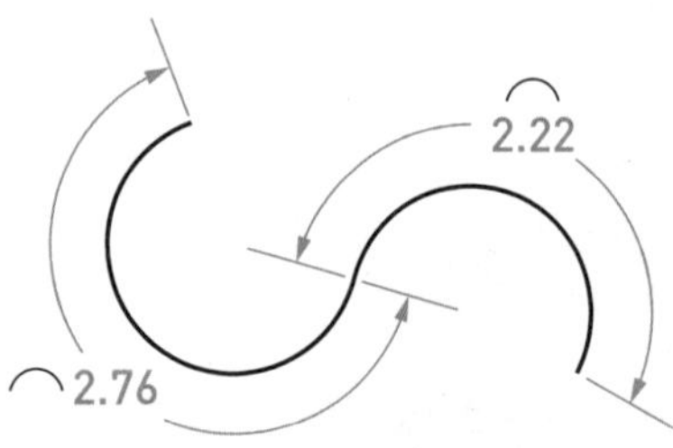

❿ **반지름 꺾기 치수** : 반지름 치수의 꺾는 각도를 설정합니다.

⓫ **꺾기 각도** : 반지름 치수의 꺾는 각도를 입력합니다.

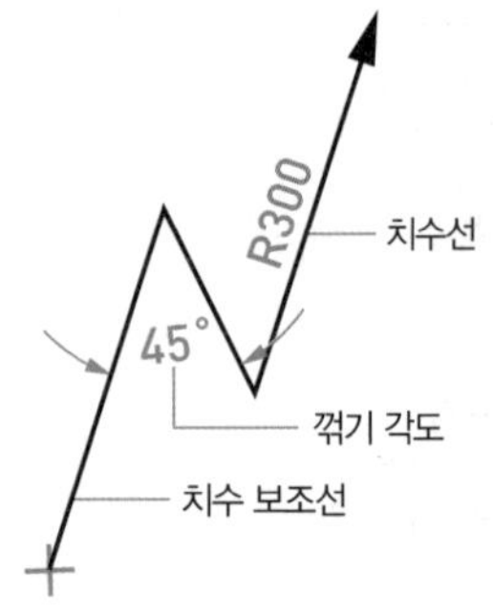

⓬ **선형 꺾기 치수** : 선형 치수의 꺾는 높이 비율을 설정합니다.

⓭ **꺾기 높이 비율** : 선형 치수의 꺾는 높이 비율을 입력합니다.

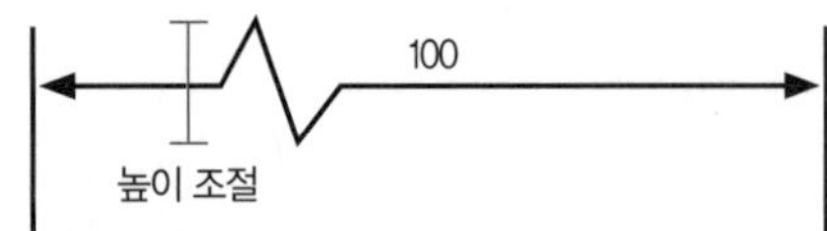

4 [새 치수 스타일] 대화상자 - [문자] 탭

치수 문자의 스타일과 색상, 높이와 위치 등을 설정합니다.

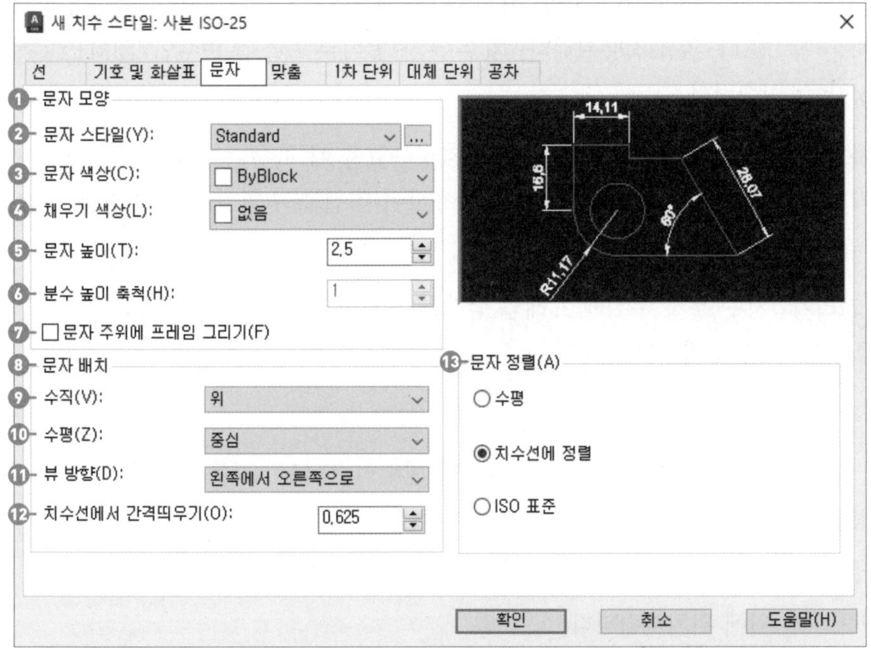

❶ **문자 모양** : 치수 문자의 스타일과 색상 등 표현 방법을 설정합니다.

❷ **문자 스타일** : 치수 문자의 스타일을 선택합니다. 문자 스타일에서 미리 설정한 스타일을 사용할 수 있고 새로운 문자 스타일을 만들어 사용할 수도 있습니다. 〈...〉 버튼을 클릭하면 새로운 문자 스타일을 만들 수 있습니다. 시스템 변수인 'DIMTXSTY'를 사용하여 직접 치수 문자 스타일을 지정할 수도 있습니다.

❸ **문자 색상** : 치수 문자의 색상을 설정합니다. 직접 지정하지 않으면 기본으로 현재 블록의 색상이 적용됩니다. '색상 선택'을 선택하면 256색의 인덱스 색상 또는 24Bit의 트루 컬러 중에서 선택할 수 있습니다. 시스템 변수인 'DIMCLRT'를 사용해 직접 색상을 지정할 수도 있습니다.

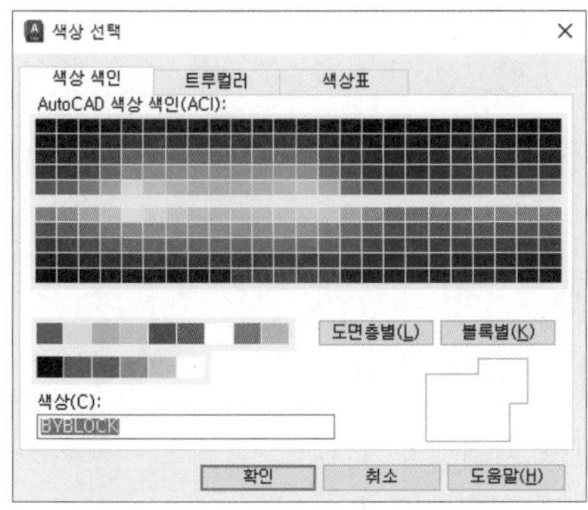

❹ **채우기 색상** : 치수 문자의 배경 색상을 설정합니다. 기본으로 설정되지 않습니다. 시스템 변수인 'DIMTFILL' 및 'DIMTFILLCLR'을 사용하여 직접 색상을 지정할 수 있습니다.

❺ **문자 높이** : 치수 문자의 높이를 설정합니다. 만일 치수 문자 스타일에서 문자 높이가 설정되어 있다면 여기서 설정하는 높이보다 우선 적용됩니다. 치수 문자 높이는 시스템 변수인 'DIMTXT'를 사용하여 직접 지정할 수 있습니다.

❻ **분수 높이 축척** : [1차 단위] 탭에서 단위 형식을 '분수'로 지정하였을 때 치수 문자에서 분수를 표현할 축척을 설정합니다. 시스템 변수인 'DIMTFAC'를 사용하여 직접 분수의 축척을 지정할 수 있습니다.

❼ **문자 주위에 프레임 그리기** : 치수 문자 주위에 프레임 상자를 표시할지 지정합니다. 체크 표시하면 시스템 변수인 'DIMGAP'에 음수가 저장됩니다.

❽ **문자 배치** : 치수 문자의 위치를 설정합니다.

❾ **수직** : 치수 문자의 수직 방향 위치를 설정합니다. 시스템 변수인 'DIMTAD'를 사용해 직접 수직 방향의 위치를 지정할 수 있습니다.

- **중심** : 치수 문자를 치수선 가운데에 위치시킵니다.
- **위** : 치수 문자를 치수선 위에 위치시킵니다.
- **외부** : 치수 문자를 객체로부터 치수선 바깥쪽에 위치시킵니다.
- **JIS** : JIS(Japanese Industrial Standard) 기준에 의해 치수 문자를 위치시킵니다.
- **아래** : 치수 문자를 치수선 아래쪽에 위치시킵니다.

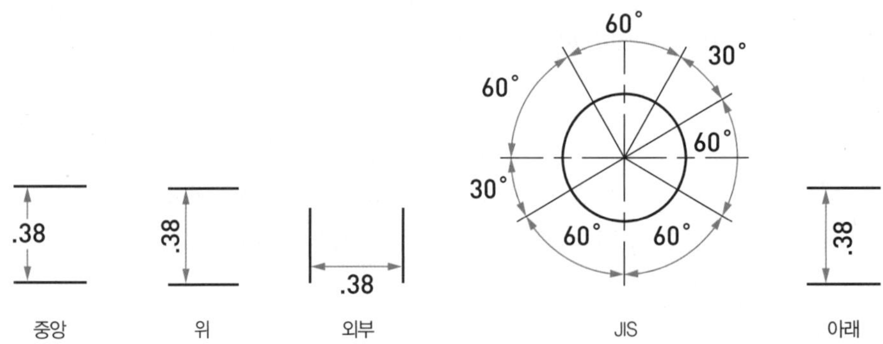

❿ **수평** : 치수 문자의 수평 방향 위치를 설정합니다. 시스템 변수인 'DIMJUST'를 사용해 직접 수평 방향의 위치를 지정할 수 있습니다.

- **중심** : 치수 문자를 치수선의 가운데에 위치시킵니다.
- **치수보조선 1에** : 첫 번째 치수 보조선 쪽에 치수 문자를 위치시킵니다.
- **치수보조선 2에** : 두 번째 치수 보조선 쪽에 치수 문자를 위치시킵니다.
- **치수보조선 1 너머** : 첫 번째 치수 보조선 위에 치수 문자를 위치시킵니다.

- **치수보조선 2 너머** : 두 번째 치수 보조선 위에 치수 문자를 위치시킵니다.

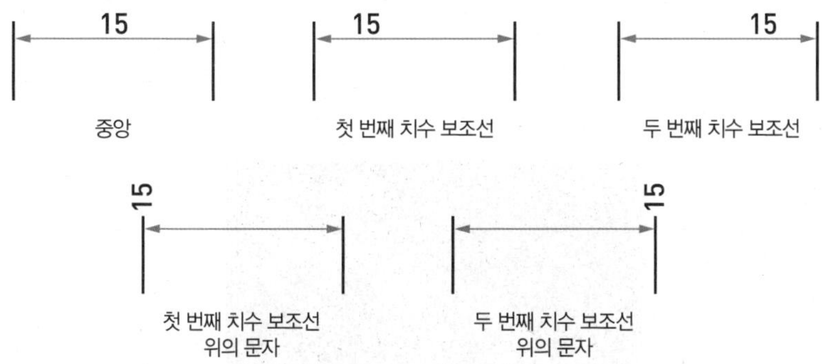

⑪ **뷰 방향** : 치수 문자를 보는 방향을 설정합니다.

- **왼쪽에서 오른쪽으로** : 치수 문자를 왼쪽에서 오른쪽으로 읽을 수 있도록 위치시킵니다.
- **오른쪽에서 왼쪽으로** : 치수 문자를 오른쪽에서 왼쪽으로 읽을 수 있도록 위치시킵니다.

⑫ **치수선에서 간격띄우기** : 치수선과 치수 문자의 간격을 설정합니다. 단, 이 값은 치수 문자가 치수선 중앙에 위치할 때 적용됩니다. 시스템 변수인 'DIMGAP'를 사용하여 직접 간격을 지정할 수 있습니다.

15 DIMGAP = 0

15 DIMGAP = 0.1

⑬ **문자 정렬** : 치수 문자의 정렬 방법을 설정합니다. 시스템 변수인 'DIMTIH' 및 'DIMTOH'를 사용하여 직접 치수 문자의 정렬 방법을 지정할 수 있습니다.

- **수평** : 치수선이 기울더라도 치수 문자는 수평으로 표시합니다.

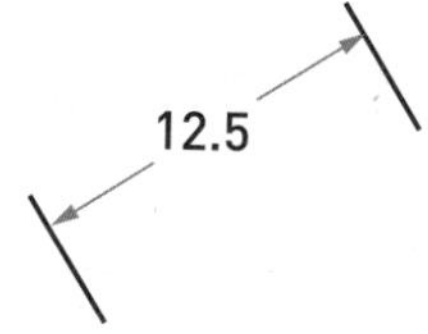

- **치수선에 정렬** : 치수선 방향대로 치수 문자를 위치시킵니다.

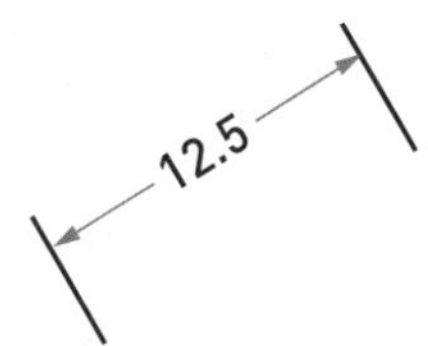

- **ISO 표준** : 치수 문자가 치수 보조선 안에 위치할 때는 치수선 방향을 따라 표시하고, 치수 문자가 치수 보조선 밖에 있을 때는 치수 문자를 수평으로 표시합니다.

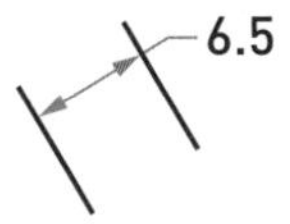

5 [새 치수 스타일] 대화상자 - 〔맞춤〕 탭

치수선과 치수 문자 및 화살표 등의 배치 방법을 설정합니다.

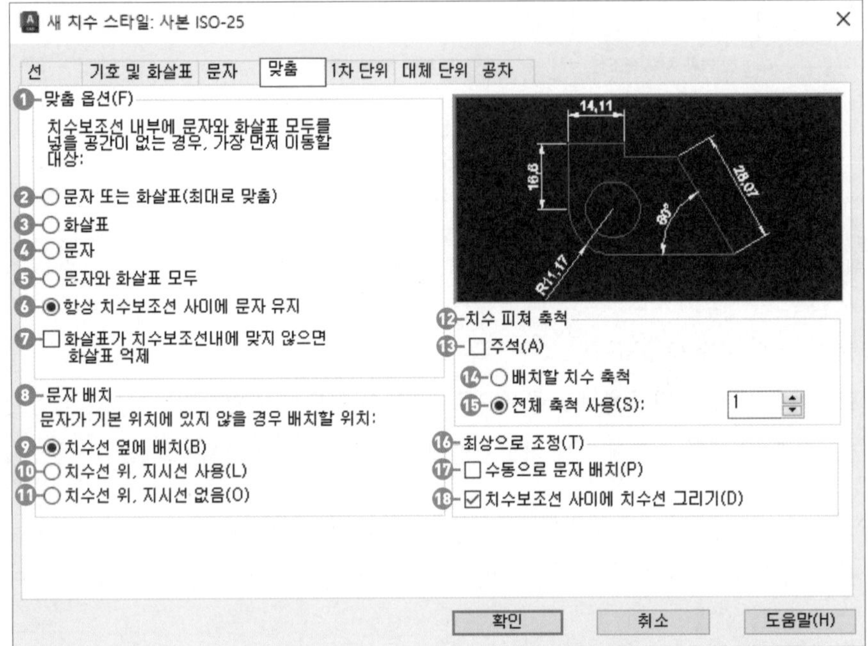

1 맞춤 옵션 : 치수 문자와 화살표의 위치를 설정합니다. 시스템 변수인 'DIMATFIT'를 사용해 직접 지정할 수 있습니다.

2 문자 또는 화살표(최대로 맞춤) : 다음의 세가지 조건에 의해 치수 문자와 화살표 위치를 결정합니다.

- 치수선에 충분한 공간이 확보된 경우 : 치수선 안에 치수 문자와 화살표를 모두 위치하고, 공간이 부족한 경우 최적의 맞춤 기준으로 위치시킵니다.
- 치수선에 치수 문자만 삽입할 수 있는 경우 : 치수 문자만 치수선 안에 배치하고 화살표는 치수 보조선 바깥쪽에 표시합니다.
- 치수선에 공간이 부족한 경우 : 치수 문자와 화살표를 모두 치수 보조선 바깥쪽에 표시합니다.

3 화살표 : 다음의 세가지 조건에 의해 치수 문자와 화살표 위치를 결정합니다.

- 치수선에 충분한 공간이 확보된 경우 : 치수선 안에 치수 문자와 화살표를 모두 위치시킵니다.
- 치수선에 화살표만 삽입할 수 있는 경우 : 화살표만 치수선 안에 배치하고 치수 문자는 치수 보조선 바깥쪽에 표시합니다.
- 치수선에 공간이 부족한 경우 : 치수 문자와 화살표를 모두 치수 보조선 바깥쪽에 표시합니다.

❹ **문자** : 다음의 세가지 조건에 의해 치수 문자와 화살표 위치를 결정합니다.

- **치수선에 충분한 공간이 확보된 경우** : 치수선 안에 치수 문자와 화살표를 모두 위치시킵니다.
- **치수선에 치수 문자만 삽입할 수 있는 경우** : 치수 문자만 치수선 안에 배치하고 화살표는 치수 보조선 바깥쪽에 표시합니다.
- **치수선에 공간이 부족한 경우** : 치수 문자와 화살표를 모두 치수 보조선 바깥쪽에 표시합니다.

❺ **문자와 화살표 모두** : 치수선에 치수 문자와 화살표를 모두 표시할 공간이 부족하면 치수 문자와 화살표를 모두 치수 보조선 바깥쪽에 표시합니다.

❻ **항상 치수보조선 사이에 문자 유지** : 치수 문자를 항상 치수 보조선 안에 표시합니다. 시스템 변수인 'DIMTIX'를 사용하여 직접 지정할 수 있습니다.

❼ **화살표가 치수보조선 내에 맞지 않으면 화살표 억제** : 치수 보조선 안에 화살표를 표시할 공간이 부족하면 화살표를 표시하지 않습니다. 시스템 변수인 'DIMSOXD'를 사용해 직접 지정할 수 있습니다.

❽ **문자 배치** : 치수 문자가 치수 문자 스타일의 설정된 위치에서 벗어나는 경우 치수 문자의 위치를 설정합니다. 시스템 변수인 'DIMTMOV'를 사용하여 직접 지정할 수 있습니다.

❾ **치수선 옆에 배치** : 치수선 옆에 치수 문자를 배치합니다. 이 옵션을 선택하면 치수 문자를 움직일 때마다 치수선도 함께 따라 움직입니다.

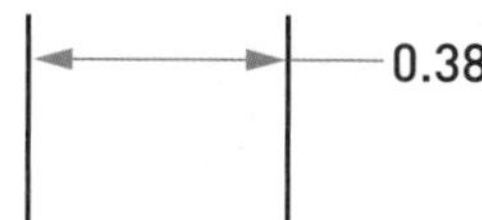

❿ **치수선 위, 지시선 사용** : 치수선과 치수 문자의 위치가 멀 경우 지시선을 이용하여 치수선과 치수 문자를 연결합니다. 치수선과 치수 문자의 위치가 가까운 경우 지시선이 표시되지 않으며, 치수 문자를 이동해도 치수선이 움직이지 않습니다.

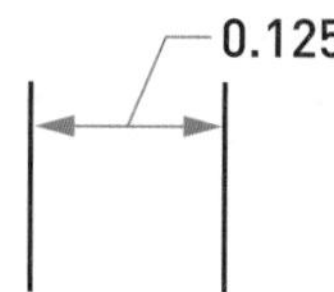

⑪ **치수선 위, 지시선 없음** : 치수선과 치수 문자의 위치가 멀 경우에도 지시선이 표시되지 않고 치수 문자를 표시합니다. 치수 문자를 이동해도 치수선이 움직이지 않습니다.

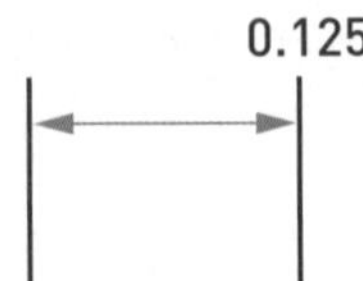

⑫ **치수 피쳐 축척** : 치수 객체의 축척 또는 도면 공간의 축척을 설정합니다.

⑬ **주석** : 치수 스타일이 주석임을 지정합니다. 시스템 변수인 'DIMSCALE'를 사용하여 직접 지정할 수 있습니다.

⑭ **배치할 치수 축척** : 모형 공간과 배치 공간의 축척을 기준으로 비율이 설정됩니다.

⑮ **전체 축척 사용** : 치수 객체 전체의 축척 비율을 설정합니다. 여기서 입력한 비율에 치수 객체의 각 크기를 곱한 값이 실제 각 객체가 표시되는 크기입니다.

⑯ **최상으로 조정** : 치수 문자 및 치수선의 옵션 환경을 설정합니다.

⑰ **수동으로 문자 배치** : 치수 문자의 수평 방향 설정을 무시하고 사용자가 지정한 위치에 치수 문자를 표시합니다. 시스템 변수인 'DIMUPT'를 사용하여 직접 지정할 수 있습니다.

⑱ **치수보조선 사이에 치수선 그리기** : 화살표가 치수 보조선 바깥쪽에 표시되더라도 치수선은 대상 지점 안에 표시합니다.

6 [새 치수 스타일] 대화상자 - 〔1차 단위〕 탭

치수 단위와 형식 그리고 치수 문자의 머리말과 꼬리말을 설정합니다.

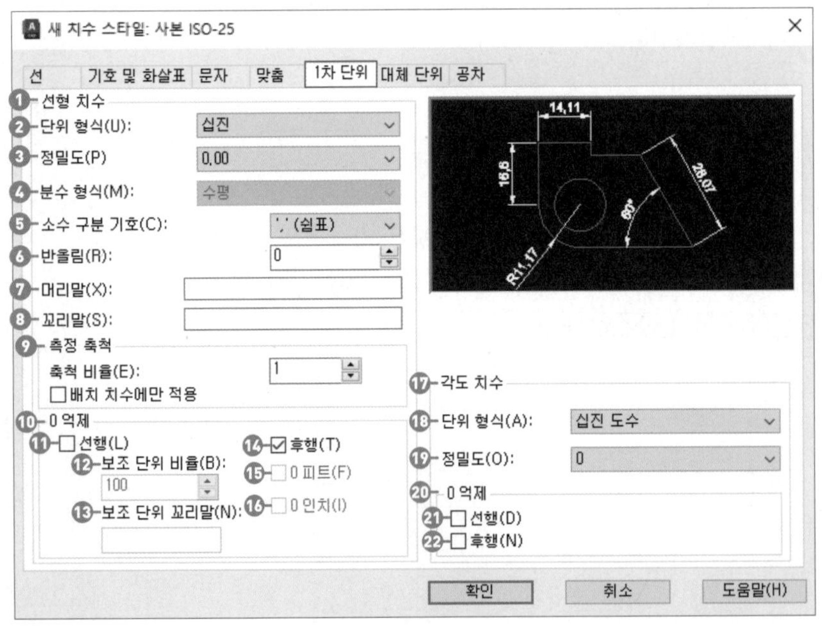

❶ **선형 치수** : 선형 치수에 대한 형식과 환경을 설정합니다.

❷ **단위 형식** : 치수 기입 단위를 설정합니다. 시스템 변수인 'DIMLUNIT'를 사용하여 직접 지정할 수 있습니다. 각도는 각도 치수에서 설정합니다.

❸ **정밀도** : 소수점의 자릿수를 지정합니다. 시스템 변수인 'DIMDEC'를 사용하여 직접 지정할 수 있습니다.

❹ **분수 형식** : 분수의 표현 방법을 설정하며 단위 형식을 '분수'로 설정했을 때만 선택할 수 있습니다. 시스템 변수인 'DIMFRAC'를 사용하여 직접 지정할 수 있습니다.

❺ **소수 구분 기호** : 소수점을 표현하는 기호를 선택합니다. 시스템 변수인 'DIMDSEP'를 사용하여 직접 지정할 수 있습니다.

❻ **반올림** : 반올림하고자 하는 자릿수를 입력합니다. '0'을 입력하면 반올림하지 않고, 수치를 입력하면 입력한 수치마다 근접한 값으로 반올림됩니다. 시스템 변수인 'DIMRND'를 사용하여 직접 지정할 수 있습니다.

❼ **머리말** : 치수 문자 앞에 항상 표시할 내용을 설정합니다. 머리말에는 문자 이외에 조정 코드를 입력할 수 있으며, 조정 코드는 표준 AutoCAD 글꼴에서만 사용할 수 있습니다. 시스템 변수인 'DIMPOST'를 사용하여 직접 지정할 수 있습니다.

기호	내용
%%nn	문자 번호 nn을 표시합니다.
%%o	윗줄 켜기와 끄기를 설정합니다.
%%u	밑줄 켜기와 끄기를 설정합니다.
%%d	각도 기호(°)를 표시합니다.
%%p	공차 기호(±)를 표시합니다.
%%c	원 지름 기호(Ø)를 표시합니다.

▲ 조정 코드

❽ **꼬리말** : 치수 문자 뒤에 항상 표시할 내용을 설정합니다. 꼬리말에도 문자 이외에 조정 코드를 입력할 수 있으며, 조정 코드는 표준 AutoCAD 글꼴에서만 사용할 수 있습니다. 시스템 변수인 'DIMPOST'를 사용하여 직접 지정할 수도 있습니다.

❾ **측정 축척** : 측정된 객체 길이의 축척을 설정합니다. 시스템 변수인 'DIMLFAC'를 사용하여 직접 지정할 수 있습니다.

- **축척 비율** : 선형 치수의 치수 기입 시 축척 비율을 설정합니다. 이곳에 '1' 이외의 값을 입력하면 실제 측정된 길이에 입력한 수치가 곱해진 값이 표시됩니다.
- **배치 치수에만 적용** : 배치 공간에서만 축척 비율을 적용합니다.

⑩ **0 억제** : '0'의 표시 방법을 설정합니다. 시스템 변수인 'DIMZIN'을 사용하여 직접 지정할 수 있습니다.

⑪ **선행** : 소수점 앞에 오는 '0'은 표시하지 않습니다. 예를 들어, '0.043'인 경우 '.043'으로만 표시합니다.

⑫ **보조 단위 비율** : 보조 단위 수를 단위로 설정합니다. 예를 들어, 꼬리말이 'km'고 하위 꼬리말이 'm'이라면 보조 단위 비율에 '1000'을 입력합니다.

⑬ **보조 단위 꼬리말** : 보조 단위 꼬리말을 설정합니다. 예를 들어, '0.54km'를 '540m'로 표시하려면 'm'을 입력합니다.

⑭ **후행** : 소수점 뒤 자리수 중 마지막에 오는 '0'은 표시하지 않습니다. 예를 들어, '0.0430'인 경우 '0.043'으로만 표시합니다.

⑮ **0 피트** : 길이를 피트와 인치로 표시하는 경우 피트 길이가 '0' 미만일 때는 표시하지 않습니다.

⑯ **0 인치** : 길이를 피트와 인치로 표시하는 경우 인치가 '0'일 때는 표시하지 않습니다.

⑰ **각도 치수** : 각도의 치수 기입 방법을 설정합니다.

⑱ **단위 형식** : 각도의 표현 방법을 설정합니다. 시스템 변수인 'DIMAUNIT'를 사용하여 직접 지정할 수 있습니다.

⑲ **정밀도** : 각도 치수에서 표현할 소수점 자릿수를 설정합니다. 시스템 변수인 'DIMAZIN'을 사용해 직접 지정할 수 있습니다.

⑳ **0 억제** : 각도 치수에서 '0'의 표시 방법을 설정합니다. 시스템 변수인 'DIMAZIN'을 사용해 직접 지정할 수 있습니다.

㉑ **선행** : 소수점 앞에 오는 '0'은 표시하지 않습니다.

㉒ **후행** : 소수점 뒤 자릿수 중 마지막에 오는 '0'은 표시하지 않습니다.

TIP

- AutoCAD에서는 건축 토목과 같은 큰 구조물이 아니고서는 대부분 사용할 일이 없기에 천 단위는 쉼표가 없이 숫자로만 표시됩니다.
- [치수 스타일 관리자] 대화상자에서 〈수정(M)〉 버튼을 클릭한 다음 표시되는 [치수 스타일 수정] 대화상자의 [1차 단위] 탭에서 선형 치수의 단위 형식(U)의 '십진'을 'WINDOWS 바탕 화면'으로 지정하여 변경한 다음 〈확인〉 버튼과 〈닫기〉 버튼을 클릭하면 천 단위에 쉼표가 표시됩니다.

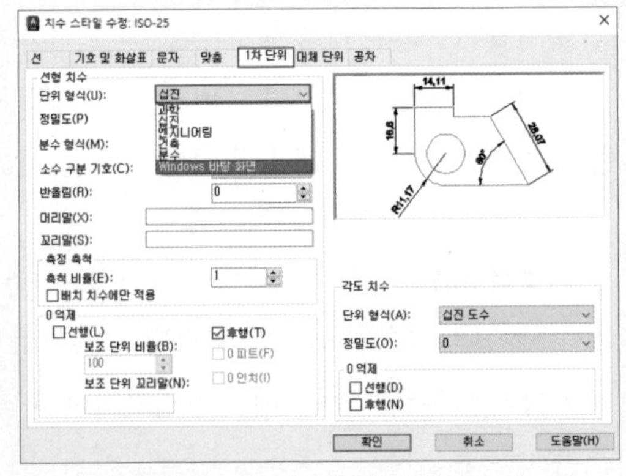

7 [새 치수 스타일] 대화상자 - [대체 단위] 탭

치수 문자에 기입된 대체 단위 및 형식을 설정합니다.

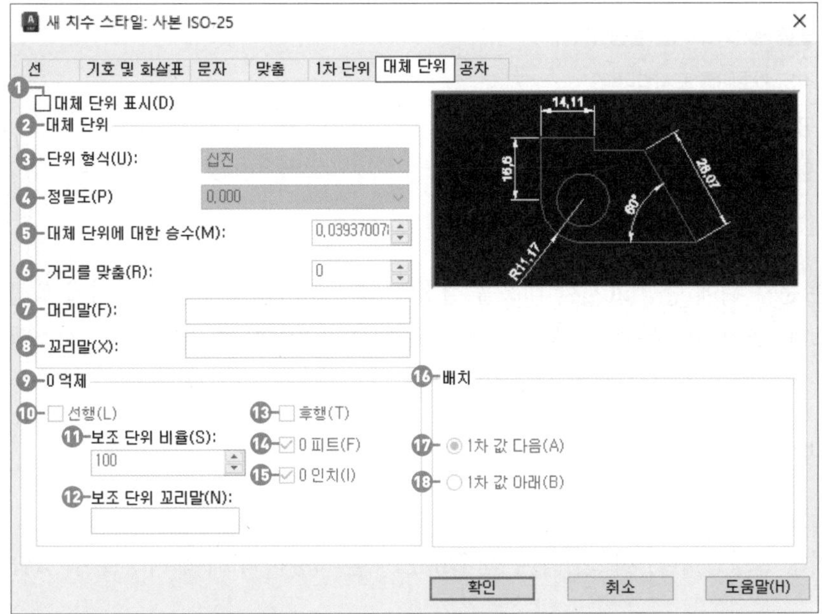

❶ **대체 단위 표시** : 체크 표시하면 치수 문자에 대체 단위를 표시합니다.

❷ **대체 단위** : 대체 단위의 형식 및 환경을 설정합니다.

❸ **단위 형식** : 치수 기입의 대체 단위를 설정합니다. 시스템 변수인 'DIMLALT'를 사용해 직접 지정할 수 있습니다. 각도는 각도 치수에서 설정합니다.

❹ **정밀도** : 대체 단위의 소수점 자릿수를 지정합니다. 시스템 변수인 'DIMALTU'를 사용하여 직접 지정할 수 있습니다.

❺ **대체 단위에 대한 승수** : 1차 단위 대비 대체 단위의 비율을 설정합니다. 예를 들어, 인치를 센티미터로 변환하려면 '2.54'를 입력합니다. 시스템 변수인 'DIMALTF'를 사용하여 직접 지정할 수 있습니다.

❻ **거리를 맞춤** : 대체 단위의 반올림하고자 하는 자릿수를 입력합니다. '0'을 입력하면 반올림하지 않고 수치를 입력하면 입력한 수치마다 근접한 값으로 반올림됩니다. 시스템 변수인 'DIMALTRND'를 사용하여 직접 지정할 수 있습니다.

❼ **머리말** : 대체 단위 치수 문자 앞에 항상 표시할 내용을 설정합니다. 머리말에는 문자 이외에 조정 코드를 입력할 수 있으며, 조정 코드는 표준 AutoCAD 글꼴에서만 사용할 수 있습니다. 시스템 변수인 'DIMAPOST'를 사용하여 직접 지정할 수도 있습니다.

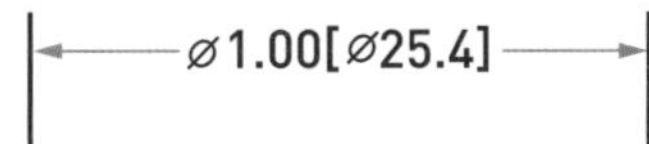

기호	내용
%%nn	문자 번호 nn을 표시합니다.
%%o	윗줄 켜기와 끄기를 설정합니다.
%%u	밑줄 켜기와 끄기를 설정합니다.
%%d	각도 기호(°)를 표시합니다.
%%p	공차 기호(±)를 표시합니다.
%%c	원 지름 기호(Ø)를 표시합니다.

▲ 조정 코드

⑧ **꼬리말** : 대체 단위 치수 문자 뒤에 항상 표시할 내용을 설정합니다. 꼬리말에도 문자 이외에 조정 코드를 입력할 수 있으며, 조정 코드는 표준 AutoCAD 글꼴에서만 사용할 수 있습니다. 시스템 변수인 'DIMAPOST'를 사용하여 직접 지정할 수도 있습니다.

ø1.00ft[ø30.48cm]

⑨ **0 억제** : '0'의 표시 방법을 설정합니다. 시스템 변수인 'DIMZIN'을 사용하여 직접 지정할 수 있습니다.

⑩ **선행** : 소수점 앞에 오는 '0'은 표시하지 않습니다.

⑪ **보조 단위 비율** : 보조 단위의 수를 단위로 설정합니다. 예를 들어, 꼬리말이 'km'고 하위 꼬리말이 'm'라면 보조 단위 비율에 '1000'을 입력합니다.

⑫ **보조 단위 꼬리말** : 보조 단위의 꼬리말을 설정합니다. 예를 들어, '0.54km'를 '540m'로 표시하려면 'm'을 입력합니다.

⑬ **후행** : 소수점 뒤 자릿수 중 마지막에 오는 '0'은 표시하지 않습니다.

⑭ **0 피트** : 길이를 피트와 인치로 표시하는 경우 피트 길이가 '0' 미만일 때는 표시하지 않습니다.

⑮ **0 인치** : 길이를 피트와 인치로 표시하는 경우 인치가 '0'일 때는 표시하지 않습니다.

⑯ **배치** : 대체 단위의 배치 방법을 설정합니다.

⑰ **1차 값 다음** : 1차 단위 뒤에 대체 단위를 위치시킵니다.

⑱ **1차 값 아래** : 1차 단위 아래에 대체 단위를 위치시킵니다.

⑧ [새 치수 스타일] 대화상자 - 〔공차〕 탭

치수 문자 공차의 표시 형식 및 환경을 설정합니다.

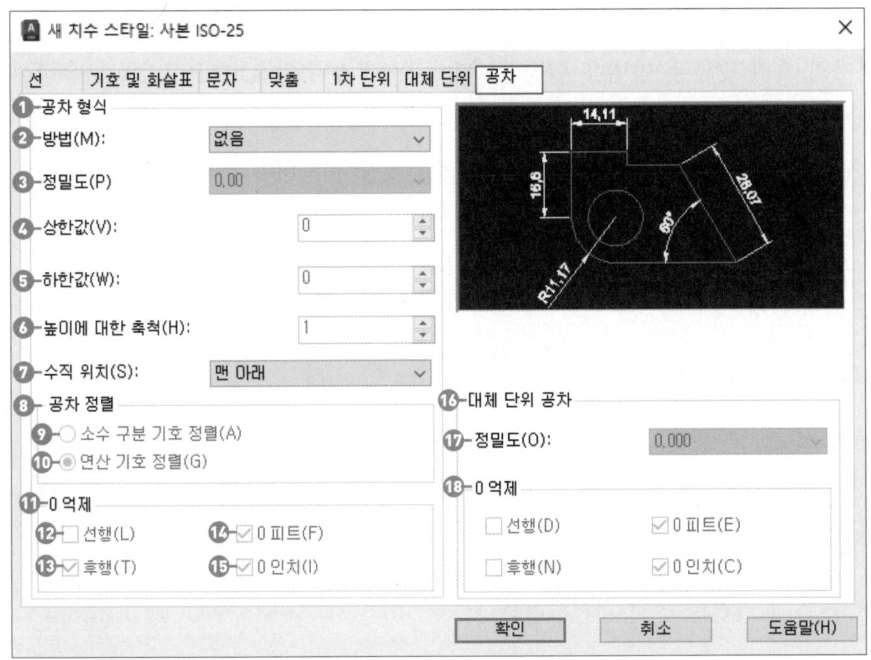

❶ **공차 형식** : 치수 문자 공차의 형식을 설정합니다.

❷ **방법** : 치수 문자 공차의 계산 방법을 설정합니다. 시스템 변수인 'DIMTOL'을 사용해 직접 지정할 수 있습니다.

- **없음** : 공차 표현을 하지 않습니다.
- **편차** : 측정된 치수 문자에 양수와 음수의 공차를 모두 표현합니다.

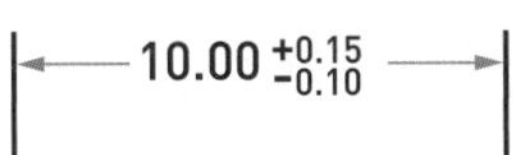

- **대칭** : 측정된 치수 문자에 단일 편차가 적용되는 공차를 표현합니다.

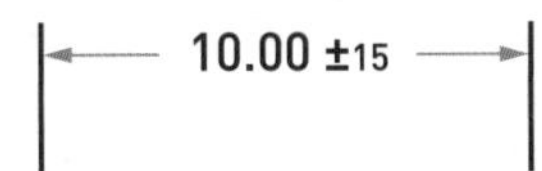

- **기준** : 기본 치수 문자와 함께 치수 문자 테두리에 상자를 표시합니다.

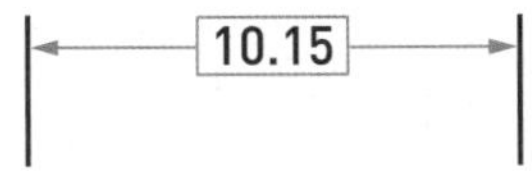

- **한계** : 한계 치수를 표시하며 최대 값과 최소 값이 모두 표시됩니다.

10.15
9.90

❸ **정밀도** : 공차의 소수점 자릿수를 지정합니다. 시스템 변수인 'DIMTDEC'를 사용해 직접 지정할 수 있습니다.

❹ **상한값** : 공차의 최대 값 또는 상한값을 설정합니다. 시스템 변수인 'DIMTP'를 사용해 직접 지정할 수 있습니다.

⑤ **하한값** : 공차의 최소 값 또는 하한값을 설정합니다. 시스템 변수인 'DIMTM'을 사용하여 직접 지정할 수 있습니다.

⑥ **높이에 대한 축척** : 공차 문자의 높이를 설정합니다.

⑦ **수직 위치** : 공차 문자의 자리 맞추는 방법을 설정합니다. 시스템 변수인 'DIMTOLJ'를 사용하여 직접 지정할 수 있습니다.

- **맨 아래** : 공차를 치수 문자 아래에 위치시킵니다.

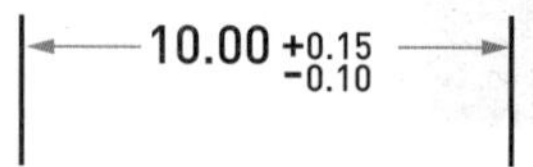

- **중간** : 공차를 치수 문자 중간에 위치시킵니다.

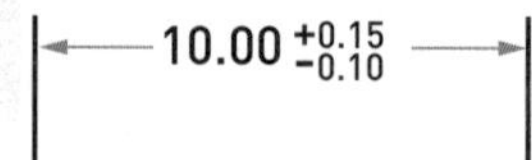

- **맨 위** : 공차를 치수 문자 위에 위치시킵니다.

10.00 +0.15 -0.10

⑧ **공차 정렬** : 최대 및 최소 공차 문자의 정렬 방법을 설정합니다.

⑨ **소수 구분 기호 정렬** : 소수점 기호를 중심으로 정렬합니다.

⑩ **연산 기호 정렬** : 연산 기호를 중심으로 정렬합니다.

⑪ **0 억제** : '0'의 표시 방법을 설정합니다. 시스템 변수인 'DIMTZIN'을 사용하여 직접 지정할 수 있습니다.

⑫ **선행** : 소수점 앞에 오는 '0'은 표시하지 않습니다.

⑬ **후행** : 소수점 뒤 자릿수 중 마지막에 오는 '0'은 표시하지 않습니다.

⑭ **0 피트** : 길이를 피트와 인치로 표시하는 경우 피트 길이가 '0' 미만일 때는 표시하지 않습니다.

⑮ **0 인치** : 길이를 피트와 인치로 표시하는 경우 인치가 '0'일 때는 표시하지 않습니다.

⑯ **대체 단위 공차** : 대체 단위의 공차를 설정합니다.

⑰ **정밀도** : 대체 단위의 소수점 자릿수를 지정합니다. 시스템 변수인 'DIMALTTD'를 사용하여 직접 지정할 수 있습니다.

⑱ **0 억제** : 대체 단위 '0'의 표시 방법을 설정합니다. 시스템 변수인 'DIMALTTZ'를 사용하여 직접 지정할 수 있습니다.

선형 치수 기입하기

치수 기입 방법 중 가장 많이 사용하고 일반적인 치수 기입 방법은 바로 선형 치수입니다. 선형 치수에는 치수선을 나란히 배열하는 방법, 계단형으로 배열하는 방법, 기준선을 기준으로 입력하는 방법 등 다양한 치수 기입 방법이 있습니다.

1 평행 치수 입력하기 - Dimlinear

가장 보편적인 치수 기입 방법으로 치수선이 수평 방향 또는 수직 방향으로 나란히 배열되는 형식입니다. 치수를 측정할 두 점을 선택한 다음 치수선이 위치할 곳을 지정하면 치수선 위에 치수가 기입됩니다.

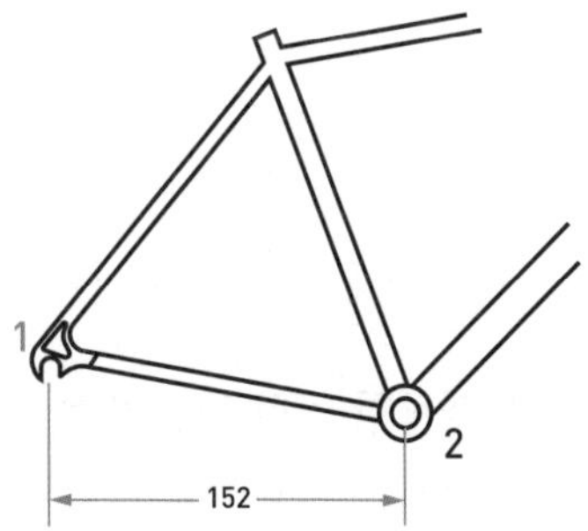

1 명령어 실행

- 리본 메뉴 : [주석] 탭 – 치수 패널 – 선형
- 메뉴 : [치수] → 선형
- 단축 명령어 : DIM

2 명령 입력 과정

첫 번째 치수보조선 원점 지정 또는 <객체 선택>: [첫 번째 측정점 지정]
두 번째 치수보조선 원점 지정: [두 번째 측정점 지정]
치수선의 위치 지정 또는
[여러 줄 문자(M)/문자(T)/각도(A)/수평(H)/수직(V)/회전(R)]: [치수선 위치 지정]

3 옵션

- 여러 줄 문자(M) : 여러 줄의 치수 문자를 입력할 수 있는 문자 입력 상자가 표시됩니다.
- 문자(T) : 사용자가 치수 문자를 입력할 수 있도록 프롬프트가 대기합니다.
- 각도(A) : 치수 문자의 표시 각도를 설정합니다.

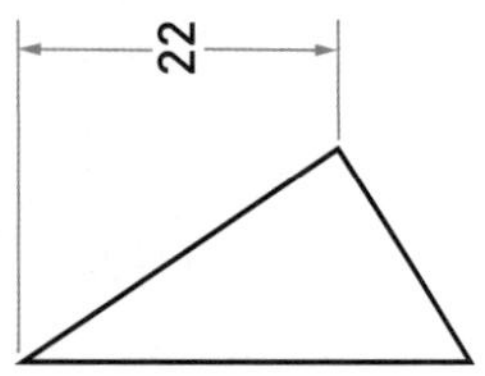

- 수평(H) : 수평 선형 치수를 기입합니다.

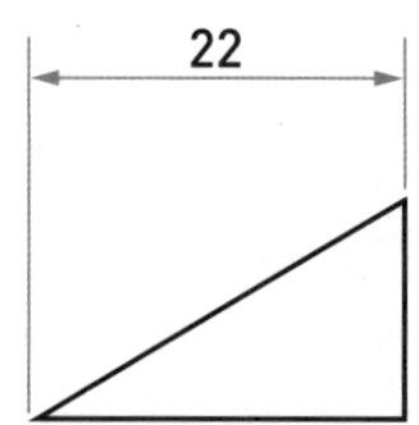

- 수직(V) : 수직 선형 치수를 기입합니다.

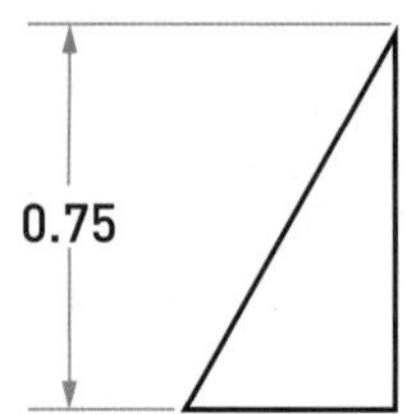

- 회전(R) : 회전된 선형 치수를 기입합니다.

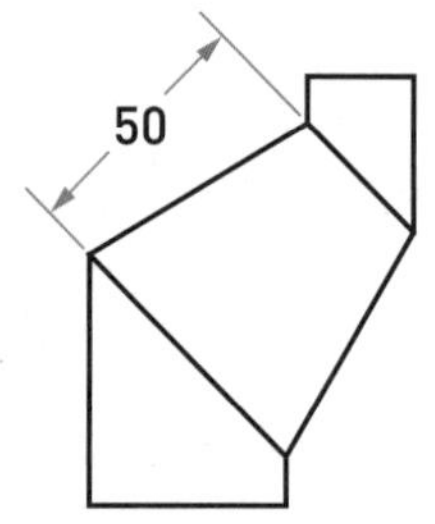

2 사선 치수 입력하기 - Dimaligned

'DIMALIGNED'는 경사진 선형 치수를 입력하는 명령으로, 측정된 두 점과 평행한 방향으로 치수선이 기입됩니다. 치수 보조선은 측정된 두 점의 직각 방향으로 생성되며, 치수 문자는 자동으로 기입되지만 직접 치수를 기입할 수도 있습니다.

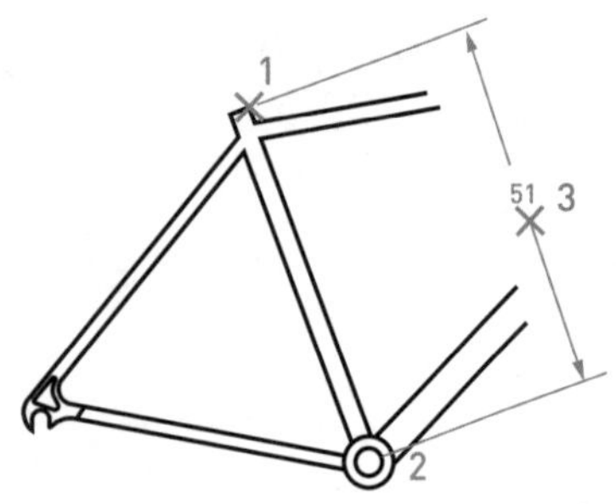

1 명령어 실행

- 리본 메뉴 : [주석] 탭 – 치수 패널 – 선형 – 정렬
- 메뉴 : [치수] → 정렬
- 단축 명령어 : DAL

2 명령 입력 과정

첫 번째 치수보조선 원점 지정 또는 〈객체 선택〉: [첫 번째 측정점 지정]
두 번째 치수보조선 원점 지정: [두 번째 측정점 지정]
치수선의 위치 지정 또는
[여러 줄 문자(M)/문자(T)/각도(A)]: [치수보조선 위치 지정]

3 옵션

- 여러 줄 문자(M) : 여러 줄의 치수 문자를 입력할 수 있는 문자 입력 상자가 표시됩니다.
- 문자(T) : 사용자가 치수 문자를 입력할 수 있도록 프롬프트가 대기합니다.
- 각도(A) : 치수 문자의 회전 각도를 설정합니다.

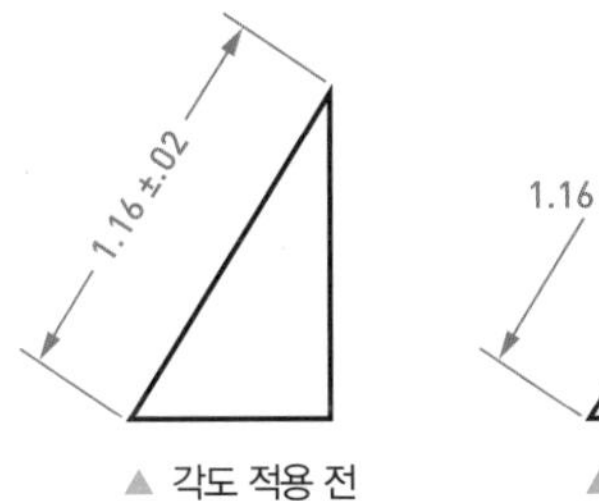

▲ 각도 적용 전

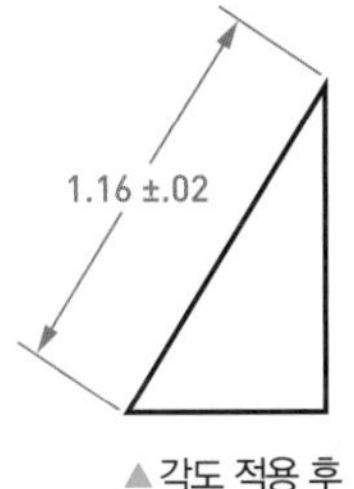

▲ 각도 적용 후

3 연속 치수 입력하기 - Dimcontinue

'DIMCONTINUE'는 직전에 작성한 치수의 치수 보조선을 이용하여 연속으로 치수를 기입하는 명령으로 작성 방법은 선형 명령과 같습니다. 직전에 작성한 치수가 없다면 선형 치수와 같은 프롬프트가 표시됩니다.

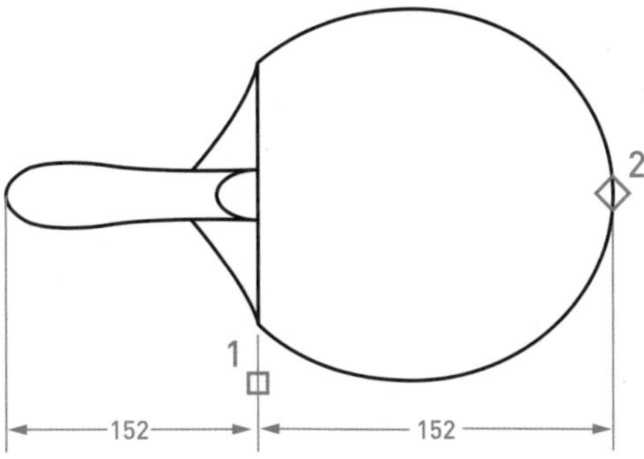

1 명령어 실행

- 리본 메뉴 : [주석] 탭 – 치수 패널 – 연속
- 메뉴 : [치수] → 연속
- 단축 명령어 : DIMCONT

2 명령 입력 과정

두 번째 치수보조선 원점 지정 또는 [선택(S)/명령 취소(U)] 〈선택〉: [측정점 지정]
두 번째 치수보조선 원점 지정 또는 [선택(S)/명령 취소(U)] 〈선택〉: [측정점 지정]
두 번째 치수보조선 원점 지정 또는 [선택(S)/명령 취소(U)] 〈선택〉: Enter

3 옵션

- 선택(S) : 연속 치수의 위치를 적용할 치수를 선택합니다.
- 취소(U) : 직전 치수 기입 작업을 취소합니다.

4 기준 치수 입력하기 - Dimbaseline

'DIMBASELINE'은 직전에 작성한 치수 또는 선택한 치수를 기준으로 연속적인 선형 치수 또는 각도 치수를 기입하는 명령어 'DIMCONTINUE' 명령은 이전 치수와는 다른 치수를 측정하지만, 'DIMBASELINE' 명령어는 이전 치수의 첫 번째 측정점을 공유한 채 두 번째 측정점을 다르게 측정하여 치수를 기입하는 차이점이 있습니다. 치수선의 간격은 시스템 변수 'DIMDLI'를 통해 설정할 수 있습니다.

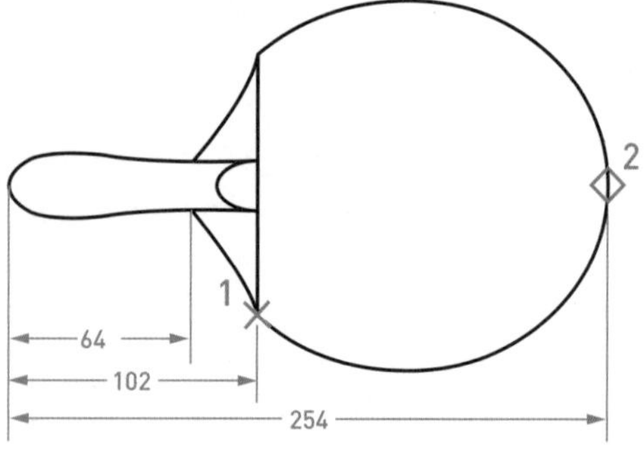

1 명령어 실행

- 리본 메뉴 : [주석] 탭 – 치수 패널 – 연속 – 기준선
- 메뉴 : [치수] → 기준선
- 단축 명령어 : DIMBASE

❷ 명령 입력 과정

첫 번째 치수보조선 원점 지정 또는 [선택(S)/명령 취소(U)] 〈선택〉: [측정점 지정]
두 번째 치수보조선 원점 지정 또는 [선택(S)/명령 취소(U)] 〈선택〉: [측정점 지정]
두 번째 치수보조선 원점 지정 또는 [선택(S)/명령 취소(U)] 〈선택〉: Enter

❸ 옵션

- **선택(S)** : 연속 치수의 위치를 적용할 치수를 선택합니다.
- **취소(U)** : 직전 치수 기입 작업을 취소합니다.

5 ┊ 파선 치수 입력하기 - Dimjogline

'Dimjogline'은 선형 치수 또는 사선 치수에 꺾기 선을 추가하거나 제거하는 명령입니다. 꺾기 선을 이용하면 선형 치수 또는 사선 치수에서 표시되지 않는 치수 값을 표현할 수 있습니다.

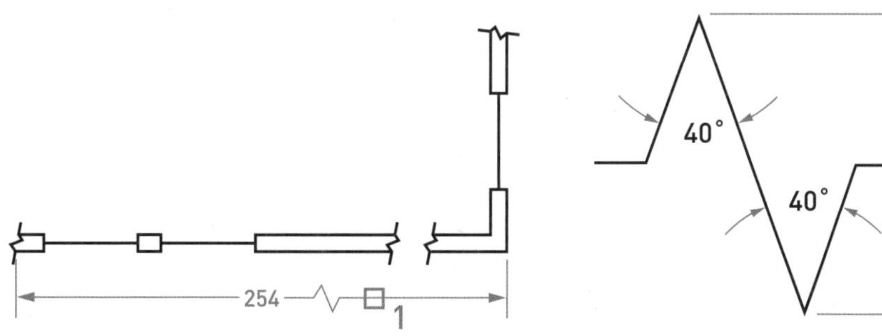

❶ 명령어 실행

- 리본 메뉴 : [주석] 탭 – 치수 패널 – 치수, 치수 꺾기선
- 메뉴 : [치수] → 꺾어진 선형
- 명령어 입력 : DIMJOGLINE

❷ 명령 입력 과정

꺾기를 추가할 치수 선택 또는 [제거(R)]: [선형 치수 선택]
꺾기 위치 지정(또는 ENTER 키 누르기): [꺾기 선 위치 지정]

❸ 옵션

- **제거(R)** : 제거할 꺾기 선이 포함된 선형 치수 또는 사선 치수를 선택합니다.

원형 치수와 지시선 기입하기

AutoCAD에서 작성하는 객체에는 직선만 있는 것은 아닙니다. 원이나 타원 및 호와 같이 곡선으로 이루어진 객체의 치수를 입력하는 작업은 선형 치수보다 조금 복잡한 과정을 거칩니다. 이번 챕터에서는 원형 치수를 기입하는 방법에 대해 알아보겠습니다.

1 반지름 입력하기 - Dimradius

'DIMRADIUS'는 원이나 호처럼 반지름을 이용해 작성하는 객체의 반지름을 표시하는 명령입니다. 객체의 형태에 따라서 중심점이 객체와 먼 거리에 위치할 수도 있으므로 중심점 위치에 적합한 반지름 치수를 기입하는 것이 중요합니다.

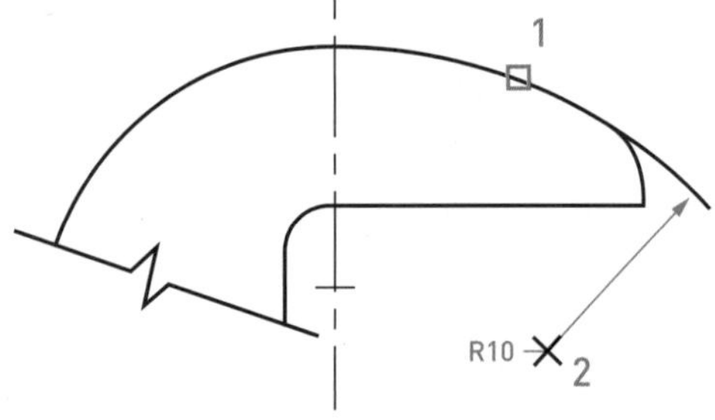

1 명령어 실행

- 리본 메뉴 : [홈] 탭 – 주석 패널 – 선형 – 반지름
- 메뉴 : [치수] → 반지름
- 단축 명령어 : DIMRAD

2 명령 입력 과정

호 또는 원 선택: [원이나 호 객체 선택]
치수선의 위치 지정 또는 [여러 줄 문자(M)/문자(T)/각도(A)]: [치수선 위치 지정]

❸ 옵션

- 여러 줄 문자(M) : 여러 줄의 치수 문자를 입력할 수 있는 문자 입력 상자가 표시됩니다.
- 문자(T) : 사용자가 치수 문자를 입력할 수 있도록 프롬프트가 대기합니다.
- 각도(A) : 치수 문자의 표시 각도를 설정합니다.

2 지름 입력하기 - Dimdiameter

'DIMDIAMETER'는 원이나 호처럼 반지름을 이용해 작성하는 객체의 지름을 표시하는 명령입니다. 원이 기하학적인 형태일 경우 치수선의 위치가 객체와 멀어질 수 있습니다.

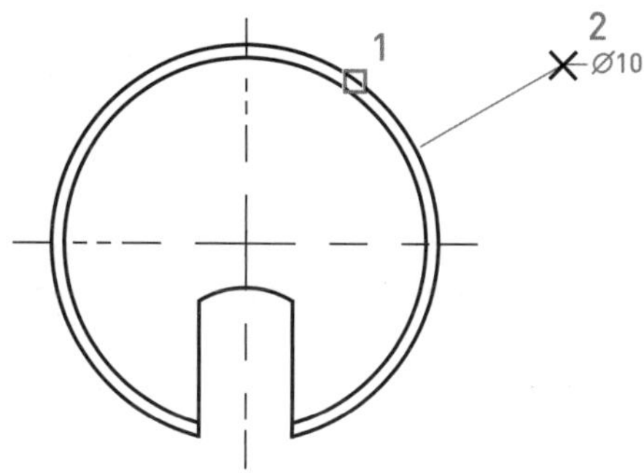

❶ 명령어 실행

- 리본 메뉴 : [홈] 탭 – 주석 패널 – 선형 – 지름
- 메뉴 : [치수] → 지름
- 단축 명령어 : DIMDIA

❷ 명령 입력 과정

호 또는 원 선택: [원이나 호 객체 선택]
치수선의 위치 지정 또는 [여러 줄 문자(M)/문자(T)/각도(A)]: [치수선 위치 지정]

❸ 옵션

- 여러 줄 문자(M) : 여러 줄의 치수 문자를 입력할 수 있는 문자 입력 상자가 표시됩니다.
- 문자(T) : 사용자가 치수 문자를 입력할 수 있도록 프롬프트가 대기합니다.
- 각도(A) : 치수 문자의 표시 각도를 설정합니다.

3 ┆ 중심 표시하기 - Dimcenter

'DIMCENTER'는 원이나 호와 같은 곡선 객체에 중심점을 표시하는 명령입니다. 중심점을 표시하는 표식은 치수 스타일에서 설정할 수 있습니다. 또한 시스템 변수인 'DIMCEN'을 사용하면 중심 표식의 크기를 직접 설정할 수 있습니다.

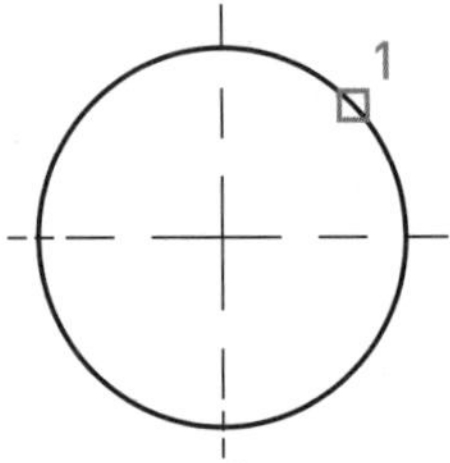

1 명령어 실행

- 리본 메뉴 : [주석] 탭 – 중심선 패널 – 중심 표식
- 메뉴 : [치수] → 중심 표식
- 명령어 입력 : DIMCENTER

2 명령 입력 과정

중심 표식을 추가할 원 또는 호 선택: [원이나 호 객체 선택]

4 ┆ 호의 길이 표시하기 - Dimarc

'DIMARC'는 호 또는 폴리선 호 세그먼트의 길이를 측정하는 명령입니다. 직선거리가 아닌 곡선거리를 측정하며, 그에 따라 치수 보조선은 호의 모양대로 곡선으로 표시됩니다.

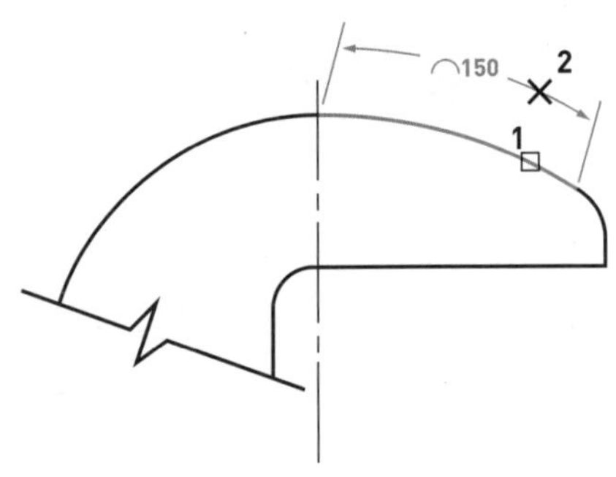

1 명령어 실행

- 리본 메뉴 : [주석] 탭 – 치수 패널 – 선형 – 호 길이
- 메뉴 : [치수] → 호 길이
- 명령어 입력 : DIMARC

2 명령 입력 과정

호 또는 폴리선 호 세그먼트 선택: [호 객체 선택]
호 길이 치수 위치 지정 또는 [여러 줄 문자(M)/문자(T)/각도(A)/부분(P)/지시선(L)]: [치수선 위치 지정]

3 옵션

- **부분(P)** : 선택한 호의 일부 길이만 측정하여 치수를 표시합니다.
- **지시선(L)** : 지시선을 추가해 치수를 표시합니다. 이 옵션은 호가 90°보다 큰 경우에만 표시됩니다.

5 지시선 표시하기 - Leader

'LEADER'는 지시선을 뽑아 주석을 작성하는 명령입니다. 'LEADER' 명령은 엄밀히 분류하면 치수 기입에는 포함되지 않지만 치수선과 유사한 형태로 표시됩니다. 단일 지시선은 'LEADER' 명령을 사용하지만 여러 개의 지시선을 한 번에 만들고자 할 때는 'MLEADER' 명령을 사용합니다.

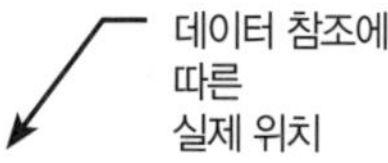

1 명령어 실행

단축 명령어 : LEAD

2 명령 입력 과정

지시선 시작점 지정: [지시선의 시작점을 지정]
다음 점 지정: [지시선의 다음점을 지정]
다음 점 지정 또는 [주석(A)/형식(F)/명령 취소(U)] 〈주석(A)〉: Spacebar
주석 문자의 첫 번째 행 입력 또는 〈옵션〉: [입력할 텍스트]
주석 문자의 다음 행을 입력: Spacebar

3 옵션

- 주석(A) : 지시선 끝에 주석을 삽입합니다. 주석에는 공차나 블록, 문자 등을 삽입할 수 있습니다.
- 형식(F) : 지시선 형태 및 화살표 형태를 설정합니다.
- 명령 취소(U) : 직전 작업을 취소합니다.

6 여러 개의 지시선 표시하기 - Mleader

'MLEADER'는 여러 개의 지시선을 한 번에 작성하는 명령입니다. 'MLEADER' 명령에 의해 작성된 지시선 객체는 일반 선분과 화살표 그리고 문자와 블록으로 구성되어 있습니다. 'MLEADER' 명령은 'LEADER' 명령보다 가시적인 표현이 가능한 점이 특징입니다.

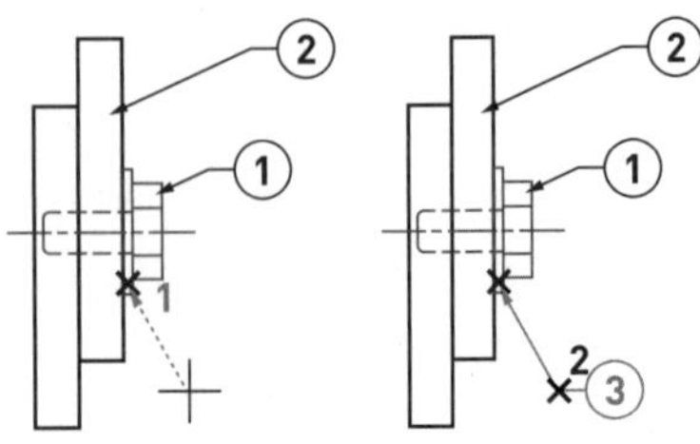

1 명령어 실행

- 리본 메뉴 : [주석] 탭 – 지시선 패널 – 다중 지시선
- 메뉴 : [치수] → 다중 지시선
- 단축 명령어 : MLD

2 명령 입력 과정

지시선 화살촉 위치 지정 또는 [지시선 연결선 먼저(L)/컨텐츠 먼저(C)/옵션(O)] 〈옵션〉: [화살표가 표시될 정점 지정]
지시선 연결선 위치 지정: [지시선 끝점 지정]
[문자 입력]

3 옵션

- 지시선 연결 먼저(L) : 지시선의 끝점을 먼저 지정합니다.
- 컨텐츠 먼저(C) : 문자나 공차, 블록과 같이 지시선에 연결되어 삽입할 내용을 설정합니다.
- 옵션(O) : 지시선 유형과 연결선의 거리 그리고 지시선에 연결될 객체의 종류를 설정합니다.

도면에 치수 기입하기

만들어진 기계 도면에 치수를 입력합니다. 'DIMLINER' 명령어를 이용한 선형 치수, 'DIMANGULAR' 명령어를 이용한 각도 치수, 'DIMRADIUS' 명령어를 이용한 반지름 치수를 입력하여 치수가 입력된 기계 도면을 완성해 보겠습니다.

예제 도면 ● 예제 파일 : Part04\기계도면 치수_예제.dwg ● 완성 파일 : Part04\기계도면 치수_완성.dwg

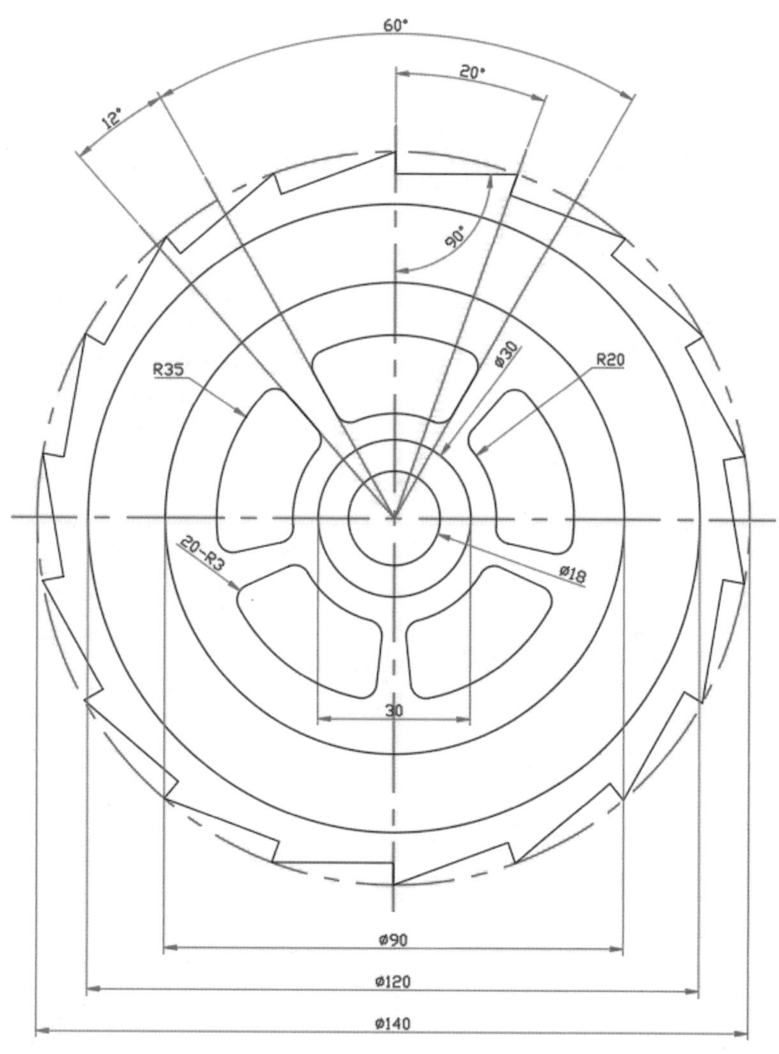

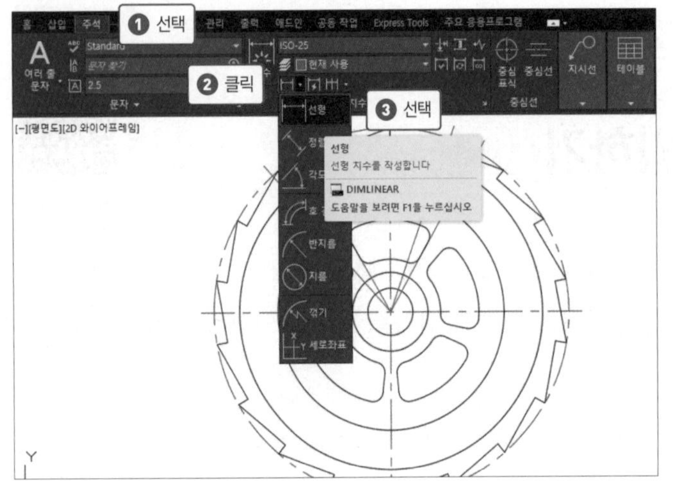

치수선 입력하기 1

01 | Part04 폴더에서 '기계도면 치수_예제.dwg' 파일을 불러오고 〔홈〕 탭의 〔도면층(레이어)〕에서 '치수선'을 선택하여 현재 설정으로 합니다. 〔주석〕 탭에서 치수 입력 부분의 '선형'을 클릭합니다.

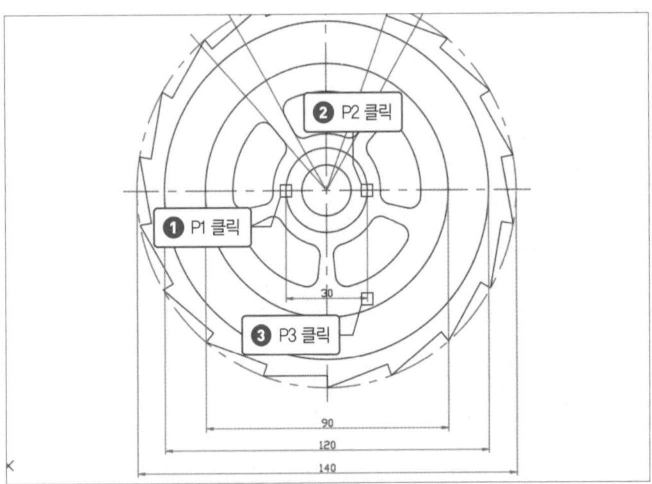

02 | 중심 부분에 '30' 선형 치수를 입력합니다. Enter를 눌러 다시 명령어를 실행한 다음 같은 방법으로 '90', '120', '140'의 선형 치수를 입력합니다.

명령: DIMLINEAR
첫 번째 치수보조선 원점 지정 또는 <객체 선택>: P1
두 번째 치수보조선 원점 지정: P2
치수선의 위치 지정 또는
[여러 줄 문자(M)/문자(T)/각도(A)/수평(H)/수직(V)/회전(R)]:
치수 문자=30

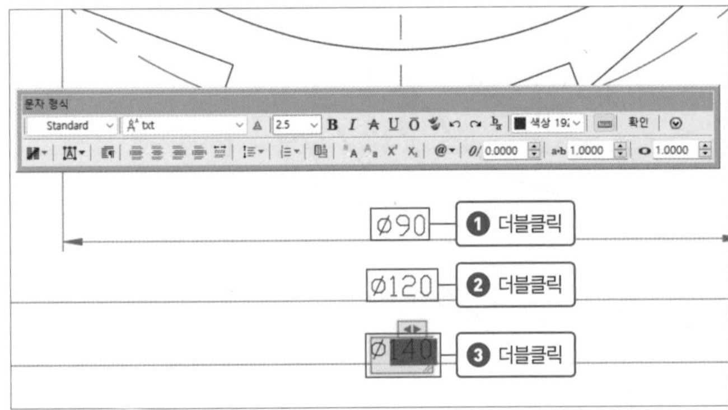

03 | '90', '120', '140' 치수선을 각각 더블클릭하고 숫자 앞에 '%%C'를 입력하여 'Ø90', 'Ø120', 'Ø140'과 같이 파이 치수로 변경한 다음 Ctrl+Enter를 눌러 종료합니다.

명령: _TEXTEDIT
현재 설정: 편집 모드=Multiple
주석 객체 선택 또는 [명령 취소(U)/모드(M)]:
주석 객체 선택 또는 [명령 취소(U)/모드(M)]:
주석 객체 선택 또는 [명령 취소(U)/모드(M)]:

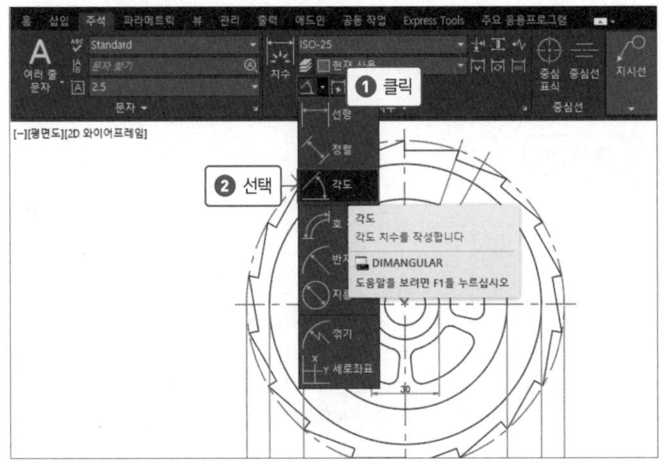

04 | 리본 메뉴의 치수 입력 부분에서 '각도'를 선택합니다.

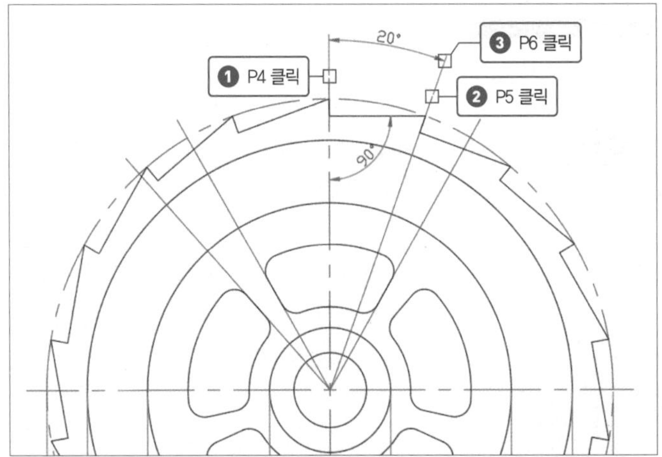

05 | 가는 실선과 중심선을 클릭하여 '20' 각도 치수를 입력합니다. Enter를 눌러 다시 명령어를 실행하고 같은 방법으로 '90' 각도 치수를 입력합니다.

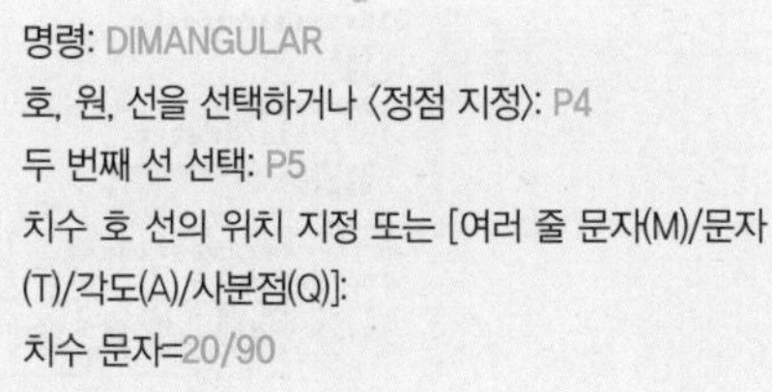
명령: DIMANGULAR
호, 원, 선을 선택하거나 〈정점 지정〉: P4
두 번째 선 선택: P5
치수 호 선의 위치 지정 또는 [여러 줄 문자(M)/문자(T)/각도(A)/사분점(Q)]:
치수 문자=20/90

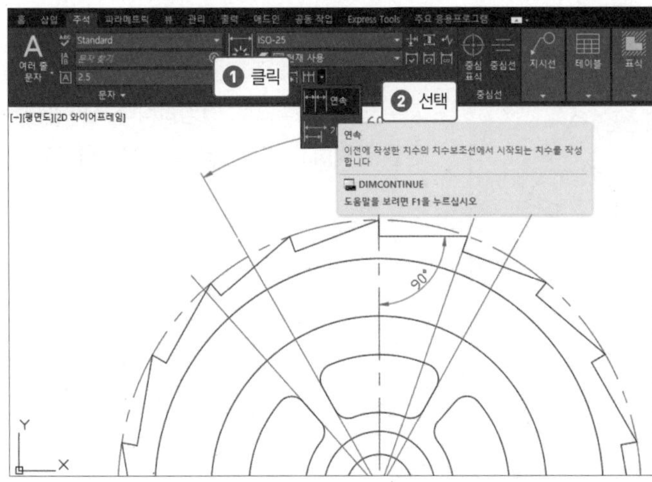

06 | '60' 치수와 '12' 치수를 입력하기 전에 먼저 리본 메뉴의 치수 입력 부분에서 '연속'을 선택합니다.

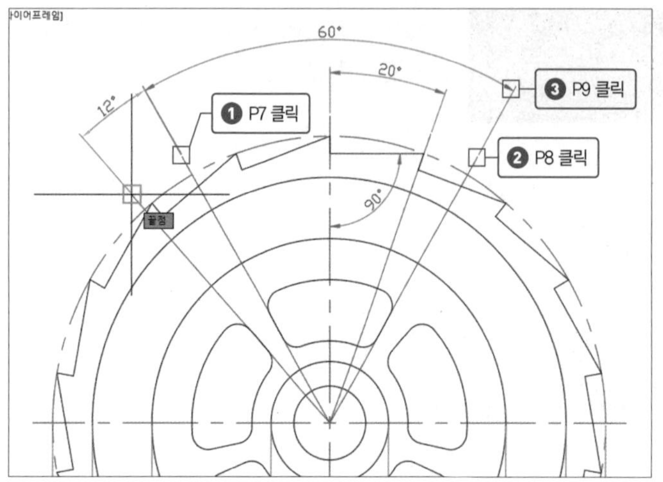

07 | 같은 방법으로 '60', '12' 각도 치수를 입력하고 Esc를 눌러 명령어를 취소합니다.

명령: DIMANGULAR
호, 원, 선을 선택하거나 〈정점 지정〉: P7
두 번째 선 선택: P8
치수 호 선의 위치 지정 또는 [여러 줄 문자(M)/문자(T)/각도(A)/사분점(Q)]:
치수 문자=60/12

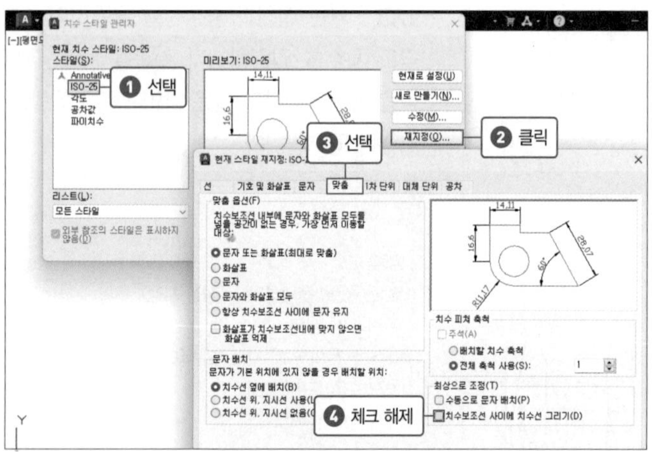

치수선 입력하기 2

01 | 'D(DIMSTYLE)' 명령어를 입력하고 Enter를 눌러 [치수 스타일 관리자] 대화상자가 표시되면 'ISO-25'를 선택하고 〈재지정〉 버튼을 클릭하여 [ISO-25] 대화상자를 표시합니다. 〔맞춤〕 탭의 최상으로 조정(T)에서 '치수보조선 사이에 치수선 그리기(D)'를 체크 표시 해제합니다.

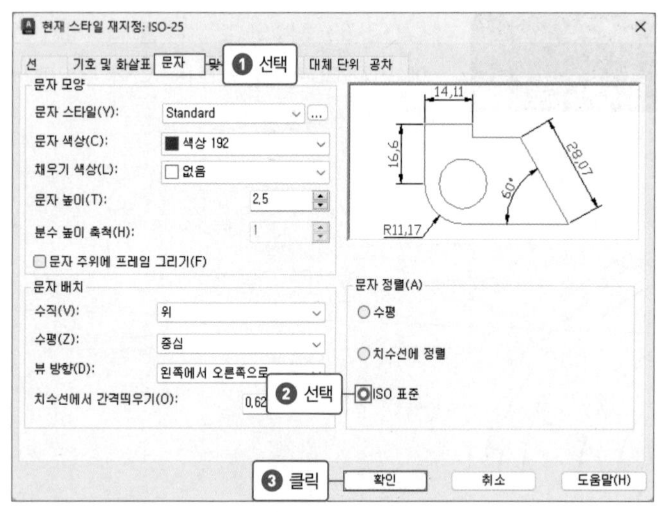

02 | 〔문자〕 탭의 문자 정렬(A)에서 치수선에 정렬을 'ISO 표준'으로 선택하여 꺾기 치수 입력 방식으로 변경합니다. 〈확인〉 버튼을 클릭하고 〈닫기〉 버튼을 클릭합니다.

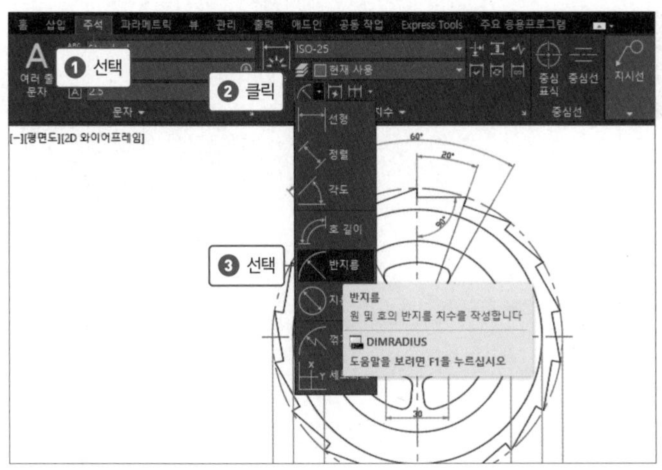

03 | 〔주석〕 탭의 치수 입력 부분에서 다시 '반지름'을 선택합니다.

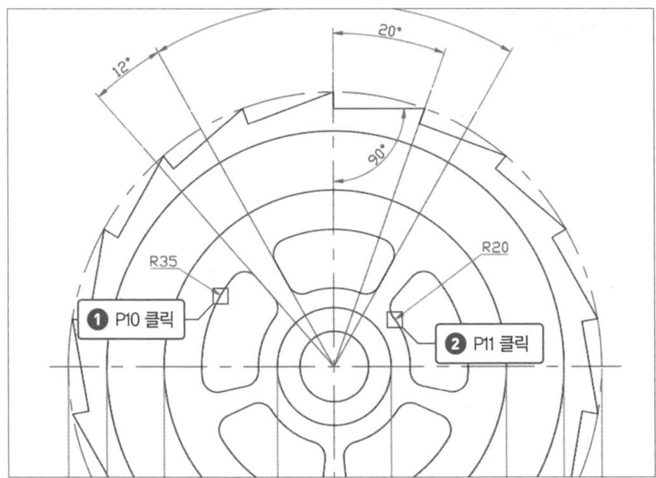

04 | '35' 부분을 클릭하여 반지름 'R35' 치수를 입력합니다. Enter를 눌러 명령어를 다시 실행하고 '20' 부분을 클릭하여 반지름 'R20' 치수를 입력합니다.

명령: DIMRADIUS
호 또는 원 선택: P10/P11
치수 문자=35/20
치수선의 위치 지정 또는 [여러 줄 문자(M)/문자(T)/각도(A)]:

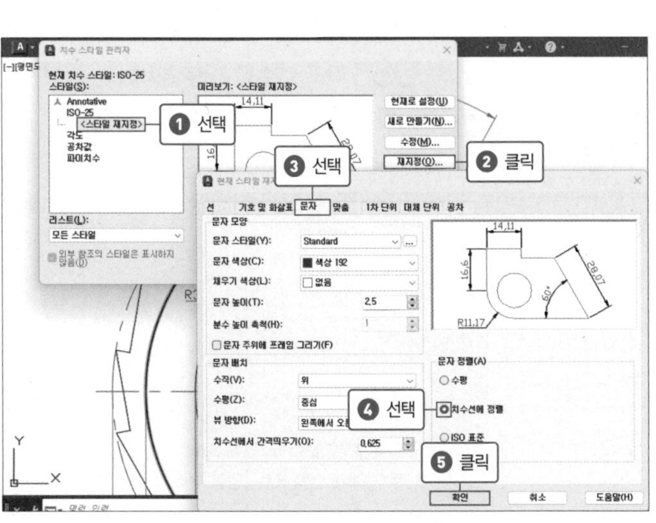

05 | 'D(DIMSTYLE)' 명령어를 입력하고 Enter를 눌러 [치수 스타일 관리자] 대화상자가 표시되면 '스타일 재지정'을 선택하고 〈재지정〉 버튼을 클릭하여 [ISO-25] 대화상자를 표시합니다. 〔문자〕 탭의 문자 정렬(A)에서 '치수선에 정렬'을 선택하고 꺾기 치수 입력 방식을 해제합니다. 〈확인〉 버튼을 클릭하고 〈닫기〉 버튼을 클릭하여 종료합니다.

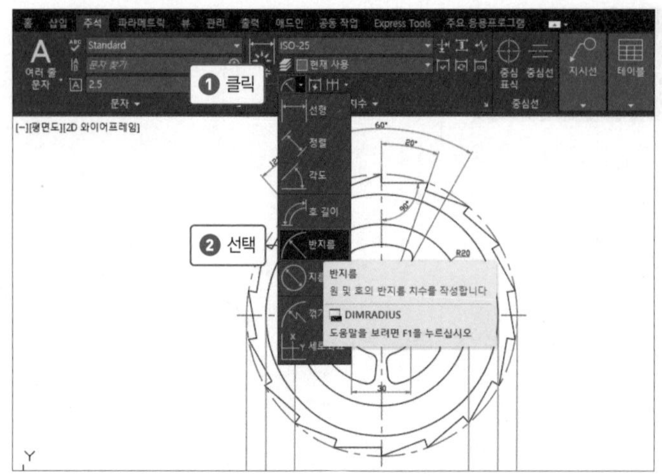

06 | 리본 메뉴의 치수 입력 부분에서 다시 '반지름'을 선택합니다.

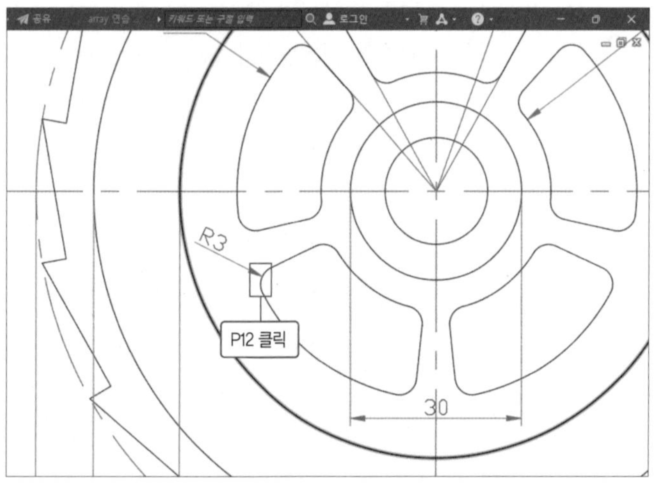

07 | '3' 부분을 클릭하고 반지름 'R3' 치수를 입력합니다.

명령: DIMRADIUS
호 또는 원 선택: P12
치수 문자=3
치수선의 위치 지정 또는 [여러 줄 문자(M)/문자(T)/각도(A)]:

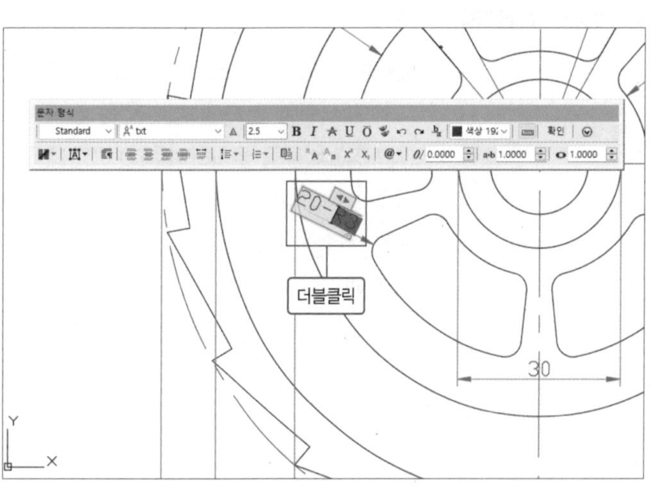

08 | 'R3' 치수를 더블클릭하여 활성화합니다. 'R3' 치수 앞에 '20-'을 입력하여 '20-R3'로 변경하고 Ctrl+Enter를 눌러 종료한 다음 Esc를 눌러서 현재 명령어를 취소합니다.

명령: _TEXTEDIT
현재 설정: 편집 모드=Multiple
주석 객체 선택 또는 [명령 취소(U)/모드(M)]: *취소*

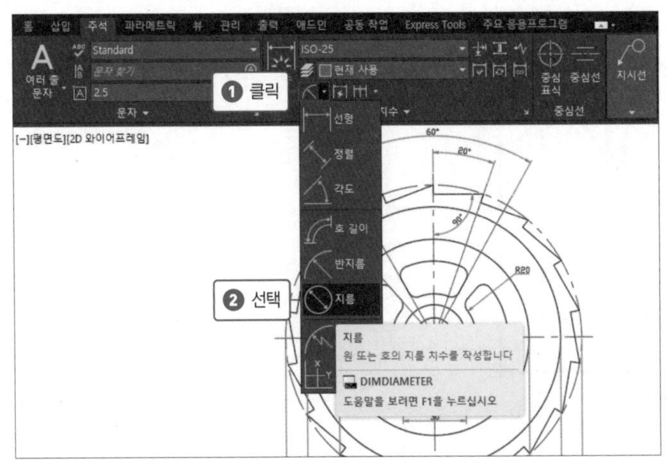

09 | 리본 메뉴의 치수 입력 부분에서 '지름'을 선택합니다.

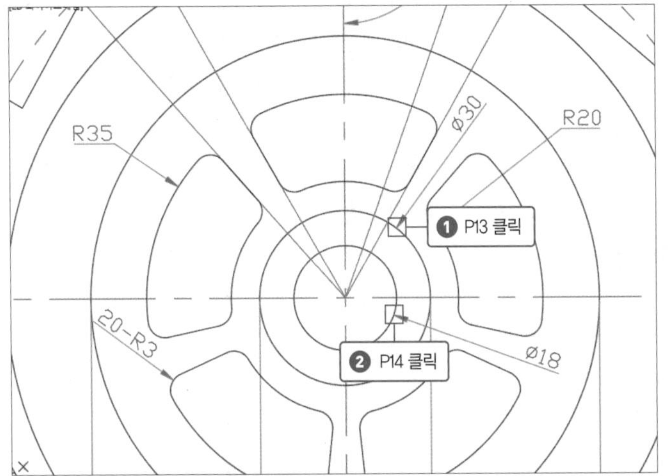

10 | '30' 부분을 클릭하여 지름 'Ø30' 치수를 입력합니다. Enter를 눌러 명령어를 다시 실행하고 '18' 부분을 클릭하여 지름 'Ø18' 치수를 입력합니다.

명령: DIMRADIUS
호 또는 원 선택: P13, P14
치수 문자=30/18
치수선의 위치 지정 또는 [여러 줄 문자(M)/문자(T)/각도(A)]:

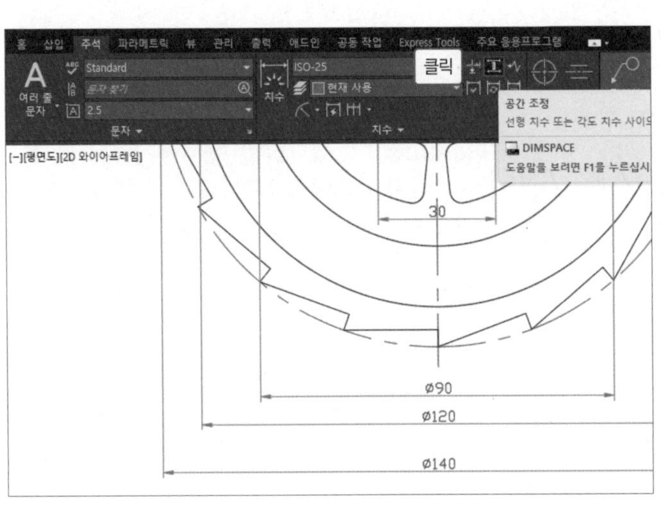

11 | 선형 치수나 각도 치수 사이 간격을 일정하게 조절하겠습니다. 리본 메뉴 치수 부분에서 '공간 조정 명령어' 아이콘( )을 클릭합니다.

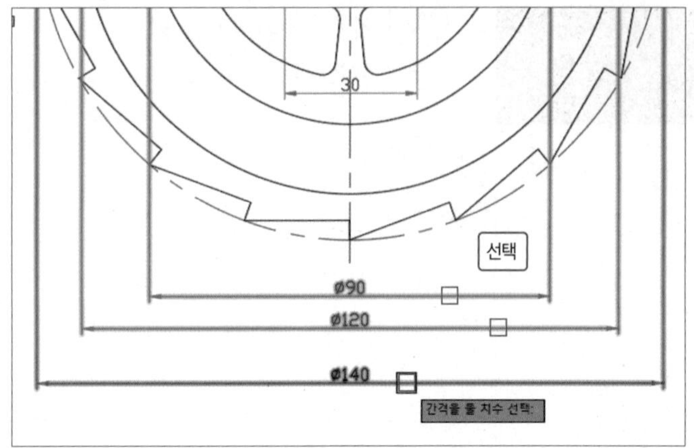

12 | 간격을 두려는 'Ø90', 'Ø120', 'Ø140' 치수선을 순서대로 클릭하여 모두 선택하고 Enter를 누릅니다.

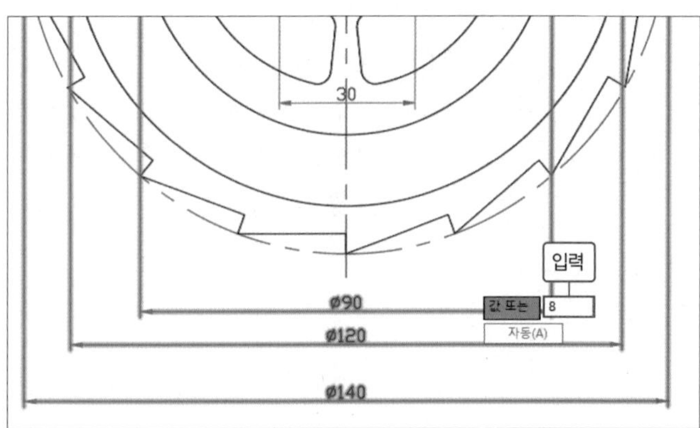

13 | 옵션이 표시되면 치수선과 치수선 사이에 간격을 둘 값을 입력합니다. 여기에서는 '8'을 입력하고 Enter를 누릅니다. 치수선끼리 간격이 너무 좁거나 넓을 경우에는 여러 번 명령어를 반복해 적당한 값을 찾아 입력하세요.

명령: _DIMSPACE
기준 치수 선택:
간격을 둘 치수 선택: 1개를 찾음
간격을 둘 치수 선택: 1개를 찾음, 총 2개
간격을 둘 치수 선택:
값 또는 [자동(A)] 입력 〈자동(A)〉: 8

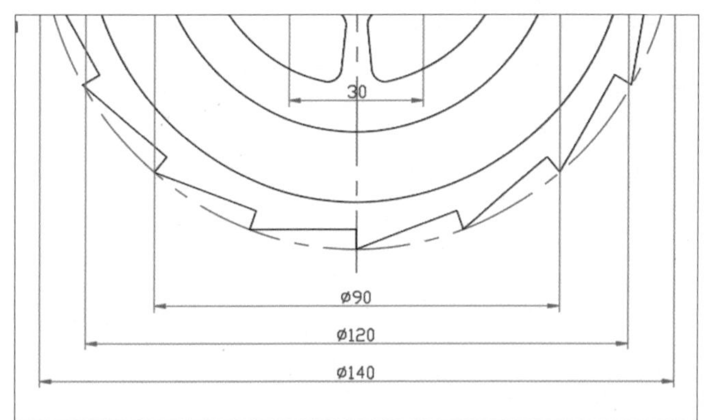

14 | 그림과 같이 'Ø90', 'Ø120', 'Ø140' 치수선 간격이 일정해졌습니다.

치수 보조선 억제하기

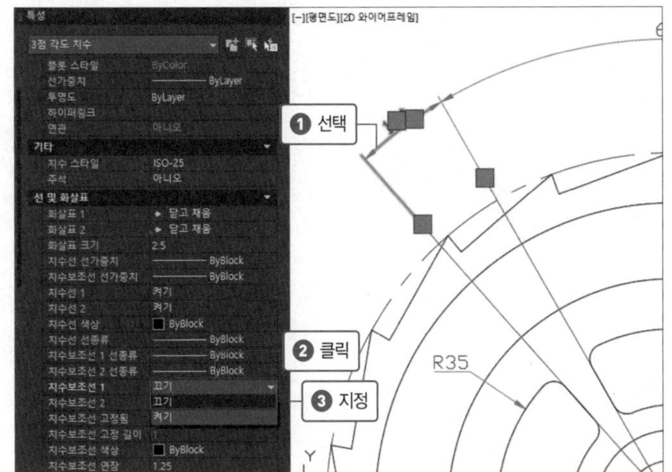

01 | Ctrl+1을 눌러 특성 창을 표시하고 '12' 치수선을 선택합니다. 특성 창의 선 및 화살표 속성에서 치수보조선 1을 '끄기'로 지정하여 억제합니다.

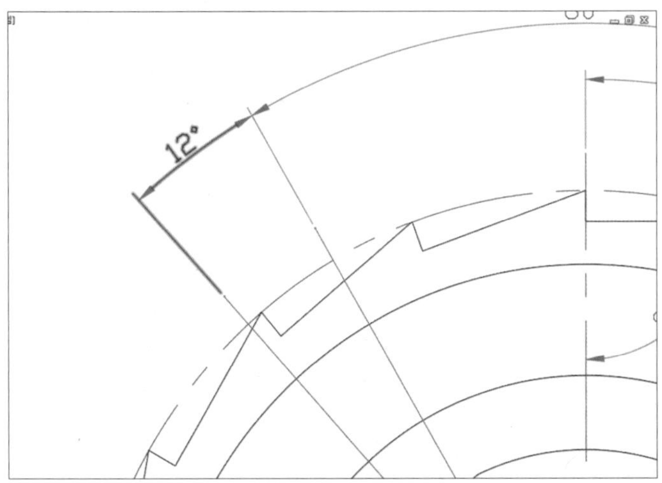

02 | 각도 치수 '60'과 맞닿은 '12' 치수선의 치수 보조선 1이 억제된 것을 확인할 수 있습니다.

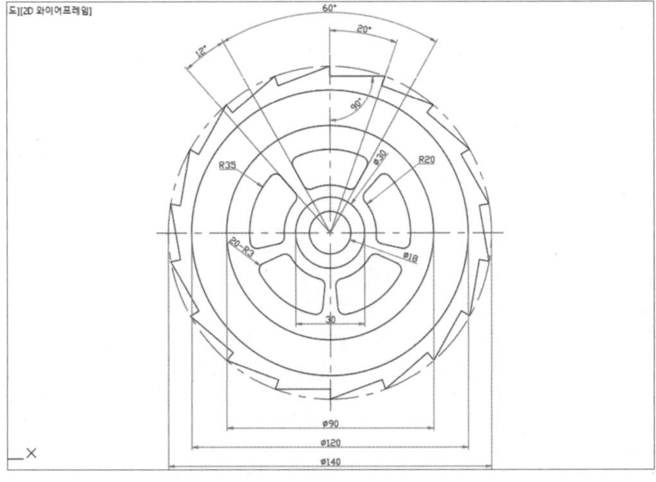

03 | 기계 도면 치수 입력이 완성되었습니다.

AutoCAD에서 3차원 뷰를 도입한 배경은 하나의 도면 내에서 다양한 뷰를 연출하기 위함이었습니다. 이로 인해 3차원 객체를 구현할 수 있는 다양한 기능들이 자연스럽게 추가되었습니다. 처음에는 간단한 3차원 형태를 생성하는 기능이 도입되었지만, 현재에 이르러는 상당히 강력한 형태 구현 기능으로 진화했습니다. 이번 파트에서는 AutoCAD를 활용하여 3차원 객체를 생성하는 방법에 대해 학습해 보겠습니다.

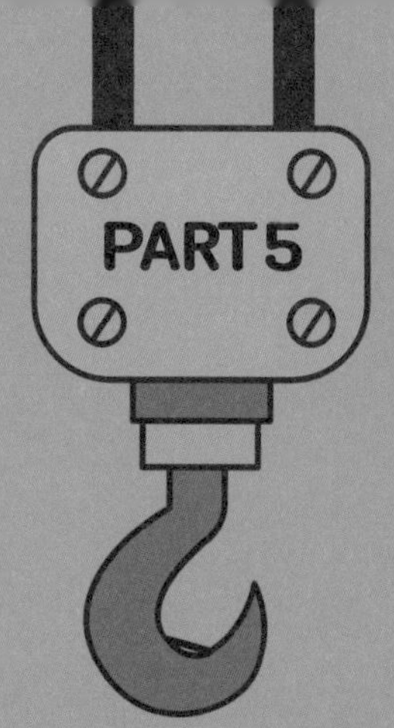

3차원 객체 그리기

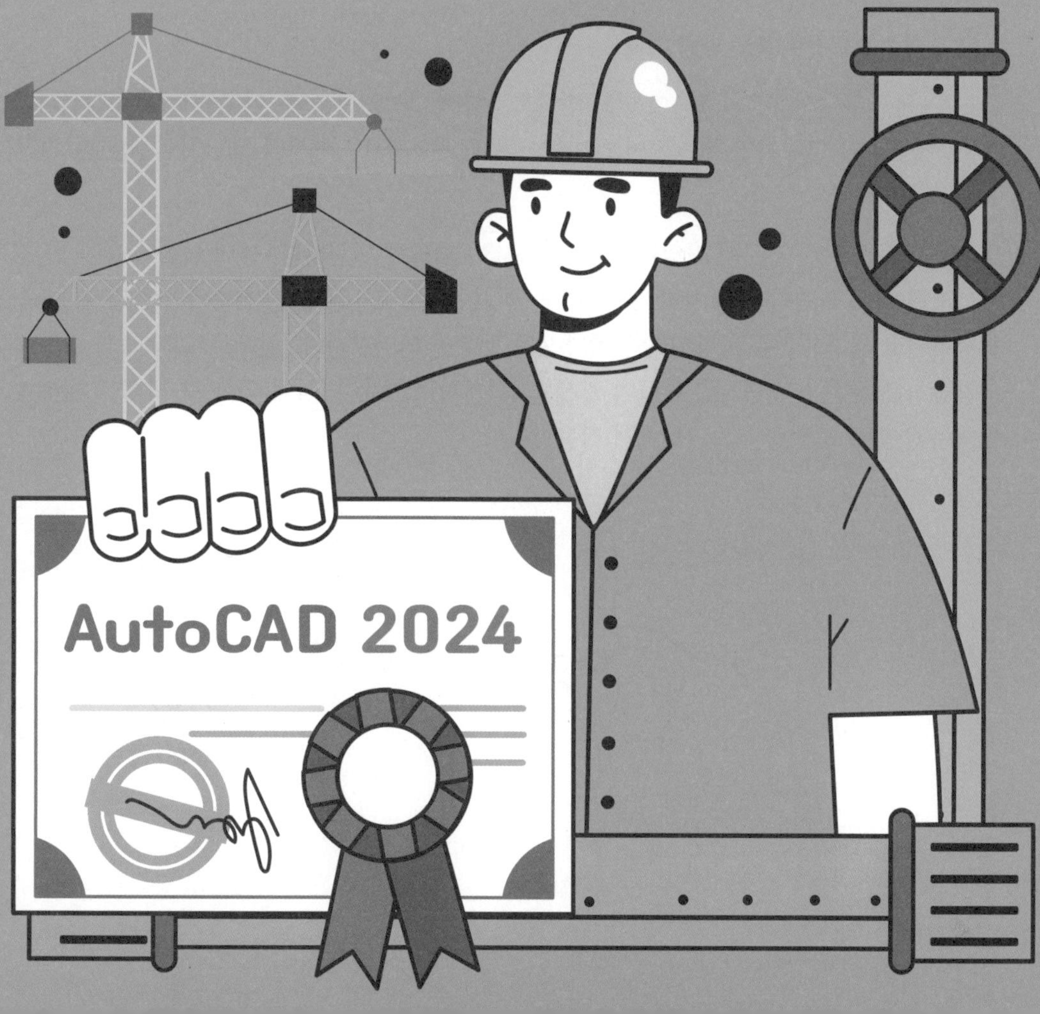

AutoCAD 2024

3차원 이해하기

일반적으로 그리는 AutoCAD 도면은 대부분 X, Y 좌표만을 사용하는 2차원 도면입니다. 간혹 2차원의 한계를 벗어나기 위해 측면도나 입면도를 사용하지만, 바라보는 방향만 다를 뿐 Y, Z축을 이용하는 2차원 도면임은 분명합니다. 그래서 AutoCAD를 이용해 3차원 객체를 만들기 위해서는 먼저 3차원 좌표에 대한 분명한 이해가 필요합니다.

1 Z축이 포함되는 3차원 좌표계 알아보기

2차원 좌표계와 3차원 좌표계의 큰 차이점은 Z축이 있는가에 있습니다. 즉, 객체에 높이 값이 포함되어 있다면 3차원 객체입니다. 예를 들어, 하나의 정점에 대한 좌표 값을 (1,2)로 표현한다면 2차원이지만, (1,2,0)으로 표시하면 높이가 없더라도 3차원입니다.

1 오른손을 이용한 축의 방향 이해

2차원 좌표에서 X축과 Y축이 어느 방향으로 진행하는지는 모두 이해하고 있을 것입니다. 그럼 X축과 Y축에 Z축이 더해지면 Z축은 어느 방향으로 진행할까요? 아래의 그림처럼 오른손 법칙을 이용해 봅니다.

먼저 오른손을 모두 펴고 엄지와 검지가 90°가 되도록 벌립니다. 그런 다음 중지를 반 정도만 폅니다. 그러면 다음 그림과 같은 형태가 될 텐데 이것이 바로 3차원에서 각 축의 방향입니다. 즉, 엄지가 X축 방향이고 검지가 Y축 방향이며 중지가 Z축 방향을 의미합니다. 앞으로도 각 축의 방향이 헷갈릴 때는 가만히 오른손을 그림처럼 만들어 보세요. 이처럼 오른손 법칙에 의한 축 방향은 대부분 좌표를 이용하는 CAD나 모델링 프로그램에서 작용합니다.

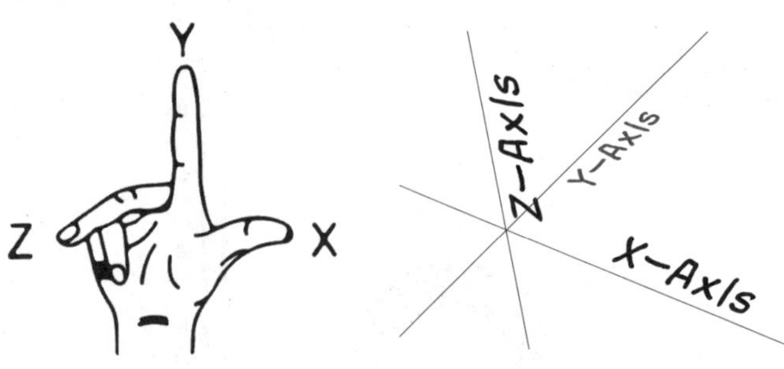

❷ 축의 회전 방향 이해

Z축이 등장하면서 각도의 방향도 새롭게 정립해야 합니다. 기존 2차원에서 사용하던 각도는 단순히 시계 방향이 −이고 시계 반대 방향이 +라면, 3차원에서는 축의 방향에 따라 각도가 정해집니다. 그림처럼 오른손을 가만히 쥐고 엄지를 펴면 엄지가 가리키는 방향이 해당 축의 + 방향입니다.

2 3차원 좌표계 알아보기

3차원 좌표계는 2차원 좌표계에서 Z축의 좌표만 추가되는 것이 다르지만, 각도를 이해하는 것이 중요합니다. 3차원에서 사용할 수 있는 좌표계에는 직교, 원통형, 원통형 절대 좌표와 구형 좌표가 있습니다.

❶ 직교 좌표

3D 직교 좌표는 3D 데카르트 좌표라고도 하며 2차원 좌표계에 Z축 좌표만 추가한 것이므로 좌표계는 X, Y, Z 형식으로 표현됩니다. 즉, 평면으로 봤을 때 X, Y 좌표는 같고 높이 값만 다르다고 할 수 있습니다.

직교 좌표는 직접 좌표를 입력할 수 있지만 직전에 입력한 좌표 값을 이용해서 상대 좌표를 입력할 수도 있습니다. 예를 들어, '@3,4,5'를 입력하면 직전에 입력한 좌표점에서 X축으로 3만큼, Y축으로 4만큼, Z축으로 5만큼 떨어진 좌표를 의미합니다.

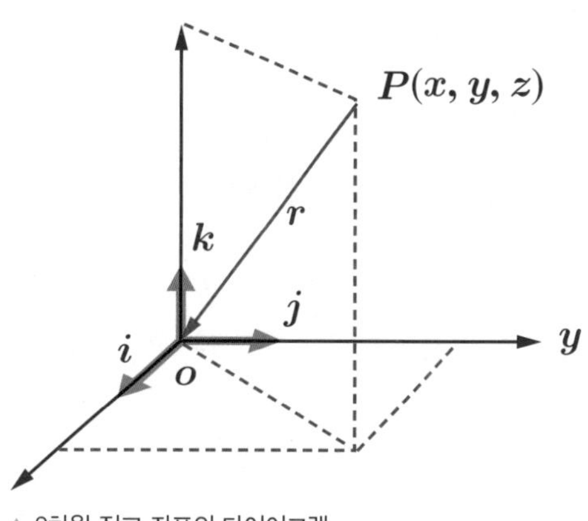

▲ 3차원 직교 좌표의 다이어그램

❷ 원통형 좌표

원통형 좌표는 직교 좌표와 같은 형태로 입력하지만 Z축 좌표에 거리가 추가되는 것이 다릅니다. 원통형 좌표는 UCS 원점에서 XY 평면까지의 거리, XY 평면에서 X축과의 각도와 Z축의 좌표로 이루어집니다.

예를 들어, '5＜30,6'은 현재 UCS 원점과 5만큼 떨어진 거리에서 XY 평면의 X축과 30°, Z축을 따라 6만큼 떨어진 지점을 의미합니다. 또한 '@'를 이용하면 최근에 입력한 점에서부터 상대 거리를 이용해 좌표를 입력할 수 있습니다.

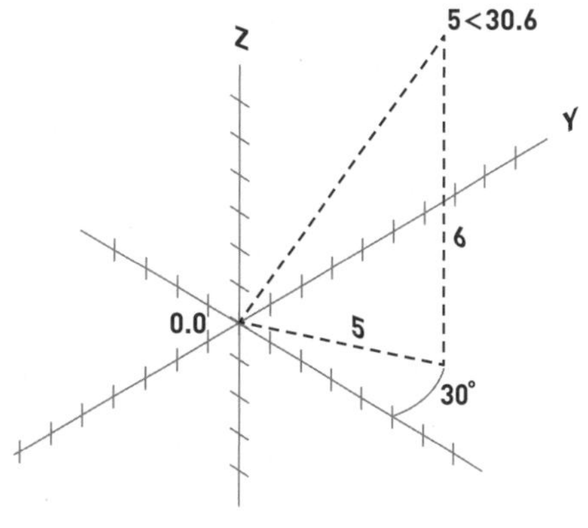

▲ 원통형 좌표를 이용한 '5＜30,6'의 지점

'@5 < 60,7'은 직전에 입력한 좌표의 XY 평면에서 5만큼 떨어진 거리의 Y축 방향으로 60° 그리고 Z축 방향으로 7만큼 떨어진 거리의 좌표를 의미합니다.

3 구형 좌표

구형 좌표는 동그란 형태 좌표를 의미합니다. 현재 UCS 원점의 거리와 XY 평면에서 X축 각도, XY 평면에서의 각도로 좌표를 구성합니다. 각 좌표는 오른쪽 꺽쇠(<)를 이용하여 분리해서 표시합니다.

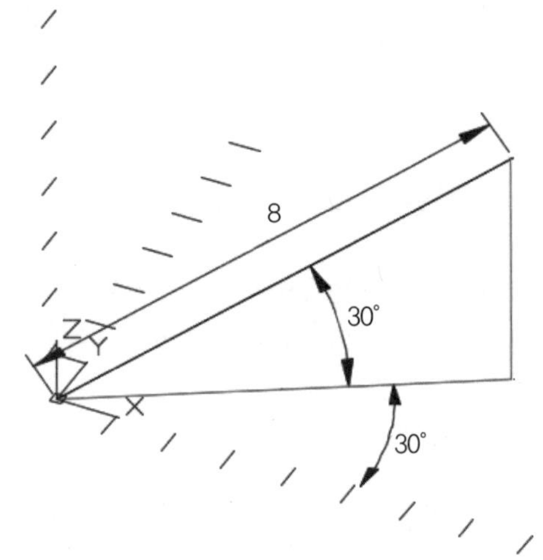

예를 들어, '8<30<30'은 원점 즉, 구 형태 중심점의 8만큼 떨어진 지점에서 XY 평면과 X축 방향으로 30° 그리고 XY 평면 위쪽으로 30°만큼 떨어진 좌표를 의미합니다.

3 3차원 객체의 종류

3차원 객체의 종류는 모두 네 가지입니다. 각기 다른 특성이 있으므로 3차원 객체를 만들고자 하는 목적에 적합한 3차원 모델을 만드는 것이 중요합니다.

1 와이어프레임 객체

와이어프레임(Wireframe)은 철사로 만든 객체로 생각하면 쉽습니다. 객체를 선으로만 3차원 형상으로 만든 것이며, 속이 투영되어 보이지만 3차원 형태를 확인할 수 있는 특징이 있습니다. 선으로만 이루어져 있어 'HIDE' 명령어처럼 은선을 제거하거나 재질을 적용할 수 없으며, 선이 모두 객체로 인식되어 메시 또는 솔리드 객체보다 객체를 만드는 시간이 더욱 오래 걸릴 수 있습니다.

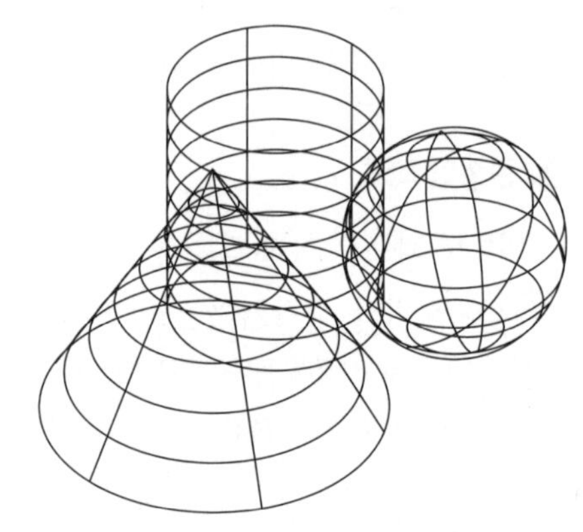

2 표면 객체

표면(Surface) 객체는 간단하게 면을 이용한 객체라고 할 수 있습니다. 면을 이용하여 객체를 만든다는 점에서 메시 객체와 같다고 할 수 있지만, 특정 형상 객체를 만들기보다 면 자체 특징을 이용한다는 점이 다릅니다.

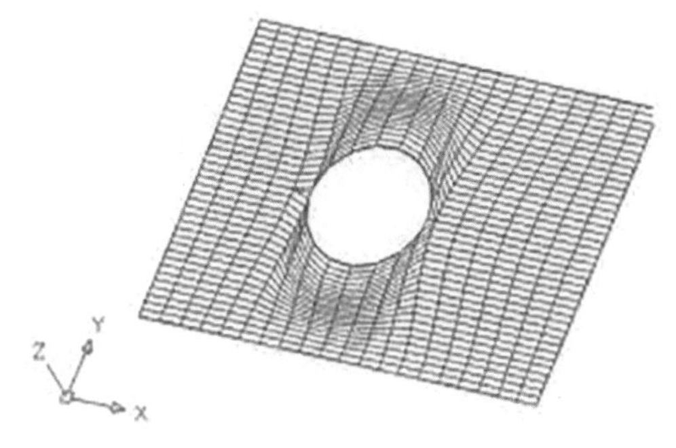

3 메시 객체

와이어프레임이 선으로만 이루어진 객체라면 메시(Mesh) 객체는 면으로 이루어진 객체입니다. 즉, 와이어프레임 객체의 선과 선 사이를 면으로 처리한 객체입니다.

메시 객체의 밀도는 행을 의미하는 M과 열을 의미하는 N의 개수로 결정되며, 2차원 객체도 가능하지만 대부분 3차원 객체를 만들기 위해 사용됩니다. 면으로 만든 객체이므로 'HIDE' 명령어를 이용하여 은선 제거나 재질을 부여할 수 있습니다. 메시 객체와 표면 객체는 면으로만 객체를 만들기 때문에 속은 비어 있는 상태입니다. 이러한 이유로 솔리드 객체와 같이 객체를 더하거나 빼는 등의 연산은 불가능합니다.

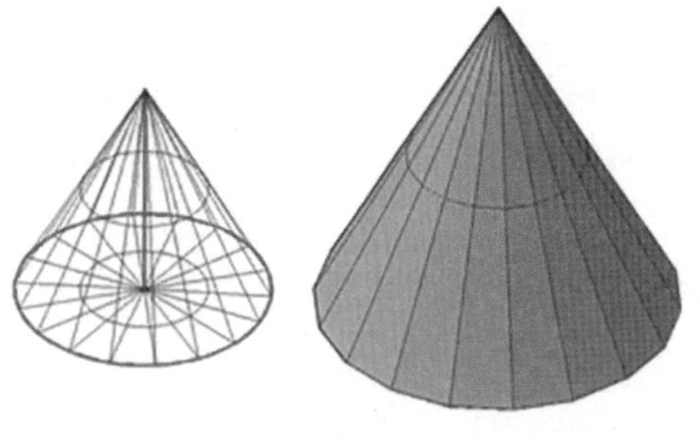

4 솔리드 객체

솔리드(Solid) 객체는 속이 차 있는 3차원 객체로 질량이나 체적, 무게 등 연산을 위한 객체의 특성을 모두 가지고 있어 AutoCAD에서 자주 사용하는 3차원 객체입니다. 솔리드 객체는 형태 이외에도 다양한 정보를 가지고 있기 때문에 다른 객체보다 용량이 크고 표현하는 시간도 오래 걸리는 단점이 있지만 객체 사이 연산이 가능하여 원하는 형태의 3차원 객체를 더 쉽게 만들 수 있습니다.

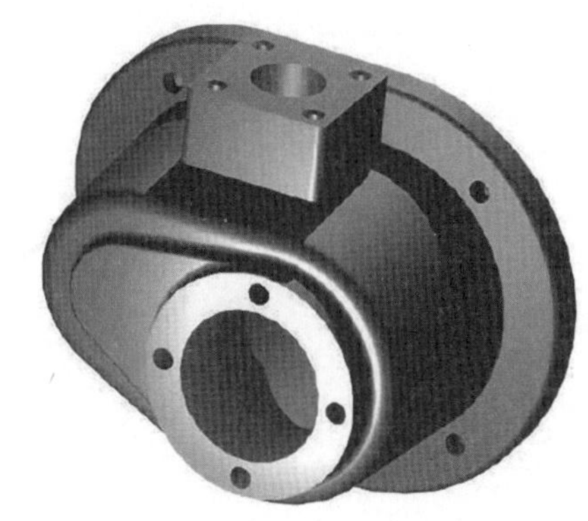

UCS 이용하기

UCS(User Coordinate System)는 3차원 객체를 만들기 위해 반드시 필요한 좌표계입니다. 2차원 객체에서 벗어나 두께와 방향이 있는 3차원 객체를 그리기 위해서는 원점과 방향을 가지는 UCS를 설정해야 합니다. 이번 챕터에서는 UCS의 이해와 설정 방법을 알아보겠습니다.

1 UCS 좌표계 알아보기

좌표계는 WCS(World Coordinate System)와 UCS(User Coordinate System)로 구분할 수 있습니다. WCS는 기본으로 표시되는 좌표계이고, UCS는 사용자가 변경한 좌표계를 말합니다. UCS를 변경하면 3차원 객체를 자유롭게 그릴 수 있습니다.

1 UCS의 필요성

3차원 객체를 그릴 때 기본으로 위에서 바라보는 평면을 만들지만, 측면을 그려야 하는 경우에는 측면에서 바라보는 시점으로 설정합니다. WCS에서는 Z축을 표현할 수 없기 때문에 UCS를 이용하여 현재 화면을 XY 평면으로 설정해야 합니다. 또한 원점이 객체와 중첩된 경우에는 객체를 수정하기 힘들기 때문에 원점을 변경하기도 합니다. 이처럼 기본 WCS가 아닌 사용자에 의해 시점이 변경되거나 원점이 변경되는 좌표계를 사용자 좌표계(UCS)라고 부릅니다.

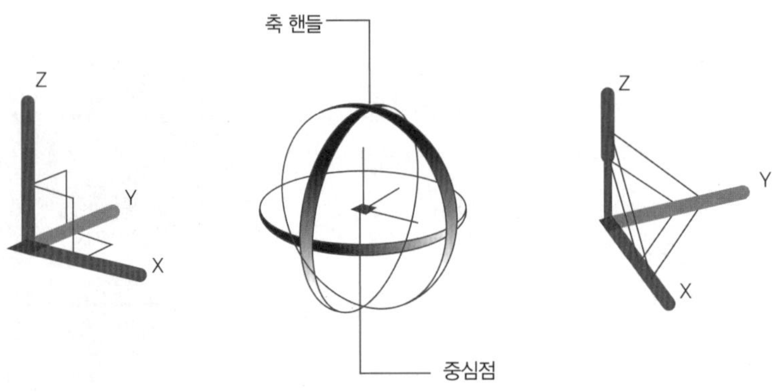

UCS는 화면이 분할되어도 동일한 좌표계를 적용받으며 3차원 객체를 만들면서 빈번히 UCS가 변경되기도 하므로 현재의 UCS 상태를 저장하였다가 다시 불러내어 사용합니다.

❷ UCS 변경 기준

UCS를 만든다는 것은 현재 좌표계에서 새로운 좌표계로 바꾼다는 의미이므로 현재 좌표계를 어떻게 변경할 것인가를 선택해야 합니다. UCS를 이용해서 좌표계를 바꿀 수 있는 방법은 다음과 같습니다.

- 새로운 UCS 원점을 지정합니다.
- 선택한 객체에 정렬된 좌표계를 변환합니다.
- UCS를 현재 시점에 맞춰 변환합니다.
- 현재 좌표계를 지정한 축을 기준으로 변환합니다.
- 저장된 UCS를 불러내어 변환합니다.

2 좌표계 변경하기 - UCS

'UCS'는 사용자가 WCS 좌표계에서 UCS의 원점 및 방향을 설정하는 명령어입니다. 저장된 UCS는 'UCSMAN' 명령어를 이용하여 적용할 수 있습니다.

❶ 명령어 실행

- 메뉴 : [도구] → 새 UCS
- 명령어 입력 : UCS

❷ 명령 입력 과정

UCS의 원점 지정 또는 [면(F)/이름(NA)/객체(OB)/이전(P)/뷰(V)/표준(W)/X(X)/Y(Y)/Z(Z)/Z축(ZA)] 〈표준〉:
[UCS 옵션 입력]

❸ 옵션

- **면(F)** : 선택한 면에 UCS를 정렬합니다.
- **이름(NA)** : UCS를 저장하거나 삭제 또는 불러옵니다. 저장된 UCS의 목록은 '?'를 입력하면 표시됩니다.
- **객체(OB)** : 선택한 객체에 맞게 UCS를 정렬합니다.
- **이전(P)** : 이전 UCS로 복귀합니다.
- **뷰(V)** : XY 평면을 관측 방향에 따라 수직 평면에 맞춰 UCS를 정렬합니다. 이때 UCS 원점 위치는 변경되지 않습니다.

- **표준(W)** : UCS를 표준 좌표계인 WCS로 변경합니다.
- **X(X), Y(Y), Z(Z)** : 지정한 축을 중심으로 UCS를 회전합니다.
- **Z축(ZA)** : UCS 원점과 Z축 방향을 지정하여 UCS를 설정합니다.

TIP UCS 아이콘

- 'UCS' 아이콘에서 마우스 오른쪽 버튼을 클릭한 다음 [UCS 아이콘 설정] → [특성]을 실행하면 [UCS 아이콘] 대화상자가 표시됩니다.
- [UCS 아이콘] 대화상자에서 UCS 아이콘의 스타일, 크기, 색상 및 기타 설정을 지정할 수 있습니다.

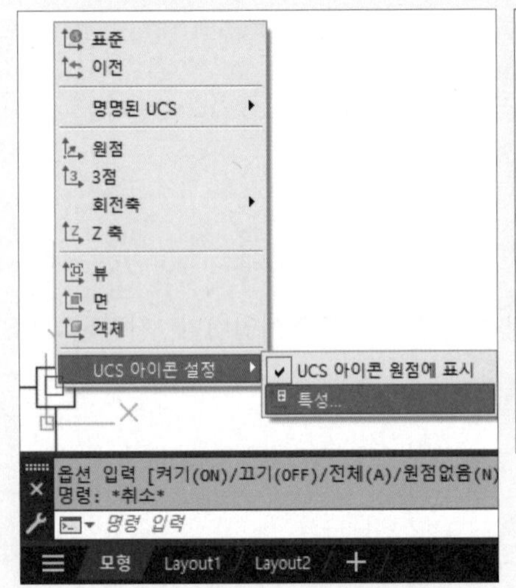

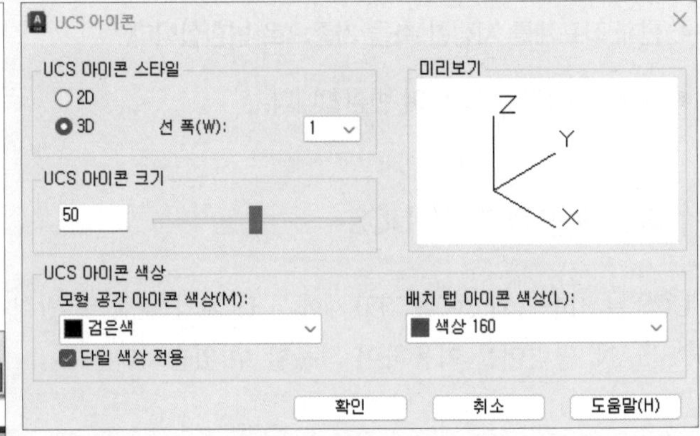

3차원 관측하기

3차원 객체를 만든 후 객체의 형태를 정확하게 판단하기 위해서는 관측 시점을 잘 선택해야 합니다. 관측 시점을 설정할 수 있는 다양한 명령을 제공하므로 상황에 따라 적절한 명령을 이용하여 관측 시점을 설정합니다.

1 명명된 시점 선택하기 - View

'View'는 미리 정해진 시점을 선택하여 시점을 변경하는 명령입니다. 제공하는 명명된 시점(Named View)은 평면도, 저면도, 좌측면도, 우측면도, 정면도, 배면도, 남서 등각투영, 남동 등각투영, 북동 등각투영, 북서 등각투영으로 총 10가지입니다.

1 명령어 실행

- 리본 메뉴 : [뷰] 탭 – 명명된 뷰 패널 – 뷰 복원
- 메뉴 : [뷰] → 명명된 뷰
- 단축 명령어 : V

2 [뷰 관리자] 대화상자

[뷰 관리자] 대화상자에는 명명된 시점과 저장된 시점을 편집하거나 새로운 시점을 만듭니다.

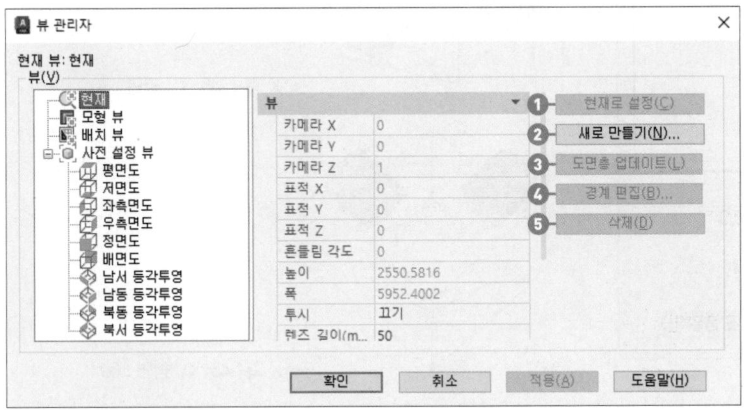

❶ **현재로 설정** : 선택한 시점을 적용합니다.

❷ **새로 만들기** : 새로운 시점을 만듭니다.

❸ **도면층 업데이트** : 선택한 시점과 함께 저장된 도면층 내용을 모델 공간 및 배치 공간에 업데이트 합니다.

❹ **경계 편집** : 명명된 시점의 경계가 보이도록 선택한 시점의 경계를 표시합니다.

❺ **삭제** : 선택한 시점을 삭제합니다.

2 직접 시점 설정하기 - Vpoint

'View' 명령어가 미리 정해진 시점만을 선택할 수 있었다면 'VPOINT' 명령어는 사용자가 임의의 시점을 지정하여 만들 수 있습니다.

1 명령어 실행

- 메뉴 : [뷰] → 3D 뷰 → 관측점 사전 설정
- 단축 명령어 : VP

2 [관측점 사전 설정] 대화상자

[관측점 사전 설정] 대화상자는 WCS와 UCS를 기준으로 설정합니다.

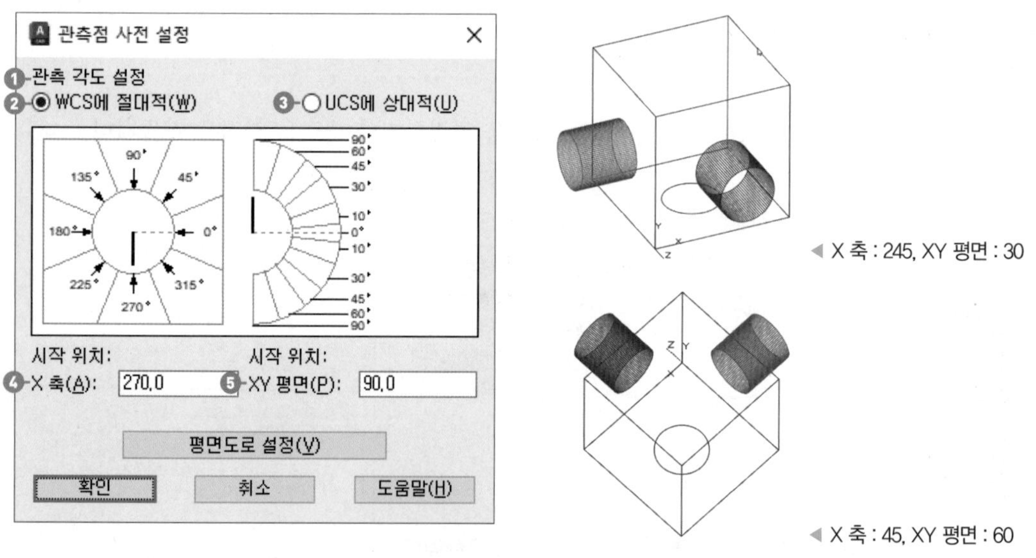

◀ X 축 : 245, XY 평면 : 30

◀ X 축 : 45, XY 평면 : 60

❶ **관측 각도 설정** : 기준으로 할 좌표계를 선택합니다.

❷ **WCS에 절대적** : 시점을 표준 좌표계에 적용합니다.

❸ **UCS에 상대적** : 시점을 UCS에 상대적으로 적용합니다.

❹ **X 축** : X축에서의 각도를 입력합니다. 그림에서 직접 선택해도 각도가 입력됩니다.

❺ **XY 평면** : XY 평면에서의 각도를 입력합니다. 그림에서 직접 선택해도 각도가 입력됩니다.

3 ⁞ 평면 시점으로 변경하기 - Plan

'Plan'은 현재 UCS에서 평면 시점으로 변경하는 명령어입니다. 즉, WCS이거나 UCS가 변경된 상태에서 'Plan' 명령어를을 사용하면 지정한 좌표계의 평면도 뷰가 표시됩니다.

1 명령어 실행

- 메뉴 : [뷰] → 3D 뷰 → 평면도
- 명령어 입력 : PLAN

2 명령 입력 과정

옵션 입력 [현재 UCS(C)/UCS(U)/표준(W)] 〈현재〉: [옵션 입력]
모형 재생성 중.

3 옵션

- **현재 UCS(C)** : 현재 UCS의 평면 시점을 전환합니다.
- **UCS(U)** : 이전에 저장한 UCS의 평면 시점으로 전환합니다.
- **표준(W)** : 표준 좌표계의 평면 시점으로 전환합니다.

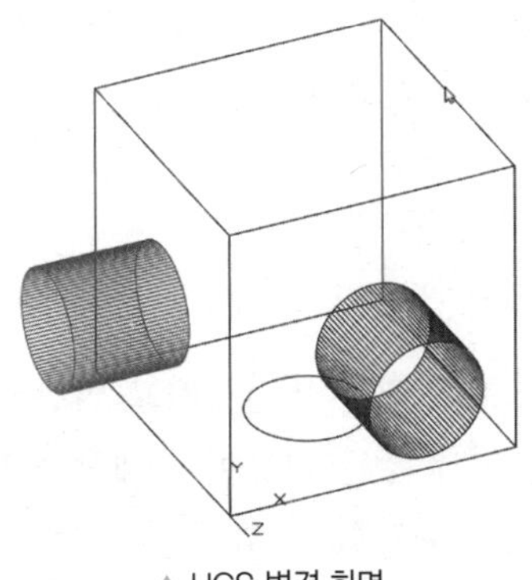

▲ UCS 변경 화면

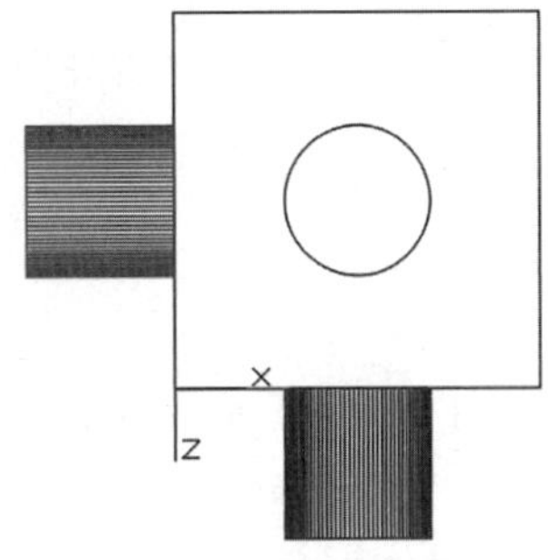

▲ 표준 명령을 적용한 화면

4 3차원 시점을 실시간 움직이기 - 3Dorbit

'3DORBIT'은 각도나 좌표를 입력하지 않고 마우스 커서만으로 실시간으로 시점을 움직일 수 있는 명령어입니다. 시점을 자유롭게 설정할 수 있는 장점이 있으나 익숙하지 않으면 원하는 시점을 설정하기 힘든 측면도 있으므로, 익숙하지 않은 사용자는 자유 궤도를 이용하여 수평과 수직으로 시점을 설정하는 것이 편리합니다.

1 명령어 실행

- 메뉴 : [뷰] → 궤도
- 리본 메뉴 : 탐색 패널 – 궤도
- 단축 명령어 : 3DO

2 3DORBIT의 종류

[뷰] 탭에서 '탐색 막대'를 선택하면 전체탐색 휠, 초점이동, 줌 범위, 궤도, ShowMotion이 나타나는 '탐색 막대'가 나타납니다.

여기에서 '궤도'는 3D 공간에서 뷰를 수평 및 수직으로 제한하여 회전할 수 있는 기능입니다.

탐색 막대 ▶

5 한번에 시점을 변경하는 뷰큐브 살펴보기

AutoCAD 도면 영역에서 오른쪽 상단에 보면 동서남북을 가리키는 나침반처럼 보이는 뷰큐브(VIEW CUBE)가 있습니다. 이 기능은 2D 도면을 그릴 때는 사용하지 않으며 3D 모델링으로 작업을 할 때 사용하고 필요한 기능입니다. 가끔 실수로 3차원 화면으로 전환되면 초보자들이 당황하는 경우도 있는데, 이럴 때 다시 평면도로 되돌려 주는 기능이기도 합니다.

1 뷰큐브

뷰큐브는 도면을 제작하는 작업자가 실시간으로 원하는 방향과 시점으로 도면을 회전시키고 변경하고자 할 때 사용하는 도구입니다. 즉, 도면을 바라보는 각도를 화면에 표시해 주는 기능이며 제작하고 있는 도면을 작업자가 어느 쪽에서 바라보고 있는지를 쉽고 빠르게 알려주고 변경할 수 있게 해 주는 기능입니다. 일반적으로 2D 도면을 그릴 때는 평면도에서 작업하게 됩니다. 뷰큐브의 동서남북 글씨를 클릭해서 방향을 회전하면 글씨가 안 보이게 되는데, 이때는 삼각형의 표시나 굽어 있는 화살표를 사용하여 위치와 방향을 회전하거나 큐브 박스를 이용하여 원상복구하면 됩니다.

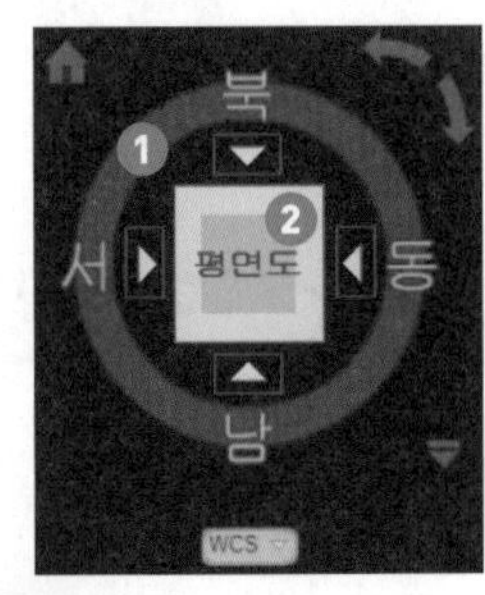

❶ 동서남북과 삼각형 화살표를 클릭하면 '평면도', '정면도', '좌측면도', '우측면도', '정면도', '배면도' 위치와 방향을 회전하면서 볼 수 있습니다.

❷ 현재 바라보고 있는 시점을 나타내고 있으며 큐브가 방향이 틀어져 있을 경우, 이 부분을 클릭하면 클릭한 시점으로 완전히 돌아오게 됩니다.

❸ 해당 모서리를 클릭하면 클릭한 방향 모서리로 방향이 돌아갑니다. 해당 꼭짓점을 클릭하면 클릭한 방향 꼭짓점으로 방향이 돌아가게 됩니다.

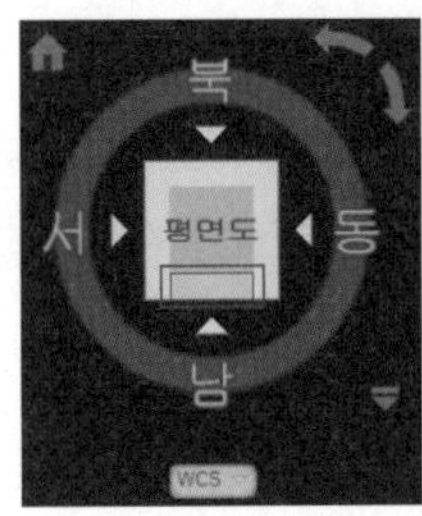

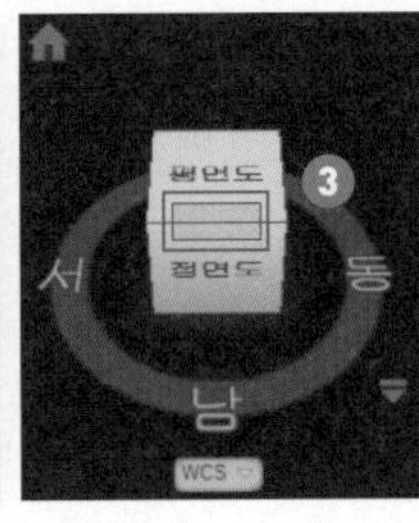

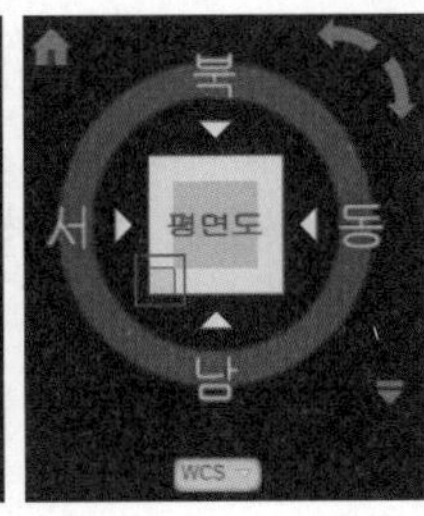

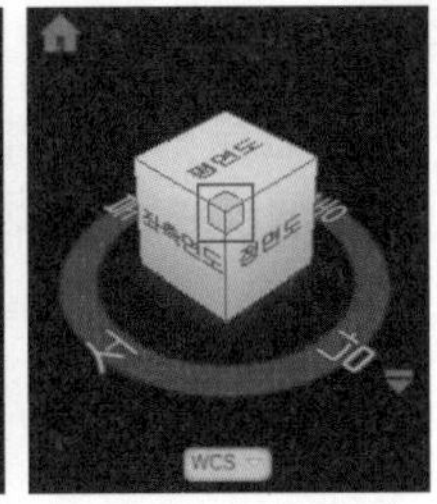

❷ 뷰큐브 비활성화

도면을 그리다가 화면을 더 넓게 사용하고 싶을 때, 이 뷰큐브로 인해 작업에 불편함이 있을 수 있습니다. 이때 뷰큐브를 잠시 비활성화하는 방법에 대해 알아보겠습니다.

리본 메뉴의 〔뷰〕 탭에서 'ViewCube'를 선택하여 해제합니다.

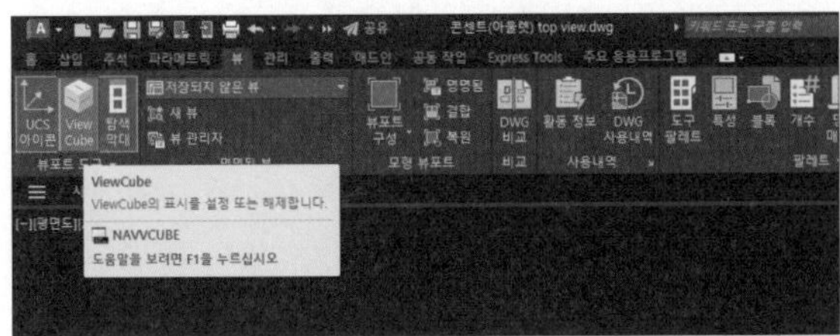

▲ 뷰큐브 해제 전

▲ 뷰큐브 해제 후

'OP(OPTION)' 명령어를 입력한 후 [옵션] 대화상자에서 〔3D 모델링〕 탭을 선택한 다음 뷰포트에서 도구 표시의 ViewCube 표시(D)에서 '2D 와이어프레임 비주얼 스타일(D)'의 체크 표시를 해제합니다. 이때 〔뷰〕 탭에서 'ViewCube'를 다시 활성화해도 뷰큐브가 나타나지 않으므로 유의하기 바랍니다.

3차원 메시 객체 만들기

메시 객체는 2차원 객체를 만들 때도 사용하지만 일반적으로 3차원 객체를 만들기 위해 사용합니다. 점과 모서리로 이루어진 면을 이용하여 만들며, 표면을 만드는 명령과 객체를 형상화하는 명령으로 구분할 수 있습니다. 이번 챕터에서는 메시를 이용한 다양한 형태의 객체를 만드는 방법에 대해 알아보겠습니다.

1 〔3D 도구〕 탭 표시하기

리본 메뉴에는 기본적으로 〔3D 도구〕 탭이 표시되지 않습니다. 3D 관련 명령어는 단축 명령어가 제공되지 않기 때문에 빠르게 작업하기 위해서는 리본 메뉴의 도구를 이용하는 것이 편리합니다.

〔3D 도구〕 탭을 표시하려면 리본 메뉴 여백에서 마우스 오른쪽 버튼을 클릭한 다음 바로가기 메뉴의 〔탭 표시〕 → 〔3D 도구〕를 실행합니다.

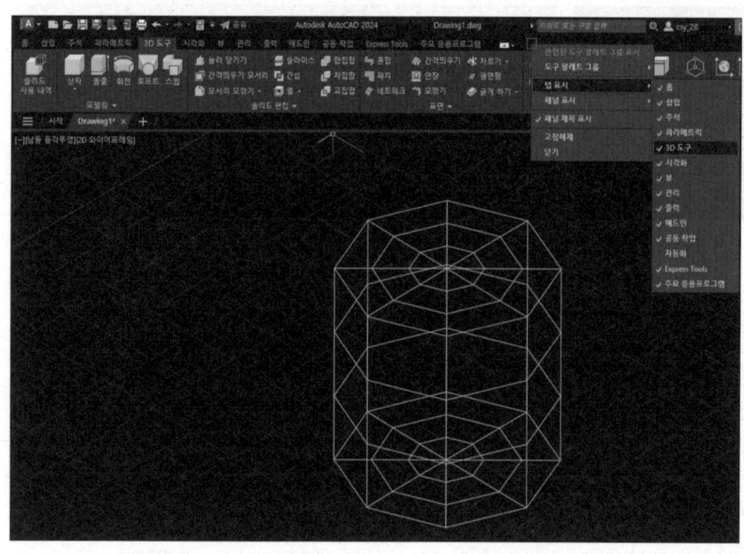

2 ┊ 돌출시켜 면으로 만들기 - Extrude

'EXTRUDE'는 선이나 면에 두께를 부여하여 3D 객체를 만드는 명령어입니다. UCS에 의해 설정된 Z축의 원점으로부터 두께가 부여되며 2D 객체를 3D 객체로 변환할 때 메시 상태로 변환할지, 솔리드 객체로 변환할지 선택할 수 있습니다.

1 명령어 실행

- 리본 메뉴 : [3D 도구] 탭 – 모델링 – 돌출
- 메뉴 : [그리기] → 모델링 → 돌출
- 단축 명령어 : EXT

2 명령 입력 과정

현재 와이어프레임 밀도: ISOLINES=4, 닫힌 윤곽 작성 모드 = 솔리드
돌출할 객체 선택 또는 [모드(MO)]: [변환할 객체 선택]
돌출 높이 지정 또는 [방향(D)/경로(P)/테이퍼 각도(T)/표현식(E)] 〈0〉: [돌출 높이 또는 옵션 입력]

3 옵션

- 모드(MO) : 변환한 후의 객체가 메시 객체일지, 솔리드 객체일지 설정합니다.
- 방향(D) : 2개의 지점을 지정하여 돌출될 방향을 설정합니다.
- 경로(P) : 선택한 객체의 경로를 이용하여 돌출 방향을 설정합니다.
- 테이퍼 각도(T) : 돌출되었을 때 테이퍼의 각도를 설정합니다. 테이퍼는 위로 점점 좁아지는 형태입니다.
- 표현식(E) : 공식을 입력하여 돌출 높이를 설정합니다.

TIP

3차원 'EXTRUDE' 명령어에서 3차원 객체에 구배를 줄 수가 있습니다. 구배의 방향은 테이퍼 각도 값을 마이너스(–) 각도와 플러스(+) 각도를 사용하여 조절할 수 있습니다.

3 직접 면 만들기 - 3Dface

3D 객체를 만드는 대부분의 명령은 기존 객체를 이용하거나 직접 3D 객체를 형성하는 데 반해, '3DFACE'는 점을 이용해 면을 만드는 명령어입니다. '3DFACE' 명령어를 이용해 면을 만들 때는 4개의 정점이 필요하며 정점을 입력하는 순서에 따라 면의 형태가 설정됩니다.

1 명령어 실행

- 메뉴 : [그리기] → 모델링 → 메쉬 → 3D 면
- 명령어 입력 : 3DFACE

2 명령 입력 과정

첫 번째 점 지정 또는 [숨김(I)]: [첫 번째 점 입력]
두 번째 점 지정 또는 [숨김(I)]: [두 번째 점 입력]
세 번째 점 지정 또는 [숨김(I)] 〈종료〉: [세 번째 점 입력]
네 번째 점 지정 또는 [숨김(I)] 〈3면 작성〉: [네 번째 점 입력]

3 옵션

- **점 지정** : '3DFACE' 명령어를 사용해 면을 만들 때는 반드시 첫 번째 면을 만들 때까지 시계 방향 또는 반시계 방향으로 점을 입력하고 두 번째 면을 만들 때부터는 지그재그 형식으로 점을 입력해야 올바른 면이 만들어집니다. 특히 3D 객체를 만들 때는 순서는 물론 Z축의 높이도 정확해야 하므로 객체를 만들기 전에 각 정점의 좌표를 모두 확인한 후 입력해야 원하는 형태의 3D 객체를 만들 수 있습니다.

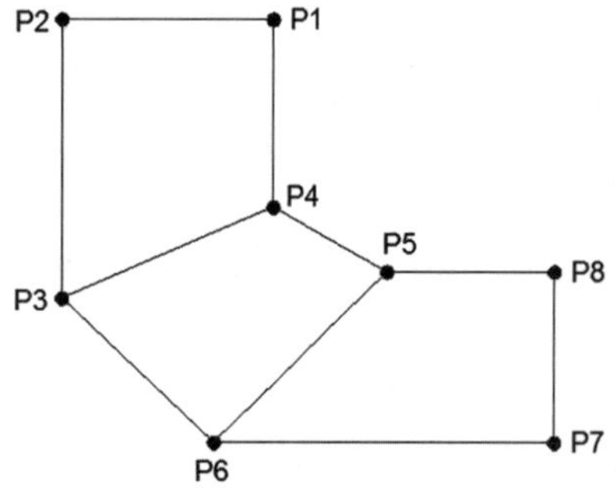

- **숨김(I)** : 만든 면을 보이지 않게 합니다. 면 가운데에 구멍이 난 객체를 만들 때 사용할 수 있습니다.

4 메시의 크기 설정하기 - 3Dmesh

'3DMESH'는 행과 열로 구성된 모눈종이 형태로 3D 객체를 만드는 명령어입니다. 매우 정밀한 형태의 3D 객체를 형성할 수 있지만 각 행과 열의 크기는 물론 각 정점의 위치를 직접 입력해야 하므로 AutoLISP와 같은 프로그래밍에 의한 제어를 통해서만 사용하는 것이 일반적입니다.

1 명령어 실행

명령어 입력 : 3DMESH

2 명령 입력 과정

M 방향에서 메쉬 크기 입력: [M 방향값 입력]
N 방향에서 메쉬 크기 입력: [N 방향값 입력]
다음 정점에 대한 위치 지정 (0,0): [정점 0,0의 위치 입력]
다음 정점에 대한 위치 지정 (0,1): [정점 0,1의 위치 입력]
다음 정점에 대한 위치 지정 (1,0): [정점 1,0의 위치 입력]
다음 정점에 대한 위치 지정 (1,1): [정점 1,1의 위치 입력]

3 옵션

- 메시 크기 : M 방향과 N 방향의 값을 입력하고, 입력한 수만큼 좌표를 입력해야 합니다. 2~256 사이의 값을 가집니다.
- 정점에 대한 위치 지정 : 입력한 M과 N의 값에 따라 만들 정점의 위치를 입력합니다. M을 '5'로 설정하고, N을 '7'로 설정하면 정점은 모두 35개이며 각 정점의 위치를 차례대로 입력해야 합니다. 메시가 3차원인 경우 Z 값을 입력할 수도 있습니다.

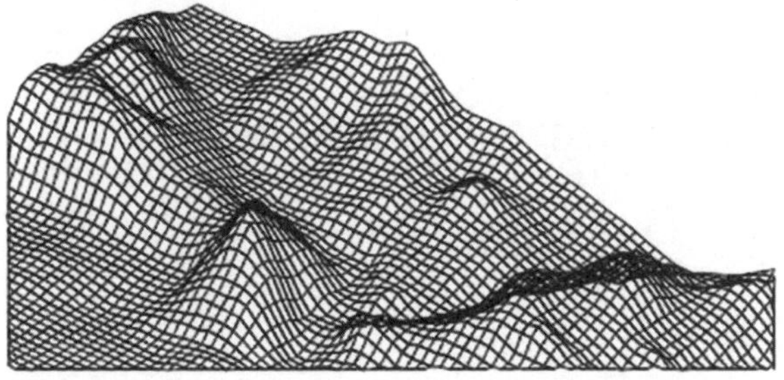

5 폴리면 만들기 - Pface

'PFACE'는 하나의 면에 많은 정점으로 구성된 폴리면 메시를 만드는 명령어입니다. 많은 정점으로 이루어져 있기 때문에 '3DMESH' 명령어와 마찬가지로 프로그래밍에 의한 제어를 통해서 면을 만듭니다. 면을 만드는 과정은 '3DMESH' 명령어와 같습니다.

1 명령어 실행

명령어 입력 : PFACE

2 명령 입력 과정

다음 정점에 대한 위치 지정 – 1: [첫 번째 점 입력]
다음 정점에 대한 위치 지정 – 2 또는 〈면 정의〉: [두 번째 점 입력]
다음 정점에 대한 위치 지정 – 3 또는 〈면 정의〉: [세 번째 점 입력]
면 1, 정점 1:
정점의 개수 또는 [색상(C)/도면층(L)] 입력: [옵션 입력]

3 옵션

- **정점에 대한 위치 지정** : 만들고자 하는 면의 모든 정점을 입력합니다.
- **정점 번호** : 만들고자 하는 면의 정점 번호를 지정합니다. 시작 정점의 번호를 음수(–)로 입력하면 모서리가 표시되지 않습니다.
- **색상** : 만들고자 하는 면의 색상을 지정합니다.
- **도면층** : 만들고자 하는 면이 포함될 도면층을 지정합니다.

TIP

- 'PFACE' 명령어로 작성된 면은 현재의 도면층 및 색상을 사용합니다.
- 폴리선의 정점과 달리 폴리면으로 이루어진 메시 면은 상위 객체와는 다르게 도면층 및 색상 특성을 사용하여 작성할 수 있습니다.

6 메시 기본 객체 만들기 - Mesh

'MESH'는 면을 만드는 과정에서 나아가 기본 형태의 메시 객체를 쉽게 만들 수 있는 명령어입니다. 단, 이러한 기본 형태의 메시 객체들을 만들더라도 속은 비어 있는 상태이기 때문에 객체를 합치거나 연산하는 작업은 할 수 없습니다.

1 명령어 실행

명령어 입력 : MESH

2 메시 객체의 정밀도 설정

'MESH' 명령어를 이용하여 3D 객체를 만들면 객체의 형태가 면으로 이루어진 것을 확인할 수 있습니다. 그런데 원뿔이나 원기둥처럼 곡선으로 이루어진 객체는 면의 개수가 적으면 곡선이 제대로 표현되지 않습니다. 이러한 이유로 객체에 따라 면의 개수를 설정할 수 있는데, 면의 개수가 많아지면 객체 형태는 정확해지지만 객체의 용량이 커지므로 적정한 면의 개수를 설정하는 것이 좋습니다.

3 [메쉬 기본체 옵션] 대화상자

[메쉬 기본체 옵션] 대화상자에서 메시 객체의 정밀도를 설정할 수 있습니다. [옵션] 대화상자의 〔3D 모델링〕 탭에서 〈메쉬 기본체〉 버튼을 클릭하면 [메쉬 기본체 옵션] 대화상자를 표시할 수 있습니다. 목록에서 객체의 유형을 선택한 다음 축과 높이 그리고 밑면의 정밀도를 입력하면 미리보기를 통해 정밀도를 미리 확인할 수 있습니다.

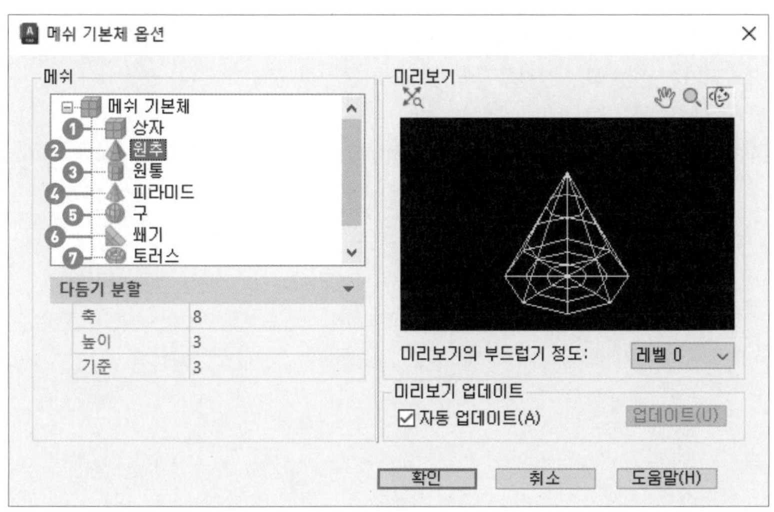

❶ **상자** : 육면체의 메시 객체를 만드는 옵션입니다. 'RECTANG' 명령어에 높이를 더한 것이라고 생각하면 이해하기가 쉽습니다. 사각형을 그리기 위한 두 점을 지정한 다음 높이를 입력하면 육면체가 만들어집니다.

- 진행 과정

옵션 입력 [상자(B)/원추(C)/원통(CY)/피라미드(P)/구(S)/쐐기(W)/토러스(T)/설정(SE)] 〈원통〉: B
첫 번째 구석 지정 또는 [중심(C)]: [첫 번째 점 입력]
반대 구석 지정 또는 [정육면체(C)/길이(L)]: [두 번째 점 입력]
높이 지정 또는 [2점(2P)] 〈0〉: [높이 입력]

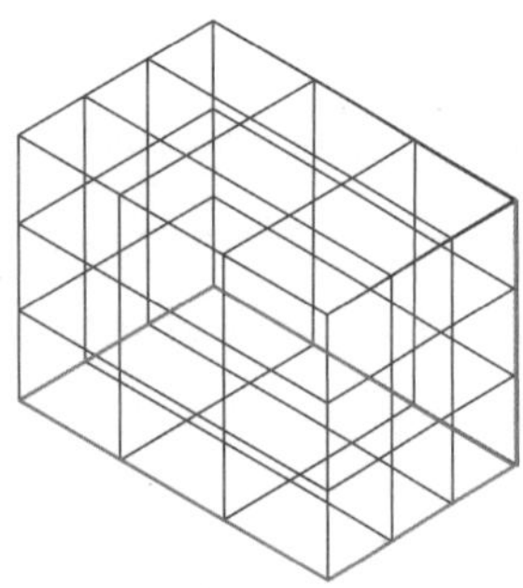

❷ **원추** : 원뿔 형태의 메시 객체를 만드는 옵션입니다. 밑면으로 사용할 원의 반지름 또는 지름을 입력한 다음 높이를 지정하면 객체가 만들어집니다.

- 진행 과정

옵션 입력 [상자(B)/원추(C)/원통(CY)/피라미드(P)/구(S)/쐐기(W)/토러스(T)/설정(SE)] 〈상자〉: C
기준 중심점 지정 또는 [3P(3P)/2P(2P)/Ttr-접선 접선 반지름(T)/타원형(E)]: [중심점 입력]
밑면 반지름 지정 또는 [지름(D)]: [반지름 입력]
높이 지정 또는 [2점(2P)/축 끝점(A)/상단 반지름(T)] 〈0〉: [높이 지정]

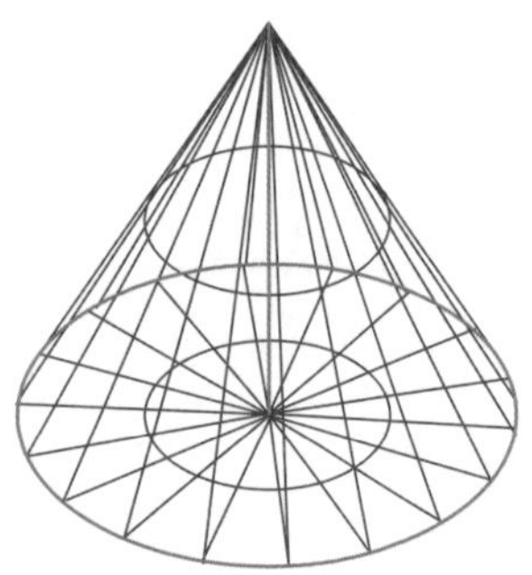

❸ **원통** : 원기둥 형태의 메시 객체를 만드는 옵션입니다. 밑면으로 사용할 원의 반지름 또는 지름을 입력한 다음 높이를 지정하면 객체가 만들어집니다.

- 진행 과정

옵션 입력 [상자(B)/원추(C)/원통(CY)/피라미드(P)/구(S)/쐐기(W)/토러스(T)/설정(SE)] 〈원추〉: CY
기준 중심점 지정 또는 [3P(3P)/2P(2P)/Ttr–접선 접선 반지름(T)/타원형(E)]: [중심점 입력]
밑면 반지름 지정 또는 [지름(D)] 〈96.7620〉: [반지름 입력]
높이 지정 또는 [2점(2P)/축 끝점(A)] 〈0〉: [높이 지정]

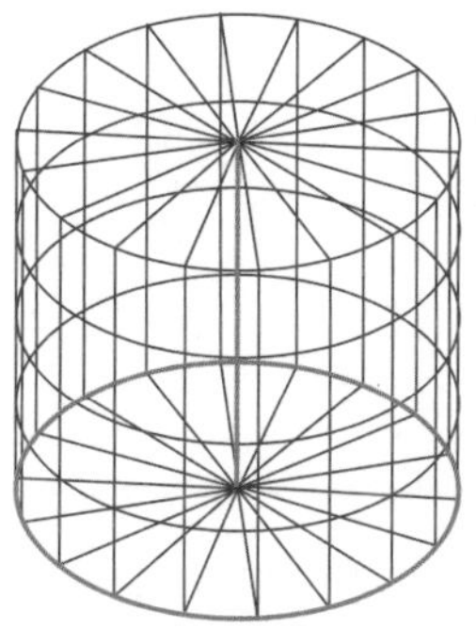

❹ **피라미드** : 피라미드 형태의 메시 객체를 만드는 옵션입니다. 밑면으로 사용할 원의 반지름, 지름을 입력한 다음 높이를 지정하면 객체가 만들어집니다.

- 진행 과정

옵션 입력 [상자(B)/원추(C)/원통(CY)/피라미드(P)/구(S)/쐐기(W)/토러스(T)/설정(SE)] 〈원통〉: P
기준 중심점 지정 또는 [모서리(E)/변(S)]: [중심점 입력]
밑면 반지름 지정 또는 [내접(I)] 〈0〉: [반지름 입력]
높이 지정 또는 [2점(2P)/축 끝점(A)/상단 반지름(T)] 〈0〉: [높이 지정]

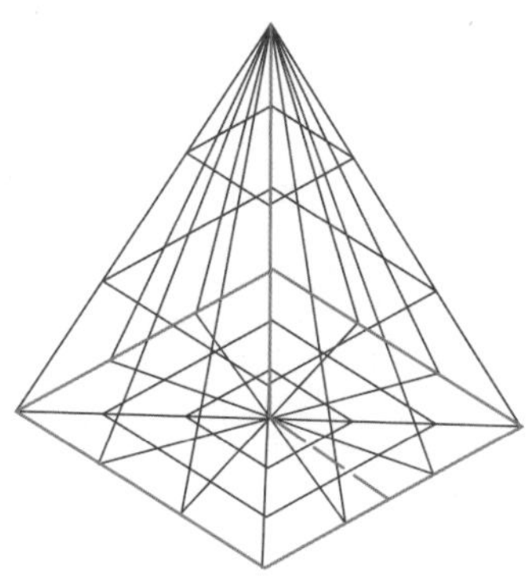

❺ 구 : 구 형태의 메시 객체를 만드는 옵션입니다. 중심점과 반지름을 입력하면 객체가 완성됩니다.

- 진행 과정

옵션 입력 [상자(B)/원추(C)/원통(CY)/피라미드(P)/구(S)/쐐기(W)/토러스(T)/설정(SE)] 〈피라미드〉: S
중심점 지정 또는 [3점(3P)/2점(2P)/Ttr–접선 접선 반지름(T)]: [중심점 입력]
반지름 지정 또는 [지름(D)] 〈0〉: [반지름 입력]

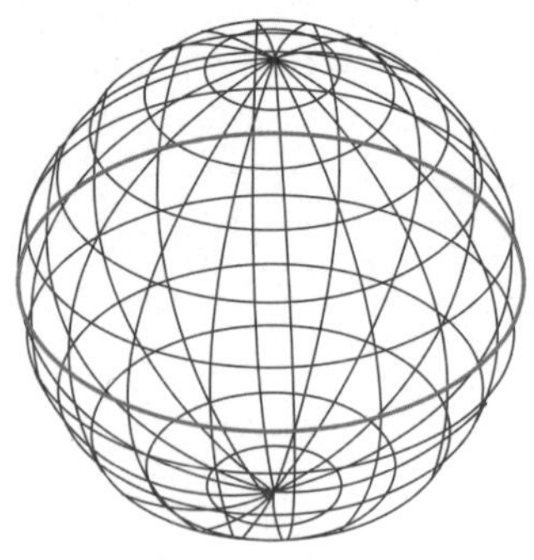

❻ 쐐기 : 육면체를 대각선 방향으로 자른 형태의 메시 객체를 만드는 옵션입니다. 육면체와 만드는 과정은 동일합니다.

- 진행 과정

옵션 입력 [상자(B)/원추(C)/원통(CY)/피라미드(P)/구(S)/쐐기(W)/토러스(T)/설정(SE)] 〈구〉: W
첫 번째 구석 지정 또는 [중심(C)]: [첫 번째 정점 입력]
반대 구석 지정 또는 [정육면체(C)/길이(L)]: [두 번째 정점 입력]
높이 지정 또는 [2점(2P)] 〈〉: [높이 입력]

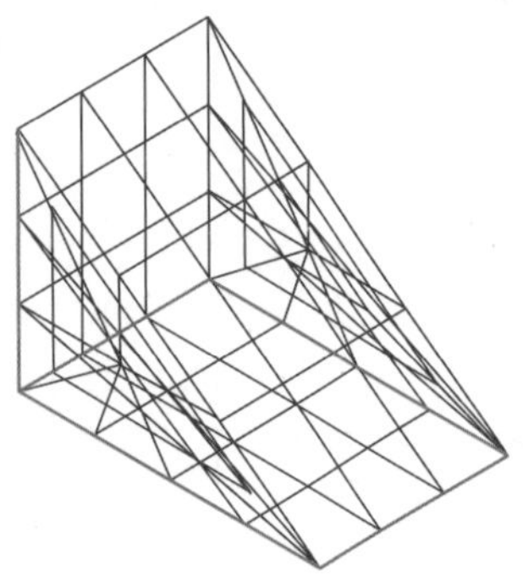

❼ **토러스** : 도넛 형태의 메시 객체를 만드는 옵션입니다. 첫 번째 원의 반지름과 두 번째 원의 반지름을 입력하면 객체를 만들 수 있습니다.

- 진행 과정

옵션 입력 [상자(B)/원추(C)/원통(CY)/피라미드(P)/구(S)/쐐기(W)/토러스(T)/설정(SE)] 〈쐐기〉: T
중심점 지정 또는 [3점(3P)/2점(2P)/Ttr-접선 접선 반지름(T)]: [중심점 지정]
반지름 지정 또는 [지름(D)] 〈58.9632〉: [반지름 지정]
튜브 반지름 지정 또는 [2점(2P)/지름(D)]: [튜브 반지름 지정]

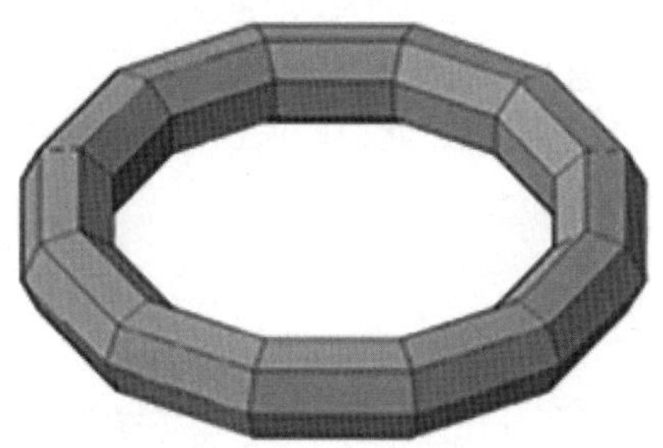

7 곡선을 따라 3차원 개체 만들기 - Rulesurf

'RULESURF'는 2개의 직선 또는 곡선 사이에 메시를 만드는 명령어입니다. 메시를 구성하는 2개의 모서리를 선택하면 자동으로 두 모서리 사이를 메시로 만듭니다.

1 명령어 실행

- 리본 메뉴 : [3D 도구] 탭 – 모델링 – 직선보간 표면
- 메뉴 : [그리기] → 모델링 → 메쉬 → 직선보간 메쉬
- 명령어 입력 : RULESURF

2 명령 입력 과정

첫 번째 정의 곡선 선택: [첫 번째 모서리 선택]
두 번째 정의 곡선 선택: [두 번째 모서리 선택]

3 면의 개수 설정

- Surftab1 : 수평 방향의 면 개수를 설정합니다.
- Surftab2 : 수직 방향의 면 개수를 설정합니다.

8 밑면과 윗면의 크기가 다른 원기둥 만들기

원기둥은 'MESH' 명령어를 이용하여 만들 수 있지만 밑면과 윗면의 크기가 동일해집니다. 밑면과 윗면의 크기가 다른 원기둥을 만들 때는 'RULESURF' 명령어를 이용하면 쉽게 만들 수 있습니다.

1 표면 설정하고 원기둥 만들기

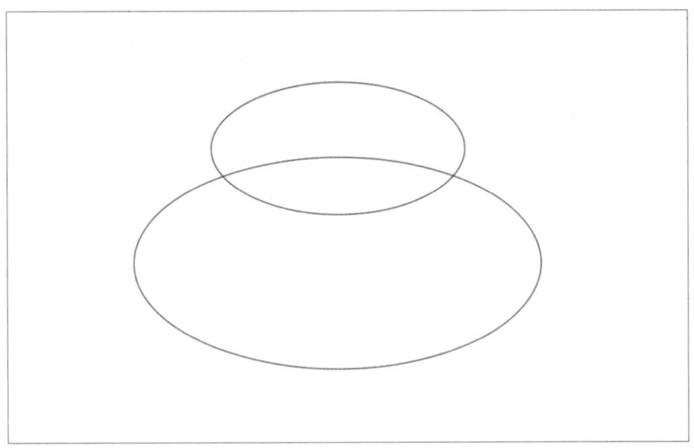

01 | 크기가 다른 2개의 원을 연결하여 원기둥을 만들려면 먼저 표면 설정을 해야 합니다. 명령어 입력 창에 'SURFTAB1' 명령어를 입력한 후 Enter를 누른 다음 옵션에 '20'을 입력하여 원기둥에 연결될 표면 수를 설정합니다.

명령: SURFTAB1
SURFTAB1에 대한 새 값 입력 〈6〉: 20

02 | 'RULESURF' 명령어를 입력하고 Enter를 누릅니다. 아래쪽 원을 먼저 선택한 후 위쪽 원을 선택하면 두 원 사이에 메시가 만들어져 원기둥이 만들어집니다.

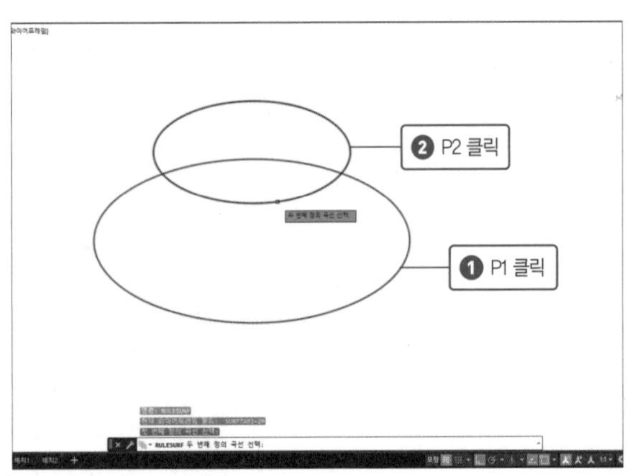

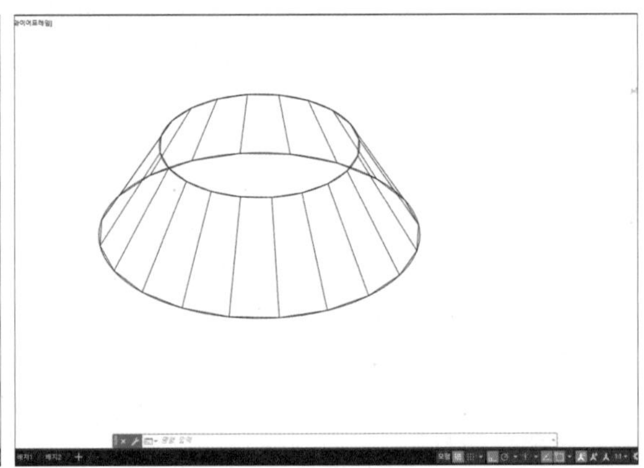

명령: RULESURF
현재 와이어프레임 밀도: SURFTAB1=20
첫 번째 정의 곡선 선택: P1
두 번째 정의 곡선 선택: P2

9 ⁞ 직선을 따라 3차원 개체 만들기 - Tabsurf

'TABSURF'는 지정한 경로를 따라 2차원 객체에 두께를 만드는 명령입니다. 'EXTRUDE' 명령어를 이용하여 객체를 만드는 방법과 동일합니다.

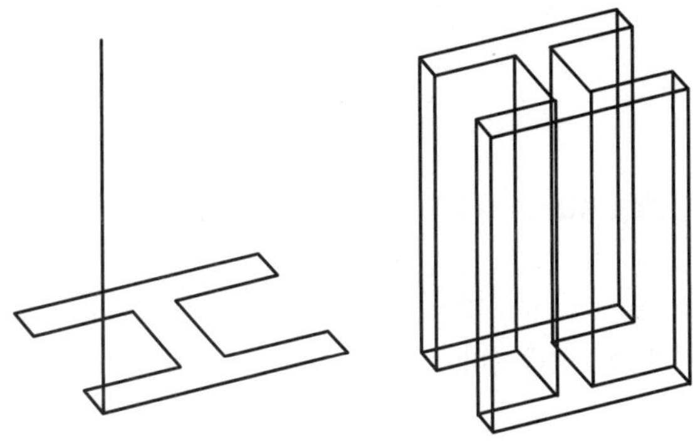

1 명령어 실행

- 리본 메뉴 : [3D 도구] 탭 – 모델링 – 방향 벡터 표면
- 메뉴 : [그리기] → 모델링 → 메쉬 → 방향 벡터 메쉬
- 명령어 입력 : TABSURF

2 명령 입력 과정

경로 곡선에 대한 객체 선택: [경로를 적용할 객체 선택]
방향 벡터에 대한 객체 선택: [경로 선택]

10 ⁞ 회전하는 3차원 개체 만들기 - Revsurf

'REVSURF'는 선이나 면을 회전시켜 3차원 객체로 만드는 명령어입니다. 컵이나 그릇처럼 중심축을 기준으로 동일한 형태를 지닌 경우 'REVSURF' 명령어를 이용하면 쉽게 만들 수 있습니다. 'REVSURF' 명령어를 이용하여 회전 객체를 만들 때 사용하는 중심축은 반드시 직선이어야 합니다.

1 명령어 실행

- 메뉴 : [그리기] → 모델링 → 메쉬 → 회전 메쉬
- 명령어 입력 : REVSURF

2 명령 입력 과정

회전할 객체 선택: [회전시킬 객체 선택]
회전축을 정의하는 객체 선택: [중심축 선택]
시작 각도 지정 〈0〉: [시작 각도 입력]
사잇각 지정 (+=시계 반대 방향, −=시계 방향) 〈360〉: [연장 각도 입력]

11 4개의 모서리를 이용하여 메시 만들기 - Edgesurf

'EDGESURF'는 4개의 모서리나 곡선을 이용하여 선택한 객체 사이를 메시로 만드는 명령어입니다. 모서리는 선이나 곡선이 될 수 있으며 폴리선을 사용할 수도 있습니다.

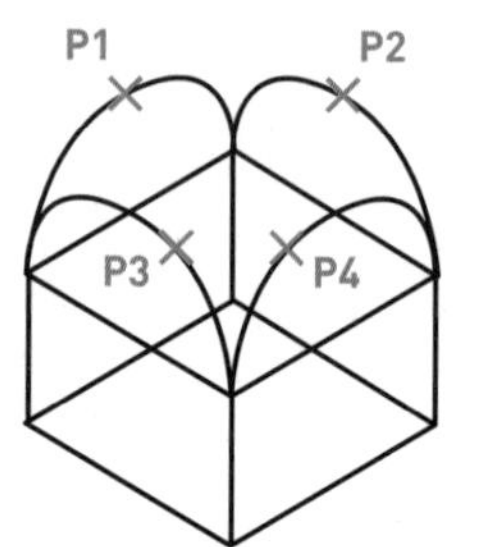

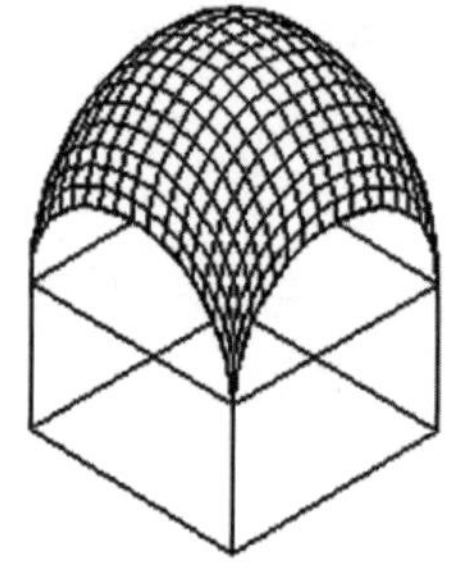

1 명령어 실행

- 리본 메뉴 : [3D 도구] 탭 – 모델링 – 모서리 표면
- 메뉴 : [그리기] → 모델링 → 메쉬 → 모서리 메쉬
- 명령어 입력 : EDGESURF

2 명령 입력 과정

표면 모서리에 대한 1 객체 선택: [경계로 사용할 첫 번째 모서리를 선택합니다.]
표면 모서리에 대한 2 객체 선택: [경계로 사용할 두 번째 모서리를 선택합니다.]
표면 모서리에 대한 3 객체 선택: [경계로 사용할 세 번째 모서리를 선택합니다.]
표면 모서리에 대한 4 객체 선택: [경계로 사용할 네 번째 모서리를 선택합니다.]

3D 공간에서 모델링 작업하기

USC를 사용하여 3D 모델링을 이용하여 나사 객체를 작업해 보겠습니다. AutoCAD에서는 기본적으로 3D 모델링이 와이어프레임이기 때문에 형상을 제대로 파악하기가 어렵다는 단점이 있습니다. 그러므로 상당히 조심스럽게 UCS를 설정해야 하며, 잘못 사용하면 방향을 잃을 수가 있으므로 주의가 필요합니다.

예제 도면 ◎ 예제 파일 : Part05\3D 나사_예제.dwg ◎ 완성 파일 : Part05\3D 나사_완성.dwg

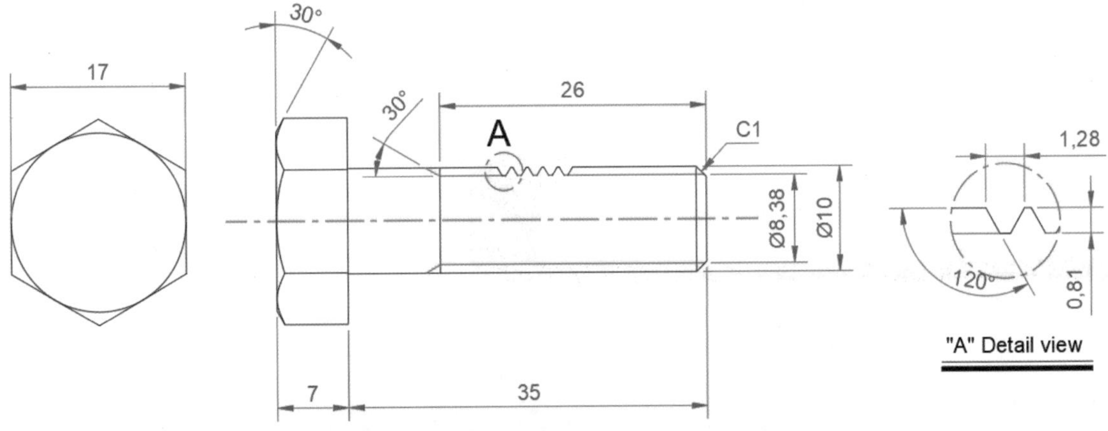

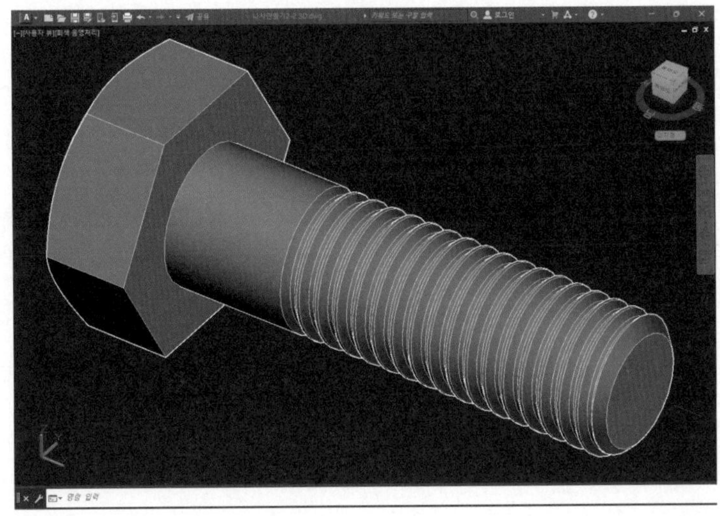

나사 형태 만들기

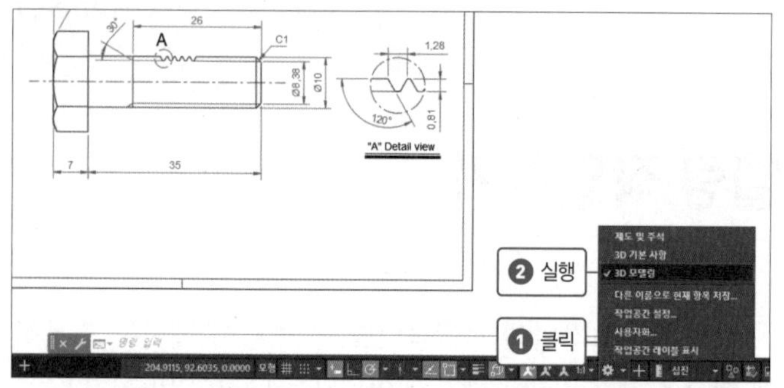

01 | 3D 모델링을 손쉽게 하기 위해서는 AutoCAD 인터페이스를 변경할 필요가 있습니다. 우선 '3D 나사_예제.dwg' 파일을 불러오고 사용자 구성 도구 모음에서 '설정' 아이콘(⚙)을 클릭한 다음 〔3D 모델링〕을 실행합니다.

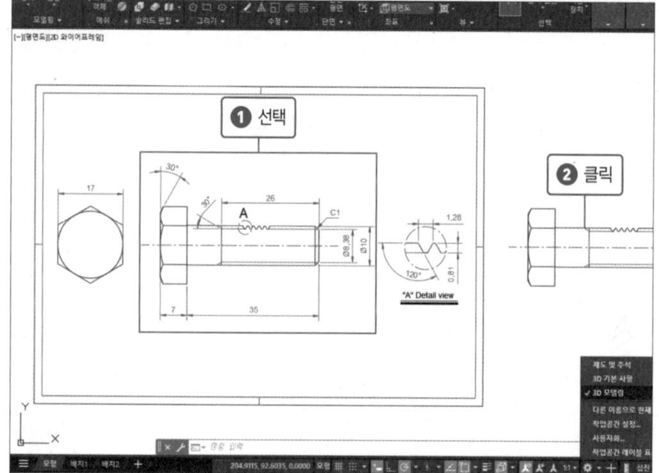

02 | 리본 메뉴가 3D 모델링을 위한 메뉴로 변경됩니다. 'CO(COPY)' 명령어를 입력하고 Enter를 누른 다음 가운데 나사 도면을 선택하고 오른쪽 공간을 클릭해 복사합니다.

명령: CO
COPY
객체 선택: 반대 구석 지정:
객체 선택: Enter
현재 설정: 복사 모드=다중(M)
기본점 지정 또는 [변위(D)/모드(O)] 〈변위〉:
두 번째 점 지정 또는 [배열(A)] 〈첫 번째 점을 변위로 사용〉: (복사할 지점 선택)
두 번째 점 지정 또는 [배열(A)/종료(E)/명령 취소(U)] 〈종료〉: *취소*

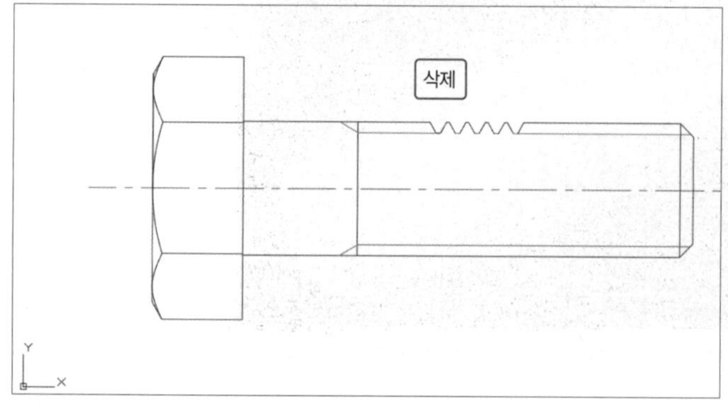

03 | 복사한 나사 도면의 치수를 모두 선택하고 Delete를 눌러 삭제합니다.

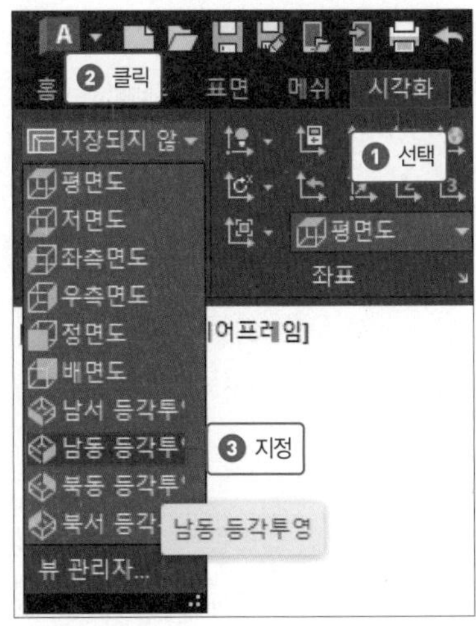

04 | 리본 메뉴의 〔시각화〕 탭에서 저장되지 않은 뷰를 '남동 등각투영'으로 지정합니다.

TIP

명령 입력 창에서 '-VP(-VPOINT)' 명령어를 입력하고 관측점 지정 또는 [회전(R)] 〈나침반과 삼각대 표시〉에서 '1,-1,1'을 입력하고 Enter를 눌러 실행해도 됩니다.

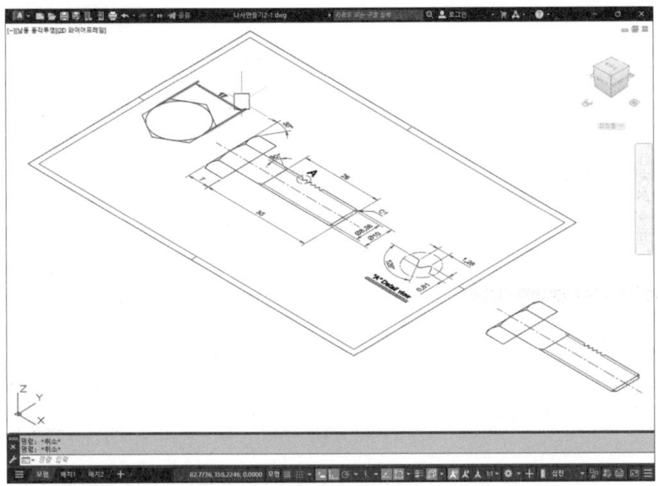

05 | 그림과 같이 '남동 등각투영' 시점의 화면으로 변경됩니다.

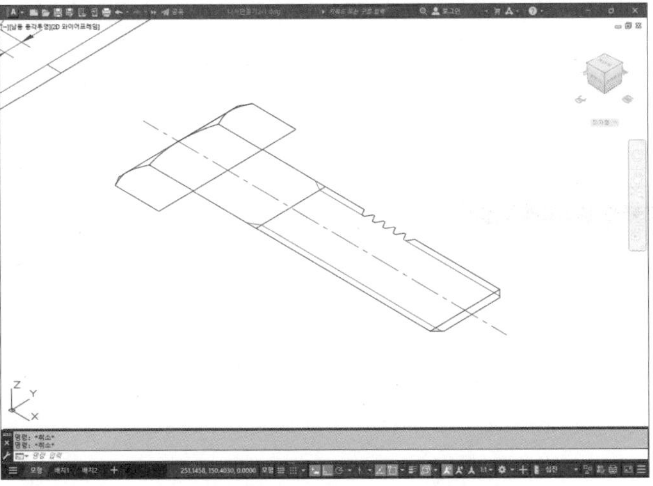

06 | 오른쪽 공간에 복사한 나사 도면이 중앙에 오도록 화면을 확대합니다.

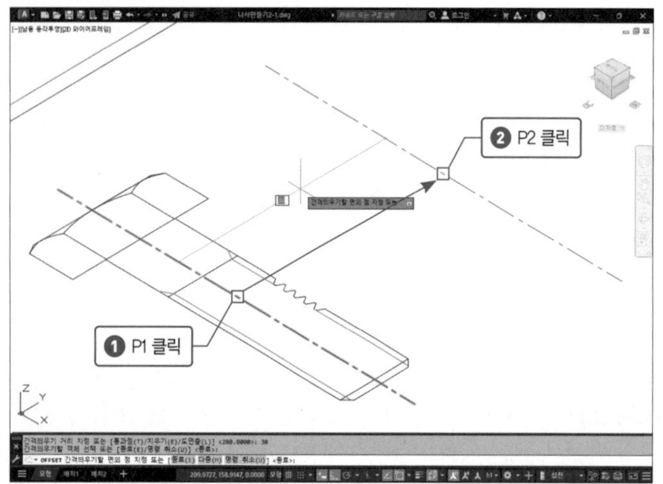

07 | F8을 눌러 직교 모드를 활성화합니다. 'O(OFFSET)' 명령어를 입력하고 Enter를 누른 다음 '30'을 입력 후 Enter를 누릅니다. 나사 도면의 중심선을 선택하고 오른쪽을 클릭해 간격 띄우기 복사를 합니다.

명령: O
OFFSET
현재 설정: 원본 지우기=아니오 도면층=원본 OFFSETGAPTYPE=0
간격띄우기 거리 지정 또는 [통과점(T)/지우기(E)/도면층(L)] ⟨0.0000⟩: 30
간격띄우기할 객체 선택 또는 [종료(E)/명령 취소(U)] ⟨종료⟩: P1
간격띄우기할 면의 점 지정 또는 [종료(E)/다중(M)/명령 취소(U)] ⟨종료⟩: P2
간격띄우기할 객체 선택 또는 [종료(E)/명령 취소(U)] ⟨종료⟩: *취소*

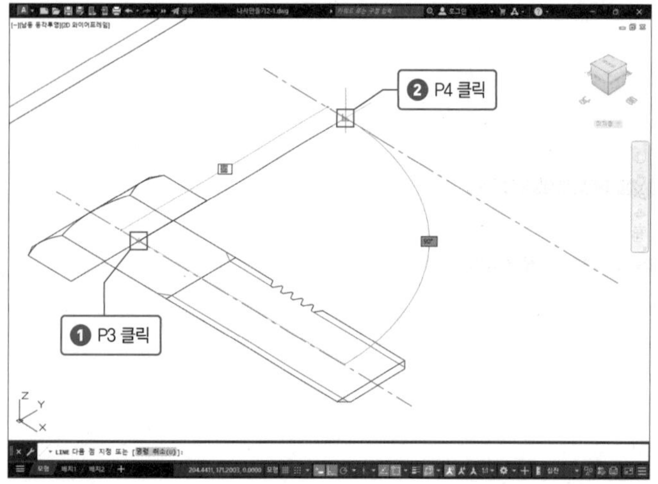

08 | 'L(LINE)' 명령어를 입력하고 Enter를 누릅니다. 나사 머리 부분의 중간점을 클릭하여 선의 시작점으로 지정한 다음 간격 띄우기 복사한 중심선을 클릭해 직교로 연결합니다. Esc를 눌러 명령어를 취소합니다.

명령: L
LINE
첫 번째 점 지정: P3
다음 점 지정 또는 [명령 취소(U)]: P4
다음 점 지정 또는 [명령 취소(U)]: *취소*

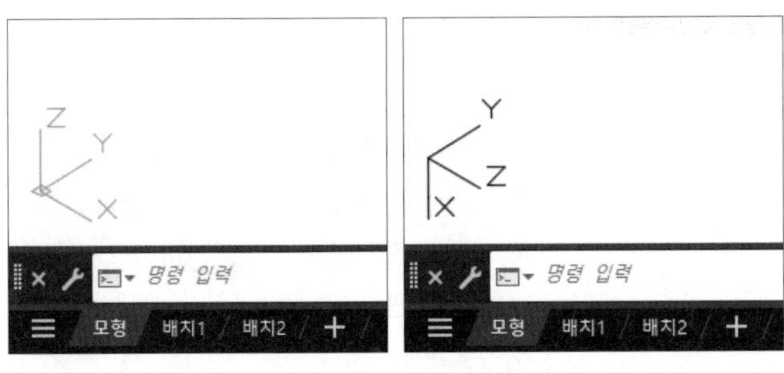

▲ 변경 전 ▲ 변경 후

09 | 'UCS' 명령어를 입력하고 Enter를 누른 다음 옵션에서 'Y'를 입력 후 Enter를 누릅니다. Y축에 관한 회전 각도 지정 ⟨90⟩ 옵션이 표시되면 Enter를 누릅니다. UCS 마크 위치가 Y축을 기준으로 90° 회전한 것을 알 수 있습니다.

명령: UCS
현재 UCS 이름: *이름 없음*
UCS의 원점 지정 또는 [면(F)/이름(NA)/객체(OB)/이전(P)/뷰(V)/표준(W)/X(X)/Y(Y)/Z(Z)/Z축(ZA)] ⟨표준⟩: Y
Y축에 관한 회전 각도 지정 ⟨90⟩:

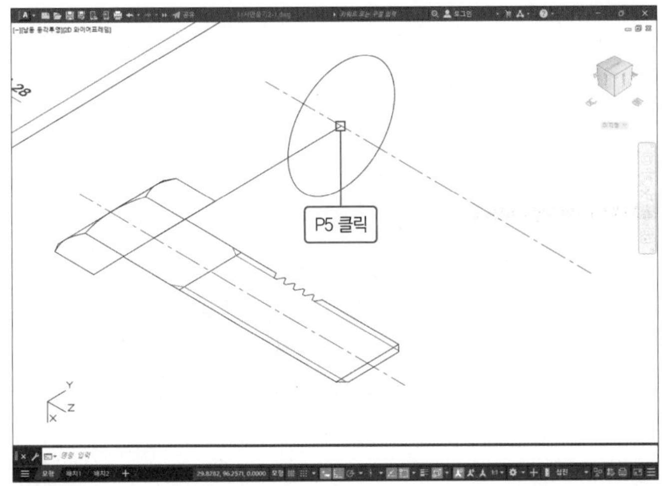

10 | 'C(CIRCLE)' 명령어를 입력하고 Enter를 누릅니다. 간격 띄우기 복사한 선과 가로선의 교차점을 클릭하여 중심점으로 지정하고 옵션에서 'D'를 입력한 다음 '17'을 입력한 후 Enter를 눌러 지름 '17'인 원을 그립니다.

명령: C
CIRCLE
원에 대한 중심점 지정 또는 [3점(3P)/2점(2P)/Ttr – 접선 접선 반지름(T)]: P5
원의 반지름 지정 또는 [지름(D)] ⟨5.0000⟩: D
원의 지름을 지정함 ⟨10.0000⟩: 17

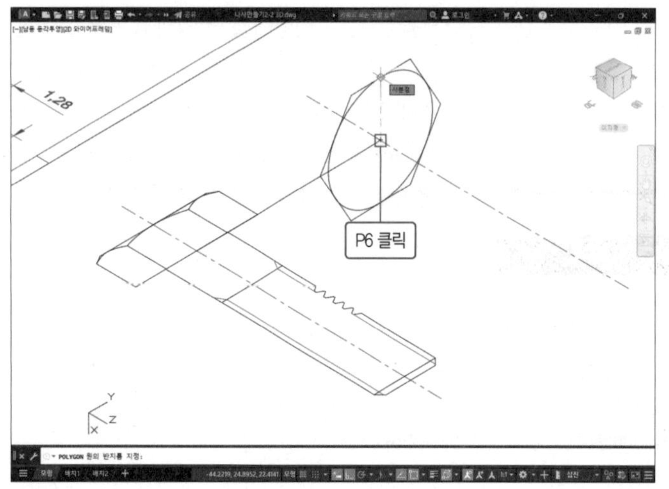

11 | 'POL(POLYGON)' 명령어를 입력한 후 Enter를 누른 다음 옵션에서 '6'을 입력하고 나서 Enter를 누릅니다. 폴리곤 중심을 지정 또는 [모서리(E)]에서 원의 중심을 다시 클릭하고 옵션에서 'C'를 입력한 후 Enter를 누릅니다. 육각형 폴리곤이 나타나면 원 위쪽 사분점을 클릭하여 육각형 폴리곤을 만듭니다.

명령: POL
POLYGON 면의 수 입력 〈6〉: 6
폴리곤의 중심을 지정 또는 [모서리(E)]: P6
옵션을 입력 [원에 내접(I)/원에 외접(C)] 〈C〉: C
원의 반지름 지정:

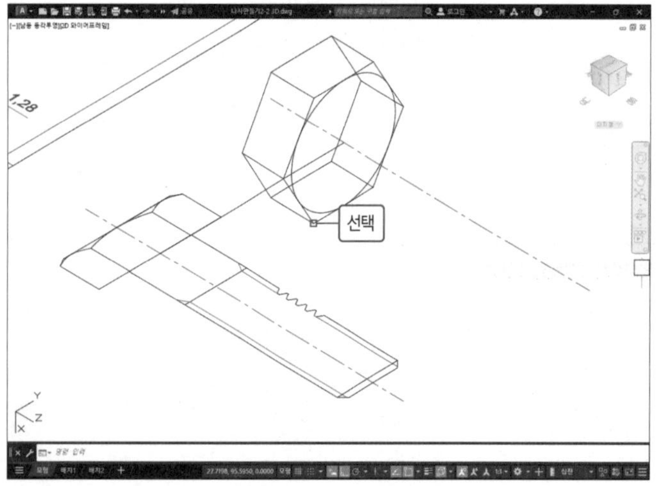

12 | 'EXT(EXTRUDE)' 명령어를 입력하고 Enter를 누른 다음 옵션이 표시되면 6각형 폴리곤을 선택 후 Enter를 누릅니다. 다음 옵션에서는 돌출될 높이 '7'을 입력하고 Enter를 눌러 Z축 방향으로 '7'만큼 돌출시킵니다.

명령: EXT
EXTRUDE
현재 와이어프레임 밀도: ISOLINES=4, 닫힌 윤곽 작성 모드=솔리드
돌출할 객체 선택 또는 [모드(MO)]: 1개를 찾음
돌출할 객체 선택 또는 [모드(MO)]: Enter
돌출 높이 지정 또는 [방향(D)/경로(P)/테이퍼 각도(T)/표현식(E)] 〈-7.0000〉: 7

13 | 왼쪽 상단에 있는 '회색 음영처리'를 클릭하여 왼쪽 그림과 같이 변경해 보면 나사의 머리 부분이 3D 객체로 만들어진 것을 확인할 수 있습니다. 3D로 만들어진 것을 확인했으면 다시 '2D 와이어프레임'을 클릭하여 원래 화면으로 변경합니다.

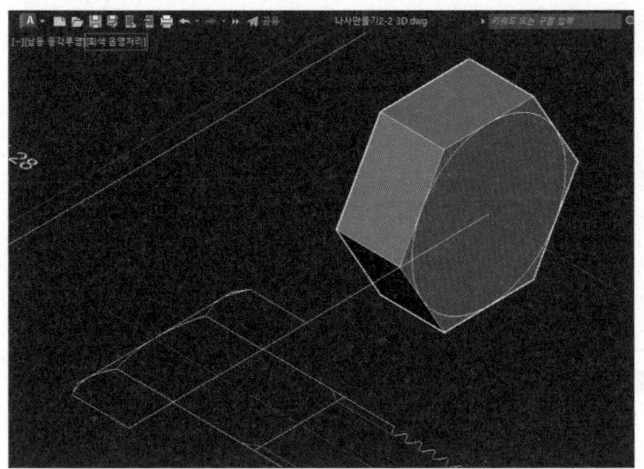

▲ 회색 음영처리를 활성화했을 때

▲ 2D 와이어프레임을 활성화했을 때

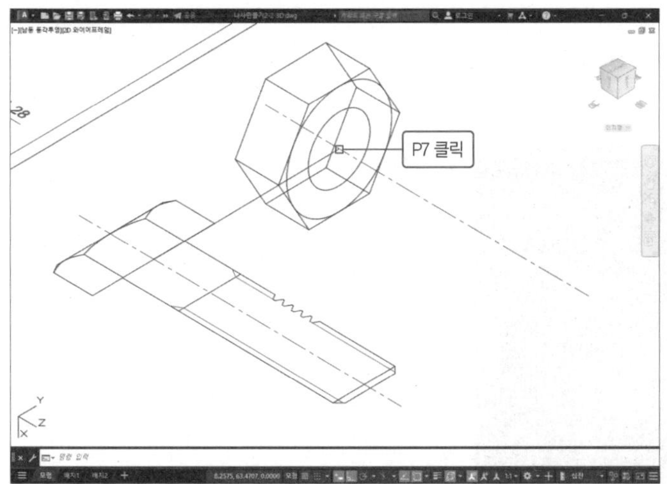

14 | 'C(CIRCLE)' 명령어를 입력한 다음 Enter를 누릅니다. 원과 폴리곤의 중심을 클릭하여 기준점으로 지정하고 Enter를 누릅니다. 옵션에서 'D'를 입력하고 나사 몸통 지름인 '10'을 입력한 후 Enter를 눌러 지름 '10' 원을 그립니다.

명령: C
CIRCLE
원에 대한 중심점 지정 또는 [3점(3P)/2점(2P)/Ttr – 접선 접선 반지름(T)]: P7
원의 반지름 지정 또는 [지름(D)]: D
원의 지름을 지정함: 10

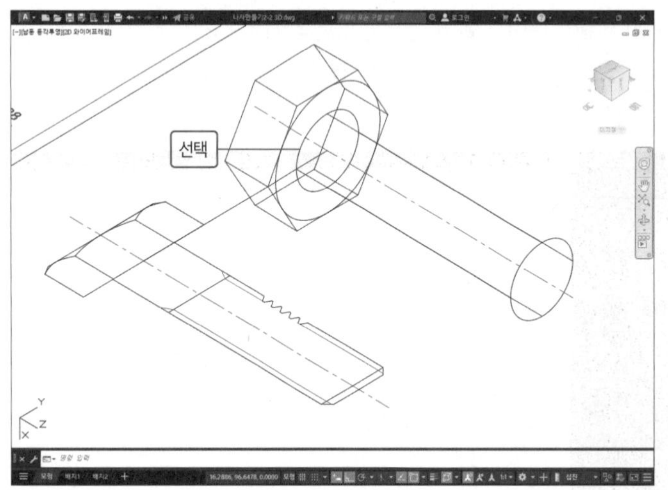

15 | 'EXT(EXTRUDE)' 명령어를 입력하고 Enter를 누른 다음 옵션이 표시되면 지름 '10' 원을 선택 후 Enter를 누릅니다. 이어서 표시되는 옵션에서 '35'를 입력하고 Enter를 눌러 원을 Z축 방향으로 '35'만큼 돌출시킵니다.

명령: EXT
EXTRUDE
현재 와이어프레임 밀도: ISOLINES=4, 닫힌 윤곽 작성 모드=솔리드
돌출할 객체 선택 또는 [모드(MO)]: 1개를 찾음
돌출할 객체 선택 또는 [모드(MO)]: Enter
돌출 높이 지정 또는 [방향(D)/경로(P)/테이퍼 각도(T)/표현식(E)] <35.0000>: 35

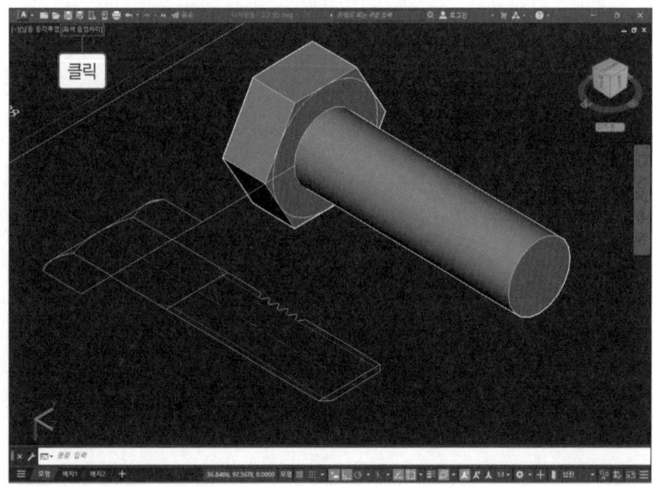

16 | 왼쪽 상단에 있는 '회색 음영처리'를 클릭해 화면을 변경합니다. 나사 몸통 부분이 3D로 만들어진 것을 확인할 수 있습니다.

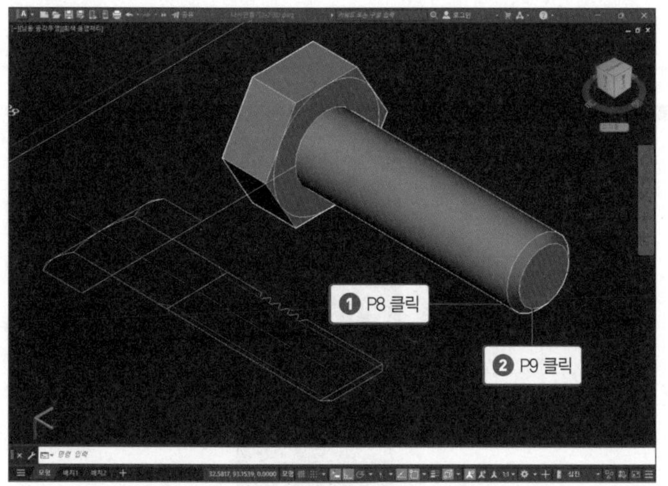

나사 모양 다듬기

01 | 'CHA(CHAMFER)' 명령어를 입력한 후 Enter를 누른 다음 모따기 할 모서리를 클릭하고 Enter를 누릅니다. 옵션에 '1'을 입력한 후 Enter를 누른 다음 새 옵션에서 다시 '1'을 입력하고 Enter를 누릅니다. 모서리를 선택하거나 [루프(L)]가 표시되면 모서리를 선택한 후 Enter를 누릅니다.

명령: CHA
CHAMFER
(자르기 모드) 현재 모따기 거리1=1.0000, 거리2=1.0000
첫 번째 선 선택 또는 [명령 취소(U)/폴리선(P)/거리(D)/각도(A)/자르기(T)/메서드(E)/다중(M)]:
기준 표면 선택
표면 선택 옵션 입력 [다음(N)/확인(OK)] 〈확인(OK)〉: P8
기준 표면 모따기 거리 지정 또는 [표현식(E)] 〈1.0000〉: 1
다른 표면 모따기 거리 지정 또는 [표현식(E)] 〈1.0000〉: 1
모서리 선택 또는 [루프(L)]: P9

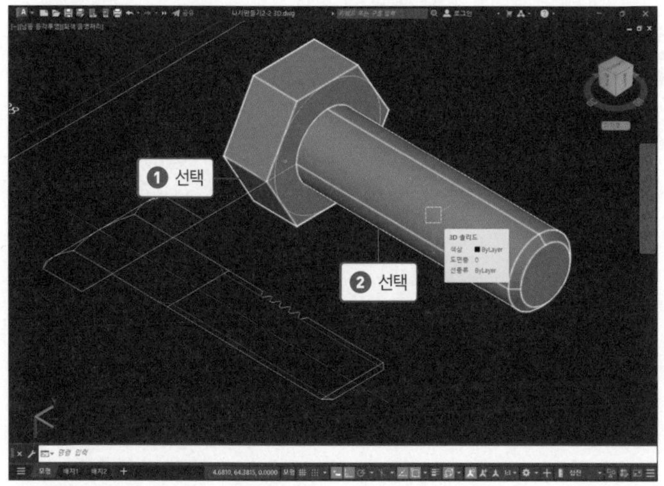

02 | 나사 머리와 몸통을 하나의 객체로 합치겠습니다. 'UNI(UNION)' 명령어를 입력하고 Enter를 누릅니다. 나사 머리를 선택하고 몸통을 선택한 후 Enter를 눌러 하나의 솔리드 객체로 결합합니다.

명령: UNI
UNION
객체 선택: 1개를 찾음
객체 선택: 1개를 찾음, 총 2개

03 | 왼쪽 상단의 '2D 와이어프레임'을 클릭해 다시 화면을 변경합니다. 리본 메뉴의 [시각화] 탭에서 '남동 등각투영'을 클릭하고 '평면도'를 선택하여 화면을 변경합니다.

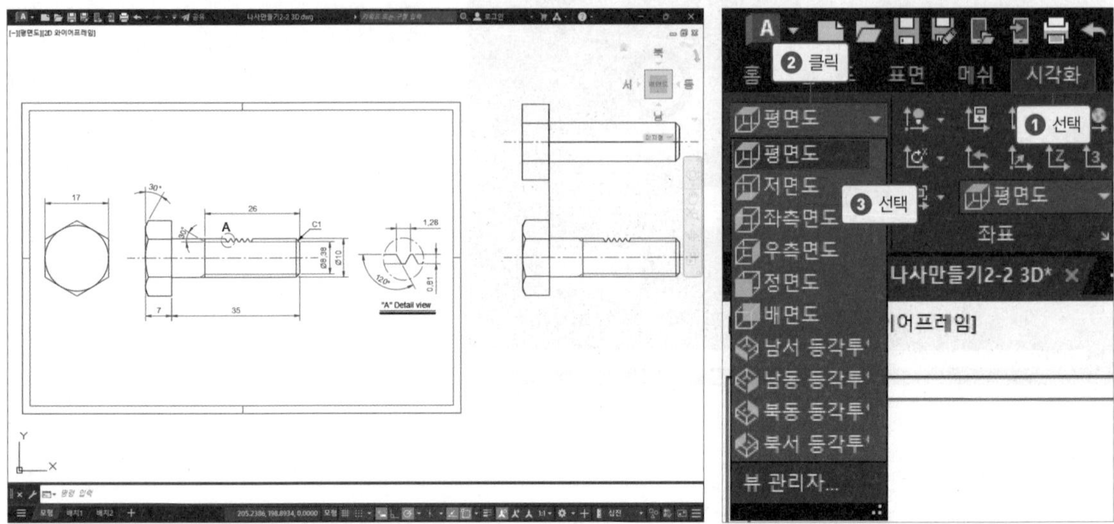

04 | 나사 머리 도면을 크게 확대합니다. 'L(LINE)' 명령어를 입력하고 Enter를 누른 후 그림과 같이 선을 그려 깎여 있는 부분을 연결해 삼각형 양이 되도록 선을 3개 그립니다. Enter를 눌러 명령어를 다시 실행해 선을 그리고 그리기 작업이 끝나면 Esc를 눌러 명령어를 취소합니다.

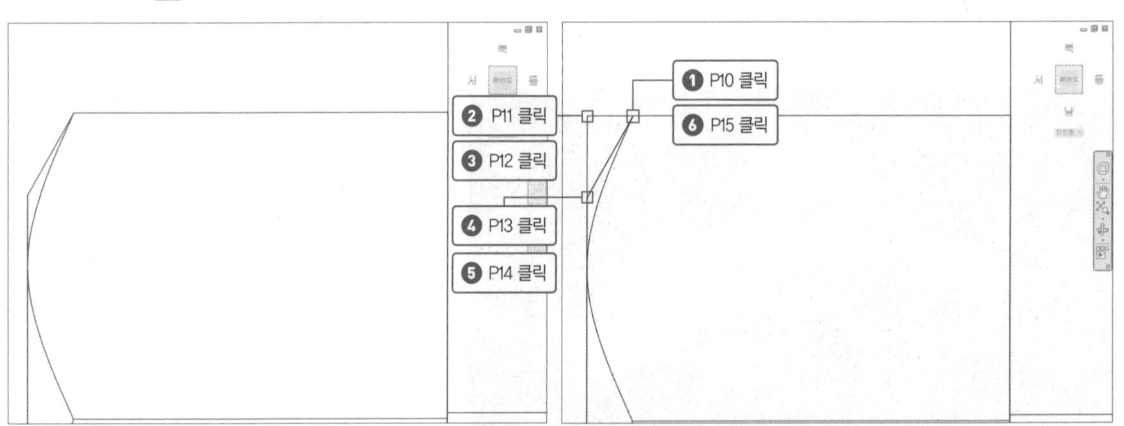

명령: L
LINE
첫 번째 점 지정: P10, P12, P14
다음 점 지정 또는 [명령 취소(U)]: P11, P13, P15
다음 점 지정 또는 [명령 취소(U)]: *취소*

TIP

30°로 경사가 있는 부분은 선이 겹쳐지게 그립니다.

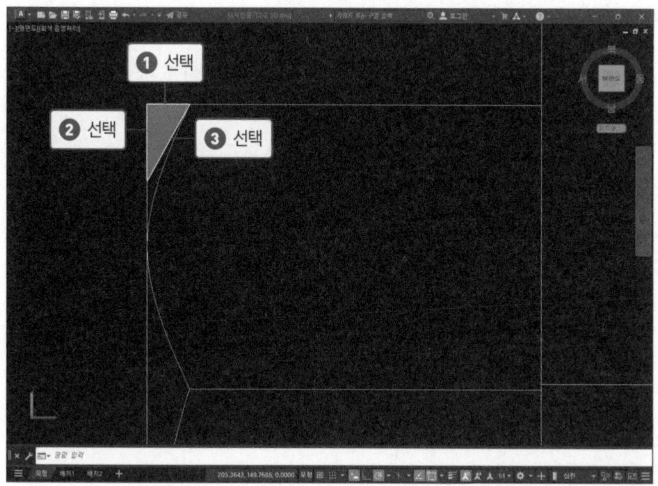

05 | 'REG(REGION)' 명령어를 입력하고 Enter를 누른 후 삼각형으로 그린 3개의 선을 선택한 다음 Enter를 누릅니다. 선이 모두 합쳐지고 면으로 만들어졌습니다.

TIP

변경되었는지 확인하려면 왼쪽 상단의 '회색 음영처리'를 클릭하고 '2D 와이어프레임'을 선택하면 알 수 있습니다.

명령: REG
REGION
객체 선택: 1개를 찾음
객체 선택: 1개를 찾음, 총 2개
객체 선택: 1개를 찾음, 총 3개
객체 선택: Enter
1 루프이(가) 추출됨.
1 영역이(가) 작성됨.

TIP 면을 생성하는 'REGION' 명령어

- 3D 형태는 선으로 원하는 형태를 만들고 그 선을 통해 면을 생성한 다음 다시 그 면을 통해서 3차원 형상을 생성합니다.
- 솔리드 모델링을 하기 위해서는 반드시 면을 생성해야 합니다.
- 선을 통해서 면을 만들어 주는 명령어입니다.
- 깨끗하게 정리되어 있고 완전히 닫힌 객체를 면으로 생성하는 명령어입니다.

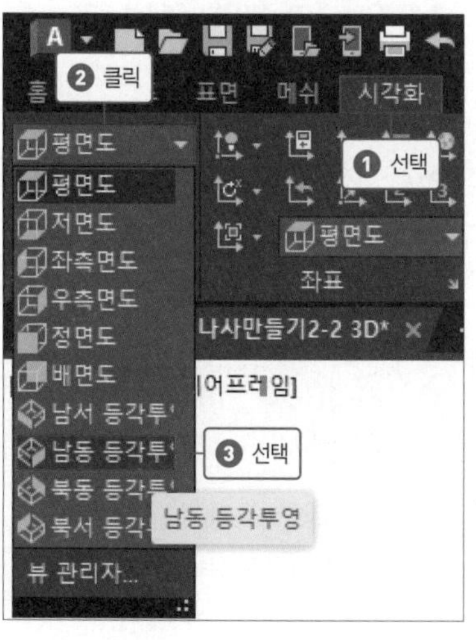

06 | 리본 메뉴 〔시각화〕 탭에서 '평면도'를 클릭하고 '남동 등각투영'을 선택하여 화면을 변경합니다.

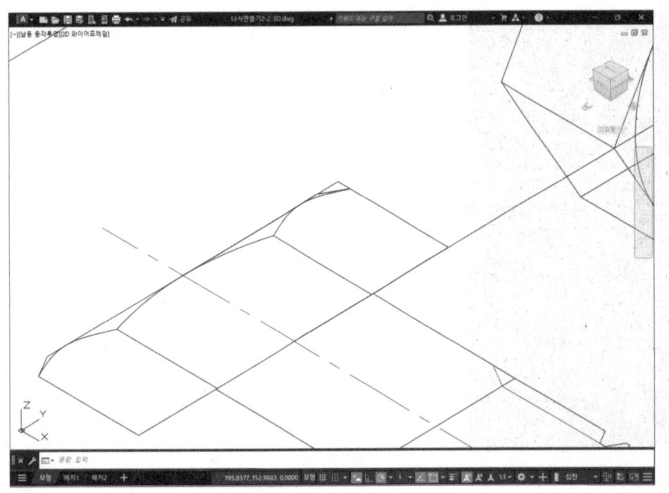

07 | 화면이 변경되면 'REG(REGION)' 명령어로 만든 삼각형 모서리 부분을 크게 확대합니다.

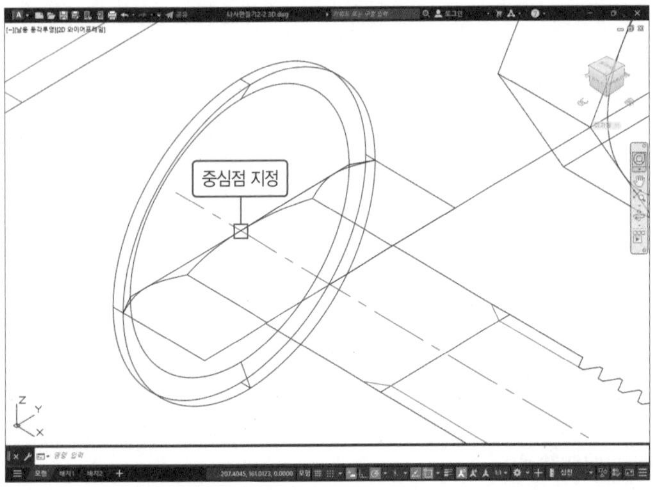

08 | 'REV(REVOLVE)' 명령어를 입력하고 Enter를 누릅니다. 삼각형 모서리 부분을 선택하고 Enter를 누른 다음 나사 도면의 중심선을 클릭하여 회전한 객체의 중심으로 지정한 후 Enter를 누릅니다. 옵션에서 '360'을 입력하고 Enter를 눌러 솔리드를 만듭니다.

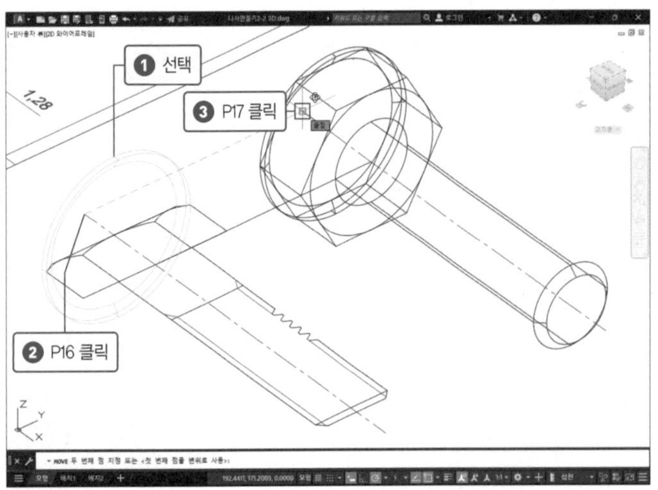

09 | 'M(MOVE)' 명령어를 입력하고 Enter를 누른 다음 솔리드를 선택한 후 Enter를 누릅니다. 그림과 같이 중심선의 끝점을 클릭해 기준점으로 지정하고 나사 머리 부분 중심선의 끝점을 클릭하여 이동합니다.

명령: M
MOVE
객체 선택: 1개를 찾음
객체 선택: Enter
기준점 지정 또는 [변위(D)] 〈변위〉: P16
두 번째 점 지정 또는 〈첫 번째 점을 변위로 사용〉: P17

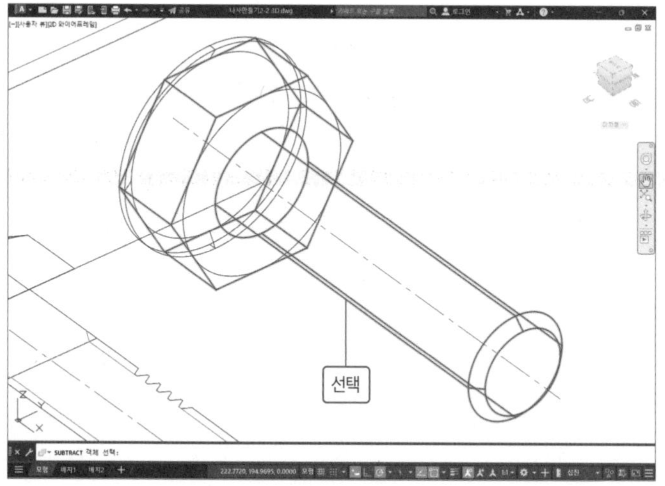

10 | 나사 객체에서 솔리드를 제거해 객체 모양을 다듬겠습니다. 'SUB(SUBTRACT)' 명령어를 입력하고 Enter를 누른 후 첫 번째 객체인 솔리드 나사를 선택하고 Enter를 누릅니다.

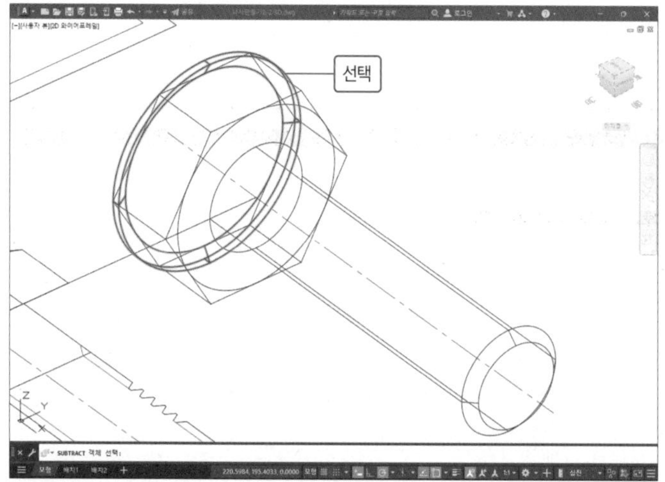

11 | 두 번째로 제거되는 객체인 이동한 솔리드 객체를 선택하고 Enter를 누릅니다.

명령: SUBTRACT
제거 대상인 솔리드, 표면 및 영역을 선택...
객체 선택: 1개를 찾음

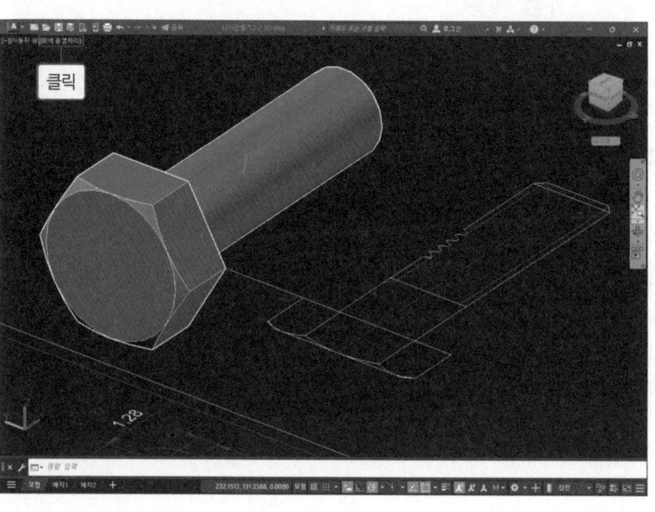

12 | 왼쪽 상단의 '회색 음영처리'를 클릭하여 화면을 변경한 다음 Shift를 누른 상태에서 마우스 휠을 클릭해 움직이면 화면이 회전하며 보고 싶은 위치를 지정할 수 있습니다. 객체가 빠져 나사 머리 부분이 깎인 모양으로 변형된 것을 확인할 수 있습니다.

나사 곡선 만들기

01 | 다시 '2D 와이어 프레임'을 클릭하여 화면을 변경합니다. 리본 메뉴의 〔시각화〕 탭에서 '남동 등각투영'을 클릭하고 '평면도'를 선택하여 화면을 변경한 다음 나사 도면을 크게 확대합니다.

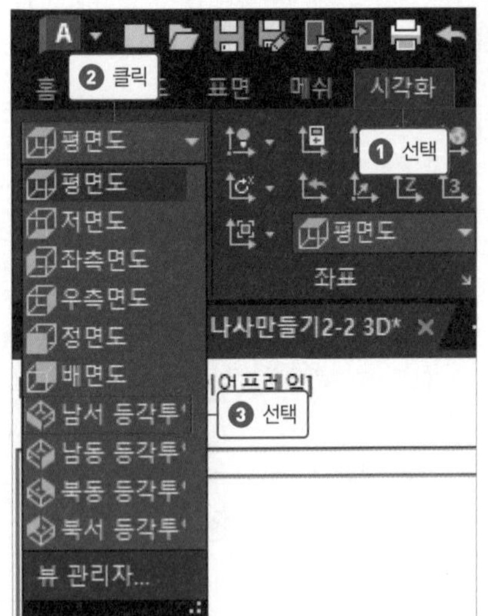

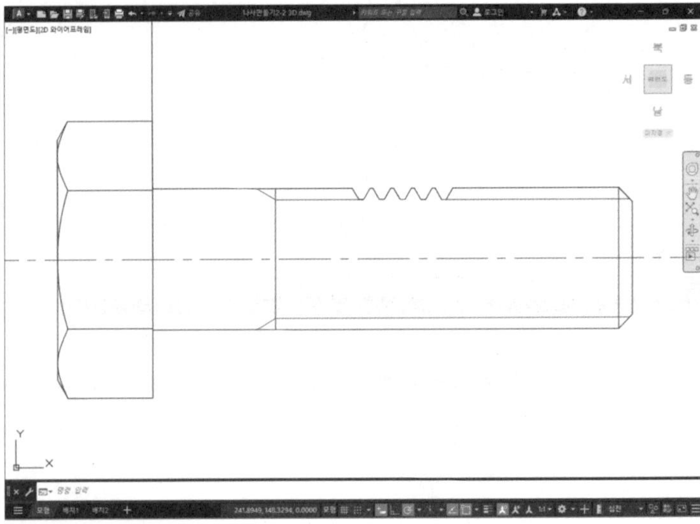

02 | 'HELIX' 명령어를 입력한 다음 Enter를 누릅니다. 나사의 곡선이 시작되는 부분의 중앙 교차점을 클릭해 기준점으로 지정하고 각 옵션에서 '5', '5', 'H', '1.5', 'A'를 누른 후 나사 몸통 끝부분 교차점을 클릭해 곡선을 만듭니다.

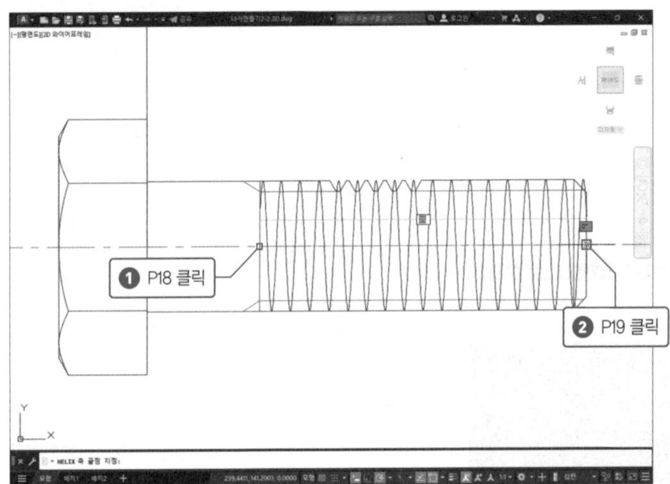

명령: HELIX
회전 수=17.3333 비틀기=CCW
기준 중심점 지정: P18
밑면 반지름 지정 또는 [지름(D)] 〈5.0000〉: 5
상단 반지름 지정 또는 [지름(D)] 〈5.0000〉: 5
나선 높이 지정 또는 [축 끝점(A)/회전(T)/회전 높이(H)/비틀기(W)] 〈26.0000〉: H
회전 사이의 거리 지정 〈1.5000〉: 1.5
나선 높이 지정 또는 [축 끝점(A)/회전(T)/회전 높이(H)/비틀기(W)] 〈26.0000〉: A
축 끝점 지정: P19

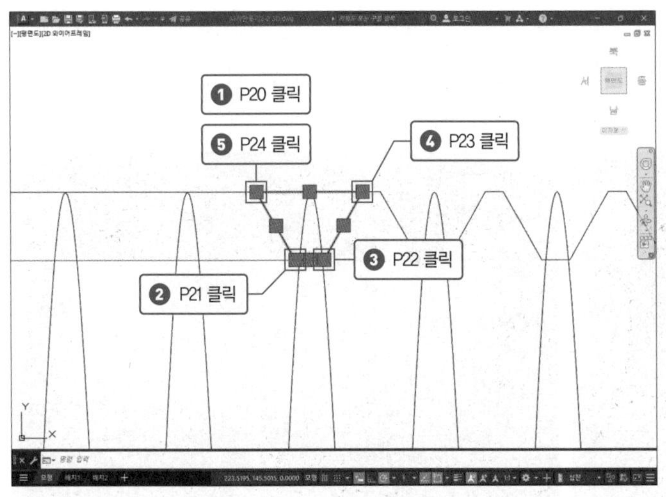

03 | 나사 도면에서 나사선을 만들기 위해 작도해 놓은 부분을 확대합니다. 'L(LINE)' 명령어를 입력하고 Enter를 누른 다음 나사선이 될 부분을 정하여 그림과 같이 역사다리꼴 모양으로 선을 4개 그립니다. Esc를 눌러 명령어를 취소합니다.

명령: L
LINE
첫 번째 점 지정: P20
다음 점 지정 또는 [명령 취소(U)]: P21
다음 점 지정 또는 [명령 취소(U)]: P22
다음 점 지정 또는 [닫기(C)/명령 취소(U)]: P23
다음 점 지정 또는 [닫기(C)/명령 취소(U)]: P24
다음 점 지정 또는 [닫기(C)/명령 취소(U)]: *취소*

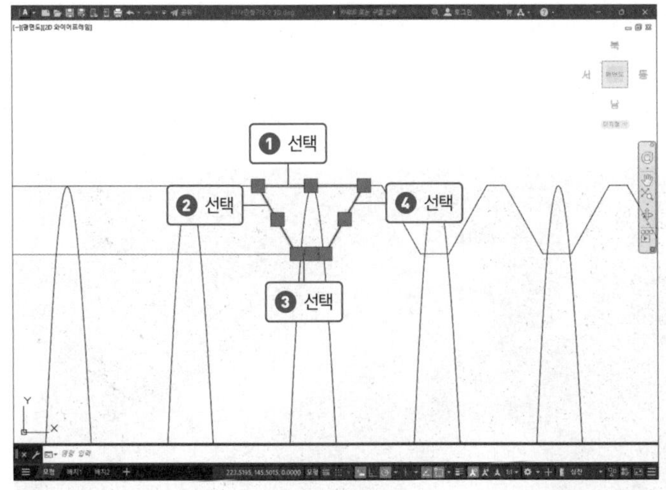

04 | 'REG(REGION)' 명령어를 입력하고 Enter를 누른 다음 역사다리꼴 모양으로 만든 4개의 선을 선택 후 Enter를 누릅니다. 선이 모두 합쳐지고 면으로 만들어졌습니다.

TIP
변경되었는지 확인하려면 왼쪽 상단의 '회색 음영 처리'를 클릭하여 알 수 있습니다.

명령: REG
REGION
객체 선택: 1개를 찾음
객체 선택: 1개를 찾음, 총 2개
객체 선택: 1개를 찾음, 총 3개
객체 선택: 1개를 찾음, 총 4개
객체 선택: Enter
1 루프이(가) 추출됨.
1 영역이(가) 작성됨.

05 | 나사선을 솔리드로 만들겠습니다. 'SWEEP' 명령어를 입력하고 Enter를 누른 다음 역사다리꼴을 선택하여 곡선으로 만들 객체로 선택 후 Enter를 누릅니다. 옵션에서 'A', 'N', 'B'를 입력하고 역사다리꼴 위의 중간점을 클릭한 후 HELIX로 만든 나선을 선택하면 그림과 같이 나선을 따라 솔리드가 만들어집니다.

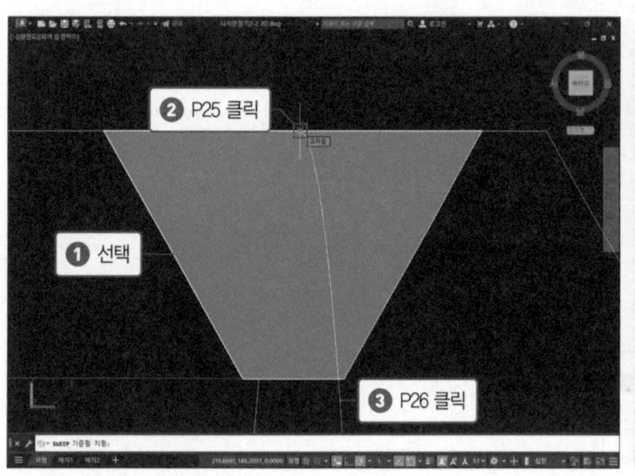

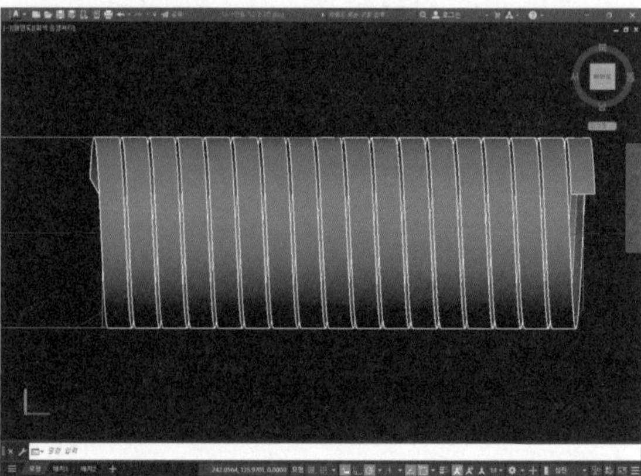

명령: SWEEP
현재 와이어프레임 밀도: ISOLINES=4, 닫힌 윤곽 작성 모드=솔리드
스윕할 객체 선택 또는 [모드(MO)]: 1개를 찾음
스윕할 객체 선택 또는 [모드(MO)]: Enter
스윕 경로 선택 또는 [정렬(A)/기준점(B)/축척(S)/비틀기(T)]: A
스윕하기 전에 스윕 객체를 경로에 직교가 되게 정렬 [예(Y)/아니오(N)]〈예(Y)〉: N
스윕 경로 선택 또는 [정렬(A)/기준점(B)/축척(S)/비틀기(T)]: B
기준점 지정: P25
스윕 경로 선택 또는 [정렬(A)/기준점(B)/축척(S)/비틀기(T)]: P26

06 | 리본 메뉴의 [시각화] 탭에서 '평면도'를 클릭하고 '남동 등각투영'을 선택하여 화면을 변경합니다.

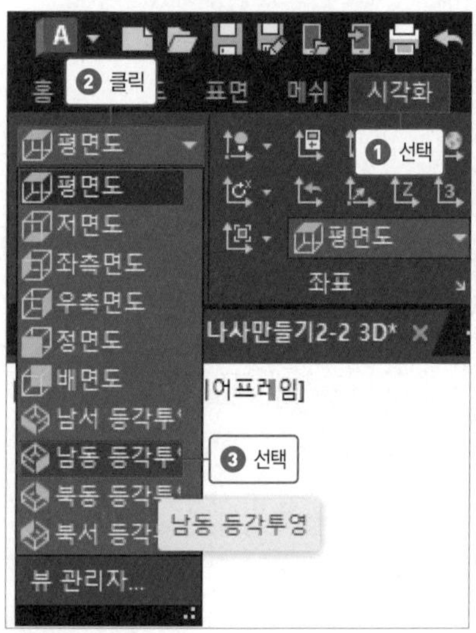

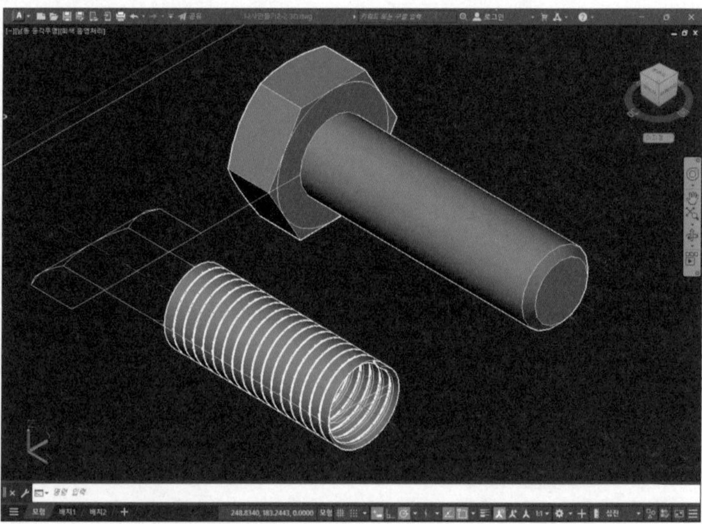

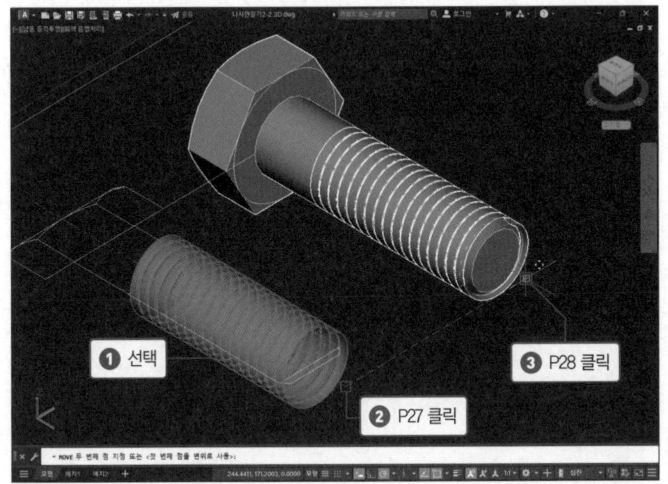

07 | 'M(MOVE)' 명령어를 입력한 다음 Enter를, 왼쪽의 솔리드를 선택한 후 Enter를 누릅니다. 나사 도면 중심선의 아래 끝점을 클릭해 기준점으로 지정하고 오른쪽 나사 몸통의 중심선 아래 끝점을 클릭하여 솔리드 객체를 이동합니다.

명령: M
MOVE
객체 선택: 1개를 찾음
객체 선택: Enter
기준점 지정 또는 [변위(D)] 〈변위〉: P27
두 번째 점 지정 또는 〈첫 번째 점을 변위로 사용〉: P28

08 | 이동한 나사선 솔리드와 기존 나사 객체 솔리드의 겹치는 부분을 삭제하여 모양을 다듬겠습니다. 'SUB(SUBTRACT)' 명령어를 입력하고 Enter를 누릅니다. 첫 번째 객체인 솔리드 나사를 선택하고 Enter를 누른 다음 두 번째로 이동한 나사선 솔리드 객체를 선택 후 Enter를 눌러 마무리합니다.

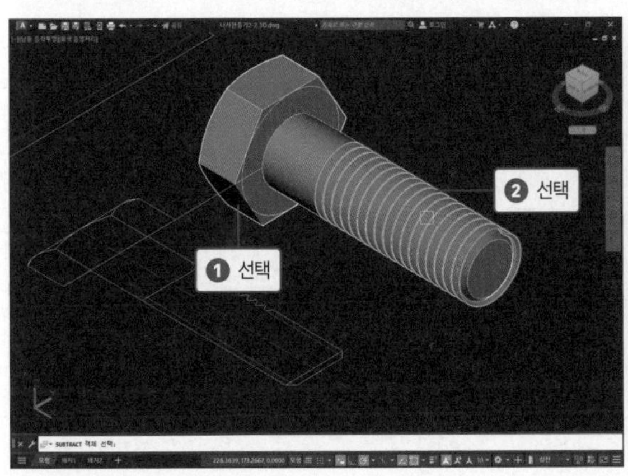

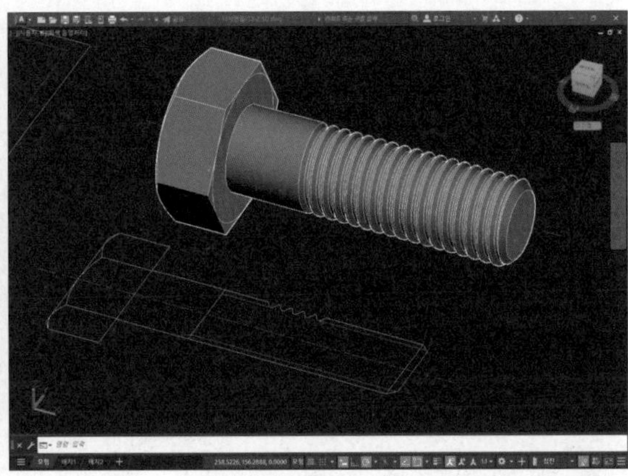

명령: SUBTRACT
제거 대상인 솔리드, 표면 및 영역을 선택 ..
객체 선택: 1개를 찾음
객체 선택: 제거할 솔리드, 표면 및 영역을 선택 ..
객체 선택: 1개를 찾음

제품 디자인 분야의 도면을 손쉽게 이해하고 도면 작업을 수행할 수 있도록 구성된 최신 실습 도면 그리기 파트를 제공합니다. 지금까지 학습한 내용을 토대로 차근차근 반복 연습하면 실무에서 활용되는 핵심 도면 작업 기술을 충분히 습득할 수 있습니다. 뿐만 아니라 모바일 QR 코드를 활용하여 동영상 강의를 따라하면 보다 깊은 이해와 다양한 명령어 습득이 가능합니다.

현장 실무 도면 프로젝트 활용하기

다용도 의자 도면 제작하기

동영상 강의

'RECTANG', 'LINE', 'CIRCLE', 'RAY' 명령어를 중심으로 간이 의자 형태를 만들어 봅니다. 간이 의자 제작 예제에서 사용하는 'LENGTHEN', 'FILLET', 'OFFSET', 'TRIM' 명령어는 AutoCAD로 진행하는 모든 작업 과정에서 사용 빈도가 많은 기능들입니다. 이 명령어들을 활용해 의자 형태를 만든 후 'HATCH' 기능을 이용하여 도면을 완성해 보겠습니다.

미리 보기

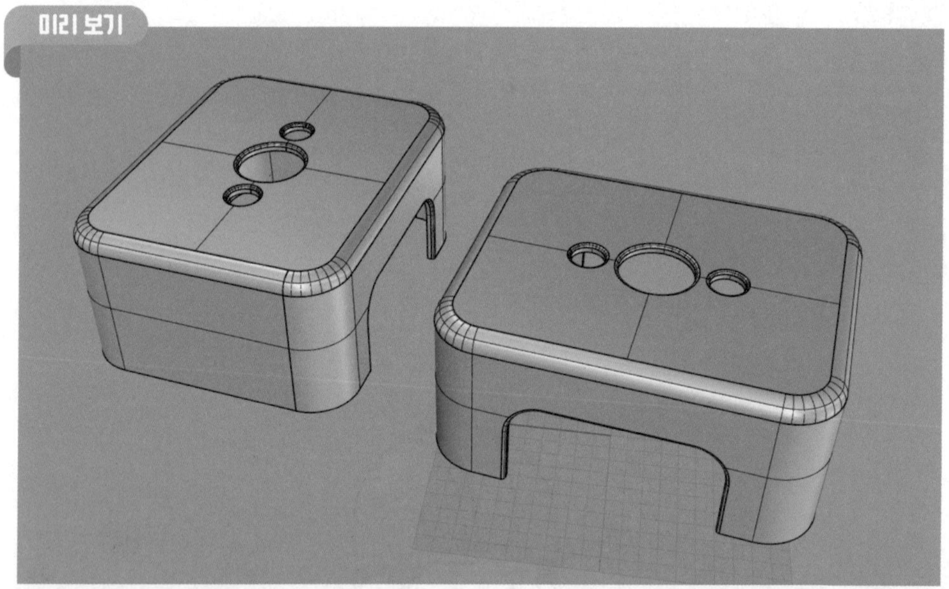

예제 도면

○ 완성 파일 : Part06\다용도 의자_완성.dwg

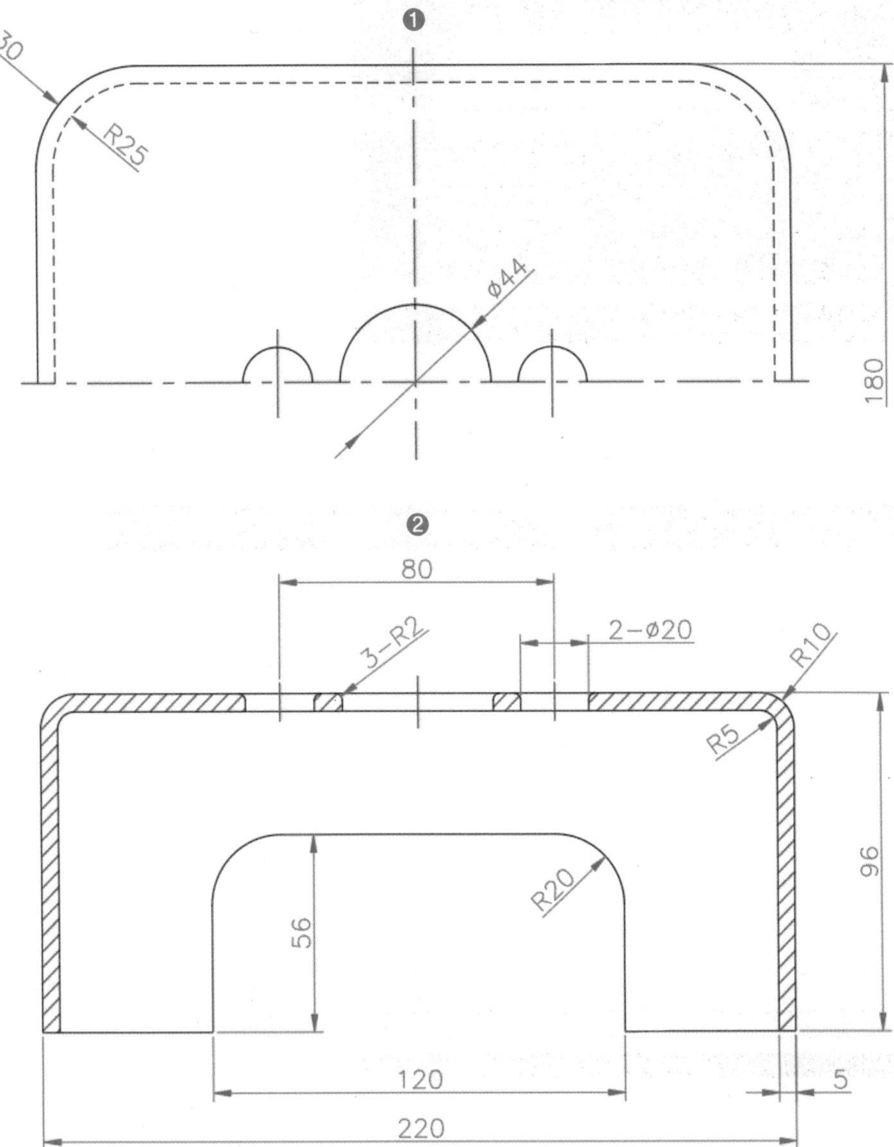

❶ **평면도 그리기**

1. 기본 형태 그리기 ○ 2. 중심선 그리기 ○ 3. 모서리에 라운드 적용하기 ○ 4. 가운데 원 그리기 ○ 5. 간격 복사와 숨은선으로 교체하기 ○ 6. 자르기

❷ **정면도 그리기**

1. 기본 형태 그리기 ○ 2. 정면도 안쪽 형태 그리기 ○ 3. 모서리에 라운드 적용하기 ○ 4. 자르고 형태 정리하기 ○ 5. 해칭 입력하기

1 평면도 그리기

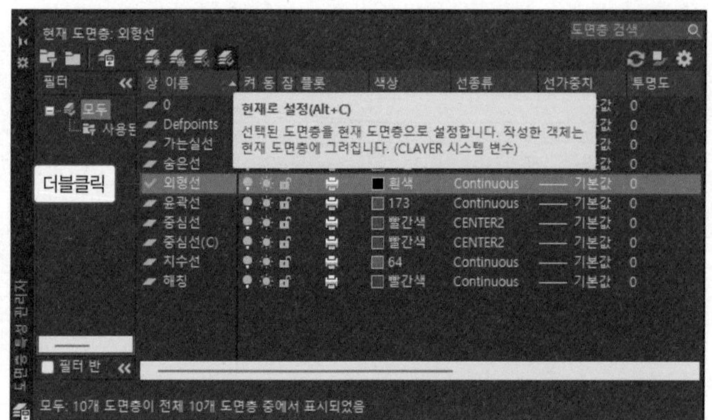

기본 형태 그리기

01 | [도면층(레이어)]의 '외형선'을 더블클릭하여 현재 설정으로 합니다.

02 | '동적 입력(DYNMODE)'을 클릭하여 활성화합니다. 마우스 커서 십자선 우측 하단(제4사분면)에 명령어 입력 내용이 표시됩니다.

719.0580, 214.0793, 0.0000 모형 클릭 1:1

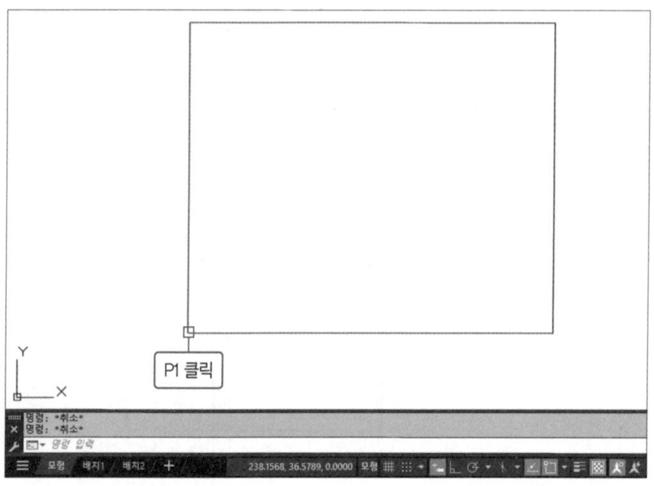

03 | 'REC(RECTANG)' 명령어를 입력하고 Enter를 누릅니다. 적당한 위치를 클릭하여 첫 번째 지점을 지정하고 '@220,180'을 입력한 다음 Enter를 눌러 직사각형을 만듭니다.

명령: REC
RECTANG
첫 번째 구석점 지정 또는 [모따기(C)/고도(E)/모깎기(F)/두께(T)/폭(W)]: P1
다른 구석점 지정 또는 [영역(A)/치수(D)/회전(R)]: @220,180

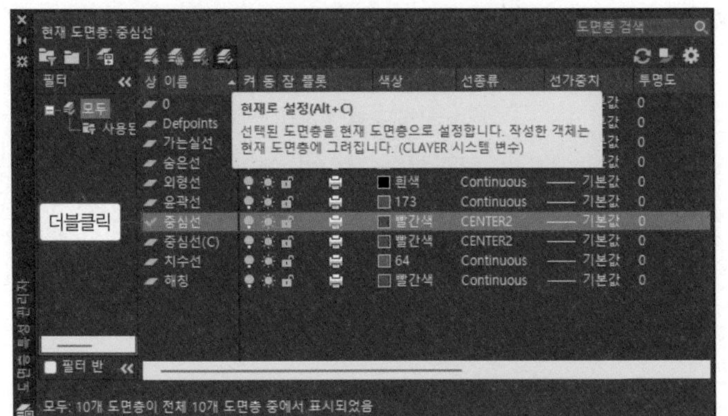

중심선 그리기

01 | [도면층(레이어)]의 '중심선'을 더블 클릭하여 현재 설정으로 합니다.

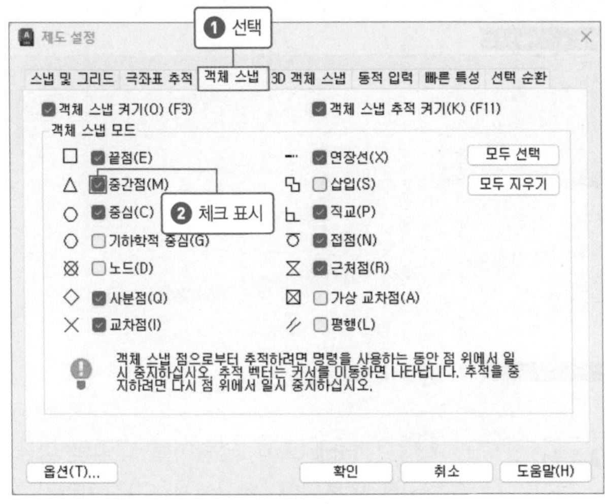

02 | 이때 [제도 설정] 대화상자의 [객체 스냅] 탭에서 '중간점(M)'이 체크 표시되어야 합니다.

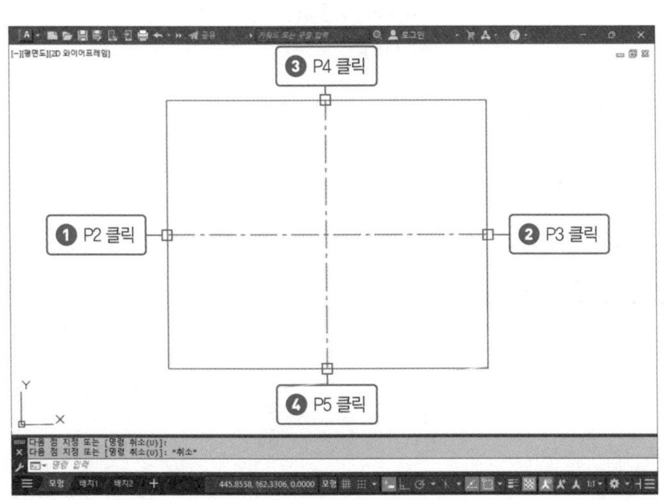

03 | 'L(LINE)' 명령어를 입력하고 Enter를 누릅니다. 직사각형의 왼쪽 중간점을 클릭하고 오른쪽 중간점을 클릭하여 가로선을 그립니다. 사용 중인 명령어를 Esc를 눌러 취소하고 Enter를 눌러서 'L(LINE)' 명령어를 다시 실행합니다. 같은 방법으로 위아래 중간점을 클릭하여 세로선을 그려 십자 모양 중심선을 만듭니다.

명령: L
LINE
첫 번째 점 지정: P2, P4
다음 점 지정 또는 [명령 취소(U)]: P3, P5
다음 점 지정 또는 [명령 취소(U)]: *취소*

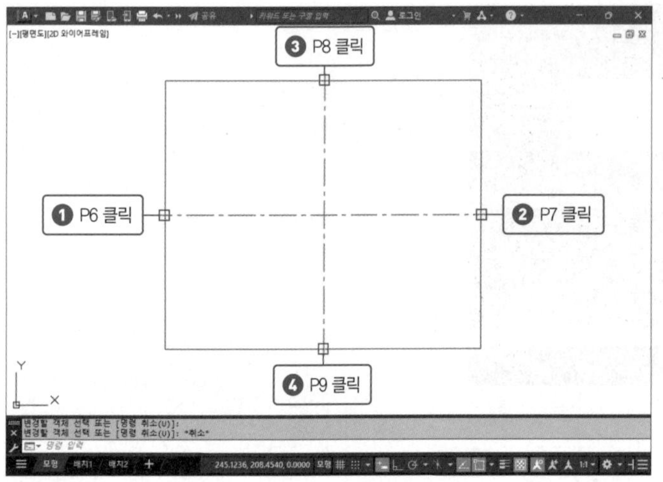

04 | 'LEN(LENGTHEN)' 명령어를 입력하고 Enter를 누른 다음 옵션에서 'DE'를 입력후 Enter를 누릅니다. '5'를 입력하고 다시 Enter를 누릅니다. 중심선의 끝부분을 각각 클릭하면 '5'씩 늘어납니다.

명령: LEN
LENGTHEN
측정할 객체 또는 [증분(DE)/퍼센트(P)/합계(T)/동적(DY)] 선택 〈증분(DE)〉: DE
증분 길이 또는 [각도(A)] 입력 〈5.0000〉: 5
변경할 객체 선택 또는 [명령 취소(U)]: P6, P7, P8, P9
변경할 객체 선택 또는 [명령 취소(U)]: *취소*

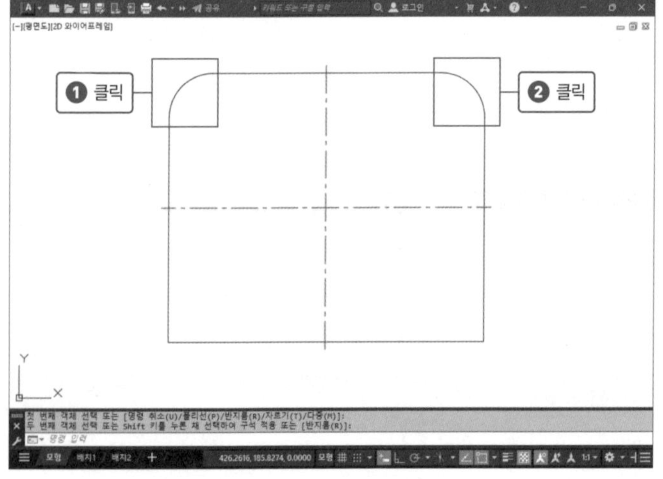

모서리에 라운드 적용하기

01 | 'F(FILLET)' 명령어를 입력한 다음 Enter를 누릅니다. 옵션에서 'R'을 입력하고 '30'을 입력한 다음 직사각형 객체 위 양쪽 모서리를 각각 선택하여 라운드를 적용합니다.

명령: F
FILLET
현재 설정: 모드=자르기, 반지름=30.0000
첫 번째 객체 선택 또는 [명령 취소(U)/폴리선(P)/반지름(R)/자르기(T)/다중(M)]: R
모깎기 반지름 지정 〈30.0000〉: 30

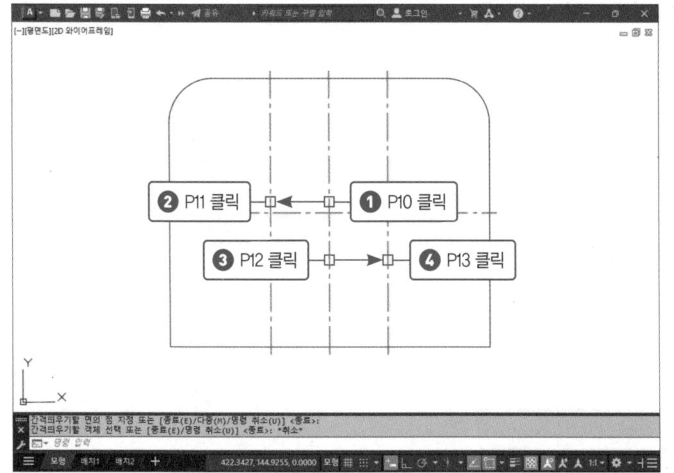

가운데 원 그리기

01 | 'O(OFFSET)' 명령어를 입력하고 Enter를 누릅니다. '40'을 입력하고 Enter를 누릅니다. 세로 중심선을 선택하고 왼쪽과 오른쪽을 각각 클릭하여 '40'만큼 떨어진 간격 띄우기 복사를 합니다.

명령: O
OFFSET
현재 설정: 원본 지우기=아니오, 도면층=원본, OFFSETGAPTYPE=0
간격띄우기 거리 지정 또는 [통과점(T)/지우기(E)/도면층(L)] 〈통과점〉: 40

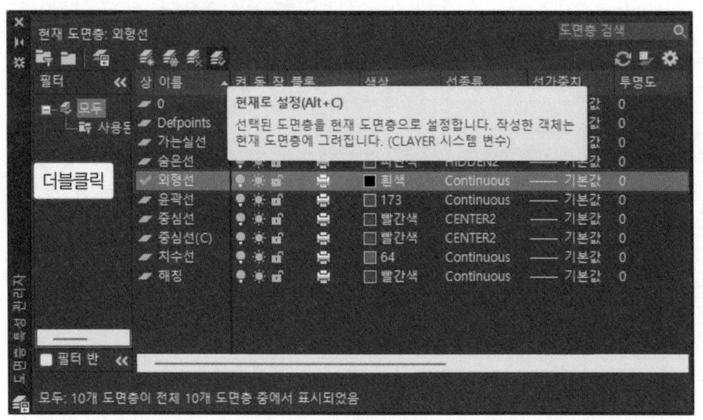

02 | [도면층(레이어)]의 '외형선'을 더블 클릭하여 현재 설정으로 합니다.

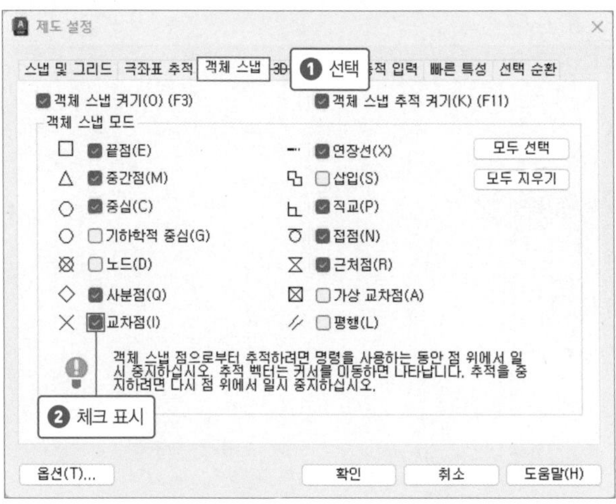

03 | 이때 [제도 설정] 대화상자의 [객체 스냅] 탭에서 '교차점(I)'이 반드시 체크 표시되어 있어야 합니다.

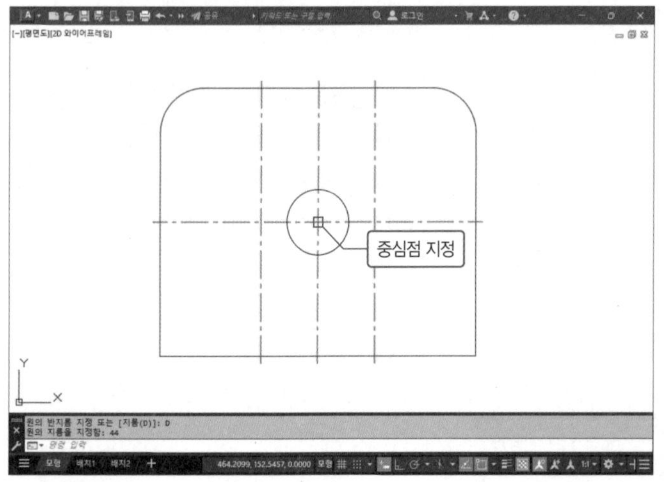

04 | 'C(CIRCLE)' 명령어를 입력하고 Enter를 누릅니다. 중심선의 교차점을 클릭해 중심점으로 지정하고 옵션에서 'D'를 입력한 후 '44'를 입력한 다음 Enter를 눌러 지름 '44' 원을 그립니다.

명령: C
CIRCLE
원에 대한 중심점 지정 또는 [3점(3P)/2점(2P)/Ttr – 접선 접선 반지름(T)]: (중심점 지정)
원의 반지름 지정 또는 [지름(D)]: D
원의 지름을 지정함: 44

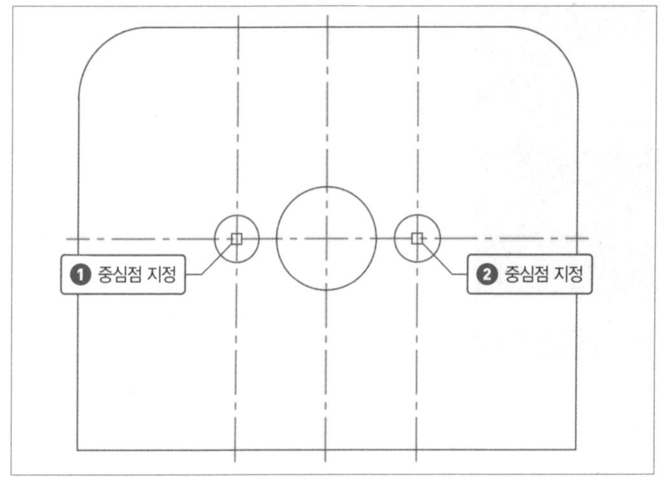

05 | Enter를 눌러 'C(CIRCLE)' 명령어를 다시 실행하고 같은 방법으로 간격 띄우기 복사한 왼쪽 오른쪽 세로선과 가로선 교차점을 각각 클릭해 지름 '20' 원을 그립니다.

명령:
CIRCLE
원에 대한 중심점 지정 또는 [3점(3P)/2점(2P)/Ttr – 접선 접선 반지름(T)]: (중심점 지정)
원의 반지름 지정 또는 [지름(D)] ⟨10.0000⟩: D
원의 지름을 지정함 ⟨20.0000⟩: 20

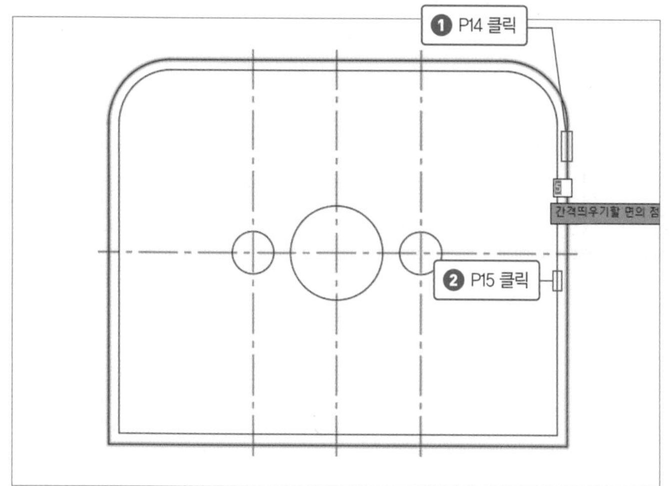

간격 복사와 숨은 선으로 교체하기

01 | 'O(OFFSET)' 명령어를 입력하고 Enter를 누른 다음 '5'를 입력 후 Enter를 누릅니다. 외형선을 선택하고 외형선 안쪽을 클릭하여 '5'만큼 떨어진 간격 띄우기 복사를 합니다.

명령: O
OFFSET
현재 설정: 원본 지우기=아니오, 도면층=원본, OFFSETGAPTYPE=0
간격띄우기 거리 지정 또는 [통과점(T)/지우기(E)/도면층(L)] 〈5.0000〉: 5
간격띄우기할 객체 선택 또는 [종료(E)/명령 취소(U)] 〈종료〉: P14
간격띄우기할 면의 점 지정 또는 [종료(E)/다중(M)/명령 취소(U)] 〈종료〉: P15
간격띄우기할 객체 선택 또는 [종료(E)/명령 취소(U)] 〈종료〉: *취소*

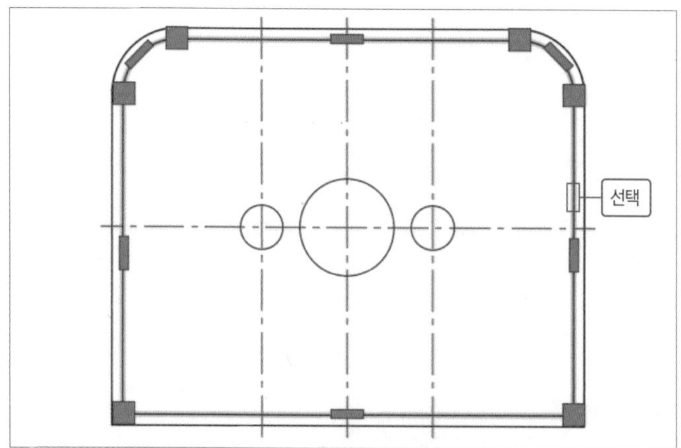

02 | 숨은 선으로 교체하기 위해서 안쪽으로 간격 복사한 객체를 선택합니다.

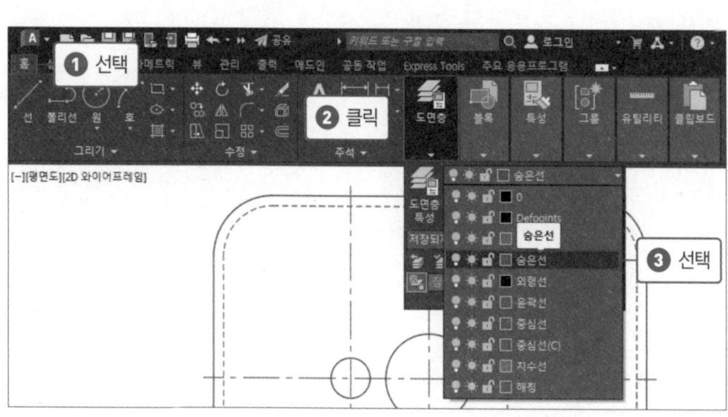

03 | [홈] 탭을 선택하고 [도면층(레이어)]에서 '숨은선'을 선택하여 교체합니다.

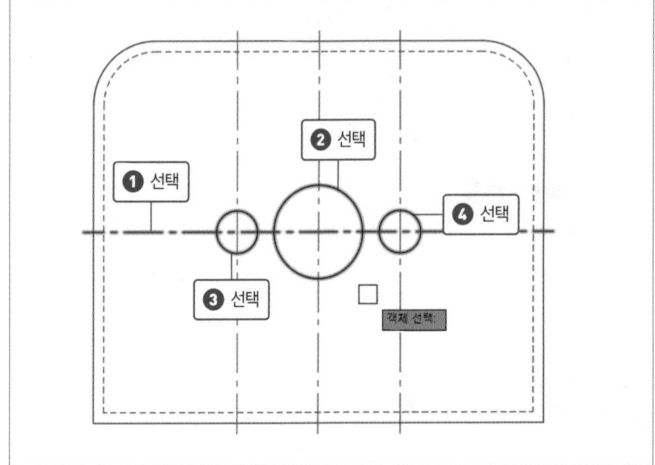

자르기

01 | 아랫부분을 자르기 위해 'TR(TRIM)' 명령어를 입력하고 Enter를 누른 후 옵션에서 'T'를 입력합니다. 절단 모서리 경계가 되는 가로선과 원을 선택하고 Enter를 누릅니다.

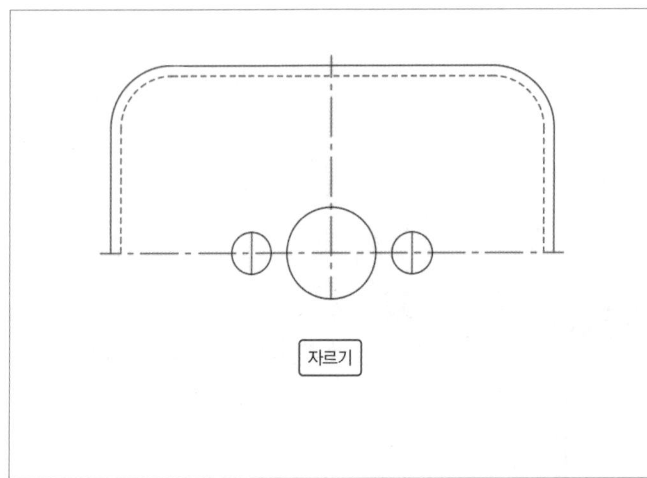

02 | 자르는 경계가 되는 부분을 기준으로 아래의 외형선, 숨은선, 중심선을 선택하여 자릅니다.

```
명령: TR
TRIM
현재 설정: 투영=UCS, 모서리=없음, 모드=빠른 작업
자를 객체를 선택하거나 Shift 키를 누른 채로 선택하여 확장 또는
[절단 모서리(T)/걸치기(C)/모드(O)/프로젝트(P)/지우기(R)]: T
현재 설정: 투영=UCS, 모서리=없음, 모드=빠른 작업
절단 모서리 선택...
객체 선택 또는 <모두 선택>: 1개를 찾음
객체 선택: 1개를 찾음, 총 2개
객체 선택: 1개를 찾음, 총 3개
객체 선택: 1개를 찾음, 총 4개
객체 선택:
자를 객체를 선택하거나 Shift 키를 누른 채로 선택하여 확장 또는
[절단 모서리(T)/걸치기(C)/모드(O)/프로젝트(P)/지우기(R)]: *취소*
```

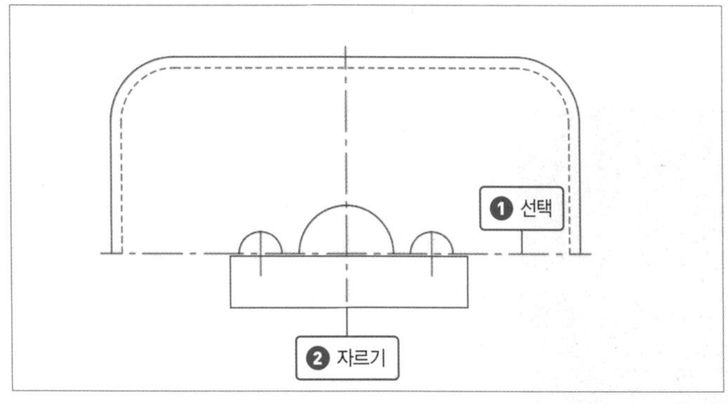

03 | 'TR(TRIM)' 명령어를 입력하고 Enter를 누른 후 옵션에서 'T'를 입력합니다. 절단 모서리 경계인 가로 중심선을 선택한 다음 Enter를 누릅니다. 원 아랫부분을 차례대로 선택하여 자르고 Esc를 눌러서 취소합니다.

명령: TR
TRIM
현재 설정: 투영=UCS, 모서리=없음, 모드=빠른 작업
자를 객체를 선택하거나 Shift 키를 누른 채로 선택하여 확장 또는
[절단 모서리(T)/걸치기(C)/모드(O)/프로젝트(P)/지우기(R)]: T
현재 설정: 투영=UCS, 모서리=없음, 모드=빠른 작업
절단 모서리 선택...
객체 선택 또는 〈모두 선택〉: 1개를 찾음
객체 선택:
자를 객체를 선택하거나 Shift 키를 누른 채로 선택하여 확장 또는
[절단 모서리(T)/걸치기(C)/모드(O)/프로젝트(P)/지우기(R)]:
자를 객체를 선택하거나 Shift 키를 누른 채로 선택하여 확장 또는
[절단 모서리(T)/걸치기(C)/모드(O)/프로젝트(P)/지우기(R)/명령 취소(U)]:

04 | 'LEN(LENGTHEN)' 명령어를 입력한 다음 Enter를 누릅니다. 옵션에서 'DE'를 입력하고 Enter를 누른 다음 '5'를 입력하고 다시 Enter를 누릅니다. 이후 두 개의 지름 '20' 원의 중심선 위를 클릭해 각각 '5'씩 늘이고 Esc를 눌러 취소합니다.

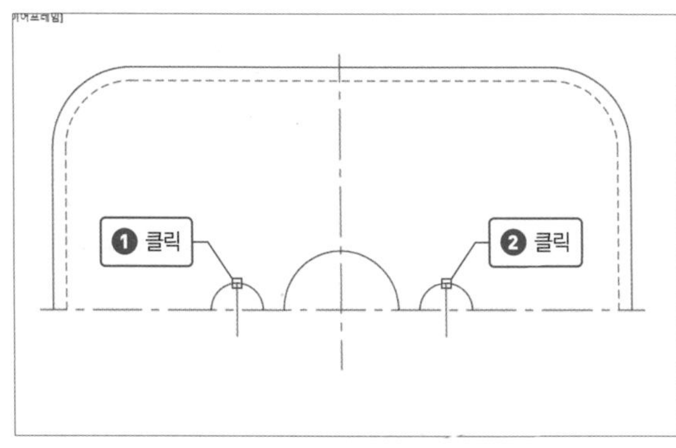

▲ 연장되기 전

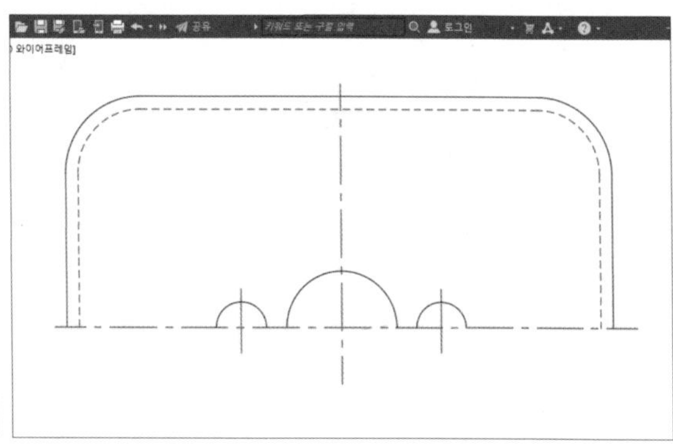

▲ 연장된 이후

명령: LEN
LENGTHEN
측정할 객체 또는 [증분(DE)/퍼센트(P)/합계(T)/동적(DY)] 선택 〈증분(DE)〉: DE
증분 길이 또는 [각도(A)] 입력 〈5.0000〉: 5
변경할 객체 선택 또는 [명령 취소(U)]: *취소*

2 | 정면도 그리기

기본 형태 그리기

01 | 'LA(LAYER)'를 입력한 다음 레이어에서 '외형선'을 더블클릭해 현재 설정으로 합니다.

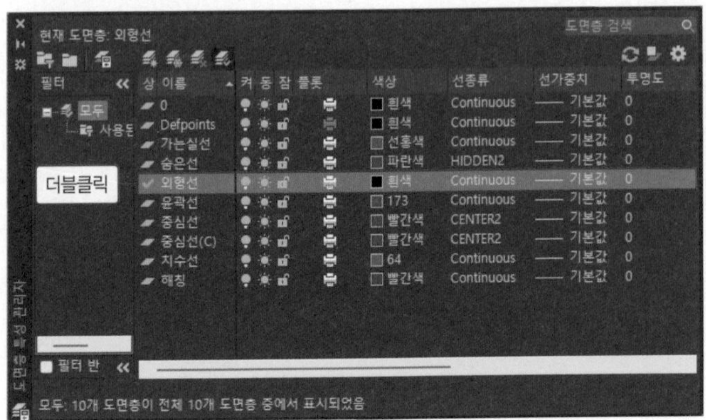

02 | F8을 눌러서 '직교 모드'를 활성화합니다.

03 | 정면도 틀을 잡기 위해 'RAY' 명령어를 입력하고 Enter를 누릅니다. 평면도의 양쪽 외형선 하단 끝점을 클릭한 후 아래로 드래그하여 클릭해 반무한선(광선)을 그립니다.

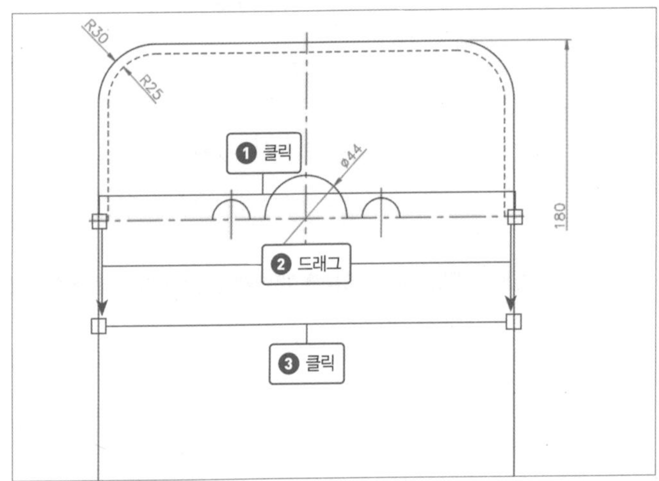


```
명령: RAY
시작점을 지정:
통과점을 지정: *취소*
```

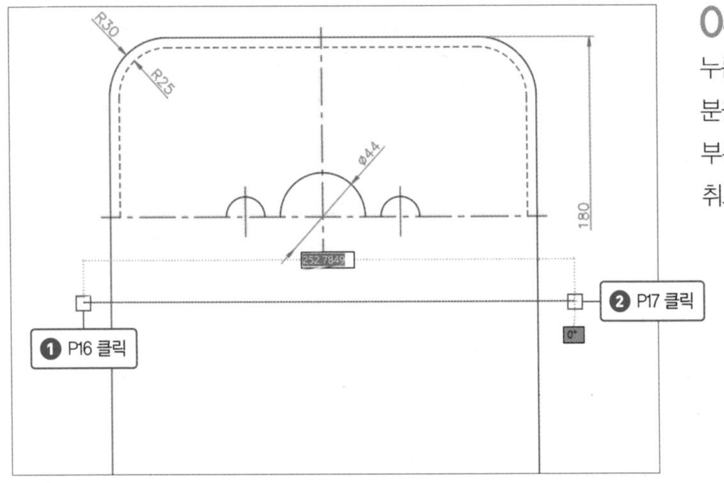

04 | 'L(LINE)' 명령어를 입력하고 Enter를 누릅니다. 왼쪽을 클릭하여 시작점이 될 부분을 클릭하고 오른쪽을 클릭해 끝점이 될 부분을 지정한 다음 Esc를 눌러 명령어를 취소합니다.

```
명령: L
LINE
첫 번째 점 지정: Enter
다음 점 지정 또는 [명령 취소(U)]: P16
다음 점 지정 또는 [명령 취소(U)]: P17
```

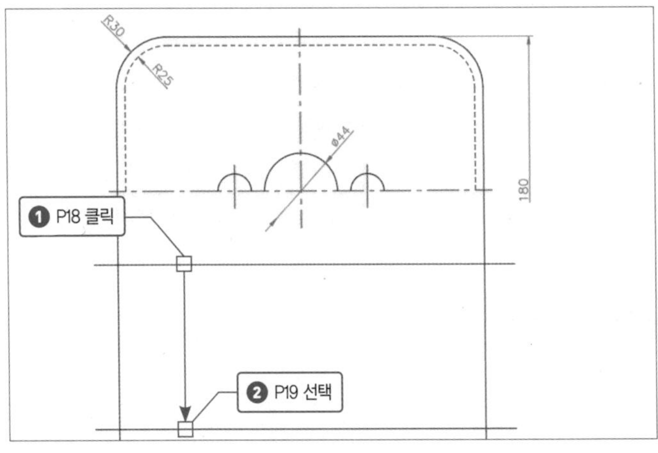

05 | 'O(OFFSET)' 명령어를 입력하고 Enter를 누른 다음 '96'을 입력 후 Enter를 누릅니다. 조금 전 그린 정면도의 위쪽 외형선을 선택하고 아래쪽을 클릭하여 '96'만큼 떨어진 간격 띄우기 복사를 합니다. Esc를 눌러 명령어를 취소합니다.

```
명령: O
OFFSET
현재 설정: 원본 지우기=아니오, 도면층=원본, OFFSETGAPTYPE=0
간격띄우기 거리 지정 또는 [통과점(T)/지우기(E)/도면층(L)] <96.0000>: 96
간격띄우기할 객체 선택 또는 [종료(E)/명령 취소(U)] <종료>: P18
간격띄우기할 면의 점 지정 또는 [종료(E)/다중(M)/명령 취소(U)] <종료>: P19
간격띄우기할 객체 선택 또는 [종료(E)/명령 취소(U)] <종료>: *취소*
```

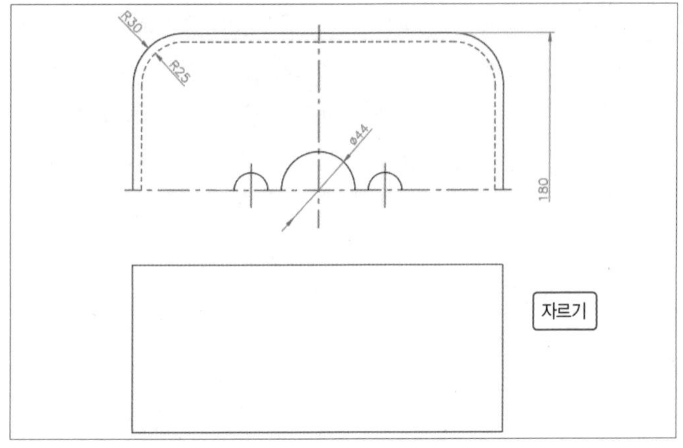

06 | 'TR(TRIM)' 명령어를 입력하고 Enter를 누른 다음 정면도 형태의 직사각형만 남기고 자릅니다. Esc를 눌러 현재 사용 중인 명령어를 취소합니다.

```
명령: TR
TRIM
현재 설정: 투영=UCS, 모서리=없음, 모드=빠른 작업
자를 객체를 선택하거나 Shift 키를 누른 채로 선택하여 확장 또는
[절단 모서리(T)/걸치기(C)/모드(O)/프로젝트(P)/지우기(R)]:
자를 객체를 선택하거나 Shift 키를 누른 채로 선택하여 확장 또는
[절단 모서리(T)/걸치기(C)/모드(O)/프로젝트(P)/지우기(R)/명령 취소(U)]:
```

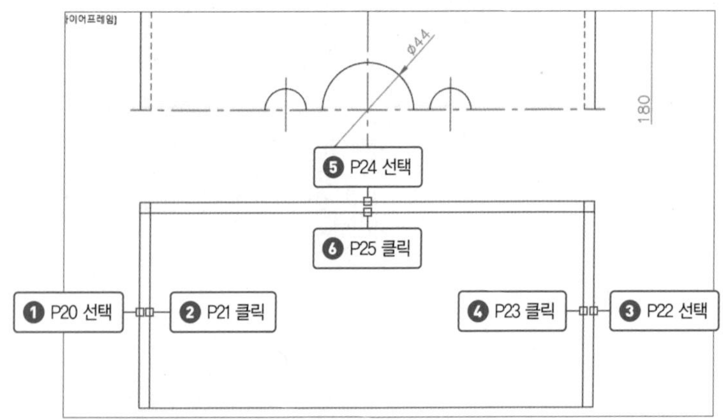

07 | 'O(OFFSET)' 명령어를 입력하고 Enter를 누른 다음 '5'를 입력 후 Enter를 누릅니다. 잘라낸 객체에서 왼쪽과 오른쪽, 위쪽 선을 선택하고 안쪽을 클릭하여 '5'만큼 간격 띄우기 복사합니다. Esc를 눌러 현재 사용 중인 명령어를 취소합니다.

```
명령: O
OFFSET
현재 설정: 원본 지우기=아니오, 도면층=원본, OFFSETGAPTYPE=0
간격띄우기 거리 지정 또는 [통과점(T)/지우기(E)/도면층(L)] <96.0000>: 5
간격띄우기할 객체 선택 또는 [종료(E)/명령 취소(U)] <종료>: Enter
간격띄우기할 면의 점 지정 또는 [종료(E)/다중(M)/명령 취소(U)] <종료>: P20, P22, P24
간격띄우기할 객체 선택 또는 [종료(E)/명령 취소(U)] <종료>: P21, P23, P25
```

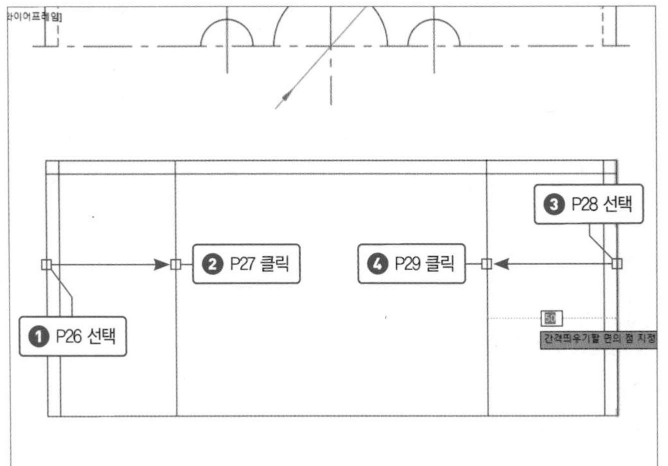

정면도 안쪽 형태 그리기

01 | Enter를 눌러 'O(OFFSET)' 명령어를 다시 실행하고 '50'을 입력한 다음 Enter를 누릅니다. 잘라낸 객체에서 왼쪽과 오른쪽 선을 각각 선택하고 안쪽을 클릭하여 '50'만큼 간격 띄우기 복사합니다. Esc를 눌러 현재 사용 중인 명령어를 취소합니다.

명령:
OFFSET
현재 설정: 원본 지우기=아니오, 도면층=원본, OFFSETGAPTYPE=0
간격띄우기 거리 지정 또는 [통과점(T)/지우기(E)/도면층(L)] ⟨5.0000⟩: 50
간격띄우기할 객체 선택 또는 [종료(E)/명령 취소(U)] ⟨종료⟩: Enter
간격띄우기할 면의 점 지정 또는 [종료(E)/다중(M)/명령 취소(U)] ⟨종료⟩: P26, P28
간격띄우기할 객체 선택 또는 [종료(E)/명령 취소(U)] ⟨종료⟩: P27, P29

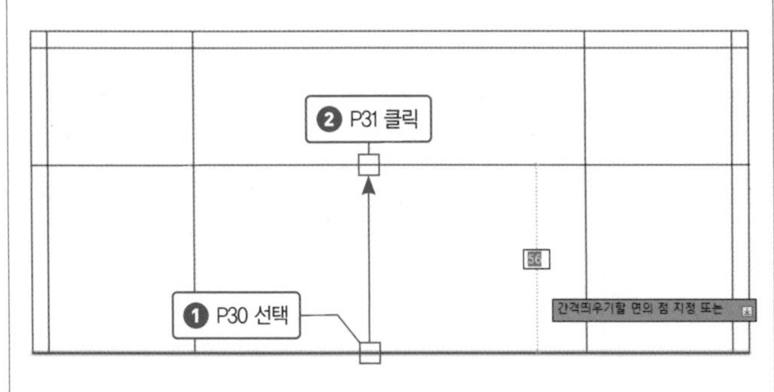

02 | Enter를 눌러 'O(OFFSET)' 명령어를 다시 실행합니다. 입력 창에 '56'을 입력한 다음 Enter를 누릅니다. 잘라낸 객체에서 아래쪽 선을 선택하고 위를 클릭하여 '56'만큼 간격 띄우기 복사합니다. Esc를 눌러 현재 사용 중인 명령어를 취소합니다.

명령:
OFFSET
현재 설정: 원본 지우기=아니오, 도면층=원본, OFFSETGAPTYPE=0
간격띄우기 거리 지정 또는 [통과점(T)/지우기(E)/도면층(L)] ⟨50.0000⟩: 56
간격띄우기할 객체 선택 또는 [종료(E)/명령 취소(U)] ⟨종료⟩: P30
간격띄우기할 면의 점 지정 또는 [종료(E)/다중(M)/명령 취소(U)] ⟨종료⟩: P31

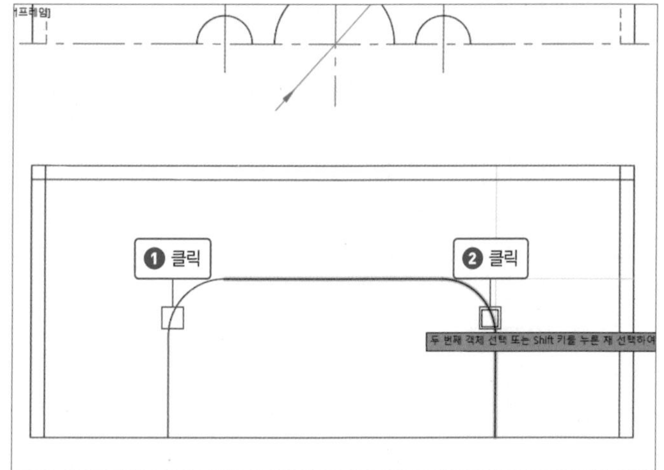

모서리에 라운드 적용하기

01 | 'F(FILLET)' 명령어를 입력하고 Enter를 누릅니다. 옵션에서 'R'을 입력하고 '20'을 입력한 다음 Enter를 누릅니다. 이어서 'M'을 입력하고 사각형 양쪽 부분을 클릭해 반복해서 라운드를 적용합니다. Esc를 눌러 현재 사용 중인 명령어를 취소합니다.

명령: F
FILLET
현재 설정: 모드=자르기, 반지름=20.0000
첫 번째 객체 선택 또는 [명령 취소(U)/폴리선(P)/반지름(R)/자르기(T)/다중(M)]: R
모깎기 반지름 지정 〈20.0000〉: 20
첫 번째 객체 선택 또는 [명령 취소(U)/폴리선(P)/반지름(R)/자르기(T)/다중(M)]: M
첫 번째 객체 선택 또는 [명령 취소(U)/폴리선(P)/반지름(R)/자르기(T)/다중(M)]:
두 번째 객체 선택 또는 Shift 키를 누른 채 선택하여 구석 적용 또는 [반지름(R)]:
첫 번째 객체 선택 또는 [명령 취소(U)/폴리선(P)/반지름(R)/자르기(T)/다중(M)]: *취소*

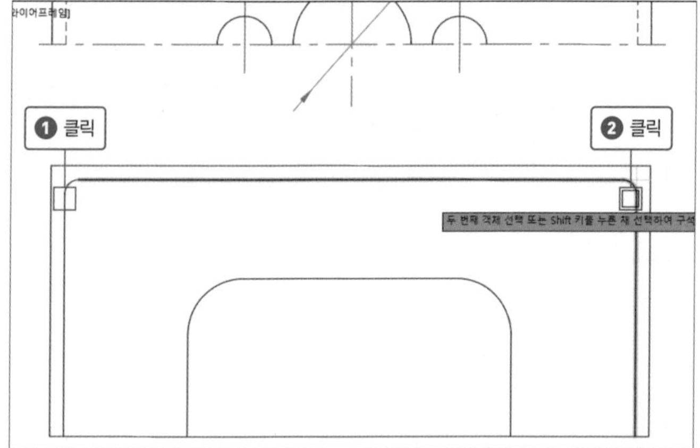

02 | Enter를 눌러 'F(FILLET)' 명령어를 재실행합니다. 사각형 안쪽 선을 클릭해 양쪽에 각각 라운드를 적용합니다. Esc를 눌러서 사용 중인 명령어를 취소합니다.

명령:
FILLET
현재 설정: 모드=자르기, 반지름=20.0000
첫 번째 객체 선택 또는 [명령 취소(U)/폴리선(P)/반지름(R)/자르기(T)/다중(M)]: R
모깎기 반지름 지정 〈20.0000〉: 5
첫 번째 객체 선택 또는 [명령 취소(U)/폴리선(P)/반지름(R)/자르기(T)/다중(M)]: M
첫 번째 객체 선택 또는 [명령 취소(U)/폴리선(P)/반지름(R)/자르기(T)/다중(M)]:
두 번째 객체 선택 또는 Shift 키를 누른 채 선택하여 구석 적용 또는 [반지름(R)]:
첫 번째 객체 선택 또는 [명령 취소(U)/폴리선(P)/반지름(R)/자르기(T)/다중(M)]: *취소*

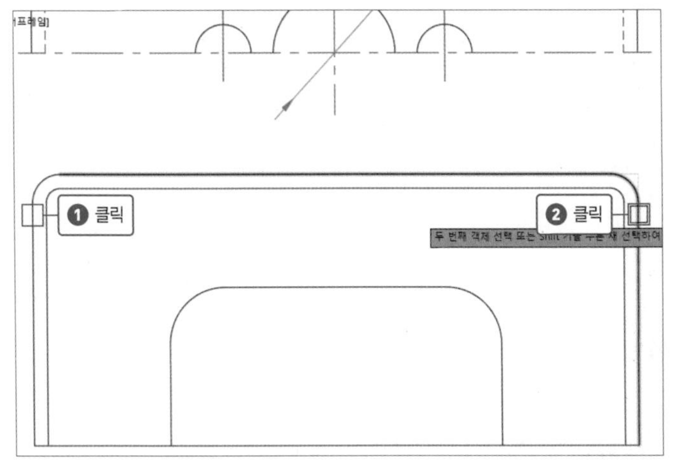

03 | Enter를 눌러 'F(FILLET)' 명령어를 다시 실행합니다. 사각형 바깥쪽 선을 클릭하여 양쪽에 각각 라운드를 적용합니다. Esc를 눌러 현재 사용 중인 명령어를 취소합니다.

명령:
FILLET
현재 설정: 모드=자르기, 반지름=5.0000
첫 번째 객체 선택 또는 [명령 취소(U)/폴리선(P)/반지름(R)/자르기(T)/다중(M)]: R
모깎기 반지름 지정 〈5.0000〉: 10
첫 번째 객체 선택 또는 [명령 취소(U)/폴리선(P)/반지름(R)/자르기(T)/다중(M)]: M
첫 번째 객체 선택 또는 [명령 취소(U)/폴리선(P)/반지름(R)/자르기(T)/다중(M)]:
두 번째 객체 선택 또는 Shift 키를 누른 채 선택하여 구석 적용 또는 [반지름(R)]:
첫 번째 객체 선택 또는 [명령 취소(U)/폴리선(P)/반지름(R)/자르기(T)/다중(M)]:

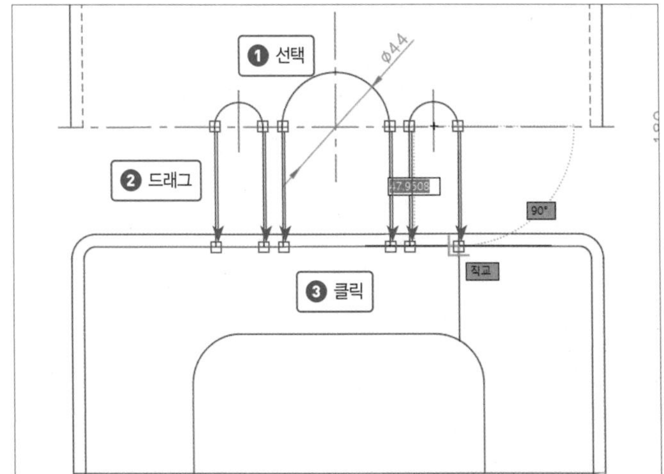

자르고 형태 정리하기

01 | 'L(LINE)' 명령어를 입력하고 Enter를 누릅니다. 평면도의 지름 '20' 원과 '44' 원 아래쪽 끝부분을 각각 선택하고 '5' 두께까지 아래로 드래그한 다음 클릭합니다. Esc를 눌러 사용 중인 명령어를 취소합니다.

명령: L
LINE
첫 번째 점 지정: (선의 시작점 선택)
다음 점 지정 또는 [명령 취소(U)]: (선의 끝점 선택)
다음 점 지정 또는 [명령 취소(U)]: *취소*

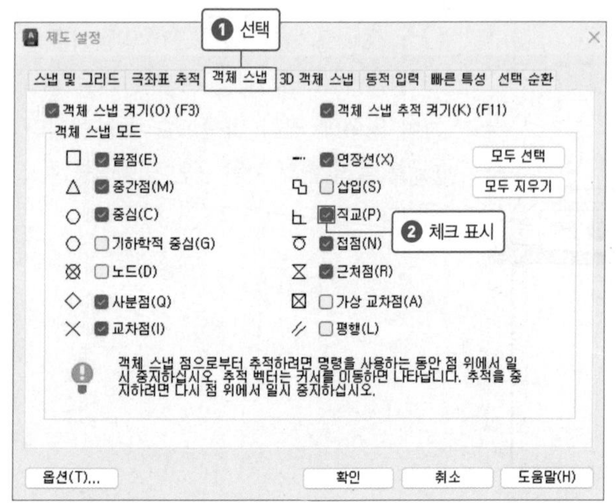

02 | 이때 [제도 설정] 대화상자에서 〔객체 스냅〕 탭의 '직교(P)'를 체크 표시합니다.

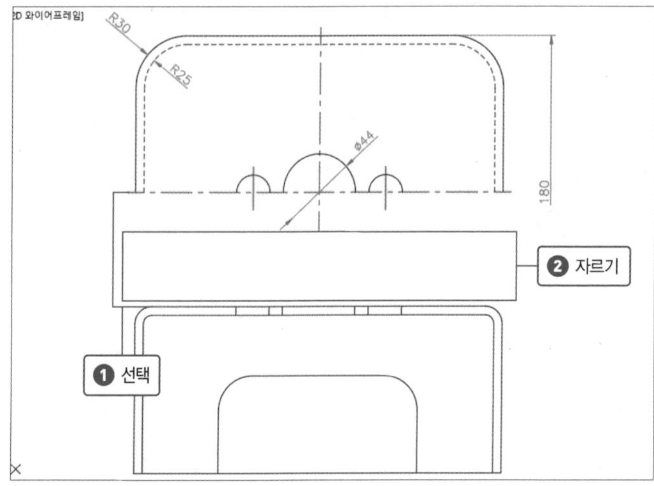

03 | 'TR(TRIM)' 명령어를 입력하고 Enter를 누릅니다. 절단 모서리 경계가 되는 평면도 아래쪽 가로선과 정면도 위쪽 가로선을 선택하고 그림과 같이 평면도와 정면도를 연결한 선을 차례대로 클릭하여 자릅니다. Esc를 눌러 현재 사용 중인 명령어를 취소합니다.

```
명령: TR
TRIM
현재 설정: 투영=UCS, 모서리=없음, 모드=빠른 작업
자를 객체를 선택하거나 Shift 키를 누른 채로 선택하여 확장 또는
[절단 모서리(T)/걸치기(C)/모드(O)/프로젝트(P)/지우기(R)]:
자를 객체를 선택하거나 Shift 키를 누른 채로 선택하여 확장 또는
[절단 모서리(T)/걸치기(C)/모드(O)/프로젝트(P)/지우기(R)/명령 취소(U)]:
자를 객체를 선택하거나 Shift 키를 누른 채로 선택하여 확장 또는
[절단 모서리(T)/걸치기(C)/모드(O)/프로젝트(P)/지우기(R)/명령 취소(U)]: *취소*
```

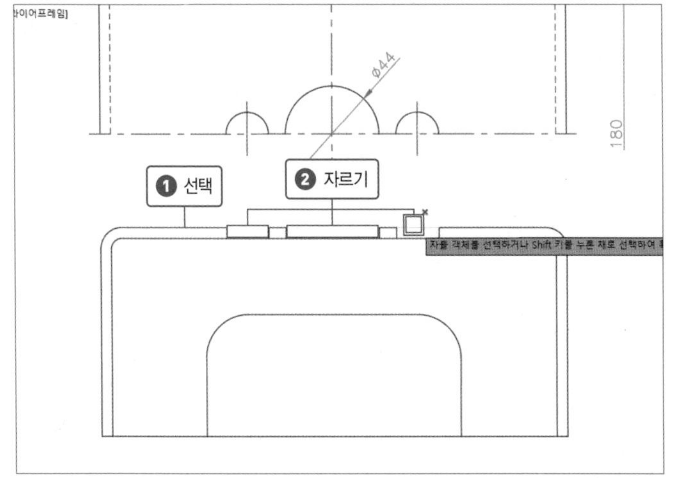

04 | 정면도 윗부분도 자르겠습니다. Enter를 눌러 'TR(TRIM)' 명령어를 다시 실행하고 절단 모서리 경계가 되는 정면도 위쪽 가로선을 선택한 다음 그림과 같이 차례대로 클릭하여 자른 후 Esc를 눌러 현재 사용 중인 명령어를 취소합니다.

```
명령:
TRIM
현재 설정: 투영=UCS, 모서리=없음, 모드=빠른 작업
자를 객체를 선택하거나 Shift 키를 누른 채로 선택하여 확장 또는
 [절단 모서리(T)/걸치기(C)/모드(O)/프로젝트(P)/지우기(R)]:
자를 객체를 선택하거나 Shift 키를 누른 채로 선택하여 확장 또는
 [절단 모서리(T)/걸치기(C)/모드(O)/프로젝트(P)/지우기(R)/명령 취소(U)]:
```

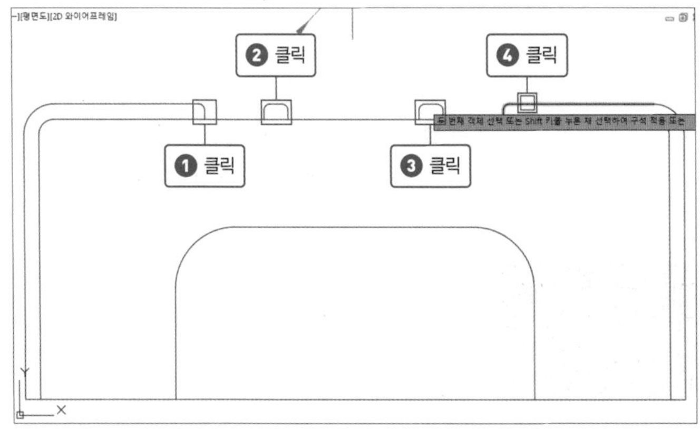

05 | 'F(FILLET)' 명령어를 입력한 다음 Enter를 누릅니다. 옵션에서 'R'을 입력하고 '2'를 입력한 후 Enter를 누릅니다. 'M'을 입력하고 그림과 같이 모서리 부분을 차례대로 선택하여 라운드를 적용합니다. Esc를 눌러 명령어를 취소합니다.

```
명령: F
FILLET
현재 설정: 모드=자르기, 반지름=10.0000
첫 번째 객체 선택 또는 [명령 취소(U)/폴리선(P)/반지름(R)/자르기(T)/다중(M)]: R
모깎기 반지름 지정 <10.0000>: 2
첫 번째 객체 선택 또는 [명령 취소(U)/폴리선(P)/반지름(R)/자르기(T)/다중(M)]: M
첫 번째 객체 선택 또는 [명령 취소(U)/폴리선(P)/반지름(R)/자르기(T)/다중(M)]:
두 번째 객체 선택 또는 Shift 키를 누른 채 선택하여 구석 적용 또는 [반지름(R)]:
첫 번째 객체 선택 또는 [명령 취소(U)/폴리선(P)/반지름(R)/자르기(T)/다중(M)]:
두 번째 객체 선택 또는 Shift 키를 누른 채 선택하여 구석 적용 또는 [반지름(R)]:
첫 번째 객체 선택 또는 [명령 취소(U)/폴리선(P)/반지름(R)/자르기(T)/다중(M)]: *취소*
```

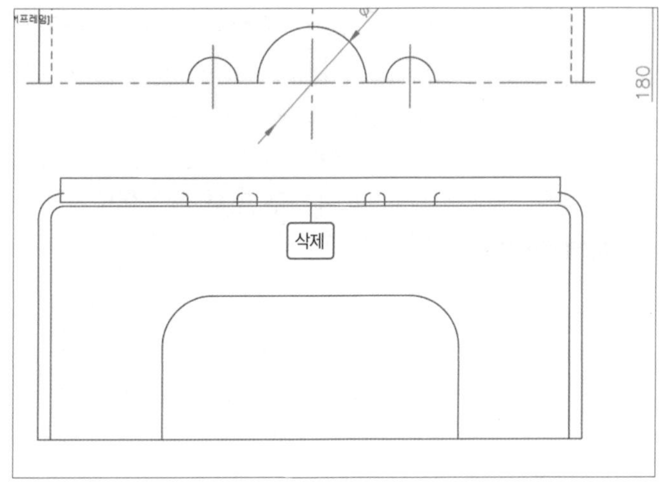

06 | 그림과 같이 선을 선택하고 Delete를 눌러 삭제합니다.

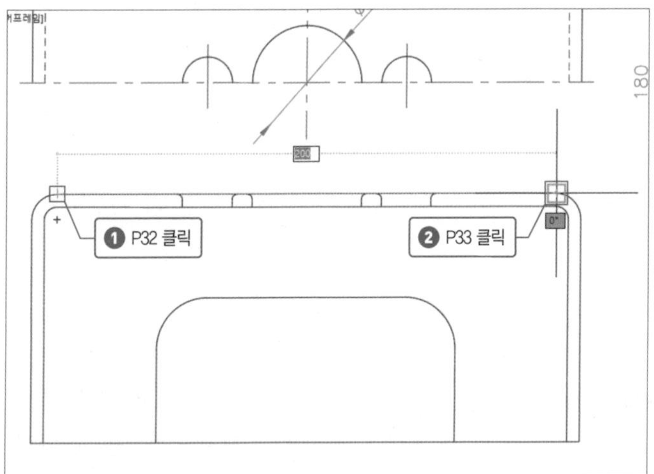

07 | 'L(LINE)' 명령어를 입력하고 Enter를 누릅니다. 삭제한 부분 왼쪽 점을 클릭한 후 오른쪽 점을 클릭해 가로선을 만들어 삭제한 부분을 다시 이어지게 만듭니다. Esc를 눌러 사용 중인 명령어를 취소합니다.

```
명령: L
LINE
첫 번째 점 지정: P32
다음 점 지정 또는 [명령 취소(U)]: P33
다음 점 지정 또는 [명령 취소(U)]: *취소*
```

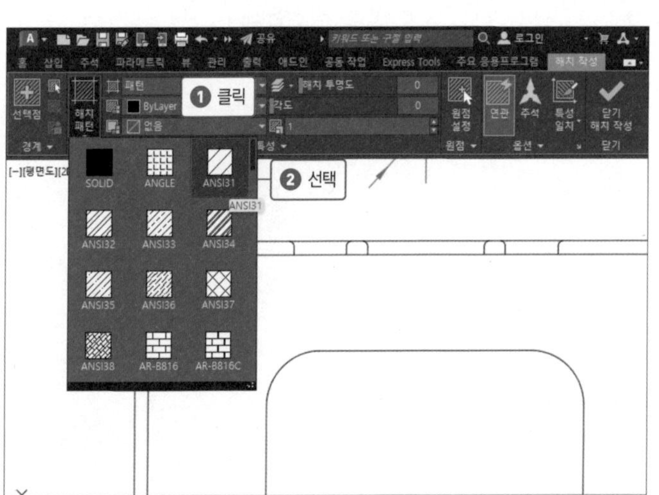

해칭 입력하기

01 | 'H(HATCH)' 명령어를 입력하고 Enter를 누릅니다. [해치 작성] 탭이 표시되면 [해치 패턴]의 'ANSI31'을 선택합니다.

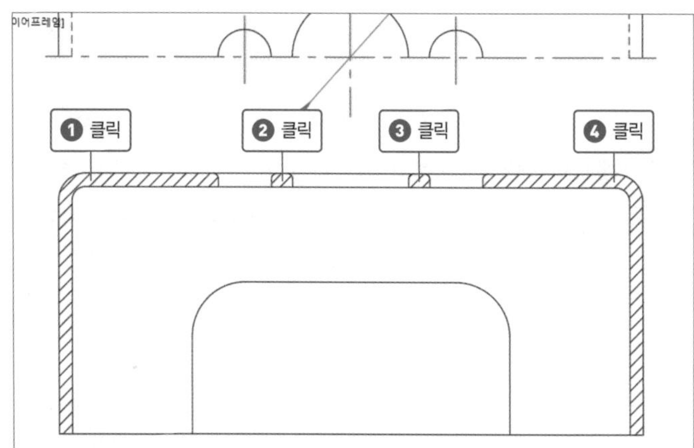

02 | 해치 패턴이 그려질 부분 내부를 차례대로 클릭합니다. 클릭하는 곳마다 ANSI31 패턴이 채워집니다.

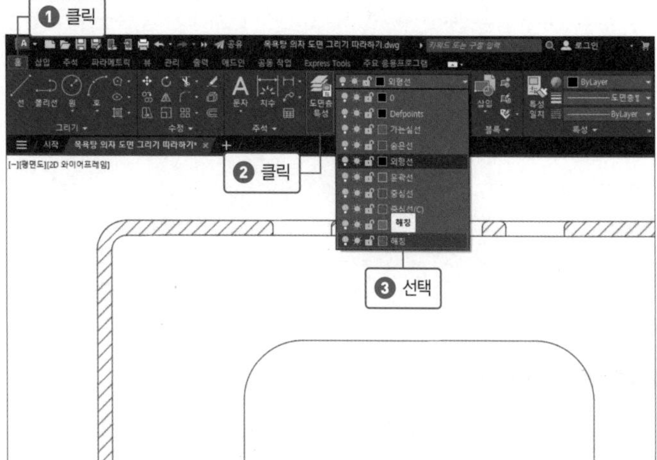

03 | 해치를 클릭하여 활성화하고 [홈] 탭의 [도면층(레이어)]에서 '해칭(RED)'을 선택하여 색상을 변경합니다. Esc를 눌러 사용 중인 명령어를 취소합니다.

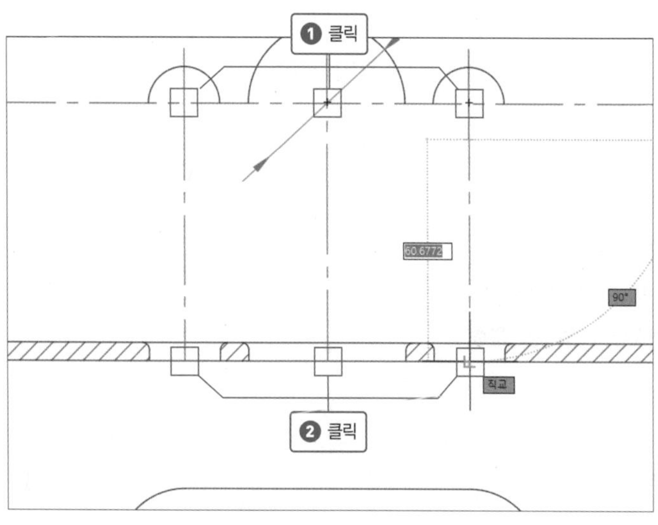

04 | 'LA(LAYER)' 명령어를 입력하고 Enter를 눌러 레이어에서 '중심선'을 현재 설정으로 합니다.

05 | 'L(LINE)' 명령어를 입력하고 Enter를 누릅니다. 평면도의 지름 '20' 원과 '44' 원 중심선 끝부분을 선택하고 아래로 '5'만큼 드래그하여 선을 만듭니다.

명령: L
LINE
첫 번째 점 지정: (선의 시작점 선택)
다음 점 지정 또는 [명령 취소(U)]: (선의 끝점 선택)
다음 점 지정 또는 [명령 취소(U)]: *취소*

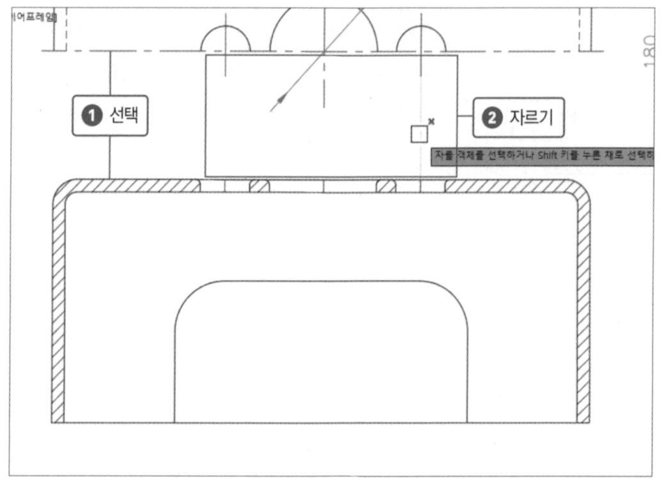

06 | 'TR(TRIM)' 명령어를 입력하고 Enter를 누릅니다. 절단 모서리 경계가 되는 평면도 아래쪽 가로선과 정면도 위쪽 가로선을 선택하고 그림과 같이 평면도와 정면도를 연결한 선을 차례대로 클릭해 자르고 Esc를 눌러 사용 중인 명령어를 취소합니다.

명령: TR
TRIM
현재 설정: 투영=UCS, 모서리=없음, 모드=빠른 작업
자를 객체를 선택하거나 Shift 키를 누른 채로 선택하여 확장 또는
[절단 모서리(T)/걸치기(C)/모드(O)/프로젝트(P)/지우기(R)]:
자를 객체를 선택하거나 Shift 키를 누른 채로 선택하여 확장 또는
[절단 모서리(T)/걸치기(C)/모드(O)/프로젝트(P)/지우기(R)/명령 취소(U)]: *취소*

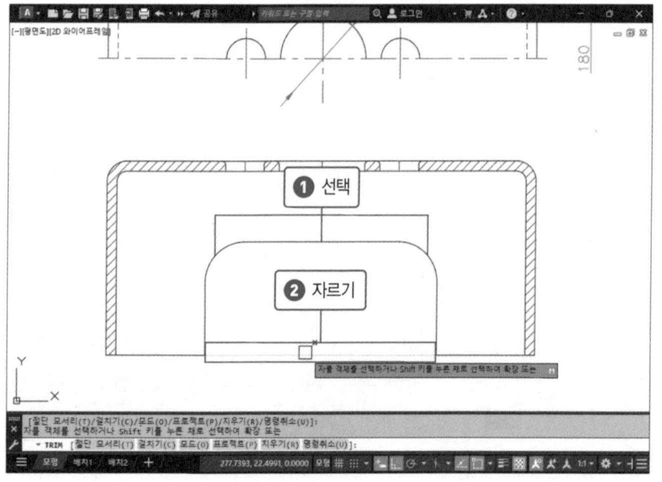

07 | Enter를 눌러 'TR(TRIM)' 명령어를 재실행하고 절단 모서리 경계가 되는 정면도 안쪽 선들을 선택한 후 그림과 같이 정면도 아랫부분을 클릭하여 자른 후 Esc를 눌러 사용 중인 명령어를 취소합니다.

명령: TRIM
현재 설정: 투영=UCS, 모서리=없음, 모드=빠른 작업
자를 객체를 선택하거나 Shift 키를 누른 채로 선택하여 확장 또는
[절단 모서리(T)/걸치기(C)/모드(O)/프로젝트(P)/지우기(R)]:
자를 객체를 선택하거나 Shift 키를 누른 채로 선택하여 확장 또는
[절단 모서리(T)/걸치기(C)/모드(O)/프로젝트(P)/지우기(R)/명령 취소(U)]: *취소*

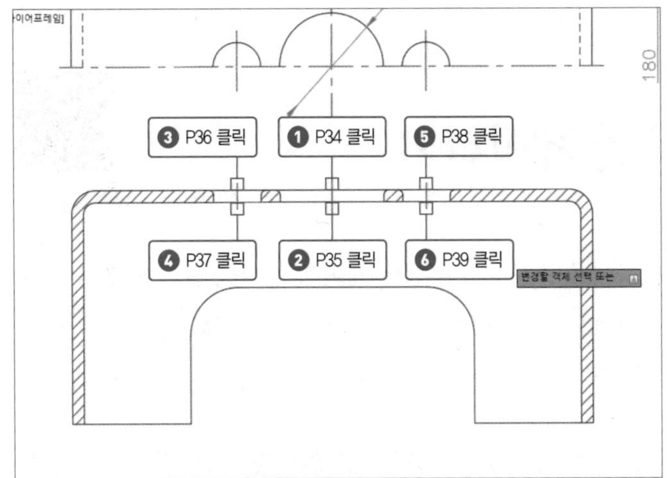

08 | 'LEN(LENGTHEN)' 명령어를 입력하고 Enter를 눌러 옵션에서 'DE'를 입력한 다음 Enter를 누릅니다. 정면도의 중심선은 '5'를 입력하고 중심선 양 옆의 선은 '3'을 입력한 다음 Enter를 누른 후 각 선을 클릭해 상하 길이를 늘립니다.

명령: LEN
LENGTHEN
측정할 객체 또는 [증분(DE)/퍼센트(P)/합계(T)/동적(DY)] 선택 〈증분(DE)〉: DE
증분 길이 또는 [각도(A)] 입력 〈5.0000〉: 5
변경할 객체 선택 또는 [명령 취소(U)]: P34, P35

명령: LENGTHEN
측정할 객체 또는 [증분(DE)/퍼센트(P)/합계(T)/동적(DY)] 선택 〈증분(DE)〉: DE
증분 길이 또는 [각도(A)] 입력 〈3.0000〉: 3
변경할 객체 선택 또는 [명령 취소(U)]: P36, P37, P38, P39
변경할 객체 선택 또는 [명령 취소(U)]: *취소*

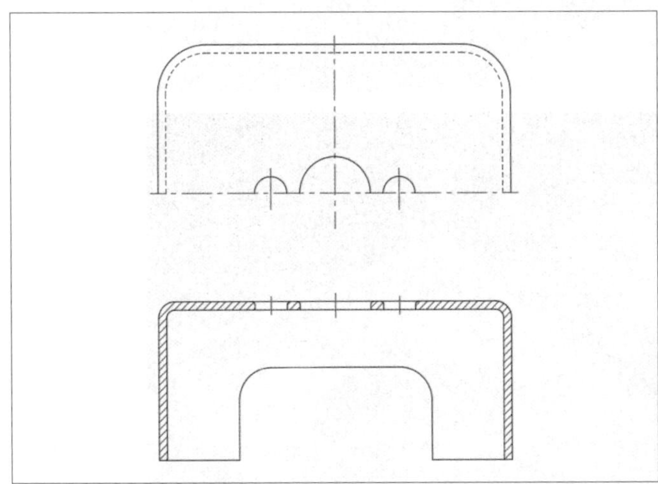

09 | 다용도 의자 도면이 완성되었습니다.

콘센트 케이스 도면 제작하기

동영상 강의

'RECTANG', 'LINE', 'CIRCLE', 'RAY' 명령어를 중심으로 콘센트 케이스 형태를 만들어 봅니다. 이 콘센트 케이스 예제에서는 앞서 살펴본 'LENGTHEN', 'FILLET', 'OFFSET', 'TRIM' 명령어는 물론, 'MOVE', 'EXTEND', 'MIRROR', 'JOIN' 명령어를 이용하여 도면을 완성해 보겠습니다.

미리 보기

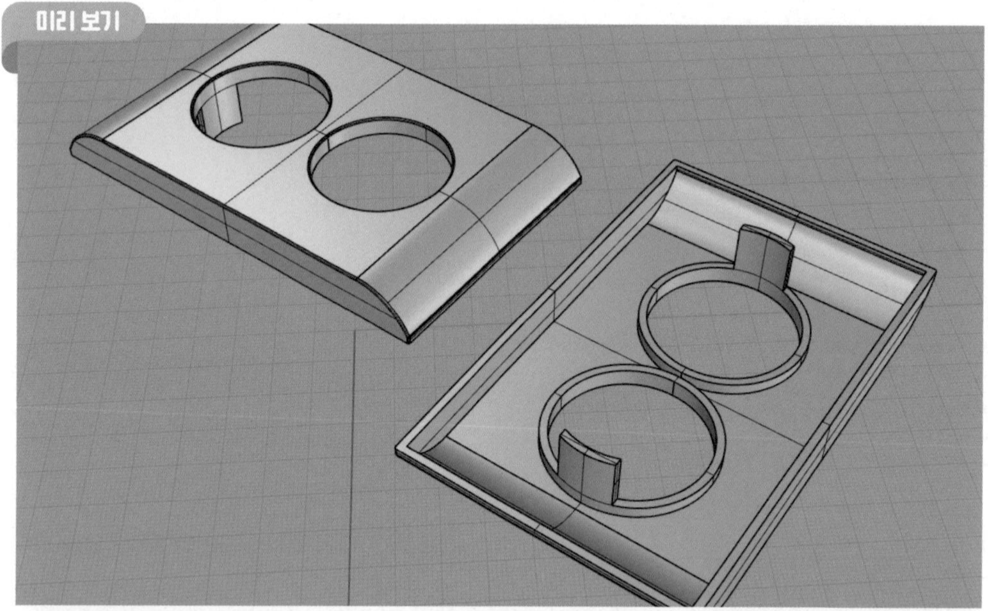

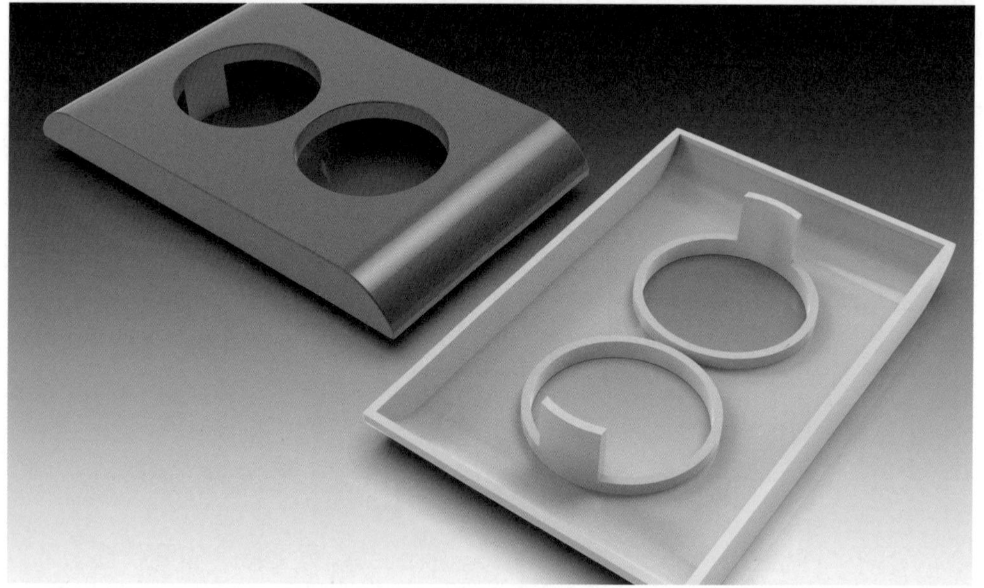

예제 도면

◯ 완성 파일 : Part06\콘센트 케이스_완성.dwg

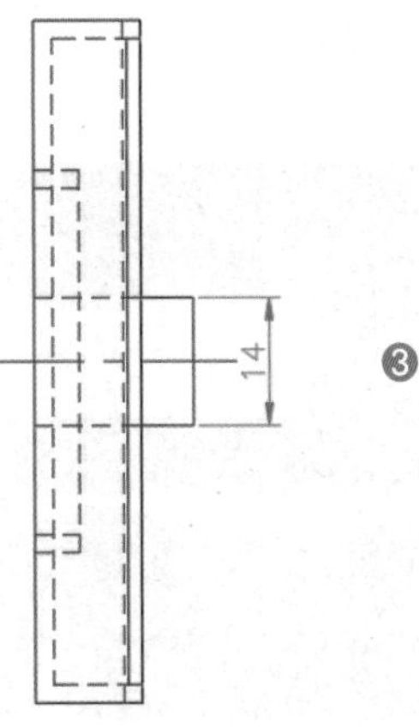

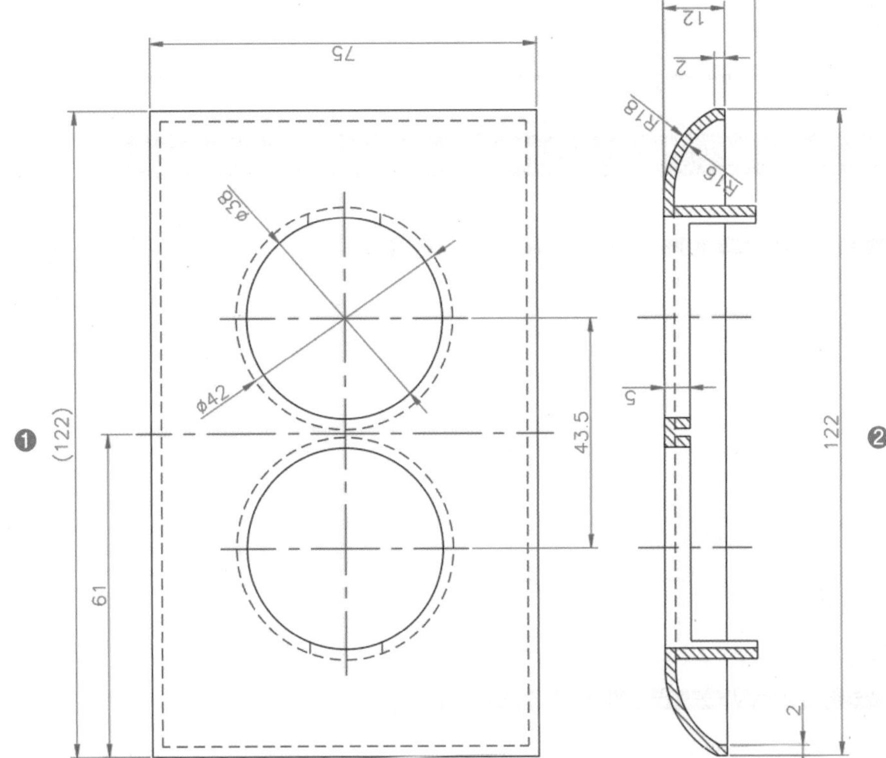

❶ **평면도 그리기**

1. 기본 형태 그리기 ◯ 2. 중심선 그리기 ◯ 3. 원 그리기

❷ **정면도 그리기**

1. 기본 형태 그리기 ◯ 2. 원 그리고 배치하기 ◯ 3. 내부 형태 그리기 ◯ 4. 해칭 입력하기

❸ **우측면도 그리기**

1. 기본 형태 그리기 ◯ 2. 자르고 형태 정리하기 ◯ 3. 숨은선 만들기 ◯ 4. 정면도 우측면도 중심선 만들기

1 | 평면도 그리기

기본 형태 그리기

01 | 〔도면층(레이어)〕의 '외형선'을 더블 클릭하여 현재 설정으로 합니다.

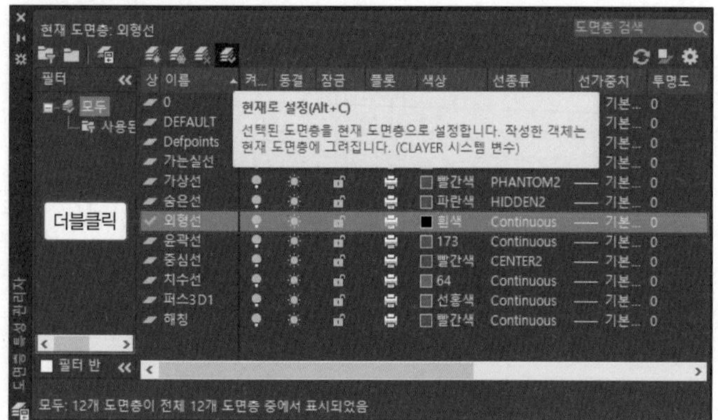

02 | '동적 입력(DYNMODE)' 명령어를 입력하여 활성화합니다.

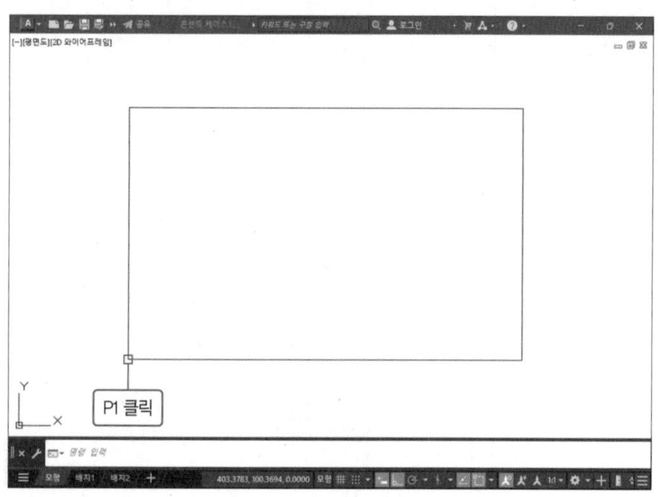

03 | 'REC(RECTANG)' 명령어를 입력하고 Enter를 누릅니다. 적당한 위치를 클릭해 첫 번째 지점을 지정하고 가로세로 길이 '@122,75'를 입력한 다음 Enter를 눌러 직사각형을 생성합니다.

명령: REC
RECTANG
첫 번째 구석점 지정 또는 [모따기(C)/고도(E)/모깎기(F)/두께(T)/폭(W)]: P1
다른 구석점 지정 또는 [영역(A)/치수(D)/회전(R)]: @122,75

중심선 그리기

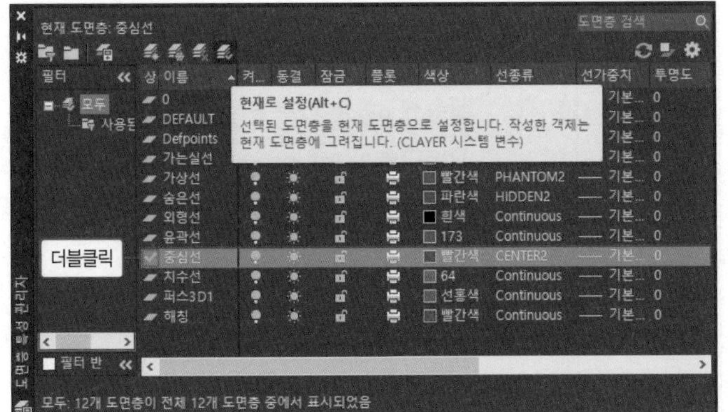

01 | [도면층(레이어)]의 '중심선'을 더블클릭하여 현재 설정으로 합니다.

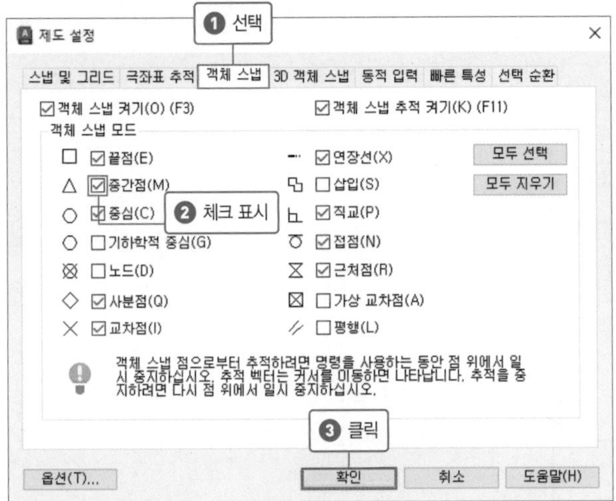

02 | 이때 [제도 설정] 대화상자의 [객체 스냅] 탭에서 '중간점(M)'을 체크 표시해야 합니다.

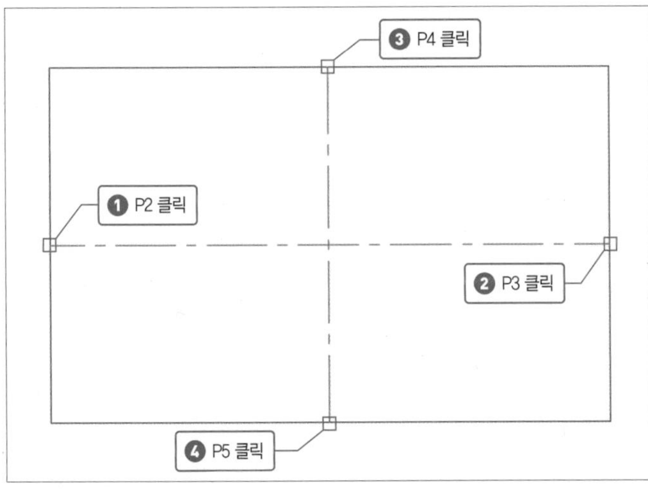

03 | 'L(LINE)' 명령어를 입력하고 Enter를 누릅니다. 사각형 왼쪽 중간점을 클릭한 후 오른쪽 중간점을 클릭해 가로선을 만듭니다. 사각형 위쪽 중간점을 클릭한 다음 아래쪽 중간점을 클릭하여 세로선을 만들어 십자 모양의 중심선을 만듭니다.

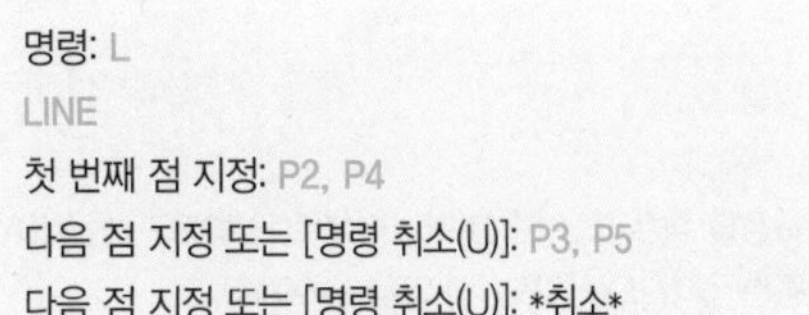

명령: L
LINE
첫 번째 점 지정: P2, P4
다음 점 지정 또는 [명령 취소(U)]: P3, P5
다음 점 지정 또는 [명령 취소(U)]: *취소*

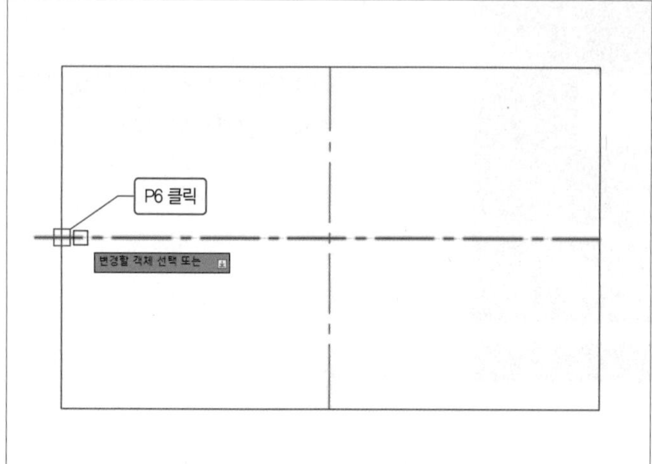

04 | 'LEN(LENGTHEN)' 명령어를 입력하고 Enter를 누릅니다. 옵션에서 'DE'를 입력하고 Enter를 누른 다음 '3'을 입력한 후 다시 Enter를 누릅니다. 가로 중심선의 왼쪽 끝 부분을 클릭하여 길이를 늘리고 Esc를 눌러 명령어를 취소합니다.

명령: LEN
LENGTHEN
측정할 객체 또는 [증분(DE)/퍼센트(P)/합계(T)/동적(DY)] 선택 〈증분(DE)〉: DE
증분 길이 또는 [각도(A)] 입력 〈5.0000〉: 3
변경할 객체 선택 또는 [명령 취소(U)]: P6
변경할 객체 선택 또는 [명령 취소(U)]: *취소*

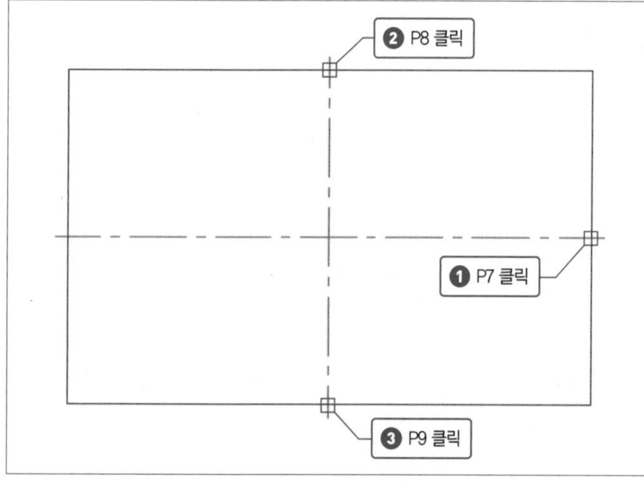

05 | 같은 방법으로 상하좌우 모든 곳이 '3'씩 늘어난 상태로 만듭니다.

명령: LEN
LENGTHEN
측정할 객체 또는 [증분(DE)/퍼센트(P)/합계(T)/동적(DY)] 선택 〈증분(DE)〉: DE
증분 길이 또는 [각도(A)] 입력 〈5.0000〉: 3
변경할 객체 선택 또는 [명령 취소(U)]: P7, P8, P9
변경할 객체 선택 또는 [명령 취소(U)]: *취소*

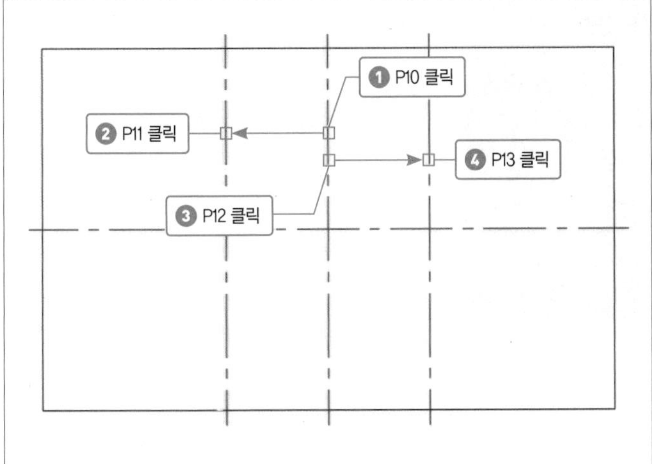

06 | 'O(OFFSET)' 명령어를 입력하고 Enter를 누른 다음 '21.75'를 입력한 후 Enter를 누릅니다. 중심선을 선택하고 양쪽을 클릭하여 왼쪽과 오른쪽에 각각 '21.75'만큼 떨어진 간격 띄우기 복사를 합니다.

명령: O
OFFSET
현재 설정: 원본 지우기=아니오, 도면층=원본, OFFSETGAPTYPE=0
간격띄우기 거리 지정 또는 [통과점(T)/지우기(E)/도면층(L)] ⟨통과점⟩: 21.75
간격띄우기할 객체 선택 또는 [종료(E)/명령 취소(U)] ⟨종료⟩: P10, P12
간격띄우기할 면의 점 지정 또는 [종료(E)/다중(M)/명령 취소(U)] ⟨종료⟩: P11, P13
간격띄우기할 객체 선택 또는 [종료(E)/명령 취소(U)] ⟨종료⟩: *취소*

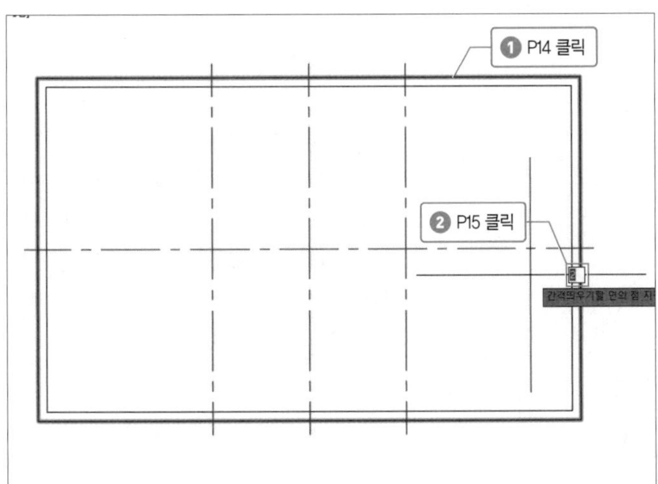

07 | Enter를 눌러 'O(OFFSET)' 명령어를 다시 실행하고 '2'를 입력한 다음 Enter를 누릅니다. 직사각형을 선택하고 안쪽을 클릭하여 '2'만큼 떨어진 간격 띄우기 복사를 합니다. Esc를 눌러 현재 사용 중인 명령어를 취소합니다.

명령:
OFFSET
현재 설정: 원본 지우기=아니오 도면층=원본 OFFSETGAPTYPE=0
간격띄우기 거리 지정 또는 [통과점(T)/지우기(E)/도면층(L)] ⟨21.7500⟩: 2
간격띄우기할 객체 선택 또는 [종료(E)/명령 취소(U)] ⟨종료⟩: P14
간격띄우기할 면의 점 지정 또는 [종료(E)/다중(M)/명령 취소(U)] ⟨종료⟩: P15
간격띄우기할 객체 선택 또는 [종료(E)/명령 취소(U)] ⟨종료⟩: *취소*

원 그리기

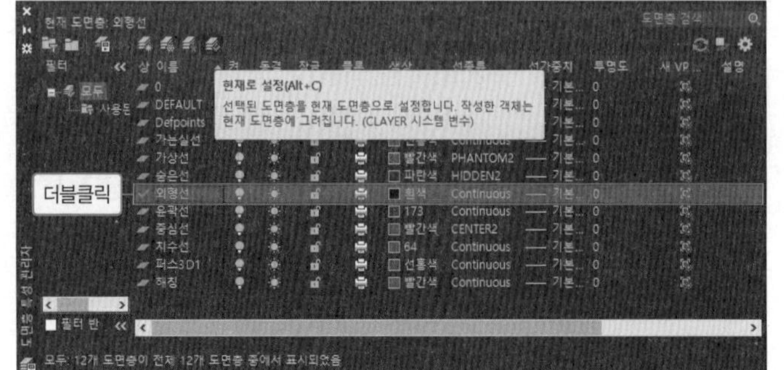

01 | [도면층(레이어)]의 '외형선'을 더블 클릭하여 현재 설정으로 합니다.

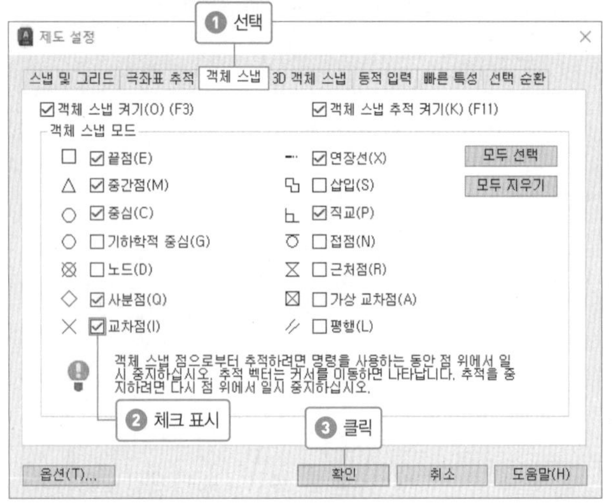

02 | 이때 [제도 설정] 대화상자의 [객체 스냅] 탭에서 '교차점(I)'을 반드시 체크 표시해야 합니다.

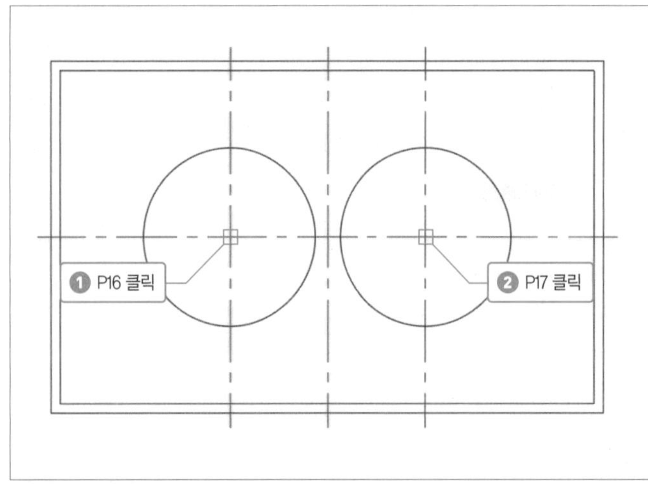

03 | 'C(CIRCLE)' 명령어를 입력하고 Enter를 누릅니다. 간격 복사한 중심선 교차점(중간점)을 각각 클릭하고 옵션에서 'D'를 입력한 후 Enter를 누릅니다. 지름 값 '38'을 입력하고 다시 Enter를 눌러 지름 '38' 원을 만듭니다.

명령: C
CIRCLE
원에 대한 중심점 지정 또는 [3점(3P)/2점(2P)/Ttr – 접선 접선 반지름(T)]: P16, P17
원의 반지름 지정 또는 [지름(D)]: D
원의 지름을 지정함: 38

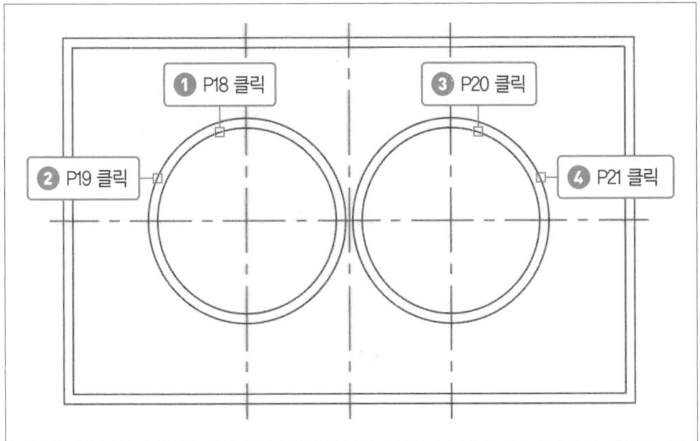

04 | 'O(OFFSET)' 명령어를 입력하고 Enter를 누른 다음 '2'를 입력한 후 Enter를 누릅니다. 원 두 개를 각각 클릭하고 바깥쪽을 클릭하여 '2'만큼 떨어진 간격 띄우기 복사를 합니다. Esc를 눌러 명령어를 취소합니다.

명령: O
OFFSET
현재 설정: 원본 지우기=아니오, 도면층=원본, OFFSETGAPTYPE=0
간격띄우기 거리 지정 또는 [통과점(T)/지우기(E)/도면층(L)] 〈21.7500〉: 2
간격띄우기할 객체 선택 또는 [종료(E)/명령 취소(U)] 〈종료〉: P18, P20
간격띄우기할 면의 점 지정 또는 [종료(E)/다중(M)/명령 취소(U)] 〈종료〉: P19, P21
간격띄우기할 객체 선택 또는 [종료(E)/명령 취소(U)] 〈종료〉: *취소*

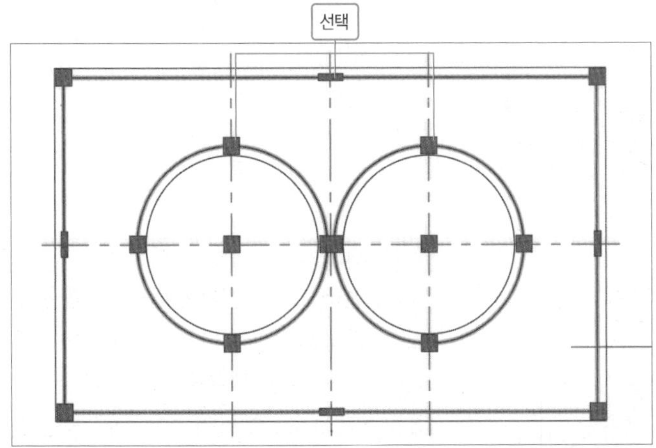

05 | 간격 띄우기 복사한 안쪽 직사각형, 바깥쪽 원 2개를 그림과 같이 선택합니다.

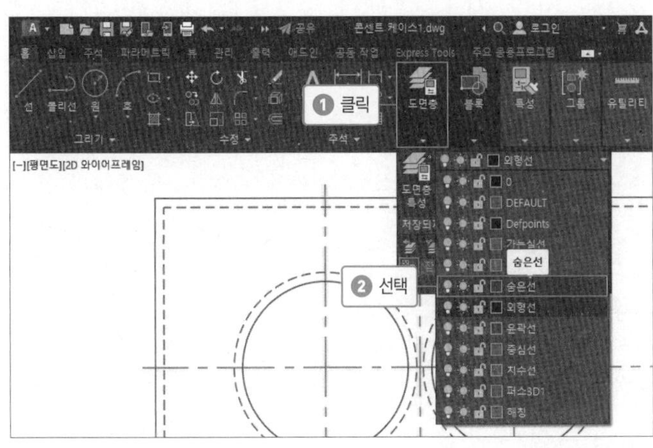

06 | [도면층(레이어)]의 '숨은선'을 선택하여 현재 설정으로 변경합니다.

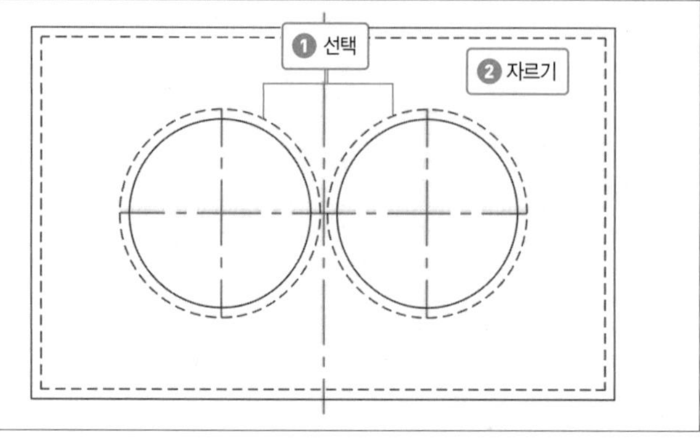

07 | 중심선을 정리하기 위해 'TR(TRIM)' 명령어를 입력하고 Enter를 누른 다음 'T'를 입력하고 Enter를 누릅니다. 절단 모서리 경계가 되는 숨은 선 원을 선택한 다음 Enter를 눌러 숨은 선 원을 경계로 상하좌우 길게 튀어나온 선을 자릅니다. Esc를 눌러 사용 중인 명령어를 취소합니다.

```
명령: TR
TRIM
현재 설정: 투영=UCS, 모서리=없음, 모드=빠른 작업
자를 객체를 선택하거나 Shift 키를 누른 채로 선택하여 확장 또는
[절단 모서리(T)/걸치기(C)/모드(O)/프로젝트(P)/지우기(R)]: T
현재 설정: 투영=UCS, 모서리=없음, 모드=빠른 작업
절단 모서리 선택...
객체 선택 또는 <모두 선택>: 1개를 찾음
객체 선택: 1개를 찾음, 총 2개
객체 선택:
자를 객체를 선택하거나 Shift 키를 누른 채로 선택하여 확장 또는
[절단 모서리(T)/걸치기(C)/모드(O)/프로젝트(P)/지우기(R)]:
자를 객체를 선택하거나 Shift 키를 누른 채로 선택하여 확장 또는
[절단 모서리(T)/걸치기(C)/모드(O)/프로젝트(P)/지우기(R)/명령 취소(U)]: *취소*
```

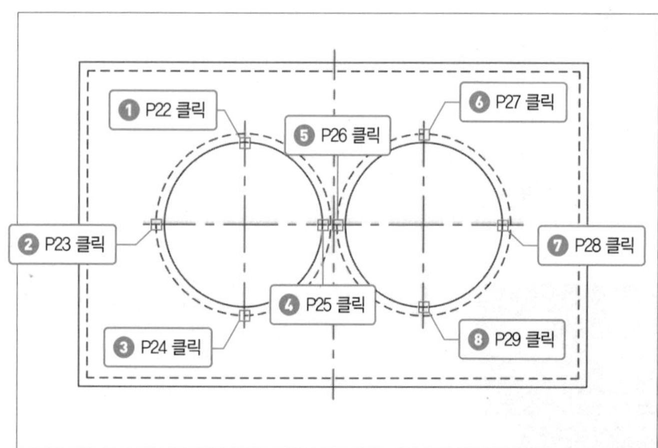

08 | 'LEN(LENGTHEN)' 명령어 입력하고 Enter를 눌러 'DE'를 입력한 다음 Enter를 누릅니다. '3'을 입력하고 다시 Enter를 누릅니다. 상하좌우 중심선 끝부분을 클릭하여 길이를 '3'씩 늘리고 Esc를 눌러 현재 사용 중인 명령어를 취소합니다.

```
명령: LEN
LENGTHEN
측정할 객체 또는 [증분(DE)/퍼센트(P)/합계(T)/동적(DY)] 선택 <증분(DE)>: DE
증분 길이 또는 [각도(A)] 입력 <3.0000>: 3
변경할 객체 선택 또는 [명령 취소(U)]: P22, P23, P24, P25, P26, P27, P28, P29
변경할 객체 선택 또는 [명령 취소(U)]: *취소*
```

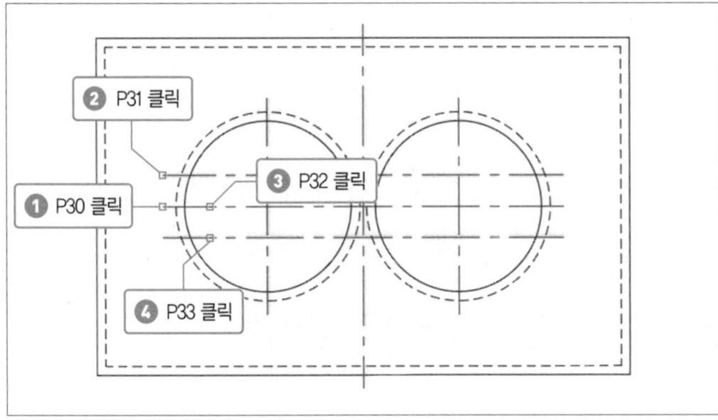

09 | 'O(OFFSET)' 명령어를 입력하고 Enter를 누른 다음 '14'를 입력한 후 Enter를 누릅니다. 원의 가로 중심선을 클릭하고 위아래를 각각 클릭하여 '7'만큼 떨어진 간격 띄우기 복사를 합니다. Esc를 눌러 명령어를 취소합니다.

```
명령: O
OFFSET
현재 설정: 원본 지우기=아니오 도면층=원본 OFFSETGAPTYPE=0
간격띄우기 거리 지정 또는 [통과점(T)/지우기(E)/도면층(L)] 〈16.5000〉: 7
간격띄우기할 객체 선택 또는 [종료(E)/명령 취소(U)] 〈종료〉: P30, P32
간격띄우기할 면의 점 지정 또는 [종료(E)/다중(M)/명령 취소(U)] 〈종료〉: P31, P33
```

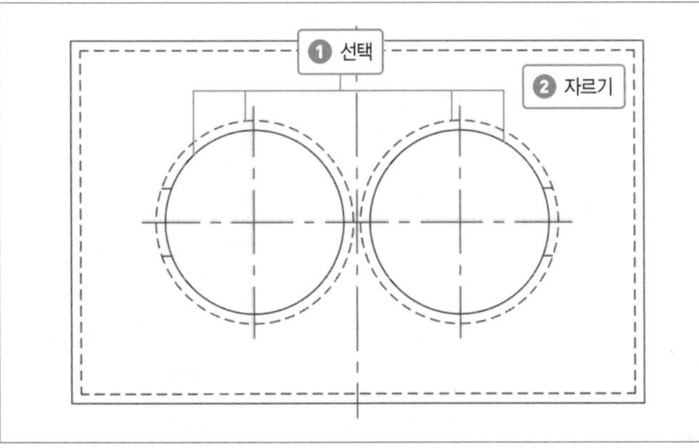

10 | 선을 정리하기 위하여 'TR(TRIM)' 명령어를 입력하고 Enter를 누른 후 옵션에서 'T'를 입력하고 Enter를 누릅니다. 절단 모서리 경계가 되는 지름 '38', '42' 원을 선택한 후 Enter를 누른 다음 원 양쪽으로 '14' 선만 남기고 모든 선을 자릅니다. Esc를 눌러서 명령어를 취소하고 '14' 선을 '숨은선'으로 변경합니다.

```
명령: TR
TRIM
현재 설정: 투영=UCS, 모서리=없음, 모드=빠른 작업
자를 객체를 선택하거나 Shift 키를 누른 채로 선택하여 확장 또는
 [절단 모서리(T)/걸치기(C)/모드(O)/프로젝트(P)/지우기(R)]: T
현재 설정: 투영=UCS, 모서리=없음, 모드=빠른 작업
절단 모서리 선택...
객체 선택 또는 〈모두 선택〉: 1개를 찾음
객체 선택: 1개를 찾음, 총 2개
객체 선택: 1개를 찾음, 총 3개
객체 선택: 1개를 찾음, 총 4개
객체 선택:
자를 객체를 선택하거나 Shift 키를 누른 채로 선택하여 확장 또는
 [절단 모서리(T)/걸치기(C)/모드(O)/프로젝트(P)/지우기(R)]:
자를 객체를 선택하거나 Shift 키를 누른 채로 선택하여 확장 또는
 [절단 모서리(T)/걸치기(C)/모드(O)/프로젝트(P)/지우기(R)/명령 취소(U)]: *취소*
```

2 정면도 그리기

기본 형태 그리기

01 | [도면층(레이어)]에서 '외형선'을 더블클릭하여 현재 설정으로 하고 F8을 눌러 '직교 모드'를 활성화합니다.

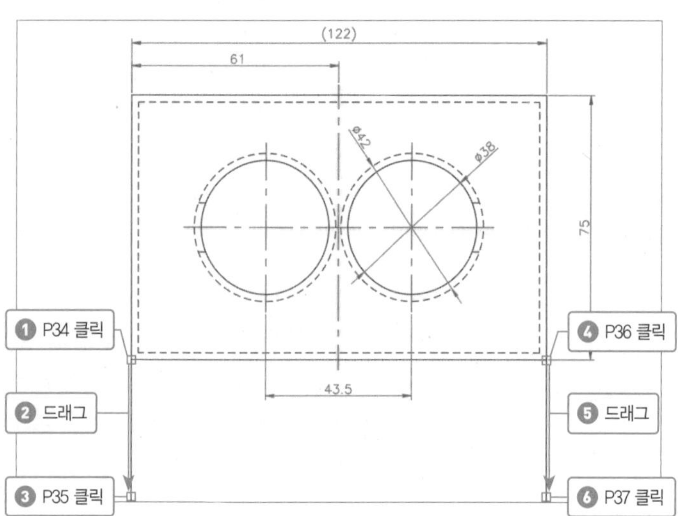

02 | 정면도의 틀을 그리기 위해 'RAY' 명령어를 입력하고 Enter를 누릅니다. 직사각형 아래의 양쪽 끝부분을 선택하고 아래로 드래그한 후 클릭해 반무한선을 그립니다.

```
명령: RAY
시작점을 지정: P34, P36
통과점을 지정: P35, P37
통과점을 지정: *취소*
```

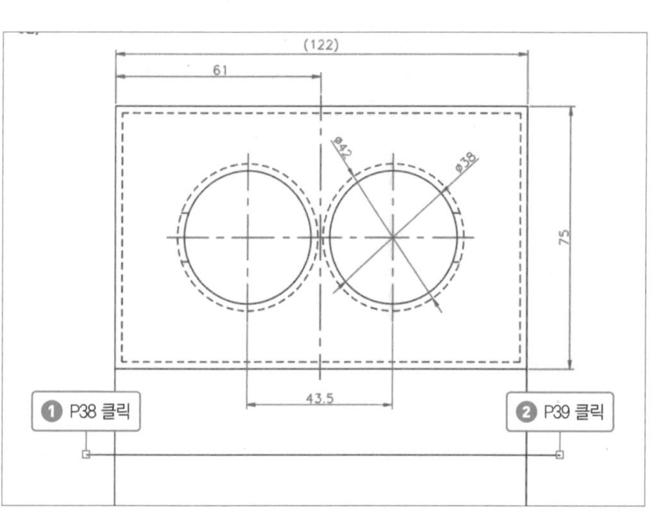

03 | 가로선을 그리기 위해 'L(LINE)' 명령어를 입력한 다음 Enter를 누릅니다. 그림과 같이 왼쪽을 클릭하여 시작점을 지정하고 오른쪽을 클릭해서 선이 끝나는 점을 지정하여 가로선을 그립니다. Enter를 눌러 명령어를 취소합니다.

```
명령: L
LINE
첫 번째 점 지정: P38
다음 점 지정 또는 [명령 취소(U)]: P39
다음 점 지정 또는 [명령 취소(U)]: *취소*
```

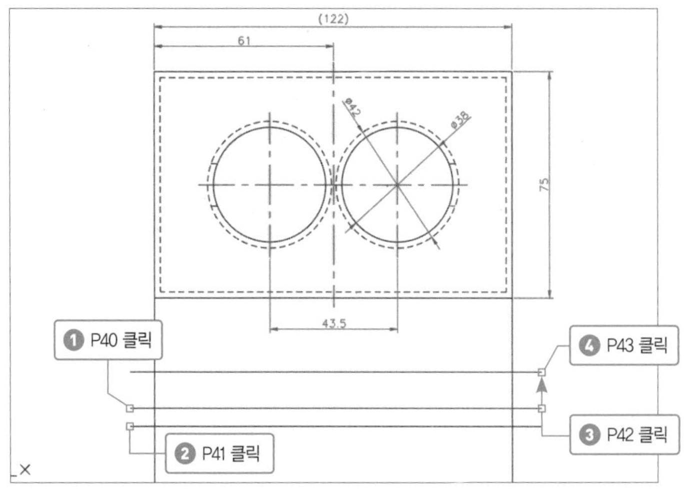

04 | 'O(OFFSET)' 명령어를 입력하고 Enter를 누른 다음 '12'를 입력 후 Enter를 누릅니다. 정면도 외형선을 선택하고 아래를 클릭하여 간격 띄우기 복사를 합니다. Esc를 눌러 명령어를 취소합니다.

Enter를 눌러 'O(OFFSET)' 명령어를 다시 실행하고 '18'를 입력한 다음 Enter를 누릅니다. 같은 방법으로 위를 클릭하여 간격 띄우기 복사하고 Esc를 눌러 명령어를 취소합니다.

명령: O
OFFSET
현재 설정: 원본 지우기=아니오, 도면층=원본, OFFSETGAPTYPE=0
간격띄우기 거리 지정 또는 [통과점(T)/지우기(E)/도면층(L)] 〈18.0000〉: 12, 18
간격띄우기할 객체 선택 또는 [종료(E)/명령 취소(U)] 〈종료〉: P40, P42
간격띄우기할 면의 점 지정 또는 [종료(E)/다중(M)/명령 취소(U)] 〈종료〉: P41, P43
간격띄우기할 객체 선택 또는 [종료(E)/명령 취소(U)] 〈종료〉: *취소*

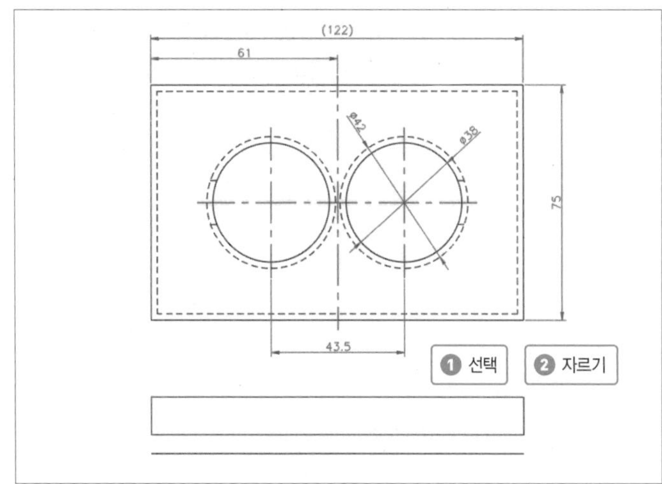

05 | 자르기 위해 'TR(TRIM)' 명령어를 입력하고 Enter를 누릅니다. 옵션에서 'T'를 입력하고 절단 모서리 경계가 되는 선을 모두 선택한 다음 그림과 같이 '12' 직사각형 형태와 '18'만큼 떨어진 선을 제외한 객체를 차례대로 자른 후 Esc를 눌러 명령어를 취소합니다.

명령: TR
TRIM
현재 설정: 투영=UCS, 모서리=없음, 모드=빠른 작업
자를 객체를 선택하거나 Shift 키를 누른 채로 선택하여 확장 또는
[절단 모서리(T)/걸치기(C)/모드(O)/프로젝트(P)/지우기(R)]: T
현재 설정: 투영=UCS, 모서리=없음, 모드=빠른 작업
절단 모서리 선택...

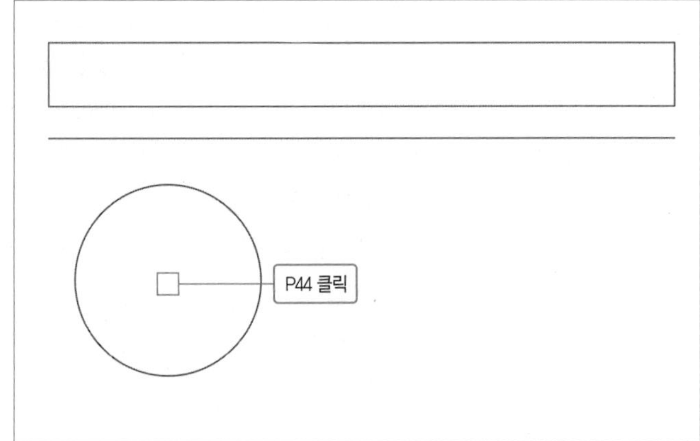

원 그리고 배치하기

01 | 양쪽 곡면 형태를 만들겠습니다. 'C(CIRCLE)' 명령어를 입력하고 Enter를 누릅니다. 화면 적당한 곳을 클릭하여 중심점으로 지정하고 '18'을 입력한 다음 Enter를 눌러 반지름 '18' 원을 만듭니다.

명령: C
CIRCLE
원에 대한 중심점 지정 또는 [3점(3P)/2점(2P)/Ttr – 접선 접선 반지름(T)]: P44
원의 반지름 지정 또는 [지름(D)] 〈18.0000〉: 18

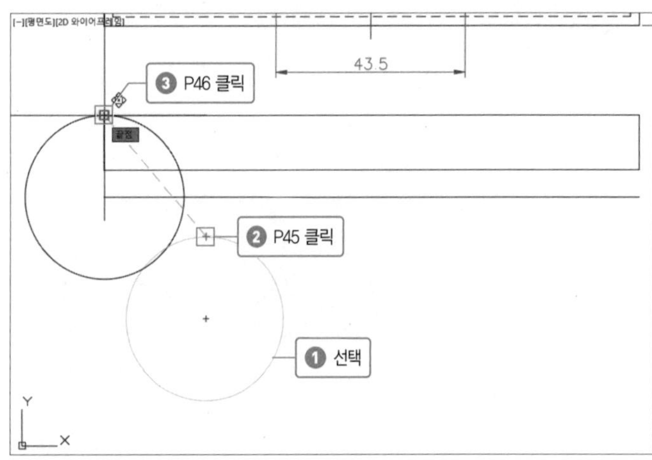

02 | 'M(MOVE)' 명령어를 입력하고 Enter를 누른 다음 '18' 원을 선택한 후 Enter를 누릅니다. '18' 원의 위쪽 사분점을 클릭하여 위치의 기준점을 지정하고 정면도 직사각형 왼쪽 상단 점을 클릭하여 이동합니다.

명령: M
MOVE
객체 선택: 1개를 찾음
객체 선택: Enter
기준점 지정 또는 [변위(D)] 〈변위〉: P45
두 번째 점 지정 또는 〈첫 번째 점을 변위로 사용〉: P46

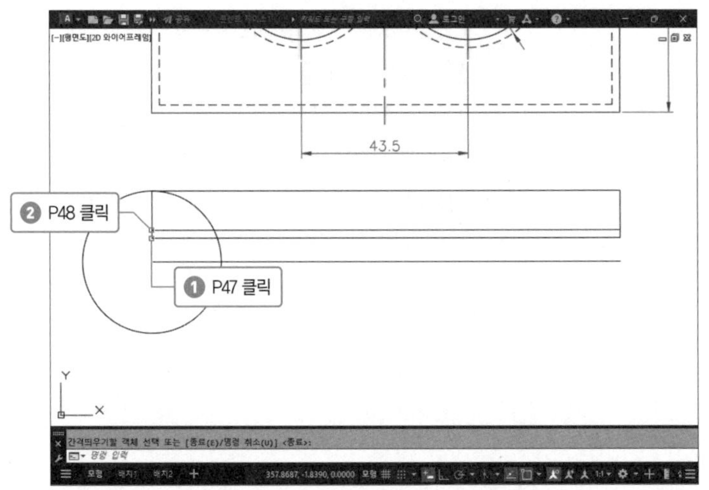

03 | 'O(OFFSET)' 명령어를 입력하고 Enter를 누른 다음 '2'를 입력한 후 Enter를 누릅니다. 직사각형 아래 선을 선택하고 위를 클릭해 '2'만큼 떨어진 간격 띄우기 복사를 합니다. Esc를 눌러 명령어를 취소합니다.

명령: O
OFFSET
현재 설정: 원본 지우기=아니오, 도면층=원본, OFFSETGAPTYPE=0
간격띄우기 거리 지정 또는 [통과점(T)/지우기(E)/도면층(L)] 〈통과점〉: 2
간격띄우기할 객체 선택 또는 [종료(E)/명령 취소(U)] 〈종료〉: P47
간격띄우기할 면의 점 지정 또는 [종료(E)/다중(M)/명령 취소(U)] 〈종료〉: P48
간격띄우기할 객체 선택 또는 [종료(E)/명령 취소(U)] 〈종료〉: *취소*

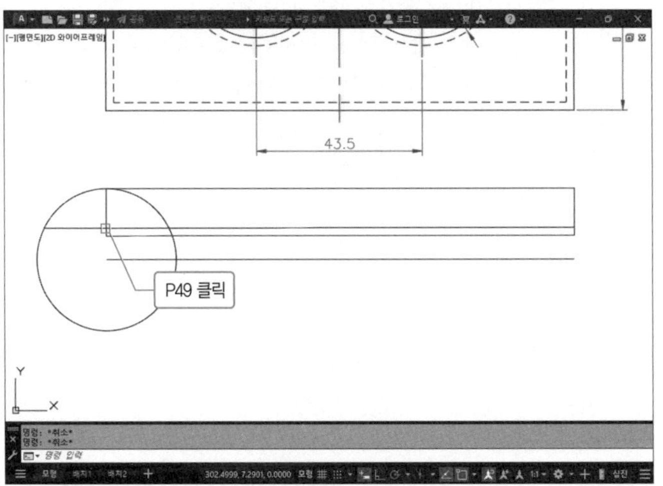

04 | 'EX(EXTEND)' 명령어를 입력하고 Enter를 누릅니다. 간격 띄우기 복사한 선의 왼쪽을 클릭하여 '18' 원과 닿도록 선을 연장하고 Enter를 눌러 취소합니다.

명령: EX
EXTEND
현재 설정: 투영=UCS, 모서리=없음, 모드=빠른 작업
연장할 객체 선택 또는 Shift 키를 누른 채 선택하여 자르기 또는
[경계 모서리(B)/걸치기(C)/모드(O)/프로젝트(P)]: P49
연장할 객체 선택 또는 Shift 키를 누른 채 선택하여 자르기 또는
[경계 모서리(B)/걸치기(C)/모드(O)/프로젝트(P)/명령 취소(U)]: *취소*

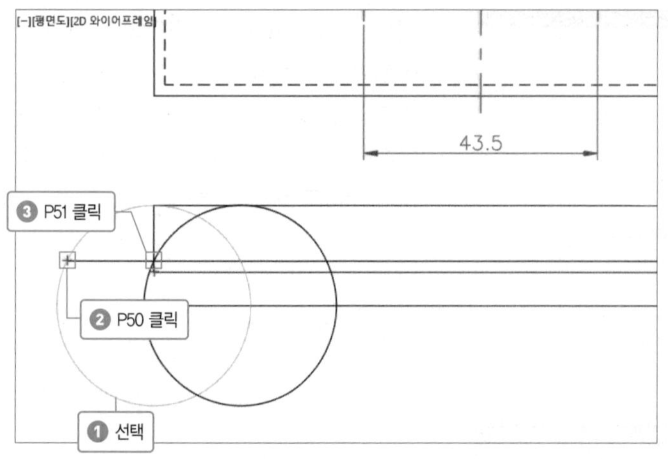

05 | [제도 설정] 대화상자의 [객체 스냅] 탭에서 '교차점'을 체크 표시합니다. 'M(MOVE)' 명령어를 입력하고 Enter를 누른 다음 '18' 원을 선택 후 Enter를 누릅니다. 연장한 선과 원의 왼쪽 교차점을 클릭하여 위치의 기준점을 지정하고 선과 정면도 직사각형의 왼쪽 교차점을 클릭하여 이동합니다.

명령: M
MOVE
객체 선택: 1개를 찾음
객체 선택: Enter
기준점 지정 또는 [변위(D)] 〈변위〉: P50
두 번째 점 지정 또는 〈첫 번째 점을 변위로 사용〉: P51

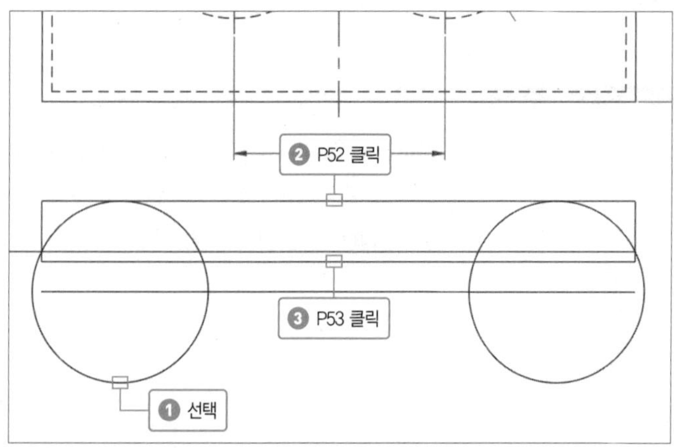

06 | 대칭 복사하기 위해 'MI(MIRROR)' 명령어를 입력하고 Enter를 누른 다음 '18' 원을 선택한 후 Enter를 누릅니다. 직사각형의 위아래 중간점을 차례대로 선택하여 기준점으로 지정하고 옵션에서 'N'을 눌러 원본을 남기도록 합니다.

명령: MI
MIRROR
객체 선택: 1개를 찾음
객체 선택: Enter
대칭선의 첫 번째 점 지정: P52
대칭선의 두 번째 점 지정: P53
원본 객체를 지우시겠습니까? [예(Y)/아니오(N)] 〈아니오〉: N

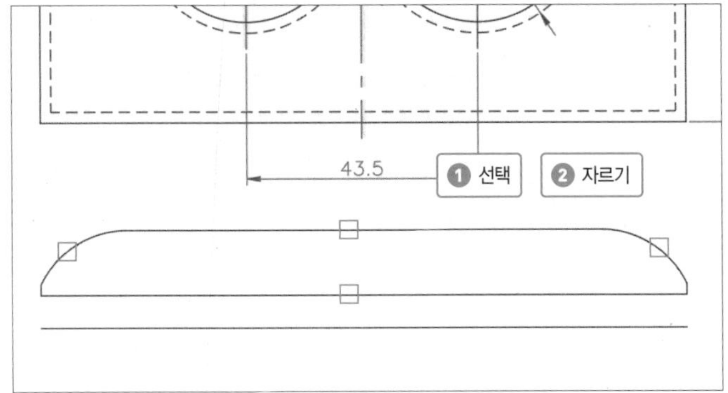

내부 형태 그리기

01 | 자르기 위해 'TR(TRIM)' 명령어를 입력하고 Enter를 누릅니다. 옵션에서 'T'를 입력하고 절단 모서리 경계가 되는 선을 모두 선택한 다음 그림과 같이 정면도 형태를 제외한 객체를 차례대로 자른 다음 Esc를 눌러 현재 사용 중인 명령어를 취소합니다.

```
명령: TR
TRIM
현재 설정: 투영=UCS, 모서리=없음, 모드=빠른 작업
자를 객체를 선택하거나 Shift 키를 누른 채로 선택하여 확장 또는
 [절단 모서리(T)/걸치기(C)/모드(O)/프로젝트(P)/지우기(R)]: T
자를 객체를 선택하거나 Shift 키를 누른 채로 선택하여 확장 또는
 [절단 모서리(T)/걸치기(C)/모드(O)/프로젝트(P)/지우기(R)/명령 취소(U)]: T
자를 객체를 선택하거나 Shift 키를 누른 채로 선택하여 확장 또는
 [절단 모서리(T)/걸치기(C)/모드(O)/프로젝트(P)/지우기(R)/명령 취소(U)]: *취소*
```

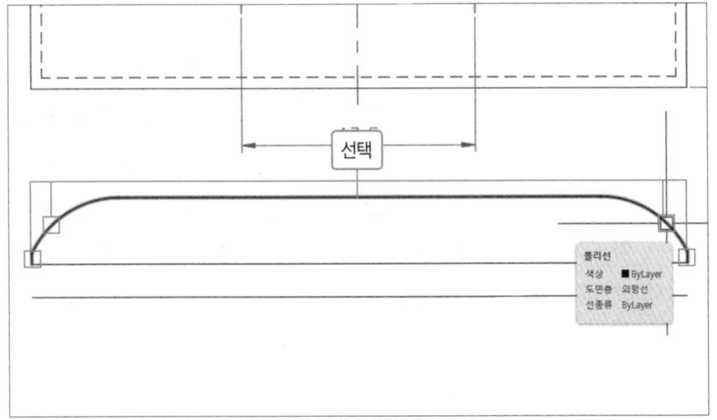

02 | 제품 두께를 만들기 위해 정면도 형태의 위쪽 선과 양쪽 곡선, 면을 모두 선택합니다. 'J(JOIN)' 명령어를 입력하고 Enter를 눌러 하나의 선(폴리선)으로 연결합니다.

```
명령: J
JOIN
한번에 결합할 원본 객체 또는 여러 객체 선택: 1개를 찾음
결합 할 객체 선택: (합칠 5개의 선을 선택 후 Enter)
5개 객체가 1개 폴리선으로 변환되었습니다. (제대로 합쳐졌을 경우 나오는 메시지)
```

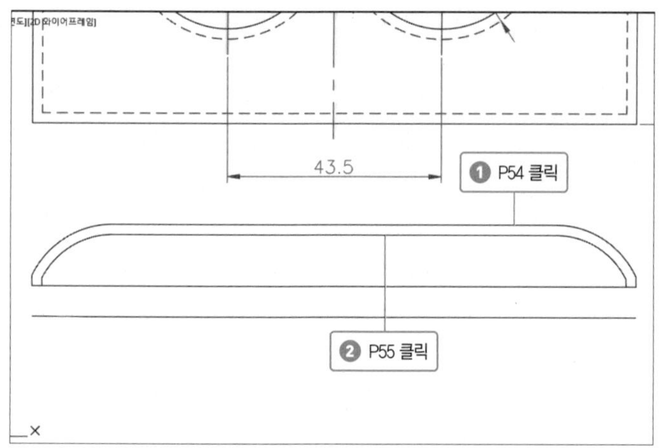

03 | 'O(OFFSET)' 명령어를 입력하고 Enter를 누른 다음 '2'를 입력하고 Enter를 누릅니다. 연결한 폴리선을 선택하고 안쪽을 클릭해 '2'만큼 떨어진 간격 띄우기 복사를 합니다. Esc를 눌러 명령어를 취소합니다.

명령: O
OFFSET
현재 설정: 원본 지우기=아니오, 도면층=원본, OFFSETGAPTYPE=0
간격띄우기 거리 지정 또는 [통과점(T)/지우기(E)/도면층(L)] 〈2.0000〉: 2
간격띄우기할 객체 선택 또는 [종료(E)/명령 취소(U)] 〈종료〉: P54
간격띄우기할 면의 점 지정 또는 [종료(E)/다중(M)/명령 취소(U)] 〈종료〉: P55
간격띄우기할 객체 선택 또는 [종료(E)/명령 취소(U)] 〈종료〉: *취소*

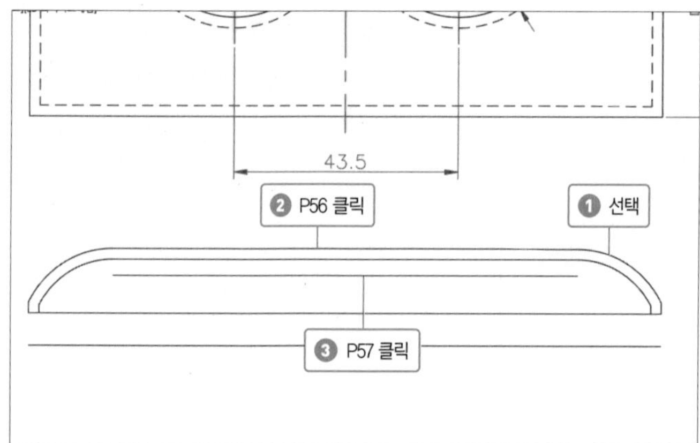

04 | 연결한 폴리선을 선택하고 'X(EXPLODE)' 명령어를 입력한 다음 Enter를 눌러 폴리선을 다시 개별 선으로 분리합니다.
같은 방법으로 'O(OFFSET)' 명령어를 사용하여 정면도 형태의 위쪽 선을 선택한 다음 아래쪽을 클릭하여 '5'만큼 떨어진 간격 띄우기 복사를 합니다.

명령: O
OFFSET
현재 설정: 원본 지우기=아니오, 도면층=원본, OFFSETGAPTYPE=0
간격띄우기 거리 지정 또는 [통과점(T)/지우기(E)/도면층(L)] 〈2.0000〉: 5
간격띄우기할 객체 선택 또는 [종료(E)/명령 취소(U)] 〈종료〉: P56
간격띄우기할 면의 점 지정 또는 [종료(E)/다중(M)/명령 취소(U)] 〈종료〉: P57
간격띄우기할 객체 선택 또는 [종료(E)/명령 취소(U)] 〈종료〉: *취소*

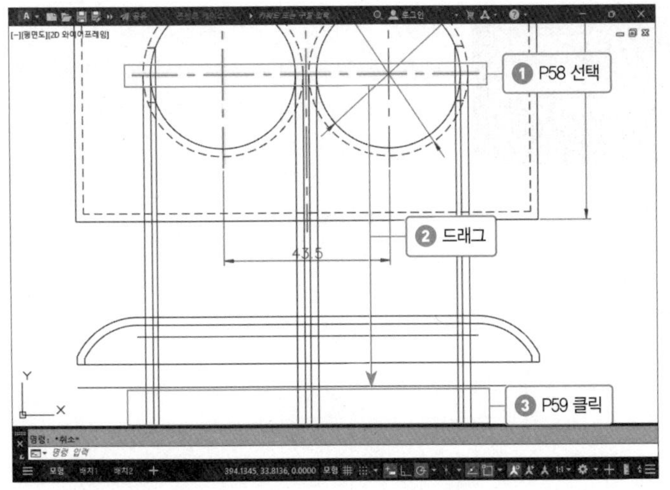

05 | 정면도의 안쪽 형태를 그리기 위해 'RAY(반무한선)' 명령어를 입력하고 Enter를 누릅니다. 평면도의 '38' 원과 '42' 원과 '14' 넓이를 그림과 같이 선택하고 아래로 드래그한 다음 클릭하여 반무한선을 그립니다. 같은 방법으로 가운데 부분의 제품 두께도 반무한선으로 그립니다.

명령: RAY
시작점을 지정: P58
통과점을 지정: P59
통과점을 지정: *취소*

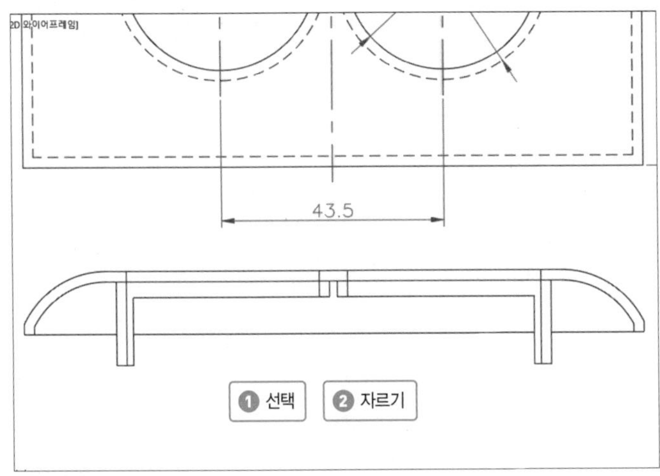

06 | 자르기 위해 'TR(TRIM)' 명령어를 입력한 후 Enter를 누릅니다. 옵션에서 'T'를 입력하고 Enter를 누른 다음 절단 모서리가 되는 '5', '12', '18' 선을 선택 후 Enter를 눌러 자릅니다. 같은 방법으로 정면도 형태 단면(해칭선)도 자릅니다.

명령: TR
TRIM
현재 설정: 투영=UCS, 모서리=없음, 모드=빠른 작업
자를 객체를 선택하거나 Shift 키를 누른 채로 선택하여 확장 또는
[절단 모서리(T)/걸치기(C)/모드(O)/프로젝트(P)/지우기(R)]: T
현재 설정: 투영=UCS, 모서리=없음, 모드=빠른 작업
절단 모서리 선택...

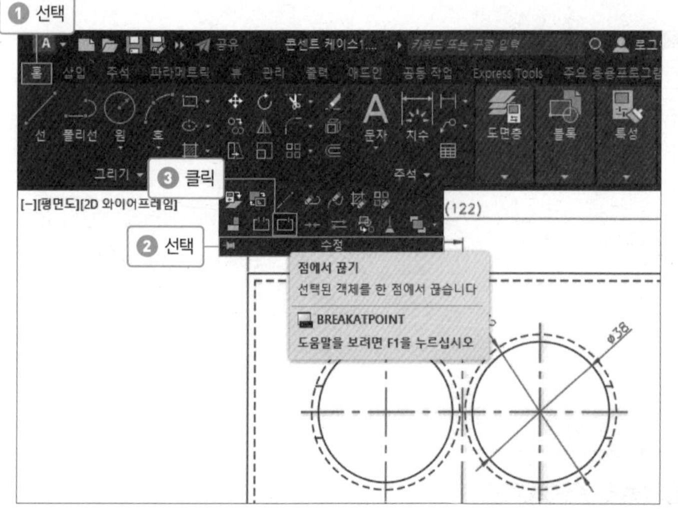

07 | 제품 두께의 숨은 선을 만듭니다. 〔홈〕 탭의 '수정'을 선택해서 패널을 표시하고 '점에서 끊기(BREAKATPOINT)'를 클릭합니다.

08 | 정면도의 안쪽 수직 선을 선택하고 양쪽 점을 각각 클릭하여 점을 끊습니다.

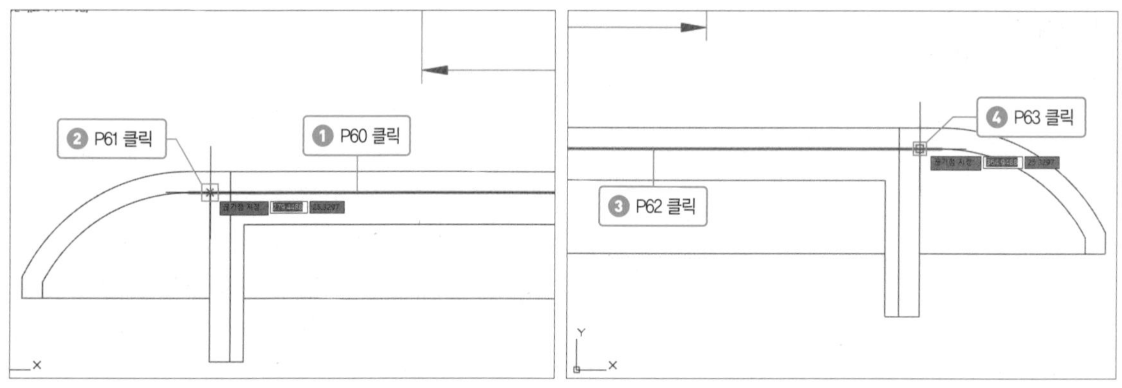

명령: BR
BREAKATPOINT
객체 선택: P60, P62
끊기점 지정: P61, P63

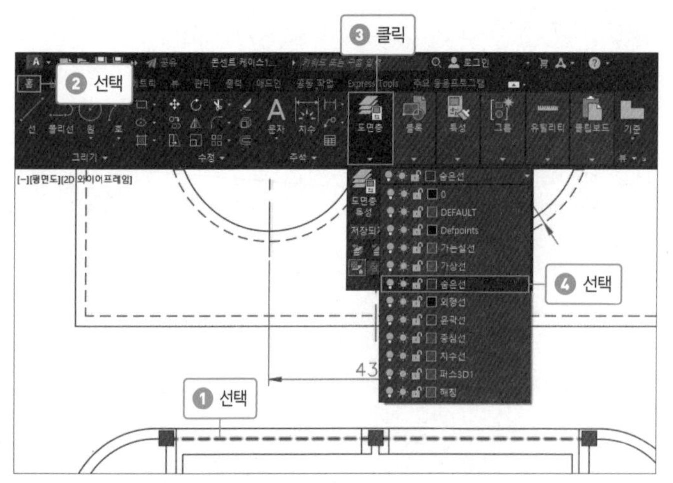

09 | 끊은 선을 선택하고 〔홈〕 탭의 〔도면층(레이어)〕에서 '숨은선'을 선택하여 변경합니다.

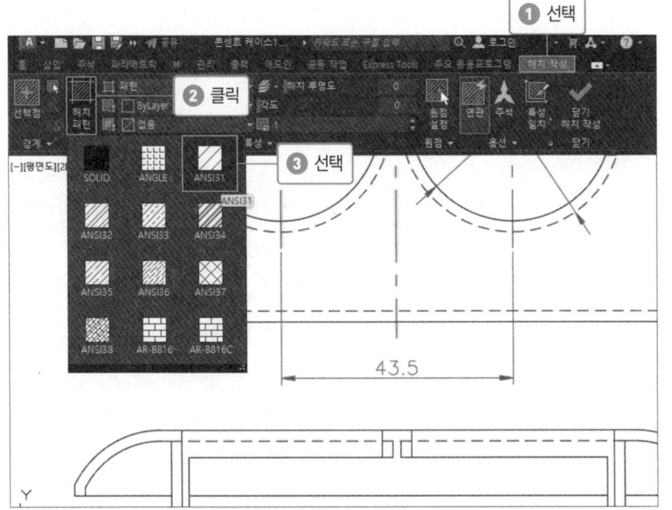

해칭 입력하기

01 | 제품의 단면도를 나타내기 위해 〔홈〕 탭의 〔도면층(레이어)〕에서 '해칭'을 선택하여 변경하고 〔해치 작성〕 탭의 〔해치 패턴〕에서 'ANSI31'을 선택합니다.

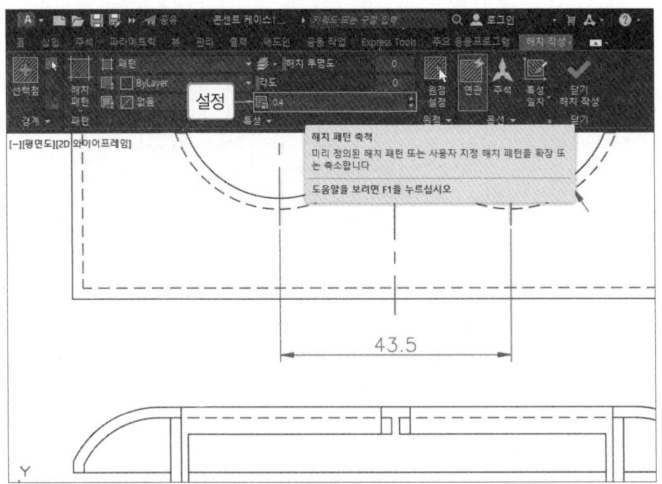

02 | 리본 메뉴에서 해치 패턴 축척을 '0.4'로 설정합니다.

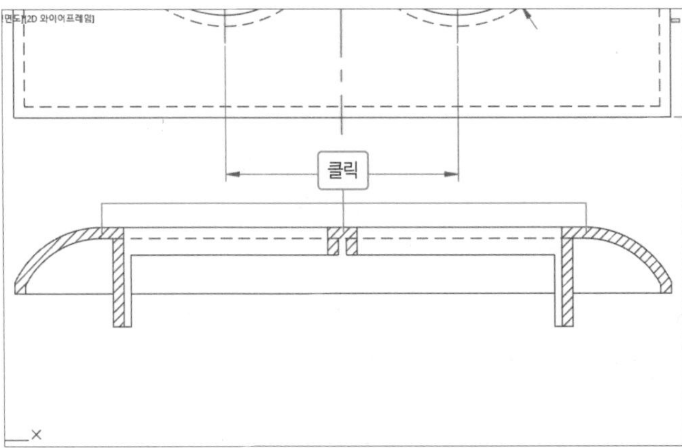

03 | 해치 패턴이 그려질 내부를 차례로 클릭합니다. 클릭하는 곳마다 ANSI31의 패턴이 채워집니다. 명령어를 취소할 때는 Esc를 누릅니다.

3 우측면도 그리기

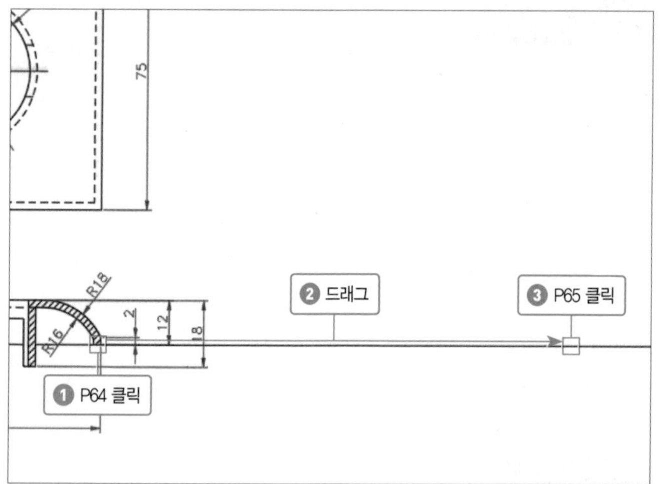

기본 형태 그리기

01 | [도면층(레이어)]의 '외형선'을 선택하여 현재 설정으로 하고 F8을 눌러 '직교 모드'를 활성화합니다.

'RAY' 명령어를 입력하고 Enter를 누릅니다. 정면도 오른쪽 점을 클릭하여 시작점으로 지정하고 오른쪽으로 드래그한 다음 클릭해 반무한선을 그립니다. Esc를 눌러 사용 중인 명령어를 취소합니다.

```
명령: RAY
시작점을 지정: P64
통과점을 지정: P65
통과점을 지정: *취소*
```

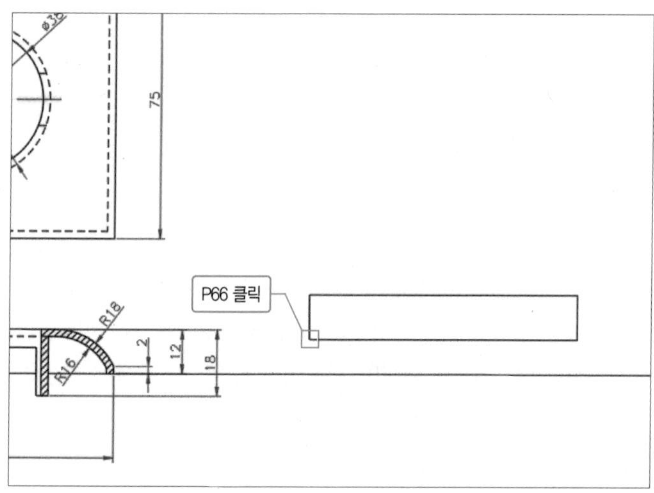

02 | 'REC(RECTANG)' 명령어를 입력한 후 Enter를 누릅니다. 적당한 위치를 클릭해 첫 번째 지점을 지정하고 명령어 입력 창에 생성할 가로세로 길이 '@75,12'를 입력하고 Enter를 누릅니다.

```
명령: REC
RECTANG
첫 번째 구석점 지정 또는 [모따기(C)/고도(E)/모깎기(F)/두께(T)/폭(W)]: P66
다른 구석점 지정 또는 [영역(A)/치수(D)/회전(R)]: @75,12
```

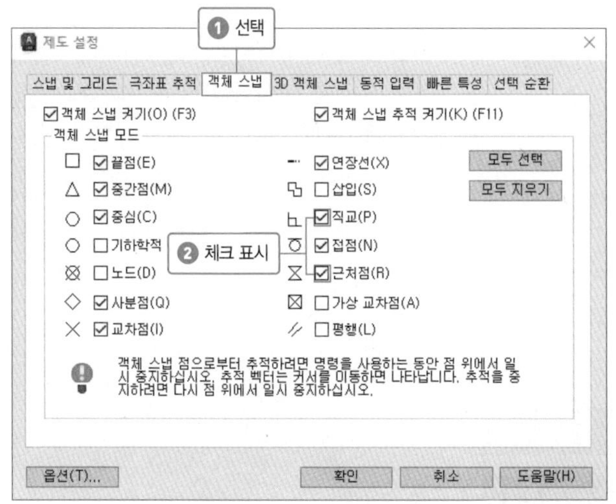

03 | [제도 설정] 대화상자의 〔객체 스냅〕 탭에서 '직교(P)'와 '근처점(R)'을 반드시 체크 표시합니다.

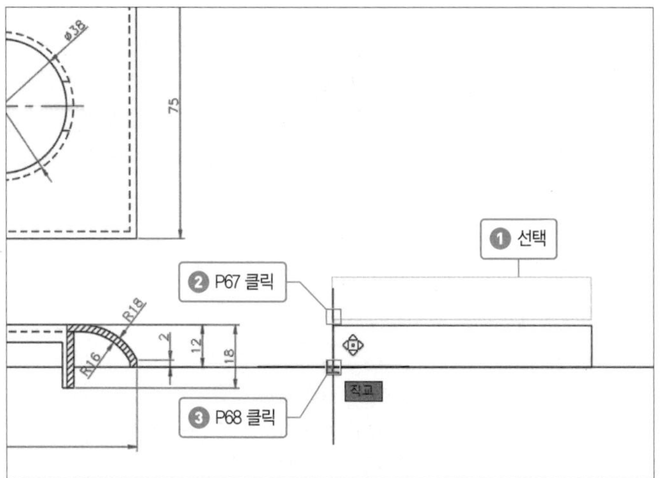

04 | 'M(MOVE)' 명령어를 입력하고 Enter를 누른 다음 직사각형을 선택 후 Enter를 누릅니다. 직사각형 왼쪽 아래의 점을 클릭해 위치의 기준점을 지정하고 반무한선을 클릭하여 이동합니다.

```
명령: M
MOVE
객체 선택: 1개를 찾음
객체 선택: Enter
기준점 지정 또는 [변위(D)] <변위>: P67
두 번째 점 지정 또는 <첫 번째 점을 변위로 사용>:
명령: P68
```

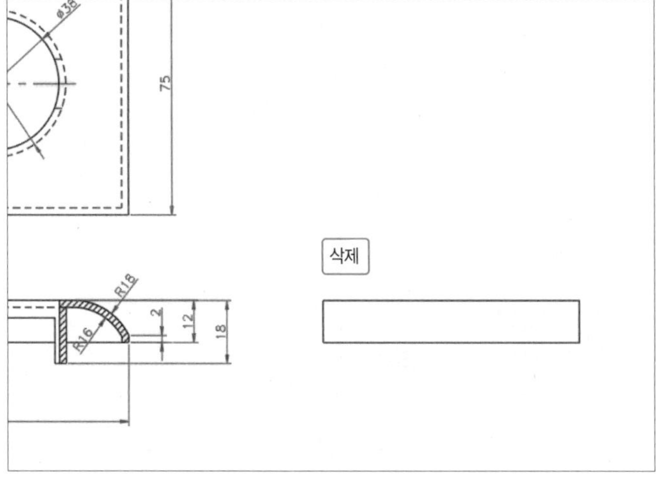

05 | 정확히 겹친 것을 확인하고 반 무한선을 선택한 다음 Delete를 눌러 삭제합니다.

```
명령: _erase 1개를 찾음
```

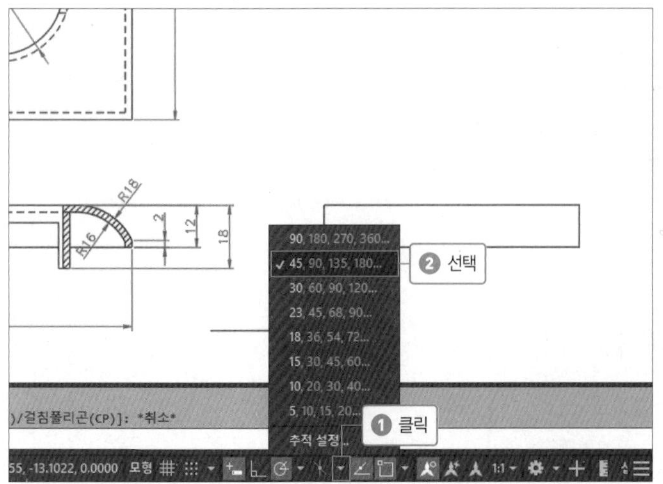

06 | '직교 모드(F8)'에서 '극좌표 추적 기능(F10)'을 활성화한 다음 '45, 90, 135, 180...'을 선택합니다.

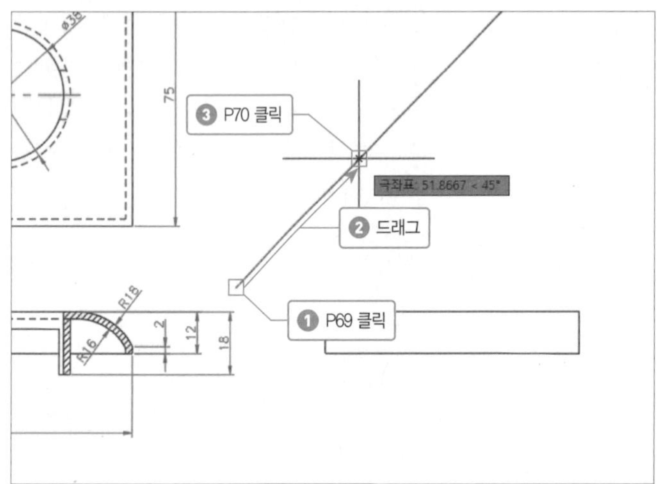

07 | 'RAY' 명령어를 입력하고 Enter를 누릅니다. 정면도와 우측면도 사이 적당한 위치를 클릭하고 45° 방향으로 드래그한 다음 클릭해 반무한선을 그립니다. Esc를 눌러 사용 중인 명령어를 취소합니다.

명령: RAY
시작점을 지정: P69
통과점을 지정: P70
통과점을 지정: *취소*

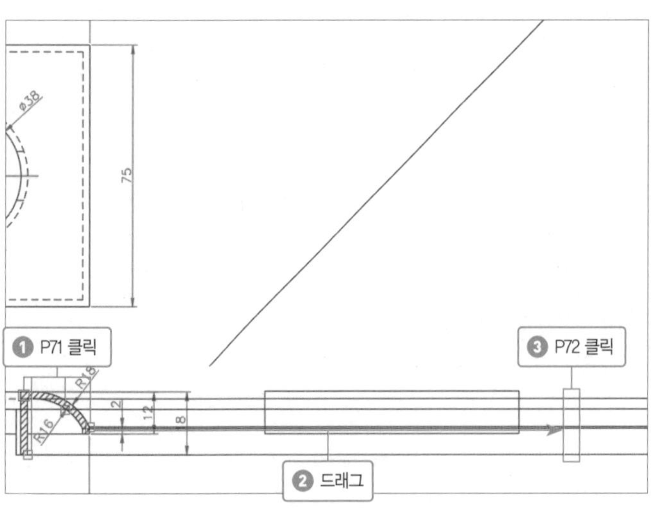

08 | Enter를 눌러 'RAY' 명령어를 다시 실행합니다. 연속적으로 실행하여 정면도의 '2' 두께, '5' 선, 안쪽과 바깥쪽 선, '18' 선을 기준으로 각각 우측면도의 수평 형태의 반무한선을 그립니다.

명령: RAY
시작점을 지정: P71
통과점을 지정: P72
통과점을 지정: *취소*

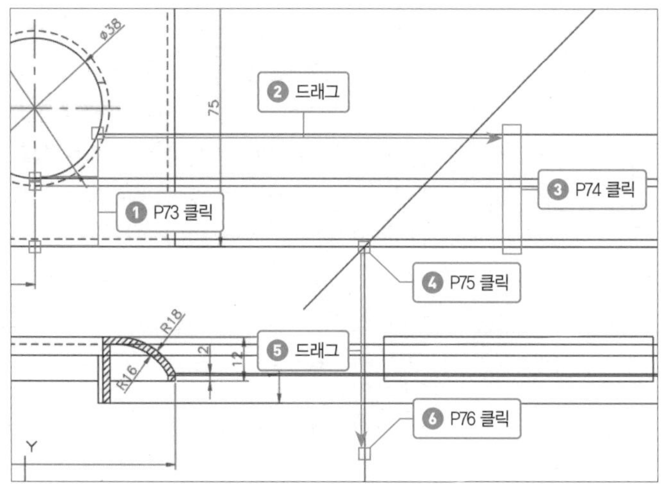

09 | Enter를 눌러 'RAY' 명령어를 다시 실행합니다. 연속적으로 실행하여 평면도를 기준으로 각각 무한선을 그리고 '45°' 무한선과 교차하는 가장 아래 점을 기준으로 수직 무한선을 그립니다.

명령: RAY
시작점을 지정: P73, P75
통과점을 지정: P74, P76
통과점을 지정: *취소*

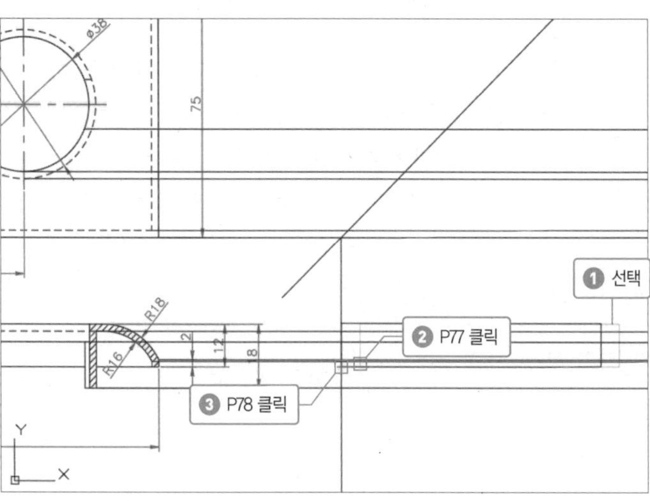

10 | 'M(MOVE)' 명령어를 입력하고 Enter를 누른 다음 직사각형을 선택 후 Enter를 누릅니다. 직사각형 왼쪽 아래 점을 클릭해 위치의 기준점을 지정하고 수직 반무한선을 클릭하여 이동합니다.

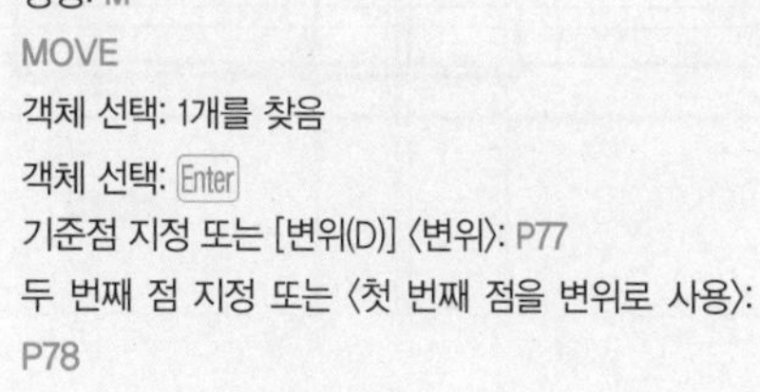
명령: M
MOVE
객체 선택: 1개를 찾음
객체 선택: Enter
기준점 지정 또는 [변위(D)] <변위>: P77
두 번째 점 지정 또는 <첫 번째 점을 변위로 사용>: P78

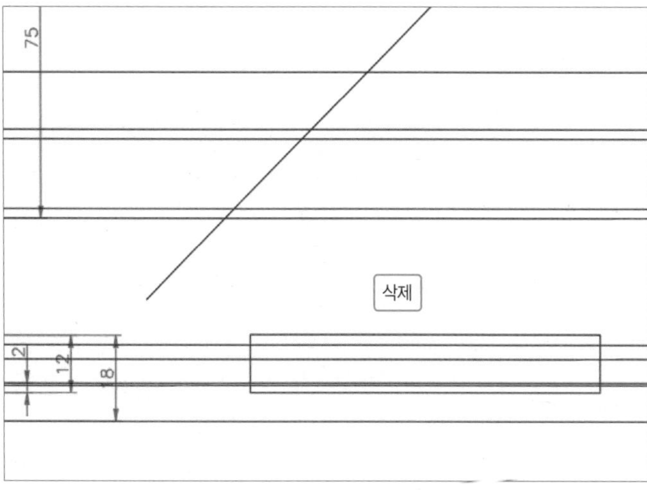

11 | 정확히 겹쳐지게 이동된 것이 확인되면 수직으로 그린 반무한선을 선택하고 Delete를 눌러 삭제합니다.

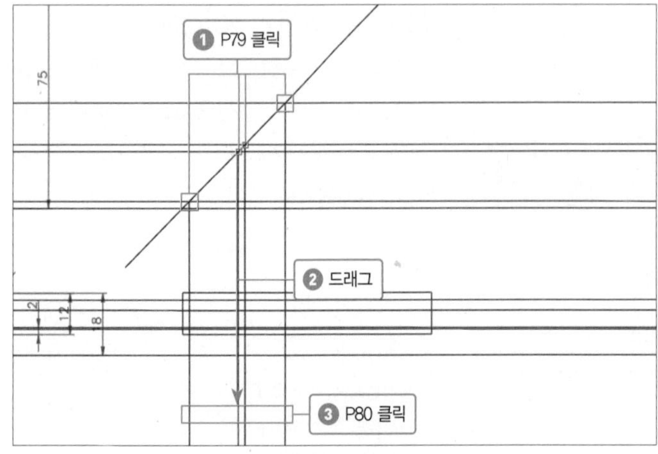

12 | 평면도에서 그려진 형태를 사용하여 우측면도의 수직 형태를 그리겠습니다. 'RAY' 명령어를 입력하고 Enter를 누릅니다. 평면도와 '45°' 반무한선이 교차하는 점을 기준으로 아래로 드래그하고 클릭해 그림과 같이 반무한선을 그립니다.

명령: RAY
시작점을 지정: P79
통과점을 지정: P80
통과점을 지정: *취소*

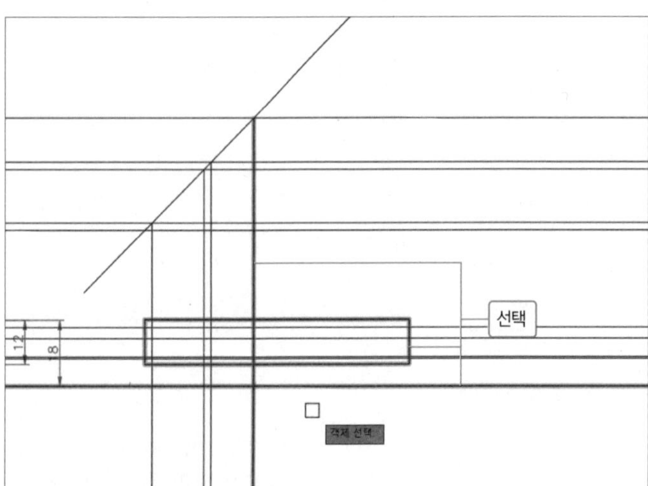

자르고 형태 정리하기

01 | 'TR(TRIM)' 명령어를 입력하고 Enter를 누릅니다. 옵션에서 'T'를 입력하고 Enter를 누른 다음 절단 모서리가 되는 직사각형과 가장 오른쪽 수직선, 가장 아래쪽의 수평선을 선택하고 Enter를 누릅니다.

명령: TR
TRIM
현재 설정: 투영=UCS, 모서리=없음, 모드=빠른 작업
자를 객체를 선택하거나 Shift 키를 누른 채로 선택하여 확장 또는
[절단 모서리(T)/걸치기(C)/모드(O)/프로젝트(P)/지우기(R)]: T
현재 설정: 투영=UCS, 모서리=없음, 모드=빠른 작업
절단 모서리 선택...
객체 선택 또는 〈모두 선택〉: 1개를 찾음
객체 선택: 1개를 찾음, 총 2개
객체 선택: 1개를 찾음, 총 3개
객체 선택: Enter

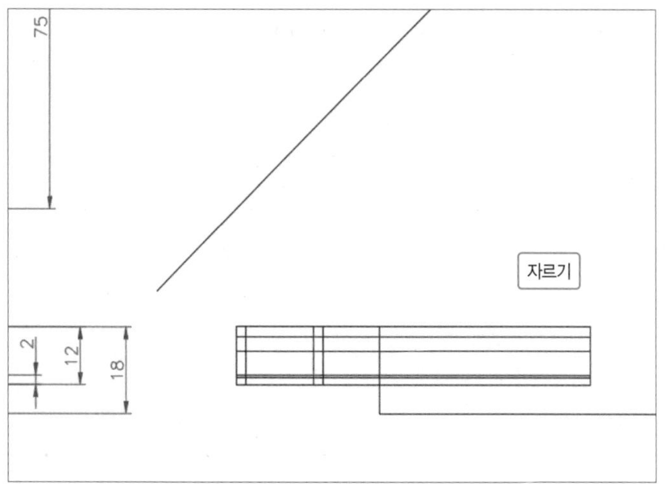

02 | 필요 없는 부분을 클릭하여 자르고 그림과 같이 잘렸는지 형태를 확인합니다. 자르기 작업이 끝나면 Esc를 눌러 현재 사용 명령어를 취소합니다.

자를 객체를 선택하거나 Shift 키를 누른 채로 선택하여 확장 또는
[절단 모서리(T)/걸치기(C)/모드(O)/프로젝트(P)/지우기(R)]:
자를 객체를 선택하거나 Shift 키를 누른 채로 선택하여 확장 또는
[절단 모서리(T)/걸치기(C)/모드(O)/프로젝트(P)/지우기(R)/명령 취소(U)]: *취소*

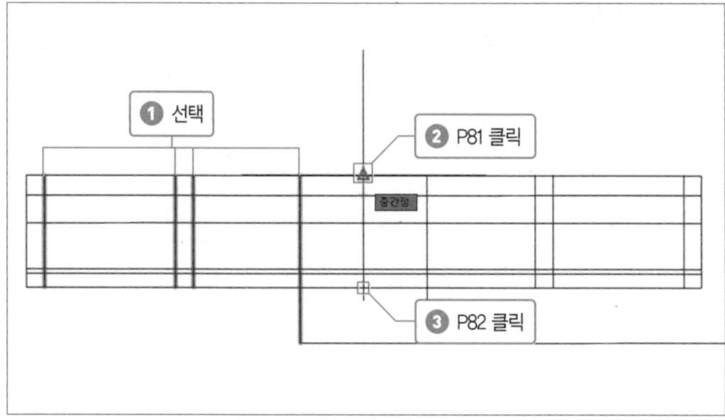

03 | [제도 설정] 대화상자에서 〔객체 스냅〕 탭의 '중간점'을 체크 표시합니다. 'MI(MIRROR)' 명령어를 입력한 다음 그림과 같이 수직선을 모두 선택한 후 Esc를 누릅니다. 직사각형 위쪽 선의 중간점과 아래쪽 선의 중간점을 차례대로 클릭해 기준점으로 지정하고 옵션에서 'N'을 입력하여 원본을 남기도록 합니다.

명령: MI
MIRROR
객체 선택: 1개를 찾음
객체 선택: 1개를 찾음, 총 2개
객체 선택: 1개를 찾음, 총 3개
객체 선택: 1개를 찾음, 총 4개
객체 선택: Enter
대칭선의 첫 번째 점 지정: P81
대칭선의 두 번째 점 지정: P82
원본 객체를 지우시겠습니까? [예(Y)/아니오(N)] 〈아니오〉: N

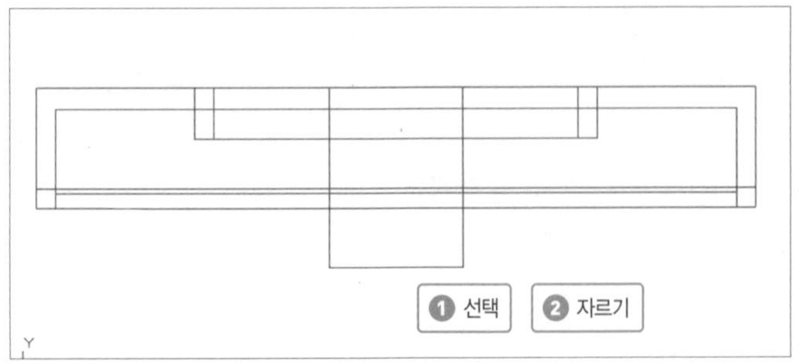

04 | 'TR(TRIM)' 명령어를 입력하고 Enter를 누릅니다. 옵션에서 'T'를 입력하고 Enter를 누른 다음 절단 모서리가 되는 선들을 선택 후 Enter를 눌러 그림과 같은 형태로 자릅니다. Esc를 눌러 현재 사용 명령어를 취소합니다.

명령: TR
TRIM
현재 설정: 투영=UCS, 모서리=없음, 모드=빠른 작업
자를 객체를 선택하거나 Shift 키를 누른 채로 선택하여 확장 또는
[절단 모서리(T)/걸치기(C)/모드(O)/프로젝트(P)/지우기(R)]: T
현재 설정: 투영=UCS, 모서리=없음, 모드=빠른 작업
절단 모서리 선택...

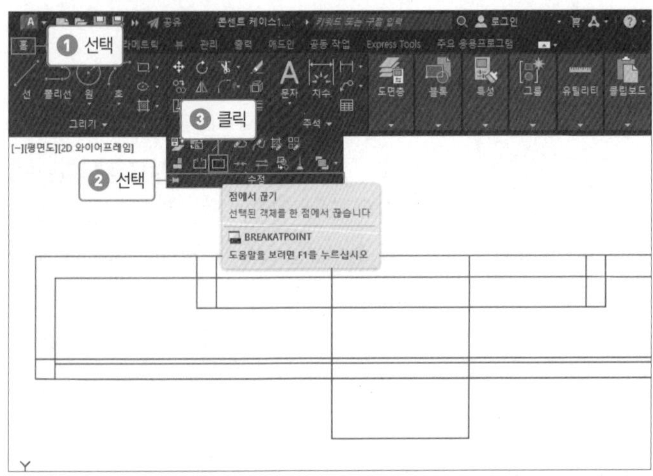

05 | [홈] 탭의 '수정'을 선택해서 패널을 표시하고 '점에서 끊기(BREAKATPOINT)'를 클릭합니다.

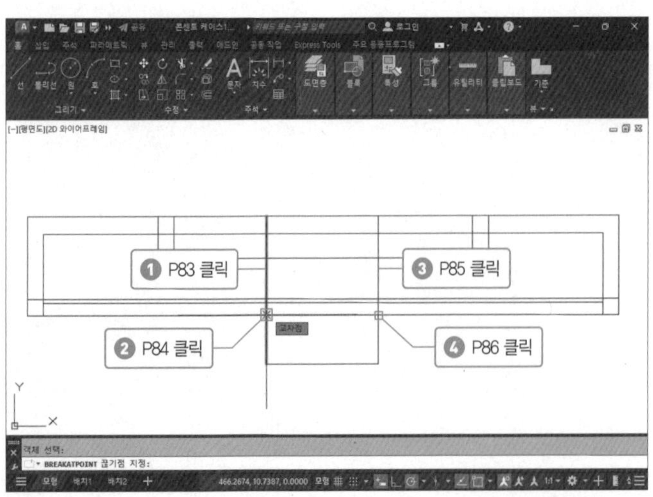

06 | '18' 선 양쪽을 각각 선택하고 직사각형 아래 선 부분과 교차하는 점을 클릭해 점을 끊습니다.

명령: BR
BREAKATPOINT
객체 선택: P83, P85
끊기점 지정: P84, P86

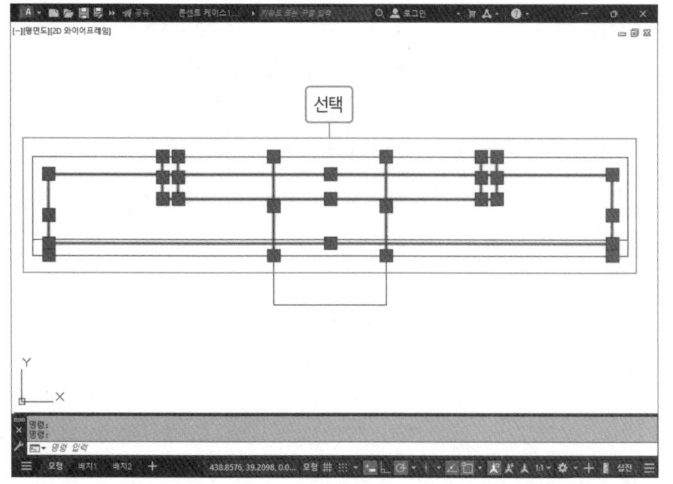

숨은 선 만들기

01 | 직사각형 내부를 숨은 선으로 교체하겠습니다. 직사각형 아래에서 세 번째 가로선을 제외한 직사각형이 모든 내부선을 선택합니다.

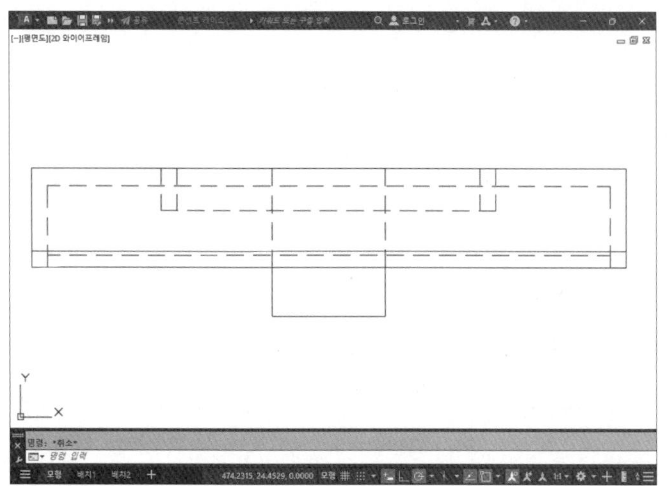

02 | [홈] 탭의 [도면층(레이어)]에서 '숨은선'을 선택하여 변경합니다. Esc를 눌러 현재 사용 명령어를 취소합니다.

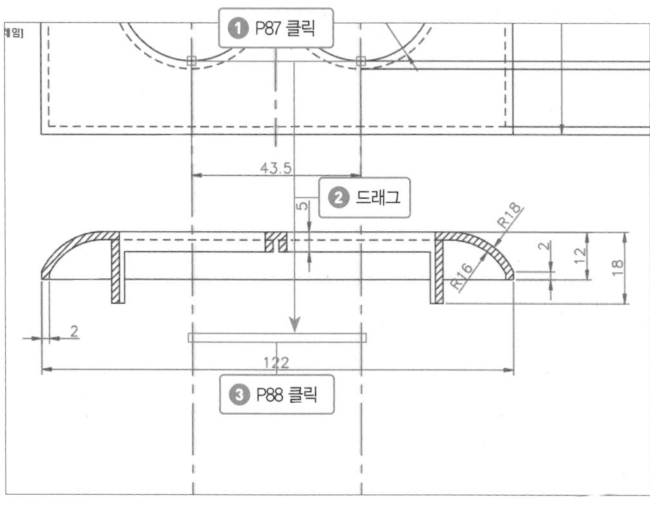

정면도와 우측면도 중심선 만들기

01 | [홈] 탭의 [도면층(레이어)]에서 '중심선'을 선택하여 변경합니다. 'RAY' 명령어를 입력하고 Enter를 누릅니다. 평면도 원의 중심선 아랫부분을 각각 클릭하고 아래로 드래그하여 수직으로 선을 내립니다.

명령: RAY
시작점을 지정: P87
통과점을 지정: P88
통과점을 지정: *취소*

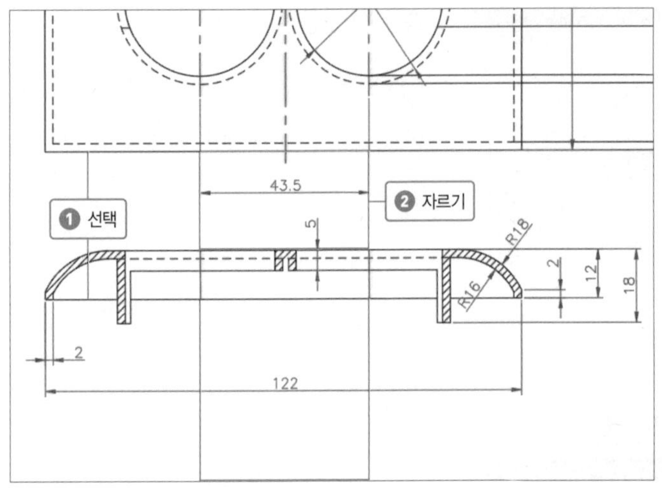

02 | 'TR(TRIM)' 명령어를 입력하고 Enter를 누릅니다. 옵션에서 'T'를 입력하고 Enter를 누른 후 절단 모서리가 되는 선들을 선택한 다음 Enter를 눌러 필요 없는 부분을 자릅니다. Esc를 눌러 명령어를 취소합니다.

명령: TR
TRIM
현재 설정: 투영=UCS, 모서리=없음, 모드=빠른 작업
자를 객체를 선택하거나 Shift 키를 누른 채로 선택하여 확장 또는
 [절단 모서리(T)/걸치기(C)/모드(O)/프로젝트(P)/지우기(R)]: T
현재 설정: 투영=UCS, 모서리=없음, 모드=빠른 작업
절단 모서리 선택...

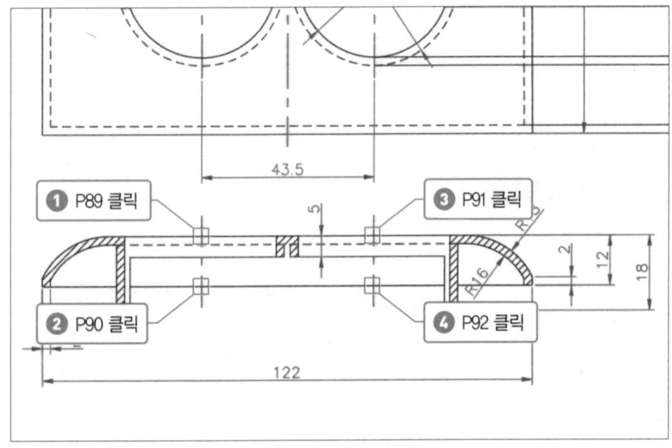

03 | 'LEN(LENGTHEN)' 명령어를 입력한 다음 Enter를 누릅니다. 옵션에서 'DE'를 입력한 후 Enter를 누릅니다. '5'를 입력하고 다시 Enter를 누른 다음 중심선 끝부분을 클릭하면 '5'씩 중심선이 늘어납니다.

명령: LEN
LENGTHEN
측정할 객체 또는 [증분(DE)/퍼센트(P)/합계(T)/동적(DY)] 선택 〈증분(DE)〉: DE
증분 길이 또는 [각도(A)] 입력 〈5.0000〉: 5
변경할 객체 선택 또는 [명령 취소(U)]: P89, P90, P91, P92

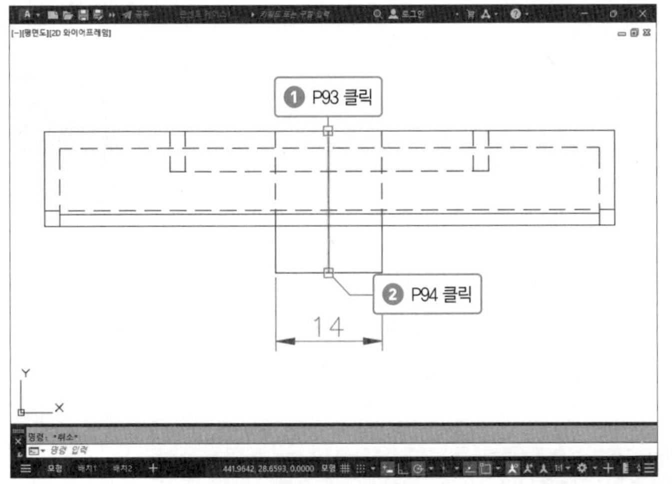

04 | 'L(LINE)' 명령어를 입력하고 Enter를 누릅니다. 우측면도 직사각형 위 중간점을 클릭하고 아래쪽 중간점을 클릭해 중심선을 만듭니다. Esc를 눌러 명령어를 취소합니다.

명령: L
LINE
첫 번째 점 지정: P93
다음 점 지정 또는 [명령 취소(U)]: P94
다음 점 지정 또는 [명령 취소(U)]: *취소*

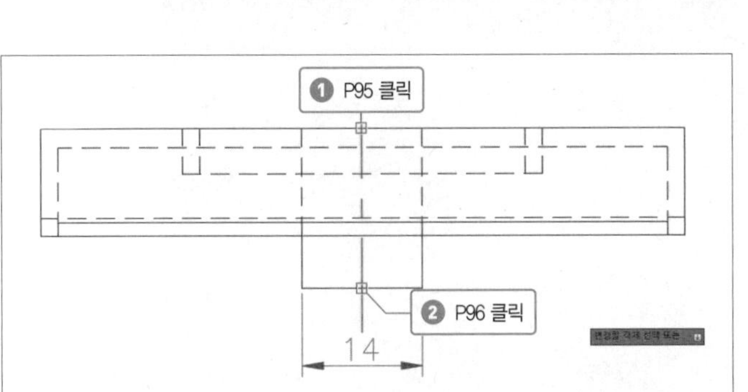

05 | 'LEN(LENGTHEN)' 명령어를 입력한 다음 Enter를 누르고 'DE'를 입력 후 Enter를 누릅니다. '5'를 입력하고 다시 Enter를 누른 다음 중심선 끝부분을 클릭하면 '5'씩 중심선이 늘어납니다.

명령: LEN
LENGTHEN
측정할 객체 또는 [증분(DE)/퍼센트(P)/합계(T)/동적(DY)] 선택 〈증분(DE)〉: DE
증분 길이 또는 [각도(A)] 입력 〈5.0000〉: 5
변경할 객체 선택 또는 [명령 취소(U)]: P95, P96

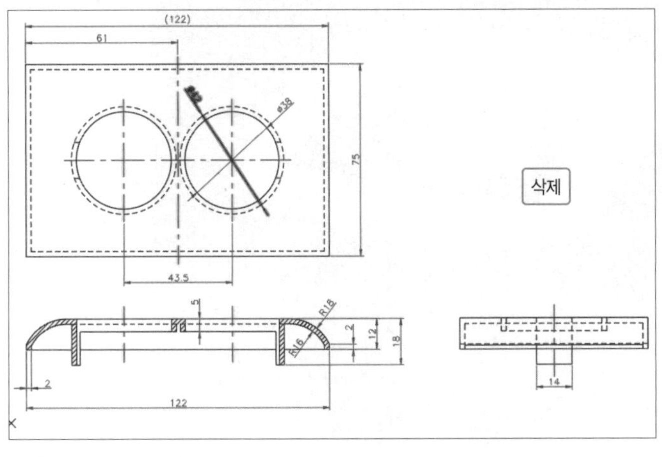

06 | 필요 없는 선들을 선택하고 Delete를 눌러 삭제합니다. 콘센트 케이스의 도면이 완성되었습니다.

일회용 용기 도면 제작하기

'RECTANG', 'LINE', 'CIRCLE', 'RAY' 명령어를 중심으로 요거트 케이스 형태를 만듭니다. 이번 일회용 용기 예제에서는 앞서 살펴봤던 기본 기능과 함께 'MOVE', 'MIRROR' 명령어를 사용합니다. 이 명령어들을 활용하여 용기 형태를 만든 후 'HATCH' 기능을 이용하여 도면을 완성해 보겠습니다.

미리 보기

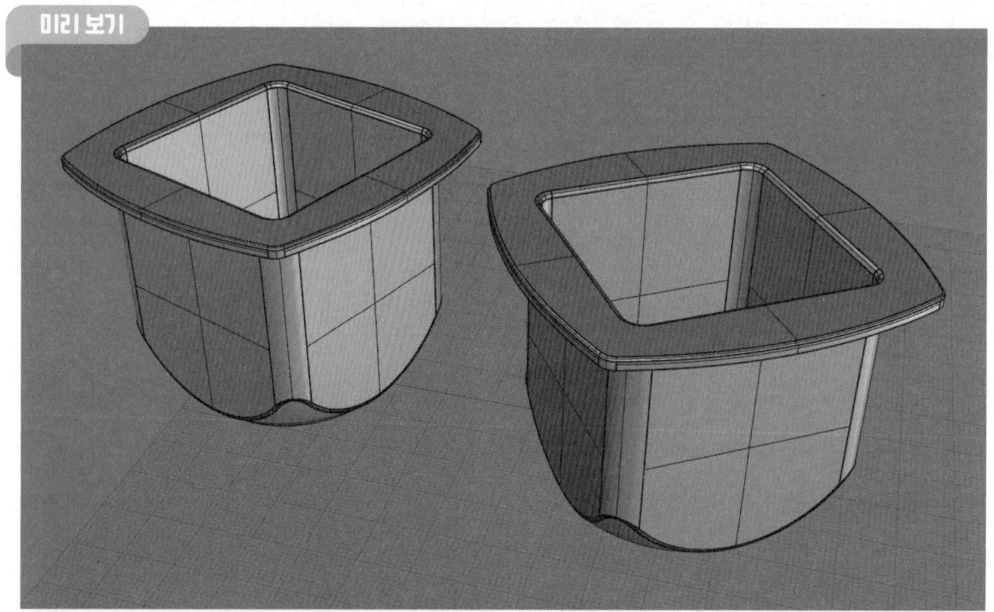

예제 도면

◎ 완성 파일 : Part06\일회용 용기_완성.dwg

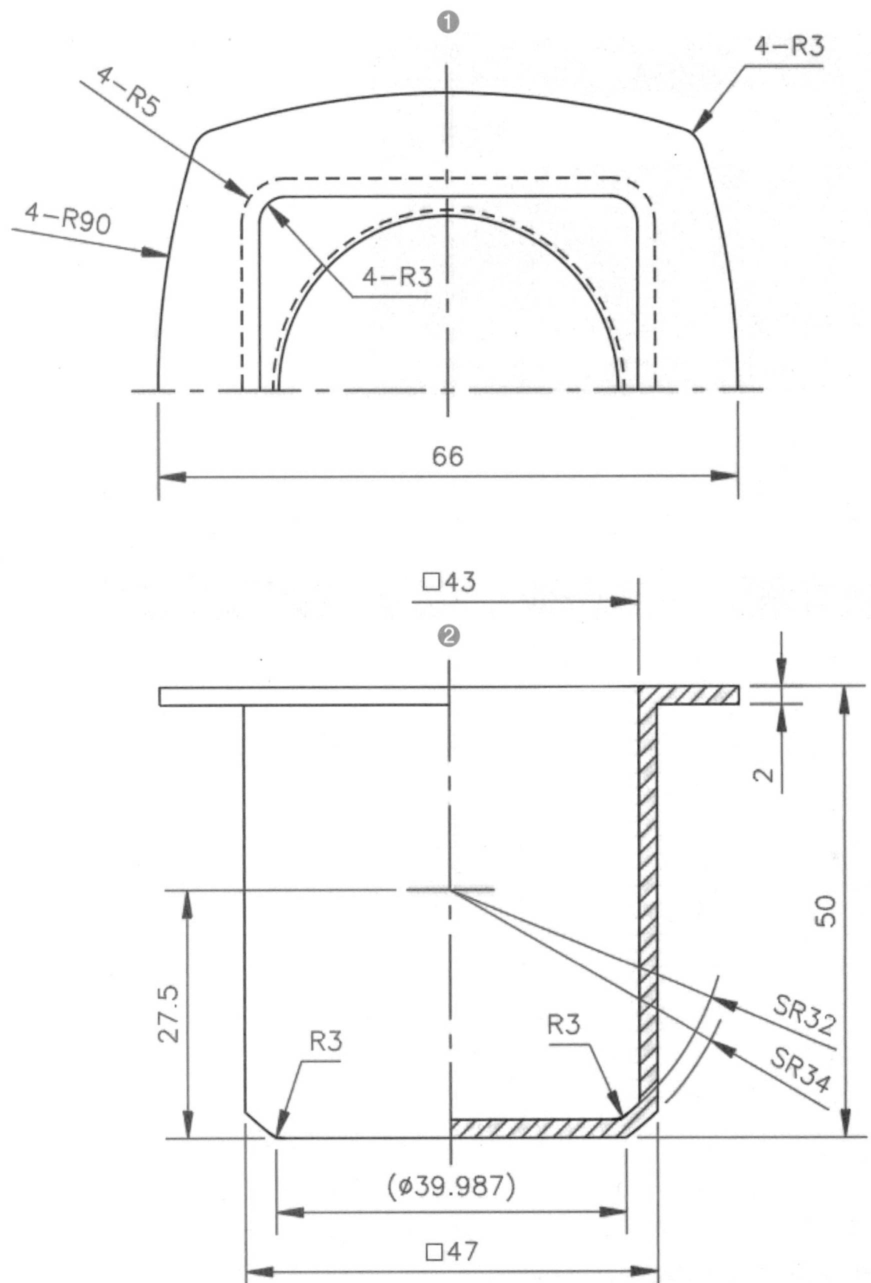

❶ **평면도 그리기**

1. 기본 형태 그리기 ◎ 2. 중심선 그리기 ◎ 3. 호 그리기 ◎ 4. 모서리에 라운드 적용하기 ◎ 5. 치수선 입력하기

❷ **정면도 그리기**

1. 기본 형태 그리기 1 ◎ 2. 해칭 입력하기 ◎ 3. 치수선 입력하기 ◎ 4. 점에서 끊기

1 평면도 그리기

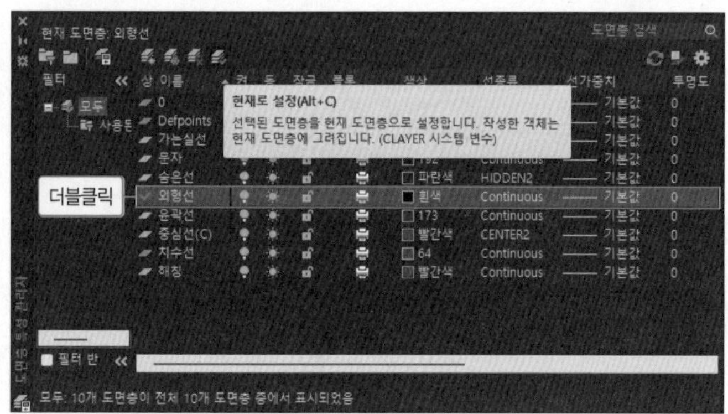

기본 형태 그리기

01 | [도면층(레이어)]의 '외형선'을 더블클릭하여 현재 설정으로 합니다.

02 | '동적 입력(DYNMODE)'을 클릭하여 활성화합니다.

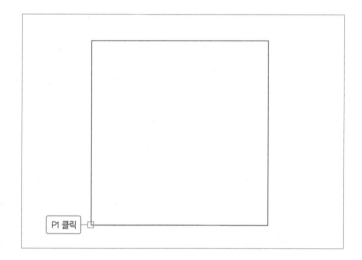

03 | 'REC(RECTANG)' 명령어를 입력한 후 Enter를 누릅니다. 적당한 위치를 클릭해 첫 번째 지점을 지정하고 명령어 입력 창에 생성할 가로세로 길이인 '@66,66'를 입력한 다음 Enter를 누릅니다.

명령: REC
RECTANG
첫 번째 구석점 지정 또는 [모따기(C)/고도(E)/모깎기(F)/두께(T)/폭(W)]: P1
다른 구석점 지정 또는 [영역(A)/치수(D)/회전(R)]: @66,66

중심선 그리기

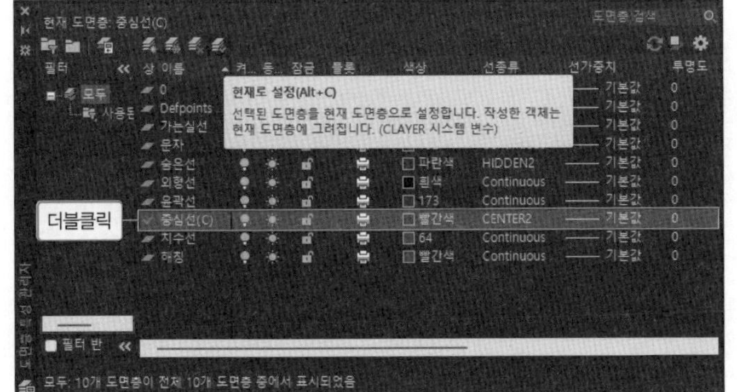

01 | [도면층(레이어)]의 '중심선'을 더블클릭하여 현재 설정으로 합니다.

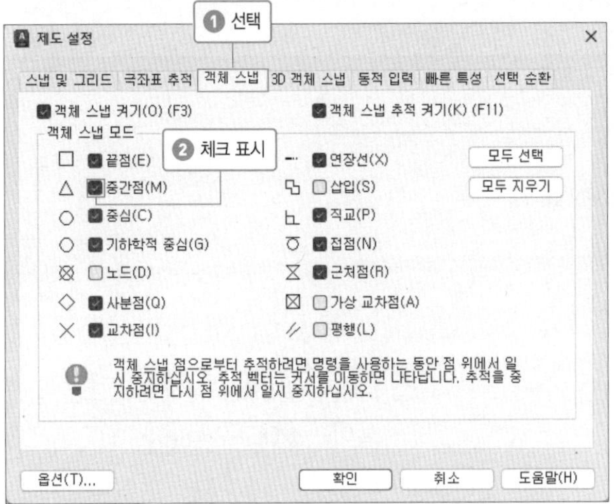

02 | 이때 [제도 설정] 대화상자에서 [객체 스냅] 탭에서 '중간점(M)'을 반드시 체크 표시해야 합니다.

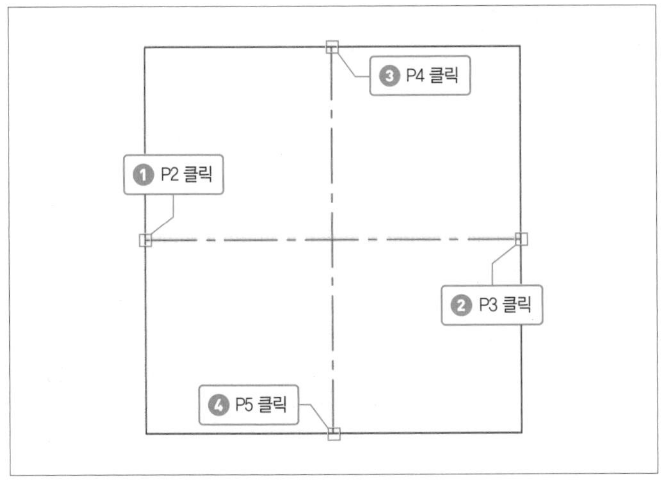

03 | 'L(LINE)' 명령어를 입력하고 Enter를 누릅니다. 사각형 왼쪽 중간점을 클릭하고 오른쪽 중간점을 클릭합니다. 같은 방법으로 사각형 위쪽 중간점을 클릭한 후 아래쪽 중간점을 클릭해 십자 모양의 중심선을 만듭니다.

명령: L
LINE
첫 번째 점 지정: P2, P4
다음 점 지정 또는 [명령 취소(U)]: P3, P5
다음 점 지정 또는 [명령 취소(U)]: *취소*

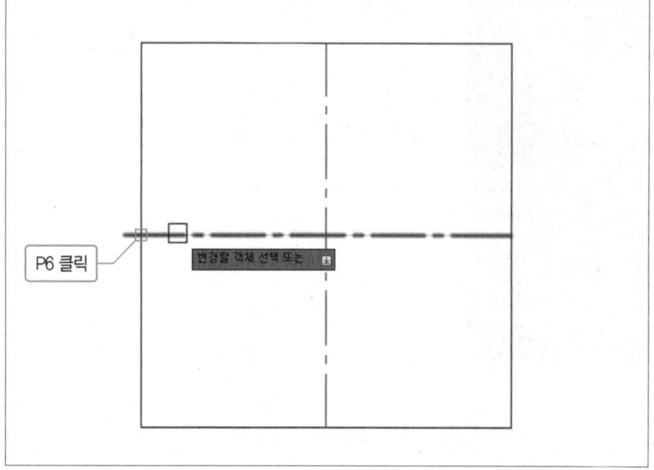

04 | 'LEN(LENGTHEN)' 명령어를 입력한 다음 Enter를 누릅니다. 옵션에 'DE'를 입력하고 Enter를 누른 다음 '3'을 입력한 후 다시 Enter를 누릅니다. 십자 모양의 중심선 왼쪽 끝부분을 클릭해 길이를 늘리고 Esc를 눌러 명령어를 취소합니다.

명령: LEN
LENGTHEN
측정할 객체 또는 [증분(DE)/퍼센트(P)/합계(T)/동적(DY)] 선택 〈증분(DE)〉: DE
증분 길이 또는 [각도(A)] 입력 〈0.0000〉: 3
변경할 객체 선택 또는 [명령 취소(U)]: P6

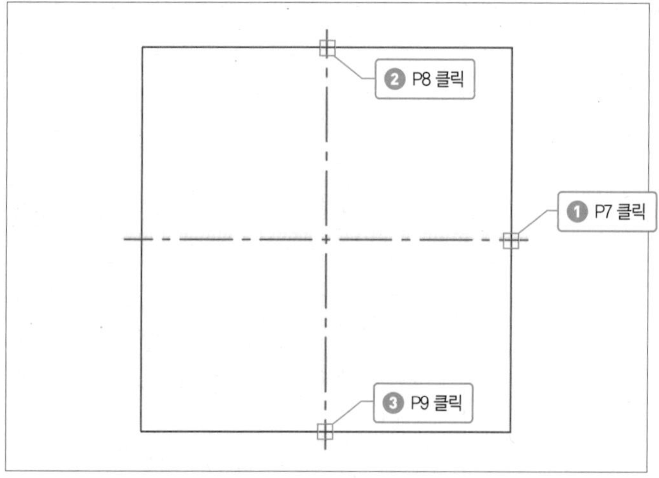

05 | 같은 방법으로 상하좌우 모든 곳이 '3'씩 늘어난 상태로 만듭니다.

명령: LEN
LENGTHEN
측정할 객체 또는 [증분(DE)/퍼센트(P)/합계(T)/동적(DY)] 선택 〈증분(DE)〉: DE
증분 길이 또는 [각도(A)] 입력 〈5.0000〉: 3
변경할 객체 선택 또는 [명령 취소(U)]: P7, P8, P9

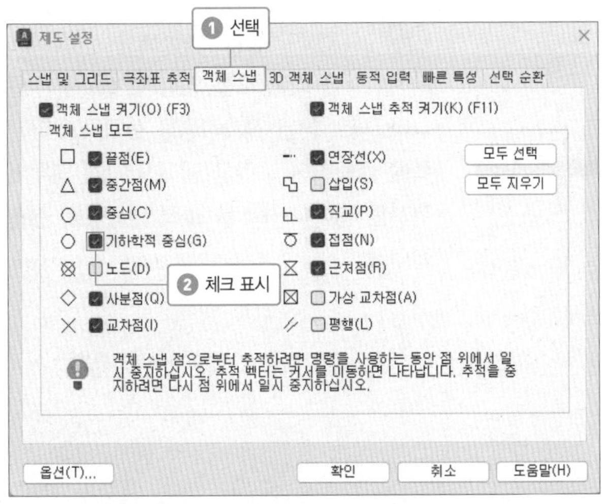

06 | 이때 [제도 설정] 대화상자에서 〔객체 스냅〕 탭에서 '기하학적 중심(G)'을 반드시 체크 표시해야 합니다.

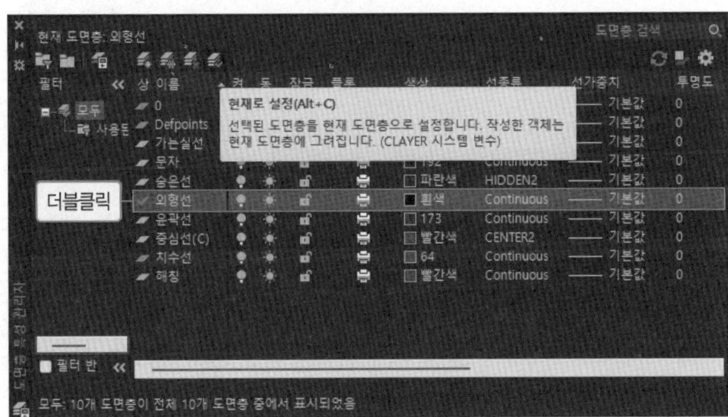

07 | 〔도면층(레이어)〕에서 '외형선'을 더블클릭하여 현재 설정으로 합니다.

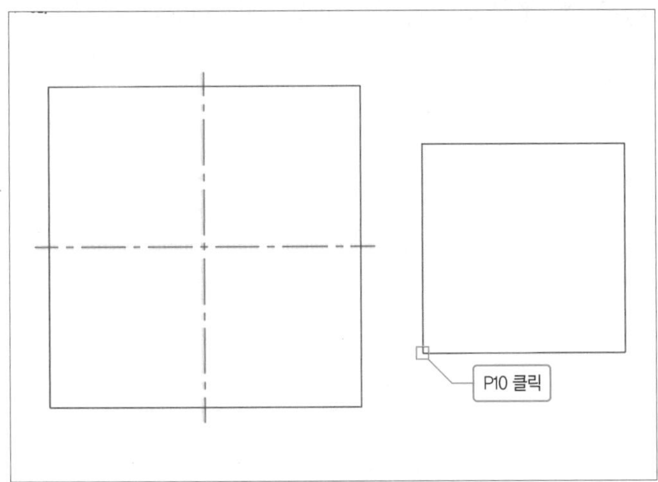

08 | 'REC(RECTANG)' 명령어를 입력한 후 Enter를 누릅니다. 정사각형 오른쪽에 적당한 위치를 클릭해 첫 번째 지점을 지정하고 명령어 입력 창에 생성할 가로세로 길이 '@43,43'를 입력한 다음 Enter를 누릅니다.

명령: REC
RECTANG
첫 번째 구석점 지정 또는 [모따기(C)/고도(E)/모깎기(F)/두께(T)/폭(W)]: P10
다른 구석점 지정 또는 [영역(A)/치수(D)/회전(R)]: @66,66

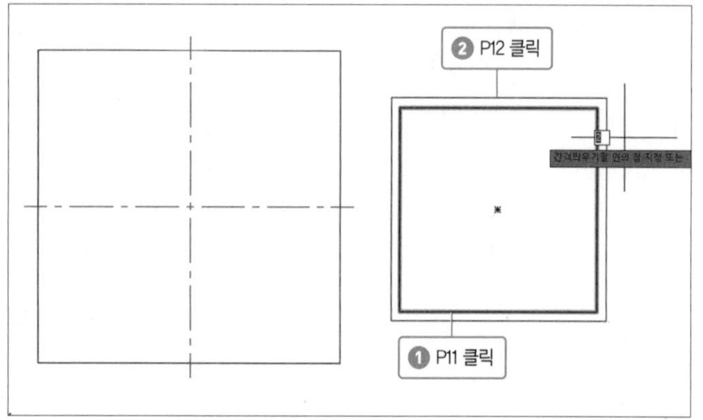

09 | 'O(OFFSET)' 명령어를 입력하고 Enter를 누른 다음 '2'를 입력 후 Enter를 누릅니다. 새로 만든 정사각형을 선택하고 바깥쪽을 클릭하여 '2'만큼 떨어진 간격 띄우기 복사를 합니다. Esc를 눌러 명령어를 취소합니다.

명령: O
OFFSET
현재 설정: 원본 지우기=아니오, 도면층=원본, OFFSETGAPTYPE=0
간격띄우기 거리 지정 또는 [통과점(T)/지우기(E)/도면층(L)] ⟨2.0000⟩: 2
간격띄우기할 객체 선택 또는 [종료(E)/명령 취소(U)] ⟨종료⟩: P11
간격띄우기할 면의 점 지정 또는 [종료(E)/다중(M)/명령 취소(U)] ⟨종료⟩: P12
간격띄우기할 객체 선택 또는 [종료(E)/명령 취소(U)] ⟨종료⟩: *취소*

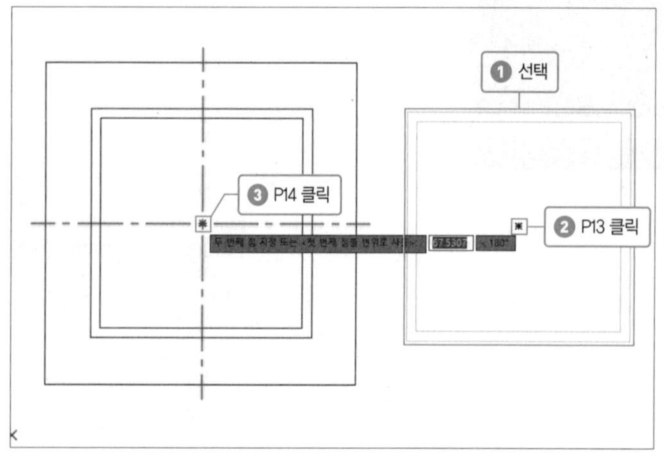

10 | 'M(MOVE)' 명령어를 입력한 후 Enter를 누른 다음 새로 만든 정사각형과 간격 띄우기 복사한 정사각형을 선택 후 Enter를 누릅니다. 기하학적 중심을 클릭하여 위치의 기준점으로 지정하고 왼쪽 정사각형 중심을 클릭하여 이동합니다.

명령: M
MOVE
객체 선택: 1개를 찾음
객체 선택: 1개를 찾음, 총 2개
객체 선택: Enter
기준점 지정 또는 [변위(D)] ⟨변위⟩: P13
두 번째 점 지정 또는 ⟨첫 번째 점을 변위로 사용⟩: P14
명령: *취소*

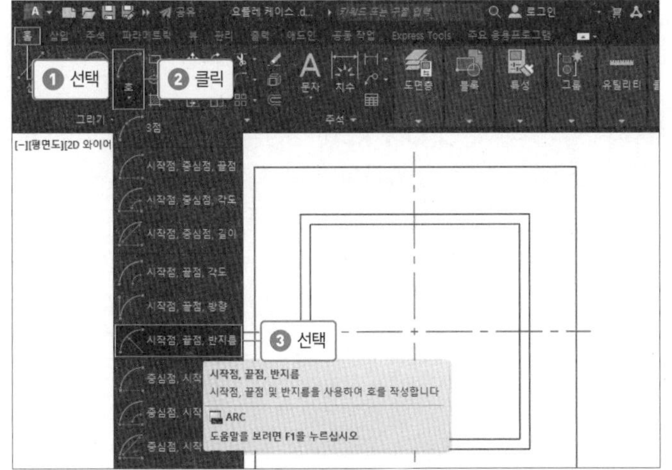

호 그리기

01 | [홈] 탭의 '호'를 선택하고 '시작점, 끝점, 반지름'을 선택합니다.

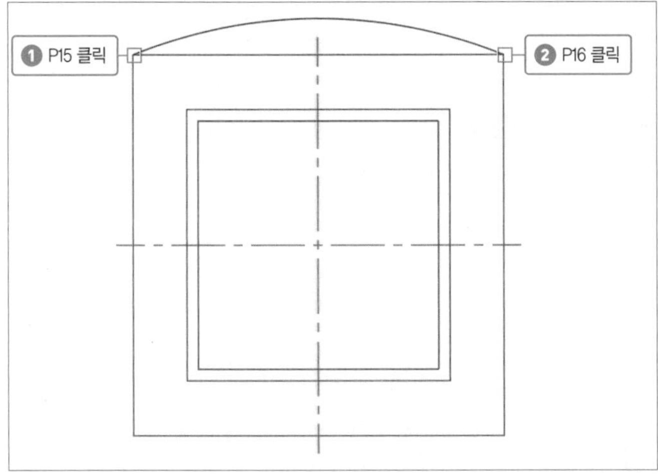

02 | '66' 정사각형 왼쪽 위의 꼭짓점을 클릭하여 호의 시작점으로 지정하고 오른쪽 위의 꼭짓점을 클릭하여 호의 두 번째 점으로 지정합니다. 반지름 값 '90'을 입력하고 Enter를 누릅니다.

명령: _arc
호의 시작점 지정 또는 [중심(C)]: P15
호의 두 번째 점 또는 [중심(C)/끝(E)] 지정: _e
호의 끝점 지정: P16
호의 중심점 지정(Ctrl 키를 누른 상태에서 방향 전환) 또는 [각도(A)/방향(D)/반지름(R)]: _r
호의 반지름 지정(Ctrl 키를 누른 상태에서 방향 전환): 90

03 | 〔홈〕 탭의 '호'를 선택하고 '시작점, 끝점, 반지름'을 다시 선택합니다.

04 | '66' 정사각형 왼쪽 위의 꼭짓점을 클릭하여 호의 시작점으로 지정하고 왼쪽 아래의 꼭짓점을 클릭하여 호의 두 번째 점으로 지정합니다. 반지름 값 '90'을 입력하고 Enter를 누릅니다.

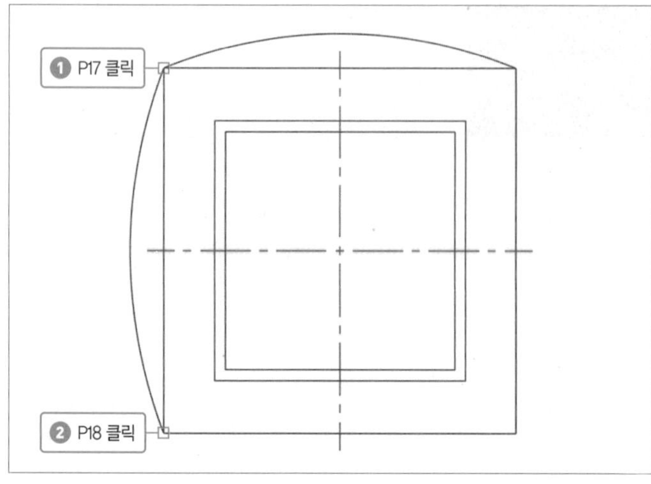

명령: _arc
호의 시작점 지정 또는 [중심(C)]: P17
호의 두 번째 점 또는 [중심(C)/끝(E)] 지정: _e
호의 끝점 지정: P18
호의 중심점 지정(Ctrl 키를 누른 상태에서 방향 전환) 또는 [각도(A)/방향(D)/반지름(R)]: _r
호의 반지름 지정(Ctrl 키를 누른 상태에서 방향 전환): 90

05 | 〔홈〕 탭의 '호'를 선택하고 '시작점, 끝점, 반지름'을 다시 선택합니다.

06 | '66' 정사각형 오른쪽 아래의 꼭짓점을 클릭하여 호의 시작점으로 지정하고 오른쪽 위의 꼭짓점을 클릭하여 호의 두 번째 점으로 지정합니다. 반지름 값 '90'을 입력하고 Enter를 누릅니다.

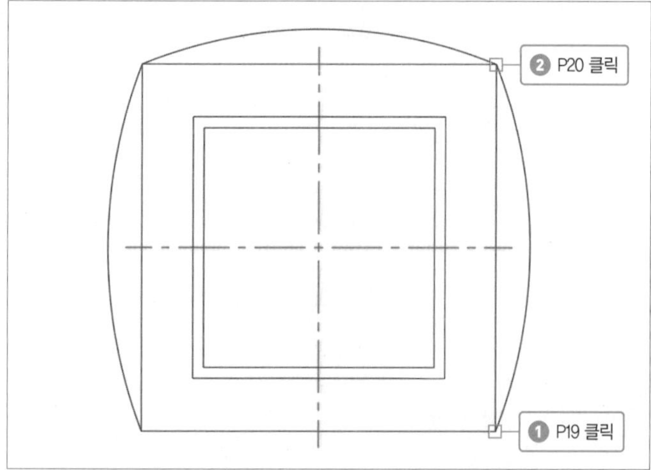

명령: _arc
호의 시작점 지정 또는 [중심(C)]: P19
호의 두 번째 점 또는 [중심(C)/끝(E)] 지정: _e
호의 끝점 지정: P20
호의 중심점 지정(Ctrl 키를 누른 상태에서 방향 전환) 또는 [각도(A)/방향(D)/반지름(R)]: _r
호의 반지름 지정(Ctrl 키를 누른 상태에서 방향 전환): 90

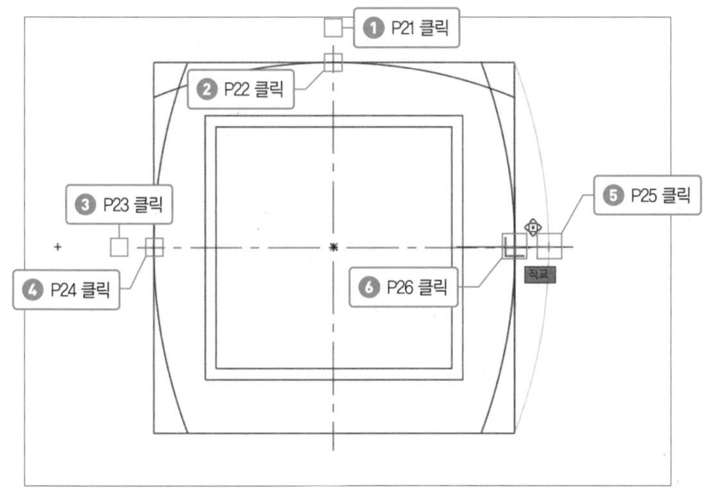

07 | 'M(MOVE)' 명령어를 입력하고 Enter를 누른 다음 각 호를 선택 후 Enter를 누릅니다. 호의 중간점을 선택하고 각각 정사각형 위, 왼쪽, 오른쪽의 중간점을 클릭하여 이동합니다.

명령: M
MOVE
객체 선택: 1개를 찾음
객체 선택: Enter
기준점 지정 또는 [변위(D)] 〈변위〉: P21
두 번째 점 지정 또는 〈첫 번째 점을 변위로 사용〉: P22

명령: MOVE
객체 선택: 1개를 찾음
객체 선택: Enter
기준점 지정 또는 [변위(D)] 〈변위〉: P23
두 번째 점 지정 또는 〈첫 번째 점을 변위로 사용〉: P24

명령: MOVE
객체 선택: 1개를 찾음
객체 선택: Enter
기준점 지정 또는 [변위(D)] 〈변위〉: P25
두 번째 점 지정 또는 〈첫 번째 점을 변위로 사용〉: P26

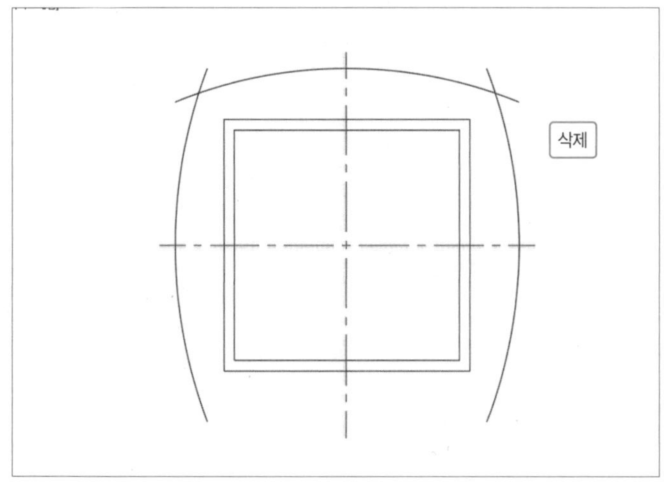

08 | '66' 정사각형을 선택하고 Delete를 눌러 삭제합니다.

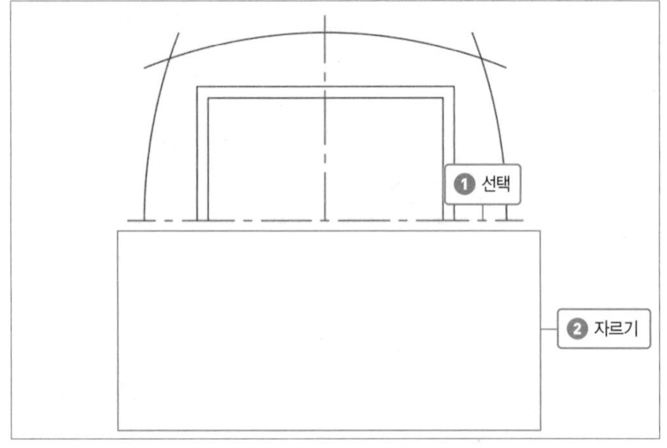

09 | 'TR(TRIM)' 명령어를 입력하고 Enter를 누릅니다. 옵션에서 'T'를 입력하고 Enter를 누릅니다. 절단 모서리 경계가 되는 가로 중심선을 선택하고 Enter를 누릅니다. 가로 중심선을 경계로 아랫부분의 형태를 모두 클릭하여 자른 다음 Esc를 눌러 사용 중인 명령어를 취소합니다.

명령: TR
TRIM
현재 설정: 투영=UCS, 모서리=없음, 모드=빠른 작업
자를 객체를 선택하거나 Shift 키를 누른 채로 선택하여 확장 또는
[절단 모서리(T)/걸치기(C)/모드(O)/프로젝트(P)/지우기(R)]: T
현재 설정: 투영=UCS, 모서리=없음, 모드=빠른 작업
절단 모서리 선택...
객체 선택 또는 〈모두 선택〉: 1개를 찾음
객체 선택: Enter
자를 객체를 선택하거나 Shift 키를 누른 채로 선택하여 확장 또는
[절단 모서리(T)/걸치기(C)/모드(O)/프로젝트(P)/지우기(R)]:
자를 객체를 선택하거나 Shift 키를 누른 채로 선택하여 확장 또는
[절단 모서리(T)/걸치기(C)/모드(O)/프로젝트(P)/지우기(R)/명령 취소(U)]:

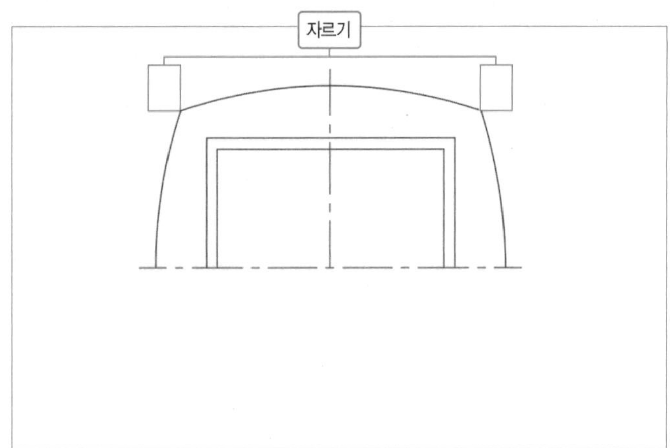

10 | Enter를 'TR(TRIM)' 명령어를 다시 실행합니다. 같은 방법으로 그림과 같이 호의 겹쳐진 부분을 클릭하여 자르고 Esc를 눌러 현재 사용 중인 명령어를 취소합니다.

명령: TRIM
현재 설정: 투영=UCS, 모서리=없음, 모드=빠른 작업
자를 객체를 선택하거나 Shift를 누른 채로 선택하여 확장 또는
[절단 모서리(T)/걸치기(C)/모드(O)/프로젝트(P)/지우기(R)]:
자를 객체를 선택하거나 Shift를 누른 채로 선택하여 확장 또는
[절단 모서리(T)/걸치기(C)/모드(O)/프로젝트(P)/지우기(R)/명령 취소(U)]: *취소*

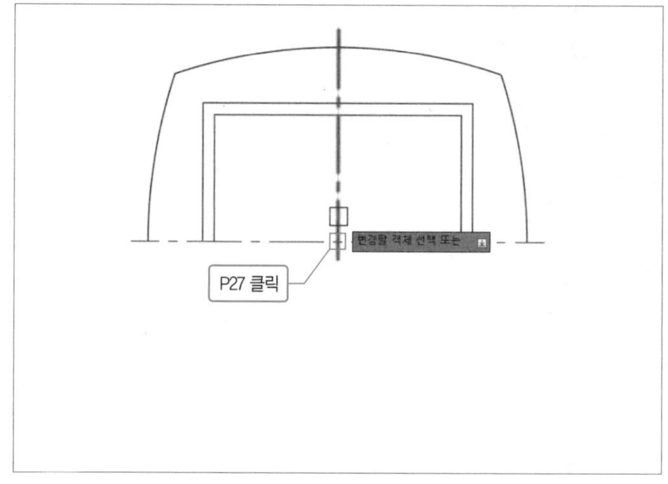

11 | 'LEN(LENGTHEN)' 명령어를 입력하고 Enter를 누릅니다. 옵션에서 'DE'를 입력하고 Enter를 누른 다음 '3'을 입력 후 다시 Enter를 누릅니다. 수직 중심선 아래쪽 끝부분을 클릭하여 길이를 늘리고 Esc를 눌러 명령어를 취소합니다.

명령: LEN
LENGTHEN
측정할 객체 또는 [증분(DE)/퍼센트(P)/합계(T)/동적(DY)] 선택 〈증분(DE)〉: DE
증분 길이 또는 [각도(A)] 입력 〈3.0000〉: 3
변경할 객체 선택 또는 [명령 취소(U)]: P27
변경할 객체 선택 또는 [명령 취소(U)]: *취소*

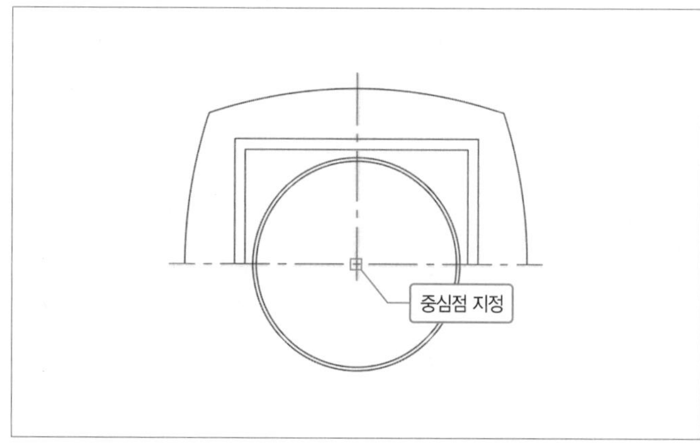

12 | 객체 스냅 설정의 '교차점(I)'을 체크 표시합니다.

13 | 'C(CIRCLE)' 명령어를 입력하고 Enter를 누릅니다. 중심선 교차점을 클릭하여 중심점을 지정하고 'D'를 입력한 후 '39.987'을 입력한 다음 Enter를 눌러 지름 '39.987' 원을 만듭니다. Enter를 눌러 'C(CIRCLE)' 명령어를 다시 실행하고 같은 방법으로 '38.66' 원을 만듭니다.

명령: C
CIRCLE
원에 대한 중심점 지정 또는 [3점(3P)/2점(2P)/Ttr – 접선 접선 반지름(T)]: (중심점 지정)
원의 반지름 지정 또는 [지름(D)]: D
원의 지름을 지정함: 39.987
명령: 반대 구석 지정 또는 [울타리(F)/윈도우폴리곤(WP)/걸침폴리곤(CP)]: *취소*

명령:
CIRCLE
원에 대한 중심점 지정 또는 [3점(3P)/2점(2P)/Ttr – 접선 접선 반지름(T)]: (중심점 지정)
원의 반지름 지정 또는 [지름(D)]: D
원의 지름을 지정함: 39.66
명령: 반대 구석 지정 또는 [울타리(F)/윈도우폴리곤(WP)/걸침폴리곤(CP)]: *취소*

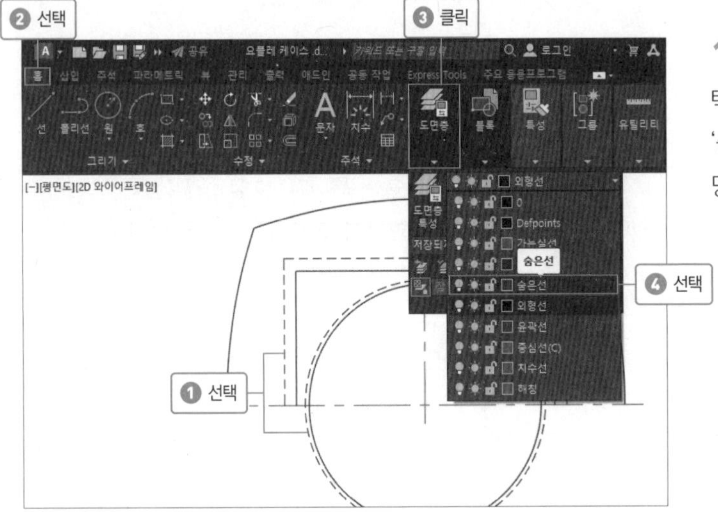

14 | '38.66' 원과 바깥쪽 사각형 선을 선택합니다. 〔홈〕 탭의 〔도면층(레이어)〕에서 '숨은선'을 선택하여 변경하고 Esc를 눌러 명령어를 취소합니다.

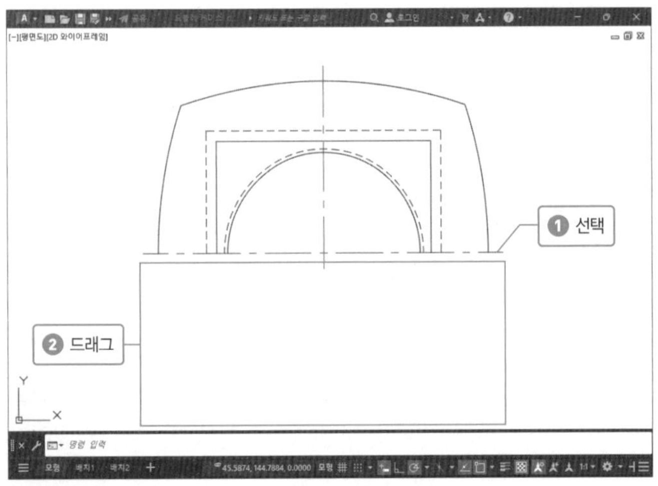

15 | 'TR(TRIM)' 명령어를 입력하고 Enter를 누른 다음 옵션에서 'T'를 입력 후 Enter를 누릅니다. 절단 모서리 경계가 되는 가로 중심선을 선택하고 Enter를 누릅니다. 가로 중심선을 경계로 원의 아래쪽 형태를 모두 자른 다음 Esc를 눌러 사용 중인 명령어를 취소합니다.

```
명령: TR
TRIM
현재 설정: 투영=UCS, 모서리=없음, 모드=빠른 작업
자를 객체를 선택하거나 Shift 키를 누른 채로 선택하여 확장 또는
[절단 모서리(T)/걸치기(C)/모드(O)/프로젝트(P)/지우기(R)]: T
현재 설정: 투영=UCS, 모서리=없음, 모드=빠른 작업
절단 모서리 선택...
```

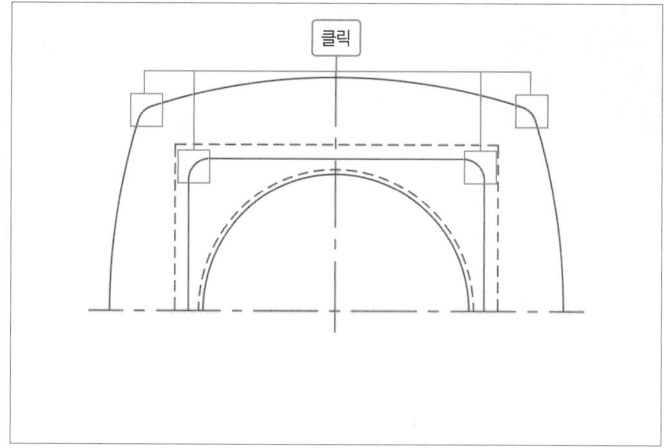

모서리에 라운드 적용하기

01 | 'F(FILLET)' 명령어를 입력하고 Enter를 누릅니다. 옵션에서 'R'을 입력하고 '3'을 입력한 후 Enter를 누릅니다. 이번에는 'M'을 입력하고 호의 양쪽 모서리 부분과 '43' 정사각형 양쪽 위 모서리를 각각 선택하여 라운드를 적용합니다. Esc를 눌러 사용 중인 명령어를 취소합니다.

명령: F
FILLET
현재 설정: 모드=자르기, 반지름=3.0000
첫 번째 객체 선택 또는 [명령 취소(U)/폴리선(P)/반지름(R)/자르기(T)/다중(M)]: R
모깎기 반지름 지정 〈3.0000〉: 3
첫 번째 객체 선택 또는 [명령 취소(U)/폴리선(P)/반지름(R)/자르기(T)/다중(M)]: M
첫 번째 객체 선택 또는 [명령 취소(U)/폴리선(P)/반지름(R)/자르기(T)/다중(M)]: (R 값이 들어갈 첫 번째 모서리 클릭)
두 번째 객체 선택 또는 Shift 키를 누른 채 선택하여 구석 적용 또는 [반지름(R)]: (R 값이 들어갈 두 번째 모서리 클릭)
첫 번째 객체 선택 또는 [명령 취소(U)/폴리선(P)/반지름(R)/자르기(T)/다중(M)]: *취소*

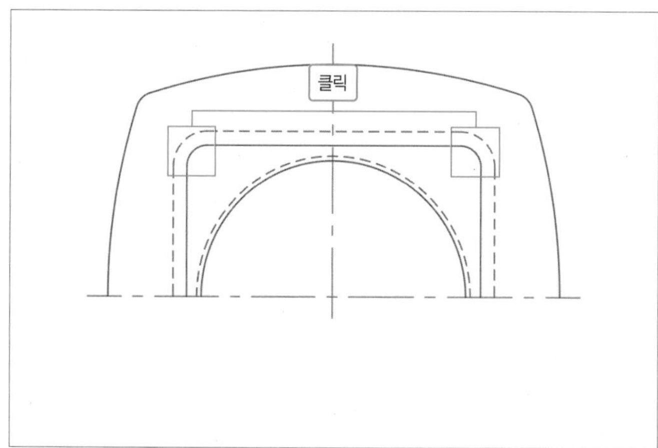

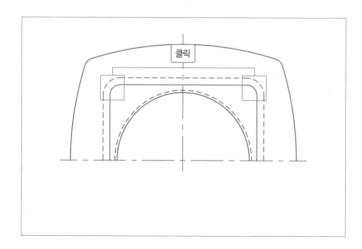

02 | Enter를 눌러 'F(FILLET)' 명령어를 재실행합니다. 옵션에서 'R'을 입력하고 '5'를 입력한 다음 Enter를 누릅니다. 이어서 'M'을 입력하고 숨은 선으로 변경한 정사각형의 양쪽 위 모서리를 선택하여 라운드를 적용합니다. Esc를 눌러 명령어를 취소합니다.

명령:
FILLET
현재 설정: 모드=자르기, 반지름=3.0000
첫 번째 객체 선택 또는 [명령 취소(U)/폴리선(P)/반지름(R)/자르기(T)/다중(M)]: R
모깎기 반지름 지정 〈3.0000〉: 5
첫 번째 객체 선택 또는 [명령 취소(U)/폴리선(P)/반지름(R)/자르기(T)/다중(M)]: M
첫 번째 객체 선택 또는 [명령 취소(U)/폴리선(P)/반지름(R)/자르기(T)/다중(M)]: (R 값이 들어갈 첫 번째 모서리 클릭)
두 번째 객체 선택 또는 Shift 키를 누른 채 선택하여 구석 적용 또는 [반지름(R)]: (R 값이 들어갈 첫 번째 모서리 클릭)
첫 번째 객체 선택 또는 [명령 취소(U)/폴리선(P)/반지름(R)/자르기(T)/다중(M)]: *취소*

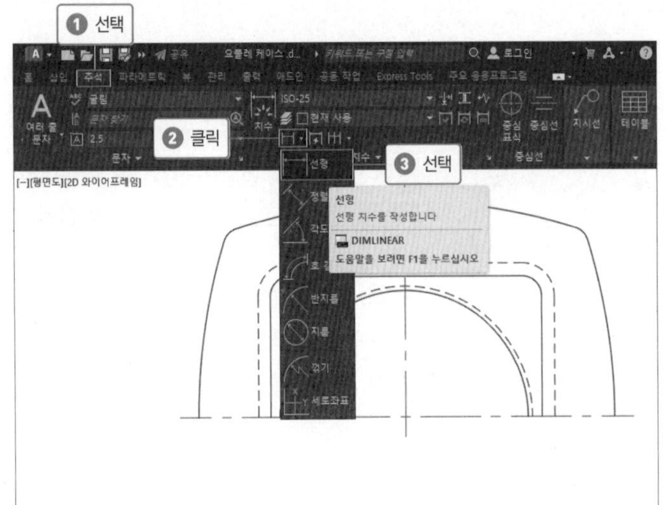

치수선 입력하기

01 | [도면층(레이어)]의 '치수선'을 선택하여 현재 설정으로 설정하고 [주석] 탭의 치수 입력 부분에서 '선형'을 선택합니다.

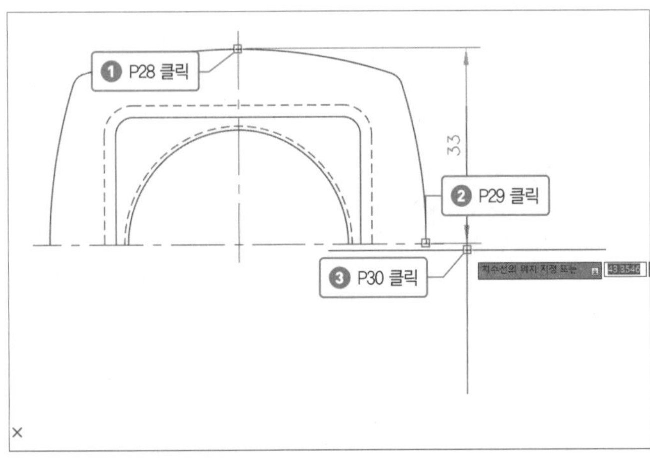

02 | 호의 위쪽 중간점을 클릭하고 오른쪽 아래 교차점을 클릭한 다음 오른쪽 적당한 위치를 클릭하여 치수선 '33'을 입력합니다.

명령: DIMLINEAR
첫 번째 치수보조선 원점 지정 또는 〈객체 선택〉: P28
두 번째 치수보조선 원점 지정: P29
치수선의 위치 지정 또는
[여러 줄 문자(M)/문자(T)/각도(A)/수평(H)/수직(V)/회전(R)]:
치수 문자=33

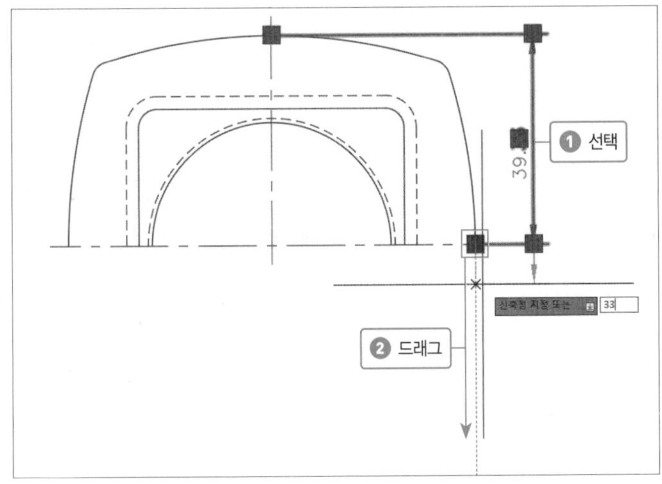

03 | 입력된 치수선 '33'을 선택합니다. 두 번째 치수 보조선의 빨간 그립을 클릭한 상태로 아래로 드래그하여 늘립니다. '33'을 입력하고 Enter를 눌러 '66' 치수선으로 변경한 후 Esc를 눌러 현재 사용 중인 명령어를 취소합니다.

명령:
** 신축 **
신축점 지정 또는 [기준점(B)/복사(C)/명령 취소(U)/종료(X)]: 33
치수보조선이 연관 해제됨.

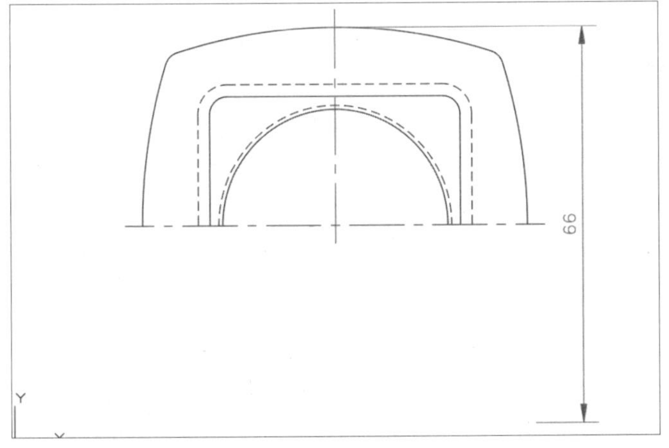

04 | '66' 치수선이 만들어집니다.

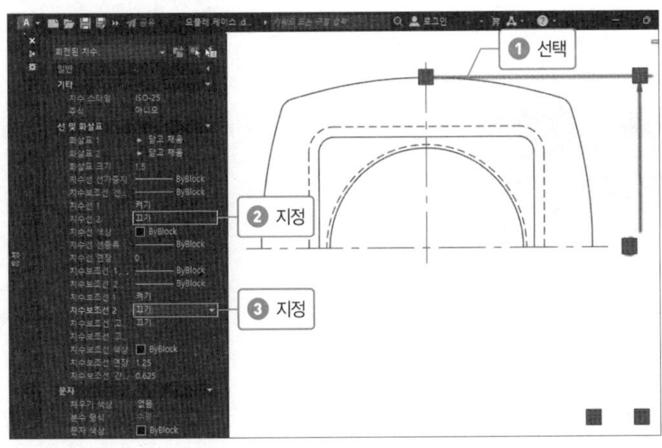

05 | Ctrl+1을 눌러 특성 창이 표시되면 '66' 치수선을 선택합니다. 선 및 화살표 항목에서 치수선 2를 '끄기'로 지정한 다음 치수보조선 2를 '끄기로 지정하여 선을 억제시켜 절반만 표현합니다. 설정이 끝나면 Esc를 눌러 취소합니다.

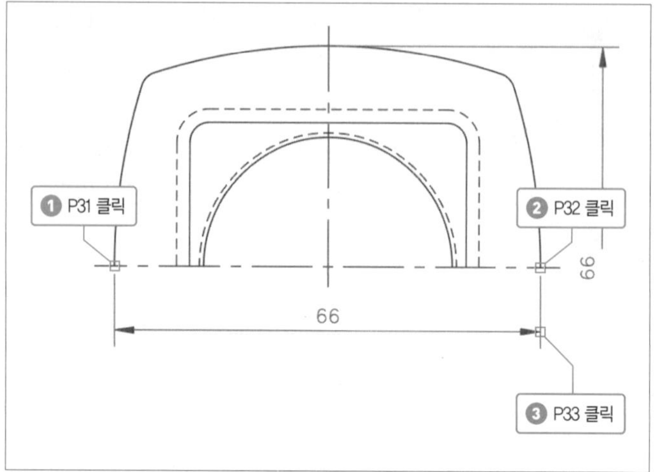

06 | [주석] 탭의 치수 입력 부분에서 '선형'을 선택합니다. 호의 왼쪽 아래 점을 클릭하고 오른쪽 점을 클릭한 다음 아래 적당한 위치를 클릭하여 치수선을 입력합니다.

명령: DIMLINEAR
첫 번째 치수보조선 원점 지정 또는 〈객체 선택〉: P31
두 번째 치수보조선 원점 지정: P32
치수선의 위치 지정 또는
[여러 줄 문자(M)/문자(T)/각도(A)/수평(H)/수직(V)/회전(R)]:
치수 문자=66

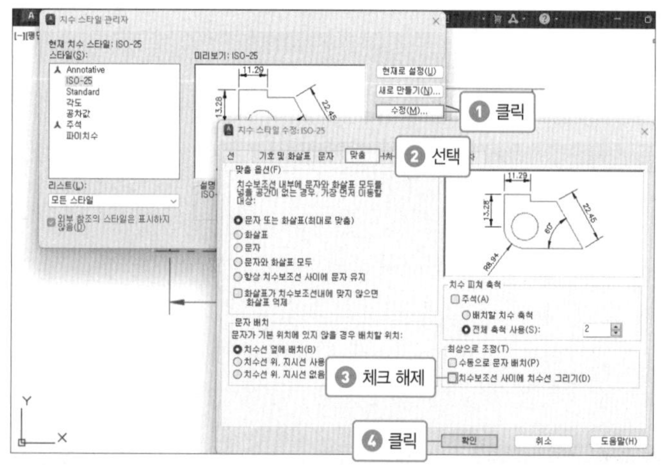

07 | 반지름을 입력하기 전에 'D(DIMSTYLE)' 명령어를 입력한 다음 Enter를 눌러 [치수 스타일 관리자] 대화상자가 표시되면 〈수정〉 버튼을 클릭합니다.
[ISO-25] 대화상자에서 [맞춤] 탭을 선택한 후 '치수 보조선 사이에 치수선 그리기(D)'의 체크 표시를 해제합니다.
〈확인〉 버튼과 〈닫기〉 버튼을 클릭하여 종료합니다.

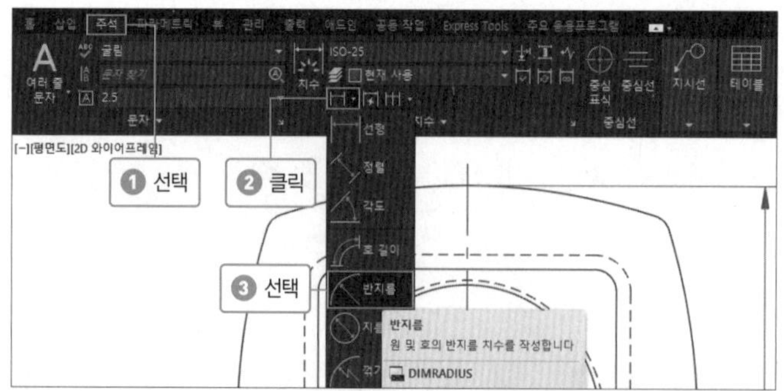

08 | [주석] 탭의 치수 입력 부분에서 '반지름'을 선택합니다.

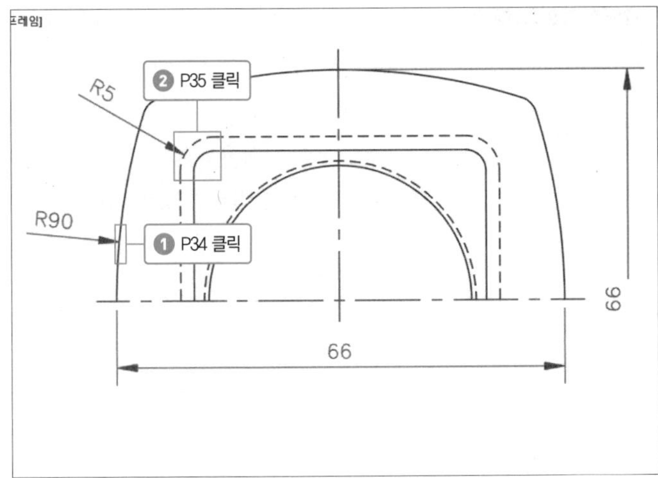

09 | 해당 호를 클릭하면 자동으로 'R90'과 'R5'가 입력됩니다.

명령: DIMRADIUS
호 또는 원 선택: P34
치수 문자=90
치수선의 위치 지정 또는 [여러 줄 문자(M)/문자(T)/각도(A)]:

명령: DIMRADIUS
호 또는 원 선택: P35
치수 문자=5
치수선의 위치 지정 또는 [여러 줄 문자(M)/문자(T)/각도(A)]:

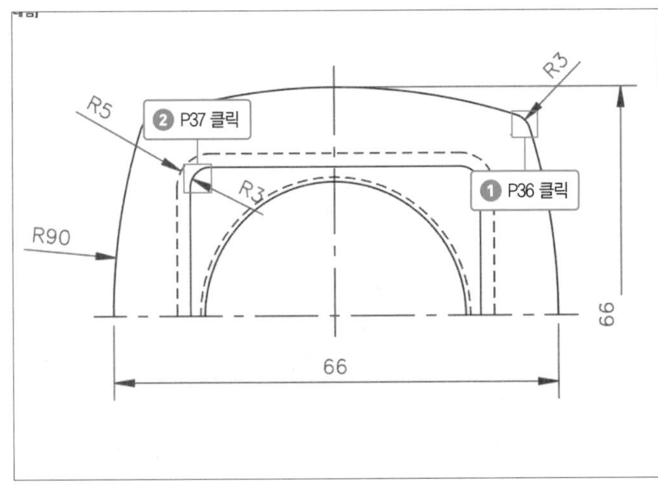

10 | Enter를 눌러 'DIMRADIUS' 명령어를 재실행합니다. 치수선을 입력할 호를 클릭하면 자동으로 치수선 '3'이 입력됩니다.

명령: DIMRADIUS
호 또는 원 선택: P36, P37
치수 문자=3
치수선의 위치 지정 또는 [여러 줄 문자(M)/문자(T)/각도(A)]:
명령:

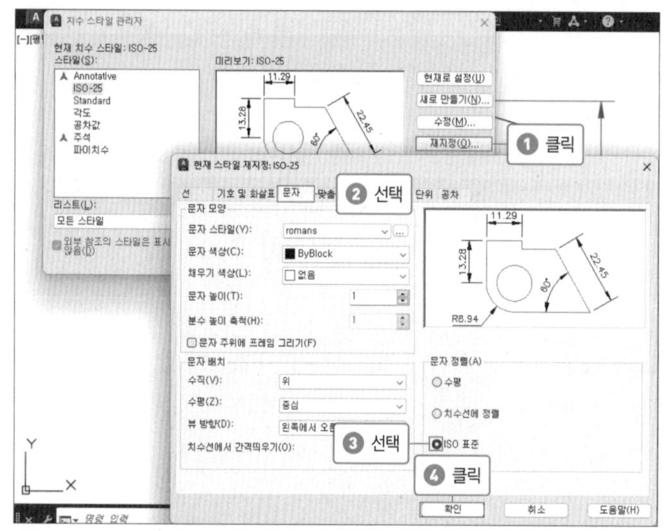

11 | 'D(DIMSTYLE)' 명령어를 입력하고 Enter를 눌러 [치수 스타일 관리자] 대화상자에서 〈재지정〉 버튼을 클릭합니다. [ISO-25] 대화상자가 표시되면 〔문자〕 탭을 선택한 후 'ISO 표준'을 선택해 반지름 지름 치수를 꺾기 치수로 변경합니다.
〈확인〉 버튼과 〈닫기〉 버튼을 클릭하여 종료합니다.

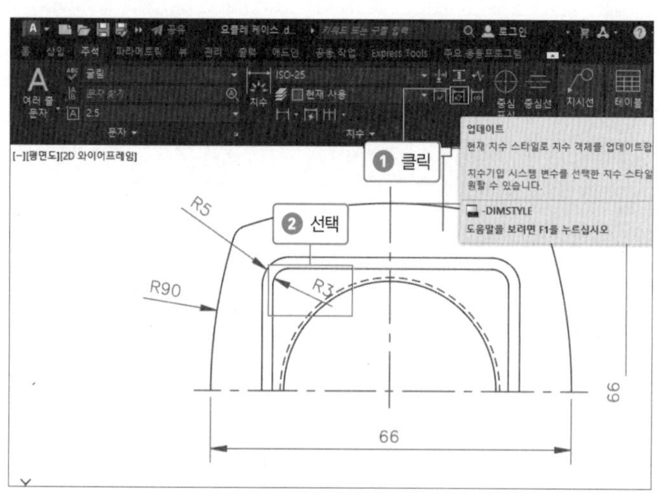

12 | 그려진 '3' 치수선을 업데이트해야 꺾기 치수가 적용됩니다. '업데이트' 아이콘(아이콘)을 클릭하고 각각 반지름 '3' 치수선을 선택한 다음 Enter를 누르면 반지름 '3' 치수선이 꺾기 치수선으로 변경됩니다.

```
명령: _-dimstyle
현재 치수 스타일: ISO-25
주석: 아니오
현재 치수 재지정: DIMTOH  켜기
치수 스타일 옵션 입력
[주석(AN)/저장(S)/복원(R)/상태(ST)/변수(V)/적용(A)/?] 〈복원(R)〉: _apply
객체 선택: 1개를 찾음
```

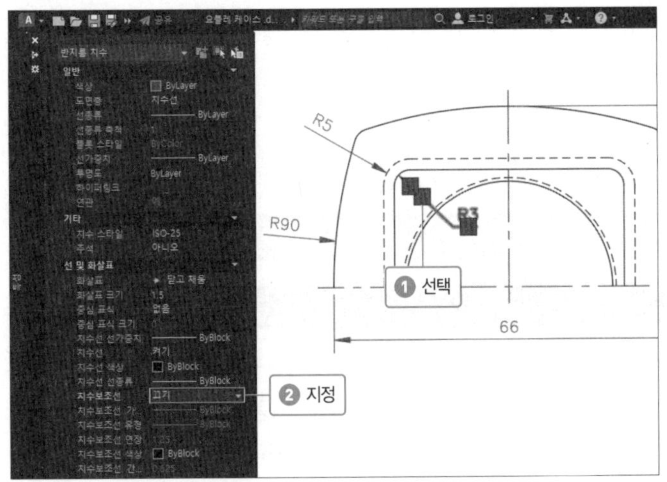

13 | 화살표 끝부분의 동그란 선을 없애려면 Ctrl+1을 입력하여 특성 창을 표시합니다. 'R3' 치수선을 선택하고 선 및 화살표 항목의 치수보조선을 '끄기'로 지정합니다. 이때 치수선이 반대쪽으로 돌아가는데 다시 안쪽으로 이동하면 됩니다.

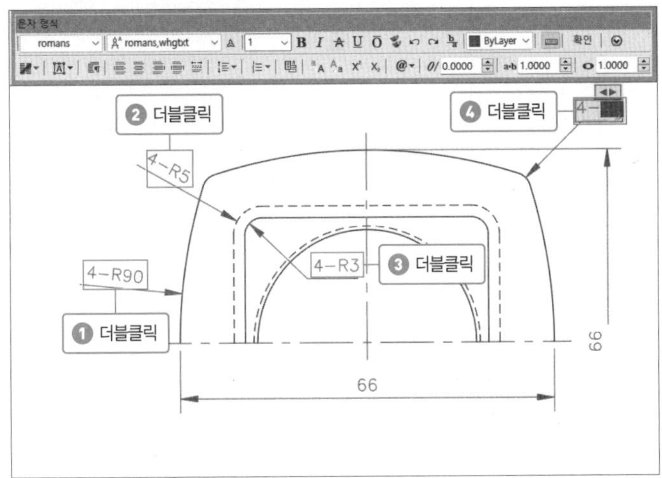

14 | 'R90', 'R5', 'R3' 텍스트를 각각 더블클릭하고 치수 앞에 '4-'를 입력해 '4-R90', '4-R5', '4-R3'으로 변경합니다. Ctrl+Enter를 눌러 종료한 다음 마지막에 Esc를 눌러서 명령어를 취소합니다.

```
명령: _TEXTEDIT
현재 설정: 편집 모드=Multiple
주석 객체 선택 또는 [명령 취소(U)/모드(M)]:
```

2 | 정면도 그리기

기본 형태 그리기

01 | 레이어에서 외형선을 현재 설정으로 합니다. F8을 눌러 '직교 모드'를 활성화합니다.

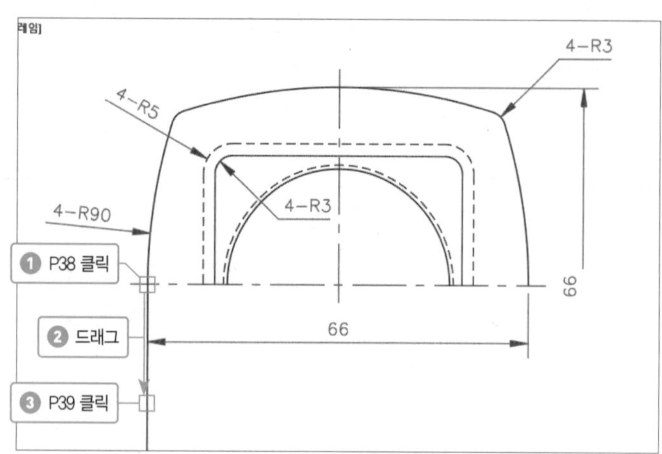

02 | 'RAY' 명령어를 입력한 다음 Enter를 누릅니다. 평면도 왼쪽 호 아래의 점을 클릭하고 아래로 드래그한 후 클릭하여 반무한선을 그립니다.

명령: RAY
시작점을 지정: P38
통과점을 지정: P39
통과점을 지정: *취소*

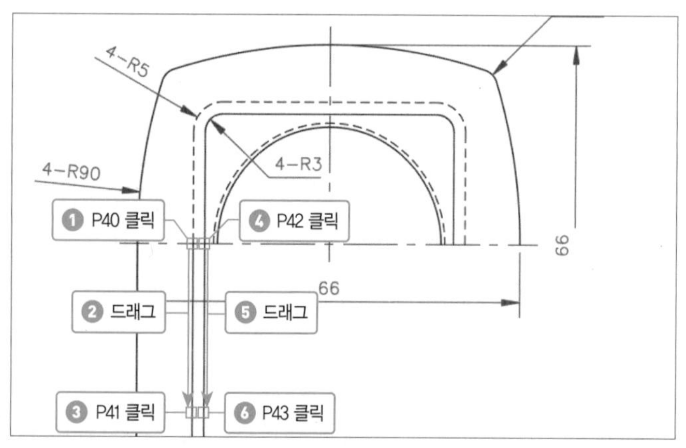

03 | Enter를 눌러 'RAY'를 다시 실행합니다. 모든 직사각형 왼쪽 아래의 점을 각각 클릭하고 아래로 드래그한 후 클릭하여 반무한선을 그립니다.

명령: RAY
시작점을 지정: P40, P42
통과점을 지정: P41, P43
통과점을 지정: *취소*

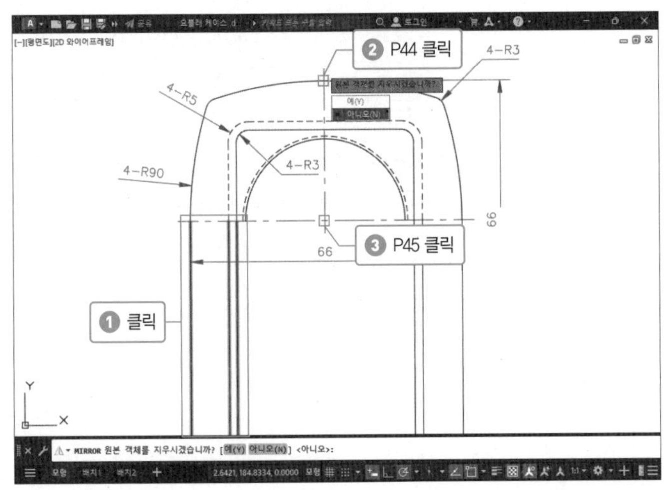

04 | 'MI(MIRROR)' 명령어를 입력하고 Enter를 눌러 반무한선을 모두 선택한 다음 Enter를 누릅니다. 평면도 아래의 수직 중심선을 기준으로 아래쪽 선의 중간점과 위쪽 선의 중간점을 차례대로 선택해 대칭 복사합니다. 옵션에서 'N'을 눌러 원본을 남깁니다.

명령: MI
MIRROR
객체 선택: 1개를 찾음
객체 선택: 1개를 찾음, 총 2개
객체 선택: 1개를 찾음, 총 3개
객체 선택: Enter
대칭선의 첫 번째 점 지정: P44
대칭선의 두 번째 점 지정: P45
원본 객체를 지우시겠습니까? [예(Y)/아니오(N)] 〈아니오〉: N

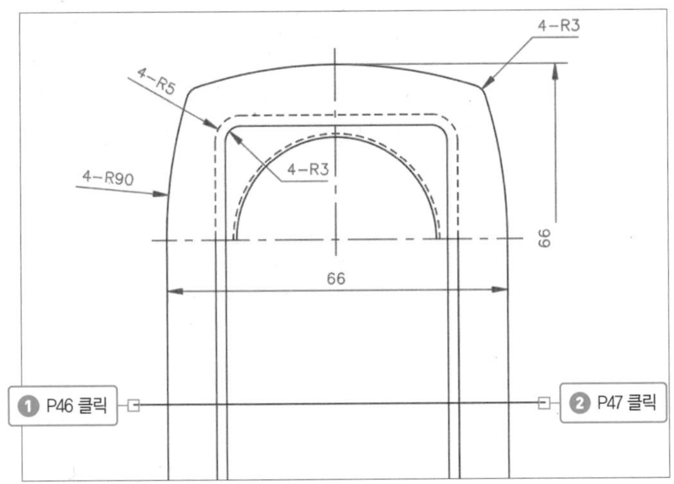

05 | 'L(LINE)' 명령어를 입력하고 Enter를 누릅니다. 왼쪽을 클릭하여 시작점을 지정하고 오른쪽을 클릭하여 가로선을 만든 후 Esc를 눌러 명령어를 취소합니다.

명령: L
LINE
첫 번째 점 지정: P46
다음 점 지정 또는 [명령 취소(U)]: P47
다음 점 지정 또는 [명령 취소(U)]: *취소*

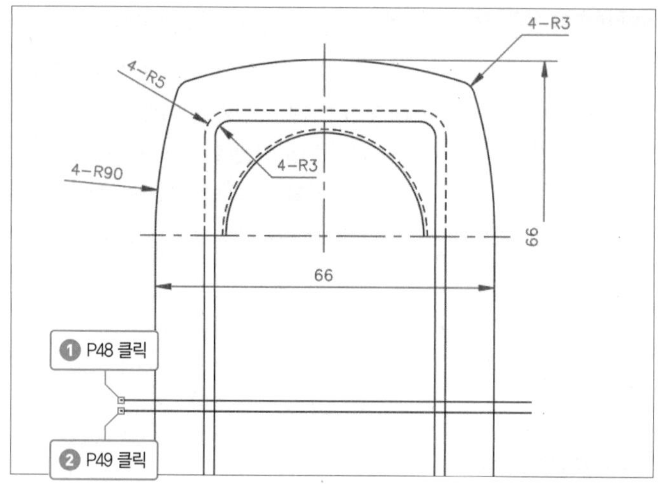

06 | 'O(OFFSET)' 명령어를 입력하고 Enter를 누른 다음 '2'를 입력 후 Enter를 누릅니다. 만든 가로선을 선택하고 아래쪽을 클릭하여 '2'만큼 떨어진 간격 복사를 한 다음 Esc를 눌러 명령어를 취소합니다.

```
명령: O
OFFSET
현재 설정: 원본 지우기=아니오, 도면층=원본, OFFSETGAPTYPE=0
간격 띄우기 거리 지정 또는 [통과점(T)/지우기(E)/도면층(L)] 〈50.0000〉: 2
간격 띄우기할 객체 선택 또는 [종료(E)/명령 취소(U)] 〈종료〉: P48
간격 띄우기할 면의 점 지정 또는 [종료(E)/다중(M)/명령 취소(U)] 〈종료〉: P49
간격 띄우기할 객체 선택 또는 [종료(E)/명령 취소(U)] 〈종료〉: *취소*
```

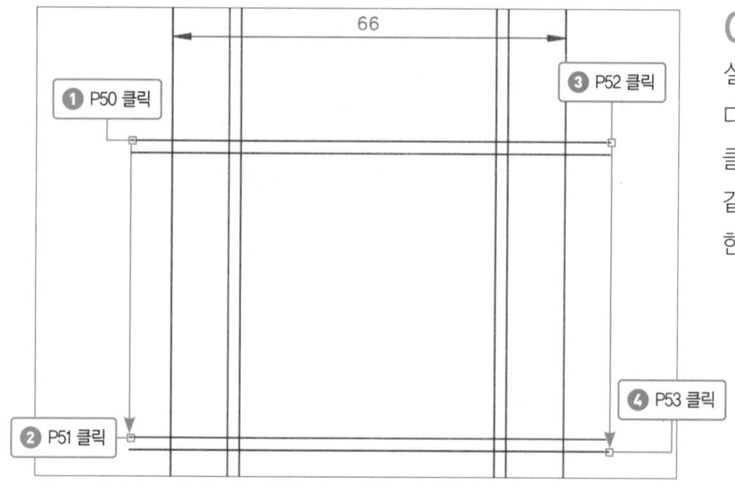

07 | Enter를 눌러 'OFFSET' 명령어를 재실행한 후 '50'을 입력하고 Enter를 누릅니다. 위에 있는 선을 선택한 다음 아래쪽을 클릭해 '50'만큼 떨어진 간격 복사를 합니다. 같은 방법으로 '48'만큼 떨어진 간격 복사를 한 다음 Esc를 눌러 명령어를 취소합니다.

```
명령:
OFFSET
현재 설정: 원본 지우기=아니오, 도면층=원본, OFFSETGAPTYPE=0
간격띄우기 거리 지정 또는 [통과점(T)/지우기(E)/도면층(L)] 〈2.0000〉: 50
간격띄우기할 객체 선택 또는 [종료(E)/명령 취소(U)] 〈종료〉: P50, P52
간격띄우기할 면의 점 지정 또는 [종료(E)/다중(M)/명령 취소(U)] 〈종료〉: P51, P53
간격띄우기할 객체 선택 또는 [종료(E)/명령 취소(U)] 〈종료〉: *취소*
```

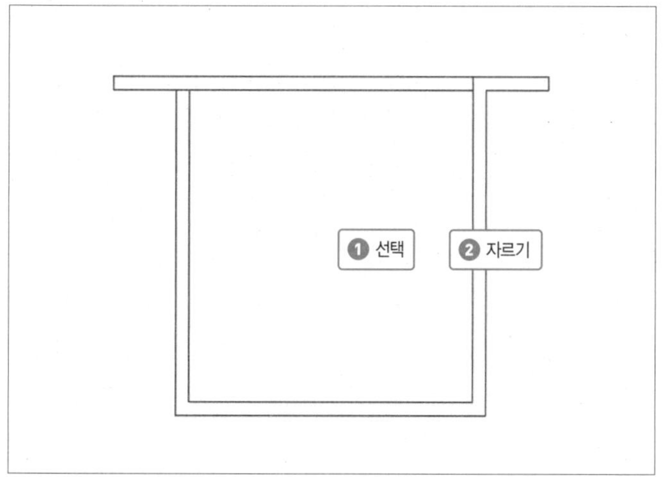

08 | 'TR(TRIM)' 명령어를 입력하고 Enter를 누릅니다. 옵션에서 'T'를 입력하고 Enter를 누른 다음 절단 모서리가 되는 선들을 선택하고 Enter를 누릅니다. 자를 부분을 모두 선택하여 그림과 같이 자릅니다.

```
명령: TR
TRIM
현재 설정: 투영=UCS, 모서리=없음, 모드=빠른 작업
자를 객체를 선택하거나 〈Shift를 누른 채로 선택하여 확장 또는
 [절단 모서리(T)/걸치기(C)/모드(O)/프로젝트(P)/지우기(R)]: T
현재 설정: 투영=UCS, 모서리=없음, 모드=빠른 작업
절단 모서리 선택..
```

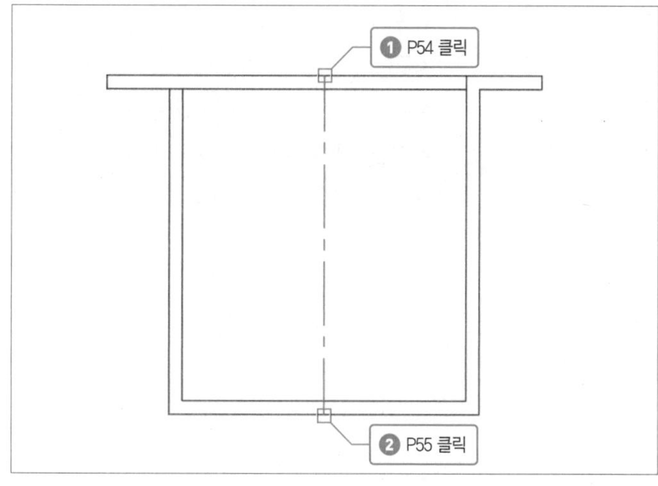

09 | 'L(LINE)' 명령어를 입력하고 Enter를 누릅니다. 가장 윗면의 중간점을 클릭하고 가장 아랫면의 중간점을 클릭하여 정면도의 세로 중심선을 만든 다음 Esc를 눌러 명령어를 취소합니다.

```
명령: L
LINE
첫 번째 점 지정: P54
다음 점 지정 또는 [명령 취소(U)]: P55
다음 점 지정 또는 [명령 취소(U)]: *취소*
```

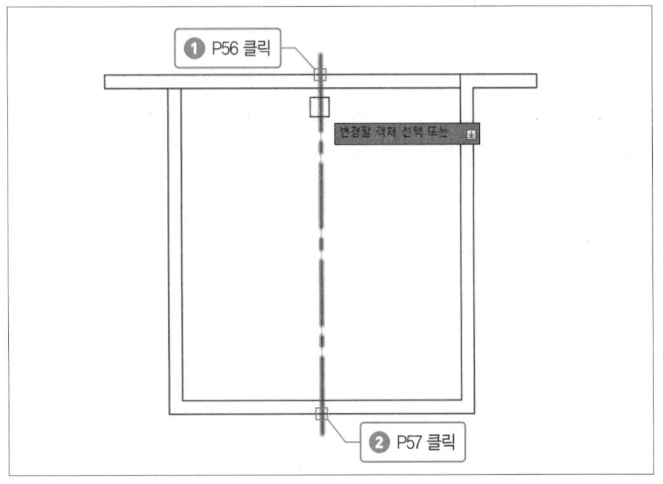

10 | 'LEN(LENGTHEN)' 명령어를 입력하고 Enter를 누릅니다. 옵션에서 'DE'를 입력하고 Enter를 누른 다음 '3'을 입력 후 다시 Enter를 누릅니다. 수직 중심선의 위아래 끝부분을 각각 클릭하여 길이를 '3'씩 늘리고 Esc를 눌러 명령어를 취소합니다.

명령: LEN
LENGTHEN
측정할 객체 또는 [증분(DE)/퍼센트(P)/합계(T)/동적(DY)] 선택 〈증분(DE)〉: DE
증분 길이 또는 [각도(A)] 입력 〈3.0000〉: 3
변경할 객체 선택 또는 [명령 취소(U)]: P56
변경할 객체 선택 또는 [명령 취소(U)]: P57
변경할 객체 선택 또는 [명령 취소(U)]: *취소*

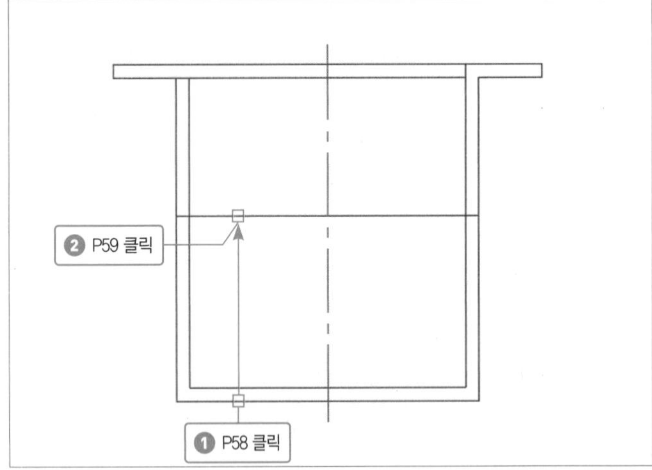

11 | 'O(OFFSET)' 명령어를 입력하고 Enter를 누른 다음 '27.2'를 입력 후 Enter를 누릅니다. 정면도의 가장 아랫면을 선택하고 위쪽을 클릭하여 '27.5'만큼 떨어진 간격 복사를 합니다. Esc를 눌러 명령어를 취소합니다.

명령: O
OFFSET
현재 설정: 원본 지우기=아니오, 도면층=원본, OFFSETGAPTYPE=0
간격띄우기 거리 지정 또는 [통과점(T)/지우기(E)/도면층(L)] 〈48.0000〉: 27.5
간격띄우기할 객체 선택 또는 [종료(E)/명령 취소(U)] 〈종료〉: P58
간격띄우기할 면의 점 지정 또는 [종료(E)/다중(M)/명령 취소(U)] 〈종료〉: P59
간격띄우기할 객체 선택 또는 [종료(E)/명령 취소(U)] 〈종료〉: *취소*

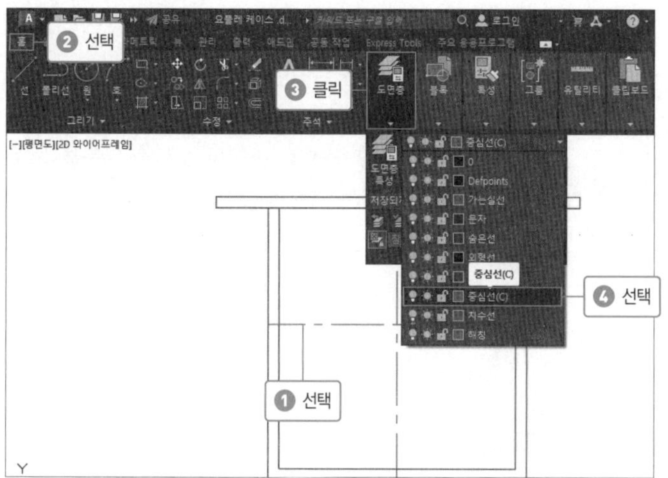

12 | 간격 복사한 선을 선택한 다음 〔홈〕 탭의 〔도면층(레이어)〕에서 '중심선'을 선택하여 변경합니다.

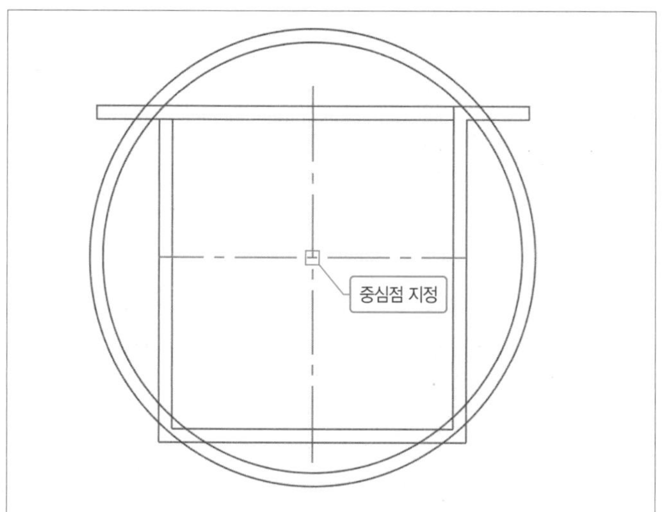

13 | 다시 〔도면층(레이어)〕의 '외형선'을 선택하여 현재 설정으로 합니다.

14 | 'C(CIRCLE)' 명령어를 입력하고 Enter를 누른 다음 간격 복사한 선과 수직 중심선 교차점을 클릭해 원의 중심점을 지정합니다. '32'를 입력하고 Enter를 눌러 반지름 '32' 원을 만듭니다. Enter를 눌러서 'CIRCLE' 명령어를 재실행하고 같은 방법으로 반지름 '34' 원을 그립니다.

```
명령: C
CIRCLE
원에 대한 중심점 지정 또는 [3점(3P)/2점(2P)/Ttr – 접선 접선 반지름(T)]: (중심점 지정)
원의 반지름 지정 또는 [지름(D)] 〈19.3300〉: 32

명령:
CIRCLE
원에 대한 중심점 지정 또는 [3점(3P)/2점(2P)/Ttr – 접선 접선 반지름(T)]: (중심점 지정)
원의 반지름 지정 또는 [지름(D)] 〈32.0000〉: 34
```

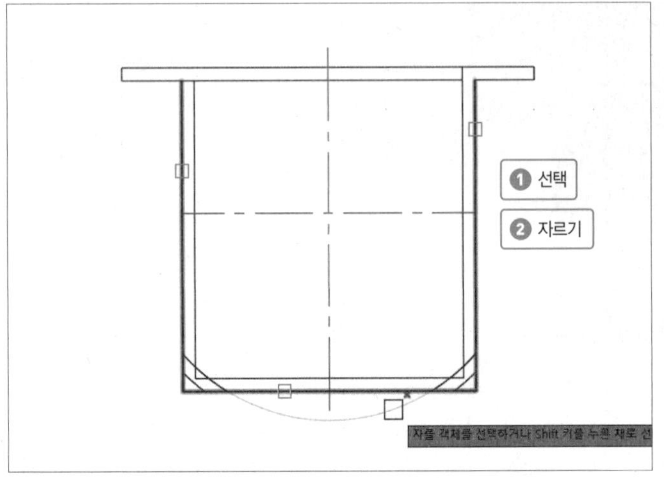

15 | 'TR(TRIM)' 명령어를 입력하고 Enter를 누릅니다. 옵션에서 'T'를 입력하고 Enter를 누른 다음 절단 모서리가 되는 선을 선택 후 Enter를 누릅니다. 자를 부분을 모두 클릭하여 그림과 같이 자릅니다.

```
명령: TR
TRIM
현재 설정: 투영=UCS, 모서리=없음, 모드=빠른 작업
자를 객체를 선택하거나 Shift 키를 누른 채로 선택하여 확장 또는
[절단 모서리(T)/걸치기(C)/모드(O)/프로젝트(P)/지우기(R)]: T
현재 설정: 투영=UCS, 모서리=없음, 모드=빠른 작업
절단 모서리 선택...
```

16 | Enter를 눌러 'TR(TRIM)' 명령어를 다시 실행합니다. 옵션에서 'T'를 입력하고 Enter를 누른 다음 절단 모서리가 되는 선을 선택 후 Enter를 누릅니다. 자를 부분을 모두 선택하여 그림과 같이 자릅니다. Enter를 눌러 사용 중인 명령어를 취소합니다.

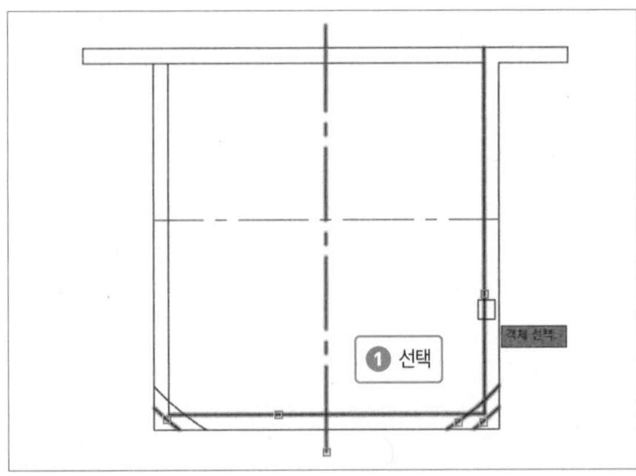

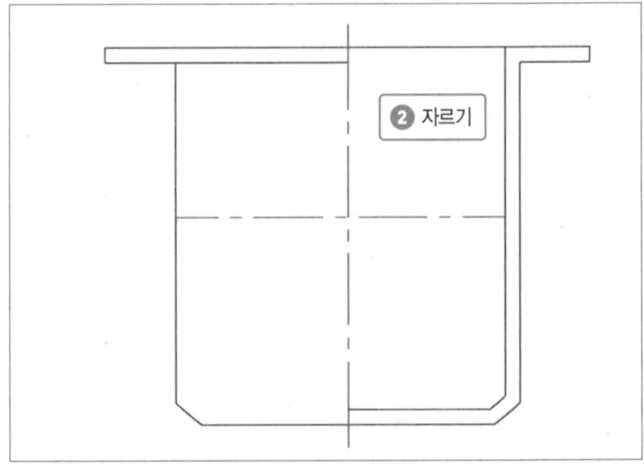


```
명령:
TRIM
현재 설정: 투영=UCS, 모서리=없음, 모드=빠른 작업
자를 객체를 선택하거나 Shift 키를 누른 채로 선택하여 확장 또는
[절단 모서리(T)/걸치기(C)/모드(O)/프로젝트(P)/지우기(R)]: T
현재 설정: 투영=UCS, 모서리=없음, 모드=빠른 작업
절단 모서리 선택...
```

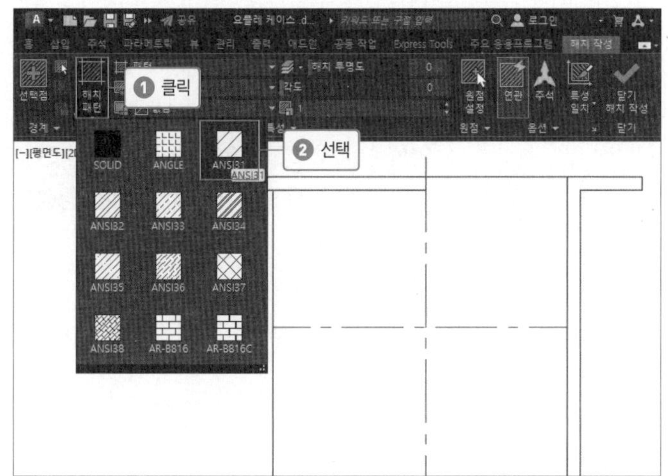

해칭 입력하기

01 | 제품 단면도를 나타내기 위해 〔홈〕 탭의 〔도면층(레이어)〕에서 '해칭'을 선택해 변경합니다. 〔해치 작성〕 탭이 표시되면 〔해치 패턴〕에서 'ANSI31'을 선택합니다.

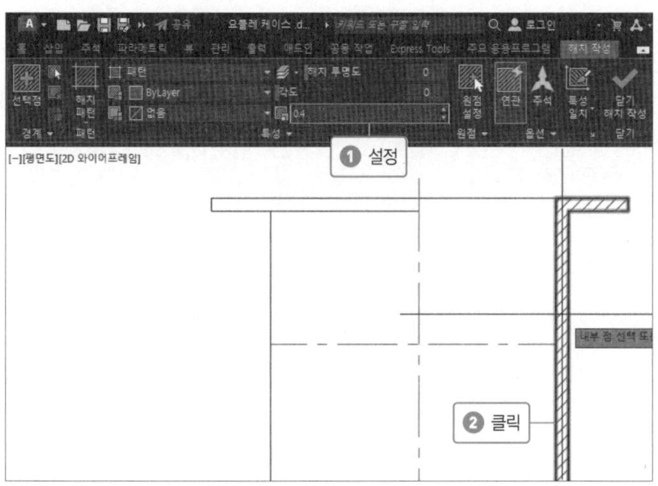

02 | 리본 메뉴의 해치 패턴 축척을 '0.4'로 설정하고 해치 패턴이 그려질 내부를 클릭합니다. 클릭하는 부분마다 ANSI31 패턴이 채워집니다. 'HATCH' 명령어를 취소할 때는 Esc를 누릅니다.

```
명령: H
HATCH
내부 점 선택 또는 [객체 선택(S)/명령 취소(U)/설정(T)]: 모든 것 선택...
가시적인 모든 것 선택 중...
선택된 데이터 분석 중...
내부 고립영역 분석 중...
내부 점 선택 또는 [객체 선택(S)/명령 취소(U)/설정(T)]:
```

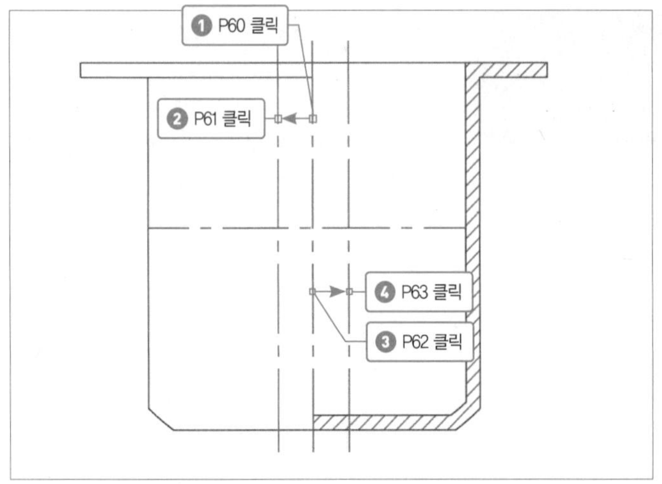

03 | 'O(OFFSET)' 명령어를 입력하고 Enter를 누른 다음 '5'를 입력한 후 Enter를 누릅니다. 정면도의 수직 중심선을 선택하고 양쪽을 각각 클릭하여 '5'만큼 떨어진 간격 띄우기 복사를 합니다. Esc를 눌러 명령어를 취소합니다.

명령: O
OFFSET
현재 설정: 원본 지우기=아니오, 도면층=원본, OFFSETGAPTYPE=0
간격띄우기 거리 지정 또는 [통과점(T)/지우기(E)/도면층(L)] 〈통과점〉: 5
간격띄우기할 객체 선택 또는 [종료(E)/명령 취소(U)] 〈종료〉: P60, P62
간격띄우기할 면의 점 지정 또는 [종료(E)/다중(M)/명령 취소(U)] 〈종료〉: P61, P63

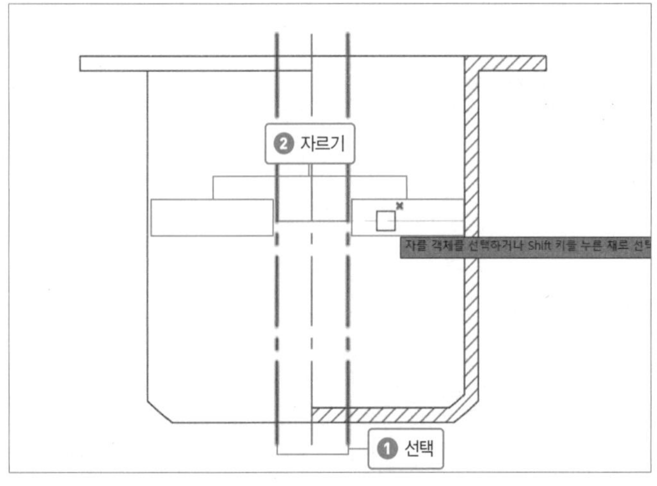

04 | 'TR(TRIM)' 명령어를 입력하고 Enter를 누릅니다. 옵션에서 'T'를 입력한 후 Enter를 누른 다음 절단 모서리가 되는 선을 선택하고 Enter를 누릅니다. 자를 부분을 모두 선택해 그림과 같이 자릅니다. Enter를 눌러 명령어를 취소합니다.

명령: TR
TRIM
현재 설정: 투영=UCS, 모서리=없음, 모드=빠른 작업
자를 객체를 선택하거나 Shift 키를 누른 채로 선택하여 확장 또는
[절단 모서리(T)/걸치기(C)/모드(O)/프로젝트(P)/지우기(R)]: T
현재 설정: 투영=UCS, 모서리=없음, 모드=빠른 작업
절단 모서리 선택...

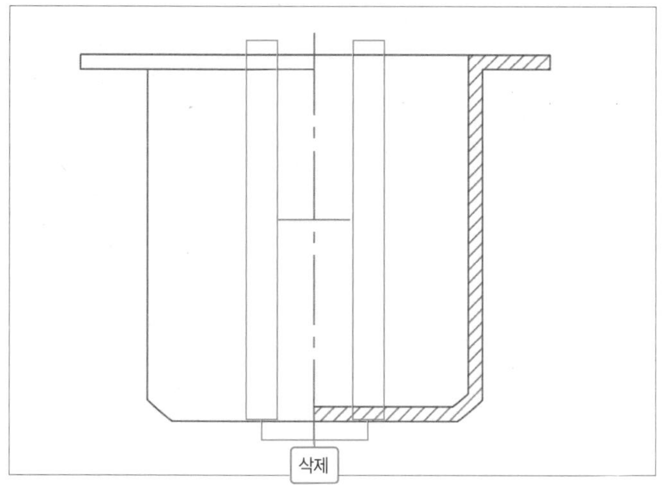

05 | 간격 띄우기 복사를 했던 양쪽 선을 선택하고 Delete 눌러 삭제합니다.

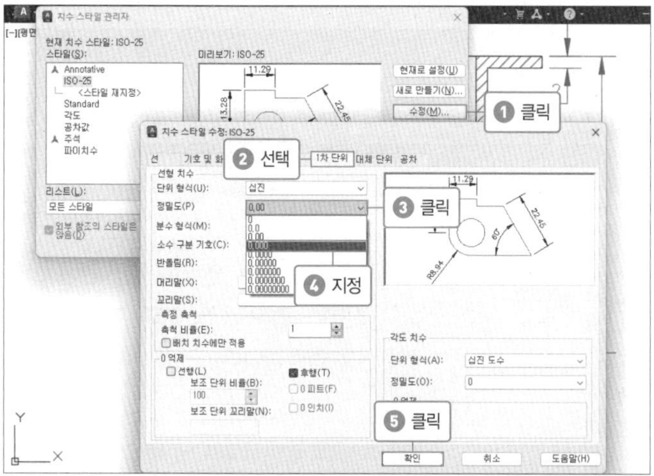

치수선 입력하기

01 | 'D(DIMSTYLE)' 명령어를 입력하고 Enter를 눌러 [치수 스타일 관리자] 대화상자가 표시되면 〈수정〉 버튼을 클릭하여 [ISO-25] 대화상자를 표시합니다. 〔1차 단위〕 탭을 선택하고 정밀도를 '0.000'으로 지정해 소수점 세 자리로 변경합니다. 〈확인〉 버튼을 클릭한 후 〈닫기〉 버튼을 클릭하여 종료합니다.

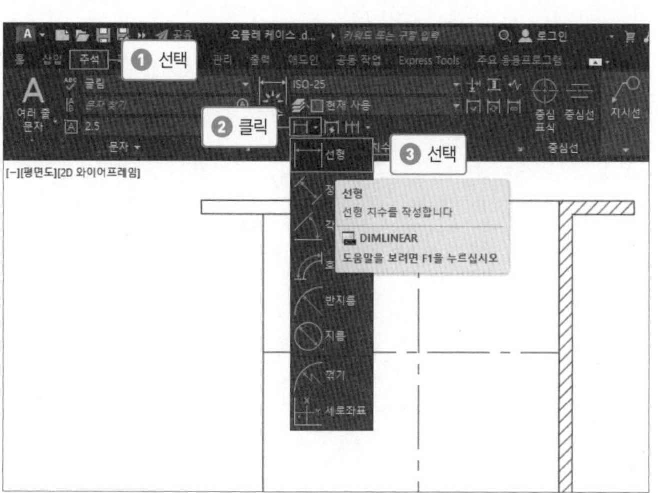

02 | 〔레이어(도면층)〕에서 '치수선'을 선택하여 현재 설정으로 합니다. 〔주석〕 탭의 치수 입력 부분에서 '선형'을 선택합니다.

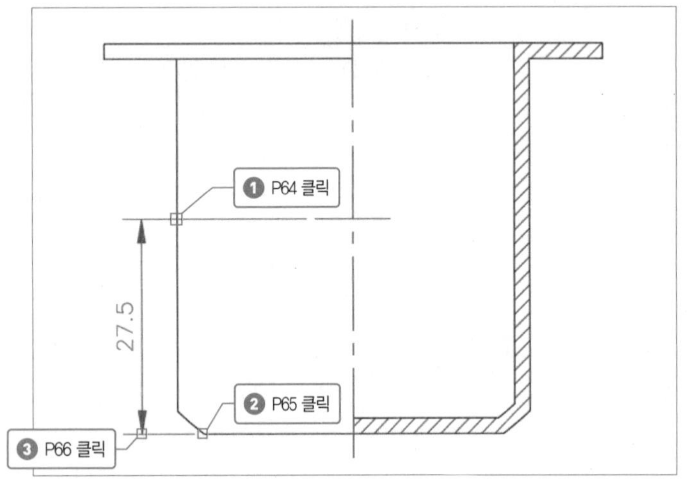

03 | 먼저 '27.5' 치수선을 입력합니다. 가로 중심선의 왼쪽 끝점을 클릭하고 아래쪽 끝점을 클릭한 다음 왼쪽 적당한 위치를 클릭하여 치수선을 입력합니다.

```
명령: DIMLINEAR
첫 번째 치수보조선 원점 지정 또는 <객체 선택>: P64
두 번째 치수보조선 원점 지정: P65
치수선의 위치 지정 또는
[여러 줄 문자(M)/문자(T)/각도(A)/수평(H)/수직(V)/회전(R)]:
치수 문자=27.5
```

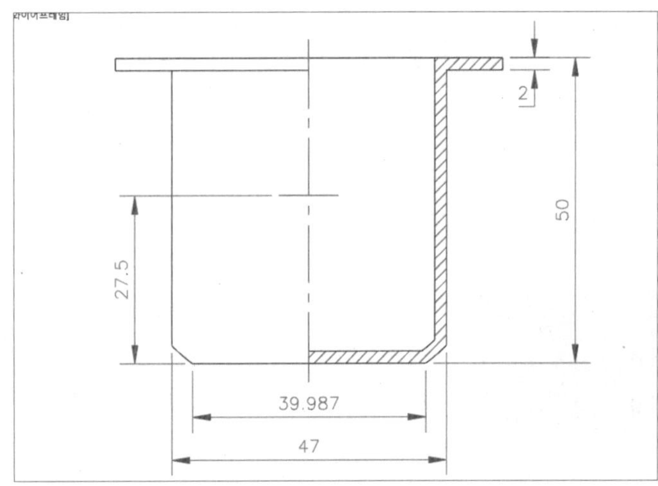

04 | Enter를 눌러 전 명령어를 연속 실행하고 같은 방법으로 '39.987', '47', '2', '50' 치수선을 입력합니다.

```
명령: DIMLINEAR
첫 번째 치수보조선 원점 지정 또는 <객체 선택>: (치수선의 시작점 지정)
두 번째 치수보조선 원점 지정: (치수선의 끝점 지정)
치수선의 위치 지정 또는
[여러 줄 문자(M)/문자(T)/각도(A)/수평(H)/수직(V)/회전(R)]:
치수 문자=39.987/47/2/50
```

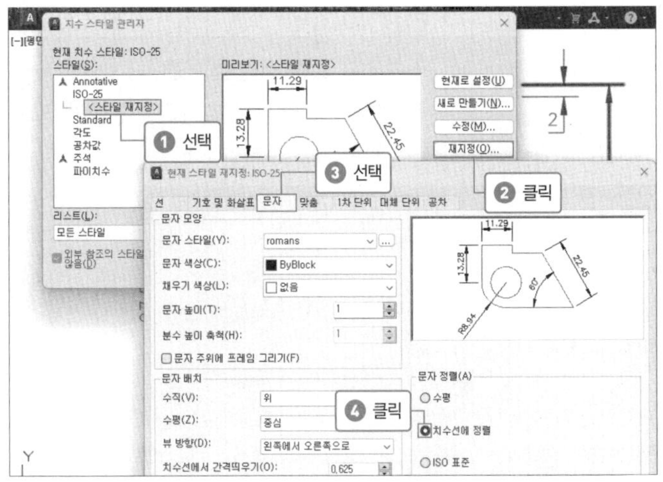

05 | 'D(DIMSTYLE)'을 입력하고 Enter를 눌러 [치수 스타일 관리자] 대화상자를 표시하고 '스타일 재지정'을 선택한 다음 〈재지정〉 버튼을 클릭하여 [ISO-25] 대화상자를 표시합니다. 〔문자〕 탭을 선택하고 문자 정렬(A)에서 '치수선에 정렬'을 선택하여 변경합니다.

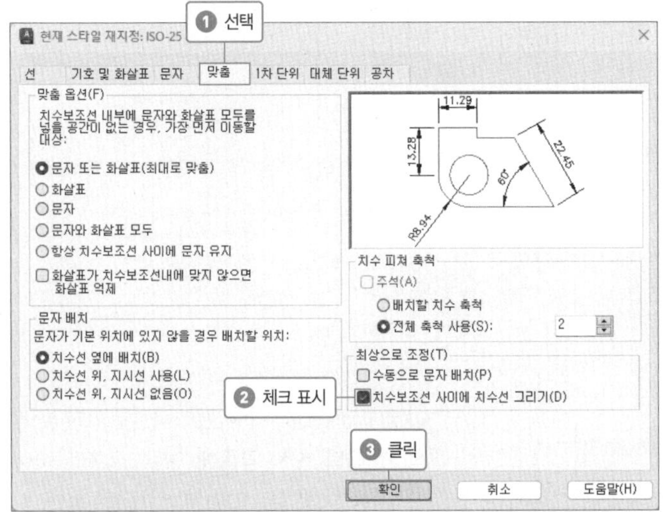

06 | 〔맞춤〕 탭에서 '치수보조선 사이에 치수선 그리기(D)'를 체크 표시하고 〈확인〉 버튼을 클릭한 다음 〈닫기〉 버튼을 클릭해 종료합니다.

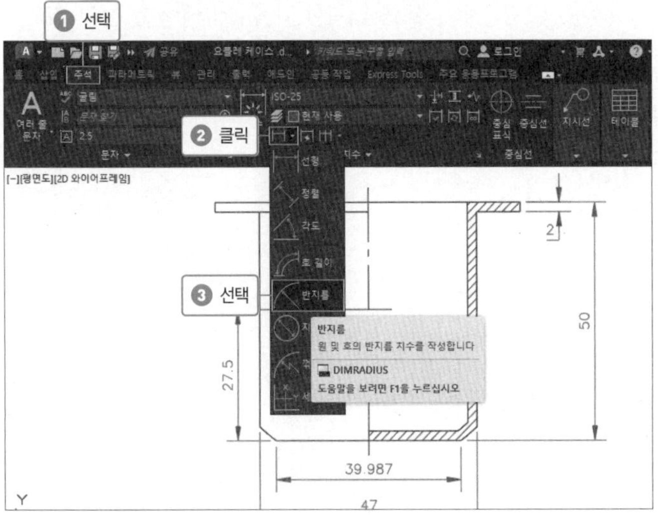

07 | 〔주석〕 탭의 치수 입력 부분에서 '반지름'을 선택합니다.

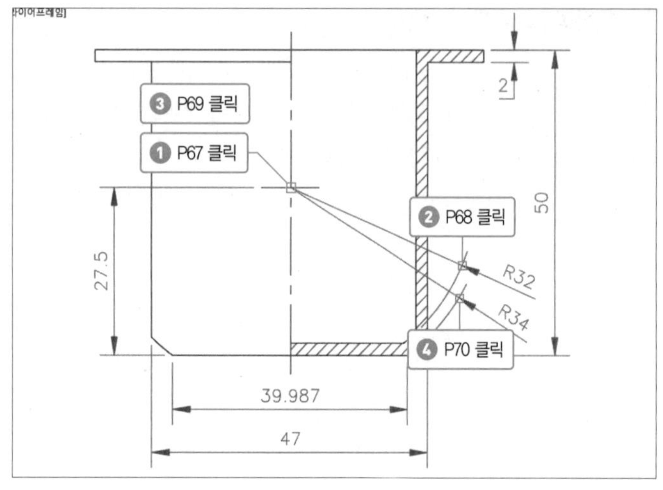

08 | 반지름 '32'를 입력하기 위해 오른쪽 곡면 해당 호를 각각 클릭합니다. Enter를 눌러 전 명령어를 다시 실행하고 같은 방법으로 '34' 치수선을 입력합니다.

명령: DIMRADIUS
호 또는 원 선택: P67
치수 문자=32
치수선의 위치 지정 또는 [여러 줄 문자(M)/문자(T)/각도(A)]:

명령:
DIMRADIUS
호 또는 원 선택: P69
치수 문자=34
치수선의 위치 지정 또는 [여러 줄 문자(M)/문자(T)/각도(A)]:

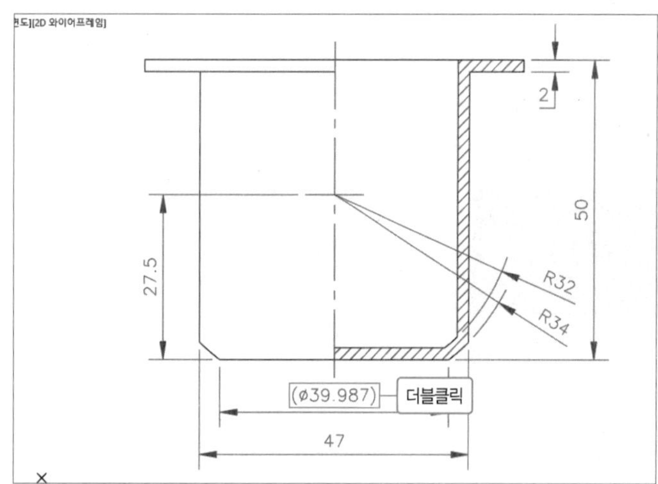

09 | '39.987' 치수선을 더블클릭하여 활성화합니다. 숫자 앞쪽에 '%%C39.987', 파이 치수 'Ø39.987'을 입력하고 Ctrl을 눌러 괄호를 입력한 다음 Ctrl+Enter를 눌러 취소합니다.

명령: _TEXTEDIT
현재 설정: 편집 모드=Multiple
주석 객체 선택 또는 [명령 취소(U)/모드(M)]: (수정할 치수선 선택)
주석 객체 선택 또는 [명령 취소(U)/모드(M)]: *취소*

10 | 영문을 한글로 변경하겠습니다. '47' 치수선을 더블클릭하여 활성화합니다. 숫자 앞쪽에 '한글(ㅁ)+한자'를 입력하여 특수문자표가 표시되면 '정사각형(5)'을 선택하여 '□47'로 정사각형 치수를 입력한 다음 Ctrl+Enter를 눌러 취소합니다.

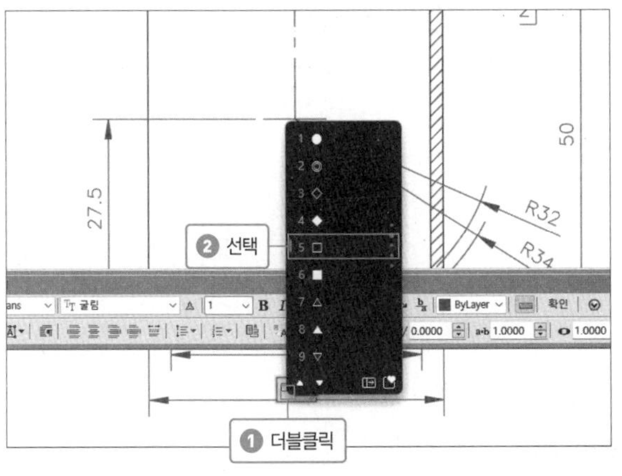

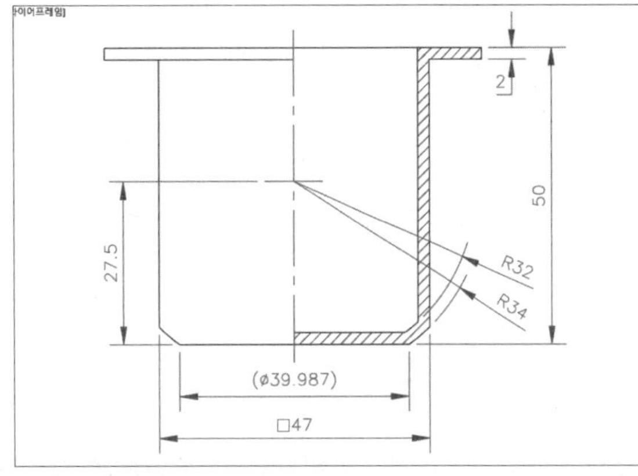

명령: _TEXTEDIT
현재 설정: 편집 모드=Multiple
주석 객체 선택 또는 [명령 취소(U)/모드(M)]: (수정할 치수선 선택)
주석 객체 선택 또는 [명령 취소(U)/모드(M)]: *취소*

11 | 한글을 영문으로 변경하겠습니다. 'R32', 'R34' 치수선을 각각 더블클릭하여 활성화합니다. 알파벳 'R' 앞쪽에 'S'를 입력하여 'SR32', 'SR34'로 수정하고 Ctrl+Enter를 눌러 취소합니다.

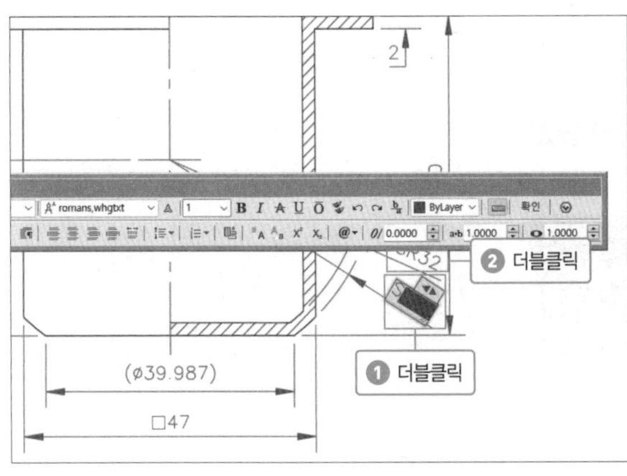

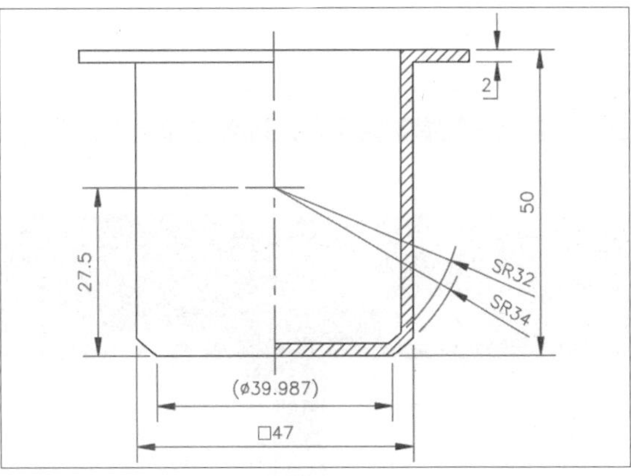

명령: _TEXTEDIT
현재 설정: 편집 모드=Multiple
주석 객체 선택 또는 [명령 취소(U)/모드(M)]: (수정할 치수선 선택)
주석 객체 선택 또는 [명령 취소(U)/모드(M)]: *취소*

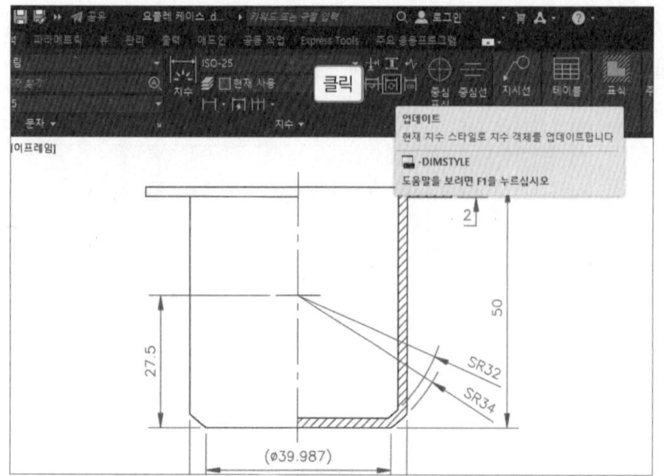

12 | '2' 치수선을 업데이트해야 치수 보조선도 서로 이어지고 꺾기 치수가 직선으로 적용됩니다. 〔주석〕 탭의 '업데이트' 아이콘(아이콘)을 클릭합니다.

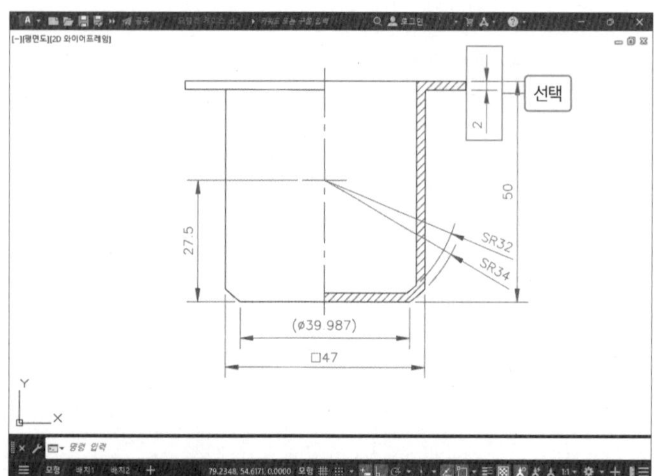

13 | '2' 치수선을 선택하고 Enter를 누르면 떨어진 치수 보조선이 이어지고 '2' 꺾기 치수선이 직선으로 변경됩니다.

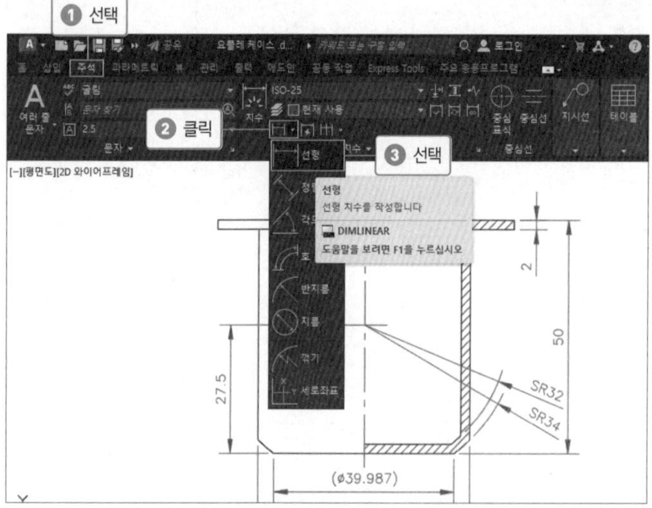

14 | 〔도면층(레이어)〕에서 '치수선'을 선택하여 현재 설정으로 합니다. 〔주석〕 탭의 치수 입력에서 '선형'을 선택합니다.

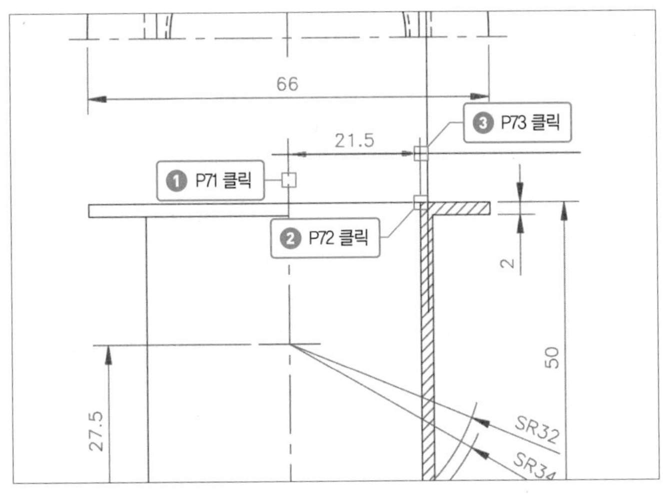

15 | 정면도 제일 위쪽의 가로 '43' 선형 치수를 입력하겠습니다. 우선 '43'의 절반인 '21.5'를 입력합니다.
윗면 수직 중심선의 가장 상단 끝점을 클릭하고 안쪽 두께 지점을 클릭한 다음 위쪽 적당한 위치를 클릭해 '21.5' 치수선을 입력합니다.

명령: DIMLINEAR
첫 번째 치수보조선 원점 지정 또는 〈객체 선택〉: P71
두 번째 치수보조선 원점 지정: P72
치수선의 위치 지정 또는
[여러 줄 문자(M)/문자(T)/각도(A)/수평(H)/수직(V)/회전(R)]:
치수 문자=21.5

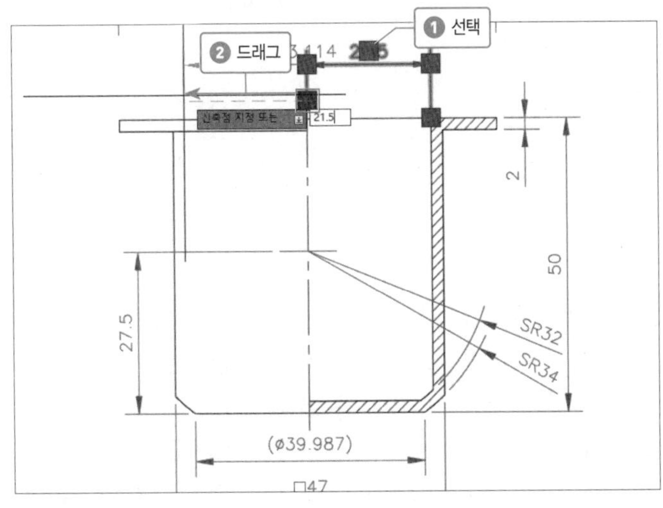

16 | 입력된 치수선 '21.5'를 클릭합니다. 선택합니다. 첫 번째 치수 보조선의 빨간 그립을 클릭한 상태로 왼쪽으로 드래그하여 늘립니다. '21.5'을 입력하고 Enter를 눌러 '43' 치수선으로 변경한 다음 Esc를 눌러 사용 중인 명령어를 취소합니다.

** 신축 **
신축점 지정 또는 [기준점(B)/복사(C)/명령 취소(U)/종료(X)]: 21.5
치수보조선이 연관 해제됨.
명령: *취소*

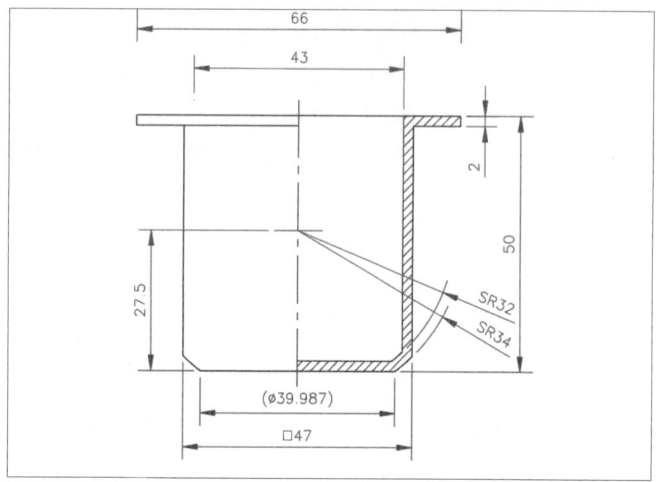

17 | '43' 치수선이 만들어졌습니다.

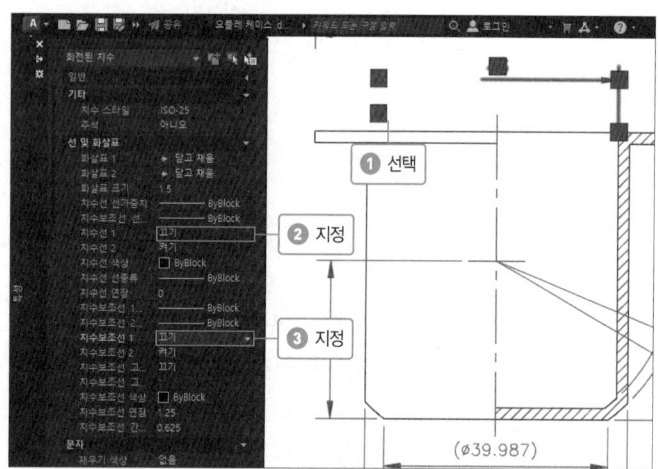

18 | Ctrl+1을 눌러 특성 창을 불러옵니다. '43' 치수선을 선택한 다음 특성 창의 선 및 화살표 항목에서 치수선 1을 '끄기'로 지정하고 치수보조선 1도 '끄기'로 지정해 선을 억제해 절반만 표현합니다. 설정이 끝나면 Esc를 눌러 취소합니다.

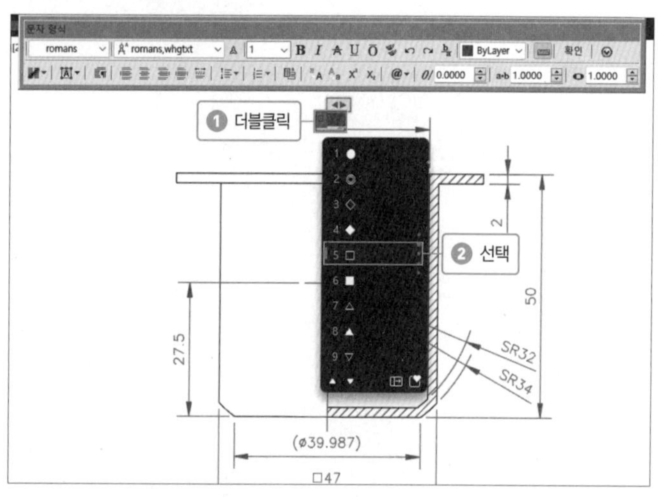

19 | 영문을 한글로 변경하겠습니다. '43' 치수선을 더블클릭하여 활성화하고 숫자 앞쪽에 '한글(ㅁ)'+'한자'를 입력하여 특수 문자표가 나오면 정사각형을 선택하여 'ㅁ 43'으로 정사각형 치수를 입력한 다음 Ctrl+Enter를 눌러 취소합니다.

명령: _TEXTEDIT
현재 설정: 편집 모드=Multiple
주석 객체 선택 또는 [명령 취소(U)/모드(M)]: *취소*

20 | 'F(FILLET)' 명령어를 입력한 후 Enter를 누릅니다. 옵션에서 'T'를 입력하고 'N'을 입력합니다. 'R'을 입력하고 '3'을 입력한 다음 Enter를 누릅니다. 'M'을 입력하여 반복적으로 R2를 적용할 수 있도록 합니다. 모든 모서리를 각각 클릭하여 라운드를 적용하고 Esc를 눌러 현재 사용 중인 명령어를 취소합니다.

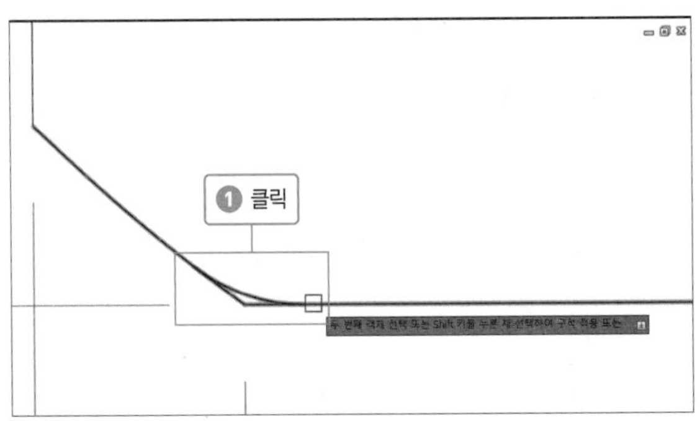

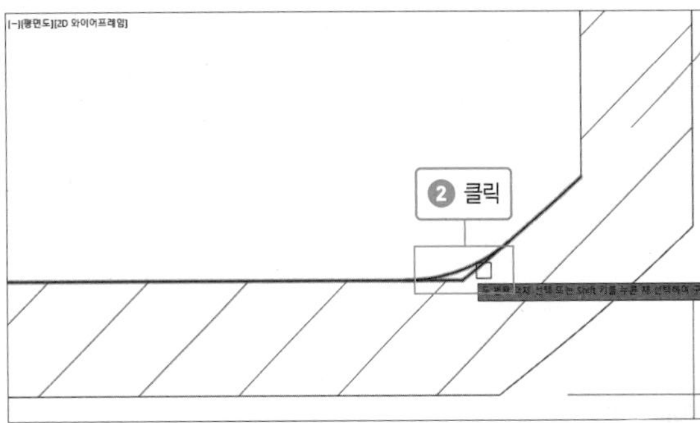

명령: F
FILLET
현재 설정: 모드=자르기 않기, 반지름=3.0000
첫 번째 객체 선택 또는 [명령 취소(U)/폴리선(P)/반지름(R)/자르기(T)/다중(M)]: T
자르기 모드 옵션 입력 [자르기(T)/자르지 않기(N)] 〈자르지 않기〉: N
첫 번째 객체 선택 또는 [명령 취소(U)/폴리선(P)/반지름(R)/자르기(T)/다중(M)]: R
모깎기 반지름 지정 〈3.0000〉: 3
첫 번째 객체 선택 또는 [명령 취소(U)/폴리선(P)/반지름(R)/자르기(T)/다중(M)]: (R 값이 들어갈 첫 번째 모서리 클릭)
두 번째 객체 선택 또는 Shift 키를 누른 채 선택하여 구석 적용 또는 [반지름(R)]: (R 값이 들어갈 첫 번째 모서리 클릭)

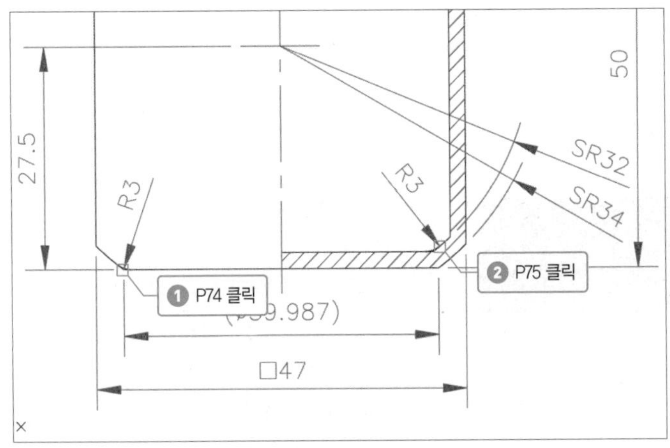

21 | 반지름 '3'을 차례로 입력하기 위해 [주석] 탭의 치수 입력에서 '반지름'을 선택합니다. 왼쪽과 오른쪽 아래의 곡면 부분을 각각 클릭하면 자동으로 'R3' 치수가 입력됩니다.

명령: DIMRADIUS
호 또는 원 선택: P74, P75
치수 문자=3
치수선의 위치 지정 또는 [여러 줄 문자(M)/문자(T)/각도(A)]:

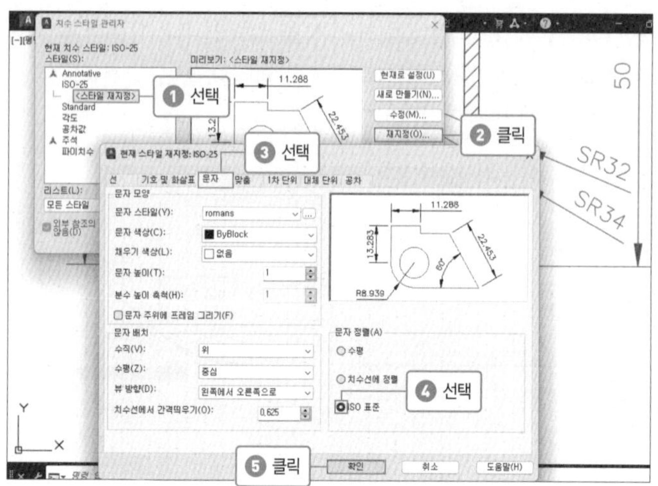

22 | 'D(DIMSTYLE)'을 입력한 다음 Enter를 눌러 [치수 스타일 관리자] 대화상자가 표시되면 '스타일 재지정'을 선택하고 〈재지정〉 버튼을 클릭하여 [ISO-25] 대화상자를 표시합니다. [문자] 탭의 문자 정렬(A)에서 'ISO 표준'을 선택하고 'ISO 표준'을 선택합니다. 〈확인〉 버튼을 클릭하고 〈닫기〉 버튼을 클릭하여 종료합니다.

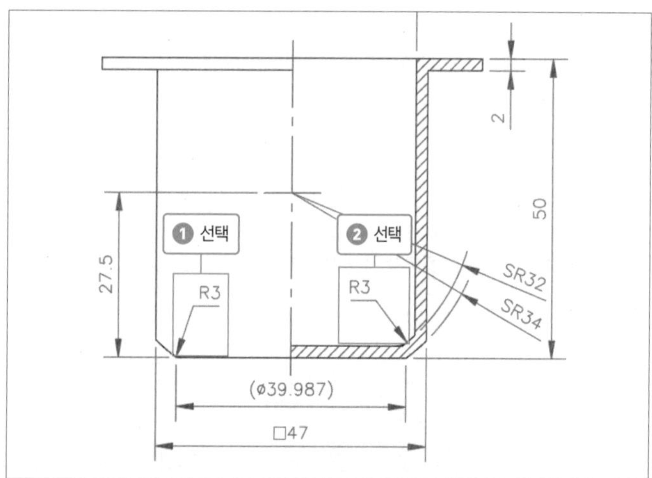

23 | 그려진 '3' 치수선을 업데이트해야 꺾기 치수가 적용됩니다. '업데이트' 아이콘(아이콘)을 클릭한 후 각 반지름 '3' 치수선을 선택하고 Enter를 누르면 반지름 '3' 치수선이 꺾기 치수선으로 변경됩니다.

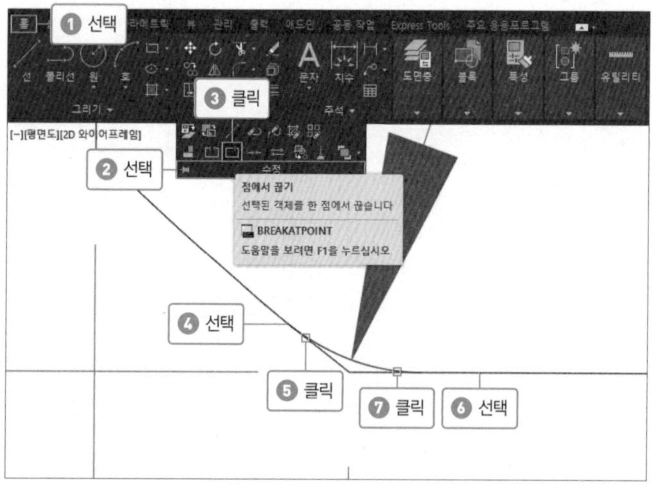

점에서 끊기

01 | 조금 전 입력한 R3 부분을 점에서 끊기를 합니다. [홈] 탭의 '수정'을 선택하여 [수정] 패널을 표시하고 '점에서 끊기(BREAKATPOINT)'를 클릭합니다. 왼쪽 하단 곡면 부분과 바닥면을 각각 선택하고 'R3' 치수선과 교차하는 두 곳을 클릭하여 끊습니다.

02 | 점이 끊어졌습니다. 오른쪽 R3 부분도 같은 방법으로 끊어줍니다.

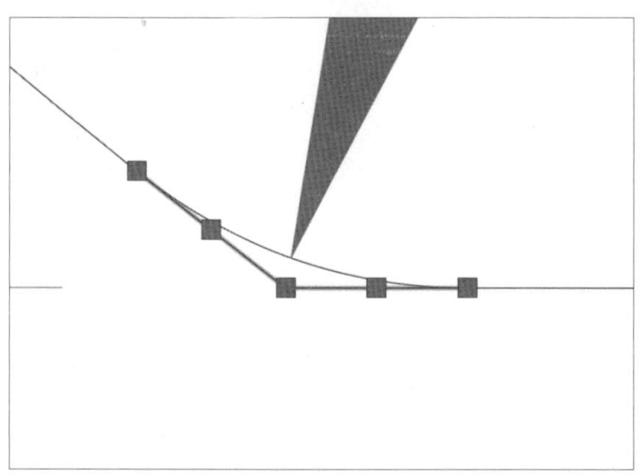

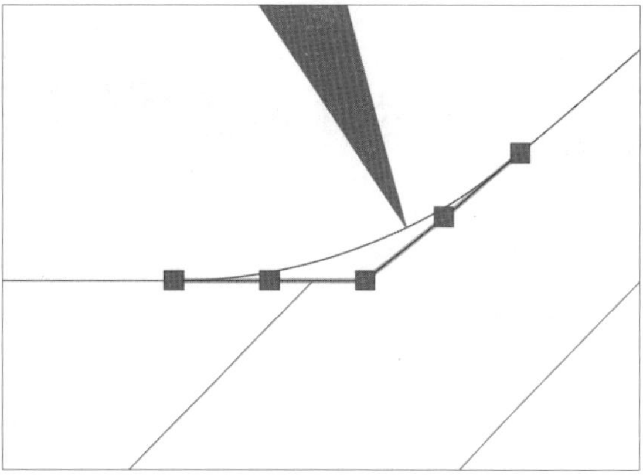

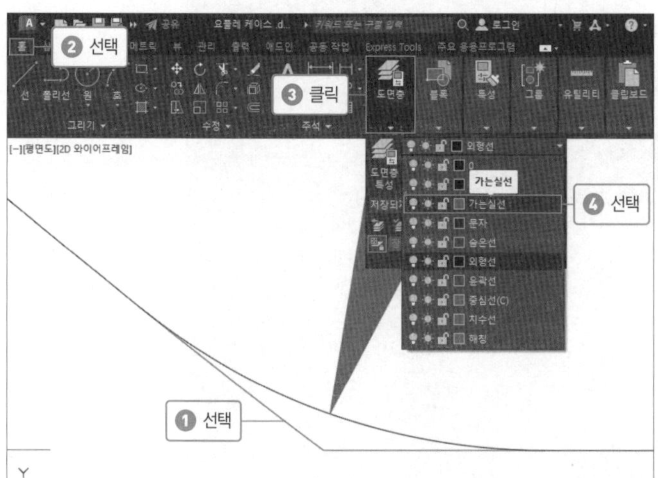

03 | 왼쪽과 오른쪽 부분의 끊은 부분을 선택하고 〔홈〕 탭의 〔도면층(레이어)〕에서 '가는실선'으로 선택하여 변경합니다.

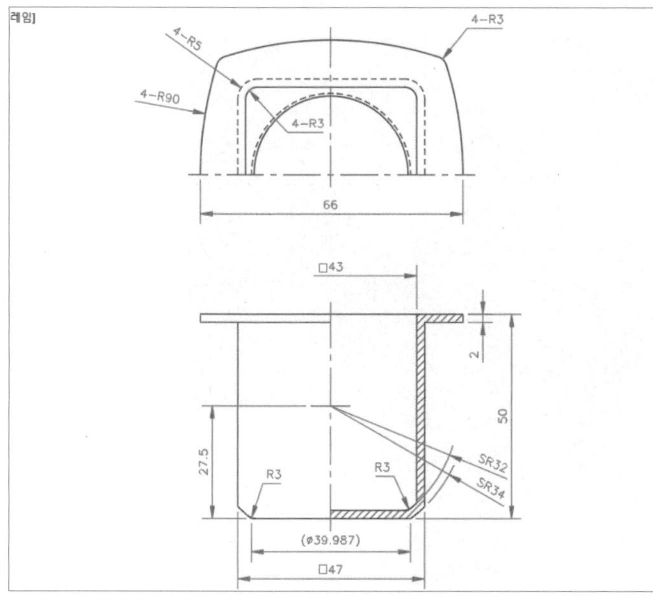

04 | 일회용 용기 도면이 완성되었습니다.

자물쇠 도면 제작하기

동영상 강의

'RECTANG', 'LINE', 'ELLIPSE', 'CIRCLE', 'ARC', 'RAY' 명령어를 중심으로 자물쇠 형태를 만듭니다. 이 자물쇠 예제에서는 기본 기능과 함께 'MOVE', 'MIRROR', 'EXTEND', 'ROTATE' 명령어를 사용합니다. 기본 형태를 제작하고 'BREAKATPOINT', 'EXPLODE', 'SCALE' 기능을 이용하여 점과 객체를 분리하는 방법과 크기를 조절하여 디테일한 부분까지 완성하는 방법을 알아보겠습니다.

미리 보기

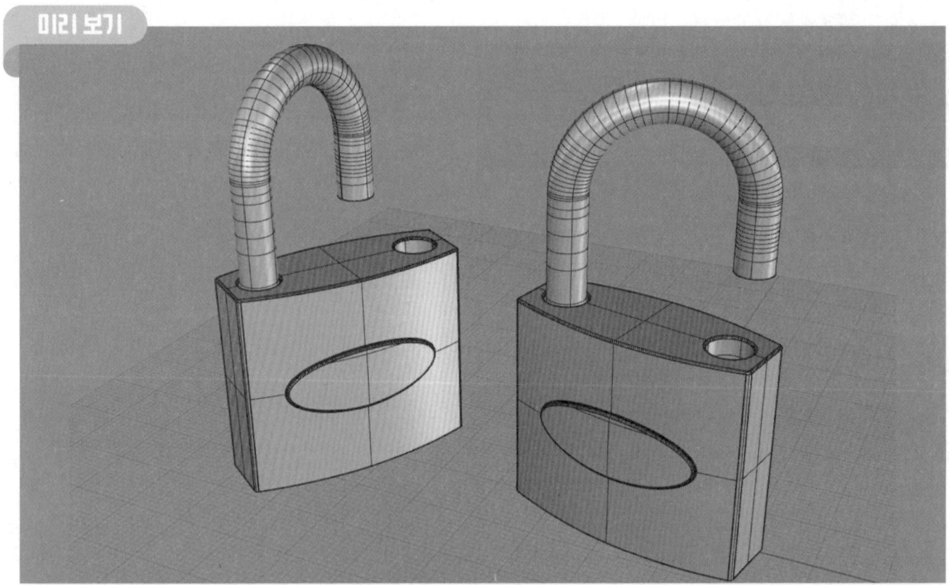

예제 도면

○ 완성 파일 : Part06\자물쇠_완성.dwg

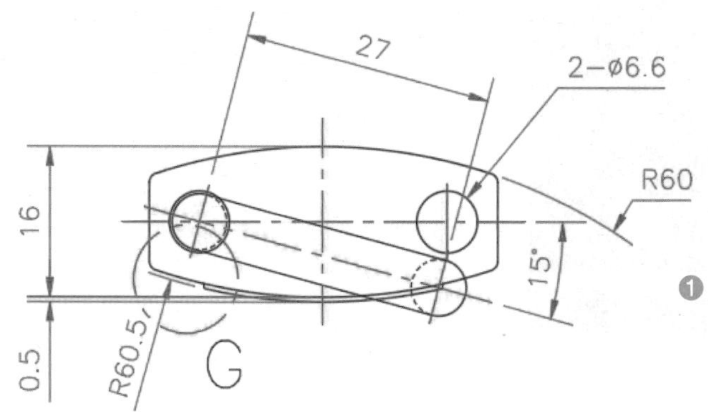

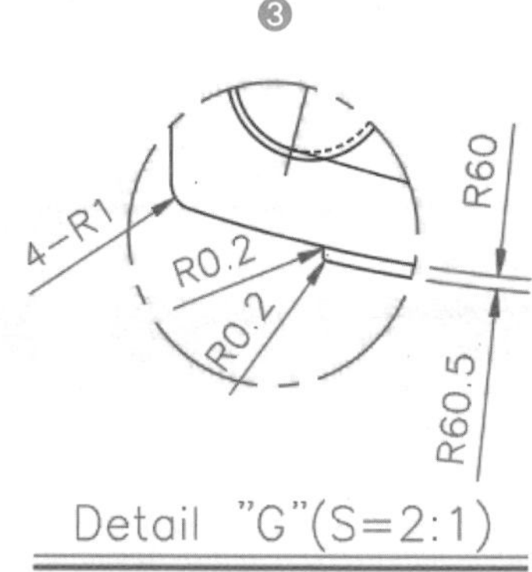

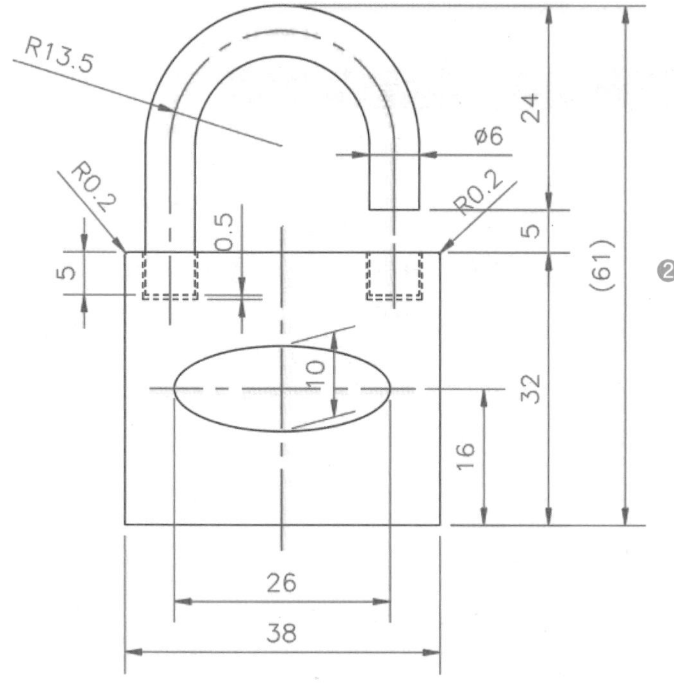

❶ **평면도 그리기**

1. 기본 형태 그리기 ○ 2. 중심선 그리기 ○ 3. 호 그리기 ○ 4. 원 그리기 ○ 5. 회전하기 ○ 6. 숨은선 만들기 ○ 7. 치수선 입력하기 ○ 8. 모서리에 라운드 적용하기

❷ **정면도 그리기**

1. 기본 형태 그리기 ○ 2. 자물쇠 고리 그리기 ○ 3. 자물쇠 몸통 장식 그리기 ○ 4. 치수선 입력하기

❸ **부분도 그리기**

1. 확대하기 ○ 2. 문자 입력하기

1 평면도 그리기

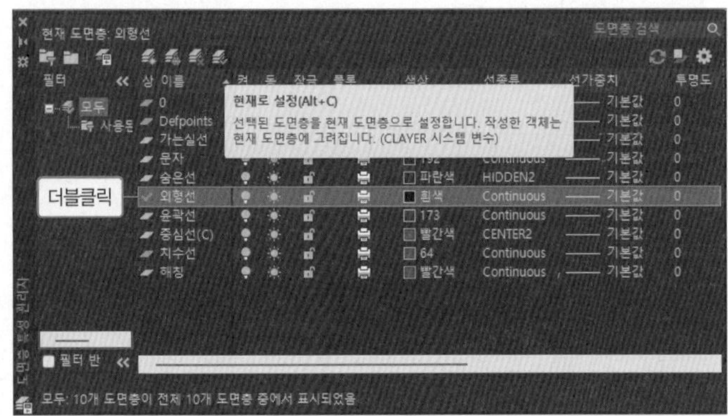

기본 형태 그리기

01 | [도면층(레이어)]의 '외형선'을 더블 클릭하여 현재 설정으로 합니다.

02 | '동적 입력(DYNMODE)'을 클릭하여 활성화합니다.

03 | 'REC(RECTANG)' 명령어를 입력한 후 Enter를 누릅니다. 적당한 위치를 클릭해 첫 번째 지점을 지정하고 명령어 입력 창에 생성할 가로세로 길이 '@38,16'을 입력한 후 Enter를 누릅니다.

명령: REC
RECTANG
첫 번째 구석점 지정 또는 [모따기(C)/고도(E)/모깎기(F)/두께(T)/폭(W)]: P1
다른 구석점 지정 또는 [영역(A)/치수(D)/회전(R)]: @38,16

중심선 그리기

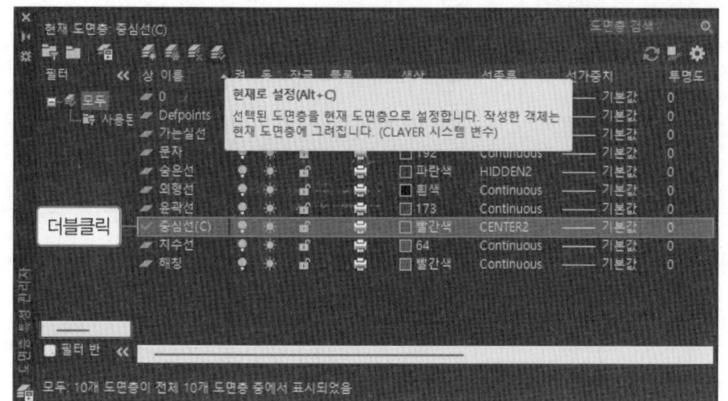

01 | 〔도면층(레이어)〕의 '중심선'을 더블클릭하여 현재 설정으로 합니다.

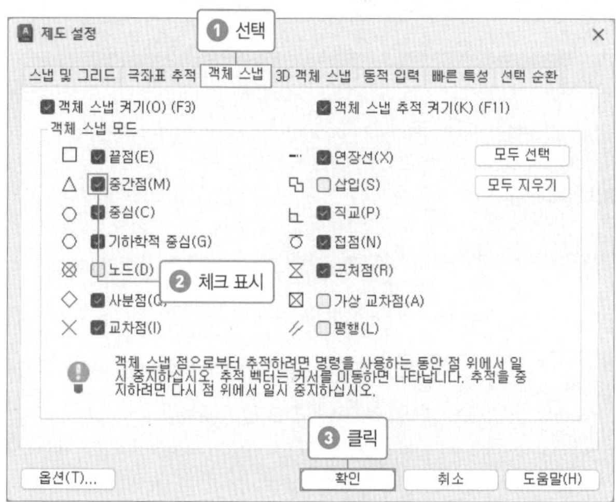

02 | 이때 [제도 설정] 대화상자의 〔객체 스냅〕 탭에서 '중간점(M)'을 반드시 체크 표시해야 합니다.

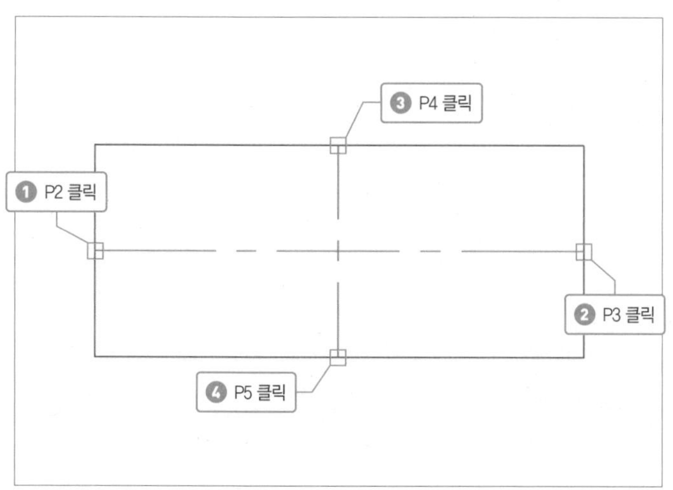

03 | 'L(LINE)' 명령어를 입력한 후 Enter를 누릅니다. 사각형 왼쪽 중간점을 클릭하고 오른쪽 중간점을 클릭해 가로선을 그립니다. 같은 방법으로 사각형 위쪽 중간점을 클릭하고 아래쪽 중간점을 클릭하여 십자 모양 중심선을 만듭니다.

명령: L
LINE
첫 번째 점 지정: P2, P4
다음 점 지정 또는 [명령 취소(U)]: P3, P5
다음 점 지정 또는 [명령 취소(U)]: *취소*

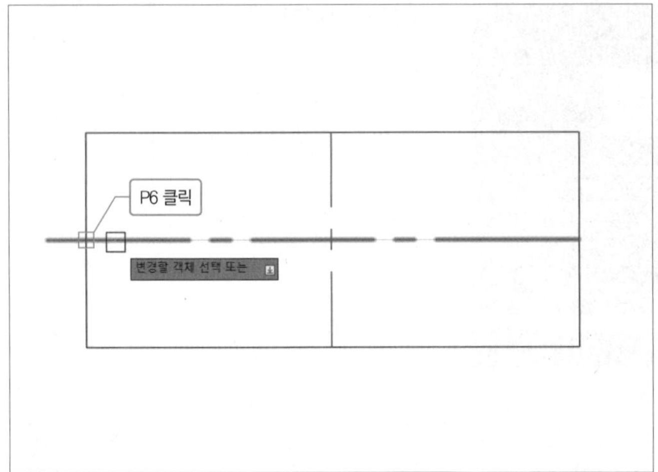

04 | 'LEN(LENGTHEN)' 명령어를 입력하고 Enter를 누릅니다. 옵션에서 'DE'를 입력하고 Enter를 누른 다음 '3'을 입력 후 다시 Enter를 누릅니다. 십자 모양 중심선의 왼쪽 끝부분을 클릭해 길이를 늘리고 Esc를 눌러 명령어를 취소합니다.

명령: LEN
LENGTHEN
측정할 객체 또는 [증분(DE)/퍼센트(P)/합계(T)/동적(DY)] 선택 〈증분(DE)〉: DE
증분 길이 또는 [각도(A)] 입력 〈0.0000〉: 3
변경할 객체 선택 또는 [명령 취소(U)]: P6

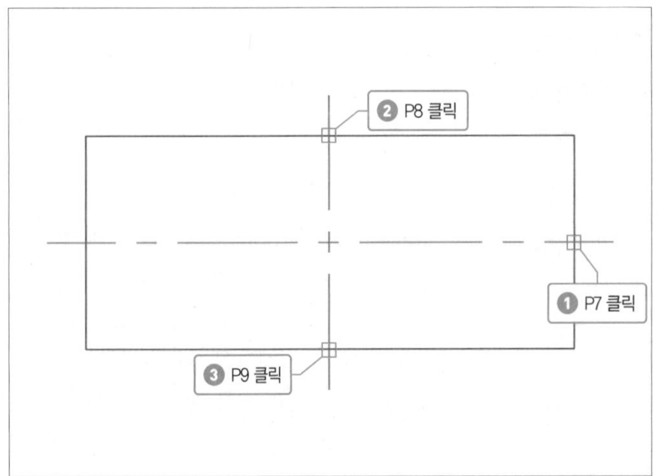

05 | 같은 방법으로 상하좌우 모든 곳이 '3'씩 늘어난 상태로 만듭니다.

명령: LEN
LENGTHEN
측정할 객체 또는 [증분(DE)/퍼센트(P)/합계(T)/동적(DY)] 선택 〈증분(DE)〉: DE
증분 길이 또는 [각도(A)] 입력 〈5.0000〉: 3
변경할 객체 선택 또는 [명령 취소(U)]: P7, P8, P9

호 그리기

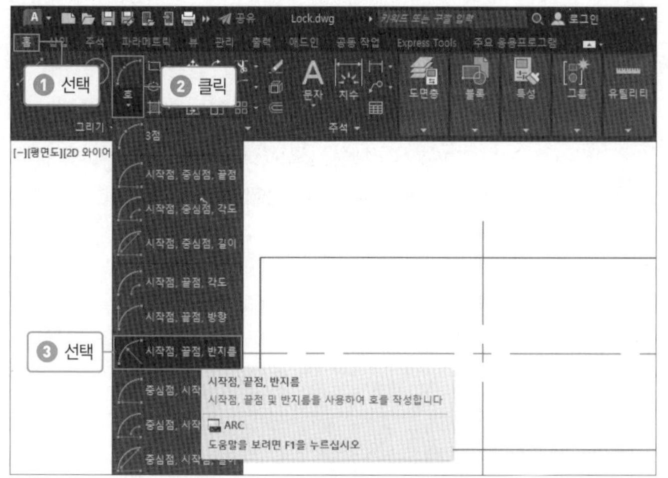

01 | 도면층 레이어에서 '외형선'을 선택하여 현재 설정으로 하고 〔홈〕 탭의 호에서 '시작점, 끝점, 반지름'을 선택합니다.

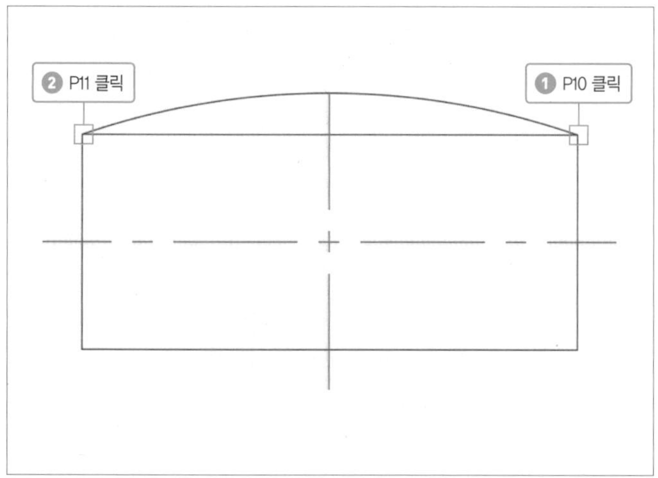

02 | 직사각형의 오른쪽 위의 꼭짓점을 클릭하여 호의 시작점으로 지정하고 왼쪽 위의 꼭짓점을 클릭하여 호의 두 번째 지점으로 지정합니다. 반지름 값 '60'을 입력한 다음 Enter를 눌러 호를 그립니다.

명령: _arc
호의 시작점 지정 또는 [중심(C)]: P10
호의 두 번째 점 또는 [중심(C)/끝(E)] 지정: _e
호의 끝점 지정: P11
호의 중심점 지정(Ctrl 키를 누른 상태에서 방향 전환) 또는 [각도(A)/방향(D)/반지름(R)]: _r
호의 반지름 지정(Ctrl 키를 누른 상태에서 방향 전환): 〈직교 끄기〉 60
명령: 반대 구석 지정 또는 [울타리(F)/윈도우폴리곤(WP)/걸침폴리곤(CP)]: *취소*

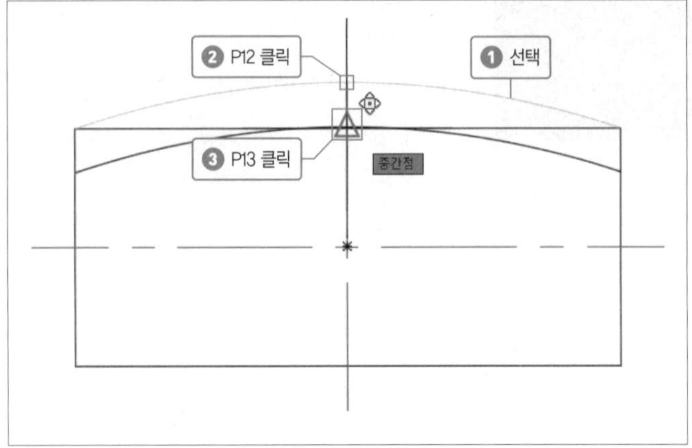

03 | 'M(MOVE)' 명령어를 입력하고 Enter를 누른 다음 '60' 호를 선택 후 Enter를 누릅니다. '60' 호의 중간점을 클릭하여 위치의 기준점으로 지정하고 직사각형 위쪽 선의 중간점을 클릭하여 이동합니다.

명령: M
MOVE
객체 선택: 1개를 찾음
객체 선택: Enter
기준점 지정 또는 [변위(D)] 〈변위〉: P12
두 번째 점 지정 또는 〈첫 번째 점을 변위로 사용〉: P13

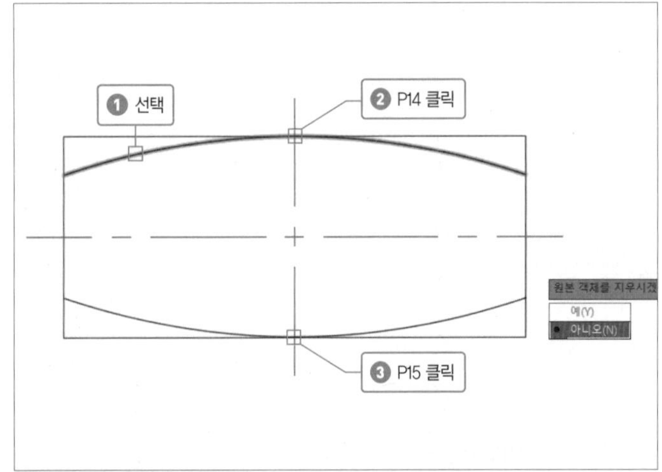

04 | 'MI(MIRROR)' 명령어를 입력하고 Enter를 누른 다음 '60'호를 선택하고 Enter를 누릅니다. 직사각형의 위쪽 선의 중간점과 아래쪽 선의 중간점을 차례대로 선택하여 대칭 복사합니다. 옵션에서 'N'을 입력하여 원본을 남기도록 합니다.

명령: MI
MIRROR
객체 선택: 1개를 찾음
객체 선택: Enter
대칭선의 첫 번째 점 지정: P14
대칭선의 두 번째 점 지정: P15
원본 객체를 지우시겠습니까? [예(Y)/아니오(N)] 〈아니오〉: N

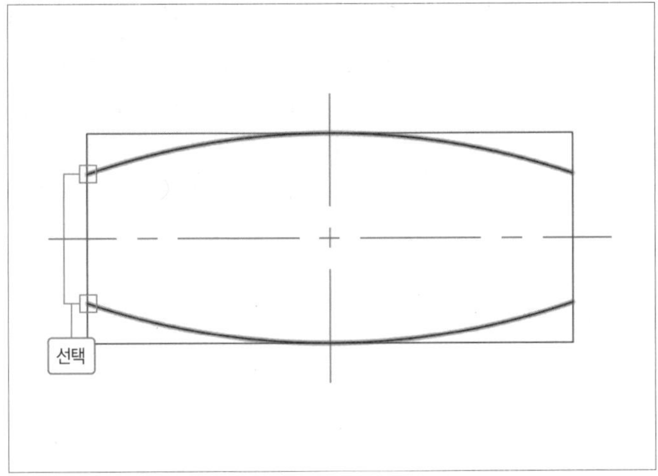

05 | 위아래 호를 기준으로 모서리 부분을 자르겠습니다. 'TR(TRIM)' 명령어를 입력한 후 Enter를 누릅니다. 옵션에서 'T'를 입력하고 Enter를 누른 후 그림과 같이 절단 모서리가 되는 선들을 선택하고 Enter를 누릅니다.

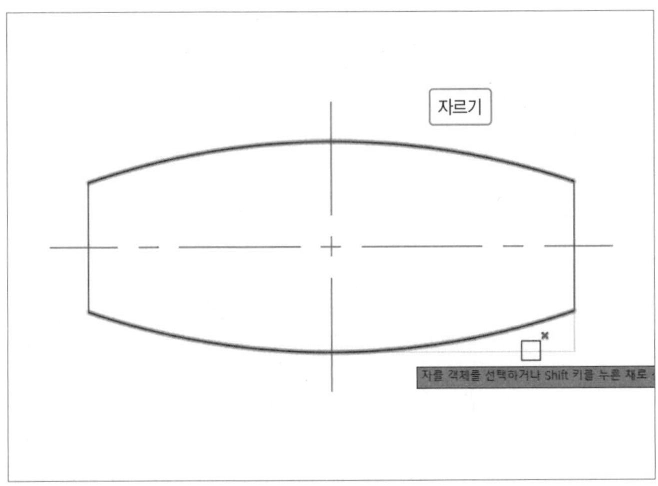

06 | 선택한 선을 기준으로 사각형의 모서리 부분을 선택하여 자르고 Esc를 눌러 현재 사용 중인 명령어를 취소합니다.

명령: TR
TRIM
현재 설정: 투영=UCS, 모서리=없음, 모드=빠른 작업
자를 객체를 선택하거나 Shift 키를 누른 채로 선택하여 확장 또는
[절단 모서리(T)/걸치기(C)/모드(O)/프로젝트(P)/지우기(R)]: T
현재 설정: 투영=UCS, 모서리=없음, 모드=빠른 작업
절단 모서리 선택...
객체 선택 또는 〈모두 선택〉: 1개를 찾음
객체 선택: 1개를 찾음, 총 2개
객체 선택: Enter
자를 객체를 선택하거나 Shift 키를 누른 채로 선택하여 확장 또는
[절단 모서리(T)/걸치기(C)/모드(O)/프로젝트(P)/지우기(R)]:
자를 객체를 선택하거나 Shift 키를 누른 채로 선택하여 확장 또는
[절단 모서리(T)/걸치기(C)/모드(O)/프로젝트(P)/지우기(R)/명령 취소(U)]: *취소*

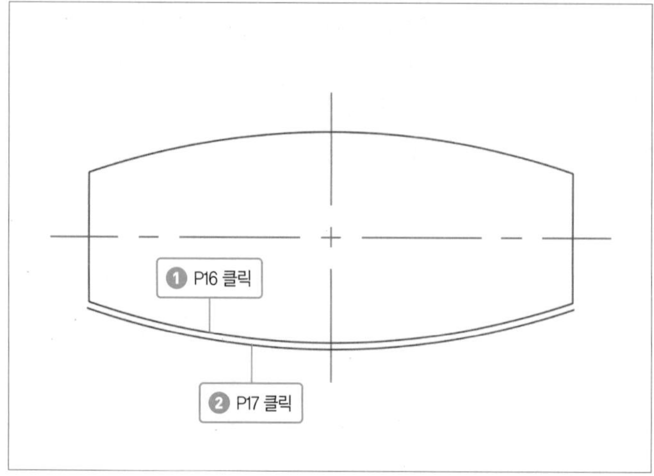

07 | 'O(OFFSET)' 명령어를 입력하고 Enter를 누른 다음 '0.5'를 입력한 후 Enter를 누릅니다. 아래쪽 '60' 호를 선택하고 바깥쪽을 클릭해 '0.5'만큼 떨어진 간격 띄우기 복사를 한 다음 Esc를 눌러 명령어를 취소합니다.

명령: O
OFFSET
현재 설정: 원본 지우기=아니오, 도면층=원본, OFFSETGAPTYPE=0
간격띄우기 거리 지정 또는 [통과점(T)/지우기(E)/도면층(L)] 〈통과점〉: 0.5
간격띄우기할 객체 선택 또는 [종료(E)/명령 취소(U)] 〈종료〉: P16
간격띄우기할 면의 점 지정 또는 [종료(E)/다중(M)/명령 취소(U)] 〈종료〉: P17
간격띄우기할 객체 선택 또는 [종료(E)/명령 취소(U)] 〈종료〉: *취소*

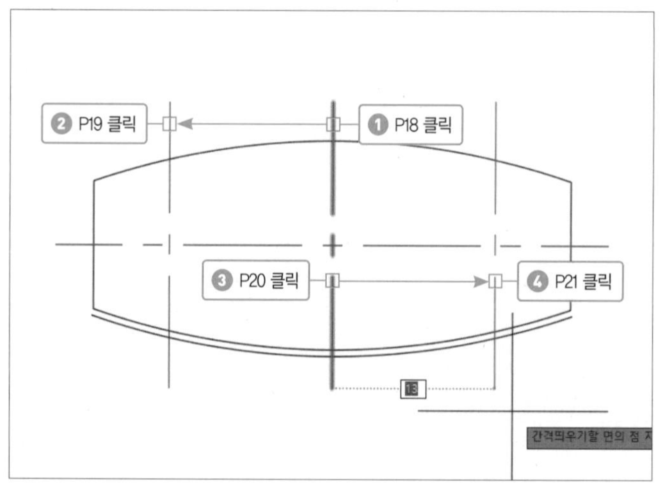

08 | Enter를 눌러 'O(OFFSET)' 명령어를 다시 실행하고 '13'을 입력한 다음 Enter를 누릅니다. 수직 중심선을 선택하고 왼쪽과 오른쪽을 각각 클릭하여 '13'만큼 떨어진 간격 띄우기 복사를 하고 Esc를 눌러 명령어를 취소합니다.

명령:
OFFSET
현재 설정: 원본 지우기=아니오, 도면층=원본, OFFSETGAPTYPE=0
간격띄우기 거리 지정 또는 [통과점(T)/지우기(E)/도면층(L)] 〈0.5000〉: 13
간격띄우기할 객체 선택 또는 [종료(E)/명령 취소(U)] 〈종료〉: P18, P20
간격띄우기할 면의 점 지정 또는 [종료(E)/다중(M)/명령 취소(U)] 〈종료〉: P19, P21
간격띄우기할 객체 선택 또는 [종료(E)/명령 취소(U)] 〈종료〉: *취소*

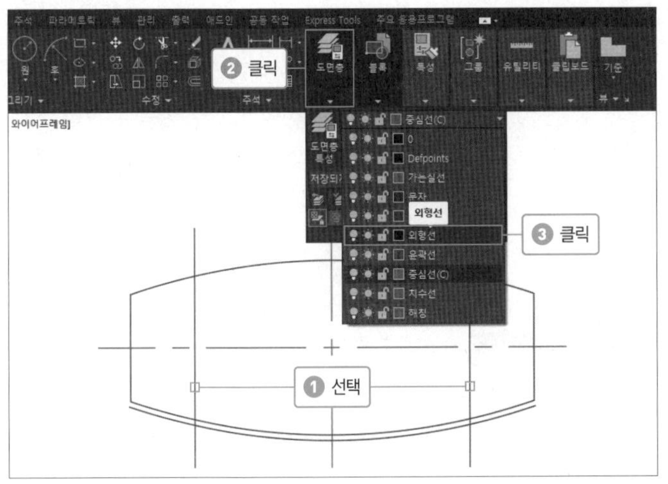

09 | 간격 띄우기 복사한 양쪽 선을 선택하고 〔도면층(레이어)〕에서 '외형선'을 선택하여 변경합니다.

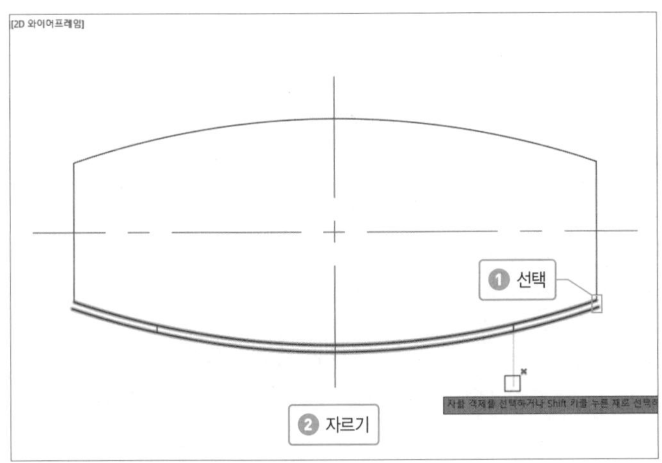

10 | 'TR(TRIM)' 명령어를 입력하고 Enter를 누릅니다. 옵션에서 'T'를 입력하고 Enter를 누른 다음 그림과 같이 절단 모서리가 되는 선들을 선택합니다. Enter를 누릅니다. 선택한 선을 기준으로 호의 위아래 부분을 선택하여 자르고 Esc를 눌러 현재 사용 중인 명령어를 취소합니다.

명령: TR
TRIM
현재 설정: 투영=UCS, 모서리=없음, 모드=빠른 작업
자를 객체를 선택하거나 Shift 키를 누른 채로 선택하여 확장 또는
[절단 모서리(T)/걸치기(C)/모드(O)/프로젝트(P)/지우기(R)]: T
현재 설정: 투영=UCS, 모서리=없음, 모드=빠른 작업
절단 모서리 선택...
객체 선택 또는 〈모두 선택〉: 1개를 찾음
객체 선택: 1개를 찾음, 총 2개
객체 선택: Enter
자를 객체를 선택하거나 Shift 키를 누른 채로 선택하여 확장 또는
[절단 모서리(T)/걸치기(C)/모드(O)/프로젝트(P)/지우기(R)]:
자를 객체를 선택하거나 Shift 키를 누른 채로 선택하여 확장 또는
[절단 모서리(T)/걸치기(C)/모드(O)/프로젝트(P)/지우기(R)/명령 취소(U)]: *취소*

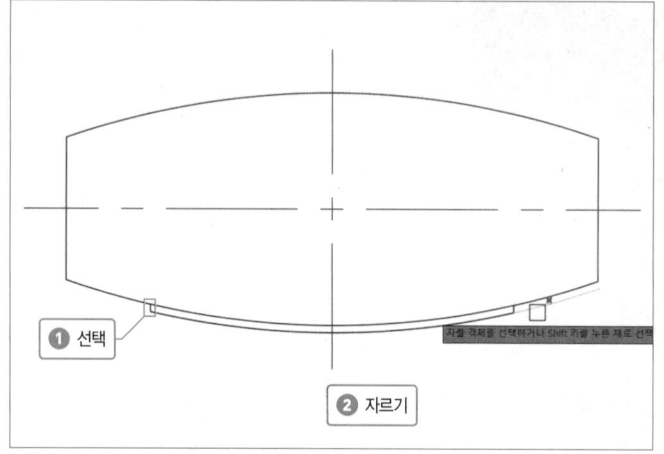

11 | Enter를 눌러 'TR(TRIM)' 명령어를 재실행합니다. 같은 방법으로 절단 모서리가 되는 선들을 선택하고 호 양쪽 부분을 선택하여 자릅니다. Esc를 눌러 현재 사용 중인 명령어를 취소합니다.

명령:
TRIM
현재 설정: 투영=UCS, 모서리=없음, 모드=빠른 작업
자를 객체를 선택하거나 Shift 키를 누른 채로 선택하여 확장 또는
[절단 모서리(T)/걸치기(C)/모드(O)/프로젝트(P)/지우기(R)]:
자를 객체를 선택하거나 Shift 키를 누른 채로 선택하여 확장 또는
[절단 모서리(T)/걸치기(C)/모드(O)/프로젝트(P)/지우기(R)/명령 취소(U)]: *취소*

원 그리기

01 | [제도 설정] 대화상자에서 〔객체 스냅〕 탭을 선택하고 '교차점(I)'을 체크 표시합니다.

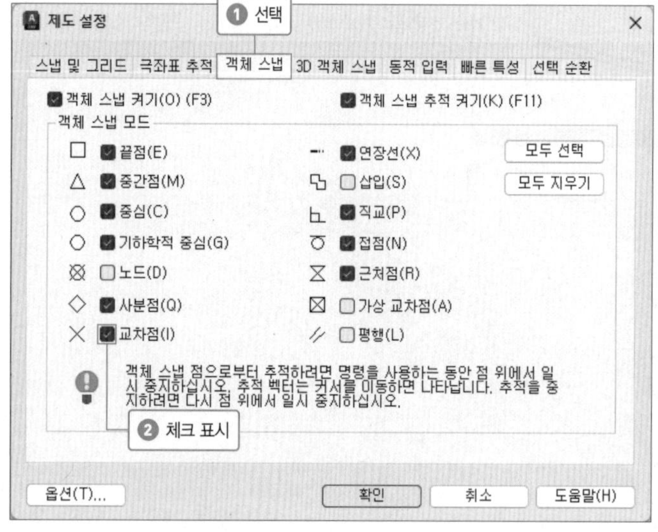

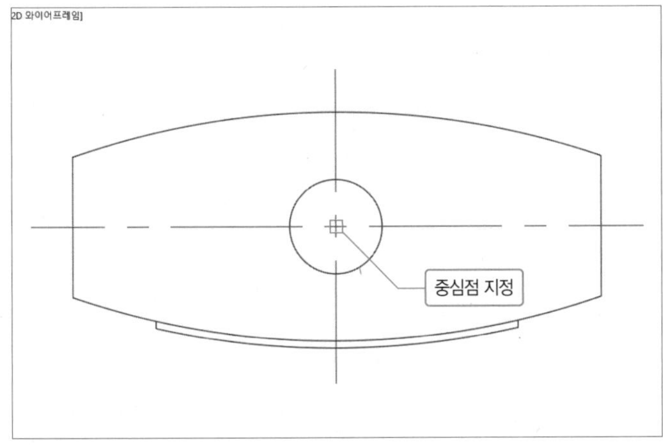

02 | 'C(CIRCLE)' 명령어를 입력하고 Enter를 누릅니다. 중심선의 교차점을 클릭해 원의 중심점으로 지정합니다. 옵션에 'D'를 입력하고 Enter를 누른 다음 지름 값 '6.6'을 입력한 후 Enter를 눌러 '6.6' 원을 만듭니다.

명령: C
CIRCLE
원에 대한 중심점 지정 또는 [3점(3P)/2점(2P)/Ttr – 접선 접선 반지름(T)]: (중심점 지정)
원의 반지름 지정 또는 [지름(D)]: D
원의 지름을 지정함: 6.6
명령: 반대 구석 지정 또는 [울타리(F)/윈도우폴리곤(WP)/걸침폴리곤(CP)]:

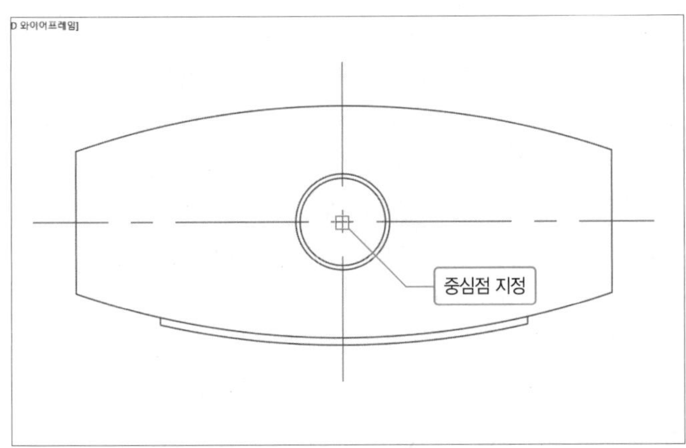

03 | Enter를 눌러 'C(CIRCLE)' 명령어를 다시 실행합니다. 같은 방법으로 중심선의 교차점을 클릭하여 원의 중심점으로 지정합니다. 옵션에서 'D'를 입력하고 Enter를 누른 다음 지름 값 '6'을 입력한 후 Enter를 눌러 지름 '6' 원을 만듭니다.

명령:
CIRCLE
원에 대한 중심점 지정 또는 [3점(3P)/2점(2P)/Ttr – 접선 접선 반지름(T)]: (중심점 지정)
원의 반지름 지정 또는 [지름(D)] ⟨3.3000⟩: D
원의 지름을 지정함 ⟨6.6000⟩: 6

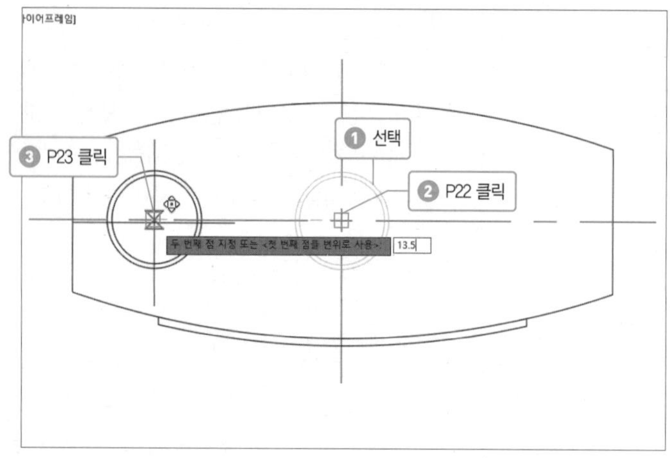

04 | 'M(MOVE)' 명령어를 입력하고 Enter를 누른 다음 원 2개를 선택 후 Enter를 누릅니다. 원의 중심점을 선택하여 기준점으로 지정한 다음 왼쪽을 클릭하고 '13.5'를 입력해 이동합니다.

TIP

이때 F8을 눌러서 직교 모드를 활성화해야 합니다.

명령: M
MOVE
객체 선택: 1개를 찾음
객체 선택: 1개를 찾음, 총 2개
객체 선택: Enter
기준점 지정 또는 [변위(D)] 〈변위〉: P22
두 번째 점 지정 또는 〈첫 번째 점을 변위로 사용〉: P23

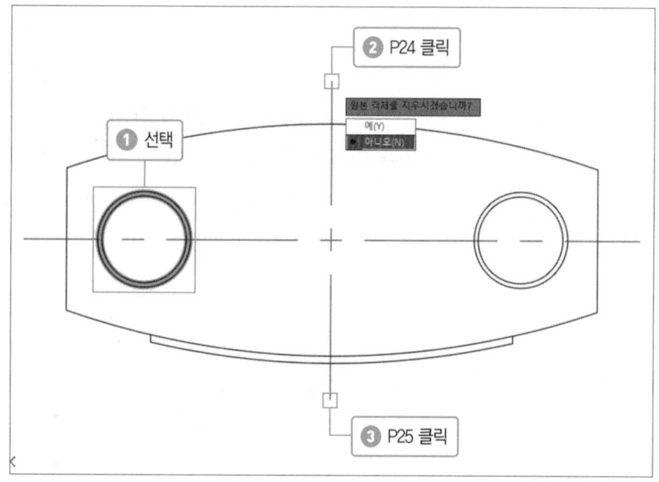

05 | 'MI(MIRROR)' 명령어를 입력하고 Enter를 누른 다음 2개의 원을 선택 후 Enter를 누릅니다. 세로선 위의 꼭짓점과 아래의 꼭짓점을 차례대로 클릭하여 대칭 복사합니다. 옵션에서 'N'을 입력하여 원본을 남기도록 합니다.

명령: MI
MIRROR
객체 선택: 1개를 찾음
객체 선택: 1개를 찾음, 총 2개
객체 선택: Enter
대칭선의 첫 번째 점 지정: P24
대칭선의 두 번째 점 지정: P25
원본 객체를 지우시겠습니까? [예(Y)/아니오(N)] 〈아니오〉: N

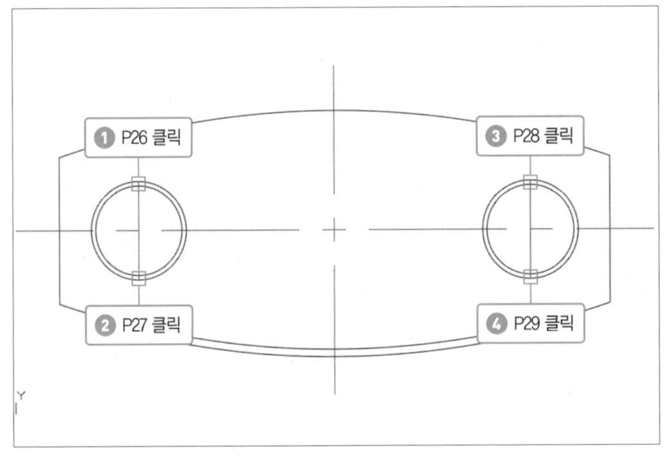

06 | [도면층(레이어)]의 '중심선'을 선택하여 현재 설정으로 합니다.

07 | 'L(LINE)' 명령어를 입력하고 Enter를 누릅니다. 왼쪽 원의 위쪽 중간점을 클릭한 후 아래쪽 중간점을 클릭해 세로 중심선을 만듭니다. Enter를 눌러서 'L(LINE)' 명령어를 재실행하고 같은 방법으로 오른쪽 원에도 세로 중심선을 만듭니다.

```
명령: L
LINE
첫 번째 점 지정: P26, P28
다음 점 지정 또는 [명령 취소(U)]: P27, P29
다음 점 지정 또는 [명령 취소(U)]: *취소*
```

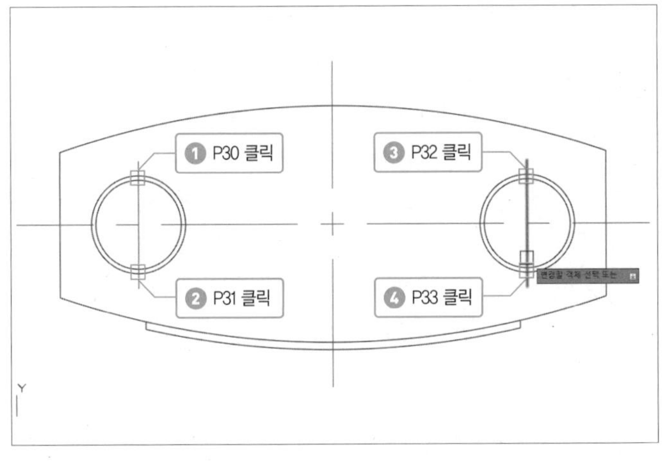

08 | 'LEN(LENGTHEN)' 명령어를 입력하고 Enter를 누릅니다. 옵션에서 'DE'를 입력하고 Enter를 누른 다음 '1'을 입력 후 다시 Enter를 누릅니다. 중심선의 위아래 끝부분을 각각 클릭하여 길이를 '1'씩 늘리고 Esc를 눌러 명령어를 취소합니다.

```
명령: LEN
LENGTHEN
측정할 객체 또는 [증분(DE)/퍼센트(P)/합계(T)/동적(DY)] 선택 <증분(DE)>: DE
증분 길이 또는 [각도(A)] 입력 <0.0000>: 1
변경할 객체 선택 또는 [명령 취소(U)]: P30, P31, P32, P33
변경할 객체 선택 또는 [명령 취소(U)]: *취소*
```

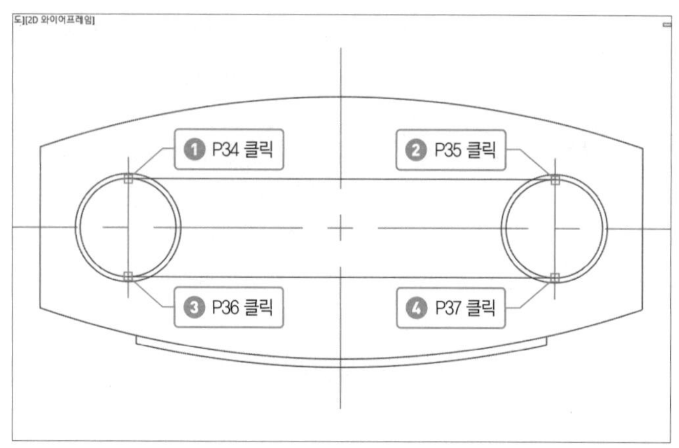

09 | [도면층(레이어)]의 '외형선'을 선택하여 현재 설정으로 합니다.

10 | 'L(LINE)' 명령어를 입력하고 Enter를 누릅니다. 왼쪽 '6' 원의 위쪽 중간점을 클릭하고 오른쪽 '6' 원의 위쪽 중간점을 클릭하여 가로 중심선을 만듭니다. Enter를 눌러 'L(LINE)' 명령어를 다시 실행하고 같은 방법으로 아래쪽에도 가로 중심선을 만듭니다.

```
명령: L
LINE
첫 번째 점 지정: P34, P36
다음 점 지정 또는 [명령 취소(U)]: P35, P37
다음 점 지정 또는 [명령 취소(U)]: *취소*
```

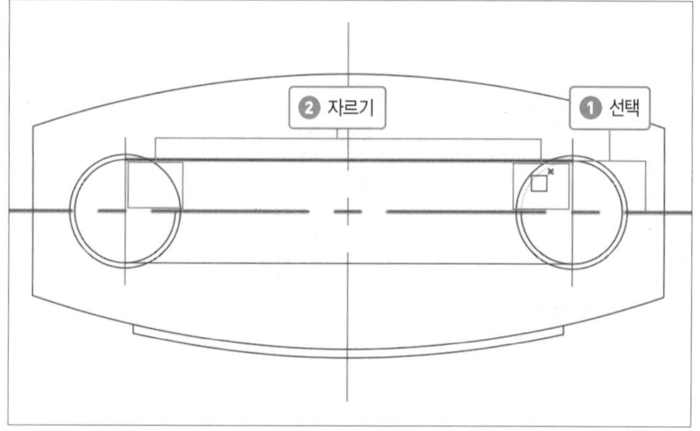

숨은선 만들기

01 | 'TR(TRIM)' 명령어를 입력하고 Enter를 누릅니다. 옵션에서 'T'를 입력하고 Enter를 누른 다음 그림과 같이 절단 모서리가 되는 선들을 선택 후 Enter를 누릅니다. 선택한 선을 기준으로 중심선과 가까운 양쪽 '6' 원의 호를 선택하여 자르고 Esc를 눌러 명령어를 취소합니다.

```
명령: TR
TRIM
현재 설정: 투영=UCS, 모서리=없음, 모드=빠른 작업
자를 객체를 선택하거나 Shift 키를 누른 채로 선택하여 확장 또는
 [절단 모서리(T)/걸치기(C)/모드(O)/프로젝트(P)/지우기(R)]: T
현재 설정: 투영=UCS, 모서리=없음, 모드=빠른 작업
절단 모서리 선택...
객체 선택 또는 <모두 선택>: 1개를 찾음
객체 선택: 1개를 찾음, 총 2개
객체 선택:
자를 객체를 선택하거나 Shift 키를 누른 채로 선택하여 확장 또는
 [절단 모서리(T)/걸치기(C)/모드(O)/프로젝트(P)/지우기(R)]:
자를 객체를 선택하거나 Shift 키를 누른 채로 선택하여 확장 또는
 [절단 모서리(T)/걸치기(C)/모드(O)/프로젝트(P)/지우기(R)/명령 취소(U)]: *취소*
```

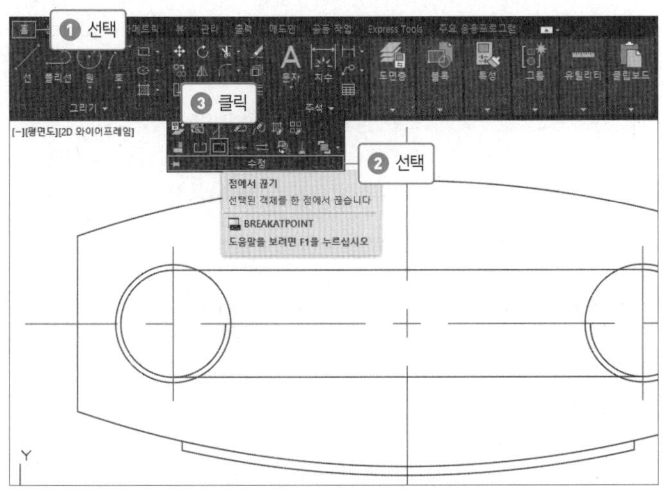

02 | 〔홈〕 탭을 선택한 후 〔수정〕을 선택해서 〔수정〕 패널이 표시되면 '점에서 끊기(BREAKATPOINT)'를 클릭합니다.

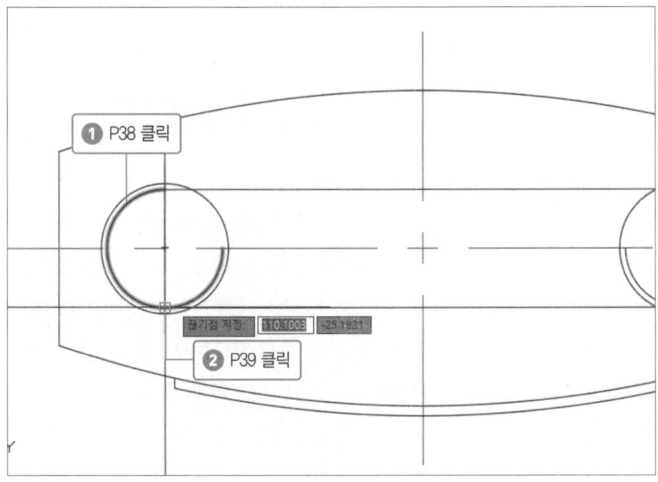

03 | 각 원의 안쪽에 있는 원을 선택하여 끊겠습니다. 왼쪽의 안쪽 원인 '6' 원을 선택하고 선택된 객체의 아랫부분과 수직 중심선과의 교차점 지점을 클릭하여 선을 끊어 줍니다.

명령: BREAKATPOINT
객체 선택: P38
끊기점 지정: P39

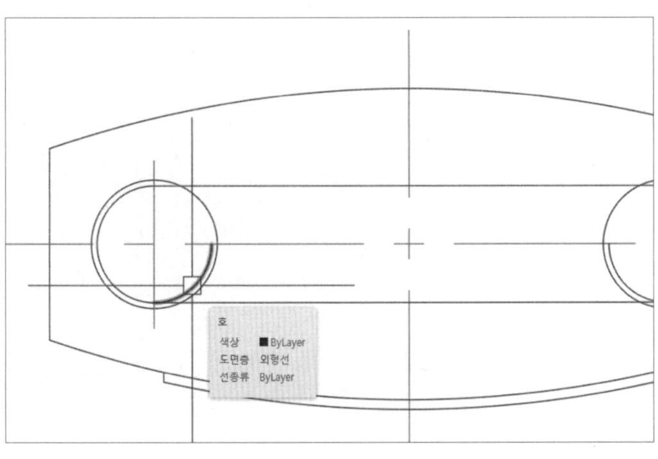

04 | 그림과 같이 원의 1/4 부분이 잘린 것을 확인할 수 있습니다.

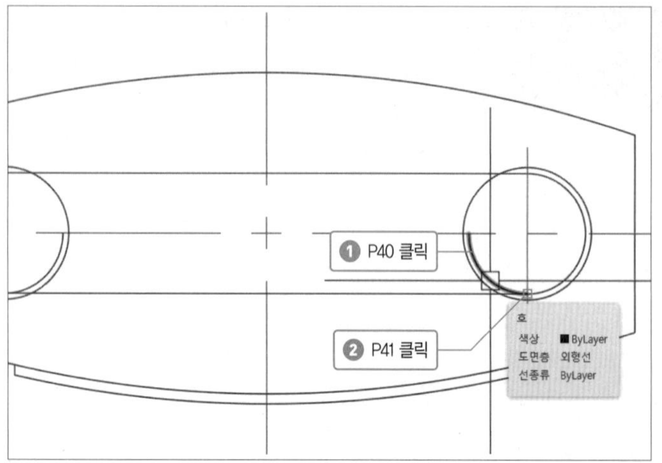

05 | Enter를 눌러서 'BREAKAPOINT' 명령어를 다시 실행하고 오른쪽 원도 같은 방법으로 점에서 끊기 합니다.

```
명령:
BREAKATPOINT
객체 선택: P40
끊기점 지정: P41
명령: *취소*
```

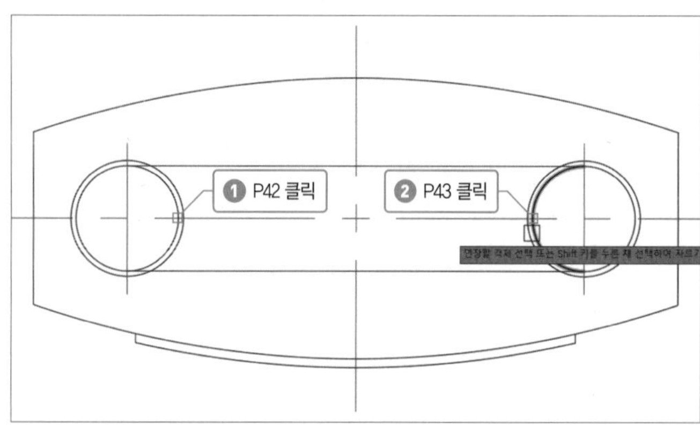

06 | 왼쪽과 오른쪽 원의 잘린 부분을 연장하겠습니다. 'EX(EXTEND)' 명령어를 입력한 후 Enter를 누르고 잘린 원의 안쪽 호 위의 점을 클릭해 호를 연장하고 닫습니다. 반대 방향으로 연장되지 않게 주의한 후 Esc를 눌러 명령어를 취소합니다.

```
명령: EX
EXTEND
현재 설정: 투영=UCS, 모서리=없음, 모드=빠른 작업
연장할 객체 선택 또는 Shift 키를 누른 채 선택하여 자르기 또는
[경계 모서리(B)/걸치기(C)/모드(O)/프로젝트(P)]: P42
연장할 객체 선택 또는 Shift 키를 누른 채 선택하여 자르기 또는
[경계 모서리(B)/걸치기(C)/모드(O)/프로젝트(P)/명령 취소(U)]: *취소*

명령:
EXTEND
현재 설정: 투영=UCS, 모서리=없음, 모드=빠른 작업
연장할 객체 선택 또는 Shift 키를 누른 채 선택하여 자르기 또는
[경계 모서리(B)/걸치기(C)/모드(O)/프로젝트(P)]: P43
연장할 객체 선택 또는 Shift 키를 누른 채 선택하여 자르기 또는
[경계 모서리(B)/걸치기(C)/모드(O)/프로젝트(P)/명령 취소(U)]: *취소*
```

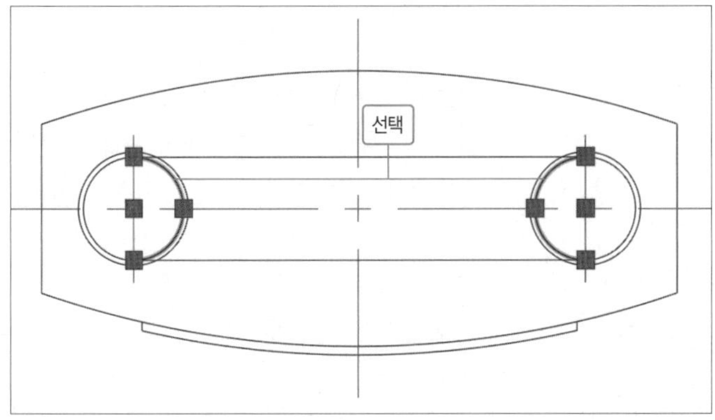

07 | 연장한 왼쪽의 안쪽 원과 오른쪽의 안쪽 원을 선택합니다.

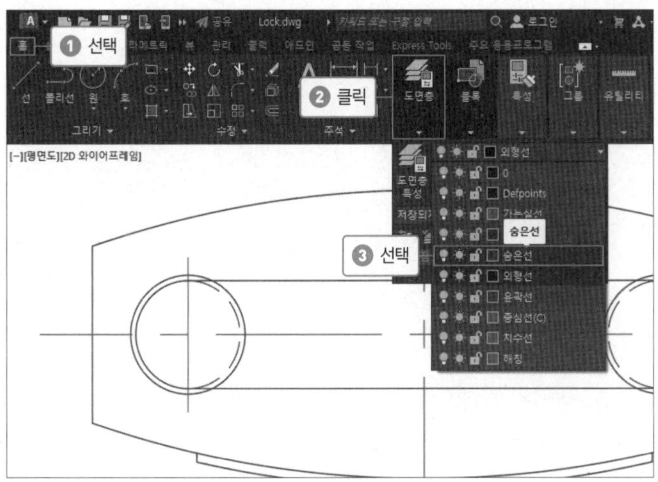

08 | [홈] 탭의 [도면층(레이어)]을 선택한 다음 '숨은선'을 선택하여 변경하고 Esc를 눌러 명령어를 취소합니다.

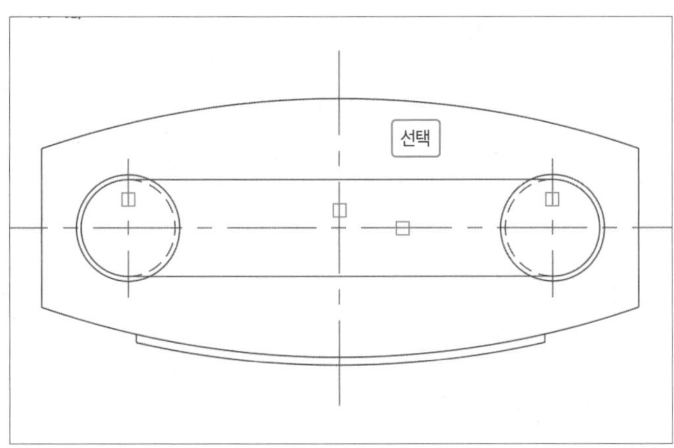

09 | 중심선과 숨은 선을 좀 더 촘촘하게 만들겠습니다. 중심선과 숨은 선을 선택한 후 'LTS(LTSCALE)' 명령어를 입력한 다음 Enter를 누릅니다. 옵션에서 '0.3'을 입력하고 Enter를 누릅니다.

명령: LTS
LTSCALE 새 선종류 축척 비율 입력 〈1.0000〉: 0.3
모형 재생성 중.

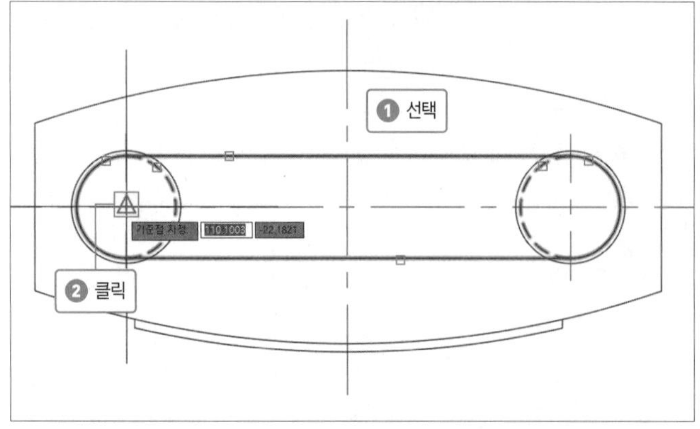

회전하기

01 | 'RO(ROTATE)' 명령어를 입력하고 Enter를 누릅니다. 양쪽의 안쪽 원과 두 원을 연결하는 위아래 수직선을 선택하고 Enter를 누릅니다. 왼쪽 원의 중심을 클릭해 회전의 기준점으로 지정하고 '−15'를 입력한 다음 Enter를 눌러 회전합니다.

```
명령: RO
ROTATE
현재 UCS에서 양의 각도: 측정 방향=시계 반대 방향 기준 방향=0
객체 선택: 1개를 찾음
객체 선택: 1개를 찾음, 총 2개
객체 선택: 1개를 찾음, 총 3개
객체 선택: 1개를 찾음, 총 4개
객체 선택: 1개를 찾음, 총 5개
객체 선택: 1개를 찾음, 총 6개
객체 선택: Enter
기준점 지정: (원의 중심점을 지정)
회전 각도 지정 또는 [복사(C)/참조(R)] 〈0〉: −15
```

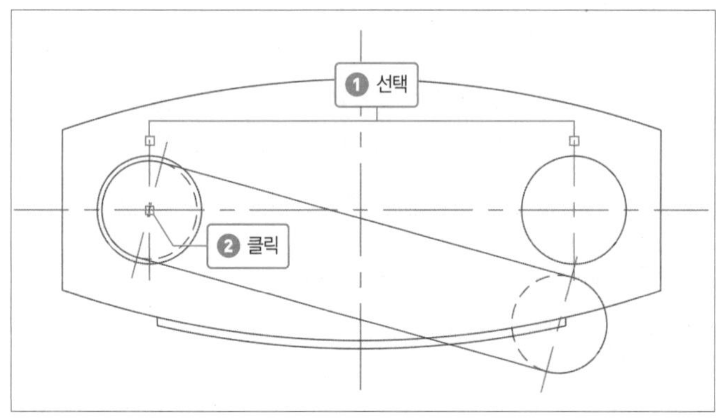

02 | Enter를 눌러 'RO(ROTATE)' 명령어를 다시 실행합니다. 왼쪽과 오른쪽 원의 원의 수직 중심선을 각각 선택한 후 Enter를 누릅니다. 왼쪽 원의 중심을 클릭해 회전 기준점으로 지정하고 옵션에서 'C'를 입력한 다음 '−15'를 입력합니다.

```
명령:
ROTATE
현재 UCS에서 양의 각도: 측정 방향=시계 반대 방향 기준 방향=0
객체 선택: 1개를 찾음
객체 선택: 1개를 찾음, 총 2개
객체 선택: Enter
기준점 지정: (원의 중심점을 지정)
회전 각도 지정 또는 [복사(C)/참조(R)] 〈345〉: C
선택한 객체의 사본을 회전합니다.
회전 각도 지정 또는 [복사(C)/참조(R)] 〈345〉: −15
```

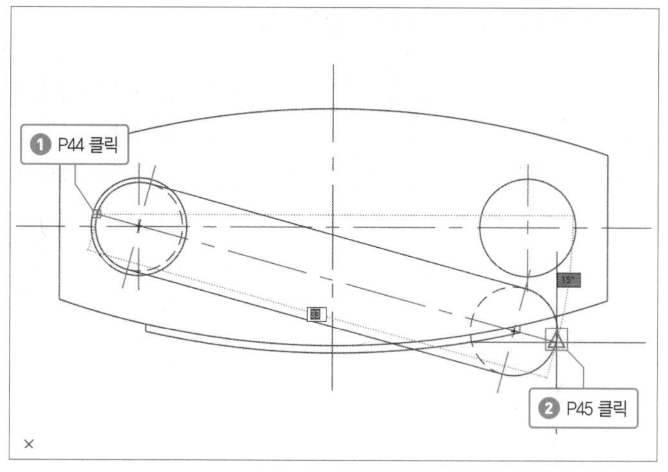

03 | 〔도면층(레이어)〕의 '중심선'을 선택하여 현재 설정으로 합니다.

04 | 회전한 객체의 가로 중심선을 그리겠습니다. 'L(LINE)' 명령어를 입력하고 Enter를 누릅니다. 왼쪽 안쪽 원의 왼쪽 사분점을 클릭하고 오른쪽 안쪽 원의 오른쪽 사분점을 클릭하여 가로 중심선을 만듭니다. Esc를 눌러 취소합니다.

명령: L
LINE
첫 번째 점 지정: P44
다음 점 지정 또는 [명령 취소(U)]: P45
다음 점 지정 또는 [명령 취소(U)]: *취소*

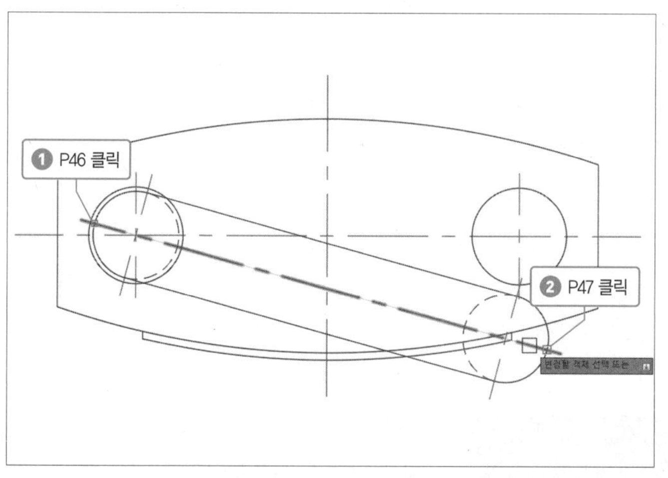

05 | 'LEN(LENGTHEN)' 명령어를 입력하고 Enter를 누릅니다. 옵션에서 'DE'을 입력하고 Enter를 누른 다음 '1'을 입력 후 다시 Enter를 누릅니다. 회전 중심선 왼쪽 끝부분과 오른쪽 끝부분을 클릭하여 길이를 '3'씩 늘리고 Esc를 눌러 명령어를 취소합니다.

명령: LEN
LENGTHEN
측정할 객체 또는 [증분(DE)/퍼센트(P)/합계(T)/동적(DY)] 선택 〈증분(DE)〉: DE
증분 길이 또는 [각도(A)] 입력 〈0.0000〉: 1
변경할 객체 선택 또는 [명령 취소(U)]: P46, P47
변경할 객체 선택 또는 [명령 취소(U)]: *취소*

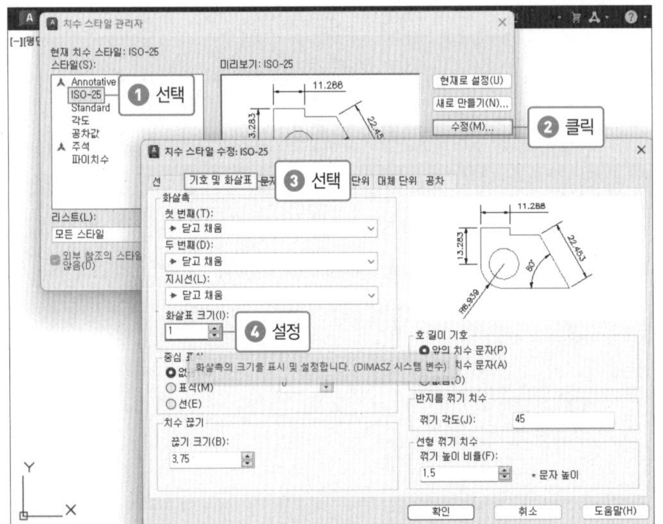

치수선 입력하기

01 | 'D(DIMSTYLE)' 명령어를 입력하고 Enter를 눌러 [치수 스타일 관리자] 대화상자가 표시되면 'ISO-25'를 선택하고 〈수정〉 버튼을 클릭하여 [ISO-25] 대화상자를 표시합니다. 〔기호 및 화살표〕 탭을 선택하고 화살표 크기(I)를 '1'로 설정합니다.

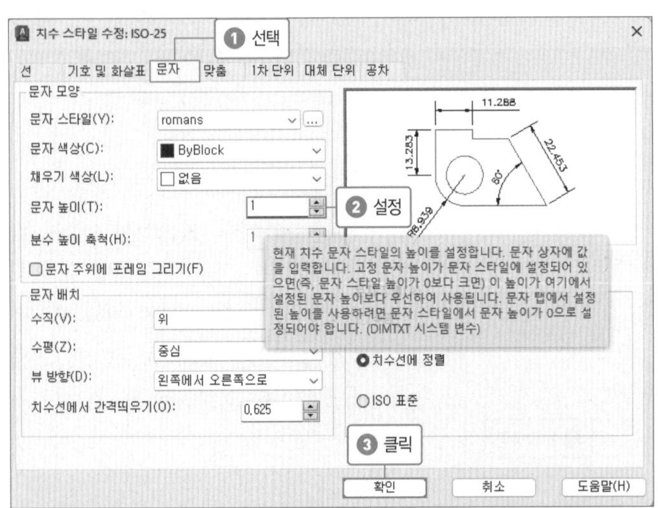

02 | 〔문자〕 탭을 선택한 다음 문자 높이(T)를 '1'로 설정해 변경하고 〈확인〉 버튼을 클릭한 후 〈닫기〉 버튼을 클릭하여 종료합니다.

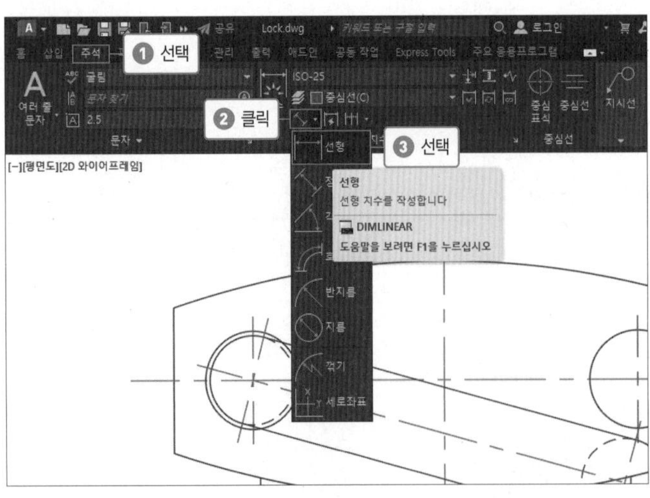

03 | 〔도면층(레이어)〕에서 치수선을 선택해 현재 설정으로 합니다. 〔주석〕 탭의 치수 입력 부분에서 '선형'을 선택합니다.

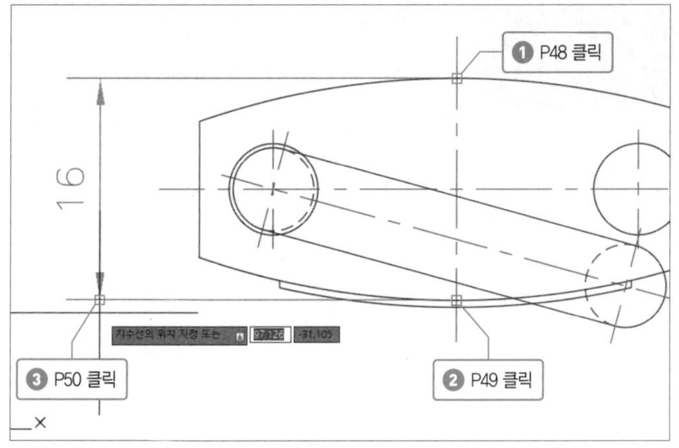

04 | 왼쪽의 세로선형 치수를 입력하겠습니다. 호의 위쪽 중간점을 클릭하고 호의 아래쪽 중간점을 클릭한 후 왼쪽의 적당한 위치를 클릭하여 '16' 치수선을 입력합니다.

명령: DIMLINEAR
첫 번째 치수보조선 원점 지정 또는 〈객체 선택〉: P48
두 번째 치수보조선 원점 지정: P49
치수선의 위치 지정 또는
[여러 줄 문자(M)/문자(T)/각도(A)/수평(H)/수직(V)/회전(R)]:
치수 문자=16

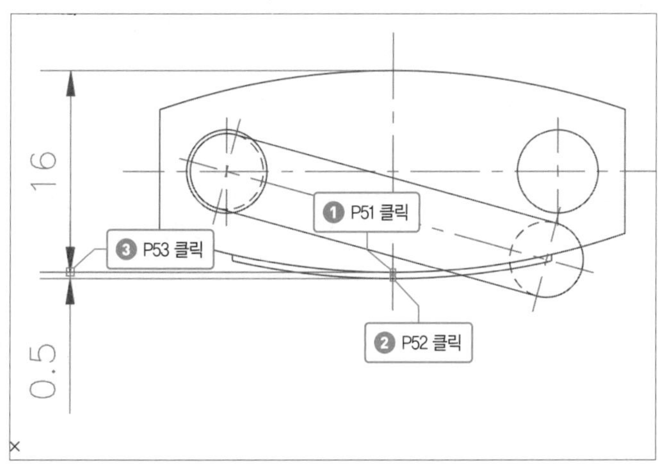

05 | Enter를 눌러 'DIMLINEAR' 명령어를 재실행합니다. 같은 방법으로 호의 아래쪽 부분을 클릭하여 '0.5' 치수선을 입력하고 '16' 치수선의 화살표 끝점을 클릭해 높이를 같게 만듭니다.

명령:
DIMLINEAR
첫 번째 치수보조선 원점 지정 또는 〈객체 선택〉: P51
두 번째 치수보조선 원점 지정: P52
치수선의 위치 지정 또는
[여러 줄 문자(M)/문자(T)/각도(A)/수평(H)/수직(V)/회전(R)]:
치수 문자=0.5

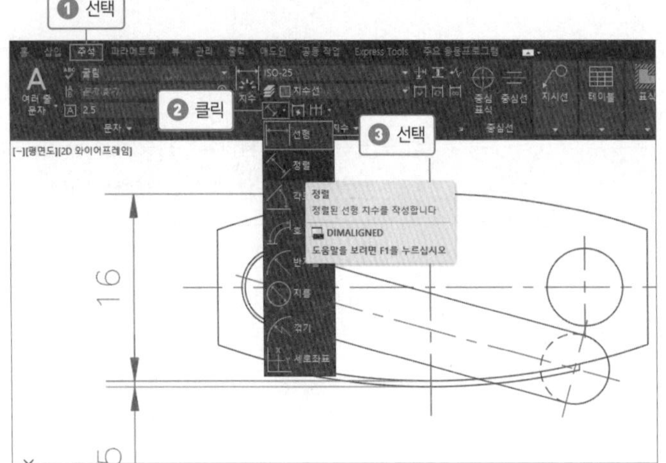

06 | [주석] 탭을 선택한 다음 치수 입력 부분에서 '정렬'을 선택합니다.

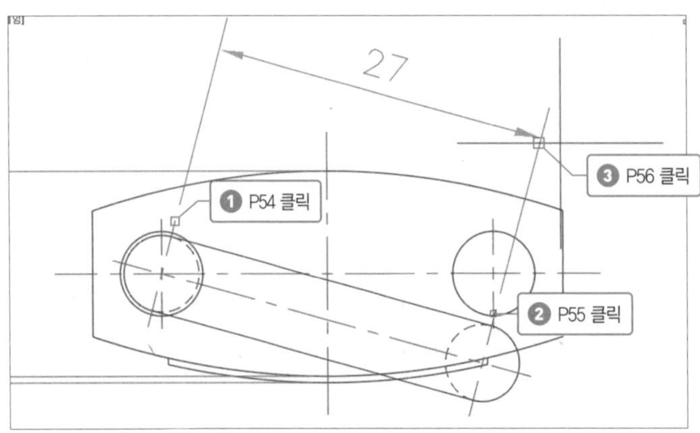

07 | 왼쪽 원의 회전한 중심선 위쪽 점을 클릭하고 오른쪽 회전한 원의 중심선 위쪽 점을 클릭한 다음 위쪽 적당한 위치를 클릭하여 '27' 치수선을 입력합니다.

명령: DIMALI
DIMALIGNED
첫 번째 치수보조선 원점 지정 또는 〈객체 선택〉: P54
두 번째 치수보조선 원점 지정: P55
치수선의 위치 지정 또는
[여러 줄 문자(M)/문자(T)/각도(A)]:
치수 문자=27

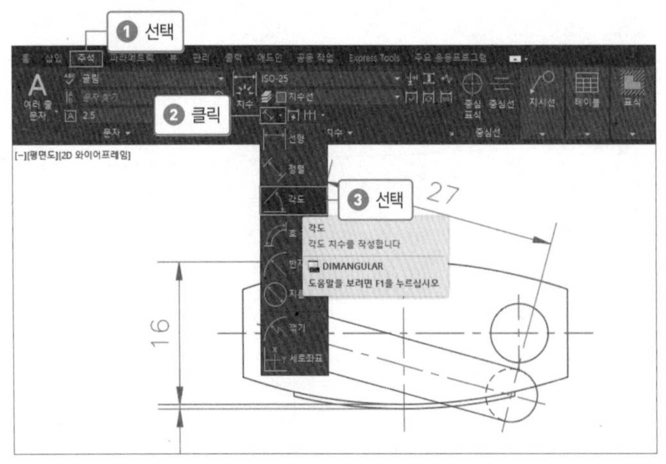

08 | [주석] 탭을 선택한 다음 치수 입력 부분에서 '각도'를 선택합니다.

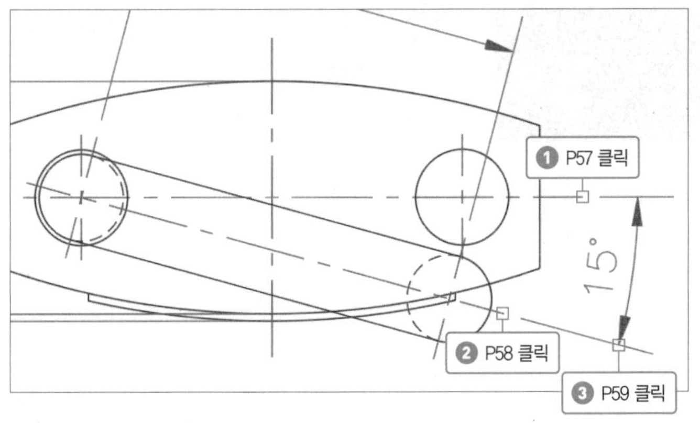

09 | 객체 가로 중심선 오른쪽 점을 클릭한 다음 회전한 객체의 가로 중심선 오른쪽 점을 클릭하고 오른쪽 적당한 위치를 클릭하여 각도 치수선을 입력합니다.

명령: DIMANGULAR
호, 원, 선을 선택하거나 〈정점 지정〉: P57
두 번째 선 선택: P58
치수 호 선의 위치 지정 또는 [여러 줄 문자(M)/문자(T)/각도(A)/사분점(Q)]:
치수 문자=15

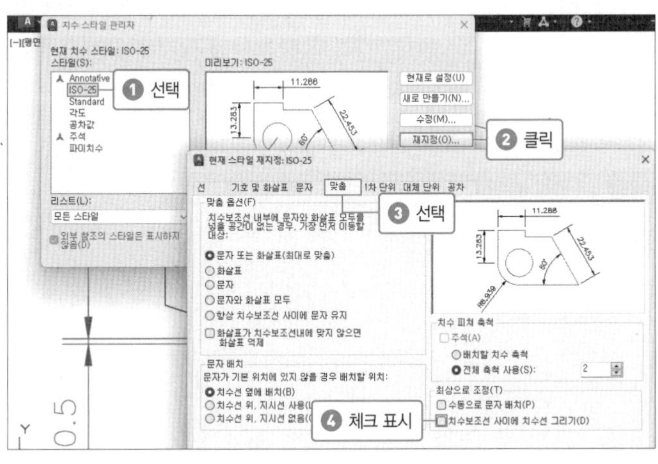

10 | 'D(DIMSTYLE)' 명령어를 입력하고 Enter를 눌러 [치수 스타일 관리자] 대화상자가 표시되면 'ISO-25'를 선택하고 〈재지정〉 버튼을 클릭하여 [ISO-25] 대화상자를 표시합니다. 〔맞춤〕 탭에서 '치수보조선 사이에 치수선 그리기(D)'를 체크 표시 해제합니다.

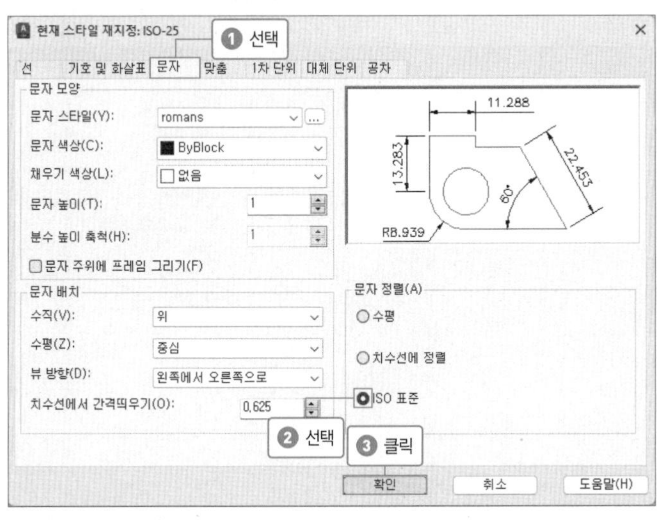

11 | 〔문자〕 탭의 문자 정렬(A)에서 'ISO 표준'을 선택해 반지름 치수를 꺾기 치수가 되게 변경합니다. 〈확인〉 버튼을 클릭한 후 〈닫기〉 버튼을 클릭하여 종료합니다.

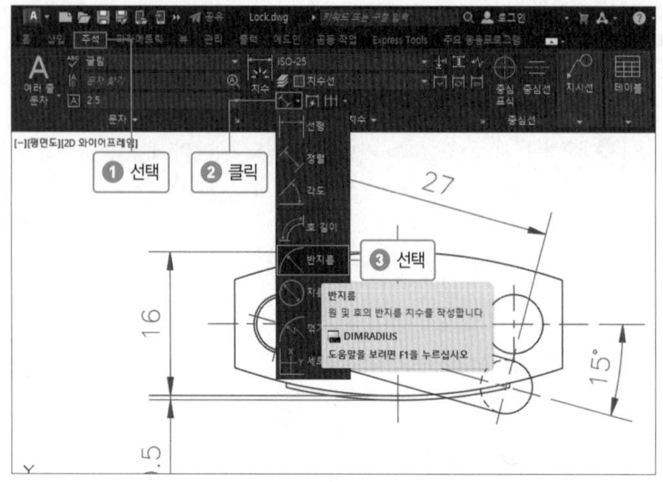

12 | [주석] 탭의 치수 입력 부분에서 '반지름'을 선택합니다.

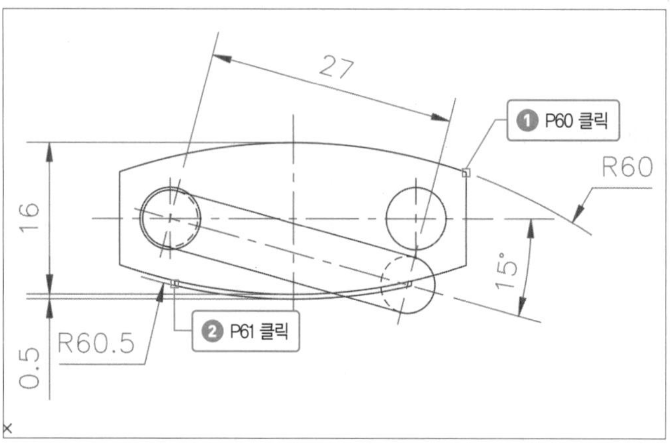

13 | 객체의 오른쪽 위의 호를 클릭해 'R60' 치수선을 입력합니다. Enter를 눌러 'DIMRADIUS' 명령어를 재실행한 후 아래쪽 '0.5' 간격의 호 부분을 클릭해 'R60.5' 치수선을 입력합니다.

명령: DIMRADIUS
호 또는 원 선택: P60
치수 문자=60
치수선의 위치 지정 또는 [여러 줄 문자(M)/문자(T)/각도(A)]:

명령:
DIMRADIUS
호 또는 원 선택: P61
치수 문자=60.5
치수선의 위치 지정 또는 [여러 줄 문자(M)/문자(T)/각도(A)]:

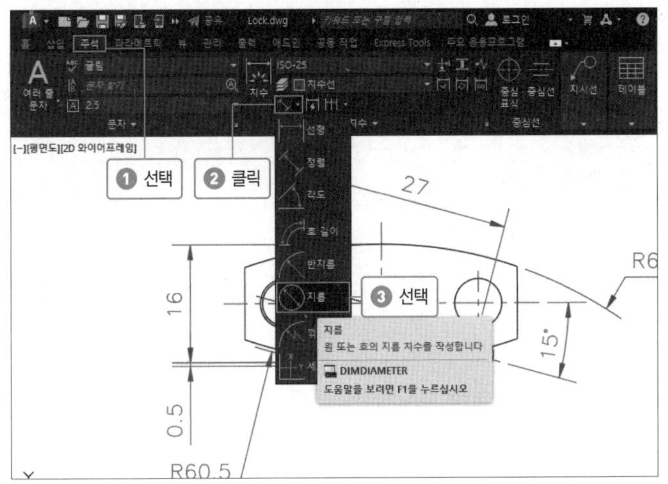

14 | 〔주석〕 탭을 선택한 다음 치수 입력 부분에서 '지름'을 선택합니다.

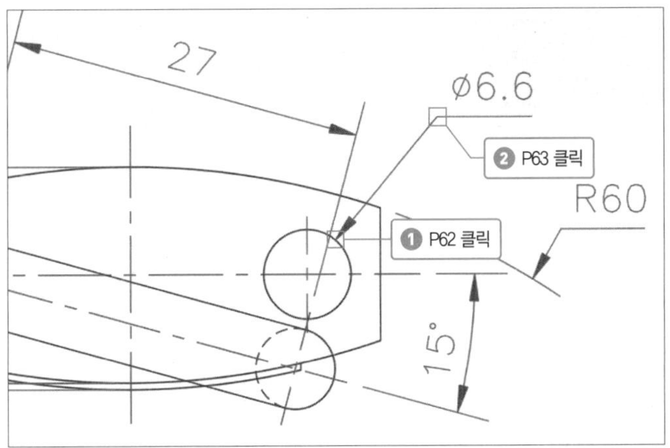

15 | 오른쪽 '6.6' 원을 선택하고 대각선 방향의 적당한 위치를 클릭하여 '6.6' 치수선을 입력합니다.

명령: DIMDIA
DIMDIAMETER
호 또는 원 선택: P62
치수 문자=6.6
치수선의 위치 지정 또는 [여러 줄 문자(M)/문자(T)/각도(A)]:

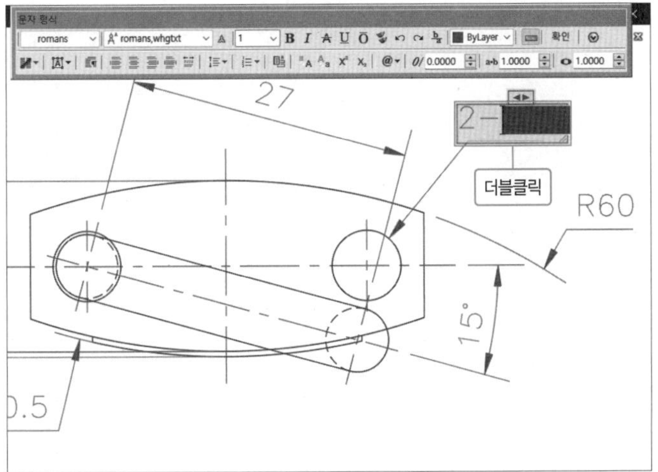

16 | 'Ø6.6' 치수선을 더블클릭해 활성화합니다. 숫자 앞쪽에 '2-'를 입력해 '2-Ø6.6'으로 치수를 수정한 다음 Ctrl+Enter를 눌러 취소합니다.

명령: _TEXTEDIT
현재 설정: 편집 모드=Multiple
주석 객체 선택 또는 [명령 취소(U)/모드(M)]: *취소*

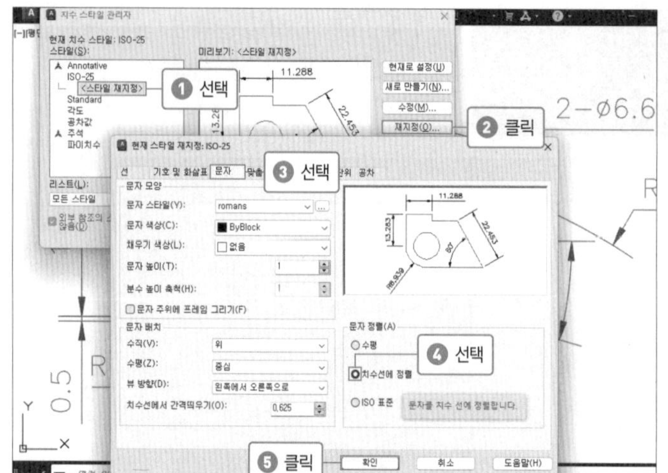

17 | 'D(DIMSTYLE)' 명령어를 입력하고 Enter를 눌러 [치수 스타일 관리자] 대화상자가 표시되면 '스타일 재지정'을 선택하고 〈재지정〉 버튼을 클릭하여 [스타일 재지정] 대화상자를 표시합니다. 〔문자〕 탭의 문자 정렬(A)에서 '치수선에 정렬'을 선택합니다. 〈확인〉 버튼을 클릭한 후 〈닫기〉 버튼을 클릭하여 종료합니다.

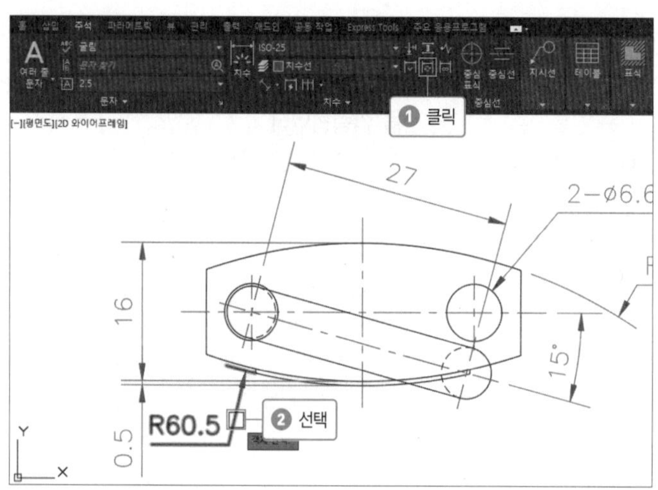

18 | 반지름 'R60.5'인 치수선은 업데이트해야 꺾기 치수가 직선으로 적용됩니다. 〔주석〕 탭에서 '업데이트' 아이콘( )을 클릭하고 'R60.5' 치수선을 선택한 다음 Enter를 누릅니다. 떨어져 있는 치수 보조선이 이어지고 '2' 꺾기 치수선이 직선으로 변경됩니다.

```
명령: _-dimstyle
현재 치수 스타일: ISO-25
주석: 아니오
현재 치수 재지정:
 DIMTOFL 끄기
치수 스타일 옵션 입력
[주석(AN)/저장(S)/복원(R)/상태(ST)/변수(V)/적용(A)/?] 〈복원(R)〉: _apply
객체 선택: 1개를 찾음
```

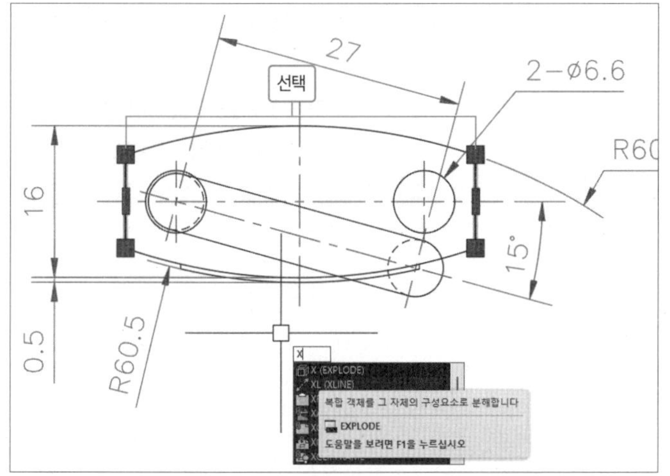

모서리에 라운드 적용하기

01 | 라운드를 적용하기 전에 폴리선을 일반 선으로 변경하겠습니다. 객체의 왼쪽과 오른쪽 세로선을 각각 선택한 후 'X(EXPLODE)' 명령어를 입력한 다음 Enter를 누릅니다.

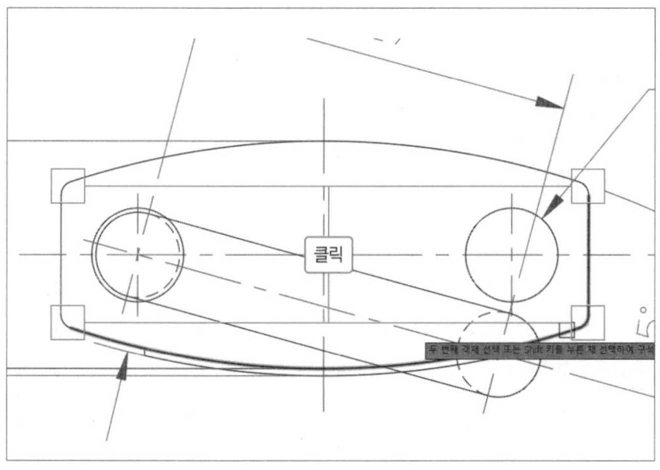

02 | 'F(FILLET)' 명령어를 입력하고 Enter를 누릅니다. 옵션에서 'R'을 입력하고 '1'을 입력한 다음 Enter를 누릅니다.
이번에는 'M'을 입력하고 객체의 네 곳의 모서리 부분을 차례대로 클릭하여 라운드를 적용합니다. Esc를 눌러 현재 사용 중인 명령어를 취소합니다.

```
명령: F
FILLET
현재 설정: 모드=자르기, 반지름=1.0000
첫 번째 객체 선택 또는 [명령 취소(U)/폴리선(P)/반지름(R)/자르기(T)/다중(M)]: R
모깎기 반지름 지정 <1.0000>: 1
첫 번째 객체 선택 또는 [명령 취소(U)/폴리선(P)/반지름(R)/자르기(T)/다중(M)]: M
첫 번째 객체 선택 또는 [명령 취소(U)/폴리선(P)/반지름(R)/자르기(T)/다중(M)]: (R 값이 들어갈 첫 번째 모서리 클릭)
두 번째 객체 선택 또는 Shift 키를 누른 채 선택하여 구석 적용 또는 [반지름(R)]: (R 값이 들어갈 두 번째 모서리 클릭)
첫 번째 객체 선택 또는 [명령 취소(U)/폴리선(P)/반지름(R)/자르기(T)/다중(M)]: *취소*
```

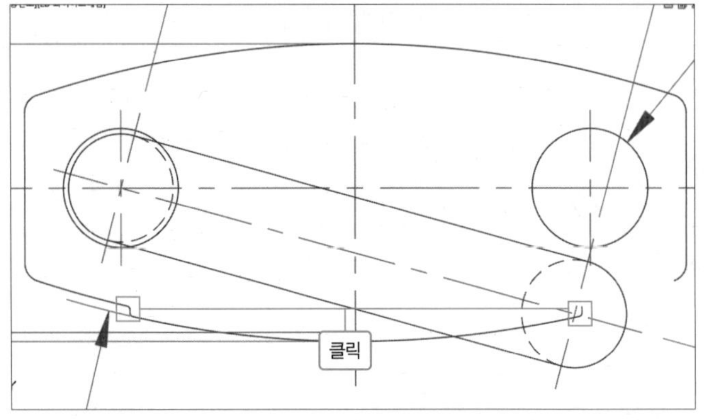

03 | Enter를 눌러 'F(FILLET)' 명령어를 재실행합니다. 옵션에서 'R'을 입력하고 '0.2'를 입력한 다음 Enter를 누릅니다. 'M'을 입력하고 튀어나온 모서리를 클릭해 라운드를 적용합니다. 사용 중인 명령어를 Esc를 눌러 취소합니다.

명령:
FILLET
현재 설정: 모드=자르기, 반지름=3.0000
첫 번째 객체 선택 또는 [명령 취소(U)/폴리선(P)/반지름(R)/자르기(T)/다중(M)]: R
모깎기 반지름 지정 〈1.0000〉: 0.2
첫 번째 객체 선택 또는 [명령 취소(U)/폴리선(P)/반지름(R)/자르기(T)/다중(M)]: M
첫 번째 객체 선택 또는 [명령 취소(U)/폴리선(P)/반지름(R)/자르기(T)/다중(M)]: (R 값이 들어갈 첫 번째 모서리 클릭)
두 번째 객체 선택 또는 Shift 키를 누른 채 선택하여 구석 적용 또는 [반지름(R)]: (R 값이 들어갈 두 번째 모서리 클릭)
첫 번째 객체 선택 또는 [명령 취소(U)/폴리선(P)/반지름(R)/자르기(T)/다중(M)]: *취소*

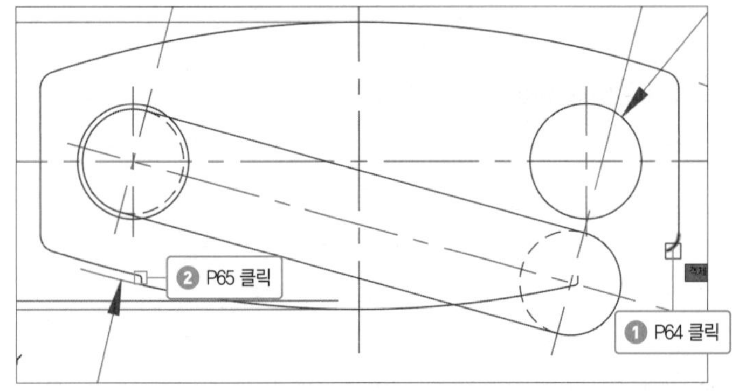

04 | 'EX(EXTEND)' 명령어를 입력하고 Enter를 누릅니다. 옵션에서 'B'를 입력하고 경계 모서리가 되는 오른쪽 아래 곡면 부분을 선택하고 Enter를 누릅니다. 앞서 라운드를 적용하며 잘린 왼쪽 아래 호 오른쪽 부분을 클릭하여 곡면 부분과 연결하고 Esc를 눌러 명령어를 취소합니다.

명령: EX
EXTEND
현재 설정: 투영=UCS, 모서리=없음, 모드=빠른 작업
연장할 객체 선택 또는 Shift 키를 누른 채 선택하여 자르기 또는
[경계 모서리(B)/걸치기(C)/모드(O)/프로젝트(P)/명령 취소(U)]: B
현재 설정: 투영=UCS, 모서리=없음, 모드=빠른 작업
경계 모서리 선택...
객체 선택 또는 〈모두 선택〉: 1개를 찾음
객체 선택: P64, P65
연장할 객체 선택 또는 Shift 키를 누른 채 선택하여 자르기 또는
[경계 모서리(B)/걸치기(C)/모드(O)/프로젝트(P)/명령 취소(U)]: *취소*

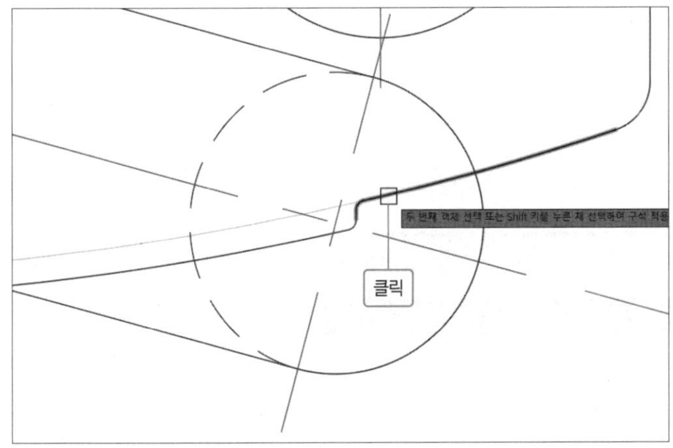

05 | 'F(FILLET)' 명령어를 입력하고 Enter를 누릅니다. 옵션에서 'R'을 입력한 다음 '0.2'를 입력하고 Enter를 누릅니다. 오른쪽 모서리를 클릭하여 라운드를 적용합니다. 사용 중인 명령어를 Esc를 눌러 취소합니다.

명령: F
FILLET
현재 설정: 모드=자르기, 반지름=0.2000
첫 번째 객체 선택 또는 [명령 취소(U)/폴리선(P)/반지름(R)/자르기(T)/다중(M)]: (R 값이 들어갈 첫 번째 모서리 클릭)
두 번째 객체 선택 또는 Shift 키를 누른 채 선택하여 구석 적용 또는 [반지름(R)]: (R 값이 들어갈 두 번째 모서리 클릭)

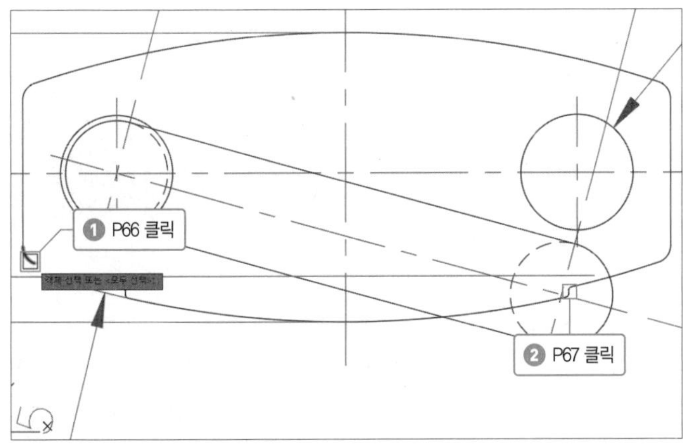

06 | 'EX(EXTEND)' 명령어를 입력하고 Enter를 누릅니다. 옵션에서 'B'를 입력하고 경계 모서리가 되는 왼쪽 아래 곡면 부분을 선택하고 Enter를 누릅니다. 라운드를 적용하면서 잘린 오른쪽 아래 호 왼쪽 부분을 클릭하여 곡면 부분과 연결한 다음 Esc를 눌러 명령어를 취소합니다.

명령: EX
EXTEND
현재 설정: 투영=UCS, 모서리=없음, 모드=빠른 작업
연장할 객체 선택 또는 Shift 키를 누른 채 선택하여 자르기 또는
[경계 모서리(B)/걸치기(C)/모드(O)/프로젝트(P)]: B
현재 설정: 투영=UCS, 모서리=없음, 모드=빠른 작업
경계 모서리 선택...
객체 선택 또는 〈모두 선택〉: 1개를 찾음
객체 선택: P66, P67
연장할 객체 선택 또는 Shift 키를 누른 채 선택하여 자르기 또는
[경계 모서리(B)/걸치기(C)/모드(O)/프로젝트(P)/명령 취소(U)]: *취소*

2 정면도 그리기

기본 형태 그리기

01 | [도면층(레이어)]에서 '외형선'을 선택하여 현재 설정으로 하고 F8을 눌러 '직교 모드'를 활성화합니다.

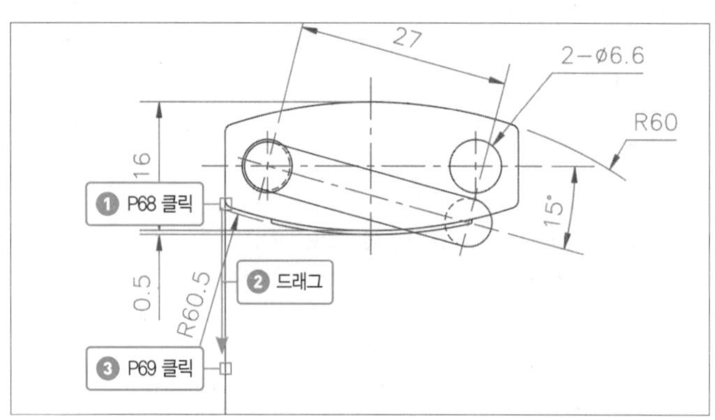

02 | 'RAY(반무한선)' 명령어를 입력하고 Enter를 누릅니다. 평면도 왼쪽 아래 끝점을 클릭하고 아래로 드래그한 다음 클릭하여 반무한선을 그립니다.

명령: RAY
시작점을 지정: P68
통과점을 지정: P69
통과점을 지정: *취소*

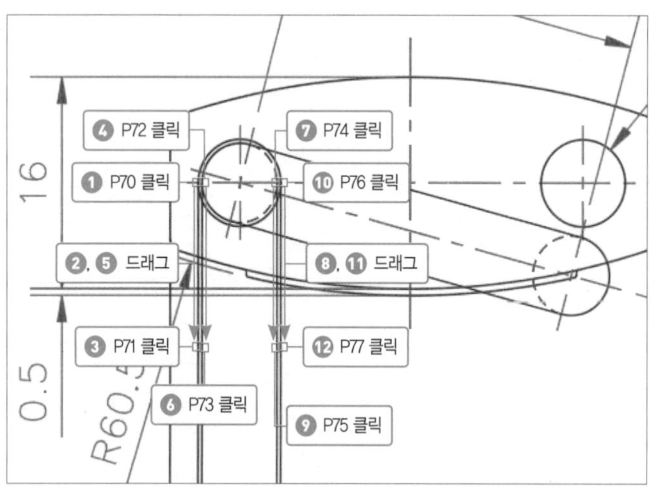

03 | Enter를 눌러 'RAY' 명령어를 다시 실행합니다. 같은 방법으로 왼쪽 '6.6', '6' 원의 양쪽 중심 끝점을 기준으로 아래로 반무한선을 그립니다.

명령: RAY
시작점을 지정: P70, P72, P74, P76
통과점을 지정: P71, P73, P75, P77
통과점을 지정: *취소*

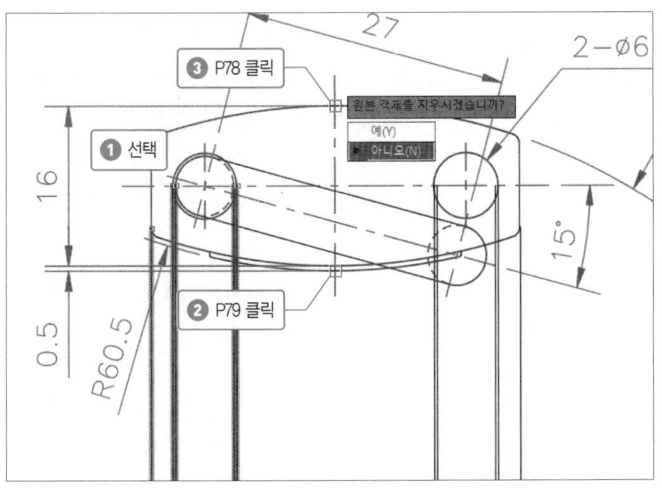

04 | 'MI(MIRROR)' 명령어를 입력하고 Enter를 누릅니다. 반무한선을 모두 선택한 후 Enter를 평면도 위쪽 선 중간점과 아래쪽 선의 중간선을 차례대로 선택해 대칭 복사합니다. 옵션에서 'N'을 눌러 원본을 남기도록 합니다.

명령: MI
MIRROR
걸치기(C) 올가미 스페이스바를 눌러 옵션 순환 5개를 찾음
객체 선택: Enter
대칭선의 첫 번째 점 지정: P78
대칭선의 두 번째 점 지정: P79
원본 객체를 지우시겠습니까? [예(Y)/아니오(N)] 〈아니오〉: N

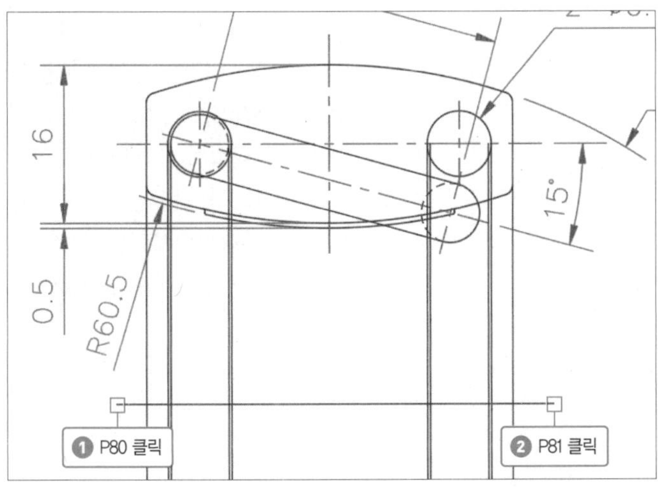

05 | 가로선을 그리겠습니다. 'L(LINE)' 명령어를 입력하고 Enter를 누릅니다. 평면도 왼쪽 아래를 클릭하여 첫번 째 점의 위치를 지정하고 오른쪽을 클릭하여 그림과 같이 가로선을 만든 다음 Enter를 눌러 명령어를 취소합니다.

명령: L
LINE
첫 번째 점 지정: P80
다음 점 지정 또는 [명령 취소(U)]: P81
다음 점 지정 또는 [명령 취소(U)]: *취소*

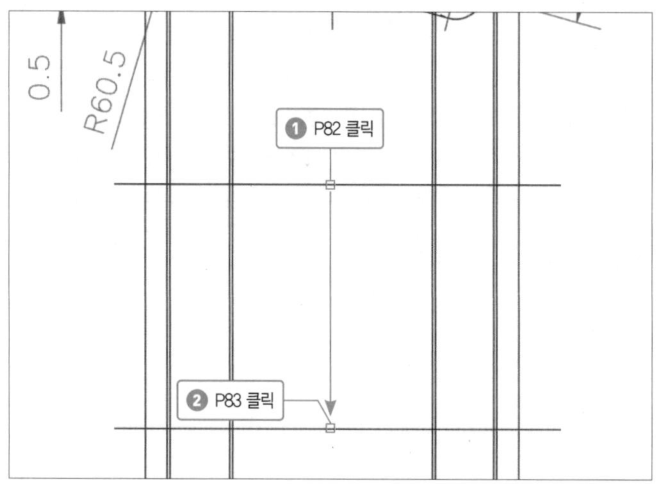

06 | 'O(OFFSET)' 명령어를 입력하고 Enter를 누른 다음 '24'를 입력 후 Enter를 누릅니다. 만든 가로선을 선택하고 아래쪽을 클릭하여 '24'만큼 떨어진 간격 띄우기 복사를 합니다. Esc를 눌러 명령어를 취소합니다.

명령: O
OFFSET
현재 설정: 원본 지우기=아니오, 도면층=원본, OFFSETGAPTYPE=0
간격띄우기 거리 지정 또는 [통과점(T)/지우기(E)/도면층(L)] 〈통과점〉: 24
간격띄우기할 객체 선택 또는 [종료(E)/명령 취소(U)] 〈종료〉: P82
간격띄우기할 면의 점 지정 또는 [종료(E)/다중(M)/명령 취소(U)] 〈종료〉: P83
간격띄우기할 객체 선택 또는 [종료(E)/명령 취소(U)] 〈종료〉: *취소*

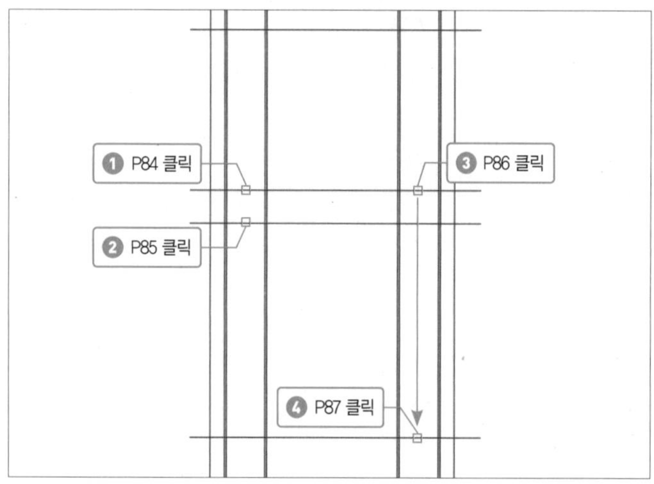

07 | Enter를 눌러 'O(OFFSET)' 명령어를 다시 실행하고 '5'를 입력한 다음 Enter를 누릅니다. 아래로 간격 띄우기 복사한 선을 선택하고 아래쪽을 클릭하여 '5'만큼 떨어진 간격 복사를 합니다. Esc를 눌러 명령어를 취소하고 다시 같은 방법으로 명령어를 실행하여 '32'만큼 떨어진 간격 띄우기 복사를 합니다.

명령:
OFFSET
현재 설정: 원본 지우기=아니오, 도면층=원본, OFFSETGAPTYPE=0
간격띄우기 거리 지정 또는 [통과점(T)/지우기(E)/도면층(L)] 〈24.0000〉: 5 / 32
간격띄우기할 객체 선택 또는 [종료(E)/명령 취소(U)] 〈종료〉: P84 / P86
간격띄우기할 면의 점 지정 또는 [종료(E)/다중(M)/명령 취소(U)] 〈종료〉: P85 / P87
간격띄우기할 객체 선택 또는 [종료(E)/명령 취소(U)] 〈종료〉: *취소*

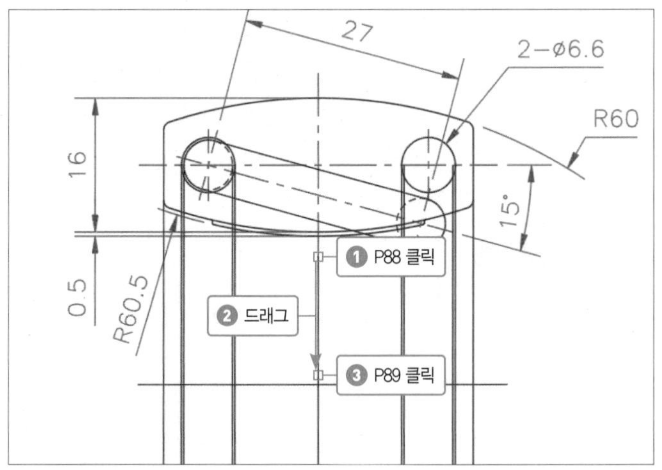

08 | 평면도의 중심선을 반무한선으로 만들겠습니다. 'RAY' 명령어를 입력하고 Enter를 누릅니다. 평면도 세로 중심선의 아래쪽 점을 선택하고 아래로 드래그한 다음 클릭하여 반무한선을 그립니다.

명령: RAY
시작점을 지정: P88
통과점을 지정: P89
통과점을 지정: *취소*

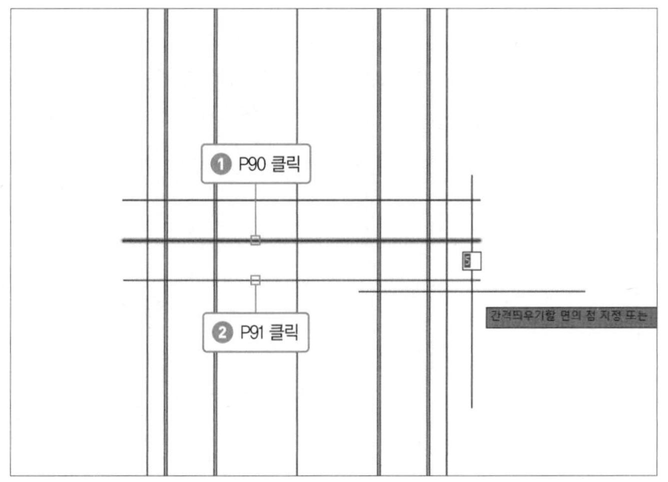

09 | 'O(OFFSET)' 명령어를 입력하고 Enter를 누른 다음 '5'를 입력 후 Enter를 누릅니다. 07번에서 '5'만큼 간격 띄우기 복사한 선을 선택하고 아래쪽을 클릭하여 '5'만큼 떨어진 간격 띄우기 복사를 합니다. Esc를 눌러 명령어를 취소합니다.

명령: O
OFFSET
현재 설정: 원본 지우기=아니오, 도면층=원본, OFFSETGAPTYPE=0
간격띄우기 거리 지정 또는 [통과점(T)/지우기(E)/도면층(L)] 〈32.0000〉: 5
간격띄우기할 객체 선택 또는 [종료(E)/명령 취소(U)] 〈종료〉: P90
간격띄우기할 면의 점 지정 또는 [종료(E)/다중(M)/명령 취소(U)] 〈종료〉: P91
간격띄우기할 객체 선택 또는 [종료(E)/명령 취소(U)] 〈종료〉: *취소*

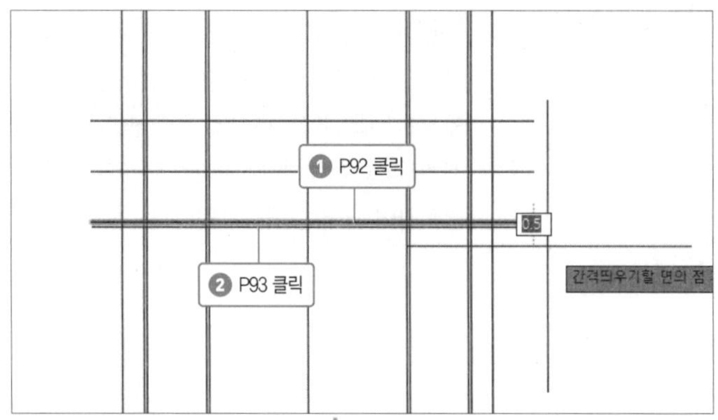

10 | Enter를 눌러 'O(OFFSET)' 명령어를 재실행합니다. 같은 방법으로 '5'만큼 간격 띄우기 복사한 선을 선택한 다음 아래쪽을 클릭해 '0.5'만큼 떨어진 간격 복사를 합니다.

명령:
OFFSET
현재 설정: 원본 지우기=아니오, 도면층=원본, OFFSETGAPTYPE=0
간격띄우기 거리 지정 또는 [통과점(T)/지우기(E)/도면층(L)] ⟨5.0000⟩: 0.5
간격띄우기할 객체 선택 또는 [종료(E)/명령 취소(U)] ⟨종료⟩: P92
간격띄우기할 면의 점 지정 또는 [종료(E)/다중(M)/명령 취소(U)] ⟨종료⟩: P93
간격띄우기할 객체 선택 또는 [종료(E)/명령 취소(U)] ⟨종료⟩: *취소*

11 | 자르기 위해 'TR(TRIM)' 명령어를 입력 후 Enter를 누릅니다. 옵션에서 'T'를 입력하고 Enter를 누릅니다. 절단선의 경계가 되는 선들을 선택하고 Enter를 누른 다음 삭제할 선들을 선택하여 자릅니다. 현재 사용 중인 명령어를 취소할 때는 Esc를, 'TR(TRIM)' 명령어를 다시 실행할 때는 Enter를 한 번 더 누릅니다.

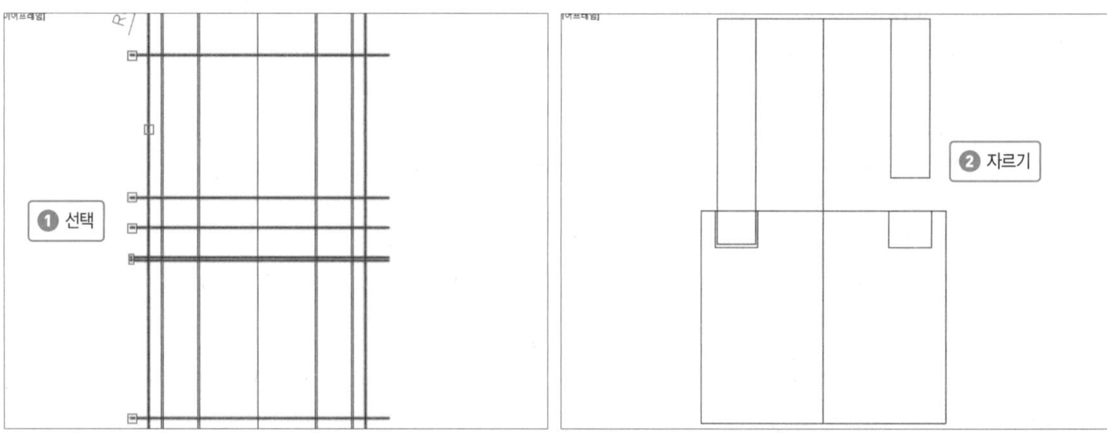

명령: TR
TRIM
현재 설정: 투영=UCS, 모서리=없음, 모드=빠른 작업
자를 객체를 선택하거나 Shift 키를 누른 채로 선택하여 확장 또는
[절단 모서리(T)/걸치기(C)/모드(O)/프로젝트(P)/지우기(R)]: T
현재 설정: 투영=UCS, 모서리=없음, 모드=빠른 작업
절단 모서리 선택...

자물쇠 고리 그리기

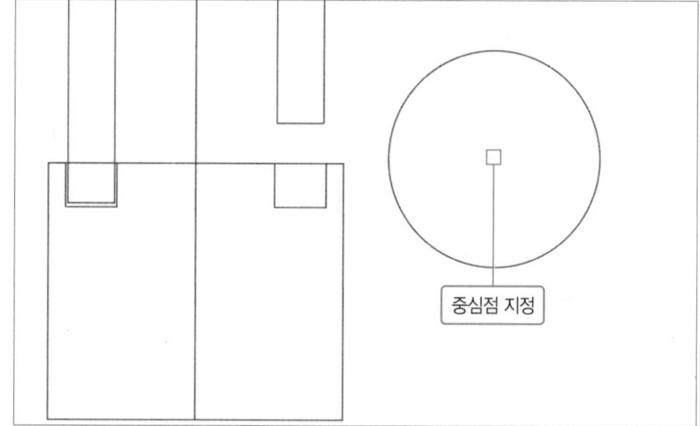

01 | 자물쇠 고리 부분을 만들겠습니다. 'C(CIRCLE)' 명령어를 입력하고 Enter를 누릅니다. 오른쪽 빈 공간을 클릭하여 중심점을 지정하고 '13.5'를 입력한 다음 Enter를 누르면 반지름 '13.5' 원이 그려집니다.

명령: C
CIRCLE
원에 대한 중심점 지정 또는 [3점(3P)/2점(2P)/Ttr – 접선 접선 반지름(T)]: (중심점 지정)
원의 반지름 지정 또는 [지름(D)] ‹13.5000›: 13.5

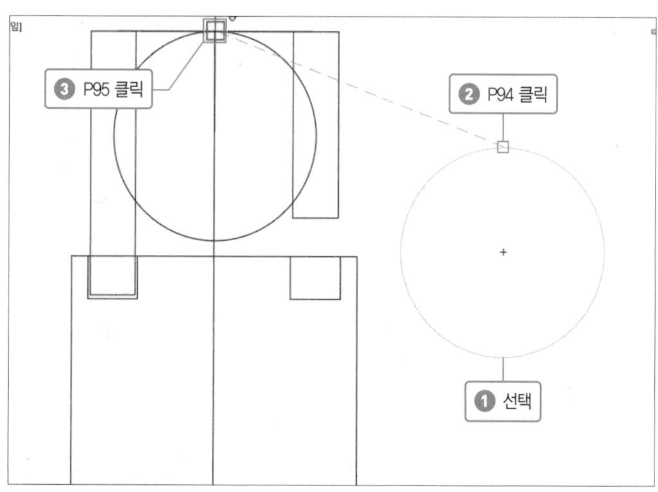

02 | 원을 정면도로 이동하겠습니다. 'M(MOVE)' 명령어를 입력하고 Enter를 누릅니다. '13.5' 원을 선택하고 Enter를 누른 다음 원의 위쪽 사분점을 선택해 위치의 기준점으로 지정하고 정면도 가장 위쪽 중심점을 클릭하여 이동합니다.

TIP
이때 F8을 눌러 직교 모드를 해제하고 이동해야 합니다.

명령: M
MOVE
객체 선택: 1개를 찾음
객체 선택: Enter
기준점 지정 또는 [변위(D)] ‹변위›: P94
두 번째 점 지정 또는 ‹첫 번째 점을 변위로 사용: P95
두 번째 점 지정 또는 ‹첫 번째 점을 변위로 사용›: ‹직교 끄기›

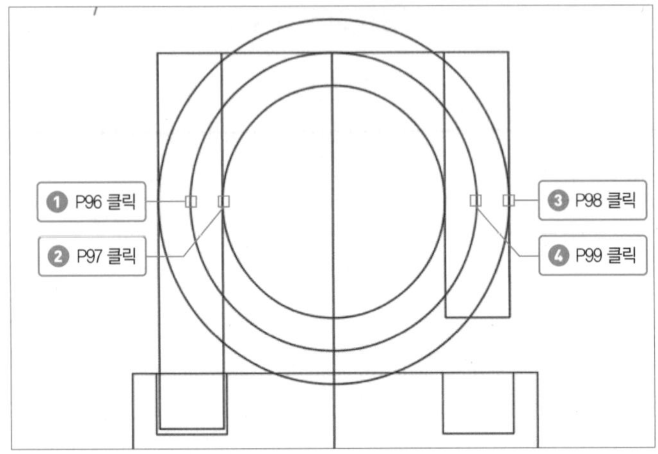

03 | 'O(OFFSET)' 명령어를 입력하고 Enter를 누른 다음 '3'을 입력 후 Enter를 누릅니다. 원을 선택하고 안쪽과 바깥쪽을 각각 클릭해 '3'만큼 떨어진 간격 띄우기 복사를 하고 Esc를 눌러 명령어를 취소합니다.

명령: O
OFFSET
현재 설정: 원본 지우기=아니오, 도면층=원본, OFFSETGAPTYPE=0
간격띄우기 거리 지정 또는 [통과점(T)/지우기(E)/도면층(L)] ⟨0.5000⟩: 3
간격띄우기할 객체 선택 또는 [종료(E)/명령 취소(U)] ⟨종료⟩: P96, P98
간격띄우기할 면의 점 지정 또는 [종료(E)/다중(M)/명령 취소(U)] ⟨종료⟩: P97, P99
간격띄우기할 객체 선택 또는 [종료(E)/명령 취소(U)] ⟨종료⟩: *취소*

04 | 자르기 위해 'TR(TRIM)' 명령어를 입력하고 Enter를 누릅니다. 옵션에서 'T'를 입력하고 Enter를 누릅니다. 절단선의 경계가 되는 선들을 선택하고 Enter를 누른 다음 삭제할 선들을 선택하여 자릅니다. 현재 사용 중인 명령어를 취소할 때는 Esc를, 'TR(TRIM)' 명령어를 다시 실행할 때는 Enter를 한 번 더 누릅니다.

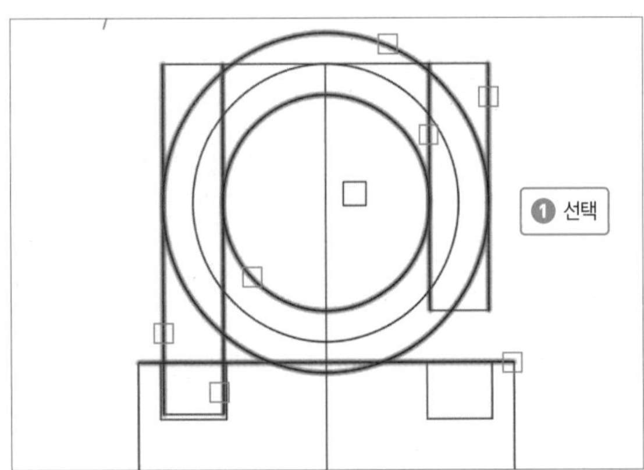

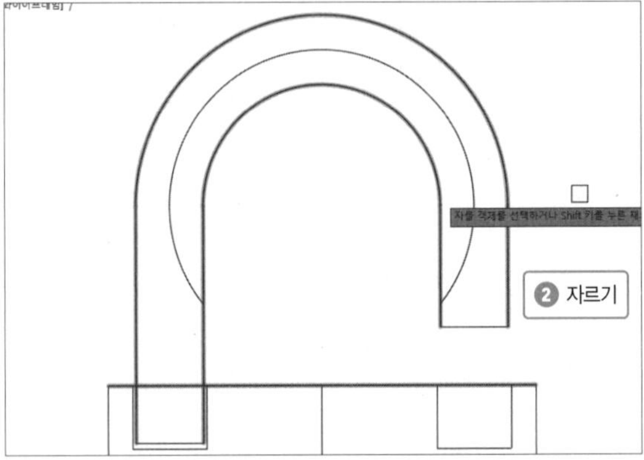

명령: TR
TRIM
현재 설정: 투영=UCS, 모서리=없음, 모드=빠른 작업
자를 객체를 선택하거나 Shift 키를 누른 채로 선택하여 확장 또는
[절단 모서리(T)/걸치기(C)/모드(O)/프로젝트(P)/지우기(R)]: T
현재 설정: 투영=UCS, 모서리=없음, 모드=빠른 작업
절단 모서리 선택...

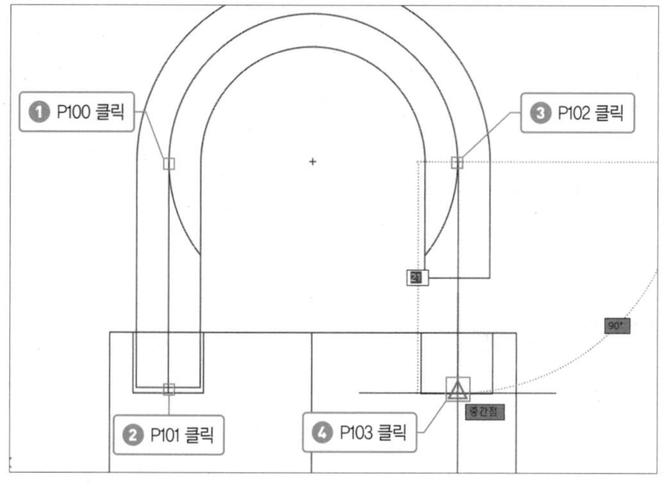

05 | 고리 중심선을 그리기 위해 'L(LINE)' 명령어를 입력하고 Enter를 누릅니다. '13.5' 원의 왼쪽 사분점을 선택하고 '0.5' 치수가 있는 점을 클릭해 세로선을 만든 후 Enter를 눌러서 명령어를 취소합니다. 다시 한 번 Enter를 눌러 명령어를 실행한 후 같은 방법으로 오른쪽 부분도 세로선을 만듭니다.

명령: L
LINE
첫 번째 점 지정: P100, P102
다음 점 지정 또는 [명령 취소(U)]: P101, P103
다음 점 지정 또는 [명령 취소(U)]: *취소*

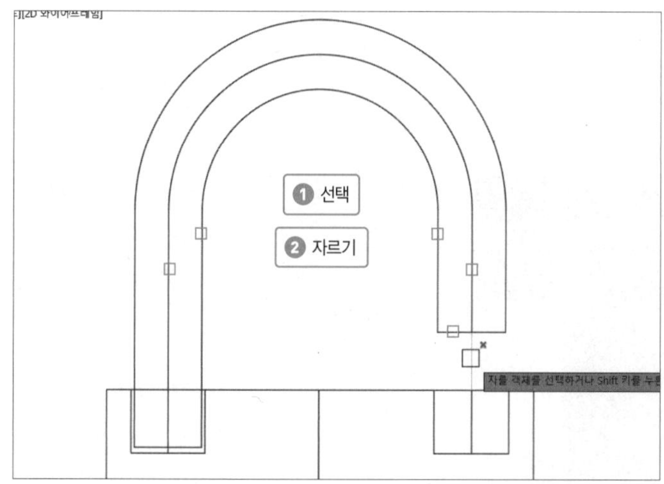

06 | 자르기 위해서 'TR(TRIM)' 명령어를 입력하고 Enter를 누릅니다. 옵션에서 'T'를 입력하고 Enter를 누릅니다. 절단선 경계가 되는 선들을 선택하고 Enter를 누른 후 삭제할 선들을 선택하여 자릅니다.

명령: TR
TRIM
현재 설정: 투영=UCS, 모서리=없음, 모드=빠른 작업
자를 객체를 선택하거나 <Shift>를 누른 채로 선택하여 확장 또는
[절단 모서리(T)/걸치기(C)/모드(O)/프로젝트(P)/지우기(R)]: T
현재 설정: 투영=UCS, 모서리=없음, 모드=빠른 작업
절단 모서리 선택...

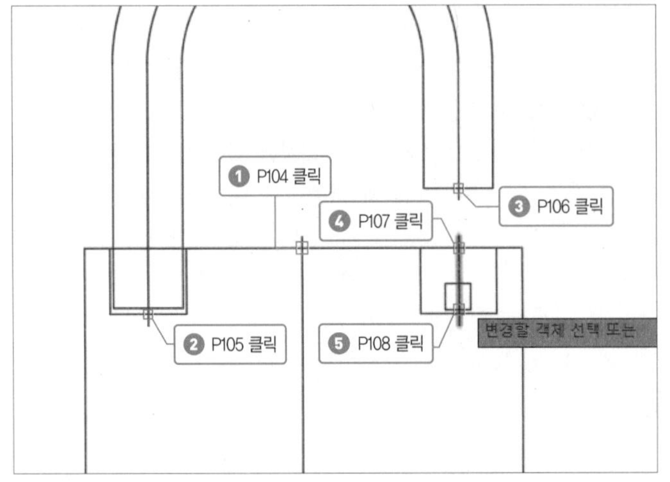

07 | 'LEN(LENGTHEN)' 명령어를 입력하고 Enter를 누릅니다. 옵션에서 'DE'를 입력하고 Enter를 누른 다음 '1'을 입력 후 다시 Enter를 누릅니다. 중심선과 양쪽 선들의 위아래를 각각 클릭하여 길이를 '1'씩 늘리고 Esc를 눌러 명령어를 취소합니다.

명령: LEN
LENGTHEN
측정할 객체 또는 [증분(DE)/퍼센트(P)/합계(T)/동적(DY)] 선택 〈증분(DE)〉: DE
증분 길이 또는 [각도(A)] 입력 〈1.0000〉: 1
변경할 객체 선택 또는 [명령 취소(U)]: P104
변경할 객체 선택 또는 [명령 취소(U)]: P105
변경할 객체 선택 또는 [명령 취소(U)]: P106
변경할 객체 선택 또는 [명령 취소(U)]: P107
변경할 객체 선택 또는 [명령 취소(U)]: P108
변경할 객체 선택 또는 [명령 취소(U)]: *취소*

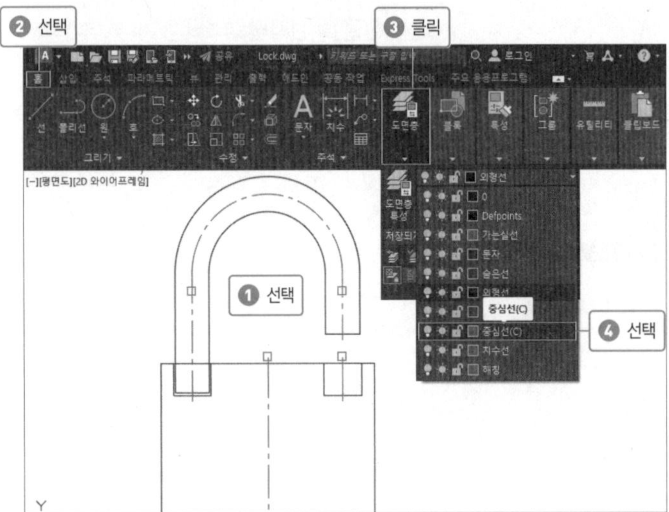

08 | '1'만큼 증분한 선들을 선택한 후 〔홈〕 탭의 〔도면층(레이어)〕에서 '중심선'을 선택하여 변경한 다음 Esc를 눌러 명령어를 취소합니다.

자물쇠 몸통 장식 그리기

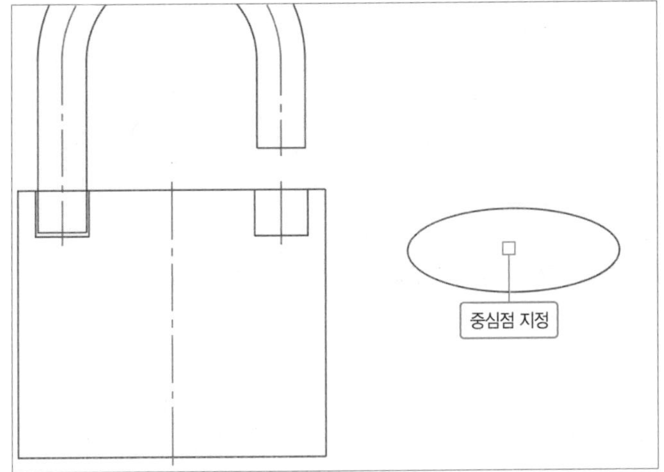

01 | F8을 눌러 직교 모드를 활성화합니다. 'EL(ELLIPSE)' 명령어를 입력하고 Enter를 누릅니다. 옵션에서 'C'를 입력하고 오른쪽 빈 공간을 클릭하여 중심점을 지정한 다음 '13'을 입력 후 '5'를 입력하여 타원을 만듭니다.

명령: EL
ELLIPSE
타원의 축 끝점 지정 또는 [호(A)/중심(C)]: C
타원의 중심 지정: (타원의 중심점 지정)
축의 끝점 지정: 13
다른 축으로 거리를 지정 또는 [회전(R)]: 5

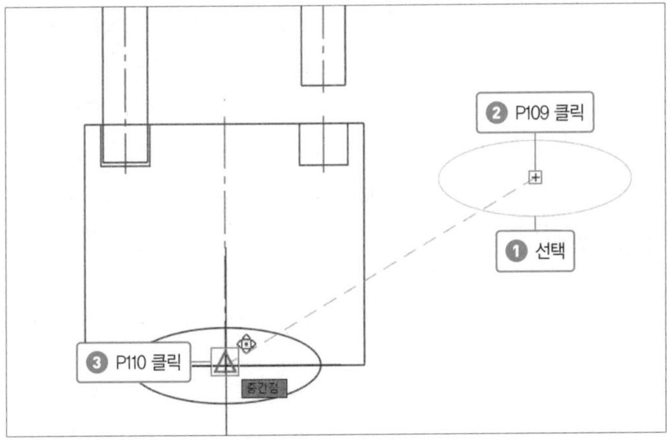

02 | 타원을 정면도로 이동하겠습니다. 'M(MOVE)' 명령어를 입력하고 Enter를 누릅니다. 타원을 선택하고 Enter를 누른 다음 타원의 중심점을 선택하여 기준점으로 지정 후 정면도의 가장 아래쪽 중심점을 클릭하여 이동합니다.

TIP
이때 F8을 눌러 직교 모드를 해제하고 이동해야 합니다.

명령: M
MOVE
객체 선택: 1개를 찾음
객체 선택: Enter
기준점 지정 또는 [변위(D)] 〈변위〉: P109
두 번째 점 지정 또는 〈첫 번째 점을 변위로 사용: P110
두 번째 점 지정 또는 〈첫 번째 점을 변위로 사용〉: 〈직교 끄기〉

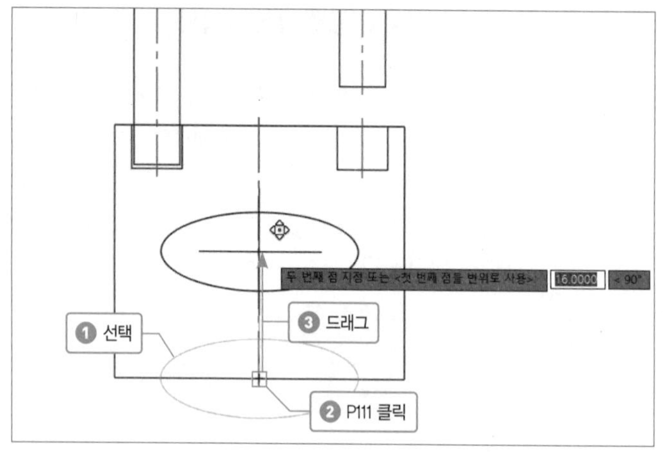

03 | F8을 눌러 다시 직교 모드를 활성화합니다. Enter를 눌러 'M(MOVE)' 명령어를 다시 실행하고 타원을 선택한 다음 Enter를 누릅니다. 타원의 중심점을 선택하고 정면도 수직선을 기준으로 위로 드래그한 다음 '16'을 입력 후 Enter를 누릅니다. F8을 눌러 다시 직교 모드를 해제합니다.

명령:
MOVE
객체 선택: 1개를 찾음
객체 선택: Enter
기준점 지정 또는 [변위(D)] 〈변위〉: P111
두 번째 점 지정 또는 〈첫 번째 점을 변위로 사용〉: 16
명령: 〈직교 끄기〉

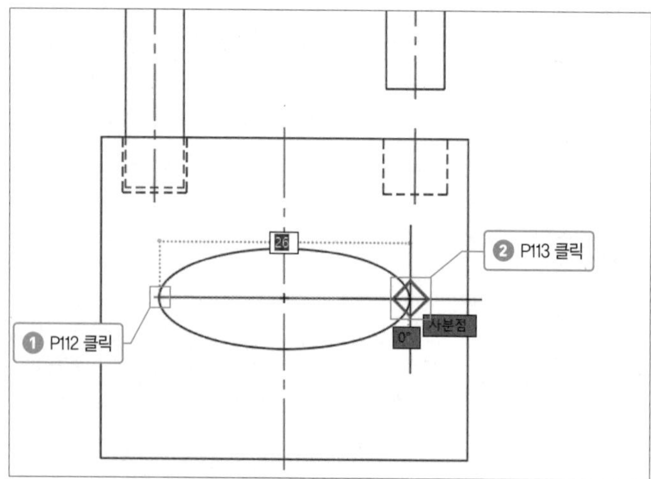

04 | 타원에 가로 중심선을 그리겠습니다. 'L(LINE)' 명령어를 입력하고 Enter를 누릅니다. 타원의 왼쪽 사분점을 클릭하고 오른쪽 사분점을 클릭하여 가로선을 만든 다음 Esc를 눌러 사용 중인 명령어를 취소합니다.

명령: L
LINE
첫 번째 점 지정: P112
다음 점 지정 또는 [명령 취소(U)]: P113
다음 점 지정 또는 [명령 취소(U)]: *취소*

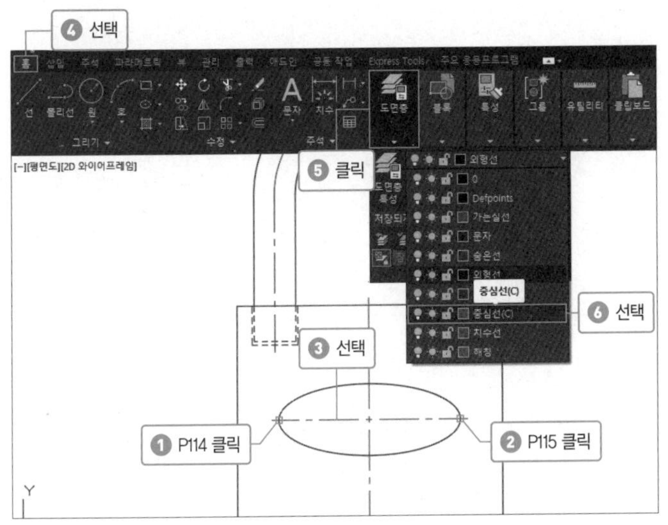

05 | 'LEN(LENGTHEN)' 명령어를 입력한 다음 Enter를 누르고 '1'을 입력하고 그린 가로선의 양쪽 끝점을 각각 클릭해 늘립니다. 중심선을 선택하고 〔홈〕 탭에서 〔도면층(레이어)〕의 '중심선'을 선택하여 변경한 다음 Esc를 눌러 명령어를 취소합니다.

명령: LEN
LENGTHEN
측정할 객체 또는 [증분(DE)/퍼센트(P)/합계(T)/동적(DY)] 선택 〈증분(DE)〉: DE
증분 길이 또는 [각도(A)] 입력 〈1.0000〉: 1
변경할 객체 선택 또는 [명령 취소(U)]: P114
변경할 객체 선택 또는 [명령 취소(U)]: P115
변경할 객체 선택 또는 [명령 취소(U)]: *취소*

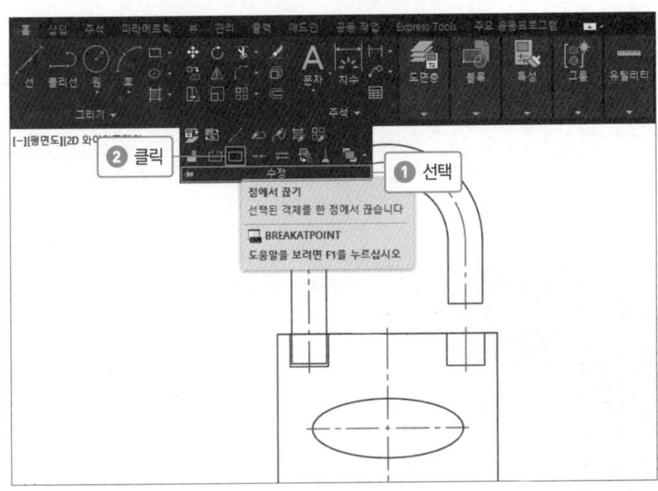

06 | 리본 메뉴의 '수정'을 선택하여 수정 패널이 표시되면 '점에서 끊기(BREAKAT POINT)'를 클릭합니다.

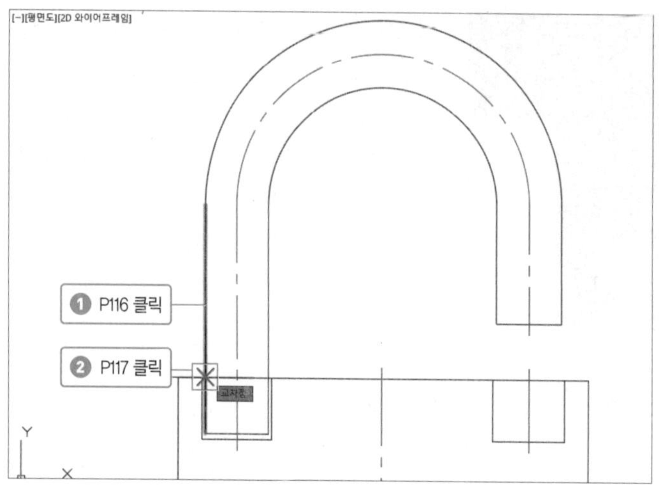

07 | 자물쇠 고리의 왼쪽 수직선을 선택하고 자물쇠 몸체의 위쪽 선과 교차하는 교차점을 클릭하여 점을 끊습니다.

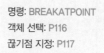

명령: BREAKATPOINT
객체 선택: P116
끊기점 지정: P117

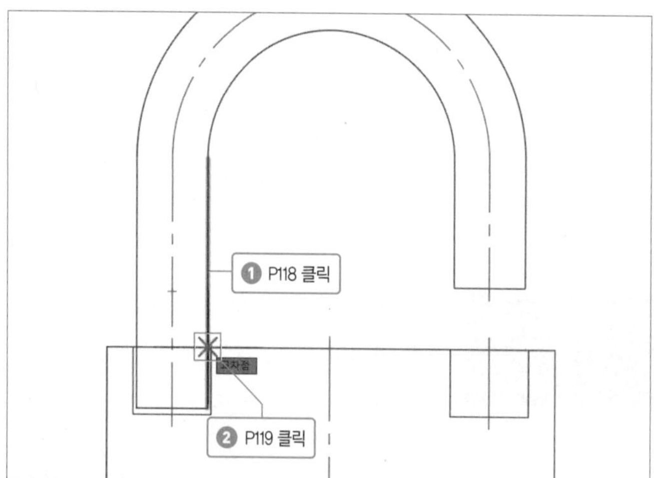

08 | Enter를 눌러 'BR(BREAKAPOINT)' 명령어를 다시 실행합니다. 같은 방법으로 자물쇠 고리의 오른쪽 수직선을 선택하고 교차하는 교차점을 클릭하여 점을 끊습니다.

명령:
BREAKATPOINT
객체 선택: P118
끊기점 지정: P119

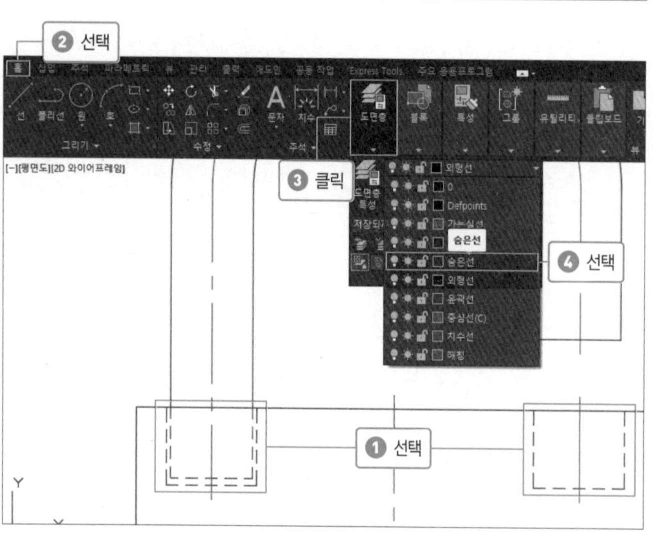

09 | 점에서 끊기를 적용한 외형선들을 모두 선택하고 〔홈〕 탭 도면층 레이어에서 '숨은선'을 선택합니다. 선택한 외형선들이 숨은 선으로 교체되면 Esc를 눌러 명령어를 취소합니다.

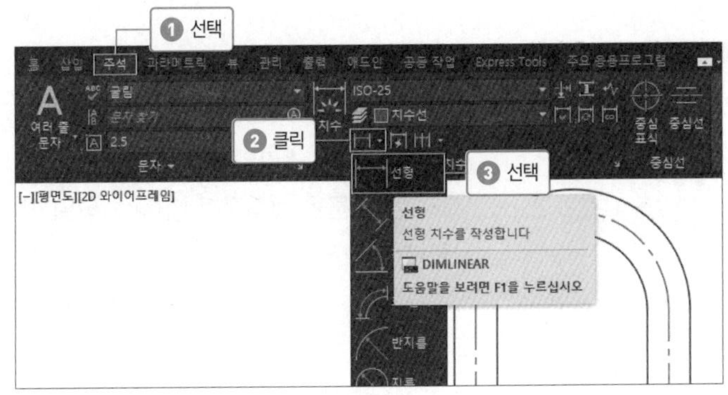

치수선 입력하기

01 | 〔도면층(레이어)〕에서 '치수선'을 선택하여 현재 설정으로 합니다. 〔주석〕 탭의 치수 입력 부분에서 '선형'을 선택합니다.

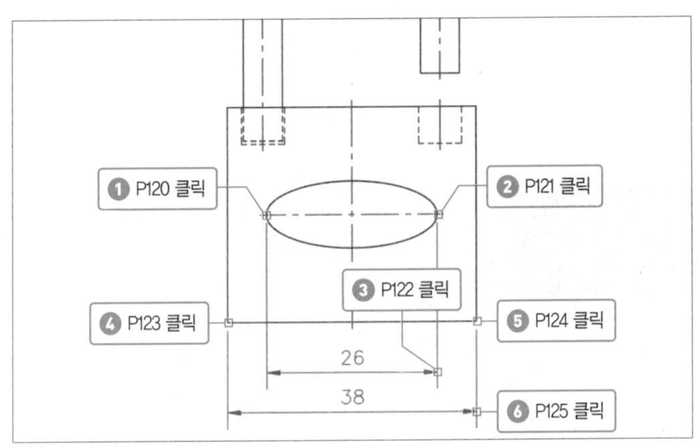

02 | 먼저 '26' 치수선을 입력합니다. 타원의 왼쪽 사분점을 클릭하고 오른쪽 사분점을 클릭한 다음 아래쪽 적당한 위치를 클릭하여 치수선을 입력합니다.
Enter를 눌러 다시 명령어를 실행하고 같은 방법으로 '38' 치수선을 입력합니다.

명령: DIMLINEAR
첫 번째 치수보조선 원점 지정 또는 〈객체 선택〉: P120 / P123
두 번째 치수보조선 원점 지정: P121 / P124
치수선의 위치 지정 또는
[여러 줄 문자(M)/문자(T)/각도(A)/수평(H)/수직(V)/회전(R)]:
치수 문자=26 / 38

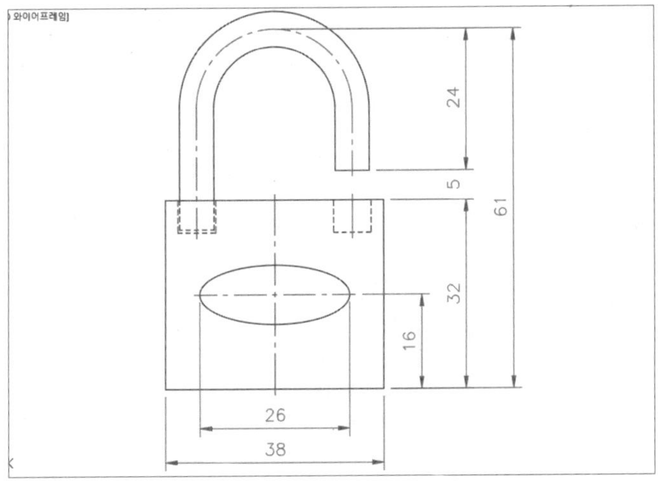

03 | Enter를 눌러 다시 명령어를 실행하고 같은 방법으로 그림과 같이 '24', '5', '32', '61' 치수선을 입력하여 완성합니다.

명령:
DIMLINEAR
첫 번째 치수보조선 원점 지정 또는 〈객체 선택〉: (치수선의 시작점 지정)
두 번째 치수보조선 원점 지정: (치수선의 끝점 지정)
치수선의 위치 지정 또는
[여러 줄 문자(M)/문자(T)/각도(A)/수평(H)/수직(V)/회전(R)]:
치수 문자=24 / 5 / 32 / 61

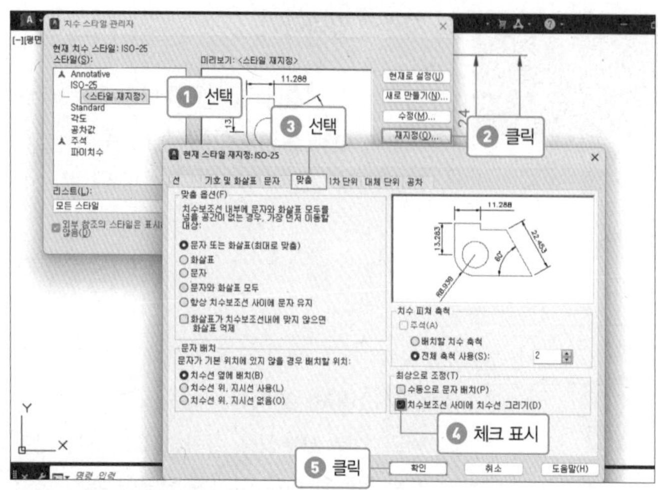

04 | 'D(DIMSTYLE)' 명령어를 입력하고 Enter를 눌러 [치수 스타일 관리자] 대화상자가 표시되면 '스타일 재지정'을 선택하고 〈재지정〉 버튼을 클릭하여 [현재 스타일 재지정] 대화상자를 표시합니다.
〔맞춤〕 탭의 최상으로 조정(T)에서 '치수보조선 사이에 치수선 그리기(D)'를 체크 표시합니다. 〈확인〉 버튼을 클릭한 후 〈닫기〉 버튼을 클릭하여 종료합니다.

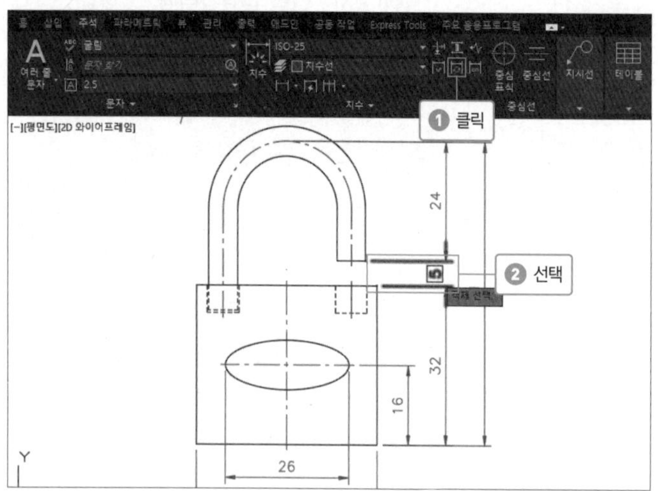

05 | '5' 치수선은 업데이트해야 치수선이 생깁니다. 〔주석〕 탭의 '업데이트' 아이콘(□)을 클릭하고 '5' 치수선을 선택한 다음 Enter를 누릅니다.

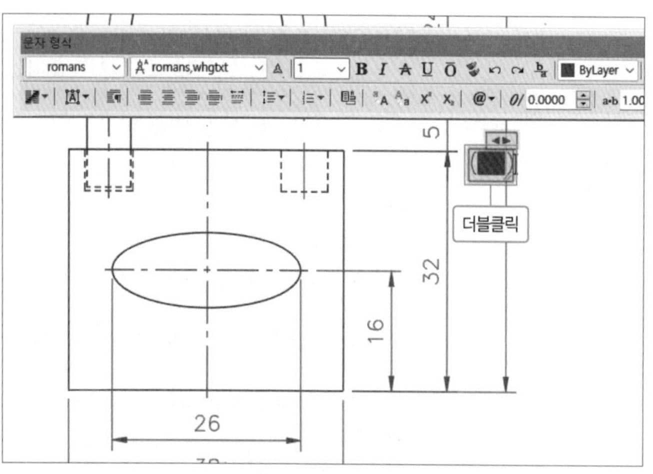

06 | '61' 치수선을 더블클릭한 다음 참고 치수로 만들기 위해 앞뒤에 괄호를 입력한 후 Ctrl+Enter를 눌러 종료하고 Esc를 눌러 취소합니다.

```
명령: _TEXTEDIT
현재 설정: 편집 모드=Multiple
주석 객체 선택 또는 [명령 취소(U)/모드(M)]: *취소*
```

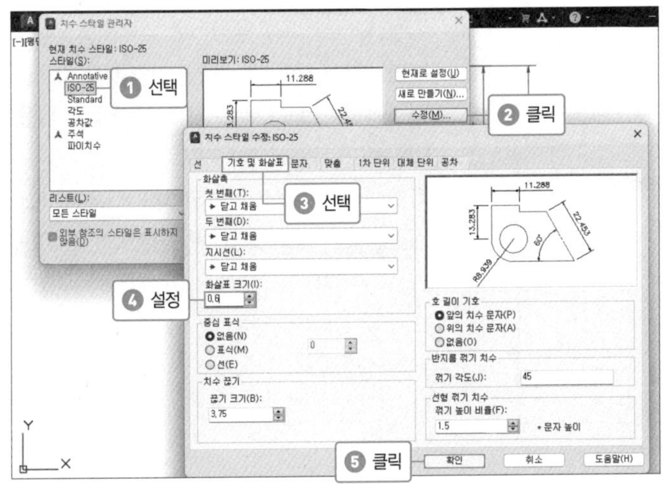

07 | 'D(DIMSTYLE)' 명령어를 입력하고 Enter를 눌러 [치수 스타일 관리자] 대화상자가 표시되면 'ISO-25'를 선택한 다음 〈수정〉 버튼을 클릭하여 [ISO-25] 대화상자를 표시합니다. 〔기호 및 화살표〕 탭의 화살표 크기(I)를 '0.6'으로 설정하고 〈확인〉 버튼을 클릭한 후 〈닫기〉 버튼을 클릭하여 종료합니다.

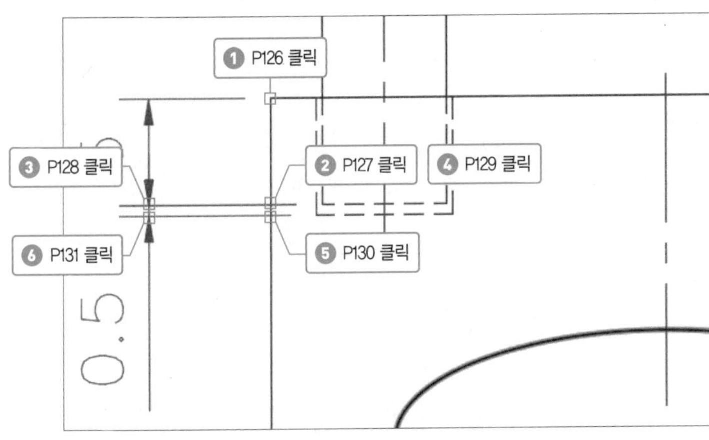

08 | 〔주석〕 탭의 치수 입력 부분에서 '선형'을 선택하고 자물쇠 왼쪽 부분에 그림과 같이 '5', '0.5' 치수를 만듭니다. 치수선을 만듭니다.

명령: DIMLINEAR
첫 번째 치수보조선 원점 지정 또는 〈객체 선택〉: P126
두 번째 치수보조선 원점 지정: P127
치수선의 위치 지정 또는
[여러 줄 문자(M)/문자(T)/각도(A)/수평(H)/수직(V)/회전(R)]:
치수 문자=5

명령:
DIMLINEAR
첫 번째 치수보조선 원점 지정 또는 〈객체 선택〉: P129
두 번째 치수보조선 원점 지정: P130
치수선의 위치 지정 또는
[여러 줄 문자(M)/문자(T)/각도(A)/수평(H)/수직(V)/회전(R)]:
치수 문자=0.5

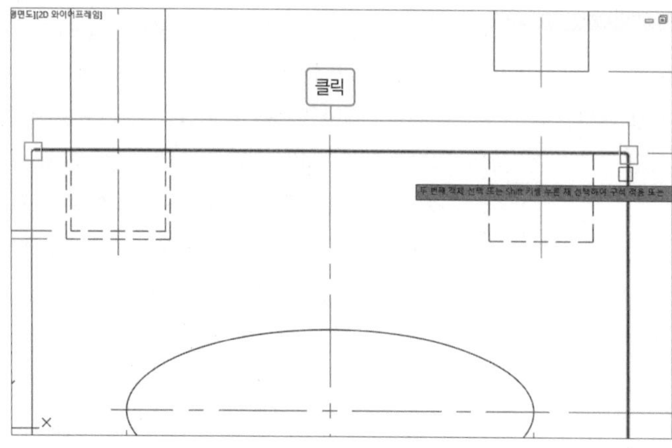

09 | 'F(FILLET)' 명령어를 입력하고 Enter를 누릅니다. 옵션에서 'R'을 입력하고 '0.2'를 입력한 후 Enter를 누릅니다. 이번에는 'M'을 입력하고 자물쇠 몸체 위쪽 모서리 부분을 차례대로 클릭하여 라운드를 적용합니다. Esc를 눌러 사용 중인 명령어를 취소합니다.

명령: F
FILLET
현재 설정: 모드=자르기, 반지름=0.2000
첫 번째 객체 선택 또는 [명령 취소(U)/폴리선(P)/반지름(R)/자르기(T)/다중(M)]: R
모깎기 반지름 지정 〈0.2000〉: 0.2
첫 번째 객체 선택 또는 [명령 취소(U)/폴리선(P)/반지름(R)/자르기(T)/다중(M)]: M
첫 번째 객체 선택 또는 [명령 취소(U)/폴리선(P)/반지름(R)/자르기(T)/다중(M)]: (R 값이 들어갈 첫 번째 모서리 클릭)
두 번째 객체 선택 또는 Shift 키를 누른 채 선택하여 구석 적용 또는 [반지름(R)]: (R 값이 들어갈 두 번째 모서리 클릭)
첫 번째 객체 선택 또는 [명령 취소(U)/폴리선(P)/반지름(R)/자르기(T)/다중(M)]: *취소*

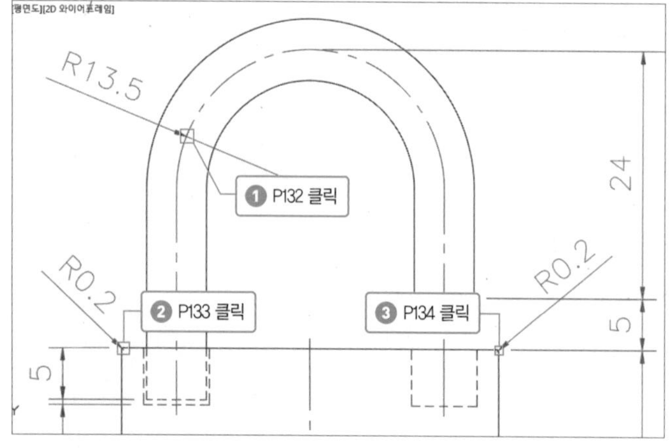

10 | [주석] 탭을 선택한 다음 치수 입력 부분에서 '반지름'을 선택하고 자물쇠 고리 부분을 클릭합니다. 'R13.5' 치수선을 입력한 후 Enter를 눌러 명령어를 다시 실행한 다음 같은 방법으로 자물쇠 몸체 윗부분을 각각 클릭하여 'R0.2' 치수선을 입력합니다.

명령: DIMRADIUS
호 또는 원 선택: P132
치수 문자=13.5
치수선의 위치 지정 또는 [여러 줄 문자(M)/문자(T)/각도(A)]:

명령:
DIMRADIUS
호 또는 원 선택: P133, P134
치수 문자=0.2
치수선의 위치 지정 또는 [여러 줄 문자(M)/문자(T)/각도(A)]:

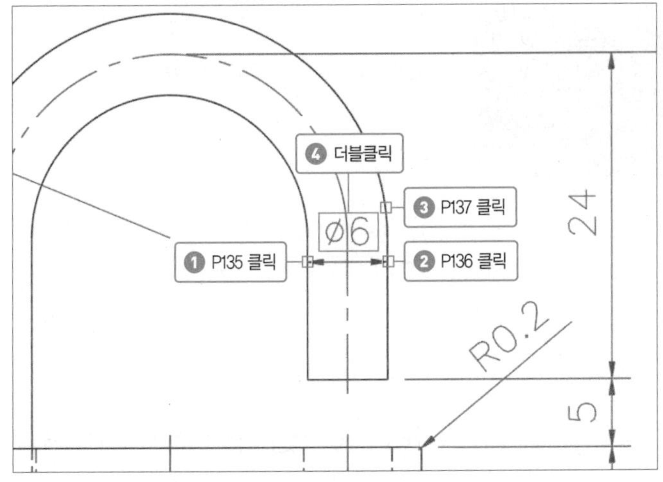

11 | [주석] 탭의 치수 입력 부분에서 '선형'을 선택합니다. 자물쇠 고리 두께에 선형 치수선 '6'을 입력하고 치수선을 더블클릭해 활성화합니다. 숫자 '6' 앞에 '%%C'를 입력하여 'Ø6'으로 수정한 후 Ctrl+Enter를 눌러 종료합니다.

명령: DIMLINEAR
첫 번째 치수보조선 원점 지정 또는 <객체 선택>: P135
두 번째 치수보조선 원점 지정: P136
치수선의 위치 지정 또는
[여러 줄 문자(M)/문자(T)/각도(A)/수평(H)/수직(V)/회전(R)]:
치수 문자=6
명령: _TEXTEDIT
현재 설정: 편집 모드=Multiple

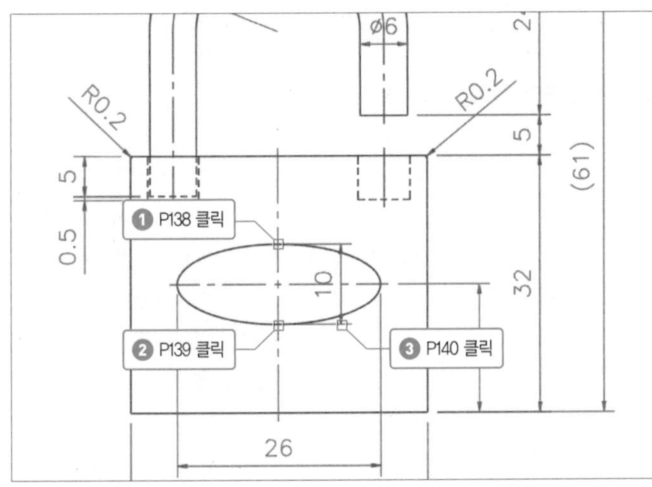

12 | Enter를 눌러 사용했던 명령어를 다시 실행하고 타원의 위쪽 중심점을 클릭하고 아래쪽 중심점을 클릭한 다음 오른쪽 적절한 지점을 클릭하여 '10' 치수선을 입력합니다.

명령:
DIMLINEAR
첫 번째 치수보조선 원점 지정 또는 <객체 선택>: P138
두 번째 치수보조선 원점 지정: P139
치수선의 위치 지정 또는
[여러 줄 문자(M)/문자(T)/각도(A)/수평(H)/수직(V)/회전(R)]:
치수 문자=10

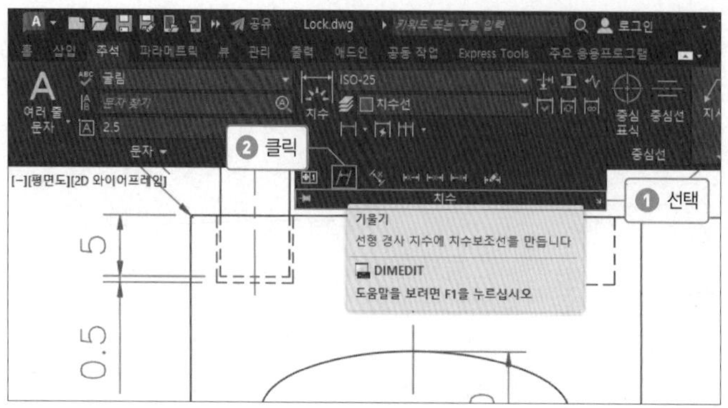

13 | 리본 메뉴에서 '치수'를 선택하여 패널을 표시하고 '기울기'를 클릭합니다.

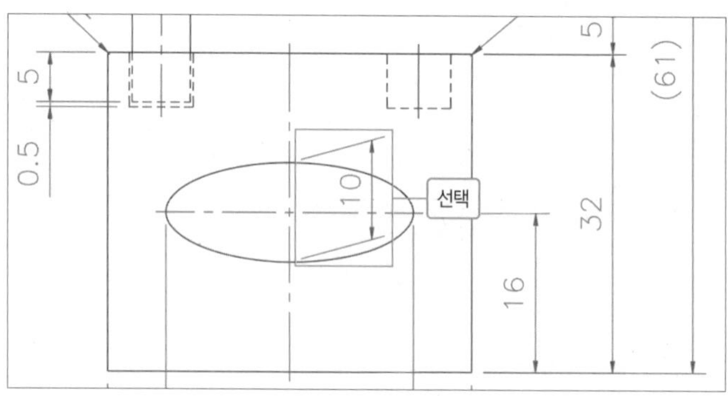

14 | '10' 선형 치수선을 선택하고 Enter를 누른 다음 '15'를 입력하여 각도를 설정합니다.

3 부분도 그리기

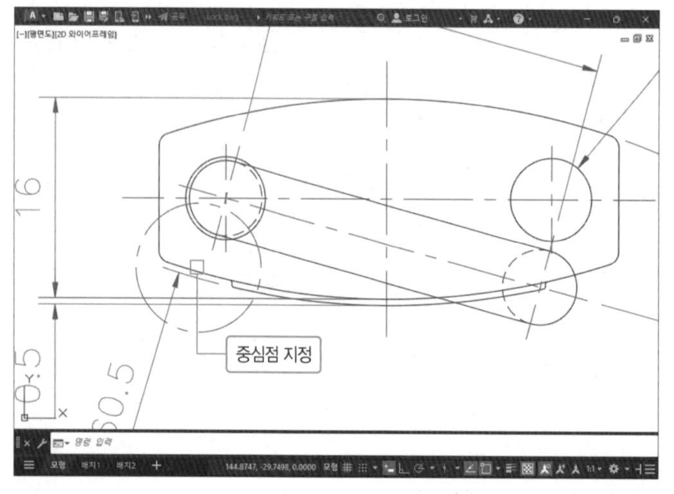

확대하기

01 | 확대해서 보여 줄 부분에 원을 만들겠습니다. 'C(CIRCLE)' 명령어를 입력하고 Enter를 누른 다음 그림과 같이 평면도의 적당한 위치를 클릭하여 원의 중심점을 지정합니다. [도면층(레이어)]에서 '중심선'을 선택하여 변경하고 Esc를 눌러 명령어를 취소합니다.

명령: C
CIRCLE
원에 대한 중심점 지정 또는 [3점(3P)/2점(2P)/Ttr – 접선 접선 반지름(T)]: (중심점 지정)
원의 반지름 지정 또는 [지름(D)] 〈5.1451〉: 5
명령: *취소*

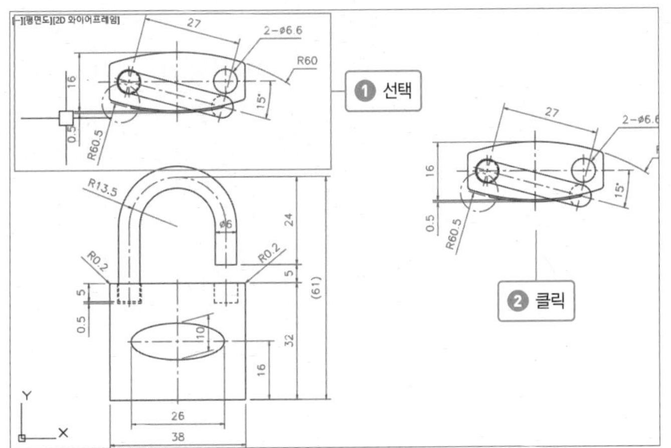

02 | 평면도 도면을 복사해서 바탕 한쪽에 이동하여 배치하고 2배 확대하겠습니다. 'CO(CPOY)' 명령어를 입력하고 Enter를 누른 다음 평면도 도면 전체를 선택 후 Enter를 누릅니다. 그림과 같이 오른쪽 바탕으로 복사하여 이동하고 Esc를 눌러 현재 명령어를 취소합니다.

명령: CO
COPY
객체 선택: 반대 구석 지정: 38개를 찾음
객체 선택: Enter
현재 설정: 복사 모드=다중(M)
기본점 지정 또는 [변위(D)/모드(O)] 〈변위〉:
두 번째 점 지정 또는 [배열(A)] 〈첫 번째 점을 변위로 사용〉: (복사할 지점 선택)
두 번째 점 지정 또는 [배열(A)/종료(E)/명령 취소(U)] 〈종료〉: *취소*

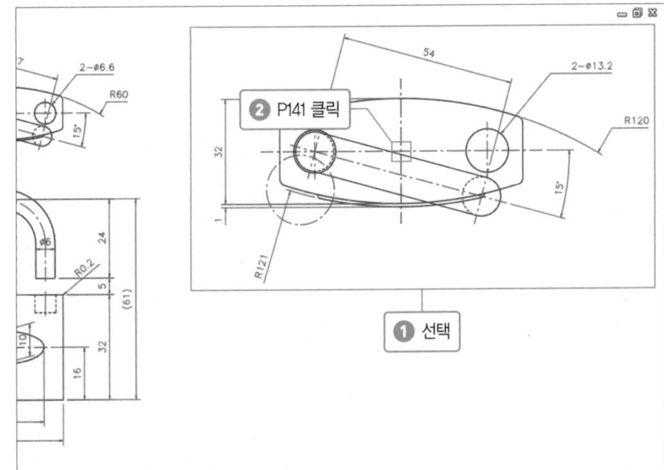

03 | 'SC(SCALE)' 명령어를 입력하고 Enter를 누른 다음 복사한 평면도 도면 전체를 선택 후 Enter를 누릅니다. 적당한 바탕면을 클릭한 다음 '2'를 입력하여 2배 확대합니다.

명령: SC
SCALE
객체 선택: 반대 구석 지정: 38개를 찾음
객체 선택: Enter
기준점 지정: P141
축척 비율 지정 또는 [복사(C)/참조(R)]: 2

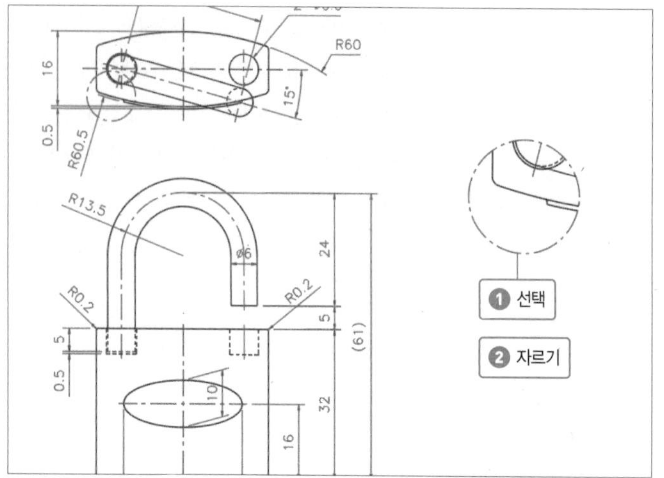

04 | 그림과 같이 디테일을 제외한 부분은 모두 자르거나 삭제하겠습니다. 'TR(TRIM)' 명령어를 입력 후 Enter를 누릅니다. 옵션에서 'T'를 입력하고 Enter를 누른 후 절단선의 경계가 되는 2배 확대 평면도 원을 선택한 후 Enter를 누릅니다. 그림과 같이 원 바깥에 있는 객체를 모두 선택하여 자르고 Enter를 눌러 종료합니다.

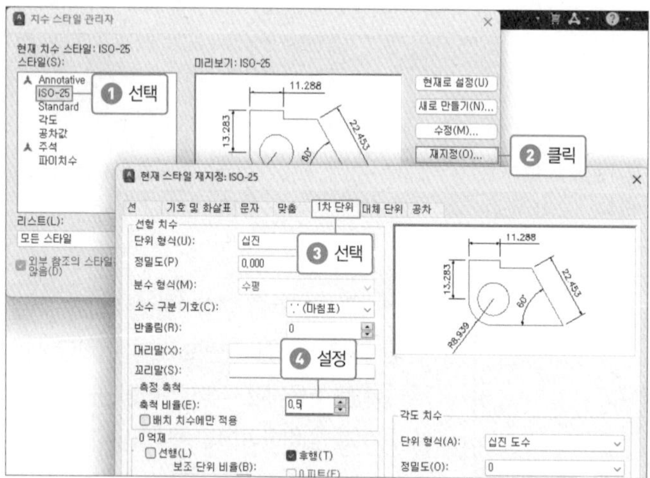

문자 입력하기

01 | 'D(DIMSTYLE)' 명령어를 입력하고 Enter를 눌러 [치수 스타일 관리자] 대화상자가 표시되면 'ISO-25'를 선택한 다음 〈재지정〉 버튼을 클릭하여 [ISO-25] 대화상자를 표시합니다. 〔1차 단위〕 탭에서 '축척 비율(E)'을 '0.5'로 설정합니다.

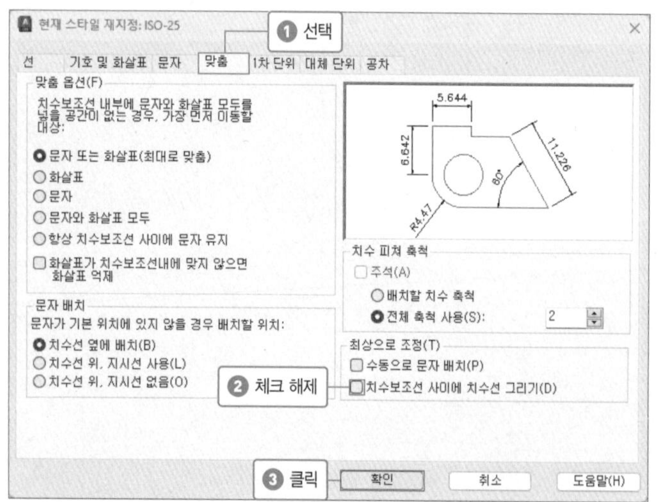

02 | 〔맞춤〕 탭의 최상으로 조절(T)에서 '치수보조선 사이에 치수선 그리기(D)' 체크 표시를 해제합니다. 〈확인〉 버튼을 클릭하고 〈닫기〉 버튼을 클릭하여 종료하고 치수를 작성하여 마무리합니다.

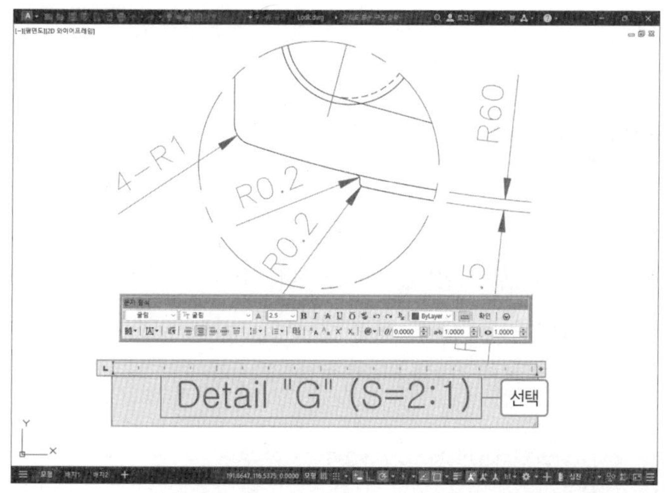

03 | 치수를 전체 입력하고 나면 문자를 입력해야 합니다. 입력할 Detail View 부분을 클릭하고 텍스트의 길이를 적당히 드래그해 조절한 다음 클릭하여 'Detail "G" (S=2:1)'을 입력 후 Ctrl+Enter를 눌러 종료합니다.

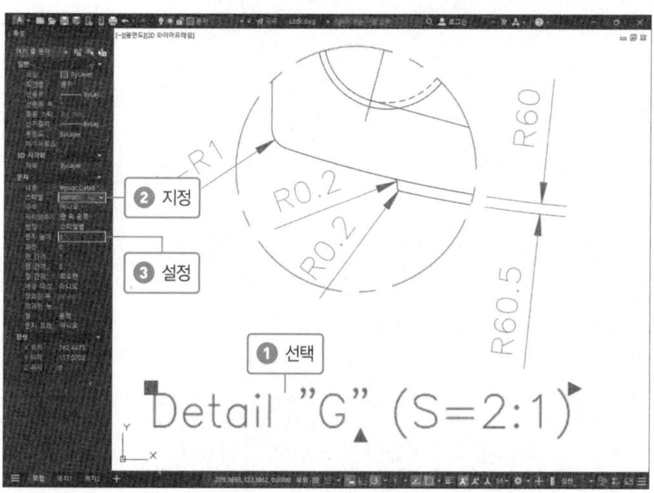

04 | Ctrl+1을 눌러 특성 창을 표시하고 입력한 텍스트를 각각 선택합니다. 스타일을 'romans'로 지정하고 문자에서 문자 높이를 '5'로 설정한 후 Enter를 눌러 텍스트 크기를 확대합니다.

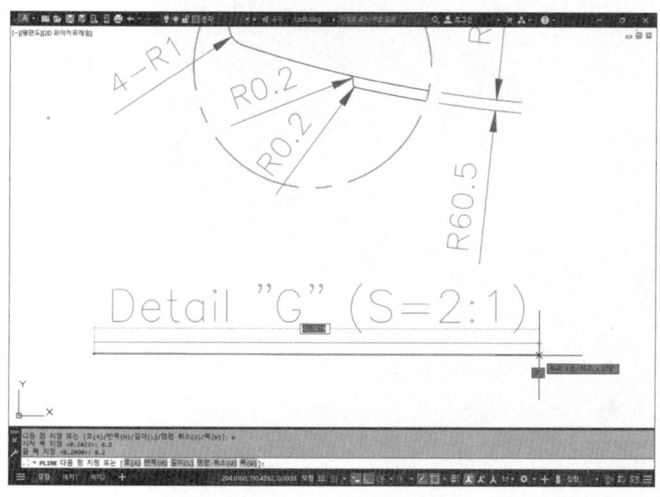

05 | 'Detail "G"(S=2:1)' 텍스트 아랫부분에 2개의 선을 만듭니다. 위쪽의 선은 'L(LINE)' 명령어로 만들고, 아래쪽의 선은 'PL(PLINE)' 명령어의 옵션 '폭(W)'을 선택한 다음 시작 폭과 끝 폭을 '0.2'~'0.3'으로 설정하여 두껍게 만들어 도면을 완성합니다.

요리 냄비 도면 제작하기

동영상 강의

'CIRCLE', 'LINE', 'RAY' 명령어를 중심으로 요리 냄비 형태를 만듭니다. 요리 냄비 예제에서는 'MOVE', 'MIRROR', 'EXTEND', 'ROTATE' 명령어를 주로 사용합니다. 'BREAKATPOINT', 'SPLINE' 기능도 활용하여 객체를 분리하는 방법과 곡면을 그리는 방법도 알아봅시다.

미리 보기

예제 도면

◎ 완성 파일 : Part06\요리 냄비_완성.dwg

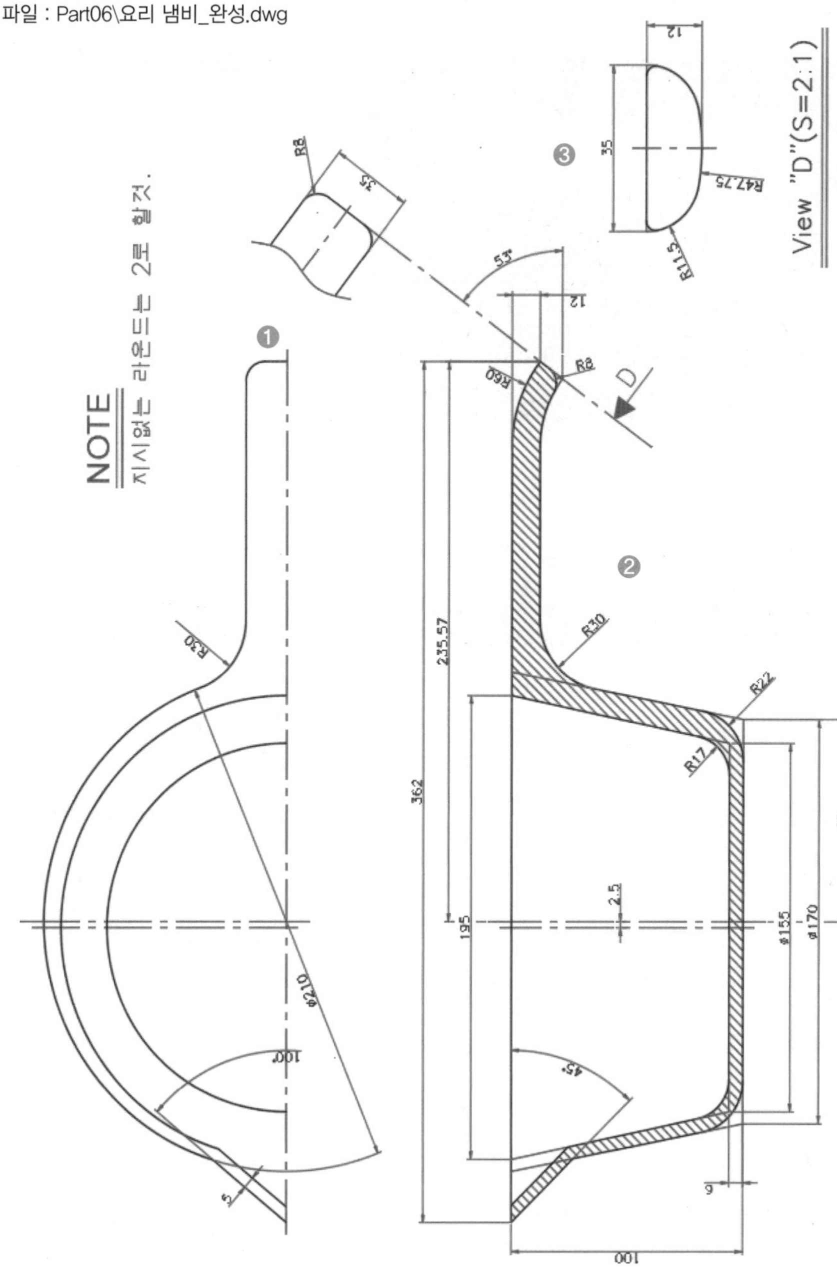

NOTE
지시없는 라운드는 2로 할 것.

View "D"(S=2:1)

❶ **평면도 그리기**

1. 기본 형태 그리기 ◎ 2. 형태 정리하기 ◎ 3. 치수선 입력하기

❷ **정면도 그리기**

1. 기본 형태 그리기 ◎ 2. 형태 정리하기 ◎ 3. 점에서 끊기 ◎ 4. 손잡이 곡면 그리기 ◎ 5. 해칭 입력하기 ◎ 6. 치수선 입력하기 ◎ 7. 객체 숨기기 ◎ 8. 손잡이 정리하고 마무리하기

❸ **부분도 그리기**

1. 기본 형태 그리기 ◎ 2. View 'D'(S=2:1) 그리기 ◎ 3. 자르기 ◎ 4. 문자 입력하기 ◎ 5. 화살표 그리기

1 ⁞ 평면도 그리기

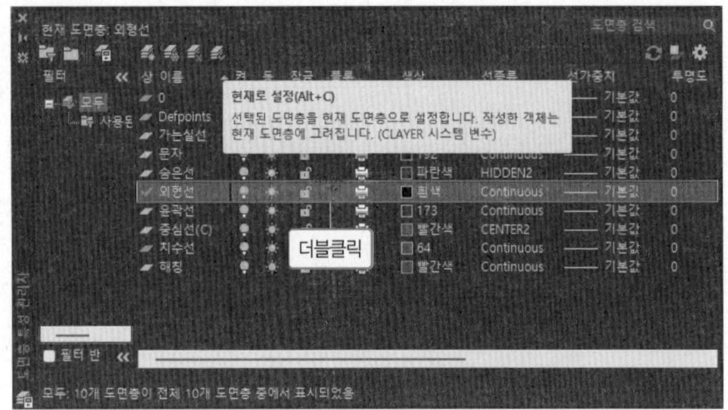

기본 형태 그리기

01 | [도면층(레이어)]의 '외형선'을 더블 클릭하여 현재 설정으로 합니다.

02 | F8을 눌러 '동적 입력(DYNMODE)'을 활성화합니다.

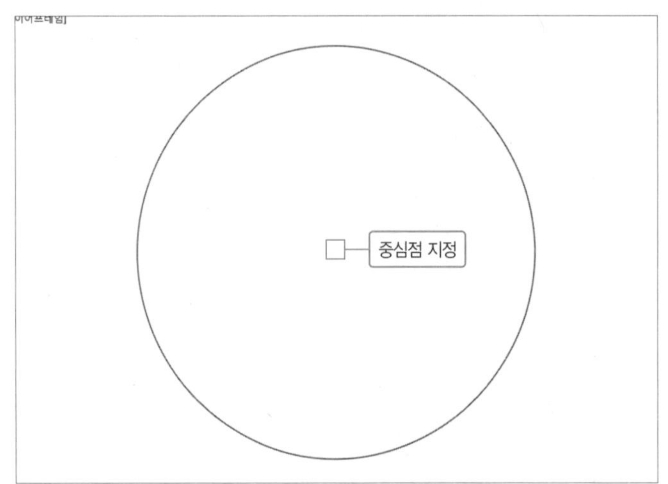

03 | 가장 바깥쪽 원을 만들겠습니다. 'C(CIRCLE)' 명령어를 입력하고 Enter를 누릅니다. 적당한 위치를 클릭하여 원의 중심점을 지정하고 옵션에서 'D'를 입력한 다음 Enter를 누릅니다. 지름 값 '210'을 입력하고 Enter를 눌러 지름 '210' 원을 만듭니다.

명령: C
CIRCLE
원에 대한 중심점 지정 또는 [3점(3P)/2점(2P)/Ttr – 접선 접선 반지름(T)]: (중심점 지정)
원의 반지름 지정 또는 [지름(D)] 〈109.4766〉: D
원의 지름을 지정함 〈218.9532〉: 210

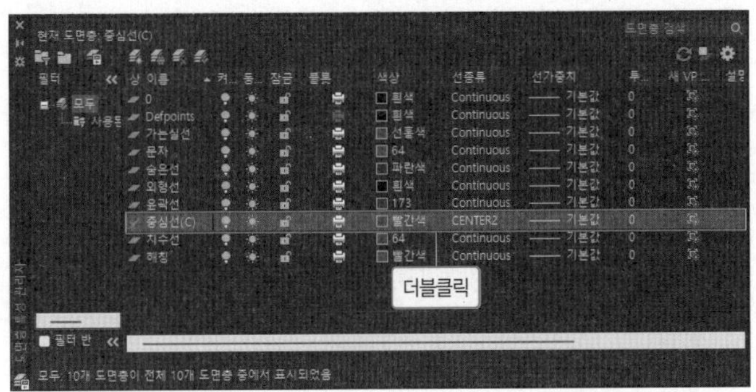

04 | 〔도면층(레이어)〕의 '중심선'을 더블 클릭하여 현재 설정으로 합니다.

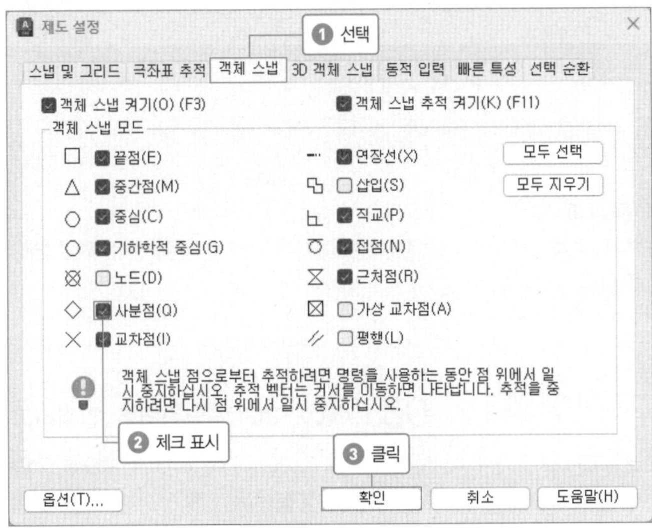

05 | 이때 [제도 설정] 대화상자의 〔객체 스냅〕 탭에서 '사분점(Q)'을 체크 표시해야 합니다.

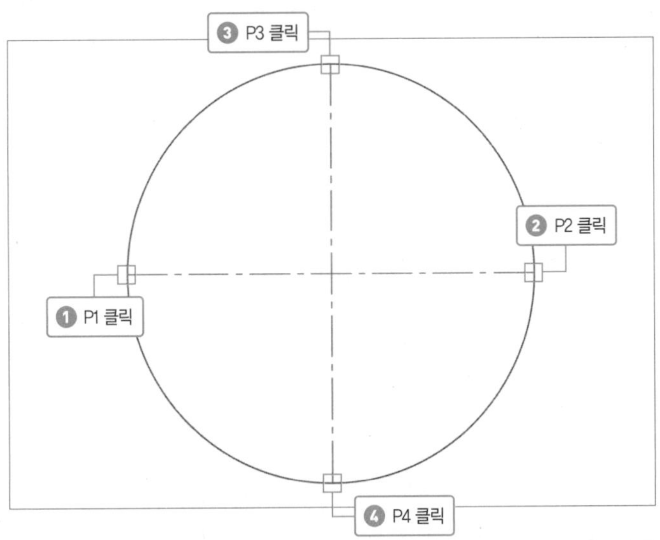

06 | 'L(LINE)' 명령어를 입력하고 Enter를 누릅니다. 원의 왼쪽 중간점을 클릭한 다음 오른쪽 중간점을 클릭해 가로선을 만듭니다. Enter를 눌러 명령어를 다시 실행한 다음 원 위쪽 중간점을 클릭한 후 아래쪽 중간점을 클릭하여 십자 모양의 중심선을 만듭니다.

명령: L
LINE
첫 번째 점 지정: P1, P3
다음 점 지정 또는 [명령 취소(U)]: P2, P4
다음 점 지정 또는 [명령 취소(U)]: *취소*

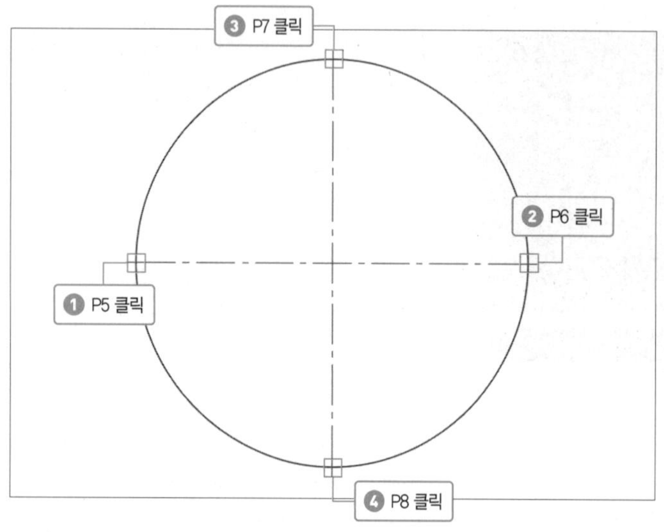

07 | 'LEN(LENGTHEN)' 명령어를 입력하고 Enter를 누릅니다. 옵션에서 'DE'를 입력하고 Enter를 누른 다음 '5'를 입력 후 다시 Enter를 누릅니다. 중심선의 상하좌우 끝부분을 모두 클릭하여 '5'씩 늘리고 Esc를 눌러 명령어를 취소합니다.

명령: LEN
LENGTHEN
측정할 객체 또는 [증분(DE)/퍼센트(P)/합계(T)/동적(DY)] 선택 〈증분(DE)〉: DE
증분 길이 또는 [각도(A)] 입력 〈0.0000〉: 5
변경할 객체 선택 또는 [명령 취소(U)]: P5, P6, P7, P8
변경할 객체 선택 또는 [명령 취소(U)]: *취소*

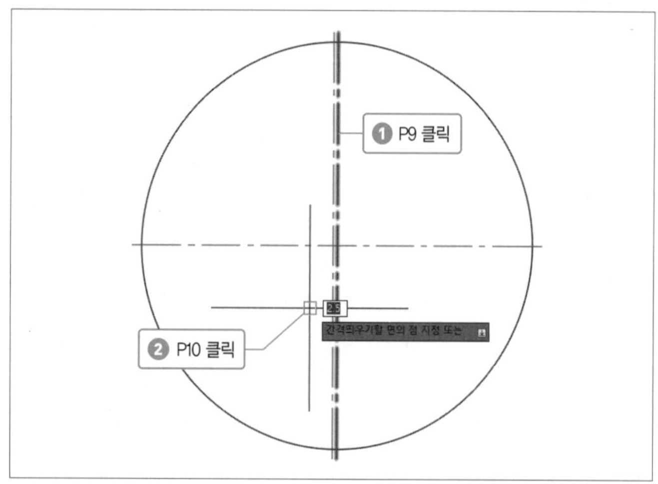

08 | 'O(OFFSET)' 명령어를 입력하고 Enter를 누른 다음 '2.5'를 입력 후 Enter를 누릅니다. 세로 중심선을 선택하고 왼쪽을 클릭하여 '2.5'만큼 떨어진 간격 띄우기 복사를 한 다음 Esc를 눌러 명령어를 취소합니다.

명령: O
OFFSET
현재 설정: 원본 지우기=아니오 도면층=원본 OFFSETGAPTYPE=0
간격띄우기 거리 지정 또는 [통과점(T)/지우기(E)/도면층(L)] 〈통과점〉: 2.5
간격띄우기할 객체 선택 또는 [종료(E)/명령 취소(U)] 〈종료〉: P9
간격띄우기할 면의 점 지정 또는 [종료(E)/다중(M)/명령 취소(U)] 〈종료〉: P10
간격띄우기할 객체 선택 또는 [종료(E)/명령 취소(U)] 〈종료〉: *취소*

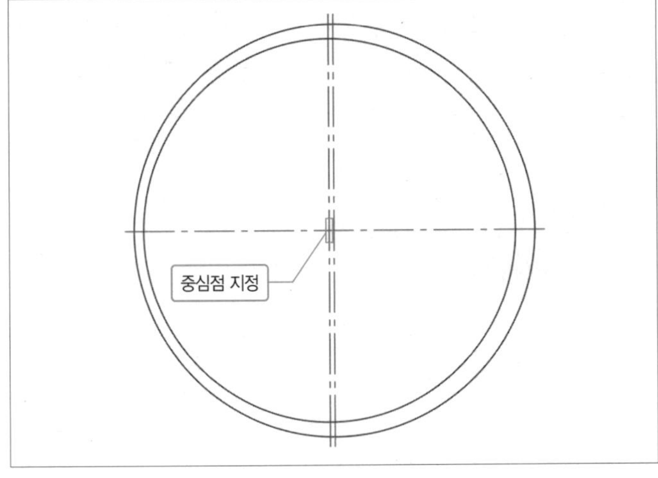

09 | 〔홈〕 탭의 〔도면층(레이어)〕에서 '외형선'을 선택하여 현재 설정으로 하고 [제도 설정] 대화상자의 〔객체 스냅〕 탭에서 '사분점(Q)'을 반드시 체크 표시합니다.

10 | 'C(CIRCLE)' 명령어를 입력하고 Enter를 누릅니다. 간격 띄우기 복사한 세로선과 가로선의 교차점을 클릭하고 옵션에서 'D'를 입력한 다음 Enter를 누릅니다. 지름 값 '195'를 입력하고 Enter를 눌러 '195' 원을 만듭니다.

명령: C
CIRCLE
원에 대한 중심점 지정 또는 [3점(3P)/2점(2P)/Ttr – 접선 접선 반지름(T)]: (중심점 지정)
원의 반지름 지정 또는 [지름(D)] 〈97.5000〉: D
원의 지름을 지정함 〈195.0000〉: 195

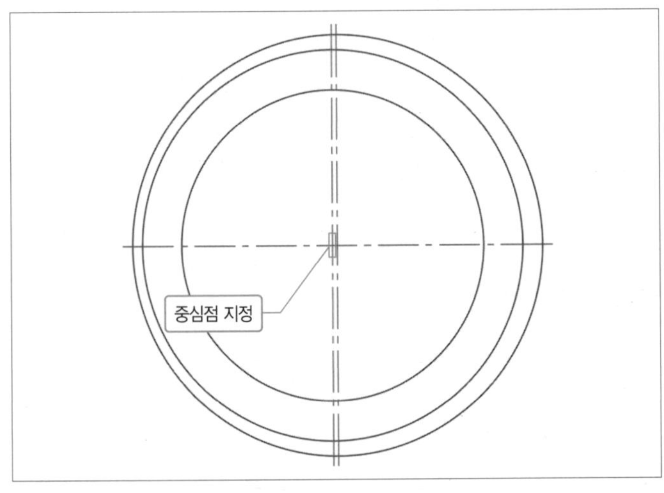

11 | Enter를 눌러 'C(CIRCLE)' 명령어를 다시 실행합니다. 간격 띄우기 복사한 세로선과 가로선의 교차점을 클릭하고 옵션에서 'D'를 입력한 다음 Enter를 누릅니다. 지름 값 '155'를 입력하고 Enter를 눌러 지름 '155' 원을 만듭니다.

명령:
CIRCLE
원에 대한 중심점 지정 또는 [3점(3P)/2점(2P)/Ttr – 접선 접선 반지름(T)]: (중심점 지정)
원의 반지름 지정 또는 [지름(D)] 〈97.5000〉: D
원의 지름을 지정함 〈155.0000〉: 155

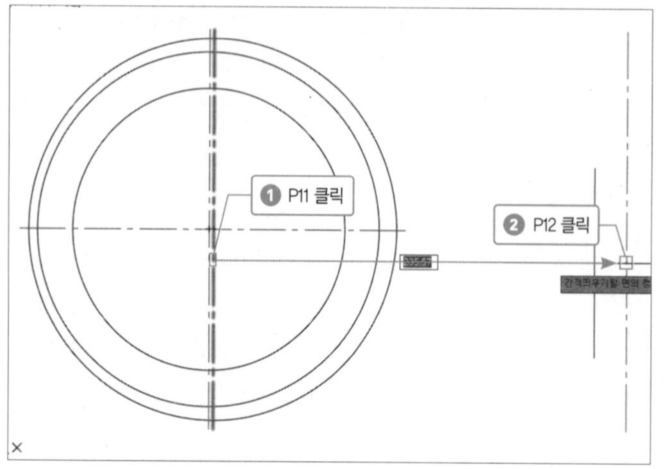

12 | 'O(OFFSET)' 명령어를 입력하고 Enter를 누른 다음 '235.57'을 입력 후 Enter를 누릅니다. '210' 원의 세로 중심선을 선택한 후 오른쪽을 클릭하여 '235.57'만큼 떨어진 간격 띄우기 복사를 하고 Esc를 눌러 명령어를 취소합니다.

명령: O
OFFSET
현재 설정: 원본 지우기=아니오 도면층=원본 OFFSETGAPTYPE=0
간격띄우기 거리 지정 또는 [통과점(T)/지우기(E)/도면층(L)] 〈2.5000〉: 235.57
간격띄우기할 객체 선택 또는 [종료(E)/명령 취소(U)] 〈종료〉: P11
간격띄우기할 면의 점 지정 또는 [종료(E)/다중(M)/명령 취소(U)] 〈종료〉: P12
간격띄우기할 객체 선택 또는 [종료(E)/명령 취소(U)] 〈종료〉: *취소*

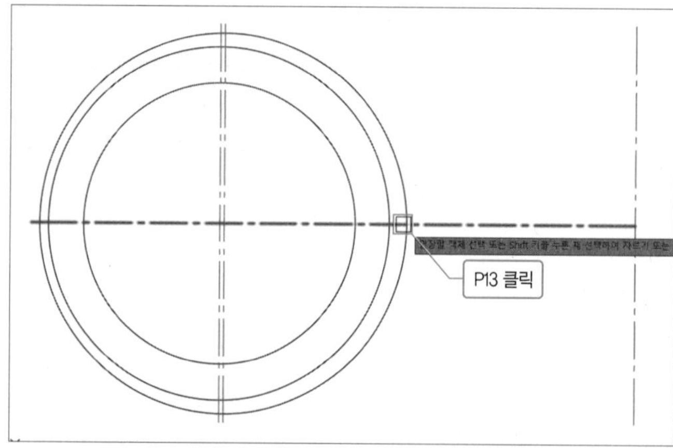

13 | 'EX(EXTEND)' 명령어를 입력하고 Enter를 누릅니다. 가로 중심선의 오른쪽 끝점을 클릭하여 '235.57'만큼 간격 띄우기 복사한 선과 닿도록 선을 연장하고 Esc를 눌러 명령어를 취소합니다.

명령: EX
EXTEND
현재 설정: 투영=UCS, 모서리=없음, 모드=빠른 작업
연장할 객체 선택 또는 Shift 키를 누른 채 선택하여 자르기 또는
[경계 모서리(B)/걸치기(C)/모드(O)/프로젝트(P)]: P13
연장할 객체 선택 또는 Shift 키를 누른 채 선택하여 자르기 또는
[경계 모서리(B)/걸치기(C)/모드(O)/프로젝트(P)/명령 취소(U)]: *취소*

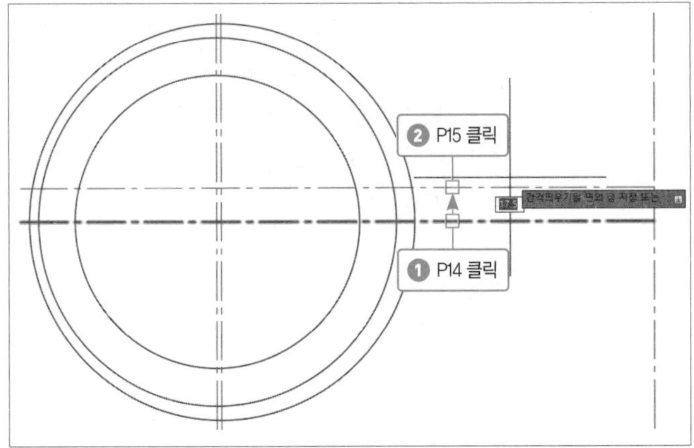

14 | 'O(OFFSET)' 명령어를 입력하고 Enter를 누른 다음 '17.5'를 입력 후 Enter를 누릅니다. 가로 중심선을 선택하고 위쪽을 클릭하여 '17.5'만큼 떨어진 간격 띄우기 복사를 한 다음 Esc를 눌러 명령어를 취소합니다.

명령: O
OFFSET
현재 설정: 원본 지우기=아니오, 도면층=원본 OFFSETGAPTYPE=0
간격띄우기 거리 지정 또는 [통과점(T)/지우기(E)/도면층(L)] 〈235.5700〉: 17.5
간격띄우기할 객체 선택 또는 [종료(E)/명령 취소(U)] 〈종료〉: P14
간격띄우기할 면의 점 지정 또는 [종료(E)/다중(M)/명령 취소(U)] 〈종료〉: P15
간격띄우기할 객체 선택 또는 [종료(E)/명령 취소(U)] 〈종료〉: *취소*

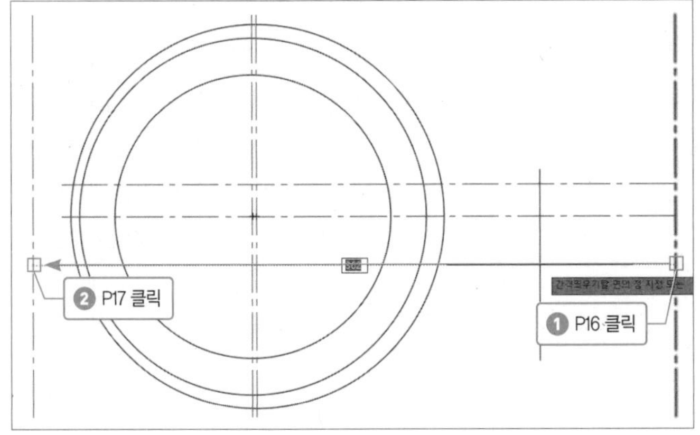

15 | Enter를 눌러 'O(OFFSET)' 명령어를 다시 실행하고 '362'를 입력한 다음 Enter를 누릅니다. 가장 오른쪽에 있는 세로선을 선택하고 왼쪽을 클릭하여 '362'만큼 떨어진 간격 띄우기 복사를 한 다음 Esc를 눌러 명령어를 취소합니다.

명령:
OFFSET
현재 설정: 원본 지우기=아니오, 도면층=원본 OFFSETGAPTYPE=0
간격띄우기 거리 지정 또는 [통과점(T)/지우기(E)/도면층(L)] 〈17.5000〉: 362
간격띄우기할 객체 선택 또는 [종료(E)/명령 취소(U)] 〈종료〉: P16
간격띄우기할 면의 점 지정 또는 [종료(E)/다중(M)/명령 취소(U)] 〈종료〉: P17
간격띄우기할 객체 선택 또는 [종료(E)/명령 취소(U)] 〈종료〉: *취소*

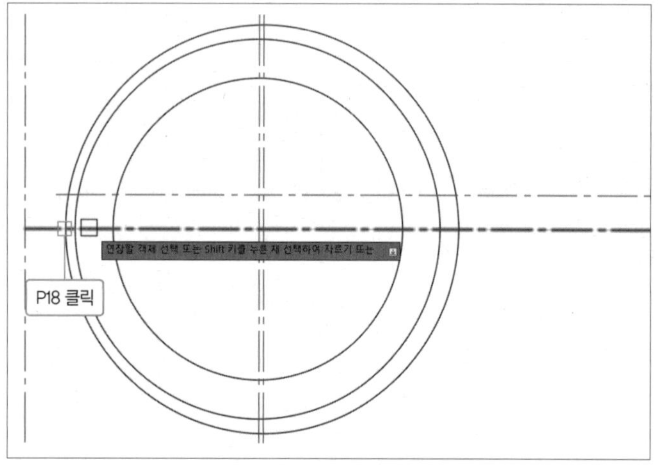

16 | 'EX(EXTEND)' 명령어를 입력하고 Enter를 누릅니다. 아래쪽 가로 중심선 왼쪽 끝점을 클릭해 왼쪽에 간격 띄우기 복사한 세로선과 닿도록 선을 연장하고 Esc를 눌러 명령어를 취소합니다.

명령: EX
EXTEND
현재 설정: 투영=UCS, 모서리=없음, 모드=빠른 작업
연장할 객체 선택 또는 Shift 키를 누른 채 선택하여 자르기 또는
[경계 모서리(B)/걸치기(C)/모드(O)/프로젝트(P)]: P18
연장할 객체 선택 또는 Shift 키를 누른 채 선택하여 자르기 또는
[경계 모서리(B)/걸치기(C)/모드(O)/프로젝트(P)/명령 취소(U)]: *취소*

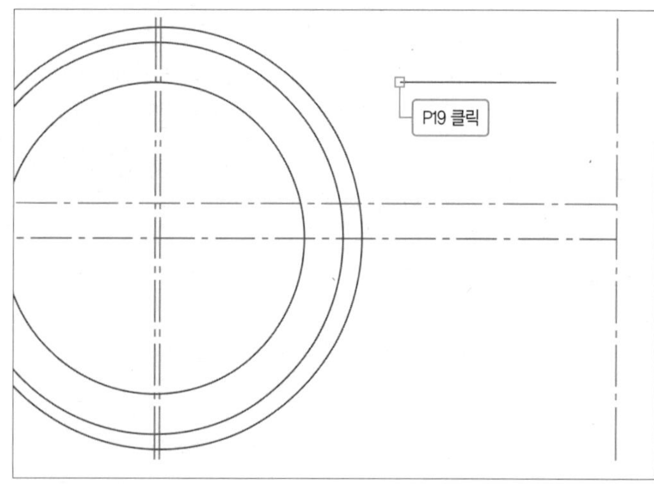

17 | F8을 눌러 직교 모드를 활성화하고 'L(LINE)' 명령어를 입력한 다음 Enter를 누릅니다. 그림과 같이 오른쪽 공간을 클릭하여 시작점을 지정하고 '80'을 입력해 가로선을 만든 후 Esc를 눌러 명령어를 취소합니다.

명령: L
LINE
첫 번째 점 지정: P19
다음 점 지정 또는 [명령 취소(U)]: 80

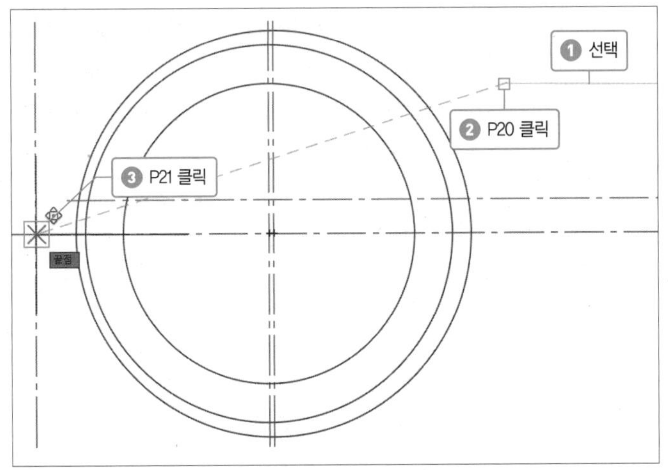

18 | F8을 눌러 직교 모드를 비활성화합니다. 'M(MOVE)' 명령어를 입력하고 Enter를 누른 다음 '80' 선을 선택 후 Enter를 누릅니다. '80' 선의 왼쪽 끝점을 클릭하여 기준점으로 지정하고 왼쪽 세로선과 가로선의 교차점을 클릭하여 이동합니다.

명령:
MOVE
객체 선택: 1개를 찾음
객체 선택: Enter
기준점 지정 또는 [변위(D)] 〈변위〉: P20
두 번째 점 지정 또는 〈첫 번째 점을 변위로 사용〉: P21

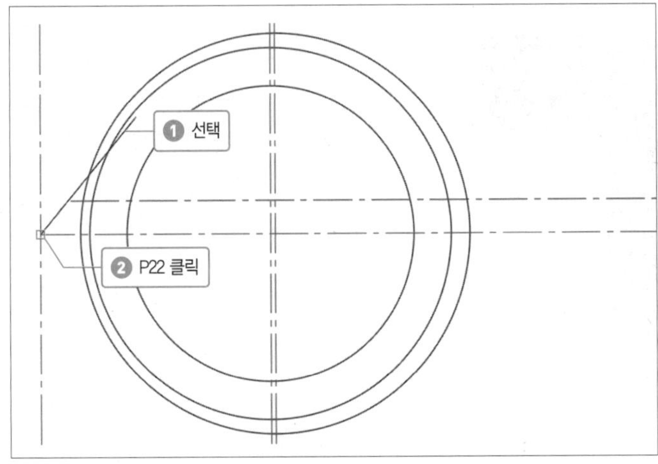

19 | 'RO(ROTATE)' 명령어를 입력하고 Enter를 누른 다음 '80' 선을 선택한 후 Enter를 누릅니다. '80' 선 왼쪽 점을 클릭해 회전 기준점으로 지정하고 '50'을 입력한 다음 Enter를 눌러 시계 반대 방향으로 회전합니다.

TIP
'80' 선은 가로 중심선에 가려서 보이지 않을 수도 있습니다. 클릭해야 이동을 확인할 수 있습니다.

명령: RO
ROTATE
현재 UCS에서 양의 각도: 측정 방향=시계 반대 방향, 기준 방향=0
객체 선택: 1개를 찾음
객체 선택: Enter
기준점 지정: P22
회전 각도 지정 또는 [복사(C)/참조(R)] 〈0〉: 50

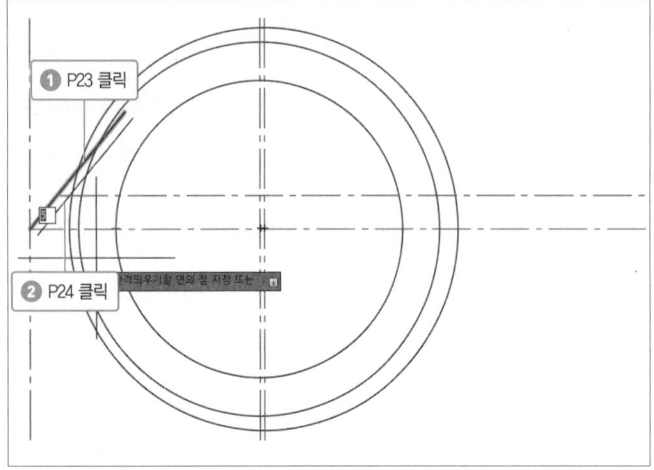

20 | 'O(OFFSET)' 명령어를 입력하고 Enter를 누른 다음 '5'를 입력 후 Enter를 누릅니다. 회전한 선을 선택하고 아래쪽을 클릭하여 '5'만큼 떨어진 간격 띄우기 복사를 한 다음 Esc를 눌러 명령어를 취소합니다.

명령: O
OFFSET
현재 설정: 원본 지우기=아니오, 도면층=원본, OFFSETGAPTYPE=0
간격띄우기 거리 지정 또는 [통과점(T)/지우기(E)/도면층(L)] 〈5.0000〉: 5
간격띄우기할 객체 선택 또는 [종료(E)/명령 취소(U)] 〈종료〉: P23
간격띄우기할 면의 점 지정 또는 [종료(E)/다중(M)/명령 취소(U)] 〈종료〉: P24
간격띄우기할 객체 선택 또는 [종료(E)/명령 취소(U)] 〈종료〉: *취소*

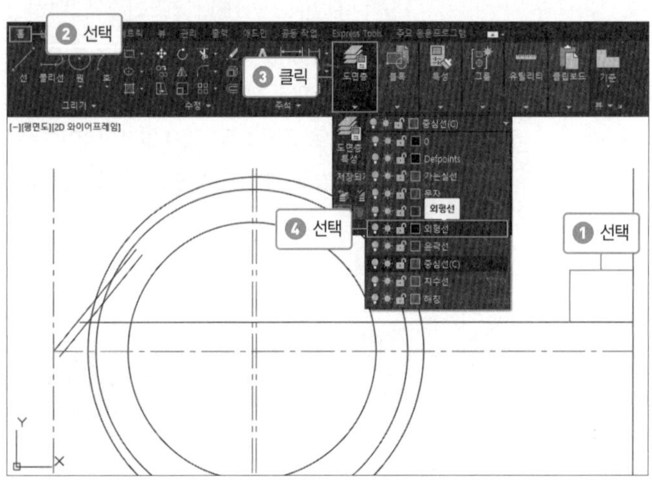

21 | 오른쪽 세로선과 위쪽 가로선을 선택하고 〔홈〕 탭의 〔도면층(레이어)〕에서 '외형선'을 선택하여 변경한 다음 Esc를 눌러 명령어를 취소합니다.

형태 정리하기

01 | 'TR(TRIM)' 명령어를 입력하고 Enter를 누릅니다. 옵션에서 'T'를 입력하고 Enter를 누른 다음 왼쪽 그림과 같이 절단 모서리가 되는 선을 모두 선택 후 Enter를 누릅니다. 오른쪽 그림과 같은 객체가 되도록 자르고 Esc를 눌러 명령어를 취소합니다.

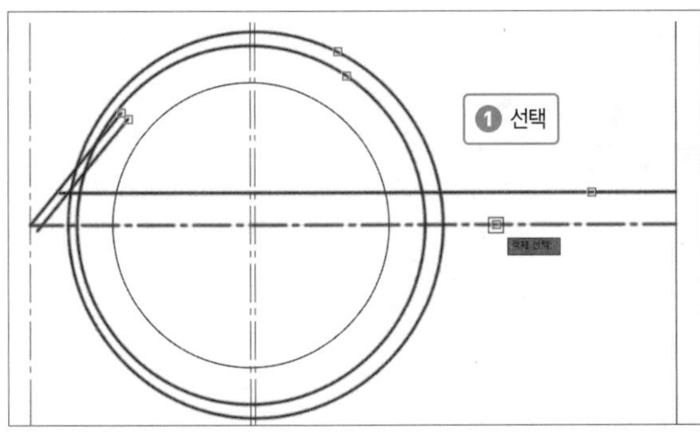

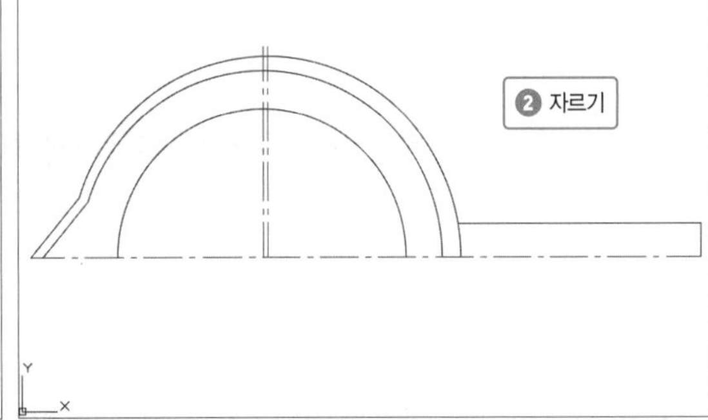

명령: TR
TRIM
현재 설정: 투영=UCS, 모서리=없음, 모드=빠른 작업
자를 객체를 선택하거나 Shift 키를 누른 채로 선택하여 확장 또는
[절단 모서리(T)/걸치기(C)/모드(O)/프로젝트(P)/지우기(R)]: T
현재 설정: 투영=UCS, 모서리=없음, 모드=빠른 작업
절단 모서리 선택...

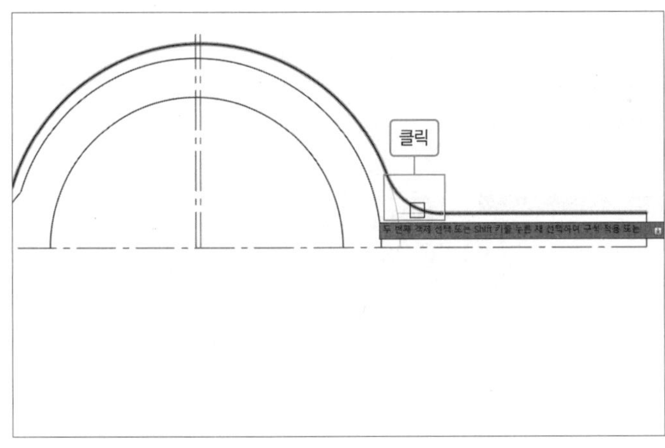

02 | 'F(FILLET)' 명령어를 입력하고 Enter를 누릅니다. 옵션에서 'R'을 입력하고 '30'을 입력한 후 Enter를 누릅니다. 원과 손잡이가 연결되는 모서리 부분을 클릭하여 라운드를 적용합니다.

명령: F
FILLET
현재 설정: 모드=자르기, 반지름=0.0000
첫 번째 객체 선택 또는 [명령 취소(U)/폴리선(P)/반지름(R)/자르기(T)/다중(M)]: R
모깎기 반지름 지정 <30.0000>: 30

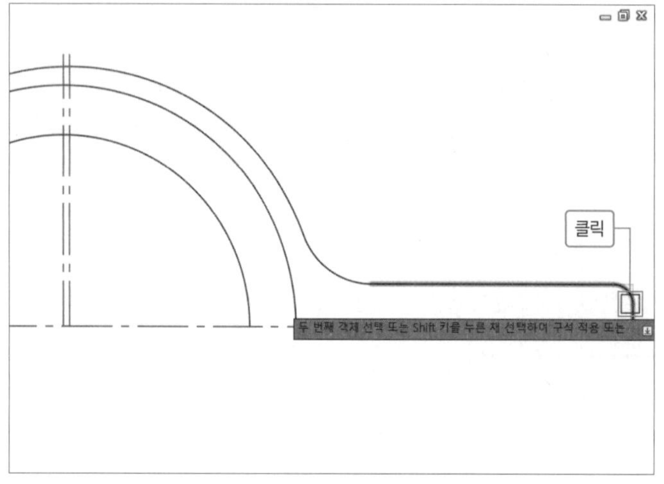

03 | Enter를 눌러 'F(FILLET)' 명령어를 재실행하고 'R'을 입력한 다음 '8'을 입력 후 Enter를 누릅니다. 오른쪽 손잡이 끝 모서리 부분을 클릭하여 라운드를 적용합니다.

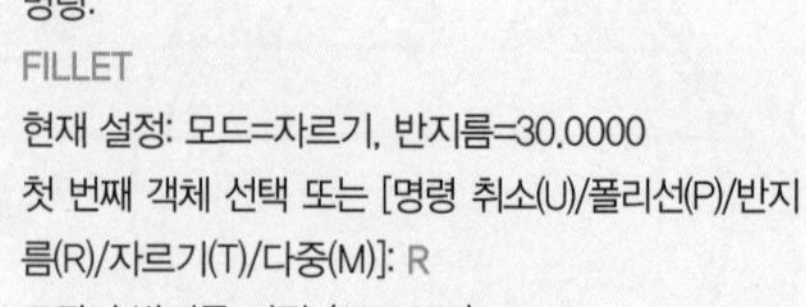
명령:
FILLET
현재 설정: 모드=자르기, 반지름=30.0000
첫 번째 객체 선택 또는 [명령 취소(U)/폴리선(P)/반지름(R)/자르기(T)/다중(M)]: R
모깎기 반지름 지정 〈30.0000〉: 8

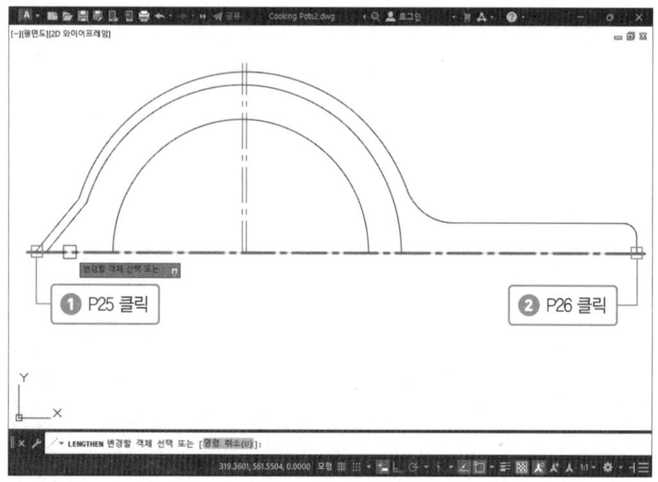

04 | 'LEN(LENGTHEN)' 명령어를 입력하고 Enter를 누릅니다. 옵션에서 'DE'를 입력하고 Enter를 누른 다음 '5'를 입력 후 다시 Enter를 누릅니다. 가로 중심선의 왼쪽과 오른쪽 끝부분을 클릭하면 '5'씩 늘어납니다.

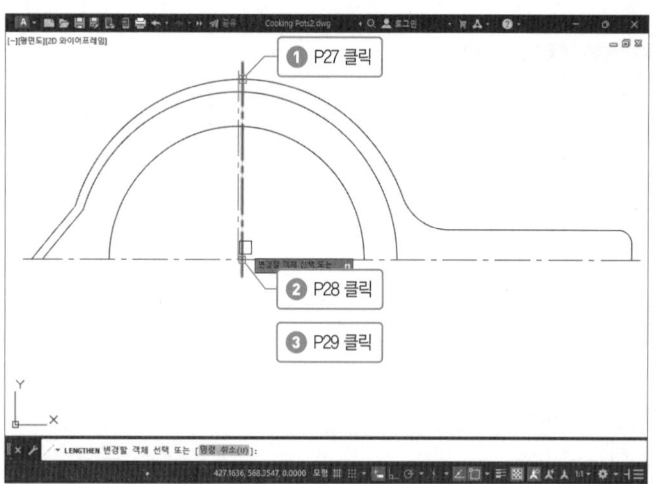

05 | 같은 방법으로 '210' 원의 수직 중심선 위아래 끝부분을 클릭하여 '5'씩 늘리고 아래 끝부분은 한 번 더 클릭하여 '5'만큼 더 늘립니다.

명령: LEN
LENGTHEN
측정할 객체 또는 [증분(DE)/퍼센트(P)/합계(T)/동적(DY)] 선택 〈증분(DE)〉: DE
증분 길이 또는 [각도(A)] 입력 〈5.0000〉: 5

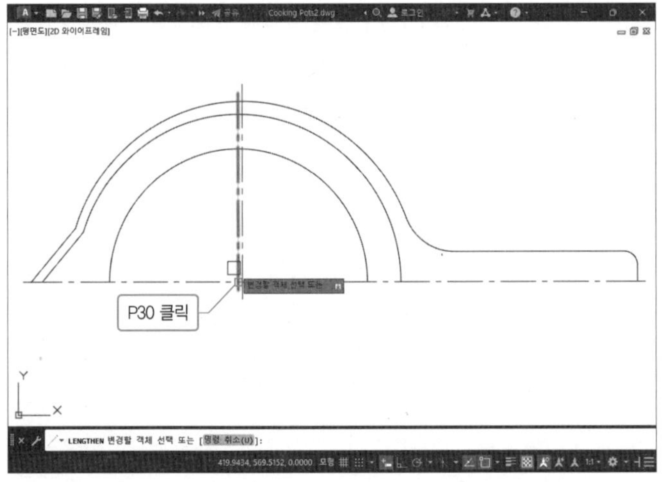

06 | 같은 방법으로 '195' 원의 수직 중심선 아래 끝부분을 클릭하여 '5'씩 늘리고 Esc를 눌러 현재 사용 중인 명령어를 취소합니다.

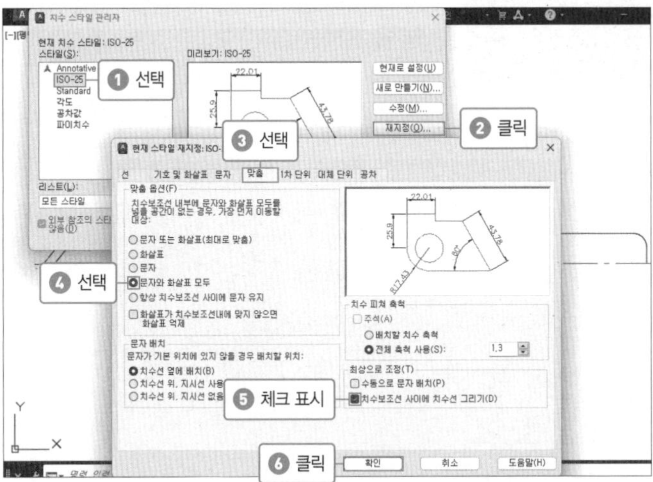

치수선 입력하기

01 | 'D(DIMSTYLE)'을 입력한 다음 Enter를 눌러 [치수 스타일 관리자] 대화상자가 표시되면 'ISO-25'를 선택하고 〈재지정(O)〉 버튼을 클릭해 [ISO-25] 대화상자를 표시합니다. 〔맞춤〕 탭의 '문자와 화살표 모두'를 선택한 후 '치수보조선 사이에 치수선 그리기(D)'를 체크 표시한 다음 〈확인〉 버튼을 클릭한 후 〈닫기〉 버튼을 클릭하여 종료합니다.

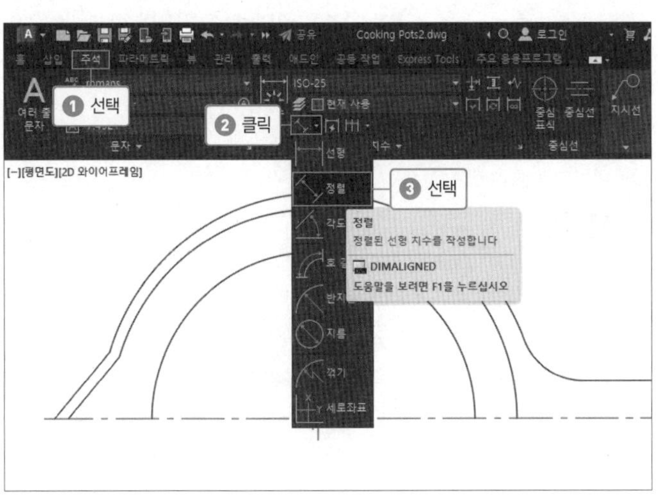

02 | 〔도면층(레이어)〕에서 '치수선'을 선택하여 현재 설정으로 하고 〔주석〕 탭의 치수 입력 부분에서 '정렬'을 선택합니다.

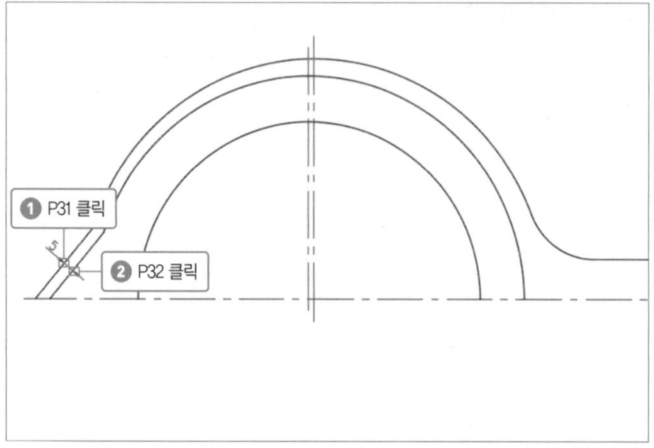

03 | 뾰족한 주둥이 부분의 선을 각각 선택하고 객체 스냅에서 '직교(P)'를 체크 표시한 다음 선형 치수 '5'를 입력합니다.

명령: DIMALIGNED
첫 번째 치수보조선 원점 지정 또는 <객체 선택>: P31
두 번째 치수보조선 원점 지정: P32
치수선의 위치 지정 또는
[여러 줄 문자(M)/문자(T)/각도(A)]:
치수 문자=5

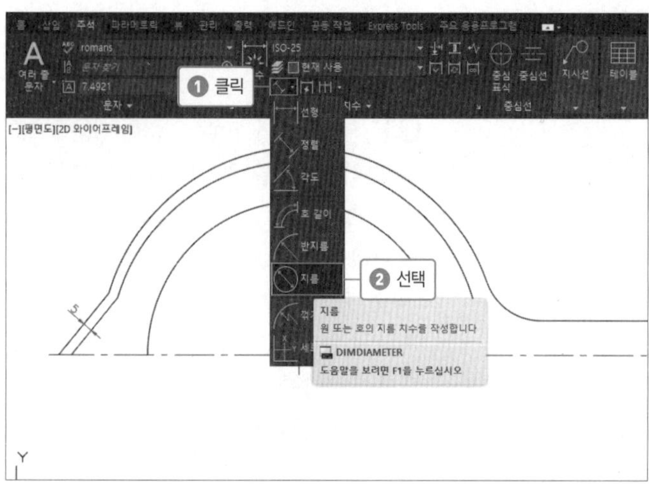

04 | 리본 메뉴의 치수 입력 부분에서 '지름'을 선택합니다.

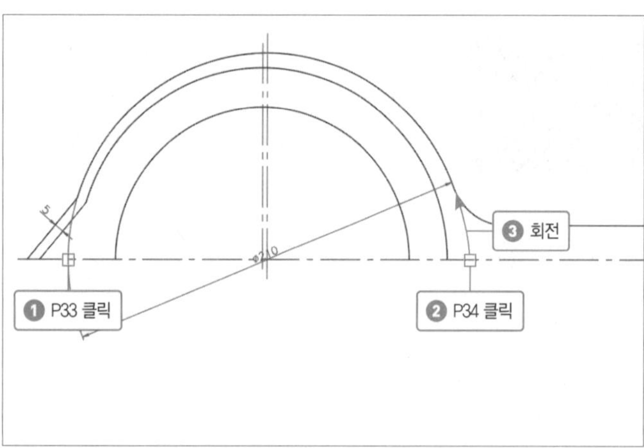

05 | '210' 원의 치수를 입력한 다음 '210' 원을 선택하고 시계 반대 방향으로 회전해 그림과 같이 위치를 잡습니다.

명령: DIMDIA
DIMDIAMETER
호 또는 원 선택: P33
치수 문자=210

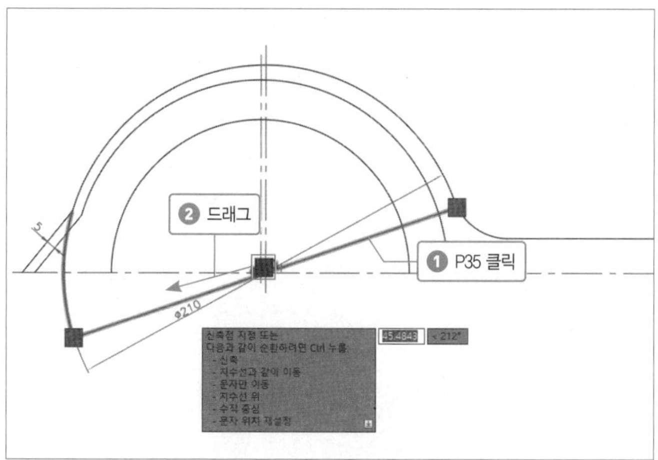

06 | '210' 치수선을 선택한 다음 가운데 파란색 그립을 앞으로 드래그하여 회전한 다음 Esc를 눌러 사용 중인 명령어를 취소합니다.

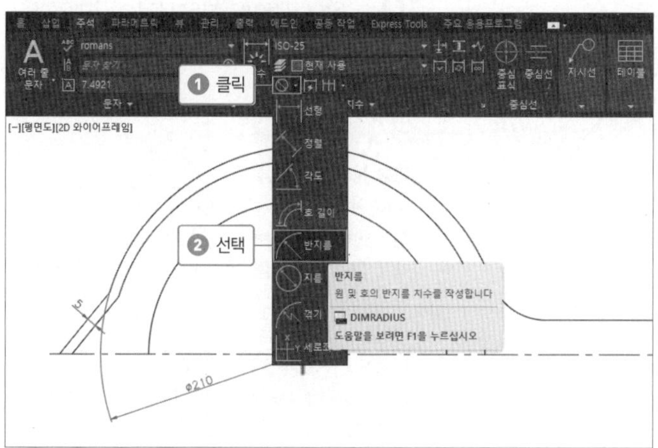

07 | 리본 메뉴의 치수 입력 부분에서 '반지름'을 선택합니다.

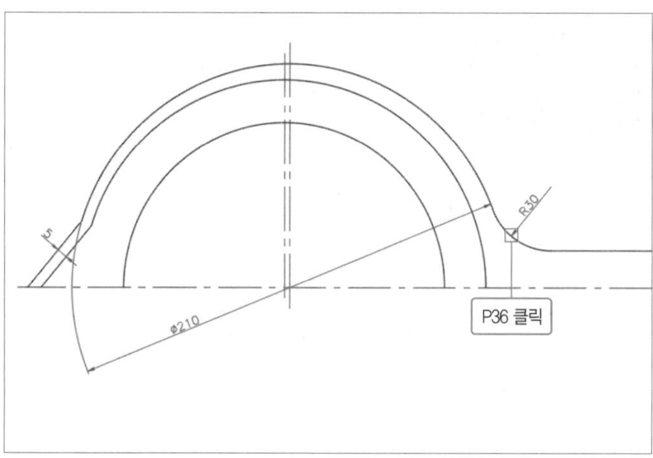

08 | '210' 원과 손잡이가 연결된 부분의 라운드를 클릭하여 반지름 '30'의 치수를 입력합니다.

명령: DIMRADIUS
호 또는 원 선택: P36
치수 문자=30

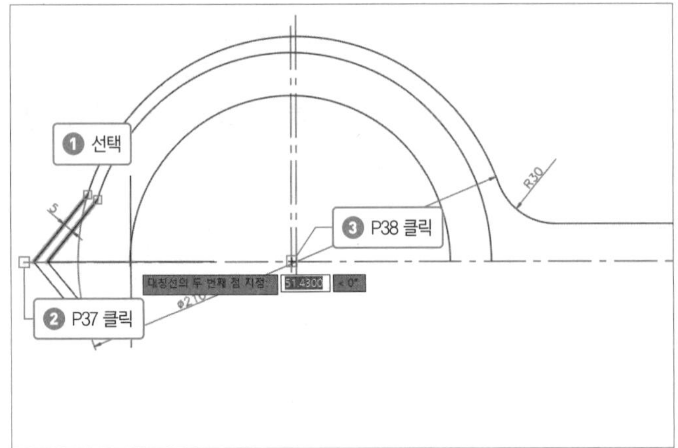

09 | 'MI(MIRROR)' 명령어를 입력하고 Enter를 누릅니다. 뾰족한 주둥이 부분 두 개 선을 각각 선택하고 Enter를 누른 후 기준이 될 가로 중심선 왼쪽 점과 중심선에 있는 점을 클릭하여 대칭 복사합니다.

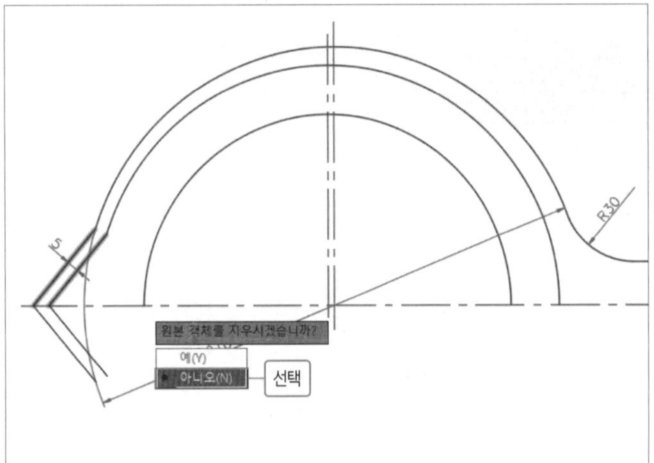

10 | '원본 객체를 지우시겠습니까? 예(Y) 아니오(N)'가 표시되면 '아니오(N)'를 선택합니다.

```
명령: MI
MIRROR
객체 선택: 1개를 찾음
객체 선택: 1개를 찾음, 총 2개
객체 선택: Enter
대칭선의 첫 번째 점 지정: P37
대칭선의 두 번째 점 지정: P38
원본 객체를 지우시겠습니까? [예(Y)/아니오(N)] <아니오>: N
```

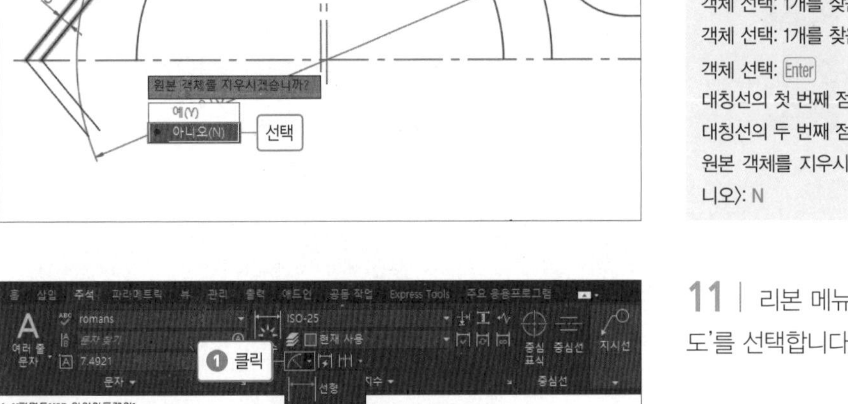

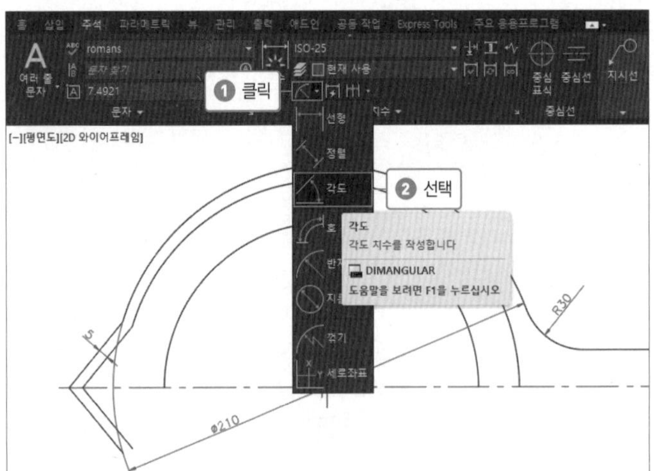

11 | 리본 메뉴의 치수 입력 부분에서 '각도'를 선택합니다.

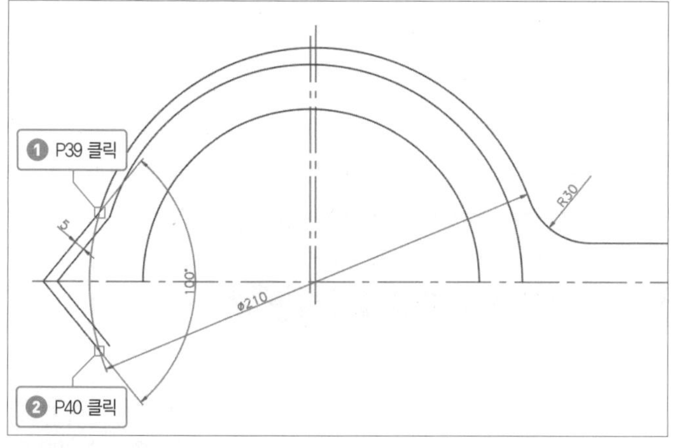

12 | 뾰족한 주둥이 부분 바깥쪽 위아래 선을 각각 선택하여 각도 치수 '100'을 입력합니다.

명령: DIMANGULAR
호, 원, 선을 선택하거나 〈정점 지정〉: P39
두 번째 선 선택: P40
치수 호 선의 위치 지정 또는 [여러 줄 문자(M)/문자(T)/각도(A)/사분점(Q)]:
치수 문자=100

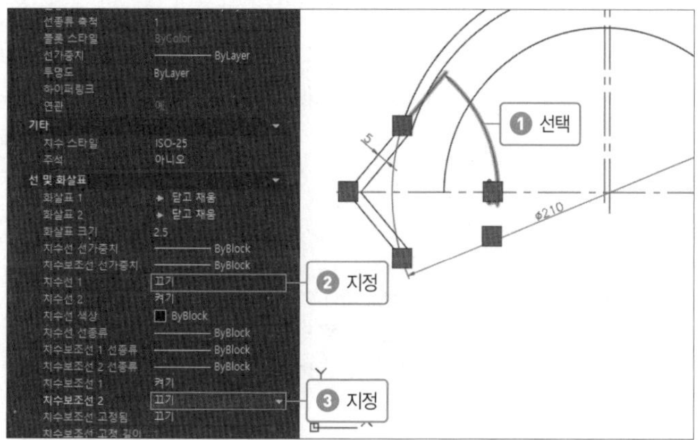

13 | Ctrl+1을 눌러 특성 창을 표시합니다. '100' 치수선을 선택하고 특성 창의 선 및 화살표 속성에서 치수선 1을 '끄기', 치수보조선 2를 '끄기'로 지정하여 변경합니다. 특성 창을 닫고 Esc를 눌러 현재 사용 중인 명령어를 취소합니다.

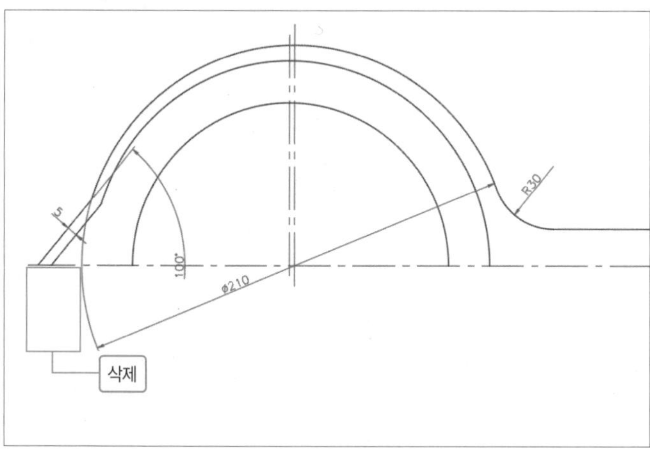

14 | 반전하여 대칭 복사한 선을 선택한 다음 Delete를 눌러 삭제합니다.

2 | 정면도 그리기

기본 형태 그리기

01 | 〔도면층(레이어)〕에서 '외형선'을 선택하여 현재 설정으로 하고 F8을 눌러 '직교 모드'를 활성화합니다.

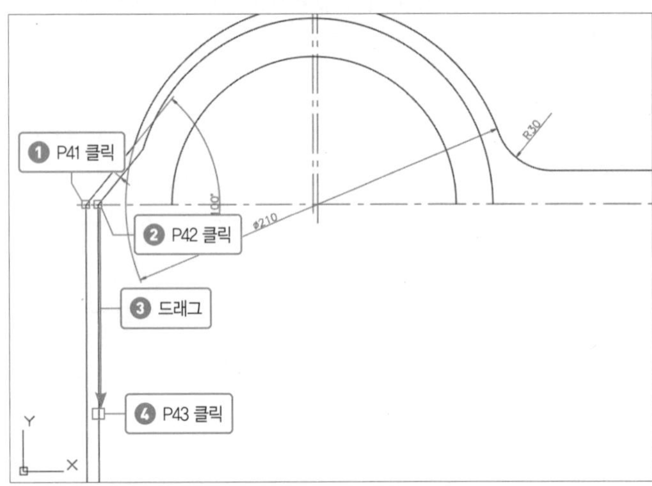

02 | 평면도와 위치를 맞추기 위해 'RAY' 명령어를 입력하고 Enter를 누릅니다. 평면도 왼쪽의 가장 뾰족한 끝점과 그다음 점을 선택하고 아래로 드래그한 다음 클릭해 반무한선을 그립니다.

명령: RAY
시작점을 지정: P41, P42
통과점을 지정: P43
통과점을 지정: *취소*

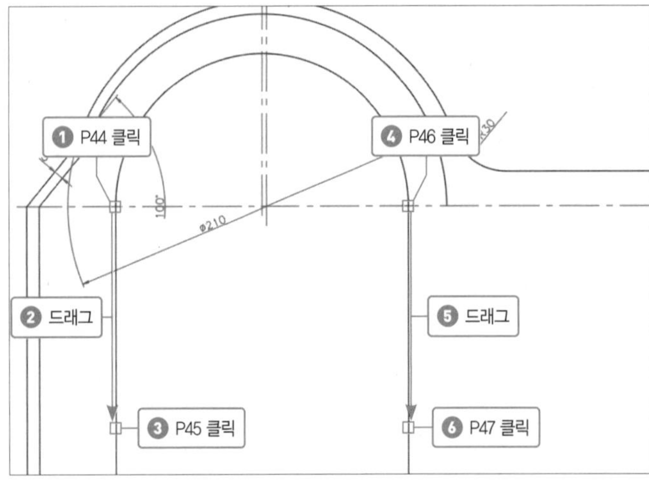

03 | Enter를 눌러 'RAY' 명령어를 재실행합니다. 평면도에서 '155' 원의 양쪽 끝점을 선택하고 각각 수직으로 드래그한 후 클릭하여 반무한선을 그립니다.

명령: RAY
시작점을 지정: P44, P46
통과점을 지정: P45, P47
통과점을 지정: *취소*

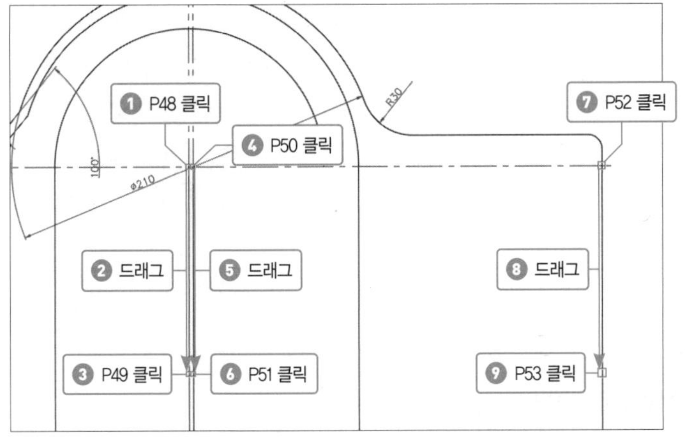

04 | Enter를 눌러 'RAY' 명령어를 재실행합니다. 평면도에서 두 개의 중심선 아래 끝부분과 우측 손잡이 끝부분을 선택한 다음 아래로 드래그하고 클릭해 반무한선을 그린 후 Esc를 눌러 명령어를 취소합니다.

명령: RAY
시작점을 지정: P48, P50, P52
통과점을 지정: P49, P51, P53
통과점을 지정: *취소*

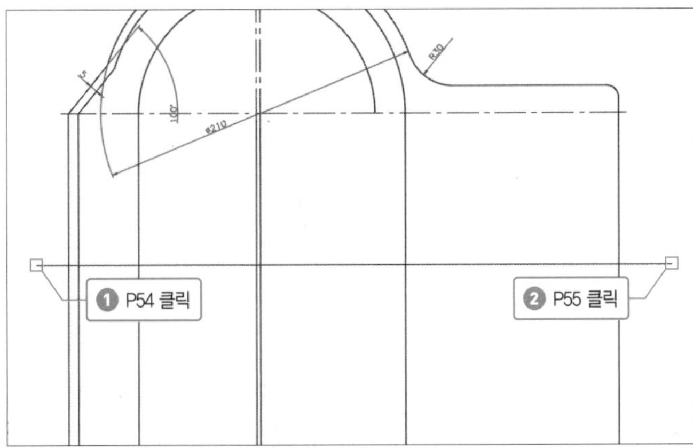

05 | 가로선을 그리기 위해 'L(LINE)' 명령어를 입력하고 Enter를 누릅니다. 그림과 같이 왼쪽을 클릭하여 선의 시작점을 지정하고 오른쪽을 클릭하여 가로선을 만들고 Esc를 눌러 명령어를 취소합니다.

명령: L
LINE
첫 번째 점 지정: P54
다음 점 지정 또는 [명령 취소(U)]: P55
다음 점 지정 또는 [명령 취소(U)]: *취소*

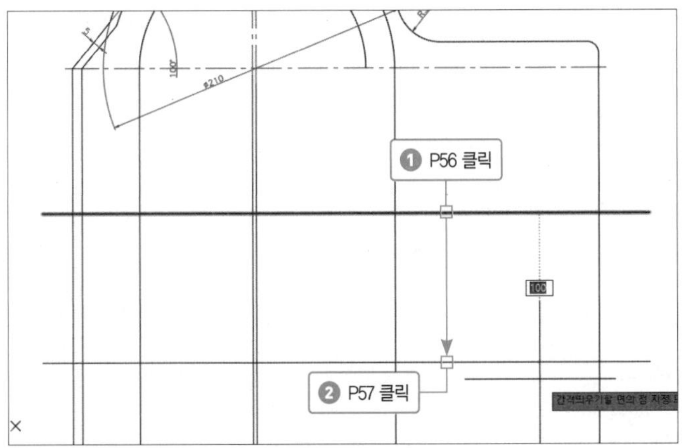

06 | 'O(OFFSET)' 명령어를 입력하고 Enter를 누른 다음 '100'을 입력 후 Enter를 누릅니다. 가로선을 선택하고 아래쪽을 클릭하여 '100'만큼 떨어진 간격 띄우기 복사를 한 다음 Esc를 눌러 명령어를 취소합니다.

명령: O
OFFSET
현재 설정: 원본 지우기=아니오, 도면층=원본, OFFSETGAPTYPE=0
간격띄우기 거리 지정 또는 [통과점(T)/지우기(E)/도면층(L)] 〈통과점〉: 100
간격띄우기할 객체 선택 또는 [종료(E)/명령 취소(U)] 〈종료〉: P56
간격띄우기할 면의 점 지정 또는 [종료(E)/다중(M)/명령 취소(U)] 〈종료〉: P57
간격띄우기할 객체 선택 또는 [종료(E)/명령 취소(U)] 〈종료〉: *취소*

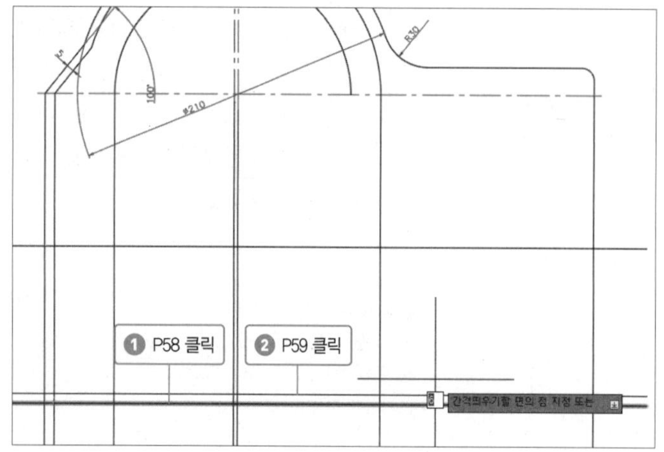

07 | Enter를 눌러 'O(OFFSET)' 명령어를 다시 실행하고 '6'을 입력한 다음 Enter를 누릅니다. 간격 띄우기 복사한 가로선을 선택하고 위쪽을 클릭하여 '6'만큼 떨어진 간격 띄우기 복사를 한 다음 Esc를 눌러 명령어를 취소합니다.

명령:
OFFSET
현재 설정: 원본 지우기=아니오, 도면층=원본, OFFSETGAPTYPE=0
간격띄우기할 거리 지정 또는 [통과점(T)/지우기(E)/도면층(L)] ⟨100.0000⟩: 6
간격띄우기할 객체 선택 또는 [종료(E)/명령 취소(U)] ⟨종료⟩: P58
간격띄우기할 면의 점 지정 또는 [종료(E)/다중(M)/명령 취소(U)] ⟨종료⟩: P59
간격띄우기할 객체 선택 또는 [종료(E)/명령 취소(U)] ⟨종료⟩: *취소*

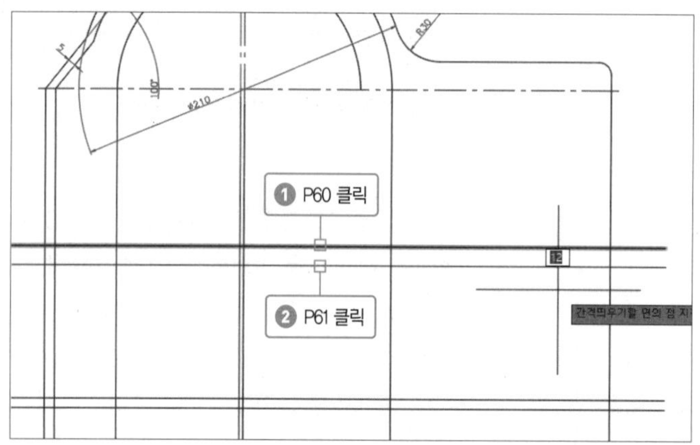

08 | Enter를 눌러 'O(OFFSET)' 명령어를 다시 실행하고 '12'를 입력한 다음 Enter를 누릅니다. 가장 위쪽의 가로선을 선택하고 아래쪽을 클릭해 '12'만큼 떨어진 간격 띄우기 복사를 한 다음 Esc를 눌러 명령어를 취소합니다.

명령:
OFFSET
현재 설정: 원본 지우기=아니오, 도면층=원본, OFFSETGAPTYPE=0
간격띄우기 거리 지정 또는 [통과점(T)/지우기(E)/도면층(L)] ⟨6.0000⟩: 12
간격띄우기할 객체 선택 또는 [종료(E)/명령 취소(U)] ⟨종료⟩: P60
간격띄우기할 면의 점 지정 또는 [종료(E)/다중(M)/명령 취소(U)] ⟨종료⟩: P61
간격띄우기할 객체 선택 또는 [종료(E)/명령 취소(U)] ⟨종료⟩: *취소*

09 | 자르기 위해 'TR(TRIM)' 명령어를 입력하고 Enter를 누른 다음 옵션에 'T'를 입력한 후 Enter를 누릅니다. 절단선의 경계가 되는 선들을 각각 선택하고 Enter를 누른 다음 자를 객체들을 선택하여 자릅니다.

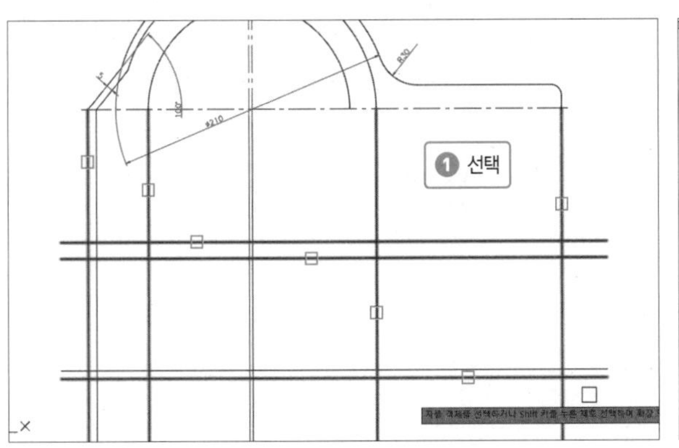

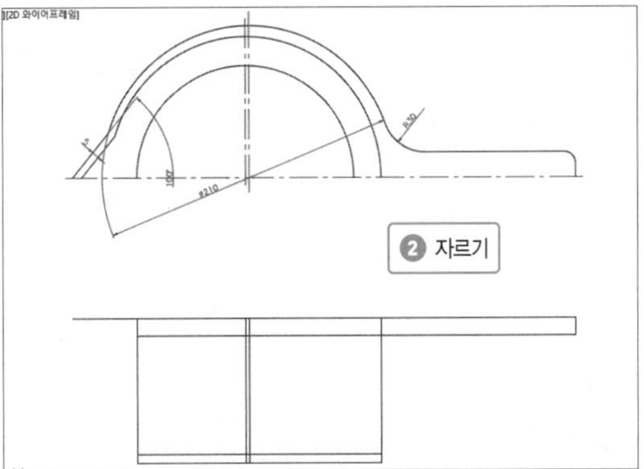

명령: TR
TRIM
현재 설정: 투영=UCS, 모서리=없음, 모드=빠른 작업
자를 객체를 선택하거나 Shift 키를 누른 채로 선택하여 확장 또는
 [절단 모서리(T)/걸치기(C)/모드(O)/프로젝트(P)/지우기(R)]: T
현재 설정: 투영=UCS, 모서리=없음, 모드=빠른 작업
절단 모서리 선택...

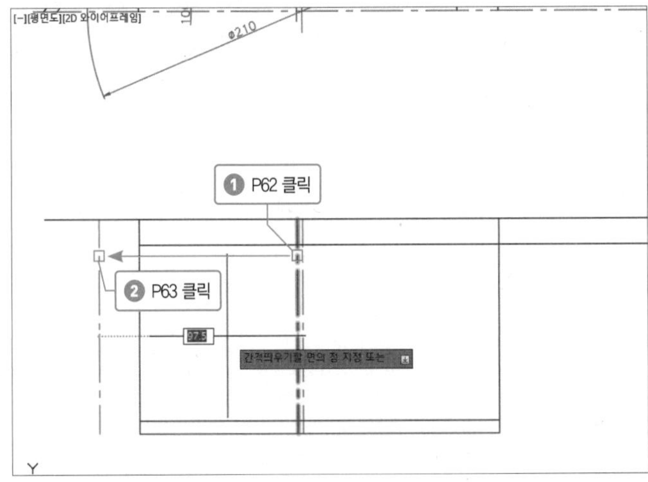

10 | 아래쪽의 중심선 2개를 선택하고 〔홈〕 탭의 〔도면층(레이어)〕에서 '중심선'을 선택하여 변경한 다음 Esc를 눌러 명령어를 취소합니다.

11 | 'O(OFFSET)' 명령어를 입력하고 Enter를 누른 다음 '97.5'를 입력한 다음 Enter를 누릅니다. 아래쪽 중심선 중에서 왼쪽 중심선을 선택하고 왼쪽을 클릭하여 '97.5'만큼 떨어진 간격 띄우기 복사를 한 다음 Esc를 눌러 명령어를 취소합니다.

명령: O
OFFSET
현재 설정: 원본 지우기=아니오, 도면층=원본 OFFSETGAPTYPE=0
간격띄우기 거리 지정 또는 [통과점(T)/지우기(E)/도면층(L)] ⟨105.0000⟩: 97.5
간격띄우기할 객체 선택 또는 [종료(E)/명령 취소(U)] ⟨종료⟩: P62
간격띄우기할 면의 점 지정 또는 [종료(E)/다중(M)/명령 취소(U)] ⟨종료⟩: P63
간격띄우기할 객체 선택 또는 [종료(E)/명령 취소(U)] ⟨종료⟩: *취소*

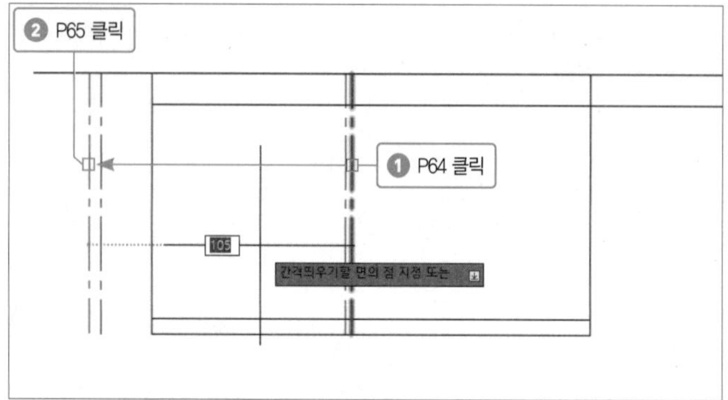

12 | Enter를 눌러 'O(OFFSET)' 명령어를 다시 실행하고 '105'를 입력한 다음 Enter를 누릅니다. 아래쪽 중심선 중에서 오른쪽 중심선을 선택하고 왼쪽을 클릭하여 '105'만큼 떨어진 간격 띄우기 복사를 한 다음 Esc를 눌러 명령어를 취소합니다.

명령:
OFFSET
현재 설정: 원본 지우기=아니오, 도면층=원본, OFFSETGAPTYPE=0
간격띄우기 거리 지정 또는 [통과점(T)/지우기(E)/도면층(L)] 〈97.5000〉: 105
간격띄우기할 객체 선택 또는 [종료(E)/명령 취소(U)] 〈종료〉: P64
간격띄우기할 면의 점 지정 또는 [종료(E)/다중(M)/명령 취소(U)] 〈종료〉: P65
간격띄우기할 객체 선택 또는 [종료(E)/명령 취소(U)] 〈종료〉: *취소*

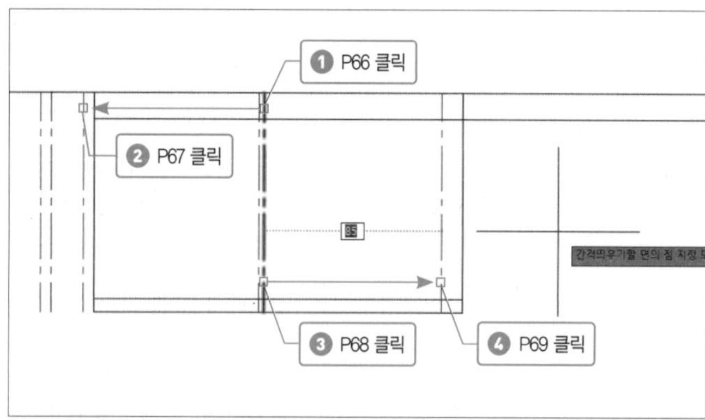

13 | Enter를 눌러 'O(OFFSET)' 명령어를 실행하고 '85'를 입력한 후 Enter를 누릅니다. 아래쪽 중심선 중에서 오른쪽 중심선을 한 번 더 선택하고 왼쪽을 클릭하여 '85'만큼 떨어진 간격 띄우기 복사를 한 다음 Esc를 누릅니다.
같은 방법으로 오른쪽도 클릭하여 그림과 같이 선을 간격 띄우기 복사한 다음 Esc를 눌러 명령어를 취소합니다.

명령: O
OFFSET
현재 설정: 원본 지우기=아니오, 도면층=원본, OFFSETGAPTYPE=0
간격띄우기 거리 지정 또는 [통과점(T)/지우기(E)/도면층(L)] 〈105.0000〉: 85
간격띄우기할 객체 선택 또는 [종료(E)/명령 취소(U)] 〈종료〉: P66, P68
간격띄우기할 면의 점 지정 또는 [종료(E)/다중(M)/명령 취소(U)] 〈종료〉: P67, P69
간격띄우기할 객체 선택 또는 [종료(E)/명령 취소(U)] 〈종료〉: *취소*

14 | Enter를 눌러 'O(OFFSET)' 명령어를 다시 실행하고 '105'를 입력한 후 Enter를 누릅니다. 오른쪽 중심선을 선택하고 오른쪽을 클릭해 '105'만큼 떨어진 간격 띄우기 복사를 한 다음 Esc를 누릅니다.
같은 방법으로 왼쪽 중심선을 선택하고 오른쪽을 클릭하여 '77.5'만큼 떨어진 간격 띄우기 복사를 한 후 Esc를 눌러 명령어를 취소합니다.

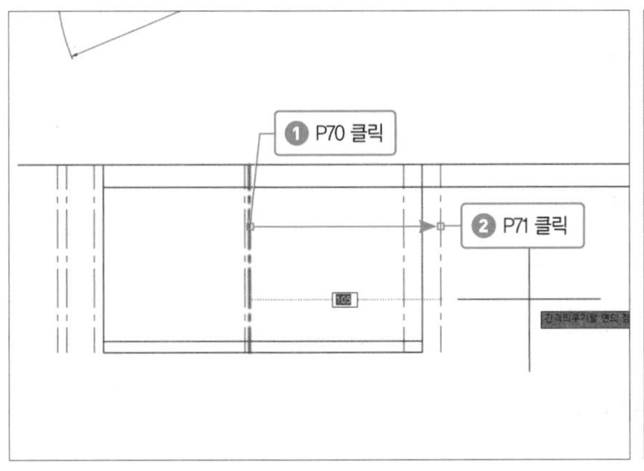

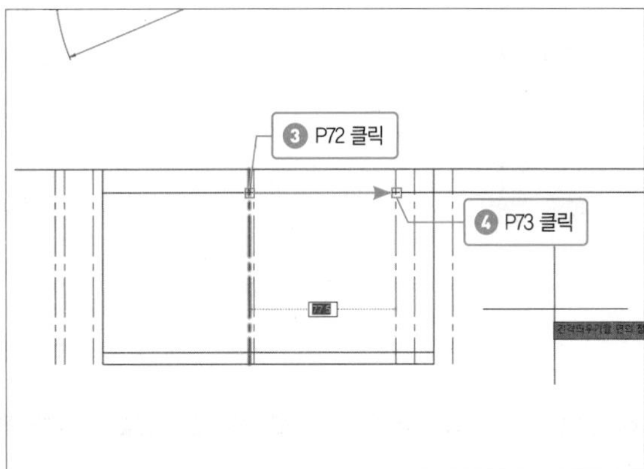

명령:
OFFSET
현재 설정: 원본 지우기=아니오 도면층=원본 OFFSETGAPTYPE=0
간격띄우기 거리 지정 또는 [통과점(T)/지우기(E)/도면층(L)] 〈105.0000〉: 105/77.5
간격띄우기할 객체 선택 또는 [종료(E)/명령 취소(U)] 〈종료〉: P70/P72
간격띄우기할 면의 점 지정 또는 [종료(E)/다중(M)/명령 취소(U)] 〈종료〉: P71/P73
간격띄우기할 객체 선택 또는 [종료(E)/명령 취소(U)] 〈종료〉: *취소*

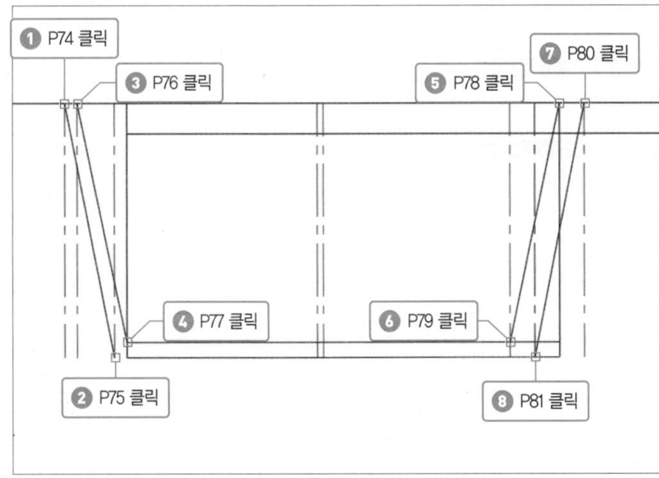

15 | 'L(LINE)' 명령어를 입력하고 Enter를 누릅니다. 간격 띄우기 복사한 선들의 위아래 끝점과 교차점을 클릭하여 그림과 같이 연결된 선을 만듭니다.

명령: L
LINE
첫 번째 점 지정: P74, P76, P78, P80
다음 점 지정 또는 [명령 취소(U)]: P75, P77, P79, P81

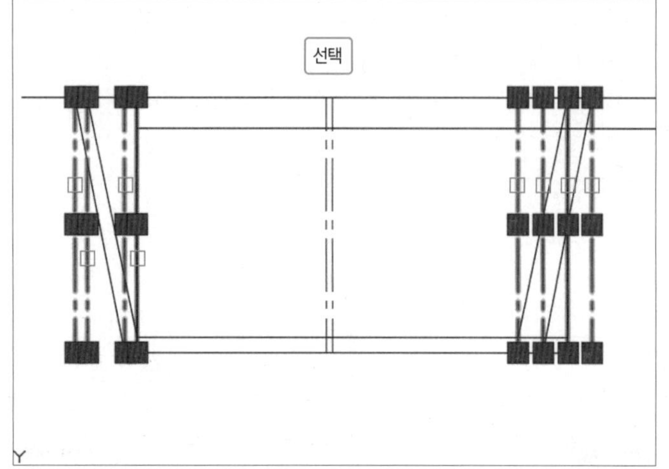

형태 정리하기

01 | 가운데 중심선 두 개를 제외한 모든 세로선을 선택합니다.

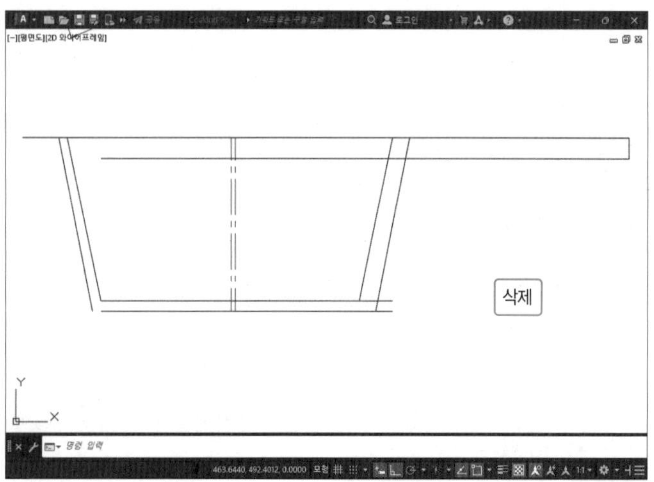

02 | 그림과 같은 모양이 되도록 Delete를 눌러 선택한 선들을 삭제합니다.

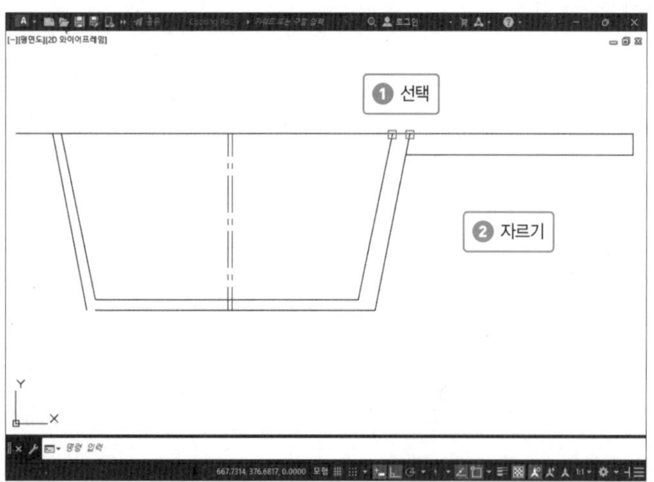

03 | 'TR(TRIM)' 명령어를 입력하고 Enter를 누른 다음 옵션에서 'T'를 입력 후 Enter를 누릅니다. 절단선의 경계가 되는 선들을 선택하고 Enter를 누른 다음 자를 부분을 클릭하여 자른 후 Enter를 눌러 종료합니다.

```
명령: TR
TRIM
현재 설정: 투영=UCS, 모서리=없음, 모드=빠른 작업
자를 객체를 선택하거나 Shift 키를 누른 채로 선택하여 확장 또는
[절단 모서리(T)/걸치기(C)/모드(O)/프로젝트(P)/지우기(R)]: T
현재 설정: 투영=UCS, 모서리=없음, 모드=빠른 작업
절단 모서리 선택...
```

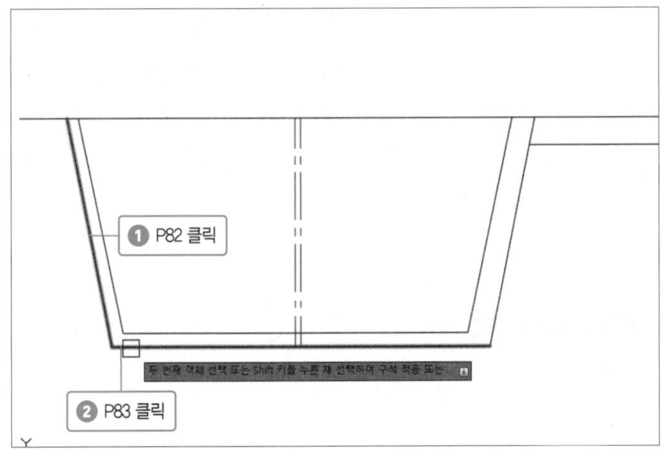

04 | 'F(FILLET)' 명령어를 입력하고 Enter를 누릅니다. Shift를 누른 상태로 왼쪽 하단 모서리에 떨어져 있는 선을 각각 클릭하여 연결합니다.

명령: F
FILLET
현재 설정: 모드=자르기, 반지름=8.0000
첫 번째 객체 선택 또는 [명령 취소(U)/폴리선(P)/반지름(R)/자르기(T)/다중(M)]: P82
두 번째 객체 선택 또는 Shift 키를 누른 채 선택하여 구석 적용 또는 [반지름(R)]: P83

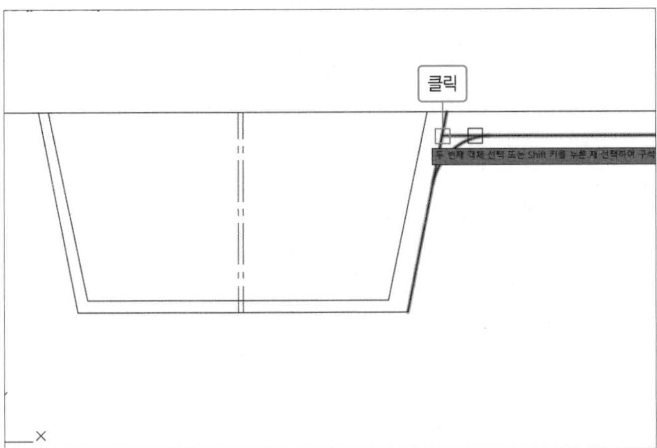

05 | Enter를 누르고 'F(FILLET)' 명령어를 다시 실행합니다. 옵션에서 'T'를 입력하고 'N'을 입력하여 자르지 않기로 설정합니다. 다음으로 'R'을 입력하고 '30'을 입력한 다음 Enter를 누릅니다. 몸체와 손잡이가 연결되는 부분을 클릭하여 라운드를 적용합니다.

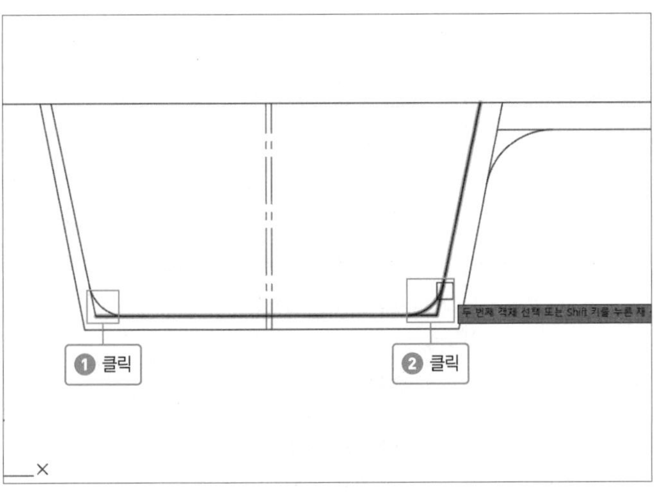

06 | Enter를 누르고 'F(FILLET)' 명령어를 다시 실행하고 옵션에서 'R'을 입력한 다음 '17'을 입력 후 Enter를 누릅니다. 'M'을 입력하여 연속 적용되도록 하고 몸체의 안쪽 아래 모서리를 각각 클릭하여 라운드를 적용합니다.

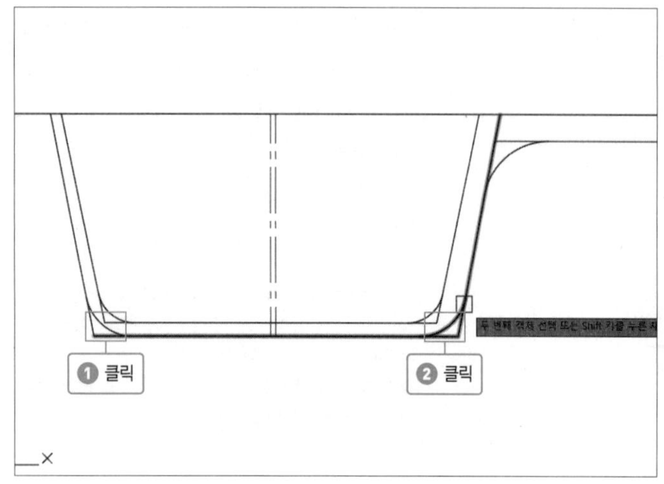

07 | 같은 방법으로 옵션에서 'R'을 입력하고 '22'를 입력한 다음 Enter를 누릅니다. 몸체의 바깥쪽 아래 모서리를 각각 클릭하여 라운드를 적용하고 Esc를 눌러 명령어를 취소합니다.

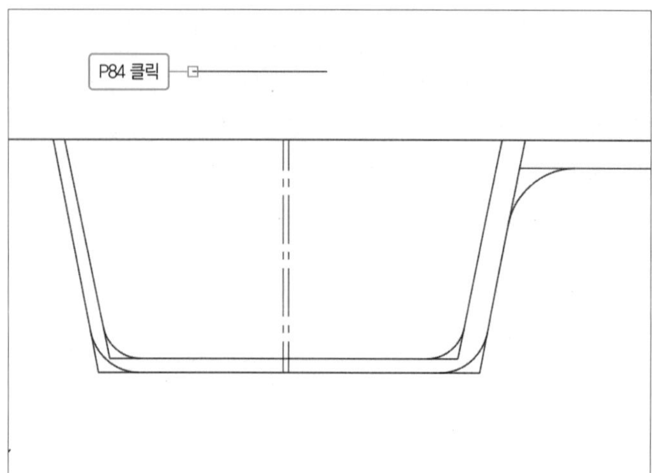

08 | F8을 눌러 '직교 모드'를 활성화하고 'L(LINE)' 명령어를 입력한 다음 Enter를 누릅니다. 그림과 같이 화면 상단 왼쪽 공간을 클릭하여 첫 번째 지점을 지정하고 '60'을 입력하여 가로선을 만든 다음 Esc를 눌러 명령어를 취소합니다.

명령: L
LINE
첫 번째 점 지정: P84
다음 점 지정 또는 [명령 취소(U)]: 60

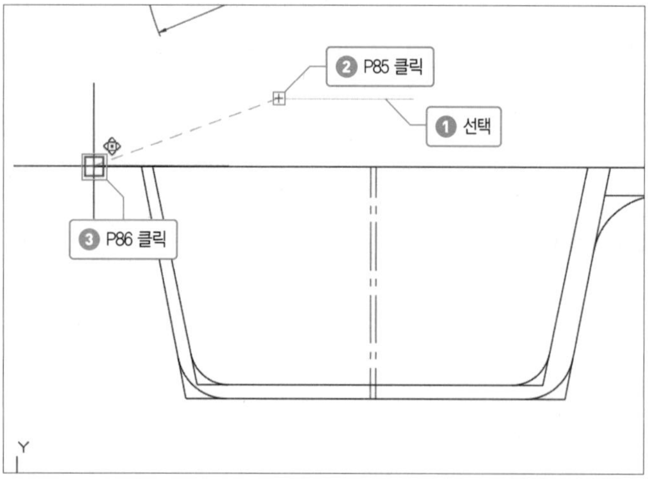

② P85 클릭
① 선택
③ P86 클릭

09 | F8을 눌러 직교 모드를 비활성화하고 'M(MOVE)' 명령어를 입력한 다음 Enter를 누릅니다. '60' 선을 선택하고 Enter를 누른 다음 선의 왼쪽 끝점을 클릭하여 위치의 기준점으로 지정 후 가장 왼쪽 위의 점을 클릭하여 이동합니다.

명령: M
MOVE
객체 선택: 1개를 찾음
객체 선택: Enter
기준점 지정 또는 [변위(D)] 〈변위〉: P85
두 번째 점 지정 또는 〈첫 번째 점을 변위로 사용〉: P86

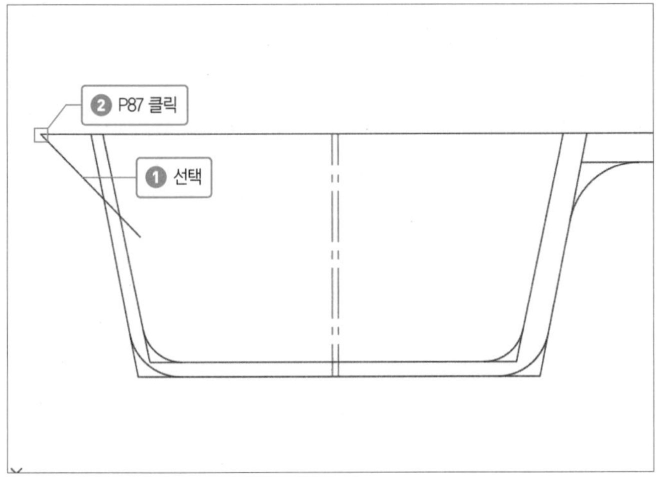

10 | 'RO(ROTATE)' 명령어를 입력하고 Enter를 누른 다음 '60' 선을 선택 후 Enter를 누릅니다. '60' 선의 왼쪽 점을 클릭하여 회전의 기준점으로 지정하고 '−45'를 입력한 다음 Enter를 눌러 시계 반대 방향으로 회전합니다.

명령: RO
ROTATE
현재 UCS에서 양의 각도: 측정 방향=시계 반대 방향 기준 방향=0
객체 선택: 1개를 찾음
객체 선택: Enter
기준점 지정: P87
회전 각도 지정 또는 [복사(C)/참조(R)] 〈0〉: −45

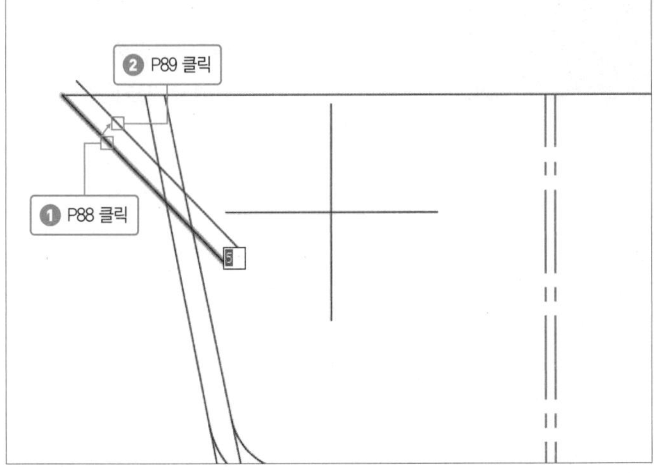

11 | 'O(OFFSET)' 명령어를 입력하고 Enter를 누른 다음 '5'를 입력 후 Enter를 누릅니다. 회전한 선을 선택하고 위쪽을 클릭하여 '5'만큼 떨어진 간격 띄우기 복사를 한 다음 Esc를 눌러 명령어를 취소합니다.

명령: O
OFFSET
현재 설정: 원본 지우기=아니오, 도면층=원본, OFFSETGAPTYPE=0
간격띄우기 거리 지정 또는 [통과점(T)/지우기(E)/도면층(L)] 〈5.0000〉: 5
간격띄우기할 객체 선택 또는 [종료(E)/명령 취소(U)] 〈종료〉: P88
간격띄우기할 면의 점 지정 또는 [종료(E)/다중(M)/명령 취소(U)] 〈종료〉: P89
간격띄우기할 객체 선택 또는 [종료(E)/명령 취소(U)] 〈종료〉: *취소*

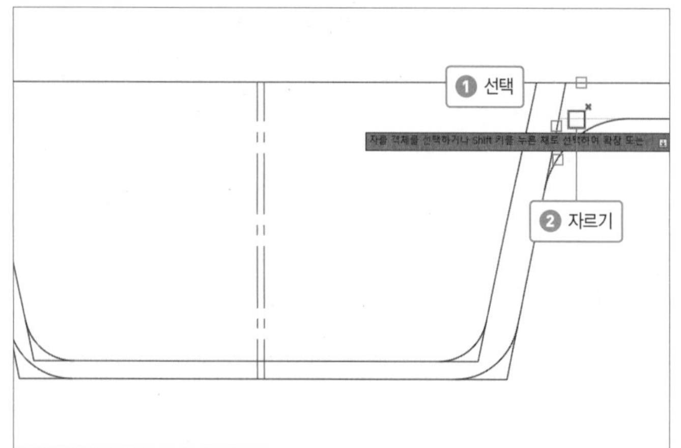

12 | 몸체와 손잡이 부분의 필요 없는 부분을 자르겠습니다. 'TR(TRIM)' 명령어를 입력하고 Enter를 눌러 'T'를 입력한 다음 Enter를 누릅니다. 절단 모서리가 될 선을 선택하고 Enter를 누른 다음 자를 부분을 클릭하여 자른 후 Enter를 눌러 종료합니다.

명령: TR
TRIM
현재 설정: 투영=UCS, 모서리=없음, 모드=빠른 작업
자를 객체를 선택하거나 Shift 키를 누른 채로 선택하여 확장 또는
[절단 모서리(T)/걸치기(C)/모드(O)/프로젝트(P)/지우기(R)]: T
자를 객체를 선택하거나 Shift 키를 누른 채로 선택하여 확장 또는
[절단 모서리(T)/걸치기(C)/모드(O)/프로젝트(P)/지우기(R)/명령 취소(U)]:

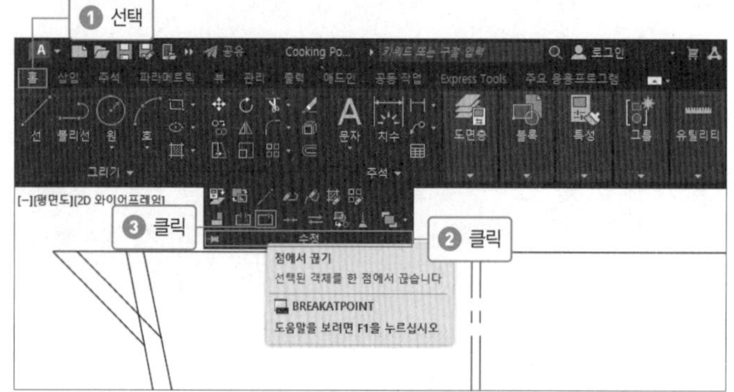

점에서 끊기

01 | [홈] 탭의 '수정'을 클릭하여 수정 패널을 표시하고 '점에서 끊기(BREAKATPOINT)'를 클릭합니다.

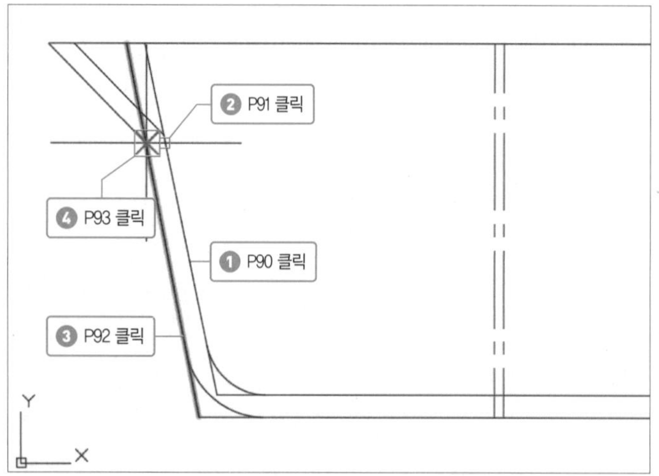

02 | 뾰족한 주둥이 두 곳의 교차 지점을 각각 선택하고 클릭해서 끊기를 합니다.

명령: BREAKATPOINT
객체 선택: P90, P92
끊기점 지정: P91, P93

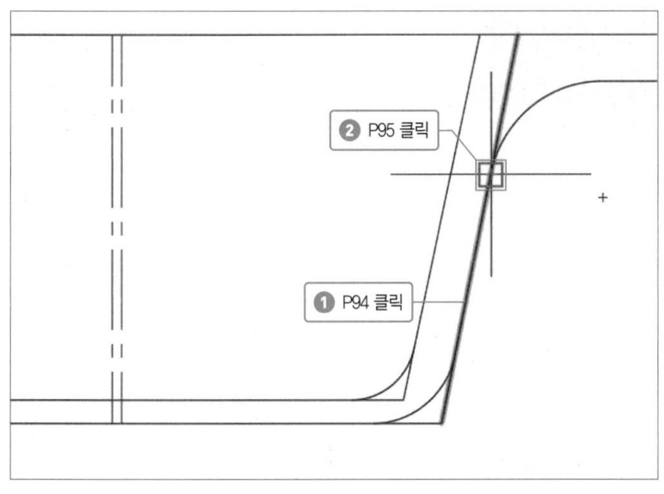

03 | 같은 방법으로 끊기 위해 Enter를 눌러 전 명령어를 다시 실행합니다. 몸체와 손잡이가 연결된 'R30' 곡면 교차 지점을 선택하고 클릭해서 끊기를 합니다.

명령: BREAKATPOINT
객체 선택: P94
끊기점 지정: P95

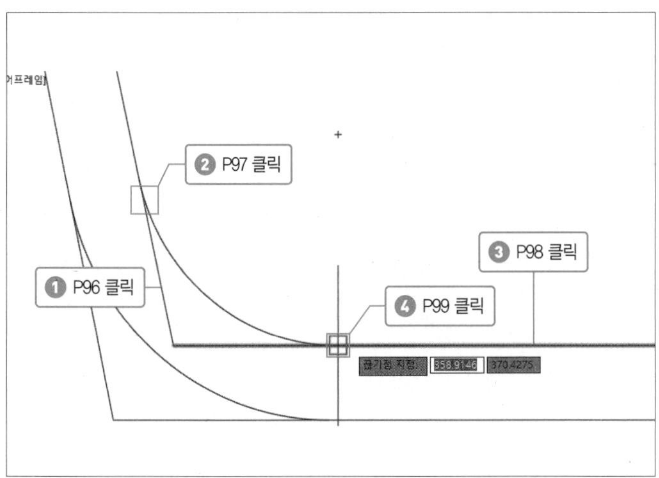

04 | 같은 방법으로 끊기 위해서 Enter를 눌러 전 명령어를 다시 실행합니다. 아래쪽 좌우 'R17' 지점 모서리 교차 지점을 클릭해 모두 끊기를 합니다.

명령: BREAKATPOINT
객체 선택: P96, P97
끊기점 지정: P98, P99

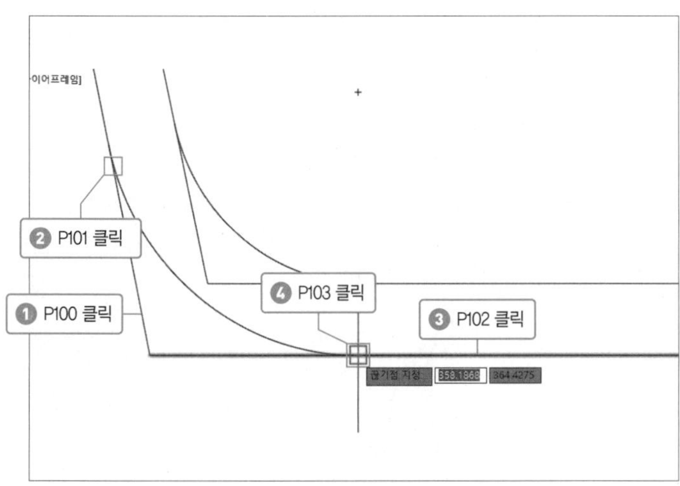

05 | 같은 방법으로 끊기 위해서 Enter를 눌러 전 명령어를 다시 실행합니다. 아래의 양쪽 'R22' 모서리를 각각 선택한 다음 교차 지점을 클릭하여 점을 끊습니다.

명령: BREAKATPOINT
객체 선택: P100, P102
끊기점 지정: P101, P103

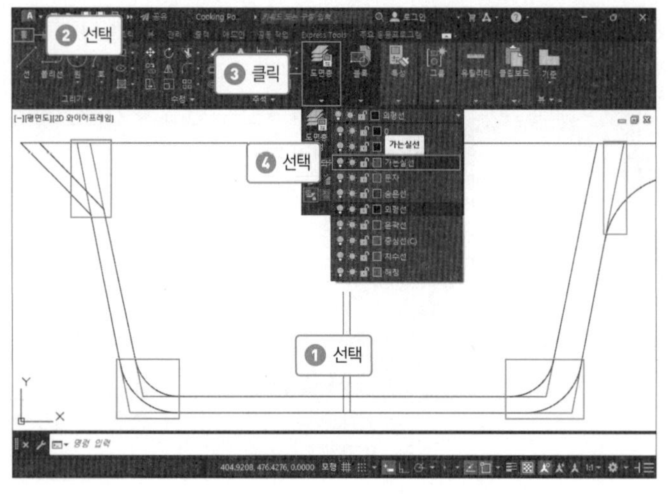

06 | 끊기 된 뾰족한 주둥이 부분, 몸체와 손잡이 부분, 'R30' 곡면, 'R17', 'R22' 모서리 부분 선을 모두 선택합니다. [홈] 탭의 [도면층(레이어)]에서 '가는실선'을 선택해 변경하고 Esc를 눌러 사용 중인 명령어를 취소합니다.

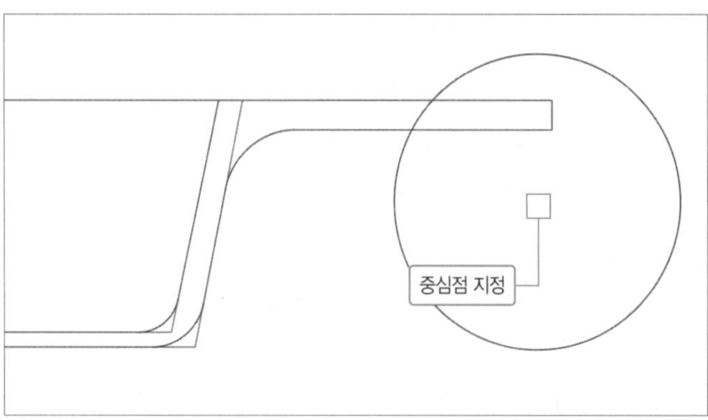

손잡이 곡면 그리기

01 | [도면층(레이어)]에서 '외형선'을 선택하여 현재 설정으로 합니다. 'C(CIRCLE)' 명령어를 입력하고 Enter를 누른 다음 손잡이 끝부분 쪽을 클릭하여 원의 중심점으로 지정합니다. '60'을 입력하고 Enter를 눌러 반지름 '60' 원을 만듭니다.

명령: C
CIRCLE
원에 대한 중심점 지정 또는 [3점(3P)/2점(2P)/Ttr – 접선 접선 반지름(T)]: (중심점 지정)
원의 반지름 지정 또는 [지름(D)] 〈60.0000〉: 60

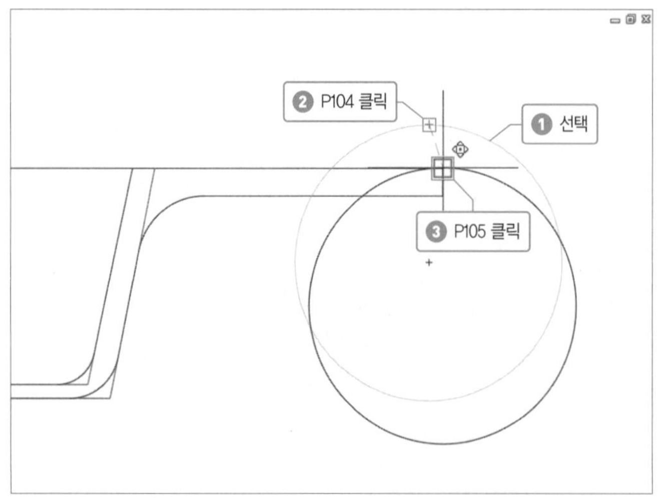

02 | 'M(MOVE)' 명령어를 입력하고 Enter를 누른 다음 '60' 원을 선택 후 Enter를 누릅니다. 원의 위쪽 사분점을 클릭하고 정면도 손잡이의 가장 오른쪽 위 꼭짓점을 클릭하여 이동합니다.

명령: M
MOVE
객체 선택: 1개를 찾음
객체 선택: Enter
기준점 지정 또는 [변위(D)] 〈변위〉: P104
두 번째 점 지정 또는 〈첫 번째 점을 변위로 사용〉: P105

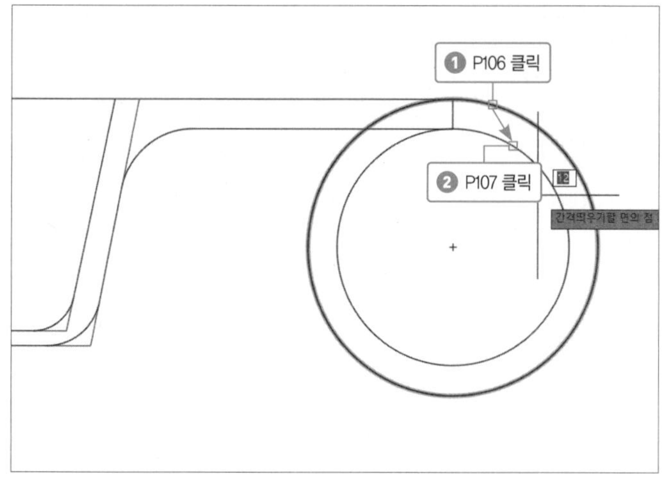

03 | 'O(OFFSET)' 명령어를 입력하고 Enter를 누른 다음 '12'를 입력 후 Enter를 누릅니다. 원을 선택하고 안쪽을 클릭하여 '12' 만큼 떨어진 간격 띄우기 복사를 한 다음 Esc를 눌러 명령어를 취소합니다.

명령: O
OFFSET
현재 설정: 원본 지우기=아니오, 도면층=원본, OFFSETGAPTYPE=0
간격띄우기 거리 지정 또는 [통과점(T)/지우기(E)/도면층(L)] 〈12.0000〉: 12
간격띄우기할 객체 선택 또는 [종료(E)/명령 취소(U)] 〈종료〉: P106
간격띄우기할 면의 점 지정 또는 [종료(E)/다중(M)/명령 취소(U)] 〈종료〉: P107
간격띄우기할 객체 선택 또는 [종료(E)/명령 취소(U)] 〈종료〉: *취소*

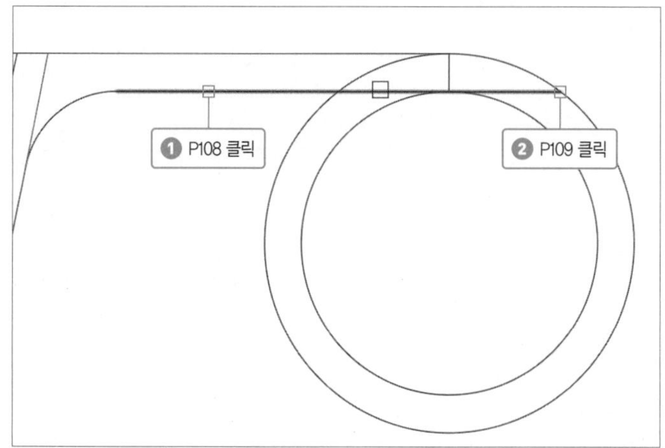

04 | 'EX(EXTEND)' 명령어를 입력하고 Enter를 누릅니다. 손잡이의 하단 가로선을 선택하고 '60' 원의 맞닿는 부분까지 선을 연장한 다음 Esc를 눌러 명령어를 취소합니다.

명령: EX
EXTEND
현재 설정: 투영=UCS, 모서리=없음, 모드=빠른 작업
연장할 객체 선택 또는 〈Shift〉를 누른 채 선택하여 자르기 또는
[경계 모서리(B)/걸치기(C)/모드(O)/프로젝트(P)]: P108
연장할 객체 선택 또는 〈Shift〉를 누른 채 선택하여 자르기 또는
[경계 모서리(B)/걸치기(C)/모드(O)/프로젝트(P)/명령 취소(U)]: *취소*

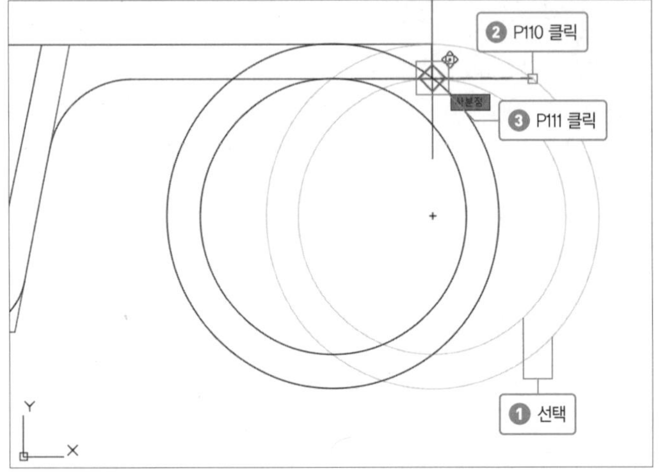

05 | 'M(MOVE)' 명령어를 입력하고 Enter를 누른 다음 원 2개를 선택 후 Enter를 누릅니다. 두 원의 맞닿는 교차점을 클릭하고 왼쪽 손잡이 부분의 사분점을 클릭하여 이동합니다.

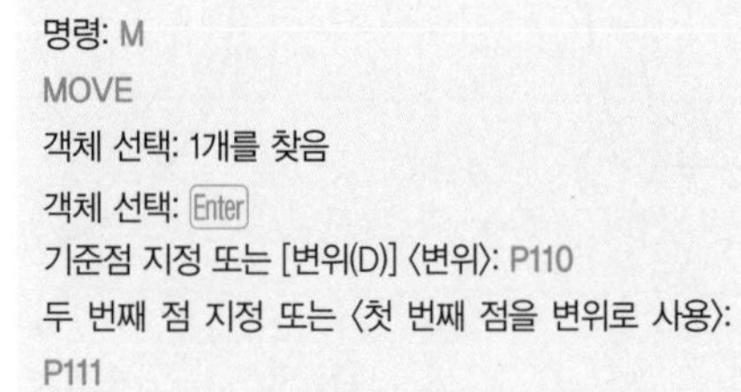
명령: M
MOVE
객체 선택: 1개를 찾음
객체 선택: Enter
기준점 지정 또는 [변위(D)] 〈변위〉: P110
두 번째 점 지정 또는 〈첫 번째 점을 변위로 사용〉: P111

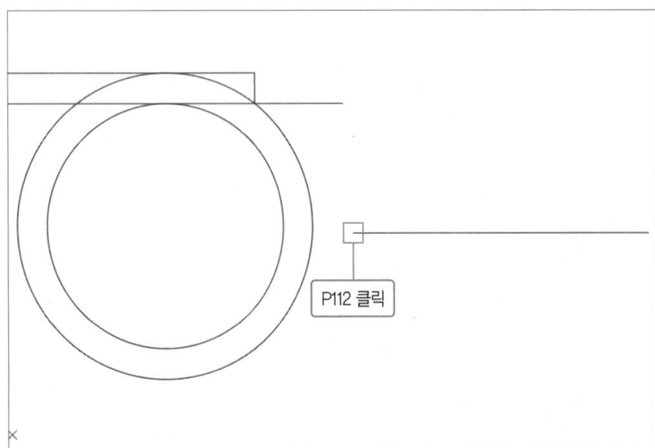

06 | F8을 눌러 '직교 모드'를 활성화합니다. 'L(LINE)' 명령어를 입력한 다음 Enter를 누르고 그림과 같이 공간을 클릭해 첫 번째 지점을 지정한 후 '120'을 입력해 가로선을 만들고 Esc를 눌러 명령어를 취소합니다.

명령: L
LINE
첫 번째 점 지정: P112
다음 점 지정 또는 [명령 취소(U)]: 120

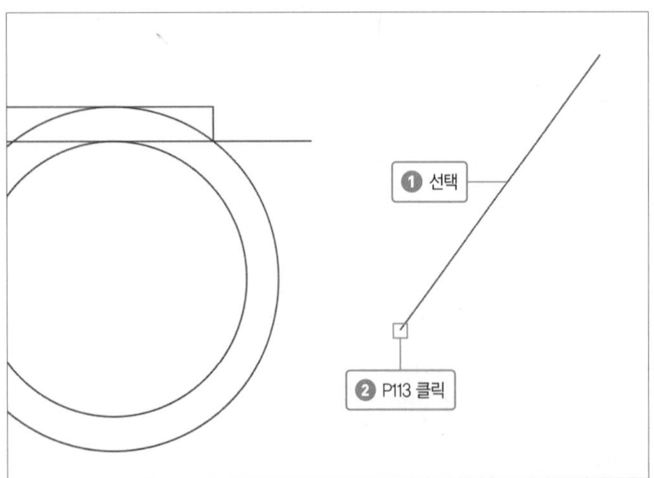

07 | '53'을 입력하여 회전할 각도를 설정하고 Enter를 누르면 시계 반대 방향으로 '53' 만큼 회전합니다.

명령: RO
ROTATE
현재 UCS에서 양의 각도: 측정 방향=시계 반대 방향, 기준 방향=0
객체 선택: 1개를 찾음
객체 선택: Enter
기준점 지정: P113
회전 각도 지정 또는 [복사(C)/참조(R)] 〈53〉: 53

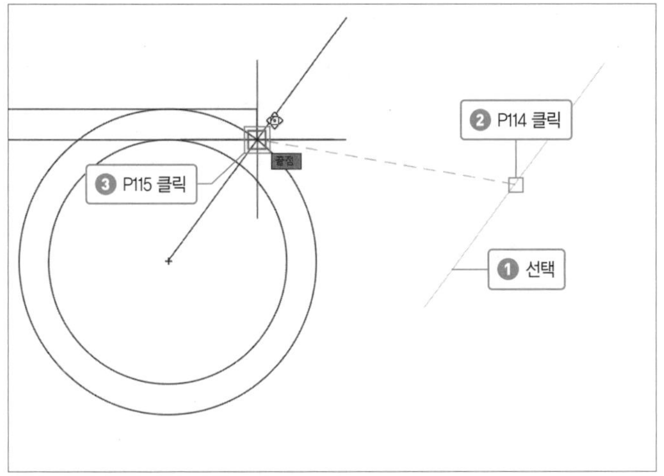

08 | F8을 눌러 '직교 모드'를 비활성화하고 'M(MOVE)' 명령어를 입력한 다음 Enter를 누릅니다. 회전한 선을 선택하고 Enter를 누릅니다. 선의 중간점을 클릭하고 손잡이의 아래 선과 '60' 원의 교차점을 클릭하여 이동합니다.

명령: M
MOVE
객체 선택: 1개를 찾음
객체 선택: Enter
기준점 지정 또는 [변위(D)] 〈변위〉: P114
두 번째 점 지정 또는 〈첫 번째 점을 변위로 사용〉: P115

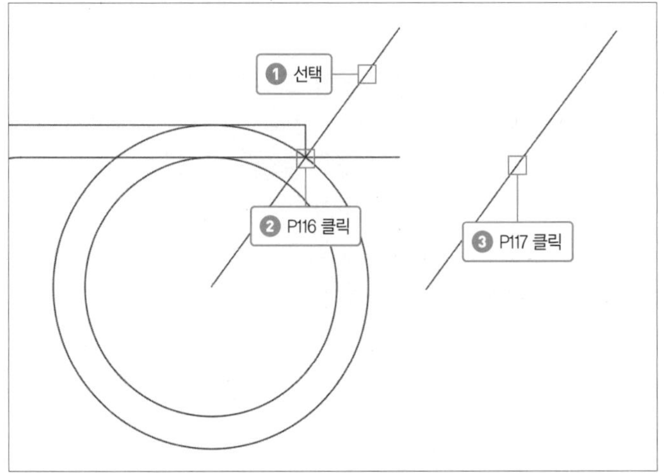

09 | 'CO(COPY)' 명령어를 입력하고 Enter를 누른 다음 이동한 선을 선택 후 Enter를 누릅니다. '120' 선의 중간점이나 끝점을 클릭하여 기준으로 지정하고 공간을 클릭하여 복사한 후 Esc를 눌러 명령어를 취소합니다.

명령: CO
COPY
객체 선택: 1개를 찾음
객체 선택: Enter
현재 설정: 복사 모드=다중(M)
기본점 지정 또는 [변위(D)/모드(O)] 〈변위〉: P116
두 번째 점 지정 또는 [배열(A)] 〈첫 번째 점을 변위로 사용〉: P117
두 번째 점 지정 또는 [배열(A)/종료(E)/명령 취소(U)] 〈종료〉: *취소*

10 | 'TR(TRIM)' 명령어를 입력하고 Enter를 누른 다음 옵션에서 'T'를 입력한 후 Enter를 누릅니다. 절단선의 경계가 되는 선을 모두 드래그해 선택하고 Enter를 누른 다음 자를 부분을 선택하여 자른 후 Enter를 눌러 명령어를 종료합니다.

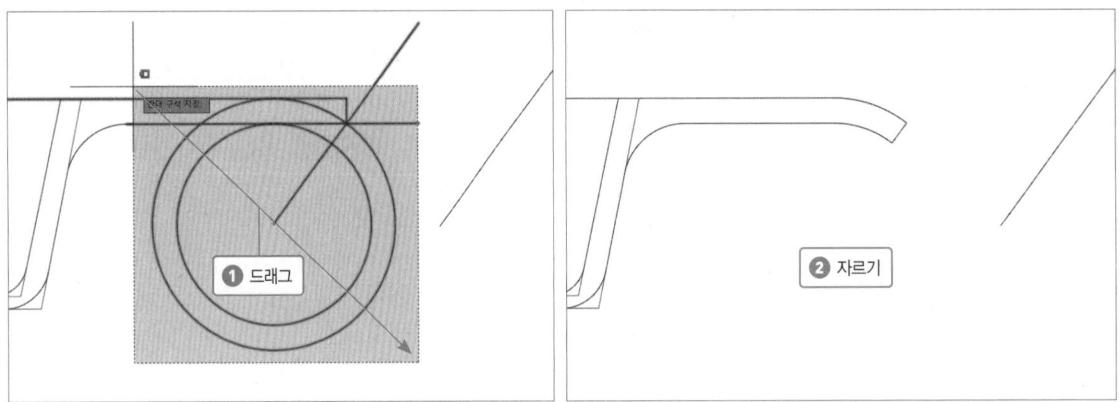

명령: TR
TRIM
현재 설정: 투영=UCS, 모서리=없음, 모드=빠른 작업
자를 객체를 선택하거나 Shift 키를 누른 채로 선택하여 확장 또는
[절단 모서리(T)/걸치기(C)/모드(O)/프로젝트(P)/지우기(R)]: T
현재 설정: 투영=UCS, 모서리=없음, 모드=빠른 작업
절단 모서리 선택...

11 | 'F(FILLET)' 명령어를 입력하고 Enter를 누릅니다. 옵션에서 'T'를 입력하고 'R'을 입력한 다음 '8'을 입력 후 Enter를 누릅니다. 손잡이 오른쪽 아래의 끝부분 곡선을 클릭해 라운드를 적용한 후 Esc를 눌러 명령어를 취소합니다.

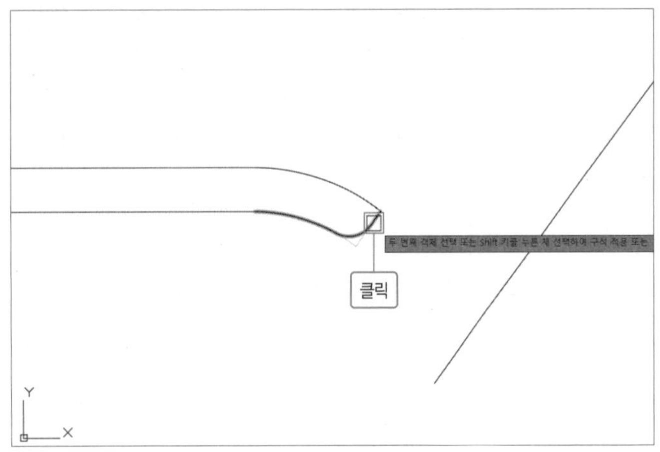

명령: F
FILLET
현재 설정: 모드=자르기 않기, 반지름=22.0000
첫 번째 객체 선택 또는 [명령 취소(U)/폴리선(P)/반지름(R)/자르기(T)/다중(M)]: T
자르기 모드 옵션 입력 [자르기(T)/자르지 않기(N)] 〈자르지 않기〉: T
첫 번째 객체 선택 또는 [명령 취소(U)/폴리선(P)/반지름(R)/자르기(T)/다중(M)]: R
모깎기 반지름 지정 〈22.0000〉: 8

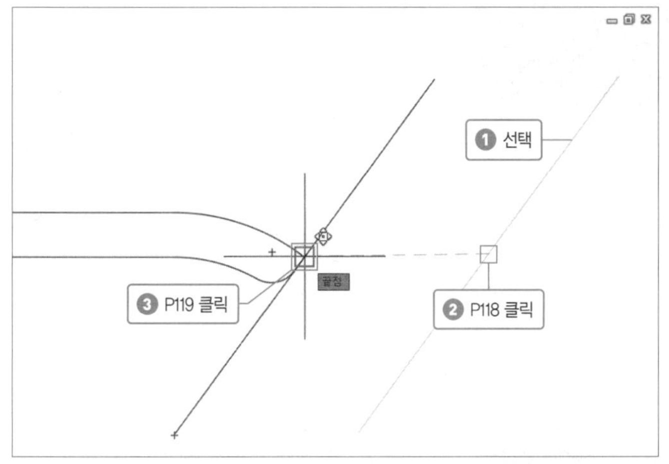

12 | 'M(MOVE)' 명령어를 입력하고 Enter를 누른 후 '120' 선을 선택한 다음 Enter를 누릅니다. '120' 선 중간점을 클릭하고 손잡이의 오른쪽 가장 끝부분 모서리를 클릭해 이동합니다.

명령: M
MOVE
객체 선택: 1개를 찾음
객체 선택: Enter
기준점 지정 또는 [변위(D)] 〈변위〉: P118
두 번째 점 지정 또는 〈첫 번째 점을 변위로 사용〉: P119

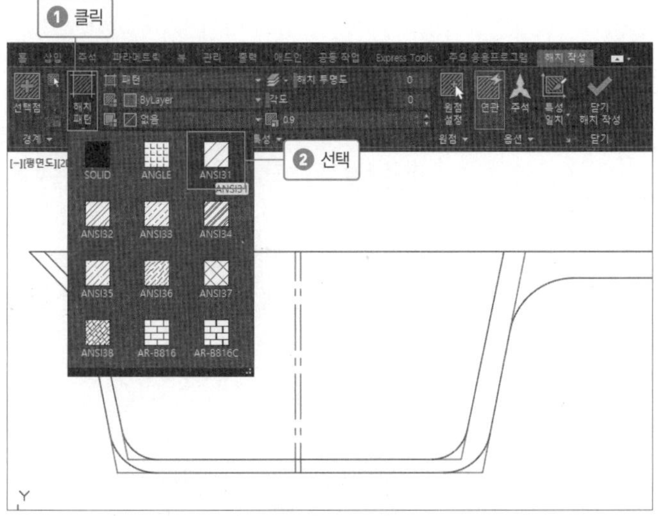

해칭 입력하기

01 | 명령 입력 창에 'H(HATCH)'를 입력하고 Enter를 누릅니다. [해치 작성] 탭이 표시되면 [해치 패턴]에서 'ANSI31'을 선택합니다.

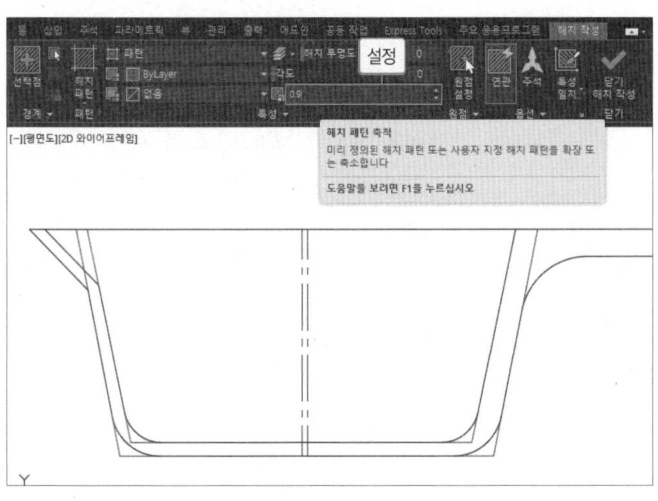

02 | 리본 메뉴에서 해치 패턴 축척을 '0.9'로 설정하고 Enter를 누릅니다.

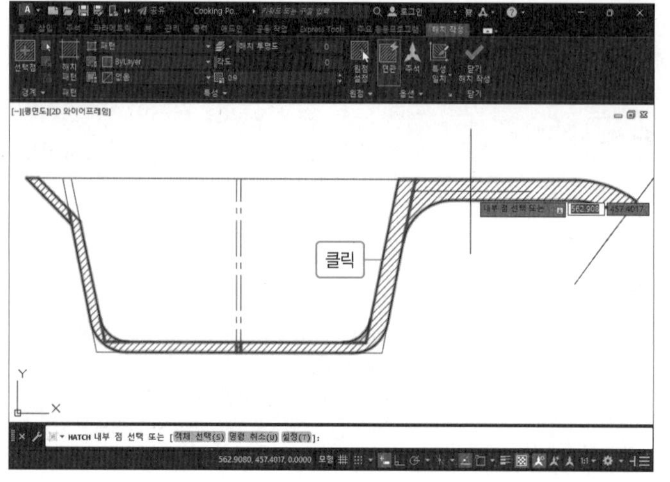

03 | 해치 패턴이 그려질 부분의 내부를 차례로 선택하여 클릭합니다. 클릭하는 곳마다 'ANSI31'의 패턴이 채워집니다. 명령어를 취소할 때는 Esc를 누릅니다.

명령: H
HATCH
내부 점 선택 또는 [객체 선택(S)/명령 취소(U)/설정(T)]: 모든 것 선택...
가시적인 모든 것 선택 중...
선택된 데이터 분석 중...
내부 고립영역 분석 중...
내부 점 선택 또는 [객체 선택(S)/명령 취소(U)/설정(T)]:

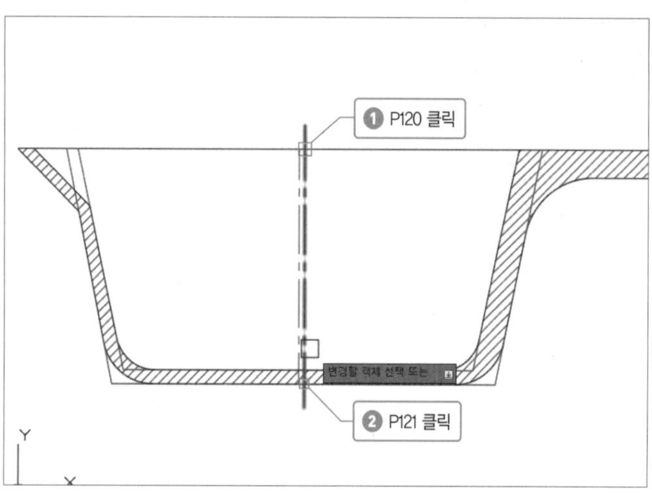

04 | 'LEN(LENGTHEN)' 명령어를 입력한 다음 Enter를 누릅니다. 옵션에서 'DE'를 입력하고 Enter를 누른 다음 '5'를 입력 후 Enter를 누릅니다. 몸체의 오른쪽 중심선 위아래 끝부분을 각각 2번씩 클릭해 '10'만큼 늘리고 Esc를 눌러 현재 사용 중인 명령어를 취소합니다.

명령: LEN
LENGTHEN
측정할 객체 또는 [증분(DE)/퍼센트(P)/합계(T)/동적(DY)] 선택 〈증분(DE)〉: DE
증분 길이 또는 [각도(A)] 입력 〈5.0000〉: 5

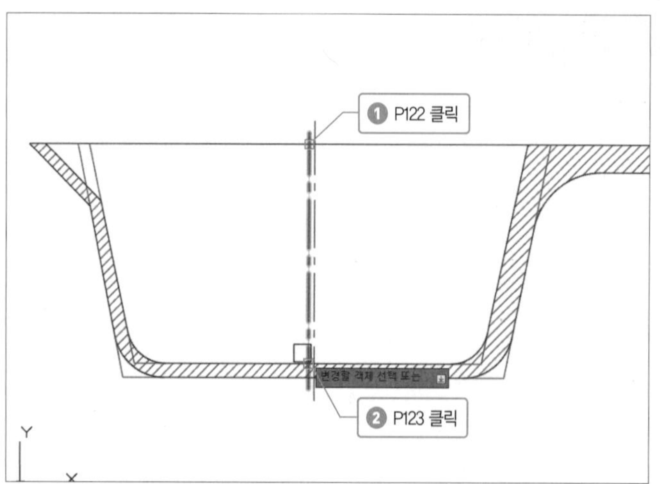

05 | Enter를 눌러 'LEN(LENGTHEN)' 명령어를 다시 실행하고 Enter를 누릅니다. 같은 방법으로 몸체의 왼쪽 중심선의 위아래 끝부분을 각각 클릭하여 '5'만큼 늘리고 Esc를 눌러 현재 사용 중인 명령어를 취소합니다.

명령: LEN
LENGTHEN
측정할 객체 또는 [증분(DE)/퍼센트(P)/합계(T)/동적(DY)] 선택 〈증분(DE)〉: DE
증분 길이 또는 [각도(A)] 입력 〈5.0000〉: 5

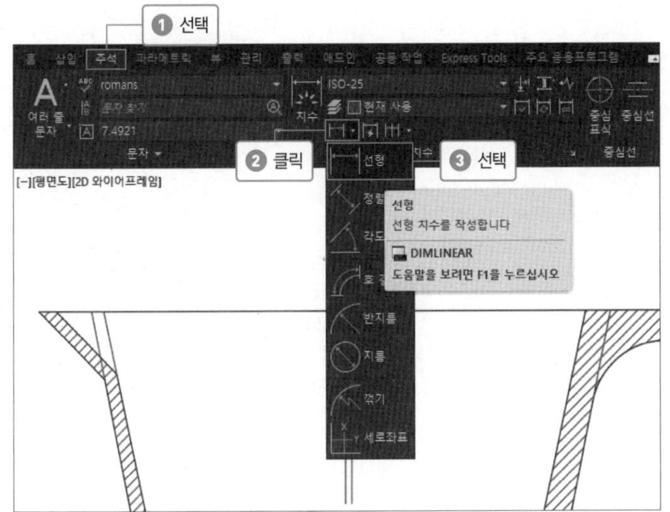

치수선 입력하기

01 | [홈] 탭의 [도면층(레이어)]에서 '치수선'을 선택하여 현재 설정으로 하고 [주석] 탭의 치수 입력 부분에서 '선형'을 선택합니다.

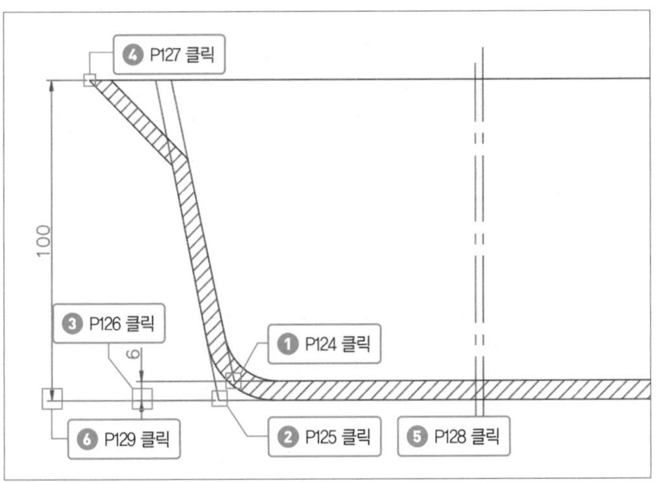

02 | 그림과 같이 왼쪽의 '6', '100' 선형 치수를 입력합니다. Enter를 눌러 선형 치수를 연속해서 실행합니다.

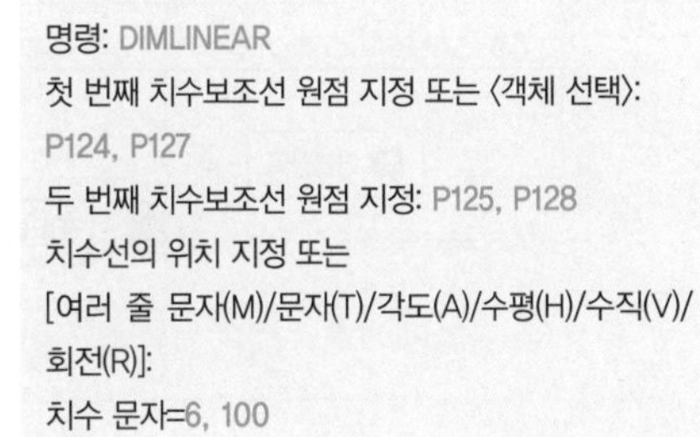
명령: DIMLINEAR
첫 번째 치수보조선 원점 지정 또는 <객체 선택>: P124, P127
두 번째 치수보조선 원점 지정: P125, P128
치수선의 위치 지정 또는
[여러 줄 문자(M)/문자(T)/각도(A)/수평(H)/수직(V)/회전(R)]:
치수 문자=6, 100

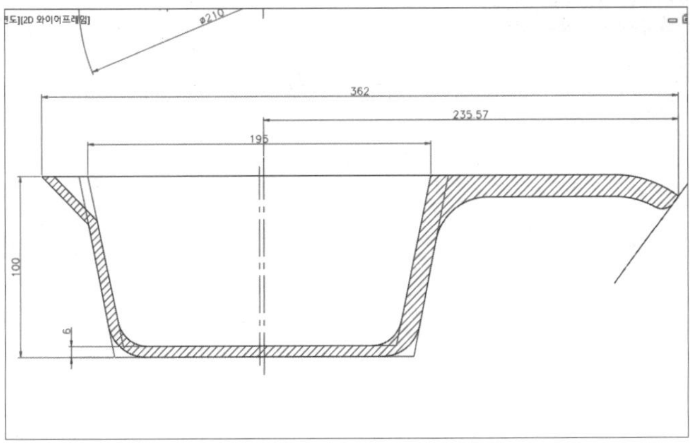

03 | 같은 방법으로 그림과 같이 '195', '235.57', '362' 선형 치수를 입력합니다. Enter를 눌러 선형 치수를 연속해 실행합니다.

명령: DIMLINEAR
첫 번째 치수보조선 원점 지정 또는 <객체 선택>: (치수의 시작점 지정)
두 번째 치수보조선 원점 지정: (치수의 끝점 지정)
치수선의 위치 지정 또는
[여러 줄 문자(M)/문자(T)/각도(A)/수평(H)/수직(V)/회전(R)]:
치수 문자=195, 235.57, 362

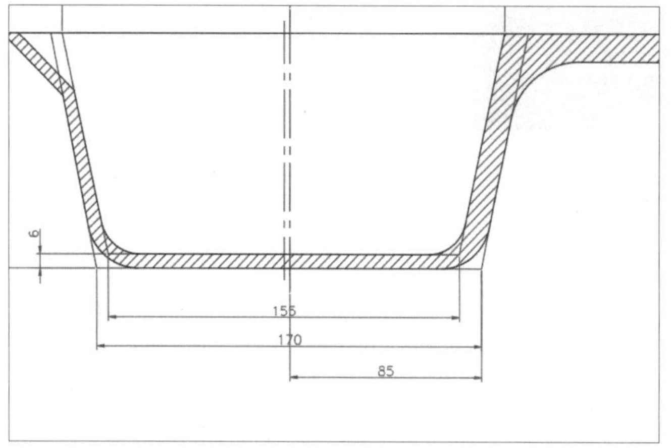

04 | 연속으로 '85' 선형 치수를 입력합니다. Enter를 누르고 선형 치수를 연속해서 실행합니다.

> 명령: DIMLINEAR
> 첫 번째 치수보조선 원점 지정 또는 〈객체 선택〉: (치수의 시작점 지정)
> 두 번째 치수보조선 원점 지정: (치수의 끝점 지정)
> 치수선의 위치 지정 또는
> [여러 줄 문자(M)/문자(T)/각도(A)/수평(H)/수직(V)/회전(R)]:
> 치수 문자=155/170/85

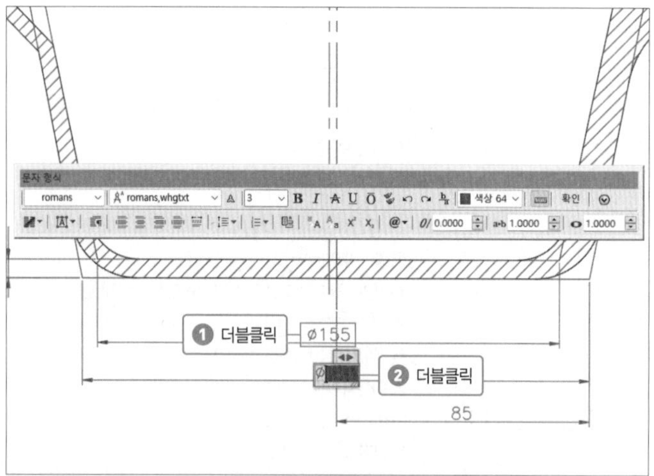

05 | '155', '170' 치수선을 각각 더블클릭하여 활성화하고 숫자 앞에 '%%C155', '%%C170'을 입력하여 'Ø155', 'Ø170'으로 파이 치수를 입력한 다음 Ctrl+Enter를 눌러 취소합니다.

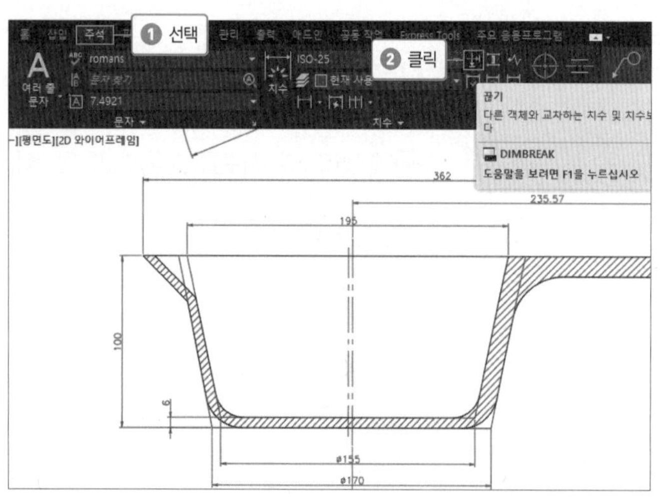

06 | 치수 보조선에 겹쳐서 숫자가 가려지는 경우에는 [주석] 탭의 치수 부분에서 '끊기' 아이콘(![icon])을 클릭합니다.

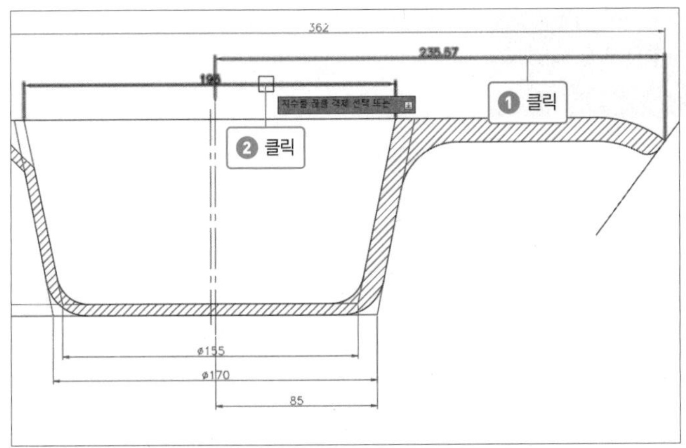

07 | 먼저 끊어야 할 치수 보조선이 있는 치수선인 '235.57' 치수선을 먼저 클릭하고 '195' 치수선을 클릭합니다. Esc를 눌러 사용 중인 명령어를 취소합니다.

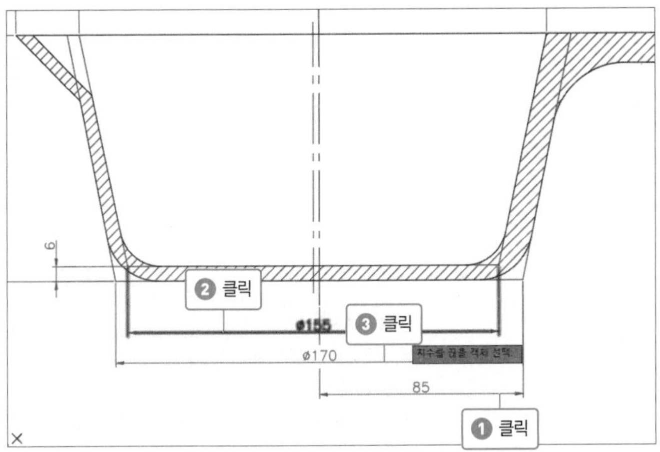

08 | Enter를 눌러 전 명령어를 다시 실행합니다. 같은 방법으로 끊어야 할 '85' 치수선을 먼저 클릭하고 '155', '170' 치수선을 차례대로 클릭합니다. Esc를 눌러 현재 사용 명령어를 취소합니다.

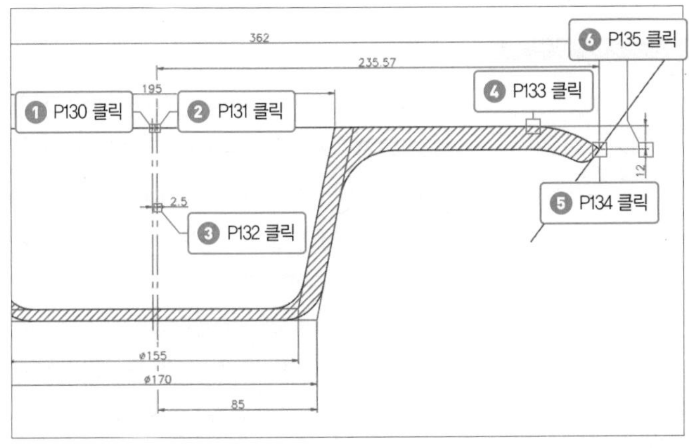

09 | [주석] 탭을 선택한 다음 치수 입력 부분에서 다시 '선형'을 선택하고 '2.5', '12' 치수를 입력합니다.

명령: DIMLINEAR
첫 번째 치수보조선 원점 지정 또는 <객체 선택>: P130, P133
두 번째 치수보조선 원점 지정: P131, P134
치수선의 위치 지정 또는
[여러 줄 문자(M)/문자(T)/각도(A)/수평(H)/수직(V)/회전(R)]:
치수 문자=2.5

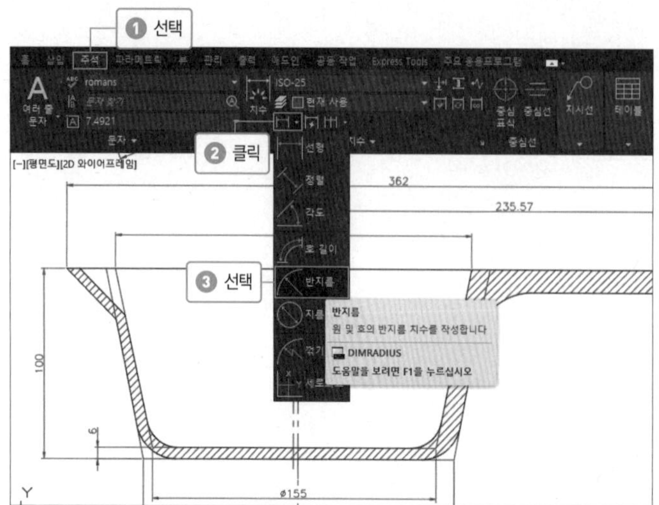

10 | 〔주석〕 탭 치수 입력 부분에서 다시 '반지름'을 클릭합니다.

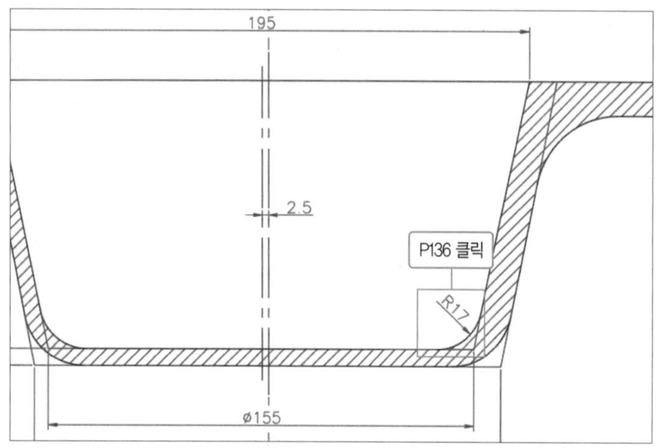

11 | '17' 부분을 클릭해 반지름 'R17' 치수를 입력합니다.

명령: DIMRADIUS
호 또는 원 선택: P136
치수 문자=17
치수선의 위치 지정 또는 [여러 줄 문자(M)/문자(T)/각도(A)]:

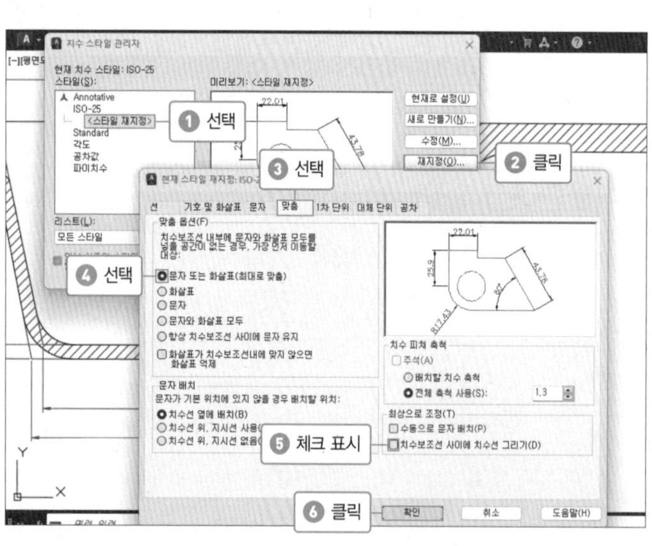

12 | 'D(DIMSTYLE)' 명령어를 입력하고 Enter를 눌러 [치수 스타일 관리자] 대화상자가 표시되면 'ISO-25'를 선택한 다음 〈재지정〉 버튼을 클릭하여 [ISO-25] 대화상자를 표시합니다. 〔맞춤〕 탭에서 '문자 또는 화살표(최대로 맞춤)'을 선택하고 최상으로 조정(T)의 '치수보조선 사이에 치수선 그리기(D)'를 체크 표시 해제합니다. 〈확인〉 버튼을 클릭한 후 〈닫기〉 버튼을 클릭하여 종료합니다.

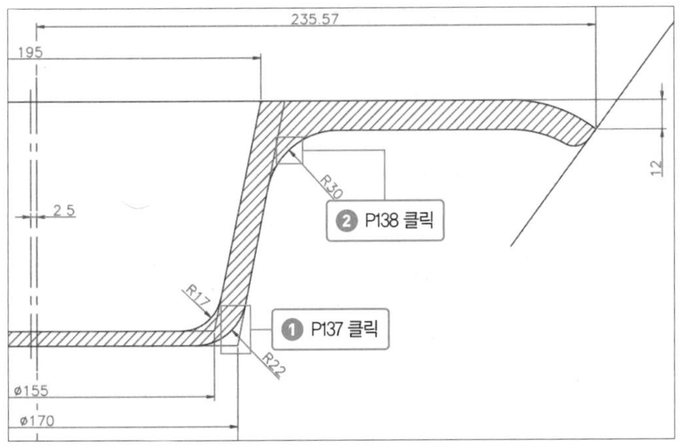

13 | [주석] 탭 치수 입력 부분에서 다시 '반지름'을 선택한 후 '22', '30' 부분을 클릭해 반지름 'R22', 'R30' 치수를 입력합니다. 전 명령어를 재실행할 때는 Enter를 누릅니다.

명령: DIMRADIUS
호 또는 원 선택: P137/P138
치수 문자=22/30
치수선의 위치 지정 또는 [여러 줄 문자(M)/문자(T)/각도(A)]:

객체 숨기기

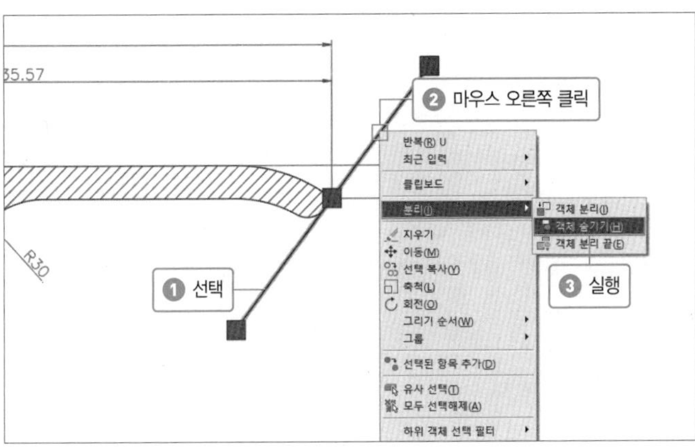

01 | 손잡이의 '120' 선을 선택하고 마우스 오른쪽 버튼을 클릭하고 [분리(I)] → [객체 숨기기(H)]를 실행하여 객체를 숨깁니다.

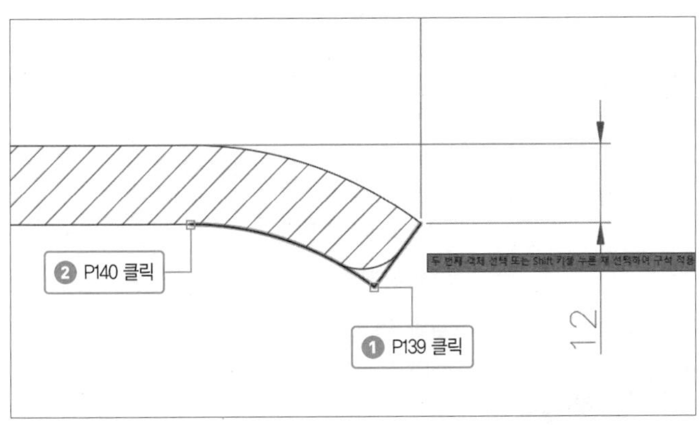

02 | 'F(FILLET)' 명령어를 입력하고 Enter를 누릅니다. Shift를 누른 상태로 손잡이 오른쪽 아래 곡면 부분과 '53' 직선 부분을 각각 클릭해서 두 선을 연결합니다.

명령: F
FILLET
현재 설정: 모드=자르기, 반지름=8.0000
첫 번째 객체 선택 또는 [명령 취소(U)/폴리선(P)/반지름(R)/자르기(T)/다중(M)]: P139
두 번째 객체 선택 또는 Shift 키를 누른 채 선택하여 구석 적용 또는 [반지름(R)]: P140

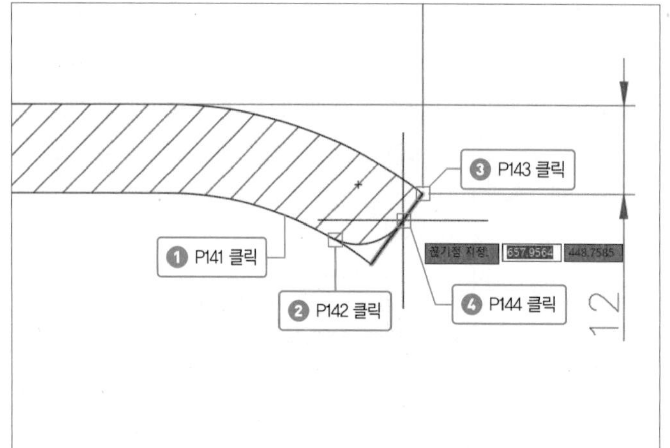

손잡이 정리하고 마무리하기

01 | 직전에 연결한 손잡이 모서리 부분 교차점을 끊겠습니다. [홈] 탭의 수정에서 '점에서 끊기(BREAKATPOINT)'를 클릭하고 손잡이 오른쪽 아래의 곡면과 직선 두 곳의 선을 각각 선택한 후 교차점이 되는 두 곳의 포인트를 클릭해서 점을 끊습니다.

명령: BREAKATPOINT
객체 선택: P141, P143
끊기점 지정: P142, P144

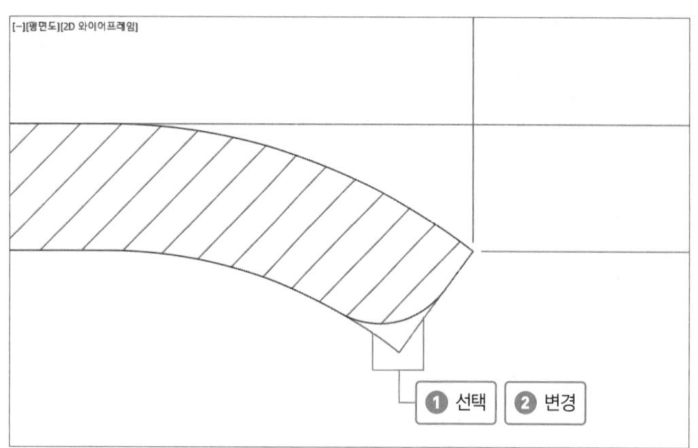

02 | 끊어진 부분을 모두 선택하고 [도면층(레이어)]에서 '가는실선'을 선택하여 변경합니다.

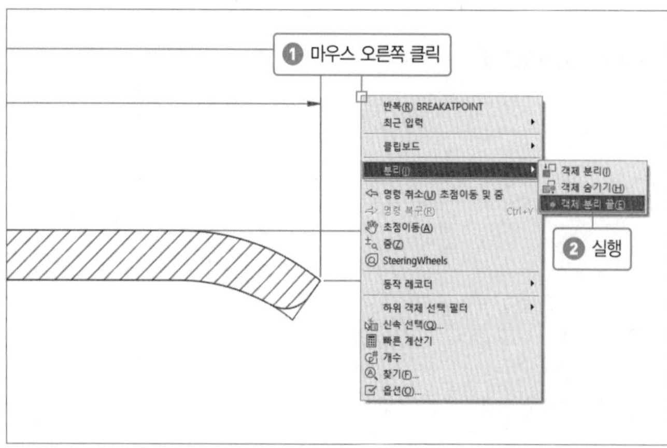

03 | 빈 공간에서 마우스 오른쪽 버튼을 클릭하고 [분리(I)] → [객체 분리 끝(E)]을 실행하여 숨긴 객체를 다시 나타나게 합니다.

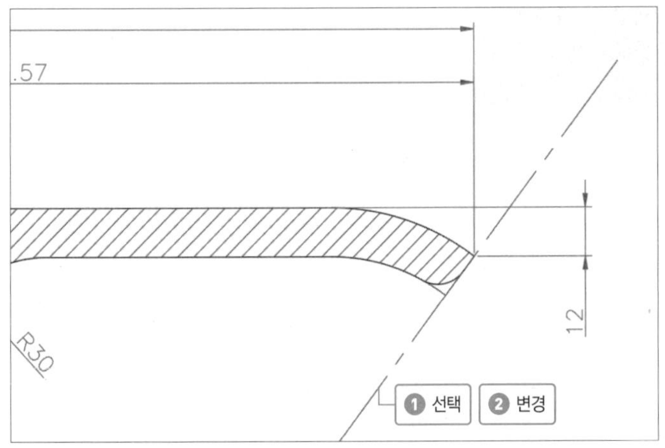

04 | 다시 나타난 선을 선택하고 〔도면층(레이어)〕에서 '중심선'을 선택하여 변경합니다.

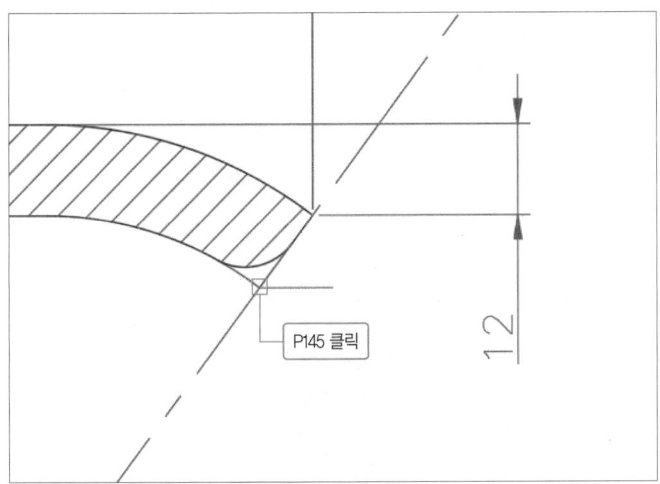

05 | F8을 눌러 '직교 모드'를 활성화한 후 'L(LINE)' 명령어를 입력하고 Enter를 누릅니다. 손잡이를 클릭하여 첫 번째 지점을 지정하고 '10'을 입력해서 가로선을 만든 다음 교차하는 곳을 클릭해 Esc를 눌러 명령어를 취소합니다.

명령: L
LINE
첫 번째 점 지정: P145
다음 점 지정 또는 [명령 취소(U)]: 10

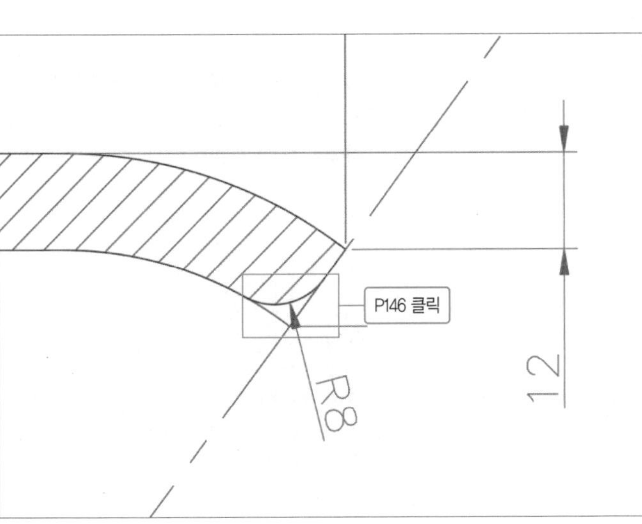

06 | F8을 다시 눌러 '직교 모드'를 비활성화하고 〔주석〕 탭의 치수 입력 부분에서 '반지름'을 선택합니다. 손잡이의 오른쪽 아래 곡면 '8'을 클릭하여 반지름 'R8' 치수를 입력합니다.

명령: DIMRADIUS
호 또는 원 선택: P146
치수 문자=8
치수선의 위치 지정 또는 [여러 줄 문자(M)/문자(T)/각도(A)]:

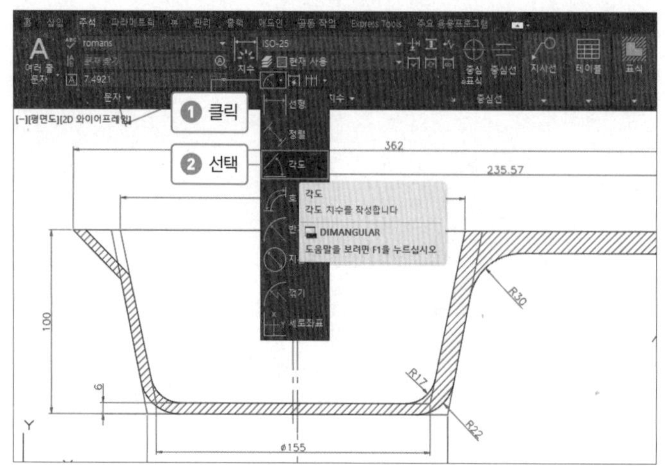

07 | 리본 메뉴의 치수 입력 부분에서 '각도'를 선택합니다.

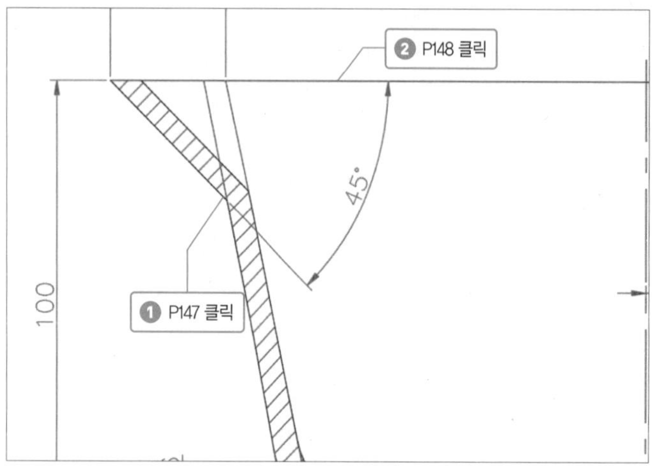

08 | 정면도에서 뾰족한 주둥이 바깥쪽 선과 제일 윗면을 각각 선택하여 각도 치수 '45°'를 입력합니다.

명령: DIMANGULAR
호, 원, 선을 선택하거나 〈정점 지정〉: P147
두 번째 선 선택: P148
치수 호 선의 위치 지정 또는 [여러 줄 문자(M)/문자(T)/각도(A)/사분점(Q)]:
치수 문자=45

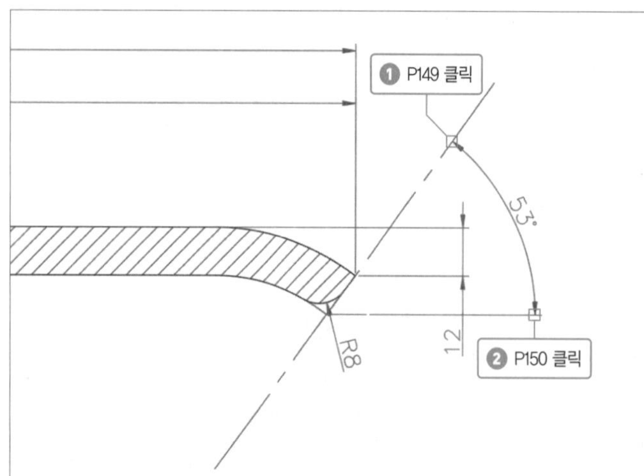

09 | Enter를 눌러 전 명령어를 다시 실행합니다. 손잡이의 기울어진 선과 '10' 선을 각각 선택해서 '53' 각도의 치수선을 입력합니다.

명령:
DIMANGULAR
호, 원, 선을 선택하거나 〈정점 지정〉: P149
두 번째 선 선택: P150
치수 호 선의 위치 지정 또는 [여러 줄 문자(M)/문자(T)/각도(A)/사분점(Q)]:
치수 문자=53

3 부분도 그리기

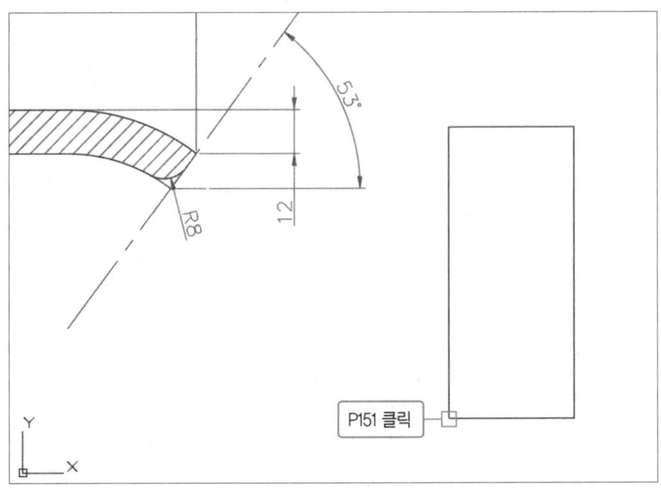

기본 형태 그리기

01 | [도면층(레이어)]에서 '외형선'을 선택하여 현재 설정으로 하고 'REC(RECTANG)' 명령어를 입력한 후 Enter를 누릅니다. 그림과 같이 공간을 클릭해 시작점을 지정하고 '@35, 60'을 입력한 다음 Enter를 눌러 직사각형을 만듭니다.

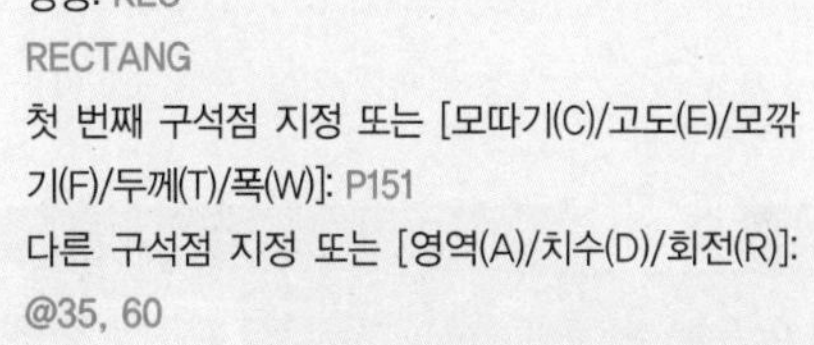

명령: REC
RECTANG
첫 번째 구석점 지정 또는 [모따기(C)/고도(E)/모깎기(F)/두께(T)/폭(W)]: P151
다른 구석점 지정 또는 [영역(A)/치수(D)/회전(R)]: @35, 60

02 | 이때 [제도 설정] 대화상자의 [객체 스냅] 탭에서 '중간점(M)'을 반드시 체크 표시합니다.

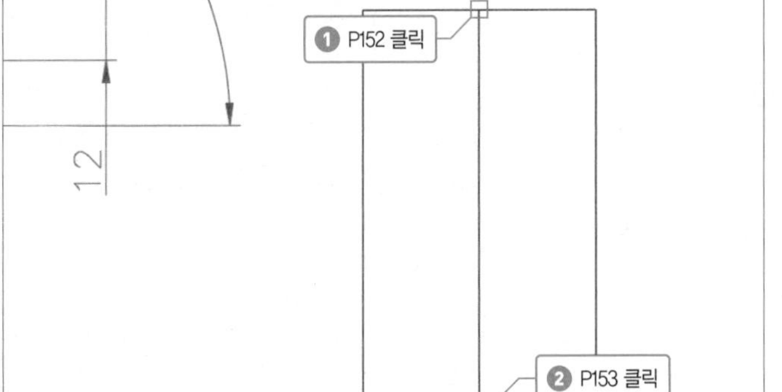

03 | 'L(LINE)' 명령어를 입력하고 Enter를 누른 다음 직사각형 위쪽 중간점을 클릭한 후 아래쪽 중간점을 클릭해 중심선을 만든 다음 Esc를 눌러 취소합니다.

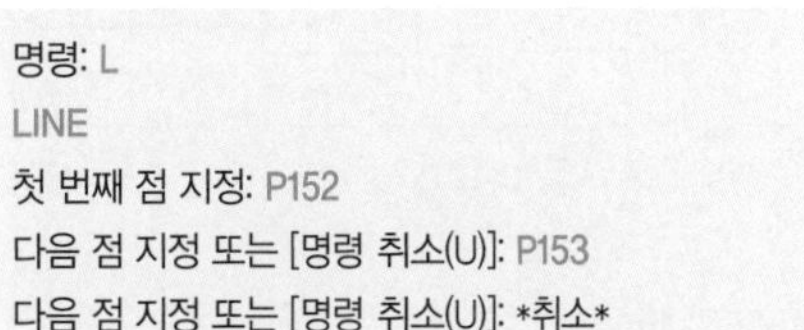

명령: L
LINE
첫 번째 점 지정: P152
다음 점 지정 또는 [명령 취소(U)]: P153
다음 점 지정 또는 [명령 취소(U)]: *취소*

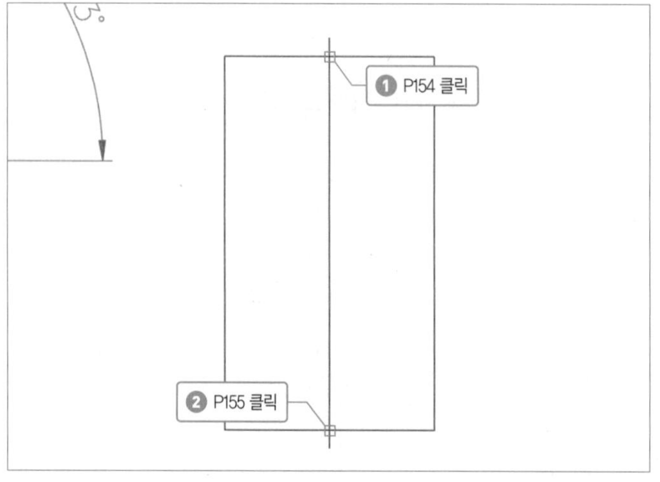

04 | 'LEN(LENGTHEN)' 명령어를 입력하고 Enter를 누른 다음 옵션에서 'DE'를 입력 후 Enter를 누릅니다. '3'을 입력하고 다시 Enter를 누른 다음 중심선의 위아래 끝부분을 클릭하여 '3'씩 늘린 후 Esc를 눌러 명령어를 취소합니다.

명령: LEN
LENGTHEN
측정할 객체 또는 [증분(DE)/퍼센트(P)/합계(T)/동적(DY)] 선택 〈증분(DE)〉: DE
증분 길이 또는 [각도(A)] 입력 〈3.0000〉: 3

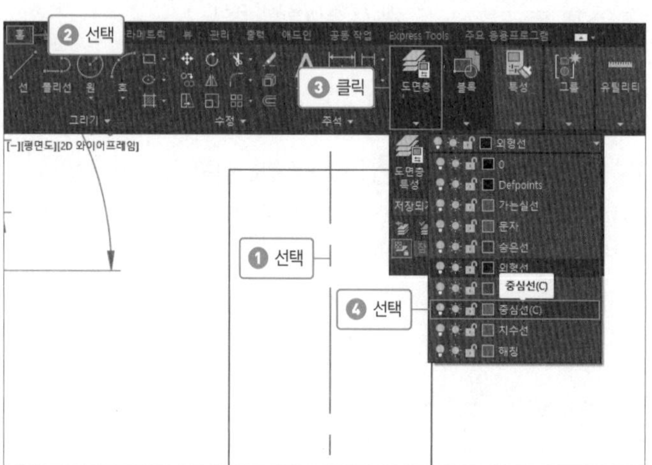

05 | 직사각형의 중심선을 선택하고 〔홈〕 탭의 〔도면층(레이어)〕에서 '중심선'을 선택하여 변경한 다음 Esc를 눌러 명령어를 취소합니다.

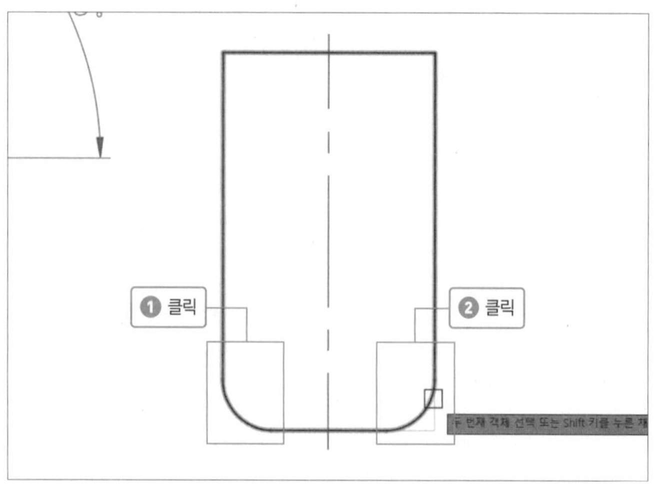

06 | 'F(FILLET)' 명령어를 입력하고 Enter를 누릅니다. 'R'을 입력하고 '8'을 입력한 다음 Enter를 누릅니다. 'M'을 입력하고 직사각형의 아래 양쪽 모서리를 각각 클릭하여 라운드를 적용한 다음 Esc를 눌러 현재 사용 중인 명령어를 취소합니다.

명령: F
FILLET
현재 설정: 모드=자르기, 반지름=8.0000
첫 번째 객체 선택 또는 [명령 취소(U)/폴리선(P)/반지름(R)/자르기(T)/다중(M)]: R
모깎기 반지름 지정 〈8.0000〉: 8
첫 번째 객체 선택 또는 [명령 취소(U)/폴리선(P)/반지름(R)/자르기(T)/다중(M)]: M

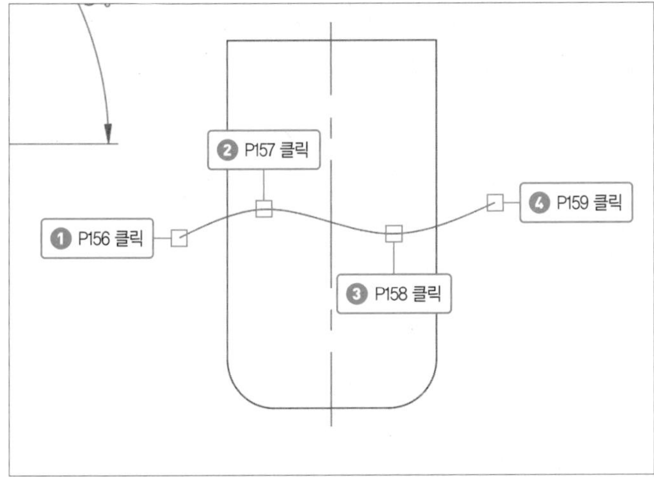

07 | F8 을 눌러서 '직교 모드'를 비활성화하고 〔홈〕 탭의 〔도면층(레이어)〕에서 '가는 실선'을 선택하여 현재 설정으로 합니다. 'SPL(SPLINE)' 명령어를 입력하고 Enter 를 누릅니다. 직사각형의 왼쪽 바탕을 클릭하여 지점을 지정하고 그림과 같이 곡선이 꺾이는 부분과 끝마치는 부분을 클릭한 다음 Enter 를 눌러 자유 곡선을 그립니다.

명령: SPL
SPLINE
현재 설정: 메서드=맞춤, 매듭=현
첫 번째 점 지정 또는 [메서드(M)/매듭(K)/객체(O)]: P156
다음 점 입력하거나 [시작 접촉부(T)/공차(L)]: P157
다음 점 입력하거나 [끝 접촉부(T)/공차(L)/명령 취소(U)]: P158
다음 점 입력하거나 [끝 접촉부(T)/공차(L)/명령 취소(U)/닫기(C)]: P159
다음 점 입력하거나 [끝 접촉부(T)/공차(L)/명령 취소(U)/닫기(C)]: *취소*

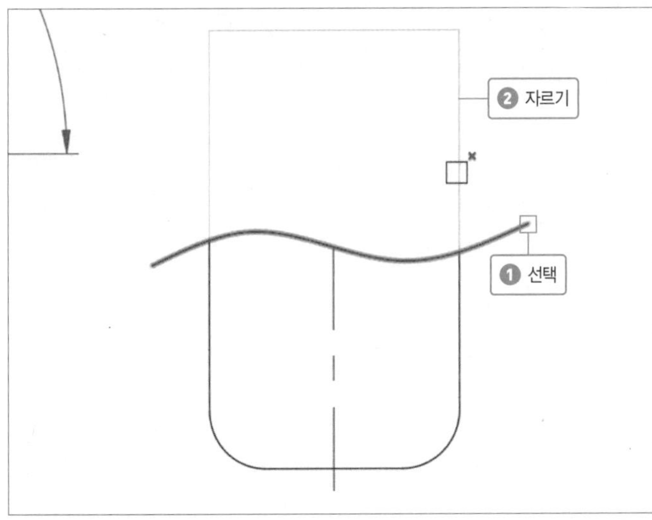

08 | 'TR(TRIM)' 명령어를 입력하고 Enter 를 누릅니다. 옵션에서 'T'를 입력하고 절단 모서리가 되는 곡선을 선택합니다. 절단 모서리가 되는 곡선 위의 객체를 모두 자르고 Esc 를 눌러 현재 사용 중인 명령어를 취소합니다.

명령: TR
TRIM
현재 설정: 투영=UCS, 모서리=없음, 모드=빠른 작업
자를 객체를 선택하거나 Shift 키를 누른 채로 선택하여 확장 또는
[절단 모서리(T)/걸치기(C)/모드(O)/프로젝트(P)/지우기(R)]: T
현재 설정: 투영=UCS, 모서리=없음, 모드=빠른 작업
절단 모서리 선택...

09 | 'RO(ROTATE)' 명령어를 입력하고 Enter를 누른 다음 부분 도면 전체를 선택 후 Enter를 누릅니다. 중심선 아래 교차점 부분을 클릭하여 회전의 기준점으로 지정하고 '53'을 입력하여 회전합니다.

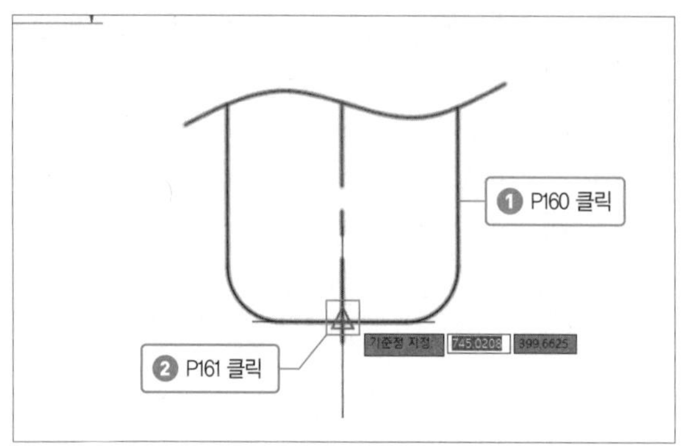

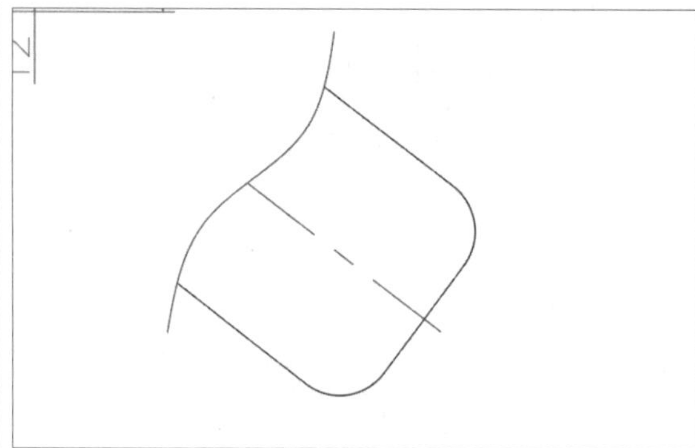

명령: RO
ROTATE
현재 UCS에서 양의 각도: 측정 방향=시계 반대 방향, 기준 방향=0
객체 선택: 1개를 찾음
객체 선택: P160
기준점 지정: P161
회전 각도 지정 또는 [복사(C)/참조(R)] ⟨53⟩: 53

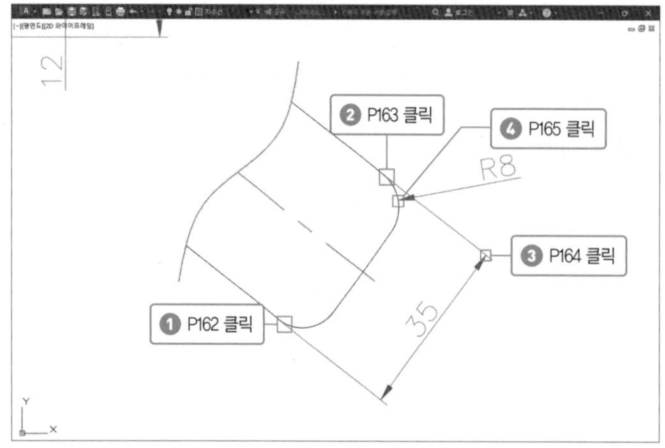

10 | 〔홈〕 탭의 〔도면층(레이어)〕에서 '치수선'을 선택하여 현재 설정으로 합니다. 〔주석〕 탭의 치수 입력 부분에서 '정렬'을 선택하고 '35' 선형 치수를 입력합니다. 같은 방법으로 치수 입력 부분에서 '반지름'을 선택하고 'R8' 치수를 입력합니다.

명령: DIMLINEAR
첫 번째 치수보조선 원점 지정 또는 ⟨객체 선택⟩: P162
두 번째 치수보조선 원점 지정: P163
치수선의 위치 지정 또는
[여러 줄 문자(M)/문자(T)/각도(A)/수평(H)/수직(V)/회전(R)]:
치수 문자=35

명령: DIMRADIUS
호 또는 원 선택: P165
치수 문자=8
치수선의 위치 지정 또는 [여러 줄 문자(M)/문자(T)/각도(A)]:

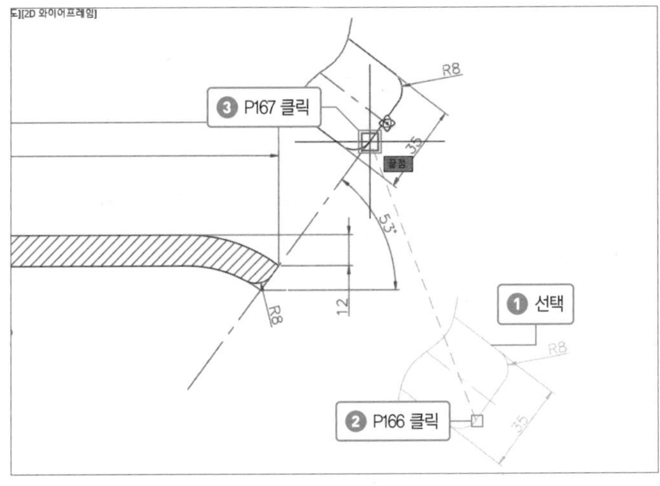

11 | 'M(MOVE)' 명령어를 입력하고 Enter를 누른 다음 부분 도면 전체를 선택 후 Enter를 누릅니다. 그림과 같이 도면의 기준점을 클릭하여 지정하고 손잡이의 중심선 위쪽 끝점을 클릭하여 이동합니다. 이동한 도면이 다른 치수선과 가깝다면 위치를 위쪽으로 더 이동합니다.

```
명령: M
MOVE
객체 선택: 3개를 찾음
객체 선택: Enter
기준점 지정 또는 [변위(D)] 〈변위〉: P166
두 번째 점 지정 또는 〈첫 번째 점을 변위로 사용〉:
P167
```

View "D"(S=2:1) 그리기

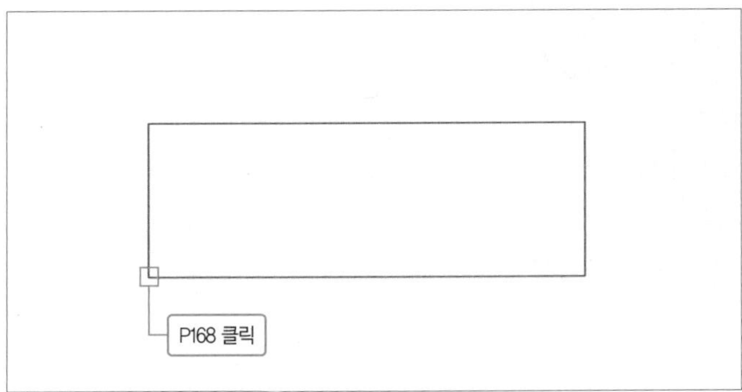

01 | 레이어에서 '외형선'을 선택해 현재 설정으로 하고 'REC(RECTANG)' 명령어를 입력한 다음 Enter를 누릅니다. 그림과 같이 공간을 클릭해 시작점을 지정하고 '@35,12'를 입력하고 Enter를 눌러 직사각형을 만듭니다.

```
명령: REC
RECTANG
첫 번째 구석점 지정 또는 [모따기(C)/고도(E)/모깎기(F)/두께(T)/폭(W)]: P168
다른 구석점 지정 또는 [영역(A)/치수(D)/회전(R)]: @35,12
```

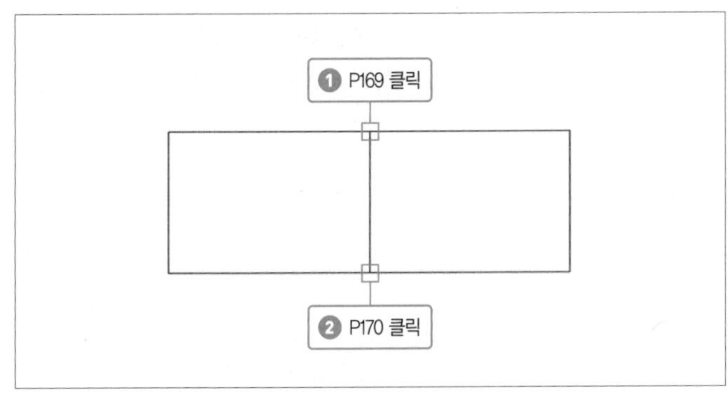

02 | 'L(LINE)' 명령어를 입력하고 Enter를 누릅니다. 직사각형 위쪽 중간점을 클릭한 후 아래쪽 중간점을 클릭해 세로 중심선을 만든 다음 Esc를 눌러 취소합니다.

```
명령: L
LINE
첫 번째 점 지정: P169
다음 점 지정 또는 [명령 취소(U)]: P170
다음 점 지정 또는 [명령 취소(U)]: *취소*
```

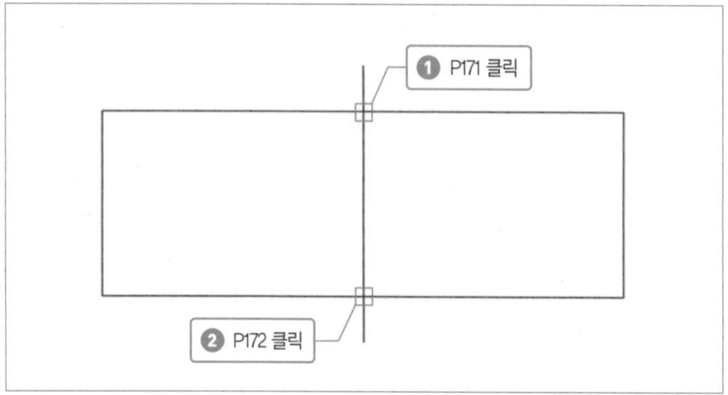

03 | 'LEN(LENGTHEN)' 명령어를 입력하고 Enter를 누른 후 옵션에서 'DE'를 입력하고 Enter를 누릅니다. '3'을 입력하고 다시 Enter를 누른 다음 중심선 위아래 끝부분을 클릭해 '3'씩 늘리고 Esc를 눌러 명령어를 취소합니다.

명령: LEN
LENGTHEN
측정할 객체 또는 [증분(DE)/퍼센트(P)/합계(T)/동적(DY)] 선택 〈증분(DE)〉: DE
증분 길이 또는 [각도(A)] 입력 〈3.0000〉: 3

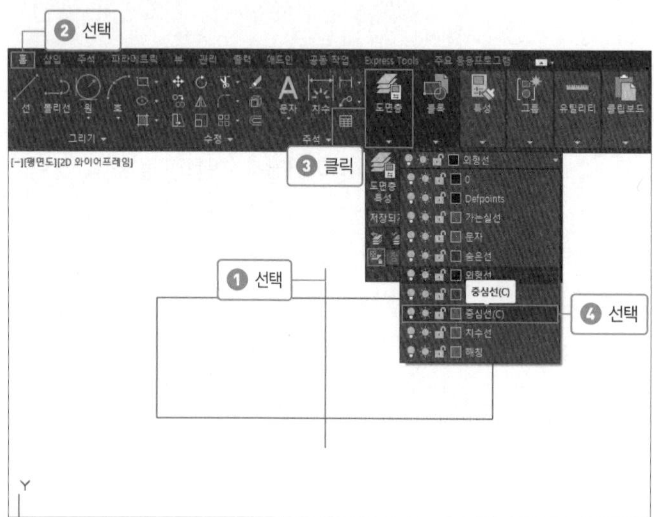

04 | 직사각형의 중심선을 선택하고 〔홈〕 탭의 〔도면층(레이어)〕에서 '중심선'을 선택하여 변경한 다음 Esc를 눌러 명령어를 취소합니다.

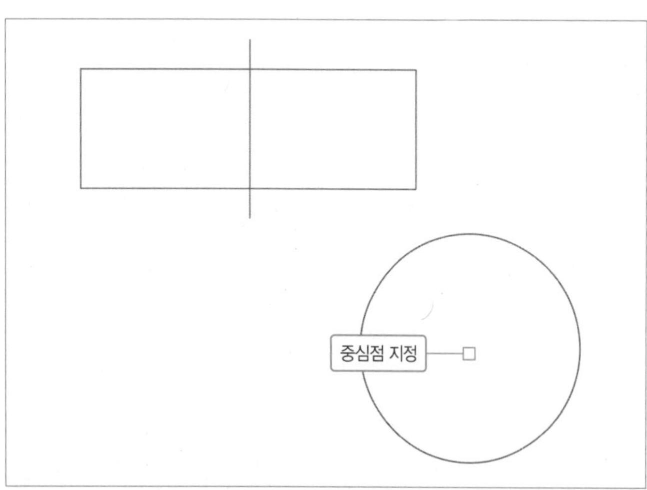

05 | 다시 〔도면층(레이어)〕에서 '외형선'을 선택하여 현재 설정으로 합니다.
'C(CIRCLE)' 명령어를 입력하고 Enter를 누릅니다. 적당한 위치를 클릭하여 중심점으로 지정하고 '11.5'를 입력한 다음 Enter를 눌러 반지름 '11.5' 원을 만듭니다.

명령: C
CIRCLE
원에 대한 중심점 지정 또는 [3점(3P)/2점(2P)/Ttr – 접선 접선 반지름(T)]: (중심점 지정)
원의 반지름 지정 또는 [지름(D)] 〈11.5000〉: 11.5

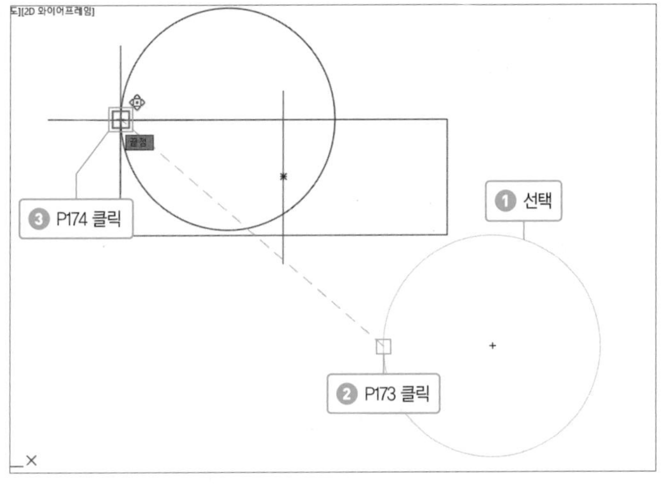

06 | 'M(MOVE)' 명령어를 입력하고 Enter를 누릅니다. 반지름 '11.5' 원을 선택하고 Enter를 누릅니다. 반지름 '11.5' 원의 왼쪽 사분점을 클릭하고 그림과 같이 직사각형의 왼쪽 위 모서리를 클릭하여 이동합니다.

명령: M
MOVE
객체 선택: 1개를 찾음
객체 선택: Enter
기준점 지정 또는 [변위(D)] 〈변위〉: P173
두 번째 점 지정 또는 〈첫 번째 점을 변위로 사용〉: P174

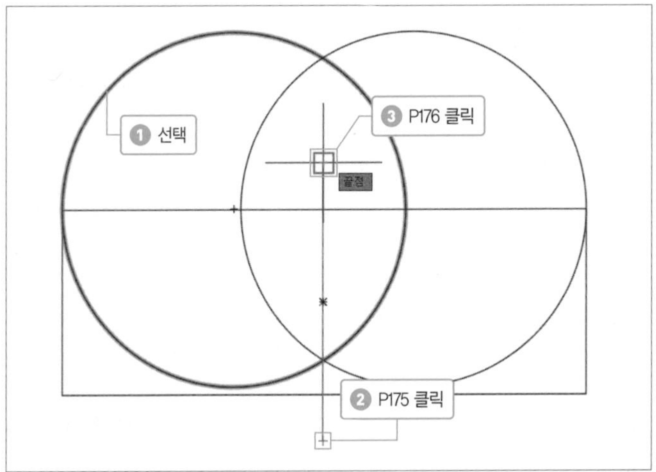

07 | 'MI(MIRROR)' 명령어를 입력하고 Enter를 누른 다음 원을 선택 후 Enter를 누릅니다. 가로 중심선 위아래 점을 클릭하여 기준을 선택하고 'N'을 입력하여 원본 객체를 남깁니다.

명령: MI
MIRROR
객체 선택: 1개를 찾음
객체 선택: Enter
대칭선의 첫 번째 점 지정: P175
대칭선의 두 번째 점 지정: P176
원본 객체를 지우시겠습니까? [예(Y)/아니오(N)] 〈아니오〉: N

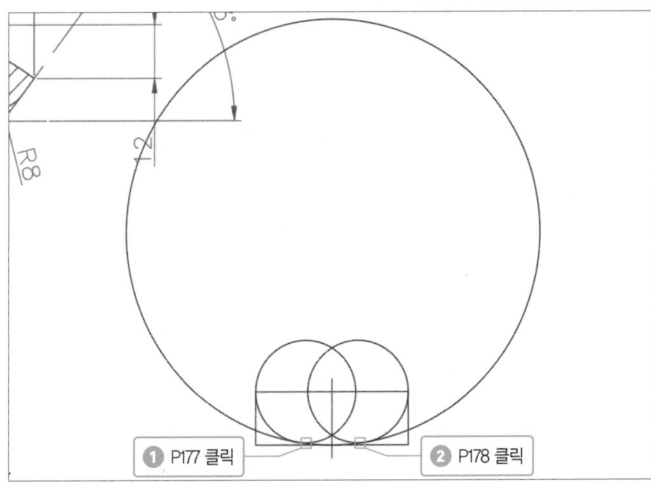

08 | 'C(CIRCLE)' 명령어를 입력하고 Enter를 누른 다음 'T'를 입력 후 Enter를 누릅니다. 원 2개의 아래 중간점을 각각 클릭하고 '47.75'를 입력한 다음 Enter를 눌러 원을 만듭니다.

명령: C
CIRCLE
원에 대한 중심점 지정 또는 [3점(3P)/2점(2P)/Ttr – 접선 접선 반지름(T)]: T
원의 첫 번째 접점에 대한 객체 위의 점 지정: P177
원의 두 번째 접점에 대한 객체 위의 점 지정: P178
원의 반지름 지정 〈47.7500〉: 47.75

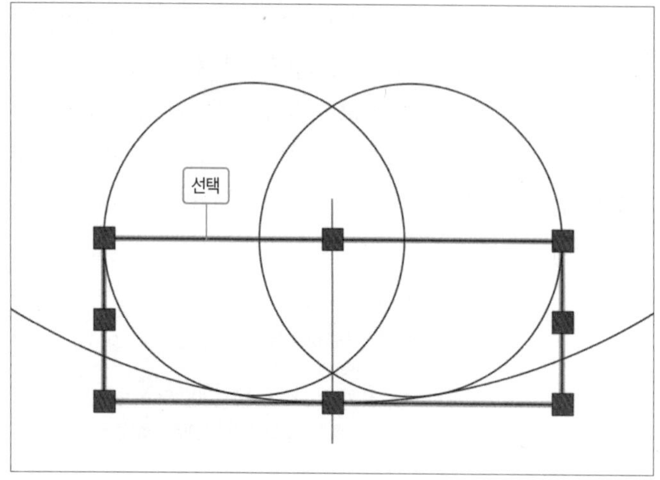

09 | 먼저 폴리선을 분해하고 일반선으로 만들기 위해 직사각형을 선택하고 'X(EXPLODE)' 명령어를 입력한 다음 Enter를 누릅니다.

TIP

일반선이어야 라운드를 둥글게 만들 수 있습니다.

```
명령: X
EXPLODE
객체 선택: 1개를 찾음
```

자르기

01 | 'TR(TRIM)' 명령어를 입력하고 Enter를 누른 다음 'T'를 입력 후 Enter를 누릅니다. 그림과 같이 드래그해서 절단 모서리가 되는 모든 선을 선택하고 Enter를 누른 다음 자를 부분을 클릭하여 형태를 만들고 Esc를 눌러 현재 사용중인 명령어를 취소합니다.

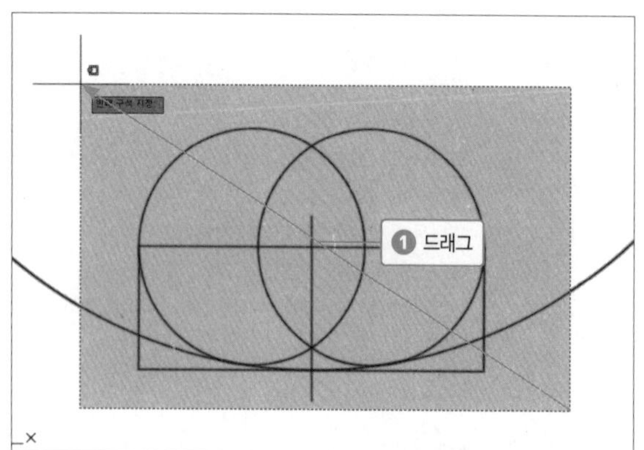

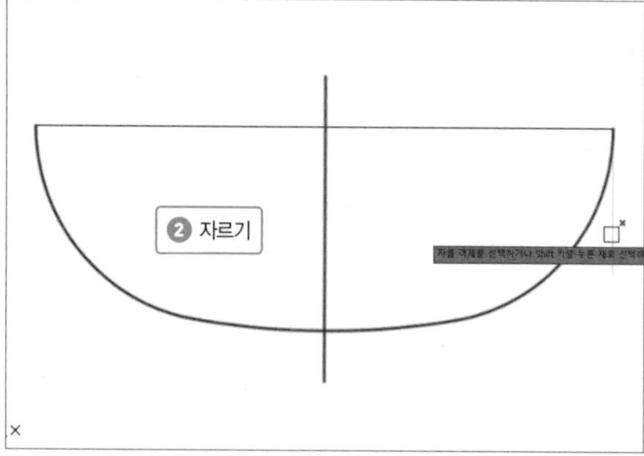


```
명령: TR
TRIM
현재 설정: 투영=UCS, 모서리=없음, 모드=빠른 작업
자를 객체를 선택하거나 Shift 키를 누른 채로 선택하여 확장 또는
[절단 모서리(T)/걸치기(C)/모드(O)/프로젝트(P)/지우기(R)]: T
현재 설정: 투영=UCS, 모서리=없음, 모드=빠른 작업
절단 모서리 선택...
```

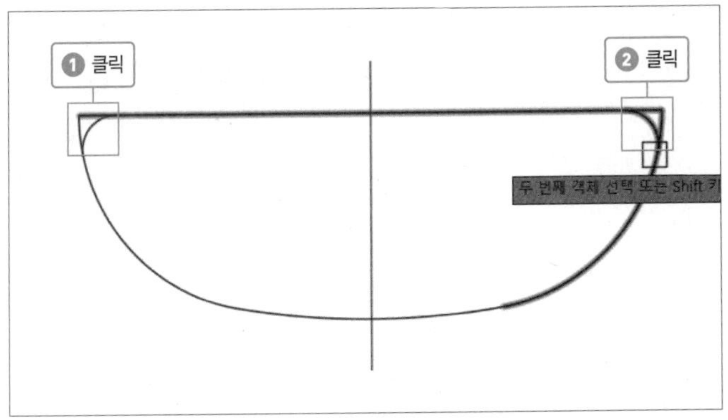

02 | 'F(FILLET)' 명령어를 입력하고 Enter를 누릅니다. 옵션에서 'T'를 입력하고 'N'을 입력합니다. 'R'을 입력하고 '2'를 입력한 다음 양쪽 위 모서리를 각각 클릭하여 라운드를 적용합니다.

명령: F
FILLET
현재 설정: 모드=자르기, 반지름=8.0000
첫 번째 객체 선택 또는 [명령 취소(U)/폴리선(P)/반지름(R)/자르기(T)/다중(M)]: T
자르기 모드 옵션 입력 [자르기(T)/자르지 않기(N)] 〈자르기〉: N
첫 번째 객체 선택 또는 [명령 취소(U)/폴리선(P)/반지름(R)/자르기(T)/다중(M)]: R
모깎기 반지름 지정 〈8.0000〉: 2
첫 번째 객체 선택 또는 [명령 취소(U)/폴리선(P)/반지름(R)/자르기(T)/다중(M)]: M

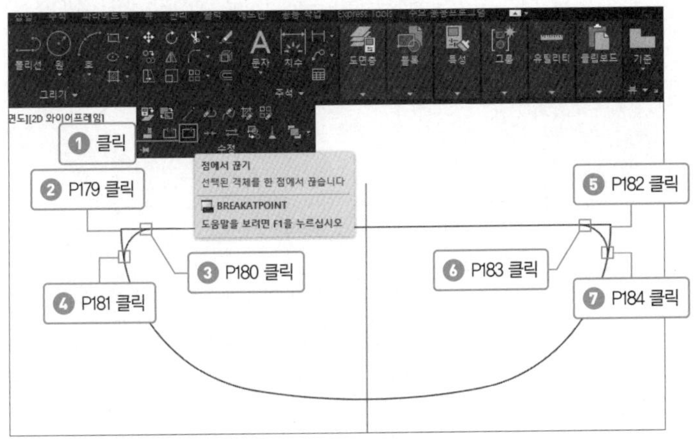

03 | [홈] 탭의 '수정'에서 '점에서 끊기(BREAKATPOINT)'를 클릭하고 적용한 라운드의 교차점을 각각 클릭하여 점을 끊습니다.

명령: BREAKATPOINT
객체 선택: P179/P182
끊기점 지정: P180, P181/P183, P184

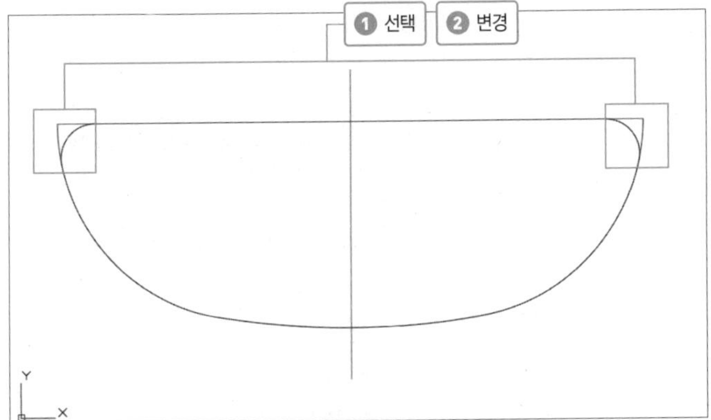

04 | 끊어진 선을 선택하고 [도면층(레이어)]에서 '가는실선'을 선택하여 변경합니다.

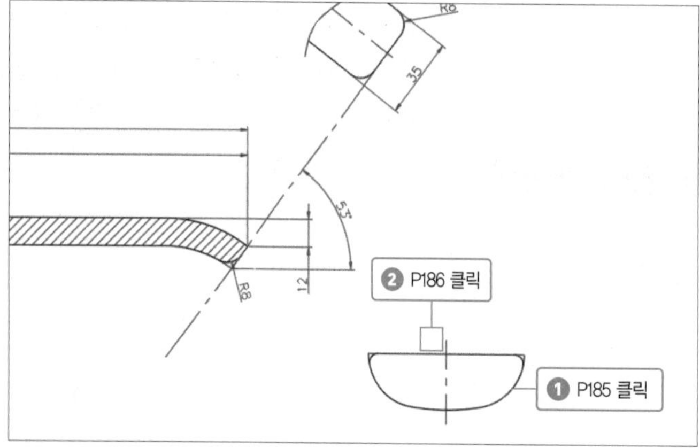

05 | 'SC(SCALE)' 명령어를 입력하고 Enter를 누른 후 View "D"(S=2:1) 도면 전체를 선택하고 Enter를 누릅니다. 적당한 바탕면을 클릭하고 '2'를 입력하여 도면을 2배 확대합니다.

명령: SC
SCALE
객체 선택: 반대 구석 지정: 11개를 찾음
객체 선택: P185
기준점 지정: P186
축척 비율 지정 또는 [복사(C)/참조(R)]: 2

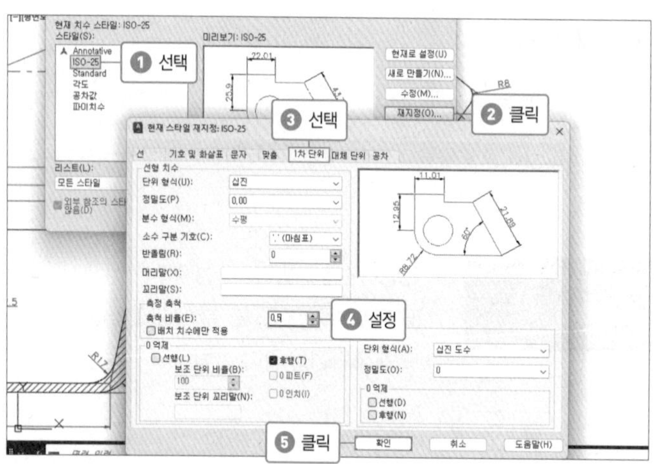

06 | 'D(DIMSTYLE)' 명령어를 입력한 후 Enter를 누릅니다. [치수 스타일 관리자] 대화상자가 표시되면 'ISO-25'를 선택하고 〈재지정〉 버튼을 클릭해 [ISO-25] 대화상자를 표시합니다. 〔1차 단위〕 탭의 측정 축척에서 축척 비율(E)을 '0.5'로 설정합니다. 〈확인〉 버튼을 클릭하고 〈닫기〉 버튼을 클릭해 종료합니다.

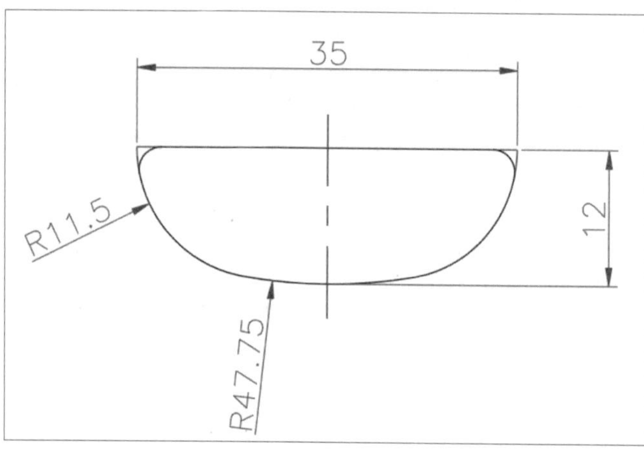

07 | 〔홈〕 탭의 〔레이어(도면층)〕에서 '치수선'을 선택하여 현재 설정으로 합니다. 〔주석〕 탭의 치수 입력 부분에서 '선형'을 선택하고 '35' 선형 치수를 입력합니다. 같은 방법으로 치수 입력 부분에서 '반지름'을 선택하고 'R11.5' 치수를 입력합니다.

명령: DIMLINEAR
첫 번째 치수보조선 원점 지정 또는 〈객체 선택〉:
두 번째 치수보조선 원점 지정:
치수선의 위치 지정 또는
[여러 줄 문자(M)/문자(T)/각도(A)/수평(H)/수직(V)/회전(R)]:
치수 문자=35/12

명령: DIMRADIUS
호 또는 원 선택:
치수 문자=11.5/47.75

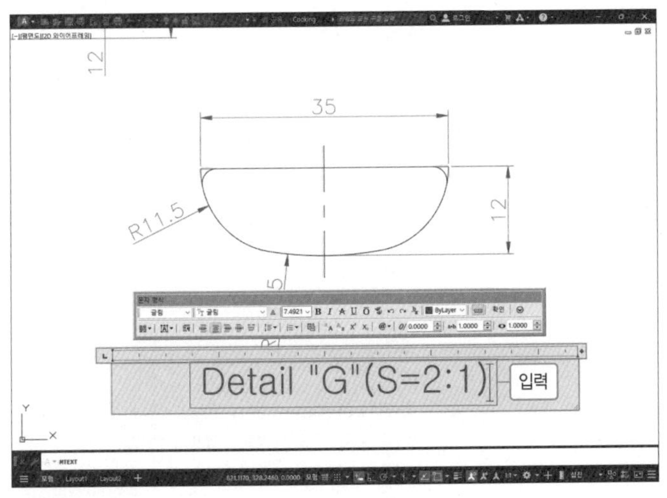

문자 입력하기

01 | 문자를 입력할 Detail View 부분을 클릭하고 텍스트의 길이를 적당히 드래그해 조절한 다음 클릭하여 'Detail "G" (S=2:1)'을 입력 후 Ctrl+Enter를 눌러 취소합니다.

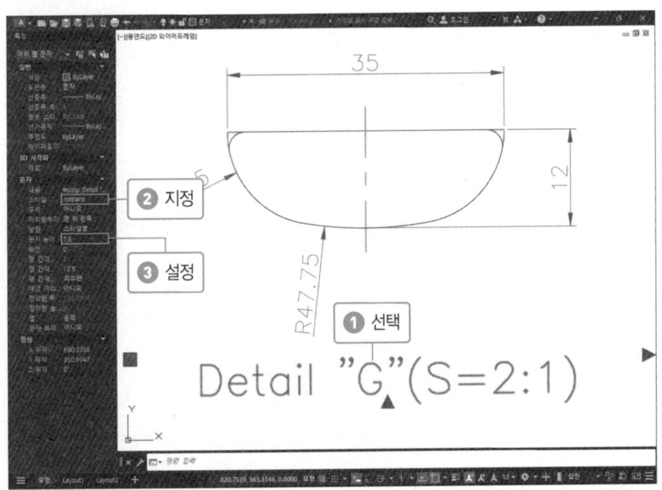

02 | Ctrl+1을 눌러 특성 창을 표시하고 입력한 텍스트를 각각 선택합니다. 스타일을 '맑은 고딕' 또는 'romans'로 지정하고 문자에서 문자 높이를 '7'~'7.5'로 설정한 다음 Enter를 눌러 텍스트 크기를 확대합니다.

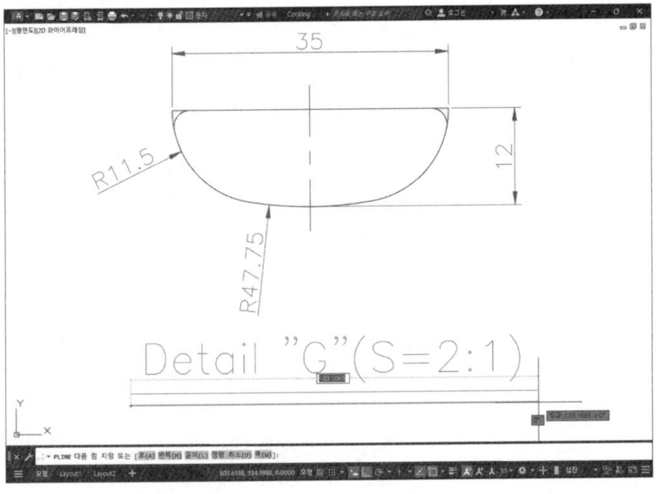

03 | 'Detail "G"(S=2:1)' 텍스트 아랫부분에 2개의 선을 만듭니다. 위쪽의 선은 'L(LINE)' 명령어로 만들고, 아래쪽의 선은 'PL(PLINE)' 명령어의 옵션 '폭(W)'을 선택한 다음 시작 폭과 끝 폭을 '0.3'~'0.4'으로 설정하여 두껍게 만들어 도면을 완성합니다.

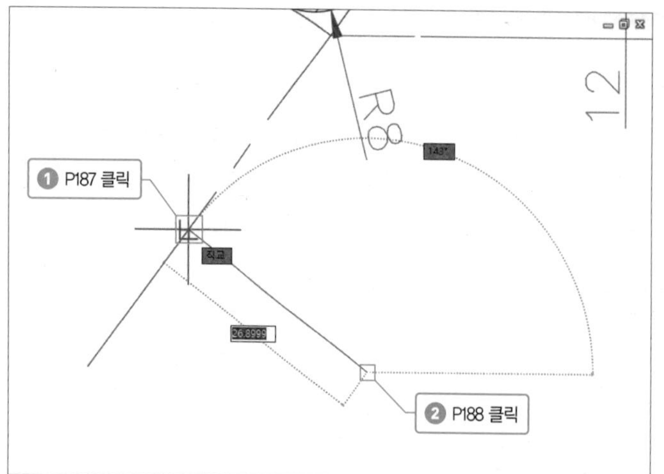

화살표 그리기

01 | [객체 스냅] 탭에서 '직교(P)'를 꼭 체크 표시합니다. 'L(LINE)' 명령어를 입력하고 Enter를 누른 다음 '53' 중심선 아래의 빈곳을 클릭하고 오른쪽을 클릭해 가로선을 만듭니다.

명령: L
LINE
첫 번째 점 지정: P187
다음 점 지정 또는 [명령 취소(U)]: P188
다음 점 지정 또는 [명령 취소(U)]: *취소*

02 | Enter를 눌러 'L(LINE)' 명령어를 다시 실행하고 같은 방법으로 선을 만들어 그림과 같이 화살표 모양을 만든 다음 Esc를 눌러 명령어를 취소합니다.

명령: L
LINE
첫 번째 점 지정: P189, P191
다음 점 지정 또는 [명령 취소(U)]: P190, P192
다음 점 지정 또는 [명령 취소(U)]: *취소*

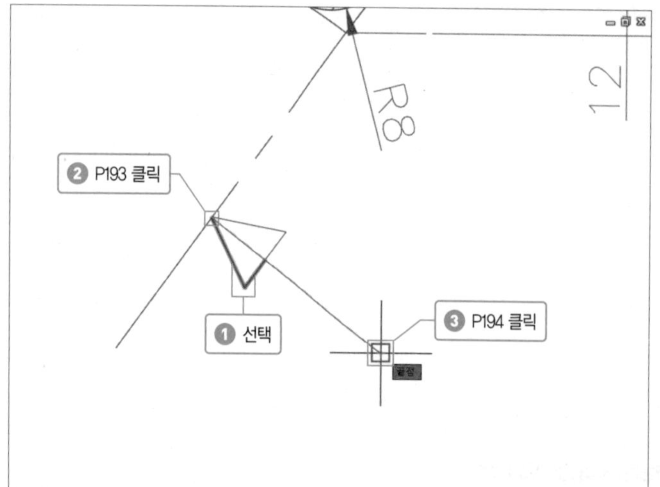

03 | 'MI(MIRROR)' 명령어를 입력하고 Enter를 누른 후 화살표 앞부분 선을 선택한 다음 Enter를 누릅니다. 화살표 중심선의 위 아래 점을 각각 클릭하여 기준점으로 지정하고 Enter를 누른 다음 'N'을 입력하여 원본 객체를 남기는 대칭 복사를 합니다.

명령: MI
MIRROR
객체 선택: 1개를 찾음, 총 2개
객체 선택: Enter
대칭선의 첫 번째 점 지정: P193
대칭선의 두 번째 점 지정: P194
원본 객체를 지우시겠습니까? [예(Y)/아니오(N)] <아니오>: N

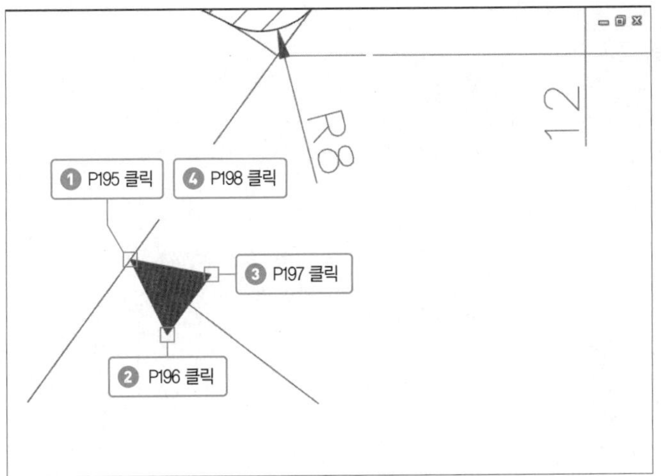

04 | 'SOLID' 명령어를 입력하고 Enter를 누른 다음 총 네 군데에 점을 찍어 솔리드를 만듭니다.

TIP

솔리드를 만들 때는 반드시 시작점 2번을 포함해서 총 네 군데의 점을 찍어야 만들 수 있습니다.

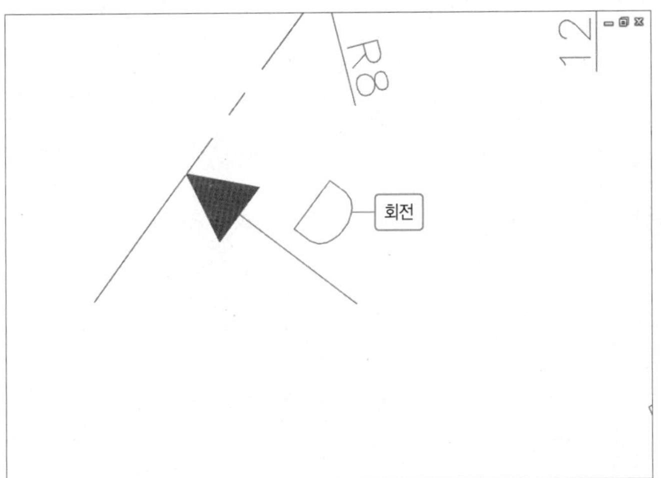

05 | 〔주석〕 탭에서 '여러 줄 문자'를 선택하고 화살표 옆부분을 드래그하여 입력 창이 표시되면 'D'를 입력합니다.
'RO(ROTATE)' 명령어를 이용하여 그림과 같이 화살표 수직선에 나란히 맞게 회전해 완성합니다.

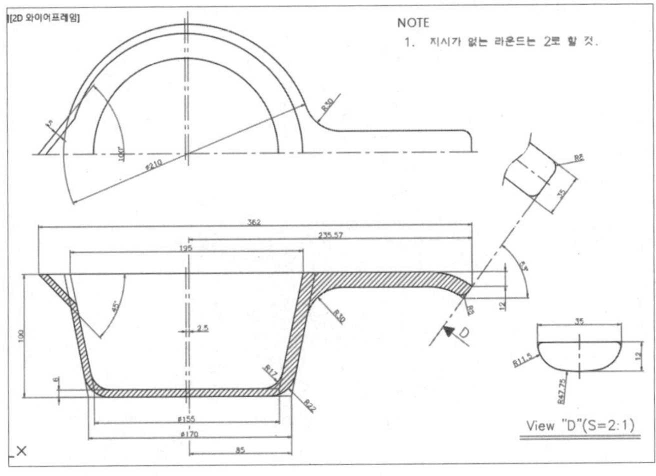

06 | 요리 냄비 도면이 완성되었습니다.

지금까지 살펴본 기능들을 활용하여 제시된 실습 도면을 확인하며 스스로 그려봅시다.

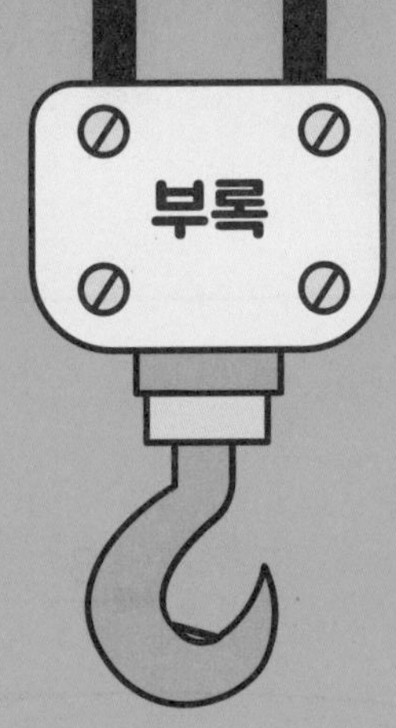

실습 도면 그리기

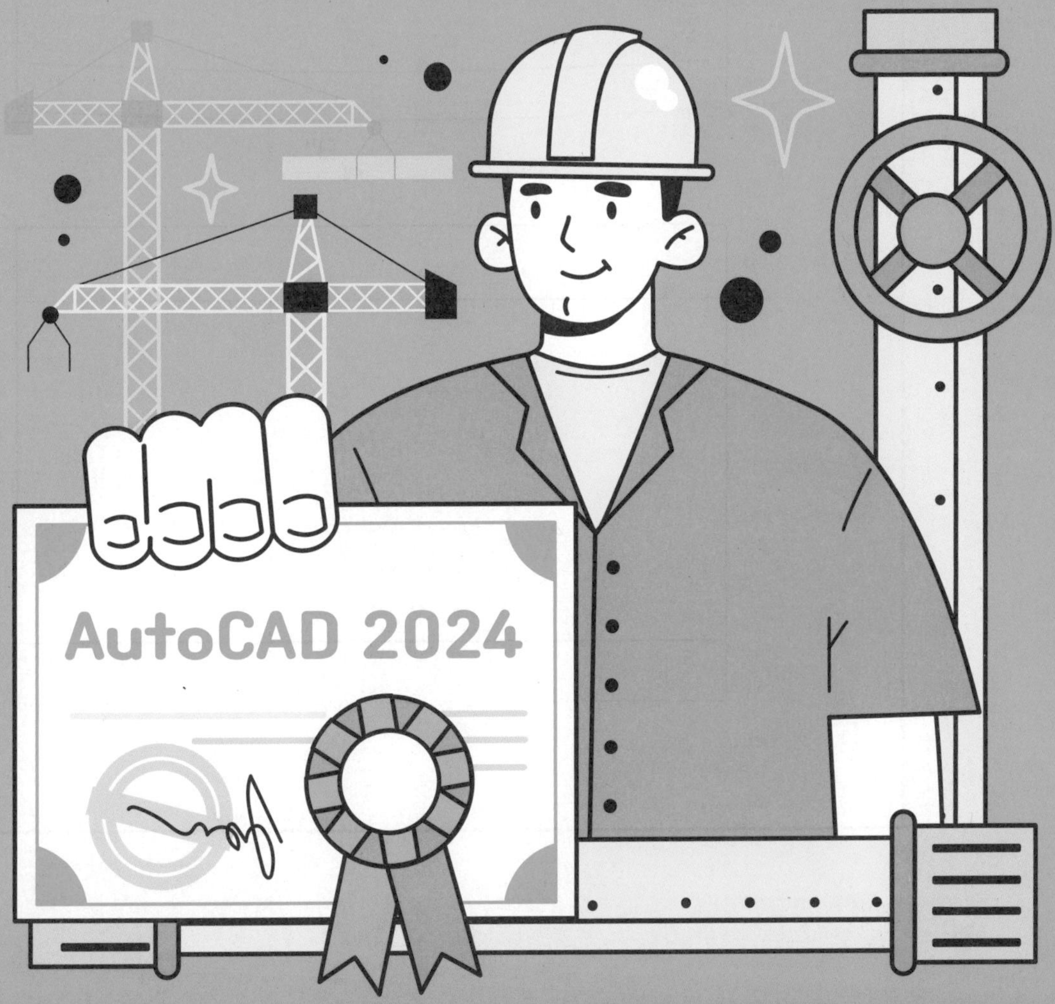

실습 도면 01 디자인 체어 실습 도면

◎ 완성 파일 : 부록\디자인 체어_완성.dwg

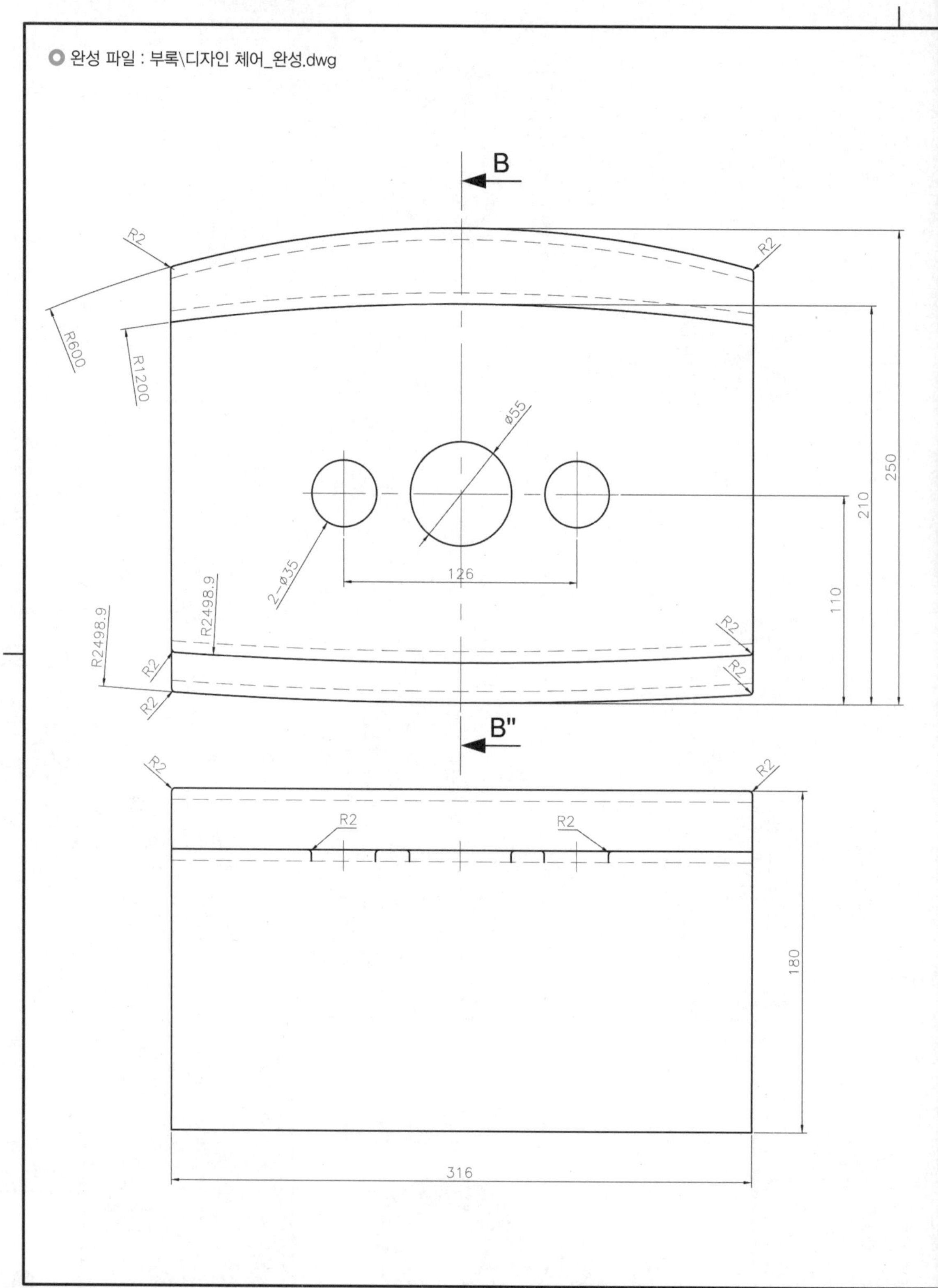

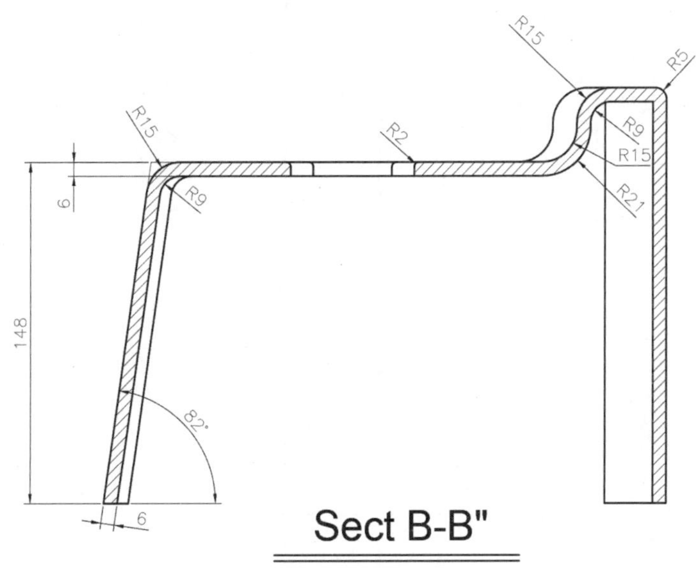
R15
R5
R15
R2
R9
R15
6
R9
R21
148
82°
6
Sect B-B"

◯ 완성 파일 : 부록\다용도 커터_완성.dwg

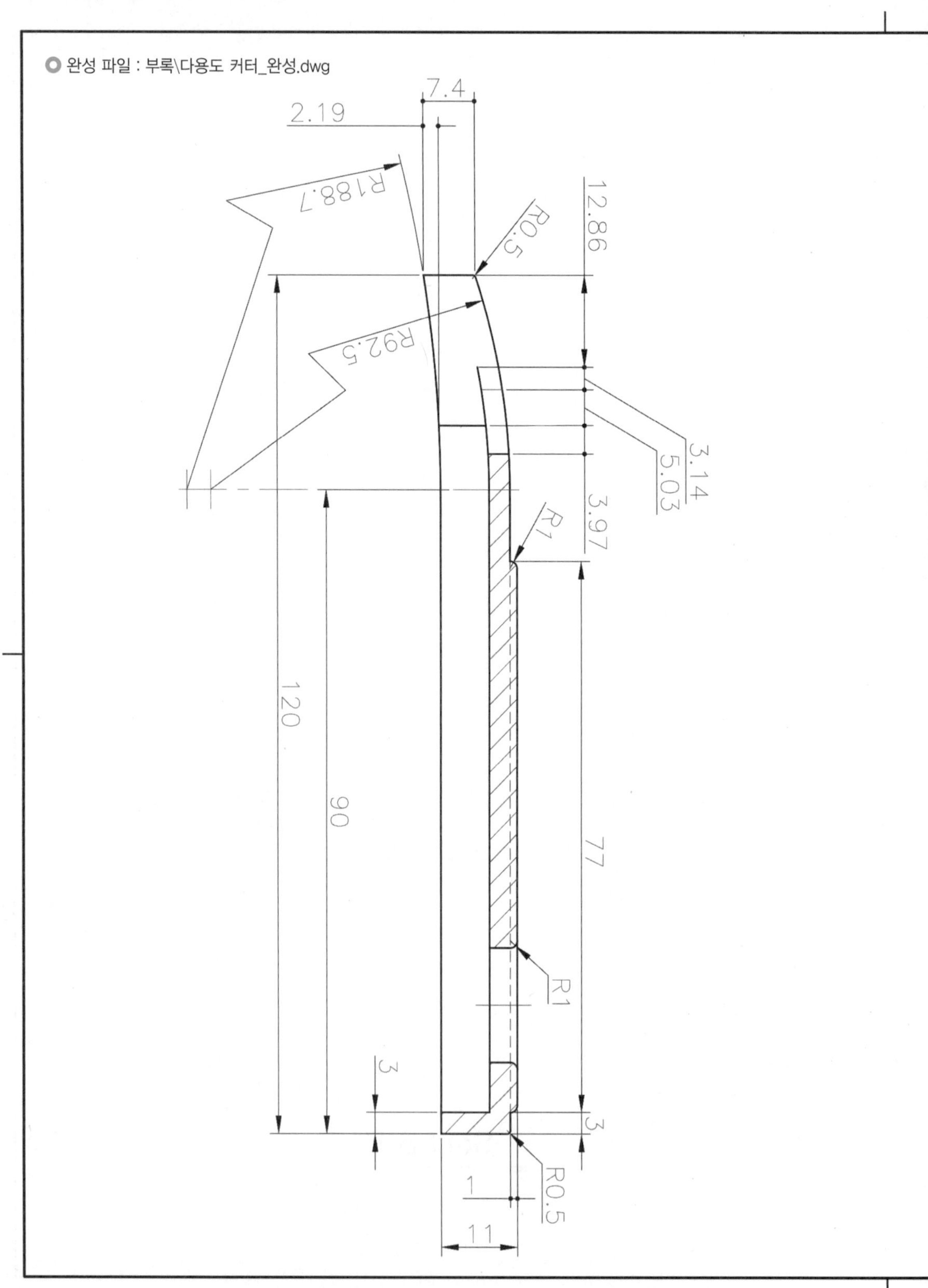

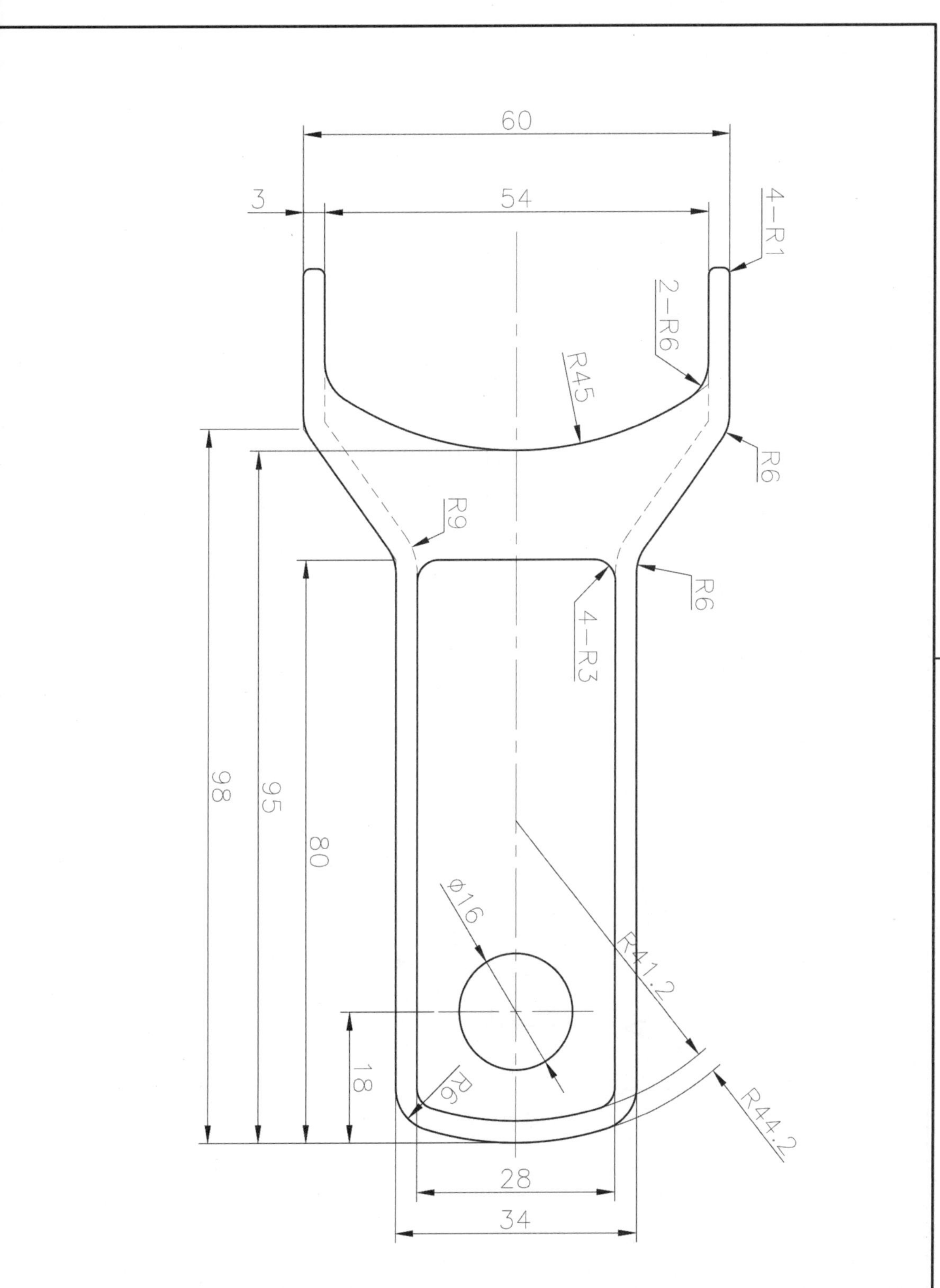
60
54
3
4-R1
2-R6
R45
R6
R9
R6
4-R3
98
95
80
ϕ16
R41.2
R44.2
18
R6
28
34

실습 도면 03 포트 받침대 실습 도면

○ 완성 파일 : 부록\포트 받침대_완성.dwg

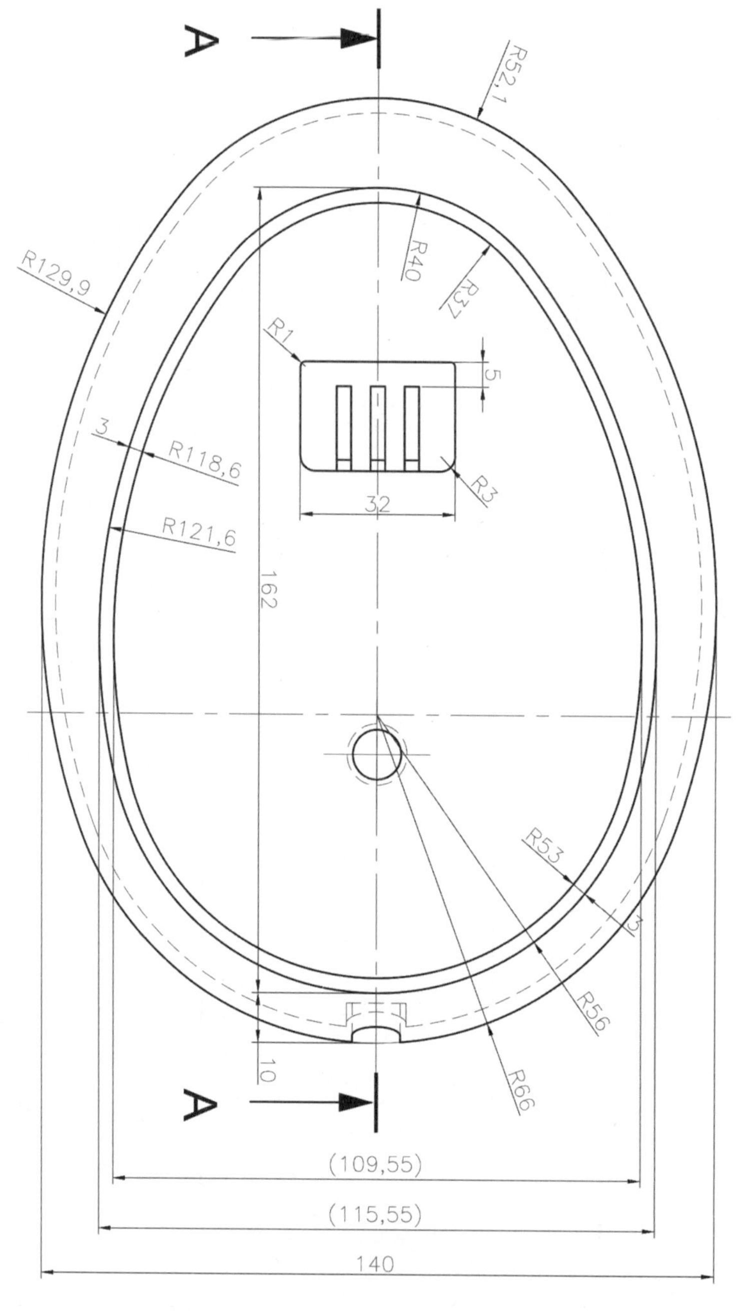

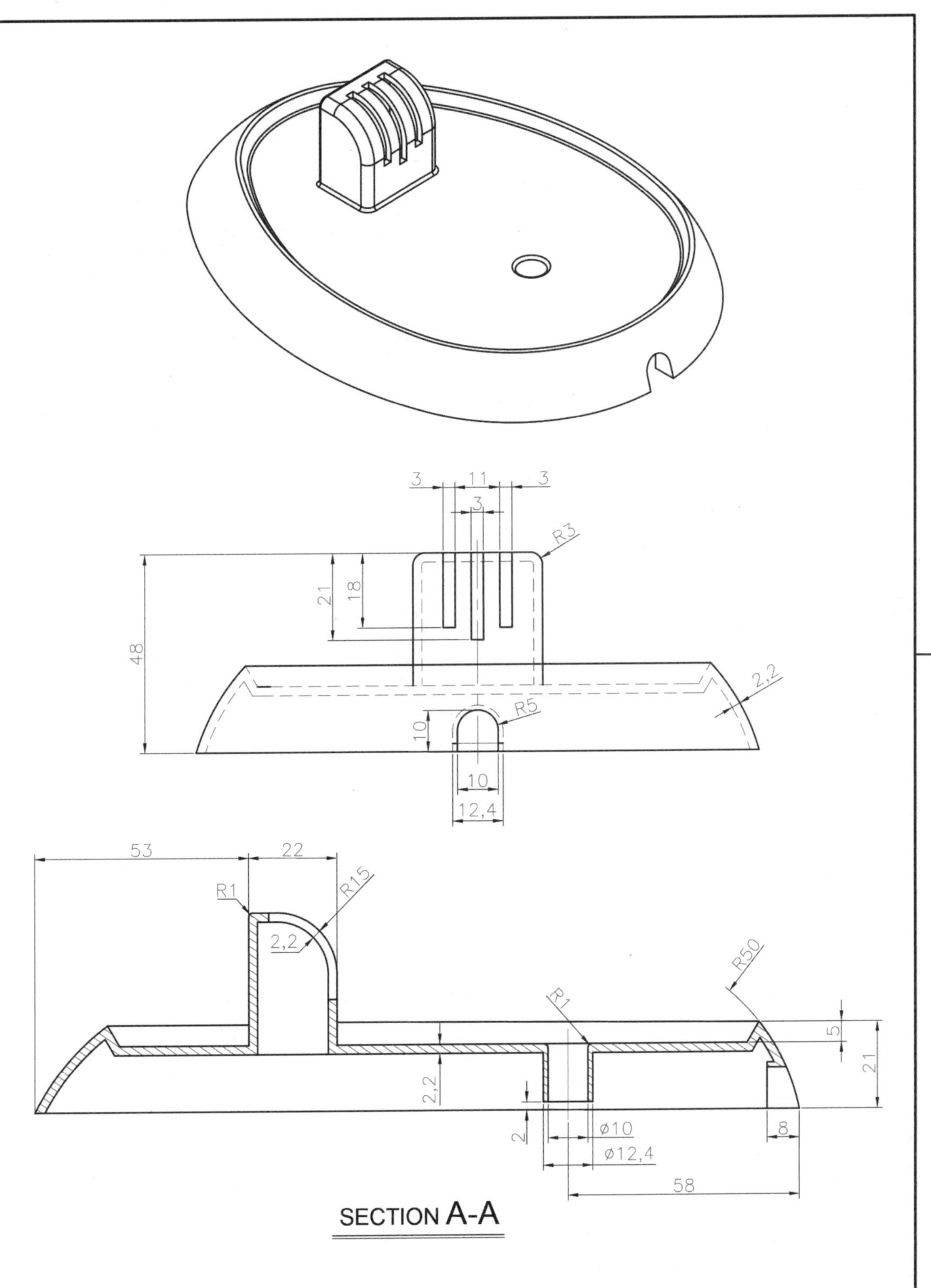
3
11
3
3
R3
21
18
48
2,2
R5
10
10
12,4
53
22
R1
R15
2,2
R50
R1
5
21
2,2
2
ø10
ø12,4
8
58
SECTION A-A

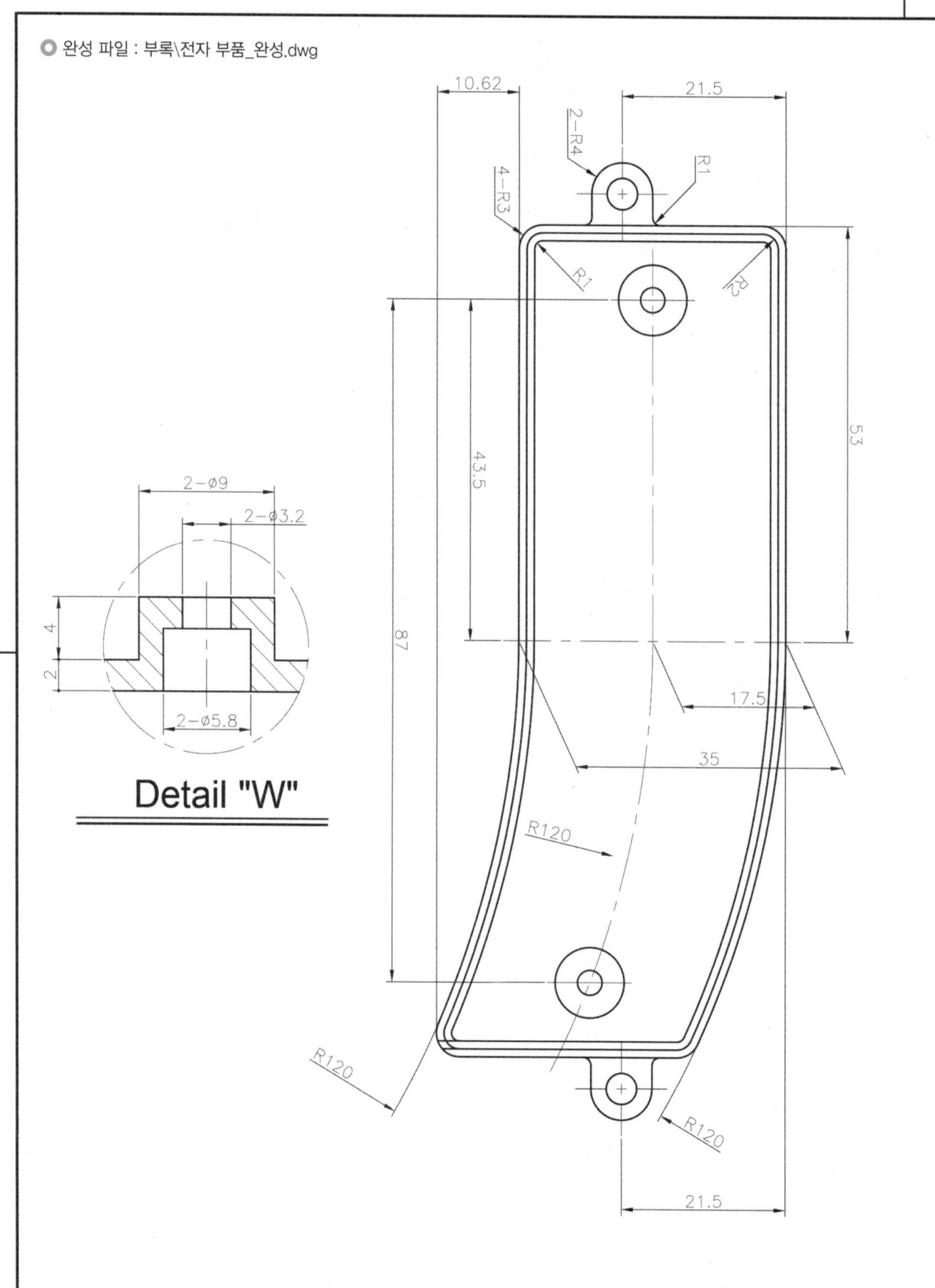

완성 파일 : 부록\전자 부품_완성.dwg
10.62
21.5
2-R4
R1
4-R3
R1
R2
53
43.5
87
2-ø9
2-ø3.2
4
2
2-ø5.8
Detail "W"
17.5
35
R120
R120
R120
21.5

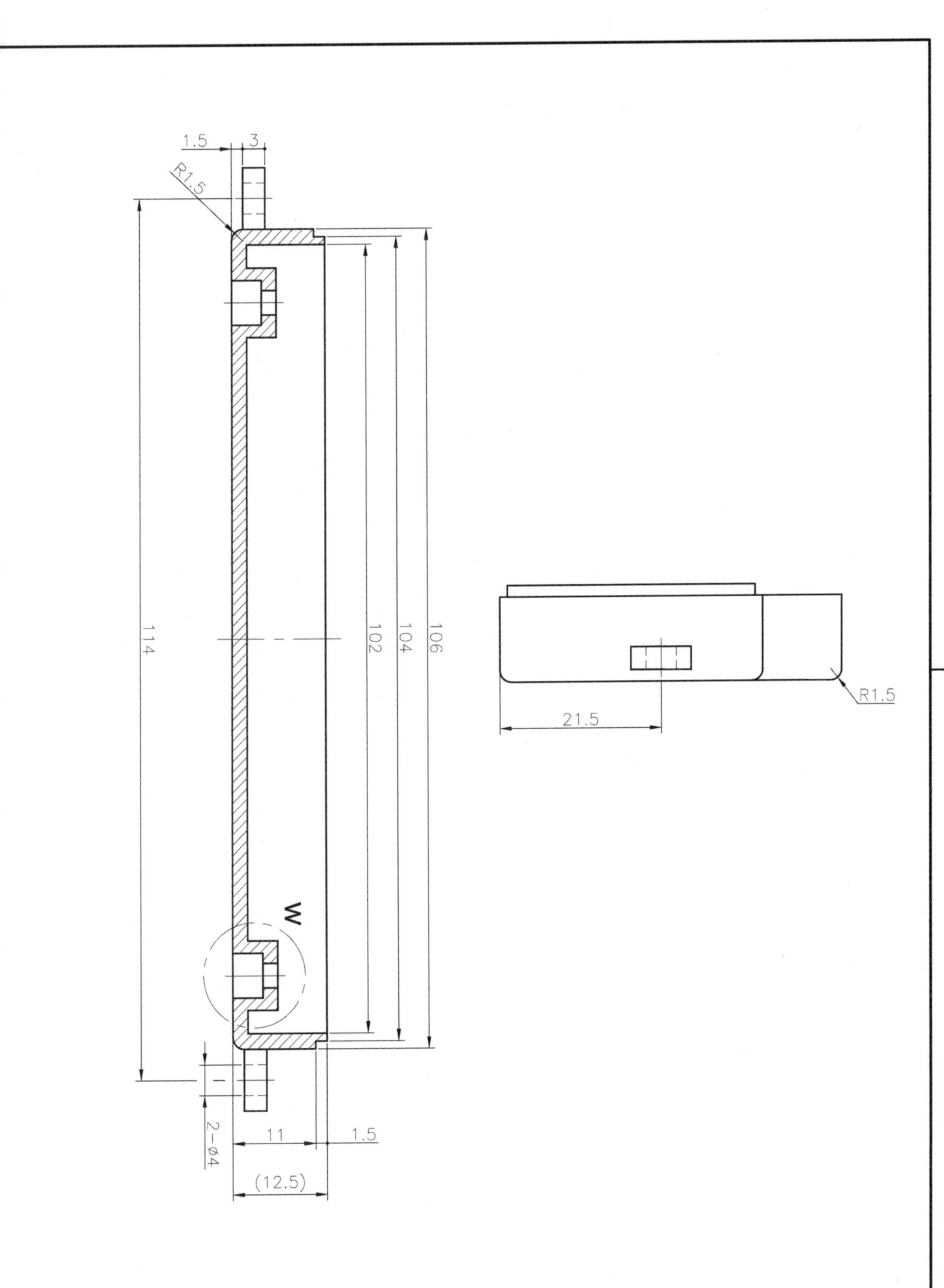
1.5
3
R1.5
114
102
104
106
W
2-ø4
11
1.5
(12.5)
21.5
R1.5

실습 도면 05 콘센트 실습 도면

◎ 완성 파일 : 부록\콘센트_완성.dwg

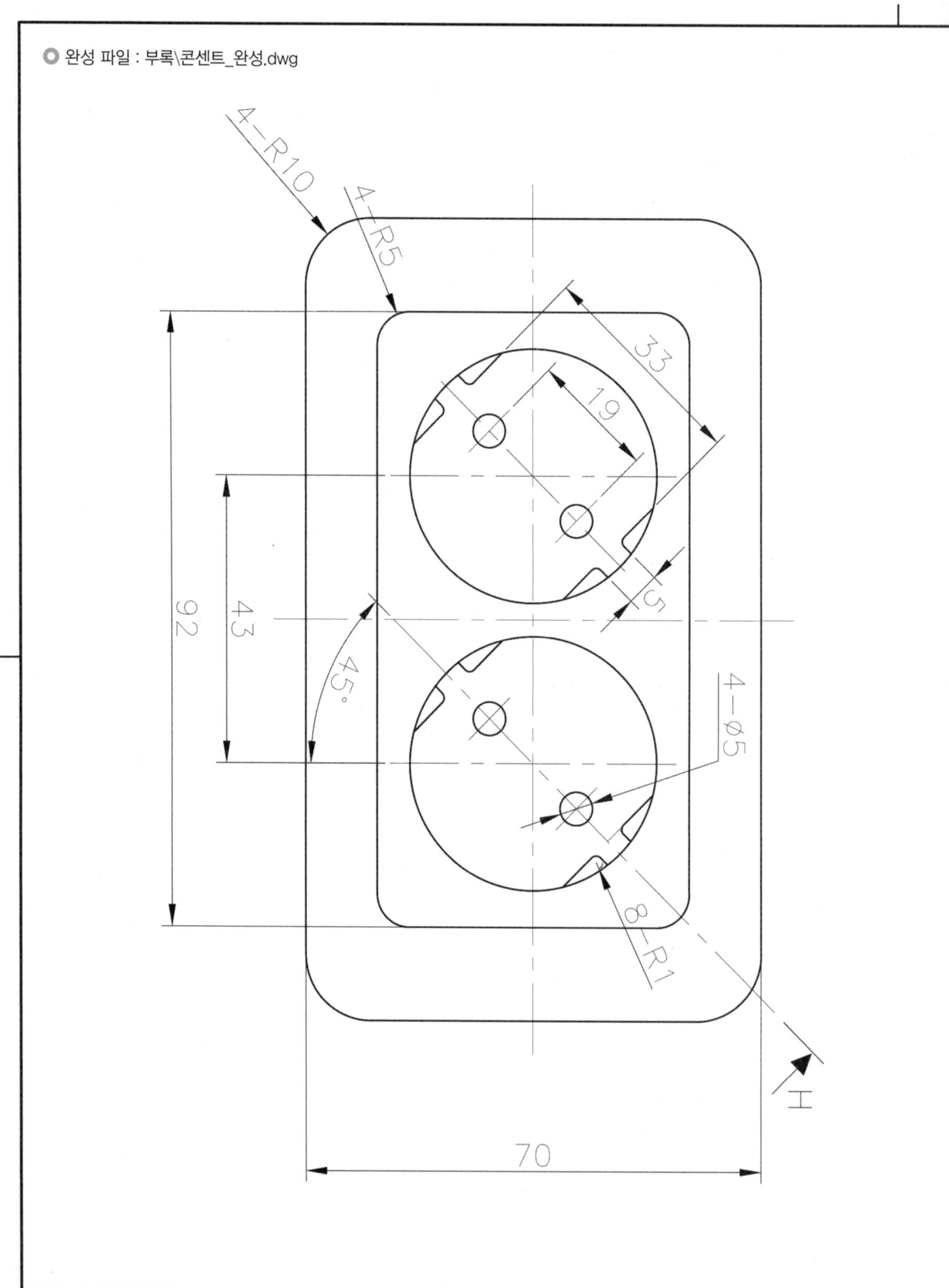

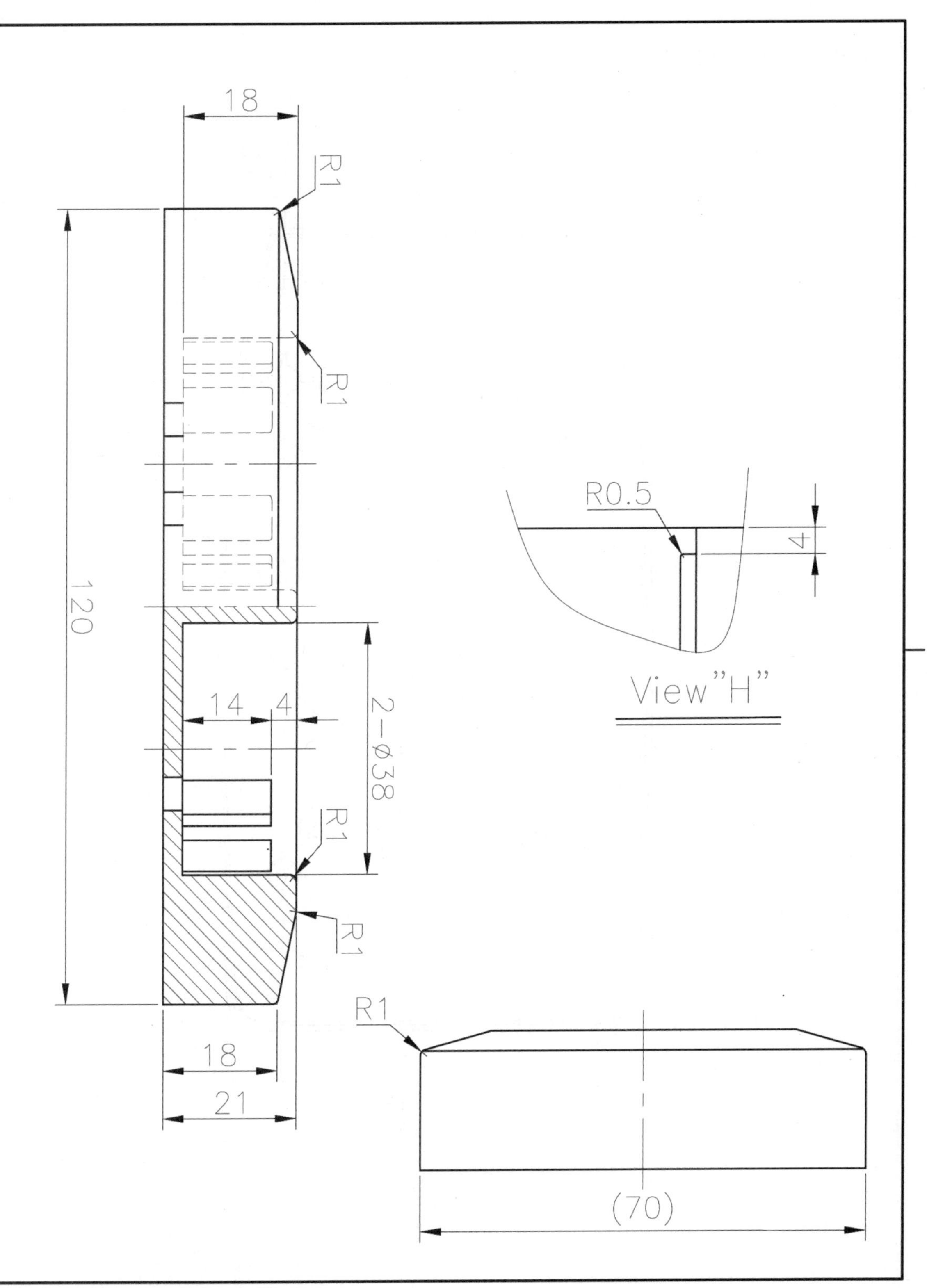
18
R1
R1
120
14
4
2-ø38
R1
R1
18
21
R0.5
4
View"H"
R1
(70)

실습 도면 06 디자인 스피커 실습 도면

◎ 완성 파일 : 부록\디자인 스피커_완성.dwg

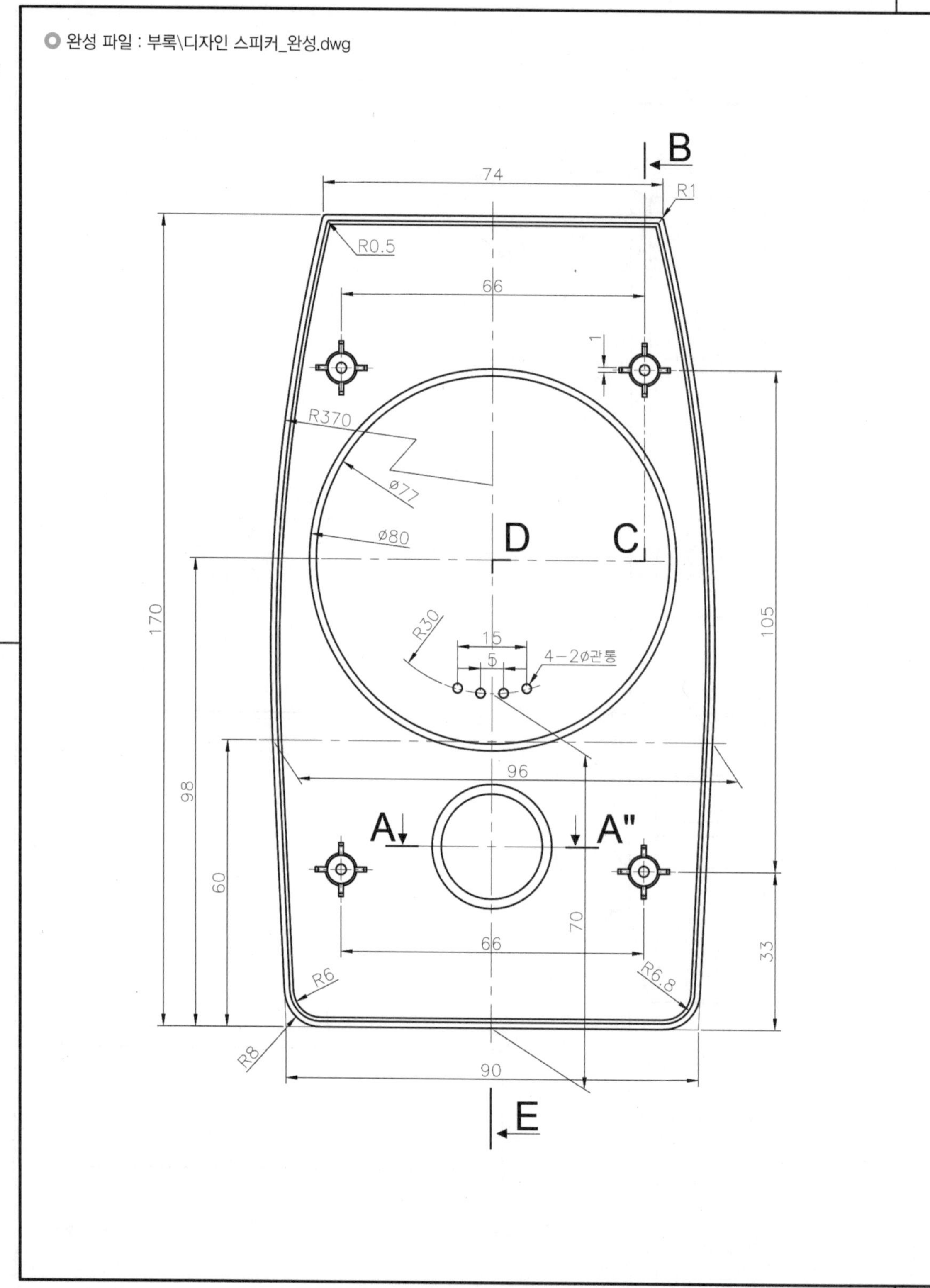

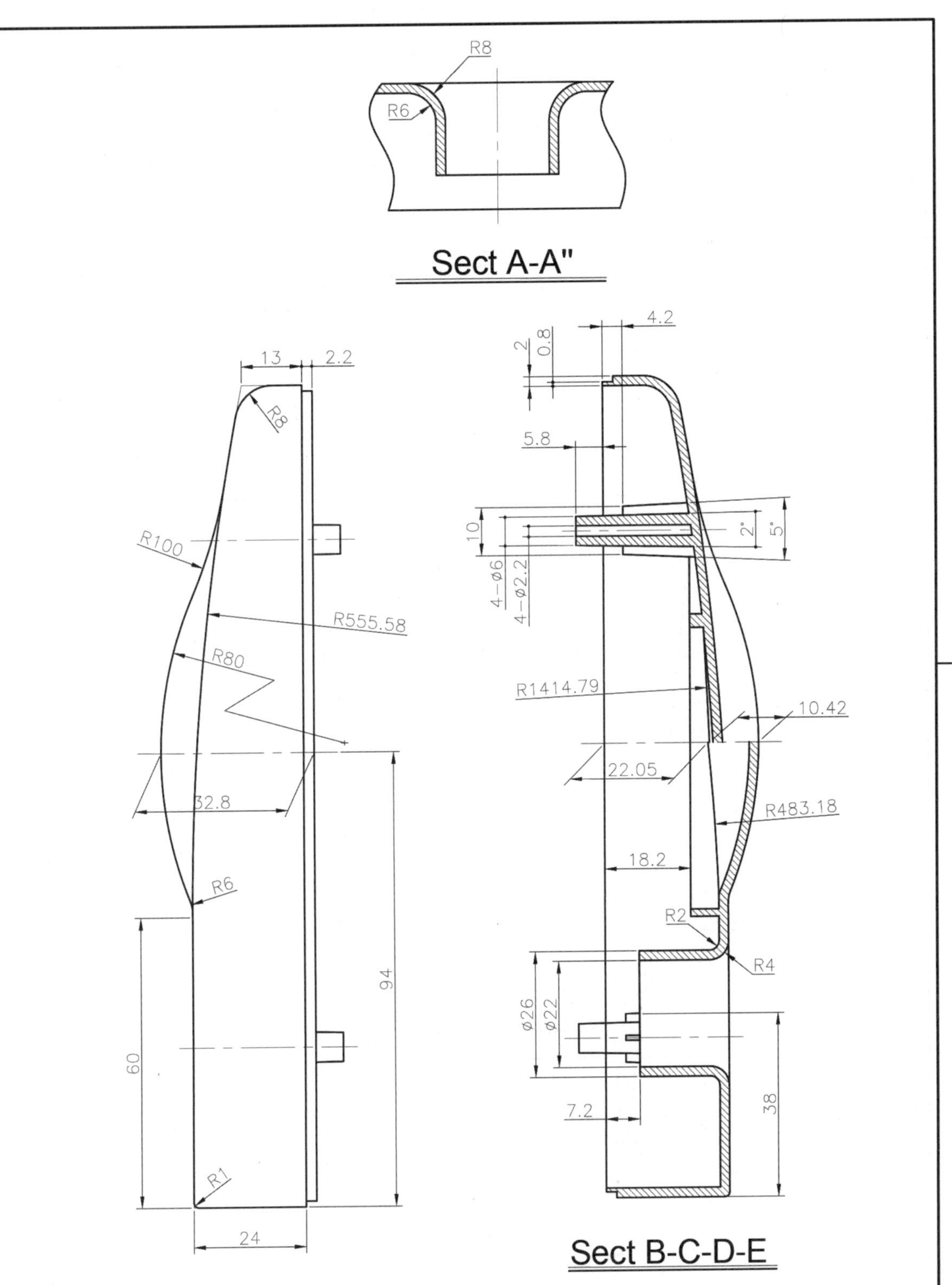
R8
R6
Sect A-A"
13
2.2
R8
R100
R555.58
R80
32.8
R6
60
94
R1
24
4.2
2
0.8
5.8
10
4-Ø6
4-Ø2.2
2°
5°
R1414.79
10.42
22.05
R483.18
18.2
R2
R4
Ø26
Ø22
7.2
38
Sect B-C-D-E

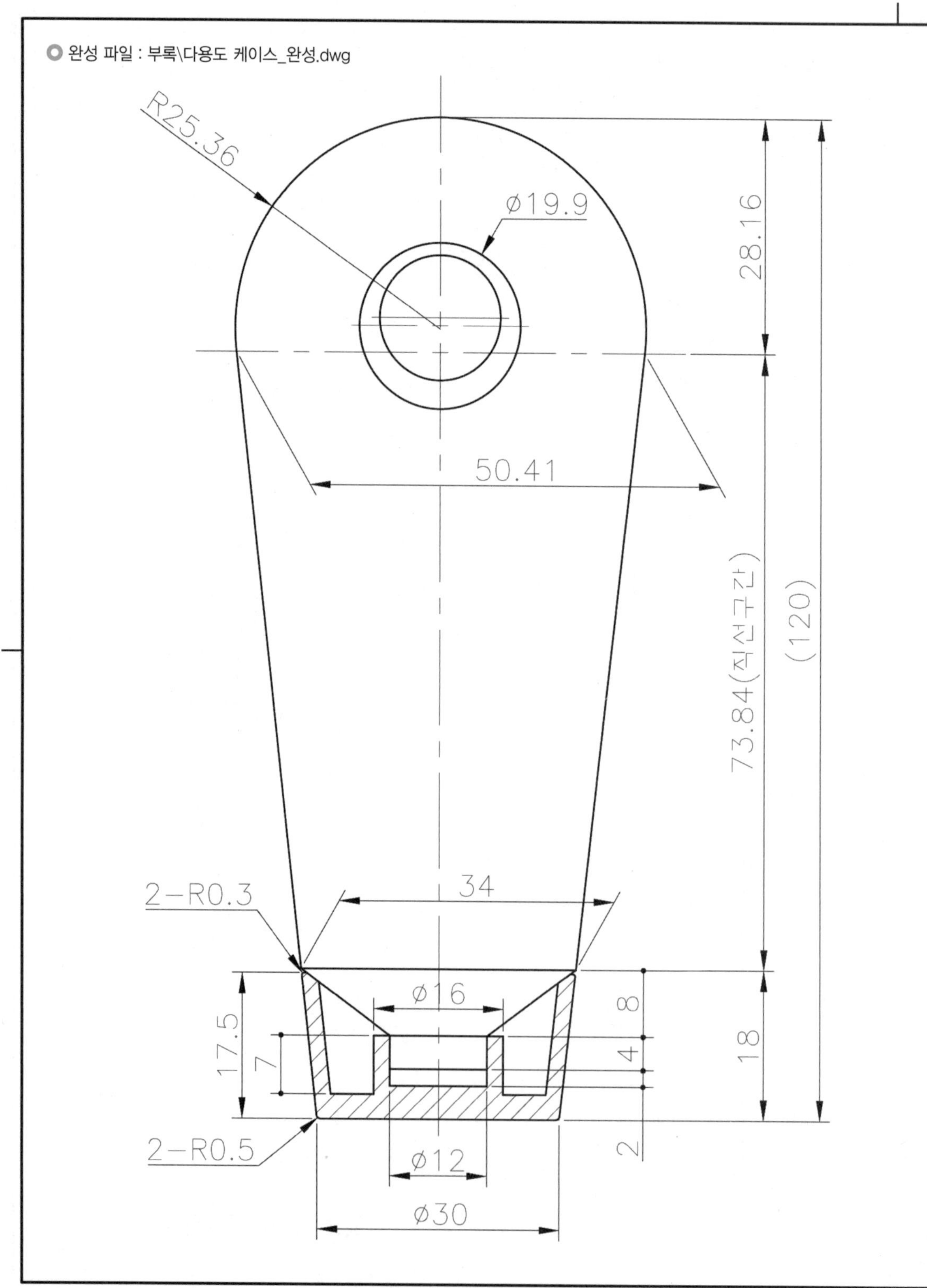
완성 파일 : 부록\다용도 케이스_완성.dwg
R25.36
ø19.9
28.16
50.41
73.84(직선구간)
(120)
2-R0.3
34
ø16
17.5
7
8
4
18
2
2-R0.5
ø12
ø30

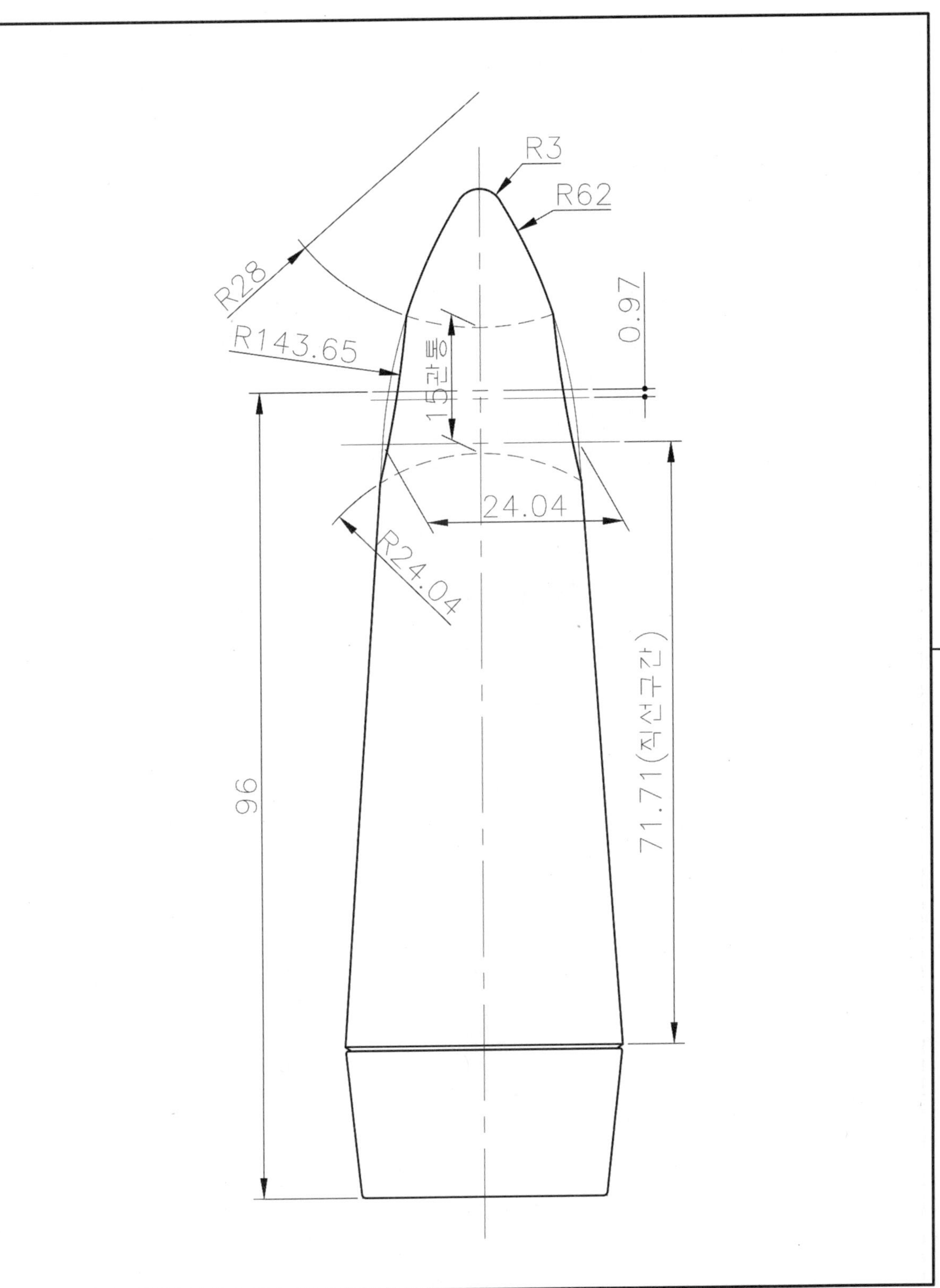
R3
R62
R28
R143.65
0.97
15관통
24.04
R24.04
96
71.71(직선구간)

○ 완성 파일 : 부록\손전등_완성.dwg

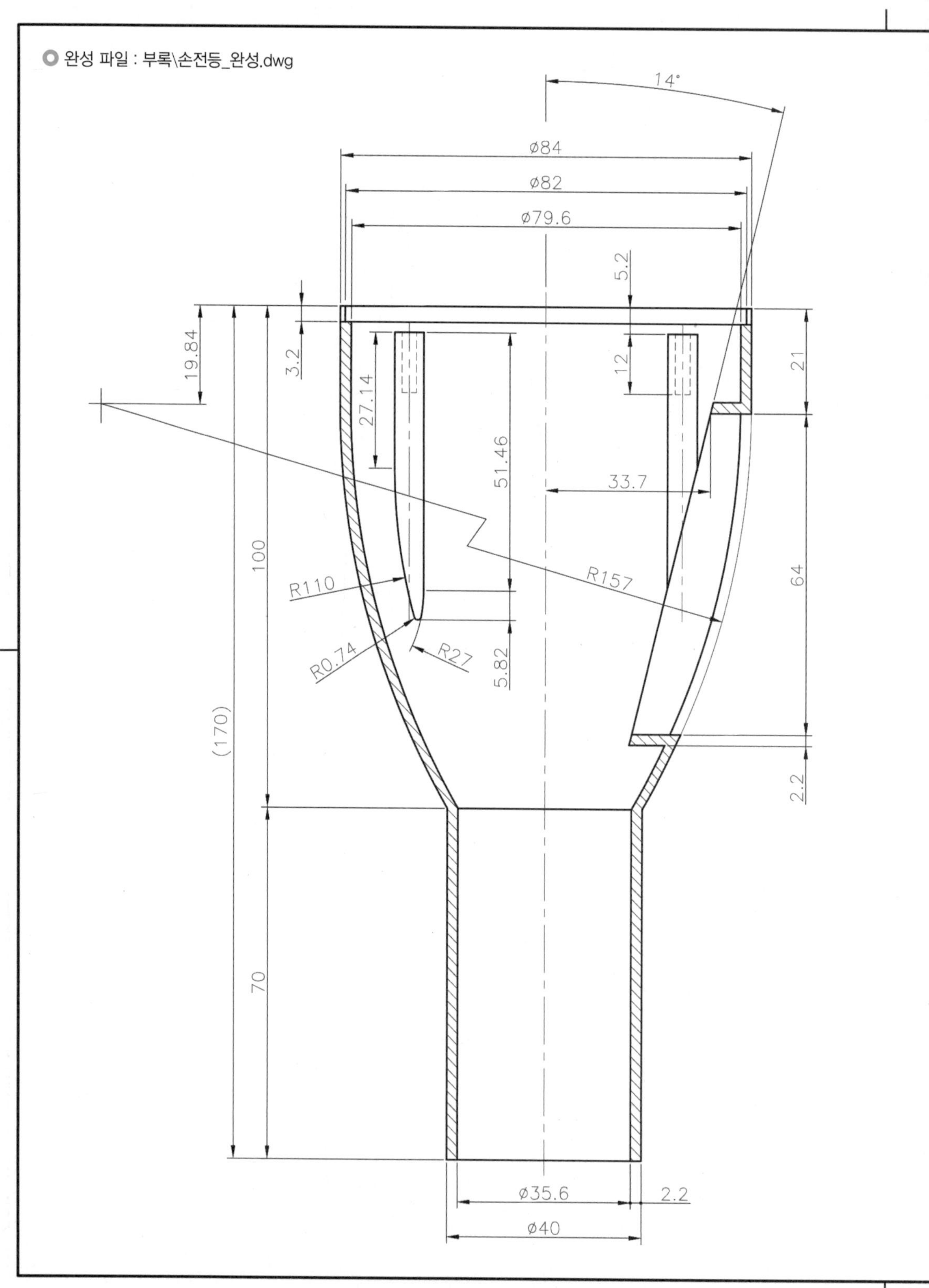

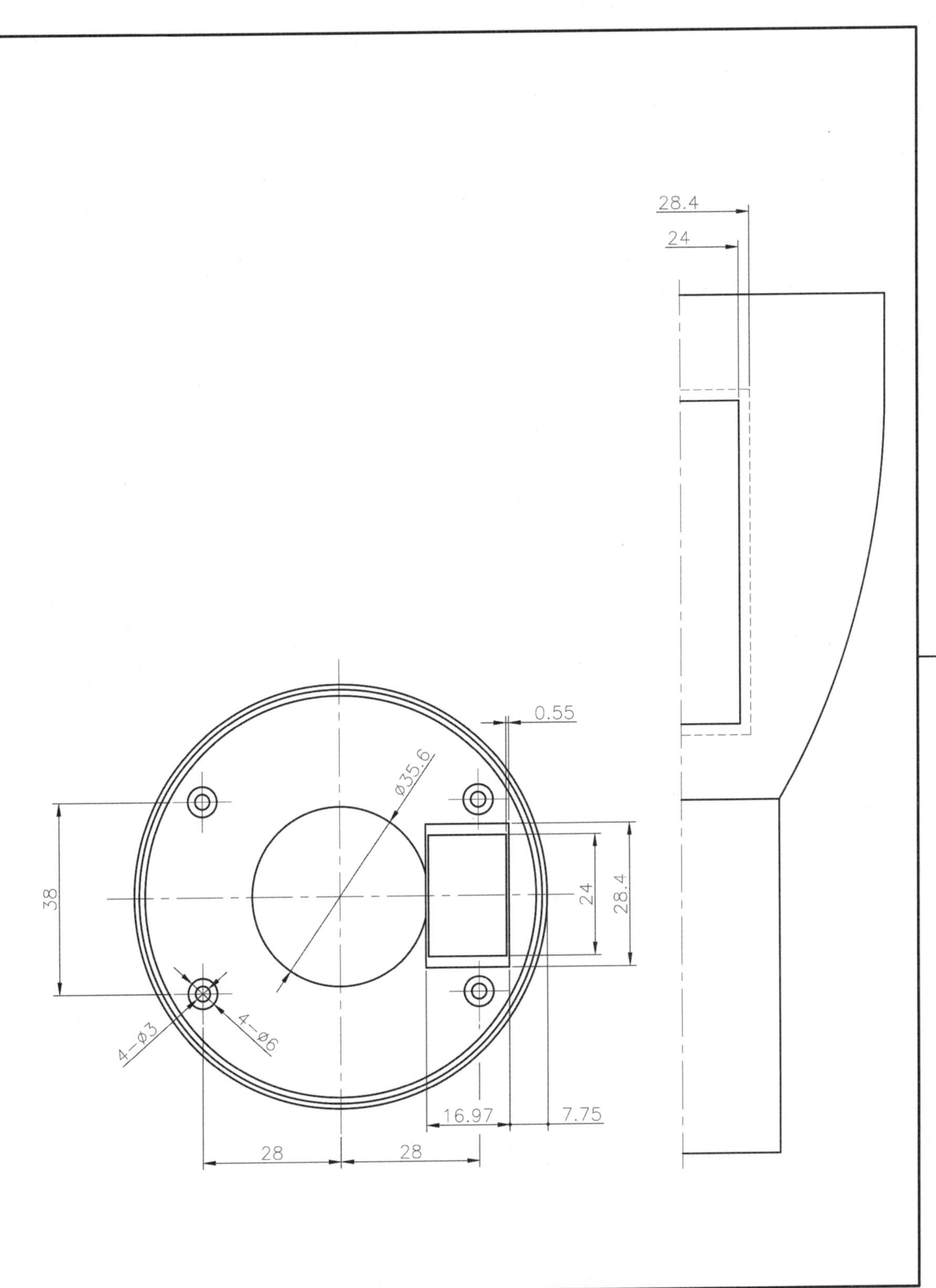
28.4
24
0.55
ø35.6
38
24
28.4
4-ø3
4-ø6
16.97
7.75
28
28

Index

ㅅ

ㅇ

ㅎ

제품·기계 디자인의 기본부터
실무 도면 활용까지

오토캐드 2024

2024. 1. 31. 초 판 1쇄 인쇄
2024. 2. 7. 초 판 1쇄 발행

지은이 | 이진승, 앤미디어
펴낸이 | 이종춘
펴낸곳 | BM (주)도서출판 성안당
주소 | 04032 서울시 마포구 양화로 127 첨단빌딩 3층(출판기획 R&D 센터)
10881 경기도 파주시 문발로 112 파주 출판 문화도시(제작 및 물류)
전화 | 02) 3142-0036
031) 950-6300
팩스 | 031) 955-0510
등록 | 1973. 2. 1. 제406-2005-000046호
출판사 홈페이지 | www.cyber.co.kr
ISBN | 978-89-315-5617-9 (93000)
정가 | 29,000원

이 책을 만든 사람들
책임 | 최옥현
진행 | 조혜란, 앤미디어
교정·교열 | 앤미디어
본문·표지 디자인 | 앤미디어
홍보 | 김계향, 유미나, 정단비, 김주승
국제부 | 이선민, 조혜란
마케팅 | 구본철, 차정욱, 오영일, 나진호, 강호묵
마케팅 지원 | 장상범
제작 | 김유석

■ **도서 A/S 안내**

성안당에서 발행하는 모든 도서는 저자와 출판사, 그리고 독자가 함께 만들어 나갑니다.
좋은 책을 펴내기 위해 많은 노력을 기울이고 있습니다. 혹시라도 내용상의 오류나 오탈자 등이 발견되면 "좋은 책은 나라의 보배"로서 우리 모두가 함께 만들어 간다는 마음으로 연락주시기 바랍니다. 수정 보완하여 더 나은 책이 되도록 최선을 다하겠습니다.
성안당은 늘 독자 여러분들의 소중한 의견을 기다리고 있습니다. 좋은 의견을 보내주시는 분께는 성안당 쇼핑몰의 포인트(3,000포인트)를 적립해 드립니다.
잘못 만들어진 책이나 부록 등이 파손된 경우에는 교환해 드립니다.